인터넷서비스제공자의 책임

–저작권자와 디지털 복제기술공급자의 충돌과 조화–

박 준 석

博 英 社

머 리 말

디지털시대의 도래에 따라 차례로 등장하고 있는 각종 디지털복제기술은 이용자들에게 엄청난 편익을 제공한 반면 저작권자들에게는 항상 거대한 위협으로 다가온 것이 사실이다. 여러 디지털복제기술공급자 중에서도 인터넷서비스제공자의 경우, 가령 '소리바다' 분쟁에서 보듯이 한국 사회 전반에 엄청난 파장을 몰고 왔고, 情報法學 분야의 큰 이슈가 되어 왔다.

이 책을 저술함에 있어 저자는 당장 소리바다의 법적 책임이 있느냐, 없느냐 식의 좁은 결론을 내리는 데 힘쓰지 않았다. 오히려 소리바다를 비롯한 P2P 복제기술공급자와 관련된 사례를 중심으로 인터넷서비스제공자는 물론, 널리 디지털복제기술공급자가 저작권자와 충돌할 수 있는 향후의 분쟁들에 대하여 보다 보편적인 분쟁해결의 틀을 제시하는 데 주력하였다. 論語와 같은 古典은 시공을 초월해서 우리에게 가르침을 주듯이, 이 책에서 저자는 이미 20여 년이나 이전에, 그것도 한국이 아닌 미국에서 있었던 Sony 판결에서 그러한 지침을 찾고자 하였다.

이 책을 통하여 한국에서 저작권자와 복제기술공급자, 나아가 이용자들 3자가 수긍할 수 있는 '공정한 시장의 룰'이 조금이라도 제시되었다면 큰 위안이 되겠다. 이로써 2004년 5월경 서울대학교 기술과법 센터의 워크숍에서 첫 글을 발표한 이래, 학위논문을 거쳐 지금까지 가져 온 고민에 일단 마침표를 찍는다.

치열하게 학문을 하고자 하는 자세로 그 동안 있었던 수많은 판례나 학설들이 가진 조금의 빈틈에 대하여도 일단 냉정한 비판을 가할 수밖에 없었다. 그러나 무거운 중책에 고민 고민하며 판결문을 작성하였을 법관들, 열성적으로 이 분야 연구를 전개해 온 선배연구자들이 없었다면 이 책의 존재 자체가 불가능하였을 것이다. 그분들 모두에게 가장 먼저 헌사를 드린다.

모교의 고마우신 여러 스승님들 중에서도 송상현 국제형사재판소 재판관님은 게으르고 평범하기만 했던 저자에게조차 여러 번 따뜻한 격려를 아끼지 않으셔서 나도 할 수 있다는 용기를 주셨고, 황적인 명예교수님은 무체재산권법을 선구적으로 연구하시면서 실무에 치이고 있던 저자에게 학문의 기회를 주셨다. 두 분 스승님께 머리 숙여 감사한 마음을 올린다.

윤진수 교수님을 비롯하여 구대환, 김재형, 이상정 교수님 네 분께서는 당초 어수선하고 난삽하기만 했던 논문의 여러 가지 모순점을 날카롭게 지적하셔서 고칠 수 있게 해 주심과 아울러, 세세한 분야까지 구체적인 내용을 제시해 주셨다. 이렇게 크신 노고가 아니었다면 이 책이 이나마 그럴 듯한 단행본이 될 수 없었을 것이다.

지도교수이신 정상조 선생님에게 저자가 입은 은혜는 이루 헤아릴 수 없다. 서울대학교 기술과법 센터를 정열적으로 이끄시면서 한국에서의 관련 논의를 모두 주도하고 계신 선생님께서는, 항상 저자의 부족함을 부족하다 탓하시기는커녕 더 채워 넣을 수 있는 여유로움으로 보아 주셨다. 이 책의 출간도 가능하게 해 주신 선생님께 제대로 헌사를 바치려면 그 절반 이상을 할애해도 부족할 것이기에 오히려 삼가 줄인다.

모교의 김건식, 양창수 두 은사님, 그리고 강신욱 대법관님과 대구법원장님, 이재환 고등부장님의 따뜻한 배려와 격려도 큰 힘이 되었다.

기술과법 센터를 후원하여 이 연구의 물질적 기반을 조성해 주신 KT 등 여러 후원단체, 정신적 의지가 되어 준 서울법대 지적재산권법 교실의 여러 선후배님들, 출판에 힘써 주신 博英社 안종만 회장님과 박규태 편집위원님 외 편집진, 기술과법 센터의 연구원 세 분께도 감사한 마음을 전한다. 아울러 항상 마음 속의 좋은 자극이 되어 준 세 분의 법대동기, 학창시절 성실함의 지극한 경지를 실천해 준 서울시립대 박훈 교수, 겸손함과 탁월함이 얼마나 조화로울 수 있는지 보여 준 권영준 판사, 가장 가까운 知己이자 따뜻한 우정을 먼저 보여 준 단국대 노혁준 교수와 그간 저자가 운 좋게 만날 수 있었던 훌륭한 인품의 여러 법관님들에게 삼가 감사드린다.

끝으로 평생 힘들게 고생하셔서 저자를 밝은 곳으로 떠올려 주신 부모님, 부족한 저자를 자식처럼 맞아주신 장인어르신과 장모님, 의업에 정진하고 있는 둘째와 새롭게 시작한 공부에 열심인 정재, 정환 동생들, 가장 소중한 아내와 두 아이들에게 모두 사랑한다는 말을 전하며 이 글을 맺는다.

2006년 5월

박 준 석

차 례

제1장 서 론

제1절 문제의 제기 ······ 3

제2절 연구의 목적 ······ 6

제3절 인터넷서비스제공자의 정의 ······ 7

제4절 연구의 범위와 방법 ······ 10

Ⅰ. 연구의 범위 ······ 10

1. 연구대상 ······ 10
2. 인터넷서비스제공자의 책임이 문제되는 그 외 경우들과의 비교 ······ 11
   (1) 인터넷서비스제공자의 음란물 링크 ······ 11
   (2) 이용자들의 명예훼손행위 ······ 15
      1) 미국의 판례 16
      2) 한국의 성문법과 판례 18
   (3) 그 밖의 경우들 ······ 21

Ⅱ. 연구의 방법 ······ 23

제2장 BBS 기술에서의 저작권자와 인터넷서비스제공자의 관계

제1절 인터넷서비스제공자에게 책임을 부담시키는 이론상의 근거 ······ 27

제2절 미국의 판례 ······ 31

Ⅰ. 판례상 기여책임, 대위책임의 법리 ······ 31
1. 개　요 ······ 31
2. 기여책임 ······ 32
(1) 기여책임의 연원과 개요 ······ 32
(2) 기여책임 중 인식 요건의 원칙과 예외 ······ 33
(3) 기여책임 중 실질적 기여 요건 ······ 34
3. 대위책임 ······ 35
(1) 대위책임의 연원과 개요 ······ 35
(2) 대위책임의 두 가지 요건에 대한 Fonovisa 항소심의 느슨한 해석 37
(3) 대위책임의 두 가지 요건에 대한 정당한 기준 ······ 38

Ⅱ. 구체적인 사례들 ······ 40
1. Playboy Enterprises, Inc. v. Frena 사건 ······ 40
(1) 사실관계 ······ 40
(2) 법원의 판단 ······ 41
2. Sega Enterprises v. Maphia 사건 ······ 42
(1) 사실관계 ······ 42
(2) 법원의 판단 ······ 42
3. Religious Technology Center v. Netcom, Inc. 사건 ······ 43
(1) 사실관계 ······ 43
(2) 법원의 판단 ······ 45
1) 직접침해의 부정　45
2) 기여책임과 대위책임　45
(개) 기여책임 부분 / 45
(내) 대위책임 부분 / 48
4. 이상의 판례분석 ······ 48

제3절　한국의 성문법과 판례 ······ 52

Ⅰ. 인터넷서비스제공자의 책임과 관련된 규정들 ······ 52
1. 인터넷서비스제공자의 주의의무 부담의 근거에 관한 논의 ······ 52

(1) 인터넷서비스제공자와 이용자 사이의 약관에 근거를 두는 설 …… 54
(2) 형법 제18조가 관련된다는 설 …… 54
(3) 전기통신사업법, 정보통신망이용촉진및정보보호등에관한법률 등 공법 근거설 …… 54
(4) 민법 제750조의 변용된 운용으로 족하다는 설 …… 57
(5) 민법상 공동불법행위책임설 …… 58
(6) 민법상 교사 · 방조에 의한 공동불법행위책임설 …… 59
(7) 소 결 …… 60
2. 불법행위책임의 부담 …… 63
3. 침해제거책임의 부담 …… 66

Ⅱ. 판 례 …… 67
1. 서 …… 67
2. 칵테일 98 사건 …… 68
(1) 사실관계 …… 68
(2) 법원의 판단 …… 68
(3) 판례분석 …… 70
3. 인터넷제국 사건 …… 71
(1) 사실관계 …… 71
(2) 법원의 판단 …… 72
(3) 판례분석 …… 73

제3장 인터넷서비스제공자의 책임을 제한한 새로운 입법들

제1절 서 …… 79

제2절 미국의 DMCA 중 OCILLA …… 80

Ⅰ. 성립 경위 …… 80
1. IITF가 제출한 White Paper에서의 제안 …… 80
2. 연방의회에 제출된 수많은 책임제한 법안들 …… 82

3. DMCA가 미친 영향 ····· 84
4. DMCA가 부여하는 면책의 성격 ····· 84

Ⅱ. Service Provider의 개념 ····· 85

Ⅲ. 일반적 면책요건 ····· 87

Ⅳ. 개별적 면책요건 ····· 88
1. 일시적인 디지털—네트워크 통신의 경우 ····· 88
2. 시스템 캐싱의 경우 ····· 88
3. 시스템이나 네트워크 상에 이용자의 명령으로 저장된 정보의 경우 ····· 91
4. 검색엔진의 경우 ····· 93

Ⅴ. 면책의 효과 ····· 94

Ⅵ. 면책과 관련된 기타 규정들 ····· 94

Ⅶ. DMCA의 해석과 적용사례 ····· 95
1. 일반적 면책요건 중 침해제거정책의 적절한 수용의무와 관련된 해석 ····· 95
2. 절차적인 문제와 관련된 사례들 ····· 96
(1) 전통적인 기여·대위책임과 §512(c)와 (d) 면책조항의 관계 ····· 96
(2) 원고 주장의 책임요건과 피고의 면책조항 항변의 판단순서 ····· 97
(3) 침해주장의 통지가 불완전한 경우의 법적 효과 ····· 98

제3절 유럽연합, 독일과 일본의 입법 등 ····· 100

Ⅰ. 유럽연합의 입법 ····· 100
1. 서 설 ····· 100
2. 정보화사회 지침 ····· 101
3. 전자상거래 지침 ····· 102
(1) 개 요 ····· 102

(2) 책임제한의 구체적 내용 ········· 104
(3) 지침과 관련된 이후의 진척상황 ········· 106
4. 전자상거래 지침 이후의 행보 ········· 107

Ⅱ. 독일의 입법 ········· 108

1. 온라인서비스법의 성립경위 및 내용 ········· 108
(1) 1997년 온라인서비스법의 성립경위 ········· 108
(2) 1997년 온라인서비스법에 대한 해석 ········· 109
(3) 2001년 개정 온라인서비스법의 적용범위 ········· 112
(4) 2001년 개정 온라인서비스법의 내용 ········· 113
2. 독일 온라인서비스법에 대한 평가 ········· 116
(1) 독일 입법의 장단점 ········· 116
(2) 책임제한 입법에 관한 독일식 접근의 문제점 ········· 117
3. 관계 사례 ········· 121

Ⅲ. 일본의 입법 ········· 124

1. 책임제한을 위한 특별법의 신설 ········· 124
2. 관계 사례 ········· 127
3. 평　가 ········· 128

Ⅳ. 여타 국가들의 입법 등 ········· 130

1. 영국의 입법 ········· 130
2. 호주의 입법 ········· 132
3. 그 외의 나라들의 경우 ········· 135

제4절　한국의 2003년 개정 저작권법 ········· 138

Ⅰ. 성립경위 ········· 138

1. 정보통신부가 입안한 정보통신이용촉진법개정안의 좌절 ········· 138
2. 저작권법개정안의 오랜 표류 ········· 140
3. 법적 공백에 대한 관련자들의 자구책 ········· 141
4. 2003년 개정 저작권법의 성립과 온디콘법과의 관계 ········· 143

Ⅱ. 내 용 ······ 144

Ⅲ. 평 가 ······ 146

1. 서비스제공자의 면책이 인정되는 이용자들의 침해행위 영역의 문제 ······ 146
2. 서비스제공자의 서비스 유형에 따라 면책요건을 달리할지의 문제 ······ 147
3. 온라인서비스제공자의 개념범위와 관련한 문제 ······ 149
   (1) 과거 BBS 서비스제공자의 경우 ······ 149
   (2) P2P 서비스제공자의 경우 ······ 149
   (3) 인터넷접속 서비스제공자 · 캐싱 서비스제공자 · 호스팅 서비스제공자 · 검색엔진 서비스제공자의 경우 ······ 150
   (4) 인터넷경매 서비스 등 기타의 경우 ······ 151
4. 임의적 감면이라는 면책효과의 차이 등과 관련한 검토 ······ 154
   (1) 임의적 감면이라는 효과의 문제점 ······ 154
   (2) 제77조 제2항 조문의 체계상 문제점 ······ 155
   (3) 제77조 제2항 조문과 원래의 개정안 조문의 비교 ······ 156
   (4) 온라인서비스제공자의 고의와 관련한 문제점 ······ 157
5. 잘못된 침해주장의 통지에 기한 제거조치 때의 서비스제공자의 책임 문제 ······ 158
6. 잘못된 침해주장의 통지를 받고, 제거조치를 하지 않은 서비스제공자의 책임 ······ 161
7. 침해주장에 대한 복제 · 전송자의 대응통지에 대한 저작권자의 구제수단 문제 ······ 163
8. 저작권법과 정보통신망이용촉진및정보보호등에관한법률의 충돌 문제 ······ 164
   (1) 정보통신망이용촉진및정보보호등에관한법률 관련규정의 내용과 문제점 ······ 164
   (2) 두 법의 차이점 ······ 164
   (3) 충돌의 발생 및 해결방법 ······ 165
   (4) 정보통신망이용촉진및정보보호등에관한법률의 독자적 의미 ······ 168
9. 한국의 책임제한 관련입법의 향후 방향제시 ······ 168

(1) 이용자들의 명예훼손 혹은 저작권침해에 따른 각각의 책임태양의 비교 ········ 168
1) 이용자들의 주 침해수단이 BBS인지, P2P 네트워크인지의 차이점 168
2) 사전통제 가능성의 허용 여부에서 오는 차이점 172
(2) 명예훼손 등 여타영역에 대한 책임제한입법의 필요성 ········ 173
(3) 각각의 인터넷서비스제공자 책임론을 하나의 이론으로 통합하기 위한 試論的 모색 ········ 175

제4장 P2P 기술을 통한 인터넷서비스제공자의 저작권자에 대한 최초 도전

제1절 P2P 기술의 의의 ········ 183

제2절 P2P 기술의 분류 ········ 185

Ⅰ. 세대별 분류 ········ 185

Ⅱ. 중앙서버의 존부에 따른 분류 ········ 186

Ⅲ. 그 외의 분류 및 변종 P2P ········ 191

제3절 P2P 기술에 의한 저작권침해의 대상물과 그 심각성 ········ 192

Ⅰ. 저작권침해의 대상물 ········ 192

Ⅱ. 저작권침해의 심각성 ········ 196

제4절 P2P 기술상 개별이용자들에 대한 책임추궁의 곤란성 ········ 198

Ⅰ. 기술적인 곤란성 ········ 198

Ⅱ. 법적인 곤란성 ······ 200

Ⅲ. 사실적인 곤란성 ······ 201

제5장 Hybrid P2P 기술에 대한 저작권자의 법적 반격

제1절 미국의 Napster 사건 등 ······ 205

Ⅰ. Napster 사건 ······ 205

1. 사실관계 ······ 206

(1) Napster의 등장 ······ 206

(2) Napster의 작동구조 ······ 206

(3) Napster의 이용실태 ······ 207

(4) Napster가 원고 측의 사업에 미친 영향 ······ 207

2. 1심의 판단 ······ 208

(1) 이용자들의 직접책임 성립 ······ 208

(2) 공정이용 항변과 비침해적 용도가 상당부분이라는 항변 ······ 209

1) 피고 Napster가 제출한 항변의 개요 209

2) 공정이용 항변과 법원의 배척 209

3) 비침해적 용도가 상당부분이라는 항변 등과 법원의 배척 210

(3) Napster의 책임 ······ 214

1) 기여책임 부분 214

2) 대위책임 부분 216

3. 항소심의 판단 ······ 217

(1) 이용자들의 직접책임 성립 ······ 217

(2) 공정이용 항변과 공간이동 항변 ······ 217

(3) Napster의 책임 ······ 219

1) 기여책임 부분 219

2) 대위책임 부분 220

3) 특별법에 의한 Napster의 면책 주장 222

4. 1심과 항소심이 내린 명령의 내용과 이후의 소송경과 ······ 223

(1) 연방지방법원의 17 U.S.C. § 512(a)에 대한 별도 결정 및 최초의 예비적 유지명령 ············ 223
(2) 연방항소법원의 일부 파기환송 결정 ············ 224
(3) 연방지방법원의 수정된 예비적 유지명령 ············ 224
(4) 연방지방법원에서의 청문과 양해각서의 작성 ············ 225
(5) 2001. 3. 5.자 수정된 예비적 유지명령에 대한 연방지방법원의 구두수정 ············ 225
(6) 병합된 항소건에 대한 연방항소법원의 최종적인 판단 ············ 226
5. 판례분석 ············ 226
(1) Sony 판결에서 기여책임의 요건으로 과연 실제 인식을 요구하였는지 여부 ············ 226
(2) 통제할 권한과 능력의 인정문제 ············ 228
(3) 면책조항 § 512(a)의 적용범위에 대한 원심의 잘못된 해석 ············ 229
(4) AHRA와 유사한 입법을 통한 타협의 여지 ············ 229
(5) P2P 네트워크의 파일교환행위가 공정이용 판단에서 영리적 이용인지 여부 ············ 231

Ⅱ. Aimster 사건 ············ 232
1. 사실관계 ············ 232
2. 1심의 판단 ············ 233
(1) 이용자들에 의한 직접책임의 긍정 ············ 234
(2) Aimster의 간접책임 여부 ············ 234
1) 기여책임의 긍정 234
2) 대위책임의 긍정 236
3) DMCA에 따른 면책항변 배척 236
3. 항소심의 판단 ············ 237
(1) 피고의 직접책임 여부 ············ 237
(2) 기여책임과 관련한 Sony 판결의 의미에 대한 새로운 해석 ············ 238
1) Sony 원칙은 상품이 아닌 서비스에까지 미치는지 여부 238
2) Sony 판결에서 기여책임 요건으로 실제 인식을 요구하는지 여부 239
3) 현실에서는 오로지 침해적 용도로만 쓰이는 상품이나 서비스와

Sony 원칙 240
4) Sony 판결의 적용과정에서 필요한 원·피고의 입증범위와 구체적 입증대상 241
(3) 대위책임 관련부분 243
(4) DMCA 면책조항에 따른 항변에 대한 판단 243
4. 판례분석 244
(1) Aimster 항소심의 합리적인 측면 244
(2) Aimster 항소심의 위험성 245

제2절 일본의 파일로그 사건 246

Ⅰ. 소송진행의 시간적 개요 246

Ⅱ. 사실관계 247

Ⅲ. 법원의 판단 249
1. 1심 판결 249
(1) 법원의 판단 249
1) 파일로그 이용자들의 침해책임 249
2) 파일로그의 책임 250
3) 판결에서 명령한 내용 251
4) 책임제한의 특별법에 기하여 추가로 제출된 항변에 관한 판단 252
(2) 판례분석 252
1) P2P를 통한 파일교환이 사적 복제라고 할 수 없는 근거를 잘못 제시함 252
2) 피고 파일로그의 교사·방조책임 유무에 대한 판단 누락 253
3) 인터넷서비스제공자에 대한 직접책임 부과의 부당성 254
2. 항소심 판결 256
(1) 법원의 판단 256
(2) 판례분석 259

제3절 한국의 소리바다 사건 등 ··· 262

Ⅰ. 소송진행의 시간적 개요 ··· 262

Ⅱ. 소리바다 가처분이의 사건 ··· 265

1. 1심 판결 ··· 265

(1) 사실관계 ··· 265

(2) 법원의 판단 ··· 267

1) 피고들의 저작인접권 직접침해 여부 267

2) 소리바다 이용자들의 저작인접권 침해 여부 267

(가) 이용자들의 복제권·배포권 침해 인정 / 267

(나) 저작권법 제27조의 사적 복제의 항변 배척 / 269

3) 피고들이 이용자들의 저작인접권 침해행위에 대하여 책임 있는지 여부 271

4) 책임요건으로 기술적 통제 가능성이 필요한지 여부 272

5) 판결에서 명령한 내용 273

(3) 판례분석 ··· 274

1) 배포권의 침해를 긍정한 것은 부당 274

2) 사적 복제에 있어 영리 목적은 좁게 해석해야 함 277

3) 사적 복제와 관련한 그 밖의 쟁점 검토 279

4) 저작권법 상으로도 방조의 경우까지 침해정지책임을 부담시키는 해석이 가능함 281

5) 기술적 통제 가능성 부분은 보다 신중히 판단해야 함 286

6) 미국 Napster 판결에 대한 잘못된 이해에서 출발 288

2. 항소심 판결 ··· 291

(1) 당사자의 주장 ··· 291

(2) 법원의 판단 ··· 292

1) 소리바다 이용자들의 저작인접권 침해 여부 292

(가) 이용자들의 배포권 침해를 부정 / 292

(나) 이용자들의 복제권 침해를 일부만 긍정 / 292

(다) 사적 복제의 항변 등의 배척 / 293

2) 피고가 이용자들의 저작인접권 침해행위에 대하여 부담하는 책임의 근거 293

㈎ 협의의 공동불법행위 성립은 부정 / **294**

㈏ 방조에 의한 공동불법행위의 성립은 긍정 / **294**

3) 방조의 경우에도 저작권법 상 침해정지청구의 상대방이 된다고 인정 **296**

4) 판결에서 명령한 내용 **297**

(3) 판례분석 ······ **298**

1) 항소심 판결의 긍정적 의의 **298**

2) 항소심 판결의 일부 문제점 **299**

3) 항소심 판결이 미처 대답하지 않은 의문들 **301**

Ⅲ. 소리바다 손해배상 사건 ······ **302**

1. **1**심 판결 ······ **302**

(1) 사실관계 ······ **302**

(2) 법원의 판단 ······ **303**

1) 이용자들의 저작권침해 책임의 성립 **303**

2) 소리바다 운영자인 피고들의 손해배상 책임 여부 **303**

2. 항소심 판결 ······ **304**

(1) 법원의 판단 ······ **304**

1) 소리바다 이용자들의 저작권침해 여부 **304**

㈎ 이용자들의 복제권 · 전송권 침해 / **304**

㈏ 사적 복제의 항변 등의 배척 / **305**

2) 피고가 이용자들의 저작인접권 침해행위에 대하여 부담하는 책임의 근거 **305**

㈎ 협의의 공동불법행위 성립은 부정 / **305**

㈏ 방조에 의한 공동불법행위의 성립은 긍정 / **306**

3. 손해배상사건들 판례분석 ······ **307**

Ⅳ. 소리바다에 대한 형사재판 ······ **308**

1. 개 요 ······ **308**

2. **1**심의 공소기각 판결 ······ **309**

(1) 법원의 판단 ······ **309**

(2) 판례분석 ······ **309**

3. 항소심 판결 ······ **310**

(1) 법원의 판단 ······ 310
1) 공소사실의 특정 여부 310
2) 정범들이 피해자 측의 복제권을 침해하였는지 여부 311
(가) MP3 파일을 다운로드받는 행위가 복제인지 여부 / 311
(나) MP3 파일의 복제행위가 사적 복제인지 여부 / 311
3) 정범들이 피해자 측의 배포권을 침해하였는지 여부 311
4) 정범들의 복제권 침해행위를 피고인들이 방조하였는지 여부 312
(가) 소리바다가 이른바 불법도구인지 여부 / 312
(나) 부작위에 의한 방조범의 성립 여부 / 315
(2) 판례분석 ······ 318
1) 가처분이의 사건 등과 동일한 사실인정, 그러나 상반된 결론 318
2) 상이한 결론으로 이끈 쟁점에 대한 항소심들의 상반된 이해 321
3) 방조가 부작위에 의한 것이라고 볼 수 있는지 여부 326
4) 구체적인 침해행위에 관한 통지의 의미를 잘못 이해함 329
5) Napster 판결을 오해한 가처분이의 1심 판결의 실수를 따름 332
6) 소리바다의 적법성 판단과 P2P 기술 일반의 적법성 판단을 혼동함 332

Ⅴ. 벅스뮤직 사건과의 비교 ······ 333
1. 벅스뮤직 사건의 사실관계 ······ 333
2. 벅스뮤직에 대한 민·형사 쟁송의 개요 ······ 335
3. 벅스뮤직 가처분Ⅰ 사건 ······ 337
(1) 결정이유의 요지 ······ 337
(2) 결정의 주문의 내용 ······ 338
(3) 평 석 ······ 338
4. 벅스뮤직 가처분Ⅱ 사건 ······ 339
(1) 결정이유의 요지 ······ 339
1) 복제권 침해의 긍정 339
2) 배포권 침해는 부정 341
(2) 결정의 주문의 내용 ······ 341
(3) 평 석 ······ 341
5. 소리바다 사건과 벅스뮤직 사건의 비교 ······ 342

(1) P2P 혹은 스트리밍 기술에서의 공정이용 성립 여부 ………………… 342
(2) 침해의 주체가 개별이용자인지, 인터넷서비스제공자인지 여부 ……………………………………………………………… 344
(3) 소리바다 판결과 벅스뮤직 결정 사이의 법적 공백 ………………… 345

Ⅵ. 아이멥스 가처분사건 ……………………………………………………… 347
1. 아이멥스 사건의 사실관계 ……………………………………………… 347
2. 법원의 판단 ……………………………………………………………… 348
(1) 원고 주장의 요지 …………………………………………………… 348
(2) 이용자들의 저작인접권 침해 여부에 관한 판단 …………………… 348
(3) 피고 회사의 저작인접권 침해 여부에 관한 판단 …………………… 349
3. 평 석 ……………………………………………………………………… 350
(1) 음반제작자가 전송권을 부여받은 효과를 보여준 첫 사례 ………… 350
(2) 파일을 수신하는 이용자의 책임 …………………………………… 351
(3) 다른 이용자들에게 음악을 청취하게 하는 것이 공연인지 여부 ……………………………………………………………… 353

Ⅶ. 소리바다의 업그레이드 버전을 둘러싼 분쟁들 ………………………… 354
1. 업그레이드 버전의 등장과 법적 쟁송의 개요 ………………………… 354
2. 소리바다3 가처분사건 …………………………………………………… 356
(1) 법원의 판단 ………………………………………………………… 356
1) 소리바다3의 작동 방식 및 서비스 방식에 대한 설명 356
2) 저작권법상으로도 방조의 경우까지 침해정지책임을 부담 357
3) 이용자의 침해책임 및 피고의 방조책임 성립 358
4) 결정에서 명령한 내용 359
(2) 판례분석 …………………………………………………………… 360
1) 소리바다3의 작동 방식 등에 대한 추가적 검토가 필요함 360
2) 방조자의 침해정지책임의 근거로 민법을 원용함은 부당 362
3) 가처분 주문의 타당성 여부 365
4) 소리바다3 가처분 결정의 의의 366

제6장 Pure P2P 기술로 우회한 P2P 기술의 새로운 도전

제1절 Pure P2P 기술의 등장배경 …… 371

제2절 Pure P2P 등 이른바 Post P2P 기술의 현황 …… 373

Ⅰ. 미국 등 외국의 개황 …… 373

Ⅱ. 한국의 특수한 상황 …… 374

1. eDoukey의 특별한 인기 …… 374
2. 파일공유의 동기를 강하게 부여하는 변종 P2P 네트워크의 활성화 …… 378
3. 인터넷 스토리지 서비스의 활성화 …… 379

제3절 Pure P2P 기술에 관련된 인터넷서비스제공자에 대한 책임부과의 곤란성 …… 380

Ⅰ. Pure P2P 소프트웨어를 공급한 인터넷서비스제공자의 경우 …… 380

1. 네덜란드의 Kazaa 사건 등 …… 380
(1) 네덜란드 소송의 경과 …… 381
(2) 네덜란드 법원의 판단 …… 381
2. 미국의 Grokster 사건 …… 383
(1) 사실관계 …… 384
1) 당 사 자　384
2) Napster와의 차이점　384
3) 당사자의 주장의 요지　385
(2) 하급심 법원의 판단 …… 385
1) 1심의 판단　385
(가) 이용자들의 직접침해책임 / 385
(나) 피고들의 기여책임 성립 여부 / 385
(다) 피고들의 대위책임 성립 여부 / 387
2) 항소심의 판단　389

(가) 1심 판결 이후 학계의 동향 / 389
(나) 피고들의 기여책임 성립 여부 / 390
(다) 피고들의 대위책임 성립 여부 / 391
(라) Pure P2P의 침해문제를 해결할 궁극적인 주체는 입법부임 / 393
3) 하급심 판례분석 393
(가) 2차적 책임론이 Pure P2P에게 가지는 한계를 분명히 제시함 / 393
(나) Sony 판결의 의미를 Napster 항소심의 해석과 같이 축소하여 이해함 / 394
(다) Sony 판결을 적용함에 있어 상당부분 비침해적 용도가 있는지 제대로 규명하지 아니함 / 394
(라) Grokster가 단순히 소프트웨어공급자에 불과한지 제대로 살피지 아니함 / 396
(마) 여전히 모호한 통제 가능성의 기준 / 397
(3) 연방대법원의 판단 ··· 398
1) 항소심 판결 이후의 경과 398
2) 연방대법원의 판결내용 400
(가) Scouter 대법관이 작성한 전원일치 의견 / 400
(나) Ginsburg 대법관 등 3인의 별개 의견 / 403
(다) Breyer 대법관 등 3인의 별개 의견 / 405
3) 연방대법원 판결에 대한 분석 408
(가) 여전히 이 분야 문제해결의 핵심은 Sony 판결임 / 409
(나) 연방대법원의 Grokster 판결의 긍정적 의미 / 412
(다) 연방대법원의 Grokster에 대한 우려 / 415
(라) 호주의 Kazaa 판결 등 미국 밖에 끼친 영향 / 415
(마) 이후 미국법원의 해석들 / 421
(바) 미국의 동향정리 등 / 424
(사) 세계 각국의 동향정리와 평가 / 427

Ⅱ. Pure P2P 개별이용자들에게 인터넷 접속만을 제공하는 인터넷 서비스제공자의 경우 ··· 431
1. 저작권자가 개별이용자들의 책임까지 추궁하게 된 배경 ··· 431
2. Verizon 사건 ··· 433
(1) 의 의 ··· 433
(2) 1심의 판단 ··· 434

1) 사실관계 434
2) 법원의 판단 436
(3) 항소심의 판단 ···· 437
(4) 판례분석 ···· 439
3. 캐나다의 경우 ···· 442

제7장 혁신적 기술의 수용과 저작권자 보호를 위한 보완책 제시

제1절 Verizon 판결의 여파 ···· 447
Ⅰ. 저작권침해의 책임을 추궁받을 상대방이 사실상 축소 ···· 447
Ⅱ. P2P 기술의 수용을 거부하는 극단적인 입장의 강화 ···· 447
1. P2P를 이용한 범죄에 대한 특별취급 ···· 447
2. P2P 기술의 존재 자체에 대한 법적 공격 ···· 449
3. P2P 기술의 존재 자체에 대한 기술적 공격 ···· 451
4. Grokster 하급심이 취한 입장에 대한 입법적 번복시도 등 ···· 452
5. 미국 의회의 P2P 관련 입법들의 배경에 대한 해석들 ···· 454
Ⅲ. 전체 P2P 기술의 존재는 인정하여야 하는 이유 ···· 455

제2절 연방대법원의 Sony 판결이 놓았던 1984년의 시금석으로 되돌아가며 ···· 458
Ⅰ. Sony 판결의 의의 ···· 458
Ⅱ. Sony 사건의 사실관계 ···· 460
Ⅲ. 하급심 법원의 판단 ···· 462
1. 1심법원의 판단 ···· 462
2. 항소법원의 판단 ···· 463

Ⅳ. 연방대법원의 판단 …… 465
1. 다수의견 …… 465
2. 소수의견 …… 474

Ⅴ. Sony 원칙의 올바른 적용 …… 476
1. Sony 원칙에 대한 상이한 해석들 …… 476
(1) Napster, Aimster, Grokster 판결들의 상이한 해석 …… 476
1) 상품공급자 아닌 서비스제공자에 Sony 원칙이 적용되는지 여부 476
2) 비침해적 용도에 잠재적 용도가 포함되는지 여부 480
3) 기여책임에서의 인식 요건에서 실제 인식이 필요한지 여부 482
(2) Sony 원칙의 근본취지 …… 483
(3) Sony 원칙과 2차적 책임의 법리와의 관계 …… 486
2. 저자의 해석 …… 490
(1) 폭넓은 시각을 위한 역사적 고찰 …… 490
1) Sony 판결에서 도출할 수 있는 대원칙 490
2) 시초가 된 Sony 사건 491
3) 소송 도중 화해로 종결돼버린 Cahn v. Sony Corp. 사건 492
4) 절충적 입법인 오디오 가정녹음 법률의 성립 493
5) 공간이동을 인정한 RIAA v. Diamond Multimedia Systems 사건 494
6) 합의로 종결되어 아쉬움을 남긴 Paramount Pictures Corp. v. Replay TV 사건 499
7) 역사적 고찰에서 찾을 수 있는 시사점 502
8) 새로운 디지털 복제기술의 끊임없는 등장 504
(2) Sony 판결에서 도출할 수 있는 소원칙들과 한국법에서의 의미 …… 505
(3) 소원칙의 구체적 내용 …… 512
1) 사회적 손실 이상의 이익을 가진 신기술은 허용한다는 원칙 512
(가) 사회적 이익과 사회적 손실을 비교하는 판단의 곤란성 여부 / 512
(나) 보다 쉽게 판단할 수 있는 고객흡입력 기준설 / 515
(다) 경제학적 시각에서의 사회적 이익과 손실의 계량화 / 516
(라) 시장의 관련성만을 기준으로 Sony 판결을 해석하는 입장의 부당성 / 522

(마) 공급자가 가진 불법의 주된 목적이 법원의 판단에 영향을 미치는지 여부 / 524
(바) 통제가능성의 유무에 집착하는 입장에 대한 비판 / 526
2) 기술의 잠재적 용도까지 포함하여 손실과 이익을 판단한다는 원칙 528
3) 손익판단의 대상은 특정 상품이나 서비스에 국한된다는 원칙 529
4) 손실을 초래할 부분만을 차단할 구별조치는 사실상 요구된다는 원칙 531
(가) 필터링의 장착 등 구별조치가 법적 의무가 아니라 사실상으로만 요구된다고 보는 근거 / 531
(나) 필터링의 장착 등 구별조치를 이행하지 않은 경우에 대한 판단원칙 / 534
(다) 구별조치에 대한 저작권법 개정안들에 대한 검토 / 538
(라) 필터링의 장착 등 구별조치가 용이하게 가능함이 명백한 예외적 경우의 판단 / 539
5) 손실과 이익의 비교는 개략적 판단으로 족하다는 원칙 541
6) 기술로 인한 저작권자의 손실은 입법으로 보전해 준다는 원칙 542

제3절 저작권자 보호를 위한 보완책 검토 ······ 546

Ⅰ. 보완책이 필요한 이유 ······ 546

Ⅱ. 보완책의 검토 ······ 548
1. 기술적 보호조치와 권리관리정보 등 DRM ······ 548
(1) DRM, 기술적 보호조치와 권리관리정보의 개념 구별 ······ 548
1) 기술적 보호조치에 관한 각국의 정의 548
2) 권리관리정보의 정의 550
3) DRM의 개념과 기술적 보호조치, 권리관리정보와의 관계 552
(2) 기술적 보호조치의 개황 ······ 553
(3) 권리관리정보와 관련된 실례 ······ 556
2. 복제부과금 부과매체의 확대 ······ 557
(1) 복제부과금 제도의 개념과 경제학적 근거 ······ 557

1) 개 념 557
2) 경제학적 근거에 대한 試論 558
(2) 각국의 현황 ············ 563
(3) 복제부과금의 징수방법에 대한 이론상의 논의 ············ 565
1) Fisher 교수의 모델 565
2) Noncommercial Use Levy 모델 570

제8장 맺음말

제1절 요 약 ············ 575
제2절 마무리하며 ············ 578

제 1 장

서 론

제 1 절 문제의 제기
제 2 절 연구의 목적
제 3 절 인테넷서비스제공자의 정의
제 4 절 연구의 범위와 방법

제 1 절 문제의 제기

인터넷의 등장과 발전에 관한 역사는 지금까지 수많은 글들에서 반복 · 재생산되어 왔으므로 이 책에서는 굳이 다시 설명하지 않는다. 다만. 그와 관련되어 두 가지 역사적 사실이 이 책에서 중요하다는 것을 지적하고 싶다. 첫째는, 초기의 원시적인 네트워크 형태에서 출발하여, 모뎀을 통하여 극히 제한된 이용자들 사이에서 주로 문자 연락이 이루어지는 PC 통신 형태를 거쳐, 사진과 그래픽, 동영상을 하이퍼텍스트(Hyper Text)라는 편리한 방법으로 전송 · 검색할 수 있게 해 주는 월드와이드웹(World Wide Web) 형태로 네트워크의 형태가 발전하는 것에 맞추어 네트워크 이용자들이 저작권을 침해하는 방법도 변화하여 왔다는 사실이다. 둘째는, 현재 가장 유행을 끌고 있는 진보적인 네트워크기술은 피어 투 피어(Peer-to-Peer, 이하에서는 간단히 P2P라고만 한다)[1] 라는 사실이다. 그 중 첫째 사실을 더 부연설명하면 아래와 같다.

PC 통신 시절에는 지금에 비하여 정보의 전송속도가 극히 느렸다.[2] 느린 전송속도라는 물리적인 제약으로 불법복제물을 직접 네트워크로 전송하려면 엄청난 시간을 필요로 하였다. 그 결과 PC 통신의 전자게시판(Bulletin Board System, BBS)[3] 위에 저작권자의 눈을 피하여 주로 심야에 접속한 복제물 판매자가 자신의 연락처와 판매광고를 남기면, 이후 같은 게시판에 접속하였던 잠재적 구매자들이 오프라인(off-line)에서 연락하여 판매자로부터 직접 복제물을 전달받는 방법이 통용되었다. 이러한 형태의 저작권침해 사례에서는 이른바 네트워크가 저작권침해의 주된 장소가 아니라 부차적인 수단에 불과하였다.

그러다가 전송속도의 향상과 인터넷의 등장으로 불법복제물 제공자는 이제 자기의 홈페이지나 인터넷서비스제공자(Internet Service Provider, ISP)가 제공하는 전자게시판에 프로그램을 업로드(upload)하고 나중에 다른 이용자들로 하

1) P2P의 개념에 관하여 상세히는 제4장 제1절 'P2P 기술의 의의' 참조.

2) 국내에서 PC 통신이 한창이었던 1990년대 중반까지도 1 메가바이트(Mega Bite) 내외인 컬러사진 1장을 전송받는 데는 전송체증을 고려하면 1시간은 족히 소요되었다.

3) 전자게시판은 불특정 다수인 간의 정보교환이 가능한 게시판을 전자적(電子的)으로 실현한 시스템을 말한다. 전자메일에서는 전자박스에 저장된 정보를 계정의 소유자만 읽을 수 있지만, 전자게시판에서는 원칙적으로 누구든지 게시물을 읽을 수 있다.

여금 다운로드(download) 받을 수 있게 하는 침해의 형태가 일반화되었다. 다만 앞서 PC 통신은 회원제를 기반으로 하였지만 인터넷은 그렇지 아니하였기 때문에, 인터넷 상의 전자게시판에는 다른 이용자들과 마찬가지로 저작권자 역시 쉽게 접속할 수 있었고 그에 따라 저작권자의 불법복제에 대한 감시와 추적을 피하기 어려웠다.

이후 2000년경을 전후하여 선진 각국에서 P2P 서비스가 보급되자, 이제 불법복제물 제공자와 수령자는 오프라인의 현실이 아닌 온라인(on-line) 상의 가상공간에서 만나 복제물을 전송받는 침해의 형태가 새롭게 등장하였다.

이제는 종전과는 비교도 할 수 없을 정도로 저작권침해가 극심하여졌다. 그리하여 저작권자와 P2P 서비스제공자 사이에 잇따라 발생한 분쟁들은 미국의 냅스터(Napster) 사건, 그록스터(Grokster) 사건이나 한국의 소리바다 사건에서처럼 사회 전체로부터 큰 주목을 끌고 있다.

이상에서 본 것처럼 네트워크 기술의 발전에 따라 저작권침해의 방법은 변화하여 왔고 그에 맞추어 법적 논의의 방향도 변화하여야 할 것이다. 아울러 저작권침해의 여건을 조성하였다고 저작권자로부터 의심받았던 네트워크 서비스제공자의 책임론 역시 가령 전자게시판 시스템 제공자와 P2P 네트워크 제공자를 구분하여 살펴볼 필요가 있을 것이다. 이러한 서비스제공자의 책임은 그 이용자들이 범한 저작권 침해행위에 대하여 어떠한 부수적인 책임을 부담하는지가 본질적인 문제가 된다.[4] 하지만 그 정확한 법리의 정립은 한국은 물론 미국에서조차 아직 불완전한 상태에 있다고 할 수 있다. 아래와 같은 두 가지 이유가 있다고 본다.

먼저, 한국에서 이미 저작권침해와 관련된 인터넷서비스제공자(정확하게는 인터넷 등장 이전의 네트워크 서비스까지 포함한 서비스제공자)의 책임론을 다루고자 시도한 글들은 많았다. 가령 90년대 초반까지의 전자게시판 시스템(BBS) 서비스제공자의 책임에 국한하여 다소 고전적인 인터넷서비스제공자 책임론만을 언급하는 데 그친 글들이나,[5] 반대로 현재의 P2P 서비스제공자의 책임을 기여책

4) 21세기에서 민법만큼 점차 중요해지는 지적재산권법의 영역에서, 민법에서의 사용자책임 내지 제조물책임의 이론에 대응하는 위치를 점하는 것이 인터넷서비스제공자의 책임론이 아닐까 한다. 민법에서의 사용자책임 내지 제조물책임의 이론도 세세한 논의로 나아가자면 로마법 이래 쌓여 온 많은 쟁점과 난제가 존재하듯이, 인터넷서비스제공자 책임론 역시 피상적 생각들과는 달리, 몇 문장의 글로 쉽게 정리·압축할 수 있는 주제는 아니라고 사료된다.

5) 현재 저작권침해가 문제되는 실제 사례의 대부분이 P2P 분야로 옮겨진 이상 종전의 BBS 분야에

임(寄與責任), 대위책임(代位責任)의 차원에만 한정하고 그것도 위 두 가지 책임 이론의 배경을 살피지 아니한 채 극히 제한적 시각에서 언급한 글들,[6] 'MP3 파일의 교환행위'[7]와 같이 극히 제한된 현상만을 언급한 글들이[8] 그러한 예이다. 그렇지만, 이 글들은 대부분 저작권침해와 관련한 인터넷서비스제공자 책임론의 전체를 개관하려는 시도 대신 각각의 저자들이 원하는 일부만을 언급하는 데 그쳐, 통일적이고 체계적인 인터넷서비스제공자 책임론을 구축하지는 못한 것으로 여겨진다. 이러한 사정은 미국에서는 다소 나아보이지만, 미국에서의 논의가 그대로 한국에도 유효한 것은 아닌 이상 '최소한' 한국에 적합하게 응용된 설명이 필요한 상황이다.

특히 한국에서는 정보통신기술의 상대적 우위로 인하여 경우에 따라 오히려 미국에서도 아직 논의되지 않아 한국에서 세계 최초로 그 법리를 고민하여야 하는 사례도 여럿 존재한다.[9] 하지만 아직 이러한 사례까지 눈을 돌리고 있는 글은 거의 없는 상황이다. 다음으로 국내외를 막론하고 대개의 글들이 관련 입법이나 가령 기여책임이나 대위책임의 법리를 추상적으로 설명하는 데 지면의 대부분을 할애한 다음 그것에 소리바다 사건이나 Napster 사건 등에서 드러난 법원의 판시내용을 연결시키는 데 지나치게 치중한 결과, 기술적(技術的) 측면의 설명을 도외시한 느낌이 없지 아니하다. 그러나 인터넷서비스제공자 책임론은 근본적으로 관련 네트워크기술의 발전에 따라 변화하는 침해형태나 방법

국한된 논의는 그 법리의 응용가능성을 고려하더라도, 논의의 대상을 적절하게 포섭하고 있다고 할 수 없다.

6) Napster 사건에서 최근의 Grokster 사건에 이르기까지 미국 법원의 판단에서는 1984년 연방대법원이 내렸던 Sony 판결의 의미가 중요한 위치를 차지한다. 뿐만 아니라 기여책임, 대위책임을 논하는 경우에도 미국 판례법 상 기여책임, 대위책임의 출발과 연혁을 제대로 이해하지 못하고서는 올바른 결론을 내리기 어렵다 하겠다.

7) 만일 이러한 초점에 관심이 있는 독자라면 먼저 하버드대 Fisher 교수의 사이버강좌의 게시물을 먼저 참조할 것〈cyber.law.harvard.edu/property00/MP3/main.html〉[2006. 2. 21, 이 책에서 참고문헌 등의 인터넷 주소를 제시하는 경우 인터넷 익스플로러가 'http://' 부분은 자동적으로 삽입시켜 구동하므로 이하에서 이 부분 인용은 생략함].

8) 이 글들은 소리바다 사건이나 Napster 사건에서 주로 MP3 파일의 불법교환이 문제된 사실에 영향받은 것일 것이다. 이러한 글들의 논제가 당장 주는 센세이션은 클 것이지만, 인터넷서비스제공자 책임론은 기술의 발전에 따라 MP3 파일에만 국한되지 않고 그 대상을 계속 바꾸어 여전히 논의하여야 할 주제이다. 따라서 위 글들은 지나치게 좁은 시각에서 출발하는 것이다.

9) 가령, 후술하듯이 P2P와 스트리밍의 혼합서비스의 범용화, P2P를 이용한 실시간 전자상거래가 한국에서 세계 최초로 이루어져 있다. 그 외에도 온라인게임 서비스제공자의 특수한 책임이 가장 활발하게 언급되고 있는 것으로 보인다.

에 발맞추어 논의될 수밖에 없는 성질을 가진다. 따라서 인터넷서비스제공자의 서비스에 관하여 충분한 기술적 상식이나 설명 없이 나아가는 법적 논의는 공리공론이나 사상누각으로 빠질 위험이 있다.[10)]

제2절 연구의 목적

이 책의 목적은 위의 문제제기에서 살핀 대로 지금까지 나온 다른 글들이 가진 한계를 극복하려 노력하는 것이다. 우선 멀리는 기여책임(寄與責任) 등의 연혁의 고찰에서 출발하고 가깝게는 최근의 그록스터(Grokster)나 소리바다에 관한 최신판례에 이르기까지 인터넷서비스제공자 책임론과 관련된 법적 논의의 전체를 개관하고자 한다. 한편 종래 다소 소홀하게 취급되어 온 기술적(技術的) 측면에 대한 나름의 합리적인 이해를 도모하려 한다. 그러한 연구를 통하여 좁게는 'P2P 서비스제공자의 책임'이라는 문제해결에 집중하면서[11)] 넓게는 '기존 저작권의 보호 대 새로운 복제기술공급의 장려'라는 대립적인 이해관계를 합리적으로 조정하기 위한 거시적인 문제해결의 틀을 제공하는 것을 목적으로 삼았다.

이러한 연구목적에 따라 이 책의 제2장에서는 종전 전자게시판 시스템(BBS) 서비스제공자의 책임이 문제되었던 미국의 사례들을 고찰하여 기여책임 등의 연혁과 정확한 의미를 드러내고자 하였고, 한국의 경우 관련 사례들의 고찰과 아울러 인터넷서비스제공자 책임의 법적 근거규정을 찾고자 하였다.

제3장에서는, 주로 전자게시판 기술을 염두에 두고 인터넷서비스제공자 책임을 제한하고자 입법된 미국의 디지털 밀레니엄 저작권법(Digital Millenium

10) 가령, P2P의 속성상 개별 침해자들을 추적하는 것이 한층 어려워졌음에도 이런 특성을 무시하고 개별 침해자들에 대하여도 저작권자의 손에는 인터넷서비스제공자를 상대로 한 때와 균등한 효용을 가진 법적 구제수단이 있다고 오해하고 인터넷서비스제공자 책임론을 풀어나간다든가, 그렇지는 않더라도 개별 침해자의 추적이 과연 얼마만큼이나 어려워졌는지 파악하지 못하고 인터넷서비스제공자 책임을 논하는 것이 그 예이다. 또는 인터넷서비스제공자에 의한 필터링 기술의 채택의무화를 논의함에 있어, 불법파일 교환만을 선별하는 필터링기술이 현재의 기술상으로는 상당한 한계가 있음에도 이를 도외시하고 필터링기술로 불법을 거의 완벽하게 선별가능하다는 잘못된 전제를 염두에 둔다든지, 그렇지 않더라도 구체적으로 어떤 기술로 어떤 효과를 거둘 수 있는지는 대강 넘어간 채로 필터링 기술로 불법의 상당부분을 저지할 수 있다고 막연하게 주장하는 태도가 그것들이다.

11) 한국의 경우 소리바다를 둘러싼 관련 민사사건들인 가처분이의(假處分異議) 사건과 손해배상 사건

Copyright Act) 등 각국의 입법들을 모두 비교하고, 그 과정에서 한국의 2004년 개정 저작권법 중의 온라인서비스제공자의 책임제한규정에 대한 해석론과 더불어 입법론을 제시하고자 하였다.

제4장에서는, 최근 가장 문제되는 P2P 복제기술에 대한 기술적 접근을 시도하고, 아울러 왜 개별이용자 대신 인터넷서비스제공자에게 책임추궁이 집중되는지 이유를 살펴보았다.

제5장에서는, 미국의 냅스터(Napster) 사건 등이나 한국의 소리바다 민사분쟁들에서 이른바 하이브리드 P2P 서비스제공자의 책임을 긍정한 각국 법원의 논거를 고찰하여 그 논리상의 문제점을 규명하였고, 아울러 미국의 에임스터(Aimster) 사건에서 항소심이 취한 독자적인 태도에 주목하였다.

제6장에서는, 이른바 Pure P2P의 경우 책임을 부정한 그록스터(Grokster) 하급심 법원들의 논거가 무엇인지 살피는 과정에서 종전까지 유용하였던 기여책임 등의 법리가 가진 한계를 살폈고, 한편 위 하급심 법원의 논리에 일정한 결함이 있음을 지적하면서 최근 이루어진 연방대법원의 최종판단이 한국의 법원에 주는 의미가 무엇인지 모색하였다.

제7장에서는, P2P 기술은 물론 모든 복제기술공급자의 책임문제를 해결하는 궁극적인 틀을 정립하고자 모색하는 과정에서, 다름 아닌 미국 연방대법원의 1984년 Sony 판결이 제시한 내용에 더 보태어 나름대로의 이른바 Sony 소원칙으로 전개하였고, 이러한 논리전개가 한국에서 가지는 의미도 언급하였다.

제 3 절 인터넷서비스제공자의 정의

인터넷서비스제공자(Internet Service Provider, ISP)를 쉽게 말한다면, 인터넷을 통하여 이용자들에게 인터넷 접속, 웹사이트 호스팅(Website Hosting),

---

들의 결론과, 형사사건의 결론이 2005. 1.경 각 항소심에서 서로 엇갈리게 나왔다. 이에 관하여는 조만간 우리 대법원의 최종판단이 이루어질 것이다. 한편 미국의 경우는 한국보다 한발 앞서, Grokster 사건에 관하여 2004. 8. 19. 연방 제9항소법원에서 같은 항소법원이 이미 2002년경 내렸던 Napster 판결의 결론과는 상반되는 판단이 내려진 후 상고되어 연방대법원에서 2005. 6. 27. 항소심과는 반대의 결론이 내려졌다. 이처럼 최근 각국에서의 인터넷서비스제공자 책임론은 각국 법원의 분쟁해결의 논리를 중심으로, 다소 급박하게 법리의 완성단계로 진입하고 있다고 볼 수 있다.

검색엔진(Search Engine), 전자게시판 시스템 제공 등의 각종 서비스를 제공하는 자를 지칭한다고 할 수 있다.

이 용어에 대신하여 달리 자주 쓰이는 표현으로는 '온라인서비스제공자(Online Service Provider, OSP)' 란 용어가 있다. 이는 한국에서는 가장 흔하게 쓰이는 용어이다. 이 용어는 기업 내에만 연결된 폐쇄적인 형태의 네트워크 서비스 등 모든 네트워크에서 활동하는 서비스제공자를 빠짐없이 포섭할 수 있어 적어도 이론상의 만족감을 준다. 게다가, 미국의 디지털 밀레니엄 저작권법(DMCA) 중 '온라인' 저작권 침해책임제한법('Online' Copyright Infringement Liability Limitation Act, OCILA, 각 따옴표는 필자가 첨가)[12]에서와 같은 외국 입법의 표현이나 한국 저작권법의 '온라인서비스제공자의 책임제한' 이라는 표현을 보더라도 일견 타당한 듯하다.

하지만, 이 책에서는 주로 '인터넷서비스제공자' 란 표현을 쓰고자 한다. 그 이유는 폐쇄적인 네트워크에서 빚어지는 저작권침해가 요즘은 거의 문제가 되지 아니하고 저작권자의 관심과 그에 따른 법적 쟁송이 일어나는 거의 모든 영역이 인터넷이라는 현실을 직시할 때 우리가 지칭하고자 하는 실질적인 연구대상을 더 확실하게 드러내는 용어는 오히려 인터넷서비스제공자라고 보이기 때문이다.[13] 이러한 이유 때문인지 이 분야의 논의가 가장 활발한 미국에서는 온라인서비스제공자(OSP)란 용어 대신 인터넷서비스제공자(ISP)란 용어를 압도적으로 더 선호하고 있다.[14] 이런 사정은 미국 법원들의 용어사용례[15]에서도 마찬가지이다.

결론적으로 인터넷서비스제공자나 온라인서비스제공자라는 용어 어느 쪽도

12) 즉, 기존 저작권법을 개정하는 과정에서 해당 부분의 개정법안을 'Online Copyright Infringement Liability Limitation Act' 라고 명명한다고 정하고 있고, 17 U.S.C. § 512(k)(B)에서 'service provider' 를 정의하면서 'a provider of online services....' 라고 정의하고 있다.

13) 온라인서비스제공자' 와 '인터넷서비스제공자' 라는 용어 선택에 관한 다툼은 비유하건대 모든 대상을 포괄하는 강점이 있는 '지적재산권' 이란 용어와 다루는 대상의 특징을 더 적나라하게 드러내는 '지적소유권' 이란 용어 중 어느 것을 채용할지에 관한, 예전의 논쟁을 연상하게 한다.

14) 더 구체적인 예를 들자면, 검색엔진 Google을 이용하여 'Internet Service Provider' 와 'Online Service Provider' 두 용어를 각각 검색한 결과는 20006. 3. 13. 현재 35,000,000건 대 215,000건의 차이를 보인다.

15) 먼저 Napster 사건에 있어 2000. 8.경 내려진 연방지방법원의 판결에서는 어느 쪽 표현도 쓰지 않고 'Service Provider' 라고만 표현하였고, 2001. 2.경 연방항소법원의 판결에서는 'Internet Service Provider' (239 F.3d at 1025)란 표현과 'Online Service Provider' (239 F.3d at 1021)란 표현이 1회씩 등장하고 있지만, 이후 판례들은 2002. 9.경 Aimster 1심 판결이 여러 곳(252 F.Supp.2d at 641, 652, 656,

논리상 크게 무리가 없다고 보이지만, 이 책에서는 원칙적으로 인터넷서비스제공자란 용어를 사용하되 필요한 경우, 가령 온라인서비스제공자란 용어를 취하고 있는 우리 저작권법 상 조문을 설명하는 부분 등에서는 온라인서비스제공자란 용어도 병행한다.

인터넷서비스제공자나 온라인서비스제공자란 용어들 외에도 거론되는 것에는 인터넷 네트워크 사업자(Internet Network Provider), 온라인 서비스 사업자(Online Service Provider), 전자게시판 운영자(Bulletin Board System Operator) 등의 용어가 있다. 그러나 '인터넷 네트워크 사업자'란 용어의 경우 인터넷의 개념 안에 이미 범국가적 네트워크라는 개념이 포섭되어 있는 이상 '인터넷 네트워크'란 말은 사실 동어반복에 불과하다.

'온라인서비스사업자'란 용어의 경우 Online Service Provider라는 원문 중 Provider 부분을 앞서와 같이 '제공자'가 아닌 '사업자'로 달리 번역하고 있으나 대학 등 비영리교육기관의 경우를 상정하면 영리성을 전제한 '사업자'라는 번역은 적절하지 않다. '전자게시판 운영자'란 용어의 경우 P2P 서비스제공자 등 현재 가장 문제되는 주체를 전혀 포섭하지 못하므로 다소 시대에 뒤떨어진 개념이다.

한편, 한국에서 '온라인서비스제공자'란 표현을 사용하고 있는 저작권법 이외의 다른 법률에서 사용하고 있는 유사용어로는, 전기통신사업법 상 '부가통신사업자', 정보통신망이용촉진및정보보호등에관한법률상 '정보통신서비스제공자'라는 용어가 존재한다. 우선 '부가통신사업자'는 기간통신사업자로부터 전기통신회선설비를 임차하여 기간통신역무 외의 전기통신역무(이를 '부가통신역무'라 한다)를 제공하는 사업을 하는 자를,[16] '정보통신서비스제공자'는 전기통신사업법 제2조 제1항 제1호[17]의 규정에 의한 전기통신사업자와 영리를 목적으

657, 658, 659)에서 'Internet Service Provider'라는 표현을 쓰고 있는 것을 비롯하여, 2003. 1.경 Verizon 1심 판결(240 F.Supp.2d at 26, 27, 35, 37, 38), 2003. 6경 Aimster 항소심 판결(334 F.3d at. 655), 2003. 12.경 Verizon 항소심 판결(351 F.3d at 1231, 1233, 1236)이 모두 해당부분에서 'Online Service Provider'라는 용어대신 'Internet Service Provider'라는 용어를 선택하고 있다. 다만, Grokster 사건에서는 1심과 항소심 모두 'Online Service Provider'는 물론 'Internet Service Provider', 심지어 'Service Provider'란 용어조차 사용하고 있지 않다. 이것은 우연이라기보다 법원이 피고 Grokster나 모피어스(Morpheus)를 종전 사건들의 피고였던 Napster나 Aimster와 같은 인터넷서비스제공자로 파악하지 아니하고 단순히 소프트웨어 공급자로 판단하고 있음이 묵시적으로 반영된 결과로 짐작된다.

16) 전기통신사업법 제4조 제4항 참조.

17) 제2조(정의) 제1항 제1호 "전기통신사업자라 함은 이 법에 의한 허가를 받거나 등록 또는 신고를 하

로 전기통신사업자의 전기통신역무를 이용하여 정보를 제공하거나 정보의 제공을 매개하는 자를 지칭한다.[18] 인터넷서비스제공자는 전기통신사업법상 '부가통신사업자'에 상응한다고 풀이하는 것이 대체적이므로, 결국 이러한 부가통신사업자 이외에도 기간통신사업자·별정통신사업자 등을 모두 포괄하고 있는 정보통신망이용촉진및정보보호등에관한법률 상의 '정보통신서비스제공자'는 '인터넷서비스제공자'보다 더 넓은 개념이 된다.

나아가 '인터넷서비스제공자'를 개념상으로 더 세분할 경우, 크게 인터넷회선의 접속 자체를 제공하는 접속서비스제공자(Access Provider)와 콘텐츠를 제공하는 콘텐츠서비스제공자(Content Provider)로 크게 구분할 수 있다. 그 중 접속서비스제공자의 경우 그 기술구조가 종래 전화망을 제공하는 사업자와 유사하다. 그 까닭에, 전화망 사업자가 자신의 전화망을 통하여 이용자들 사이에 오고간 정보에 관하여 원칙적으로 책임을 부담하지 않는 것과 마찬가지로, 접속서비스제공자에 불과한 인터넷서비스제공자는 자신이 제공한 인터넷회선의 접속망을 통하여 인터넷이용자들 사이에 교환된 정보가 초래한 권리침해에 관하여 책임을 부담하지 않도록 하는 기본방향에 세계적인 공감대가 현재 형성되어 있음은 앞으로 여러 번 설명하는 바와 같다.

제 4 절 연구의 범위와 방법

Ⅰ. 연구의 범위

1. 연구대상

첫째, 기술 진보에 따라 침해의 태양이 변하고 그에 맞추어 인터넷서비스제공자 책임론도 변할 수밖에 없다. 이 책의 고찰의 순서도 가급적 BBS 기술단계, 하이브리드(Hybrid) P2P 기술단계, 슈퍼노드 형을 포함하여 Pure P2P 소프트웨어 기술단계라는 관련 네트워크 기술의 변모에 맞추어 각각의 단계에서 미국과 한국에서의 논의와 사례 위주로 상세히 살피고자 한다. 이 책에서

고 전기통신역무를 제공하는 자를 말한다."

18) 정보통신망이용촉진및정보보호등에관한법률 제2조 제1항 제3호.

많은 언급이 P2P 네트워크에 집중되어 있는 것은 현실에서 저작권침해가 가장 문제되는 것이 P2P와 관련되기 때문이다. 즉, 인터넷 상 구현되는 다른 기술, 가령 웹호스팅과 관련한 링킹(Linking), 프레이밍(Framing) 등의 기술영역에서도 저작권침해는 발생할 수 있지만 P2P로 인한 저작권 침해의 강도와 빈도[19]에 비하면 상대적으로 아직 미비하다.[20]

둘째, 인터넷서비스제공자의 책임론은 이용자들(users)의 직접적인 저작권 침해행위가 있다는 것을 전제한 다음, 이에 대하여 인터넷서비스제공자가 어떠한 법리에 따라 간접적인 책임[21]을 부담할 것인가 하는 점이 골격을 이룬다. 이용자들과 마찬가지로 인터넷서비스제공자도 스스로 링크[22] 등을 통하여 저작권을 직접 침해할 수도 있지만 이러한 경우는 인터넷서비스제공자 책임론의 핵심에서 다소 벗어난다. 그 이유는 (i) 인터넷서비스제공자가 직접 저작권을 침해하는 경우는 개개인이 저작권을 침해하는 경우와 대부분 동일한 법 이론이 적용될 것이므로 따로 구별하여 논할 실익이 크지 않기 때문이고,[23] (ii) 저작권침해가 현실적으로 빈발하고 그에 따라 법적 규율의 필요가 당장 절실한 분야가, 가령 '소리바다'와 같은 P2P 서비스제공자의 책임과 같이 앞서 본 형태의 책임문제이기 때문이다.[24]

2. 인터넷서비스제공자의 책임이 문제되는 그 외 경우들과의 비교

(1) 인터넷서비스제공자의 음란물 링크

한국에서 음란사이트를 링크한 인터넷서비스제공자에 대하여 그 형사책임을

19) 제4장 제3절 'P2P 기술에 의한 저작권침해의 대상물과 그 심각성' 부분 참조.

20) 링킹, 프레이밍, 캐싱(Caching) 같은 경우는 상대적으로 민·형사 소송에 이른 경우가 드물다. 이러한 침해가 특정 저작권자에 대한 단발적인 침해에 그친다는 점, 그렇지 않고 다수 저작권자의 권리를 (이론상) 침해하더라도 저작권자의 경제적 이익에는 대체로 큰 영향이 없는 경우가 많아 저작권자가 시간과 비용을 들여 아직 쟁송에 이르기에는 미흡한 점이 원인이겠다.

21) 침해행위를 한 이용자들이 부담하는 (직접)책임과 달리 간접책임이란 미국에서는 기여책임이나 대위책임을 가리킨다. 한국에서는 아직 정설은 없으나 교사·방조책임이나 사용자책임이 이와 유사하다.

22) 인터넷서비스제공자의 링크행위를 통하여 저작권이 침해된 경우 간접책임이 아니라 직접침해책임의 성립 여부가 문제된다고 파악한 사례로는 아래에 등장할 Kelly v. Arriba Soft Ⅰ, Ⅱ 각 사건 등이 있다.

23) 그러나 미국 디지털 밀레니엄 저작권법이 개별적 면책요건의 하나로 링킹행위를 정하고 있음을 설명할 경우처럼 이 책에서도 일정하게 언급하는 경우가 있다.

24) 그러나 벅스뮤직 가처분 사건처럼 그 기술적 토대인 스트리밍 서비스(streaming service)의 사례를 이 책의 직접적인 대상인 소리바다 사건의 P2P 技術과 비교하는 것이 소리바다의 기술적인 특징을 이해하는 데 필요한 경우라면, 인터넷서비스제공자가 직접 저작권을 침해한 사례까지 이 책에서 언급한다.

인정한 이른바 '팬티신문 사건'에 대한 대법원 판결[25]이 주목을 받은 적이 있고, 이에 대한 다소간의 논의[26]가 있다. 대법원은 단순 링크행위를 링크된 대상을 전시한 것과 동일하다고 판단한 바 있다. 상세히 언급할 수는 없지만 이러한 결론은 인터넷 링크의 성질이나 미국,[27] 일본[28] 등 외국의 판결 예 등에 비추어 다소 의문이다.[29]

인터넷서비스제공자가 특정 콘텐츠에 대하여 링크행위(linking)를 하였다고 할 때 그 콘텐츠가 음란물일 때는 통상적인 콘텐츠인 경우와 달리 고려해야 할 현실이 있다. 그것은 음란물제작자가 음란물의 저작권을 주장하기 곤란한 때가 대부분[30]이라는 사실이다. 그에 따라 설령 한국 저작권법에 따른 침해주장의 통지절차에 따라 침해물의 제거를 요구한 음란물제작자의 요청이 있다거나, 이에

---

25) 이 사건에서는 '팬티신문'이라는 인터넷신문을 운영하는 피고인이 음란사진 등을 게재한 사이트를 링크한 행위가 문제되었다. 원심(수원지법 2001. 2. 15. 선고 99노4573 판결)은 해당 사이트의 초기화면을 링크(이른바 내부링크, 즉 딥 링크가 아닌 단순링크)하여 두었을 뿐이므로 해당 사이트의 주소를 전시하거나 알린 것에 불과하여 죄형법정주의 상 정보통신망이용촉진및정보보호등에관한법률 소정의 '공연히 전시'하는 행위에 해당하지 않는다고 판단하였다. 하지만, 대법원(2003. 7. 8. 선고 2001도1335 판결)은 이러한 행위를 단순한 방조행위가 아닌 위 법률 소정의 '공연히 전시'하는 행위에 해당한다고 하여 정범이라고 판단하면서 그 근거로 링크는 실질적으로 링크된 웹페이지의 내용을 이용자에게 직접 전달하는 것과 마찬가지의 기능을 수행함을 들었다.

26) 음란물링크에 대한 국내에서의 논의는 아직 많지 않으나, 박희영, "사이버 음란물 유포행위와 형사책임," 부산대 법학연구 제43권 제1호(통권 제51호), 2002. 12. 및 정경석, "음란물의 링크에 따른 형사적 책임," 서울대학교 기술과법 센터 2004-제4회 워크샵(「Internet Service Provider의 책임」) 발표문, 2004. 5. 22. 〈www.clt.re.kr〉[2004. 7. 7.] ; 박성호, "인터넷 링크 허용돼야," 문화일보 2003. 7. 31. 자 칼럼 ; 서보학, "유해정보사이트에 링크해 놓은 경우의 형사책임(대법원 2003.7.8 선고 2001도1335 판결 평석)," 법률신문 2003. 9. 25. 등 참조.

27) 최근 내려진 미국의 Perfect 10 v. Google 판결[2006 WL 454354 (C.D.Cal. Feb 17, 2006)]에서는 종전 Kelly v. Arriba Soft Ⅰ사건[280 F.3d 934 (9th Cir. 2002)]의 입장과 달리 검색엔진 사업자의 인라인 링킹(in-line linking) 행위만으로 링크된 내용물을 전시했다고 할 수 없다는 취지로 판단하였다.

28) 일본에서는 피고인이 자신이 개발한 마스크(mask)의 설정·제거기능을 갖는 화상처리소프트웨어(FLMASK)를 선전하기 위하여 자신의 웹사이트 상에 위 소프트웨어를 이용하여 화면 중 일부를 마스크 처리한 외설화상을 담고 있는 사이트로 링크를 한 행위가 문제된 적이 있다. 일본의 하급심판례[오사카 지방재판소 平成9(わ)1619號 平成12. 3. 30. 판결, 확정]는 이를 추행, 도화 공연진열죄의 방조죄로 처벌하고 있을 따름이다.

29) 정경석, 위 발표문의 취지는 링크행위자의 의사 등 제반요소를 고려하여 경우에 따라 정범성을 인정할 수도 있다는 취지이다. 하지만 외부에서 관찰하면 링크(link)가 클릭을 한번 더 하는 것이 다를 뿐 음란물을 직접 게시한 자와 별로 다를 바 없는 행위처럼 보일지 몰라도, 기술적인 측면에서 실제로 그 클릭 한번은 인터넷 망을 통하여 지구 반대편의 정보를 전달하는 엄청난 의미를 가진 행위라고 보아야 한다. 결국 앞서 위 발표문을 제외한 다른 논자들의 입장과 마찬가지로 링크행위만으로 정범성을 인정하기는 곤란하다고 본다.

30) 외국의 Playboy 사이트나 Perfect 10 사이트에서 보듯이 음란물이라고 저작권법의 보호를 반드시 받지 못하는 것은 아니다. 하지만, 아직 적어도 한국의 음란물 기준으로는 팬티신문 사건에서 보듯이

인터넷서비스제공자가 응하지 않았다고 하여 음란물제작자를 상대로 민사책임을 부담하게 될 가능성은 희박하다. 따라서 한국에서 실제 주로 문제되는 것은 음란물 링크행위를 한 인터넷서비스제공자 자신의 형사적 책임이다.[31] 나아가 그 처벌의 근거규정을 보면 형법에 의하는 사례도 있을 수 있으나 실무상으로는 위팬티신문 사건에서처럼 정보통신망이용촉진및정보보호등에관한법률[32]에 의하여 처벌하는 예가 압도적으로 많다.

한편 미국에서는 종전의 통신품위법(Communications Decency Act, CDA)이나 아동 포르노 방지법[33] 또는 아동 온라인 보호법[34] 등에 의하거나 일부 州法[35]이 처벌규정으로 동원되는 듯하다.

이상과 같이 음란물을 링크하는 사례에 국한하지 않고 널리 음란물을 유통하는 것과 관련한 사례들을 모두 고찰하자면, 비록 형사책임에 관한 것이긴 하지만 이용자들의 책임을 전제로 인터넷서비스제공자의 부수적인 책임을 언급한 사례들도 간혹 보인다. 한국에서는 PC 통신 시절 네트워크 서비스제공자와 콘텐츠 공급계약을 체결한 정보제공자가 인터넷서비스제공자의 전자게시판에서 당초 공급대상이 아닌 불법음란물을 공급하는 경우 전자게시판 시스템 운영자인 서비스제공자의 책임이 문제된 사례(소위 전기통신기본법위반 사건[36])가 있다. 이 사례에서는 서비스제공자에게 이용자들의 불법행위에 대한 일반적인 감시

대개는 그 음란성의 정도가 법적으로 용인되는 한도를 넘는 경우가 대부분이어서 음란물제작자로 판명되면 한국에서는 형사처벌을 피할 수 없게 되어 저작권주장은 곤란할 때가 많다.

31) 이러한 이유 때문에 음란물과 관련하여 인터넷서비스제공자의 책임을 논한 국내의 문헌들(가령, 앞서 보았던 정경석 등의 논문들과 염동신, “온라인서비스제공자의 형사상 책임,” 인터넷법률 5호, 법무부, 2001. 3. 및 이정원 · 류석준, “인터넷 음란물에 대한 ISP의 형사책임에 관한 연구,” 중앙법학 제6집 제2호, 2004 등)도 형사책임에 국한한 연구들이 대부분인 것이다. 이렇게 음란물과 관련한 연구문헌들이, 저작권침해를 주로 다루고자 하는 이 글에서 갖는 가치는 저작권침해에 따른 인터넷서비스제공자의 형사책임을 규명함에 있어 위 연구문헌들의 형사법적 논의를 어느 정도 참고할 수 있다는 점뿐이다.

32) 참고로, 2004. 6. 전국 수사당국에서 한국의 변형된 P2P 관련 서비스제공자와 인터넷 스토리지 서비스들에 대하여, 이용자들의 음란 동영상 공유행위에 관한 형사책임을 소추하고 있는 근거도 모두 정보통신망이용촉진및정보보호등에관한법률 제65조 제1항 제2호가 ‘정보통신망을 통하여 음란한 부호 · 문언 · 음향 · 화상 또는 영상을 배포 · 판매 · 임대하거나 공연히 전시’하는 행위를 규제함에 의거하고 있다.

33) Child Pornography Prevention Act, CPPA.

34) Child Online Protection Act, COPA.

35) 가령, 펜실베이니아 주의 Internet Child Pornography Act[18 Pennsylvania Statutes § 7330 (2002)]가 그 예이다. 전문은〈www.cdt.org/speech/pennwebblock/030200penn7330.pdf〉[2004. 9. 12.].

36) 수원지방법원 2001. 10. 23. 선고 99노3043판결. 이는 대법원 2002. 7. 9. 선고 2001도6151 판결에서

(Monitoring)의 의무가 있는지 여부,[37] 그러한 의무는 조리 상의 작위의무로 긍정될 수 있는지 여부[38]가 판단되었다. 이 사건은 비록 공법인 전기통신기본법 위반에 대한 형사사건이지만, 인터넷서비스제공자에게 네트워크에서 제공되는 정보에 대한 일반적인 감시(Monitoring)의 의무가 있는지에 관하여 전기통신기본법, 전기통신사업법 등 관련 법령의 취지를 해석하고 있어 민사상 해석에도 참고가 된다.

아울러 개인이용자가 경매를 중개하는 인터넷서비스[39]를 이용하여 불법음란물을 광고하고 판매한 경우 그 인터넷서비스제공자는 어떤 책임을 부담할 것이

무변론 상고기각되어 확정되었다. 이 사건에서는 피고인이었던 PC 통신 하이텔과 정보제공업체(Information Provider, IP) 등록계약을 체결하고 하이텔 통신망 안에 개설된 '인포샵(Infoshop)'에서 성인정보를 제공하는 전자게시판 운영업체들의 행위가 문제되었다. 검찰은 이들을 음란정보 및 불법복제저작물 공급혐의로 기소하는 것은 물론 하이텔을 운영하는 한국전기통신공사 및 그 직원으로서 위 업체들에게 임대한 인포샵 공간을 관리·감독할 책임이 있던 피고인 이OO까지 전기통신기본법 위반방조 및 컴퓨터프로그램보호법위반방조 혐의로 각 기소하였다. 마찬가지로 PC 통신 천리안을 운영하던 (주) 데이콤 및 그 직원도 전기통신기본법위반방조 혐의로 기소되었다.

37) 위와 같은 사안에서 과연 전기통신기본법, 전기통신사업법 등 법령의 해석으로부터 PC 통신업자, 다시 말하여 인터넷서비스제공자에게 감시의무를 소홀히 한 책임을 추궁할 수 있는지에 관하여 법원은 "전기통신기본법, 전기통신사업법 등 관련 법령을 살펴보더라도 전기통신사업자 또는 그 소속의 담당자에게 정보 제공업자로 하여금 음란한 영상을 전기통신 역무 이용자들에 제공하지 못하도록 하여야 할 의무를 부과한 근거를 찾아볼 수 없다. 다만 전기통신사업법 제53조 제1항은 '전기통신을 이용하는 자는 공공의 안녕질서 또는 미풍양속을 해하는 내용의 통신을 하여서는 아니 된다,' 같은 법 제3항은 '정보통신부 장관은 제2항의 규정에 의한 통신에 대하여는 전기통신사업자로 하여금 그 취급을 거부·정지 또는 제한하도록 명할 수 있다'라고 각 규정하고 있으나, 위 각 법조는 정보통신부 장관의 개별적인 처분 또는 명령이 있을 경우 전기통신사업자로 하여금 그 이용자의 통신을 거부·정지 또는 제한할 의무를 지우고 있을 뿐 전기통신사업자에게 스스로 그와 같은 행위를 할 의무를 일반적으로 부과하고 있는 조항은 아니다."라고 판단하였다.

38) 나아가 위 법원은 "정보 제공업자들이 통신망에 제공하는 정보들이 음란한 것인지에 대한 판단이 반드시 쉽고 명백한 것은 아닌 점, ...수많은 정보 제공업자들이 수시로 제공하였다가 다시 삭제하는 정보를 일일이 감시하여 제재 조치를 취한다는 것이 현실적으로 어려운 점(그 외에 법원은 표현의 자유와 음란한 정보에 대하여 제재를 가함으로써 얻게 되는 공익과의 비교형량의 관계상 해당 음란 정보가 제재의 대상인지 여부, 그 제재의 정도에 관한 판단이 쉽지 아니한 점도 들고 있다; 필자 주) 등을 고려할 때 전기통신사업자 등이 그와 같은 조리 상의 작위의무를 지고 있다고 할 수도 없다.... 검사는 피고인 한국전기통신공사 등 전기통신사업자들이 실제로 정보 제공업자들이 제공하는 정보들에 대하여 모니터를 하고, 그들과의 계약 내용에 따라 그들에게 경고, 게시물 삭제 요청 등의 제재 조치를 취한 사실이 있어, 전기통신사업자 등은 정보 제공업자들이 제공하는 음란정보 등을 관리할 권한과 능력이 있으므로, 이로부터 정보 제공업자들의 음란정보 제공행위를 억제할 전기통신사업자 등의 작위의무를 도출할 수 있다고 주장하나, 위와 같은 전기통신사업자들의 제재조치 등은 음란정보 등의 차단을 위한 그들의 자율적인 노력이라고 할 것이므로 그와 같은 사실만으로 곧바로 그와 같은 작위의무가 인정되는 것은 아니다"라고 판시하여 조리 상의 감시의무도 부정하였다.

39) 이 사건 판결문에서 인터넷경매업체인 옥션의 경매서비스가 이루어지는 구조를 설명하고 있다. 우선 이 사건 피고인들 중 피고인 옥션(www.auction.co.kr)은 인터넷경매업체이고, 다른 피고인 박OO

냐의 문제를 판단한 사례(소위 옥션에서의 음란 CD 판매사건[40])도 있다. 이 사건은 공법인 음반·비디오물및게임물에관한법률위반의 방조죄에 대한 형사사건인데, 컴퓨터프로그램으로 자동 수행되도록 설계된, 인터넷상 상품판매대행 서비스를 운영하는 인터넷서비스제공자에게 그 서비스를 통하여 거래된 불법음란물의 유통에 관한 방조책임을 긍정할 수 있는지 여부[41]를 다루고 있다.

(2) 이용자들의 명예훼손행위

인터넷서비스제공자의 책임이 문제되는 여러 가지 침해영역 중 저작권침해의 경우와 더불어 가장 중요한 영역이 바로 명예훼손행위와 관련한 인터넷서비스제공자의 책임이다. 이러한 사례들을 다루는 판례들은 비교적 풍부하여 미국에서는 1991년 Cubby, Inc. v. Compuserve Inc. 사건[42] 이래 Stratton Oakmont Inc. v. Prodigy Service Co. 사건,[43] 그리고 통신품위법(CDA) 시행 이후에 있었

은 위 경매 사이트를 총괄 관리하는 자이다. 옥션의 경매에서는, 먼저 회원에 가입한 매도희망자가 당해 물품을 위 사이트에 판매등록하면서 상품의 '상세정보란'에 설명하고자 하는 내용까지 기입한다. 이후 구매희망자들이 이를 보고 입찰금액을 기재하고 '입찰서 제출' 버튼을 누르게 되고, 이런 과정으로 낙찰이 이루어지면 피고인 회사는 이메일로 낙찰자에게 입금고지를 하게 된다. 실제 입금결제는 피고의 사이트를 통하여 이루어지고 입금을 확인한 피고인 회사가 이번에는 판매자에게 물품을 낙찰자 앞으로 발송하라는 이메일을 보낸다. 이에 따라 물품이 발송되어 낙찰자가 수령한 다음 다시 낙찰자가 위 사이트에 접속하여 '수령 후 확인버튼'을 누르면 피고인 회사의 판매수수료를 공제한 나머지 금액이 피고인 회사를 거쳐 판매자에게 지급된다. 이러한 순서의 경매는 대부분 위 박OO이 관리하는 컴퓨터프로그램이 자동적으로 수행된다. 당시 위 경매 사이트의 월평균 신규물품 등록건수는 14만여 건에서 27만여 건에 이르렀다.

40) 서울지방법원 2001. 8. 21. 선고 2000고단5907 판결, 서울지방법원 2002. 4. 2. 선고 2001노7854 판결, 대법원 2003. 11. 13. 선고 2002도2108 판결. 앞서 본 옥션의 경매 서비스에서 이 사건에서 문제된 것은 2000년 무렵 소외인들이 '한국 몰카 모음' 등의 제목을 가진 상품을 '상세정보란'에서 자세히 음란물을 설명하는 광고와 함께 판매등록한 다음 모두 1173장을 판매한 행위이다. 검찰은 피고인 회사와 피고인 박OOO는 위 소외인들이 음반비디오물 유통관련업 등록을 하지 않은 채 CD를 판매하는 것을 방조하였다는 혐의로 공소를 제기하였다

41) 이에 대하여 유죄를 인정한 1심 법원과 달리 항소심 법원은 무죄를 선고하였다. 그 주된 이유는 경매과정이 피고인이 개발한 컴퓨터프로그램에 의하여 전산처리되므로 피고인 박OO이 직접적으로 개입하지 아니하였다는 점이었다. 그러나 대법원은 이를 다시 번복하여 유죄의 취지로 파기환송하였는데, 그 논거는 다음과 같다. 즉 피고인 박OO이 평소 음란물이 거래된다는 정을 알고 있었고, 경매사이트상 '상세정보란'의 문구를 확인하는 방법으로 음란물인지를 쉽게 확인할 수 있었으며, 음란 CD 판매가 여러 회에 걸쳤고, 그런 자들이 유통관련업등록을 하는 것은 이례적이라는 사정을 감안할 때 피고인은 범죄의 고의가 있다. 아울러 프로그램에 의하여 위 피고인이 직접 중개행위를 하지 않았더라도 위 피고인이 경매 사이트를 관리하면서 위와 같은 고의가 있었던 이상 컴퓨터프로그램의 실행은 피고인의 행위와 동일하게 평가하여야 할 것이라고 보았다.

42) 776 F.Supp. 135 (S.D.N.Y. 1991).

43) 1995 WL 323710 (NY Sup. Ct. May 24, 1995).

던 Zeran v. American On-Line, Inc. 사건,[44] Sidney Blumenthal & Jacqueline Jordan Blumenthal v. MattDrudge & America Online Inc. 사건[45]등이 대표적인 사건들이다. 한편 한국에서도 하이텔(Hitel) 사건,[46] 청도군 홈페이지 사건[47]과 같은 사례가 존재한다.

1) 미국의 판례[48]

미국에서는 타인의 명예를 훼손하는 발언을 매개한 자의 과실에 대하여 매개자의 성격에 따라 전화망업자와 같은 단순전달자(common carrier), 발행인 내지 편집인(publisher), 배포자(distributor)의 세 가지로 대별하여 그 책임을 달리 정하고 있었다. 이러한 법리는 서비스이용자의 제3자에 대한 명예훼손행위에 따른 인터넷서비스제공자의 책임영역에도 그대로 적용되었는데, 비교적 나중에야 인터넷서비스제공자의 이 분야 책임을 제한해 주기 위한 특별입법인 통신품위법(CDA)이 성립된 바 있다.

먼저 1991년의 Cubby, Inc. v. CompuServe 사건[49]은 온라인서비스업체인 피고의 전자게시판에 제3자가 원고의 명예를 훼손하는 글을 올린 사안이었다. 이에 대하여 법원은 전자게시판을 이용하는 제3자에 의한 명예훼손 발언(defamatory speech)에 대하여 전자게시판 운영주체인 피고는 저자와 동일한 수준으로 엄격히 책임을 추궁받는, 편집권을 가진 발행인(publisher)의 지위에 있지 않다고 보았다. 즉 피고는 명예훼손의 표현이 있음을 알았거나 또는 알 수 있었을 경우에만 책임이 부과되는 단순한 배포자(distributor)의 입장에 있다고 보아 피고의 기여책임 및 대위책임을 추궁하는 원고의 청구를 기각하였다. 위 판례는 인터넷서비스제공자의 책임을 제한하고자 한 선구적인 사례로 평가받는다.

그 다음에 벌어진 Stratton Oakmont Inc. v. Prodigy Service Co. 사건[50]은 피고가 운영하는 전자게시판에 익명의 이용자가 원고의 명예를 실추시키는 글을 게재하자 원고가 피고에게 그 손해배상을 구한 사안이었다. 그런데 담당 법원은, 피고 회사가 위 CompuServe사와는 달리 이용자들과의 약관을 통하여 게시

44) 129 F.3d 327 (4th Cir. 1997), cert. denied, 118 S. Ct. 2341 (1998).
45) 992 F.Supp. 44 (D.D.C. 1998).
46) 서울지방법원 2001. 4. 27. 선고 99나74113 판결.
47) 대법원 2003. 6. 27. 선고 2002다72194 판결.
48) 이 부분 영국의 관련 법률과 사례에 관한 설명은 제3장 제3절 Ⅳ. (1) 부분 각주 참조.
49) 776 F.Supp. 135 (S.D.N.Y. 1991).
50) 1995 N.Y. Misc. LEXIS 229, 1995 WL 323710, 23 Media L. Rep. 1794(N.Y. Sup. Ct. May 24, 1995).

물을 검열하고 삭제하는 편집권을 보유하고 있었고, 실제로 이를 행사한 적이 있음을 들어 배포자가 아니라 발행인의 책임을 부담하여야 한다고 판시하였다. 이러한 책임인정은 미국에서 사회적으로 큰 반발을 불러 일으켰다. 왜냐하면, 위 Stratton 판결의 입장에 충실하자면 자신이 운영하는 전자게시판의 게시물을 성실하게 관리 · 감독하는 온라인서비스운영자에게만, 배포자가 아닌 발행인으로서 오히려 무거운 책임을 부담시키게 되기 때문이다.

이러한 모순점에 대한 사회적 반향으로 이러한 문제점을 입법적으로 해결하기 위하여 미국에서는 1996년 개정된 통신품위법(Communications Decency Act, CDA)에 성실히 게시물을 관리 · 감독한 인터넷서비스제공자를 보호하려는 취지의 조항[51)]이 신설된다.

통신품위법 230조(c)항은 이른바 '착한 사마리아인 조항'으로, "쌍방향 컴퓨터서비스의 제공자나 이용자는 다른 정보콘텐츠 제공자가 제공한 정보(information)[52)] 일체에 관하여 발행인이나 발언자(speaker)로 취급되어서는 안된다. 헌법상 보호 여부를 불문하고 외설적 · 음란적 · 선정적이며 추악하거나 과도하게 폭력적이고 집요하게 괴롭히거나 기타 거부할 만하다고 생각되는 소재라고 서비스제공자나 이용자에게 생각되어지는 소재로의 접속이나 이용을 선의로 차단하기 위하여 그들이 자발적으로 취한 일체의 조치에 대하여 민사적 책임을 부담하지 아니한다"고 규정하고 있다.

이렇게 입법된 위 통신품위법이 실제 분쟁에서 적용된 것은 Zeran v. American On-Line, Inc. 사건[53)]이었다. 이 사건에서는 익명의 제3자가 미국 오클라호마 소재 연방정부청사의 폭파사건을 찬양하는 문구를 넣은 티셔츠를 판매한다는 광고를 엉뚱하게 원고의 전화번호를 덧붙여 피고의 게시판에 올렸다. 이에 분노한 시민들의 무수한 항의전화에 시달리던 원고는 자신의 삭제요구에 피고가

51) 47 U.S.C. sec. 230., 다만, 미성년자에 대한 음란물 공급행위를 규제하기 위한 통신품위법의 223조 (a), (d)항 중 '추잡(indecency)'과 '두드러지게 공격적인(patently offensive)'이라는 문구 부분은 1997년 Reno v. ACLU 사건[117 S.Ct. 2329(1997)]에서 연방대법원에 의하여 모호한 문구로 표현의 자유를 침해하므로 위헌이라고 선언되었음을 유의할 필요가 있다.

52) 이 조항만 가지고 판단한다면, 정보(information)의 범위에 넓게 저작물도 포함된다고 보아 이용자들에 의한 저작권 침해행위의 경우에도 역시 인터넷서비스제공자는 통신품위법이 부여하는 면책을 주장할 수 있을 것 같아 보이지만, 통신품위법 230조(e)(2)항에서 "이 조문의 어떤 내용도 지적재산권에 관한 법규를 제한하거나 확장하는 것으로 해석되어서는 안 된다"고 명시적으로 이용자들에 의한 저작권 침해행위의 경우에는 적용되지 않음을 정하고 있다.

53) 129 F.3d 327 (4th Cir. 1997) ; U.S. Supreme Court, Cert. Pet. 97-1488, denied.

응하지 아니하고 이를 방치하였음을 들어 제소하였다. 여기서 원고는 막 입법된 통신품위법의 앞서와 같은 조항 때문에 피고가 면책되는 결과를 피하기 위하여 피고에게 발행인의 책임이 아닌 배포자로서의 책임만 추궁하였다. 그렇지만, 연방 제4항소법원은 통신품위법의 발행인에 대한 면책조항의 취지를 폭넓게 확장 해석하여 면책효과가 배포자인 피고에게까지 적용된다고 보아, 피고에게 면책을 인정하였다.

이후 Sidney Blumenthal & Jacqueline Jordan Blumenthal v. MattDrudge & America Online Inc. 사건[54]에서도 앞서 Zeran 사건에서와 마찬가지로 통신품위법에 따른 면책효과를 확장하는 법원의 해석이 그대로 유지되었다.

2) 한국의 성문법과 판례

이용자의 명예훼손행위에 관한 인터넷서비스제공자의 책임이 문제된 한국의 가장 첫 사례는, 하이텔(Hitel) 사건[55]이다. 이 사건에서는, 피고 하이텔의 이용자인 甲이 피고의 공개게시판(Plaza)에 당시 인기 절정이던 여가수 박OO을 술집 접대부 등에 비유하는 글을 게시하였다. 이에 위 가수의 팬클럽회원이던 원고는 반박문을 게재하자, 甲은 원고를 겨냥하여 '기획사로부터 돈 먹고 매수된 팬, 여가수에 미친 스토커'라는 취지의 글들을 4일에 걸쳐 연달아 15회에 걸쳐 게시하였다. 원고는 곧 위 공개게시판의 관리담당자에게 갑의 글을 삭제해 줄 것을 요청하였지만 피고 회사는 욕설이 담겨 있지 않은 이상 삭제는 불가능하므로 원고가 반론의 글을 올리라는 답변만 하였다. 원고는 따로 진정하여 정보통신윤리위원회로부터 피고 회사에게 시정조치의 요구가 내려졌지만 여전히 피고는 갑에게 경고메일을 발송하였을 뿐 갑의 글을 계속 방치한 사안이었다.

법원은 전기통신사업법상 규정과 정보서비스이용약관에 따라 전기통신사업자인 피고에게는 타인의 명예를 훼손하는 글이 전자게시판에 올려진 것을 알았거나 알 수 있었던 경우에 이를 삭제하는 등의 적절한 조치를 취하여야 할 의

54) 992 F.Supp. 44 (D.D.C. 1998).

55) 서울지방법원 2001. 4. 27. 선고 99나74113 판결.1심인 서울지방법원 동부지원 1999. 8. 18. 선고 99가소83281 판결에서는 원고의 청구를 기각하였지만 위 항소심에서 이를 일부 인용하였고 상고심(대법원 2001. 9. 7. 선고 2001다36801 판결)에서 원심의 판단을 그대로 원용, 지지하여 종결되었다. 다만 위 사건이 애당초 소액사건심판법에 따라 상고이유가 극히 제한될 수밖에 없었음을 감안할 때 대법원이 항소심을 유지한 판단만으로 최고법원의 입장이 명확히 정리되었다고는 볼 수 없었다(이 부분은 김재형, "인터넷에 의한 인격권침해," 인터넷과 법률, 534면 참조).

무가 있다고 판시하면서, 피고가 이를 알았거나 알 수 있었음에도 무려 5, 6개월간 갑의 글을 방치한 이상 원고가 입은 정신적 고통에 대한 손해를 배상할 의무가 있다고 판단하였다.

하이텔 사건 이후에도 명예훼손행위 영역에서 인터넷서비스제공자의 책임이 취급된 하급심의 사례[56]가 간혹 있었지만, 대법원이 판단한 사례로는 2003년의 일명 '청도군 홈페이지' 사건[57]을 꼽을 수 있다. 이 사건에서는 지방자체단체인 피고(郡)의 군수선거에 즈음하여 피고가 운영하는 인터넷 홈페이지의 게시판에 甲의 명의로 군수선거 입후보자 중 1인인 원고가 성추행 및 금품수수를 하였다는 주장을 담은 글이 게시되었다. 이에 원고는 그 다음날 바로 반박문을 위 홈페이지에 게시하였는데, 거의 동시에 乙의 명의로 甲의 글이 사실이라는 주장의 글이, 丙의 명의로 과거 원고의 성추행 및 금품수수를 다룬 9년 전 신문기사를 전제한 글이 게시되었다. 3일 뒤 원고는 다시 乙에 대한 반박문을 게시하였고, 이후 제3자들의 명의로 3회에 걸쳐 게시자 甲 등의 글을 비난하며 이를 삭제할 것을 요구하는 게시문이 잇따랐다. 원고가 최초 甲 명의의 게시일로부터 51일이 지난 시점에서 피고에게 甲, 乙 명의의 글들을 삭제할 것을 요청하자 그 다음날 피고는 바로 이 글들을 삭제하였다. 한편 甲 명의의 글이 게시된 직후 이를 발견한 피고 군 소속 전산관리 담당직원이 피고 군 총무과장에게 이를 보고한 적은 있었다.

이러한 사안에 있어 원심[58]은 甲의 글이 게시된 즉시 피고 군의 총무과장이 이를 보고받았던 점, 나중에 甲, 乙의 글들을 비난하며 삭제를 요구하는 이용자들의 글이 게시된 점을 볼 때 피고가 원고의 삭제요구 이전에 이미 원고에 대한 명예훼손적인 글들이 게시판에 게시된 것을 알았거나 충분히 알 수 있었

56) 제주지방법원 2003. 1. 16. 선고 2000가단16380(본소), 2002가단3869(반소)호 판결. 이는 항소심(제주지방법원 2003. 9. 24. 선고 2003나325 판결)에서 항소기각되고 2004. 1. 28. 상고심(대법원 2003다59341호)에서는 심리불속행 기각되었다. 위 사건의 사안은 제주 소재 송악산 개발의 문제점을 보도한 기자였던 원고들이 왜곡된 보도를 하였다고 비난하는 글이 제주도청 홈페이지의 전자게시판('자유게시판')에 제3자에 의해 게시되었고, 이러한 행위에 대하여 명예훼손죄의 형사처벌이 있었음에도 위 글을 삭제하지 않고 계속 방치한 전자게시판관리자(제주도청 정보화담당관)에 대하여 민사책임을 긍정한 것이었다. 여기서 법원은 앞서 하이텔 사건과 마찬가지로 '전자게시판을 설치·운영하는 온라인서비스제공자는 그 이용자에 의하여 타인의 명예를 훼손하는 글이 전자게시판에 올려진 것을 알았거나 알 수 있었던 경우에 이를 삭제하는 등의 적절한 조치를 취해야 할 조리 상의 의무'가 있음을 인정하고 있다.

57) 대법원 2003. 6. 27. 선고 2002다72194 판결.

58) 대구지방법원 2002. 6. 25. 선고 2001가단62531 판결,

다고 보이는데도 불구하고 피고가 적절한 조치를 취하지 아니하고 51일 가량 이를 그대로 방치하여 두었음을 근거로, 피고는 원고에게 전자게시판 관리의무위반 행위로 원고가 입은 정신적 고통에 대한 손해배상책임을 진다고 판단하였다.

그러나 대법원은 이를 번복하면서 "온라인서비스제공자인 인터넷상의 홈페이지 운영자가 자신이 관리하는 전자게시판에 타인의 명예를 훼손하는 내용이 게재된 것을 방치하였을 때 명예훼손으로 인한 손해배상책임을 지게 하기 위해서는 그 운영자에게 그 게시물을 삭제할 의무가 있음에도 정당한 사유 없이 이를 이행하지 아니한 경우여야 하고, 그의 삭제의무가 있는지는 게시의 목적, 내용, 게시기간과 방법, 그로 인한 피해의 정도, 게시자와 피해자의 관계, 반론 또는 삭제 요구의 유무 등 게시에 관련한 쌍방의 대응태도, 당해 사이트의 성격 및 규모·영리 목적의 유무, 개방정도, 운영자가 게시물의 내용을 알았거나 알 수 있었던 시점, 삭제의 기술적·경제적 난이도 등을 종합하여 판단하여야 할 것으로서, 특별한 사정이 없다면 단지 홈페이지 운영자가 제공하는 게시판에 다른 사람에 의하여 제3자의 명예를 훼손하는 글이 게시되고 그 운영자가 이를 알았거나 알 수 있었다는 사정만으로 항상 운영자가 그 글을 즉시 삭제할 의무를 지게 된다고 단정할 수는 없다"고 판시하였다.

대법원은 비영리[59]군정(郡政) 홍보사이트의 게시판에 익명의 이용자의 글이 게시된 것을 알게 될 때마다 원고가 반론까지 게시하였다가 그 후 원고가 그 게시물의 삭제를 공식 요청하자 즉시 피고 측 담당자가 그 게시물을 삭제하기에 이르렀던 이상, 원고의 명예를 훼손하는 글이 게시되었고 그의 관리자인 피고로서는 그 게시사실을 알았거나 알 수 있었음에도 이를 삭제하지 아니하였다는 사정에만 치중하여 곧바로 전자게시판 관리자로서 게시물의 즉시삭제의무위반이 있다고 단정할 수 없다는 입장을 분명히 하였다.[60]

이러한 명예훼손책임에 관련한 인터넷서비스제공자의 책임에 관한 한국에서의 논의들[61]은 대부분 기본적으로 민법상 불법행위관련규정에 따라 책임을

59) 청도군 사건의 경우 게시판의 비영리성이 하이텔 사건과 다른 결론을 가져온 중요한 원인이라는 지적으로는 김재형, "인격권에 관한 판례의 동향," 민사법학 제27호 별책, 한국민사법학회, 2005. 3, 387면.

60) 이상과 같은 원심 법원과 대법원의 입장 차이는 마치 이보다 조금 앞선 일본의 '니프티서브(ニフティサーブ) 사건'(제2장 제3절 Ⅰ. 2. '불법행위책임의 부담' 부분 각주 참조)에서 동경지방재판소와 동경고등재판소가 서로 반대로 취하였던 입장의 차이와 거의 동일한 것이어서 흥미롭다.

61) 이러한 방향의 논의 중 주요한 것으로는 우선 김재형, "인터넷에 의한 명예훼손과 인터넷서비스제

부담시키되, 그 주의의무의 기준에 있어서는 예견가능성과 회피가능성을 기준으로 삼아야 한다는 취지로 논하고 있다.[62] 이러한 기본이해의 방향은 타당하다고 여겨진다. 다만 덧붙여 이용자들의 명예훼손에 따른 인터넷서비스제공자 책임에 관한 근거규정이 우리 성문법상 무엇인지 탐색하자면 저작권침해의 경우[63]와는 다소 다르다는 점을 주의해야 한다.

저작권침해의 경우와는 달리 정보통신망이용촉진및정보보호등에관한법률 제44조에서 제시된 기준이 유력한 근거규정이 될 수 있을 것이다.[64]

나아가 이 책에서는 인터넷서비스제공자의 책임이론이 저작권침해의 경우뿐만 아니라 명예훼손행위의 경우 등까지 모두 통합적으로 논의되어야 한다는 입장을 취하려 한다. 이에 관하여는 아래에서 상술하기로 한다.[65]

(3) 그 밖의 경우들

위에서 언급한 외에 인터넷서비스제공자의 책임이 문제되는 유형으로, 가령 인터넷서비스제공자의 서버가 다운됨으로써 이용자들의 메일박스가 모두 파괴된 경우, 인터넷 불통으로 상거래가 마비된 경우와 같이 서비스이용자의 지위에서 그 서비스의 불이행이나 하자로 입은 손해를 구할 수 있겠느냐[66]와 같은 논점을 상정해 볼 수 있다. 하지만 이는 불가항력[67]의 유무를 둘러싼 기술

공자의 책임," 서울대학교 기술과법 센터 2004-제4회 워크샵(「Internet Service Provider의 책임」) 발표문, 2004. 5. 22. 및 같은 이의 "인격권에 관한 판례의 동향," 민사법학 제27호 별책, 한국민사법학회, 2005. 3, "인터넷에 의한 인격권침해," 인터넷과 법률, 2002. 12. 및 "인터넷에 의한 인격권침해," 이십일세기 한국민사법학의 과제와 전망 (심당 송상현 교수 화갑기념 논문집), 박영사, 2002. 등을 위시하여 장철익, "명예훼손에 대한 온라인서비스제공자의 손해배상책임" Ⅰ · Ⅱ, 언론중재(언론중재위원회 간행 웹진), 2004. 봄호 및 여름호 〈pac.or.kr/press/webzine/2004_spring/index.asp〉 및 〈pac.or.kr/press/webzine/webzine_list/list_24_summer.asp〉[각 2006. 3. 13. 방문]; 이인석, "명예훼손에 대한 온라인서비스제공자의 민사책임 -대법원 2001. 9. 7. 2001다36801 판결-," 저스티스 제67호, 2002. 6. 등을 순차로 참조할 것.

62) 김재형, "인터넷에 의한 명예훼손과 인터넷서비스제공자의 책임," 89면; 장철익, 앞의 논문(웹진이므로 면수 생략함, 이하 같음). 나아가 이인석, 앞의 논문, 13면 이하 등. 그 외에 심활섭, "온라인서비스제공자의 명예훼손에 대한 책임," 고려대학교 석사학위논문, 2001. 8, 70면 등 다수.

63) 제2장 제3절 Ⅰ. 1. 부분 참조.

64) 자세히는 제3장 제4절 Ⅲ. 8. (4) 부분 참조.

65) 제3장 제4절 Ⅲ. 9. (3) '각각의 인터넷서비스제공자 책임론을 하나의 이론으로 통합하기 위한 試論的 모색' 부분 참조.

66) 2003. 4. 30. 서울중앙지방법원 2003가단156431호로 제기되었다가 2003. 8. 20. 서울중앙지방법원 2003가합61486호로 이송된 사건은 원고 인터파크가 피고 MS를 상대로 이러한 손해를 구하는 소송으로, 2005. 5. 현재 변론준비기일 진행 중이다.

67) 전기통신사업법 제33조의2 "전기통신사업자는 전기통신역무를 제공함에 있어 이용자에게 손해를 입힌 경우에는 배상을 하여야 한다. 다만, 그 손해가 불가항력으로 인하여 발생한 경우 또는 그 손

적·법률적 규명 이외에는 그동안 이미 누적된 일반법이론으로 충분히 해결할 수 있는 문제에 불과하다고 보인다.[68] 나아가 그러한 손해를 입은 당사자가 서비스이용자가 아니라 제3자인 경우[69]도 마찬가지의 문제에 불과하다.

아울러 한국에서는 온라인게임 서비스제공자의 특수한 책임을 논하는 글들도 간혹 보이며,[70] 한국이 가진 이 분야의 비교우위를 감안할 때 앞으로 보다 활발한 논의가 있을 것으로 예상된다. 그렇지만 온라인게임 서비스는 그 성질상 다른 인터넷서비스제공자의 경우와 달리 게임 서비스제공자가 네트워크 안에서의 정보전송 내용을 대부분 장악하고 있는 상태이므로 게이머(이용자)가 네트워크에서 독자적으로 저작권 침해물을 전송할 여지가 별로 없다. 아울러 특정 게임 서버에 접속한 게이머들 간의 다자간 채팅 등을 제외하고는 게임진행 안에서는 별다른 게시판이 존재하지 않아 타인에게 전파될 수 있는 명예훼손 발언을 하거나, 특히 게임서비스 안에서 전파될 수 있는 가능성이 적다. 결국 인터넷서비스제공자의 책임이 거론되는 가장 큰 두 줄기(저작권침해와 명예훼손행위)가 빠지게 되어 나머지는 공법적인 규제 및 이용자와의 약관해석 등 일반법이론에 돌아감에 불과하다. 따라서 아직 상세히 논하기에는 시기상조이다. 다만 최근 매출이 급증하여 사회적인 중요도가 커지고 있음을 감안하면 조만간 주목할 만한 쟁점[71]도 등장하리라 본다.

해의 발생이 이용자의 고의 또는 과실로 인한 경우에는 그 배상책임이 경감 또는 면제된다."

68) 박찬호(KT 법무팀장), "통신망사업자의 책임," 서울대학교 기술과법 센터 2004-제4회 워크샵(「Internet Service Provider의 책임」) 발표문, 2004. 5. 22, 21면에 의하면, Earthlink, RCN 등 해외의 서비스제공자들은 모두 약관으로 책임을 제한하여 실제 이 분야에서 쟁송사건에 이른 예가 없다고 한다.

69) 가령 2006. 2.경 온라인 게임 '리니지'와 관련하여 서비스이용자(회원가입 게이머)가 아닌 제3자의 주민등록번호 등 인적사항이 중국인으로 추정되는 익명의 게이머들에 의하여 10만명 분 이상 대량으로 도용된 결과 피해자들이 집단소송의 움직임을 보인 사태가 있었다(아이뉴스 24, "인터넷 강국 치부 드러낸 리니지 명의도용 문제," 2006. 2. 14. 기사 등 참조).

70) 이에 관하여는 윤웅기, "온라인 게임 아이템의 권리관계와 현금거래 금지 약관의 적법 여부"; 백강진, "온라인게임사업자의 책임"; 황성기, "현행 온라인게임 심의제도의 문제점," 류광현, "게임과 저작권' 등을 우선 참조할 것. 이 글들은 2004. 11. 13. 서울대학교 기술과법 센터 2004-제9회 워크샵(「온라인게임의 법적 문제점」) 발표문들이며, 그 외에 박성호, "온라인게임제공업의 법적 제문제," 서울대학교 기술과법 센터 2004-제4회 워크샵(「Internet Service Provider의 책임」) 발표문, 2004. 5. 22.; 백강진, "온라인게임사업자의 책임," 정보법학회 제23회 세미나 및 제3회 사례연구회 발표문, 2002. 9, 〈www.kafil.or.kr/old_kafil/main3.html〉[2006. 3. 15.] 등의 글이 있음.

71) 다만, 온라인게임을 운영하는 인터넷서비스제공자만의 독특한 책임론으로 이용자들이 온라인게임에서 획득한 이른바 '게임 아이템'에 관련된 인터넷서비스제공자의 책임론이 있다. 즉 아이템의 네트워크 상의 유지 및 관리의무, 나아가 다른 이용자들로의 임의 이전행위에 대한 수락 내지 수인의무

Ⅱ. 연구의 방법

인터넷서비스제공자의 책임을 연구하는 과정은 일반적인 법률논문의 경우와 구별되는 2가지의 특징이 있다.

첫째, 극히 최신의 쟁점인 데다가 다름 아닌 인터넷 관련 주제인 까닭에 국내외의 관련 판결, 문헌이 대부분 디지털문서로 작성되어 있고 많은 경우 인터넷으로도 신속·용이하게 획득할 수 있다. 이에 따라 판결의 경우, 먼저 한국 판결의 입수범위는 외부 공간 혹은 인터넷 상 열람이 가능한 판례는 물론 경우에 따라 법원 내의 데이타베이스인 '문헌관리시스템'도 이용하였고, 일본 판례의 경우 '판례 MASTER'와 각종 웹자료를 사용하였으며, 미국의 판례는 주로 법률 데이타베이스인 'WESTLAW' 혹은 관련 웹사이트에서 입수하였다. 국내문헌은 직접 입수해야 하는 교과서 및 극히 일부의 문헌 이외에는 국회전자도서관 등 각종 데이터베이스나 인터넷을 통하여 입수할 수 있었으며, 외국 문헌은 'WESTLAW'의 그것을 주축으로 하되 필요한 경우 웹자료를 입수하였다.

이상의 웹자료 검색은 모두 구글(Google) 등 검색엔진을 이용하여 PDF 문서 등으로 된 일정수준 이상의 웹자료를 수집하였다. 아울러 이 책에서 가령 영미문헌을 인용하는 경우 혼동을 피하기 위하여 가급적 영미문헌의 원래 표현을 그대로 따라 표기하였다.[72]

가 있는지, 구체적으로 이용자들 간에 현실적으로 아이템을 현금거래할 때 인터넷서비스제공자에게 어떤 효력을 미치는지까지 논의되는 것은 이 분야 선두주자인 한국에서나 가능한 논쟁일 것이다.

이용자들 간의 아이템 현금거래에 관하여 혹자(윤웅기, "온라인 게임 아이템의 권리관계와 현금거래 금지 약관의 적법 여부," 29면 이하)는, 상가임차인이 새 임차인에게서 권리금을 수수하는 것과 마찬가지라고 하여 결국 인터넷서비스제공자는 상가임대인의 지위와 같이 상가임차인간의 권리금 수수를 수인할 의무가 있다는 견해이다. 하지만, 우리 법원이 권리금을 보호하는 근본취지는 상가임차인이 임차기간 중 고객관계 등 무형의 가치를 높게 쌓아 새로운 임차인에게도 그대로 이전할 수 있도록 장려하고 법으로 보호하는 것이 사회 전체적으로도 이익이 된다는 판단에서라 할 것이다. 그런데, 이와 달리 스포츠처럼 개인의 여가선용의 일종에 불과한 온라인게임에서, 획득한 아이템에 관하여도 과연 그것을 획득하는 데 시간과 비용이 들었다는 단순한 이유만으로 그것의 가치가 그대로 새로운 온라인게임이용자에게 이전되도록 법적·사회적인 비용을 들여 뒷받침할 필요가 있는지는 의문이다. 결국 위 견해는 일견 아이템 거래와 상가권리금 수수의 두 현상이 일부 비슷한 면이 있다는 점에 터 잡은 다소 흥미로운 주장이기는 하지만, 권리금 보호의 근본취지를 고려할 때는 옳지 않다고 보인다.

72) ex) A&M Records, Inc. v. Napster, Inc., 239 F.3d 1004 (9th Cir. 2001) → 해당 사건명과 해당 판결의 출처 등을 인용하는 경우이다.

ex) 239 F.3d at 1013 → 원칙적으로 해당 사건명과 해당 판결의 출처 등은 이미 앞에서 특정되었음

둘째, 인터넷서비스제공자가 운용하는 전자게시판 시스템(BBS) 技術이나 P2P 기술 등에 대한 충분한 기술적 상식이 있어야 실제로 실무에서도 의미를 가지는 구체적이고 올바른 방향의 법적인 논의가 가능하다. 이러한 특징 때문에, 국내의 전자신문, 아이뉴스 등은 물론 미국의 ZDNet News, CNet News와 같이 인터넷서비스제공자의 기술이나 사업과 관련한 시사뉴스 수집은 물론 각종 기술문헌을 참고하여 기술적 분석에 상당한 노력을 하였다. 특히, 인터넷서비스제공자의 책임론의 경우 한국이 오히려 세계에서 가장 논의가 활발한 미국보다 앞선 사례도 여럿 존재하므로 한국의 특수한 상황은 미국의 그것과 별개로 부각하고자 하였다.

아울러, 이 책의 연구목적이 단지 외국의 사례나 이론을 탐미하는 데 있는 것이 아니라 궁극적으로 한국에서의 분쟁해결과 미래를 위한 예고적(豫告的) 가이드라인 제시를 위한 것임은 물론이다. 따라서 미국은 물론 유럽연합(회원국인 독일 · 영국 · 네델란드 등도 포함), 가까운 일본의 논의를 상세히 다룸은 물론 호주 · 캐나다의 논의도 다소간 참고하고자 노력하였지만, 그렇게 살피는 과정에서 항상 한국 법이나 사례에 어떻게 참작할 것일지를 염두에 두었다. 경우에 따라 법해석학적 방법을 온당히 진행하기 위한 수단으로 필요에 따라서는 법경제학적 분석방법도 부수적으로 활용하였다.

을 전제로, 바로 해당 판결문 중 인용하는 판시 부분의 특정페이지(1013페이지)만을 인용한 경우이다.

ex) Netcom Ⅱ at 1369 –70 → 인용하는 판시부분의 특정 페이지가 여러 페이지(1369페이지부터 1370페이지까지)여서, 반복되는 숫자 중 십 단위 이하만 표기한 경우이다.

ex) Sony, 104 S.Ct. at 785 FN 17. → 특정페이지 중 관련 각주의 번호까지 표기하는 경우이다.

ex) Aimster, 334 F.3d 643, 655 (7th Cir. 2003) → 해당 사건명과 해당 판결의 출처뿐만 아니라, 해당 판결문 중 이 책에서 인용하는 판시 부분의 특정페이지(655페이지)까지 함께 인용하는 경우이다.

ex) Jesse M. Feder, "Is Betamax Obsolete?: Sony Corp. of America v. Universal City Studios, Inc. in The Age of Napster," 37 Creighton Law Review 859, June 2004, pp. 871–872 → "37 Creighton Law Review 859, 871–872, June 2004,"라고 표기할 수도 있으나, 원칙상 위와 같이 관련 p.를 말미에 부기하였다.

ex) Jesse M. Feder, op. cit., pp. 871-72 → "Jesse M. Feder, supra note OO, at 871–72"라고 이 책에서 최초 등장하는 각주의 번호(OO번 각주)와 해당 문헌에서의 인용 페이지를 함께 표기함이 오히려 통례이지만, 편의상 각주번호는 생략하였다.

제 2 장

BBS 기술에서의 저작권자와 인터넷서비스제공자의 관계

제 1 절 인터넷서비스제공자에게 책임을 부담시키는 이론상의 근거
제 2 절 미국의 판례
제 3 절 한국의 성문법과 판례

제 1 절 인터넷서비스제공자에게 책임을 부담시키는 이론상의 근거

인터넷서비스를 통하여 이용자에 의하여 저작권침해 등이 발생하였더라도 직접적으로 침해행위를 범한 이용자가 존재하는데 왜 굳이 인터넷서비스제공자에게 책임을 추궁해야 할까? 인터넷서비스제공자는 단지 서비스라는 통로를 제공했을 뿐인데 책임을 부담시키는 것은 부당하지 않은가? 이런 의문에 관하여 종래의 논의는 다음과 같이 답하고 있다.

먼저 상법에서 논의되어 온 기업책임(enterprise liability)의 법리에 의탁하여 인터넷서비스제공자에게 책임을 부과해야 한다고 설명하는 입장이 있다. 즉, 위험을 창출하는 기업은 그 사업의 비용으로서 그러한 위험까지 인수(internalization)하여야 한다는 것이다. 이러한 위험의 인수는 단순히 정의에 부합하는 데 그치지 않고 나아가 위험창출자로 하여금 손실을 방지할 사전 주의를 촉구하고, 희생자를 위한 보상을 준비하도록 하며, 위험창출적인 사업으로부터 이익을 얻는 모든 수혜자에게 그 손실을 분산시키게 해 준다는 것이다.[1] 이러한 입장의 연장선에서 이른바 '문지기 책임론(Gatekeeper Liability)'[2]을 주장하는 입장은 인터넷서비스제공자에게 책임을 부담시키는 이유에 관하여, 이용자들의 침해를 사전에 방지하도록 인터넷서비스제공자로 하여금 노력하게 촉구함으로써 사회 전체적으로는 보다 쉽게 침해행위발생을 줄일 수 있다는 점을 들고 있다.[3]

---

1) 기업책임(enterprise liability)의 법리에 관한 이러한 논의에 관해서는 Gregory C. Keating, "The Idea of Fairness in The Law of Enterprise Liability," Michigan Law Review, March 1997, pp. 1266-70 및 Steven P. Croley & Jon D. Hanson, "What Liability Crisis? An Alternative Explanation for Recent Events in Products Liability," Yale Journal on Regulation, Winter 1991, pp. 3-10을 참조.

2) 국가사회가 일반 개개인 모두를 규제함에 있어 형사처벌이나 직접책임이라는 주된 강제집행 수단(primary enforcement measure)으로 억제하는 것은 한계가 있는 일이다. 그 대신 특정한 상품이나 서비스를 제공하여 개개인의 비행에 도구를 제공하는 자에게 책임을 부과하는 보완적 강제집행 수단(supplemental enforcement measure)을 채택함으로써 사회 전체적 차원에서는 적은 제어수단으로 효과적으로 비행을 차단할 수 있다. 이러한 취지로 도구제공자에게 부과되는 책임을 미국에서는 강학상 '문지기 책임(Gatekeeper Liability)'이라고 한다. 이에 관한 예전 글로는 Reinier H. Kraakman, "Gatekeepers: The Anatomy of a Third-party Enforcement Strategy," 2 J.L. Econ. & Org. 53, 53-54 (1986)가 있으나, 최근의 대표적인 글로는, Assaf Hamdani, "Gatekeeper Liability," Forthcoming 77 S. CAL. L. REV. (2004). 및 같은 글이 실린 Harvard John M. Olin Discussion Paper Series No. 442. 〈www.law.harvard.edu/programs/olin_center/corporate_governance/papers.htm〉[2006. 3. 13.]이 있다.

인터넷서비스제공자에 대하여 책임을 추궁할 수 있게 된다는 것은 저작권자 입장에서는 무수한 직접침해자를 상대로 제소하지 않고도 손쉽게 구제를 얻을 수 있게 해 주므로 저작권을 강제집행하는 데 소요되는 비용을 획기적으로 줄일 수 있게 해 준다.[4)]

아울러 저작권자로서는 자력이 풍부한 인터넷서비스제공자를 상대로 손해전보를 구할 수 있으므로 무일푼일 가능성이 큰 개별이용자들, 가령 중고생이나 대학생 같은 직접침해자들을 상대로 제소하였다가 시간과 비용만 탕진하는 결과를 피할 수 있다.[5)]

반면, 인터넷서비스제공자의 면책을 주장하는 입장에서는 그 근거로 (i) 불법한 행위뿐만 아니라 인터넷서비스제공자가 매개하는 적법한 행위도 함께 사장되고, (ii) P2P와 같은 기술이 정보교환에서 가지는 장점을 잃게 되며, (iii) 공급자에게 감시를 요구하는 것은 현명한 방법이 아니고, (iv) 공급자가 책임을 면하기 위하여 침해행위를 저지하는 데 소요되는 비용이 만만치 않으며, 이용자들에게 무차별적으로 전가되고, (v) 궁극적으로 혁신적 기술의 도입을 지연시킨다는 이유를 들고 있다.[6)] 그와 유사한 취지이지만 (i) 서비스제공자로서는 자신의 네트워크를 통하여 전달되는 정보가 저작권을 침해하는 것인지 아닌지 여부를 사실상 법원의 종국판단을 받기 전까지는 판단하기 곤란한 경우가 많아, 지나친 부담을 지게 되며, (ii) 이에 따라 서비스제공자는 침해책임을 추궁당하는 것을 모면하기 위하여 불명확한 경우까지 모든 정보의 전달을 거부함으로써 결과적으로 서비스제공자를 통한 정보화 사회의 구현이 더뎌지는 점[7)] 등

---

3) 미국 클린턴행정부시절 IITF(Information Infrastructure Task Force)의 1995년 최종보고서인 일명 White Paper(정확한 명칭은 "Intellectual Property and The National Information Infrastructure: The Report of The Working Group on Intellectual Property Rights", pp. 114–24 〈www.uspto.gov/web/offices/com/doc/ipnii〉[2004. 9. 14.])도 이러한 견지에서 인터넷서비스제공자의 책임을 긍정하는 입장이다.

4) Douglas Lichtman & William Landes, "Indirect Liability for Copyright Infringement: An Economic Perspective," 16 Harvard Journal of Law & Technology 395, Spring 2003, pp. 396–99.

5) Douglas Lichtman & William Landes, op. cit., pp. 397–99 참조.

6) Mark A. Lemley & R. Anthony Reese, "Reducing Digital Copyright Infringement Without Restricting Innovation," Stanford Law Review, May 2004, pp. 1379-89.

7) 이렇게, 일반적인 표현의 자유와 결부지어 생각한다면 인터넷서비스제공자의 무차별적인 삭제로 인터넷상 표현의 자유가 지나치게 위축될 염려가 있다고 볼 수 있다. 이런 시각에서 인터넷서비스제공자에게 책임을 부과하는 태도에 신중하자는 입장(Alfred C. Yen, op. cit., pp. 1890–93)도 있다. 하지만 이러한 신중론에 맞서, 다수의 인터넷서비스제공자들이 이용자들을 유치하기 위하여 경쟁하는 데서 생기는 '시장의 보이지 않는 힘' 때문에 이러한 부작용이 상당히 완화된다는 반론(Assaf Hamdani,

을 지적하는 입장도 있다.[8]

인터넷서비스제공자에게 부과되는 간접적 책임의 근거를 조금 더 경제학적으로 설명하면 아래와 같을 것이다. 기술발전에 따라 저작물 복제기술도 이용자들로 하여금 더 쉽고, 더 빠르게 복제가 가능한 방향으로 아울러 진보하게 된다. 이렇게 더 쉽고 빠른 복제가 가능해지면 저작권자의 허락을 받지 않은 복제행위, 즉 저작권 침해행위가 일어날 개연성은 더 커진다. 이때 이용자들은 자신들의 침해행위로 인해 발생할 저작권자의 손실을 직접 부담하는 주체가 아니므로 이러한 침해를 줄이고자 하는 아무런 경제적 동기(incentive)를 가질 수 없다.[9]

따라서 이러한 개별이용자들 대신 그들의 행동을 일정부분 관리 · 감독할 수 있는 지위에 있는 복제기술공급자, 더 구체적으로는 인터넷서비스제공자에게 위와 같은 이용자들의 침해행위방지의무를 부과하고 이러한 의무를 해태한 경우 책임을 부과하는 장치를 상정할 수 있는 것이다.

아울러 주의할 점은, 앞서 이용자들의 입장과는 반대로 저작권자들은 복제기술공급 내지 인터넷서비스제공자의 서비스로 인한 이익을 직접 받는 주체가 아니므로 복제기술의 공급이나 인터넷서비스제공자의 존재를 적극적으로 용인할 아무런 경제적 동기가 없다는 점이다.[10]

마키아벨리가 갈파하였듯이, 저작권자들은 기존의 저작물 유통시장에서 이미 충분히 권리를 실현하고 있었던 까닭에 복제기술공급자 등에게 오히려 적개심을 가지기 쉽다.[11]

따라서 저작권자의 입장에만 맞추는 경우 인터넷서비스제공자가 적절한 수준에서 이용자들의 침해행위를 관리 · 감독할 수 있는 한계를 넘어 인터넷서비

"Who' s Liable for Cyberwrongs?," 87 Cornell Law Review 901, May 2002, p. 921에서 이런 반론을 소개하고 있음)도 소수설이지만 존재한다.

8) 비슷한 논의로 이영록, '온라인 서비스제공자의 저작권 침해 책임," 저작권심의조정위원회 저작권 연구자료, 1999. 12, 22-25면.〈www.copyright.or.kr/copy/main.asp?ht=./mat/xyengu/etc1_1.htm&ca=8&se=1〉[2004. 6. 21.].

9) Mark A. Lemley & R. Anthony Reese, op. cit., pp. 1350-51.

10) Mark A. Lemley & R. Anthony Reese, op. cit., p. 1350.

11) "기술혁신자는 구질서 하에서 부족함이 없었던 모든 사람에게는 적이고, 새로운 기술로부터 이익을 보고자 하는 자들의 부류에 속하는 피고들만이 반신반의로 바라볼 뿐이다." Niccolo Machiavelli, The Prince 17 (Robert M. Adams trans., W.W. Norton & Co. ed. 1992) (1513). 이는 Mark A. Lemley & R. Anthony Reese, op. cit., p. 1390 FN 170에서 재인용.

스제공자 자체의 존립 자체가 위태로운 수준까지 인터넷서비스제공자의 의무가 지나치게 확장될 위험이 있다.[12)]

나아가 인터넷서비스제공자에게 책임을 부과할 경우 미국법상 엄격책임(strict liability),[13)] 즉 무과실책임의 기준을 도입할 것인지, 과실책임의 기준을 도입할 것인지도 경제학적 측면에서[14)] 논란의 여지가 있다. 무과실책임을 지지하는 입장[15)]과 과실책임을 지지하는 입장[16)] 중 그 어느 것이 압도적이라고 하기 힘들다. 다만 일반적으로는 무과실책임의 원칙이 책임을 부담하는 자로 하여금 최대한 손해발생을 막고자 하는 인센티브를 부여한다는 측면에서는 바람직하다고 거론되고 있다. 그러나 이렇게 되면 한편으로는 인터넷서비스제공자가 손해발생의 방지에 소비하는 비용이 지나치게 급증하게 된다. 그 결과 이러한 손해발생 방지비용과 인터넷서비스제공자의 손해배상 기대금액(손해발생비율 X 손해배상액)의 총합계는 이전에 비하여 크게 감소하지 않게 되어 경제학적으로는 무과실책임이 도입된다고 하더라도 손해발생의 건수나 정도는 감소하지

---

12) 가령, 인터넷혁명시대에도 저작권자가 여전히 인터넷상 저작물에 대한 통제권을 완전히 가져야 한다고 주장하는 견해[Jane C. Ginsburg, "Copyright and Control Over New Technologies of Dissemination," 101 Colum. L. Rev. 1613 (2001)]도 있다. 그러나 이것은 저작권자의 창작의욕을 고취시킬 수는 있겠지만 기술혁신에 대한 통제가 가져오는 심각한 손해를 무시한 것이다. 실제 역사적 경험으로도 당초 저작권자들은 온라인콘텐츠 유통에 관하여 자신들이 원하는 권리를 얻게 되면 수년 안에 온라인콘텐츠를 부양하겠다는 약속을 하였음에도 이것은 결코 실현되지 않았다는 주장[Jessica Litman, "Sharing and Stealing," 26 COMM/ENT 1, 2004. 〈www.law.wayne.edu/litman/papers/sharing&stealing.pdf〉 (2005. 4. 3.)]이 더 설득력 있다. 이상은 Mark A. Lemley & R. Anthony Reese, op. cit., p. 1390 참조.

13) 엄격책임이란 손해에 대한 실제 과실이나 고의를 요건으로 하지 않는다. 특정대상의 안전에 관한 절대적 책임의 한 가지이다. 엄격책임은 대개는 도시에서 폭발을 시키거나 서커스 동물들을 간수하는 것과 같이, 본질적으로 위험한 활동에 종사하는 사람들에게 적용된다. 또한 엄격책임은 일정한 제조물의 경우에도 적용될 수 있다. Black' s Law Dictionary (8th ed. 2004) 및 〈law.freeadvice.com/genera_practice/legal_remedies/strict_liabilty.htm〉[2004. 9. 8.].

14) 반대로 법적 측면에서, 미국에서는 저작권침해에 대한 통상의 책임은 엄격책임임에 비하여 인터넷서비스제공자에게는 예외적으로 일종의 과실책임이 적용되고 있다고도 볼 수 있다.

15) 미국 클린턴 행정부의 정보인프라실무단(Information Infrastructure Task Force)의 백서(White Paper)가 인터넷에서의 지적재산권 보호에 관하여 엄격책임을 취할 것을 추천한 바 있다. 그리고 Jane C. Ginsburg, "Putting Cars on the Information Superhighway' : Authors, Exploiters, and Copyright in Cyberspace, 95 Colum. L. Rev. 1466, 1493-94 (1995) 및 I. Trotter Hardy, "The Proper Legal Regime for Cyberspace," 55 U. Pitt. L. Rev. 993, 1044 (1994)가 이러한 엄격책임을 지지한다고 한다(이상은 Assaf Hamdani, "Who' s Liable for Cyberwrongs?," p. 905에서 재인용).

16) 과실책임의 채택을 주장하는 입장은 Douglas Lichtman & William Landes, op. cit. 아울러 Assaf Hamdani, "Who' s Liable for Cyberwrongs?"도 널리 엄격책임의 부작용을 지적하면서 과실책임을 기본으로 일부 엄격책임을 혼용할 것을 주장하고 있다.

않는다는 해석도 유력하다.[17]

제 2 절 미국의 판례

Ⅰ. 판례상 기여책임, 대위책임의 법리

1. 개 요

미국에서 저작권을 직접적으로 침해하는 자에게 인정되는 직접책임(direct liability)은 미국 저작권법 명문의 규정에 의한 책임이다.[18] 이것은 성질상 엄격책임(strict liability)[19]으로, 이때 침해자의 고의, 과실을 요구하지 않는다는 점[20]에서 한국법상의 무과실책임과 유사하다.

반면, 이용자의 저작권침해에 따라 BBS 운영자인 인터넷서비스제공자가 간접적으로 부담하게 되는 책임, 즉 간접책임(indirect liability)에 관하여는 그 이전부터 미국의 판례에서 발전한 이론들이 그대로 응용되었다고 볼 수 있다. 그 이론들이란, 저작권에 대한 침해가 있을 때 그 침해행위에 대한 인식을 가지고 침해행위를 유발, 야기하거나 침해행위에 실질적으로 관여한 때 인정되는 기여책임(contributory liability), 감독·통제의 권리와 능력이 있고 침해행위로부터 직접적으로 경제적 이익을 받은 때 인정되는 대위책임(vicarious liability)을 가리킨다. 미국의 판례들에서는 기여책임과 대위책임을 통틀어 2차적 책임(secondary liability)[21] 혹은 부수적 책임(derivative liability)[22]이라고도 일컫고 있다.

17) 박세일, 『법경제학(개정판)』, 박영사, 2000,300-301면 참조. 한편, Assaf Hamdani, "Who' s Liable for Cyberwrongs?," pp. 918-25에서는 다른 시각에서 법경제학적 분석을 시도한 끝에 과실책임의 채택을 지지하는 결론을 내리고 있는데, 분석과정에서 도표와 계량화된 수단을 동원하고 있는 점에서 참고할 만하다.

18) Title 15 Section 501.

19) 엄격책임에 관하여 자세히는 제2장 제1절 부분 각주 참조.

20) 고의 등의 유무는 배상금액의 결정에서 참작할 수 있을 뿐이다.

21) Grokster 1심 판결('The Court is not blind to the possibility that Defendants may have intentionally structured their businesses to avoid secondary liability for copyright infringement, ... ," 259 F.Supp.2d at 1045)이나, Napster 2심판결('Secondary liability for copyright infringement does not exist in the absence of direct infringement by a third party....," 239 F.3d at 1013) 등. 이러한 2차적 책임론에서 개념상 한발 더 나아간 새로운 이론인 3차적 책임론(tertiary liability theory)은 침해를 조장하는 자를 돕는 자를 상대로 책임을 추궁하는 이론을 가리킨다. 예를 들어 Napster에게 자금지원을 한 벤처캐피탈인 Hummer Winblad를 상대로 한 소송[Universal v. Hummer Winblad (C.D. Cal. filed Apr. 21,

이상과 같이 미국에서는 종래의 아날로그 저작물 시대부터 판례법상 축적된 기여책임이나 대위책임의 법리를 새로운 기술인 전자게시판 시스템(이하에서는 경우에 따라 간단히 BBS라고만 한다) 기술을 둘러싼 저작권자와 인터넷서비스제공자 사이의 분쟁들에도 그대로 응용하여 적용하였다는 점이 특징이다.[23)]

2. 기여책임

(1) 기여책임의 연원과 개요

기여책임의 가까운 출발점은 Gershwin Publishing Corp. v. Columbia Artists Management, Inc. 사건[24)]에서 "침해행위를 알고 타인의 침해행위를 권유하거나, 유발하거나 실질적으로 기여한 자는 기여침해자로 책임을 질 수 있다"[25)] 라고 명확히 판시한 데서 찾을 수 있겠다. 하지만, 더 멀리 그 연원은 "불법행위에 참가하거나 이를 더 확장시킨 자는 주된 불법행위자와 마찬가지로 책임이 있다"라는 보통법상의 원칙에서 출발하였다고 볼 수 있다.[26)]

2003)] 등이 이에 의하고 있다.

22) "Although this derivative liability for third parties is not expressly stated in the statute, the Supreme Court has held that...." (Polygram Int' l Pub., Inc. v. Nevada/TIG, Inc., 855 F.Supp. 1314, 1320).

23) 다만 기여책임과 달리 대위책임은 사이버공간의 인터넷서비스제공자 책임을 묻는 법리로 부적절하다는 유력한 반론으로는 제3장 제2절 Ⅳ. 3. 각주 부분의 David Nimmer 교수의 의견 참조.

24) 443 F.2d 1159 (2d Cir. 1971) 이 사건 피고 Columbia Artists Management 사는 콘서트 연주자들을 관리하고 연주자를 위한 콘서트를 개최하는 지역단체를 지원하는 사업을 하였다. 피고는 지역단체들을 조직하고, 예산을 감사하였으며, 연주자들의 선임을 보조하였고, 회원제 캠페인 및 입장권 판매를 계획하여 수행하는 것을 도왔으며, 그러한 발전 보고서를 집적하였고, 지역단체에 의해 후원되는 콘서트에 참가하는 연주자들이 계약을 준비하는 것을 도왔다. 그 대가로 피고는 일정한 수수료, 연주자들로부터의 커미션, 그리고 지역단체가 거둔 이익의 일정비율을 지급받았다. 그런데 피고는 이 사건 연주를 위한 프로그램을 준비하면서 공연되는 음악에 관한 저작권 동의를 얻는 데 별다른 노력을 기울이지 않았다. 원고 Gershwin의 "베스, 당신은 이제 나의 여인입니다"라는 곡이 그러한 연주 콘서트에서 공연되자 이 사건 제소가 이루어졌다. 연방지방법원과 연방항소법원은 피고가 지역단체의 결성과 운영, 그리고 연주곡 모음을 짜는 데 주도적인 참여를 하였다는 사실은 바로 피고가 저작권 침해에 기여하였다는 것을 의미한다고 판시하였다. 특히 연방항소법원은 피고가 저작권 침해적인 연주곡 이용을 방지하고 그 이용에 허락을 얻을 수 있는 지위에 있었음에도 피고 스스로 침해에 어떤 법적 책임도 없다고 믿어 위와 같은 방지조치나 저작권자로부터의 이용허락의 획득을 하지 않은 점을 중시하였다.

25) "one who, with knowledge of the infringing activity, induces, causes, or materially contributes to the infringing conduct of another, may be held liable as a contributory infringer." 특히 이 표현 중 'induce' 라는 부분은 2005년 연방대법원이 채택한 유발이론(inducement theory)과 관련하여 그 원천인지 논란이 있을 수 있다.

26) 이 부분은 Peter Katz, "Copyright Infringement: The Perils of Indirect Liability," 16 No. 6 Journal of Proprietary Rights 1, June, 2004, p. 2. 혹은 Jesse M. Feder, "Is Betamax Obsolete?: Sony Corp. of

바꾸어 말하면 기여책임은 미국 저작권법의 명문에 규정된 원칙은 아니다. 기여책임을 주장하는 자는 (i) 상대방이 타인의 침해행위에 대한 인식을 가지고 (knowledge requirement, 이른바 認識 요건), (ii) 타인의 침해행위를 유인, 야기하거나 또는 침해행위에 실질적으로 관여하였음을 (실질적 기여 요건)[27] 각 입증하여야 한다.

(2) 기여책임 중 인식 요건의 원칙과 예외

그 중 첫 번째 '인식 요건'에 관하여 자세히 설명하면, 이는 알았거나 알았다고 볼 이유가 있는 때(know, or have reason to know),[28] 또는 알았거나 알았을 거라고 보이는 때(know or should have known),[29] 실제 인식했거나 추정적 인식이 있는 경우 (actual knowledge or constructive knowledge)[30]등으로 다양하게 표현된다.

하지만, 실제 인식(actual knowledge)[31]이 없더라도 추정적 인식(constructive knowledge)[32]만 존재하면 피고가 기여책임을 부담함이 원칙이다. 다만 예외로서, Sony Corp. of America v. Universal City Studios, Inc. 사건[33]에서 연방대법원이 특허법상의 이른바 '상업상 주요한 상품(staple article of

---

America V. Universal City Studios, Inc. in The Age of Napster," 37 Creighton Law Review 859, June 2004, pp. 871-72.

27) 실질적기여 요건(material contribution requirement) 또는 참여 요건(participation requirement).

28) Cable/Home Communication Corp. Network Prods., Inc., 902 F.2d 829, 845 & 846 n.29 (11th Cir. 1990)에서 Gershwin, 443 F.2d at 1162를 원용하며 'knowledge'는 객관적으로 해석하여야 한다고 판시하면서 제시한 표현이다.

29) 이런 표현은 아래의 Religious Tech. Ctr. v. Netcom On-Line Communication Servs., Inc. 사건 등.

30) 이런 표현을 사용한 최근의 사례는 UMG Recordings, Inc. v. Sinnott 사건(300 F.Supp.2d 993 E.D.Cal., 2004) 등이다.

31) 추정적 인식과 구별되는 직접적이고 명확한 인식으로, 가령 고용자가 사고를 목격함으로써 피용자의 상해에 대하여 가지게 되는 인식 등을 말한다(Black's Law Dictionary 2th pocket ed. 2004).

32) 합리적인 주의나 노력을 한 자라면 가졌어야만 하며, 그에 따라 법률상 그에게 당연히 귀속되는 인식을 말한다. 가령 미국 법원은 비록 파트너(즉, 조합원) 누구나 파트너십 계약을 읽지 않았더라도 파트너들은 그 계약에 대한 추정적 인식을 가졌다고 간주한다(Black's Law Dictionary 2th pocket ed. 2004). 바꾸어 말하면 침해행위가 분명한 사실이나 상황에 대한 인식(awareness of facts or circumstances from which infringing activity is apparent)을 말한다.

33) 104 S.Ct. 774, 464 U.S. 417 (1984), 이 판결은 인터넷서비스제공자의 책임을 다룬 것이 아님에도 인터넷서비스제공자의 책임을 크게 다룬 Napster 사건이나 Grokster 사건 등에 버금가는 중요한 의미를 가진다는 점에 미국에서도 異論의 여지가 없다. 위 판결이 현재의 P2P 기술과 같은 혁명적인 신기술에 대처하는 방법론으로서 가지는 의미에 대해서는 Peter K. Yu, "THE COPYRIGHT DIVIDE," Cardozo Law Review, November, 2003, p. 377이하 등 참조.

commerce)' 의 원칙을 차용하여 제시한 Sony 기준을 해석한 Napster 항소심의 입장이 있다. 이는 피고 Sony가 생산하는 비디오테이프 레코더(VTR)가 그 용도 중에서 상당부분 비침해적인 용도(substantial noninfringing use)를 가졌다면 비디오테이프 레코더를 이용하여 이용자들이 원고의 저작권을 침해하는 행위를 할 수도 있다는 추정적 인식(constructive knowledge)을 상품공급자인 Sony가 가졌던 것만으로는 곧바로 기여책임을 지우기 어렵다고 본 Sony 판결의 취지를 확장해석한 것이다. 이러한 Sony 판결 이후, 공급자가 판매하는 상품의 용도 상당부분이 비침해적인 경우에는 공급자의 추정적 인식만으로는 기여책임을 지우기에 부족하고 더 나아가 공급자는 이용자에 의한 구체적인 침해를 실제 인식(actual knowledge)하였어야 책임을 부담하게 된다고 Sony 판결의 취지를 해석하는 입장이 한동안 지속되었다. Napster 사건의 2심판결[34]의 입장이 그러하며 이런 입장은 최근의 Grokster 사건의 항소심 판결에 이르기까지 유지되었다. 이런 입장에 따르면 결국 문제된 상품의 용도 상당부분이 비침해적인 경우, 기여책임이 인정되려면 직접침해자의 침해행위에 대하여 서비스제공자가 실제 인식을 하였어야 한다.[35]

(3) 기여책임 중 실질적 기여 요건

기여책임의 두 번째 요건인 '타인의 침해행위를 유인, 야기하거나 또는 침해행위에 실질적으로 관여' 하였을 것에 관하여 위 Gershwin 사건이 기여행위의 정형을 제시한 이래 이후 Napster사건[36]에서 피고 Napster의 서비스가 없었더라면 이용자들의 불법파일교환이 불가능하였다는 점에 터잡아 기여행위의 존재를 긍정한 데에 이르기까지, 미국 법원은 위 요건을 긍정함에 별다른 주저함을 보이지 않고 있다. 그러나 특정한 행위가 기여행위가 된다고 긍정하는 데는 일정한 한계가 있음을 주의하여야 한다. 즉, 개인 컴퓨터, 인터넷브라우저, DSL 및 광대역 회선의 공급자의 경우 이러한 상품이나 서비스가 없었다면 침해행위가 불가능하였다는 점은 위 Napster의 서비스와 마찬가지임에도, Napster

34) A&M Records, Inc. v. Napster, Inc., 239 F.3d 1004 (9th Cir. 2001).

35) 다만 주의할 것은, 이러한 입장은 Sony 판결 자체만으로는 그 취지가 불분명한 것을 그 나중의 Napster 판결이나 Grokster 판결에서 Sony 판결의 취지를 해석하며 취한 입장이라는 점이다. 후술하듯이 이러한 입장은 강한 비판을 받고 있다.

36) 여기서 법원(Napster, 114 F.Supp.2d at 919)은 Napster의 주된, 아마도 유일한 목적은 음반의 불법복제와 교환을 가능하게 하는 것이라고 보았고 Napster를 인터넷 물물교환시장(Internet swap meet)에 비유하였다.

의 책임을 긍정하는 쪽에서조차 이러한 공급자들을 기여책임자로 보지는 않는다.[37)]

실질적 기여 요건을 충족하기 위한 기여행위의 수준에 관하여, 위의 Gershwin 사건은 직접침해행위에의 상당한 참여(substantial participation)가 필요하다고 하여 이른바 '고양된 수준(higher standard)'을 요구하였었다. 그에 반하여, 아래에서 등장할 Fonovisa 항소심 판결에서는 직접침해자의 침해에 사용되는 침해의 장소 내지 시설을 제공하는 것으로 족하다고 하여[38)] 이른바 '최소의 조건(lowest threshold)'만을 요구하고 있다고 할 수 있다.[39)]

(4) 기여책임에 대응하는 한국법상의 규정

이상과 같은 기여책임의 법리에 대하여 우리 한국법의 성문법상 대응하는 규정에 관하여는 이견이 있을 수 있겠으나, 가장 무난하기로는 민법 제760조 제3항(교사 · 방조자의 공동불법행위) 규정의 유추적용에서 미국에서의 기여책임에 준하는 유형에 대응하는 사례들에 대한 법적 근거를 찾을 수 있을 것으로 보인다.[40)] 이에 관하여는 나중에 설명한다.

3. 대위책임

(1) 대위책임의 연원과 개요

Shapiro, Bernstein & Co. v. H.L. Green Co. 사건[41)]에서 "분명하고 직접적인

---

37) Peter Katz, op. cit., p. 4.

38) 이러한 Fonovisa 항소심의 해석에 따르면 인터넷서비스제공자는 자동적으로 이 부분 요건이 충족되게 되는 불합리가 있다는 비판으로는 Kenneth A. Walton, "Is a Website Like a Flea Market Stall? How Fonovisa V. Cherry Auction increases The Risk of Third-Party Copyright Infringement Liability for Online Service Providers," Hastings Communications and Entertainment Law Journal, Summer 1997, p. 944 등.

39) Nimmer, Raymond T., 『Law of Computer Technology: Rights, Licenses, Liabilities』15.66, West Publishing (3d. ed. 1997) (Robyn Axberg, "File-Sharing Tools and Copyright Law: a Study of In Re Aimster Copyright Litigation and Mgm Studios, Inc. V. Grokster, Ltd," 35 Loyola University of Chicago Law Journal 389, 399, Fall 2003에서 재인용).

40) 기여책임은 이른바 간접책임(secondary liability)인데, 이와 마찬가지로 한국법제상 직접 침해행위를 하지 않은 자에게 법적 책임을 지우기 위한 고려에서 나온 규정이 바로 민법 제760조 제3항인 것이다. 이러한 고려가 있었음은 독일과 일본의 민법상 동일한 규정의 연혁을 보면 알 수 있다(이러한 연혁에 관하여는 박성호, "방조에 의한 공동불법행위," 인권과 정의 2001. 4., 111면 참조). 뿐만 아니라, 미국에서도 가령 Aimster 항소심 법원의 설시에서와 같이 "기여책임에 대응하는 형사법으로 방조(aiding)와 교사(abetting)가 있다"고 판단하고 있다(제5장 제1절 Ⅱ. 3. 3) 부분 참조).

41) 316 F.2d 304, 307 (2d Cir.1963). 이 사건의 원고는 음악편곡의 권리자이고, 피고, Green 사는 백화점 체인의 소유주, 피고 Jalen사는 그 백화점 체인에서 음반 부분의 매장을 운영한 자이다. 그런데 피고 Jalen사는 위 매장에서 불법복제음반을 판매하였다. 피고 Jalen사는 일체의 음반을 주문하고 구

이익과 결부되어 감독할 권리와 능력을 가진 때는, 저작권이 침해되고 있다는 실제 인식이 없더라도 그 이용으로 인한 이익에 대한 책임을 부과하는 것이 저작권법의 목적을 잘 살릴 수 있는 것이다"라고 판시한 이래 '통제할 권리와 능력(right and ability to control)'[42]이 있고, '침해행위로부터 직접적인 경제적 이익(direct financial benefit)'을 얻은 경우 대위책임이 성립한다는 원칙이 거듭 확인되어 왔다.[43]

이러한 대위책임은 원래 보통법상으로 고용주는 그 피용자가 고용과 관련된 범위 내에서 행한, 고의의 불법행위를 포함한 일체의 불법행위에 대하여 책임이 있다는 使用人 책임의 원칙(doctrine of respondeat superior)에서 출발한 것이다.[44] 대위책임은 사용인 책임의 경우와 달리 반드시 고용관계나 주종관계에 국한되지 않는다는 점에서 차이가 있지만,[45] 널리 기업책임(enterprise liability)의 법리[46]에 근거를 두고 있다는 점에서 공통된다.

이러한 대위책임의 논리적 근거는 다음과 같다. 우선 특정한 침해행위로부터 이익을 얻는 기업이나 개인이, 잘못 없는 원고 측이나 손해를 직접 유발한 침해자보다는 위와 같은 기업 등으로부터 이득을 얻는 자들에게 이러한 손해나 위험을 더 잘 분산(risk allocation)시킬 수 있다. 아울러 손해를 피할 수 있게 통제할 권리와 능력을 가진 자는 그러한 통제권을 적절히 행사하여야 한다.[47]

입하며 판매하고, 각 음반매장의 모든 점원들은 Jalen의 일일 통제를 받도록 되어 있었지만, Jalen과 그 점원들은 Green이 제정한 모든 규정과 규칙을 준수하여야 했고, Green은 부적절한 행동을 한 Jalen의 점원 누구라도 해고할 권한을 가지고 있었다. Jalen의 이름은 어느 매장에서도 드러나지 않았으며 음반 구매자들은 Green의 영수증을 지급받았고 자신들이 Green이 아닌 다른 누구와 거래하고 있다고는 생각하기 어려웠다. 아울러 Green은 매출현금을 관리하였고 Jalen의 총매출액에서 일정 비율을 징수하였다. 이러한 사안에 대하여 1심(135 U.S.P.Q. 181, S.D.N.Y. Jul 30, 1962)은 피고 Green 사에 대한 청구부분을 기각하였었다. 그러나 항소심은 이러한 결론을 뒤집고 Green에게 대위책임이 있다고 판단하였다. 그렇게 판단함에 있어 항소심은 대리(agency)에 관한 일반원칙 외에도, 콘서트홀 소유주가 밴드와 오케스트라의 공연으로 인한 저작권침해에 책임이 있다고 판단한 일련의 선례들(이른바 'dance hall cases')에도 근거를 두었다.

42) 혹은 '감독할 권리와 능력(right and ability to supervise)'

43) 최근의 인용례로는 Kingvision Pay-Per-View Ltd. v. Olivares 사건(Not Reported in F.Supp.2d, 2004 WL 744226, S.D.N.Y., Apr 05, 2004).

44) Jesse M. Feder, op. cit., p. 870 및 Alfred C. Yen, "Internet Service Provider Liability for Subscriber Copyright Infringement, Enterprise Liability, and The First Amendment," Georgetown Law Journal, June 2000, p. 1843.

45) 따라서 국내의 글 중 간혹 vicarious liability를 사용자책임이라고 번역하는 예가 있으나 이는 오해를 부를 수 있는 잘못된 표현이다. 단지 vicarious liability의 근원이었던 '사용인 책임'이 우리 법상 사용자 책임과 유사하다고 볼 여지가 있을 뿐이다.

(2) 대위책임의 두 가지 요건에 대한 Fonovisa 항소심의 느슨한 해석

인터넷서비스제공자와 관련된 판례는 아니나, 대위책임을 논함에 있어 빼놓을 수 없는 미국 판례는 1996년 Fonovisa Inc. v. Cherry Auction Inc. 사건[48]이다. 여기서 연방항소법원은, 물물교환시장(swap-meet)의 운영자는 그 시장 안에서 특정 상인이 저작권을 침해하는 불법음반을 판매한 경우 이에 대한 대위책임을 부담한다고 판시하였다. 위 사안에서 물물교환시장의 운영자는 직접 광고판촉을 하여 손님을 끌어 모으고 있었고 아울러 규정을 어긴 임차상인을 축출할 권한을 보유하고 있었다.

원래 이 사건 1심 법원[49]은 저작권자 스스로 침해조사자를 고용하여 관청의 단속까지 촉구한 점을 들어 원고인 저작권자가 저작권보호에 적합한 위치에 있었을 뿐 그렇지 아니한 피고에게 책임을 추궁하여 손해를 분산시키려는 것은 단지 기업활동을 위축시킬 뿐이라고 보아 책임을 부정하였다.

그러나 항소심인 연방 제9항소법원은 이른바 '댄스홀 사건들(dance hall cases)'[50]과 '임대인-임차인 사건들(landlord-tenant cases)'[51]이라는 두 가지 대립되는 줄기의 미국 판례법 상 선례들을 나열하면서, 전자의 사건들에서는 연예인을 관리하는 댄스홀 경영자가 (i) 침해행위가 되는 공연을 통제할 수 있고, (ii) 침해적 공연을 즐기기 위하여 대가를 지급하는 청중으로부터 직접 이익을 얻음에 반하여, 후자의 사건들에서는 임차인이 침해행위를 한다는 사정을 임대인으로서는 인식하기 곤란하고 이미 임차된 객체에 대하여는 더 이상 통제할 수 없다는 차이가 있음을 지적한 다음 그에 따라 전자의 사건들에서는 후자와 달리 책임이 긍정되었다고 판시하였다.[52] 그러한 기준에 비추어 보면 이 사

46) 이에 관해 자세히는 제2장 제1절 참조.

47) 이상은 Fonovisa, 76 F.3d 259, 261-62 (9th Cir. 1996) 및 Polygram Int' l Pub., Inc. v. Nevada/TIG, Inc., 855 F.Supp. 1314, 1325-1326 (D. Mass. 1994) 참조. 후자의 판결에서는 "사업으로부터의 이익과 사업에 대한 통제에 초점을 맞춤으로써 법원은 손실을 분산시키고 사업영역 내의 행위를 감찰할 수 있는 피고의 능력을 평가할 수 있다"라고 설명하고 있다.

48) 76 F. 3d 259 (9th Cir. 1996) 〈www.law.cornell.edu/copyright/cases/76_F3d_259.htm〉[2006. 3. 14.]에서 전문을 볼 수 있음.

49) Fonovisa, Inc. v. Cherry Auction, Inc., 847 F. Supp. 1492, 1496 (E.D. Cal. 1994).

50) Buck v. Jewell-LaSalle Realty Co., 283 U.S. 191, 198-199, 51 S.Ct. 410, 411-12, 75 L.Ed. 971 (1931); Dreamland Ball Room, Inc. v. Shapiro, Bernstein & Co., 36 F.2d 354 (7th Cir.1929). 이상은 76 F. 3d at 262에서 재인용.

51) Deutsch v. Arnold, 98 F.2d 686 (2d Cir.1938); 이와 비교하여 Fromont v. Aeolian Co., 254 F. 592 (S.D.N.Y.1918). 이상은 76 F. 3d at 262에서 재인용.

52) Fonovisa, 76 F. 3d at 262. 이렇게 '댄스홀 사건들(dance hall cases)'와 '임대인-임차인 사례들

건에서는 중고품교환시장의 운영자와 개인판매자 사이에 계약관계가 존재하고 그 운영자가 임대차계약을 해지할 수 있었다면 그 통제권한은 충분히 있는 것으로 간주된다고 하였다.

나아가 항소심 법원은 대위책임의 또 다른 요건인 '침해행위로부터 직접적인 경제적 이익'을 해석함에 있어 운영자가 특정 상인으로부터 징수하는 고정 임차료뿐만 아니라 특히 위 시장을 찾는 자들로부터 주차료 등을 추가적으로 징수할 수 있던 사정을 중시하였다. 이에 터잡아, 1심의 판단과 달리 피고가 '침해행위로부터 직접적인 경제적 이익'을 얻은 경우에 해당한다고 그 요건을 넓게 해석하면서, 결국 이 사건 물물교환시장에서의 불법음반의 판매는 앞서 '댄스홀 사건들(dance hall cases)'에서 불법음악을 공연하는 것과 마찬가지로 손님들을 유인하는 역할(이른바 'draw')[53]을 수행한다고 보았다.[54]

이러한 Fonovisa 항소심의 입장은, 나중에 Napster 판결, Aimster 판결 등에서 대위책임의 요건을 보다 손쉽게 인정하는 데 거듭 원용되었다. 하지만 지나치게 대위책임의 범위를 확대한 것이라는 유력한 비판[55]을 받고 있다.

(3) 대위책임의 두 가지 요건에 대한 정당한 기준

반대로 Adobe Systems, Inc. v. Canus Productions, Inc.[56]사건에서는, 소프트웨어 박람회의 주최자인 피고가, 그 박람회의 참가상인이 원고의 Adobe 소프트웨어 불법복제본을 판매한 행위에 대하여 대위책임을 부담하지는 않는다고 보았다. 이 사건의 구조는 매장 임대, 이용자 입장료, 광고행위, 참가상인을 축출한 권한 등등의 여러 가지 면에서 앞서 Fonovisa 사건의 사안과 유사한 듯 보였다. 그러나 법원은 상인을 축출한 권한을 이론상 보유하고[57] 있었을지라도 실제적으로는 (i) 피고가 거대한 박람회에서 그런 임무를 제대로 수행하기에는 너무 적은 인원을 거느리고 있었고 (ii) 불법복제물인지 판별하기가 불가능하였

(landlord-tenant cases)'라는 두 가지 대립되는 줄기의 선례들로 구분하는 설시는 이후 대위책임의 인정 여부에 관한 중요한 판결들마다 거듭 인용된다. 가장 최근의 Grokster 항소심 판결(Grokster, 380 F.3d at 1164)에서도 이러한 구분에 따른 설시를 하고 있다.

53) Fonovisa와 비슷한 사안에 대하여 최근 사례인 UMG Recordings, Inc. v. Sinnott, 300 F.Supp. 2d 993 (E.D. Cal. 2004)도 불법음반의 판매를 유인(draw)으로 판시하고 있는데, 왜 유인인지 자세한 고찰은 하지 않고 있다.

54) Fonovisa, 76 F. 3d 263-264.

55) Kenneth A. Walton, op. cit., pp. 942-46 등 다수.

56) 173 F.Supp. 2d 1044 (C.D. Cal. 2001).

57) legal control. 이에 대응하는 actual control의 개념이 있는데, legal control은 직접침해자를 통제할

기 때문에, 그런 권한을 행사하는 데 어려움이 있었다는 점에서 Fonovisa 사건과는 구별하여야 한다고 보았다. 여기서 법원은, Fonovisa 사건이 제시한 기준은 직접침해자와 2차적 침해자의 경제적 이해관계가 상당히 결합되었거나(substantially intertwined), 소유주와 침해상인 사이에 공생적인 관계가 존재하여 소유주의 성공이 침해상인의 판매에 의존하게 되는 경우에 국한한다고 해석하였다.[58]

지금까지 미국의 대위책임에 관한 판례들로부터 내릴 수 있는 대체적인 결론은 다음과 같다.

첫째, 침해행위를 방지하거나 정지시킬 수 있는 일체의 능력은 대부분의 사례들에서 피고의 통제 가능성의 요건을 충족한다는 사실이다. 이는 피고의 그런 능력이 계약이나 법률상의 관계에 기인한 것인지, 아니면 실제 사업상 현실로부터 유래한 것인지는 대체로 관계없고,[59] 법원은 대개 직접침해자와의 계속 유지되는 관계가 있는 경우 통제 가능성을 긍정하는 추세이다.

권한을 단지 유보해 둔 법적 관계가 있으면 충족되지만, 반대로 actual control은 단순한 법적 관계를 넘어서 모체(母體)가 실제로 결정 및 이후의 진전, 직접침해자와 관련이 있다는 징표가 있어야 한다(이 문장은 Robert A. Gilmore, "Peer-To-Peer: Copyright Jurisprudence in The New File-Sharing World, The Post Grokster Landscape of Indirect Copyright Infringement and The Digital Millennium Copyright Act," Florida Coastal Law Journal, Spring 2004, p 92, 97). Fonovisa 항소심이 legal control의 느슨한 기준을 취하였음에 반하여, Adobe Systems, Inc. 사건의 법원은 actual control의 엄격한 기준을 취한 것이라고 할 수 있다. legal control 대 actual control의 발전과정, 차이점에 관하여는 Charles S. Wright, "Actual Versus Legal Control: Reading Vicarious Liability for Copyright Infringement into The Digital Millennium Copyright Act of 1998," 75 Washington Law Review 1005, July 2000을 참조할 것.

58) 판결 자체에서 명시적으로 드러나지는 않았지만 취지상 이 사건의 사안은 Fonovisa 사건과 달리 침해상인의 수가 450명 중 불과 몇몇에 불과하여 훨씬 적었다는 점, 불법복제물의 수도 약 100개로 훨씬 적었다는 점을 고려하여 위와 같은 기준을 충족하지 못한다고 본 것이라는 설명으로는 Peter Katz, op. cit., p. 2. 참조. 그러나 위 법원의 입장과는 반대로 Ellison v. Robertson 사건[357 F.3d 1072, 1079 (9th Cir. 2004)]에서는 접속서비스를 제공하는 AOL의 전체수익에서 침해로 인한 이득부분은 극히 경미하다는 피고 AOL의 주장이 배척되었다. 그 배척의 근거로 법원은, AOL의 엄청난 영업규모 때문에 이런 경우 어떤 이득부분이라도 전체이득에 비해서는 경미할 수밖에 없고, 직접적인 경제적 이익인지를 판단하는 것은 침해행위와 경제적 이익 사이에 인과관계가 있는지가 기준일 뿐임을 들었다(다만, Ellison v. Robertson 사건의 결론도 대위책임 부분에 관하여 AOL이 유즈넷에 관하여 통제 가능성은 가지고 있었지만, AOL의 가입자들이 침해행위결과물을 이용하기 위하여 접속서비스에 가입한 증거가 없으므로 결국 침해행위로부터 직접적인 이익을 얻은 바는 없다고 보아, 대위책임은 부정되었다).

59) 다만, 주의할 것은 미국의 판례들 전체를 통틀어 볼 때 그 포섭범위가 위와 같다는 것일 뿐, 만약 판례들을 굳이 나누자면 Fonovisa 항소심을 비롯하여 앞서 Gershwin Publishing Corp. v. Columbia Artists Management, Inc. 법원, Polygram Int' l Pub., Inc. v. Nevada/TIG, Inc. 법원은 legal control로

둘째, 여러 판례들의 의견에 불구하고 여전히 '직접적인 경제적 이익'의 개념은 혼란 속에 있다는 점이다. 일부 판례들의 입장은 침해행위의 이익으로부터 직접 유래한 인터넷서비스제공자의 몫이라는 개념과는 동떨어져 있다. '유인(draw)'이라는 접근 방식은 극히 주관적이며, 이 때문에 지금 법원이 장차 무엇을 '침해행위로부터 직접적인 경제적 이익'에 해당한다고 볼지는 전혀 불투명하다. 특히 Napster 판결에서는 심지어 피고 Napster가 침해행위를 하는 이용자들로부터 당시까지 어떤 수입도 올린 적이 없고 단지 장차 이용자의 수를 확충하여 장래의 수입을 올리려 하였다는 사실만으로도 곧바로 '침해행위로부터 직접적인 경제적 이익'에 해당한다고 보았다.[60)]

Ⅱ. 구체적인 사례들

1. Playboy Enterprises, Inc. v. Frena 사건[61)]

(1) 사실관계

이 사건은 미국에서 이용자들의 저작권 침해행위와 관련한 인터넷서비스제공자의 책임이 문제된 최초의 사례이다. 원고 Playboy Enterprises는 누드사진 등을 담은 잡지를 간행하는 회사이고, 피고 프레나(Frena)는 일정한 회비를 지불하고 파일을 자유롭게 업로드 또는 다운로드 받을 수 있는 BBS를 운영하는 자이다. 이러한 BBS에의 접속은 전화모뎀으로 이루어졌다.

그런데 피고의 회원 중 일부가 원고의 저작권 있는 누드사진들을 임의로 복제한 사진파일들을 피고의 BBS에 업로드하고, 다른 이용자들은 이 파일들을 다운로드 받는 방법으로 원고의 저작권이 침해되었다. 피고는 이렇게 이용자들 중 누군가가 파일을 올리고, 이를 다른 이용자가 다운로드하였다는 사실은 자인하였다. 한편 피고는 원고의 통지를 받은 후 해당 파일을 게시판에서 즉시

충분하다는 느슨한 기준을, 반대로 Adobe Systems, Inc. 법원을 비롯하여 Demetriades v. Kaufmann 법원[690 F. Supp. 289 (S.D.N.Y. 1988)] 및 Artists Music, Inc. v. Reed Publishing, Inc. 법원[31 U.S.P.Q. 2d 1623 (S.D.N.Y. 1994)]은 actual control이 있어야 한다는 엄격한 기준을 각각 취함으로써 legal control 대 actual control의 기준이 병행되어 왔다고도 설명할 수 있다(이 부분은 Charles S. Wright, op. cit., p. 1012-20을 정리함).

60) 이상은 Peter Katz, op. cit., p. 1. 그 외에 이러한 확장해석이 결국 Sony 판결의 긍정적 보호막을 우회적으로 훼손하는 것이라는 주장으로는 Mark A. Lemley & R. Anthony Reese, op. cit., p. 1368.

61) 839 F.Supp. 1552 (M.D.Fla. 1993).

삭제하였다.

(2) 법원의 판단

연방지방법원[62]은, 피고가 가입자들로 하여금 피고의 게시판을 통하여 원고가 저작권을 가진 사진들의 복제파일을 배포, 전시하도록 허락하는 방법으로 원고의 배포권, 전시권[63]을 직접적으로 침해하였다고 판시하였다. 즉 이용자가 아닌 서비스제공자인 피고에게도 직접책임이 있다고 본 것이다.

미국 저작권법 제106조[64]는 저작권의 종류를 정하면서 "저작권자는 이 장에 의하여 다음의 행위를 하거나 허락할 독점적 권리를 갖는다"고 하여 마치 저작권자 자신이 직접 저작물을 이용하지 않고 타인에게 허락할 권리, 즉 소위 '허락권'도 저작권자의 독점적 권리의 하나라고 해석할 수 있는 다소 애매한 표현을 두고 있다.

Frena 법원의 입장은, '저작권자는 저작물을 이용하거나 타인에게 이용을 허락할 배타적인 권리'를 가지는데, Frena는 자신이 직접 게시판의 저작물을 이용하지는 아니하였지만 게시판을 운영하며 이용자들로 하여금 저작물을 이용할 수 있도록 허락하였으므로 결국 Frena가 임의로 저작권자의 지위에서 저작권의 내용 중 하나인 허락권을 행사한 것이어서 직접침해가 성립된다는 논리라고 볼 수 있다.

이에 대하여, 피고가 위와 같은 가입자들의 저작권 침해행위를 알지 못하였다고 반박한 점에 대하여는, 저작권침해의 직접책임을 부담하는데 침해자가

62) 이 책에 이후 등장할 미국의 사건들을 취급한 1심 법원은 지역의 차이가 있을 뿐 모두 연방지방법원(Federal District Court, 편의에 따라 '1심 법원'이라고 번역하기도 함)이다. 미국의 연방법원과 주법원의 업무분장 관계를 여기서 자세히 설명하기는 곤란하지만, 초심자에게 간단히 말해 미국에서 지적재산권 관련 쟁송은 대부분 연방법원이 관할한다고 이해하면 좋을 것이다.

63) 복제권(reproduction right) 침해를 문제삼지 않은 것은 게시판의 자료들이 이용자들에 의하여 실제 다운로드가 되었는지 입증되지 않았기 때문이라고 설명하는 논자(최재원, 같은 학위논문, 42면)가 있으나, 이는 오해이다. 앞서 보았듯이 위 판결(839 F.Supp. at 1553)의 인정사실 중에는 문제되는 자료들이 다른 이용자에 의하여 다운로드 되었음을 피고 Frena가 자인하고 있음이 분명히 포함되어 있다. 복제권의 침해를 인정하지 않은 이유를 추측컨대, BBS 운영자인 피고에게 다소 무리하게 직접책임을 인정한 결론과 관련이 깊다고 보인다. 즉 아무리 직접책임을 넓게 인정하는 Frena 법원으로서도 완전히 이용자가 주도적으로 행하는 다운로드까지 피고 Frena가 '직접' 행하였다고 의제하기는 무리였을 것이다.

64) 17 U.S.C.A. § 106 (Exclusive rights in copyrighted works) "....저작권자는 이 장에 의하여 다음의 행위를 하거나 허락할 독점적 권리(exclusive rights to do and to authorize any of the following)를 갖는다: (1) 서적이나 음반 저작물을 복제할 권리....(3) 서적이나 음반저작물을 판매 기타 다른 양도방법으로 공중에게 배포하거나 임대 혹은 대여할 권리...."

알았느냐의 여부는 문제가 되지 않는다고 하여[65] 위 주장을 배척하였다.

2. Sega Enterprises v. Maphia 사건[66]

(1) 사실관계

이 사건의 원고인 Sega는 컴퓨터 비디오게임 시스템의 제조 및 공급자였는데, Sega의 게임 시스템은 크게 게임제어장치와 소프트웨어로 구성되어 있었으며 그 중 소프트웨어는 게임카드리지 안의 ROM 칩에 저장된 형태였다. 이용자들의 입장에서 볼 때 원고가 판매하는 게임제어장치만으로는 게임을 플레이할 수 있을 뿐 나아가 임의로 원고의 소프트웨어 복제까지는 할 수는 없었다.

한편 피고는 '마피아(Maphia)' 라고 불린 BBS를 운영하였는데 그 이용자들에 의하여 원고 Sega의 게임복제물들이 피고의 게시판에 업로드되어 다른 이용자들에게 다운로드되었다. 그런데 피고는 게임물을 게시판에 업로드하는 이용자들에게 그 대가로 다른 게임물을 다운로드할 기회를 부여하는 등의 방법으로 위와 같은 이용자들의 복제행위를 조장하였다. 뿐만 아니라, 플로피디스크 등에 원고의 게임을 복제할 수 있도록 고안된 일명 'Copiers' 를 판매하여 그 광고까지 게시판에 게재하였다.

(2) 법원의 판단

캘리포니아 북부지방법원[67]은 피고가 저작권 침해행위가 있다는 실제 인식(actual knowledge)을 가지고 있었지만, 법원은 그러한 고의가 존재하지 아니한다고 하더라도 이용자들의 침해행위에 대한 추정적 인식(constructive knowledge)만 가지고 있으면 기여책임을 부담할 수 있다고 보았다. 법원은 BBS 운영자인 피고의 행위를 볼 때 기여책임을 추정할 만한 증거(prima facie evidence)[68]가 있다고 보았고 결론적으로 원고를 위하여 예비적 유지명령

65) 앞서 말한 대로 저작권의 직접침해자는 엄격책임을 부담한다.

66) 857 F.Supp. 679 (N.D. Cal. 1994).

67) 직접책임을 잘못 인정하였다고 비난받는 Frena 판결을 논외로 한다면, 인터넷서비스제공자 책임에 관한 최초의 선례인 Maphia 사건, BBS 기술단계에서 인터넷서비스제공자의 책임제한에 관한 가장 중요한 선례로 꼽히는 1995년의 Netcom 판결을 내렸을 뿐만 아니라 Napster 사건의 1심 판결을 내린 법원이다. 이렇게 인터넷서비스제공자의 책임을 다투는 대부분의 사건이 집중된 것은 우연의 일치가 아니다. 캘리포니아가 주로 벤처기업의 형태를 띠게 되는 디지털 복제기술 산업의 중심인 동시에 음반, 영화산업이 축인 미국 저작권계의 중심이기 때문이다. 이와 관련하여서는 제6장 제3절 (3) 3) (사) 부분 각주 참조.

68) 반증이 없는 한 특정한 사실이나 법적 판단을 정당화시키는 증거를 말한다(Black' s Law Dictionary 2th pocket ed. 2004). 우리 법률상, 推定에 상응한다고 볼 수 있겠다.

(preliminary injunction)[69]을 발하였다.

3. Religious Technology Center v. Netcom, Inc. 사건[70]

(1) 사실관계

원고들[71] 중 Religious Technology Center(RTC)는 종교단체인데, 사이언톨로지(Scientology) 교회[72]의 창시사인 론 허버드(L. Ron Hubbard)가 저술한, 간

69) 예비적 유지명령이란, 문제된 사건이 발생하여 법원으로부터 종국판단을 받을 때까지의 회복할 수 없는 손해(irreparable injury)를 방지하기 위하여 정식재판(trial) 이전 혹은 그 동안에 발하여지는 임시적인 유지명령을 말한다. 예비적 유지명령은 피고 측이 통지를 받고 진술의 기회를 부여받은 때에만 발하여진다[이상은 Black' s Law Dictionary (8th ed. 2004)]. 신청인은 本案에서의 승소가능성과 회복할 수 없는 손해의 개연성을 입증하거나, 심각한 문제점이 존재하고 양쪽 당사자의 손실 비교에서 우위에 있다는 점을 입증하여야 한다['.... demonstrates either (1) a combination of probable success on the merits and the possibility of irreparable harm, or (2) that serious questions are raised and the balance of hardships tips in its favor.' (Napster, 114 F.Supp. 2d at 911)]. 이러한 예비적 유지명령의 주된 목적은 本案(한국에서는 가처분 등 보전처분과 구별되는 本 訴訟을, 미국에서는 예비적 유지명령과 구별되는 Trial을 지칭함)에 관한 현상유지이다(Netcom, 907 F.Supp. at 1382). 한편 이러한 예비적 유지명령에 다룬 한국의 글로는 설민수, "디지털카피의 등장과 음악산업의 흥망, 그리고 그 과정에서 본 한국과 미국의 민사·형사 제도의 역할에 대한 비교 –Napster, Aimster, Grokster, 소리바다 사건을 중심으로–," 사법부 내부통신망(CourtNet) 게시논문(미공간), 2005. 3. 16, 78면 이하 등이 있다.

나아가, 개념만으로 볼 때 위와 같은 예비적 유지명령은 한국의 민사소송체계에서 침해금지 가처분 신청에 대한 법원의 판결 내지 결정에 상응한다고 볼 수 있다. 한국의 민사소송체계에서 판결과 결정은 모두 법원에 의한 재판이라는 점에서는 공통되지만 '판결'은 변론절차를 경유하는 것이 꼭 필요하고, 선고라는 엄격한 방식으로 재판결과를 공표하며 반드시 법관의 서명이 필요하다. 반대로 '결정'은 변론절차의 경유가 임의적이고, 상당한 방법으로 재판결과를 고지하면 족하고(민사소송법 제221조 제1항), 법관의 기명으로 갈음할 수 있다는(민사소송법 제224조 제1항 단서) 차이가 있다. 특히, 침해금지가처분신청과 같은 보전처분(가압류, 가처분) 신청사건에 있어서는 법원이 심리함에 있어 변론절차를 거친 경우에는 판결로, 그렇지 아니한 경우에는 결정으로 재판하도록 특칙(민사소송법 제301조, 281조 제1항)이 있다. 따라서 미국의 Maphia 사건에 대한 예비적 유지명령이 변론절차를 거친 경우라면 한국법체계상으로는 'Maphia 판결'이라는 표현이, 변론절차를 거치지 않고 서면심리에만 의한 경우라면 'Maphia 결정'이라는 번역이 각각 더 정확할 것이다. 하지만 이 책에서는 Maphia 사건뿐 아니라 다른 사건들을 설명함에 있어서도 이해의 편의상 굳이 구별하지 않고 '판결'이라는 표현과 '결정'이라는 표현을 혼용하였다.

70) Religious Technology Center v. Netcom On-line Communications Services. Inc., 907 F.Supp. 1361(N.D.Cal. 1995). 이를 Religious Tech. Ctr. v. Netcom On–Line Communication Servs., Inc. 923 F.Supp. 1231 (N.D. Cal. 1995) 사건(이른바 Netcom Ⅰ 사건)과 구별하여 Netcom Ⅱ 사건이라 칭하기도 한다. 이른바 Netcom Ⅰ 판결은 원고와 피고 에리히 사이의, Netcom Ⅱ 판결은 위 본문에서 보듯이 원고와 피고 Netcom 및 공동피고(Klemesrud) 사이의 예비적 유지명령 등 각종 신청을 판단한 것이다.

71) 실제로는 L. Ron Hubbard의 저술물 일부에 대하여 RTC로부터 독점적 이용허락을 받은 Bridge Publications이라는 출판사도 이 사건 원고였지만, 편의상 RTC를 중심으로 설명한다.

72) 미국인 L. Ron Hubbard가 1965년 창설한 신흥종교로 자기수양을 통한 능력개발운동이다.

행되었거나 아직 간행되지 않은 저작물들의 저작권을 보유하고 있었다.

한편 에리히(Erlich)라는 개인은 예전에는 사이언톨로지 교회의 목사였지만, 이후에는 변신하여 사이언톨로지에 대한 비평을 목적으로 한 유즈넷 뉴스그룹[73] ('alt.religion.scientology')에서 사이언톨로지 교회에 대한 강한 비판을 하고 있었다. 그런데, 이러한 유즈넷 뉴스그룹은 이 사건의 다른 공동피고였던 개인('Tom Klemesrud')이 운영하는 전자게시판을 통하여 네트워크에 접속되는 방식이었고, 다시 위 공동피고의 전자게시판은 인터넷접속서비스제공자인 피고 넷트콤(Netcom)을 통하여 인터넷에 접속되고 있었다.

그런데, 에리히가 원고 측이 저작권을 가진 저작물을 임의로 공동피고의 게시판에 게시하자, 원고는 에리히에게 삭제를 요구하였다. 그러나 에리히는 그 요구를 거절하였고 다시 원고 측은 이 사건의 피고들인 BBS 운영자인 공동피고와 피고 Netcom에게 접촉하였다. 공동피고는 즉각 삭제하는 대신 원고에게 위 글들에 대하여 원고 측에게 적법한 저작권이 있다는 증명을 해 줄 것을

73) Usenet Newsgroup, 위 판결에서는 Daniel P. Dern, "The Internet Guide for New Users 16," 1994, pp. 196-7을 인용하며, 유즈넷에 관하여 다음과 같이 각주에서 설명하고 있다; 유즈넷이란 인터넷 및 인터넷 커뮤니티와 긴밀히 연결된 電子 BBS의 전 세계 커뮤니티라고 설명되어 왔다. 유즈넷의 메시지는 수천 개의 주제 그룹 혹은 뉴스그룹으로 구성되며....유즈넷 이용자는 지역 유즈넷 사이트에서 읽거나 게시할 수 있다. 각 유즈넷 사이트는 암시적이거나 명백한 다양한 환경설정에 따라 자신의 게시물을 다른 유즈넷 사이트에 전파하거나 반대로 다른 유즈넷 사이트로부터 게시물을 받는다. 유즈넷 트래픽(traffic)은 대개 하루당 30 내지 50메가바이트의 메시지로 이루어진다. 유즈넷은 수백만의 사람들에 의해 매일 기고되거나 읽혀진다...유즈넷이라고 딱히 지정된 특별한 네트워크가 존재하는 것은 아니다. 유즈넷 트래픽은 인터넷과 전화연결 링크를 포함하여 광범위한 네트워크에서 흐른다고 할 수 있다."

이러한 설명만으로는 한국에서 널리 쓰이는 BBS와 구별이 분명하지 않으므로 더 설명하자면, 현재의 인터넷이 글뿐만 아니라 그림, 동영상 등의 멀티미디어를 전달하는 데 주안점을 둔 월드와이드웹(www)이라면 종래 유즈넷은 문자 위주의 토론과 의견 주고받기를 주로 하는 네트워크였다고 할 수 있다. 한국에서는 대규모 포탈 업체에서 제공하는 게시판과 자료실로 인하여 유즈넷 뉴스그룹에 대한 인지도가 거의 없었으며, 곧바로 초고속 인터넷 환경으로 넘어가 월드와이드웹(www)을 주로 쓴 까닭에 인터넷 유저 사이에서도 유즈넷 뉴스그룹은 극히 생소하다. 하지만, 전화 접속이 늦게까지 대세를 이루고 있던 미국·유럽권에선 상대적으로 데이터 전송 용량이 적은 유즈넷 뉴스그룹이 상당히 오랫동안 큰 인기를 끌었다. 아울러 유즈넷 뉴스그룹이 외견상 종래 한국에서도 애용되던 각종 BBS 게시판과 동일한 것처럼 보일 수도 있으나, (i) BBS 게시판에 올린 글은 해당 BBS 운영자의 서버(가령 하이텔의 서버)에 접속한 경우에만 다시 볼 수 있음에 반하여 유즈넷 뉴스그룹에 게시된 글은 끊임없이 다른 서버로 확산, 전파되며, (ii) BBS 게시판에 올린 글은 게시자가 원칙적으로 삭제할 수 있으나, 유즈넷 뉴스 그룹에서는 최초 게시한 서버 이외의 다른 서버에 취소메세지가 전파된 범위가 실제로 처음 글이 전파된 범위와 일치하지 않는 경우가 많아, 사실상 일단 올린 글을 지우기 어렵고, (iii) 일반적으로 종래 BBS 게시판이 로그인을 요구함에 반하여, 유즈넷 뉴스그룹은 로그인을 요구하지 않는다는 차이점이 있다(BBS과의 차이점 부분은 kmh.yeungnam-c.ac.kr / subdoc3/usenet/usenet21.html, 2006. 3. 14. 방문).

요구하였고 피고 Netcom 역시 비슷한 요구를 하였지만, 원고는 이를 거부하였다. 원고는 저작권침해를 들어 전자게시판 운영주체인 공동피고는 물론 나아가 인터넷접속서비스업자인 피고 Netcom까지 제소하였다.

(2) 법원의 판단

1) 직접침해의 부정

피고 Netcom은 서버의 제공자였고, 에리히가 올린 저작물도 당연히 Netcom의 서버에 저장되어 약 11일 동안 다른 이용자들이 접속할 수 있었다. Netcom이 그러한 저장을 인용한 행위만으로 원고의 저작권을 직접 침해하여 직접책임을 부담할 수 있는지가 먼저 다투어졌다.

법원은 서버에의 '일시적인 복제' 도 1993년 MAI. System Corp. v. Peak Computer Inc. 판결[74]의 입장에 따라 복제에 해당한다고 일단 인정하였다. 그렇지만 법원은, 피고 Netcom의 경우 인간의 행위가 개입되지 아니하고 서버가 자동적으로 일정기간만 복제 · 저장하는 것에 불과하기 때문에 위 피고가 이를 복제 · 배포한 것으로 볼 수 없다는 이유로 피고 Netcom의 직접책임은 부인하면서, 유사한 사례에서 직접침해를 긍정한 앞서 Frena 판결에 대하여는 의문을 표시하였다. 법원은 직접침해책임을 지우기 위해서는 '침해의 결단 내지 침해의 야기 같은 요소' (some element of volition or causation)가 요구되는데, 피고의 시스템은 단지 제3자에 의한 복제가 가능하도록 하기 위하여 사용되었을 뿐이기 때문에 그 점이 결여되었다고 판시하였다. 피고 Netcom과 같이 통로로 이용되었을 뿐인 경우까지 직접책임을 긍정할 경우 해당 정보가 관통하는, 인터넷접속과 관련된 모든 서버를 운영하는 자가 책임을 부담한다는 결론에 이르게 되는데 이는 부당하다고 본 것이다.[75]

2) 기여책임과 대위책임

(가) 기여책임 부분

기여책임의 인식 요건과 관련하여 피고 Netcom은, 부동산의 임대인이 임

74) 991 F.2d 511 (9th Cir.1993). 미국법은 한국과 달리 저작물로 보호받기 위한 요건으로 이른바 '고정(fixation)' 을 요구한다. 이 사건은 현재까지도 '고정' 의 범위와 해석을 놓고 벌어진 사례 중 가장 대표적인 것으로 관련 교과서들에 실리고 있다. 쟁점은 컴퓨터 수리업체인 피고 Peak Computer가 고객의 컴퓨터를 수리하는 과정에서 고객이 이미 '적법하게' 구입한 원고의 OS를 컴퓨터의 램(Ram)에 일시적으로 구동시키는 것이 과연 고정에 해당하는지였다. 법원은 제3자에 의한 구동행위는 원고와 고객 간의 OS 판매계약에서 정한 범위를 넘어선 침해행위라고 보았다.

75) Netcom Ⅱ, 907 F.Supp. at 1369–70.

대차계약을 체결할 당시에 향후 임차인의 침해적 이용에 대한 인식을 하지 않은 이상 기여책임을 부담하지 않는 것과 마찬가지로 Netcom 역시 책임이 없다고 다투었다. 하지만, 법원은 부동산 임대인의 경우와 달리 Netcom은 시스템의 이용에 대한 일정한 통제를 지속하고 있기 때문에 '인식'이 문제되는 순간은 Netcom의 주장대로 단지 BBS 운영자인 공동피고와의 게시판 이용계약을 체결한 때가 아니라 에리히가 실제 침해물을 게시한 때가 된다고 보아 위 주장은 받아들이지 않았다.

그렇지만 에리히의 이용행위가 일견 공정이용이라고 다투어볼 만한 사정이 있었으므로,[76] 원고가 피고 측에게 삭제를 요구할 때 위와 같은 사정에 불구하고 위 이용행위가 저작권 침해행위에 해당한다는 점을 충분히 소명하는 자료를 피고 측에게 제공하지 못한 점을 법원은 중시하였다. 즉 원고의 단순한 삭제요구만으로는 그 요구시 곧바로 피고 측이 저작권침해의 인식을 하였다고 단정할 수 없다고 보았다.[77]

그래서 결국 피고의 인식 여부에 관하여 '중요한 사실관계에 관한 다툼(genuine issue of material fact)'[78]이 존재하는 이상 정식재판(trial)을 거치지 않

76) 이 판결을 내린 Whyte, J. 판사는 약 2개월 전에 이 사건 원고들과 피고 에리히 사이의 Religious Tech. Ctr. v. Netcom On-Line Communication Servs., Inc. 923 F.Supp. 1231 (N.D. Cal. 1995) 사건, 즉 Netcom Ⅰ 사건의 판결을 내리기도 하였다. 그런데 두 판결을 대비하여 보면 각 사건 피고들의 행위가 공정이용에 해당하는지 판단한 부분에서 두 판결 간 다소간의 모순이 있다. 즉 17 U.S.C. §107에서 정한 공정이용의 4가지 요소[4가지 요소가 무엇인지에 관해서는 아래 제5장 제1절 Ⅰ. Napster 사건 2. (2) 2) 부분 참조]를 차례로 분석하면서 Whyte, J. 판사는, Netcom Ⅰ 사건의 판결에서는 4번째 요소가 피고 에리히에게 유리하다고 단정하면서도 피고에게 불리한 3번째 요소를 더 중시하여 피고 에리히의 행위가 공정이용에 해당하지 않는다고 하였음에 반하여, 위 Netcom Ⅱ 사건에서는 4번째 요소가 피고 Netcom에게 유리한지 불리한지 명확하지 않아서 本案에서 심리할만한 쟁점(triable issue)에 해당하므로 예비적 유지명령을 구하는 사전절차에서는 공정이용인지 판단할 수 없다고 판시하고 있다. 그렇지만, 공정이용의 성립이 문제되는 대상을 이처럼 사건에 따라 피고 에리히가 Netcom의 BBS에 글로 올린 행위와 이를 피고 Netcom이 자동적으로 전파한 행위로 각각 나누어 판단하고 공정이용의 성립 여부도 달리 결론내리는 방식은 타당하다고 할 수 없다. 오히려 아래 Napster 법원의 판단 방식대로 오로지 이용자(에리히)가 네트워크(BBS)에 올려 서비스제공자(Netcom)를 통해 자동적으로 전파되는 것을 단일한 대상으로 본 다음 이것 전체가 공정이용에 해당되는 지만 판단하였어야 옳을 것이다.

77) Netcom Ⅱ, at 1374. 주의할 것은, 침해주장의 통지를 받은 이후는 인터넷서비스제공자가 인식을 가지게 되고 그러한 인식을 가진 상태에서 계속하여 서비스를 제공한 때라도 침해주장의 통지 '이후'의 침해행위에 대하여 인터넷서비스제공자가 기여책임을 부담하는 것이지, 그 통지 이전의 침해행위에 대하여는 책임이 없다는 점이다.

78) 민사소송에서 실질적인 증거에 의하여 뒷받침되는 사실에 대한, 실질적이고 진정하며 정식재판을 할 만한 의문이 존재하는 경우를 말하며, 이러한 경우는 약식결정(summary judgment)으로 이행할

고 약식결정(summary judgment)[79]으로 피고의 책임 유무를 판단하기 곤란하다고 하였다.[80]

이는 결국 우회적으로 피고 Netcom의 기여책임을 인정하지 아니한 것이다.[81]

한편 기여책임에서의 실질적 기여 요건에 관하여 법원은, Netcom이 간단한 조치를 취함으로써 원고 저작물에 대한 추가적인 손해를 방지할 수 있다고 가정할 때, Netcom이 에리히의 침해적 게시물을 인식하고서도 계속 그가 게시물을 유포할 수 있도록 도운 경우라면 Netcom에게 기여책임을 부담시키는 것이 타당하다고 보았다.[82]

수 없다[Federal Civil Procedure 2470, 2470.1; Judgment 181(2), 185(6). C.J.S. Judgments § 260]. 이상은 Black' s Law Dictionary (8th ed. 2004). 환언하여, summary judgment 판단을 구하는 일방당사자의 신청이 있더라도 반대편 당사자가 아직 fact에 관하여 당사자 간 다툼이 있다는 점, 즉 a triable issue of fact가 존재한다는 점을 증명한 때는 summary judgment의 신청은 기각되게 된다.

79) 미국 민사소송의 일반적 절차는 州마다 상이하지만, 대체로 당사자 간 소장 및 답변서의 교환 이후 Pretrial Discovery (증거개시절차; 기일 전 증거확보 및 정보를 수집하고 당사자가 교환) → Pretrial conference (쟁점을 확정하고 재판일정을 협의하여 이를 기재한 Pre-trial Order, 즉 협의서가 작성됨) 순으로 진행되며, 대개의 경우 그 다음 단계로 Trial(정식재판)이 진행된다. 그런데, 예외적으로 Trial 이전까지의 절차가 끝난 상태에서 중요한 사실관계에 관하여 당사자 사이에 다툼이 없을 때 (there is no genuine issue of material fact) 배심에 의한 사실 판단이 필요 없는 경우, 정식재판(Trial)을 굳이 거치지 않고 곧바로 내려지는 법원의 판단을 summary judgment(약식결정)라 한다. 약식결정을 하려는 법원은 당사자들이 제출한 소장 및 답변서, 신청서 및 추가 증거들을 고려하여 당사자 사이에 단순한 법률적 다툼이 아닌, 중요한 사실관계에 관한 다툼이 있는지를 먼저 판단하게 된다. 일방 당사자의 신청이 있더라도 반대편 당사자가 아직 중요한 사실관계에 관하여 당사자간 다툼이 있다는 점, 즉 'a triable issue of fact' 가 존재한다는 점을 증명한 때는 summary judgment의 신청은 기각된다. summary judgment는 법원이 직권으로 할 수도 있고 당사자의 신청에 의하여 할 수도 있다. summary judgment 제도는 정식재판 없이 신속하게 분쟁을 처리할 수 있다는 장점이 있다[이상은 Black' s Law Dictionary (8th ed. 2004) 및 여러 웹 자료를 참조해 정리함].

80) 즉, 위 판결에서는 피고 Netcom에게 기여책임이 존재한다는 약식결정(summary judgment)을 구하는 원고의 신청뿐만 아니라, 그 책임이 존재하지 아니한다는 취지의 약식결정을 구하는 피고 Netcom의 신청 을 모두 기각하였음을 유의할 필요가 있다.

81) 이 부분, 국내 논자들의 설명에 오해가 있다. 정완, "온라인 상의 저작권침해에 대한 OSP의 민사책임," 인터넷법률 통권 제20호, 법무부, 2003. 11. (이는 법무부 홈페이지〈www.moj.go.kr〉 → '정보마당' → 'e-book' 에서 다운로드 가능, 2006. 3. 14. 방문)에서는 기여책임을 인정한 것처럼 설명하나 오해의 소지가 있다. 한편 이영록, 앞의 논문, 15면에서는 "서비스제공자 등의 기여책임을 다툴 수 있으나 침해사실을 알지 못했고, 침해행위로부터 직접 재정적 이익을 얻었다는 증거가 없으므로 기여책임도 없다"고 설명하고, 손영화, "온라인서비스제공자(OSP)의 저작권침해에 대한 책임," 상사법연구 21권 1호, 한국상사법학회, 2003, 702면에서는 "대위책임이 인정될 가능성만을 남겨두고 있다"고 한 것 역시 정확한 표현이라고 보기 어렵다. 위 판결에서는 기여책임에 관하여 정식재판에서의 사실심리가 필요하다고 보아 그 존부를 확정짓지 않아 결과적으로 기여책임을 전제로 한 원고의 예비적 유지명령 신청을 배척함과 동시에, 기여책임이 없다는 선언을 구하는 피고의 약식결정 신청 역시 배척하고 있을 뿐이다. 아울러 기여책임과 관련하여서 '재정적 이익'이 언급된 바도 없다.

82) Netcom Ⅱ at 1375. 이 판결에서 가장 핵심적 부분이므로 원문을 제시한다. "....it is fair,

그런데 원고의 피고 Netcom에 대한 삭제요구시점 이후 에리히가 게시한 행위에 대하여 Netcom이 기여책임을 부담하는지는 중요한 사실관계에 관한 다툼이 있다고 판시하였다.

(나) 대위책임 부분

대위책임에 관하여, 법원은 피고가 그 가입자들을 통제할 권리와 능력이 있는지에 관하여는 일단 다툼의 여지가 있다고 하였다. 하지만 고정수수료만 받았던 피고가 침해게시물로부터 직접적으로 경제적 이익을 얻었다거나 그러한 게시물이 피고의 서비스가치를 가입자들에게 높이거나 새로운 가입자를 창출하였다[83]는 점에 관하여 아무런 증거가 없는 이상 대위책임의 두 번째 요건을 충족하지 못하여 대위책임은 성립하지 않는다고 보았다.

위와 같은 법원의 판결[84]이 있은 후 원고와 피고는, 피고가 이후 인터넷상 지적재산권을 준수하기 위한 규칙을 제정하고 이용자들에게 고지하기로 약정하면서 화해로 위 분쟁을 종결지었다.

4. 이상의 판례분석

1993년경의 Frena 사건에서 이용자들의 침해대상이 이미지(사진)였다면, 그 다음해 및 1996년에 걸친 Maphia 사건의 침해대상이 게임 프로그램(소프트웨어)이라는 것은 단순히 서로 침해대상이 상이하다는 것만 의미하지는 않는다. 그것은 그 사이 있었던 관련 기술의 진보를 드러내는 것이다. 즉 초기에는 파일용량이 대략 수백 킬로바이트(KB)에서 1 메가바이트(MB) 내외인 작은 이미지나 문자파일이 저작권침해의 대상물이다가, 네트워크 전송속도의 향상에 따라 점차 파일용량이 수 메가바이트 이상에 이르는 각종 소프트웨어가 침해의

---

assuming Netcom is able to take simple measures to prevent further damage to plaintiffs' copyrighted works, to hold Netcom liable for contributory infringement where Netcom has knowledge of Erlich's infringing postings yet continues to aid in the accomplishment of Erlich's purpose of publicly distributing the postings." 법원은 이처럼 Netcom이 가지는 인식이 추정적 인식인지, 실제 인식인지는 정확히 제시하지 않았다.

83) 특히, 이 부분에서 법원은 '직접적인 금전상 이익'의 요건을 Fonovisa 사건의 항소심의 입장이 아니라 오히려 그것이 파기한 원심인 Fonovisa Inc. v. Cherry Auction, Inc., 847 F.Supp. 1492 (E.D. Cal. 1994)에서의 판단과 마찬가지로, 엄격하게 해석하였다.

84) '판결' 혹은 '결정'이라는 한국법상 정확한 표현과 관련한 이 책의 입장은 앞서 Maphia 판결의 설명 중 말미 부분의 각주 참조.

대상이 된 역사적 경험이 반영되고 있다.[85)]

우선 현재 미국에서의 판례의 주류와 학계의 다수설은 Frena 법원의 입장에 비판적이다.[86)] 실제 침해결과물인 사진들을 게시판에 업로드하거나 다운로드받은 주체는 이용자이지, 피고가 아니며 피고는 단지 전자게시판을 통하여 피고의 네트워크에 수동적으로 침해결과물인 자료를 수용하였을 뿐이데, 그러한 정도만으로 곧바로 직접침해를 긍정한 위 법원의 대도는 부당하다는 것이다. 대개의 판례들도,[87)] 저작권법 제106조에서 '다음의 행위를 하거나 허락할 독점적 권리' 라고 표현하였다고 하여 이 때문에 별도로 소위 '허락권' 이 생겨나는 것은 아니라고 보아 결국 Frena 법원의 해석에 반대하고 있다.

이 점에 관하여 미국의 학설 역시, 오히려 '허락할 수 있는' 이란 뜻은 침해를 허락함으로써 이를 유발하는 자에게 기여책임과 같은 2차적 책임을 물을 수 있는 잠재적인 근거를 제시하고 있을 뿐이라고 해석하고 있다.[88)] 뿐만 아니

---

85) 그로부터 얼마 지나지 않아 관련 기술이 더욱 진보하여 인터넷이 확실하게 정착되자 이번에 네티즌들의 주목을 받아 불법복제의 대상이 된 것은 MP3 파일이었고, 이것이 아래 P2P 기술단계에서의 최초 분쟁인 Napster 사건에서의 침해대상물이었다.

86) 이러한 다수설적 입장으로는 아래 각주의 Alfred C. Yen 및 M. David Dobbins의 각 문헌 등. 반대로 Frena 사건의 결론을 지지하는 입장은 현재로서는 미국에서 찾기 힘들다. 다만, 예전 문헌 중에는 Joseph V. Myers III, "Speaking Frankly About Copyright Infringement on Computer Bulletin Boards: Lessons To Be Learned From Frank Music, Netcom, and The White Paper," Vanderbilt Law Review, March 1996, pp. 471-78, 481이 그러한 입장인데, 이렇게 직접책임을 긍정함으로써 시샵에게 침해를 막을 강한 동기부여를 할 수 있다는 논거를 들고 있다.

87) 즉, Columbia Pictures Indus., Inc. v. Aveco, Inc., 800 F.2d 59 (3rd Cir. 1986) 및 ITSI T.V. Prods. v. California Auth. of Racing Fairs, 785 F. Supp. 854, 863 (E.D. Cal. 1992)은 Frena 법원의 입장을 따랐지만, 비교적 나중 판결인 Polygram Int' l Publishing, Inc., v. Nevada/TIG, Inc., 855 F. Supp. 1314, 1334, 32 (D. Mass. 1994) 및 Danjaq, S.A. v. MGM/UA Communications, Co., 773 F. Supp. 194, 200-02 (C.D. Cal. 1991), aff' d, Danjaq, S.A. v. Pathe Communications Corp., 979 F.2d 772 (9th Cir. 1992), 그리고 Subafilms, Ltd. v. MGM-Pathe Communications Co. 24 F.3d 1088 (C.A.9 Cal. 1994) 판결들은 Frena 법원의 입장에 반대하였다[이상의 판결동향은 Edward A. Cavazos & G. Chin Chao, "System Operator Liability for a User' s Copyright Infringement," Symposium 「The Emerging Law of Computer Network」, Texas Intellectual Property Law Journal, Fall, 1995, FN 11, 12에서 재인용].
특히 후술하는 바와 같이 BBS 기술단계에서 가장 중요한 판결인 Netcom 판결에서 Frena 법원의 입장을 비판함으로써 이후의 미국 실무상에서도 Netcom의 그것이 기본입장이 되었다고 할 수 있다.

88) 이 부분은 David L. Hayes의 "Advanced Copyright Issues on The Internet", Texas Intellectual Property Law Journal, Fall, 1998, 혹은 같은 저자의 "Application of Copyright Rights To Specific Acts on The Internet", Computer Lawyer [Copyright/Internet], August, 1998. 같은 입장으로는 Dineen Pashoukos Wasylik, "Music and Movies on The Internet," 787 Practising Law Institute / Patents, Copyrights, Trademarks, and Literary Property Course Handbook Series (이하에서는 이를 'PLI/Pat' 라고 인용함) 669, May 2004, p. 680 등 다수.

라, 위 해당규정의 입법연혁에서 드러난 사정[89]에 비추어 보아도 이러한 판례와 학설의 해석이 타당하다.

Frena 법원의 논리는 직접침해 개념의 부당한 확장이라고 본다. 이러한 입장을 추종하게 되면 경우에 따라 BBS 운영자가 이용자들의 침해행위에 대한 실제 인식(actual knowledge)이나 추정적 인식(constructive knowledge)도 없는 상태에서[90] 단지 게시판을 통하여 이용자들로 하여금 저작물을 이용할 것을 허락하였다는 이유만으로 침해책임을 질 수 있게 된다. 이러한 결론은 적어도 일정한 수준의 인식을 요구하는 기여책임의 인정요건과의 균형 면에서 볼 때도 피고에게 현저히 불리한 것으로서 지극히 부당하다.[91]

아울러 타인에게 저작물에 대한 복제를 허락할 권리를 행사하였다고 곧바로 직접침해책임이 성립한다고 한다면 논리상으로는, 기여책임 혹은 대위책임을 부담하는 자도 경우에 따라 직접침해 책임을 중첩적으로 부담할 수도 있다는 결과가 된다. 기여책임, 대위책임과 같은 이른바 '간접책임'과 달리 '직접책임'을 구별하고자 하는 기존 이론체계에 혼동을 초래할 수도 있게 된다.

결론적으로 Frena 법원은 피고에 대하여 직접책임의 추궁이 아니라 Maphia 사건에서와 같이[92] 기여책임이나 대위책임의 성립을 검토하였어야 더

89) H.R. Rep. No. 94-1476, p. 61 (1976). 동 보고서는 '허락할 수 있는'이라는 표현은 기여침해자의 책임에 관한 의문을 피하기 위한 의도이며, 예를 들어 영상물을 적법하게 소지한 자라도 이를 저작권자로부터 허락받지 않은 공연을 하려는 타인에게 고의로 빌려준 경우 침해자가 된다는 취지라고 명시하고 있다(이상은 Mark A. Lemley & R. Anthony Reese, op. cit., p. 1354 FN 33 및 Elizabeth Miles, "In Re Aimster & Mgm, Inc. V. Grokster, Ltd.: Peer-To-Peer and The Sony Doctrine," 19 Berkeley Tech. L.J. 21, 2004, p. 22 FN 5에서 재인용).

90) 직접침해에는 고의, 과실이 필요 없기 때문이다.

91) 비슷한 취지의 비판으로는 Alfred C. Yen, op. cit, pp. 1842-43 및 M. David Dobbins, "Computer Bulletin Board Operator Liability for Users' Infringing Acts," Michigan Law Review, October 1995, pp. 224-24, 240 및 Kelly Tickle, "The Vicarious Liability of Electronic Bulletin Board Operators for The Copyright Infringement Occurring on Their Bulletin Boards," Iowa Law Review, January 1995, p. 403.

92) Maphia 판결은 그 판시내용에서 직접책임과 기여책임을 모두 언급함으로써 논자에 따라 앞서 Playboy Enterprises, Inc. v. Frena 사건과 마찬가지로 침해자의 직접책임을 인정한 것이라는 입장[미국 IITF의 1995년 최종보고서인 일명 White Paper, p. 121 및 오승종 · 이해완 공저, 저작권법(개정판), 박영사, 2000, 481면] 혹은 반대로 단지 기여책임의 법리에 따른 것이라는 상이한 해석이 있었다. 그런데 Netcom 판결 이후에 내려진 또 다른 Maphia 판결, 즉 Sega Enterprises v. Maphia, 948 F.Supp. 923 (1996) 판결에서 직접책임은 명백하게 부인하고 기여책임을 인정함으로써 만일 전자와 같이 해석하는 입장에 따른다면 이 부분 책임에 관한 법원의 입장은 번복된 것이다(이상은 정상조, 지적재산권법, 홍문사, 2004, 426면에서 대부분 인용함). 즉, 나중의 Maphia 판결은 앞선 Maphia 판결을 더 정교하게 설명하면서 앞선 판결의 취지가 직접침해책임을 지운다는 의도가 아니었음을 분

타당하였을 것이다.[93]

반면, Netcom 사건은 오늘날 미국에서 BBS 서비스제공자의 저작권침해관련 책임이 문제된 사례들 중 가장 중요한 선례로 기억되고 있다. Netcom 법원의 입장은 이후 1997년에 내려졌던 Marobie-FL, Inc. v. National Ass' n of Fire Equip. Distribs. 판결[94]이나 Costar Group Inc. v. Loopnet 판결[95] 등에서 그대로 추종되었다.[96] 물론 Netcom 법원의 판결이 있은 뒤에도 BBS 기술과 관련하여 발생한 저작권자 측과 인터넷서비스제공자 사이의 분쟁에 대한 법원의 판단들 중에는 인터넷서비스제공자에게 직접침해 책임을 인정하고 있는 사례들, 가령 1997년의 Playboy Enterprises, Inc. v. Russ Hardenburgh, Inc. 사건[97]과 Playboy Enterprises, Inc. v. Webbworld, Inc. 사건[98]들이 존재하지만 이들의 경우는 앞서 Frena 사건의 인터넷서비스제공자와 달리 적극적으로 이용자들의 침해행위에 가담한 사실을 중시한 결과이고 그 판단의 논리[99]는 오히려 Netcom 사건의 그것에 부합하고 있는 것임을 주의하여야 한다.

Netcom 법원은 먼저 기여책임에서의 인식 요건과 관련하여 BBS를 운영하는 인터넷서비스제공자가 저작권자의 침해주장을 통지받아 그 당부를 판단한 다음 그에 대응하는 적절한 조치를 취하기 위하여 적극적으로 노력할 의무를

명히 밝히고 있다. 두 Maphia 판결들 사이에 Netcom 판결이 내려졌는데, Maphia 판결들 중 나중 것은 서비스제공자 스스로 원고의 저작물을 업로드하거나 다운로드한 것이 아닌 한 직접침해책임은 없다는 Netcom 판결의 영향을 강하게 받았다고 볼 수 있다.

93) 같은 취지로는 Kenneth A. Walton, op. cit., p. 930 등 다수.

94) 983 F. Supp. 1167 (N.D. Ill. 1997). 피고 Northwest가 제공하는 인터넷접속서비스를 통하여 원고의 저작물이 저장되고 있음을 들어 침해책임을 추궁한 사안이었다.

95) 자세한 사안은 제3장 제2절 Ⅳ. 3. 부분 각주 참조.

96) 가령 Marobie-FL, Inc. v. National Ass' n of Fire Equip. Distribs. 판결에서는 Netcom 법원의 판단과 유사하게, 우선 피고 Northwest가 침해행위 자체에 관여하지 않아 직접책임이 없고, 단지 고정적 수수료만을 징수하는 이상 직접적인 경제적 이익이 없으므로 대위책임도 인정되지 않으며, 다만 기여책임의 성립 여부는 피고가 침해행위를 알았는지에 관하여 불분명하다고 하여 판단을 유보하였다.

97) 982 F. Supp. 503 (N.D. Ohio 1997).

98) 991 F. Supp. 543 (N.D. Tex. 1997).

99) Playboy Enters., Inc. v. Russ Hardenburgh 사건의 피고는 Netcom 판결을 원용하며 가입자들을 위한 파일다운로드 BBS를 운용하는 피고 자신의 면책을 시도하였다. 하지만, 법원은 피고가 가입자들로 하여금 원고의 저작권을 침해하는 파일을 올리는 대가로 다른 파일을 다운로드받도록 하였고, 아울러 다운로드대상파일들을 다운로드 이전에 채크하고 있었다는 점은 Netcom과 달리 피고가 Netcom 판결이 요구했던 침해의 결단(volitional action)을 한 것에 해당한다고 판시하였다. 한편, Playboy Enterprises, Inc. v. Webbworld 사건에서는 피고가 평균 월 11.95불의 이용료를 받고 도색적인 사진 등을 게시한 웹사이트를 운영하였었고, 여기서 피고는 원고의 저작권이 있는 사진을 직접

분명하게 인터넷서비스제공자에게 부여하였다.[100] 이러한 입장은 그 이후인 1998년 입법된 디지털 밀레니엄 저작권법에서 저작권자의 인터넷서비스제공자에 대한 저작권 침해의 통지와 그에 대응한 인터넷서비스제공자의 조치 의무를 정하는 것으로 수용되었다는 점에 큰 의의가 있다.

기여책임의 요건 중 실질적 기여 요건에 대하여 Netcom 법원은, 피고 Netcom이 그 시스템에 대한 통제권을 완전히 포기한 것은 아니었으므로 침해물의 전파를 막기 위하여 일정한 조치를 취할 수 있었고, 저작권자로부터 침해주장의 통지를 받아 구체적인 인식을 하고 있었다면 그러한 접속을 계속 제공하여 다른 유즈넷서버들에까지 자동적으로 전파시킨 행위는 실질적 기여행위에 해당한다는 입장을 취하였다.[101] 그렇지만 실제로 Netcom의 속성을 접속제공자(access provider)에 불과하다고 본다면 나중에 입법된 디지털 밀레니엄 저작권법[102]에 따라 특별한 사정이 없는 한 면책을 부여받을 수 있을 것이다.

제 3 절 한국의 성문법과 판례

Ⅰ. 인터넷서비스제공자의 책임과 관련된 규정들

1. 인터넷서비스제공자의 주의의무 부담의 근거에 관한 논의

한국에서 처음 BBS 기술, 쉽게 바꾸어 말하면 PC 통신이 등장한 것은 1985년 데이콤의 천리안이 처음이었다. 이러한 시점은 미국의 AOL이나 Compuserve, 가까운 일본의 니프티서브(ニフティサーブ, Nifty-Serve) 등 유명한 외국의 PC 통신의 도입과 비슷한 시기였다. 하지만 더 나아가 이용자들 사

게시한 것은 아니었다. 하지만 피고 측이 개발한 소프트웨어가 자동적으로 인터넷 뉴스판 등에 게시된 사진 등을 수집하여 피고의 게시판에 섬네일(thumbnail) 이미지의 형식으로 약 4만에서 7만장의 사진을 게시한 행위에 대하여 직접침해책임이 긍정되었다.

100) 따라서 인터넷서비스제공자 입장에서는 통지가 없는 한 책임을 면할 수 있다는 유리함이 있는 반면 저작권자 입장에서는 인터넷서비스제공자의 책임을 추궁함에 있어 디지털 밀레니엄 저작권법 중 이른바 저작권자의 침해주장의 통지 및 서비스제공자의 제거실패(notice and failure to remove) 공식에 따라 기여책임에서의 인식 요건을 보다 분명하게 입증할 수 있게 되었다는 유리함이 생겼다고 할 수 있다(Tim Wu, "When Code Isn' T Law," 89 Virginia Law Review 679, June 2003, p. 729).

101) Netcom Ⅱ at 1375.

102) 17 U.S.C. § 512 (a).

이에 긴밀한 조직인 '동호회'라는 개념을 설정해 발전시킨 것은 한국이 최초이다.[103] 이처럼 BBS 기술 단계에서의 두드러진 모습 이외에도, 아래에서 순차로 설명하는 순서대로 MP3 player의 출시, P2P와 스트리밍의 혼합서비스의 범용화, MP3 폰의 출시, P2P를 이용한 실시간 전자상거래의 등장 등 이 책의 설명에 등장하는 技術의 상당부분을 모두 한국에서 세계 최초로 구현하여 외국에 비해 비교우위를 가지고 있다는 사실은 이 책의 논의에 있어서도 분명히 시사하는 바가 크다.

미국에서는 앞서 보았듯이, 판례법 상 축적된 기여책임이나 대위책임을 그대로 BBS 기술을 둘러싼 저작권자와 인터넷서비스제공자 관계에도 적용하는 것으로 족하였지만, 한국은 사정이 동일하지 아니하다. 성문법 상 인터넷서비스제공자에게 타인(이용자들)의 저작권 침해행위를 방지하여야 할 의무를 인정할 수 있는지, 바꾸어 말하면 인터넷서비스제공자의 행위가 직접침해행위라고 보기는 미흡하고 단지 미국에서의 2차적 책임이 거론될 수 있는 수준으로서 의미가 있을 때 그 책임을 추궁할 법률상 근거가 무엇인지 아직 뚜렷한 다수설은 존재하지 않는다. 책임의 근거규정을 찾아야 가령 불법행위책임을 묻는 경우 인터넷서비스제공자의 고의, 과실의 유무를 정하는 데 기준으로 삼을 수 있을 것이다.

저작권법 제77조 및 제77조의2가 비록 2003. 5. 27. 저작권법 개정을 통하여 신설되었지만, 이는 서비스제공자의 책임요건이 아니라 일정한 경우 그 책임을 감면할 수 있는 요건에 불과하다. 따라서 그 규정이 정한 바를 이행하지 않은 경우 인터넷서비스제공자가 책임감면을 주장하지 못할 뿐이지, 그 불이행 사실만으로 곧바로 인터넷서비스제공자의 책임이 긍정되지는 않는다. 그러므로 인터넷서비스제공자의 의무 부담의 근거를 정확히 찾고자 하는 논의는 개정저작권법의 위 규정들에 불구하고 여전히 의미 있는 쟁점이다.[104]

---

103) 박선미(천리안마케팅 팀장), "한국형 사이버문화 '커뮤니티,'" PC라인(통권129호), 2001. 7. ⟨www.pcline.co.kr/old_magazine/internet/2001/2001_07/today/today.htm⟩[2004. 7. 1.] 참조.

104) 따라서 인터넷서비스제공자 책임론이 한국에서 더 성숙함에 따라 향후 저작권법 규정 안에 적극적으로 인터넷서비스제공자의 의무와 그 불이행시 책임을 정한 규정이 등장한다면 당연히 이때는 이 규정이 인터넷서비스제공자 책임의 1차적인 근거가 될 것이다. 가령 2005. 10. 31. 우상호 의원 등 10인의 저작권법 개정안 발의안 중 제77조의3[규정의 상세한 내용은 제7장 제1절 Ⅱ. 각주부분 및 제7장 제2절 Ⅴ. 2. (3) 4) (다) 각주부분을 각 참조]은 바로 이러한 규정을 담고 있다. 그러나 정작 입법자가 이러한 전후 사정을 의식하고 있는 것으로 보이지는 않는다(위 발의안 및 문화관광위 전문위원 검토보고서 각 참조).

(1) 인터넷서비스제공자와 이용자 사이의 약관에 근거를 두는 설

불법게시물의 삭제 등 주의의무의 근거에 관하여 인터넷서비스제공자와 침해행위를 한 이용자 사이에서 미리 인터넷서비스제공자에게 삭제권을 부여한 약관이 있을 경우, 이에 근거를 두자는 견해[105]도 있다. 그러나 이는 '삭제할 수 있다'는 권리일 뿐인 인터넷서비스제공자의 삭제권이 제3자에 불과한 피침해자(저작권자)에 대한 관계에서 갑자기 '삭제하여야 한다'는 인터넷서비스제공자의 의무로 전환되는지에 관한 아무런 합리적인 설명이 없으므로 부당하다.

(2) 형법 제18조가 관련된다는 설

민사법이 아닌 형사법까지 통틀어 보면, 우리 형법 제18조는 "위험의 발생을 방지할 의무가 있거나 자기의 행위로 인하여 위험발생을 야기한 자가 그 위험발생을 방지하지 아니한 때에는 그 발생된 결과에 의하여 처벌한다"고 부작위범의 처벌을 규정하고 있는데, 이를 미국 판례법 상 대위책임의 성립요건 중 통제 가능성과 유사하다고 보는 입장이 있다.[106]

이러한 해석이 잘못된 것은 아니지만, 위 형법 상 규정은 민사 상 의무를 정하는 데 참고가 될 수 있을 뿐이고, 아울러 가령 미국의 기여책임 사례와 유사한 경우에까지 의무를 정하는 참작기준이 될 수 없음은 분명하다.

(3) 전기통신사업법, 정보통신망이용촉진및정보보호등에관한법률 등 공법 근거설

명시적으로 이러한 입장을 취하는 입장은 아직 국내에 없다. 하지만 해석에 따라서는 타인의 저작권을 침해하는 내용의 전기통신을 전기통신사업법 제53조 제1항 제4호 혹은 제9호 소정에 정한[107] '불법전기통신'에 해당한다고 넓게 해석한다면 이러한 전기통신에 대하여 정보통신부장관으로부터 그 취급을 거부·정지 또는 제한하도록 명을 받은 경우 전기통신사업자는 위 전기통신사업법에 근거한 작위 혹은 부작위 의무가 생기므로, 결국 이런 불법전기통신을 금지한 전기통신사업법 제53조가 인터넷서비스제공자의 주의의무 기준을 정하

105) 이충훈, "전자거래 관여자의 민사법적 지위," 연세대 박사학위논문, 2000. 8, 131면.

106) 김동진, "온라인서비스 제공자의 책임," 재판자료 99집, 법원도서관, 2003. 7,, 48-49면.

107) 전기통신사업법 제53조 제1항에서는 전기통신이용자들에게 음란한 화상 등을 배포하는 등의 전기통신(제1호), 타인의 명예를 훼손하는 내용의 전기통신(제2호), 정당한 사유 없이 정보통신시스템, 데이터 또는 프로그램을 변경하는 등의 전기통신(제4호), 범죄를 목적으로 하거나 교사 또는 방조하는 내용의 전기통신(제9호) 등을 열거하여 금지하고 있고, 제2항에서는 제1항에 해당하는 전기통신에 대하여 정보통신부장관이 전기통신사업자로 하여금 그 취급을 거부·정지 또는 제한하도록 명할 수 있도록 정하고 있다.

는 근거규정이 될 수 있다는 논리가 가능할 수도 있겠다. 마찬가지로 컴퓨터프로그램보호법 제34조 제5항은 정보통신부 장관으로 하여금 온라인서비스제공자에게 불법복제물 등의 게시 거부, 정지, 제한명령을 내릴 수 있도록 규정하고 있는데,[108] 이러한 규정에 대하여도 위와 같은 논리 전개가 있을 수 있다.

그러나 앞서 설명한[109] 전기통신기본법위반 사건의 판결은, 전기통신사업법 제53조 제1항과 같은 공법상의 규정이 인터넷서비스제공자 작위의무의 근거규정이 될 수 있을지에 관하여 위 조항들은 관계행정기관인 '장관의 개별적인 처분 또는 명령이 있을 경우 전기통신사업자로 하여금 그 이용자의 통신을 거부·정지 또는 제한할 의무를 지우고 있을 뿐, 전기통신사업자에게 스스로 그와 같은 행위를 할 의무를 일반적으로 부과하고 있는 조항은 아니다' 라고 판시하고 있다. 비록 이 판결이 형사사건에 관한 것이기는 하나, 민사적으로도 위 규정이 의무의 법적 근거가 되기는 곤란하다고 보인다.[110]

다음으로 컴퓨터프로그램보호법 제34조 제5항 역시 그에 따른 명령을 받은 온라인서비스제공자에게 명령에 복종할 의무가 생김은 물론이지만, 이러한 규정은 그 명령주체의 성격과 제재수단의 종류 상[111] 앞서 공법상의 각종 의무규정과 동일한 성질을 가질 뿐 이 규정이 민사상 의무의 법적 근거가 되기 어렵다.

다만, 1996. 12. 30. 개정 시 전기통신사업법은 법 제33조의2에서 "전기통신사업자는 전기통신역무를 제공함에 있어 이용자에게 손해를 입힌 경우에는 배상을 하여야 한다. 다만, 그 손해가 불가항력으로 인하여 발생한 경우[112] 또는

---

108) 컴퓨터프로그램보호법 제34조 제5항은 부정복제물 등의 수거조치 등에 관하여 '정보통신부장관은 정보통신망을 통하여 제1항 각호의 프로그램 또는 정보가 전송되거나 게시된 경우에 제35조의 규정에 의한 프로그램심의조정위원회의 심의를 거쳐 온라인서비스제공자에게 대통령령이 정하는 바에 따라 이를 거부·정지 또는 제한 등을 하도록 명할 수 있다' 고 정하고 있다. 여기서 제1항의 프로그램 또는 정보란 '정당한 권원을 가지지 아니한 자가 정보통신망을 통하여 판매 또는 사용제공 등 영리를 목적으로 전송하는 프로그램(제1항 제2호)' 등을 지칭한다.

109) 제1장 제4절 Ⅰ. 2. (1) '인터넷서비스제공자의 음란물 링크' 의 각주부분.

110) 즉, 위에서 예로 든 전기통신사업법 제53조 소정의 공법상 의무를 위반한 경우는 역시 같은 공법상 처벌규정(전기통신사업법 제71조 제8호)에 따라 처벌될 뿐, 이러한 공법상 의무와 민사상 의무를 동일하게 볼 수는 없다. 반대로 혹자(염동신, 앞의 논문, 157면)는 형사법상으로는 정보통신망이용촉진및정보보호등에관한법률의 규정에 근거하여 인터넷서비스제공자의 보증인 지위를 인정할 수 있다는 입장을 취하나, 이는 위 사건에서 검찰이 피력한 입장을 위 논자가 그대로 수용하고 있을 뿐이다.

111) 명령불이행시 제재는 동법 제51조 제1항에 의한 과태료처분이다.

112) 불가항력으로 인한 경우 책임이 면책됨은 민법상 불법행위 법리를 반영한 것으로 볼 수도 있겠으나, 후술하는 미국 판례 상 대위책임과 관련한 논의에서 통제(control) 가능성이 결여된 경우 인터넷

그 손해의 발생이 이용자의 고의 또는 과실로 인한 경우에는 그 배상책임이 경감 또는 면제 된다"고 하고 있다. 이 규정은 앞서 다른 공법상의 규정들과는 달리 성질상 공법이라기보다 사법인 민법의 손해배상규정에 대한 특칙이라고 할 것이다. 따라서 이는 '제3자에게 손해를 입힌 경우'도 추가하는 입법만 이루어지면 이용자들의 저작권 침해행위와 관련한 인터넷서비스제공자의 일정한 의무에 대한 근거규정이 될 수 있을 것이다.

아울러 2001. 1. 16. 전문개정된 정보통신망이용촉진및정보보호등에관한법률 제44조는, 정보통신망을 이용하여 일반에게 공개를 목적으로 제공된 정보로 인하여 법률상 이익이 침해된 자는 해당 정보를 취급한 정보통신서비스제공자[113]에게 당해 정보의 삭제[114]를 요청할 수 있으며, 정보통신서비스제공자는 이러한 당해 정보의 삭제 등의 요청을 받은 때에는 지체없이 필요한 조치를 취하고 이를 즉시 신청인에게 통지하여야 하도록 규정하고 있다. 그렇지만 정보통신서비스제공자가 이에 따른 의무를 이행하지 않은 경우에도 위 법률은 공법상의 처벌규정을 두고 있지는 않다. 따라서 정보삭제를 요청하였던 자로서는 민사소송으로 그 의무의 이행을 구하든지, 위와 같은 의무불이행이 불법행위의 요건 중 위법성을 충족함을 들어 사법상의 불법행위책임을 추궁하든지 할 수밖에 없는 이치이다.[115] 결국 이렇게 유추해 보면 위 조항상의 의무란 성질상 사법상의 의무에 속한다. 따라서 이 규정 역시 전기통신사업법 제33조의2 규정과 마

서비스제공자의 책임이 면책된다는 법리와도 일견 무관하지 않으므로 그 관계가 흥미로운 고찰대상일 수 있다.

113) 정보통신망이용촉진및정보보호등에관한법률 상 '정보통신서비스제공자'라는 용어는 인터넷서비스제공자를 포함한 더 넓은 개념으로 풀이됨은 앞서 설명하였다.

114) 위 규정은 '정보의 삭제' 또는 '반박내용의 게재'를 요청할 수 있다고 정하고 있는데, 명예훼손행위의 경우와 달리 저작권 침해행위와 관련하여서 저작권자가 반박내용의 게재를 요청할 경우는 없을 것이다.

115) 정보통신망이용촉진및정보보호등에관한법률 제32조는 "이용자는 정보통신서비스제공자 등이 이 章(제4장 '개인정보의 보호')의 규정을 위반한 행위로 손해를 입은 경우에는 그 정보통신서비스제공자 등에 대하여 손해배상을 청구할 수 있다. 이 경우 당해 정보통신서비스제공자 등은 고의 또는 과실이 없음을 입증하지 아니하면 책임을 면할 수 없다"고 정하고 있는데, 이 규정은 언듯 보아서는 이용자들의 저작권 침해행위와 관련한 인터넷서비스제공자의 일정한 작위의무에 대한 근거규정이 될 수 있을 듯 보이지만, 해당 법률의 체계상 그렇지 아니하다. 즉 위 손해배상규정이 적용될 수 있는 인터넷서비스제공자의 작위의무 대상은 법 제4장에서 열거한 대로, 개인정보의 수집시 제한(제1절), 개인정보의 이용 및 제공의 제한(제2절) 등에 국한될 뿐, 이용자들의 침해행위에 따른 제3자에 대한 서비스제공자의 의무를 직접 규정한 제44조는 제4장에 속해 있지 않다. 그러므로 제44조의 의무를 해태한 서비스제공자에 대하여는 제32조 손해배상규정의 특칙이 아니라, 본문에서 설명한 대로 일반불법행위 법리에 따른 책임을 추궁할 수밖에 없게 된다.

찬가지로 인터넷서비스제공자의 의무에 대한 근거규정이 될 수 있을 것이다.

(4) 민법 제750조의 변용된 운용으로 족하다는 설

민법상 불법행위이론 중 특히 민법 제750조[116]에만 의탁하고자 하는 입장이다. 위 규정만으로 충분하며 인터넷서비스제공자의 책임이 문제되었을 때 그 서비스제공자가 구체적으로 어떠한 경우에 어떠한 주의의무를 부담하는지, 그에 따라 어떠한 경우에 과실이 있다고 볼 수 있는지가 실제 주된 논란의 대싱일 뿐이라는 것이다.[117]

이는 바꾸어 말하면 인터넷서비스제공자의 책임 문제에 관하여 별도의 규정이나 법리를 정립할 필요 없이 기존의 불법행위 법리에 의하면 충분하고, 다만 주의의무위반으로 과실이 인정되는 구체적 유형만 미리 설정해 두면 위와 같은 책임문제를 처리할 수 있다는 취지이다.

그러나 이러한 논리는 다음과 같은 이유로 부당하다.

첫째, 위 입장은 인터넷서비스제공자의 책임론이 어떤 맥락에서 거론되는지 근본취지를 이해하지 못한 것이다. 아울러 각국이 인터넷서비스제공자 책임 관련 입법을 민법상 불법행위 규정처럼 책임 요건을 정하는 방식으로 하지 않고 굳이 책임제한 요건의 방식으로 추진하고 있는지에 대하여 고민하지 않은 피상적인 주장에 불과하다. 이에 관하여는 아래 해당부분에서 더 설명한다.[118]

둘째, 위 입장은 너무 막연한 일반조항으로의 도피에 불과하다.[119] "인터넷을 사용하여 저작권 침해물을 전송한 주체는 일견 개별이용자로 보이는데, 왜 인터넷 서비스를 제공한 인터넷서비스제공자가 어느 조건 하에 책임을 부담하게 되는가"라는 의문에 관하여 "과실이 있는 경우 책임이 있다"는 간단한 답은 비록 틀린 대답은 아닐지 몰라도 앞서 의문에 오히려 더 큰 의문으로 답하는 것에 불과하다.

116) "고의 또는 과실로 인한 위법행위로 타인에게 손해를 가한 자는 그 손해를 배상할 책임이 있다."

117) 김동진, 앞의 논문, 각주 64번에서 이런 견해를 소개하고 있다.

118) 제3장 제3절 Ⅱ. 2. (2) 부분 참조.

119) 권영준, "저작권침해에 대한 온라인서비스제공자의 책임," 서울대학교 석사학위논문, 2000. 2, 22면도 디지털환경의 특수성이나 인터넷서비스제공자의 특수한 지위 등으로 말미암아 인터넷서비스제공자의 책임론은 단순히 기존 법리를 형식적으로 적용하는 것만으로 쉽게 마무리될 수 있는 주제는 아니며, 궁극적으로는 기존의 법리를 적용하여 문제를 해결한다고 하더라도 그 책임의 요건과 내용을 해석, 적용함에 있어서는 특수한 정책적인 요소들이 충분히 참작되고 고려되어야 한다는 입장을 취한다.

미국의 디지털 밀레니엄 저작권법이 기술의 유형별로 인터넷서비스제공자의 면책요건을 다르게 정하였고 이러한 입법방식의 타당성을 다른 여러 나라에서 긍정하고 있는 상황에서 IT 기술에 의존하는 바가 큰 한국에서 인터넷서비스제공자의 책임문제는 더 이상 종래의 불법행위이론을 법원이 구체적인 사례에 그때그때 맞추어 의율하면 손쉽게 해결할 수 있는 영역이 아니다. 민법상 불법행위법리가 일부 원용될 수 있다는 점은 논외로 하더라도, 사전에 국가정책적인 판단에 기초한 더 구체적인 입법이 절실히 필요하다.

셋째 저작권과 관련하여 인터넷서비스제공자의 책임을 추궁하는 가장 통상의 쟁송형태이자, 실제로도 중요한 것은 본안에서의 손해배상청구소송이 아니라 침해금지 가처분 쟁송인데, 이러한 쟁송에서 침해금지 청구권의 유무는 고의 내지 과실과는 무관하므로 결국 과실의 유형을 미리 설정해 둔다는 앞서 입장만으로는 해결할 수 없다.

(5) 민법상 공동불법행위책임설(민법 제760조 제1항 근거설)

인터넷서비스제공자가 민법상 협의의 공동불법행위책임을 부담하는 것이 원칙적으로 타당하다는 견해[120]가 있다. 인터넷서비스제공자는 자신의 정보매개서비스를 통하여 이용자가 타인의 저작권을 침해한 행위에 의해 순식간에 광범위한 피해를 낳을 수 있는 위험을 만들었으며, 통상 이용자의 활동으로 직·간접적인 경제적 이익을 얻고, 많은 경우 정보의 유통에 대한 모니터링이 가능하고, 특정인에 대한 접근 거부나 특정정보의 삭제 등이 가능하므로, 이러한 피해를 방지하거나 중단시킬 수 있는 적임자로서 이용자의 침해행위에 대하여 이를 중단시키는 등의 적절한 조치를 취할 (조리 상의) 작위의무가 있다고 설명하면서, 특히 이용자와의 의사연락이 없더라도 행위의 관련·공동성이 인정된다는 입장이다.[121] 이러한 견해는 아래[122]에서 등장할 '파일로그' 사건에서 일본의 법원이 내린 판단과 동일하다.

이러한 견해를 평가하자면 먼저, 파일로그 사건의 판결에 대한 이 책의 비

120) 안기순, "저작권침해에 대한 온라인서비스제공자의 책임," 정보법학회 2002. 4. 15. 제1회 사례세미나 발표문, 16면, 비록 형사법상 논의이기는 하지만, 염동신, 앞의 논문, 153면도 인터넷서비스제공자는 자기의 컴퓨터 등 정보처리기기에 입력되어 있는 내용에 대하여는 타인이 그 내용에 접근하는 것을 스스로 저지할 수 있는 이상 행위지배를 하고 있다는 입장이다.

121) 안기순, 앞의 논문, 16면.

122) 제5장 제2절 '일본의 파일로그 사건.'

판[123]이 동일하게 적용될 수 있을 것이다. 특히 인터넷서비스제공자에게 비록 조리 상의 일정한 작위의무를 인정할 수 있다 하더라도 그 점만으로 곧바로 인터넷서비스제공자가 직접 침해행위자와 대등한 수준으로 불법행위에 관련되었다고 인정하기는 무리일 것이다.[124]

앞서 논자의 설명만으로는 인터넷서비스제공자의 행위가 왜 교사, 방조행위 수준을 넘어 곧바로 공동불법행위자로 판단되는지에 관하여 명확한 설명을 하고 있다고 보기 어렵다.

(6) 민법상 교사 · 방조에 의한 공동불법행위책임설(민법 제760조 제3항 근거설)

민법 제760조 제3항을 인터넷서비스제공자의 책임추궁의 근거규정으로 삼자는 입장은 학설상 종전부터 존재하였지만,[125] 최근 이러한 입장을 보다 분명한 논거를 제시하며 채택한 것이 소리바다1 가처분 이의사건의 항소심 판결이다. 이 판결이 있기 전까지 여러 차례 우리 법원은 인터넷서비스제공자 책임의 근거규정이 무엇인지 판결문에서 명시하지 않고 있었고, 이러한 태도의 문제점에 대하여는 비판[126]이 있었다. 그런 상황에서 위 항소심 판결에서는 민사상 불법행위에 도움을 주지 않아야 할 주의의무가 있는 상황 하에서 그 주의의무에 위반한 경우 형사와는 달리 민사적으로는 과실에 의한 방조가 성립할 수 있고, 이에 따라 인터넷서비스제공자는 민사상 방조책임을 부담한다고 하여 그 법적 근거에 관하여 비교적 자세한 설명을 내리고 있다. 이후 소리바다1 손해배상 항소심판결, 소리바다3 가처분 결정 등이 이러한 입장을 따르고 있고, 이러한 추세에 따라 학설상으로도 점차 지배적인 입장이 되어가고 있는 듯하다.[127]

123) 제5장 제2절 Ⅲ. 1. (2) 3) 및 2. (2) 각 부분.

124) 아래에 등장할 소리바다1 가처분이의 사건의 항소심 판결도 이런 입장에 대하여 동일한 비판을 하고 있다.

125) 안효질, "P2P환경 하에서의 저작권침해책임," 한국법제연구원 연구보고서(현안분석 2001-12-31) 2001. 12, 91면(한국법제연구원 홈페이지인 www.klri.re.kr에서 검색하여 다운로드가능)에서는 Napster가 한국에서 제소되었더라면 방조에 의한 공동불법행위자로 책임을 추궁당할 것이라고 하여 이러한 취지이다. 아울러 이규홍, "P2P 방식에서의 디지털 저작물 보호 등 저작권법상의 몇몇 문제점에 대하여," 사법논집 36집, 법원도서관, 2003. 12, 211면도 비슷한 취지이다. 아울러 최성준, "정보의 보호를 둘러싼 분쟁과 재판실무," 서울대학교 기술과법 센터 2003-제3회 워크샵(「정보의 보호와 공유」) 발표문, 2003. 4. 25. 12면의 취지는 다소 분명하지 않으나, 같은 5면을 참작하건대 역시 같은 취지로 해석된다. 그 외 졸저인 "저작권 침해시 Internet Service provider의 책임," 서울대학교 기술과법 센터 2004-제4회 워크샵(「Internet Service Provider의 책임」) 발표문, 2004. 5. 22. 등.

126) 졸저 "저작권 침해시 Internet Service provider의 책임" 7, 11, 13면 및 이 절 Ⅱ. 2. (3), 3 (3) 부분 등 참조.

127) 국내의 논자(손영화, 앞의 논문, 715면) 중에는 가령 소리바다의 사례에서처럼 불법침해물이 인터넷

(7) 소 결

앞에서 순차로 다른 학설이 가진 문제점을 비판하였듯이, 위 학설들 중에서 굳이 택일을 하라면 민법상 교사·방조에 의한 공동불법행위책임설이 가장 모순이 없어 타당하다. 아울러 교사·방조에 의한 공동불법행위책임설을 주장하는 학자들이 언급한 것은 아니지만 이러한 입장은 법논리적 측면 이외에도 현실적 측면에서도 강한 지지대를 가진다. 왜냐하면 이 입장과 같이 이용자의 (직접)침해행위를 반드시 전제한 다음 비로소 부차적으로 인터넷서비스제공자의 책임이 언급되는 논리구조를 취할 때라야 미국 판례법상의 기여책임론 등을 한국법의 해석에서도 무리 없이 참고할 수 있기 때문이다.[128]

기여책임론 등이 이미 오랫동안 상당한 타당성을 검증받았고 아울러 세계적으로 강한 영향을 미치고 있음은 이 책에서 여러 번 언급하게 될 것이다. 다만 앞서 민법 제760조 제1항 근거설의 논의 중 인터넷서비스제공자의 책임의 근거를 조리(條理) 상의 의무에서 도출하고자 하는 점만큼은 수긍할 만하다. 다른 입장을 취하는 많은 논자들[129]도 인터넷서비스제공자의 작위의무의 근거를 조리로부터 찾고 있다.[130] 하지만, 그것만으로 곧바로 구체적인 쟁송에서 인터넷서비스제공자의 책임에 관한 명문규정이 도출되는 것은 아니다.[131] 따라서 조리는 관련 규정의 구체적인 해석기준에 그친다.

서비스제공자의 사이트에 게재되어 있지 않은 경우라면 교사나 방조의 공동불법행위책임을 추궁하기는 곤란하다는 반대가 있으나 이는 극소수설에 불과하다. 위 견해는 다분히 P2P가 아닌 종전의 BBS 기술단계에서의 통념을 기초로 한 것으로 보인다. 하지만 교사나 방조의 불법행위가 성립하는 데 인터넷서비스제공자의 행위가 일정수준 개입되면 족한 것이지 반드시 인터넷서비스제공자의 영업사이트에 불법게재물이 드러날 필요는 없다 하겠다.

128) 앞서 제2절 2. (4) "기여책임에 대응하는 한국법상의 규정"에서 이미 기여책임에 대응하는 규정은 교사·방조의 그것임을 살폈다. 아울러 아래 언급하듯이 가령 민법 제760조 제1항에 의한 협의의 공동불법행위책임설을 근거로 하여 기여책임론을 원용하는 것은 심각한 모순을 초래하게 된다[이 점에 대하여는 제5장 제2절 Ⅲ. 2. (2)].

129) 권영준, 같은 학위논문, 87면을 필두로 하여, 정완, 앞의 논문 및 백강진, "전자게시판관리자(ISP)의 책임," 사법정보연구 제5호, 2001. 10. 31.〈web.scourt.go.kr/jiweb/06/2.HTM#note12〉[2005. 1. 11.] 등 대개의 논자들이 인터넷서비스제공자의 의무의 근거를 조리에서 찾는 입장이다.

130) 다만 간혹 한국의 논자들 중에는 명시적으로 밝히고 있지는 않으나 조리가 '작위' 의무의 근거라고 표현함으로써 인터넷서비스제공자의 책임이 발생하는 형태가 부작위범이라는 전제를 염두에 둔 경우가 있다. 하지만, 반대로 이 책에서는 후술하듯이 반드시 이것이 부작위범으로 볼 것은 아니라는 입장을 취하고 있다. 따라서 이 책의 입장에 따른다면 조리가 부작위범의 작위의무는 물론 작위범의 주의의무와도 연결되어 논의될 수 있는 것이다.

131) 즉, 조리는 아래에서 설명하는 니프티서브(ニフティサーブ) 사건의 1심과 항소심 판결이 설명하는 바와 같이, 민법상 불법행위 관련규정이 이미 정한 주의의무 내지 작위의무를 구체적으로 도출하는 해

그보다 앞선 규정 자체, 즉 성문법상의 근거로서는 민법 제760조 제1항이 아닌[132] "교사자나 방조자는 공동행위자로 본다"고 정한 민법 제760조 제3항이 가장 주목받았지만, 그 외에도 앞서 살펴본 정보통신망이용촉진및정보보호등에관한법률 제44조를 포괄적인 근거규정으로 삼는 것이 타당하다고 본다. 정보통신망이용촉진및정보보호등에관한법률의 전체적 성격은 공법이지만 위 해당규정만큼은 사법적 성격의 규정인 이상, 적어도 현재 한국의 성문법상으로는 이들 규정이 가장 인터넷서비스제공자의 책임요건에 관한 특수규정, 즉 특별법[133] 이라고 할 수 있을 것이다.

그 외 전기통신사업법 제33조의2는 그 실질적인 내용이 서비스제공자에게 손해배상책임이 있다는 원칙의 확인에 불과하다는 한계가 있다. 특히, 이용자뿐만 아니라 제3자에게 손해를 입힌 경우까지 입법적으로 포섭하지 않는 한, 현재 규정만으로는 직접적인 근거가 될 수 없다. 다만 향후 '제3자'도 포함되는 입법을 하는 경우라도, 인터넷서비스제공자가 부담하는 작위의무에 관하여 구체적인 내용까지는 알려 주고 있지 못하므로 실제사례에서 이러한 구체적 의무의 내용은 조리(條理)에 의한 해석에 따라 더 세밀하게 논의될 수밖에 없다.[134]

형사에서는 물론 민사상으로도 조리에 의한 의무를 인정하는 것은 막연한 일반조항으로의 도피가 될 염려가 다분하기는 하나, 만약 이러한 조리의 내용으로 거론될 수 있는 내용을 보다 구체화하여 분쟁발생 이전에 입법적으로 수용[135]해 둔다면 이러한 우회적인 방법은 오히려 좋은 해결책이 될 수 있다고도

석기준이 될 뿐인 것이다.

132) 여기서 명백히 할 것은, 민법 제760조 제3항의 행위는 민법 제760조 제1항의 행위 안에 이미 포함되지만 주의적으로 둔 규정에 불과하다는 입장(이은영, 『채권각론(제5판)』, 박영사, 2005, 833면)을 따른다면, 앞서 민법 제760조 제1항 근거설과 민법 제760조 제3항 근거설이 서로 근접하게 될 것이라는 점이다. 하지만, 독일 · 일본의 입법경위를 근거로 민법 제760조 제3항은 민법 제760조 제1항과 구별되는 특별한 의미를 제시하는 규정이라는 해석(박성호, "방조에 의한 공동불법행위," 116-117면)에 찬동한다. 이런 해석에 따르면 이른바 '객관적 공동'을 요구하는 제760조 제1항과 달리, 제760조 제3항의 방조행위는 피방조자의 불법행위와 상당인과관계가 있으면 족하고, 나아가 손해발생과의 인과관계까지는 요구하지 않는다는 해석까지 가능하다고 한다.

133) 저작권법상 온라인서비스제공자의 책임제한 규정은 책임요건이 아니라 면책요건에 불과하다는 특징에 관하여는 제3장 제4절 '한국의 2003년 개정 저작권법 Ⅲ. (8) 부분 참조.

134) 민법 제760조 제3항의 경우도 마찬가지로 '교사, 방조'라고만 간단히 정하여 마찬가지로 구체적인 의무의 내용이 부족한 듯 보일 수 있다. 하지만, 위 민법규정의 적용에 있어서는 가깝게는 민법상 종래부터 축적된 논의를 이용하고, 멀리는 형법상 교사, 방조의 법리에 관한 비교적 정교한 논리를 원용할 수 있어 사정이 더 낫다.

135) 2000. 7.경 한국에서 정보통신망이용촉진및정보보호등에관한법률(당시는 구 정보통신망이용촉진등에

본다. 조리의 내용이 무엇이 될지 이 책에서 제안해 보자면 아래와 같다. (i) 인터넷서비스제공자가 통상의 주의만으로도 제3자의 침해사실을 인식할 수 있는 상황, 바꾸어 말하면 인터넷서비스제공자에 의한 일상적인 모니터링 의무는 부인하되 권리자로부터 침해의 통지를 받은 것과 같은 상황에서는 일정한 의무[136]를 긍정할 것, (ii) 인터넷서비스제공자가 침해를 받는 자에 비하여 압도적으로 유효한 구제수단을 그것도 거의 유일하게 보유하고 있을 것, (iii) 침해방지나 침해결과의 제거조치가 기술적으로 가능할 뿐만 아니라 인터넷서비스제공자에게 과도한 시간과 비용을 소요케 하지 않을 것, (iv) 손해의 발생이 인터넷서비스제공자의 행동과 단순한 조건적 인과관계가 아니라 인터넷서비스제공자의 직접적인 영업이익을 위한 행동에서 촉발되었다는 것과 같은 관련성이 있을 것 등일 것이다.

다음으로 정보통신망이용촉진및정보보호등에관한법률 제44조는 저작권법 제77조의2 규정과 서로 내용은 실질적으로 유사하다. 하지만 저작권법 규정처럼 소극적인 면책요건으로 정한 것이 아니라 적극적인 책임요건이라는 데 의미가 있다. 즉 불이행의 경우 인터넷서비스제공자를 상대로 법적 의무의 불이행으로 이행청구 혹은 손해배상청구 등 각종 민사소송을 제기할 수 있다.

어쨌든 이 책이 취하는 입장에 따르자면 인터넷서비스제공자는 정보통신망이용촉진및정보보호등에관한법률 제44조를 특별 규정으로, 민법 제760조 제3항을 일반 규정으로 삼아 책임요건이 분석되고 그 분석에 있어 조리가 참작되게 된다. 그 책임요건이 충족되었다고 판단되면 법원은 침해정지의 청구는 저작권법 규정[137]에 의하여, 손해배상은 저작권법 및 민법상 각 규정에 의하여[138]

관한법률)을 개정함에 있어, 정보통신부가 최초 제안한 법안(그 내용은 제3장 제4절 '한국의 2003년 개정 저작권법' Ⅰ. '성립경위' 부분을 참조)에는 독일 연방정보통신서비스법의 내용까지 반영하여 인터넷서비스제공자의 적극적인 책임요건을 일부 규정하고 있었다. 이는 입법과정에서 결국 삭제되었지만, 조리로부터의 기준들은 향후 구체적 내용에 대한 합의가 도출되는 대로 위와 같은 법에 수용되거나 저작권법의 개정규정으로 삽입될 수 있을 것이다. 2003년 개정 저작권법 제5장의2 '온라인서비스제공자의 책임제한' 규정에서 다음에서 거론한 내용들 중 (i)과 (iii)의 일부분을 다루고 있는 듯하지만 적극적인 책임요건이 아닌 면책요건의 내용에 불과하다.

136) 인터넷서비스제공자에게 적용되는 전기통신사업법 제3조 제1항은 인터넷서비스제공자의 역무제공의무를 규정하면서, "전기통신사업자는 정당한 사유 없이 전기통신역무의 제공을 거부하여서는 아니된다"고 정하고 있는데, 침해가 존재하여 권리자로부터 그 통지를 받은 것과 같은 상황은 위 조문 중 '정당한 사유' 있는 경우에 해당할 수 있을 것이다.

137) 인터넷서비스제공자와 같은 유형의 침해자를 상대로 하여서도, 저작권법 제91조의 침해정지청구를 할 수 있는지에 대하여는 제5장 제3절 Ⅱ. 1. (3) 4) 및 Ⅶ. 2. (2) 2) 부분 각 참조. 아울러 손해배상

구제를 부여하게 될 것이다.

그런데 인터넷서비스제공자에게 이렇듯 광의의 공동불법행위 책임을 추궁하게 되면 손해배상의 연대책임 등 관련규정의 법적 효과로 볼 때, 경미한 원인밖에 제공하지 않은 가해자가 전액배상의 책임을 부담하거나 혹은 자금이 충분한 가해자에게만 책임이 집중될 우려가 있어 불공평을 해결하는 것이 과제라는 지적이 있다.[139] 경청할만한 빈박이기는 하지만 다음과 같은 이유로 수긍하기 곤란하다.

첫째, 이는 비단 인터넷서비스제공자의 책임에서만 발생하는 문제가 아니라 민법의 공동불법행위 제도의 운영상 불가피하게 발생하는 문제에 불과하다.

둘째, 지적재산권의 침해, 특히 인터넷서비스제공자 책임이 문제되는 디지털네트워크상의 침해는 정확한 손해배상액을 산출하기 어렵고 설령 확인된 손해에 대하여도 그 기여주체나 기여정도를 정확히 판별하는 것은 불가능하므로 불가피하게 법원의 재량을 넓히는 방향으로 제도를 운영할 수밖에 없는 것이 현실이므로,[140] 교사, 방조에 관한 민법상 공동불법행위규정에 따라 책임을 확장하는 것조차 반대하는 것은 부당하다고 할 것이다.

2. 불법행위책임의 부담

이상에서 설명한 대로 인터넷서비스제공자가 손해배상책임에 있어서는 민법상 교사, 방조에 의한 불법행위책임을 부담하는 것이 원칙이다. 여기서 교사나 방조 중 특히 어느 것이 더 적합한지가 문제될 수 있다.[141] 앞서 소리바다1 가처분이의 항소심의 입장 표명 전까지, 민사 분야에서 인터넷서비스제공자의 책임을 논한 한국의 칵테일 98 사건, 인터넷제국 사건의 판례들(나아가 소리바다1을 다룬 1심판결들)은 그 설시내용상 우리 법의 어떤 법규정에 의한 것인지 구

청구권의 경우와 달리 민법상 침해정지청구권(방해배제청구권)은 소유권자 등에 한정된다.

138) 이 경우 저작권법상 손해배상규정은 특칙이 되고, 민사소송에 있어 저작권자는 민법상 위와 같은 규정에 의하거나, 저작권법상 손해배상규정에도 의할 수 있어 양법의 관계는 이른바 법조경합관계가 된다.

139) 민은주, "정보통신혁명에 따른 저작권관련 국제조약의 최근 동향과 우리의 과제," 연세대학교 박사학위논문, 1998. 2, 118면.

140) 가령 저작권법이나 컴퓨터프로그램보호법이 다른 법률에서와 달리 손해배상액에 관하여 법원이 추정하거나(저작권법 제93조 제1항 등), 재량으로 인정(저작권법 제94조)할 수 있도록 규정을 두고 있는 데서도 이런 현실을 짐작할 수 있다.

141) 가령 민은주, 앞의 논문, 124면은 교사인지 방조인지 단언하기는 참으로 어려우며 다만 인터넷서비

체적으로 특정하지 아니하여 알 길이 없었다. 그러던 중 2005. 1.경 내려진 소리바다1 손해배상 항소심[142]에서는 명시적으로 교사에 의한 것이라는 논거를 배척하고 방조에 의한 것이라는 입장을 취하고 있다.

한편, 형사 분야에서는 소리바다1 운영자에 대한 기소가 방조로 이루어져 있고, 앞부분[143]에서 살핀 전기통신기본법위반 사건이나 옥션 음란 CD 판매 사건 등의 형사사례들[144]도 모두 방조로 법리구성이 이루어져 있었다. 이러한 형사 분야에서의 동향에 미루어 볼 때, 앞으로도 계속 연구해 볼 여지는 있지만[145] 일단은 입증곤란 등의 현실적인 어려움을 고려할 때 민사에서도 적용이 일견 가장 용이한 법리가 바로 '방조에 의한 불법행위'라는 측면을 시사하고 있다고 보인다.

그 외에도, 드물게는 문제되는 인터넷서비스제공자와 개별이용자들의 관계를 보아 극히 예외적으로 민법 제756조의 사용자책임을 부과하는 것이 타당할 수도 있다. 그런데, 인터넷서비스제공자를 사용자책임의 법리로 포섭하고자 하는 시도에 대하여는, 단순히 BBS를 이용하는 가입자, 나아가 외부에서 BBS를 방문, 이용하는 비가입자의 경우까지 민법상 사용자의 감독관계를 인정하기는 곤란하다는 비판[146]이 충분히 있을 수 있다. 그러나 이러한 비판은 인터넷서비

스제공자가 가입자들로 하여금 침해행위를 부추긴 것이 아니라면 교사라기보다 방조 쪽에 가까울 것이라는 입장이다.

142) 이에 관하여는 제5장 제3절 Ⅲ. 2. (1) 2) (나) 및 (2) 부분 각 참조.

143) 제1장 제4절 Ⅰ. 2. (1) '인터넷서비스제공자의 음란물 링크' 부분.

144) 비단 한국뿐 아니라 후술하는 독일에서의 1997년경 CompuServe 형사사건에서의 기소도 방조죄로 이루어졌고, 그 항소심도 판결이유에서 피고인에게 행위지배를 인정할 수 없고, 피고인의 행위는 기껏해야 종범으로 평가될 수 있을 뿐이라고 보았다(아래 제3장 제3절 Ⅱ. 독일의 입법 3. 관련 사례 중 CompuServe 형사사건 부분 참조).

145) 민사 판결들과 달리 형사 판결들에서는 법원이 의도했든, 의도하지 않았든 일찍부터 이렇게 분명한 입장을 취하게 된 것은 짐작컨대 검사가 부담하는 擧證 책임과 관련이 깊을 것이다. 정범인지 방조범인지 그 법적 논리구성의 타당성을 논외로 하더라도, 적용법조를 특정해야 했던 검사로서는 방조범의 법리를 취하는 것이 입증의 어려움을 곤란할 때 더 현실적이라는 판단도 작용하였을 것이다. 어쨌든 형사 판결에서 법원이 취한 입장이 민사 분야의 법적 논의에도 일정한 영향을 미치는 것은 분명하다. 다만 주의할 점은 형사법상으로는 방조의 경우 과실에 의한 방조가 인정되지 아니함에 異論이 없음에 반하여, 민사에서는 그렇지 않다는 사실이다.

146) 그 외에도 다른 근거를 제시하면서 사용자책임의 법리가 인터넷서비스제공자의 책임 근거로 적당하지 않다는 비판적인 입장으로는 정완, 앞의 논문 등. 다만 같은 논자는 인터넷서비스제공자가 이용자에 대하여 선임권을 가지지 않으므로 사용자책임을 적용하기 곤란하다는 이유 이외에도, 사용자책임을 부과받는 인터넷서비스제공자로서는 입증책임이 전환되어 면책이 한층 곤란해지고 직접침해자에 대한 구상권 청구도 제한받음을 근거로 삼고 있으나, 입증책임전환문제는 별론(한국 판례는 이 경우 사실상 사용자의 무과실주장을 받아들이지 않고 있다)으로 하더라도 직접침해자에 대한 구상권

스제공자와 그가 운영하는 BBS 게시판 개별이용자나 P2P 서비스 개별이용자와의 관계와 같은 일반적인 상황에는 타당할지 몰라도, 다음과 같은 특수한 경우라면 사용자책임을 인정하여도 무리가 없을 것이다. 그러한 예외적인 경우란 가령 종래 BBS 게시판의 운영자가 선임한 시솝(Sysop)의 경우처럼 인터넷서비스제공자에게 선임, 감독권이 존재하는 경우, 혹은 온라인쇼핑몰을 운영하는 인터넷서비스제공자가 가상공간의 상점을 이용자들에게 임대하는 쇼핑몰임대서비스를 제공하는 경우[147] 등이다.

그러한 경우들 중 특히 시솝(Sysop)의 경우를 상술하자면, 중간매개자인 시솝과 같은 존재가 없는 서비스(가령, 소리바다와 같은 P2P 서비스)와 달리, 종전의 BBS 게시판에서는 대부분 서비스제공자가 직·간접적으로 선임한 시솝이 존재하였다. 이러한 상황에서 시솝의 불법행위 자체가 이미 성립되었음이 전제된 경우에는 사용자로서 서비스제공자의 책임이 긍정될 여지가 충분히 있다.

비록 저작권이 아닌 명예훼손에 관한 사례이기는 하지만, 일본의 니프티서브(ニフティサーブ) 사건[148]에서 법원은 시솝에게 책임이 있음을 전제로, 서비

청구가 제한되는 것은 국가배상법의 적용을 받는 국가와 같은 예외적 경우일 뿐 인터넷서비스제공자와는 관련 없을 것이다. 아울러 민은주, 앞의 논문, 115면도 사용자책임은 대위책임과 달리 이익을 받았음을 요건으로 하지 않음에도 단지 인터넷서비스제공자가 통제할 가능성이 있다는 이유만으로 사용자책임을 부담시킨다면 면책주장도 거의 받아들여지지 않는 한국의 사정상 인터넷서비스제공자에게 지나치게 불리하게 된다고 하여 위 논자와 유사한 주장이다. 경청할 주장일 수 있겠으나, 사용자책임이 적용되는 경우 사용자에게 실제 가혹한 결과가 초래된다는 것은 비단 인터넷서비스제공자에게만 국한되는 문제가 아니라 사용자책임의 규정취지상 전반적으로 발생하는 불가피한 결과라는 점에서 위 논자의 주장도 완전히 타당하다고는 보이지 않는다.

147) 2005. 상반기 현재 G마켓(www.gmarket.co.kr) 등이 성업 중으로 판매자가입을 받고 있다. 이렇게 가입한 판매자가 침해행위를 할 경우 그 공간을 임대한 서비스제공자의 책임논의는 사용자책임법리에 의할 수도 있는 것이다.

148) 위 사건의 피고 니프티서브(ニフティサーブ)는 BBS 게시판을 운영하면서 그 관리자로 시스템 오퍼레이터('システム・オペレーター', 이하 시솝이라고 한다)를 두고 있었다. 그런데 위 포럼의 게시판에 페미니스트(feminist)에 대해 옹호한 원고를 비방하는 게시물이 여러 차례 올려졌음에도 해당 포럼을 위탁관리하던 시솝은 별다른 조치를 취하지 아니하였다(나중에 제소에 이르러서야 시솝은 게시물을 삭제하기 시작함). 이에 원고는 게시물 게시자는 물론 해당 시솝과 BBS 운영자까지 피고로 삼아 손해배상을 청구하였다. 이에 대하여 원심[동경지방재판소 平成9. 5. 26. 판결 平6(ワ)7784号·平6(ワ)24828号]에서는 시솝의 경우 게시물을 항상 감시할 의무는 없을지라도, 타인의 명예를 훼손하는 발언이 일단 올려진 것을 구체적으로 알았다고 인정되는 경우에는 필요한 조치를 취할 조리 상의 작위의무가 있다고 보았다. 그러함에도 시솝은 이용자인 원고의 명예를 훼손하는 게시물을 상당기간 그대로 두고 삭제하지 아니한 이상 책임이 있고, 나아가 피고 니프티서브는 이러한 시솝의 사용자로서 책임이 있다고 판시하였다.

그러나 항소심[동경고등재판소 平成13. 9. 5. 판결 平9(ネ)2631号, 2633号, 2668号, 5633号]은 시솝의 삭제의무는 적절한 포럼운영과 관리라는 계약상 권한을 시솝이 행사하는 데 필요하고, 피해자가 삭

스제공자는 시숍의 사용자로서 책임이 있다고 하여 서비스제공자의 사용자책임을 긍정한 바 있다.

한편, 민법학에서 일반적으로 사용자책임의 근거로 통상 거론되는 것으로 보상책임설과 위험책임설 등이 있다.[149]

보상책임설의 입장을 따르면 인터넷서비스제공자가 이용자의 침해행위로부터 이익을 얻는다는 점을 책임의 근거로 삼게 될 것이다. 그러나 우리 법이 미국의 대위책임 요건과는 다르게 이익을 요건으로 명문화하지는 않았음을 고려할 때, 적어도 인터넷서비스제공자의 이러한 책임 영역에서는 위험책임설이 더 타당할 듯한데,[150] 이때는 '인터넷상 전송서비스'라는, 원 저작물과 동질의 복제물이 대량으로 생겨날 수 있는, 일종의 허용된 위험을 저작권자들에게 야기한 데 대한 책임이라고 표현하면 적절할 듯하다.

3. 침해제거책임의 부담

침해제거청구권에 관하여 저작권자 등은 그 상대방에 대하여 저작권법 제91조에 정한 침해정지청구권[151]을 행사할 수 있다. 다만 침해금지청구의 구체적 범위에 있어서는, 침해행위와 비침해행위가 혼재하는 경우 인터넷서비스제공자가 그것들 중 침해행위부분만을 선별하여 방지할 수 있는 때라면 피침해자

제를 요구하며 해당 글을 지적하는 등 다른 대책을 강구하더라도 자기를 지키기 위한 유효한 구제수단을 가지고 있지 않는 등의 사정이 존재하는 때 조리 상의 의무로서 인정되는 것이라고 전제하였다. 그런데 활발한 토론을 추구하는 포럼의 성격상 게시발언의 질을 높이기 위하여 일정범위 내에서는 비방이 섞인 게시문에 대하여도 용인할 필요가 있었던 사실, 아울러 시숍은 삭제를 요구하는 피해자의 지적 또는 시숍 스스로의 판단에 따라 명예훼손적 글을 게시한 자에 대하여 주의를 환기한 바 있고 삭제를 요구하는 피해자에게는『그 대상을 명시할 것, 그 대상에 대하여 피고 니프티서브가 상당하다고 판단한 때만 삭제한다는 것, 삭제가 피해자의 요구에 의함을 명기할 것』등을 알리고 그 절차에 관하여 양해를 구하였지만 피해자가 이를 수용하지 않았던 사실, 나중에 소제기에 즈음하여 소송대리인의 통지를 받고는 즉시 삭제를 하였고, 제소 이후 새로 게시된 발언에 대하여는 삭제조치를 강구한 사실 등을 종합하여 보면 시숍이 앞서 포럼운영과 관리에 관한 시숍의 권한을 부당하게 행사하였거나 그 행사를 지체한 것이라고 인정되지 않는다고 보았다. 결론적으로 시숍의 책임은 물론 피고 니프티서브의 책임도 부정되었다.

149) 권오승, "사용자책임에 대한 검토," 상사법논총(하), 제남 강위두 박사 화갑기념, 형설출판사, 1996, 632-634면 참조.

150) 오래된 사례이나 가령 대판 1961. 11. 23. 선고 60 민상 745 판결이 위험책임설에 입각하였다는 풀이로는 김상용, "사용자배상책임에 관한 쟁점과 문제점," 법조, 1984. 2., 54면. 하지만 우리 판례의 다수(대법원 1969. 7. 22. 선고 69다702 판결 등)는 보상책임설에 따르고 있다.

151) 민법 제214조의 소유권방해배제청구권의 행사도 이론구성에 따라서는 불가능한 것은 아니지만, 곤란할 것이다.

는 곧바로 인터넷서비스제공자의 사업 전체의 폐지를 요구할 수는 없고 법원도 침해행위부분만의 제거를 명하여야 한다.

아울러, 위 저작권법 제93조 이외에도 같은 법 제91조 제3항은 형사의 기소가 있는 때 등에는 법원은 원고 또는 고소인의 신청에 의하여 보증을 세우거나 세우지 않게 하고, 임시로 침해행위의 정지 또는 침해행위에 의하여 만들어진 물건의 압류 기타 필요한 조치를 명할 수 있다고 규정하고 있다. 이것은 기능적으로는 형사절차 안에서 민사적 분쟁까지 해결하고자 하는 제도[152]로 저작권자가 상대방에게 침해제거책임을 구하는 하나의 방편이 될 수 있을 것이다. 그 외 침해제거책임과 관련하여, 보다 상세한 논의는 아래 관련 부분에서 더 설명하기로 한다.[153]

Ⅱ. 판 례

1. 서

한국에서 인터넷서비스제공자가 민사상 책임추궁을 당하여 판결에까지 이른 첫 사례는 1998년 한국전기통신공사노조가 한국PC통신을 상대로 손해배상을 구한 사건이었다.[154]

그러나 이 사건은 이용자와 인터넷서비스제공자의 약관 및 공법적 규제에 관한 것이므로, 1999년의 '칵테일 98' 사건부터 논한다.

152) 소송촉진등에관한특례법 제25조에서 형사판결에서 민사적 손해배상도 병과할 수 있게 한 제도(배상명령제도)와 유사하다.

153) 이에 대해 자세히는 제5장 제3절 Ⅱ. '소리바다 가처분이의 사건' 1. (3) 4) 및 제7장 제2절 Ⅴ. 'Sony 원칙의 올바른 적용' 2. (3) 4) 부분 각 참조.

154) 대법원 1998. 2. 13. 선고 97다37210 판결(원심은 서울고등법원 1997. 7. 10. 선고 96나33374 판결). 피고 인터넷서비스제공자는 원고들에게 전자게시판 이용을 허락하였고, 이때 게시판을 원고들이 관리하기로 정하였다. 그런데 게시판에 제3자에 대한 명예훼손적 게시물이 올려졌음에도 원고들은 이를 제대로 관리하지 아니하였다. 그러자 피고 스스로 원고들과의 이용허락 약정을 들어 위 게시물을 직접 삭제하였고, 나아가 위 게시판을 폐쇄하기까지 하였다. 이에 원고들이 피고 인터넷서비스제공자에 대하여 손해배상을 구한 사안이 이 사건의 내용이다. 법원은 위 삭제에 관한 약관이 원고들에게 부당하게 불리하여 무효가 아니며, 게시판을 폐쇄한 것도 전기통신사업법 제3조 제1항에 따라 '정당한 사유로 전기통신역무의 제공을 거부한 경우'에 해당한다고 하여, 원고들의 청구를 기각하였다.

2. 칵테일 98 사건[155)]

(1) 사실관계

원고들은 1997. 8. 16. 멀티미디어 저작도구인 '칵테일 98'이라는 프로그램을 제작한 저작권자이고, 피고 중○대학교는 1994. 12.경부터 인터넷에서 학교 홈페이지를 개설·운영하는 자이다. 그런데 피고 홈페이지의 메뉴 중 자료실 게시판에 소외 김○○이 1998. 10. 임의로 위 칵테일 98 프로그램을 압축파일로 복제한 'cocktail.zip' 파일을 등록하였다. 1998. 11. 20. 이를 알게 된 원고들은 피고에게 이를 항의하였고 이에 피고는 곧바로 위 자료실 게시판을 폐쇄하였다. 그렇지만 그 때까지 위 칵테일 98 프로그램의 조회건수는 이미 약 400회에 이르렀었다. 한편, 위 자료실게시판은 위 중○대학교 학생은 물론 일반인 모두에게 개방되어 있어 누구라도 그 열람을 위한 비용을 따로 부담함이 없이 자유롭게 자료의 등록, 검색, 조회 및 다운로드를 할 수 있는 방식으로 운영되어 왔다. 특히 자료의 등록과정은 게시판 운영자에 의한 사전의 검토, 선별 또는 수정과정을 거침이 없이 미리 마련된 자동화된 기술적 과정을 통하여 수행되었다.

(2) 법원의 판단

원고들은 다음과 같이 주장하였다. 즉, 피고가 홈페이지를 운영하면서 이용자들이 자유롭게 이용할 수 있는 자료실을 개설하여 놓았다면 그와 같은 자료실을 통하여 불법복제물이 등록되고 이를 통하여 대량의 불법복제가 발생할 위험이 있다. 그러므로 관리운영자로서는 마땅히 이곳에 타인의 저작권을 침해하는 불법복제물이 등록되는 일이 있는지 여부를 수시로 확인해 보아야 할 주의의무가 있음에도 불구하고 이를 게을리하여 위 자료실게시판에 이 사건 자료등록행위가 이루어진 지 1개월 이상이 경과하도록 방치하였다. 그리하여 수많은 이용자들에 의하여 칵테일 98 프로그램의 조회 및 다운로드를 가능케 함으로써 원고의 저작권을 침해당하는 손해를 입었으므로 피고 대학교는 그에 따른 손해를 배상할 책임이 있다는 요지였다.

그러나 법원은 먼저 "일반적으로 불법행위책임에 있어서 그 책임은 당해 침해행위의 직접적인 귀속자가 부담하는 것일 뿐 이로 인한 책임을 제3자에게 물을 수 없음이 원칙이라 할 것이고, 다만 교사·방조에 의한 공동불법행위책

155) 서울지방법원 1999. 12. 3. 선고 98가합111554 판결, 원고가 상소를 포기하여 그대로 확정되었다.

임이나 사용자책임의 법리에서와 같이 침해행위를 직접적으로 행하지 아니한 제3자라 하더라도 침해행위 또는 침해행위자와의 관련성이 있는 것으로 평가되는 경우에 한하여 예외적으로 그 제3자를 상대로 그 책임을 물을 수 있다 할 것이다"라고 하였다. 나아가 법원은 "사이버공간에서의 자료전송 등을 통한 타인의 권리침해에 관한 1차적인 책임은 여전히 이를 직접적으로 수행한 이용자에게 있고, 그 전송 등이 가능하도록 장소나 시설을 제공한 것에 불과한 자는 자신이 직접적인 고의를 가지고 있지 아니한 이상 원칙적으로는 그러한 장소나 시설의 제공사실만을 가지고 곧바로 침해에 대한 직접적인 책임을 부담하는 것으로 보아야 할 아무런 근거가 없는 것이며, 다만 예외적으로 이들이 '이용자의 침해행위를 적극적으로 야기하였다거나 우연한 기회나 권리자로부터의 고지를 통하여 이용자의 침해물 또는 침해행위의 존재를 인식하고도 이를 방치한 경우 또는 이들이 침해행위를 통제할 권리와 능력이 있고 그 침해행위로부터 직접적인 재산상 이익을 얻는 경우'[156] 등과 같이 이용자의 직접적인 침해행위와 동일하게 평가할 수 있을 만한 특별한 사정이 있는 경우에는 그 책임을 인정하여야 할 것"이라고 보았다. 그런데, 제반 사정을 종합하여 보면,[157] 피고가 위 자료실 게시판을 설치, 운영함에 있어서 불법복제물의 등록 여부를 수시로 확인하고 통제하여야 할 구체적인 주의의무가 발생하였다거나 나아가 침해행위의 직접적인 행위자가 아닌 제3자로서 이 사건 게시물의 등록 및 존속에 관하여 피고에게 그 책임을 부담시켜야 할 특별한 사정이 존재한다고 보기도 어렵다고 보아 결국 이용자의 직접적인 침해행위와 동일하게 평가할 수 있을 만한 특별한 사정이 있는 경우에 해당하지 않는다고 하여 원고의 청구를 모두 기각하였다.

156) 따옴표는 필자 주(판결문 중 특정 문구를 필자가 강조하기 위하여 사용하는 따옴표라도 이하에서는 편의상 따로 각주 표시를 하지 않는다).

157) 위 자료실게시판은 이용자의 범위에 관하여 제한 없이 개방되어 있었던 관계로 피고가 불특정한 이용자에 의한 불법행위를 사전에 일일이 통제할 수 있었을 것으로 기대하기 어려웠고, 자료실게시판에의 자료 등록과정이 관리자에 의한 선별과정을 거침이 없이 자동화된 기술적 과정을 통하여 수행되는 체제로 운영됨에 따라 등록이 이루어질 게시물의 내용을 미리 검토할 수 없어 사전에 저작권침해 사실의 존재를 인식할 수 없었던 점, 교육기관으로서의 피고의 지위 및 위 자료실게시판의 이용과 관련하여 이용자들에게 이용료를 부과하지 않는 무료 운영 방식 등에 비추어 위 자료실게시판의 설치 목적이 영리성의 추구에 있다고 보기 어려운 점, 피고가 권리자인 원고 회사의 항의를 받은 이후 이 사건 자료의 등록행위가 이루어진 위 자료실 게시판 자체를 폐쇄하기에 이른 점 등을 열거하고 있다.

(3) 판례분석

칵테일 98 사건은 한국에서 인터넷서비스제공자가 그 이용자의 침해행위와 관련하여 책임을 추궁당한 최초의 사례이다. 아래에서 설명할 인터넷제국 사건의 인터넷서비스제공자는 침해를 알고도 오히려 침해가 용이하도록 침해물을 주제별로 BBS에 분류하여 놓는 등 적극적인 기여행위를 한 것과 달리 칵테일 98 사건의 피고는 단순히 BBS를 운영하다가 침해통지를 받은 즉시 게시물을 삭제하는 등의 일정한 노력을 하였다는 차이가 있다. 미국법 상의 기여책임이 인정되려면 인식이라는 주관적인 요건에 더하여 객관적으로 적극적인 기여행위가 있어야 책임이 성립된다. 그런데, Netcom 판결의 입장에 따르자면 일단 인터넷서비스제공자가 이용자들의 침해행위가 있다는 점을 인식한 후에도 계속 BBS에서 침해게시물을 방치하는 행위 자체는 기여책임의 요건을 충족하는 것으로 판단되고 있다.[158] 이것과 비교하여 볼 때 칵테일 98 사건의 법원은 '직접적인 고의를 가지고' '전송 등이 가능하도록 장소나 시설을 제공'한 자는 침해에 대한 직접적인 책임을 부담할 수 있다는 입장을 취하고 있는데, 이 역시 고의를 갖춘 시점 이후라면 계속 BBS 상의 전송 등이 가능하도록 방치하는 행위에 대하여 책임이 있다는 입장이어서 미국 판례와 동일한 입장을 취하고 있다고 할 수 있다.

칵테일 98 사건의 판례는 그 판시내용 곳곳에 미국의 기여책임 내지 대위책임의 법리를 차용한 듯한 표현을 드러내고 있고, 이러한 자세는 이후의 한국 판례들에서 계속 이어진다. 미국에서의 기여책임 내지 대위책임의 법리는 유수한 판례들을 거쳐 다듬어져 온 비교적 탁월한 판례법상 법리로서 한국 법원이 이를 참고하는 것 자체는 오히려 타당한 태도라 할 수 있다. 하지만, 한국의 성문법은 미국의 판례법과는 다르게 정하고 있는데, 미국 판례법의 표현을 그대로 차용하여 설시한 다음 우리 법규의 해석결과로 옮겨버리는 태도는, 한국 성문법에 대한 해석의 한계를 은연중에 넘을 수도 있어 위험할 수 있는 태도라고 보인다.[159] 특히 '이들이 침해행위를 통제할 권리와 능력이 있고 그 침해행위로부터 직접적인 재산상 이익을 얻는 경우'는 미국 판례법상 대위책임에 관한 것으로 우리 성문법과 두 가지 측면에서 충돌할 위험이 있다.

158) David L. Hayes, "Copyright Liability of Online Service Providers: Part I," Computer and Internet Lawyer, October, 2002, p. 2 참조.

159) 이와 관련하여서는 제5장 제2절 '일본 파일로그 사건' Ⅲ. 2. (2) '판례분석' 부분 참조.

첫째, 미국 판례법 상의 대위책임의 법리와 가장 유사한 것은 민법상 사용자책임이라 할 것인데 우리 민법상 사용자책임은 앞서 대위책임과는 달리 고의, 과실을 요구하고 있음에도,[160] 위 판례의 해석대로라면 위와 같이 통제할 권리와 능력을 구비하고, 직접적인 재산상 이익을 얻은 경우는 고의, 과실 요건과 관계없이 바로 책임을 긍정할 위험이 있는 것이다.[161] 물론 판례의 취지를 선해하여, 통제할 권리와 능력, 직접적인 재산상 이익이 존재하는 경우 인터넷서비스제공자의 고의, 과실은 당연히 추정되므로 우리 법제에 어긋나지 않는다고 해석할 수도 있겠으나 판례가 이러한 취지로 판시하고 있는지는 극히 의문이다.[162]

반대로 한국 민법 상 사용자책임은 미국 판례 상 대위책임과 달리 '직접적인 이익을 얻을 것'을 요건으로 하지는 않음에도, 한국 법원이 민법 상 사용자책임에서 근거를 구하고도 그 요건을 나열하는 과정에서 은연중에 '침해행위로부터 직접적인 재산상 이익을 얻을 것'까지 요구할 개연성이 있다. 이러한 위험은 실제로 칵테일 98 판결의 설시 내용에 뿐만 아니라 이후 한국 법원의 판결들에서 계속 나타나고 있다.[163]

3. 인터넷제국 사건[164]

(1) 사실관계

원고 즉 주식회사 월드뮤직엔터테인먼트는 영상·음반 제작판매업자이고, 피고는 음악과 관련된 파일의 무상 공유를 목적으로 하는 웹사이트 (www.vjzone.net)를 개설하여 운영하여 오던 회사이다. 그런데, 1999. 10. 경부터 2000. 6.경까지 피고의 웹사이트의 자료게시판에서 그 이용자들이, 원고와

160) 다만, 입법기술상 제760조 단서에서 '사용자가 피용자의 선임 및 그 사무감독에 상당한 주의를 한 때 또는 상당한 주의를 하여도 손해가 있을 경우'임을 입증하도록 부담을 지워, 실무상으로는 무과실책임에 가깝게 운영되고 있기는 하지만, 원칙상 과실책임에 속함은 변함이 없다.

161) 비슷한 지적으로는 최성준, "정보의 보호를 둘러싼 분쟁과 재판실무," 10면 참조.

162) 그 외에도, 칵테일 98 법원이 적시한 '직접적인 책임'이란 표현은 한국의 불법행위법 상 교사·방조와 같은 부차적인 책임에 대비되는 개념으로서의 보다 직접적인 책임, 즉 공동불법행위책임 등을 가리키고 있는 것으로도 해석할 수 있겠지만 판례가 이에 관한 추가적인 언급을 하기 있지 않아 확실히 알 수는 없으며, 오히려 미국 판례법 상으로는 직접침해책임과 간접침해책임이 구별되는 것과 달리 한국 성문법상으로는 그러한 구별이 존재하지 아니함에도 별다른 부연설명 없이 미국 판례에서의 논의를 그대로 옮긴 것으로 비판받을 여지도 있다.

163) 이와 관련하여 자세히는 제5장 제3절 Ⅱ. '소리바다 가처분이의 사건' 2. (3) 2) 부분 참조.

164) 서울지방법원 2001. 8. 24. 선고, 2000가합83171 판결.

전속계약을 체결한 국내외 가수들을 대상으로 원고가 이미 제작한 뮤직 비디오를 동영상 파일의 형태로 변환하여 업로드하거나 다운로드받아 왔다. 피고는 이들 음악파일을 장르별로 구분한 뒤 항목을 나눈 다음 위 웹사이트 안에 서브 디렉터리(sub directory)를 만들어 이용자들이 위 분류에 따라 보다 쉽게 동영상 파일들을 업로드하거나 다운로드받을 수 있도록 하였다. 그 외에도 피고는 음반의 전곡을 vqp 파일(일본에서 개발된 디지털 음악파일의 한 종류로서, MP3 파일과 비교하면 음질은 비슷하나 압축률이 높음)의 형태로 변환하여, 피고의 웹사이트인 vqpzone의 컴퓨터 서버에 저장함으로써 이용자들에게 이를 제공하는 방법으로 직접적인 저작권 침해행위도 하였다.[165]

(2) 법원의 판단

법원은, 피고의 자료게시판에 접속한 이용자들의 책임에 대하여 먼저 언급하였다. 원고 월드뮤직이 기획, 제작하여 저작권[166]을 가진 뮤직비디오들의 동영상 파일을 이용자들이 피고 운영의 웹사이트 서버에 업로드하여 다른 불특정 다수의 이용자들로 하여금 각자 개별적으로 선택한 시간과 장소에서 다운로드받을 수 있도록 이용제공하는 방법으로 복제·전송하여 위 원고의 저작재산권을 침해하였다고 인정하였다.

다음으로 BBS 관리자인 피고회사의 책임에 대하여 법원은, 처음부터 이용자들 사이에 음악관련 파일을 무상으로 공유하게 할 목적으로 웹사이트를 개설하여 운영하였던 점, 약 8개월의 장기간 동안 이용자들이 동영상 파일들에 대한 업로드 및 다운로드를 하였음에도 피고는 그 기간 동안 그 파일들이 저작권법에 위반되는가의 여부에 대하여 검토하거나 그 검토결과에 따른 필요한 조치를 취하지 아니하였고, 오히려 이용자들이 보다 편리하게 동영상 파일들을 업로드하거나 다운로드받을 수 있도록 각 음악장르별로 서브 디렉터리(sub directory)를 만들어 주기까지 한 점 등을 종합하여 보면,[167] 비록 피고가 직접

165) 이 부분은 당연히 법원에서 저작인접권자의 복제권에 대한 (직접)침해로 긍정되었다.

166) 원고 월드뮤직엔터테인먼트는 이보다 나중인 제기된 벅스뮤직 가처분 I 사건의 원고이기도 한데 후자의 사건에서는 음반제작자로서 저작인접권 침해를 주장하였음에 비하여, 이 사건에서는 영상저작물 제작자(저작권자)의 지위에서 뮤직비디오에 관한 저작권 침해를 주장하고 있다. 2004년 개정 전 저작권법에서는 저작인접권자가 전송권을 가지지 못하였다는 중요한 법적 차이점이 있다.

167) 그 외에 피고 및 피고의 대표이사는 위 웹사이트에서 이용자들이 동영상파일에 대한 저작권 침해행위를 범하기 용이하게 함으로써 이를 방조하였다는 내용으로 이미 약식명령을 고지받아 확정된 점도 열거되었다.

위 동영상 파일들을 복제 · 전송하여 원고의 저작권을 침해하지는 않았다고 하더라도, 위 웹사이트를 운영 · 관리함에 있어서 위와 같은 이용자들의 저작권 침해행위를 알거나 알 수 있었고, 그 동영상 파일들을 삭제하는 등의 필요한 조치를 취할 수 있었음에도 불구하고, 상당한 기간 동안 그러한 조치를 취하지 아니하였으며, 오히려 위와 같이 서브 디렉터리의 분류 등을 통해 저작권 침해행위를 용이하게 하기까지 한 이상 이용자들의 저작권 침해행위에 대하여 온라인서비스제공자로서 책임을 지게 된다고 할 것이므로, 피고는 위 원고에게 위 저작권 침해행위로 인한 손해를 배상할 의무가 있다고 판단하였다.

(3) 판례분석

앞서 칵테일 98 사건이 한국에서 인터넷서비스제공자의 책임이 문제된 최초의 판례라고 한다면, 이 판결은 인터넷서비스제공자의 책임을 처음으로 추궁한 판례인 점에서 큰 의미가 있다.

그런데 인터넷제국 판결문의 표현을 자세히 살피면, '이용자들의 저작권 침해행위를 알거나 알 수 있었고.... 필요한 조치를 취할 수 있었음에도 불구하고 상당한 기간동안 그러한 조치를 취하지 아니하였고.... 오히려 저작권 침해행위를 용이하게 하기까지 한' 것 때문에 피고에게 책임을 있다는 취지인데, 이러한 입장은 앞서 칵테일 98 판결과 마찬가지로 피고 인터넷서비스제공자가 책임을 부담하기 위한 요건에 관하여 미국 판례 상 기여책임의 법리에 크게 영향을 받고 있다고 보인다.

또한, 인터넷제국 판결은 일단 이용자들의 행위가 저작권에 대한 직접침해행위가 되느냐를 먼저 전제한 다음 서비스제공자인 피고의 책임으로 나아가 판단하고 있다. 이러한 판단순서는 극히 사소하게 보일 수도 있겠으나, 실은 기여책임이나 대위책임에 관한 사례를 다루는 미국의 판결문이 취하고 있는 논리전개 방식을 그대로 따른 것이다. 아래의 소리바다 민사 1심 판결들은 인터넷제국 판결보다 더 분명하게 위와 같은 설시 방식을 따르고 있다. 그러나 미국의 판례법 상으로는 직접침해자(direct infringer)의 직접침해 행위가 전제되어야 그에 따른 2차적 책임(secondary liability) 혹은 부수적 책임(derivative liability)으로 인터넷서비스제공자의 기여책임 내지 대위책임의 성립 여부를 검토할 수 있는 이치이지만,[168] 먼저 이용자 A의 침해행위가 성립함을 전제로 서비스제공

168) 앞서 기여책임 등을 설명한 부분 이외에도 Peter Katz, op. cit., p. 1. 등 참조.

자 B의 행위가 침해행위가 되는지 여부를 검토하는 논리전개수순이 과연 우리의 법문에도 부합하는지는 의문이다.

우리의 법문 상 이러한 논리전개 수순에 그래도 가장 적합한 경우로는 정범의 불법행위 성립을 전제로 방조에 의한 불법행위를 인정하는 경우일 것인데, 실제로 위 판례가 이러한 수순에 의한 것인지는 알 길이 없다. 만일 방조에 의한 불법행위가 아니라 A와 B의 공동불법행위였다 하더라도 A와 B의 각 침해행위가 판결문에 모두 설시될 것이지만 이때는 동시에 설시되면 족한 것이지, 인터넷제국 판결에서처럼 다른 (공동)불법행위자의 위법을 전제할 필요는 없었을 것이다.

어쨌든, 인터넷제국 판결은 미국의 판례가 기여책임을 인정하는 것과 같은 논리를 전개하다가 정작 우리 성문법 상의 근거에 관해서는 별다른 설명 없이 “이용자들의 저작권 침해행위에 대하여 온라인서비스제공자로서 책임을 지게 된다”고 간단히 끝맺고 말았다. 그래서 위 판례만 보아서는 과연 피고 스스로의 저작권침해가 인정되어 저작권법 상의 손해배상책임(저작권법 제91조)을 부담하는 것인지, 아니면 이용자들의 저작권 침해행위에 대하여 온라인서비스제공자로서 민법 상의 불법행위책임을 부담한다는 것인지, 나아가 민법상의 책임이라면 민법 제760조 제1항의 공동불법행위책임을 인정한 것인지, 그렇지 않고 제760조 제3항 방조에 의한 불법행위책임을 인정한 것인지를 정확히 알기 어렵다.

비록 미국에서 출발한 기여책임이나 대위책임의 법리가 비교적 탁월한 해석이 누적된 합리적인 기준으로 많은 나라가 자국법의 해석에 참고하고 있다고는 하지만, 우리의 판례는 이러한 기여책임이나 대위책임의 법리를 한국 성문법 중 어느 규정에 대한 해석을 통하여 반영하고 있는 것인지 정도는 분명히 밝혔어야 타당하였을 것이다.

참고로, 일본의 파일로그 사건을 보면 우리 판례가 미국 판례 상 기여책임이나 대위책임의 법리를 의식하여 상투적으로 언급하는 ‘침해 있음을 알거나 알았음에도 기여했다,’ ‘통제할 권리와 능력이 있고 직접적으로 이익을 얻었다’는 식의 표현은 아예 존재하지 않는다. 무엇보다 일본 민법 제709조를 서비스제공자인 피고에 대한 책임 근거로 명시하고 피고의 행위가 이용자들의 행위와 공동불법행위가 된다는 결론 하에 피고에게 부진정연대채무를 인정하고 있다.

일본 파일로그 판결의 진행논리나 결론에는 전혀 동의하지 않지만, 일본과 마찬가지로 성문법 국가인 한국에서도 역시 특정한 성문규정이 인터넷서비스제공자의 책임근거로 이들 판례에서 반드시 제시되었어야 마땅하였을 것이다.

제 3 장

인터넷서비스제공자의 책임을 제한한 새로운 입법들

제1절 서
제2절 미국의 DMCA 중 OCILLA
제3절 유럽연합, 독일과 일본의 입법 등
제4절 한국의 2003년 개정 저작권법

제 1 절 서

디지털 복제기술의 등장에 따라 가장 빠르게 대응하여 기존 저작권법을 수정하고자 노력한 주체 중 하나는 다름 아닌 세계지적재산권기구였다. 1996. 12. 20. 세계지적재산권기구의 주도로 세계지적재산권기구 저작권 조약(WIPO Copyright Treaty, WCT)[1)]과 세계지적재산권기구 실연음반 조약(WIPO Performance and Phonogram Treaty, WPPT)[2)]이 채택되었다. 그 중 저작권조약에서는 저작권자에게 공중전달권(Right of Communication to the public)[3)]을 부여함으로써 제3자가 임의로 저작물을 디지털화하여 일반 공중에게 전달하는 행위를 금지하였다. 아울러 실연음반조약에서는 실연자와 음반제작자에게 이용제공권(Right of Making Available)[4)]을 부여함으로써 공중의 구성원이 개별적으로 선택한 장소와 시간에 실연, 음반에 접근할 수 있는 방법으로 유선 또는 무선의 수단에 의하여 실연, 음반을 공중이 이용할 수 있도록 제공하는 것을 허락할 배타적 권리를 향유하도록 정하였다.

그러나 이러한 입법은 보다 근본적인 문제인 네트워크 상의 전송이나 서버에의 저장 등과 관련해서는 해석지침이 될 수 있을지 몰라도, 인터넷서비스제공자의 책임제한문제에 있어서는 구체적인 합의나 입법이라고 볼 수 없었다. 다만 저작권조약에 부속된 합의록(Agreed Statement)에서는 제8조(공중전달권) 관련부분에서 "전달(communication)을 가능하게 하거나 구현한 단순한 물리적 설비의 제공은 그것만으로 본 조약이나 베른협약의 해석상 전달에는 해당하지 않는다"고 정하고 있지만 이것만으로는 직접침해 책임은 면제될지 몰라도 나아가 간접침해 책임까지 배제되는 것인지는 명확히 규정되지 않은 것이었다.[5)] 그 외에도 세계지적재산권기구에서 인터넷서비스제공자의 책임에 관한 논의가 몇

1) 그 전문은 〈www.wipo.org/treaties/en/ip/wct/trtdocs_wo033.html〉[2006. 3. 15.].

2) 그 전문은 〈www.wipo.int/treaties/en/ip/wppt/trtdocs_wo034.html〉[2006. 3. 15.].

3) WPPT Article 8

4) WPPT Article 10 & Article 14.

5) Kamiel Koelman & Bernt Hugenholtz, "Online Service Provider Liability for Copyright Infringement," WORKSHOP ON SERVICE PROVIDER LIABILITY(Geneva, 1999. 12. 9. - 10.), WIPO, 1999. 11. 12, p. 13 〈www.wipo.org/documents/en/meetings/1999/osp/pdf/osp_lia1.pdf〉[2005. 4. 14.]. 위 문구의 의미에 대해서, "인터넷 등 디지털 네트워크 상의 서비스 및 접근 제공자의 책임문제를 명확히 하기 위하여 채택된 것으로, 어떤 명백한 사실을 주의적으로 말하고 있는 것이므로

차례[6]이루어진 적은 있으나, 결국 통일적인 조약을 이끌어 낼만한 더 구체적인 합의를 도출하지는 못하였다.

그러나 1997년 독일의 온라인서비스법, 1998년 미국의 디지털 밀레니엄 저작권법 중 온라인 저작권침해 책임제한법을 필두로 세계 각국이 이용자의 저작권 침해행위에 따른 인터넷서비스제공자의 책임을 일정한 조건하에 제한하여 주는 법률을 차례로 제정하게 되었다. 가까운 일본은 2001년 이른바 서비스제공자책임제한법이라는 특별법을 제정하였고, 한국은 2003년 저작권법 개정을 통하여 책임제한 규정을 도입하게 된다. 그런데 이런 입법의 내용을 앞서 보았듯이[7] 인터넷서비스제공자의 책임에 관한 법적 논의의 처음 출발과 비교하여 보면 흥미로운 사실을 발견할 수 있다. 즉 논의의 처음 출발은 어떤 근거로 인터넷서비스제공자가 직접침해자인 이용자와 마찬가지로 책임을 부담하게 되는가의 문제, 즉 '책임 요건'의 측면에서 다루어진 것이었는데 어떻게 각국의 실제 입법 형식은 '책임제한 요건'을 정하게 되었는가? 이 점은 이 책에서 독일 입법과 같은 접근방식을 비판하고 미국의 입법 방식이 가진 유리함을 지적하는 것과 관련되므로 나중에 설명한다.[8]

제 2 절 미국의 DMCA 중 OCILLA

Ⅰ. 성립 경위

1. IITF가 제출한 White Paper에서의 제안

1992년 대통령선거공약의 하나로 클린턴 대통령은 2015년까지 광섬유를 사

조약 등에 규정된 권리가 미치지 아니하는 행위를 한 자는 어떤 직접적인 책임도 없는 것이나, 기여책임 또는 대위책임과 같은 다른 법률 원인을 기초로 한 책임을 질 수도 있는 것은 별개의 문제다" 라는 해석으로는 Mihaly Ficsor, "WIPO 저작권 조약과 실연 음반조약," 세계지적소유권기구 저작권 국제세미나(서울) 발표문, 1997. 10,27-28면. (이영록, 앞의 논문, 12면에서 재인용).

6) WIPO, "Workshop on Service Provider Liability," 1999. 12. 9. ~ 12. 10. 〈www.wipo.org/documents/en/meetings/1999/osp/pdf/osp_lia1.pdf〉[2005. 4. 14.] 및 "Seminar on Copyright and Internet Intermediaries," Geneva, April 18, 2005. 〈www.wipo.int/meetings/2005/wipo_iis/en/program.html〉[2006. 3. 1.] 각 참조.

7) 제2장 제1절 '인터넷서비스제공자에게 책임을 부담시키는 이론상의 근거' 부분 참조.

8) 아래 제3절 Ⅱ. 2. '책임제한 입법에 관한 독일식 접근의 문제점' 부분 참조.

용한 초고속정보통신망을 구축하는 것을 핵심목표로 한 국가정보인프라(National Information Infrastructure, NII) 계획을 제시하였고, 그 세부적인 연구를 특별팀인 정보인프라실무단(Information Infrastructure Task Force, 이하 IITF)에게 맡겼다. 이후 정보인프라실무단은 1994년 보고서(일명 Green paper)와 1995년 최종보고서(백서, White Paper)[9]를 통하여 디지털시대의 등장에 따른 저작권 전반의 제문제를 포함한 폭넓은 연구를 수행하였다. 저작권 분야의 연구결과 중에는 인터넷서비스제공자의 책임제한 문제도 당연히 포함되어 있었는데,[10] 최종보고서에서 정보인프라실무단은 다음과 같이 제안하였다.

첫째, 국가정보인프라 환경에서 모든 유형을 망라한 인터넷서비스제공자의 책임을 섣부르게 제한하는 것은 서비스이용자들에 의한 침해행위를 모니터하고 통제하는 데 가장 좋은 지위에 있는 인터넷서비스제공자의 동기를 말살하게 될 위험이 있어 부당하다.

둘째, 정보의 방대한 양 때문에 불법정보만을 일일이 가려내는 것이 곤란하므로 인터넷서비스제공자를 면책시키자는 반론이 있지만, 이러한 곤란성은 비단 인터넷서비스제공자뿐만 아니라 사진인화업자 · 도서판매업자 · 음반판매점 · 신문자판업자 · 컴퓨터프로그램판매업자 등에게도 공통적임에도 그들은 모두 엄격책임(strict liability)[11]을 부담하고 있어 위 반론은 부당하다.[12]

---

9) 정확한 명칭은 『Intellectual Property and The National Information Infrastructure: The Report of The Working Group on Intellectual Property Rights』 〈www.uspto.gov/web/offices/com/doc/ipnii〉[2004. 9. 14.].

10) 위 White Paper pp. 114-24의 'Ⅰ. A. COPYRIGHT 8. Copyright Infringement d. On-Line Service Provider Liability' 부분.

11) White Paper 자체에서는 명시적으로 인터넷서비스제공자에게 엄격책임이 적당하다는 선언을 하고 있지는 않다. 그러나 이렇게 비유과정에서 인터넷서비스제공자와 비슷한 처지의 다른 정보전달자들도 엄격책임(strict liability)을 부담하고 있다는 설시를 함으로써, 이를 근거로 White Paper는 인터넷서비스제공자에게 엄격책임을 부과하자는 입장이라는 해석이 지배적 해석이다(가령, Joseph V. Myers III, op. cit. p. 475). 반대로 White Paper가 대위책임을 채택하였다는 해석(John Carmichael, "In Support of The White Paper: Why Online Service Providers Should Not Receive Immunity From Traditional Notions of Vicarious and Contributory Liability for Copyright Infringement," Loyola of Los Angeles Entertainment Law Journal, 1996, pp. 771-77)도 있으나 이런 해석은 위에서 지칭하는 'strict liability'를 협의의 엄격책임이 아니라 전달자가 침해를 인식하지 않았어도 부담할 수 있는 책임, 즉 대위책임까지 포함한 개념으로 넓게 풀이하고 있는 듯하다.

12) 이 부분에서 White Paper는 "저작권법 상 엄격책임의 원칙은 자신이 창작한 것이라고 주장하며 책을 들이미는 자의 말을 믿을 수밖에 없는 전달자에게는 특히 심각한 문제를 낳는다"는 Goldstein 교수의 일부 언급[P. GOLDSTEIN, COPYRIGHT, §1.15, at 45 (1989), 白書에서 재인용]을 전달자인 인터넷서비스제공자에게 직접책임 부과가 부당하다는 논거가 아니라, 오히려 그러한 전달자로는 인

셋째 비록 인터넷서비스제공자의 책임이 감면될 수 있는 상황이 모호한 면이 없지 않지만 인터넷서비스제공자와 저작권자 · 정부관계자가 모여 그러한 모호성을 극복하고 법적 명확성과 안정성을 위한 조치를 강구할 필요가 반드시 있다.[13)]

이러한 정보인프라 실무단 白書(White Paper)의 입장을 분석해 보면, 가령 램(Ram) 메모리 상의 일시적 저장도 복제권 침해가 될 수 있다는 판단을 내리는 등,[14)] 사이버공간에서도 지적재산권을 최대한 강화하는 것이 미국의 국익에 부합하다는 현실적 판단이 작용한 것이었다. 이에 따라 인터넷서비스제공자의 책임을 면제하는 것에 명시적으로 반대하고 현실공간에서의 기존 법리를 응용하여 엄격하게 책임을 추궁하는 방향으로 나아가자는 白書의 제안이 미국에서 찬[15)] 반[16)] 논쟁을 불러일으켰음은 당연하였다.

2. 연방의회에 제출된 수많은 책임제한 법안들[17)]

인터넷서비스제공자 책임제한과 관련하여 법적 명확성, 안정성을 위한 (입법)조치가 필요하다는 취지의 IITF 제안 직후, '1995년 NII 저작권보호법안'[18)]

터넷서비스제공자만 있는 것이 아니므로 이는 여러 유형의 전달자의 책임론에서 불가피한 지극히 일반적인 문제에 불과하다는 정반대의 논거로 원용하고 있다.

13) 위 White Paper p. 122–23. 물론 인터넷서비스제공자 책임을 다룬 사전입법의 필요성에 반대하는 입장도 존재하였다. 가령 미국 지적재산권협회(AIPLA) 의장인 Michael K. Kirk가 디지털 밀레니엄 저작권법에 대한 의회청문회에서 증언한 내용을 빌리자면, 첫째 법원이 인터넷서비스제공자에게 부당한 위축을 줄 정도로 저작권법을 해석한 적이 아직 없고, 둘째 디지털 밀레니엄 저작권법 입법은 법원이 인터넷서비스제공자 책임론을 형성하기 위한 충분한 시간이 필요한 시점에 논의되고 있어 법원을 제약할 것이라는 논리이다(이 부분은 Daniel R. Cahoy, "New Legislation Regarding On-Line Service Provider Liability for Copyright Infringement: a Solution in Search of a Problem?," Idea: The Journal of Law and Technology, Franklin Pierce Law Center, 1998, pp. 353–54).

14) 이러한 입장에 따르자면 결국 인터넷이용자가 개별컴퓨터에서 콘텐츠를 읽는 경우에까지 저작권이 미치게 됨으로써 저작권자에게 소위 남에게 읽게 하는 권리의 독점까지 인정하게 된다는 강한 비판으로는 David Nimmer, "Brains and Other Paraphernalia of the Digital Age," 10 Harv. J. Law and Tec 1 (1996) 〈cyber.law.harvard.edu/metaschool/fisher/ISP/ISP5.html〉[2006. 3. 9.].

15) Joseph V. Myers III, op. cit. p. 475 및 John Carmichael, op. cit., pp. 771–77.

16) Ian C. Ballon, "Pinning The Blame in Cyberspace: Towards a Coherent Theory for Imposing Vicarious Copyright, Trademark and Tort Liability for Conduct Occurring Over The Internet," Hastings Communications and Entertainment Law Journal, Summer 1996, pp. pp. 764–65 등.

17) 이 책은 부분에 따라 비교적 많은 인터넷 자료문헌 검색으로 이루어져 있다. 특히 이 부분과 같이, 한두 개의 인터넷 문서가 아니라 10개 이상의 잡다한 웹 문서 내용을 비교 · 정리한 경우에는 각주에서 출처를 인용하고 있는 특정 문서들을 제외하고는, 일일이 인터넷 주소를 밝히지 아니하므로 양해 바란다.

이 의회에 제출되었는데 인터넷서비스제공자의 책임제한 문제도 논쟁의 핵심이었다.[19)]

위 법안은 결국 통과되지 못하였지만, IITF의 제안에서 시사한 것과 동일하게 실제로 인터넷서비스제공자와 저작권관계자가 모여 이 무렵 협상을 벌였다. 그 결과 기존의 저작권법규정인 법 17편 중 제511조[20)]에 덧붙여 제512조(이하, 17 U.S.C. 512 또는 간략히 § 512라고만 한다)를 신설하자는 제안이 유력하게 등장하였다.[21)]

이후 연방의회의 상·하원에는, 인터넷서비스제공자의 책임이 제한되는 상황과 요건을 구체적으로 규정한 입법들이 잇따라 제출되었다. 1997년경 하원에서는 H.R. 2180[22)] 및 H.R. 2281[23)]의 두 법안이 거의 동시에 제출되어 비슷한 시기에 함께 검토되었고,[24)] 한편 상원에서는 S. 1121[25)] 및 S. 1146[26)] 및 이를 대체한 S. 2037[27)]이 순차로 검토되었다.

---

18) National Information Infrastructure Copyright Protection Act of 1995 (H.R. 2441 and S. 1284). 전문은 〈www2.cddc.vt.edu/www.eff.org/pub/Intellectual_property/NII_copyright_bill〉[2005. 4. 29.].

19) 위 법안 중 배포권의 내용수정이 인터넷서비스제공자의 책임을 무한확장하게 될 우려를 낳고 있다는 점에 관하여는, 하원 법사위 산하의 '법원·지재권 소위원회'에서의 증언〈www.copyright.gov/docs/niitest.html〉[2005. 4. 20.]을 참조할 것.

20) 미국의 성문법전인 U.S.C. 중 제17편(TITLE 17)은 한국의 「저작권법」에 대응하는 것이다. 제17편 중 제5장(Chapter 5)은 「저작권침해 및 구제」를 다룬 장으로 제501조부터 시작된다. U.S.C.의 구조 및 특정조문 검색은 〈uscode.house.gov/search/criteria.shtml〉[2006. 2. 27.]에서 쉽게 할 수 있다.

21) "House Panel Set to Consider Omnibus Copyright Measure," 52 Patent, Trademark & Copyright Journal (BNA) No. 1279 at 120-21 (May 23, 1996). 다만 이 글은 Steven J. Davidson, Jerry S. Podkopacz and Laurie J. Dechery, "사이버스페이스 법: ISP 책임," 대검찰청 홈페이지 자료실 게시문헌 〈dci.sppo.go.kr/board/read.php?no=7&t_name=tbl_board&j=3&code=1〉[2005. 4. 20.]에서 재인용.

22) On-Line Copyright Liability Limitation Act. 이는 1997. 7. 17. 제출되었다. 심리 도중 수정안으로 제출된 별도의 H.R. 3209의 내용을 1998. 4. 1. 흡수하는 과정을 거쳤다. H.R. 2180의 최초 내용과 H.R. 3209를 흡수하는 과정에 대하여 자세히는 Christian C.M. Beams, "The Copyright Dilemma Involving Online Service Providers: Problem Solved . . . for Now," Federal Communications Law Journal, May 1999, pp. 831-46.

23) Wipo Copyright Treaties Implementation Act. 이는 위와 비슷한 시점인 1997. 7. 29. 제출되었다.

24) 그 검토과정에 위 하원 법사위 산하의 '법원·지재권 소위원회'에서 이루어진 관련증언은 〈www.aipla.org/Content/ContentGroups/Legislative_Action/105th_Congress1/Testimony3/Testimony_on_On-Line_Copyright_Liability_(H_R_2180)_and_WIPO_Copyright_Treaties_Implementation_(H_R_.htm〉[2005. 4. 20.].

25) WIPO Treaties Implementation Act.

26) Digital Copyright Clarification and Technology Act of 1997, 이는 S.1121에 대한 반동으로 등장한 법안으로 1997. 9. 3. 제출되었다.

27) Digital Millennium Copyright Act of 1998, 나중에 최종적으로 입안된 DMCA와 명칭이 같은 법안으로 상원의원 Hatch에 의하여 1998년 5월경 제출되었다.

이러한 많은 법안들 중 가장 유력한 법안은 하원의 H.R. 2281 법안과 상원의 S. 2037 법안으로서 이것들은 인터넷서비스제공자의 책임제한에 관하여 실질적으로 거의 동일한 규정을 담은 것이었다. 1998. 9. 17. 상원에서는 최종적으로 S. 2037 법안을 버리고 H.R. 2281 법안의 골격을 채택하는 대신 구체적인 표현은 S. 2037의 그것을 따른 새로운 입법인 디지털밀레니엄저작권법(Digital Millennium Copyright Act, 이하에서는 편의상 DMCA라고만 한다)[28]을 드디어 입법가결하게 되었다.

3. DMCA가 미친 영향

이처럼 복잡한 입법과정을 거쳐 1998. 10. 12. 성립된 디지털 밀레니엄 저작권법은 '온라인 저작권침해 책임제한법(Online Copyright Infringement Liability Limitation Act, OCILLA)' [29] 라는 제목 하에 기존의 저작권법 규정인 법 17편 중 511조에 덧붙여 512조를 신설하도록 정하면서 서비스제공자[30]의 책임을 제한하는 상세한 규정을 두고 있다.

이러한 DMCA의 내용은 2003년 5월 27일에 개정된 한국의 저작권법 제5장의2(온라인서비스제공자의 책임제한) 규정 등 다른 외국의 관련입법에 있어 큰 영향을 미쳤다. 가령, 다른 법 분야에서는 독자적인 위치를 확실히 점하고 있는 독일을 위시한 유럽 각국(EU)까지도 후술하는 바와 같이 인터넷서비스제공자 책임제한에 관한 자신들의 최초 입법을 DMCA의 규정을 일정부분 수용하는 방향으로 수정한 바 있다.

4. DMCA가 부여하는 면책의 성격

DMCA에 의하여 창설된 면책은 서비스제공자가 다른 법률을 통하여 이미

---

28) 위 수정안 중 sec. 201은 'Online Copyright Infringement Liability Limitation Act' 이라는 이 부분 개정내용의 제목을 정하고 있고, sec. 202는 'Limitations on Liability for Copyright Infringement' 이라는 제목 하에 위와 같이 기왕의 저작권법에 붙여 신설되는 17 U.S.C. § 512의 내용이 무엇인지를 정하고 있다. 위 DMCA의 조항을 인용함에 있어 논자에 따라서는 'sec. 202' 로 인용하고 혹자는 'sec. 512' 로 인용하고 있으나, 정확한 인용은 후자라고 보이므로 이 책에서는 이에 따른다.

29) DMCA TITLE Ⅱ sec 201.

30) 17 U.S.C. 512 (k)에서는 'Internet Service Provider' 나 'Online Service Provider' 라는 용어대신, 단순히 'Service Provider' 라고 지칭하면서 다시 이를 § 512(a)의 경우와 그 이외의 경우 등 두 가지로 분류하고 있으므로 미국 DCMA의 법령을 언급하는 부분의 필요에 따라 '인터넷서비스제공자' 라는 용어대신 '서비스제공자' 로도 번역한다.

가지고 있던 일체의 항변권에 추가적으로 부여되는 것이다.[31] 이처럼 DMCA에 의하여 인터넷서비스제공자가 저작권침해소송에서 전통적으로 피고 측이 원용해 온 공정이용(fair use)의 법리 이외에 별도의 방어수단을 갖게 되었다는 점은 새로운 사실이다. 다만 DMCA와 관련하여 주의하여야 할 것은 DMCA는 언제 그리고 어떠한 조건 하에서 인터넷서비스제공자가 책임을 부담하는가, 바꾸어 말하면 책임요건에 대해서는 규정하고 있지 않고 다만 인터넷서비스제공자가 책임을 면하기 위한 요건, 즉 면책요건만을 정하고 있다는 점이다. 즉 DMCA가 정한 면책요건을 이행하지 않았다는 점은 DMCA의 면책조항(safe harbor)[32]에 따른 면책을 불가능하게 하는 데 그칠 뿐, 그러한 불이행이 곧바로 서비스제공자의 책임이 있다는 판단으로 이어지지는 않는다. 따라서 책임요건에 관한 한은 기존의 저작권법 원리가 여전히 적용되어야 하며, 저작권자는 인터넷서비스제공자가 직접책임이론, 기여책임이론 또는 대위책임이론 중 어느 하나에 따라서 자신의 배타적 권리를 침해하였음을 입증하여야 한다.

Ⅱ. Service Provider의 개념

DMCA에서는 '서비스제공자(service provider)'를 두 가지 경우로 나누어 정의하면서, 협의[33]로는 § 512(a)에서 지칭하는 서비스제공자란, 이용자가 선택한 자료를 송신, 수신시 그 자료에 수정을 가함이 없이, 이용자가 특정한 두 지점이나 여러 지점 사이의 전송, 라우팅[34]을 제공하거나 혹은 디지털 온라인 통신을 위한 접속을 제공하는 자'라고 정의[35]하고, 광의[36]로는 § 512(a) 이외의

31) 17 U.S.C. § 512(l)는, 이러한 규정에 의거한 면책항변이 실패하더라도 다른 항변에 영향이 없음을 명문으로 정하고 있다.

32) DMCA 명문의 표현은 아니지만, 미국에서는 통상 DMCA가 정한 면책요건을 이렇게 칭한다.

33) 17 U.S.C. § 512(k) Definition (A).

34) Routing, 컴퓨터 간 네트워크를 통하여 자료를 전송함에 있어서는 자료의 각 부분을 일정 크기로 나눈 다음 각각 수신자의 위치정보 등을 가미한 덩어리, 즉 패킷(packet)을 순차 전달하는 방식을 취하는데 라우팅이란 이러한 패킷의 위치정보를 읽고 분류하여 두 컴퓨터 사이의 최적의 경로를 설정하는 과정을 가리킨다.

35) 국내 논자(윤웅기, "소리바다가 온라인 서비스 제공자인가?," 사법부 내부통신망(CourtNet) 지적재산권연구회 게시문(미공간), 2003. 5. 23.) 중에는 DMCA에서의 'ISP' 정의와 한국 저작권법상의 '온라인서비스제공자' 정의 간에 차이가 존재하며, "DMCA에서 ISP이기 위해서는 네트워크망에 대한 'control'이 전제되고 있는데, 한국 저작권법 제2조 온라인서비스제공자의 정의 중 '정보통신망을 통하여'를 네트워크망에 대한 control의 의미로 볼 것인 것인지 아니면 access의 의미로 볼 것인지 그

§ 512의 다른 곳에서 지칭하는 서비스제공자란, '온라인 서비스 또는 네트워크 접속의 제공자 또는 그것을 위한 시설의 제공자'[37]를 말하며, 위 § 512(a)에서 지칭하는 서비스제공자를 포함한다고 정하고 있다.

미국 판례는 DMCA에 정한 서비스제공자 개념을 폭넓게 확장하는 경향을 보이고 있다. 즉, 정형적인 인터넷 접속서비스 업체인 Verizon[38]이나 AOL[39] 은 물론 이용자들로 하여금 피고의 게시판에 상업부동산광고를 게시, 열람할 수 있게 하는 업체,[40] 정보를 직접 저장하지는 않더라도 전송을 매개하는 냅스터(Napster)[41]나 에임스터(Aimster)[42] 같은 P2P 관련 업체, 인터넷에서 온라인경매 서비스를 수행하는 업체,[43] 나아가, 인터넷에서 다른 서비스업체들을 이용할 이용자들의 나이를 인증해 주는 보조서비스를 하는 업체[44]에 DMCA 적용을 긍정하고 있다. 그 외에도 인터넷서비스제공자의 피용자들에 대하여도 이들에게 면책조항을 적용되지 않으면 저작권자 측이 우회적으로 면책규정을 무력화시킬

해석상 논란이 있을 수 있다' 는 취지의 설명이 있다. 그러나 위 본문에서 보듯이 17 U.S.C. § 512(a)는 17 U.S.C. § 512(b) 내지 (d)와 달리 단순한 access provider를 의미하므로 DMCA가 ISP의 네트워크망에 대한 control을 반드시 전제하고 있다는 설명은 오해의 소지가 있다.

36) 17 U.S.C. § 512(k) Definition (B).

37) 이렇게 '시설의 제공자' 까지 포함한 것에 대한 비판적 입장으로는 권영준, 같은 학위논문, 2000. 2, 11면.

38) 아래의 제6장 제3절 Ⅱ. 2. 'Verizon 사건' 참조.

39) 아래 Ⅶ. 2. '절차적인 문제와 관련된 사례들' 에 등장하는 Ellison v. Robertson 사건 참조.

40) 아래 Ⅳ. 3. '시스템이나 네트워크 상에 이용자의 명령으로 저장된 정보의 경우' 각주에 등장하는 Costar Group Inc. v. Loopnet 사건 참조.

41) 아래 Napster 사건의 항소심 판결 참조.

42) 아래 Aimster 사건의 원심과 항소심 판결 각 참조.

43) Ⅶ. 2. '절차적인 문제와 관련된 사례들' 에서 설명하는 Hendrickson v. eBay, Inc. 사건 참조.

44) Perfect 10, Inc. v. Cybernet Ventures, Inc., 213 F.Supp. 2d 1146, 1175 n.19 (C.D. Cal. 2002). 이 사건 피고는 성인사이트들과 제휴하여 그들 사이트들에 접속하고자 하는 이용자들의 나이를 인증하는 시스템(Adult Check System)을 운영하여 이용자들로 하여금 서비스이용이 가능하게 하는 일종의 보조서비스를 제공하였다. 피고와 제휴한 제3자의 사이트에 원고의 저작물이 임의로 게시되자 원고가 피고에게까지 대위책임과 기여책임을 추궁하였다. 법원은, 피고가 자신이 정한 정책에 부합하지 않는 사이트에 대해서는 임의로 삭제하여 서비스를 거부할 수 있었다는 사실을 볼 때 피고가 이들의 침해행위를 통제할 권리와 능력이 있다고 보이고, 위와 같은 서비스를 제공하는 대가로 성인사이트들로부터 일정한 수수료를 징수하여 온 사실로 침해행위로부터 직접적 이익을 취득하였다고 하여 결국 피고의 대위책임을 긍정하고, 원고의 예비적 유지명령 신청을 인용하였다. 17 U.S.C. § 512 (c)나 (d)에 의하여 면책된다는 피고의 주장에 대하여는, 우선 피고가 DMCA에서 일반적 면책요건으로 정하여진 '반복적인 침해자들은 적절한 조건 하에서 제거해 나가는 정책(Termination Policy)' 을 채택하지 않았으므로 면책을 인정받을 수 없고, 뿐만 아니라 구체적인 면책요건으로 나아가 살펴보아도 피고는 17 U.S.C. § 512 (k)에 정한 광의의 서비스제공자에는 속하지만 피고가 해당한다고 주장하는 § 512 (c)나 (d)에는 해당하지 않는다고 판단하여 배척하였다.

수 있다는 근거를 들어 피용자들에 대한 면책까지 긍정한 사례[45]가 있다.

Ⅲ. 일반적 면책요건

서비스제공자가 17 U.S.C. § 512에 의하여 면책을 받기 위해서는 서비스제공 형태에 따라 17 U.S.C. § 512의 (a), (b), (c), (d)에서 각각 개별적으로 성한 면책요건 이외에도 모든 서비스제공자가 일단 다음의 2가지 적격요건(conditions for eligibility)[46]을 일단 충족시켜야 한다.

즉, 먼저 서비스제공자의 시스템이나 네트워크의 가입자들이나 계정보유자들 중 반복적인 침해자들은 적절한 조건 하에서 제거해 나가는 정책(일명 침해제거정책, Termination Policy)을 채택하고 합리적으로 적용(reasonable implementation)하며, 서비스제공자의 시스템이나 네트워크의 가입자들이나 계정보유자들에게 위 정책을 알려야 한다.[47] 따라서 침해제거정책을 채택하고 적용하기 위해서는 그러한 정책을 담은 일정한 계약관계가 존재하여야 할 것이므로 결국 반드시 '이용자'가 있어야 한다.[48] 나아가 침해제거정책의 적용 수준에 관하여, 반드시 일단 제거된 이용자가 새로운 계정을 개설하거나 동일인의 다른 계정으로 접속하는 것을 확실히 차단할 극도의 기술적 조치까지 요구하는 것은 아닐 것이라는 해석이 있다.[49]

다음으로, 표준적인 기술적 조치(standard technical measures)를 수용하고 이를 방해해서는 안 된다.[50] 여기서 표준적인 기술적 조치란 저작권자들이 저작물을 식별하고 보호하기 위하여 사용하는 것으로, (A) 공개되고 공정하며 자발적이고 범산업적인 표준공정에 관한 저작권자와 서비스제공자의 폭넓은 공감

45) 위 Hendrickson v. eBay, Inc. 사건 참조.

46) 17 U.S.C. § 512(i), 동 조항은 하위조항인 § 512(i)(1)(A)에서 '기술의 수용(Accommodation of Technology)'이라는 제목 하에 이른바 '제거정책의 채택과 적용, 고지'와 '표준적인 기술적 조치의 수용과 방해금지'를 함께 규정하고 있다.

47) 17 U.S.C. § 512(i)(1)(A).

48) Bruce P. Keller & Jeffrey P. Cunard, "Copyright in The Digital Age," 754 PLI/Pat 293, July 2003, p. 353.

49) H.R. REP. 105-551(II), p. 61 (July 22, 1998)에서는 서비스제공자에게 사전 모니터링을 할 의무, 침해물인지 아닌지 어려운 결정을 내릴 의무 등이 요구되지는 않는다고 명시하고 있다. 위 본문의 설명은 그러한 취지를 살리고자 하는 해석이다. 이상은 Bruce P. Keller & Jeffrey P. Cunard, op. cit., p. 354.

50) 17 U.S.C. § 512(i)(1)(B).

에 따라 개발되어 왔고, (B) 합리적이고 차별적이지 않은 조건으로 누구나 이용할 수 있고, (C) 서비스제공자들에게 추가비용을 부담시키거나 그들의 시스템이나 네트워크 상의 추가부담을 주지 않는, 기술적 조치를 말한다.[51]

Ⅳ. 개별적 면책요건

1. 일시적인 디지털-네트워크 통신의 경우[52]

일시적인 디지털 네트워크 통신(Transitory Digital Network Communications)의 서비스제공자가 면책을 부여받기 위하여, 앞서 본 일반적 면책요건 외에 추가로 갖추어야 할 개별적인 면책요건은 아래와 같으며, 이를 동시에 모두 충족시켜야 한다.

(i) 정보의 전송이 서비스제공자가 아닌 다른 자에 의해 시작되었을 것.

(ii) 정보의 전송, 라우팅, 연결이나 저장이 서비스제공자가 정보를 선택하지 않아도 자동적인 기술처리과정에 의해서 이루어질 것.

(iii) 다른 이용자의 요구에 따른 자동적인 반응에 의한 경우는 제외하고 서비스제공자가 그 정보의 수신자를 특정하지 않았을 것.

(iv) 그러한 중개를 위한 일시적인 저장과정에서 서비스제공자에 의해 작성된 복제물이 시스템이나 네트워크 상에서 특정된 수신자 이외의 다른 자에게 일반적으로 접근가능한 방식에 있지 아니하고, 또 그 복제물이 시스템이나 네트워크 상 전송, 라우팅, 접속을 위하여 상당하게 필요한 기간을 넘어 위 수신자가 일반적으로 접근 가능한 방식에 있지 아니할 것.

(v) 그 정보는 내용의 수정 없이 시스템이나 네트워크 상 전송될 것.

2. 시스템 캐싱의 경우[53]

DMCA에서 규정한 시스템 캐싱(System Caching)은 여러 가지의 캐싱[54] 중 인터넷서비스제공자의 서버에서 이루어지는 캐싱(proxy caching)을 가리킨다.

51) 17 U.S.C. § 512(i)(2).

52) 17 U.S.C. § 512(a).

53) 17 U.S.C. § 512(b).

54) 일반적으로 캐싱이란, 일시적 저장이라는 점에서는 RAM에 저장되는 경우와 본질이 같으나 전원차

이러한 캐싱(proxy caching)은 이용자들이 자주 접속하는 특정사이트의 내용을 앞선 이용자의 이용시 인터넷서비스제공자의 시스템 또는 네트워크에 잠정적으로 저장한 다음, 나중에 다른 이용자들이 접속할 때 바로 그 저장내용을 특정사이트의 내용에 갈음하여 제공함으로써 네트워크 상의 트래픽(traffic, 전송정체)을 줄이는 방법이다.[55] 그렇지만, 저작권법상 복제권의 침해 여부 이외에도 원래의 웹사이트를 볼 수 없게 하는 점에서 원래 사이트의 운영자가 유치한 광고의 효과를 제한하는 문제, 원래의 웹사이트에 가한 일정한 제한, 가령 유료 Log-in의 요구 등을 회피할 수 있는 점 등에서 문제가 있고,[56] 이러한 문제에 대하여 DMCA는 아래와 같이 정하고 있다.

이러한 서비스 제공자가 면책되려면, (i) 정보가 서비스제공자가 아닌 다른 자에 의해서 온라인에서 이용가능하게 되었고, (ii) 정보가 그러한 이용제공자로부터 서비스이용자의 시스템이나 네트워크를 통하여 다른 자의 요구에 따라 그 자에게 전송되었으며, (iii) 나중에 그 정보를 요구하는 이용자들에게 이용제공할 목적으로, 자동적인 기술과정을 통하여 저장이 행하여진 경우라야 한다.[57]

단시 사라져 임시성을 갖는 RAM에의 저장과 달리 종국적으로는 일정 시간 후 자동 삭제된다고 하더라도 상당기간 하드디스크에 저장된다는 점에서 RAM에의 저장과 상이하다.

캐싱(caching)이라고 지칭되는 것 중에는, (i) 시스템 자체의 구동에 있어 CPU가 그때그때 필요한 명령어와 데이터를 매번 주기억장치 또는 디스크로부터 읽어오게 되면 처리속도 차이로 전반적인 속도 저하를 피할 수 없으므로, 이런 것들을 캐시 기억 장치(cache memory) 또는 디스크 캐시(disk cache)에 일시적으로 저장하여, 중앙 처리 장치(CPU)가 읽도록 함으로써 앞선 경우보다 몇 배 빠른 속도 또는 CPU의 속도에 가깝게 단축시켜 컴퓨터의 성능을 향상시키는 방법을 말하기도 하고, (ii) DMCA가 지칭하는 프락시 캐싱(proxy caching), 그리고 (iii) 로컬캐싱(local caching, client caching) 등이 있다. 그 중 로컬캐싱(local caching, client caching)은 이용자가 인터넷을 이용할 때 웹브라우저에 설정하는 캐싱기능으로, 가령 인터넷익스플로러는 사용자가 임시인터넷파일 공간의 크기를 설정하게 하여 그 범위 안에서는 한번 방문한 웹페이지의 내용을 사용자의 하드에 저장시키고 다음에 방문할 때는 웹페이지에 재차 접속하는 대신 자신의 컴퓨터에 이미 저장된 정보를 불러내어 빨리 열람할 수 있도록 하게 한다(이상, 캐싱에 관한 설명은 여러 개의 인터넷 문서를 정리, 조합한 것이므로 편의상 그 출처인용을 생략함, 이하에서도 인터넷 상식에 관한 설명에 관하여는 동일함).

55) 가장 흔한 예로 검색엔진 Google을 보자. 여기서 검색을 실행하면 검색결과의 옵션 중에는 실제 찾고자 하는 인터넷페이지 외에도 대개는 그와 동일한 내용을 담은 '저장된 페이지'가 존재한다. 이 부분은 Google사가 원본페이지에 이상이 있을 경우를 대비하여 수집한 웹 문서를 독자적으로 Google의 서버에 저장한 것으로, DMCA상 시스템캐싱의 한 예라 할 수 있다. Google사는 ''저장된 페이지를 클릭하게 되면 구글이 모아 둔 페이지를 통해서 볼 수 있습니다. ....'저장된 페이지' 링크에서는 완전히 색인하지 않은 사이트나 내용을 제거해달라고 관리자가 요청한 사이트는 보여줄 수 없습니다"라고 공지하고 있다.

56) 로컬 캐싱이 주로 묵시적 동의, 공정이용으로 해결될 수 있는 것과 대비된다(이대희, 인터넷과 지적재산권법, 박영사, 2002, 438면).

57) 17 U.S.C. § 512(b)(1)(A)~(C).

나아가, (i) 시스템이나 네트워크 상 저장된 정보의 내용에 수정을 가하지 않고 그대로 전달하며, (ii) 정보의 출처인 자가 일반적으로 받아들여진 산업표준 데이터 프로토콜에 맞추어 요구한 규칙에 따라 위 정보를 업데이트, 갱신하여야 하며, (iii) 정보의 출처인 자에게 이용자들의 히트(hit) 회수와 같은 정보를 반송해 주는 기술이 시스템이나 네트워크의 수행 및 캐싱에 현저히 장애가 되지 않고 산업표준 프로토콜에 부합하는 한 이를 방해하지 않고, (iv) 정보의 출처인 자에 의하여 정해진 이용료지급 등 접속 조건에 맞추어 그 정보에 대한 이용자들의 접근을 제한하고, (v) 저작권자의 승낙 없이 게시된 저작물은 어떤 것이라도 일단 그 저작물의 저장 출처인 자의 사이트에서 그것이 제거 또는 접속차단 되었거나, 제거 또는 접속차단이 요청되고 있음을 고지받은 때 즉시 제거하거나 접속을 차단할 것을 요구한다.[58]

특히, 위 § 512(a)의 경우와 달리 (b) 내지 (d)에 해당하는 서비스제공자는 저작권청에 저작권 침해행위의 통지를 수령할 대리인을 임명·신고해야 하고, 저작권자로부터 침해주장의 통지가 있으면 그 통지에 따라 일정한 조치를 하여야 할 구속을 받는다.

참고로, 미국과 이웃한 캐나다에서는 DMCA와 달리 인터넷서비스제공자의 서버에서 이루어지는 캐싱으로 인한 책임문제에 대하여 자세한 규정은 두고 있지 않다.[59] 하지만, 비교적 최근인 2004. 6. 30. 이른바 '부과금기준 22(Tariff 22)' 에 대한 캐나다 저작권위원회의 일부승인 처분의 당부를 둘러싼 쟁송이 벌어진 적이 있다. 여기서 캐나다 연방대법원은 단순히 기술적인 이유로 음악콘텐츠를 캐싱하는 역할에 그치는 인터넷서비스제공자는 캐나다저작권법의 해석상 저작권자의 공중전달권을 침해하는 자가 아니므로 부과금의 부과대상이 되지 않는다고 최종판단하였다.[60] 따라서 캐싱 행위에 관한 책임제한의 특별입법

58) 이상은 17 U.S.C. § 512(b)(2)(A)~(E).

59) 2004. 초순을 기준으로 아직 캐나다에서는 미국의 DMCA나 뒤이은 P2P규제법안 같은 입법적 조치가 이루어진 것이 없다는 사실 등 캐나다의 상황에 대한 글로는 Mark K.J. Rushton & Virginia H.L. Jones, "The Tortoise and The Hare: Canadian Legislative Copyright Reforms Race against Copyright Infringement Over Kazaa and Other New Generation Peer-To-Peer Networks," AIPLA Quarterly Journal, Spring 2004를 참조할 것.

60) Society of Composers, Authors & Music Publishers of Canada v Canadian Assn. of Internet Providers, 2004 SCC 45 (S.C.C., Jun 30, 2004) 판결. 캐나다에서는 저작권위원회(Copyright Board of Canada)가 정한 부과금기준(Tariff)에 따라 사적복제부과금 등 저작권자보상을 위한 부과금의 부과대상이 결정된다. 일찍이 1995년 캐나다 작곡가, 작가 및 음악출판인협회(SOCAN, Society of

은 없더라도 위 판례의 입장에 따라 캐나다 역시 미국에서와 마찬가지로 많은 경우 면책될 수 있다고 보인다.

3. 시스템이나 네트워크 상에 이용자의 명령으로 저장된 정보의 경우

시스템이나 네트워크 상에 이용자의 명령으로 저장된 정보에 대하여 면책받으려면 시비스제공자가 다음의 요건을 구비하여야 한다.

첫째, (i) 시스템이나 네트워크 상의 당해 자료나 그것을 이용하는 행위의 존재를 실제 인식(**actual knowledge**)하지 못하였고, (ii) 그러한 실제 인식이 없는 때라면, 침해행위가 명백한 사실이나 상황을 인식하지 못하였거나 (iii) 혹은 그러한 실제 인식이나 추정적 인식(**constructive knowledge**)이 있는 때라면 신속하게 그 정보에 대한 접근을 차단하거나 그 자료를 제거하여야 한다. 둘째, 서비스제공자가 그러한 행위를 통제할 권리 및 능력이 있는 때에는 침해행위로 인하여 직접적으로 경제적 이익을 얻지 않았어야 한다.[61] 셋째, 저작권자로부

Composers, Authors and Music Publishers of Canada)는 인터넷 네트워크를 통한 음악복제 서비스를 제공하는 인터넷서비스제공자도 캐나다 저작권법 s. 3(1)(f)에 정한 저작권자의 공중전달권을 침해하는 자로서 이러한 부과금을 부과해야 한다며 새로운 '부과금기준 22(Tariff 22)'를 승인해 줄 것을 저작권위원회에 신청하였다. 그러나 1999년 10월 위 위원회는 캐나다 아닌 외국에 위치한 인터넷서비스제공자의 서버에 저장된 불법복제음악에 대하여는 국제사법적으로 부과금이 적용될 수 없고, 아울러 캐나다에 위치한 서버의 경우라도 콘텐츠제공자가 아닌 단순히 인터넷접속제공이나 캐싱 역할에 그친 인터넷서비스제공자에 대하여는 1988년 개정 캐나다 저작권법 s. 2.4(1)(b)에서 '타인이 위와 같이 전달하는데 필수적인 원격전달수단'을 단지 제공한 자는 공중전달권을 침해한 자로 보지 않는다고 규정하였음을 들어 부과금 대상이 아니라고 결정하였다[SOCAN Statement of Royalties, Public Performance of Musical Works 1996, 1997, 1998 (Tariff 22, Internet), Re (Copyright Bd. Oct 27, 1999)]. 작곡가, 작가 및 음악출판인협회는 이러한 처분의 당부를 다투는 쟁송을 연방항소법원(FCA)에 제기하였는데, 2002년 연방항소법원은 국제사법적인 관할에 관하여 위 위원회가 본 대로 '호스트 서버 소재(host server location)'가 기준이 되는 것이 아니라 '진정하고 실질적인 관련성(real and substantial connection)'이 기준이 되어야 하며, 인터넷에서 캐싱을 하는 인터넷서비스제공자는 위 캐나다 저작권법에서 정한 전달에 해당하여 저작권 침해행위가 된다고 판단하였다[2002 FCA 166, (2002) 4 F.C. 3 (Fed. C.A.)]. 그러나 캐나다 연방대법원은 위 본문에서 설명한 대로 최종판단하여 이 부분 연방항소법원의 판단을 뒤집었다.

61) 첫째 요건과 둘째 요건은 후술하는 바와 같이, DMCA 입법 이전의 종전 판례법상 기여책임과 대위책임의 법리와 그 표현이 동일하다. 결국 DMCA의 입법자는 인터넷서비스제공자의 책임이 기여책임뿐만 아니라 대위책임으로 문제될 수도 있음을 염두에 둔 것이다. 이와 반대로 DMCA 입법 전까지 미국의 학설상으로는 기여책임과 달리 대위책임은 인터넷서비스제공자와 이용자들의 느슨한 관계상 적용되기 곤란하다는 유력한 주장이 존재하였었다. 대표적으로 David Nimmer, Brains and Other Paraphernalia of the Digital Age, 10 Harv. J. Law and Tec 1, 1996, p. 34 〈cyber.law.harvard.edu/metaschool/fisher/ISP/ISP5.html〉[2005. 4. 30.]의 "사이버공간에 대위책임을 적용하면, 그 내용을 전혀 모른 상태에서 단지 침해물을 전달한 인터넷서비스제공자의 발목을 잡게 될 것이다. 특히 이런 현상은 ....

터 침해를 주장하는 통지[이하에서는 '침해주장의 통지(notification of claimed infringement)' 라 한다]를 받은 경우에는 신속하게 그 정보에 대한 접근을 차단하거나 그 자료를 제거하여야 한다.[62]

첫째부터 셋째까지 요건을 동시에 충족하면[단, 첫째 중 (i), (ii), (iii)은 그 중 어느 하나만 충족하면 된다] 책임이 면제된다.[63] 다만, 침해주장의 통지가 17 U.S.C. § 512(c)(3)(A)[64]의 요건을 실질적으로 충족하지 못한 때, 이러한 부적법한 통지는 서비스제공자의 실제 인식이나 추정적 인식을 판단하는 데 고려해서는 안 된다.[65]

eBay 사건[66] 이외에, Costar Group Inc. v. Loopnet, Inc. 사건[67]이 17 U.S.C. § 512(c) 조항에 따른 면책이 다투어진 사례이다.

침해물을 재전달한 익명인까지만 탐지할 수 있는 상황에서는 더 문제가 된다. 이때 직접침해자는 알 수 없고 그 자에 대한 두터운 보상의 길 대신 소송을 제기할 수 있는 유일한 자력을 가진 자는 인터넷서비스제공자가 된다. 따라서 인터넷서비스제공자에 대한 끊임없는 소송이 일어나 결국 현실공간의 원칙을 맹목적으로 사이버공간에 적용하는 과정에서 네트워크는 질식된다"는 지적이 있고, 같은 입장으로는 Wendy M. Melone, "Contributory Liability for Access Providers: Solving The Conundrum Digitalization Has Placed on Copyright Laws," Federal Communications Law Journal, February 1997, pp. 494, 499-501 및 M. David Dobbins, op. cit., p. 230 등.

62) 이 부분을 특히 'Notice and Take Down' 규정이라고 부르며, Netcom 법원이 통지를 요구한데서 연혁을 찾을 수 있고, 나아가 아래 등장할 Verizon 사건의 쟁점과 관련되는 등 DMCA 전반을 통틀어 가장 중요한 부분 중 하나이다.

63) 17 U.S.C. § 512(c)(A)~(C).

64) 이 규정과 관련한 추가적인 논의는 제6장 제3절 Ⅱ. 2. (2) 1) Verizon 사건 참조.

65) 17 U.S.C. § 512 (c)(3)(B)(i).

66) 아래 Ⅶ. 2. '절차적인 문제와 관련된 사례들' 부분 참조.

67) 164 F.Supp.2d 688 (D. Md. Sept. 28, 2001). 이 사건의 피고는 부동산 중개업자들에게 임대용 부동산의 광고게시 서비스를 제공하였다. 피고의 서비스를 이용하는 부동산 중개업자들은 피고의 인터넷사이트 상에 원칙적으로 문자로만 게시할 수 있었고, 예외적으로 사진을 함께 게시하고자 할 때는 피고 측 담당자가 먼저 그 사진이 피고와의 계약 조건을 위반하지 않았는지를 확인한 다음 게시할 수 있었다. 원고는 상업부동산 서비스의 전국적 공급자였는데 자신이 저작권을 가진 300개 이상의 사진들이 피고의 서비스를 이용하던 부동산 중개업자에 의하여 피고의 인터넷사이트 상에 게시되었음을 발견하고 피고에 대하여도 저작권에 대한 직접책임 혹은 기여책임을 추궁하였다. 법원은 직접침해 주장에 대하여는 Netcom 판결에서와 마찬가지로, 직접침해책임을 지우기 위해서는 '침해의 결단 내지 침해의 야기 같은 요소' (some element of volition or causation)가 요구되는데 피고에게는 이러한 요소가 결여되었으므로 직접침해는 인정되지 않는다고 배척하였다. 기여책임 주장에 대하여는 DMCA 상 Service Provider의 개념은 광범위하다고 하여 "피고는 § 512 (c)의 ISP에 해당되지 않는다"는 원고의 주장을 배척하였다. 비록 피고 측 담당자가 사진의 게시 전에 확인하는 절차를 거쳤더라도 이는 사진이 상업적인지를 가늠할 목적에 불과하고, 게시할지 여부는 여전히 이용자의 결단(volition)에 달려있으므로 이러한 사진들은 § 512 (c)에서 지칭하는 '시스템이나 네트워크 상에 이용자의 명령으로 저장된 정보의 경우' 에 해당한다고 보았다. 다만 결론에 있어서는 피고의 침해행위에 대한 인식(knowledge) 부분에 '사실관계에 관한 다툼' (그 개념에 관하여는 앞서 Netcom 사건 부분

4. 검색엔진의 경우

17 U.S.C. § 512(d) 조항은 검색엔진(information location tool) 서비스의 경우를 규정한 것으로, 디렉터리, 색인, 인용, 지시점, 혹은 하이퍼텍스트 링크를 포함하여 일체의 정보검색 틀 및 그에 유사한 서비스 제공자[68]의 책임을 제한하고 있다. 이 경우 개별적인 면책요건은 앞서 '시스템이나 네트워크 상에 이용자의 명령으로 저장된 정보'의 경우와 동일하다.

관련 사례를 보면, Kelly v. Arriba Soft Corp. 사건[69]에서 보듯이 검색엔진 사업자의 검색엔진이 이용자에게 검색결과로 (섬네일)이미지를 제공하는 것이 직접 저작권을 침해하는 것인지, 아니면 공정이용인지가 그동안 주로 문제되었다.[70] 하지만 최근에는 검색엔진이 불법복제 이미지를 저장한 제3자의 웹페이지를 검색결과로 제공하는 경우에 검색엔진 서비스제공자의 2차적 책임이 문제된 사례[71]도 있다.

참조)이 존재한다고 하여 양쪽의 약식결정(summary judgment) 신청을 모두 배척하여 결과적으로는 원고가 주장하는 피고의 침해책임을 긍정하지 아니하였다. 이러한 판단은 2004. 6. 21.의 항소심 결정[373 F.3d 544, 2004 WL 1375732 (4th Cir.(Md.)]에서도 동일하게 유지되었다.

68) 아래 'Ⅶ. 2. 절차적인 문제와 관련된 사례들'에서 설명하는 Hendrickson v. eBay, Inc. 사건에서는 인터넷경매 서비스업체인 피고 eBay를 17 U.S.C. § 512 (c)에 따라 면책된다고 판단하고 있다. 이에 대하여 17 U.S.C. § 512 (d)가 더 적절하다는 반론은 Dineen Pashoukos Wasylik, op. cit., p. 710.

69) Kelly v. Arriba Soft 사건은 피고 검색엔진이 원고가 저작권을 가진 사진이미지를 검색결과 중에 섬네일(Thumbnail) 이미지 형태로 원용한 것이 분쟁의 발단이었다. 연방 제9항소법원은 Kelly v. Arriba Soft Corp. Ⅰ 사건[280 F.3d 934 (9th Cir. 2002)]에서 피고의 공정이용 주장을 그 4가지 요소별로 분석하면서, 우선 검색엔진의 이용 목적은 원고 사진에 대한 수요, 즉 예술적 美感을 대신하기 위한 것이 아니라 인터넷 검색엔진에서 정보에의 접근을 개선하기 위한 것이라고 보았다. 그리고 수요자들이 이러한 피고의 섬네일 이미지를 그 선명도의 손실을 감수하고 이미지 확장하여 전시나 미술적 용도로 사용하지 않을 것이기 때문에 서로 목적이 다르다고 보았다. 결국 법원은 피고의 이용이 연방대법원의 Campbell 사건[Campbell 사건에 관한 간단한 설명은 제5장 제1절 Ⅰ. 2. (2) 2) 부분 각주 참조]이 제시한 기준인 변형적인 이용(transformative use)에 해당하므로 공정이용이라고 판단하였다. 이에 대하여 원고는 침해를 인정한 MP3.com 사건을 원용하였지만 법원은 MP3.com 사건[그 자세한 사안은 제5장 제1절 Ⅰ. 3. (2)의 각주 부분 참조]의 경우 원음과 문제된 MP3 파일이 모두 음악감상의 여흥을 위한 것이기 때문에 그 목적이 겹치는 경우여서 이 사건의 사안과는 다르다고 판단하였다. 이후에 있었던 Kelly v. Arriba Soft Ⅱ 판결[336 F.3d 811 (2003)]에서도 마찬가지로 섬네일 이미지 제시행위는 여전히 공정이용으로 인정하였다. 다만, 검색엔진의 인라인 링크 행위가 침해라고 인정하였던 당초 Kelly v. Arriba Soft Corp. Ⅰ의 의견은 철회하고 더 심리를 명하였다.이와 반대로 최근에 있었던 Perfect 10 v. Google 사건[제6장 제3절 Ⅰ. 2. (3) 3) (마) 참조]에서는 검색엔진 구글이 섬네일 이미지를 제시하는 행위가 공정이용에 해당한다는 피고 주장을 배척하고 이를 원고의 전시권 침해로 보고 있다.

70) 한편, 한국의 유사한 사건으로 서울지방법원 2003고단4821호 사건(2004. 2. 4. 항소기각 후 2004. 5. 13. 대법원상고기각으로 확정)이 있다. 여기서는 해당 섬네일 이미지의 크기가 경우에 따라 원본이미지와 동일하거나 유사한 점, 소비자들이 해당 섬네일 이미지 때문에 굳이 유료사이트의 원본이미지를 이용할 필요를 느끼지 않는 점 등을 들어 공정이용의 항변을 배척하였다.

Ⅴ. 면책의 효과

위에서 본 일반적인 면책요건을 일단 구비한 서비스제공자가, 17 U.S.C. § 512의 (a), (b), (c), (d)에서 그 서비스제공자가 속한 서비스의 기술적 유형에 따라 달리 정한 각 개별적인 면책요건을 아울러 구비하는 경우 당해 서비스 제공자는, 서비스제공자가 통제하거나 운영하는 (a) 그 시스템이나 네트워크를 통하여(through), 서비스제공자가 정보의 전송, 라우팅, 혹은 접속제공하였음, 또는 (b) 그 시스템이나 네트워크 상에 자료를 중개 도중 일시적으로 저장하였음, (c) 그 시스템이나 네트워크 상에 이용자의 명령으로 저장된 자료가 저작권을 침해하였음, (d) 디렉터리, 색인, 인용, 지시점, 혹은 하이퍼텍스트 링크를 포함하여 일체의 정보검색 틀에 의하여 서비스제공자가 이용자에게 침해물이나 침해적 행위를 담고 있는 온라인 상 위치를 알려 주거나 링크해 주었음을, 각각의 이유로 한 저작권침해 쟁송에서 금전적 구제(monetary relief)[72] 혹은 § 512(j)에서 정한 것을 제외한 일정한 가처분 혹은 다른 형평법상 구제(for injunctive or other equitable relief)[73]로부터 면책된다.

Ⅵ. 면책과 관련된 기타 규정들

위에서 본 내용 이외에도 17 U.S.C. § 512 안에는 구성원 개인의 행위에 대한 비영리교육기관의 책임을 더욱 폭넓게 제한해 주는 것을 골격으로 한 조항,[74] 서비스제공자가 선의로 침해를 막기 위하여 침해물이라고 주장되는 자료로의 접

71) 위 Perfect 10 v. Google 사건[자세히는 아래 제6장 제3절 Ⅰ. 2. (3) 3) (마) 참조].

72) 17 U.S.C. § 512(k)(2)의 정의에 따르면, 이는 손해, 비용, 변호사 수임료, 그리고 일체의 형태의 금전적 지급을 말한다.

73) § 512(j)에서는 손해배상청구로부터 면책되는 서비스제공자라도 적용을 피할 수 없는 가처분의 범위를 규정하고 있다. 이것은 반대 해석상 서비스제공자는 위 조항에서 정한 가처분을 제외하고는 가처분 등 구제로부터도 면책된다는 의미이다.

74) 17 U.S.C. § 512(e). 이는 대학교수 또는 대학생의 행위나 인식이 비영리 교육기관인 대학이 DMCA에 따른 면책을 받는 데 부정적 영향을 미칠 가능성에 방지하기 위한 것이다. § 512(a)나 § 512(b)의 경우에는 대학교수 또는 대학원생을 서비스제공자 이외의 자로 간주하고, 그 이외의 경우에는 대학교수나 대학원생의 인식을 비영리교육기관의 인식으로 간주하지 아니한다는 내용이다. 다만, 이러한 예외를 적용받기 위해서는 ① 대학교수 또는 대학원생의 침해행위가, 그 이전 3년 이내에 그들에 의하여 위 교육기관에서 교수된 과목을 위하여 요구되거나 추천되었거나 또는 현재 그러한 교육자료에

속차단이나 제거를 하였을 때 나중에 그것이 침해물인지 실제로 판명되었는지에 관계없이 면책을 부여하는 조항,[75] 침해자 식별을 위한 정보제출명령에 대한 서비스제공자의 협력의무조항,[76] 서비스제공자에게 그 서비스를 모니터링할 의무, 혹은 앞서 표준적인 기술적 조치를 제외하고는 침해행위임을 드러내는 행위를 적극적으로 발견할 의무 등이 없음을 확인하는 조항,[77] 앞서 17 U.S.C. §512의 (a) 내지 (d)까지의 각 조항은 독립적으로 적용되므로 서비스제공자가 그 중 한 조항에 해당되지 않는다는 사실이 다른 조항에 대한 해당 여부와는 무관함을 확인하는 조항[78]이 있다.

Ⅶ. DMCA의 해석과 적용사례

1. 일반적 면책요건 중 침해제거정책의 적절한 수용의무와 관련된 해석

바로 위에서 간단히 본대로 17 U.S.C. §512(m)에서는 사전에 적극적으로 침해행위를 발견할 의무가 없다고 규정하고 있다. 그러나 사전에 적극적으로 침해행위를 발견하지 아니한 인터넷서비스제공자가 17 U.S.C. §512에 따른 면책을 부여받기 위해서는 §512(i)에서 정한 일반적 면책요건을 충족시켜야 하는데 여기에 함정이 있다. 즉 일반적 면책요건을 충족시키기 위하여 인터넷서비스제공자는 침해제거정책(Termination Policy)을 채택하고 합리적으로적용(reasonable implementation)하였어야 하는데, 법원이 만일 '합리적으로 적용'하였는지 여부를 판단함에 있어 이를 지나치게 엄격하게 해석하게 되면 사실상 인터넷서비스제공자로 하여금 침해행위에 대하여 수시로 감시할 것을 요구하는 것과 같은 결과를 낳을 수 있게 되는 것이다. 이것은 사실상 §512(m)의 규정 취지를 공동화시킬 위험이 있는데 실제로 미국법원의 판례 중에는 그런 태도를 보인 사례도 이미 존재한다.[79]

의 온라인 접근의 제공과 관련이 없을 것, ② 위 교육기관이 이전 3년 이내에 그러한 교수나 대학원생에 의한 침해주장의 통지를 두 번 이상 받지 아니했을 것, ③ 위 교육기관이 그 시스템 또는 네트워크의 모든 이용자들에게 저작권 관련 법규를 정확히 공지하고 이에 따를 것을 권장하는 정보자료를 제공할 것과 같은 요건을 충족하였어야 한다.

75) 17 U.S.C. §512(g).

76) 17 U.S.C. §512(h), 이는 후술하는 Verizon 사건에서 상세히 설명한다.

77) 17 U.S.C. §512(m).

78) 17 U.S.C. §512(n).

2. 절차적인 문제와 관련된 사례들

DMCA의 적용과 관련하여 대표적인 사례라고 할 수 있는 Napster 사건 등은 이 책 다른 장에서 상세히 언급하므로, 여기에서는 DMCA 운용의 절차법적 문제들과 관련하여 발생한 사례들을 살피기로 한다.

(1) 전통적인 기여 · 대위책임론과 § 512 (c)와 (d) 면책조항의 관계

먼저, 17 U.S.C. § 512 (c)와 (d)에서는 앞서 보았듯이 면책요건의 하나로 '침해행위의 존재 및 성립 여부에 대하여 실제 인식(혹은 추정적 인식)하지 못하였을 것,' '자료를 통제할 권리 및 능력이 있는 때는 침해행위로 인하여 직접적으로 경제적 이익을 얻지 않았을 것'을 요구하고 있고, 이러한 요건은 종래 기여책임이나 대위책임의 요건과 표현상 일치하는 것이다. 그렇다면 종래 기여책임이나 대위책임이 일단 긍정되는 경우에는 자동적으로 위 17 U.S.C. § 512 (c)와 (d)가 정한 요건은 구비하지 못한 것이 되어 § 512 (a)나 (B)라면 몰라도 적어도 § 512 (c)와 (d)에 의거한 면책조항(safe harbor)의 혜택은 허용될 수 없는 것이 아닌가? 이러한 의문에 관하여 최근까지도 미국 판례들의 입장은 다소 혼란스럽게 엇갈리고 있는 상황이다.

Napster 판결의 1심에서는 기여책임의 요건과 면책조항의 면책요건의 기준이 서로 동일 선상에 있다고 보아, 기여책임이 인정되는 이상 면책조항의 면책을 부여받을 여지는 없다고 보았으나,[80] 2심 판결은 이러한 판단에 반대하였다. 그 뒤에 벌어진 Aimster 2심판결에서는 "DMCA가 기여책임의 원칙을 폐기한 것은 아니다"라고 간략히 적고 있을 뿐,[81] 앞서의 문제에 관하여 분명한 언급은 없었다.

---

79) 이상은 Jennifer Bretan, "Harboring Doubts About The Efficacy of 512Immunity Under The Dmca," 18 Berkeley Tech. L.J. 43, 2003, pp. 51-52. 이 글에서 이러한 판례로 예시하는 것은 앞서 Ⅱ. 'Service Provider의 개념' 부분 각주에서 설명한 Perfect 10, Inc. v. Cybernet Ventures, Inc. 사건이다.

80) Napster, 114 F.Supp. 2d at 919. 이와 마찬가지로 국내의 일부 논자(김동진, 앞의 논문, 63-64면)도 17 U.S.C. § 512(c) 혹은 (d)의 규정은 그 요건이 기여책임 및 대위책임의 반대상황을 규정한 것에 불과하므로, 실질적으로 기여책임 내지 대위책임의 요건이 이미 성립한 가운데 제512조 (c), (d)항의 면책이 긍정될 가능성은 희박해 보인다는 해석을 하고 있다.

81) Aimster, 334 F.3d 643, 655 (7th Cir. 2003). 한편, Aimster 1심은 DMCA의 위 조항이 정한 요건들이 종래 기여책임이나 대위책임 같은 2차적 책임의 성립요건과 동일한 것으로 보아 피고에게 2차적 책임이 긍정되는 이상 자동적으로 DMCA의 위 조항에 따른 면책은 주장할 수 없다고 본 입장이라고 해석하는 학설로는 Mark A. Lemley & R. Anthony Reese, op. cit., p. 1372 참조.

다른 연방항소법원의 판단 중에는 기여책임의 요건으로서의 인식(knowledge)이 인정되었을 경우라도 여전히 피고가 § 512 (c) 등의 면책을 받을 수 있을지 판단하는 것은 조금 상이한 문제라고 판시한 사례가 있다.[82)]

앞으로 이 부분에 관하여 분명한 입장정리를 한 미국의 판례가 조만간 등장할 것으로 보인다. 다만 현재까지의 더 유력한 학설의 입장은, DMCA 규정의 문구상 표현이 종전부터 내려 온 기여책인, 대위책임 법리와의 관계상 의문을 낳고 있는 것은 사실이더라도 만약 DMCA § 512(c)(1)(B) 등에서 정한 '통제할 권리 및 능력' 등을 종전의 대위책임에서의 그것과 동일하다고 해석하게 되면 인터넷서비스제공자 면책을 위하여 새롭게 입법된 DMCA의 입법취지가 완전히 몰각되어 부당할 뿐만 아니라,[83)] 미국의 법원은 이러한 DMCA를 해석함에 있어 면책조항을 그렇게 좁게 해석하지 않고 가급적 피고에게 우호적으로 적용하려는 기본적인 방향을 가지고 있음을 감안해야 한다는 입장[84)]이다.

(2) 원고 주장의 책임요건과 피고의 면책조항 항변의 판단순서

현재 판례들은 원고가 주장하는 책임요건이 미처 입증되지 않아 판단하기 곤란한 경우라도 피고 측은 이미 별도의 면책요건을 구비하고 있다고 판단되는 경우 곧바로 피고를 면책시키는 입장으로 보인다.[85)] 가령, Ellison v. Robertson 사건[86)]의 1심[87)]과 2심 판결[88)] 등에서는 피고에게 기여책임이 인정되는지에 관

---

82) Costar Group Inc. v. Loopnet, Inc., 164 F.Supp.2d 688, 702-03 (D. Md. Sept. 28, 2001) 사건.

83) Charles S. Wright, op. cit., p. 1027. 이 논자의 주장을 요약하자면, 17 U.S.C. § 512 (d)에서 지칭하는 'control'은 'legal control'이 아닌 'actual control' [그 구별에 관하여는 제2장 제2절 Ⅰ. 3. (3) 부분 참조]에 국한된다고 해석하여야 종래의 대위책임의 법리와 모순 없이 DMCA를 적용할 수 있다는 것이다. 즉, 통제(control) 가능성을 ① 대위책임이 부정되는 완전한 통제결여상태, ② 대위책임이 인정되지만 여전히 면책조항의 적용을 받을 수 있는 수준의 통제 가능성, ③ 대위책임이 인정될 뿐만 아니라 § 512(c)(1)(B)의 요건도 충족하는 완전한 통제 가능성 등 3가지 단계로 나누어 대위책임에서의 control과 § 512(c)(1)(B)에서의 control을 구별하자는 주장이다.

84) 이 부분 주장은 Peter Katz, op. cit., p. 5.

85) 한국의 민사소송실무에서도 기본적으로는 원고의 주장입증을 판단하지 않고 바로 피고의 항변이 분명하다면 이를 채용하여 원고의 청구를 기각하는 것이 가능하다고 설명되지만, 실제 실무에서 그러한 예는 거의 없다.

86) 이 사건의 사안은 원고가 저술한 단편들이 피고 Robertson에 의하여 P2P 파일교환시스템인 USENET(이에 대하여 자세히는 앞서 Netcom 판결의 사실관계 중 각주 참조) 뉴스그룹에 올려졌고 역시 이에 Peer로서 가입되어 있던 다른 공동 피고 America Online, Inc.의 서버에도 자동적으로 옮겨 저장된 것에 대하여, 원고 측이 저작권침해를 주장한 것이다.

87) 189 F.Supp.2d 1051 (C.D.Cal. Mar 13, 2002).

88) 357 F.3d 1072 (9th Cir. 2004).

하여는 정식재판(trial)에서 심리를 더 해 보아야 할 사실관계에 관한 다툼이 존재함[89]을 인정하여 당사자의 신청에 따른 약식결정(summary judgment) 단계에서는 판단하기 곤란하다고 유보하였으면서도, 곧바로 피고가 면책조항에 따라 면책될 수 있는지를[90] 검토하고 있다. 마찬가지로, Costar Group Inc. v. Loopnet, Inc. 사건[91]에서도 법원은, 원고가 피고의 기여책임이 추정될 만한 주장사실을 먼저 입증한 다음 비로소 피고가 면책조항(safe harbor) 항변을 입증하는 순서로 진행하는 것이 이상적이겠으나 면책조항에 의하여 책임이 면제되는 범주는 기여책임이 성립되는 영역에 연하여 위치하고 있는 것은 아니므로 앞서 순서와 달리 쟁점을 결정하는 것이 때로는 법원의 판단을 더 효율적으로 만들어 준다면서 피고가 면책조항의 요건을 구비하였는지를 곧장 판단하였다.

(3) 침해주장의 통지가 불완전한 경우의 법적 효과

침해를 주장하는 자가 일단 인터넷서비스제공자에게 침해를 당하고 있다는 취지의 주장을 담은 통지를 하면서 아울러 함께 통지하여야 할 내용에 관하여 § 512(c)(3)(A)는 '제거되거나 접속을 차단하여야 할 침해결과물의 특정 및 서비스제공자가 그 침해결과물을 찾는 데 합리적으로 충분한 정보'를 포함하여 통지하여야 한다고 규정하고 있다. 그런데 그 통지의 실제 내용이 위 조항에서 정한 것과 완전히 일치하지 않는 경우에 과연 인터넷서비스제공자는 그 통지가 무효라고 보아 침해결과물을 제거하는 조치를 이행하지 않아도 여전히 DMCA에 의한 면책을 주장할 수 있는가?

이에 관하여 ALS Scan, Inc. v. RemarQ Communities, Inc. 사건의 항소심[92]에서는 원심과 다른 입장을 취하였다. 즉 사소한 오류가 있는 통지[93]라도 이를

89) 189 F.Supp.2d at 1058.

90) 1심은 기여책임에서 AOL의 통제 가능성에 대하여 사실심리를 더 해 보아야 함을 인정하면서도 곧장 면책요건에 해당한다고 긍정하여 피고 America Online를 위한 약식결정 신청을 인용하였다. 그러나 항소심(357 F.3d at 1080)은 피고 측이 면책요건 중 § 512(a)에 해당함은 분명하지만 § 512(i)에 정한 이른바 침해제거정책 부분에 관하여 위 기여책임과 마찬가지로 사실심리를 더 해 볼 필요가 있음에도 연방지방법원이 피고의 신청대로 약식결정을 한 것은 부당하다고 보아 원심을 파기하였다. 연방항소법원이 이렇게 반대결론을 내린 근거는 피고 AOL이 자신의 웹사이트에 잘못된 E-mail주소를 공지한 결과 원고가 피고에게 발송한 침해주장의 통지가 피고에게 제대로 도달될 수 없게 하였기 때문이었다.

91) 164 F.Supp.2d at 699. 그 사안의 상세한 설명은 앞서 Ⅳ.'개별적 면책요건' 3. '시스템이나 네트워크 상에 이용자의 명령으로 저장된 정보의 경우' 부분 각주 참조.

92) 239 F.3d 619 (4th Cir. 2001).

93) 이 사건 피고 RemarQ이 그 가입자들에게 접속을 제공하고 있는 뉴스그룹은 약 3만개였는데, 그 중

수령한 피고가 그 통지에 터잡아 침해물인 사진들이 존재하고 있는 사이트를 특정할 수 있었던 경우에는 비록 통지에서 침해대상물인 사진 전체를 제시하지 않았더라도 적법한 통지이므로 피고가 면책될 수 없다고 보았다.[94)]

반대로 **Hendrickson v. eBay, Inc.** 사건[95)]에서는 피고 eBay가 원고의 침해주장의 통지를 받고 그 통지가 완전하지 못하다며 원고에게 추가정보를 요구하였을 뿐 스스로 침해물을 찾지는 않은 사안이었는데, 법원은 통지의 내용만으로 침해결과물을 확실히 특정하기 곤란한 사정을 중시하여 결국 원고가 피고에게 적법한 통지를 하지 못해 피고에게 침해에 관한 인식이 없다고 판시하면서 피고의 책임을 부정하였다.[96)]

2개가 원고 ALS Scan의 이름을 그대로 차용한 뉴스그룹 명칭을 사용하며 원고의 저작권을 침해한 수백의 게시물을 포함하고 있었다. 이에 원고는 피고에게 침해주장의 통지를 함에 있어 위 2개 뉴스그룹의 명칭과 사이트 주소만을 지적하면서 피고에게 제거를 요구하였다. 그러나 피고는 보다 구체적인 특정을 요구하였고, 원고는 이를 거부하고 소송을 제기하였다. 원심은 원고가 DMCA § 512(c)(3)(A)에서 정한 통지의 요건을 구비하지 못하였다고 보아 피고 승소의 약식결정을 내렸다. 하지만, 연방항소법원은 원고가 피고에게 제공한 정보가 '특정한 2개의 사이트가 오로지 원고 저작권을 침해할 목적으로 생겨난 것이고 실제 거의 모든 게시물이 원고의 저작권 있는 사진의 복제물이며 피고로서는 위 사이트 주소에서 원고소속의 모델과 원고의 저작권정보를 얻을 수 있음'의 취지를 담고 있는 이상 DMCA에서 정한 통지의 요건을 구비하였다고 판단하여 원심의 이 부분 결정을 번복하였다. 다만, 결론에서 위 2개의 사이트가 오로지 원고 저작권을 침해할 목적에 의한 것인지는 원심에서 더 심리할 필요가 있다고 판단하여 원심으로 환송시킴으로써 결국 원고 승소의 약식결정을 거부한 원심의 결론부분은 승인하였다.

94) 이러한 수준의 통지만으로도 DMCA가 정한대로 적절히 침해대상물을 특정하였다고 연방항소법원이 판단한 것은 인터넷서비스제공자에게 지나친 부담을 준 것이라는 입장에는 Jennifer Bretan, op. cit., p. 55.

95) 165 F.Supp.2d 1082, C.D.Cal.,2001. 원고는 Charles Manson의 생애를 다룬 다큐멘타리의 저작권자이다. 그런데 피고 eBay의 인터넷 경매를 통하여 원고 다큐멘타리의 불법복제 DVD가 유통되고 있다는 점을 알고 피고에게 2차적 책임을 추궁하는 소를 제기하였다. 소제기 전 피고는 원고의 침해통지를 접수한 다음 원고에게 DMCA에 따른 정식의 '침해주장의 통지'를 이행할 것, 피고가 마련한 'Verified Rights Owner' (VeRO) 프로그램을 이용할 것을 요구하였지만 원고는 이를 이행하지 않았다. 이러한 사안에 대하여 법원은 모든 상황마다 저작권자가 eBay 상의 상품경매번호(auction number)를 특정해 알릴 필요는 없지만, 이 사건에서는 eBay 상의 경매를 통하여 침해물이 경매되고 있었더라도 비침해물인 진품 DVD 역시 eBay에서 경매되고 있었던 이상 eBay가 원고의 통지에 따라 침해물 경매를 막기 위해서는 상품경매번호를 원고가 피고에게 통지할 필요가 있다고 보았다. 따라서 원고가 피고에 대한 침해통지시 침해혐의자 4인의 ID를 알린 것만으로는 적법한 침해주장의 통지로 보기에 부족하다고 하여 '피고가 침해주장의 통지에 따른 조치를 이행하지 않아 면책 혜택을 받을 수 없다'는 요지의 원고 주장을 배척하였다.

96) 또한, 대위책임에 있어 통제 가능성과 관련해서는, 피고가 자발적으로 모니터링을 실시한 사실을 피고에게 불리한 판단요소로 삼아 피고에게 침해행위에 대한 통제 가능성이 있는 것으로 간주할 수는 없다는 입장을 취하였다. 이 사건에서 법원은 피고 eBay가 17 U.S.C. § 512 (c)에 해당한다고 보아 그에 따른 면책을 부여하였고, 따라서 검색엔진에 대한 면책규정인 17 U.S.C. § 512 (d)에 해당한다는 피고 측의 항변은 판단되지 않았다.

위의 두 판례만으로는, 침해주장의 통지에 첨부하는 내용으로 피고회사가 합리적인 범위 내에서 스스로 침해결과물을 찾을 수 있으면 통지가 다소 불완전하더라도 이에 따르지 아니한 인터넷서비스제공자는 DMCA에 따른 면책을 주장하지 못하고, 반대로 통지의 내용만으로는 인터넷서비스제공자 스스로 침해결과물을 찾을 수 없는 수준이라면 그 통지는 무효이고 인터넷서비스제공자가 면책을 주장할 수 있다는 점을 알 수 있을 뿐이다. 그러나 이 정도는 이미 DMCA가 예정하고 있던 원론적인 수준에 불과하므로 현재까지 판례를 통하여 더 세밀하게 확립된 기준은 없어 보인다.

제 3 절 유럽연합, 독일과 일본의 입법 등

Ⅰ. 유럽연합의 입법

1. 서 설

인터넷서비스제공자의 책임제한과 관련하여 유럽연합(EU)이 최초로 취한 두드러진 행보는 1997년 7월경 독일의 Bonn에서 '글로벌 정보 네트워크; 꿈의 현실화(Global Information Networks: Realising the Potential)' 라는 주제로 개최된 '유럽장관회의 선언(The Ministerial Declaration)'[97] 혹은 약칭하여 'Bonn 선언' 이라고 할 수 있다. 이러한 Bonn 선언의 내용을 살피자면 아쉽게도 대부분 추상적인 원칙을 확인하는 데 그쳤다.[98] 하지만 주목되는 부분은 첫째 접속

97) 전문은 〈europa.eu.int/ISPO/bonn/Min_declaration/i_finalen.html〉[2004. 8. 3.].

98) 이때의 유럽장관회의에는 독일을 비롯하여 유럽연합의 각국은 물론, 널리 미국, 캐나다, 일본 등의 대표까지 참관인 자격으로 참가하였다. 위 선언 중 제41조에서 '행위자의 책임(Responsibility of the actors)' 이라는 제하에 "장관들은 콘텐츠의 생산에서 이용에 이르는 과정에 연관된 다양한 행위자들의 책임을 관계법령에 의해 명확히 정의하는 것이 중요함을 이해한다. 장관들은 콘텐츠를 제작하고 위치시키는 자의 책임과 그것을 매개하는 자의 책임을 명확히 구별하는 것이 필요함을 인정한다."라고 정하고, 제42조에서는 "장관들은 콘텐츠에 대한 책임 관련 규정은 공평한 경쟁의 장이 마련될 수 있도록, 보편적인 원칙으로 이루어져야 함을 주목한다. 따라서 네트워크 운영자와 접속제공자 같은 매개자들은 원칙적으로 콘텐츠에 대하여 책임이 없다. 이 원칙은 네트워크 운영자와 접속제공자 같은 매개자들이 부당하고, 부적절하거나 차별적인 규정에 종속되지 않는 방향으로 적용되어야 한다. 어떤 경우라도, 제3자 콘텐츠의 호스팅 서비스는 그 서비스제공자가 불법적이라고 믿을 만한 이유가 없는 콘텐츠에 대한 사전통제를 행하도록 요구받아서는 안 된다. 그러한 매개자가 알 만한 합리적인 이유가 있는지, 콘텐츠를 통제할 합리적인 가능성이 있는지에 관하여는 정당한 근거가 있어야

제공자(access provider)는 책임을 면제받는 것이 기본적인 원칙이라는 점, 둘째 정보를 호스팅하는 인터넷서비스제공자에게 사전통제의무(prior control), 즉 常時의 모니터링 의무가 존재하지 않는다는 점을 분명히 선언하고 있다는 점이다. 이러한 점들은 이후 미국에서 입법된 DMCA 등 세계 각국의 입법과 학설에서 줄곧 공통적으로 의견이 일치하는 부분이다.[99]

Bonn 선언 이후 유럽연합 차원에서 저작권침해에 대한 인터넷서비스제공자의 책임문제를 해결하기 위해 노력한 결실은 두 개의 지침에서 찾을 수 있다. 그 하나는 2001년 '정보화 사회에서의 저작권 및 저작인접권의 특정분야를 통일하기 위한 지침'[100][약칭으로 정보화 사회 지침(Information Society Directive)]이고, 다른 하나는 2000년 '역내시장에서의 전자상거래를 포함한 정보화 사회 서비스의 특정분야에 대한 지침'[약칭으로 전자상거래 지침 (E-Commerce Directive)' 이라고 함][101]이다.

2. 정보화사회 지침

정보화 사회 지침은 유럽연합의 회원국들로 하여금 1996년 세계지적재산권기구의 저작권조약 및 실연음반조약을 회원국들의 자국법으로 수용하게 하고, 그 과정에서 회원국 간의 법적 규제의 통일을 기하기 위한 목적을 가졌다. 같

한다."라고 규정하였으며, 제43조에서는 "장관들은 책임에 관한 규정들이 표현의 자유 원칙 및 사적 이익을 실현할 수 있어야 하고 행위자들에게 부적절한 부담을 부과해서는 안 됨을 이해하고 있다."라고 각각 정하고 있다.

99) 다만 이례적으로 1999년 현재 스웨덴의 경우만은 Host Service Provider에게 적극적인 모니터링 의무를 부과하고 있다고 한다. Ulrich Sieber, "Responsibility of Internet Providers – a Comparative Legal Study With Recommendation for Future Legal Policy," Computer Law & Security Report, vol. 15, 1999. 〈www.jura.uni-muenchen.de/einrichtungen/ls/sieber/article/article_online_englisch.htm〉. 아울러 위 사이트에서는 독일원어 논문("Die Verantwortlichkeit Von Internet-Providern Im Rechtsvergleich," Zeitschrift Fur Urheber-Und Medienrecht (Zum), vol. 3, 1999. 〈www.jura.uni-muenchen.de/einrichtungen/ls/sieber/article/rechtsvergleich/sie_prov_deutsch.pdf〉)도 아울러 다운로드 가능. [각 2006. 3. 13. 방문].

100) Directive 2001/29/EC of the European Parliament and of the Council of 22 May 2001 on the harmonisation of certain aspects of copyright and related rights in the information society. 〈europa.eu.int/information_society/topics/multi/digital_rights/doc/directive_copyright_en.pdf〉[2005. 1. 14.].

101) Directive 2000/31/EC of the European Parliament and of the Council of 8 June 2000 on certain legal aspects of information society services, in particular electronic commerce, in the Internal Market. 전문은〈europa.eu.int/smartapi/cgi/sga_doc?smartapi!celexapi!prod!CELEXnumdoc&lg=en&numdoc=32000L0031&model=guichett〉[2004. 9. 20.].

은 지침은 저작권자뿐만 아니라 저작인접권자에게도 복제권을 인정하고 있으며, 어떤 형태나 어떤 방법으로든 복제행위는 그것이 영구적이 아니라 일시적인 것일지라도 금지하고 있다.[102] 다만 일시적 복제라도 그것이 잠정적이며 기술적 과정의 불가피한 부분이고, 오로지 해당 저작물의 적법한 이용을 위하거나 매개자(intermediary)에 의한 제3자들 사이의 네트워크 상 전송을 위한 것으로 독자적인 경제적 가치가 없을 때는 복제권 침해로 보지 아니한다.[103]

그러나 정보화 사회 지침에서 인터넷서비스제공자의 책임과 관련하여 가장 중요한 규율은 두 가지이다. 첫 번째는 같은 지침의 전문(whereas) 27조에서 정한 공중전달권에 대한 제한이다. 이에 따르면, 단순히 전달을 가능하게 하거나 수행하기 위한 물리적 설비를 제공하는 행위는 본 지침이 가리키는 전달(communication)이 아니라고 정하고 있다. 두 번째는 매개자(intermediary)의 서비스가 제3자에 의한 저작권 등 권리침해에 이용될 경우 저작권 등 권리자로 하여금 매개자를 상대로 유지명령(injuntion)을 구할 수 있도록 강구할 의무를 회원국들에게 부여하고 있다는 점이다.[104] 정보화 사회 지침도 인터넷서비스제공자의 책임과 어느 정도 관련이 있는 것은 사실이지만, 이처럼 인터넷서비스제공자의 책임을 제한하기 위한 특별규정을 둔 것은 아니다. 따라서 비슷한 시기에 그보다 1년 먼저 성립된 아래 전자상거래 지침이 이 책에서는 더 중요하므로 이를 상세히 설명한다.

3. 전자상거래 지침

(1) 개　요

유럽연합에서 인터넷서비스제공자의 책임제한에 관한 입법화의 노력 중에서[105] 가장 두드러진 행보는 2000년 이른바 전자상거래 지침이다. 전자상거래 지침은 제2장 제4절[106]의 제12조부터 제15조에서 인터넷서비스제공자의 책임과 관련한 규정을 두고 인터넷서비스제공자의 책임을 면제하기 위한 요건을 정하고 있다.

102) Information Society Directive Article 2.

103) Information Society Directive Article 5. clause 1

104) Information Society Directive Article 8. clause 3. 가령 이러한 지침을 영국은 '2003년 저작권 및 관련 권리 규정(Copyright and Related Rights Regulations 2003)' 으로 국내법으로 수용하였다.

105) 지침의 성립에 이르기까지 각종 제안 등 자세한 경위는 〈europa.eu.int/comm/internal_market/e-commerce/directive_en.htm〉[2006. 3. 3.].

106) Chapter Ⅱ Section 4: Liability of intermediary service providers.

전자상거래 지침은 서비스제공자(service provider)를 '정보화 사회 서비스(information society services)[107]를 제공하는 일체의 자연인 혹은 법인'이라고 정의[108]하여 위 지침에 포섭되는 인터넷서비스제공자의 범위를 지극히 넓게 잡고 있다. 나아가 책임을 제한하는 인터넷서비스제공자의 서비스유형을 '단순한 도관'(Mere conduit),[109] 캐싱(Caching)[110] 및 호스팅(Hosting)[111]으로 나누어 규정하고 있다. 이울러 인터넷서비스제공자에게 일반적인 모니터링의 의무가 없음을 확인하고 있다.[112]

인터넷서비스제공자의 기술유형에 의거한 구분 방식은 DMCA와 유사하고, 더구나 구체적인 표현들은 사실 DMCA와 거의 동일하다.[113]

더구나 면책요건이 충족되는 경우, 인터넷서비스제공자는 경우에 따라서

---

107) Chapter Ⅰ Article 2 (a)에서 그 개념을 '98/48/EC 지침에 의해 수정된 98/34/EC 지침 제1조(2)에서 말하는 서비스'라고 정의하고 있는데, 여기서 98/34/EC 지침이란 'Directive 98/34/EC of the European Parliament and of the Council of 22 June 1998 laying down a procedure for the provision of information in the field of technical standards and regulations'를, 98/48/EC 지침이란 'Directive 98/48/EC of the European Parliament and of the Council of 20 July 1998 amending Directive 98/34/EC laying down a procedure for the provision of information in the field of technical standards and regulations'를 가리킨다. 98/34/EC 지침 제1조 (2) 전반부에서는 앞서 '서비스'의 개념에 관하여 '정보화 사회 서비스, 즉 서비스수신자의 개별적인 요구에 따라, 격지 간에 전자적 방법에 의한 보상수단으로 통상 제공되는 서비스'라고 정의하고 있다. 98/34/EC 지침 제1조 (2) 후반부에 의하면 '격지 간에'란 '당사자들이 동시에 존재하지 아니한 상태로 제공되는 서비스'를 가리킨다. '전자적 방법에 의한'이란 '당해 서비스가 디지털압축을 포함한 프로세싱 및 데이터저장을 위한 전자적 장비를 이용하여 발신되고 그 목적지에서 수신되었고, 전체적으로 유선, 무선, 광학수단 혹은 여타 전자마그네틱 수단에 의하여 전송되고 이동되고 수신된 경우'를 가리킨다. '서비스수신자의 개별적인 요구에 따라'란 '당해 서비스가 개인의 요구에 의거한 데이터 전송을 통하여 제공되는 경우'를 말한다. 다만 위 지침은 라디오방송, 일정한 텔레비전방송에는 적용되지 않는다.

108) Chapter Ⅰ Article 2 (b).

109) Chapter Ⅱ Section 4 Article 12.

110) Chapter Ⅱ Section 4 Article 13.

111) Chapter Ⅱ Section 4 Article 14.

112) Chapter Ⅱ Section 4 Article 15.

113) 전자상거래 지침을 향한 행보는 1997. 4. 16. 위원회가 기본구상을 제시함으로써 시작되었지만, 구체적인 입법의 형태가 결정된 것은 DMCA 성립된 이후인 1998. 11. 18.에 위원회가 '단순 도관'에 대한 면책 부여 등 법적 골격을 밝힘으로써 정해졌다. 〈europa.eu.int/comm/internal_market/e-commerce/directive_en.htm〉[2006. 3. 3.]. 아울러 위 지침 성립 전에 개최된 WIPO 개최워크샵에서도 지침의 초안이 DMCA에 강력한 영향을 받았기 때문에 DMCA의 구조를 분석하여 비교하는 것이 위 지침의 이해에 필수적이라는 의견이 개진되고 있다. 이러한 의견은 Kamiel Koelman & Bernt Hugenholtz, "Online Service Provider Liability for Copyright Infringement," Workshop on Service Provider Liability, p. 24. 한편, DMCA와 유럽 전자상거래 지침을 상세히 비교한 글로는 Kamiel Koelman & Bernt Hugenholtz, op. cit. 중 Section 6을 참조할 것.

일부 침해금지의 청구에 복종할 뿐이라는 효과면[114]에서도 DMCA의 그것과 상당히 유사하다. 아울러 DMCA와 마찬가지로 서비스제공자에게 저작권자 등 권리자가 연락할 수 있도록 일정한 정보를 제공하도록 정하고 있다.[115] 하지만, 전자상거래 지침은 두 가지 면에서 DMCA와 차이가 있다.[116]

첫째 위 지침은 하이퍼링크, 검색엔진의 경우에 인터넷서비스제공자의 책임을 면제하기 위한 규정을 두고 있지 않다.[117] 따라서 지침의 해석여하에 따라서는 예컨대 인터넷서비스제공자가 타인의 저작권을 침해하고 있다는 사실을 전혀 알지 못하고 단지 링크를 하였을 뿐이라도 책임을 부담할 개연성이 있다. 아울러 인터넷서비스제공자의 네트워크 상에 존재하는 침해물에 대한 저작권 측의 침해주장의 통지 및 이에 따른 인터넷서비스제공자의 침해물 제거절차에 관한 규정(이른바, Notice and Take down 규정)을 두고 있지 않다.[118] 전자상거래 지침에서는 하이퍼링크, 검색엔진, 침해주장의 통지 및 제거 절차를 추후의 검토대상으로 미루고 있다.[119]

둘째, DMCA와 다르게 저작권 같은 특정한 권리침해에 국한하지 않고, 독일의 온라인서비스법의 경우[120]와 마찬가지로 명예훼손행위 등을 비롯한 권리침해 전반에까지 지침이 통일적으로 적용된다.

(2) 책임제한의 구체적 내용

먼저 제12조(Mere Conduit) 제1항에 의하여, 서비스이용자에 의해 제공된 정보의 통신네트워크 상의 전송 또는 통신 네트워크에의 접속제공으로 구성되는 서비스가 제공되는 경우, 그 서비스제공자는 다음 조건을 모두 충족시킨 경우 단순한 도관(Mere Conduit)으로서 책임이 없다.

114) 동 지침의 전문(whereas) 제45조에서는 전자상거래 지침에 의한 서비스제공자의 책임제한은 다양한 침해금지청구권의 행사에는 아무런 영향을 미치지 않는다는 점을 명확히 하고 있다.

115) Chapter Ⅱ Section 1 Article 5. “....서비스 수신자 및 관련 집행기관이 쉽고, 직접적이며 영구적으로 접속가능한 방법으로 (a) 서비스제공자의 명칭, (b) 서비스제공자가 설립된 지리적 주소, (c) 신속히 접촉하고 직접적이며 효과적인 방법으로 소통할 수 있게 해 주는 전자메일주소를 포함하여 서비스제공자에 관한 상세한 설명에 관한 각 정보를 제공해야 한다.”

116) 그 외에도, DMCA가 인정하는 교육기관에 대한 예외규정이 존재하지 아니한다.

117) Chapter Ⅳ Final Provision Article 21 참조.

118) 같은 조문 참조.

119) Article 21에 따르면 지침을 수용하는 각국의 진척 정도에 관한 최초보고서를 위원회가 2003년 7월 이전에 보고하도록 정하면서 아울러 하이퍼링크 등 몇 가지 문제에 대한 수정안도 필요한 경우 제안할 수 있도록 하였다.

120) 아래 등장할 일본의 서비스제공자책임제한법이라는 특별법도 이와 마찬가지이다.

① 서비스제공자가 그 전송을 최초로 시작하지 않을 것.

② 서비스제공자가 전송되는 정보의 수신자를 선택하지 않았을 것.

③ 서비스제공자가 전송되는 정보를 선택하거나 수정하지 않았을 것.

아울러 같은 조 2항에서는 "제1항에서 해당되는 전송 및 접속제공 행위는, 전송된 정보의 저장이 통신네트워크에서 전송을 수행하기 위한 유일한 목적으로 발생한 것이고, 그리고 그 정보가 전송에 합리적으로 필요한 기간 이상 저장되지 않은 경우에는, 전송된 정보의 자동적·매개적 및 순간적 저장을 포함한다"고 정한다.

다음 제13조는 캐싱(caching)에 있어 면책요건에 대하여 정하고 있다. 면책을 위하여 서비스제공자는 정보에 변형을 가하지 않고 당해 정보의 접속에 원래의 정보소유자가 부과한 조건, 가령 로그인, 이용료지급 등과 같은 조건에 동일하게 따라야 하며, 그 정보의 업데이트에 관한 산업표준을 따라야 하고, 정보의 권리자가 이용자들의 정보이용에 관한 데이터를 얻을 수 있도록 서비스제공자가 허락해야 한다. 아울러 제13조에서는 (i) 당해 전송의 최초 소스에 대한 정보가 통신네트워크에서 삭제되었거나, (ii) 당해 정보에 대한 접속이 차단되었거나, (iii) 관할행정관청이 제거나 차단을 명한 경우, 이러한 (i) 내지 (iii)의 사실을 서비스제공자가 인식하였을 때 서비스제공자가 즉시 그 정보를 제거하거나 그 정보에 대한 접속을 차단한 경우 책임을 면제하고 있다.

제14조는 호스팅(Hosting)의 경우를 정하고 있다. 제1항에 따라 호스팅 서비스제공자가 이용자의 침해행위를 실제 인식(actual knowledge)하였거나 침해행위가 이루어지고 있다고 볼 만한 사실이나 정황을 알고 있었을 때 책임을 부담하지만, 침해행위에 관한 인식이 있거나 그렇게 볼 만한 사실이나 정황을 알고 있었더라도 그것을 제거하거나 그에 대한 접속을 방지하기 위하여 신속히 행동하였을 때에는 책임이 면제된다. 아울러 제2항에서는 서비스이용자가 서비스제공자의 통제나 권한 아래서 침해행위를 한 때는 위와 같은 면책이 적용되지 않는다고 정한다.

끝으로 제15조(No general obligation to monitor)에서는 서비스제공자에게 제3자가 제공하는 콘텐츠에 대하여 상시 감시하여야 할 일반적인 의무는 없음을 확인하고 있다.

(3) 지침과 관련된 이후의 진척상황

위 지침은 당초 2002. 1. 17.까지 회원국들이 국내입법으로 수용하도록 마감시한을 정하고 있었다.[121] 아울러 지침 제21조에서는 회원 각국 국내법으로의 수용 여부를 점검하여 보고하도록 시한을 정하여 규정하고 있었고, 이에 따라 2003. 11.경 위원회로부터 유럽연합의회에 처음으로 보고서[122](일명, 'First Report')가 제출되었다. 보고서에서는 우선 위 지침의 회원국 각국 입법으로의 수용 정도에 관하여 상세히 보고하면서, 위 지침에서는 유보하고 있던 몇 가지 문제들을 언급하고 있다.

그 중 하이퍼링크나 검색엔진 서비스제공자의 책임제한 규정을 둘 것인지의 문제에 관하여, 위 보고서는 비록 위 지침의 유보적 입장에 불구하고 위원회는 적극적으로 회원국들에게 인터넷 매개자를 위한 법적 안정성을 증진시킬 것을 권하고 있음을 밝히면서,[123] 지침이 이미 채택한 '단순한 도관,' 캐싱, 호스팅 관련규정을 실제 분쟁에 적용한 사례는 아직 찾기 힘들지만 대체로 회원국들의 반응이 긍정적임을 밝혔다.[124] 아울러 회원국들 중에는 이미 하이퍼링크나 검색엔진 서비스제공자의 책임을 제한하고 있는 국가들[125]도 있으며, 더 나아가 필터링까지 규정하고 있는 사례[126]도 있음을 보고하였다.

한편 침해주장의 통지 및 제거 절차의 도입 문제에 관하여는, 당시 유럽연합 비회원국이던 아일랜드와 더불어 핀란드[127]가 이미 이를 도입하고 있음을 보고하면서도, 아직은 그것이 서비스제공자에게 가져올 부담 때문에 논란이 있으므로 유럽연합 차원에서 수용하는 것은 시기상조라고 보고하였다.[128]

121) 이러한 시점 경까지 가령 프랑스, 핀란드, 벨기에, 룩셈부르크, 노르웨이, 스페인, 스웨덴의 진척상황을 요약한 글로는 Morrison & Foerster LLP, "The Emerging European Regime on ISP Liability' 〈www.softic.or.jp/symposium/ open_materials/10th/en/vinje2-en.pdf〉[2006. 3. 3.] 참조.

122) 'First Report on the application of Directive on electronic commerce' 〈europa.eu.int/comm/internal_market/e-commerce/directive_en.htm〉[2006. 3. 15.].

123) 위 보고서 13면.

124) 위 보고서 13-14면.

125) 스페인, 오스트리아, 포르투갈이 그러하다(위 보고서 7면). 더 나아가 2005년 기준으로 헝가리, 리히텐슈타인이 추가로 이를 수용하였다는 점 및 이상 5개국의 도입배경에 관한 상세한 설명에 관하여는 영국 통상산업부(DTI) 발간 "DTI Consultation Document on the Electronic Commerce Directive," 2005. 6. 8., pp. 14-15, 31-41 각 참조.

126) 프랑스(위 보고서 7면).

127) 위 보고서는 언급하지 못하였지만, 아래에서 설명하듯이 2003년 영국도 지침을 국내입법화하면서 이러한 절차를 일부 수용하였다.

128) 위 보고서 14-16면.

이후 유럽연합에서는 2005. 10. 24. 전자상거래 지침을 재검토하기 위한 전문가 그룹을 구성하여 몇 가지 쟁점을 검토하도록 하였는데, 여기에는 하이퍼링크나 검색엔진 서비스제공자의 책임제한, 침해주장의 통지 및 제거 절차의 도입 문제가 포함되어 있다.[129]

4. 전자상거래 지침 이후의 행보

2000년경의 전자상거래 지침 이후 간혹 서비스제공자가 유럽연합의 각종 지침의 내용에 등장하는 경우는 있었지만[130] 서비스제공자의 침해관련 책임, 특히 이용자들의 침해행위에 따른 간접적인 책임이 제대로 거론된 것은 2004. 4. 29. '지적재산권 강제집행 지침'[131]에서였다. 위 지침의 전문 제23조에서는, 제3자의 지적재산권 권리자에 대한 산업재산권 침해에 서비스를 제공하는 매개자(intermediary)를 상대로 지적재산권 권리자로 하여금 금지명령(injunction)을 신청할 수 있는 가능성을 보장하도록 회원국들에게 의무화하였다. 다만 2001년 정보화 사회 지침의 규정[132]에서 이미 정하여진 저작권 및 관련 권리 영역은 위와 같은 새로운 지침 때문에 기존의 지위에 영향을 받지 않는다고 명시하였다. 이에 따라 예비적 수단을 규정한 위 지침 제9조 제1항에서는 지적재산권 권리자에게 침해혐의자뿐 아니라 매개자를 상대로도 역시 동일한 조건하에서[133] 잠정적 유지명령(interlocutory injunction)을 신청할 수 있게끔 보장하도록 하였다. 아울러 (종국적) 금지명령을 정한 지침 제11조에서는 앞서 2001년 정보화 사회 지침의 규정에 따른 지위를 해하지 않는 범위에서 지적재산권 권리자가 매개자에 대하여 금지명령을 신청할 수 있도록 회원국들로 하여금 보장할 의무를 지웠다.

129) "Official Journal of the European Union" 2005. 10. 26.자 (L 282/20) 참조.

130) 가령 2006. 2.경 유럽의회에서 의결된 약칭 '데이타 저장 지침'은 서비스제공자에게 일정 정보를 소정의 기간 동안 확실히 저장할 책임을 부담시키고 있다. 위 지침의 정확한 명칭 및 전문은 〈www.ispai.ie/drfinal.pdf〉[2006. 3. 10.] 참조.

131) 정식명칭은 "Directive 2004/48/Ec of The European Parliament and of The Council of 29 April 2004 on the enforcement of intellectual property rights" 〈europa.eu.int/eur-lex/pri/en/oj/dat/2004/l_195 / l_19520040602en00160025.pdf〉[2006. 3. 10.].

132) Information Society Directive Article 8. clause 3.

133) 지적재산권의 즉각적인 침해를 방지하거나, 회원국의 법이 정하고 있으면 적당한 경우 배상할 것과 잠정적일 것을 조건으로 권리를 침해한다고 주장된 행위의 지속을 금지시키거나, 그 행위를 지속시키더라도 권리자에 대한 보상을 확보하기 위한 담보를 제공하도록 하기 위한 잠정적 금지를 사법당국이 발할 수 있도록 회원국이 보장하여야 한다.

그 이후 2005. 12. 7.에 이르러 유럽연합은 2004. 4. 29. 지적재산권 강제집행 지침을 보완하는 차원에서 위원회로부터 제안된 가칭 '지적재산권 강제집행 보장을 위한 형사제재 지침'[134]을 검토하고 있다. 이는 앞서 지적재산권 강제집행 지침의 비고란 28번(Recital 28)에서 민사·행정적 수단뿐 아니라 필요한 경우 형사벌도 동원하도록 규정한 데 따른 것이다. 그런데 위 제안의 큰 특징은 미국의 영향을 강하게 받고 있다는 것이다.[135] 제안된 지침 제3조는 영업적 규모로 이루어지는 고의적(intentional)인 침해를 형사범으로 처벌하도록 정하면서, 침해를 시도(attempting)하거나 방조(aiding)하거나 교사(abetting), 혹은 선동(inciting)하는 행위도 동일하게 침해로 보고 있다. 다만 새롭게 제안된 지침으로 인하여 기존의 전자상거래 지침 제12조에서 제15조까지 정한 개개유형의 인터넷서비스제공자(Internet Service Provider)에 관한 특수한 책임체계에는 영향이 없다고 전문 제3조에서 명시하고 있다.

Ⅱ. 독일의 입법

1. 온라인서비스법의 성립경위 및 내용

(1) 1997년 온라인서비스법의 성립경위

독일에서는 1997. 7. 22. 연방정보통신서비스법[136]을 발효시켰는데, 그 중 제

134) 가칭 'Directive on criminal measures aimed at ensuring the enforcement of intellectual property rights' 〈europa.eu.int/eur-lex/lex/LexUriServ/ site/en/com/2005/com2005_0276en01.pdf〉[2006. 3. 10.].

135) 제안서 스스로가 세계무역기구(WTO)에서 조인된 TRIPS 협정의 기준에서 정한 '영업적 규모(commercial scale)'의 개념을 차용하였음을 밝히고 있다. 한편 '고의적으로 방조하거나 교사, 혹은 선동'이라는 표현은 미국의 거의 모든 주가 지금도 채용하고 있는 보통법상의 從犯(accessory) 이론에 등장하는 'intentionally to aid, abet, incite, compel, or coerce'의 표현을 그대로 따른 것이다. 뿐만 아니라 위 지침에서는 전자상거래 지침에서 이미 정한 '인터넷서비스제공자(Internet Service Provider)'를 언급하고 있으나, 정작 2000년의 전자상거래 지침에서는 '서비스제공자' 혹은 '정보화 사회 서비스제공자' 내지 '매개적 서비스제공자'라고 지칭하고 있을 뿐, 인터넷서비스제공자라는 표현은 위 지침이 처음 사용하고 있는 것이다. 이 표현이 미국의 실무에서 가장 널리 쓰이는 용어임은 이 책 서두에서 설명하였다.

136) Informations-und Kommunikationsdienste-Gesetz, 줄여서 IuKDG. 연방정보통신서비스법은 정보통신 기술의 발달에 따른 법적 괴리를 제거하는 데 그 입법 목적이 있으며, 이 법의 3개의 장(Artikel)에 각각 완전히 별개의 3개 법률이 포함된 형태로 입법되었다. 그것들은 서비스제공자의 책임과 면책요건을 규정한 온라인서비스법, 정보통신 상 수집된 개인정보의 남용을 막기 위한 통신서비스정보보호법(Teledienstedatenschutzgesetz, TDDSG), 디지털서명의 법적 근거에 관한 디지털서명법(Gesetz zur digitalen Signatur, SigG)이다.

1장인 온라인서비스법(Teledienstegesetz, TDG)에서 인터넷서비스제공자의 책임제한요건에 관하여 규정하고 있다.

온라인서비스법은 미국 DMCA보다 시기적으로 오히려 앞서 전 세계적으로 볼 때 최초의 입법 중에 속한다고 볼 수 있는 것이다.[137] 그 특징은 DMCA와 달리 세세한 규율보다 추상적 일반규정 몇 개만의 단출한 방식을 취하고 있는 점, 저작권법 등 특정한 권리침해에 국한하지 않고 명예훼손행위 등 권리일반의 침해에 대한 면책을 꾀한 통합면책법의 형태를 취하였다는 점이다. 이러한 1997년 온라인서비스법 제5조의 내용[138]은 아래와 같다.

"제1항 서비스제공자는 자신이 이용가능하게 한 자신의 콘텐츠에 대하여는 일반법에 따라 책임을 진다.

제2항 서비스제공자는 제3자가 이용가능하게 한 제3자의 콘텐츠에 대하여는, 서비스제공자가 이를 인식하였고 그 콘텐츠의 이용을 차단하는 것이 기술적으로 가능하고 합리적으로 기대할 수 있지 않는 한 책임이 없다.

제3항 서비스제공자는 자신이 접속만을 제공한 제3자의 콘텐츠에 대하여는 책임이 없다. 이용자의 요구에 의한 자동적이고 일시적인 제3자 콘텐츠의 저장은 접속의 제공으로 간주된다.

제4항 일반법에 따라 불법 콘텐츠의 이용을 차단할 의무는, 만일 서비스제공자가 전기통신법(Telekommunikationsgesetz) 제85조에 따라 통신비밀을 유지하면서도 당해 콘텐츠를 인식하였고 차단이 기술적으로 용이하고, 합리적으로 기대할 수 있는 한 영향을 받지 않는다."

(2) 1997년 온라인서비스법에 대한 해석

온라인서비스법 제5조 제1항은 소위 content provider의 경우를, 제2항은 호스팅(hosting) 기능을 수행하는 경우를,[139] 제3항은 소위 access provider의 경우를 규율하고 있는 것이다. 온라인서비스법 제5조의 각 항의 규정들의 적용 여부를 판단함에 있어서는 원칙적으로 그 서비스제공자의 의사나 의도는 아무

137) 시기적으로는 영국에서 1996년 성립된 명예훼손법[그 내용은 아래 Ⅳ. 1. '영국의 입법' 각주부분 참조]이 제1조 (3)항 (c)~(e)에서 온라인 매개자의 책임을 최초로 언급하였지만, 동법은 온라인 매개자뿐만 아니라 일반적인 발언자를 대상으로 한 것이었다.

138) § 5(Verantwortlichkeit)의 전문은 〈www.kanzlei.de/iukdg_1.htm〉[2006. 2. 23.].

139) 연방정부 입법이유서(BT-Drucksache 13/7385, S. 20.)에서는 불과 몇 시간 동안의 임시저장만을 예상하고 있다(박희영, "독일의 전자적 정보통신서비스법과 ISP의 형사책임에 관한 연구," 법학연구 제44권 제1호, 부산대학교, 2003. 12, 268면에서 재인용).

런 역할을 하지 않는다.[140] 이러한 점은 아래의 개정 온라인서비스법에서도 마찬가지이다.[141] 이렇게 입법자가 단지 기술적 특성에 의하여 각 규정들의 적용범위를 결정하였다는 것은 분명한 오류로 보아야 한다는 견해가 있다.[142]

앞서 미국의 DMCA가 저작권법에 부수한 규정으로 입법되어 저작권침해에 대한 면책규정임이 자명함에 반하여, 독일 온라인서비스법 제5조는 지극히 추상적인 규정 몇 개만을 독립한 입법형식으로 제정한 결과 애초부터 저작권법상의 불법행위에 대해서 과연 적용될 수 있는지에 대해서조차 많은 논란이 있었다.[143]

우선 입법경위 상 입법자는 온라인서비스법 제5조의 적용범위를 저작권법의 영역에 대해서는 전혀 확장시키려고 하지 않았다고 하는 주장이 있었다. 그러나 연방정보통신서비스(IuKDG)의 입법이유서에는 민사 및 형사책임 전체에 대하여 적용하여야 한다고 언급하고 있다. 입법자가 저작권법 영역을 동법의 적용으로부터 배제하려고 한 어떠한 근거도 입법이유서에서는 발견할 수 없다.[144]

다음으로 구 온라인서비스법 제5조의 규정과 거의 같은 내용을 담고 있는 '대중매체서비스에 관한 주간조약' (Mediendienstestaatsvertrag: MD StV, 이하

140) 이러한 설명으로는 안효질, "P2P환경 하에서의 저작권침해책임," 74면 참조.

141) Reber/Schorr, ZUM 2001, 672, 678. [김병일, "독일 연방 온라인서비스법(TDG)에서의 온라인서비스제공자의 책임 및 제한," 서울대학교 기술과법 센터 2004-제4회 워크샵(「Internet Service Provider의 책임」) 발표문, 2004. 5. 22, 122면에서 재인용].

142) 안효질, "P2P환경 하에서의 저작권침해책임," 74면, 김병일, 앞의 논문, 123면 등은 인터넷이용의 현실에서는 항상 새로운 서비스 방법이 창출되고 있는데, 법률이 단지 기술적인 특성에 의해서만 서비스제공자의 책임요건을 정하고 있다면, 이는 장래의 온라인서비스 및 그 기술의 발전현실을 충분히 반영할 수 없게 될 것이며, 온라인기술이 발전에 따라 법의 흠결은 더욱 명백해지고 커질 것이라는 취지이다. 법의 다른 규제영역에서라면 이러한 지적은 극히 타당할 수 있는 지적일 수 있다. 하지만, 인터넷서비스제공자 책임제한 규정은 면책이라는 법적 효과를 확실히 부여하여 인터넷서비스제공자로 하여금 법적 불안 없이 안정적으로 서비스를 공급하게 하고자 하는 극도의 정책적인 차원에서 거론되는 것임을 염두에 둘 때, 인터넷서비스제공자가 속한 기술적 특성에 따라 분명한 법적 효과를 부여하지 않고 추상적인 규정을 두는 것은 부당하다고 본다. 자세히는 2. '독일 온라인서비스법에 대한 평가'에서 다룬다.

143) 독일의 온라인서비스법은 미국 DMCA와 같이 기술유형에 따른 구체적인 입법형식을 취하는 대신 극히 추상적인 일반규정 몇 개만을 정하는 입법형식을 취한 결과, 온라인서비스제공자 보호라는 당초의 법 취지가 무색하게 과연 저작권침해의 경우에도 법이 적용될 수 있는지 자체부터 모호하였다. 그 결과 추상적인 규정의 해석을 둘러싸고 아래에서 설명하듯이 혼란스럽기까지 한 논쟁이 있어 왔다. 이러한 사실은 역설적으로 인터넷서비스제공자의 책임제한이라는 영역에 있어서는 왜 종래의 다른 법 영역과 달리, 규제하고자 하는 대상의 기술적 특성에 따라 DMCA와 같이 가급적 구체적인 내용을 담은 입법을 행할 필요가 있는 것인지를 잘 보여주는 예라고 본다.

144) BR-Dr. 966/96, S.22. (김병일, 앞의 논문, 111면에서 재인용).

'대중매체서비스조약' 이라 한다)과의 관계, 나아가 독일 헌법의 규정을 들어 온라인서비스법 제5조가 저작권법의 영역에 대해서는 확장되지 않는다는 주장이 있었는데, 그 논거는 다음과 같았다. 온라인서비스법이 적용되기 위해서는 서비스제공자의 행위가 온라인서비스(Teledienst)에 해당되어야 하는데, 이처럼 온라인서비스법은 주로 이용자들이 개별적으로 이용하는 일반적인 정보제공을 규율할 목적으로 제정된 것이다(동법 제2조). 온라인서비스와 성격을 함께 하지만, 국민대중의 여론형성에 영향을 미치는 대중매체서비스에 대해서는 대중매체서비스조약이 적용되며, 대중매체서비스조약(MDStV)은 일방적인 정보전달 또는 주문의 형태로 제공되어지는 전자언론매체에 대해서 적용됨을 그 목표로 하고 있다(동 조약 제2조). 그런데, 대중매체서비스조약은 독일의 각주들이 모여서 체결한 조약이며, 따라서 이는 연방법이 아니라 주법에 불과하다.

독일헌법 제73조 제9호에 따르면, 저작권법에 대해서는 독일연방만이 입법권을 갖고 있다. 결국 온라인서비스와 대중매체서비스는 그 속성이 동일한 서비스인데, 후자인 대중매체서비스에 관한 입법이 주법에 불과하여 독일연방헌법에 따라 저작권법 영역에는 적용될 수 없는 성질의 것이라면, 그와 마찬가지로 온라인서비스에 관한 입법도 저작권법 영역에는 적용될 수 없다는 것이다.[145]

그러나 온라인서비스법과 대중매체서비스조약의 관계를 위와 같이 보아 온라인서비스법이 저작권법 분야에 적용되지 않는다고 해석하는 것은 부당하다는 입장이 현재의 통설이다. 즉 통설적인 설명에 따르면, 온라인서비스법 제5조나 대중매체서비스조약 제5조나 모두 일반적인 불법행위책임에 대하여 규정하고 있는 것이며, 따라서 이는 독일헌법 제74조 제1항 제1호에 의하여 연방과 주가 각각 경합하여 입법권을 갖고 있는 분야로 결코 독일헌법 제73조 제9호의 연방의 입법권한에 속하지는 않는다. 이렇게 경합하여 입법권을 갖는 영역에서 연방은 유독 개별적으로 이용가능한 온라인서비스의 영역에 관한 법률을 제정하였을 뿐, 일반 공중에 대한 대중매체서비스의 영역에서는 법률을 제정하지 않았는데, 주들이 후자의 영역에 입법권한을 행사하여 체결한 것이 대중매체서비스조약이라는 것이다.[146]

145) 이상은 안효질, "P2P환경 하에서의 저작권침해책임," 60-61면의 내용 인용.

146) Freytag, Haftung im Netz, S.32f., 36; Freytag, Urheberrechtliche Haftung im Netz, ZUM 1999, 185, 186f.; Sieber, Die rechtliche Verantwortlichkeit im Internet. Ziele und Auslegung von §5 TDG und §5 MDStV, MMR- Beilage 2/1999, 1, 4; 반대: Manz, Die Haftung für Urheberrechtsverletzungen im

이렇게 본다면 결국 온라인서비스법 제5조나 대중매체서비스조약 제5조나 모두 일반적인 불법행위책임의 한 유형에 불과한 저작권침해에 대해서 적용된다고 보게 된다.

(3) 2001년 개정 온라인서비스법의 적용범위

이후 독일에서는 2000년 유럽연합의 전자상거래 지침을 국내입법하기 위한 절차를 진행하였으며, 그 결과로서 나온 것이 2001년 12월 14일 제정된(2001년 12월 21일부터 시행) 전자상거래법[147]이다. 같은 법은 온라인서비스법(TDG), 민사소송법 및 온라인개인정보보호법(Gesetz über den Datenschutz bei Telediensten, TDDSG)의 개정을 포함하고 있다.

앞서, 구 온라인서비스법뿐만 아니라 2001년 개정 온라인서비스법 제8조 이하의 규정도 인터넷서비스제공자의 저작권 침해책임에 대해서 적용된다는 점에 이제는 異論이 없다.[148]

개정 온라인서비스법은 제3조 제1호에서 온라인서비스제공자란 자신 또는 타인의 온라인서비스를 이용할 수 있도록 제공하거나 그 이용에 대한 접속수단을 제공하는 모든 자연인 또는 법인을 말한다고 정의하여, 구 온라인서비스법의 정의를 거의 그대로 수용하고 있다. 따라서 동 개정법 제8조 이하의 책임규정은 비영리 목적의 온라인서비스제공자에 대해서도 적용된다.

Napster 또는 이에 유사한 서비스는 어떤 내용물을 편집하여 제공함으로써 국민대중의 여론형성에 영향을 미치는 대중매체서비스는 아니므로, 대중매체서비스조약의 적용범위에 속하지는 않는다. 그렇다고 Napster와 같은 서비스가 개정 온라인서비스법 제2조 제4항 제1호에 의하여 온라인서비스법의 적용범위에서 배제되는 전기통신법(Telekommunikationsgesetz) 제3조 소정의 전기통신사업에 해당한다고도 보기 어렵다.

결국 Napster 또는 이에 유사한 서비스와 같이 하나 또는 여러 개의 서버

Internet nach deutschem und amerikanischem Recht, S.122. 그는 연방은 이미 대중매체서비스조약의 체결 이전에 민사책임에 대하여 포괄적이고도 완전한 규정을 두고 있기 때문에, 각 주는 더 이상 이에 대하여 입법권한이 없다고 한다(이상은 안효질, "P2P환경 하에서의 저작권침해책임," 62면에서 재인용).

147) Gesetz über rechtliche Rahmenbedingungen für den elektronischen Geschaftsverkehr(Elektronischer Geschäftsverkehr-Gesetz, EGG) vom 14. Dezember 2001, BGBl. I 2001, 3721, 그 전문은 〈217.160.60.235/BGBL/bgbl1f/b101070f.pdf〉[2006. 3. 3.]에서 볼 수 있다.

148) 김병일, 앞의 논문, 111면 참조.

를 이용하는 파일공유시스템의 경우에는 그 서비스는 개정 온라인서비스법 제2조의 온라인서비스에 포함될 수밖에 없다는 해석이 있다.[149)]

(4) 2001년 개정 온라인서비스법의 내용

먼저 제8조 제1항은, 서비스제공자는 이용에 제공한 스스로의 정보에 관하여 일반법률에 따른 책임을 부담한다고 정한다.[150)] 이는 이른바 콘텐츠 제공자와 같이 자기가 공급한 정보에 대한 자기책임의 원칙을 명확히 한 것이다. 여기서 정보(Information)는 구법의 '콘텐츠(Inhalt)'라는 표현을 대체한 것으로,[151)] 자신이 스스로 제작한 정보뿐만 아니라 원래 제3자의 것을 자신의 것으로 공급하는 경우도 포함된다.[152)]

다음으로, 서비스제공자는 제9조 내지 제11조의 의미에서 자신에 의해 전송되거나 저장된 정보를 감시하거나 위법 여부에 대하여 조사할 의무가 없다(동법 제8조 제2항 전단). 이는 전자상거래 지침 제15조 제1항을 수용한 것으로, 서비스제공자에게 감시의무(Uberwachungspflicht)와 조사의무(Nach forschungspflicht)가 없음을 규정한 것이다. 일반법률 상 정보의 이용을 제거하거나 차단할 의무는 제9조 내지 제11조에 따라 서비스제공자가 책임지지 않는 경우에도 이로 인하여 영향받지 않는다(동법 제8조 제2항 중간).[153)] 다만, 전기통신법(Telekommunikationsgesetz) 제85조에 따른 통신비밀을 준수하여야 한다(동법 제8조 제2항 후단).

제9조[154)] 제1항에 따라, 서비스제공자는 (i) 당해 전송이 서비스제공자 자신에 의한 것이 아니고, (ii) 전송되는 정보의 수신자를 서비스제공자가 결정한 것도 아니며, (iii) 전송되는 정보를 결정하지 않거나 변경하지 않은 한은, 통신망에서 서비스이용자에 의하여 전송되거나, 이용하기 위한 접근이 서비스이용자에 의하여 매개되는 타인의 정보에 관하여 책임이 없다(동법 제9조 제1항 전단). 이는 서비

149) 김병일, 앞의 논문, 110면.

150) TDG § 8 (1) "Diensteanbieter sind für eigene Informationen, die sie zur Nutzung bereithalten, nach den allgemeinen Gesetzen verantwortlich."

151) 박희영, 앞의 논문, 270에 따르면 종래 해석상 논쟁이 있었던 '콘텐츠'의 개념과 달리 폭넓게 해석되어 정보통신서비스의 영역에서 전달되거나 저장되는 일체를 가리킨다고 한다.

152) 김병일, 앞의 논문, 116면.

153) 이 부분은 전자상거래 지침 제12조 제3항, 제13조 제2항 및 제14조 제3항을 수용한 것으로 구 온라인서비스법 제5조 제4항에 상응한다.

154) 개정 온라인서비스법 제9조는 전자상거래 지침 제12조 제1항 및 제2항을 수용한 것으로 구 온라인서비스법 제5조 제3항에 상응한다.

스가 당해 정보를 전달하는 도관(conduit)에 불과한 경우, 즉 온라인서비스제공자가 단지 접속서비스만을 제공하는 경우를 전제한 규정이다. 그러나 서비스제공자가 불법행위를 범하기 위하여 자신의 서비스를 이용하는 자와, 그러한 정을 알고 공동행위를 한 때에 제1항은 적용이 없다(동법 제9조 제1항 후단). 또한 제1항에서의 정보의 전송 및 정보에의 접근매개는, 그것이 단지 통신망상의 전송을 위하여 수행되고, 당해 정보가 전송을 위하여 통상적으로 필요한 시간 이상으로는 저장되지 않는 한, 정보의 자동적이고 일시적인 중간저장을 포함한다(동법 제9조 제2항).

위와 같은 개정 온라인서비스법 제9조의 해석과 관련하여 가장 문제되는 것은 Napster 등 P2P 서비스제공자가 이에 해당할 수 있는지 여부이다. 이에 관하여 전자상거래 지침 제12조 제1항 및 개정 온라인서비스법 제9조(혹은 구 온라인서비스법 제5조 제3항)에 따라서 손해배상 책임[155]이 면제된다고 보아야 한다는 해석이 있다고 한다.

이러한 해석은 Napster는 서비스를 제공함에 있어서 그 이용자들의 하드디스크에 있는 음악파일들을 자신의 것으로 만들었다고는 볼 수 없고, Napster는 단지 검색기능을 제공하는 것으로, 특정 음악파일을 공유시킬 것인지 여부는 오로지 이용자들의 판단에 달려 있으므로 Napster는 타인의 내용물을 이용하도록 하는 것이며, 이 경우에도 Napster는 단지 그 내용물에 대한 접근수단만을 제공하여 이른바 접속제공자(access-provider)로서 기능하는 것이므로 개정 온라인서비스법 제9조(혹은 구 온라인서비스법 제5조 제3항)에 따라 면책된다는 해석이다.[156] 이러한 결론이 대부분 사람들의 생각으로는 바람직하지 않을 수도 있으나, 독일 온라인서비스법에서는 어쩔 수 없다는 입장이다.[157] 아울러 이러한 해석을 옹호하

---

155) 침해금지청구권에 있어서는, 앞서 본대로 개정 온라인서비스법 제8조 제2항 후단(구 온라인서비스법 제5조 제4항)에서 다른 법률(예컨대 저작권법)에 의하여 불법내용물의 이용을 금지할 의무가 있는 경우 그 의무는 TDG의 면책규정에 의하여 아무런 영향을 받지 않음을 규정하므로, 저작권자는 Napster에 대하여 침해금지청구권은 행사할 수 있다.

156) 독일에서의 이러한 해석은 Reber/Schorr, Peer-to-Peer-Kommunikationsplattformen und deren Freistellung von der urheberrechtlichen Verantwortlichkeit, ZUM 2001, 672, 680. (안효질, "P2P환경 하에서의 저작권침해책임," 83면에서 재인용).

157) 안효질, "P2P환경 하에서의 저작권침해책임" 83면. 이와 관련하여 김병일, 앞의 논문, 122면에서는 적어도 저작권을 침해할 가능성이 매우 큰 P2P 서비스의 운영자에 대하여 단지 그 기술적 특성이 법률상의 면책구성요건을 충족시킨다고 하여 면책을 인정하는 결론으로 나아가는 것은 분명 불합리하다는 반론을 펴고 있다. 아래 설명하는 대로 Napster 항소심 법원이 면책조항에 따른 Napster의 면책가능성에 대하여 일반적 면책요건인 '침해제거정책의 채택과 적용'을 태만히 하였음을 들어 면

는 입장에서는 부연하여, "Napster와 같은 파일공유서비스에서는 정보의 전송이 Napster의 중앙서버를 직접 통과하여 이루어지는 것이 아니며, 따라서 정보 자체가 전달되는 것이 아니어서 정보의 도관으로서의 기능을 하지 않으므로 전자상거래 지침 제12조 및 개정 온라인서비스법 제9조는 이 경우 적용되지 않는다고 주장할 수 있겠지만, 전자상거래 지침 제12조 제1항은 네트워크에 대한 접속가능성(access to a communication network)을 제공하는 경우에도 적용됨을 명시하고 있고 Napster는 이러한 경우에 해당하므로 전자상거래 지침 제12조와 개정 온라인서비스법 제9조의 제목이 '정보의 전달' (Durchleitung von Informationen, 즉 mere conduit)이라고 하여 그와 같은 법조문의 제목에 오해를 불러일으켜서는 안 된다"고 설명하고 있다.[158]

또한, 개정 온라인서비스법 제10조는 전자상거래 지침 제13조 제1항을 수용하여 구 온라인서비스법에서는 다루지 않았던 소위 '캐싱' (caching)에 대하여 면책요건을 정하고 있다. 즉, 서비스제공자는 단지 요구에 따라 다른 이용자에게 타인의 정보를 효과적으로 전송할 목적으로 이루어지는 자동적 · 일시적 저장(Zwischenspeicherung)에 대하여는, 서비스제공자가 (i) 정보를 변경하지 않고, (ii) 정보에의 접근 조건을 준수하며, (iii) 널리 인정되고 활용되는 산업표준에 맞추어진, 정보의 업데이트 관련 규정을 준수하고, (iv) 널리 인정되고 활용되는 산업표준에 맞추어진, 정보이용에 대한 데이터 수집기술의 가능한 적용을 훼손하지 않고, (v) 당해 정보가 네트워크 상 전송의 최초 출처에서 제거되었거나, 그 정보에의 접근이 차단되었거나 혹은 법원이나 행정관청이 제거 혹은 차단을 명하였음을 서비스제공자가 인식하자마자 지체 없이, 이 조항에서 말하는 저장된 정보를 제거하거나 정보에의 접근을 차단한 경우에는 책임이 없다.[159]

책을 부정한 것과 유사하게, 독일법제에서도 침해제거정책에 관한 규정이 없는 대신 온라인서비스법 제9조 제1항 후단 규정이 있는 이상 불법행위를 범하기 위하여 자신의 서비스를 이용한다는 사정을 알고도 이용자들과 공동행위를 하였다고 보아 면책을 부정할 수 있는 여지도 있으리라 본다. 이 책에서 다룰 독일의 법제 연구는 극히 한정되므로 향후의 연구에 맡긴다.

158) 이러한 해석 스스로는 밝히고 있지 않으나, 이는 아래 미국 Napster 사건에서 자세히 설명하듯이, 피고 Napster가 17 U.S.C. § 512 (a)에서 정한 '일시적인 디지털-네트워크 통신' 서비스제공자로서 면책된다는 주장을 펴자, Napster 1심 법원이 정보가 서비스제공자의 서버를 통하여(Through) 전달되는 경우이어야 위 조항이 적용되는데 Napster에서는 정보가 서버를 통하지 않고 개인이용자들의 컴퓨터끼리 직접 전달되므로 위 조항이 적용되지 않는다는 이유로 피고의 주장을 배척한 입장을 염두에 둔 반박으로 보인다.

159) 이와 관련하여, P2P 서비스와 같은 파일공유서비스의 서버에는 어떠한 불법저작물도 항구적이든

끝으로, 개정 온라인서비스법 제11조는 전자상거래 지침 제14조 제1항 및 제2항을 수용하여 타인의 정보의 저장(Hosting)에 대하여 면책요건을 정하고 있다. 즉 서비스제공자는 자신이 이용자를 위하여 저장한 타인의 정보에 관하여, (i) 서비스제공자가 위법행위에 관하여 알지 못하거나 당해 정보에 관하여 알지 못하였으며, 손해배상청구의 경우에도 서비스제공자에게 위법 행위 혹은 당해 정보가 나타내는 사실 혹은 상황이 알려지지 않은 경우이거나, (ii) 서비스제공자가 이를 알게 되자 지체 없이 당해 정보를 제거하거나 그 정보에의 접근을 차단한 경우 책임을 지지 않는다.

2. 독일 온라인서비스법에 대한 평가

(1) 독일 입법의 장단점

한국에서의 향후 논의에 있어서 독일에서의 논의 방향이 영향을 끼칠 수 있는 여지는 다른 법률 분야보다 상대적으로 작다고 사료된다.

첫째, 미국 DMCA의 내용이 현재 세계에서 가장 큰 영향력을 떨치고 있고[160] 한국의 저작권법상 책임제한규정은 물론[161] 심지어 독일의 개정 규정도 유럽연합의 지침을 수용하는 과정에서 DMCA의 영향을 간접적으로 받게 된 현실의 상황을 무시할 수 없다.

둘째 유럽연합이 인터넷서비스제공자 책임제한 분야와 같은 지적재산권 분야에 있어서는 그 지침을 통하여 통일적으로 규율하는 방향으로 가고 있다. 그런데 독일은 유럽연합의 회원국으로 지침의 내용을 대부분 그대로 국내입법화 하여야 할 지위에 있기 때문에 다른 법률 분야와 달리 독일 나름의 독자적인 입법 혹은 해석론이 개입될 여지가 별로 없다.[162] 현재 시행중인 개정 온라인

일시적이든 저장되지 않기 때문에, 개정 온라인서비스법 제10조는 P2P 서비스에 대하여 적용될 수 없다는 설명(안효질, "P2P환경 하에서의 저작권침해책임," 81면)이 있는데, 이는 독일 온라인서비스법이 간접적으로 영향받은 미국 DMCA의 해석에 비추어서도 당연한 판단이다.

160) 국제적 보호를 필요로 하는 지적재산권법 체제의 속성상 미국의 강력한 통상압력 하에 국제 간 논의가 형성되고 있다는 현실적인 이유 이외에도, 보다 구체적인 내용을 담은 입법형식으로 DMCA가 인터넷서비스제공자 책임제한입법의 취지를 제대로 살리고 있다는 여러 국가의 암묵적인 평가도 포함되었을 것이다.

161) 제3장 제4절 Ⅰ 부분 및 제3장 제4절 Ⅲ. 9. 2) 부분 각 참조.

162) 가령 아래에서 설명하듯이 또 다른 유럽연합의 회원국인 영국의 관련입법도 현재 독일의 그것과 실질적으로 별 차이가 없음을 알 수 있다. 결국 서로 동일한 규정을 가지고 전개할 수 있는 해석론은 그것이 아무리 탁월하더라도 일정한 한계가 있을 수밖에 없게 된다.

서비스법은 인터넷서비스제공자의 책임과 관련하여 그 책임이 제한되는 요건을 구법에서보다 명확히 정하였다는 긍정적인 면이 있다. 하지만, 유럽연합의 전자상거래 지침을 그대로 따른 결과 그 지침이 가졌던 결함 역시 그대로 옮겨졌다는 부정적 면도 가졌다.[163]

가령, 앞서 유럽연합의 전자상거래 지침이 링킹(linking)의 경우 책임제한을 하는 규정을 따로 두지 않은 태도에 따라서, 독일의 개정 온라인서비스법 역시 마찬가지로 서비스제공자가 링킹을 통하여 타인의 정보를 전달하는 경우 개정 온라인서비스법 상 어떠한 규정에 따라 책임을 지는지의 문제가 여전히 남아 있다. 즉 자신의 정보와 타인의 정보에 대한 구분은 개정 온라인서비스법에 있어서도 여전히 모호하고, 이 점은 검색엔진의 경우도 마찬가지이다.[164]

그러나 위와 같은 단점 내지 한계에 불구하고 독일의 입법은 상당한 의미를 가진다. 그것은 미국의 DMCA와 달리 저작권침해에 따른 책임에 국한하지 않고 널리 명예훼손행위 등 인터넷서비스제공자의 책임이 거론되는 전체 영역에 걸쳐 통일적으로 적용되는 입법형식을 최초로 취한 입법이었다는 점이다. 이러한 방식은 유럽연합이나 일본의 유사한 방식과 더불어 우리의 현실에서 향후 입법에 참고할 점이 있다고 할 것이다.[165]

(2) 책임제한 입법에 관한 독일식 접근의 문제점

이미 본 대로 독일 온라인서비스법은 인터넷서비스제공자의 책임제한 문제에 관하여 비록 독창적이기는 하였으나 추상적인 일반규정 몇 개만을 두었다가 이후 개정에서도 미국 DMCA의 규정을 일부 수용하는 데 그쳤다. 그런데 서비스제공자가 제공하는 기술의 유형에 따라 그 면책요건을 보다 세세하고 분명히 정함으로써 서비스제공자에게 법적 안정성을 부여하여 기술의 공급을 장려하는 한편, 명확한 조건 하에 저작권자와의 관계에서 그 권리침해를 저지할 부담을 지우고자 하는 것이 인터넷서비스제공자의 책임제한 입법의 근본취지이다. 그런데 독일의 경우 입법 내용이 추상적이었던 결과 그 공백에 대하여 학설들이 여러 갈래로 나뉘어 등장하였고 이러한 학설들의 보완적 해석만을 가지고서는 서비스제공자가 과연 면책이 될 수 있는지 미리 예측하는 것이 어렵다는 단점

163) 김병일, 앞의 논문, 123면.

164) 김병일, 앞의 논문, 118면, 122-23면 참조.

165) 이에 관하여 자세히는, 제3장 제4절 Ⅲ. 9. (3) '각각의 인터넷서비스제공자 책임론을 하나의 이론으로 통합하기 위한 試論的 모색' 부분 참조.

이 있게 된다.[166]

논자에 따라서는 법의 특징이나 급변하는 기술의 양상을 고려하면 보다 일반적인 형태의 규정이 타당하지 않은가라는 반론을 제기할 수 있겠지만, 이는 책 나름의 다음과 같은 이해를 기준으로 할 때는 어디서 인터넷서비스제공자의 책임제한 입법이 출발하였는지 근본취지를 잊은 것이다. 즉 독자들은 우선 각국의 입법자가 인터넷서비스제공자에 대한 입법을 함에 있어 왜 '책임 요건'을 정하지 않고 굳이 '책임제한 요건'의 방식으로 관계법령을 수립하였는지 생각해 보아야 한다. 순수한 법 논리적으로만 따진다면 특정한 행위주체의 책임 요건과 책임제한 요건은 책임의 유무를 기준으로 바로 인접한 것으로 책임 요건에 해당하지 않는 여러 경우가 바로 책임을 지지 않는 경우, 즉 책임제한 요건에 해당하는 것에 다름 아니게 될 것이다. 그런 법 논리대로라면 입법자는 대개의 다른 분야 입법과 마찬가지로 인터넷서비스제공자의 '책임 요건'을 규정하는 데 치중하였어도 일견 좋았을 것이다. 하지만 입법자가 바라본 현실의 분쟁 양상은 이러한 법 논리와 다소 달랐다. 왜냐하면 법 규정은 그 본질상 규정의 표현에서 상당한 수준의 모호함을 담을 수밖에 없다(가령 책임을 정한 법률 규정 A가 포섭하는 범위 안에 대상 a, a′, a″가 들어감은 분명하고 반대로 대상 b, b′, b″는 들어가지 않음이 모두의 법 상식이나 표현상 분명하지만 그 중간에 위치한 대상들 aaab, aab, abb, abbb가 들어가는지 여부는 불분명한 가정적 예를 들어본다).

이러한 모호함 때문에 현실의 분쟁에서는 인터넷서비스제공자의 행위가 종래 논의되어온 책임 요건(위 예시에서의 법률 규정 A가 그것이다. 현실에서는 가령 한국의 경우 종래부터 있어 온 불법행위 관련 규정이 이에 해당한다)에 해당하는지, 아닌지가 분명한 때보다 모호한 때가 더 많았고, 본질적 이해가 걸린 저작권자 측으로서는 이렇게 모호한 때까지 가능하다면 일단은 법적 쟁송에 인터넷서비스제공자를 끼워 넣고자 하였다. 이렇게 됨으로써 인터넷서비스제공자는 이용자들의 수많은 침해행위마다 언제라도 쟁송을 당할 수 있다는 법적 불안을 피할 수 없었고, 반면 저작권자로서도 이용자를 가장 잘 통제할 수 있는 인터넷서비스제공자에게 사전에 구체적인 조치를 요구할 수 있으면 좋겠지만 결과를 장담하기 힘든 사후 쟁송으로만 해결하여야 하는 불만이 있었다.[167] 따라서 입

166) 이에 관하여 자세히는, 아래 '제3장 제4절 Ⅲ. 2)' 부분 각주 및 앞서 '제3장 제3절 Ⅱ. (2) 1997년 온라인서비스법에 대한 해석' 부분 각주 각 참조.

167) 이러한 법적 불안과 불만은 단지 이론에 그치는 것이 아니다. 한국에서도 인터넷서비스제공자 업계

법자는 순수한 법 논리와 모순되게 현실에서는 존재하는 이러한 문제점을 극복하고자 노력할 필요가 있었다. 그 결과로 착안한 것이 종래의 입법방식과는 逆의 입법방식, 즉 책임요건이 아닌 책임제한요건을 정하되, 책임제한 요건에 속하는 대상은 보다 구체적으로 정하고 아울러 가급적 다툼의 여지가 적은 대상부터 포섭하는 방법이었다(즉 위 예시에서 종래 입법인 A와 반대 형식으로 B 규정을 새로 정하되 앞서 중간에 위치한 대상들 aaab, aab, abb, abbb 중 상대적으로 다툼의 여지가 적은 abbb는 B의 구체적인 규정으로 일단 포섭하는 방법이다).[168]

여기서 독자들은 다시 의문이 들 수 있다. 그렇다면 새로 책임제한 요건을 입법할 필요 없이 종전의 책임요건의 규정을 보다 구체적으로 수정하여 입법자가 동일하게 현실의 모순을 극복하는 방법은 왜 안 되는가(바로 앞서 예시에 관한 설명과 반대로, 종래 입법규정 A를 보다 구체적인 내용으로 수정하여 중간에 위치한 대상들 aaab, aab, abb를 포섭하게 하는 방법이 이에 해당한다)? 그러나 이런 방법을 시도한 입법자가 있다면 금방 현실의 벽에 부딪힌다. 즉 그것이 포섭하고자 하는 대상의 범위가 넓을수록 법의 형식은 당연히 더 추상적이 되어 일반규정화하게 된다. 아울러 이러한 일반규정화가 진행될수록 법 규정의 의미는 불가피하게 더 모호해지고 불명확해진다(앞서 abbb를 포함한 B 규정과 달리 aaab, aab, abb를 모두 포섭하고자 한 A 규정은 보기에 따라 심지어 abbb까지 포섭하는 것으로 오해될 수 있는 일반규정이 되어 버린다. 이러한 좋은 예로 미국의 저작권침해 誘引法[169]이 있다) 따라서 이러한 방법으로는 당초 입법자가 새로운 입법행위로 극복하고자 한 현실의 모순(규정의 모호함으로 인한 인터넷서비스제공자의 법적 불안과

와 저작권 업계는 이를 극복하고자 심지어 저작권법 등 관련 입법이 아직 도입되기 전임에도 스스로 자구적인 해결책(온라인서비스제공자 책임가이드 라인)까지 모색하고 있었던 것이다. 이에 관하여는 아래 제4절 Ⅰ. 3. 참조.

168) 이렇게 새로운 입법방식 B가 다툼의 여지가 적은 대상에서 출발하여 점차 그 해당 대상을 넓혀가는 현실의 예를 들자면, 앞서 보았듯이 유럽연합이 면책 규정인 전자상거래 지침을 최초 입법할 때는 그 대상을 단순한 도관, 캐싱, 호스팅에만 국한하고 있다가 최근 유럽연합 자체의 진행중인 논의나 이미 입법된 일부 회원국들의 국내법으로 하이퍼링크, 검색엔진까지 포섭해 나가는 양상을 들 수 있다. 결국 새 입법 B가 abbb까지만 포섭할지, abb까지도 포섭할지는 저작권 업계와 기술공급 업계의 세력균형 변화, 혹은 사회구성원들의 타협점의 변화에 따라 얼마든지 변경될 수 있다.

169) 2004년 제안된 저작권침해 유인법(Inducing Infringement of Copyright Act of 2004)은 책임제한 방식을 취한 17 U.S.C. § 512와 달리 인터넷서비스제공자의 책임 요건을 적극적으로 정한 법률안이다(제7장 제1절 Ⅱ. 부분 참조). 입법의 접근방식이 달랐으므로 결과적으로 위에서 설명하였듯이 17 U.S.C. § 512와 같은 구체적인 표현 대신 추상적인 일반조항들을 담고 있다. 위 법률은 그 결과 포섭하는 범위가 지나치게 넓다는 반박 때문에 결국 법률로 성립되지 못하게 된다.

저작권자의 불만)을 시정하기 극히 곤란해진다. 결국 현실의 모순을 이기기 위해 입법자에게 가장 합리적인 방법은 앞서 본대로 책임 요건이 아닌 책임제한 요건을 입법함과 동시에 최대한 학자들의 異論이 등장할 여지가 없게 구체적인 내용을 담은 법률을 취하는 것이다. 이렇게 이해할 때, 한국에서 많이 논의되어 온 다른 법 분야(가령, 서두[170]에서 인터넷서비스제공자 책임론의 위치와 비유한 민법상의 제조물 책임론이나 사용자 책임론)에서와 달리 왜 유독 인터넷서비스제공자의 책임 관련 규정은, 저작권법 제77조 및 제77조의2에서 금방 알 수 있듯이, 보기에 따라 지나치게 세밀한 규정을 두고 있는지 알 수 있다.

여기서 혹자는 다시, 위 저작권법 규정이 이 책 스스로 설명할 내용대로 미국 DMCA의 규정을 많이 모방한 것이기 때문에 다른 규정보다 복잡하고 구체적인 것이 아니냐고 반문할지 모른다. 특히 미국 DMCA는 기본적으로 그 입법 형식이 우리가 익숙한 대륙법계의 성문법보다 대개는 개개 조문 하나가 훨씬 상세한 규정을 담고 있다. 그러나 이러한 사실이 입법자가 한국의 저작권법이나 DMCA 중 각각의 책임제한 규정을 입법하며 의도한 목적을 추측한 이 책의 설명을 변질시키지는 못한다. 즉 위와 같은 혹자의 반문에 그대로 따르자면 미국의 DMCA를 입법할 때 미국의 의회는 인터넷서비스제공자의 책임론보다 더 중요한 쟁점에 관하여는 인터넷서비스제공자 책임제한 규정보다 훨씬 더 자세한 규정을 두었어야 할 것이다. 한편 DMCA는 물론 한국 저작권법을 보아도 현실의 저작권 관련 분쟁 사례에서 지속적으로 가장 문제되는 쟁점은 인터넷서비스제공자의 책임론이 아니다.[171]

굳이 꼽으라고 한다면 여러 가지 쟁점 중에서도 이른바 '실질적 유사성'의 존부(혹은 보기에 따라 '공정이용'의 성립 여부)일 것이다. 이러한 중요성 때문에 미국의 학설·판례에서는 일찍부터 실질적 유사성이나 공정이용에 관하여 실로 복잡다기하며 상세한 이론들[172]이 전개되어 왔다. 이런 쟁점들을 상대적으로

170) 제1장 제1절 부분 각주 참조.

171) 물론 이러한 현재의 상황과 달리 필자 개인적으로는 이 책이 다룬 쟁점의 중요성이 점차 확장될 것으로 기대는 하고 있다.

172) 가령 실질적 유사성에 관하여는 유명한 Hand 판사의 Nichols 사건 이래로 수많은 판결들과 이론들이, 공정이용에 대하여는 연방대법원의 Sony 판결이나 Campbell 판결을 위시한 많은 논의가 있어왔다(자세히는 Robert P. Merges, Peter S. Menell & Mark A. Lemley, 『Intellectual Property in the New Technology Age』, ASPEN, 2003, pp. 402-426 및 450-492 참조).

다른 쟁점보다 자세히 다루는 사정은 한국에서도 마찬가지이다.[173] 그러나 정작 미국의 DMCA(혹은 한국 저작권법)를 정한 입법자는 이렇게 중요한 '실질적 유사성' 이나 '공정이용' 에 관하여는 법률 규정에서 전혀 언급하지 않았거나 비교적 간략한 규정[174]만을 두었을 따름이다. 이런 점에 비추어 DMCA나 한국의 저작권법 같은 저작권 규정을 입법함에 있어 입법의 대상이 더 중요하다고 하여 반드시 그 입법결과인 규정이 더 상세해지는 것은 아니며[175], 오히려 입법형식과 관련된 입법자의 의도가 규정의 상세함을 낳는다는 것을 알 수 있다.

이러한 배경 때문에, DMCA는 물론 한국 저작권법의 인터넷서비스제공자의 책임 관련 규정들을 살펴보면 대강의 맥락조차 언듯 파악하기 힘들 정도의 길고 상세한 규정을 담게 되었고, 특히 DMCA에서는 '캐싱,' '호스팅,' '링킹' 과 같이 처음 접하는 이들에게 생소하기까지 한 용어들이 등장하게 된 것이다. 이러한 형식의 입법은 사실 종래 독일 개념법학에서처럼 고도로 일반화된 규정과 그것을 해석하는 치밀한 논리에 익숙한 독자들의 입장에서는 심지어 이질감을 불러 올 수도 있다. 하지만 거듭 말하거니와 인터넷서비스제공자의 책임제한 입법은 그 출발한 입법목적상 부득이하게 상세할 수밖에 없고, DMCA가 바로 그러한 상세함을 갖춘 점 때문에[176] 여러 국가에 급속히 침투하고 있음을 고려할 때 다소 부득이한 면이 있다고 본다.

3. 관련 사례

이용자들의 침해행위에 따른 인터넷서비스제공자의 책임 문제와 관련하여, 독일에서 발생한 최초의 사건은 CompuServe-Fall 사건[177]을 들 수 있다. 다만

173) 가령 대표적으로 정상조, 『지적재산권법』 및 송영식 · 이상정 · 황종환 『지적소유권법 (하)』제9판, 2005. 8.은 공히 실질적 유사성에 관하여는 아이디어 · 표현 이분법, 이른바 추상적 삽화(scenes a faire) 원칙, 비문자적 모방(non-literal copying) 등에 관하여 상세히 취급하면서도, 인터넷서비스제공자의 책임은 모두 서너 면에서 비교적 간단히 다루고 있다.

174) 공정이용에 관한 미국의 규정이 그러하다.

175) 앞서 예로 들었듯이, 저작권침해 유인법은 DMCA 면책조항과 중요도에서 완전히 동일한 대상(인터넷서비스제공자의 책임)을 다루고 있지만, 입법의 접근방식이 책임제한이 아니라 책임 요건을 적극적으로 정하고자 한 취지였기 때문에 간략한 일반규정 형태를 띠고 있다.

176) 물론 다른 부분에서 설명하는 대로, 통상문제로서 지적재산권을 다루려는 미국의 국력에 힘입은 부분도 크다.

177) 국내에서 위 사건을 설명한 글로는 염동신, 앞의 논문 및 김유형, "음란물 접속중개에 대한 ISP의 형사책임 -관련 독일 판례(LG München I, 20Ns465Js173158/95) 및 그 평석-," 인터넷법률(다만 『인터넷법률』은 2002년 8월 통권 제13호 이후 법무부 홈페이지 www.moj.go.kr에서 한동안 전자책

이것은 형사사건인데다가, 이용자의 저작권 침해행위가 아니라 이용자들의 음란물 유포행위가 문제된 사건이다. 이 사건에서 피고인이었던 컴퓨서브(CompuServe)는 미국의 인터넷 서비스업체 컴퓨서브의 독일 자회사이다.[178] 그런데, 1995년경부터 컴퓨서브가 서비스를 제공하는 뉴스그룹을 통하여 아동포르노그라피가 배포되어 독일 각처에도 이르게 되자, 독일 검찰은 위 자회사의 대표를 독일형법 소정(제184조 제3항 제2호)의 음란문서 유포행위에 대한 방조죄로 수사한 끝에 1997년 기소하기에 이르렀다.

피고인은 앞서 막 입법된 구 온라인서비스법 제5조 제3항과 제2항을 들어 면책을 주장하였지만, 1심 법원인 뮌헨 區法院(Amtsgericht)[179]은 이를 받아들이지 않고 1998. 5. 28. 유죄로 처벌하였다.[180]

뮌헨 구법원은 우선 구 온라인서비스법 제5조 제3항에 따른 피고인의 면책주장에 대하여, 위 조항에서 면책대상으로 삼고 있는 것은 접속매개자이고, 접속매개자라고 할 수 있기 위해서는 당해 업체의 고유한 고객들이 존재하여야 하고, 그 고객들이 위 업체를 통하여 인터넷에 직접 접속할 수 있게 되어야 한다는 점을 전제하였다. 그런데 피고인이 대표이사로 있는 독일 자회사의 경우 자신의 고유한 고객들이 존재하지 않고 앞에서 본 바와 같이 미국의 모회사를 대신하여 독일에서 가입자 유치 및 요금징수업무 등을 담당하고 있을 뿐이며, 또한 인터넷에 직접 접속기능을 수행하는 것도 아니고 가입자들을 미국 모회사에 연결시켜 주고, 모회사의 서버를 통하여 인터넷에 접속하게 되므로 접속매개자라고 할 수 없어 위 법 제5조 제3항에 의하여 면책될 수 없다는 논리를 전개하였다.

형태로 발간되어, Viewer의 설정방법에 따라 해당페이지가 바뀌므로 면수 인용은 이하에서 모두 생략함, 다만 그 이전 호까지는 법무부 홈페이지 중 도서간행물 란에서 다운로드 가능함) 5호, 법무부, 2001. 3. 각 참조.

178) 따라서 미국 컴퓨서브사가 고객에게 외부로부터의 서비스 (예를 들면 자신들의 뉴스-서버를 통한 뉴스 서비스) 및 고유의 서비스를 제공하고 있었으며, 특히 독일의 고객과 체결된 서비스이행계약의 계약 당사자는 전적으로 미국의 모회사였다. 따라서 독일의 자회사와 고객들 사이에는 어떠한 계약관계도 존재하지 않았다. 독일에서 가입한 이용자들이 인터넷에 접속을 시도하면 당해 신호는 독일의 자회사로부터 미국의 모회사로 고정회선을 통하여 송신되고, 미국의 모회사의 중앙서버에 의하여 그 신호의 발신자가 컴퓨서브의 회원임이 확인되면 모회사가 할당하는 회선을 통하여 인터넷에 접속되었다.

179) 독일 형사법 심급체계에 있어, 형사사건 중 일정한 경미사건, 즉 4년을 초과하지 않는 자유형이 예상되는 사건은 區法院, 지방법원, 고등법원(최종심)의 순서의 3심을 거치게 되어, 한국과는 다소 상이하다[이는 구회근, “독일사법제도,” 사법연수원강의자료(미공간), 2004. 참조].

180) AG München, 8340Ds465Js173158/95.

다음으로 위 법 제5조 제2항의 면책주장에 대하여 뮌헨 구법원은, 독일의 자회사는 그 지분의 100%를 미국 모회사가 보유하고 있으므로, 독일의 자회사만 따로 떼어 판단할 것이 아니라 미국 모회사까지도 함께 연결하여 위 조항의 적용 여부를 따져 보아야 한다고 하여 바로 앞서 법 제5조 제3항을 논할 때와는 전혀 반대의 전제를 세웠다. 법원은 독일의 자회사는 미국의 모회사를 통하여 제3자가 제공한 음란물들을 이용 가능한 상태에 놓아 두었고, 또 미국의 모회사까지 함께 포함하여 볼 때 그러한 음란물들을 기술적으로 차단할 수 있고 그러한 조치를 합리적으로 기대할 수 있는 이상 역시 면책될 수 없다는 기이한 논리를 내세웠다.[181)]

이러한 견강부회식 결론에 대하여는 학계 등으로부터 신랄한 비판[182)]이 뒤따랐으며, 결국 피고인뿐만 아니라 검사까지도 이례적으로 피고인의 무죄를 주장하며 항소한 끝에 1999. 11.경 항소심인 뮌헨 지방법원의 판단에서는 무죄가 선고[183)]되었다.

항소심은, 미국 모회사의 자회사인 독일의 컴퓨서브사는 모회사에 대하여 완전히 종속되어 있고, 형사상 정범의 행위에 대하여 독일의 컴퓨서브사의 행위지배가 배제된다고 하여 무죄를 선고하였고, 그대로 위 판결은 확정되었다. 여기에서 법원은 피고인에게 행위지배를 인정할 수 없고, 피고인의 행위는 기껏해야 종범으로 평가될 수 있을 뿐이라고 보았다.[184)]

아울러 항소심은, 구 온라인서비스법 제5조 제3항에 의하더라도 피고인은 무죄라고 설시하면서, 1심인 뮌헨 구법원의 판단에서 위 조항에서 면책대상으로 삼고 있는 접속매개자라고 할 수 있기 위해서는 당해 업체의 고유한 고객들이 존재하여야 하는데, 독일의 자회사가 이러한 고객을 가지고 있지 않다는 이

---

181) 염동신, 앞의 논문, 144-45면 참조.

182) 이러한 비판적인 글에 관하여는 김유형, 앞의 논문, 165면 이하에 첨부된 번역문 5개를 참조할 것.

183) LG München I, 20Ns465Js173158/95.

184) 법원은 온라인서비스법 제5조를 먼저 적용하지 않고, 형법의 적용을 통하여 무죄의 결론에 도달하였다. 학계의 통설과는 달리 법원은 객관적 구성요건의 단계에서 온라인서비스법 제5조 3항을 적용하지 않고 책임의 단계에서 비로소 이에 따른 심사를 행하였다. 온라인서비스법 제5조가 형법의 적용가능성을 여과하는 특수한 기능을 수행하여야 한다는 주창자는, 이러한 (법원의) 판단과정을 방법론적 근거에서 허용할 수 없는 것으로 또 소송경제적인 측면에서 잘못된 것으로 보고 있다 (온라인서비스법 제5조의 도그마틱에 대하여는 Sieber, Verantwortlichkeit im Internet, München 1999, S.114-124; Spindler, MMR 1998, 639; Vassilaki, MMR 1998, 630; Moritz, CR 1998, 505[506] 참조). 이상은, 김유형, 앞의 논문 첨부 번역문 중 177면.

유로 위 조항의 적용을 배제한 것은 부당하며, 독일지사인 컴퓨서브는 인터넷접속제공자(access-provider)에 해당한다고 판시하였다. 그 근거로 법률 어디에서도, 인터넷접속제공자가 그 고유의 고객을 가진 경우에만 온라인서비스법 제5조 제3항을 적용할 수 있다는 내용을 찾아볼 수 없고, 인터넷접속제공자가 그 고유의 고객을 가지고 있는지 여부가 어떠한 차이점으로 귀결하는 것은 아니며, 고객이 있든 없든 인터넷접속제공자는 동일한 행위를 하는 것이며, 따라서 이러한 여부에 법적 결론이 종속될 수는 없다는 점을 들었다.

CompuServe-Fall 사건 이후 독일 내에서 다시, 이용자들의 침해행위와 관련하여 인터넷서비스제공자의 책임이 문제된 사례로는 2000. 12. 12. 독일 BGH의 일명 '아우슈비츠뤼게(Auschwitzlüge)' 사건[185]이 있다. 이는 "나찌가 자행하였다는 유태인 대학살은 실제로 존재하지 않는다"는 취지의 거짓을 인터넷에 유포시킨 이용자뿐만 아니라 이를 전파하는 역할을 한 인터넷서비스제공자를 형법 제130조 독일형법 제130조[186] 위반의 범죄로 처벌한 사안이다.[187] 위 사건은 형사법이 적용된 사건으로 쟁점이 인터넷상 행위의 범죄지가 어디인가 하는 문제이므로 자세한 언급은 줄인다.

Ⅲ. 일본의 입법

1. 책임제한을 위한 특별법의 신설

일본의 경우는 '특정전기통신역무제공자의 손해배상책임의 제한 및 발신자 정보의 개시에 관한 법률'[188]이라는 특별법을 입법하여 시행중이다. 이는 모두 제4조로 이루어진 특별법으로, 2001. 11. 30. 제정되어, 2002. 5. 27.부터 시행되고 있다.

위 서비스제공자책임제한법에서 말하는 특정전기통신이란, 일본 전기통신사업법에 규정한 전기통신으로, 불특정의 자에 의하여 수신되는 것을 목적으로

---

185) BGH, Urteil vom 12. Dezember 2000, 1 StR 184/00. NJW 2001, 624. 판결. 그 전문은 〈www.jurpc.de/rechtspr/20010038.htm〉[2006. 3. 16.].

186) 독일 형법 제30조 (§130 StGB)는 내란선동죄(Volksverhetzung)를 규율하고 있다.

187) 이상은 〈lexikon.idgr.de/a/a_u/auschwitzluege/auschwitzluege.php〉 및 〈www.jura.uni-sb.de/Entscheidungen/Bundesgerichte/BGH/strafrecht/bgh95-00.html#top〉[각 2006. 3. 16.] 참조.

188) '特定電氣通信役務提供者の損害賠償責任の制限及發信者情報の開示に關する法律.' 일본에서는 약칭하여 プロバイダ責任制限法, 즉 서비스제공자책임제한법이라고 칭하므로 이하에서는 이에 따른다.

한 전기통신이며, 공중에 의하여 직접 수신되는 것을 목적으로 한 전기통신의 송신을 제외한다(法 제2조 1호). 일본에서 특정전기통신의 구체적인 예로 거론되는 것으로는 인터넷상 채팅, 스트리밍, 메일 매거진, 웹페이지, 전자 게시판 등이 있다.[189]

이러한 특정전기통신에 의한 정보의 유통에 의하여 타인의 권리가 침해받았을 때, 당해 특정전기통신용으로 제공된 전기통신사업법 상 전기통신설비를 사용한 특정전기통신역무제공자(이하, 관계역무제공자)[190]는 이에 의하여 생긴 손해에 관해서, 다음에 해당하는 경우가 아니라면 배상책임을 부담하지 않는다. 즉 권리를 침해한 정보의 불특정의 자에 대한 송신을 방지하는 조치를 강구하는 것이 기술적으로 가능한 경우이고, (i) 당해 관계역무제공자가 당해 특정전기통신에 의한 정보의 유통에 의하여 타인의 권리가 침해받고 있는 것을 알고 있는 때, 혹은 (ii) 당해 관계역무제공자가 당해 특정전기통신에 의한 정보의 유통을 알고 있던 경우로, 당해 특정전기통신에 의한 정보의 유통에 의하여 타인의 권리가 침해받고 있는 것을 알 수 있었다고 인정하기에 충분한, 상당한 이유가 있는 때이다. 다만 당해 관계역무제공자가 당해 권리를 침해한 발신자[191]인 경우는 책임이 있다(법 제3조 1항).

동시에, 특정전기통신역무제공자가 권리를 침해한 정보의, 불특정의 자에 대한 송신을 방지하는 조치를 강구하는 데까지 나아간 경우, 그 조치가 위와 같이 송신을 방지하기 위하여 필요한 한도 내이고 아울러 다음의 각 경우에 해당하는 경우는 송신방지조치를 당한 발신자에게 생긴 손해에 대하여 배상책임이 없다(법 제3조 2항). 그 경우란 (i) 당해 특정전기통신역무제공자가 위와 같이 믿기에 충분한 상당한 이유가 있는 때이거나 (ii) 자기의 권리를 침해받았다고 한 자로부터, 당해 권리를 침해하여 유통되고 있는 정보(침해정보), 침해당했다고 한 권리 및 그 권리가 침해당하였다고 하는 이유(이를 '침해정보 등'이라고 한다)

189) 일본 總務省電氣通信利用環境整備室 간행, "プロバイダ責任制限法－逐條解說とガイドライン－" (이는 동경지방재판소 平14(ワ)28169号 平成15. 9. 12. 판결문 중 재인용).

190) "특정 전기통신 설비를 이용하여 타인의 통신을 매개하고, 그 밖에 특정 전기통신 설비를 타인의 통신용으로 제공하는 자를 말한다." (법 제2조 3호).

191) "특정전기통신역무 제공자가 사용하는 특정전기통신설비의 기록매체(당해 기록 매체에 기록된 정보가 불특정의 자에게 송신되는 경우에 한한다)에 정보를 기록하고, 또는 당해 특정전기통신설비의 송신장치(당해 송신장치에 입력된 정보가 불특정의 자에게 송신되는 경우에 한한다)에 정보를 입력한 자를 말한다" (법 제2조 4호).

를 표시하여 당해 특정전기통신역무제공자를 상대로 침해정보의 송신을 방지하기 위한 조치를 강구하도록 요구하는 신청이 있었던 경우 특정전기통신역무제공자가 당해 '침해정보 등'을 표시하여 당해 침해정보의 발신자에게, 송신방지조치를 강구하는 것에 동의하는지 여부를 조회하였는데 발신자가 그 조회를 받은 날로부터 7일을 경과할 때까지 그 발신자로부터, 송신방지조치를 강구하는 것에 동의하지 않는다는 취지의 신청이 없었던 때이다.

나아가, 서비스제공자책임제한법은 한국 저작권법과는 달리, 미국 DMCA § 512(h)의 정보제출명령(subpoena)[192]에 대한 인터넷서비스제공자의 협력의무 제도를 모방한 듯한 규정을 두고 있다. 법 제4조에서 "발신자정보의 開示請求 등'이라는 제목 하에 특정전기통신에 의한 정보의 유통에 의하여 자기의 권리를 침해받았다고 하는 자는, 일정한 경우에 당해 특정전기통신용으로 제공된 특정전기통신설비를 사용한 특정전기통신역무제공자가 보유한 당해 권리침해에 관련한 발신자정보(성명, 주소, 그 외 침해정보의 발신자 특정에 이바지할 정보로 총무성령으로 정한 것)의 개시를 청구할 수 있다"고 정하고 있다(법 제4조 1항) 그 일정한 경우란 (i) 침해정보의 유통으로 당해 개시청구를 한 자의 권리가 침해받았음이 분명할 것, (ii) 당해 발신자정보가 해당 개시청구를 한 자의 손해배상청구권의 행사를 위하여 필요하다는 등 발신자정보를 개시받는 데 정당한 이유가 있을 것이라는 각 요건에 모두 해당하는 경우이다.

이때 개시와 관련된 역무제공자는 이러한 개시청구를 받았을 때는, 당해 개시청구와 관련된 침해정보의 발신자와 연락할 수 없는 경우 기타 특별한 사정이 있는 경우를 제외하고는 개시하는 것이 어떤지에 관한 당해 발신자의 의견을 들어야 한다(법 제4조 2항). 한편, 위 개시청구에 의하여 발신자정보의 개시를 받은 자는, 그 발신자 정보를 함부로 이용하거나 부당하게 당해 발신자의 명예 또는 사생활의 평온을 해치는 행위를 하여서는 안 된다(법 제4조 3항).

끝으로 개시와 관련된 역무제공자는 그 스스로가 침해정보의 발신자인 경우를 제외하고는, 위 1항의 규정에 의한 개시청구에 따르지 않음에 따라 당해 개시청구를 한 자에게 생긴 손해에 관해서는, 고의 또는 중대한 과실이 있는 경우가 아니면, 배상의 책임을 부담하지 않는다(법 제4조 4항).

192) 자세히는 제6장 제3절 Ⅱ. 2. 'Verizon 사건' 부분 각주 참조.

2. 관련 사례

이용자들의 저작권 침해행위와 관련되어 위 특별법이 부여한 면책이 다루어진 사례로는, 아래에서 설명할 '파일로그(ファイルローグ)' 사건이 있다. 이 사건에서 P2P 서비스를 통해 파일교환서비스를 제공하던 피고 회사는 원고의 가처분 등 청구에 대하여 위 특별법에 의하여 피고 회사가 면책된다고 항변하였다. 하지만, 법원은[193] 피고 회사의 서버가 이용자의 컴퓨터와 일체가 되어 음악파일에 대한 원고의 저작권을 침해하는 행위를 하였다고 하면서 피고 회사를 위 법 제3조 1항 단서에서 정한 '발신자'로 보아 면책을 부인하였다.

또한, 발신자정보의 개시의무와 관련한 사례로는, 먼저 'WinMX' 사건[194]이 있다. 여기서는 WinMX라는 P2P 프로그램을 통하여 특정침해자 A로부터 특정수신자 B에게 전송된 파일에 의하여 원고가 자신의 프라이버시권이 침해되었다고 주장하면서 프로그램운영자인 피고를 상대로 침해발신자 A에 관한 정보의 개시를 청구하였다. 피고는 위와 같이 특정인 A와 B사이에 P2P 프로그램을 통하여 파일이 전송된 경우는 1:1 통신에 지나지 않아 위 서비스제공자책임제한법 제2조 1호에서 정한 '특정전기통신'이 아니므로 같은 법 제4조에 따른 개시의무도 없다고 주장한 것이었다. 이에 대하여 법원은, 서비스제공자책임제한법 제2조 1호에서 정한 '특정전기통신'에 해당하기 위하여 반드시 다수의 자에 의하여 수신될 것을 목적으로 할 필요는 없으므로, 비록 특정인 A와 B 사이에만 파일전송이 이루어졌더라도 불특정의 자에 의하여 수신되는 것을 목적으로 한 전기통신이었던 이상, 위 조항에서 말하는 특정전기통신에 해당된다고 보았다. 그에 따라 보건대 여기서 송신자 A가 일정기준에 의하여 수신자를 엄선하였다는 것만으로는 곧바로 불특정 아닌 특정의 자에 의하여 수신되는 경우라고 할 수 없고, 더 나아가 특정한 수신자를 상대로 송신을 하였다고 할 만한 인적 관련성이 존재하여야 하는데 WinMX와 같은 P2P 프로그램의 속성상 이러한 인적 관련성이 존재하지 않는다고 보아, 피고에게 원고의 청구에 따

193) 1심은 동경지방재판소 平成14(ワ)4237号 平成15. 12. 17. 판결과 동경지방재판소 平成14(ワ)4249号 平成15. 12. 17. 판결, 2심은 동경고등재판소 平成16(ネ)405号 平成17. 3. 31. 판결 및 平成16(ネ)466号 平成17. 3. 31. 판결(각 확정).

194) 동경지방재판소 平14(ワ)28169号 平成15. 9. 12. 판결. 이에 피고가 항소하였으나 동경고등재판소 平16(ネ)852호 平成16. 5. 26. 판결로 항소기각되어 확정되었다.

른 침해자정보의 개시를 명령[195]하였다.

다음 사례로는 안과 병원을 운영하는 원고가, 소외인이 예전에 환자 3인을 실명시킨 적이 있다는 허위의 사실을 적시하여 피고가 운영하는 BBS에 게시하여 병원운영에 타격을 주자 BBS 게시판 운영자인 피고에게 발신자정보의 개시를 청구한 사건이다.[196] 여기서 법원은 원고가 소외인의 인적 사항을 이전에 다른 경로로 일부 알았더라도 나머지 정보를 얻기 위하여 발신자정보의 개시를 구할 수 있다고 하면서 피고에게 해당정보의 개시를 주문으로 명하였다.

위 두 사례 이외에는 BBS를 통하여 명예훼손이 이루어진 경우 BBS 운영자인 피고가 위 특별법에 터 잡아 면책을 주장한 사례들[197]이 많으나, 자세한 언급은 생략한다.

3. 평 가

일본에서는 종래 통신역무설,[198] 부수역무설[199]이 대립하고 있었다고 한다.[200] 그러나 이러한 논쟁은 실질적인 사례해결을 위한 별다른 도움을 주거나 인터넷서비스제공자의 책임제한에 대한 명쾌한 해답을 준 것이라기보다는 단지 종래의 일반법이론에 의탁한 空論적인 측면이 강한 것이었다. 그러다가 특별법인 서비스제공자책임법이 성립됨으로써 그 입법 내용과 관련하여 구체적인 논의가 비로소 등장하고 있다.[201]

한국에서는 저작권법이나 컴퓨터프로그램법과 같이 기존의 법률들에 각각 추가하는 방식으로 인터넷서비스제공자의 책임제한 조항을 신설하였으므로, 그

195) 실제 판결 주문은 "1.피고는, 원고들에 대하여, 平成14년 12월 6일 22시 48분경『61.204.152.48』인한 인터넷 프로토콜 어드레스를 사용하여 인터넷에 접속하고 있던 자의 성명 및 주소를 개시하라. 2. 소송비용은 피고의 부담으로 한다"라는 내용이었다.

196) 동경지방재판소 平14(ワ)11665号 平成15. 3. 31. 판결.

197) 동경지방재판소 平14(ワ)8603号 平成15. 7. 17. 판결 ; 동경고등재판소 平14(ネ)4083号 平成14. 12. 25. 판결 ; 동경지방재판소 平13(ワ)15125号 平成14. 6. 26. 판결.

198) 전기통신사업자로서 통신역무에 대하여 일반적인 제공의무를 부담하므로 반대로 이용자의 정보를 차단하지 않더라도 원칙적으로 책임이 없다는 논리이다.

199) 서비스제공자의 업무가 기본적으로 관계법령 상 '통신역무'가 아닌 '부수역무'에 해당한다고 보아, 통신역무의 경우와는 달리 서비스를 통하여 전달되는 정보에 일정한 책임을 분담한다는 논리이다.

200) 김영삼, "전자거래에 있어서 네트워크 운영자의 민사책임," 경희대학교 석사학위논문, 2000. 2. 30-44면 이하.

201) 山口裕司, "インターネット・サービス・プロバイダーの法的責任," IT法大全, 日經BP社, 2002, p. 486-502. 등.

결과 저작권자 · 컴퓨터프로그램저작권자 등 개개 법률이 정한 권리의 보유자에 대한 관계에서만 인터넷서비스제공자의 책임이 면책된다. 하지만, 일본에서는 서비스제공자책임제한법이라는 특별법을 별도로 신설하여 일본 전기통신사업법에 규정한 전기통신에 해당되기만 하면(법 제2조) 그것이 침해하는 권리가 저작권이든, 컴퓨터프로그램저작권이든, 나아가 상표권 내지 인격권(명예훼손)이든[202] 모두 위 특별법에 의하여 면책될 수 있다는 중요한 차이점이 있다.

또한, 서비스제공자책임제한법은 발신자정보의 개시청구제도를 통하여 미국의 DMCA가 정한 정보제출명령제도를 수용하면서도 다음과 같은 변형을 가하였다. 첫째 DMCA의 정보제출명령은 저작권자 등 권리자가 법원에 신청하여 법원의 명령으로 발령되는 것임에 반하여, 발신자정보의 개시청구는 바로 인터넷서비스제공자에게 정보를 제공하도록 요청할 수 있게 하여 신속히 침해자정보를 획득하여 침해자에 대한 소제기가 가능하다는 장점이 있다. 둘째 그 반면에 미국과는 달리 이러한 정보의 개시청구가 법의 요건을 모두 구비하여 청구되더라도 이에 불응한 인터넷서비스제공자에게 고의, 중과실이 없는 한 개시청구자에게 생긴 손해를 배상할 책임은 없다. 이에 따라 인터넷서비스제공자가 항상 협력할 의무, 즉 경과실에 의한 불이행 때도 항상 책임추궁이 따르는 엄격한 의미의 의무를 부담하는 것은 아니라는 면에서 다소 불완전하다는 단점이 있다.

발신자정보의 개시청구의 상대방이 될 수 있는 인터넷서비스제공자의 범위와 관련하여, 단순히 인터넷접속제공만을 한 서비스제공자가 발신자정보의 개시청구의 상대방이 될 수 있느냐를 판단한 일본의 사례(즉, 미국에서 벌어진 Verizon 사건과 같은 사례)는 아직 존재하지 아니하는 것으로 보인다.[203]

---

202) 위 특별법 입법 전에 일본에서 BBS 이용자의 명예훼손행위와 관련하여 인터넷서비스제공자의 책임이 논의된 대표적인 사례는, 앞서 다른 부분에서 본 '니프티서브(ニフティサーブ)' 사건이다.

203) 미국 DMCA의 법체계와는 달리 일본의 서비스제공자책임제한법은 상대방이 되는 특정전기통신역무제공자의 서비스 유형을 전혀 제한하고 있지 아니하므로 단순한 인터넷접속제공자까지도 개시청구의 상대방으로 당연히 삼을 수 있다는 주장도 나올 수 있겠다. 하지만, 일본의 실무에서는 앞서 본 WinMX 사건에서처럼 P2P 서비스제공자조차 개시청구의 상대방이 될 수 있느냐 치열하게 다투어지고 있는 사정을 감안하면, 일본의 판례가 앞으로 어떻게 해석할지를 단정하기는 이르다고 보인다.

Ⅳ. 여타 국가들의 입법 등

1. 영국의 입법

유럽연합의 회원국들 중 앞서 독일의 경우는 보았고, 이제 다른 회원국들 중 대표적인 영국의 경우를 살펴본다. 아래에서 설명하듯이 영국의 입법은 유럽연합 지침의 영향에 따라 결과적으로는 독일 등 다른 회원국의 그것과 비슷한 형태로 변하고 있음을 알 수 있다.

영국의 경우 이용자들에 의한 명예훼손행위에 따른 인터넷서비스제공자의 책임에 관하여는 1999년에 첫 사례[204]가 있었다. 영국 법원은 이 사례에 대하여 인터넷서비스제공자뿐만 아니라 널리 타인의 명예훼손 발언을 전달하는 자의 책임을 제한한 1996년 명예훼손법(Defamation Act)[205]을 적용하여 이를 해결하였다. 하지만, 이용자의 저작권침해에 대한 서비스제공자의 책임에 관하여는 2000년을 넘어서까지 영국에서 사례는 물론 입법조차 존재하지 않았다.[206] 그

204) Godfrey v. Demon Internet Ltd. [1999] E.W.J. No. 1226 (Q.B.D.). 이 사건에서는 피고의 인터넷망을 통하여 운영되는 한 뉴스그룹에 익명의 제3자가 원고를 비방하는 메세지를 게시하였다. 원고의 청구에 대하여 피고는 자신이 위 명예훼손법에 따라 면책항변을 부여받았다고 다투었다. 명예훼손법 제1조 (1)항은 '(a) 그가 대상 발언의 저자 · 편집자 혹은 발행인이 아니고, (b) 그가 그 발행과 관련하여 합리적인 주의를 기울였으며, (c) 그의 행위가 명예훼손 발언을 야기하거나 기여한다는 사정을 알지 못하였거나 의심할 만한 사정이 없었을 경우'에 그에게 면책항변을 부여하고 있다. 아울러 제1조 (3)항에서는 '(a) 발언을 이루는 인쇄물을 인쇄 · 제조 · 배포하거나 판매하는 것, (b) 발언을 이루는 영화 혹은 음반을 처리 · 복제본 제작 · 배포 · 전시 혹은 판매하는 것, (c) 그 발언이 담긴 전자적 매체를 처리하거나 그 복제본 제작, 배포 또는 판매하는 것, 또는 그 발언을 조회 · 복제 · 배포 혹은 전자적 형태로 이용가능하게 하는 장비, 시스템 또는 서비스를 제공하는 것, (d) 그 발언의 작성자에 대한 효과적인 통제를 할 수 없는 상황에서 그 발언을 포함한 생방송의 방송자가 되는 것, (e) 효과적인 통제를 할 수 없는 자에 의하여 그 발언을 송수신하거나 이용가능하게 하는 전달 시스템의 운용자 혹은 그 시스템에의 접근제공자가 되는 것'만으로는 당해 발언의 저자 · 편집자 혹은 발행인으로 간주되지 않는다고 정하고 있다. 이러한 규정 하에서 법원은 피고 인터넷서비스제공자가 제1조 (1)항 (a)의 요건은 충족하였지만 제1조 (1)항 (b)나 (c)의 요건은 충족하지 못하였다고 보아 피고의 면책항변을 배척하였다. 이상은 Michael Deturbide, "Liability of Internet Service Providers for Defamation in the US and Britain," Journal of Information, Law & Technology 2000년 3호(온라인저널), 〈www2.warwick.ac.uk/fac/soc/law/elj/jilt/2000_3/deturbide〉[2006. 3. 3.].

205) 법전문은 〈www.opsi.gov.uk/acts/acts1996/96031--a.htm#1〉[2006. 3. 3.]. 이 법은 미국의 통신품위법(CDA)과 달리 인터넷서비스제공자에게 포괄적 면책을 부여하고 있지는 않다는 차이점이 있다. 미국의 입장과 달리 영국 법원은 인터넷서비스제공자가 합리적인 주의를 기울였는지를 철저한 책임기준으로 삼고 있다. 이러한 설명은 Michael Deturbide, op. cit.

206) 이 시기에 대한 설명으로는 G. Sutter, "Don't Shoot the Messenger? The UK and Online Intermediary Liability," International Review of Law, Computers & Technology Volume 17, Number

러다가 2002. 7. 30.에 이르러서야 유럽연합의 전자상거래 지침을 국내법으로 수용하는 '2002년 EC 전자상거래 지침 규정'[207]을 제정함으로써 비로소 저작권 분야에까지 통합적으로 적용될 수 있는 책임제한 입법이 성립되었다.

위 규정은 서비스제공자의 개념을 '정보화 사회 서비스를 제공하는 자'라고 하여[208] 유럽연합의 전자상거래 지침과 동일하게 규정한 것을 비롯하여, 서비스제공자에 의한 자신에 관한 일반적인 정보의 제공의무,[209] '단순한 도관,'[210] 캐싱,[211] 호스팅[212]에 관한 규정들에 관하여 전자상거래 지침을 충실히 따르고 있다. 유럽연합이 채택한 지침이 그 회원국들에게 가지는 구속력을 고려할 때, 이러한 수렴화 현상은 독일을 비롯하여 다른 유럽의 여러 회원국들의 국내입법에서 계속 공통적인 현상일 것이다.

다만, 영국의 '2002년 EC 전자상거래 지침 규정'은 유럽연합의 지침과 달리 침해주장의 통지 및 제거 절차(Notice and Take down)를 일부 도입하고 있음이 특색이다.[213] 서비스제공자가 위 규정 중 캐싱에 대한 18(b)(v) 및 호스팅에 대한 19(a)(i)와 관련하여 실제 인식을 가졌는지 판단함에 있어, 법원은 관련 있는 특수 사정들 속에 드러난 모든 것들을 고려하여야 하고, 다른 것들 중 다음의 것들을 고려해야 한다고 정하고 있다. 그것들은 (a) 서비스제공자가 제6조 (1)항(c)[214] 규정에 따라 이용가능한 접촉수단을 통한 통지를 받았는지 여부, 그리고 (b) 통지가 통지자의 완전한 성명과 주소, 문제되는 정보의 위치에 관한 상세한 설명, 문제되는 행위 혹은 정보의 불법적 속성에 관한 상세한 설명을 포함하고 있는 수준이다.

한편, 하이퍼링크나 검색엔진 서비스제공자의 책임제한 규정을 도입할 것

1, March 2003, pp. 75-76.

207) Electronic Commerce (EC Directive) Regulations 2002 (Statutory Instrument 2002 No. 2013) 〈www.opsi.gov.uk/si/si2002/20022013.htm〉[2006. 3. 3.].

208) 규정 제2조.

209) 규정 제6조.

210) 규정 제17조.

211) 규정 제18조.

212) 규정 제19조.

213) 규정 제22조.

214) 제6조 (1)항은 "정보화 사회 서비스의 제공자는 서비스 수신자 및 관련 집행기관이 이용가능하도록 쉽고, 직접적이며 영구적으로 접속가능한 형식과 방법으로 다음 정보를 제공해야 한다"고 규정하고 있고, 같은 항 (c)에서 "그에게 신속히 접촉하고 직접적이며 효과적인 방법으로 소통할 수 있게 해주는 전자메일주소를 포함하여 서비스제공자에 관한 상세한 설명"을 정하고 있다.

인지에 관하여는 2005. 6. 현재 통상산업부[215]에 의하여 관련업계 등에 의견을 조회[216]하는 단계에 있을 뿐, 구체적 입법까지는 시일을 요할 것으로 보인다.

한편 영국은 유럽연합의 정보화 사회 지침[217]에 따라 이용자들의 저작권 침해행위가 있을 경우 저작권자가 관련 인터넷서비스제공자에게 유지명령(injuntion)을 구할 수 있는 근거규정도 '2003년 저작권 및 관련 권리 규정'[218]을 2003. 9. 27. 제정하여 도입하였다. 위 규정의 요지는 기존 저작권법[219]을 개정하는 것으로서 저작권법 제97조에 덧붙여 97A조('서비스제공자에 대한 유지명령들')[220]를 신설하고 있다.[221]

2. 호주의 입법

호주는 영연방의 한 국가로 형평법(common law)이 존재한다는 점에서 영국과 유사하지만, 영국과 달리 유럽연합 지침으로부터는 자유로운 입장이다. 호주의 입법이 특히 문제되는 것은 아래 해당부분에서 설명하듯이 세계 최대

215) 유럽연합의 지침에 따라 영국도 독일과 마찬가지로 책임제한영역을 망라한 통합법의 형식을 취하고 있으므로, 그 주무부서도 특허청(영국은 저작권법이 독립된 법으로 존재하지 않고, 특허 · 의장과 같이 규율되어 특허청이 주무관청인 특이한 구조를 취하고 있다)이 아니라 통상산업부가 되고 있다.

216) 영국 통상산업부(DTI) 발간 "DTI Consultation Document on the Electronic Commerce Directive," 2005. 6. 8. 참조. 여기서 통상산업부는 세 가지 방안, 즉 하이퍼링크 및 검색엔진 서비스제공자의 책임제한규정을 도입하지 않는 방안, 도입하는 방안, 도입하되 아울러 콘텐츠 집적자(content aggregator, 가령 주식매매정보 서비스처럼, 권리자의 동의를 얻은 정보를 집적하여 유료로 제공하는 서비스제공자)의 책임제한도 도입하는 방안을 설정하여 그 장단점을 설명하면서 입법을 추진 중이다(위 조회서 23, 43-46면 참조).

217) Information Society Directive Article 8. clause 3.

218) Copyright and Related Rights Regulations 2003(SI 2003 No. 2498). 전문은 〈www.patent.gov.uk/copy/legislation/copylaw.htm〉[2006. 3. 3.]

219) '1988년 저작권, 의장 및 특허법(Copyright, Designs and Patents Act 1988)' 동법 1장이 저작권법이다.

220) (1)항은 "지방법원[High Court, 스코틀랜드에서는 항소법원(Court of Session)]은 서비스제공자가 다른 자가 자신의 서비스를 저작권 침해에 이용한다는 점에 대한 실제 인식(actual knowledge)을 가진 경우 서비스제공자에 대하여 유지명령을 부여할 권한을 갖는다." (2)항은 "서비스제공자가 이 조문에서 실제 인식을 가졌는지 여부를 판단함에 있어, 법원은 관련 있는 특수 사정들 속에 드러난 모든 것들을 고려하여야 하고, 다른 것들 중 아래의 것들을 고려해야 한다. (a) 서비스제공자가 EC 전자상거래 지침 (6)(1)(c) 규정에 따라 이용가능한 접촉수단을 통한 통지를 받았는지 여부, 그리고 (b) 통지가 (i) 통지자의 완전한 성명과 주소, (ii) 문제되는 침해의 상세한 설명을 포함하고 있는 수준," (3)항은 "이 조문에서 '서비스제공자'는 2002년 EC 전자상거래 지침 규정의 2조에서 정의한 뜻을 가진다"라고 정하고 있다.

221) 규정 제27조 (2)항은 저작권법 제191J조에 덧붙여 제191JA조를 신설하고 있는데, 앞서 97A조가 '저작권'에 관한 것이었다면, 이 조항은 '실연자의 재산권'에 관한 것이라는 차이가 존재할 뿐 97A조가 정한 내용과 동일하다.

P2P 네트워크를 제공하였던 카자(Kazaa) 소프트웨어를 공급하던 업체가 다름 아니라 호주의 한 회사였고, 이에 따라 저작권자가 호주에서 그 회사를 상대로 제기한 소송이 주목을 받았기 때문이다.

종래 호주에서 발생한 저작권 침해책임에 관하여 1968년 저작권법 제101조 (1)항[222]에서는 "이 章에 의해 인정된 저작권은, 저작권자가 아닌 자가 저작권자의 허락 없이 저작권법에 따라 저작권을 구성하는 행위를 호주 안에서 행하거나 다른 자로 하여금 호주 안에서 행하도록 허락함으로써[223] 침해된다"고 정하고 있었다.[224] 그러다가 호주에서도 디지털 기술과 컴퓨터 네트워크의 등장에 따라 이에 대응한다는 취지로 1998. 4. 호주 정부가 저작권법을 손질할 의사를 밝혔고 그에 따라 저작권법을 대폭 손질한 디지털 저작권법(CADA)[225]이 2000. 8. 17. 상하 양원을 통과하여 2001. 3. 4.부터 발효되었다.[226] 이 법은 새롭게 광의로 음반 · 영화 · 방송 등을 망라하여 기술 중립적인 공중전달권(Right of communication to the public)을 신설하고, 공중전달의 과정에서 생기는 일시적 저장에 대하여는 복제권 침해에 대한 예외를 인정하는 등 전반적인 개정을 하고 있다.

특히 디지털 저작권법의 개정 취지 중 하나는 제3자가 범한 저작권침해에 따른 배달인(carrier)과 인터넷서비스제공자의 책임을 일정 조건 하에서 제한하고자 하는 것이어서,[227] 인터넷서비스제공자의 책임제한규정도 함께 도입하고

222) 그 조문은 〈www.austlii.edu.au/au/legis/cth/consol_act/ca1968133〉[2006. 3. 2.]에서 찾을 수 있다.

223) 이 부분 호주 저작권법은 미국저작권법 제106조와 상당히 유사함을 알 수 있다(미국의 규정 및 관련논의는 Frena 사건을 다룬 제2장 제2절 Ⅱ. 1. 2) 부분 참조). 그럼에도 미국에서는 Frena 사건에서 위 규정의 해석문제가 잠깐 등장하였을 뿐 대개는 위 규정의 역할은 미비하고 기여 · 대위책임론과 같은 판례법상 법리가 인터넷서비스제공자의 책임을 판단하는 기준으로 작용하였다. 반대로 호주에서는 Kazaa 사건에서 법원이 이 규정의 해석문제, 즉 허락(Authorization)의 존재 여부를 인터넷서비스제공자 책임유무의 가장 큰 기준으로 삼고 있다.

224) 위 법은 어문저작물 등 통상의 저작물에 대한 제3장의 규정과 별도로 저작권법 제4장에서 음반(저작권법 제85조에서 복제 · 공연 · 공중전달 · 영리 목적 대여를 음반저작권자의 저작권으로 나열하고 있음), 영화, 방송 등의 저작권을 보호하고 있으며, 음반 등의 저작권이 위에서 '이 章에 의해 인정된 저작권'이 지칭하는 것들이다. 나아가, 음반 등의 저작권에 대한 침해행위를 열거하고 규제하는 제4장 제6절(Part Ⅳ Division 6)은 수입행위로 인한 침해(102조), 판매 등 거래행위로 인한 침해(103조)와 더불어 위에서 본 바와 같이 101조에서, 제85조의 저작권을 이루는 행위를 직접 행하거나 허락함으로 인한 침해를 규제하고 있는 것이다.

225) 정확한 명칭은 'Copyright Amendment (Digital Agenda) Act 2000.'

226) 이러한 경위는 아래 호주 법무부 보도자료 및 〈www.decs.act.gov.au/policies/pdf/Copyright_Amendment.pdf〉[2006. 3. 4.] 각 참조.

227) 호주 법무부 보도자료 'Copyright Amendment (Digital Agenda) Act 2000 Fact Sheet'

있다. 우선 기존의 제22조 (6)항을 고쳐, “방송이 아닌 전달의 경우 전달 내용을 결정할 책임 있는 자가 그 전달을 한 것이다”라고 규정하였다.[228] 이렇게 전달 내용을 결정할 수 있는 경우에만 전달에 관련된 저작권침해에 직접 책임이 있다고 정함으로써 결국 제3자가 그 내용을 결정하는 경우에 배달인이나 인터넷서비스제공자는 침해적 전달에 직접 책임을 지지는 않게 되었다.

하지만 여전히 일정한 상황 하에서는 서비스제공자가 그 서비스의 이용자에 의한 침해를 위 제101조 (1)에 의한 허락을 한 것으로 판단되어(이른바 ‘Authorization’),[229] 책임을 부담할 수 있다. 개정 전의 호주 저작권법 하에서 침해를 ‘허락’하였는지에 관한 전형적 사례로 언급된 것이 Moorhouse 사건[230] 이다. 여기서 법원은 허락이 그 사전적 의미로 ‘인가, 승인, 장려’[231]를 말하는 것으로 허락이 인정되려면 침해를 방지할 수 있는 능력이 있어야 한다는 점, 침해에 대한 인식 없는 단순 부작위는 허락이 아니라는 점, 반면 침해의 인식이 있다면 허락으로 볼 수 있다는 점을 분명히 하였다.[232] 이러한 상황에 관하여 디지털 저작권법은 더 상세한 규정인 제101조 (1A)항을 신설하여[233] “위 (1)항과 관련하여 저작권자의 허락 없이 이 章에 의해 인정된 저작권을 구성하는 행위를 호주 안에서 행하도록 허락하였는지의 여부를 판단함에 있어, (a) 만약 있다면, 문제되는 행위를 행하는 것을 방지할 수 있는 능력의 정도, (b) 허락자와 문제된 행위를 한 자 사이에 존재하는 모든 관계의 성격, (c) 관련 분야의 산업규칙[234] 일체를 준수하였는지를 포함하여 행위를 행하는 것을 방지하거나 회피하기 위하여 어떠한 합리적인 조치를 취하였는지 여부를 반드시 고려해야 한다”고 정하였다.

〈www.ag.gov.au/agd/WWW/agdhome.nsf/Page/Latest_News〉[2006. 3. 4.] 참조.

228) CADA Schedule1 26.

229) 디지털 저작권법 제정 이전 이러한 ‘허락’에 관한 연구로는 David Lindsay, “Copyright Infringement via the Internet : the Liability of Intermediaries,” Research Paper No. 11, Centre for Media, Communications and Information Technology Law, University of Melbourne, May 2000, pp. 45-48 등 참조.

230) University of New South Wales v Moorhouse, (1975) 133 CLR 1. 이 사건은 학생들에게 복사를 할 수 있도록 복사기를 제공한 대학의 책임이 문제된 것이었다.

231) ‘sanction, approve, and countenance’

232) 이상은 David Lindsay, op. cit., p. 37.

233) CADA Schedule1 87.

234) 산업규칙이라 함은 일체의 전제조건으로서 ‘1997년 Telecommunications Act’ 제6장에 의하여 등록된 것 혹은 그 법에 어긋나지 않게 발전되어 온 산업규칙을 의미한다(제116AB조).

나아가, 디지털 저작권법은 제112E조를 신설하여[235] '전달을 하거나 가능하게 하는 시설을 제공하는 배달인이나 배달 서비스제공자는,[236] 단지 다른 자가 그렇게 제공된 시설을 저작권자의 권리에 속하는 행위를 하는 데 이용하였다는 이유만으로, 시청각 종류의 저작권침해를 허락한 것으로 간주되어서는 안 된다"는 규정을 두고 있다.

이처럼 호주의 디지털 저작권법은 타인의 침해행위를 허락한 자에게 책임이 있는지를 판단함에 있어 법원으로 하여금, 그 자가 관련 분야의 산업규칙 일체를 준수하였는지를 포함하여 행위를 행하는 것을 방지하거나 회피하기 위하여 어떠한 합리적인 조치를 취하였는지 여부를 반드시 고려해야 한다고 법으로 강조함으로써 애당초 미국의 DMCA의 입장과는 다소 차이가 있었다.[237]

3. 그 외의 나라들의 경우

이상에서 상세히 살펴본 미국, 유럽연합, 독일, 일본, 영국, 호주 이외에 가령 다른 국가들의 입법상황은 그다지 주목을 끄는 것이 없다. 가령 독일, 영국이 아닌 유럽연합의 다른 회원국들[238]의 경우라면 전자상거래 지침을 공통적으로 수용하는 방향일 것이므로 별도로 상세히 고찰할 필요는 없을 것이다. 다만 프랑스의 경우 최근 P2P의 적법 여부에 관하여 다른 나라와 마찬가지로 격렬한 논쟁단계에 들어서 있는 것으로 보인다.[239] 세계의 나머지 국가들은 아직

235) CADA Schedule1 95.

236) 배달자 및 배달 서비스제공자란, 모두 1997년 Telecommunications Act에 정해진 각 개념에 따른다고 정하였는데(제10조), 다시 Telecommunications Act 제7조에서는 전자를 같은 법 제56조의 '전달자 면허'를 가진 자, 후자를 같은 법 87조에서 정의된 자라고 각각 정의하고 있다.

237) 따라서 미국에서 Grokster에 관하여 책임을 부정하는 하급심 판결들이 잇따라 내려졌을 때도, 호주에서는 위 규정에 따라 만일 호주에서 Grokster와 동일한 피고의 책임이 문제되었다면 미국 법원과는 다른 결론이 내려졌을 것이라는 의견이 이미 유력하였다(이러한 의견으로 Jo Oliver, "Mgm V. Grokster: Second Generation Napsters Not Liable for Copyright Infringement Under Us Law," 6 No. 2 Internet Law Bulletin 13, June 2003, p. 16 등).

238) 스페인, 오스트리아, 포르투갈, 헝가리, 리히텐슈타인, 프랑스, 핀란드, 벨기에, 룩셈부르크, 노르웨이, 스웨덴 등은 앞서 각주에서 극히 간단히 등장한 바 있고, 네델란드는 아래 해당부분에서 'Kazaa 사건'으로 등장한다.

239) 프랑스에서는 파일교환에 있어 수신자의 파일수신은 사적 이용에 해당한다고 파악하고 있다고 한다. 이는 Charlotte Waelde & Lilian Edwards, "Online Intermediaries and Liability for Copyright Infringement", WIPO Seminar on Copyright and Internet Intermediaries, Geneva, April 18, 2005. pp. 48-49 〈www.wipo.int/meetings/2005/wipo_iis/en/program.html〉[2006. 3. 4.] 참조. 캐나다[제6장 제3절 Ⅱ. 3. '캐나다의 경우' 부분] 역시 이런 경우를 사적 이용이라고 파악하고 있는 국가이다. 프랑스에서는 2005. 12.경 포괄적 이용허락(blanket license)을 부여하여 P2P 파일교환을 완전히 적법화하

인터넷 네트워크가 널리 보급되지 않은 개발도상국들이 대부분이겠으므로,[240] 이상에서 언급한 국가들을 제외하고 우리가 알아둘 만한 상황으로는 캐나다의 그것이 있는 듯하다.

다른 국가들이 21세기로 접어들면서 디지털 기술의 등장에 발맞추어 대폭 저작권법을 개정한 것과 달리, 캐나다의 경우 1997년 개정된 저작권법이 현재까지[241] 변경 없이 유지되고 있다. 이렇듯 상당히 오랜 동안 별다른 개정 없이 저작권법이 유지된 중요한 이유 중 하나는 캐나다가 미국, 일본, 한국 등의 다른 주요 국가들과 달리 세계지적재산권기구 저작권 조약 등에 서명은 하고서도 아직 이를 국내법으로 비준[242]하지는 않았기 때문이다. 따라서 저작권자의 경우와 달리[243] 음반제작자는 아직 세계지적재산권기구 실연음반 조약에 따른 이용제공권을 인정받지 못하고 않다. 이러한 특수한 사정이 아래 해당부분[244]에서 설명하듯이 2004년경 법원이 P2P 네트워크에서 원고의 음반을 복제한 파일을 전송하는 이용자의 행위조차 사적 이용으로 적법하다는 판단의 실질적인 기

는 대신 P2P 사업자에게 부과금을 과하는 요지의 입법을 가결한 적이 있다(이 부분은 Red Herring, 'France Tots with legal P2P,' 2005. 12. 22.자 기사 참조). 하지만 정부에서는 오히려 이용자의 파일교환을 불법화하여 형사처벌하는 것은 물론 파일교환 소프트웨어 공급자에게도 책임을 묻는 취지의 개정 법안을 제출하여 2006. 3. 15. 의회의 표결에 붙일 예정이라고 한다(BBC News, "French MPs debate file-share law", 2006. 3. 9. 기사 참조).

240) 그러나 그 동안의 인터넷 성장속도를 감안할 때 이들 국가들에서도 조만간 인터넷서비스제공자의 책임이 문제될 것임은 분명하다. 따라서 이 책에서는 아래에서 일부 언급한 '대만'의 경우를 제외하고는 활용하지 못하였지만, 향후의 연구자들이 주로 개발도상국들에 대한 관련 동향을 파악하려면 가령 '국제 지적재산권 연맹(International Intellectual Property Alliance)'의 각국별 동향 보고서를 이용하여도 좋을 것이다. 위 연맹은 기실 미국 저작권업계가 1984년 국제적인 저작권 보호 및 강제를 위하여 설립한 조직이다. 위 보고서의 관점 역시 이른바 미국 통상대표부에 의한 슈퍼 301조의 동원 여부(감시대상국 등재, 유지, 제외 등)와 주로 관련된 것으로, 많은 개도국들의 저작권보호 실태를 면밀하게 감시하고 있다. 〈www.iipa.com/countryreports.html〉[2006. 3. 4.] 다른 법 분야와 달리 지적재산권보호의 기준이 전 세계적으로 빠르게 통일되어가는 원인 중 하나는, 이처럼 미국저작권업계의 막강한 영향력이 크게 작용하는 있음을 나타내는 일면이다.

241) 2005년 10월 현재까지 그러하다. 〈laws.justice.gc.ca/en/C-42/text.html〉[2006. 3. 4.].

242) 세계지적재산권기구 저작권 조약과 실연음반 조약 모두 적어도 30개 국가가 비준한 뒤에야 그로부터 3개월 뒤 발효된다고 명시하고 있어 세계지적재산권기구 저작권 조약의 경우 실제로 30번째 국가인 가봉이 비준한 뒤로부터 3개월 뒤인 2002. 3. 6.에야 발효되었다.
〈www.iipa.com/pressreleases/2001_Dec06_WIPOWCT.pdf〉[2006. 3. 4.].

243) 주의할 점은 캐나다의 저작권법은 이미 저작권자에게 공중전달권(right of communication to the public)을 부여하고 있다는 사실이다(이는 제3장 제2절 Ⅳ. 2.에서 등장한 캐나다의 '부과금기준 22(Tariff 22)'에 대한 판결 참조). 따라서 조약들의 비준으로 실질적으로 새로 도입되는 것은 저작인접권자의 이용제공권 뿐이다.

244) 제6장 제3절 Ⅱ. 3. '캐나다의 경우' 부분 참조.

초를 이루게 된다. 아울러 인터넷서비스제공자 책임을 제한하는 특별한 규정은 저작권법을 비롯해 다른 특별법으로도 채택되고 있지 않았다.[245]

이러한 현행 캐나다 저작권 법제 하에서 인터넷서비스제공자의 책임의 해석은 인터넷서비스제공자가 이용자의 침해행위를 '허락(authorization)' 하였느냐에 맞추어지게 된다. 종래 캐나다 법원은 단지 도구를 공급하는 행위만으로는 공급자가 그 도구 이용을 통제할 권한을 가지지 않은 경우 허락에 해당하지 않는다는 입장이었다. 나아가, 1993년의 Tervagne v. Beloeil (Town) 사건[246]에서 법원은 도구의 공급자가 침해자의 침해행위를 일정한 방법으로 인가, 승인, 그리고 장려[247]하기 위하여 침해자와 공동 목적을 형성하지 않는 한, 공급만으로 침해행위의 허락이 추정되지는 않는다는 입장을 취하였다. 아울러 피고가 침해행위의 가능성에 대한 인식(knowledge)을 가지지 않은 경우 허락의 존재는 부정되었다.[248]

이런 특수한 상황에서 캐나다에서 인터넷서비스제공자의 책임이 관련된 주목할 만한 분쟁은 앞서 설명한 '부과금기준 22(Tariff 22)' 사건[249]이었다. 캐나다에서는 이미 공 CD나 MP3 플레이어를 포함하여 비교적 광범위한 대상에 대하여 부과되는 복제부과금 제도가 존재한다.[250] 여기서 캐나다 연방대법원은 단순히 기술적인 이유로 캐싱을 하는 인터넷서비스제공자는 캐나다 저작권법의 해석상 저작권자의 공중전달권을 침해하는 자가 아니므로 부과금의 부과대상이 되지 않는다고 판단한 바 있었다.

그러던 중 2005. 3. 24.에 이르러 드디어 캐나다 정부도 인터넷이용의 증가에 따른 불법적 저작권침해의 문제에 대응하기 위하여 저작권법을 개정할 의사를 공표하고 이를 추진하기에 이르렀다.[251] 여기서 캐나다 정부는 세계지적재산권기구 저작권 조약과 실연음반 조약을 모두 국내법으로 비준함과 아울러 전

245) V.K. Unni, "Internet Service Provider' s Liability for Copyright Infringement- How To Clear The Misty Indian Perspective," Richmond Journal of Law and Technology Vol. Ⅷ Issue 2, Fall 2001. 〈law.richmond.edu/jolt/v8i2/article1.html〉[2006. 3. 2.]

246) 50 C.P.R. (3d) 419, [1993] 3 F.C. 227.

247) 'sanction, approve, and countenance,' 이는 앞서 'authorization' 및 다음의 'knowledge' 와 더불어 그 용어들조차 호주의 구 저작권법의 논의와 동일함을 알 수 있다.

248) 현행 캐나다 저작권법의 해석론은 V.K. Unni, op. cit.에서 재인용.

249) 자세한 사안은 제3장 제2절 Ⅳ. 2. 부분 각주 참조.

250) 더 자세히는 제7장 제3절 Ⅱ. 2. (1) 및 (2) 부분 각 참조.

251) 캐나다 산업부〈www.ic.gc.ca〉의 2005. 3. 24.자 "The Government of Canada Announces Upcoming

반적으로 저작권법을 개정할 것을 선언하면서 특히 인터넷서비스제공자의 책임 문제를 명확히 하기 위하여 일정한 조항을 삽입할 것을 제시하였다. 우선 인터넷서비스제공자가 원활하게 인터넷서비스를 캐나다에서 제공할 수 있도록, 정보의 단순한 도관(mere conduit)이나 캐싱, 호스팅, 정보검색(information location) 행위와 같이 단지 매개자(intermediary)로서 행동한 인터넷서비스제공자를 저작권 침해책임으로부터 면책시킨다는 것을 제안하였다. 그와 동시에 이용자들의 저작권 침해행위를 근절하는 데 인터넷서비스제공자가 일정 역할을 하도록, 호스팅 및 파일교환 행위와 관련하여 '침해주장의 통지 및 제거' 체제를 규정한다는 것도 제안되고 있다.[252)]

제 4 절 한국의 2003년 개정 저작권법

Ⅰ. 성립경위

1. 정보통신부가 입안한 정보통신이용촉진법개정안의 좌절

한국에서 인터넷서비스제공자의 책임제한에 관한 입법이 최초로 시도된 것은 원래 2000. 7. 20. 당시 정보통신망이용촉진등에관한법률[253)]을 개정하기 위한 공청회에서 정보통신부가 처음 공개한 개정안(이하, 정보통신이용촉진법개정안이라고 칭한다)[254)]에서부터이다. 즉, 정보통신이용촉진법개정안 제53조[255)]에서는

Amendments to the Copyright Act" 보도자료 참조 [2006. 3. 4.].

252) 더 구체적으로는 다음과 같다. 인터넷서비스제공자가 그 이용자가 침해물을 호스팅 하거나 파일교환하고 있다는 취지의 통지를 권리자로부터 받은 경우, 인터넷서비스제공자는 이 통지를 이용자에게 알리고 통지 후 일정기간 동안은 관련 정보를 유지할 의무를 부담한다고 한다. 권리자는 이러한 인터넷서비스제공자의 의무를 강제할 수단을 가질 수 있도록 한다. 접속차단은 오로지 법원이 명령한 때에만 요구된다. 정부는 통지절차를 규정하고 통지를 알리는데 인터넷서비스제공자가 부담하는 비용을 권리자에게 징수하는 데 권한을 가진다.

253) 현행 정보통신망이용촉진및정보보호등에관한법률이며, 편의상 정보통신망이용촉진법이라고도 칭한다.

254) 정보통신이용촉진법개정안의 내용은 국회나 정보통신부의 홈페이지에서는 찾을 수 없고, 오직 〈www.hani.co.kr/section-special/censor.html〉[2005. 4. 29.]에서만 입수할 수 있다.

255) 제53조(정보통신서비스제공자의 책임)

① 정보통신서비스제공자는 정보통신망을 통하여 자신이 제공한 정보에 대하여 책임을 진다.

② 정보통신서비스제공자는 타인이 제공하거나 유통시킨 정보에 대하여 다음 각 호의 모두에 해당하는 경우에만 책임을 진다.

1. 당해 정보의 내용을 인지한 경우

(i) 단순한 접속서비스만을 제공하는 정보통신서비스제공자는 이용자에 의하여 제공 · 유통된 정보에 대하여 면책되고, (ii) 반면 정보통신서비스제공자 자신이 정보를 제공 · 유통한 경우라면 당연히 책임이 있으며, (iii) 위의 두 가지 어디에도 해당되지 않는 일반적인 정보통신서비스제공자는 정보의 내용을 인지[256] 하였고, 그 정보의 제공 · 유통을 방지하는 것이 기술적으로 가능하며 기대가능한 경우에만 책임을 부담하는 것으로 정하고 있었다.

형식적으로 볼 때는 위 (i)의 경우는 접속제공자(Access Provider)를, (ii)의 경우는 콘텐츠제공자(Content Provider)를, (iii)의 경우는 호스팅 제공자(Host Provider)의 경우를 상정하여 각각의 책임요건을 구분하여 정한 것이었다. 그런데 이것은 실질적으로는 독일의 1997년 온라인서비스법[257]의 1항 내지 3항의 내용을 별다른 비판 없이 그대로 도입하였다는 기본적인 문제점을 가지고 있었고, 아울러 법리상 몇 가지 지엽적인 문제점[258]을 안고 있었다. 이러한 정보통신이용촉진법개정안 제53조는, 2000. 7. 20. 공청회 무렵 민변, 참여연대 등의 시민단체가 정보의 자유로운 유통을 저해한다며 위 제53조를 포함한 개정안 전체를 반대함으로써[259] 결국 제안자인 정보통신부에 의하여 개정안이 전반적으

2. 당해 정보의 제공 또는 유통을 방지하는 것이 기술적으로 가능하며, 그것이 기대가능한 경우

③ 정보통신서비스제공자가 단순히 접속 서비스만을 제공하는 경우에는 타인이 제공하거나 유통시킨 정보에 대하여 책임을 지지 아니한다.

256) 제53조 ④ 정보통신서비스제공자가 제45조 제1항의 규정에 의한 고지를 받았을 때에는 제2항 제1호의 규정에 따른 당해 정보의 내용을 인지한 것으로 본다.

제45조(정보통신윤리위원회의 조치) ① 정보통신윤리위원회는 정보통신망을 이용하여 일반에게 공개할 것을 목적으로 유통되는 정보 중에서 불법정보라고 판단할 수 있는 상당한 이유가 있는 경우에 정보통신서비스제공자에게 문서(전자문서를 포함한다)로서 이를 고지하여야 한다.

257) 그 조문내용은 제3장 제2절 Ⅱ. 1. (1) '1997년 온라인서비스법의 성립경위' 부분 참조

258) ① 사법적 성격을 가진 인터넷서비스제공자 책임제한 규정을 공법에 속하는 정보통신이용촉진법에 도입하려면 그 책임제한 규정의 적용범위를 분명히 하였어야 했다. 그런데 이를 명확히 하지 않아 제53조에서 지칭하는 '책임'의 성격이 과연 민사상 책임을 지칭하는지, 아니면 제46조 소정의 공법상 책임까지 포함하는 것인지 불분명하였다(아래 각주에서 언급하는 정보통신부 보도자료인 '정보통신이용촉진법 개정안 입법예고 –시민단체 의견 큰 폭 수용'의 첨부파일 내용에 따르면 심지어 형사책임까지 위 '책임'에 포함하는 것이 최초 입안자의 의도로 보인다), ② 제53조의 '인지'는 인터넷서비스제공자가 책임을 부담하는 전제요건이므로 가령 미국 DMCA와 같이 해당 정보의 권리자에 의한 고지를 받았을 때 인터넷서비스제공자가 그 정보의 내용을 인지한 것으로 보아야 함이 원형이므로 이에 대비한 상세한 규정을 두어야 할 것이다. 그런데 오히려 공적 기관인 정보통신윤리위원회에 의한 고지가 원형인 것처럼 규정하고 권리자는 이러한 고지에 종속하여 정보통신윤리위원회에 불법정보의 신고(개정안 제44조) 및 관련자료의 제출(개정안 제45조 제2항)만을 부수적으로 수행할 수 있는 것처럼 규정하여, 주종이 뒤바뀌었다.

259) 시민사회단체 공동성명서 "정통부는 과도한 규제와 권한집중을 가져올 무리한 통신망법 개정안을

로 수정되어[260] 입법예고 후 국회에 제출되는 과정에서, 삭제되었다.[261]

2. 저작권법개정안의 오랜 표류

그 직후인 2001. 4.경 이번에는 문화관광부가 경쟁적[262]으로 입안한 저작권법 개정안[263]이 등장하였는데 이 역시 인터넷서비스제공자의 책임면책에 관한 조항

철회하라," 2000. 7. 20. 〈freeonline.or.kr/declar.html〉[2005. 4. 21.] 및 김기중(민변 변호사), "온라인 매체에 대한 과도한 규제와 권력집중현상을 경계한다," 2000. 7. 20. 〈freeonline.or.kr/examin.html〉 [2005. 4. 21.] 그 반대의 주된 이유는 인터넷내용등급제 도입, 규제 목적의 각종 위원회 신설 등이 정보의 자유로운 유통을 저해할 것이라는 점이었다.

260) 이러한 정통부 자체의 수정과정 및 구체적 내용에 관하여는 정보통신부 보도자료, "정보통신이용촉진법 개정안 입법예고 -시민단체 의견 큰 폭 수용," 2000. 9. 19. '정보통신부〈www.mic.go.kr〉' → '알림넷' → '보도 및 언론해명' [2005. 4. 21. 방문] 및 그 첨부파일(a000919-7_01.hwp)을 각 참조.

261) 위 첨부파일(a000919-7_01.hwp)의 내용에 따르면 '윤리위원회가 사업자에게 불법정보를 고지하고 사업자가 인지한 불법정보에 대하여 형사책임을 지도록 하는 조항,' 즉 위 개정안의 제53조는 '사업자에게 불법정보에 대한 삭제를 강제(사적 검열)하는 효과를 가져 올 수 있다는 시민단체의 비판을 수용하여 삭제' 한다고 밝히고 있다.

262) 이에 관하여는 아래 Ⅲ. 평가 9. (2) 부분 참조.

263) 당시 입법 예고된 저작권법 개정안은 아래와 같았었다(개정안은 '문화관광부 홈페이지' → '법령자료' → '입법예고' 란 참조, www.mct.go.kr/index.jsp, 2004. 10. 4. 방문).

「제5장의 2 온라인서비스제공자의 책임 제한

제77조의2(온라인서비스제공자의 책임 제한) 온라인서비스제공자는 다음 각호의 1에 해당하는 경우에는 저작물 또는 실연·음반·방송·편집물(이하 이 장에서 '저작물등' 이라 한다)의 복제 또는 전송과 관련된 설비 또는 서비스를 제공한 것과 관련하여 저작권 그 밖의 이 법에 의하여 보호되는 권리의 침해에 대한 책임을 지지 아니한다.

1. 다른 사람에 의한 저작물 등의 복제 또는 전송이 저작권 그 밖의 이 법에 의하여 보호되는 권리를 침해한다는 사실을 알지 못하고 알지 못한 데 대하여 과실이 없는 경우
2. 다른 사람에 의한 저작물 등의 복제 또는 전송이 저작권 그 밖의 이 법에 의하여 보호되는 권리를 침해한다는 사실을 알고 즉시 당해 복제 또는 전송을 중단시킨 경우. 다만, 중대한 과실로 인한 중단의 경우에는 그러하지 아니하다.
3. 다른 사람에 의한 저작물 등의 복제 또는 전송을 방지하거나 중단시키는 것이 기술적으로 불가능하거나 현저한 시간적 또는 재정적 부담으로 사실상 기대할 수 없는 경우

제77조의3(복제 또는 전송의 중단) ① 이 법에 의하여 보호되는 권리를 가지고 있다고 주장하는 자(이하 이 조에서는 '권리주장자' 라 한다)는 온라인서비스제공자의 설비 또는 서비스를 이용하여 복제 또는 전송되는 저작물 등에 대하여 당해 저작물등의 권리자임을 소명하여 온라인서비스제공자에게 당해 저작물 등의 복제 또는 전송을 중단시킬 것을 요구할 수 있다.

② 온라인서비스제공자는 저작물 등을 복제 또는 전송하는 자에게 지체없이 제1항의 규정에 의한 요구사실을 통보하여야 하며, 당해 저작물 등을 복제 또는 전송하는 자가 즉시 이의 제기를 하지 아니하는 한 권리관계가 확정될 때까지 당해 저작물 등의 복제 또는 전송을 중단시키는 조치를 하여야 한다. 온라인서비스제공자가 이러한 의무를 이행한 경우 저작권 그 밖의 이 법에 의하여 보호되는 권리의 침해에 대한 책임을 지지 아니한다.

③ 온라인서비스제공자는 제2항의 규정에 의하여 당해 저작물등의 복제·전송을 중단시키는 것으로 인하여 저작물 등을 복제·전송하는 자에게 발생하는 손해에 대하여 책임을 지지 아니한다.

④ 권리주장자 또는 복제·전송하는 자는 제2항의 규정에 의하여 저작물 등의 복제·전송이 중단되

을 담고 있었다. 앞서 정보통신이용촉진법개정안이 독일의 1997년 온라인서비스법을 따르고 있는 것과 대조적으로, 위 저작권법 개정안은 이번에는 미국의 DMCA, 더 구체적으로는 DMCA 중 OCILLA(Online Copyright Infringement Liability Limitation Act)의 내용을 상당부분 차용하고 있는 형태였다.

그러나 위 저작권법 개정안은 2003. 5. 27. 실제 개정법률이 될 때까지 수많은 검토와 변화를 거치게 되었고, 따라서 그 사이 한국에서 인터넷서비스제공자의 책임제한규정이 법률로서 최초 규정된 것은 저작권법이 아닌, 2002. 12. 30. 개정된 컴퓨터프로그램보호법[264]이 되었는데, 이는 그것보다 나중에 개정법률로 성립된 저작권법의 내용과 완전히 동일한 내용이었다.

3. 법적 공백에 대한 관련자들의 자구책—온라인서비스제공자 책임 가이드라인

그 무렵인 2002. 10.경 저작인접권자인 음반업계는 포털사이트를 운영하는 4개 주요업체에 대하여 그 업체들이 이용자들의 음악파일 불법교환 등을 조장하고 있다고 공개적으로 비난함으로써 종전부터 저작권자와 인터넷서비스제공자 사이에 존재하던 미묘한 갈등[265]이 증폭되었다. 그러한 갈등 해결을 위하여 2003. 1. 29. 양측[266]이 합의한 '온라인서비스제공자 책임 가이드라인[267]'의 내용[268]

거나 중단되지 아니하는 것으로 인하여 발생한 손해를 배상하여야 한다.

⑤ 제1항 및 제2항의 규정에 의한 권리의 소명, 통보 및 이의제기에 관하여 필요한 사항은 대통령령으로 정한다」.

264) 2000. 12. 30. 개정된 컴퓨터프로그램보호법 제 34의2, 제34조의3.

265) PC 통신시절부터 하이텔, 천리안 등의 사업자는 이용자들의 게시물 중 타인의 권리를 침해하는 대상물을 이용자들과의 개별약관에 터 잡아 임의로 삭제하는 등 일정한 관리를 하여 왔다. 하지만, 이러한 관리는 많은 한계가 있었고, 이용자들의 침해행위가 있을 경우 인터넷서비스제공자의 입장에서 어떤 요건을 갖추어야 책임을 면할 수 있을지에 관한 구체적인 기준이 없어 상당한 법적 공백 내지 법적 불안정성이 존재했다.

266) Daum, Naver, 프리챌, SK커뮤니케이션즈 등 4개 포털사이트와 한국음악저작권협회, 한국음반산업협회, 한국음원제작협회, 한국연계제작자협회, 한국예술실연자단체연합회 등 5개 저작권관련단체이다.

267) 문화관광부 보도자료, "저작권관련 온라인서비스제공자의 책임에 관한 가이드라인합의," 2003. 1. 30.

268) 1. 온라인서비스제공자가 다음에 정하는 기준에 따라 일정한 조치를 하는 경우에 저작권법상의 권리의 침해에 대한 책임이 감경 또는 면제되는 것으로 이해된다.

가. 온라인서비스제공자는 다음의 경우에 지체 없이 게시물을 삭제하거나 그에의 접근을 봉쇄하기 위한 조치를 취하여야 한다.

(1) 다음 자료 또는 행위가 저작권 침해라는 사실을 알게 되거나, 침해를 알 수 있는 명백한 사실이나 그러한 정황을 알게 된 경우

은 실질적으로 향후 입법될 저작권법상의 책임면제요건을 많은 부분 미리 담고 있는 것이었다.

위 가이드라인을 평가하자면, 이미 그보다 앞서 정보통신망이용촉진법 상의 책임제한 규정의 도입이 좌절되고 저작권법 상 책임제한 입법이 지연되는 동안 불가피하게 발생한 법적 공백을 인터넷서비스제공자들 스스로의 자구적인 합의안 도출로 일정부분 메울 수 있었다는 의의는 크다고 하겠다. 하지만, 그 내용 중에는 개정 저작권법의 그것 이상으로 강하게 미국 DMCA의 영향을 받거나 심지어 DMCA의 해당규정을 무차별적으로 그대로 번역하는 정도에 그친 규정이 상당수 있음을 알 수 있다. 즉, 반복적이거나 중대한 침해자에 대한 서비스 중단 정책의 채택,[269] 표준적인 기술적 보호조치의 수용,[270] 일반적인 모

- 자료실 또는 게시판의 경우, 그에 게시된 자료 또는 그 자료를 이용하는 행위
- 링크의 경우, 링크된 자료 또는 링크된 자료를 이용하는 행위

※ 저작권 침해물을 복제·전송하는 것으로 알려진 특정한 사이트의 경우, 당해 사이트로부터의 링크 전체를 침해로 추정

(2) 유효한 침해주장 통지를 받은 경우

※ 유효한 침해주장의 통지의 구성요소

(이 부분 생략; 필자 주)

나. 온라인서비스제공자는 침해주장을 수신하고 처리하는 전담 창구를 개설하고 그 담당자를 지정하여 권리자나 이용자가 쉽게 확인 가능하도록 온라인 상에 게시하여야 한다.

다. 온라인서비스제공자가 게시물을 삭제하거나 접근을 봉쇄한 경우, 그 사실을 게시자에게 직접 통보하거나 공지하고, 이에 대해 게시자가 유효한 대응통지로서 복제·전송의 재개를 요청한 경우에 그 사실과 재개예정일(대응통지를 받은 날로부터 10 근무일 이후 14 근무일 이내)을 즉시 권리주장자에게 통보하고 그 재개예정일에 복제·전송을 재개하여야 한다.

※ 유효한 대응통지의 구성요소

(이 부분 생략; 필자 주)

라. 온라인서비스제공자는 그 서비스 이용자가 반복적이거나 중대한 침해자인 경우에 서비스를 중단한다는 정책을 채택하고 이를 실행하며, 이러한 정책을 공지하여야 한다.

마. 온라인서비스제공자는 저작권 보호를 위한 표준적인 기술적 보호조치를 수용하고 이를 방해하지 않아야 한다.

바. 정부나 정부의 허가를 받은 저작권자단체가 침해의 개연성에 대한 정황증거를 제시하여 특정 비공개동호회에서의 특정 저작물에 대한 저작권침해 가능성에 대하여 문서로 확인을 요청한 경우 온라인서비스제공자는 이에 응하여야 한다. 다만, 이러한 요청은 온라인서비스제공자에게 과도한 부담을 주어서는 아니 된다.

2. 이 가이드라인은 온라인서비스제공자에게 저작권 침해와 관련하여 일반적인 모니터링 의무를 부과하는 것으로 이해되지 아니한다.
3. 이 가이드라인은 적절한 절차를 밟아 저작권법 시행령 등 관련 규정에 반영될 것으로 이해된다.
4. 이 가이드라인의 적용과 관련한 세부사항은 본 가이드라인의 마련 과정과 같은 과정을 통하여 마련한다.
5. 이 가이드라인은 참여자의 소속단체 및 회사가 적절한 절차를 밟아 이에 동의한 때에 발효한다.

269) 17 U.S.C. § 512(i)(1)(A).

니터링 의무의 부정[271] 등의 규정이 DMCA의 해당조항을 그대로 차용하였을 뿐만 아니라 심지어 자료게시자의 온라인서비스제공자에 대한 '대응통지'에 의한 온라인서비스제공자의 자료게시 행위의 재개예정일에 관하여는 재개요구를 수령한 날로부터 '10일 이상 14일 이하'의 기간 안에 한다고 하여 그 기간까지 DMCA의 그것[272]과 동일하게 정하고 있다.

4. 2003년 개정 저작권법의 성립과 온디콘법과의 관계

이미 2001년부터 계속 검토되던 저작권법 개정안이 일부 수정을 거쳐 마침내 2003. 5. 27. 개정되면서 저작권법에도 '제5장의2 온라인서비스제공자의 책임제한' 규정이 신설되었다.

한편, 디지털시대 저작물의 보호와 관련하여 2002. 1. 14. 제정된 온라인디지털콘텐츠산업발전법(이하, 줄여서 '온디콘법'이라고 한다) 규정[273]과 위 저작권법 규정과의 관계가 문제될 수 있다. 우선 인터넷에서 전송되는 불법 MP3 파일, 동영상파일, 소프트웨어 등이 온디콘법 제2조 제1호에 정한 '디지털콘텐츠'에 해당할 수는 있겠으나, 같은 조 제2호에 정한 '온라인디지털콘텐츠'에 해당한다고는 보이지 아니한다.[274] 뿐만 아니라 온디콘법 제21조에서 온라인콘텐츠제작자가 저작권법 또는 컴퓨터프로그램보호법의 보호를 받는 경우에는 저작권법 또는 컴퓨터프로그램보호법이 이 법에 우선하여 적용된다고 명시하고

270) 17 U.S.C. § 512(i)(1)(B).

271) 17 U.S.C. § 512(m).

272) 17 U.S.C. § 512(g)(2)(C).

273) 제18조 제1항 "누구든지 정당한 권한 없이 타인이 상당한 노력으로 제작하여 표시한 온라인콘텐츠의 전부 또는 상당한 부분을 복제 또는 전송하는 방법으로 경쟁사업자의 영업에 관한 이익을 침해하여서는 아니 된다."

274) 온디콘법 제2조 제2호는 "온라인디지털콘텐츠라 함은 정보통신망이용촉진및정보보호등에관한법률 제2조 제1항 제1호의 규정에 의한 정보통신망(이하 '정보통신망'이라 한다)에서 사용되는 디지털콘텐츠를 말한다"고 규정하고 있고, 온디콘법 제18조는 보호의 대상을 '타인이 상당한 노력으로 제작하여 표시한 온라인콘텐츠'에 국한하고 있다. 따라서 해석상 정당한 권리를 가진 타인 스스로 당해 콘텐츠를 정보통신망에서 사용되는 온라인콘텐츠화한 것만이 온디콘법의 보호대상이라고 보인다(참고로 최근 대법원 2006. 2. 10. 선고 2004도9073 판결은 권리자가 보호를 받으려면 법 제17조 제1항 소정의 표시를 하여야 하므로 온라인콘텐츠의 제작 및 표시연월일에 대한 표시를 생략한 경우 보호를 부정하고 있다). 반면 가령 단순한 디지털콘텐츠인 음악CD는 0과 1의 디지털신호로 기록되는 디지털 매체이지만, 유형물인 CD 자체는 정보통신망을 통하여 전달될 수 없는 대상이므로 위 법에 정한 온라인디지털콘텐츠가 아니다. 따라서 권리 없는 자가 임의로 MP3 파일로 변환하여 정보통신망에 올리는 경우에는 원래 음악 CD에 정당한 권리를 가진 타인(저작권자)이 온디콘법에 의한 보호를 주장하기에는 해석상의 난점이 있다.

있으므로, 인터넷서비스제공자의 침해책임이 실제 온디콘법 규정과 관련하여 문제될 여지는 없다고 할 것이다.

Ⅱ. 내 용

먼저 온라인서비스제공자란, 다른 사람들이 저작물이나 실연·음반·방송 또는 데이터베이스(이하, 이를 '저작물등'이라 한다)를 정보통신망(정보통신망이용촉진및정보보호등에관한법률 제2조 제1항 제1호의 정보통신망을 말한다)을 통하여 복제 또는 전송할 수 있도록 하는 서비스를 제공하는 자를 말한다.[275]

다음, 온라인서비스제공자의 서비스를 이용한 저작물 등의 복제·전송에 의하여 저작권 그 밖에 이 법에 의하여 보호되는 자신의 권리가 침해됨을 주장하는 자(이하 이 조에서 '권리주장자'라 한다)는 그 사실을 소명[276]하여 온라인서비스제공자에게 그 저작물 등의 복제·전송을 중단시킬 것을 요구할 수 있다(제77조의2 제1항). (이른바 저작권자 등의 침해주장의 통지).[277] 온라인서비스제공자는 위와 같은 권리주장자로부터의 복제·전송의 중단요구가 있는 경우에는 지체 없이

---

275) 저작권법 제2조 제22호.

276) 소명자료의 구체적인 내용은 저작권법 시행령 제28조의2에 정하고 있는데, 이 역시 17 U.S.C. § 512(c)(3)의 내용과 거의 동일하다. 즉, 먼저, 자신의 저작권 등이 침해됨을 주장하는 자(이하 '권리주장자'라 한다)는, 자신이 그 저작물의 권리자로 표시된 저작권 등의 등록증 사본 또는 그에 상당하는 자료 등을 온라인서비스제공자에게 제출하는 방법으로 소명해야 하고(시행령 제28조의2 제1항), 나아가 권리주장자가 그 저작물의 복제·전송의 중단을 요구하고자 하는 때에는 위와 같은 자료와 함께 1. 그 복제·전송이 저작권 등을 침해한다는 취지의 진술, 2. 그 복제·전송의 중단요구대상이 된 저작물의 제호 또는 그에 상당하는 문자나 부호, 3. 그 복제·전송의 중단요구대상이 된 저작물이 소재하는 온라인서비스 상의 위치를 충분히 확인할 수 있는 정보, 4. 권리주장자의 성명등 및 주소·전화번호·전자우편주소 등 연락처, 5. 권리주장자나 그의 대리인의 서명 또는 날인, 6. 정당한 권리 없이 복제·전송의 중단을 요구하는 경우 그로 인하여 발생하는 손해를 배상한다는 취지가 기재된 문서를 온라인서비스제공자에게 제출하여야 한다(시행령 제28조의2 제2항). 위 시행령을 저작권법 제77조의2 조문과 대조하여 보면, 위 시행령은 '복제·전송의 중단요구'의 경우와 구별하여 '권리주장의 요구'를 굳이 따로 정하고 있다. 이는 아마도 '권리주장의 요구'만을 접수한 온라인서비스제공자가 제77조 제1항에 따라 자발적으로 침해물을 제거하는 경우를 상정한 것일 수 있겠다.

277) 이러한 절차는 미국 Netcom 사건의 판례가 처음 요구하였고, 그 이후 DMCA에서 이를 명문으로 요건화하였던 것을 한국 저작권법에서도 수용한 것이다. 다만, 바로 위 각주에서 설명하였듯이 우리 저작권법상 침해주장의 통지는 침해저작물의 소재를 충분히 확인할 수 있는 정보 등까지 포함할 필요가 없다는 점에서 이러한 정보까지 모두 포함하여야 하는 미국 DMCA가 지칭하는 침해주장의 통지(notification of claimed infringement)와는 다소 상이하다는 점은 주의하여야 한다.

그 저작물 등의 복제 · 전송을 중단시키고 중단한 날부터 3일[278] 이내에 당해 저작물 등을 복제 · 전송하는 자(이하 '복제 · 전송자'라 한다)에게 그 사실을 통보하여야 한다(제77조의2 제2항). 그러한 통보를 받은 복제 · 전송자가 자신의 복제 · 전송이 정당한 권리에 의한 것임을 소명[279]하여 그 복제 · 전송의 재개를 요구하는 경우(이른바, 복제 · 전송자의 대응통지), 온라인서비스제공자는 재개요구사실 및 재개예정일[280]을 권리주장자에게 지체 없이 통보하고 그 예정일에 복제 · 전송을 재개시켜야 한다(제77조의2 제3항).

이 때, 정당한 권리 없이 제1항 및 제3항의 규정에 의한 그 저작물 등의 복제 · 전송의 중단이나 재개를 요구하는 자는 그로 인하여 발생하는 손해를 배상하여야 할 뿐만 아니라(제77조의2 제6항), 나아가 자신에게 정당한 권리가 없음을 알면서 고의로 복제 · 전송의 중단 또는 재개요구를 하여 온라인서비스제공자의 업무를 방해한 자는 저작권법 제99조에 따라 형사처벌을 받게 된다.

한편 온라인서비스제공자는 제1항 및 제3항의 규정에 의한 복제 · 전송의 중단 및 그 재개의 요구를 받을 자(이하 이 조에서 '수령인'이라 한다)를 지정하여 자신의 설비 또는 서비스를 이용하는 자들이 쉽게 알 수 있도록 공지하여야 한다(제77조의2 제4항).

온라인서비스제공자가 위와 같은 공지를 하고, 제2항 및 제3항의 규정에 의하여 그 저작물 등의 복제 · 전송을 중단(이른바, 제거조치)시키거나 재개시킨 경우에는 다른 사람에 의한 저작권 그 밖에 이 법에 의하여 보호되는 권리의 침해에 대한 온라인서비스제공자의 책임 및 복제 · 전송자에게 발생하는 손해에 대한 온라인서비스제공자의 책임을 감경 또는 면제할 수 있다(제77조의2 제5항). 다만, 이 항의 규정은 온라인서비스제공자가 다른 사람에 의한 저작물등의 복제 · 전송으로 인하여 그 저작권 그 밖에 이 법에 의하여 보호되는 권리가 침해된다는 사실을 안 때부터 제1항의 규정에 의한 중단을 요구하기 전까지 발생한 책임에는 적용하지 아니한다(제77조의2 제5항 단서).

한편, 온라인서비스제공자가 저작물이나 실연 · 음반 · 방송 또는 데이터베

---

278) 저작권법 시행령 제28조의3 제1항.

279) 저작권법 시행령 제28조의4.

280) 재개예정일에 관하여, 17 U.S.C. § 512(g)(2)(C)는 복제 · 전송행위자로부터의 재개요구를 수령한 날로부터 10일 이상 14일 이하 기간 안에 하도록 정하고 있으나, 우리 저작권법은 재개요구를 수령한 날로부터 7일 이상 14일 이내로 다소 상이하게 정하고 있다.

이스, 즉 저작물 등의 복제 · 전송과 관련된 서비스를 제공하는 것과 관련하여 다른 사람에 의한 저작물 등의 복제 · 전송으로 인하여 그 저작권 그 밖에 이 법에 의하여 보호되는 권리가 침해된다는 사실을 알고 당해 복제 · 전송을 방지하거나 중단시킨 경우 다른 사람에 의한 저작권 그 밖에 이 법에 의하여 보호되는 권리의 침해에 관한 온라인서비스제공자의 책임을 감경 또는 면제할 수 있다(제77조 제1항). 마찬가지로 온라인서비스제공자가 같은 사실을 알고 당해 복제 · 전송을 방지하거나 중단시키고자 하였으나 기술적으로 불가능한 경우는 온라인서비스제공자의 책임은 면제된다(제77조 제2항).

이미 언급하였듯이, 2002. 12. 30. 개정 컴퓨터프로그램보호법도 위의 저작권법 규정들과 동일한 내용의 규정을 2003년 개정 저작권법보다 먼저 신설하고 있다.

Ⅲ. 평 가

1. 서비스제공자의 면책이 인정되는 이용자들의 침해행위 영역의 문제

한국에서는 인터넷서비스제공자에 대한 책임제한규정이 이용자들의 저작권법(혹은 컴퓨터프로그램보호법) 상의 침해행위에만 적용된다.[281)]

반대로 유럽연합의 전자상거래 지침, 독일의 온라인서비스법, 일본의 서비스제공자책임제한법은 저작권침해의 경우뿐만 아니라, 상표권침해 나아가 명예훼손(인격권침해)에 대한 침해책임 등 인터넷서비스제공자가 정보 유통자로서 관여하여 책임이 거론될 수 있는 일체의 경우를 가리지 않고 동일한 조건 하에 책임을 제한하는 일종의 통일법의 형태를 띠고 있다. 따라서 우리의 입법 방식은 그 규제대상이 되는 침해행위 면에서는 유럽연합, 독일, 일본의 그것과는 다르며, 미국의 DMCA와 유사하다고 할 수 있다.

미국은 인터넷서비스제공자의 책임제한을 논의함에 있어 전통적으로 저작

281) 주의할 것은, 이용자들의 저작권법상 침해행위에만 적용된다고 하더라도 감면되는 온라인서비스제공자의 책임은 반드시 저작권법 상의 책임은 아니라는 사실이다. 즉, 제77조의2 제5항 복제 · 전송자에게 발생하는 손해에 대한 온라인서비스제공자의 책임이 저작권침해에 대한 책임이 아니라 일반 민사상 손해배상책임임은 분명하고, 아울러 같은 항의 '다른 사람에 의한 저작권 그 밖에 이 법에 의하여 보호되는 권리의 침해에 대한 온라인서비스제공자의 책임'도 경우에 따라 '다른 사람에 의한 저작권 침해행위에 대한 온라인서비스제공자의 민법상 방조책임'이 될 수 있는 것이다.

권침해의 경우와 명예훼손의 경우를 구분하고 있고, 전자의 경우에 적용되는 DMCA에 대응하여 후자의 경우에는 통신품위법(CDA)이라는 별도 입법을 통하여 면책을 부여하고 있어 앞으로도 그 법리가 상이할 수밖에 없다. 그러나 유럽연합, 독일, 일본 등은 위와 같은 통일법을 두고 있는 이상 위 두 가지 경우가 통일법으로 규율되는 과정에서 하나의 법리로 통합될 수 있을지 주목된다. 나아가, 한국의 그간 상황을 실펴 볼 때 인터넷서비스제공자의 책임제한 영역을 벗어나 적어도 일반적인 법리에서 타인의 침해행위가 저작권 침해행위인지, 아니면 명예훼손 행위인지에 따라 이러한 침해행위를 가능하게 도운 자의 책임이 법리상 구별되어 왔다고는 보이지 않고 설령 그렇더라도 미국에서처럼 명확하게 달리 규율되어 왔다고 판단하기는 무리라고 보인다. 따라서 이용자의 침해행위가 저작권 침해행위인지, 아니면 명예훼손 행위인지를 가리지 않고 통일적으로 규정하는 특별법 형식을 취하는 것이 일견 한국에서의 그간 논의 방식에는 더 맞는다고도 볼 수 있다.

2. 서비스제공자의 서비스 유형에 따라 면책요건을 달리할지의 문제

규제 방식의 면에서, 미국 DMCA는 § 512(a)부터 § 512(d)까지 크게 네 가지 유형으로 인터넷서비스제공자가 제공하는 네트워크 관련 서비스의 技術 유형을 구분하여 그 책임요건을 다르게 규율하였고, 이러한 입법 방식을 앞서 설명한 대로 유럽연합의 전자상거래 지침, 독일의 온라인서비스법도 현재 따르고 있다. 그러나 한국 저작권법은 온라인서비스제공자의 개개 유형에 관하여는 아무런 규정을 두고 있지 않아 미국 DMCA의 방식에 따르지 않았고, 이 점에서는 일본의 서비스제공자책임제한법의 규제방식과 동일하다고 하겠다.

이러한 우리의 입법 방식이 항상 새로운 서비스방법이 창출되고 있는 인터넷이용의 현실에서 법의 흠결 없이 법규의 적용에 탄력을 기할 수 있다는 이유에서 오히려 좋다는 입장[282]도 있다. 이러한 입장에 따르면, 인터넷서비스제공자의 책임기준은 전통적인 과실책임의 원칙 하에서 책임의 요건을 일부 강화하거나 책임의 정도를 완화하는 수준으로 족하다는 것을 전제한다. 나아가 인터넷서비스제공자에게 주의의무를 어느 수준에서 부담시킬 것인가를 결정하고, 인터넷서비스제공자가 주의의무를 위반했는가를 어떤 기준에 의하여 판단할 것

282) 안효질, "P2P환경 하에서의 저작권침해책임," 74, 93면 및 김병일, 앞의 논문, 123면.

인가가 중요하며, 미국의 Napster 사건에서 미국의 법원이 전통적인 기여책임과 대위책임을 갖고 해결하고 있는 것도 그러한 맥락에서라는 것이다.

하지만, 기술적 특징(가령, 인터넷 네트워크에 있어 단순한 접속 제공자는 이용자들끼리 전송하는 정보를 식별하거나 차단하기가 불가능하다는 특징)이 법률적 평가(통제 가능성 등이 없으므로 보편적 입장은 책임을 부정함)에 곧바로 영향을 미쳐 그 법적 효과를 달리할 수밖에 없다면, 기술적 특징에 따라 입법하는 태도가 가장 분명할 수밖에 없을 것이다. 인터넷이용의 현실이 비록 가변적일지라도 인터넷서비스제공자의 책임제한 문제에 대한 규율에서 지나치게 법규적용의 탄력성을 고집할 경우 법의 흠결을 다소 피할 수 있을지 몰라도 극심한 법적 불안정성[283]이 불가피하다.

한국의 입법 방식, 아울러 우리와 방식이 동일한 일본의 입법은 법적 불안정성의 초래라는 이유 외에도 때문에 아래의 이유들을 보아도 법률적으로나 현실적으로 불완전한 입법에 불과하다고 본다. 첫째, 미국의 DMCA에서 유래한 규정[284]을 불완전하게 변형하여 수용한 것에 불과하여, 실제 사례에 적용함에 있어 법규의 공백[285]이 존재한다. 둘째, 독일 온라인서비스법이 1997년 최초

283) 가령, 위 논자 중 안효질, "P2P환경 하에서의 저작권침해책임," 71면 이하에서 보듯이 하이퍼링크 등이 독일 온라인서비스법의 규정 중 어느 규정에 의하여 규율하여야 할지 독일 학계에서 혼란스러울 정도의 법리논쟁이 벌어지는 것도 미국의 DMCA에서와 달리 (결코 복잡하지 않은) 관련규정 하나가 없기 때문이다. 위 논문에서는 하이퍼링크 등의 예를 마치 독일 온라인서비스법이 지나치게 기술유형에 따른 입법 규정을 둔 폐해의 사례로 설명하는 듯하나, 극단적인 입장을 취하여 기술유형에 따른 입법을 완전히 포기하고 민법 일반의 고의·과실이 있는 경우 책임이 있다는 일반적인 규정만 두는 방식[이러한 방식에 대한 비판으로는 제2장 제3절 Ⅰ. 1. 4) 부분 참조]을 취하게 되면 다음과 같은 결과가 빚어질 것이다. 즉 하이퍼링크의 사례뿐만 아니라 단순접속, 캐싱 등 인터넷서비스제공자의 모든 기술 유형 각각에 걸쳐 어떤 것이 구체적인 주의의무를 해태한 것인지에 관하여 학설상의 방만하고 혼란스러운 논란이 있을 뿐, 인터넷서비스제공자로서는 과연 어떤 요건을 갖추어야 면책되는지, 반대로 저작권자로서는 어떤 경우에 인터넷서비스제공자의 조치를 기대하고 이를 불이행하면 책임을 추궁할 수 있는지 예견하기 극히 곤란하여질 것이다. 이는 일정한 조건을 미리 분명히 정하여 저작권자에게는 인터넷서비스제공자에 대한 일정 조치를 기대할 수 있게 하고 반면 인터넷서비스제공자에게는 면책을 부여하여 인터넷서비스제공자가 제공하는 네트워크 기술을 보호, 장려하고자 하는, 인터넷서비스제공자의 책임제한 입법의 근본취지를 잊은 것이다.

284) 즉, 저작권법 제77조 및 제77조의2가 부여한 책임감면은 크게 서비스제공자에게 기술적 통제 가능성이 없는 경우의 필요적 책임면제(제77조 제2항)와 기술적 통제 가능성이 있는 경우 자발적이든(제77조 제1항), 통지에 의하여 수동적이든(제77조의2) 침해물 제거를 한 때의 임의적 책임감면으로 대별할 수 있는데, 이 중 전자는 멀리 미국판례법 상 대위책임에서의 통제 가능성 법리와 유사하고 직접적으로는 미국 17 U.S.C. § 512(a)의 영향을 받았다고 보이고, 후자는 책임면제가 아닌 임의적 감면이라는 결과만 다를 뿐 나머지는 미국 17 U.S.C. § 512(b)내지 (d)에서 정해진 내용과 동일하다.

285) 가령, 아래에서 설명하듯이 한국 저작권법은 최초 침해주장의 통지와 이에 대응한 재개요구만이 규

입법당시에는 몇 개의 추상적인 규정만을 두고 있다가 전자상거래 지침을 수용하는 개정 과정에서 캐싱 등에 관하여 미국 DMCA의 규정과 동일한 규정을 두게 된 사실이 시사하듯이 전 세계적으로 DMCA가 가진 영향력이 더욱 커져 가고 있음을 볼 때, 향후 한국 역시 그런 영향에서 자유로울 수 없을 것으로 예상되기 때문이다.

3. 온라인서비스제공자의 개념범위와 관련한 문제

저작권법은 제2조 제22호에서 온라인서비스제공자를, '다른 사람들이 저작물 등을 정보통신망을 통하여 복제 또는 전송할 수 있도록 하는 서비스를 제공하는 자'를 말한다고 정의하고 있다. 이러한 정의에 의거하여, 강학상 거론되는 온라인서비스제공자의 다양한 유형들이 과연 저작권법상 온라인서비스제공자의 개념에 모두 포섭될 수 있는지 살핀다.

(1) 과거 BBS 서비스제공자의 경우

BBS에서 불특정다수 이용자 간의 정보교환은 전자적으로 구현된 게시판에서 서로 읽을 수 있는 메시지를 올리고 읽는 방법을 통하여 이루어진다. 이때 매개가 되는 메시지는 통상 그 작성자의 저작물에 해당하므로 결국 BBS 서비스제공자는 그 이용자들이 저작물 등을 서비스제공자의 정보통신망을 통하여 복제 또는 전송할 수 있도록 하는 서비스를 제공하는 자이다. 따라서 저작권법상 온라인서비스제공자의 개념에 속함이 분명하다.

(2) P2P 서비스제공자의 경우

나중에 상세히 설명하겠지만 '소리바다'와 같이 P2P 서비스에서는 P2P 서비스제공자의 정보통신망을 통하지 않고 이용자들의 개인컴퓨터끼리 직접 연결되어 MP3 파일과 같은 저작물이 복제·전송된다. 앞서 저작권법의 규정을 '다른 사람들이 저작물 등을 (서비스제공자의) 정보통신망을 통하여 복제 또는 전송할 수 있도록 하는 서비스를 제공하는 자'라고 해석하는 입장에서는, P2P 서비스제공자는 저작권법상 온라인서비스제공자의 개념에 해당될 수 없을 것이다.

정되어 있을 뿐 재개요구사실을 통보받은 침해주장자가 재개를 막을 법적절차는 DMCA와 달리 규정하고 있지 않다. 아울러 침해주장의 통지를 받고 제거조치를 한 경우가 아닌 이상 설령 부적절한 침해주장의 통지를 거절하였더라도 일견 면책주장이 곤란한 것처럼 입법하고 있다.

이러한 입장을 따른 외국의 실례로, 미국의 Napster 사건에서 피고 Napster가 17 U.S.C. § 512 (a)[286]에서 정한 '일시적인 디지털-네트워크 통신' 서비스제공자로서 면책된다고 주장한 것에 대하여, Napster 1심[287]은 정보가 서비스제공자의 서버를 통하여(through) 전달되는 경우이어야 위 면책조항이 적용되는데, Napster 네트워크에서는 정보가 서버를 통하지 않고 개인이용자들의 컴퓨터끼리 직접 전달되므로 위 면책조항이 적용되지 않는다는 이유로 피고의 주장을 배척한 바 있다. 그러나 이러한 Napster 1심의 논리를 따르게 되면 서비스제공자가 자신의 서버를 통하여 불법 저작물 자체를 전송하는 경우에는 면책을 받을 수 있지만, Napster와 같이 단지 전송을 매개만 하여 불법에 더 경미한 수준의 가담을 한 서비스제공자는 오히려 면책되지 않는다는 결론에 이르게 된다. 이런 결론은 공평의 원칙에 반하는 것이어서 미국에서도 현재 법원이나 학설의 주류적 입장은 이러한 논리에 반대하고 있다.[288]

하물며, 미국의 DMCA §512 (a)가 저작물 등이 '서비스제공자를 위하여 통제되거나 운영되는 시스템이나 네트워크'를 통하였을 것을 명시적으로 요구하고 있는 것과 달리 한국의 저작권법 규정은 저작물 등이 '서비스제공자의 정보통신망을 통하여' 복제 또는 전송되어야 한다고 규정한 것이 아니다. 단지 저작물 등이 '정보통신망을 통하여' 복제 또는 전송되면 족하다고 정하고 있는 이상 P2P 서비스제공자 역시 저작권법이 정한 온라인서비스제공자의 개념에 포함된다고 보아야 할 것이다.

(3) 인터넷접속 서비스제공자 · 캐싱 서비스제공자 · 호스팅 서비스제공자 · 검색엔진 서비스제공자의 경우

미국의 DMCA의 경우 서비스제공자의 서비스제공의 기술유형에 따라 각각 인터넷접속 서비스제공자[17 U.S.C. §512의 (a)], 캐싱 서비스제공자[17 U.S.C. §512의 (b)], 호스팅 서비스제공자[17 U.S.C. §512의 (c)], 검색엔진 서비스제공자[17 U.S.C. §512의 (d)]에 대하여 개별적으로 면책요건을 정하고 있다. 우리

286) 17 U.S.C. §512(a)는 "서비스제공자는 서비스제공자에 의하거나, 서비스제공자를 위하여 통제되거나 운영되는 시스템이나 네트워크를 통하여(through) 정보가 서비스제공자에 의해 전송, 라우팅, 접속되었음을 이유로 한 저작권 침해에 대한 책임을 부담하지 않는다"고 정하고 있다.

287) Opinion on Section 512(a), A&M Records, Inc. v. Napster, Inc., No. Civ. 99-05183, 2000 WL 573136 (N.D. Cal. May 12, 2000).

288) 더 자세한 비판은 제5장 제1절 Ⅰ. 5. (3) '면책조항 §512(a)의 적용범위에 대한 원심의 잘못된 해석' 부분 참조.

의 저작권법 해석에 의하여도 이들 서비스제공자들은 모두 이용자들이 저작물 등을 정보통신망을 통하여 복제 또는 전송할 수 있도록 서비스를 제공하는 자라 할 것이다.[289] 따라서 저작권법 상의 온라인서비스제공자의 개념에 포함되므로 그 결과 면책규정이 적용된다.

(4) 인터넷경매 서비스 등 기타의 경우

옥션(Auction)과 같은 인터넷경매서비스제공자[290]는 주된 목적이 이용자들 간의 저작물 등의 복제·전송에 관한 것이 아닌 까닭에, 저작권법상 온라인서비스제공자의 개념에 포함되는지 쉽게 판단하기 곤란하다.

즉, 앞서 본 다른 유형의 서비스제공자들과는 달리 인터넷경매서비스제공자의 정보통신망을 통하여 이용자들은 자신들 사이의 상품매매를 성사시키는데 주된 관심이 있다. 저작권법 상의 온라인서비스제공자의 정의를 엄격하게 '다른 사람들이 저작물 등을 정보통신망을 통하여 복제 또는 전송할 수 있도록 하는 서비스를 (주된 목적으로) 제공하는 자'로 풀이하는 입장을 취하면, 인터넷경매서비스제공자에게는 저작권법이 정한 온라인서비스제공자 책임제한의 혜택이 적용될 여지가 없을 것이다. 그러나 이러한 결론은 다음과 같은 이유에서 부당하다.

첫째, 인터넷서비스제공자 책임제한 문제에 관하여 미국의 DMCA 규정이나 그에 대한 미국 법원의 실제 해석, 유럽연합의 전자상거래 지침이나 독일의 개정 온라인서비스법, 아울러 가까운 일본의 입법 등 제외국의 입법들이 보편적으로 취하고 있는 경향을 거슬리는 것이다. 즉, 미국의 DMCA에서는 '서비스제공자'의 개념을 '온라인 서비스 또는 네트워크 접속의 제공자 또는 그것을 위한 시설의 제공자'까지 모두 포섭하도록 넓게 정하고 있고, 이에 발맞추어 미국 판례는 DMCA에 정한 서비스제공자의 개념을 폭넓게 확장하는 경향을 보이고 있다. 이에 따라 한국의 옥션과 동일한 서비스를 제공하는 미국 eBay

289) 인터넷접속이나 캐싱, 호스팅 등이 모두 이용자들이 특정 콘텐츠에 접근하여 자신의 개인컴퓨터로 해당 내용을 전송, 복제(일시적 복제인지를 불문한다)받을 수 있도록 기능함은 분명하며, 검색엔진서비스의 경우도 특정 콘텐츠의 링크를 제공하여 그 전송, 복제를 매개하는 방법으로 위와 같은 기능을 한다. 검색엔진서비스제공자에게 저작권법의 책임제한규정이 적용된다는, 같은 입장으로는 김동진, 앞의 논문, 13-14면.

290) 인터넷경매서비스에 관한 본격적인 논의의 글로는, 정상조, "인터넷경매와 지적재산권' 및 남효순, "온라인마켓플레이스의 민사법적 쟁점 -인터넷경매를 중심으로-," 각 서울대학교 기술과법 센터 2004년도 국제세미나「On-line Marketplace의 법적 문제점」 발표문. 〈www.clt.re.kr〉[2004. 11. 30.].

사의 인터넷경매서비스에 대하여 이미 DMCA 면책조항의 적용을 긍정하고 있다.[291] 마찬가지로 유럽연합, 독일, 일본 모두 공통적으로 관련 책임제한 입법이 포섭하고자 하는 인터넷서비스제공자의 폭을 입법 자체에서 지극히 넓게 잡고 있는 형편이다. 즉 유럽연합의 전자상거래 지침은 '서비스제공자'의 개념을 '정보화 사회 서비스(information society services), 즉 서비스수신자의 개별적인 요구에 따라, 격지 간에 전자적 방법에 의한 보상수단으로 통상 제공되는 서비스를 제공하는 일체의 자연인 혹은 법인'이라고 정의[292]하고 있다.

다음으로 독일의 개정 온라인서비스법은 "온라인서비스제공자란 자신 또는 타인의 온라인서비스를 이용할 수 있도록 제공하거나 그 이용에 대한 접속수단을 제공하는 모든 자연인 또는 법인을 말한다"고 정의[293]하고 있다. 일본의 서비스제공자책임제한법 역시 특정전기통신역무제공자의 개념에 관하여 "일본 전기통신사업법에 규정한 전기통신으로, 불특정의 자에 의하여 수신되는 것을 목적으로 한 전기통신이며, 공중에 의하여 직접 수신되는 것을 목적으로 한 전기통신의 송신을 제외한다"라고 하고 넓게 정하고 있다.[294]

둘째, 우리의 저작권법이 설령 미국, 유럽연합, 독일, 일본의 각 입법들의 자세와는 달리 그 명문에서 온라인서비스제공자의 개념을 지극히 좁게 규정하고 있는 것처럼 보일지라도 이는 해석론만으로도 충분히 확장할 수 있다. 즉, 저작권법상의 온라인서비스제공자의 정의를 앞서 본 대로 '다른 사람들이 저작물 등을 정보통신망을 통하여 복제 또는 전송할 수 있도록 하는 서비스를 (주목적으로) 제공하는 자'로 엄격하게 풀이하지 않고 '다른 사람들이 저작물 등을 정보통신망을 통하여 복제 또는 전송할 수 있도록 하는 서비스를 (적어도 부수적 목적으로) 제공하는 자'라고 해석한다면, 옥션과 같은 인터넷경매서비스제공자 역시 온라인서비스제공자의 개념에 포섭될 수 있다. 왜냐하면, 옥션이 제공하는 서비스가 이용자들의 상품거래를 중개하는 것을 주 내용으로 함은 분명하지만 부수적으로 이용자들 사이에 저작물 등을 복제·전송하는 것도[295] 서비스의 부수적인 내용으로 하고 있기 때문이다. 뿐만 아니라 검색엔진서비스제공자

291) 제3장 제2절 Ⅶ. 2. 부분에서 설명한 Hendrickson v. eBay, Inc. 사건 참조.
292) 제3장 제3절 Ⅰ. 3. '전자상거래 지침' 부분 참조.
293) 제3장 제3절 Ⅱ. '독일의 입법' 부분 참조.
294) 제3장 제3절 Ⅲ. '일본의 입법' 1. '책임제한을 위한 특별법의 신설' 부분 참조.
295) 그 서비스의 이용절차 등에 관하여는 옥션에서의 음란 CD 판매사건 사건을 상술한 제1장 제4절

가 저작권법상의 온라인서비스제공자에 해당함에는 앞서 설명한대로 별다른 이견이 없다고 보이는데, 옥션은 이용자들 중 특히 구매자들로 하여금 옥션 경매에 등록된 수많은 물품들 중에서 구매를 원하는 특정 물품을 탐색할 수 있도록 검색기능을 제공함으로써 실제로 이 부분 기능에서는 검색엔진 서비스와 크게 다를 것이 없다.[296]

이와 같은 이유로 인터넷경매 서비스의 경우까지도 저작권법상의 '온라인서비스제공자'에 속한다고 보는 것이 정책적으로도 타당하겠다. 하지만, 인터넷기술의 발전과 그에 따른 새로운 상거래 형태의 등장을 감안하면 향후에도 전혀 새로운 방식의 서비스제공자가 과연 온라인서비스제공자에 해당하는지가 다투어질 여지가 충분히 있다. 이때 인터넷에서 제공되는 정보전달과 관련한 일체의 서비스제공자이기만 하면 일단 이를 저작권법의 책임제한규정의 잠재적인 적용대상이 될 수 있다고 보아 가급적 그 적용범위를 널리 해석할 필요가 있다고 보인다.[297] 그러나 구체적인 범위는 향후의 학설과 판례가 정확히 잡아나갈 필요가 있을 것이다.

Ⅰ. 2. (1) 부분의 각주를 참조. 부연하면, 옥션 서비스를 이용하려는 판매자는 먼저 '물품등록'을 온라인으로 작성하여 구매자들에게 공시하도록 되어 있는데, 그 '물품등록' 작성문의 일부는 판매자가 서비스제공자로부터 이미 부여된 여러 옵션 중 특정한 내용을 선택하는 버튼의 조작만으로 자동적으로 작성된 것에 불과하다(가령, '새 제품,' '중고품' 옵션 중 '중고품' 버튼을 클릭). 하지만 그 작성문의 나머지 일부는 '판매하려는 상품에 관한 400자 이내의 상세정보' 등 판매자가 창작적으로 작성한 저작물인 부분이 분명히 존재한다.

296) 미국에서는 옥션과 동일한 인터넷경매 서비스업체인 eBay가 과연 DMCA에서 4종류로 나뉘어 규정된 서비스제공자의 유형 중 어느 것에 해당하는지가 다투어졌는데 Hendrickson v. eBay, Inc. 사건에서 법원은 17 U.S.C. § 512 (c)의 유형, 바꾸어 말하면 일종의 호스팅 서비스에 속한다고 보았었다. 하지만, 학설로는 17 U.S.C. § 512 (d)의 유형, 즉 검색엔진 서비스로 보는 것이 타당하다는 입장이 유력하다. 이에 관하여 자세히는 제3장 제2절 Ⅳ. 4. 부분 각주 참조.

297) 인터넷경매 서비스제공자의 경우에 저작권법의 책임제한 규정이, 저작물 등의 전송, 복제와 관련된 부분에 국한하지 않고 나머지 서비스영역 전체에 적용되는 것으로 점차 확장하여 해석할 필요도 있다. 판매자가 타인의 저작권을 침해한 불법복제 CD를 옥션의 서비스로 판매하려는 경우 그 저작권자는, 위 판매자가 작성한 '물품등록' 작성문 자체는 자신의 저작권을 침해한 것이 아니더라도 옥션이 이미 온라인서비스제공자의 책임제한 규정을 적용받는 사업자임을 들어 옥션에 대하여 저작권법 규정에 의거한 침해주장의 통지를 적법하게 할 수 있다고 보아야 한다는 것이다.

4. 임의적 감면이라는 면책효과의 차이 등과 관련한 검토

(1) 임의적 감면이라는 효과의 문제점

저작권법은 법이 정한 '온라인서비스제공자'의 개념 범위에 속하는 사업자라 할지라도 당연히 면책되는 것이 아니라, 제77조 제1항 혹은 제2항, 제77조의2 제5항 세 가지 중 적어도 하나 이상의 요건을 충족하여야 '책임을 감경 또는 면제할 수 있다'고 정하고 있다. 따라서 법원은 그 법적 효과 중 감경 또는 면제를 임의적으로 선택할 수 있을 뿐 아니라, '....할 수 있다'는 위 문구에 비추어 법원이 면제는 물론 감경조차 하지 않아도 저작권법에 위배되는 것은 아니게 된다. 결국 과연 어느 경우에 책임을 감경할 것인지 혹은 면제할 것인지, 아니면 일체 감면을 하지 말 것인지에 관하여 명확한 구분기준이 없어[298] 법적 불안정을 초래한다는 비판을 면할 수 없다.[299]

실제로 우리 저작권법에 따르면 온라인서비스제공자의 책임은 법원의 종국판단에 나아가서야 그 책임을 면제받을지, 감경받을지, 혹은 전부 부담할지 판가름날 것이다. 그에 따라 일단 누구에게라도 법적 책임을 추궁할 의사를 굳힌 원고로서는 무자력자일 가능성이 있는 이용자 대신 자력이 풍부하다고 할 수 있는 온라인서비스제공자를 일단은 책임을 추궁할 피고에 포함시키고자 하는 유혹을 느끼게 될 것이다. 그 때문에 만약 온라인서비스제공자의 책임이 필요적으로 감면된다는 규정이 존재하였더라면 지레 포기하였을 송사에 온라인서비스제공자가 휘말리는 것은 피할 수 없게 된다. 이러한 결과는 비록 그 송사의 끝에 온라인서비스제공자가 책임이 없다는 법원의 판단이 내려진다고 할지라도 온라인서비스제공자 측을 충분히 위축시킴으로써 결국 온라인서비스제공자의 책임을 사전에 제한하는 입법이 가진 취지를 무색케 할 것이다. 원래의 개정안[300]에서는 어느 경우나 모두 필요적으로 책임을 면제하도록 정하였다가 입법과정에서 아래 제77조 제2항의 경우를 제외하고는 임의적으로 책임을 감경 혹은 면제할 수

298) 형사법상으로는 이렇게 법원이 임의로 감경과 면제 중에서 그 법적 효과를 선택할 수 있도록 한 예가 다수 존재한다(가령 중지범에 대한 형을 감경 또는 면제할 수 있도록 한 형법 제26조, 불능범에 대한 형을 감경 또는 면제할 수 있도록 한 형법 제27조를 비롯하여 형법 제7, 21, 23, 52, 90, 101, 111, 120, 153, 175, 213, 365조 등). 하지만 민사법 상으로는 극히 드문 방식이다.

299) 같은 입장으로는 정상조, 지적재산권법, 428면 및 박찬호, 앞의 논문, 25면.

300) 개정안 제77조의2 제2호, 3호 및 제77조의3 제2항.

있는 것으로 바뀌었던 것이다. 법적 안정성의 측면에서 개정안의 태도가 오히려 타당하였다고 본다.

(2) 제77조 제2항 조문의 체계상 문제점

제77조 제2항은 온라인서비스제공자가 이용자들의 침해행위에 대하여 소위 통제(control) 가능성[301)]을 가지고 있지 못할 때 필요적인 면제를 규정하고 있다. 이 규성에 대하여 첫째, 인터넷서비스제공자는 매우 광범위한 개념인데 난지 기술적 통제 가능성이 없다고 책임의 면제라는 동일한 법적 효과만을 규정한 것은 지나치게 획일적이어서 구체적 타당성을 기할 수 없고, 둘째, 스스로 중단시킨 경우는 임의적 감면사유지만 기술적 통제력이 없어 중단시키지 못한 경우는 필요적 면제사유로 한 것은 형평에 맞지 않는다고 비판하는 견해[302)]도 있다.

어쨌든, 위 조항은 제77조 제1항과 마찬가지로 제77조에 속하므로, 온라인서비스제공자가 자발적으로 조치하고자 하였으나 기술적으로 불가능하였던 경우만을 예정하고 있고, 제77조의2 제5항에서처럼 저작권자로부터 침해주장의

301) '기술적으로 불가능한 경우,' 즉 강학상의 '통제 가능성'이라는 개념은, 그 뿌리를 굳이 찾자면, 피고가 저작권에 대한 침해행위자를 통제(control)할 수 없는 경우라면 피고에게 저작권침해의 책임을 물을 수 없다는, 미국 판례법상 대위책임의 원칙에서 찾을 수 있다. 이후 온라인서비스 기술이 등장하였고 이러한 기술공급자의 규제에 관하여 미국 DMCA 입법, 유럽 전자상거래 지침, 독일의 온라인서비스법 등 모든 입법이, 접속 제공자(Access Provider)처럼 침해행위를 매개하면서도 침해행위를 통제할 수 없는 서비스 제공자를 그 침해책임으로부터 면책하고 있다.

하지만, 꼭 '통제 가능성' 개념에 의존하지 않더라도, 시각을 달리하여 우리의 민 · 형사법 이론의 바탕에서도 이러한 결과도출이 어려운 것이 아니다. 가령 형법에서 인과관계에 관하여는 조건설 아닌 상당인과관계설이 타당하게 받아들여지고 있다(즉, 위와 같은 접속 제공자가 접속서비스를 제공하는 행위가 없었다면 침해자의 침해가 불가능하였다고 하여 곧바로 접속 제공자에게 책임을 물을 수 있다는 사고방식은 조건설에만 충실할 뿐, 상당인과관계설의 기준으로는 부당하다). 아울러 민법에서도 비슷한 논의가 있음을 감안한다면, 국내의 다른 논자들이 모두 그러하듯이 위 통제 가능성의 개념을 일률적으로 미국에서의 논의에 맞추어 가령 '소리바다의 기술상 통제가 가능하므로 저작권 침해책임이 있다,' 아니면 '그렇지 않다'는 식의 고찰만 꼭 계속할 필요는 없다고 본다. 그렇지만 Sony 원칙을 설명하는 부분에서 상술하듯이, 적절한 의미의 통제 가능성은 단지 침해행위를 어떤 방법을 동원하든지 차단할 수 있다는 것이 아니라 침해행위 부분만을 분리, 구별가능한지(distinguishable), 구별하여 억제할 수 있느냐의 의미라고 할 것이다. 앞서 단순한 차단가능성이 조건설에 상응하였다면, 이러한 구별가능성은 상당인과관계설에 상응한다고도 볼 수 있다.

302) 오병철, "Super Peer 방식의 P2P시스템(소리바다2)의 저작권 침해문제," 한국정보법학회 제5회 사례연구회 발표문, 2003. 4, 11면. 아울러 황찬현, "사이버 명예훼손에 있어서 인터넷 사업자의 책임에 관한 입법시론," 사법정보화연구(웹진) 제7호, 2002. 3. 31, 〈web.scourt.go.kr/jiweb/07/main.htm〉 [2004. 8. 23.] 각주 27)에서는 위 규정대로라면, 사업자들이 방지기술 개발을 할 생각은 하지 않고 기술적으로 불가능하다고 주장하여 면책을 시도할 가능성이 높아지므로 이러한 규정은 부당하다고 한다.

통지를 받고 수동적으로 이를 제거하는 과정에서 기술적으로 불가능하였던 경우는 포섭하고 있지 않다고 잘못 해석될 여지가 충분하다.[303] 따라서 제77조 제2항을 독립한 조로 개정하는 등의 조치로 이러한 여지를 없앨 필요가 있을 것이다.

아울러 위와 같이 기술적 통제 가능성이 없는 경우 인터넷서비스제공자에게 면책을 부여하는 대신 향후 추가입법으로 인터넷서비스제공자로 하여금 침해발생사실을 저작권자 및 침해자에게 통지하도록 보완하자는 주장이 있다.[304] 이는 인터넷서비스제공자에게는 일견 수월하고 간단한 통지만으로 저작권자로 하여금 침해를 저지하기 위한 필요조치를 취할 수 있는 기회를 준다는 효용만 고려하면 타당한 주장일 수 있겠지만, 실제로는 부당한 결과를 낳을 수 있다. 우선 통제 가능성이 없는 인터넷서비스제공자에게 이러한 의무를 요구하는 입법례가 아직 존재하지 않음을 고려하면 신중할 필요가 있다.

다음으로 위 주장에 따라 통지의무를 정한 규정이 입법되었을 때 인터넷서비스제공자로서는 그 통지를 수령하여야 할 저작권자가 누구인지, 그 통지할 주소가 어디인지 찾기가 무척 곤란한 경우가 많을 것이다.[305] 그에 따라 과연 어떤 경우에 통지의무를 선의로 이행한 것인지 판단하기 곤란해져 인터넷서비스제공자의 면책 여부가 더 예측하기 어려워지는 법적 불안이 생기게 될 것이다.

(3) 제77조 제2항 조문과 원래의 개정안 조문의 비교

개정안 제77조의2 제3호에서는 '다른 사람에 의한 저작물 등의 복제 또는 전송을 방지하거나 중단시키는 것이 기술적으로 불가능하거나 현저한 시간적 또는 재정적 부담으로 사실상 기대할 수 없는 경우'라고 하여 기술적으로 불가

303) 기술적으로 불가능하여 중단시키지 못하였다는 표현 부분만을 제외하면 제77조 제2항의 나머지 문구는 제77조의 제1항과 완전히 동일하다. 그런데 제77조 제1항은 제77조의2와의 관계, 특히 제77조의2 제5항과의 관계에서 볼 때 저작권자 등으로부터 복제·전송의 중단을 요구받고서야 수동적으로 중단시키는 경우를 말하는 것이 아니라, 서비스제공자 스스로 중단하는 경우를 대상으로 한다. 그에 따라 제77조 제1항과 표현이 동일한 제77조 제2항 역시 문구에 충실히 해석하자면 서비스 제공자 스스로 중단하고자 하였으나 기술적으로 불가능한 경우만 대상으로 삼고 있다는 결론이 나오는 것이다. 그러나 이러한 결론은 복제·전송의 중단을 요구받고 수동적으로 중단시키고자 하였으나 기술적으로 불가능한 경우를 굳이 차별할 합리적 근거가 없다는 점에서 부당한 결과임은 물론이다.

304) 손영화, 앞의 논문, 720면.

305) 이러한 어려움 때문에 각국의 입법에서, 저작권자 측으로부터 인터넷서비스제공자 측으로의 침해주장의 통지에 관하여 그 통지가 원활히 이루어지도록 인터넷서비스제공자로 하여금 그 통지를 수령할 자를 미리 지정하여 공시하도록 정하고 있는 것이다. 그러나 반대로 저작권자로 하여금 그러한 공시를 하게 하는 것은 어렵다.

능한 경우 외에도 저작물 등의 복제 또는 전송을 방지하거나 중단시키는 것이 현저한 시간적 또는 재정적 부담으로 사실상 기대할 수 없는 경우를 또 다른 면책사유로 정하고 있었는데 입법과정에서 삭제되었다. 원래 개정안이나 실제 입법된 저작권법 중에서 굳이 택일을 하라면 개정안의 규정이 차라리 타당하였다고 본다.[306)]

(4) 온라인서비스제공자의 고의와 관련한 문제점

저작권법이 부여하고 있는 면책의 효과와 관련하여 콘텐츠제공자, 호스팅 제공자, 접속제공자의 책임요건을 모두 동일하게 규정하는 것은 바람직하다고 볼 수 없고, 온라인서비스제공자의 사업위험을 어느 정도 덜어주기 위하여 적어도 호스팅 제공자의 경우는 고의 또는 중과실의 경우에, 접속제공자의 경우는 고의에 의한 경우에만 책임을 부담하도록 규정하는 것을 검토해야 한다는 의견[307)]이 있다. 그러나 호스팅 제공자보다 접속제공자를 더 두텁게 보호해야 한다는 방향에서는 위 의견이 틀린 것이 아닐지라도 접속 제공자의 경우 비록 고의를 가지고 있더라도 책임을 부과하지 않는 것이 미국이나 독일 등 외국의 태도임과 아울러 합리적인 입장임에도 위 의견은 이를 간과하고 있다.

저작권법 제77조의2 제5항 전단에서는 침해주장의 통지에 따라 저작물 등의 복제·전송을 중지시킨 온라인서비스제공자의 책임을 제한하면서, 아울러 같은 항 후단은 "다만, 이 항의 규정은 온라인서비스제공자가 다른 사람에 의한 저작물 등의 복제·전송으로 인하여 그 저작권 그 밖에 이 법에 의하여 보호되는 권리가 침해된다는 사실을 안 때부터 제1항의 규정[308)]에 의한 중단을 요구하기 전까지 발생한 책임에는 적용하지 아니한다"고 정하고 있다. 그 취지가 반드시 분명하지는 아니하지만[309)] 문구만을 새겨보면, 다음과 같이 의미를 가진다. 우선 온라인서비스제공자가 어떤 경위로든 '권리가 침해된다는 사실을 안 때'라면 비록 저작권자 등의 중단요구가 없더라도 책임이 면제되지 않도록 의도하고 있음은 분명하다.

306) 상세히는 제7장 제2절 Ⅴ. 2. (3) 4) (다) 부분 참조.

307) 안효질, "P2P환경 하에서의 저작권침해책임," 93면.

308) 침해주장의 통지 및 복제·전송의 중단 요구를 말한다.

309) 국회의 입법과정에서도 이 부분 문구에 관하여 전혀 별다른 언급이 없었다. 이는 국회문화관광위원회, "저작권법 중 개정 법률안(대안)," 국회홈페이지 중 '자료실' → '국회통과새법률'란 〈search.assembly.go.kr:8080/bill/billview.jsp?starget=billview.jsp&billid=024252〉[2005. 1. 24.].

다음으로 '제1항의 규정에 의한 침해의 주장' 이후라고 표현하는 대신 '제1항의 규정에 의한 중단을 요구' 하기 전까지 발생한 책임에는 적용하지 아니한다고 표현한 것은 미국 법규와 상이한 구조를 고려할 때 정당하다. 위 저작권법 규정에서는 '제1항의 규정에 의한 중단을 요구' 한 이후의 책임에 대하여 같은 항 전단에서 정한 대로 책임의 임의적 감면이라는 혜택이 적용되도록 예정하고 있다. 미국 DMCA에서와 같이 침해주장의 통지와 복제 · 전송의 중단 요구가 동시에 이루어지는 경우라면 어느 표현이든지 상관이 없을 것이다. 하지만, 우리 저작권법상으로는,[310] 통지와 요구를 개념상 서로 구별하고 있다. 따라서 침해가 되는 저작물 등의 온라인서비스 상에서의 정확한 위치를 알 수 있는 정보를 온라인서비스제공자가 침해주장의 통지자로부터 제공받는 시점은 침해주장의 통지 때가 아니라 위치 정보가 첨부되는, 복제 · 전송의 중단 요구 때이다. 그러므로 단순한 침해주장이 있다는 사실만으로는 온라인서비스제공자에게 책임을 지우기 어렵고 위 정보까지 제공하였음에도 그 제거조치를 태만히 한 온라인서비스제공자에게 책임을 지우는 것이 논리적으로 타당하게 된다.

5. 잘못된 침해주장의 통지에 기한 제거조치 때의 서비스제공자의 책임 문제

제77조의2 제5항은 온라인서비스제공자의 자발적인 모니터링에 의해서가 아니라 저작권자 등 권리자의 침해주장의 통지에 의하여 침해사실을 알게 되었을 때 침해결과물의 제거의무를 규정한 것이다. 이는 미국 17 U.S.C. § 512(c)(3)에서 정한 '침해주장의 통지(notification of claimed infringement)' 에 따른 제거절차를 그대로 수용한 것이다. 위 규정을 운영함에 있어 주의할 점은 포괄적인 통지[311]를 지나치게 넓게 인정해서는 온라인서비스제공자에게 사실상 '사전 모니터링 의무' 를 부과하는 결과가 된다는 점이다.[312]

---

310) 앞서 Ⅱ. '내용' 중 각주 참조.

311) 가령 인터넷 스토리지 서비스업체인폴더플러스(www.folderplus.com), 네오폴더(www.filehunt.com/index.asp) 등의 공지사항 란에는 특정 영화의 저작권자가 폴더플러스 등에 대하여 그 이용자들이 해당 영화파일을 불법 등록하는 것을 제거해 달라는 요청이 있었다는 취지의 공지가 자주 게시된다. 만약 이때 저작권자 측에서 침해대상인 저작물의 목록만을 나열하는 방식으로 인터넷서비스제공자에게 침해주장의 통지를 하고 있는 것이라면 우선 저작권법 시행령 제28조의2에 정하고 있는 대로 '저작물이 소재하는 온라인서비스상의 위치를 충분히 확인할 수 있는 정보' 를 제공하는 것으로 볼 수 있는지는 의문이다. 아울러 이미 최초로 한번의 통지가 있었다고 하여 그 통지상의 목록에 나열된 저작물이 장래에 침해된 경우까지 침해주장의 통지가 있었다고 볼 수 있을지도 의문이다.

312) 미국의 경우 Hendrickson v. eBay, Inc. (165 F.Supp.2d 1082, C.D.Cal.,2001) 사건에서 이 점이 분명

통지시 저작권법시행령 제28조의2에 정한 바에 따라 통지자는 자신이 저작권자임을 증명하기 위한 '저작권 등의 등록증 사본' 등 각종 법정사항을 아울러 갖춘 통지를 하여야 한다. 통지서에 첨부할 이러한 사항 중 가장 문제될 수 있는 것은 '복제 · 전송의 중단요구대상이 된 저작물이 소재하는 온라인서비스상의 위치를 충분히 확인할 수 있는 정보'[313]부분이다. 유사한 규정을 둔 DMCA 규정의 해석에 대하여 ALS Scan, Inc. v. RemarQ Communities, Inc. 사건과 Hendrickson v. eBay, Inc. 사건에서 미국법원이 내린 결론이 달랐음은 이미 보았다. 특히, 후자인 eBay 사건에서의 법원판단을 한국의 상황에 유추하여 생각할 때, 가령 eBay와 동일한[314] 사업을 하는 '옥션'과 같은 피고에 대하여 원고가 그 권리 있는 CD나 DVD가 불법복제되었음을 주장하려면 옥션으로 하여금 어떤 경매에 관한 것인지를 알 수 있도록 관련 '경매번호'까지 통지할 필요가 있겠다.[315]

한편 저작권법 제77조의2 제1항에서 권리자가 침해주장의 통지를 할 때 그 입증의 수준은 소명에 의하도록 정하고 있다. 이러한 규정 자체가 잘못된 것은 아니다. 그렇지만 DMCA에는 선의의 인터넷서비스제공자를 보호하는 규정[316]이 존재하지만, 우리 저작권법에는 이에 대응하는 규정이 따로 존재하지 아니하기 때문에 실제 사례에 적용되는 과정에서 문제가 발생할 수 있다. 즉, DMCA는 보완적인 규정을 두어 서비스제공자가 선의로, 침해를 막기 위하여 침해물이라고 주장되는 소재로의 접속차단이나 제거를 하였을 때 그것이 나중에 침해물인지 실제로 판명되었는지에 관계없이, 당해 접속차단이나 제거조치로부터 생긴 일체의 책임[317]에 대하여 면책을 부여하고 있다. 따라서 미국 DMCA에 따르면 서비스제공자가 면책을 부여받는 상대방의 범위는 비단 저작권자 등에 국한되지 않고 서비스제공자가 선의를 가지고 행동한 이상 침해물이라고 잘못 판단되어 접속차단이나 제거를 당한 이용자까지 포괄하게 된다.[318]

히 판시되고 있다. 미국법이나 유럽연합 지침의 경우와 달리 우리 저작권법으로는 사전 모니터링 의무가 있는지 규정되지 않았지만 마찬가지로 부정하는 것이 타당할 것이다.

313) 저작권법시행령 제28조의2 제2항 제3호.

314) 실제로도 한국 옥션은 2001. 2. 현재 미국 eBay가 최대주주가 되어 실질적으로 운영하고 있다.

315) 졸저, "Intellectual property relating to on-line marketplace 토론문," 서울대학교 기술과법 센터 2004년 국제세미나(「On-line Marketplace의 법적문제점」), 2004. 11. 2. 참조.

316) 17 U.S.C. § 512 (g).

317) '. . . . service provider shall not be liable to any person for any claim . . . .'.

318) 앞서 보았듯이 일본의 서비스제공자 책임제한법은 침해대상이 저작권에 국한되지 않은 일반법이므

그러나 우리 저작권법에서는 일단 온라인서비스제공자가 권리자의 소위 '소명' 수준의 침해주장통지를 받아 이를 신뢰하고 선의로 침해물이라고 주장되는 소재로의 접속차단이나 제거를 하였더라도 저작권자와 그 소재의 게시자와의 법적 쟁송을 통하여 그 소재가 나중에 침해물이 아님이 판명된 때와 같은 경우에 책임을 추궁당할 수 있다. 우리 법에는 선의의 인터넷서비스제공자를 무조건 보호하는 DMCA의 위 규정이 없으므로, 소재로의 접속차단이나 제거를 함에 있어 과실[319]이 있는 경우는 보호되지 않기 때문이다.

이와 관련하여 한국 저작권법에서는 제77조의2 제6항[320]을 따로 두어, 앞서와 같이 온라인서비스제공자가 권리자의 침해주장의 통지를 받고 접속차단 등의 조치를 하였는데 그 차단대상물이 침해물이 아니라고 나중에 판명된 경우, 이러한 잘못된 침해주장의 통지로 손해를 야기한 자에게 배상책임을 부과하고 있다. 위 규정은 혹자가 생각하기에 따라서는, 선의의 인터넷서비스제공자를 보호하는 DMCA의 위 규정과 다른 각도에서, 잘못된 침해주장의 통지를 신뢰한 선의의 온라인서비스제공자를 보호한다고 착각할 수도 있겠지만 실은 복잡한 해석 문제를 야기할 뿐이다. 즉 잘못된 침해주장의 통지로 직접 손해를 입은 주체는 온라인서비스제공자가 아니라[321] 그 침해주장의 통지에 따라 자신의 복제 · 전송물이 제거된 복제 · 전송자가 될 것이다. 그런데, 이러한 복제 · 전송자로서는 위 제77조의2 제6항에 따라 잘못된 침해주장의 통지자에게 손해배상책임을 물을 수 있음은 물론, 여전히 온라인서비스제공자에게도 책임을 추궁할 수 있다.[322]

로 같은 법 제3조 2항에서 송신방지조치를 당한 발신자에게 생긴 손해에 대한 면책까지도 당연히 규정할 수 있다. 그렇지만, 미국의 DMCA나 한국의 저작권법은 모두 침해대상은 저작권 등에 국한되는 법률임에도, 침해로 인한 서비스제공자의 면책대상은 저작권자에 대한 저작권 침해책임은 물론 복제 · 전송자에 대한 책임과 같이 민사상 일반불법행위책임까지 포함하고 있다.

319) 비록 선의이더라도 과실이 있는 인터넷서비스제공자는 해석상 보호하고 있지 않기 때문에 가령 저작권자 등의 침해주장의 통지가 소명에 의할 것을 법이 요구함에도 소명수준에 이르지 않은 자료를 소명이라고 믿은 데 과실이 있다는 이유, 혹은 그릇된 소명을 적절한 주의 없이 신뢰한 잘못이 있다는 이유로 책임을 추궁당할 가능성이 있다.

320) "정당한 권리 없이 제1항(권리주장자의 복제 · 전송 중단요구) 및 제3항(복제전송자의 복제 · 전송 재개요구)의 규정에 의한 그 저작물 등의 복제 · 전송의 중단이나 재개를 요구하는 자는 그로 인하여 발생하는 손해를 배상하여야 한다."

321) 온라인서비스제공자라고 한다면, 미국 DMCA나 일본의 서비스제공자책임제한법에서 이용자에 대한 관계에서 서비스제공자의 면책을 규정할 필요가 없었을 것이다.

322) 거듭 말하거니와 우리 법은 온라인서비스제공자의 책임을 임의적으로 감면할 수 있다고 할 뿐이므로 일단 온라인서비스제공자가 피고가 되어 송사에 휘말리는 것은 피할 수 없고 법원의 종국판단에

온라인서비스제공자가 이러한 사태를 맞게 되면 위 제77조의2 제6항의 취지를 극도로 확장해석하여 "제77조의2 제6항은 정당한 권리 없이 복제 · 전송의 중단 등을 요구한 자에게 그로 인하여 발생하는 모든 손해를 배상할 책임이 있음을 선언하여, 반대해석상 온라인서비스제공자는 적어도 이 책임과 관련하여서는 면책하고자 한 것이다"라고 주장해보려 할 수 있다. 그러나 이러한 주장은 그 논리 자체의 극단성이나 옹색함뿐만 아니라 우리 저작권법이 위와 같은 경우 온라인서비스제공자에게 필요적 면책이 아니라 법원판단에 따른 임의적인 감면만을 부여하고 있다는 점과 정면충돌되므로 법원이 위 주장을 채용할 가능성은 거의 전무하다. 결국 제77조의2 제6항은 설령 그것이 없더라도 다른 법리[323]에 의하여 이미 인정되는 손해배상책임을 새삼 확인하고 있음에 불과하여 별다른 존재의의가 없게 된다.

6. 잘못된 침해주장의 통지를 받고, 제거조치를 하지 않은 서비스제공자의 책임

저작권법 제77조의2 제5항은 저작권자의 침해주장의 통지와 이에 따라 서비스제공자가 침해물을 제거하는 상황과 관련하여 "....저작물 등의 복제 · 전송을 중단....시킨 경우에는.... 온라인서비스제공자의 책임을 감경 또는 면제할 수 있다"라고만 규정하여 그 문구만으로는 오로지 저작권자의 침해주장의

나아가서야 책임을 면제받을지, 감경받을지, 혹은 전부 부담할지 최종 결정되는 것이다. 따라서 실제 소송이 발생한다면, 원고(복제 · 전송자)는 잘못된 침해주장을 한 권리자와 온라인서비스제공자를 모두 피고로 삼아 공동불법행위책임을 주장하는 방법을 대부분 취할 가능성이 크다. 침해주장의 통지자보다 자력이 담보된 온라인서비스제공자를 굳이 소송에서 제외시켜 줄 뚜렷한 이유가 없기 때문이다.

323) 잘못된 침해주장의 통지로 온라인서비스제공자의 조치가 이루어져 타인의 적법한 복제 · 전송행위를 저지함으로써 손해가 야기되었다면, 민법 제750조의 규정에 의하여도 당연히 위법성뿐만 아니라 고의, 과실이 긍정되어 손해배상책임이 긍정되는 것이다. 설령 제77조의2 제6항이 존재하지 않고 민법 제750조만이 적용된다고 하여 "침해주장시 본인에게 저작권이 귀속되지 않는다는 사실을 몰랐다" 혹은 "본인이 저작권자는 맞으나, 당해 복제 · 전송물에 저작권이 미치지 않음을 알지 못했다"는 주장에 터 잡아 과실이 인정되지 않아 손해배상책임이 부정되는 경우는 거의 존재하지 않을 것이다. 민법 제750조로부터 독립된 제77조의2 제6항의 존재의의를 억지로 부여하자면, 가령 '본인에게 저작권이 정당하게 귀속하고, 일견 복제 · 전송물이 저작권 침해행위에 해당하는 것으로 보이지만, 나중에 종국적인 판단결과 공정이용이라고 판명된 경우'에 이 때 침해주장의 통지로 인하여 본의 아니게 발생한 손해에 대하여도 침해주장의 통지자가 고의, 과실 여부를 불문하고 책임을 부담하게 하려는 취지라고 확장하여 해석하여야만 할 것이다. 그러나 잘못된 침해주장의 통지로 인하여 발생한 손해에 대하여 침해주장 통지자에게 무과실책임을 부담시킨다는 새로운 원칙을 수립함이 위 조항의 입법의 도라고는 도저히 보기 어렵다.

통지에 따라 저작물 등의 복제 · 전송을 중단하는 제거조치를 취한 경우에만 온라인서비스제공자의 책임을 감면하는 것으로 잘못해석될 여지가 있다. 그러나 침해주장의 통지가 저작권법 제77조의2 제1항에 따른 일정사항의 소명과 저작권법시행령 제28조의2가 상세히 정한 구체적인 소명방법에 관한 규정을 준수하지 아니하였다면 온라인서비스제공자는 당연히 이에 따른 제거조치를 거부할 수 있는 것이고, 또 거부하여야 함[324]에는 이론이 있을 수 없다. 이처럼 잘못된 침해주장의 통지에 대하여 이렇게 정당하게 거부하였거나, 저작권법 제77조의2 제4항에 따라 침해주장통지의 수령인까지 공지하였지만 아예 침해주장의 통지를 받지 못한 온라인서비스제공자의 경우를 적법한 침해주장의 통지를 받고 제거조치까지 나아간 온라인서비스제공자의 경우와 차별할 합리적 근거는 없고 똑같이 책임을 감면해 주는 것이 당연하다.

이에 관하여 미국 DMCA의 관련 규정은 '저작권자로부터 침해주장의 통지를 받은 경우에[325]신속하게 그 정보에 대한 접근을 차단하거나 그 자료를 제거한 때' 책임을 면제하도록 정하고 있다. 앞서 Hendrickson v. eBay, Inc. 사건[326]의 사안에서도 알 수 있듯이 실무에서도 적법한 침해주장의 통지가 아니라면 그러한 부적법한 침해주장을 받고서 그 요구에 따르지 않더라도, (i) 침해행위에 대한 실제 인식이나 추정적 인식이 없고, (ii) 침해행위에 대한 통제 가능성이 없음과 아울러 침해행위로부터 직접 이익을 얻지 않았다는 요건만 함께 구비하면 서비스제공자가 DMCA에 따른 면책을 주장함에는 아무런 장애가 되지 않는다. 이 때 침해행위에 대한 실제 인식이나 추정적 인식의 유무를 법원이 판단함에 있어 부적법한 침해주장의 통지가 있었다는 사실은 전혀 고려되지 않는 것이다.

한국 저작권법은 이러한 DMCA 규정을 묵시적으로 수용하면서 위와 같은 (i)과 (ii)의 요건[327]이 사실상 한국의 경우와는 관련 없는 미국판례상 기여 · 대위책임의 법리가 반영된 부분이라고 보아 이를 제외한 것은 좋았지만, 이러한 부분과 침해주장의 통지에 따른 제거 규정이 17 U.S.C. § 512(c)(A)의 (i), (ii), (iii)으로서 서로 유기적으로 결합되어 있고, 아울러 일반적 면책요건도 별도로

324) 이 때 만연히 제거조치로 나아가면 바로 위에서 보았듯이, 오히려 제거된 대상을 게시한 자에게 손해배상책임을 부담하게 된다.

325) 'upon notification of claimed infringement....'

326) 자세한 사실관계는 '제3장 제2절 Ⅶ. (2)' 각주 참조.

327) 17 U.S.C. § 512(c)(A)(i), (ii).

규정되어 있다는 점은 미처 고려하지 못한 것이다. 그 결과 침해주장의 통지에 따른 제거규정인 17 U.S.C. § 512(c)(1)(A)(iii) 부분만을 불완전하게 수용하게 되었다. 더구나 (iii) 부분인 '저작권자로부터 침해를 주장하는 통지를 받은 경우에....'의 진정한 의미가 '만약 저작권자로부터 침해를 주장하는 통지를 받은 경우라면' 제거조치를 하여야 § 512(c)(A)의 (i), (ii) 부분을 이미 충족한 서비스제공자의 면책이 여전히 인정된다는 취지임에도, 우리의 저작권법에는 마치 저작권자로부터 침해를 주장하는 통지를 필히 받아야 하고 그에 따른 제거조치가 있는 경우에만 면책이 되는 것처럼 오해될 수 있게 규정되었다. 따라서 현재의 저작권법 제77조의2 제5항의 문구는 보다 분명하게 개정되어야 할 것이다.

7. 침해주장에 대한 복제 · 전송자의 대응통지에 대한 저작권자의 구제수단 문제

원래 개정안에서는 저작권자 측이 침해주장의 통지를 하더라도 이를 통지받은 온라인서비스제공자는 해당 침해결과물의 복제 · 전송 등을 즉각 중단하는 대신, 먼저 복제 · 전송 행위자에게 저작권자로부터 침해주장의 통지가 있었음을 통보하고 그럼에도 복제 · 전송 행위자가 즉시 이의제기를 하지 아니할 때, 권리관계가 확정될 때까지 비로소 해당 침해결과물의 복제 · 전송 등을 중단시킬 수 있었다(개정안 제77조의3 제2항). 그렇지만 입법된 저작권법에서는 침해주장의 통지가 있는 즉시 온라인서비스제공자는 복제 · 전송 등을 먼저 중단하고 그 다음에야 복제 · 전송을 하였던 자에게 그러한 중단사실을 통보하도록 하였으며, 복제 · 전송을 하였던 자로부터 자신의 복제 · 전송이 정당한 권리에 의한 것이라는 소명과 재개요구가 있는 경우 다시 이런 사실을 침해주장자에게 통보하고 복제 · 전송을 재개하도록 새로 규정하였다.

위의 개정안과 저작권법은 모두 DMCA와 유사한 절차를 도입한 것인데, DMCA에서는 여기에 그치지 않고 재개요구(counter notice)가 있었다는 사실을 통보받은 침해주장자가 침해금지를 구하는 취지의 제소를 하였음을 인터넷서비스제공자에게 통보한 경우에는 서비스제공자가 복제 · 전송의 재개를 하지 못하도록 규정하고 있다.[328)]

328) 17 U.S.C. § 512(g)(2)(C).

이에 비하여 우리 저작권법이 최초 침해주장의 통지와 이에 대응한 재개요구만을 규정하고 재개요구 사실을 통보받은 침해주장자가 재개를 막을 법적절차를 규정하고 있지 아니한 것은 입법적인 미비로 보인다. DMCA에서와 같이 침해주장자가 제소하였다는 점을 들어 복제·전송의 재개를 막을 수 있는 절차를 보장하는 것이 타당할 것이다.[329]

8. 저작권법과 정보통신망이용촉진및정보보호등에관한법률의 충돌 문제

(1) 정보통신망이용촉진및정보보호등에관한법률 관련규정의 내용과 문제점

정보통신망이용촉진및정보보호등에관한법률(이하, 정보통신망이용촉진법이라고만 한다)은 2001. 1. 16. 전문 개정시 제44조를 신설하여, 정보통신망을 이용하여 일반에게 공개를 목적으로 제공된 정보로 인하여 법률상 이익이 침해된 자는 해당 정보를 취급한 정보통신서비스제공자에게 당해 정보의 삭제 또는 반박내용의 게재를 요청할 수 있으며(제1항), 정보통신서비스제공자는 이러한 당해 정보의 삭제 등의 요청을 받은 때에는 지체 없이 필요한 조치를 취하고 이를 즉시 신청인에게 통지하여야 하도록 규정하고 있다(제2항). 정보통신망이용촉진법상 정보통신서비스제공자는 저작권법상 온라인서비스제공자의 개념을 포함한 더 포괄적인 개념이다.[330] 따라서 온라인서비스제공자가 저작권자로부터 침해주장의 통지를 받은 경우 서비스제공자가 면책을 받기 위해 취할 절차상 의무에 관하여는 저작권법뿐만 아니라 정보통신망이용촉진법도 아울러 적용되게 된다. 그런데 잘 살펴보면 정보통신망이용촉진법이 정한 내용이 저작권법이 정한 온라인서비스제공자의 책임제한 규정과 서로 충돌하고 있어 혼선이 불가피하다.

(2) 두 법의 차이점

첫째, 저작권법에서의 침해주장의 통지와 달리 정보통신망이용촉진법에 따

329) 다만, 저작권법의 추가 개정이 어렵다면, 소명, 중단, 통보, 복제·전송의 재개, 수령인의 지정 및 공지 등에 관하여 필요한 사항은 대통령령으로 정하도록 한 저작권법 제77조의2 제7항에 따라 손쉽게 대통령령을 개정하여 사실상 위와 같은 절차의 도입도 가능하겠다. 다만 위임입법의 한계 상 궁여지책일 수 있다. 법률이 아닌 시행령에 포괄적으로 위임한 저작권법 제77조의2 제7항 자체를 비판하는 견해로는 대한변호사협회, "저작권법 중 개정 법률(안)에 대한 의견," 2001. 6. 11.('대한변호사협회 홈페이지' → '자료실' → '법률안에 대한 의견서' 란, 2004. 10. 4. 방문)이 있다.

330) 제1장 제3절 '인터넷서비스제공자의 정의' 참조.

른 '정보삭제 요청'에서는 권리자라는 점이나 침해정보의 특정을 위한 자료첨부 등이 별도로 요구되고 있지 않다.

둘째, 정보통신망이용촉진법과 달리 저작권법에서는 사전에 침해주장의 통지 등을 수령할 자를 지정하여 공지하여야 하고(저작권법 제77조의2 제4항), 침해를 막기 위하여 복제·전송의 중단조치를 취한 다음 복제·전송자에게 그 조치사실을 통보하여야 한다(저작권법 제77조의2 제2항). 따라서 비록 서비스세공자가 정보통신망이용촉진법 제44조 제2항에 따라 당해 정보의 삭제 등의 요청에 따라 조치를 하고 그 조치사실을 신청인에게 통지하였다고 하더라도 위와 같은 저작권법상의 별개요건, 즉 수령인 공지 및 피신청인(복제·전송자)에 대한 통지라는 각 절차까지 이행하지 않는 한 저작권법상 면책요건을 구비한 것은 아니게 된다.[331]

셋째, 정보통신망이용촉진법에서는 온라인서비스제공자의 책임이 같은 법 제32조[332]가 아닌 일반적인 불법행위의 요건·효과에 따라 판단됨에 반하여, 저작권법에서는 임의적 감면이라는 효과에 따르게 된다.

(3) 충돌의 발생 및 해결방법

아직 이 부분을 다룬 논자는 없으나 혹자에 따라 원고가 소송에서 정보통신망이용촉진법에 기한 주장을 하면 그 법률에 따라, 반대로 저작권법에 기한 주장을 하면 저작권법에 따라 판단하면 쉽지 않느냐고 반박할지 모른다. 그러나 두 법의 충돌이 모든 경우에 그렇게 간단하게 해결될 수 있는 성질의 것이 아니다. 다음의 두 가지 가정적 예를 통하여 설명한다.

[사례 A]

저작권자 甲은 어느 날, 온라인서비스 이용자인 乙이 온라인서비스제공자 丙의 게시판에 甲의 저작물을 불법복제한 파일을 올린 행위를 발견하였다. 이에 甲은 저작권법상 소정의 통지요건을 구비하여 丙에게 이용자 乙이 게시한 파일을 삭제할 것을 요청하였다. 그러나 丙은 아무런 이유 없이 이를 거부하고 이후에도 다른 이용자들이 여러 차례 불법복제 파일을 다운로드 받도록 방치하

331) 아울러, 온라인서비스제공자가 사전에 침해주장의 통지 등을 수령할 자를 지정하여 공지하지 않아, 저작권자가 그 통지를 하고자 하였으나 통지수령인을 제대로 찾을 수 없어 통지하지 못한 경우를 가정한다면, 저작권법 상으로는 면책요건에 해당하지 아니하지만, 정보통신망이용촉진법상으로는 온라인서비스제공자가 '정보삭제요청'을 받지 아니하는 한 이는 원칙적으로 문제가 되지 아니한다.

332) 제44조의 '당해 정보의 삭제 등의 요청'에 응하여야 할 정보통신서비스제공자의 의무위반으로 손해를 입은 경우에는 제32조의 손해배상 특칙규정이 적용되지 않는다는 점에 관하여는 제2장 제3절 Ⅰ. 1. (3) 부분 각주 참조.

였다. 결국 저작권자 甲은 대학생으로 자력이 없던 乙 대신 온라인서비스제공자 丙을 상대로 손해배상소송을 제기하였다.

이상과 같은 가정적 사례에서 丙이 저작권법상 온라인서비스제공자의 책임제한 규정에 따른 의무를 이행하지 않았음은 분명하다. 그러나 저작권법 상의 책임제한 규정에 정해진 의무를 이행하지 아니하였다고 하여 그러한 불이행의 사실만으로 곧바로 온라인서비스제공자 丙의 책임이 긍정되는 것은 아니다.[333]

저작권자 甲이 온라인서비스제공자 丙에게 책임을 추궁하려면 일반불법행위의 법리에 따라 '온라인서비스제공자의 고의 · 과실에 의하여 저작권이 침해되었다는 사실'을 먼저 입증하여야 한다. 그런데, 이때 저작권자 甲은 "丙이 정보통신망이용촉진법 제44조 제2항에 따라 甲 본인의 정보삭제 요청에 응하여 법이 정한 필요한 조치를 취하고 甲 자신에게 통지할 법적 의무를 위반하였고, 이에 따라 甲 본인의 저작권이 침해되었다"고 주장할 수 있고, 이런 주장으로써 '서비스제공자의 고의, 과실에 의하여 저작권이 침해되었다는 사실'을 충분히 입증할 수 있을 것이다.

이에 따라 저작권법에서는 꼭 이행할 필요는 없지만 이행할 경우 혜택을 받을 수 있다는 취지의 '면책요건'으로 정한 내용과 기본적인 골격은 동일한 규정들이 그대로 정보통신망이용촉진법에는 서비스제공자의 보편적인 의무로 규정된 결과, 저작권법의 면책요건 중 많은 부분이 사실상 책임요건으로 전환되는 효과가 있게 된다.

[사례 B]

위 사례 A와 동일한 상황에서 저작권자 甲은 침해를 발견하고 온라인서비스제공자 丙에게 온라인서비스이용자 乙이 게시한 파일의 삭제를 요청하였다. 그런데, 丙은 甲에게 '정당한 권리 없이 복제 · 전송의 중단을 요구하는 경우 그로 인하여 발생하는 손해를 배상한다는 취지'의 서약을 함께 제출할 것을 요구하였다.[334] 이를 甲이 거절하자 丙은 甲의 파일삭제요청에 응하지 아니하였다. 그 결과 다른 이용자들이 여러 차례 불법복제 파일을 다운로드 받을 수 있게 되었다.

333) 저작권법 상 온라인서비스제공자의 책임을 임의적으로 감면하는 데 관한 규정들은 서비스제공자의 책임요건이 아니라 일정한 경우 그 책임을 감면할 수 있는 요건에 불과하여, 개정규정에서 정한 바를 이행하지 않은 경우 인터넷서비스제공자가 책임감면을 주장하지 못할 뿐이지 그 불이행 사실만으로 곧바로 인터넷서비스제공자의 책임이 긍정되지는 않는 것이다.

334) 저작권법 제77조의2 제1항 및 저작권법 시행령 제28조의2에서 침해주장자가 당해 저작물 등의 복제 · 전송의 중단을 요구하기 위하여 온라인서비스제공자에게 제출하여야 할 것 중 하나이다.

이러한 사안에서 저작권자 甲은 "정보통신망이용촉진법 제44조 제1항에 따른 정보삭제 요청은 위의 서약을 요구하지 아니함에도 정보통신서비스제공자인 丙이 서약의 누락을 이유로 제44조 제2항에 따른 조치 의무를 이행하지 아니한 고의 · 과실에 의하여 저작권자 甲 자신의 저작권이 침해되었다"고 주장함으로써 '온라인서비스제공자의 고의, 과실에 의하여 저작권이 침해되었다는 사실'을 입증할 수 있을 것이다. 그런데, 실제 소송에서 원고인 저작권자 甲이 위와 같은 청구원인의 요건사실을 입증하는 데 성공하더라도, 피고 온라인서비스제공자 丙은 丙 자신이 저작권자 甲의 부적법한 중단요구를 거절하였을 뿐 저작권법 제77조의2에서 정한 면책요건은 모두 성실히 이행하였다는 사실을 입증할 수 있다면 원고의 청구는 인용될 수 없게 된다.[335]

결국, 정보통신망이용촉진법상으로는 일응 책임이 있다고 여겨지는 정보통신서비스제공자의 위법한 행동이, 저작권법상으로는 정보통신서비스제공자(온라인서비스제공자)의 면책이 특별히 부여되는 적법한 행동에 다름 아니게 된다. 동일한 현상은 가령, 저작권자 甲의 정보삭제 요청에 따라 온라인서비스제공자 丙이 정보를 삭제하는 요청을 취하면서 삭제 신청인에게는 알리지 않고[336] 당해 정보의 복제 · 전송자에게만 통지한[337] 경우에도 마찬가지로 발생한다.

이상과 같은 두 가지 사례에서 보았듯이 실제 사례에 두 법이 적용되는 경우 여러 가지로 충돌이 발생하게 된다. 이를 해결하려면 적어도 당해 침해의 대상물이 저작물인 때는 정보통신망이용촉진법 중 해당 규정보다 현행 저작권법상 온라인서비스제공자의 책임제한 규정이 특별법이자, 신법인 점을 감안하여 저작권법의 취지가 우선적으로 적용되는 것으로 해석함으로써 앞서 사례 B 같은 상황의 갈등은 해소할 수 있을 것이다. 이렇듯 정보통신망이용촉진법과 저작권법이 입법자도 미처 의식하지 못하는 사이 충돌하게 된 것을 보아도 짐작할 수 있듯이 온라인서비스제공자 내지 정보통신서비스제공자의 책임을 제한

335) 앞서 6. '잘못된 침해주장의 통지를 받고, 제거조치를 하지 않은 서비스제공자의 책임' 부분에서 보았듯이 부적법한 중단요구를 거절하고 다른 면책요건은 성실히 이행한 경우는 면책된다고 일단 해석한다.

336) 정보통신망이용촉진법 제44조 제2항의 위반행위가 된다.

337) 침해주장자가 아닌 복제 · 전송자에게만 통지하도록 요구한 저작권법 제77조의2 제2항에는 부합하여 저작권자(즉, 정보삭제 신청인)에 대한 면책요건을 충족한다. 논리구성을 하기에 따라서는 저작권법의 면책요건을 충족하였으므로 저작권 침해에 대한 책임은 면책된다하더라도, 정보삭제 신청인에게 통지할 부수적 의무를 위반하였으므로 정보통신망이용촉진법 제44조 제2항의 위반 책임은 여전히 부담할 수 있다는 주장도 나올 수 있겠지만, 이런 주장은 현실성 없는 법 논리의 유희에 불과할 것이다.

하는 입법은 깊은 논의를 요구하는 상당한 난제이다. 간단한 조문 한 개만으로 해결될 수 있는 수준의 문제는 아니므로 정보통신망이용촉진법의 입법자는 향후 보다 충분한 검토로 개정법을 수립하여야 할 것이다.[338]

(4) 정보통신망이용촉진및정보보호등에관한법률의 독자적 의미

권리자가 정보삭제요청을 하고 이에 따라 서비스제공자가 제거조치를 할 대상이 저작물인 경우에는 위와 같은 충돌을 피할 수 없고 이를 해결하여야 하겠다. 하지만 정보통신망이용촉진법의 관련 규정들은 독자적 의미를 가지는 영역이 있다. 그것은 다름 아닌 명예훼손 영역 등과 관련하여서이다. 이용자의 침해행위가 명예훼손행위인 경우에는 저작권법상 책임제한 규정은 당연히 적용될 수 없다. 이때는 온라인서비스제공자의 책임제한과 관련하여 정보통신망이용촉진법 제44조가 유력한 기준이 될 것이다.

9. 한국의 책임제한 관련입법의 향후 방향제시

(1) 이용자들의 명예훼손 혹은 저작권침해에 따른 각각의 책임태양의 비교

1) 이용자들의 주 침해수단이 BBS인지, P2P 네트워크인지의 차이점

책 서두에서 설명한 대로 인터넷 초기에는 BBS 상에 게시된 불법복제물을 업로드하거나 다운로드하는 방법으로 저작권이 주로 침해되었다. 그러나 이렇게 BBS를 이용한 저작권침해의 사례는 불과 수년 전과 달리 현재는 많은 부분이 사라졌다. 이러한 경향은 한국에서 더욱 심한데, 그 이유는 아래와 같다.

첫째, 과거 PC 통신으로 대표되던 BBS의 경우 회원을 전제로 한 서비스여서 이용자격의 제한이 있었다. 따라서 이러한 폐쇄성[339] 때문에 저작권자라도 그 회원에 가입하지 않고는 게시판에 접근하여 자신의 저작권이 침해되는지를 확인할 길이 없었다. 특히 PC 통신은 특정 지역이나 국가의 이용자들만을 대상으로 한 서비스여서 외국에 소재한 저작권자로서는 타국 PC 통신에서 자

338) 2005. 12. 30. 개정된 정보통신망이용촉진법도 여전히 이 부분 법조문의 변동은 없다. 이렇게 변동 없이 조문이 유지될 수 있는 이유 중 하나는, 아직 실제 분쟁에서 저작권법이 아닌 정보통신망이용촉진법과 연결된 다툼이나 주장이 거의 없었기 때문으로 보인다. 하지만 저작권 침해 영역이 아닌 명예훼손 등 여타 영역에서는 정보통신망이용촉진법이 향후 상당히 중요한 역할을 할 수도 있을 것이므로 입법자는 이에 대비하여야 할 것이다.

339) 하이텔, 천리안, 나우누리, 유니텔 등과 같은 PC 통신 체제에서 하이텔 이용자는 하이텔 이용자끼리만 정보가 교환되고 천리안 이용자 등 다른 PC 통신 이용자와는 정보를 공유하지 못하였으므로, 개방적 통신망이라 칭할 수 있는 인터넷과 달리 폐쇄적 통신망에 해당하였다.

신의 저작권이 침해되는지 알 수 있는 직접적인 방법이 사실상 봉쇄되어 있었다. 그러다가 월드 와이드 웹으로 네트워크가 크게 확장됨에 따라 회원자격에 따른 게시판 접근의 제한이나 국가 간 장벽의 제한이 허물어짐에 따라 이제는 저작권자의 감시가 폭넓게 가능해졌다. 뿐만 아니라 불법복제물이 일정기간 BBS에 게시되어 있는 동안에는 다운로드 이용자의 다운로드뿐만 아니라 저작권자의 감시와 적발 역시 '검색엔진' 등을 통하여 한결 쉬워지게 되었다. 저작권자가 이제 해당 게시판을 관리하는 인터넷서비스제공자에게 침해사실을 직접 통보하거나, 인터넷서비스제공자 스스로가 평소 주기적인 모니터링을 통하여 이용자들의 불법게시물을 삭제하든지 아예 이용자의 홈페이지를 폐쇄하는 등의 방법으로 BBS 상의 저작권 침해의 단속은 과거보다 한결 용이해졌다. 이러한 BBS 환경의 변화를 맞아 저작물 불법복제를 기대하는 이용자들이 훨씬 은밀하여 침해행위의 은닉이 용이한 P2P 네트워크에 눈을 돌린 것은 당연하다.

둘째, PC 통신이 활발하던 시절에 복제대상이 된 저작물은 그 용량이 킬로바이트(Kilo Byte)나 메가바이트(Mega Byte) 단위에 불과하였다. 하지만 현재는 영화파일 등 불법복제 대상물의 용량이 기가바이트(Giga Byte) 단위로 크게 늘었다. 같은 기간동안 컴퓨터의 저장공간 역시 많이 증가한 것이 사실이고 지금도 BBS을 제공하는 업체는 보다 증가된 저장공간을 게시판 이용자들에게 제공하려 하고 있지만 무엇보다 종전과 달리 이제 더 이상 업체가 제공하는 BBS 상의 저장공간 만으로는[340] 불법복제물을 배포하기가 곤란해졌다.[341] 이에 반하여 새로 등장한 P2P 네트워크를 이용한 불법복제물의 배포는 이용자 자신의 컴퓨터 저장용량만 허용한다면 복제물의 용량 자체는 아무런 제약이 없다.

이상과 같은 이유로, P2P 네트워크 기술이 일찍 수용된 한국의 현실에서는 이미 몇 년 전부터 이용자들의 저작권 침해행위는 BBS가 아닌 P2P 네트워크 상으로 옮겨졌다고 할 수 있고, 당연히 그에 따라 인터넷서비스제공자의 책임이 문제되는 대부분의 사례들도 함께 이동하였다고 보인다.

---

340) 다만 여기서 혼동하지 말아야 할 것은 이것이 지금도 제공되는 BBS에 한정된 설명이라는 점이다. 가령 2006. 3. 현재 네이버 카페를 찾은 이용자가 게시물로 올릴 수 있는 파일용량은 2메가 바이트로 제한적이다. 반면 후술하듯이 '인터넷 스토리지 서비스'와 같이 사금고처럼 타인의 접근이 제한되는 유료서비스는 통상 기가바이트 단위의 저장공간을 제공하고 있다.

341) 이런 이유로 예전에는 불법복제물을 유포하려는 자가 대용량의 복제파일을 여러 개로 분할한 다음 여러 사업자로부터 여러 개의 저장공간을 빌려 나누어 저장하고, 다른 이용자들이 찾는 BBS에는 단순히 위 각 저장공간으로의 링크만을 게시하는 편법이, 대용량 복제물의 유포에 한동안 통용되었었다.

그에 반하여, 이용자들의 명예훼손행위에 있어서는 P2P의 등장에 불구하고 여전히 BBS가 주요한 통로로 기능하고 있다고 보이는데, 그렇게 차이가 나게 된 이유는 아래와 같다.

첫째, 앞서 저작권을 침해한 불법복제물의 경우는 인터넷서비스제공자 스스로의 주기적인 모니터링 등 방법으로 삭제할 수 있었지만 명예훼손의 경우는 표현의 자유를 보장하고 있는 헌법까지 굳이 원용하지 않더라도 그 표현의 다양성 때문에[342] 공적 감시기관[343] 혹은 인터넷서비스제공자 자신에 의한 사전통제가 거의 불가능하다. 그러므로 굳이 P2P와 같은 은밀한 방법을 택할 필요가 없다. 저작물도 역시 표현의 다양성을 가지고 있지 않느냐는 의문에는 아래 2)에서 답한다.

둘째, 아직은 이미지파일이 아닌 문자파일로만 이루어진 명예훼손물이 많다.[344] 따라서 현재도 BBS 업체가 제공하는 작은 저장공간을 통하여 넉넉히

342) 반대로 BBS에서 불법복제 저작물을 게시하는 자들은 불법복제물의 파일이름을 가령 게임물 '스타크래프트' 원명 그대로 'Starcraft.zip' 등의 명칭으로 업로드하는 대신 'Star.zip' 등의 변형된 이름으로 위장하는 편법을 사용하여 저작권 단속을 회피하려고 시도하기도 한다. 하지만 이런 방법은 다운로드받는 다른 이용자들에 의한 식별에도 어려움을 준다는 한계 때문에 그 명칭의 변형에 일정한 한계가 있을 수밖에 없다.

343) 호주에는 국가기구인 Australian Broadcasting Authority에 의하여 인터넷 콘텐츠에 대한 감시망을 운영하면서 온라인서비스법[Broadcasting Services Amendment(Online Services) Act 1999, 다만 그 명칭에 불구하고 인터넷서비스제공자의 책임제한과는 무관한 법률임]에 의하여 뒷받침하고 있다. 이에 관하여 자세히는 정보통신윤리위원회, "호주 방송청(ABA)의 온라인 서비스 규제," '정보통신윤리위원회 인터넷내용등급서비스' (www.safenet.ne.kr/global/trends_data.html, 2005. 4. 2. 방문) → '해외동향' → '각국해외동향자료' 란 및 황승흠, "호주의 1999년 온라인서비스법 연구," 인터넷법률 5호, 법무부, 2001. 3.을 참조할 것. 한편, 영국에도 Internet Watch Foundation(www.iwf.org.uk, 2004. 4. 20. 방문)과 같은 기관이 있다고 한다. 이에 관해 자세히는 정보통신윤리위원회, "영국의 인터넷 감시단체(Childnet international)," 위 해외동향자료 부분을 참조할 것.

344) 다만, 한국에서 오OO 여자연기자를 필두로, 백OO 여가수의 성생활을 담은 영상파일이 유통되어 피해자들이 형사고소에 이른 사건에서 보듯이, 용량이 큰 이미지 파일을 통하여 명예훼손 행위를 하는 경우가 등장하였다. 이런 경우에는 BBS가 아닌 P2P가 더 이용되기도 한다. 판례 중에도 P2P 서비스를 이용하여 타인의 나체사진을 전송, 배포함으로써 결과적으로 타인의 명예를 훼손하였다 할 수 있는 사안을 정보통신망이용촉진및정보보호등에관한법률위반(음란물유포 등)죄의 차원에서 다룬 사례가 있다.

즉 서울지방법원 2003. 7. 2. 선고 2003노1598 사건 및 그 원심인 서울지방법원 2003. 1. 29. 선고 2002고단8756 사건의 사안은 피고인이 eDonkey2000을 이용하여 'ㅅ대 △△과' 'OO학번 김OO'라고 피해자의 성명과 인적 사항을 구체적으로 특정한 파일제목을 가진 하반신 나체사진을 위 이-동키(eDonkey) 이용자들이 전송받을 수 있게 하는 방법으로 배포하였는가 여부가 문제가 된 사건이었다. 유죄를 인정한 원심과 달리 항소심은 피고인의 컴퓨터의 저장내용을 압수수색한 결과 위 사진이 발견되지 않았다는 점 외 몇 가지 이유로 무죄를 선고하였다. (i) 자세한 사실관계의 설시는 없으나, 2심판결의 설시내용에 비추어 보면 피고인이 적발된 경위도 수사기관이 파일교환의 흔적을 실시간

명예훼손물을 게시할 수 있다.

셋째, 명예훼손과 관련한 침해자의 의도는 대개는 일정범위(가령, 같은 학교 재학생의 명예를 효과적으로 훼손하려면 다른 곳이 아닌 해당 학교의 BBS에 글을 게시하여야 될 것이다)의 다른 이용자들에게 자신의 명예훼손적 표현을 직접적으로, 그것도 신속히 알리고자 하는 데 있다. BBS는 일정범위의 가입자만을 대상으로 하거나 적어도 운영 목적과 부합하는 이용자들이 자주 찾아올 것이므로 이러한 의도에 부합하는 장소다. 그러나 P2P 네트워크의 경우는 그에 연결된 거의 모든 불특정 다수인을 상대로 한 것이어서 그 게시범위가 지나치게 광범위하여 부적절하다. 또 P2P 네트워크의 경우 BBS에서와 달리 자신의 취향에 맞는 특정 게시판에 접속 후 게시물을 클릭하는 것으로 그치는 것이 아니라 이용자들이 일단은 어느 정도 정확한 검색어를 스스로 입력하여야 해당 내용을 찾을 수 있음을 기본 작동원리로 한다.[345] 따라서 P2P 상 이용자들은 아예 명예훼손물이 P2P 네트워크에 올려져 있다는 사실 자체를 한동안 파악하지 못하여 침해자의 의도와 달리 명예훼손물이 장기간 전파되지 못하고 사장될 가능성도

IP 주소 추적 등으로 밝힌 것이 아니라(이-동키를 통한 파일교환에 대하여는 Internet Protocol address 추적이 상당히 어렵다) 피해자가 피해사실을 제3자로부터 접한 다음 주변인물 중 사진유출의 혐의가 가장 짙은 피고인을 수사기관에 지목한 것에 불과한 것으로 짐작된다. (ii) 이 책의 필요상 확인해 보면 2005. 3. 현재까지도 이-동키의 여러 서버에는 바로 위 사건의 문제가 된 사진이 아직 버젓이 교환되고 있었다. 위 (i), (ii)의 각 사실로부터 이러한 P2P 상에서 수사권도 없는 저작권자의 침해자 추적이 얼마나 곤란한 것인지 하는 점과 일단 배포된 복제물은 최초 배포자의 의사와는 관계없이 무한히 확산되는 P2P 네트워크의 특징을 엿볼 수 있다. 한편, 위 판결들의 오류를 지적해 보자면, 원심의 범죄사실 설시는 "피고인이 인터넷 공유사이트인 www.eDonkey2000.com 사이트에 사진을 게시하였다"라고 하고 있으나 '사이트에 사진을 게시' 운운의 표현은 마치 PC 통신시절이나 초기 인터넷시절 BBS 게시판에 음란사진을 게시한 행위인 것처럼 판시한 것이어서 명백한 오류라 할 것이다. 항소심에서는 "피고인이 자신의 컴퓨터 하드디스크 공유폴더에 사진을 저장한 후 www.eDonkey2000.com 사이트에 접속한 성명불상자들로 하여금 위 공유폴더로 들어가 사진을 전송받을 수 있게 하였다"는 취지여서 P2P 네트워크에 대한 다소간의 이해를 드러내고는 있으나 'www.eDonkey2000.com 사이트에 접속'이라고 표현한 부분은 여전히 오류이다. 피고인이 위 사이트(이-동키 소프트웨어를 최초로 다운받고 소프트웨어의 보수를 받을 때만 접속이 필요할 뿐이다)에 접속하는 것도 아니고, 성명불상자들은 단지 위 사이트에 접속한 자들이 아니라 피고인이 eDonkey2000을 이용하여 지정접속한 제3자의 불특정서버에 함께 접속하였던 자들이거나 아니면 위 접속시 피고인으로부터 일단 사진을 다운받았던 자들로부터 나중에 또 다른 불특정서버에 함께 접속하여 사진을 재차 다운받은 자들에 불과하다. 위 형사판결은 민·형사 판결을 통틀어 당시 한국에서 가장 성행하던 이-동키가 등장하는 극히 희귀한 사례였음에 비추어 조금 더 정확한 이유의 설시가 아쉽다고 하겠다.

345) 파일교환 탑 차트를 제공하는 기능이 없는 한 P2P 서비스에서는 가령 'OO씨, 부하직원을 성추행하는 몰카'라는 제목의 파일이 올려져 있더라도 BBS 게시판과 달리 접속이용자들이 미리 알고 '성추행' 혹은 '부하직원' 등의 검색어로 검색을 실시하기 전까지는 위 파일이 올려져 있는지조차 알

있다.

넷째, P2P 네트워크는 BBS와 달리 다운로드(download)가 일단은 완성[346] 되어야 내용을 파악할 수 있다는 불편이 있다.

결론적으로, 명예훼손행위와 관련한 인터넷서비스제공자의 책임추궁은 BBS를 떠나 P2P 영역으로 옮겨진 저작권 침해행위에서의 그것과 달리 앞으로도 한동안 BBS와 관련되어 발생할 것으로 예상된다.

2) 사전통제 가능성의 허용 여부에서 오는 차이점

종전에 저작권침해의 대상이 어문저작물이었던 시절에는 어문저작물이 가진 표현의 다양성, 그리고 창작성의 유무나 수준의 천차만별 때문에 당해 어문저작물이 보호받는 저작물인지 아닌지 판단하기가 극히 곤란하였고, 마치 게시물이 명예훼손인지 정당한 표현인지 판단하는 것만큼이나 쉽지 않았다. 그 결과 BBS 서비스제공자로서는 특정 이용자의 게시물이 저작권을 침해하는 것인지 여부를 스스로 판단하여 게시를 거부하거나 삭제하는 등 제어하기가 곤란하였다.

그러나 현재는 저작권침해의 주 목적물이 보다 진보된 기술을 요하는 음악파일, 영화파일로 옮겨졌다. 이것들은 고도의 기술, 자본이 투입된 결과물로 창작성, 바꾸어 말하면 보호받는 저작물인지 여부가 과거 어문저작물의 경우보다 성질상 한층 분명하다.[347] 그에 따라 이용자들의 각종 이용행위가 공정이용에 해당할 여지도 상대적으로 적다. 따라서 이러한 음악파일, 영화파일과 같은 경우에는 종전 어문저작물의 경우와 달리 인터넷서비스제공자 스스로 삭제하는 등 합리적인 범위 내에서 능동적인 제어를 기대할 수 있다. 따라서 인터넷서비스제공자의 자발적인 판단과 제어가 곤란하고 침해물인지 판단이 불분명한 상황이 존재하는 영역은 일반적으로 명예훼손에 의한 침해행위일 경우가 훨씬 많

수 없다.

346) 물론 초고속 인터넷서비스 하에서는 문자파일은 그 내용이 설령 수백 페이지에 걸친 것이라도 수초 안에 다운로드가 완성된다. 하지만, BBS에서는 접속하여 해당 게시물을 클릭하는 순간 내용을 알 수 있다는 것과 비교하면 여전히 불편한 점이 있고 결국 그 전파의 효율성이 저해되는 것이다.

347) 어문저작물의 경우 이용자가 타인의 보호받는 글 내용의 상당부분은 그대로 표절하고 제목과 등장인물의 성명, 일부 결말 등 극히 사소한 부분만 바꾸어 자신의 독창적인 글인 것처럼 게시하더라도 인터넷서비스제공자가 과연 이용자의 게시문이 저작권침해물인지 확실히 판단하기 곤란하지만, 영화파일의 경우라면 이용자가 그 영화파일의 전부나 일부를 그대로 복제하여 게시할 수 있을 뿐 일부 수정을 가하여 마치 자신의 독창적인 영화인 것처럼 위장할 수 있는 여지가 상대적으로 적다.

다고 볼 수 있다.

(2) 명예훼손 등 여타영역에 대한 책임제한입법의 필요성

위에서 저작권침해 영역과 명예훼손 영역이 그 침해수단이나 사전 통제가능성의 각 측면에서 어떤 차이가 있는지를 살펴보았다. 그런데 경위야 어찌되었든 미국의 경우 저작권침해 영역에 대하여는 DMCA가, 명예훼손 영역에 대하여는 통신품위법이 각각 인터넷서비스제공자의 책임제한입법으로 나뉘어 기능하고 있음은 이미 보았다.[348] 한편 최초로 책임제한입법을 하였던 독일이나 이후 유럽연합의 지침, 가까운 일본의 경우는 모두 영역을 가리지 않고 책임을 제한하는 통일법이 존재함도 설명하였다. 그렇지만 이러한 주요 국가와 달리 현재 한국의 법제는 저작권 침해영역에 대하여는 인터넷서비스제공자의 책임을 제한하는 입법이 저작권법 일부 규정의 형태로 존재하지만 명예훼손을 포함한 나머지 영역에 대하여는 관련 책임제한 입법이 존재하지 않는 상태이다.

정보통신기술을 주관하는 정보통신부와 저작권을 주관하는 문화관광부가 정보통신기술(복제기술)과 저작권의 접점이라 할 수 있는 인터넷서비스제공자에 대한 주관행정기관 자리를 두고 암묵적으로 선의의 경쟁을 하고 있음은 관련 종사자들 사이에 주지의 사실이다. 그런 이유로 인터넷서비스제공자에 관한 법규정을 한국에 도입함에 있어서도 정보통신부에서는 가급적 실제 정보통신부에서 입안, 개정하는 '정보통신망이용촉진법' 속에 인터넷서비스제공자 책임제한 규정을 두려 하였고 반대로 문화관광부에서는 문화관광부에서 입안, 개정하는 저작권법과 컴퓨터프로그램보호법 안에 인터넷서비스제공자 책임제한 규정을 두려는 경향[349]을 보이는 것이다. 이러한 시각으로 개정안의 실무담당자가 제외국의 입법례를 두루 살핀다면 정보통신부의 입장에서는 다분히 우리의 정보통신망이용촉진법이나 전기통신사업법의 지위에 유사한 '연방정보통신서비스법(IuKDG)' 안의 독립된 장으로 '온라인서비스법'을 두고 있는 독일의 입법례[350]에 주목하기 쉬울 것이고, 반대로 문화관광부의 입장에서는 우리의 저작권법과 컴퓨터프로그램보호법을 포괄한 DMCA 안에서 인터넷서비스제공자 책임제한

348) DMCA는 위 제2절 부분, 통신품위법은 제1장 제4절 2. (2) 1) 부분 각 참조.

349) 앞서 Ⅰ. 1. '정보통신부가 입안한 정보통신이용촉진법개정안의 좌절' 및 2. '저작권법 개정안의 오랜 표류' 부분 각 참조.

350) 영국도 특허와 저작권을 주관하는 특허청이 아니라 통상산업부에서 영국 국내입법인 '2002년 EC 전자상거래 지침 규정' 등을 주관하고 있음은 이미 보았다.

을 다루고 있는 미국의 입법례에 흥미를 가지게 되었을 것이다. 바로 이러한 이유가 앞서 2000. 7. 20. 정보통신이용촉진법개정안은 독일의 입법을 수용하고, 2001년 저작권법 개정안은 미국의 입법을 수용하게 만든 유력한 배후의 동기가 되었을 것이라고 짐작된다.

따라서 2003년 개정 저작권의 최초 입안자의 의도(다만, 진정한 '입법자의 의도'와는 구별되는 개념이다)나 그에 따라 실제 통과된 규정이 거의 DMCA의 그것만을 충실히 따랐다는 점을 염두에 둔다면, 독일법계에 주된 관심을 둔 국내의 상당수 논자들이 현행 저작권법에 수용된 미국 DMCA식 규율을 평가하면서 이를 독일식으로 해석하거나 입법적 보완을 할 것을 제안하는 데에는 이 점에서도 다소 한계가 있을 수밖에 없게 된다. 그러나 우리 저작권법이 따른 미국의 DMCA 자체는 탁월한 입법례라 하더라도 주의할 점이 있다. 그것은 미국에서 DMCA에 일면 대칭적인 통신품위법과 같은 별도의 입법이 존재하여 저작권침해행위 밖의 영역, 즉 명예훼손행위에 대하여도 인터넷서비스제공자의 책임을 제한해 주지 않았더라면 어떠하였을까? 아마 DMCA는 법의 전체영역으로 파악해서는 절름발이와 같은 입법이 될 수 있었을 것이다.

따라서 한국이 DMCA의 책임제한규정을 수용한 것 자체가 잘못은 아닐지라도, 여기에만 머물고 더 나아가 명예훼손행위 영역 등 인터넷서비스제공자의 책임제한이 문제되는 많은 영역을 책임제한 입법의 부재상태로 남기는 것은 바람직하지 않다. 그것은 모처럼 도입한 인터넷서비스제공자 책임제한 규정의 의미를 외곽에서 훼손하는 길이 될 수 있다. 인터넷서비스제공자에게 법적 안정성을 보장하는 한편 정보의 원활한 유통과 불법정보의 정당한 제거를 촉진하고자 하는 목적을 가진, 인터넷서비스제공자 책임제한입법의 핵심은 정보유통에 개입하는 인터넷서비스제공자의 면책요건을 사전에 분명히 정하는 데 있다.[351] 다름 아니라 DMCA가 이러한 점에 충실하여 평가받게 된 것으로 보이므로 명예훼손행위 영역 등 여타영역에 대하여 아직 이렇다 할 책임제한 입법이 존재하지 않는 한국의 상황은 반드시 시정되어야 할 것이다. 그리하여 명예훼손행위에 대한 침해책임이나 나아가 상표권침해 등 여타 지적재산권 침해책임 등 인터넷서비스제공자가 정보유통자로서 관여하여 책임이 거론될 수 있는 일체의 경우를 가급적 빠짐없이 향후 입법될 책임제한법령으로 포섭해 나가야 한다.

351) 이와 관련하여서는 제3장 제3절 Ⅱ. 2. (2) 참조.

이렇게 인터넷서비스제공자 책임제한 입법이 추가로 확장되어 저작권 영역 이외에도 여타 영역을 규율하는 입법이 존재하게 되는 상황이 되면 규율영역에 따라 다소 상이한 듯한 인터넷서비스제공자 책임제한론 사이의 통합논의도 본격적으로 등장할 것이다.

(3) 각각의 인터넷서비스제공자 책임론을 하나의 이론으로 통합하기 위한 試論的 모색

인터넷서비스제공자 책임제한의 법리는 이용자들이 범한 침해가 저작권에 대한 것이든, 명예훼손이든 아니면 상표권 등 여타의 경우이든 가리지 않고 통일적인 태도를 견지하는 것이 적어도 한국의 입장에서는 바람직하다고 본다. 원래 BBS를 주요 침해수단으로 삼아 명예훼손행위는 물론 저작권침해행위가 자주 행하여졌던 기술단계에서는 적어도 그 침해수단에 있어서 양자가 동일하므로 이론상 통일된 법리로 인터넷서비스제공자의 책임론을 정립하는 것이 일견 가능하였었다.

그렇지만, 일단 이 분야에서 가장 앞섰던 미국의 현실은 이를 구분하여 별개의 법리로 논하고 있다.[352] 먼저 책임요건에 있어서는 명예훼손행위에 부수한 인터넷서비스제공자의 책임을 발행인(publisher)과 배포자(distributor)로 구분하고,[353] 저작권침해행위에 부수한 인터넷서비스제공자의 책임은 대위책임자와 기여책임자로 구분하여 상이하게 논의하고 있는 것이다. 다음 책임제한 요건에 있어서도 명예훼손과 관련하여 통신품위법은 법 제230조(c)(1)에 의하여 인터넷서비스제공자의 포괄적인 면책을 규정하고 있음에 반하여, 저작권침해와 관련하여서는 인터넷서비스제공자가 면책을 받기 위하여 DMCA가 세밀하게 정한 별개의 요건을 구비하여야 하므로 서로 상이하다. 더욱이 미국 법원은 Zeran v. American On-Line Inc 사건의 판결 등을 통하여 통신품위법이 정한 포괄적인 면책을 더욱 확장[354]시키고 있다.

---

352) 미국의 사례들을 기준으로 하자면 1991년 Cubby, Inc. v. CompuServe 사건(명예훼손 관련) → 1993년 Playboy Enterprises, Inc. v. Frena 사건(저작권 관련) → 1994년 Sega Enterprises v. Maphia 사건(저작권 관련) → 1995년 Stratton Oakmont Inc. v. Prodigy Service Co. 사건(5월, 명예훼손 관련) → 1995년 Religious Technology Center v. Netcom, Inc. 사건(11월, 저작권 관련)의 판단이 차례로 내려졌다. 모두 비슷한 시기에 모두 동일한 BBS를 침해수단으로 하여 발생한 사안들이라는 공통점이 있다.

353) 명예훼손과 관련된 인터넷서비스제공자 책임에 대한 미국에서의 논의는 제1장 제4절 Ⅰ. 2. (2) 1) 부분 참조.

354) 한국에서의 유력한 입장(김재형, "인터넷에 의한 인격권침해," 인터넷과 법률, 529면)에 따르면 이

그렇지만, 이렇게 차이가 나는 미국의 양대 책임론을 면밀히 검토해 보면 양자의 법리를 통합하는 것이 전혀 불가능한 것은 아님을 알 수 있다.[355] 먼저 명예훼손에 있어 배포자는 그 침해사실을 알거나 알 수 있었을 때 책임을 부담함이 원칙인데, 이는 저작권침해에 있어 기여책임의 요건을 열거할 때 '행위자(인터넷서비스제공자)가 직접침해자의 침해행위를 알거나 알 수 있었을 것'을 요구하는 것과 일치한다. 다만 기여책임의 요건으로는 그 외에도 '행위자가 직접침해자의 침해행위에 실질적인 기여(material contribution)를 하였을 것'이라는 추가적인 요건이 더 필요한 듯 보이지만 앞서 명예훼손행위로 돌아가 배포자의 행위, 즉 침해물을 배포하는 행위가 다름 아니라 침해행위에 실질적인 기여를 하는 행위에 해당함에 주목한다면, 명예훼손의 법리와 저작권침해의 법리가 각각 독자적인 법리로 발전해오며 생긴 세세한 표현상의 차이를 제거하고 비교할 때, 명예훼손행위에 대한 배포자의 책임요건과 저작권침해에 대한 기여행위자의 책임요건이란 기본적으로 동일한 요건을 각각 명예권의 법률영역, 저작권의 법률영역에서 달리 지칭하여 해석하고 있음에 불과하지 않은가 한다.

한편 발행인은 명예훼손행위에 편집권을 행사함을 근거로 엄격책임을 부담함이 원칙인데, 그 편집권이란 사실은 직접침해자(구술에 의한 경우는 발언자, 출판물에 의한 경우는 저자가 이에 해당될 것이나 여기서는 특히 후자에 국한하여 설명한다)의 출판을 위한 편집과정에서 출판업자가 이를 통제할 수 있는 권리와 능력에 다름 아니고 이는 대위책임의 요건 중 저작권 직접침해행위를 하는 자를 통제할 수 있는 권리와 능력을 요구하는 것과 일치한다. 역시 앞서 기여책임의

러한 통신품위법의 취지와 판례의 입장을 볼 때 인터넷서비스제공자의 책임유무를 판단할 때 명예훼손적인 메시지를 통제할 수 있는 권한이나 기회가 있었는지는 아무런 의미가 없다고 한다. 이러한 경향 역시 명예훼손행위에 대한 인터넷서비스제공자의 책임과 저작권침해행위에 대한 인터넷서비스제공자의 책임을 가급적 통일하여 논하려는 시도에 어려움을 가중시킬 수 있다.

355) 국내의 논자 중에는 명예훼손행위에 대한 Cubby, Inc. v. Compuserve 사건, Stratton Oakmont Inc. v. Prodigy Service Co. 사건의 상이한 결론에 맞추어 각각 편집적 감독이 가능한지 여부에 따라 명예훼손행위나 저작권침해행위를 막론하고 서비스제공자의 책임을 긍정하거나 부정하는 논리구성을 하는 예가 있으나(최재원, "온라인 서비스 사업자의 저작권법상의 책임," 경희대학교 국제법무대학원 석사학위논문, 1999. 2, 26면), 이는 이용자들의 침해행위유형이 명예훼손행위이거나 저작권침해행위인지를 막론하고 서비스제공자의 책임론을 하나로 통합하기 위한 시도라기보다는 미국에서 이용자들의 명예훼손행위와 저작권침해행위에 대한 서비스제공자의 책임이 다소 상이하게 논의된다는 사실을 무시한 결과로 보인다. 명예훼손행위에서의 인터넷서비스제공자의 편집적 감독에 대응한 개념을 저작권침해 영역에서 찾자면, 대위책임 중 통제(control) 가능성 요건이라 하겠지만, 미국에서 저작권침해책임의 논리는 대위책임의 법리에 그치는 것이 아니라, 별도로 기여책임의 축이 있고, 이러한

요건과 마찬가지로 대위책임의 요건에서도 그 외에 '침해행위로부터 직접적으로 금전 상의 이익을 얻었을 것'이라는 추가적인 요건이 더 필요한 듯 보이지만 앞서 명예훼손행위로 돌아가 발행인인 출판업자는 출판물의 출판으로 직접적으로 경제적 이익을 얻는 자라는 점에 주목해야 한다. 결국 이 때도 명예훼손의 법리와 저작권침해의 법리가 독자적인 법리로 분화하여 발전해 오며 생긴 세세한 표현상의 차이를 제거하고 비교할 때 명예훼손행위에 대한 발행인(특히, 출판업자의 경우)의 책임요건과 저작권침해에 대한 대위책임자의 책임요건이란 기본적으로 동일한 요건을 각각 명예권의 법률영역, 저작권의 법률영역에서 달리 표현하고 있다고도 할 수 있다.

요컨대, 명예훼손행위에 있어 배포자나 발행인의 책임 요건과 달리 저작권침해에 있어 기여침해자와 대위책임부담자의 책임요건에서 별도로 요구되는 '행위자가 직접침해자의 침해행위에 실질적인 기여를 하였을 것' 내지 '침해행위로부터 직접적으로 금전 상의 이익을 얻었을 것'이라는 요건들은 명예훼손과 관련하여서는 다른 표현으로 지칭되고 있거나(즉, 배포자의 책임이 문제되는 경우, '책임을 부담할 자가 침해물을 배포하였을 것'), 아니면 언급할 필요 없이 당연히 전제(발행인의 책임이 문제되는 경우, '발행인인 출판업자는 출판물의 출판이 성공하면 당연히 직접적인 이익을 얻는다'는 경험칙)되어 있는 것에 불과하다.

아울러 저작권침해에 있어 기여책임의 원칙이, 그 연원을 보건대 멀리 "불법행위에 참가하거나 더 확장시킨 자는 주된 불법행위자와 마찬가지로 책임이 있다"라는 보통법(common law)상의 원칙에서 발전하였다고 해석함이 미국의 다수설[356]인 점에서 알 수 있듯이 명예훼손에 있어 발행인과 배포자의 책임에 관한 법리, 혹은 저작권침해행위의 경우 대위책임과 기여책임에 관한 법리는 모두 보통법상의 원칙에 같은 뿌리를 두고 있다고 볼 수 있다. 그 결과 사안에 따라서는 양자 사이의 구별이 애매해지기도 하였던 것이다.[357] 결국 두 법리는 그 세세한 표현에서는 다소간의 차이가 있더라도 기본적으로는 공통적인 하나의 법리로 포섭될 여지가 충분히 있는 것이다.[358]

기여책임의 성립이 문제되는 사안에서는 결코 편집적 감독이든 혹은 통제 가능성이든 책임의 기준이 될 수 없다는 점을 위 견해는 간과하고 있는 것이다.

356) Peter Katz, op. cit., p. 2 혹은 Jesse M. Feder, op. cit., pp. 871-72.

357) 가령 명예훼손행위에 관련된 Cubby, Inc. v. Compuserve 사건에서 원고가 피고의 책임을 추궁하며 대위책임(Vicarious Liability)을 주장한 예에서 찾을 수 있다.

358) 가령, 이 책과 다소 다른 시각으로 미국에서 위 두 가지 법리의 통일을 꾀하는 논자도 있는데 그

이 책에서 굳이 두 가지 법리의 통합을 모색하는 것은, 인터넷서비스제공자의 입장에서 볼 때 피침해자가 명예훼손 피해자와 저작권자라는 다소 우연한 사정에 따라 책임을 달리 정하기보다는 그 전달자가 공통적으로 인터넷서비스제공자라는 사실에 향후 더 초점을 두는 것이 법정 안정성은 물론 인터넷서비스제공자의 지위가 상대적으로 중요한 한국의 실정에 더 부합한다고 보기 때문이다.

혹자는 명예훼손 영역은 표현의 자유라는 헌법상 지고한 가치가 개입되어 있는 영역이어서 저작권침해영역과는 '반드시' 구별되는 법리가 존재한다고 반박할지 모르겠다. 하지만 정작 미국 판례의 흐름을 보건대 표현의 자유라는 가치를 우선하여야 한다는 명제와 명예훼손 발언의 전달자에 대한 책임이 그러한 가치 때문에 저작권침해의 경우와 다른 형태를 띠어야 하는가의 문제는 별개이지 않은가 한다. 가령 미국 연방대법원이 New York Times v. Sullivan 사건[359]을 통하여, 명예훼손 발언의 전달자에게 엄격책임(strict liability)을 부과하는 것은 그것이 가져올 표현의 자유에 대한 위축효과 때문에 위헌이라고 선언하기 이전까지, 미국 판례들은 종종 명예훼손 발언의 전달자에게 엄격책임을 부과하였었다.[360] 그리고 이것은 저작권 (직접)침해자에게 원칙적으로 부과되었던 엄격책

설명을 요약하면 다음과 같다. 즉, 『연방대법원이 New York Times v. Sullivan 사건(376 U.S. 254, Mar 09, 1964) 같은 사례에서 취한 태도를 유추해 보면 인터넷서비스제공자의 대위책임에 대하여 어떤 태도가 타당한지 짐작할 수 있다. 그것은 명예훼손책임을 추궁당하는 것을 모면하기 위하여 출판자들이 과도하게 검열을 행하게 함으로써 더 소중한 표현의 자유가 억제당하도록 하는 부당한 결과를 피하여야 하는 것과 마찬가지로 피고 인터넷서비스제공자에게 공정이용의 항변을 더 폭넓게 인정하는 등의 방법으로 인터넷서비스제공자에게 대위책임을 묻는 것도 지극히 신중해야 한다는 것이다. 그동안 법원은 주저해 왔지만, 표현의 자유의 가치가 저작권법의 기본적인 해석에서도 적극 반영되어야 한다.』(Alfred C. Yen, op. cit., pp. 1837 FN 16, 1871-72). 다만, 위 설명은 결국 표현의 자유라는 헌법 상의 가치를 최상위에 두고 그 아래에 저작권법상 기여·대위책임의 법리를 종속시켜 해석한다는 점에서, 표현의 자유와 관련된 명예훼손행위와 기여·대위책임과 관련된 저작권침해행위에 대한 각 법리를 일단 대등하게 파악하려는 이 책과 차이가 있다고 할 수 있다. 위 논자의 설명은 일견 표현의 자유와 관련된 게시물에 대해서 면책을 받고자 인터넷서비스제공자가 과도하게 게시물을 검열, 삭제할 위험이 있다는 사실을 지적한 측면에서는 타당하지만, 현실의 분쟁에서 저작권침해와 관련된 게시물의 대부분은 헌법 상 표현의 자유와는 별다른 관련이 없음을 감안할 때는 합당한 통합론이라고는 생각되지 않는다.

359) 위 각주에 등장.

360) 엄격책임론과 제3자 책임론의 미국에서의 역사적 발전과정에 관하여는 Matt Jackson, "One Step forward, Two Steps Back: An Historical Analysis of Copyright Liability," Symposium Copyright Law as Communications Policy: 「Convergence of Paradigms and Cultures」, Cardozo Arts and Entertainment Law Journal, 2002 참조.

임과 다를 바 없는 것이었다. 이후 명예훼손 발언의 전달자에 대한 책임은 편집인, 배포자의 유형에 따른 넓은 의미의 과실책임(negligence liability)으로 판례 상 고정되었고 통신품위법의 등장에 따라 인터넷서비스제공자에게는 일정한 면책이 부여되는 발전과정을 거치게 되었다. 이러한 변천과정에서 보듯이 명예훼손 발언의 전달자에 대한 책임을 논함에 있어 표현의 자유라는 가치 때문에 그것이 반드시 엄격책임 혹은 과실책임으로 정해져야할 당위성은 존재하지 않는다. 마찬가지로(인터넷서비스제공자의 보호를 우선시할 수 있는 한국의) 입법정책과 상황에 따라 명예훼손 발언의 전달자의 책임을 저작권침해행위의 전달자의 그것과 동일하게 규정할 수도 있는 것이다.[361)]

덧붙여 미국의 판례와 입법이 명예훼손과 저작권침해의 영역을 막론하고 한국의 법적 논의에도 강한 영향을 미치고 있는 것이 사실이더라도 미국이 독자적으로 두 영역을 구별하면서 형성해 온 방향까지 한국의 법적 논의가 따를 필요는 없다.[362)] 이미 보았듯이 유럽연합의 지침이나 독일의 온라인서비스법이나 일본의 서비스제공자책임제한법은 통합 책임제한법의 형태로 인터넷서비스제공자가 정보유통자로서 관여하여 책임이 거론될 수 있는 일체의 경우를 규율하고 있는 것이 그 실례이다. 아직은 사례가 거의 없지만, 이렇게 통일적 책임제한법을 마련한 이들 국가의 실제 분쟁사례에서 통일된 법리가 어떻게 운용되는지도 향후 주목할 필요가 있다.

---

361) 구체적인 입법 방법으로 기존의 저작권법 규정은 그대로 두고 나머지 영역에 대한 별도의 입법을 수립하는 방법도 좋을 것이고, 아니면 유럽연합 · 일본과 같이 통합법을 다시 정하는 방법도 좋을 것이다.

362) 통합법을 수립하는 데 현실적인 장애는 표현의 자유라는 헌법상 가치의 지위가 달라 곤란하다거나, 미국에서의 운용은 그러하지 아니하다는 점이 아니라 오히려 앞서 9. 2) '사전통제가능성의 허용 여부에서 오는 차이점'에서 설명한 대로 명예훼손행위에 대한 인터넷서비스제공자의 사전 통제가 저작권침해행위에 대한 그것보다 다소 곤란하다는 차이점일 것이다. 그러나 이것은 본질적인 차이라기보다 정도의 차이에 불과하므로 통합된 법리의 성립에 장애가 될 수준은 아니다. 이러한 차이점에도 불구하고 어쨌든 유럽연합 · 독일 · 일본 등은 통합법을 제정하고 있는 것이다.

제 4 장

P2P 기술을 통한 인터넷서비스제공자의 저작권자에 대한 최초 도전

제 1 절 P2P 기술의 의의
제 2 절 P2P 기술의 분류
제 3 절 P2P 기술에 의한 저작권침해의 대상물과 그 심각성
제 4 절 P2P 기술상 개별이용자들에 대한 책임추궁의 곤란성

제 1 절 P2P 기술의 의의

앞 장에서 살핀 바와 같이 인터넷서비스제공자의 책임을 제한하고자 하는 각국의 입법들, 즉 1997년 최초로 성립된 독일의 연방정보통신서비스법, 이어서 1998년 미국의 DMCA 등이 제정될 당시의 입법자들은 주로 BBS의 이용자들이 범하는 저작권침해행위와 관련한 BBS 운영자의 책임을 염두에 두고 입법을 하였었다.[1] 그런데, 얼마 지나지 않아 등장한 피어 투 피어(Peer-to-Peer, 이하에서는 간단히 P2P라고 한다) 파일교환은 인터넷이 구사할 수 있는 효율적인 기술 가운데서도 가장 두드러진 것으로, 종래의 입법자들로서는 상상할 수도 없을 수준에서 저작권과 관련된 심각한 분쟁을 가져오게 되었다.[2] 불과 수 년 전부터 가수의 최신곡을 MP3[3] 형태로 압축한 음악파일로 P2P 서비스를 통해 인터넷상 널리 유포시키는 행위는 저작권자가 가장 골머리를 앓는 침해행위가 되었다.

1) 가령 아래 Verizon 사건에 대한 2심판결 중 입법연혁을 설시한 부분 참조. 이대희, "P2P환경하의 저작권법의 대응방향," 인터넷법률 14호, 법무부, 2002. 12.에서는 이 점을 들어 DMCA의 P2P에 대한 적용가능성에 대해 부정적 입장이다.

2) 이러한 사실에 터잡아 저작권자의 입장에서는 다음과 같은 분석을 할 수도 있다. 미국에서 저작권법의 개정에는 권리자 측인 저작권업계의 입김뿐 아니라 잠재적 피권리자, 즉 정보통신업계의 입김도 강하게 작용한다. 그런데 1998년 DMCA에 정해진 인터넷서비스제공자 면책조항은 P2P의 등장을 예상하지 못한 상황에서 이루어진 저작권업계와 정보통신업계 사이의 대타협이었다. 그러나 타협의 전제상황이 바뀌었으므로 저작권자들로서는 위 면책조항보다 보다 엄격한 면책규율(면책의 실질적인 축소)을 원하게 된 것이 당연하다. 그 결과 P2P에 대해 규제적인 새 법률을 위해 적극노력하게 된 것은 오히려 정당하다는 분석도 가능하다(이러한 새 법률에 관해서는 제7장 제1절 Ⅱ. 참조).

3) 'Moving Picture Experts Group Layer-3' 의 약자다. 여기서 'Moving Picture Experts Group' 은 주로 동영상 압축 · 해제 방식을 연구하고 그 기준을 제정해 온 일종의 국제적인 전문가 모임의 명칭이다. 이러한 모임에서 소리(오디오)를 매우 탁월한 압축률로 압축할 수 있도록 개발한 표준기술이 바로 위 'Layer-3' 라는 기술이다. 이것은 음향파일인 wav파일을 약 1/10 크기로 압축할 수 있다. 특히 압축으로 생략되는 음의 기록부분은 인간의 귀로는 거의 감지할 수 없는 미세한 변화 부분에 불과하므로 원음과 거의 동일한 수준을 유지할 수 있다. 이상은 〈www.hyperdictionary.com/dictionary/MPEG-1+audio+layer+3〉[2004. 10. 9.]. 이렇게 만들어진 MP3라는 약칭은 '흔글' 의 '.hwp' 확장자처럼 일종의 파일 확장명이 되어 컴퓨터와 인터넷에서 널리 이용되고 있다. MP3 포맷 이외에도 널리 쓰이는 음악압축포맷으로는 그보다 늦게 등장한 마이크로소프트사의 'WMA' (윈도미디어오디오)가 있다. 이것은 아직 음질 면에서 MP3보다 다소 떨어지지만 스트리밍을 지원하며, MP3와 비교해 데이터 크기는 절반 수준이라는 장점이 있다. 한편 앞서 MP3 파일포맷 자체와는 달리 MP3를 생성하기 위한 파일인코딩작업에 소요되는 코덱(Codec)에는 현재 권리사용료가 부과된다. 하지만 GNU의 자유소프트웨어 운동에 의거해 만들어진 오그 보비스(Ogg Vorbis) 포맷은 현재 불완전한 점이 있지만 압축포맷사용이 완전히 무료여서 2005. 2. 현재 삼성전자에서 그 재생을 지원하는 MP3 Player를 출시하는 등 전망이 밝다.

P2P 네트워크란 (i) 네트워크에서 피어(Peer, 개별이용자)들 사이에[4] 실시간으로 정보전송을 할 수 있고, (ii) 각 피어가 클라이언트와 서버로서 모두 기능할 수 있으며, (iii) 피어가 당해 네트워크의 주된 정보를 제공하고, (iv) 당해 네트워크의 통제가 중앙서버(central server)가 아닌 피어 자체에 의하여 이루어지며, (v) 당해 네트워크는 항상 접속하고 있지는 않은 피어까지 포섭할 수 있을 것(즉, 네트워크가 다양한 연결성을 수용할 수 있을 것) 등의 5가지 특성을 가진 네트워크라고 정의된다.[5] 이전까지 인터넷에서 접속하는 이용자들은 정보를 검색하기 위해서 '야후(Yahoo)'나 '알타비스타(Altavista)'와 같이 중간에서 연결해 주는 서버를 구비한 검색엔진이 필요했다. 이렇게 종래의 인터넷은 사업자의 서버를 중심으로 이용자들의 개별 클라이언트(이용자의 개별컴퓨터)가 모여 오로지 그 서버를 향하여만 수직적으로 연결되어 있는 서버 대 클라이언트(server to client) 방식이었다.

그에 반하여, P2P 기술에서는, 서버와 클라이언트의 구분이 없이 네트워크에 연결된 컴퓨터이면 개인컴퓨터라도 서버가 될 수 있고, 클라이언트도 될 수 있다. 기술적 표현으로는 리소스(resource, 자원)에 특정규약 없이 접근할 수 있는 형태의 네트워크를 가리킨다. 이러한 시스템에서는 서버가 없거나, 서버가 있더라도 관리하는 정보가 종전의 방식보다 훨씬 적으므로 관리가 쉬울 뿐만 아니라 비싼 서버를 구입할 필요를 덜게 되어 구축비용도 저렴하다.

---

4) P2P파일전송을 위한 컴퓨터 간의 연결이라는 점에서는 종래의 FTP 방식에 의한 전송과 공통적이다. 하지만, FTP의 연결은 본질적으로 서버의 존재가 필수적이어서 서버로부터 클라이언트 컴퓨터가 파일을 전송받는 종속관계를 형성함에 반하여, P2P는 서버의 매개가 필요 없이 개별컴퓨터 간 파일을 전송한다는 차이가 있다. FTP 방식이나 HTTP 방식에 관하여 상세히는 〈www.terms.co.kr〉 [2006. 3. 17.] 참조.

5) John Alan Farmer, "The Specter of Crypto-Anarchy: Regulating Anonymity-Protecting Peer-To peer Networks", 72 Fordham Law Review 725, December, 2003, p. 742 (위 P2P개념요소는 유명한 인터넷기술전문가 Michael Miller의 정의를 위 저자가 정리한 것임). 그 외 P2P에 관한 비교적 자세하면서도 쉬운 설명을 담은 웹자료로는 토론토대학 전기컴퓨터공학과 교수인 Arno Jacobsen의 홈페이지 게시물〈www.eecg.toronto.edu/~jacobsen/mie456/slides/P2P-mie.pdf〉[2006. 3. 17.]을, 기술적 설명으로는 L. G. Alex Sung, "System Measurement Techniques for Unstructured Peer-to-Peer Systems," School of Computer Science, University of Waterloo, 2005. 4. 11. 〈www.cs.uwaterloo.ca/~lgasung/doc/P2P-measurement.pdf〉[2006. 3. 11.]을 각 참조할 것. Arno Jacobsen의 게시물은 P2P의 특징을 (i) 클라이언트가 서버와 라우터(router)의 역할까지 하고, (ii) 관리자가 없이 각 노드(node)가 자율적이며, (iii) 노드가 수시로 네트워크에서 떠나거나 진입하므로 네트워크가 역동적이고, (iv) 노드가 알려진 서버를 통하는 것이 아니라 다른 노드와 직접 협력하고, (v) 노드가 폭 넓은 능력변화치를 가진다고 정리하고 있다.

한마디로 P2P는 서버 중심의 수직적 인터넷을 개인 단말기끼리의 수평적 인터넷으로 변화시킴으로써 정보공유패턴에 일대 변화를 일으킨 혁명적 기술[6]이고, 이에 따라 이러한 P2P 네트워크를 제공하는 인터넷서비스제공자의 책임에 관한 법률적 논의도 종전의 BBS 운영주체인 인터넷서비스제공자의 책임에서와는 완전히 다른 사실관계에 직면하였다고 하겠다.

제 2 절 P2P 기술의 분류

I. 세대별 분류

대체로 등장시기에 따른 분류이며, 1세대는 냅스터(Napster), 소리바다1[7]이 속한다. 중앙서버가 일정범위의 정보를 수집하는 방식을 가리킨다. 2세대는 그누텔라(Gnutella), 카자(Kazaa)와 같이 중앙서버의 관리가 존재하지 않는 방식, 3세대는 이-동키(eDonkey)에서와 같이 이른바 클러스팅(Clustering) 기술[8]을 채

6) 이렇게 추상적으로 설명하면 간단한 것 같지만, 기술적으로는 상당히 중요한 성취가 있어 P2P 기술이 가능하였다. 종래 client-server 모델의 네트워크에서는 접속중인 개별이용자들이 구하는 정보의 소스는 반드시 서버컴퓨터에 존재하는 정보였다. 이때 서버에는 필수적으로 Internet Protocol address, 즉 IP 주소가 주어지고, 이에 상응하게 주어진 Domain Name을 가지고 있게 된다. 이에 따라 개별이용자들은 DNS(Domain Name System)의 규칙에 따라 가령 해당 Domain Name을 직접 입력하는 것과 같은 방법으로 정보에 접속할 수 있었다. 그러나 P2P에서는 server 역할을 수행하는 특정 컴퓨터가 존재하지 아니한다. 그 결과 원하는 정보가 Domain Name이 존재하는 컴퓨터가 아니라 개개 無名의 컴퓨터에 존재하게 된다. 따라서 정보를 가진 개별 컴퓨터를 일일이 탐색하고 접속하기 위해서는 종래와는 다른 새로운 혁신적 기술이 요구된다. 특히 극히 예외적으로 다운되어 접속불능인 상태인 경우를 제외하고 종전의 '서버'가 항상 접속가능 상태였음에 반하여, P2P에서는 정보를 보유한 개별 컴퓨터가 매순간 접속, 비접속의 상태로 변할 수 있다는 기술적 난제가 존재하였던 것이다(이상은 Jesse M. Feder, op. cit., pp. 862-65를 정리). 결국 현재 이용되는 P2P 기술 관련 상품이나 서비스는 이러한 난제를 효과적으로 돌파한 혁신기술이라고 할 수 있다. 한편 이렇게 등장한 Peer to Peer 방식을 인터넷 초기부터 존재하던 것으로 보는 입장(이대희, "P2P환경 하의 저작권법의 대응방향" 혹은 같은 저자, "P2P에 의한 파일공유와 그 해결책의 한계," 계간저작권 2002년 겨울호, 40면)도 있으나 위 설명처럼 지금의 P2P는 인터넷 초기의 기술인 FTP나 Telnet과 근본적으로 기술적 해결의 차원이 다르다고 볼 때 적당한 설명은 아니라고 본다.

7) 2002. 7.경 법원의 소리바다에 대한 최초의 가처분결정 직후 종전 소리바다의 운영주체가 새롭게 등장시킨 소리바다2의 작동원리는 법적 쟁송의 우려 때문에 공개되지 않았다. 다만 운영주체는 소리바다2가 종전 소리바다와 달리 중앙서버를 없애고 새로운 슈퍼피어 방식을 도입하여 법적 문제가 없다는 입장만을 피력하였고 이러한 입장은 소리바다3에서도 유지되었다. 명확한 구별을 위하여 편의상 최초로 등장한 형태의 소리바다를 '소리바다1' 이라 칭한다.

8) 이에 관한 상세한 기술적 설명은 F. Le Fessant, S. Handurukande, A.-M. Kermarrec & L. Massouli?,

택하여 파일전송을 받을 때 특정한 1인에게서만 받는 것이 아니라 목적파일을 각 조각으로 분할하여 해당 조각을 가진 다수의 전송자로부터 서로 다른 조각을 동시에 병행적으로 전송받는 방식이다.[9] 이러한 방식을 통하여 접속 이용자가 많을수록 이론상으로는 오히려 파일전송속도가 빨라질 수 있다는 이점을 달성하게 된다.

Ⅱ. 중앙서버의 존부에 따른 분류

P2P는 중앙서버[10]의 존재 여부에 따라 크게 하이브리드(Hybrid) P2P와 Pure P2P[11]로 나눌 수 있다. 중앙서버를 통하여 인터넷서비스제공자가 이용자들의 정보교환에 관여하는 수준이 법적 책임을 추궁할 수 있는 가능성과 직결된다는 점[12]에서 이 책에서는 가장 유용한 분류방법이다.

이와 달리, 중앙검색 모델(centralized indexing model), 완전분산형 모델(decentralized indexing model) 혹은 완전분산형 구조(fully-distributed architecture), 슈퍼노드 모델(super-node[13] model)로 분류하여 P2P를 3분하는 견해[14]도 있다. 특히 미국의 그록스터(Grokster) 판결의 서두에서도[15] 이러한 분

"Clustering in Peer-to-Peer File Sharing Workloads" 〈iptps04.cs.ucsd.edu/papers/le-fessant-clustering.pdf〉[2004. 5. 8.]을 참조할 것.

9) 따라서 다수의 전송자 중에는 그 역시 파일전송을 받고 있는 중이어서 목적파일의 전부, 소위 완성체를 가지고 있지 아니한 자도 포함될 수 있다.

10) 종래 client-server 모델에서 말하는 server와 달리 여기서 지칭되는 server는 정보교환의 과정에서 일정부분 매개자 역할을 할 뿐, 정보가 저장되어 있는 장소가 아니라는 점에서 분명한 차이가 있다.

11) '순수 피어 투 피어'라고 번역할 수도 있겠으나, P2P는 이미 일반적으로 쓰이는 용어이고 '순수'라는 단어부분이 문장 내에서는 혼동을 초래할 수 있으므로 부득이 원문을 그대로 쓰기로 한다.

12) 이대희, "P2P 파일교환에 관한 판례의 분석 -Grokster 판결을 중심으로," 디지털재산법연구 제3권 제1호, 2004.에서는 P2P에 의한 파일교환을 다룬 판결들을, 중앙서버가 있는 경우에 대한 판결과 중앙서버가 없는 경우에 대한 판결로 이분하고 있다.

13) 중앙서버가 존재하지 않는 분산화된 P2P 네트워크에서 네트워크 상의 일정 거점마다 중앙서버를 대신하여 이용자들이 다른 이용자에게 접속할 수 있도록 안내하고 경우에 따라 파일검색정보까지 전달해 주는 역할을 맡은 개별컴퓨터를 슈퍼노드(super node) 내지 슈퍼피어(super peer)라 칭한다. 자세히는 아래 Ⅲ. '그 외의 분류 및 변종 P2P' 부분 참조.

14) Jesse M. Feder, op. cit., pp. 864-66, 이와 유사하게 Hisanari Harry Tanaka, "Post-Napster: Peer-To-Peer File Sharing Systems Current and Future Issues on Secondary Liability Under Copyright Laws in The United States and Japan," Loyola of Los Angeles Entertainment Law Review Vol. 22 num. 1, 2001, p. 50, 56 등.

15) 가령 Grokster, 380 F.3d at 1158-1159.

류방법에 따라 P2P 기술 일반을 설명하고 있는 까닭에 상당히 유력할 수 있는 입장이다. 그러나 이러한 3분법은 우선 용어 표현상에 오해의 소지가 있다.[16] 다음으로 법률학에서 P2P 분류가 어떤 의미를 가지느냐를 고려할 때도 다소 부적절하다. 즉 연방대법원의 Grokster 판결이 나오기 이전까지 법률 학설의 주류적 입장은 Napster와 같은 하이브리드 P2P와 달리 중앙서버가 없는 유형은 Grokster 하급심들의 입장과 같이 그 공급자에게 책임을 묻기 곤란하다는 것이었다. 이러한 주류적 입장을 존중하자면 중요한 구별은 중앙서버의 유무에 따른 분류(하이브리드 P2P와 Pure P2P)일 뿐 Pure P2P 범주 안에서의 재분류(슈퍼노드가 있는 것과 없는 것)는 그다지 의미가 없었다. 혹자는 이제는 연방대법원의 Grokster 판결이 나왔으니 이를 존중한다면 이제는 그런 종전의 주류적 입장과 달리 분류해야 하지 않겠느냐는 오해가 있을 수 있다. 그러나 아래 해당부분에서 다룰 연방대법원의 Grokster 판결을 여기서 요약하자면 공급자에게 이용자의 침해를 유발할 불순한 목적이 존재하면 문제되는 대상이 하이브리드 P2P이든, Pure P2P이든 (아울러 심지어 그누텔라와 같이 슈퍼노드조차 없는 순수한 소프트웨어이든) 공급자에게 책임을 부담시킬 수 있다는 입장이다.[17] 따라서 설령 양보하여 연방대법원의 입장을 따르더라도 종전의 주류적 입장과 달리 이제부터는 슈퍼노드의 유무가 중앙서버의 유무라는 종전 기준보다 더 중요해졌다거나 적어도 대등한 기준이 되었다고는 보기 어렵다.[18]

따라서 이 글에서는 하이브리드 P2P와 Pure P2P로 대별하는 표현에 따라 서술하고자 한다. 이러한 2분법 하에서는 P2P를 3분하는 견해에서 지칭하는 중앙검색모델이란 하이브리드 P2P에, 완전분산형 구조는 Pure P2P에 각 대응

16) 우선 Grokster 항소심이 위와 같은 표현을 차용하고 있더라도 이는 'Hybrid P2P'와 'Pure P2P'라는 표현과 'Centralized Indexing Model'과 'Decentralized Indexing Model'이라는 표현 사이에서 어느 것이 적절한지 치밀한 검토까지 행한 뒤 선택한 표현이라고는 보이지 아니한다. P2P 등장 이전의 모델이던 클라이언트-서버 모델과 대조하여 볼 때 모든 P2P 모델의 기본적인 공통점은 분산화되었다('decentralized')는 점이므로 P2P끼리의 분류방법에서 다시 '분산화' 운운의 표현을 동원하는 것은 비록 P2P 중에서도 그 분산화의 수준에 현실적인 차이가 존재하는 점을 지적하고자 한 취지이더라도 일종의 동어반복으로서 혼란을 초래할 뿐 적절한 표현이라고 보기 어렵다.

17) 연방대법원은 유발 책임(Inducement Liability) 하에서는 그 상품이 침해적으로 이용될 것을 공급자가 의도하고 야기하였다는 입증이 있는 경우 상품의 공급 자체만으로도 책임이 부과될 수 있다고 판시하고 있다.

18) 연방대법원이 유발행위의 판단기준으로 제시한 3가지 요소 중 불법이용을 통한 광고수익의 창출, 필터링 시스템의 채택가능성 등에 대한 제반 평가결과가 더 크게 달라질 수 있는 기준은 여전히 슈퍼노드의 유무가 아니라 중앙서버의 유무로 보이기 때문이다.

될 것이고, 슈퍼노드 모델은 중앙서버는 존재하지 않고 개별컴퓨터끼리만 네트워크를 구성한다는 점에서 넓게 보아 Pure P2P의 일종으로 분류될 것이다. 더 구체적으로 대표적인 P2P 중 Napster나 소리바다1은 하이브리드 P2P에, 그누텔라는 (슈퍼노드가 없는) Pure P2P에, Kazaa나 Grokster는 (슈퍼노드가 있는) Pure P2P에 각 해당하며, 이-동키는 하이브리드 P2P이지만 (이론상 중앙서버가 수백 개 이상 존재할 수 있어) 상당히 변종의 형태인 P2P에 해당한다.[19] 이제 하이브리드 P2P 방식와 Pure P2P 방식의 구별되는 특징을 설명하면 아래와 같다.

하이브리드 P2P 방식은 다른 이용자에 관한 접속 및 위치정보나, 교환대상인 파일들의 리스트를 중앙서버가 제공하는 방식이다. 소리바다1과 Napster에 사용되었다.[20] 하이브리드 P2P 방식에서는 중앙서버가 네트워크에 막 접속한 이용자들에게 이미 접속하고 있는 다른 이용자의 접속정보나 파일리스트 정보를 제공함으로써 신규 이용자로 하여금 신속하게 파일을 공유할 수 있게 해준다는 장점이 있다.[21] 방면에 종전 클라이언트-서버 모델에서의 정도에 비하면 훨씬 부담이 덜하지만 아래 Pure P2P에 비하면 여전히 중앙서버에 정보가 집중되므로 그 유지를 위하여 큰 재정적 부담이 따른다는 단점이 있다. 하이브리드 P2P 방식이 이용자의 시각에서 어떻게 작동하는지에 관하여는 소리바다1 사건 등에서 아울러 설명하므로[22] 여기서는 줄인다.

이에 반하여 Pure P2P 방식은 최초 접속 때조차 중앙서버를 거치지 않고 개인 컴퓨터들끼리 연결되는 방식이다. 즉 중앙서버가 존재하지 않으며 그누텔라(Gnutella)[23] 소프트웨어가 대표적이다. 중앙서버가 존재하지 않으므로 당연히 유지비가 거의 들지 않는다는 장점이 있다. 반면에 중앙서버가 없으므로 접

19) 이와 유사한 분류 및 P2P에 대한 보다 기술적 설명문으로는 L. G. Alex Sung, op. cit. 참조.

20) 소리바다1의 중앙서버는 접속자의 접속(로그인, log-in) 및 위치에 대한 정보만을 제공할 뿐 Napster와 달리 교환대상인 파일들을 검색하여 그 리스트를 제공하지는 않았다.

21) 이러한 설명은 이용자의 입장에서 본 것이고, 서비스제공자의 입장에서는 하이브리드 P2P가 사업수익을 보다 손쉽게 보장한다는 장점을 가진다. 이에 관하여는 제6장 제1절 부분 참조.

22) 제5장 제3절 Ⅰ. 부분 각주 참조.

23) Gnutella의 'Gnu'는 'Gnu is Not Unix'의 약자로 유닉스와 완벽하게 호환되어 모든 사람들이 자유롭게 이용할 수 있도록 만들어진 소프트웨어 시스템을 추구하는 모임 내지 운동을 뜻한다. 여기서 다시 G는 아무런 의미 없는 문자를 일부러 첨부한 것으로 위 GNU Project를 처음 주도하며 1993년 GNU선언문을 작성하기도 한 Richard M. Stallman은 Gnu의 G발음이 생략되어 New Project와 혼동되지 않도록 '그뉴(Gnu)'라고 발음할 것을 주문한 바 있으므로(이는 www.gnu.org/gnu/manifesto.ko.html, 2006. 3. 17. 방문) 이 책에서도 어원을 존중하여 '그누텔라'로 칭하기로 한다.

속 이용자의 검색요구를 다른 이용자들의 개별 컴퓨터를 통하여 순차로 전파하여야 하므로 속도가 극히 느리고 전송과정에서의 병목현상이 나타나며,[24] 네트워크의 안전성이 떨어진다는[25] 단점이 있다. 그누텔라는 순수 P2P 방식으로 작동되는 최초의 소프트웨어로, 원래는 유명한 음악파일 구동프로그램인 WinAmp를 제작한 Nullsoft사가 만들어서 홈페이지에 공개한 것이다. 그러나 그 母회사인 AOL이 반대하자 Nullsoft사는 불과 하루만에 다운로드를 폐쇄하였다. 그렇지만 네티즌들은 하루동안 공개되었던 버전을 기초로 이후에도 계속 새로운 버전을 만들어 인터넷에서 유포하게 된다. 이처럼 그누텔라는 그 출발부터 범상치 않았다. 중앙서버가 아예 존재하지 않으므로, 그것을 통하여 서비스를 지속적으로 제공하는 인터넷서비스제공자도 존재하지 않고, 결국 저작권자 측으로부터 일견 쟁송의 대상이 될만한 상대 자체가 존재하지 않는다. 하이브리드 P2P 방식에서는 중앙서버에서 다른 이용자에 관한 접속 및 위치정보 등을 관리하는 것과 달리, 그누텔라 네트워크에서는 개별이용자의 소프트웨어 스스로가 다른 이용자를 찾아야 한다.[26]

비유를 들어 설명하자면,[27] 하이브리드 방식의 P2P란 두 사람의 남녀(즉,

---

24) 특정한 검색요구가 Pure P2P 네트워크에서 무한히 전파되면 그 병목현상을 감당할 수 없게 된다. 따라서 Pure P2P 네트워크에서는 원칙적으로 검색요구가 부득이 주위 몇 개의 컴퓨터까지만 전파되는 방식으로 제한된다. 그에 따라 검색결과는 실제로 네트워크에 접속한 개별컴퓨터들 전체가 가진 정보가 아니라 일부 컴퓨터들이 가진 정보만 나타나게 된다는 단점도 있게 된다(Jesse M. Feder, op. cit., p. 865 및 Tim Wu, op. cit., p. 733 FN 178 참조).

25) 2000. 7.경 최초로 그누텔라의 네트워크가 한달 이상 마비되는 사태가 일어난 적이 있다. 이것은 Napster가 법원으로부터 금지처분을 받은 직후 다수의 이용자들이 동시에 그누텔라로 이동하자, 종전의 네트워크가 이를 감당하지 못한 것으로 추측된다고 한다(Tim Wu, op. cit., p. 733).

26) 다만 대부분의 그누텔라 계열 소프트웨어는 실시간 접속이 가능한 IP목록에 자동으로 이용자의 IP를 찾아 등록시키도록 되어 있고, 이런 방식으로 IP가 공유 네트워크 상에 알려지면, 다른 사람의 데이터도 가져 올 수 있고, 자신의 데이터도 건네줄 수 있는 그물이 형성된다. 보통 3~8개의 연결을 유지하며, 이러한 연결이 끊어지는 경우에는 클라이언트 소프트웨어가 자동으로 연결 가능한 다른 IP를 검색하게 된다. 이상은 〈www.pcbee.co.kr/channel/HW&SW/benchmark/200208/23621.asp〉 [2005. 1. 27.]의 기사 참조.

27) 필자가 아래에서 들고 있는 설명 방식 이외에 최정열 판사의 2003. 4. 28.자 사법부 내부통신망(CourtNet) 지적재산권연구회 게시문(미공간)은 이른바 '정보공유의 파티'를 벌임에 있어 참가자들이 지정된 테이블에 앉으면 사회자가 각 참가자가 요구하는 정보를 가진 다른 참가자를 알려 주는 방식(Napster 방식)과 사회자는 참가자들이 테이블에 앉도록 초대할 뿐 참가자들 스스로 주위에 앉은 다른 참가자들에게 질문하여 원하는 정보를 찾는 방식(Grokster 방식)으로 구분하여 예를 들고 있다. 이러한 설명은 Napster 등 P2P 네트워크 개발자였던 Gene Kan이 그누텔라 네트워크를 마치 참가자들이 우연히 옆에 앉게 되었고, 누구하고라도 정보를 공유하고자 하는 일종의 칵테일 파티에 비유한 것과 비슷하다.[이 부분은 Gene Kan, "Gnutella, in Peer-to-Peer," 『Harnessing the Benefits of a

개별이용자)가 맞선(사이버공간에서의 직접접속과 그에 연달은 파일교환)을 보는데 그 중간에서 맞선대상자들에 대한 일정범위의 정보를 이미 수집한 중매인(인터넷서비스제공자의 서버)이 나서서 한쪽이 원하는 조건을 갖춘 상대방을 위 정보에서 선정하여[28] 연락처를 알려 주면 두 사람의 남녀가 중매인의 동석 없이 직접 만나는 방식이라고 할 수 있다. 이에 반하여, Pure 방식의 P2P는 서로 떨어져 모르는 지내는 두 남녀가 이상적인 배우자를 원하고 있지만 중매인이 존재하지 않는 상황[29]과 같다. 한쪽의 남자 A가 가까운 주변의 사람 B(정보를 구하는 이용자가 pure P2P 소프트웨어를 이용하여 최초로 네트워크에서 접속하는 또 다른 이용자)에게 A의 이상형을 제시하면서 소개팅을 부탁하면, 그 B는 만일 그런 이상형의 여성을 모를 경우 B 자신과 가까운 또 다른 C에게 그런 요구를 알리고, C는 다시 D에게 알리는 방식으로 마치 물결처럼 A의 요구가 주위에 퍼지게 되어 결국 원하는 이상형 여성 Z에게 연결되고, 결국 직접 만나는[30] 방식이라고 할 수 있다.

이러한 Pure P2P의 경우 중 슈퍼노드가 없는 경우에는 최초 소프트웨어를 제공하는 자만 존재할 뿐 이용자가 파일교환을 하는 데 일정한 서비스를 제공하는 자, 즉 Napster나 소리바다1과 같은 인터넷서비스제공자가 일견 존재하지 않으므로'[31] 이 책에서도 혼동을 피하기 위하여 이러한 Pure P2P의 경우에는 'P2P 서비스' 내지는 'P2P서비스제공자' 라는 용어 대신 가급적 'P2P소프트

Disruptive Technology」, Andy Oram edition, 2001, p. 94, 117 참조(Tim Wu, op. cit., pp. 731-32에서 재인용)].

28) 다만, 이러한 Napster와 달리 소리바다1의 경우는 중매인이 상대방의 연락처(로그인 정보) 리스트만을 가진 상태이고, 이는 굳이 비유하자면 중매인이 이미 수집한 정보를 이용하여 상대방을 찾아주는 것이 아니고 맞선 대상자가 중매인의 전화기를 이용하여(이용자의 검색명령이 반드시 소리바다1 서버를 거쳐야 다른 이용자에게 도달하는 점) 중매인 리스트 상의 연락처들에 직접 일일이 연락하여 조건에 맞는 상대방을 찾는다고 할 수 있다.

29) 중매인이 존재하지 않는 대신, 소개팅에 관한 노하우를 담은 일종의 매뉴얼(Pure P2P 소프트웨어)을 제공하는 자는 존재하는 상황이다.

30) A와 그 이상형 Z의 직접 만남(정보교환)을 위하여, A의 요구가 전달되는 과정에서 물결이 퍼지는 형태처럼 중간의 B, C, D, E, F 등 한없이 많은 단계를 거치는 대신, 가령 정보력이 탁월한 C가 자기주변 여성들에 대한 정보는 미리 보유하고 있다가 곧바로 그 중 A의 이상형에 해당하는 여성의 정보를 A에게 알려 주는 형태, 바꾸어 말하면 A의 요구가 전달되는 과정의 곳곳에 사실상 앞서 맞선에서 중매인의 역할을 하는 자(슈퍼노드 내지 슈퍼피어 컴퓨터)가 있는 형태를 취할 수 있다. 이렇게 되면 중매인을 통한 맞선만큼 신속, 원활하지는 못해도 막연하게 소개팅 부탁이 순차로 전해지는 상황보다는 원하는 이성을 만날 가능성이 훨씬 용이해지게 된다.

31) Pure P2P와 관련한 인터넷서비스제공자의 책임추궁 문제에서 이 점도 논란의 대상이다.

웨어' 내지 'P2P 소프트웨어 제공자' 라는 용어로 지칭한다.

Ⅲ. 그 외의 분류 및 변종 P2P[32)]

그 외에 통용되는 P2P의 분류방법으로 사용하는 플랫포옴(Platform)의 유형에 따라 카자(Kazaa),[33)] 그록스터(Grokster)와 같은 패스트-트랙(FastTrack) 플랫포옴의 P2P, 모피어스(Morpheus)와 같은 그누텔라 플랫포옴의 P2P 소프트웨어,[34)] 오버넷(Overnet) 같은 독자적인 방식의 P2P[35)]로 나누기도 한다.[36)] 이 중, 패스트-트랙과 같은 기술은 Pure P2P에서 중앙서버가 없음으로 생기는 난점을 이른바 슈퍼노드(super node) 혹은 슈퍼피어(super peer)라는 개념을 도입하여 해결한 것이다. 즉 여기서는 이용자의 컴퓨터 중 대역폭 등의 능력이 우수한 컴퓨터(node)[37)]가 일정 연결점마다 다른 이용자들의 컴퓨터의 접속이나 정보전달의 접점 역할을 하게 된다. 이로써 다른 이용자들은 바로 슈퍼노드 컴퓨터에 접속하여 그 컴퓨터가 가진 검색정보를 이용하거나 이를 통하여, 가까운 또 다른 슈퍼노드에 검색명령을 전달할 수 있다.[38)]

한편 그누텔라 계열에 속하면서도 이용자보호의 보안면에서는 더 진일보한 것은 프리넷(Freenet)이라고 할 수 있다. 프리넷은 그누텔라와 마찬가지로, 중앙서버 없이 이용자들을 직접 연결시켜 주는 것은 물론, 시스템을 통과하는 정보의 출저가 완전히 익명화되어 있다. 아울러, 정보에 대한 요구를 최초로 한

32) 광의로는 '쪽지 프로그램' 혹은 '인터넷메신저'도 개인컴퓨터간의 직접연결이라는 점에서 P2P로 볼 수 있으나, 저작권침해와 관련한 주목을 끌만한 처지는 아직 아니다.

33) 이에 관한 가장 상세한 자료로는 〈en.wikipedia.org/wiki/Kazaa〉[2006. 3. 2.]. 아울러 Kazaa의 기술적 구조에 관하여 상세한 설명으로는 아래 등장하는 호주의 Kazaa 사건 판결문 중 paragraph 58-135 참조.

34) 이러한 종류로는 LimeWire, Gnucleus, XoloX, Shareaza 등이 있다.

35) 이러한 종류에는 DirectConnect, FileNavigator, SongSpy, WinMX 등이 있다.

36) 이상의 부분은 〈www.aratech.co.kr/products/pptm_01.html〉[2004. 5. 3. 방문] 등에서 인용.

37) 슈퍼노드로 작동하는 컴퓨터는 통상 고정되어 있는 것이 아니다. 이용자들 컴퓨터의 일일 리소스(resource) 등 컴퓨터의 능력에 따라 매번 슈퍼노드는 변동될 수 있다. 가령, 보통의 이용자들이 전화모뎀이용자에 불과하다면 대학의 네트워크를 이용하는 대학생, DSL을 이용하는 이용자, 케이블 이용자 등 대역폭이 우수한 회선을 사용하는 이용자의 컴퓨터 중에서 선정된다(Tim Wu, op. cit., p. 734). 슈퍼노드에 대한 더 자세한 내용은 'KazaA'의 홈페이지 가이드 중 슈퍼노드에 대한 설명부분을 참조할 것. 〈www.kazaa.com/us/help/faq/supernodes.htm〉[2005. 3. 30.].

38) 슈퍼노드는 지리적인 관점에서 배열되어 있고, 하나의 슈퍼노드는 그것과 가장 가까운 슈퍼노드와 순차로 연결되어 있다.

자가 누구인지 추적할 수 없도록 인위적으로 그 검색요구가 수많은 컴퓨터를 통과하게 하였다. 즉 검색요구가 순차로 전달되는 연속적인 개별 컴퓨터들로 이루어진 일련의 고리에서, 중간에 위치한 특정 컴퓨터 이용자로서는 그 검색요구가 최초로 시작된 출처인 개별 컴퓨터를 알 수 없는 구조로 설계되었다. 특정 컴퓨터의 이용자는 심지어 자신의 컴퓨터에 이런 네트워크를 위하여 어떤 파일이 저장되어 있는지를 알 수 없도록 되어 있다.[39] 이러한 독특한 특징 때문에 프리넷은 가령 사회주의 압제 체제인 중국에서 자유로운 토론을 보장하는 수단으로 거론되고 있을 정도이다.[40]

제 3 절 P2P 기술에 의한 저작권침해의 대상물과 그 심각성

I. 저작권침해의 대상물

이처럼 P2P 기술은 종전의 클라이언트-서버 모델이 가진 한계를 기술적으로 돌파하였다는 점에서는 높이 평가받기에 충분하다. 하지만 다음과 같은 문제점들도 아울러 가졌다. 첫째, 이용자의 입장에서 볼 때 특정 정보를 저장한 안정된 서버가 항상 존재하는 것이 아니므로 그 불안정성을 무시할 수 없다.[41] 둘째, P2P에서는 정보의 전송이 대개는 실제 필요한 범위를 훨씬 초과

39) John Alan Farmer, op. cit., p. 755. 아울러 프리넷 개발자인 Ian Clarke의 박사학위논문("A Distributed Decentralised Information Storage and Retrieval System," University of Edinburgh, 1999, www.ovmj.org/GNUnet/papers/freenet.pdf, 2004. 9. 10. 방문) 및 Ryan Roemer, "The Digital Evolution: Freenet and The Future of Copyright on The Internet," 2002 UCLA J.L. & Tech. 5. 〈www.lawtechjournal.com/articles/2002/05_021229_roemer.php〉[2004. 7. 19.]. 특히 기술적 구조에 관한 상세한 설명은 후자의 2개 글들을 참조할 것.

40) 〈freenetproject.org〉[2005. 4. 28.].

41) 검색요구를 순차로 전파해야 하는 Pure P2P는 말할 것도 없이, 하이브리드 P2P에서도 가령 초기 형태의 Napster에서는 특정파일을 전송중이던 개별컴퓨터가 전송이 완료되기 이전에 임의로 접속으로부터 이탈하면 그 순간까지 그 정보를 전송받던 다른 컴퓨터들에 이미 저장된 파일의 일부분은 완전히 무용지물이 되어 버렸다. 이런 단점은 나중의 진일보된 P2P 네트워크에서는 수정되어 위와 같은 경우라도 미처 전송받지 못한 부분부터 나중의 접속에서 계속 연결하여 전송받을 수 있게 수정되었다. 하지만, 만일 클라이언트-서버 모델에서처럼 안정된 서버가 존재하는 경우와 비교한다면 효율적이라고는 할 수 없다. 그럼에도 불구하고 P2P 네트워크의 개발자와 이용자 모두는 자신의 것이 아니라 이미 타인이 설치·제공한 네트워크의 밴드위치(bandwidth), 즉 대역폭에 무임승차하므로 위와 같은 비효율성을 줄이고자 하는 동기의 부여가 결여되어 있다(이 점은 Jesse M. Feder, op. cit., pp. 867-68 참조).

하여 이루어지곤 하므로[42] 사회 전체의 입장에서는 한정된 네트워크 자원을 소비하는 방법으로는 근본적인 비효율성을 가지고 있다.

특히 셋째, 무엇보다도 저작권자의 입장에서 볼 때 종전의 그 어떤 수단과도 비교할 수 없는 극히 용이한 저작권침해의 수단이다. 그러면 이용자들이 P2P 네트워크를 수단으로 삼아, 불법복제하는 저작물은 구체적으로 어떤 것들일까? 이는 초고속 인터넷의 전송속도 향상과 밀접한 관련이 있다. '컴퓨터네트워크를 통하여 파일의 형태로 전송한다'는 P2P의 특징을 고려해 보면 우리 저작권법 제4조에서 예시된 저작물 중 어문저작물, 음악저작물, 영상저작물을 파일화한 것들, 가령 어문저작물의 Text 파일, 음악저작물의 MP3 파일, 영상저작물의 MPEG 파일이나 AVI파일[43]이 P2P를 통한 침해의 대상임을 쉽게 짐작할 수 있다.

먼저, 어문저작물의 경우 통상 단순한 문자파일로 구성된 것이어서[44] 그것이 비록 수백 페이지에 달한다 하더라도 파일의 크기는 수백 킬로바이트에 불과할 정도로 비교적 작다. 초고속 인터넷을 사용하는 P2P에서는 순식간에 전송이 완료되므로 극히 침해가 용이한 편이다.[45]

42) P2P에서는 일반적인 BBS 게시판에서와 달리 전송을 원하는 대상을 일괄 지정한 후 한번의 명령만으로 전송을 수행할 수 있다. 가령 가수 보아의 신곡을 전송받으려는 P2P 이용자가 있다고 가정해 보자. 이 이용자는 P2P 네트워크에 일단 접속한 후 검색명령으로 '보아'를 입력하게 된다. 그런데 검색결과로는 원하는 하나의 파일만 제시되는 것이 아니라 전송을 받은 뒤 확인하여 보기 전에는 확실히 알 수 없는 많은 결과가 제시된다. 이러한 상황에 직면하여 대개의 P2P 이용자는 굳이 자신이 원하는 파일을 신중하게 선별하려 하기보다는 '보아-아틀란티스 소녀,' '보아-Atlantis Princess'와 같은 복수의 검색파일 모두를 다운로드 받도록 명령을 내리게 된다. 결과적으로 실제 원하지 않는데도 일단 전송은 이루어지는 경우가 빈발하게 된다.

43) AVI는 Audio Video Interleaving의 약자로 마이크로소프트가 만든 동영상 파일의 포맷 방식이다. AVI는 고화질 DVD의 용량을 DivX(그 개념에 관해 상세히는 www.divx.com/support/what.php, 2005. 4. 27. 방문)라는 코덱으로 압축하는 포맷 방식으로 이용된다. 쉽게 말하자면 AVI는 MPEG과 달리 코덱을 따로 설치하여야 비로소 영상을 볼 수 있는 대신, 더 좋은 화질을 감상할 수 있는 것이다.

44) 다만, 어문저작물이라 하더라도 요즘 한국에서는 인기만화책 등을 구입한 이용자가 P2P를 이용하여 그 책의 내용을 스캔(scan)한 이미지 파일을 올리는 경우도 많다. 이때는 그 이미지 파일의 크기는 통상 권당 수십 메가바이트 정도에 이른다.

45) P2P 서비스를 통하여 MP3 파일이 불법으로 전송된 경우는 우리가 알 듯이 불과 얼마 지나지 않아 저작인접권자 등으로부터 민·형사적인 조치를 불러 소리바다 사건처럼 큰 사회이슈화가 되었다. 그런데 보다 용량이 작아 전송이 더 용이하므로 더 일찍부터 침해의 대상이 되었을 문자(Text)파일의 경우는 오히려 지금까지 이슈가 되지 않았던 이유는 무엇일까? 이것은 첫째로 P2P에서 유통되는 문자파일이 대부분 속칭 '야설'과 같은 음란소설이거나 타인의 주민등록번호(가령 서울지방법원 남부지원 2004. 3. 31. 선고 2004고단606 등 판결의 사안은 피고인이 이-동키를 이용하여 타인의 성명, 주민등록번호, 주소를 담은 문서정보를 획득한 다음 이를 악용하여 사문서를 위조한 사건이다) 등 인

다음으로 음악저작물의 경우는 곡당 3~5 메가바이트의 용량이어서 특정 가수의 앨범 전체에 수록된 곡들을 모두 합하여도 수십 메가바이트 수준에 불과하다. 이에 따라 인터넷에 존재하는 보통의 트래픽(전송정체)을 감안하더라도 빠르면 수분 이내에 전송받을 수 있어 이 역시 침해자의 시간과 노력이 별로 들지 않아 침해가 빈발하고 있다.

끝으로, 영상저작물의 경우는 영화 등을 그대로 복제한 파일이 통상 적어도 수백 메가바이트, 장편영화인 경우 2 기가바이트에 가까운 파일 총용량을 가진다. 영상저작물의 경우는 시기적으로 구분하여 살펴보아야 한다. 영상저작물은 하나의 용량이 문자파일이나 음악파일과는 비교할 수 없을 정도로 거대하므로 기술적 측면에서 적어도 2000년경 Napster 분쟁이 미국에서 발발하였을 때까지만 하여도 이용자의 침해행위를 많이 저지해 주는 보이지 않는 장벽이 있었다. 따라서 음반제작자와 같이 법적 쟁송의 당사자는 아니었으므로 다소 여유가 있었지만[46] 이때도 이미 영상물 저작권자도 조만간 자신의 권리보호를 위하여 P2P 서비스제공자나 이용자들을 상대로 민·형사상의 제재수단을 강구하는 분쟁이 장차 불가피하다는 예상은 제기되고 있었다.[47] 그러던 중 인터넷

적 사항을 불법적 용도에 제공할 의도로 공표하는 문서와 같이 대부분 그 문자파일의 저작권자가 저작권을 공개적으로 주장하기 곤란한 저작물이기 때문이다. 둘째 현실적으로 각 어문저작물의 적법한 권리자가 침해행위에 일일이 대응하기는 음악저작물의 경우보다 현저히 불가능하다는 점 때문이다. 일부 문자파일은 가령 '황석영의 장길산 1권'과 같이 타인의 적법한 어문저작물을 불법복제한 것이지만 이러한 어문저작물의 경우 음악저작물의 경우와 달리 한국문예학술저작권협회나 한국방송작가협회라는 단체의 존재에 불구하고 그 신탁관리업체의 역량이나 저작권집중관리제도의 시행이 미미한 상태이다. 셋째, 국내에서 P2P 서비스가 본격적으로 이용된 시점인 2000년 전후해서는 이미 인터넷의 전송속도가 문자파일은 물론 수 메가바이트에 달하는 음악파일까지도 극히 짧은 시간 안에 다운로드받을 수 있는 수준이었으므로 자연스럽게 젊은 네티즌들의 관심은 고전적인 문자파일보다는 MP3로 대표되는 음악파일로 옮겨갔다는 점 때문일 것이다.

46) 2003. 12.경의 논의를 보아도, 당시 미국 영화업계는 아직 음반업계에서의 Napster와 같은 재앙에 대항할 수 있는 준비는 하지 못하였다는 것이었다. 그러면서도 영화업계 스스로도 조만간 Napster와 같은 재앙을 피할 수 없다는 예상은 충분히 하고 있었다. 이때 영화업계는 초고속 인터넷서비스와 거대용량 하드디스크 드라이브가 장차 등장하여 MP3 파일의 경우와 같이 쉽고 신속하게 영화파일을 공유하게 되려면 2003. 12. 기준으로 향후 18개월쯤은 더 걸릴 것이라고 예상하고 있다. 이상은 Newyork Times 2003. 12. 25.자 Business/Financial Desk란의 기사를 편집한 것으로 〈www.nytimes.com〉이 원 출처이나 7일 이전 기사는 유료이므로 대신 〈www.baytsp.com/press/2003_12_25.htm〉[2006. 3. 13.]에서도 위 기사를 볼 수 있음.

47) William Fisher & Christopher Yang, "Peer-To-Peer Copying," Berkman Center at Harvard Law School, last updated November 18, 2001 〈cyber.law.harvard.edu/ilaw/P2P.html〉[2005. 4. 20.] 중 'Introduction' 부분 참조.

전송속도의 향상 등 기술조건이 변화함에 따라 이용자의 침해가 빈발해 지자[48] 드디어 영상물 제작자도 음반제작자와 더불어 P2P 네트워크를 상대로 법적 쟁송에 나서게 되었는데 대표적인 것이 2003년 무렵의 Grokster 사건이다.[49] 즉 미국 음반산업협회(Recording Industry Association of America, RIAA)가 아닌 미국 영화산업협회(Motion Picture Association of America, MPAA)가 치열한 P2P 관련 소송의 주된 원고가 되어 등장하고 있는 것이다.[50]

하지만 이러한 인터넷 기술의 발달에도 불구하고 아직 앞서 본 다른 침해대상물보다 영상저작물의 저작권이 침해되는 데는 이용자의 상당한 노력과 시간이 필요하다. 가령 P2P를 이용하여 영화파일 하나를 전송하는 데 소요되는 시간은 초고속 인터넷의 전송속도에도 불구하고 트래픽을 고려할 때 2005. 상반기를 기준으로 수십 분 이상의 시간이 소비된다. 뿐만 아니라 전송받은 이용자 개인의 하드드라이브 저장공간도 아직 제약으로 작용하는데, MP3 음악파일이라면 수백곡이 저장될 수 있는 공간 안에 특정영화를 담은 MPEG, AVI 영상파일은 불과 1~2개 내외밖에 저장되지 못한다.[51] 그러나 기술의 발전이라는 흐름은 분명한 것이므로 인터넷서비스의 전송속도가 더 향상되고 하드드라이브의 저장공간이 또 한번 비약적으로 증가하면 영상파일도 지금의 MP3 음악파일 이상으로 손쉽게 전송받을 수 있게 될 것임은 분명하다. 아울러 MP3

48) 2003. 12. 17. '반지의 제왕 : 왕의 귀환'이라는 영화가 미국 등지에서 개봉되자마자 특정 P2P 서비스에서는 그보다 앞서 위 영화를 담은 MPEG 파일이나 AVI 파일을 이미 얻을 수 있었다. 이런 영상파일들의 대부분은 영화관에 캠코더를 소지하고 온 관객들이 핸드메이드로 임의촬영한 것이라 조악한 화질이지만 일부 영상파일은 상당한 고화질로서 스크리너(screener, 영화제작자가 영화개봉 전 극장주에게 미리 건네는 테잎을 복사한 것) 디스크로부터 복제한 것들도 있다.

49) 그 외의 동정으로는 2004. 11. 4. MPAA는 헐리우드 주요 영화제작사들이 향후 P2P 네트워크를 이용하여 영화를 무단교환하는 이용자들을 상대로 수백 건의 소송을 제기할 것임을 밝혔다. 〈www.eff.org/news/archives/2004_11.php#002072〉[2006. 3. 11.]. 이러한 사정은 한국도 마찬가지여서, 한국영상협회는 이용자들 사이에 동영상파일의 교환을 조장한 대가로 수수료를 징수하고 있는, P2P 업체인 앤유닷컴(www.euyou.com)과 온파일(www.onfile.co.kr)에 대한 민·형사 제소를 계획하고 있다고 한다[주간동아, 2004. 6. 3.자 "동영상서비스(저작권 논쟁 속편)" 기사].

50) 한국에서도 2003년 기준으로 아직 음악저작권자의 피해액에 비하여는 적지만, 이미 영상저작물 저작자들의 피해규모가 P2P를 중심으로 대략 1,200억원에 이르고 있다. 이는 국회 문화관광위원회, "저작권법 중 개정법률안 검토보고," 2005. 2, 6면. 이는 '국회 홈페이지' → '법률' → '최근접수법률안'에서 검색 가능.

51) 〈www.enuri.com〉[2006. 3. 17.]에서 확인결과 2006. 3. 17. 현재 최신 데스크탑 컴퓨터의 모델들 중 가장 인기 있는 모델의 하드드라이브 저장공간이 최대 160~250 기가바이트 수준이다. 이러한 공간에 통상 4 메가바이트 내외인 MP3 파일을 저장할 경우 OS 등 필수프로그램이 차지하는 저장공간을 논

음악파일을 이용자들이 시판된 MP3 Player에서 손쉽게 구동하였듯이 불법복제된 영상파일도 휴대용 멀티미디어 플레이어(PMP)[52]의 보급에 따라 개인이 쉽게 시연할 수 있을 것이다.

Ⅱ. 저작권침해의 심각성

이러한 P2P를 주축으로 한 인터넷 네트워크 상의 저작권 침해는 종래에는 볼 수 없는 새롭고도 현저한 손해를 저작권 시장에 가져왔다. 매순간마다 5백만 명이 1억 개 이상의 파일을 불법복제를 위하여 다양한 P2P 네트워크에 유포하고 있는 실정이다.[53]

미국의 경우 1990년대 들어서도 음악시장은 지속적으로 성장하였지만 Napster가 등장한 1999년경에서 2000년경까지 사이에 현저하게 성장세가 감소하다가 마침내 2001년에는 마이너스성장으로 돌아섰고, 해마다 그 감소세가 증

외로 한다면 산술적으로 4만개 이상의 방대한 곡을 저장할 수 있다. 이때 개인컴퓨터 저장공간의 확충이라는 기술적 역량이 저작권자에게 실제로 어떠한 영향을 끼치는지 구체적으로 지적하자면 다음과 같다. MP3 파일의 경우 P2P 서비스에 접속한 이용자가 적어도 하드드라이브의 저장공간 부족문제에서는 완전히 해방된 결과 앞서 보았듯이 P2P 네트워크에서 얻은 복수 검색결과를 신중하게 선별하지 않은 채 일단은 자신의 공유폴더에 모두 다운로드받고 이를 재차 전송하는 행태를 반복하게 되어 종국에는 보다 더 많은 저작권침해를 초래한다. 반대로 영상파일의 경우 위 컴퓨터의 방대한 저장공간으로도 백여 개 내외의 영화만 자신의 컴퓨터에 보관할 수 있다.

52) MP3 Player가 음악파일의 휴대용 재생기에 그친 것에 반하여, PMP(Portable Multimedia Player)는 LCD 화면을 탑재하고 20~40 기가바이트 용량의 하드디스크를 내장하여, 동영상파일을 담아 들고 다니며 어디서든 영화나 뮤직비디오를 볼 수 있다. 현재 출시된 기기의 수준으로도 작은 영화 수십 편을 너끈히 담을 수 있고, 용량이 작은 뮤직비디오는 수백 편을 담을 수 있다. 가령 한국에서는 삼성전자가 3.5인치 화면에 20기가 하드를 장착한 'YH-999'를 출시하여 2004. 8.경부터 국내 및 해외에서 시판하고 있다. 이는 ZDNet 뉴스 2004. 8. 9.자 기사〈www.zdnet.co.kr/news/digital/0,39024418,39129600,00.htm〉[2004. 8. 10.] 및 아이뉴스24(inews24) 2004. 9. 21.자 기사〈www.inews24.com〉를 정리.

53) Cary H. Sherman(Chairman of the Recording Industry Association of America), "Riaa Narrative Response To Senator Norm Coleman's File-Sharing Inquiry," August 18, 2003. (coleman.senate.gov/index.cfm?FuseAction=PressReleases.Detail&PressRelease_id=198&Month=8&Year=2003, 2006. 3. 17. 방문, 이 글은 미국 음반산업협회가 개별이용자들에 대하여 대량으로 정보제출명령(subpoena)을 신청하고 소송을 제기할 무렵 미 상원의원 Coleman이 질의한 사항에 대하여 음반산업협회 회장이 응답한 회답문임, 따로 p.가 존재하지 않으므로 이하에서 p.인용은 생략). 한편 다른 수치로는 가령 Jeffrey L. Dodes, "Beyond Napster, Beyond The United States: The Technological and International Legal Barriers To On-Line Copyright Enforcement," 46 New York Law School Law Review 279, 2002-2003, p. 279.에 따르면, Napster의 경우 서비스 개시로부터 얼마 지나지 않은 2001. 2.경 1690만 명의 이용자가 6500만개의 파일을 다운로드하였다고 한다.

가하는 양상을 보이고 있다.[54]

한편 한국의 경우 2002년 7월경 현재 세계에서 판매된 공CD 4억장 중 1억장을 소비한 국가였을 정도로[55] 네티즌들의 저작권에 대한 인식은 극히 낮은 편이다. P2P로 인한 음반시장의 위축은 미국보다 한층 극심하여, 2000년 4100억원에 이르렀던 한국의 오프라인 음악시장은 매년 50% 가까운 감소세를 이어가 2003년 현재 1800억원으로 감소하였고, 음반을 판매하던 소매점 역시 10년 전 12000개에 이르던 것이 2004. 5. 현재 700개로 대폭 감소하였다.[56]

이에 반하여 한국의 P2P 서비스업체인 소리바다는 전성기에는 회원으로 약 1천만 명을 확보하고 왕성하게 영업을 한 바 있다. 결국 미국이나 한국 음악저작권자들의 초미의 관심은 그들의 음악시장을 급격히 잠식하고 있는 P2P 네트워크의 위협이다.[57] 물론, 이렇게 P2P의 등장으로 기존 저작권시장이 감소세로 돌아섰다며 인과관계를 긍정하는 대개의 입장과는 반대로, 불법파일을 무료로 다운로드하려는 의사를 가진 자는 만약 더 이상 그 파일을 무료로 이용할 수 없게 된다면 결코 동일한 파일을 유료로 구입하지 않는 것이 정상적이므로 그러한 불법의 의사가 반드시 시장의 감소와 인과관계가 있을 수 없다는 반박도 있고,[58] 아직 위와 같은 논쟁에 대한 최종적 결론이 내려진 것도 아니지만 분명한 것은 이러한 반박은 극소수설에 불과하다는 점이다.

---

54) 미국 음반산업협회의 연간보고서 〈www.riaa.com/news/newsletter/pdf/2003yearEnd.pdf〉[2004. 9. 30.] 참조.

55) 박경춘(한국음반산업협회 회장), “한국대중음악의 현실과 과제-소리바다와 저작권 문제,” 「소리바다 등 P2P 통신기술의 발전에 따른 저작권 정책의 합리적 방향 모색을 위한 국회 정책토론회」 주제발표문, 2002. 7. 30, 4면(위 토론문 자체 면수 기준).

56) 한국에서의 위기에 관하여 자세히는 박경춘, 위 주제발표문 및 금기훈, “디지털음악컨텐츠산업의 위기와 기회를 통해 본 지적재산권보호의 중요성,” 한국디지털재산법학회 정기 학술세미나발표문, 2003. 6. 5, 119면 및 조선일보 2004. 5. 31.자 “MP3 충격, 중소음반점 설 땅 잃어” 기사 등. 특히, 가장 앞의 발표문은 앞서 각주에서 인용된 Cary H. Sherman의 위 회답문과 동일하게, 음반업체로 구성된 단체의 회장이 현실의 절박한 위기감을 구체적으로 표출하며, 그 해결책을 내어줄 수 있는 입법부의 의원들에게 호소한 글이라는 점에서 서로 공통되므로 흥미롭다.

57) 가장 피부에 닿는 예를 들자면, 2004. 10. 1. 현재 미국음반산업협회(RIAA)의 사이트(www.riaa.com/default.asp)에 접속하면 가장 먼저 눈에 띄는 것이 미국 음반산업협회가 이-동키, Kazaa 등의 P2P 플랫폼을 이용한 전국 26개 대학의 대학생들을 포함하여 700명 이상의 개인을 상대로 2004. 9. 30. 저작권침해소송을 제기하였다는 소식일 정도이다.

58) 이는 비단 P2P에 국한하지 않고 디지털복제의 등장과 관련한 고전적인 논쟁거리로, 1991년경 DAT의 등장과 관련한 논쟁에서 위와 같이 저작권자의 논리를 반박한 글로는 Lewis Kurlantzick & Jacqueline E. Pennino, “The Audio Home Recording Act of 1992 and the Formation of Copyright

제 4 절 P2P 기술상 개별이용자들에 대한 책임추궁의 곤란성

P2P 네트워크를 통해 개별이용자들이 MP3 파일을 유포시키는 행위를 한 경우 저작권자가 이들 개별이용자들을 상대로 소송을 제기하는 것은 다음과 같은 세 가지 이유로 지극히 곤란하다. 때문에 P2P 네트워크에서는 개별이용자들에게 저작권침해책임을 추궁하는 데 따르는 어려움이 한층 가중되었다고 할 수 있다.[59] 그 결과 저작권자로서는 개별이용자들에게 책임을 추궁하기보다 우회적으로 인터넷서비스제공자에게 책임을 추궁하는 것이 더 현실적이고 실효적인 수단이 되었다고 할 수 있다.

I. 기술적인 곤란성

저작권자 측이 일단 침해행위의 존재를 알게 되었더라도 인터넷의 특성상 실제로 침해행위를 한 자를 추적·발견하는 것이 기술적으로 어렵다. 기술적인 측면에서 볼 때, 저작권 측이 침해행위자, 특히 파일을 다량으로 유포하는 자를 추적하기 위해서는 그 사람이 P2P 서비스에 접속한 실시간에 추적을 실시하여야 함이 원칙이다. 왜냐하면, 종래 BBS 게시판에 파일을 게시하여 유포하는 경우에는 해당 파일이 삭제되기 이전이면 저작권자가 언제라도 해당 BBS 게

Policy," 45 J. Copyright Soc' y U.S.A. 497, 506 (1998). 이 견해에 따르면 시장에서 판매되는 음반의 가격에는 이미 그러한 불법복제의 존재와 그런 복제가 유발하는 손해까지 반영한 것이어서 현재의 시장가격만으로 최소한 불법복제가 유발한 손해의 일부는 전보받을 수 있다고 한다(Id. at 509-10).

59) 이와 달리, 인터넷서비스제공자에 대한 책임추궁을 함부로 허용해서는 안 된다는 주장을 펴는 가운데, 개별이용자들에 대한 책임추궁이 반드시 어렵지 않다는 논리(Mark A. Lemley & R. Anthony Reese, op. cit., pp. 1426-30)도 있다. 그 근거는 (i) 개별이용자들이 법적책임추궁을 피할 의도로 해외에서 침해행위를 하거나 자신의 신원을 익명으로 숨길 수 있다면 일부 인터넷서비스제공자도 동일한 행위를 할 수 있고, (ii) 해외도피나 익명화가 초기 인터넷 학자들이 예상한 것처럼 용이한 것만은 아니며, (iii) 상당수의 이용자들이 해외도피행위를 하더라도 WTO나 TRIPs 협정 등을 통하여 이제는 각국의 규제입법이 대동소이하다는 점을 든다. 그러나 이러한 논리의 설득력은 의문이다. 왜냐하면, (i) 저작권자 측으로서는 특정 이용자의 단발적인 침해행위의 흔적을 추적하기보다, 다수의 침해를 조장한 서비스공급자의 행위 흔적을 추적하기가 쉬울 것임은 자명한 것이고, (ii) 한국의 PC방 문화를 굳이 예로 들지 않더라도, 익명화의 수단은 여럿 존재하며, (iii) 각국의 규제가 일부 공통점이 있더라도 가령 A국의 저작권자가 A국 이외의 서로 다른 외국 B 내지 Z에 소재한 개별이용자들을, 구체적으로는 상이한 각국의 규제입법에 의거하여 침해책임을 묻는다는 것은 사실상 불가능하기 때문이다.

시판을 제공하는 서버에 기록된 접속기록[60]을 통하여 해당 파일저장주소에 최초로 접속하여 파일을 업로드한 자와, 이후 동일한 주소에 접속하여 파일을 다운로드한 자들을 파악하기 용이하다. P2P 네트워크에서는 교환되는 파일이 중간의 서버에 저장되지 않고 곧바로 개별 컴퓨터들 사이에서 전송되므로 저작권자가 실시간에 추적을 실시하여 그러한 전송상황을 탐지하지 않고서는 침해의 증거가 달리 남지 않는다. 이러한 탐지의 곤란성 때문에 실제 미국에서는 음반산업협회(RIAA)가 파일유포행위를 한 P2P 이용자들을 탐색하기 위하여 P2P 네트워크를 실시간으로 감시하는 업체[61]에 용역을 주는 방법에 의지하고 있다. 나아가 실시간 추적을 통하여 어렵게 특정 IP 주소를 탐지해내더라도 최근에는 유동 IP[62]도 많이 사용되므로 고정 IP만 사용되는 때와 달리 특정한 IP 주소만으로는 더 이상 특정한 컴퓨터가 접속하였다는 확증이 될 수 없다는 난점[63]이 있다. 한국의 상황[64]도 크게 다르지 않다.

---

60) 이러한 기록이 '로그파일(Log File)'이다. 이는 방문자가 웹 서버에 접속할 때, 웹 서버가 웹 서비스에 대한 요청과 제공에 대한 기록을 저장하는 파일이다. 따라서 로그 파일을 읽어보면 누가, 언제, 무엇을 요청했고 가져갔는지를 알 수 있다. 이러한 로그 파일은 웹 서버가 지정하는 곳에 위치하며 웹 서버 관리자가 웹 서버를 설치할 때 로그 파일의 위치와 기록 방법 등을 지정하게 되어있다. 나아가, 로그파일로부터 행위자를 역추적하는 데는 통상 IP Address, Mac Address, Host Name 등이 이용된다(로그파일을 분석하여 역추적하는 방법에 관하여 자세히는 양대일, "정보 보안 개론과 실습: 시스템 해킹과 보안," 한빛미디어, 2004, Chapter 12 및 13을 각 참조할 것).

61) BayTSP(www.baytsp.com, 2006. 3. 18.) 등이 대표적 업체이다. 한국의 경우에도 이와 유사한 용역을 수행하는 업체가 존재한다[가령, 주식회사 디펜더 시스템즈(www.defendersystems.com/join_us.htm, 2004. 6. 18. 방문)이나 노프리(www.nofree.co.kr, 2006. 3. 1. 방문)]. 흥미로운 사실은 이처럼 저작권자 측이 이용자의 IP 추적에 나서자 미국에서는 이용자들이 P2P 서비스 이용 흔적을 감추기 위하여 추적방지 프로그램까지 사용하고 있다는 것이다. 가령 피어가디언(PeerGuardian)이라는 프로그램은 P2P 서비스의 이용 목적이 아니라 미국 음반산업협회나 그 대리인과 같이 불법파일교환의 감시를 목적으로 P2P 서비스에 접속한다는 혐의가 있는 대상자들이 가진 400만 개 이상의 IP 주소를 주기적인 업데이트를 통하여 제공받고, 그 IP 주소를 사용하여 접속한 미국 음반산업협회 등이 임의로 이용자들의 IP 주소를 탐색하는 것을 막는 방화벽 역할을 한다. 이는 Wired News 2003. 5. 6.자 〈www.wired.com/news/digiwood/0,1412,58734,00.html〉[2004. 4. 20.].

62) 고정 IP와 달리, 접속서비스업체가 그때마다 접속요구자에게 새로 부여하는 IP를 말하여, 이러한 방법으로 한정된 IP 주소만을 가지고도 더 많은 이에게 접속서비스를 제공할 수 있다.

63) 로그파일로부터 행위자를 역추적하는 데는 통상 IP Address, Mac Address, Host Name 등이 이용됨은 앞서 말한 바이고, 여기서 맥어드래스(Mac address)란 개개 사람이 주민등록번호를 가진 것처럼, 인터넷 네트워크에 소용되는 각종 네트워크 관련 장비, 가령 인터페이스 카드(NIC, 일명 랜 카드)와 같은 장비들이 가지고 있는 고유의 값을 말한다. 케이블 모뎀이건 ADSL 모뎀이건, LAN 카드건 모든 네트워크 장비는 고유한 맥어드래스를 가지고 있다. 이러한 맥어드래스는 저작권자가 찾아낸 IP Address가 유동 IP일 때 추적에 활용된다.

64) 통상 실무에서 저작권자가 직접, 혹은 그 고소를 접수한 수사담당자는 다음과 같은 절차를 거쳐 침

Ⅱ. 법적인 곤란성

위와 같이 어렵게 침해자의 IP 주소를 밝혀내더라도 IP 주소에 따른 침해자의 실제 인적 사항을 확인하기 위해서는 해당 IP를 관할하는 인터넷 접속서비스 업체[65]로부터 이용자의 인적 사항에 관한 정보를 제출받아야 한다. 그런데 이용자의 프라이버시 권리와의 충돌문제로 그러한 정보획득이 법적으로 곤란하다. 미국에서는 특정한 유형의 인터넷서비스제공자에게 저작권자가 직접 침해이용자의 인적 사항에 관한 정보제출을 요구할 수 있는 법적 근거가 정보제출명령(subpoena)이란 제도를 통하여 마련되어 있고,[66] 이 점은 일본도 마찬가지이다.

그러나 한국에서는 아직 이러한 법적 근거가 존재하지 않는다.[67] 때문에 원칙에 따르자면 한국에서는 압수수색영장에 의하여야 침해자의 인적사항을 파악할 수 있음이 원칙이지만, 그 법적 정당성을 논외로 하면 실제 법원의 허가

해이용자를 탐지한다. ① 먼저 자신의 컴퓨터로 일단 해당 P2P 서비스에 실시간으로 접속힌다. ② 침해자가 제공하는 파일을 스스로 다운로드받는 상태를 구현한다. ③ 이 순간 이른바 'netstat' 명령어(netstat 명령은 windows 계열에서 사용하는 명령어로 자기 컴퓨터의 현재 TCP/IP 네트워크 연결상태를 표시하는 명령임, 즉 내 컴퓨터와 연결된 다른 컴퓨터의 IP 리스트를 보는 명령어를 말함, 자세히는 publib.boulder.ibm.com/doc_link/ko_KR/a_doc_lib/cmds/aixcmds4/netstat.htm, 2004. 10. 6. 방문)를 사용하여 침해자 컴퓨터의 IP 주소를 일단 파악한다. ④ 이른바 Whois 검색[IP 주소를 입력하면 그 IP를 사용한 지역과 해당 인터넷의 접속서비스를 제공한 사업자를 검색할 수 있는 시스템으로 한국에서는 한국인터넷진흥원(whois.nic.or.kr, 2004. 10. 6. 방문)이 담당하고 있음]을 활용하여 침해자에게 인터넷 접속서비스를 제공한 사업자를 알아낸다. 이상과 같은 절차를 거쳐도 알 수 있는 것은 침해자에게 접속 서비스를 제공한 업체에 불과하므로 이후 위 본문에서 '법적인 어려움'과 관련하여 설명할 추가확인절차가 필요하다.

65) 만일, 실명의 로그인 방식을 취하는 한국의 변형된 P2P 서비스제공자, 가령, 'V-share' 운영자의 경우라면 이용자의 인적 사항을 직접 파악하고 있다. 이때는 위 각주와 같이 침해자의 IP 주소를 탐지하는 복잡한 절차를 거치지 않고 바로 해당 업체에게 인적 사항을 취득하기 위한 법적인 절차를 밟을 수 있다.

66) 이용자 프라이버시 권리와의 관계상, 미국에서 저작권자는 우선 법원으로부터 해당 정보를 요구할 인터넷서비스제공자에 대한 정보제출명령을 획득하여야 한다. 그런데, 미국 법원은 인터넷접속만을 제공하는 인터넷서비스제공자에 대하여는 정보제출명령을 신청할 수 없다는 입장을 취하고 있다. 정보제출명령에 관하여 자세히는 제6장 제3절 Ⅱ. 2. 'Verizon 사건' 부분 참조.

67) 다만, 한국의 Daum 등 4개 포털업체가 2003. 1. 29. 한국음반산업협회 등 5개 저작권관련단체와의 사이에 약정한 '온라인서비스제공자 책임 가이드라인' 중 '1의 바'항에서는 "정부나 정부의 허가를 받은 저작권자단체가 침해의 개연성에 대한 정황증거를 제시하여 특정 비공개동호회에서의 특정 저작물에 대한 저작권침해 가능성에 대하여 문서로 확인을 요청한 경우 온라인서비스제공자는 이에 응하여야 한다"는 내용을 합의한 바 있으므로, 이 규정의 활용 내지 부활이 논의될 수도 있을 것이다.

를 요하는 절차를 밟는다는 것은 불가능하거나 지극히 곤란하다. 그 결과 실무에서는 저작권자의 고소에 의하여, 혹은 수사당국의 인지에 의하여 저작권법 위반 혐의가 포착될 때에 한하여, 수사당국이 보다 간편한 절차를 정한 관계법령[68]에 의거하여 해당 인터넷서비스제공자에게 가입자의 인적 사항을 요구하여 제공받고 있다.

Ⅲ. 사실적인 곤란성

특정 컴퓨터이용자로 일견 보이는 자의 인적 사항을 제공받았다 할지라도 침해에 동원된 컴퓨터가 가령 대학교에 놓인 공용컴퓨터와 같이 실제 이용자가 불특정 다수라면 여전히 침해자를 특정할 수 없다. 최종적으로 어렵게 침해자를 특정하였더라도 그러한 침해자가 통상 수백 명을 헤아릴 수도 있다. 가령 한국에 독특한 'PC방'의 경우를 상정하면 이해할 수 있다. 이러한 PC방의 컴퓨터가 침해자가 이용한 컴퓨터로 파악될 때라면 실제 침해자가 누구인지 특정하기는 거의 불가능하다.[69]

68) 전기통신사업법 제54조 제3항에 의하여 전기통신사업자가 수사기관의 수사 등을 위하여 이용자 정보를 제출하거나, 통신비밀보호법 제13조에 의하여 전기통신사업자가 수사 등을 위하여 통신사실확인 자료를 제공하는 경우가 대부분이다. 가령 전기통신사업법의 위 조항은 전기통신사업자가 법원, 검사 또는 수사관서의 장, 정보수사기관의 장으로부터 재판, 수사 등의 목적을 가진 정보수집을 위하여 자료의 열람이나 제출('통신자료제공')을 요청받은 때에 이에 응하여 이용자의 성명, 주민등록번호, 주소, 전화번호, 아이디 등을 제공할 수 있다고 규정하고 있다.

69) 이러한 때 수사기관은 궁여지책으로 해당 컴퓨터의 로그파일을 모두 분석하는 방법으로 저작권침해가 이루어진 특정한 접속시점 직전과 직후에 침해자가 부주의하게 자신의 실명을 드러내는 방식으로 로그인한 사이트를 찾아 그로부터 침해자의 성명을 확인하는 편법을 동원하기도 한다.

제 5 장

Hybrid P2P 기술에 대한 저작권자의 법적 반격

제 1 절 미국의 Napster 사건 등
제 2 절 일본의 파일로그 사건
제 3 절 한국의 소리바다 사건 등

제 1 절 미국의 Napster 사건 등

I. Napster 사건

앞서 P2P를 분류하며 설명한 대로 P2P 기술의 기장 초기형태는 인터넷서비스제공자의 중앙서버가 일정 역할을 수행하는 하이브리드 P2P 방식이었고 이러한 방식의 서비스를 처음 제공한 인터넷서비스제공자가 미국의 냅스터(Napster)와 한국의 소리바다이었다.

이들은 혁신적인 정보공유기술을 들고 나온 덕택에 일시적으로는 크나큰 성공을 거두게 되지만, 얼마 지나지 않아 저작권자 측[1]의 격렬한 법적 제동으로 이내 사라지게 되었다.

BBS 기술단계에서 인터넷서비스제공자를 상대로 법적 소송을 제기한 주체는 말 그대로 협의의 저작권자였음에 비하여, 이제 P2P 기술단계에서는 음반제작자나 영상물제작자와 같은 저작인접권자(광의의 저작권자)로 그 주된 주체가 변화한 것은[2] BBS 기술과 P2P 기술단계에서 침해의 주된 대상[3]이 달라졌기 때문일 것이다.

1) 가령 소리바다 사건의 원고는 음반제작자들, 즉 한국법 상 표현으로 저작인접권자가 정확한 표현이다. 그러나 이 책에서는 저작권자와 저작인접권자를 함께 '저작권자등' 이라고 지칭하거나 아예 이해의 편의상 '저작권자' 로 칭하는 경우가 있다. 미국에서는 이들 음반제작자의 권리를 저작권자와 구별되는 저작인접권자로 보호하는 것이 아니라 저작권의 일종으로 보호하고 있다. 즉 미국 저작권법 제102조(17 U.S.C. §102)는 (a)항에서 문예저작물, 음악저작물 등 각종 저작물을 나열하면서 (6)항에서 영화를, (7)항에서 음반을 저작물의 하나로 나열하여 동일하게 보호하고 있는 것이다. 이는 미국에서 음반이나 영화산업계가 가진 지위의 반증이기도 하다. 어쨌든 미국과 한국을 오가는 이 책의 논의에서는 편의상 통일하여 '저작권자' 로 칭하는 경우가 많다.

2) 그렇다고 P2P 기술에서 음악 저작권자와 같은 협의의 저작권자의 권리가 침해에서 완전히 제외된 것은 아니다. 가령 파일교환을 통하여 인기곡을 업로드할 때 음반제작자의 권리뿐 아니라 음악을 작곡한 음악저작권자의 권리도 특별한 사정이 없는 한 침해되는 것이다. 한국의 소리바다 관련 분쟁에서 주로 음반제작자가 원고 내지 고소인이 되었지만, 그 와중에도 한국음악저작권협회가 2005. 12. 8. 금 28억원의 손해배상소송을 소리바다를 상대로 제기한 바 있다(전자신문 2005. 12. 8.자 기사 참조).

3) 제4장 제3절 'P2P 기술에 의한 저작권침해의 대상물과 그 심각성' 부분 참조.

1. 사실관계[4)]

(1) Napster의 등장

P2P 서비스로 인한 저작권침해 여부가 다루어진 최초의 사례는 1999. 12. 6. 미국에서 제소된 냅스터(Napster)사와 미국음반산업협회(RIAA) 측[5)] 과의 분쟁이다. 원래 Napster는 개발자인 숀 패닝의 별명으로 하이브리드 P2P 방식의 파일공유시스템을 개발한 숀 패닝은 Napster사를 설립하여 1999. 6. 1. 일반 공중에게 제공하였다. 이는 폭발적인 인기를 얻게 되었다.

(2) Napster의 작동구조

Napster 네트워크에서 파일교환이 이루어지는 구체적인 과정은 아래와 같다. 서비스를 이용하려는 자는 일단 위 회사의 사이트(www.napster.com)에 접속하여 그 곳에서 무료로 제공하는 'Music Share'[6)] 소프트웨어를 이용자의 컴퓨터에 설치한 후 로그인하게 된다. 로그인하기 위하여 이용자 A는 이용자명(user name)과 암호를 등록하여야 하지만 실명등록은 필요 없다. 이용자 A가 이용자명과 암호를 입력하여 소프트웨어를 구동하는 순간 소프트웨어는 이용자 A가 지정한 공유폴더(Napster 소프트웨어 상 'user library') 내의 모든 MP3 파일을 검색하여[7)] 그 목록을 회사의 중앙서버에 발송하고 중앙서버는[8)] 이를 받아 각 파일의 위치정보 등을 저장하게 된다. 다만, 파일 자체가 중앙서버에 저장되는 것은 아니다.

---

4) 이 부분은 Napster 1심(114 F.Supp. 2d at 900-11), 항소심(239 F.3d at 1011-13)의 설시를 기초로 정리한 것이다.

5) 미국음반산업협회(Recording Industry Association of America)는 900개 이상의 음반제작자를 회원으로 보유한 미국 음반산업 최대의 저작권 보호단체이다. 이는 <www.riaa.com/default.asp>[2005. 3. 30.]. Napster를 상대로 한 제소에서는 미국 음반산업협회가 스스로 나선 것이 아니라 음반산업협회가 지원하는 A&M Records, Inc. 등 음반사들이 원고가 되었다.

6) 이 사건에서 문제된 파일공유 프로그램의 정확한 명칭은 이처럼 'MusicShare' 이지만, 이후부터는 편의상 널리 호칭하는 대로 Napster라고 칭한다.

7) 이때 소프트웨어의 역할은 단순히 파일명만을 목록화하는 것이 아니라 그 파일이 진짜 MP3 파일인지 확인하고, 만일 그것이 규격에 따른 포맷파일이 아니면 그 파일명은 Napster 중앙서버에 전송하지 않는다.

8) 오해하기 쉽지만 Napster는 하나가 아닌 복수의 서버를 운영하였고 그 결과 특정서버에 로그인한 이용자는 다른 서버에 저장된 파일 위치정보 등에는 접근할 수 없었다. 따라서 Napster가 구현한 P2P 네트워크는 실제로는 몇 개 네트워크의 집합체 같은 것이었다. 이는 Peter Biddle, Paul England, Marcus Peinado & Bryan Willman, "The Darknet and the Future of Content Distribution," p. 5. < crypto.stanford.edu/DRM2002/darknet5.doc>[2004. 8. 22.].

이후 A의 파일을 전송받으려는 이용자 B의 검색요구가 있게 되면 회사의 중앙서버는 이미 저장해 둔 A의 파일목록을 제공한다. 그런 목록 중에서 이용자 B는 자신이 원하는 콘텐츠를 지닌 파일을 선택하여 다운로드를 개시한다. 이러한 검색을 통한 다운로드 외에, 이용자 B는 A 등 다른 이용자의 아이디를 미리 저장해 두고, 그렇게 저장된 다른 이용자들 중 현재 접속하고 있는 특정 이용자를 알려 주는 'Hotlist' 도구로 A를 선택한 다음 A의 공유 디렉터리에 있는 일체의 파일들을 다운로드받을 수도 있다.

(3) Napster 이용의 실태

2000년말 경 Napster의 이용자 수는 기하급수적으로 늘어 매 초당 약 1만개의 곡이 교환되고 매 초당 100명 이상의 이용자들이 Napster에 새로 접속하였다. 그럼에도 Napster는 'Music Share' 소프트웨어의 다운로드는 물론 이용자들에게 어떠한 이용료도 부과하지 않았다. 이것은 우선은 보다 더 많은 이용자들을 불러 모은 뒤 유료화함으로써 이윤을 달성하도록 계획되어 있었기 때문이다.

원고 측 주장에 의하면 Napster 네트워크에서 교환되는 파일들 중 약 87% 이상이 원고나 제3의 저작권자가 시판한 음악 CD로부터 이용허락 없이 임의로 MP3 파일로 변형된 파일들이었다. Napster 스스로도 이용자들의 이러한 파일 교환에 대하여 원고나 제3의 저작권자 측으로부터 어떠한 이용허락도 받은 바 없다. Napster의 내부문건에 의하면 그 경영진은 이러한 이용자들의 파일교환 대부분이 저작권을 침해하는 것임을 이미 알고 있었다.

한편, Napster 네트워크에서는 위와 같은 불법의 MP3 파일뿐만 아니라 Napster사의 이른바 'New Artist Program'이라는 계획을 통하여 무명의 가수들이 그들의 곡을 Napster를 통하여 유포시키는 합법적 MP3 파일도 존재하였다. 그렇지만 이 사건 소송이 있기 전까지는 그러한 '신진 예술가 프로그램(New Artist Program)'은 Napster 네트워크의 극히 일부분에 불과하였다.

(4) Napster가 원고 측의 사업에 미친 영향

원고들인 미국 음반업체 중 BMG Music은 일찍이 1996년 음악의 디지털 다운로드 유료서비스를 개시한 바 있고, 나머지 원고들 중 일부 음반업체들도 이러한 사업을 계획하고 있었다. 가령 A&M Records사의 경우 2000년 여름 중순을 목표시점으로 잡고 음악의 안전한 디지털 배포 시스템을 구축하는 데 수백만

달러를 지출한 상태였다. 원고들은 판매를 촉진하기 위하여 샘플을 이용자들에게 제공하였지만, 이들 샘플 파일은 Napster에서 교환되는 음악파일과는 달리 어디까지나 그 목적에 부합하게 양과 존속시간의 제한이 있었다.

Napster를 통한 불법파일교환이 원고들의 음반시장에 미치는 영향에 관하여 원고와 피고 측이 각각 전문가들의 조사보고서 형태로 통하여 상반된 의견을 진술하였다.[9] 그런데 법원은 'Napster를 통한 파일교환이 오히려 주된 이용자인 대학생들에게 원고들의 음반을 구입하도록 촉진하는 효과가 조사되었다'는 요지의 피고 측 의견은 신뢰하기 어렵고 'Napster를 통한 파일교환이 이루어짐으로써 주된 이용자인 대학생들 사이에 원고들의 음반시장이 축소되었다'는 요지의 원고 측의 의견이 타당하다고 보았다.

2. 1심의 판단[10]

캘리포니아 북부지방법원[11]이 2000. 8. 10. 판결[12]을 선고하였다.

(1) 이용자들의 직접책임 성립[13]

법원은 가장 먼저, Sony 판결을 원용하면서 피고 Napster에게 기여책임이나 대위책임을 추궁하기 위해서 원고 측이 제3자에 의한 직접침해를 입증하여야 한다고 전제하였다. 그런데 이 사건 이용자들이 원고들의 이용허락 없이 음악파일을 Napster 네트워크 상에 업로드하고 다운로드하였고, Napster에서 교환된 음악파일의 약 87% 이상이 저작권 있는 파일들이었으며, 약 70% 이상이 원고들이 저작권 있는[14] 대상이었다는 사실을 통하여, 저작권 직접침해가 넉넉히 추정될 만한 사안임을 원고들이 입증하는 데 성공하였다고 보았다.

---

crypto.stanford.edu/DRM2002/darknet5.doc>[2004. 8. 22].

9) 원고들은 E. Deborah Jay 박사의 Report('Jay Report')를 비롯하여 'Teece Report,' 'Fine Report'를 제출하였고, 피고는 'Fader Report,' 'Hall Report'를 제출하였다.

10) A&M Records, Inc. v. Napster, Inc., 114 F.Supp. 2d 896 (N.D. Cal. 2000).

11) 앞서 Netcom 판결을 내린 법원과 동일하다. 이것이 가진 의미에 관하여는 제6장 제3절 (3) 3) (사) 부분 각주 참조.

12) 이미 Maphia 판결에서 설명한대로, 변론을 거친 예비적 유지명령이라면 일견 우리 법률상 정확히 대응하는 용어는 (가처분이의)판결과 같은 표현이겠으나, 판결과 결정의 표현을 필요에 따라 혼용하였다.

13) 아래에서 보듯이 1심 법원은 이용자들의 책임이 원고의 복제권·배포권 같은 권리들 중 무엇을 침해한 책임인지는 명확히 하지 않고, 직접침해 책임이 있다고 선언하는 것에 만족하고 있다.

14) 앞서 보았듯이 미국에서는 음반제작자의 권리를 저작권자와 구별되는 저작인접권자로 보호하는 것이 아니라 저작권의 일종으로 보호하고 있다.

(2) 공정이용 항변과 비침해적 용도가 상당부분이라는 항변

1) 피고 Napster가 제출한 항변의 개요

그러자, 피고 Napster 측은 이용자들의 행위가 저작권 직접침해가 아니라며, 이들의 이용행위가 공정이용(fair use)이라는 항변 혹은 비침해적 용도가 상당부분(substantial non-infringing use)이라는 항변을 제출하였다. 즉, Napster 이용자들의 행위가 공정이용이어서[15] 피고의 2차적 책임을 논할 전제인 이용자들의 직접침해 책임 자체가 없거나 이용자들의 행위 중 일부 침해적 용도가 있더라도 전반적으로는 비침해적 용도가 상당부분(substantial noninfringing use)이어서 연방대법원이 Sony 판결에서 제시한 원칙에 따라 그러한 용도의 상품 내지 서비스공급자인 피고에게는 이용자들의 직접침해행위에 따른 2차적 침해책임이 없다는 것이었다.

후자의 항변은 '상업상 주요한 상품의 원칙(staple article of commerce doctrine)'으로도 알려진 원칙인데, 이것은 '상업상 주요한 상품'이 '상업상으로 중요한 비침해적 용도(commercially significant noninfringing uses)'를 가졌다면 그 상품을 공급한 자에게 이용자들의 일부 침해적 용도로의 이용행위에 대한 2차적 책임을 지울 수 없다는 원칙이다.[16] 연방대법원이 1984년 Sony 판결을 통하여 제시한 이러한 원칙을 이른바 'Sony 원칙(Sony doctrine)'이라고 한다.

2) 공정이용 항변과 법원의 배척

공정이용(fair use)의 항변은 미국 저작권법 제107조에 명문으로 규정되어 있다. "제106조(저작자의 독점적 권리)의 규정에 불구하고, 비평, 주석, 뉴스보도, (수업을 위한 다수의 복제를 포함하여) 교육, 학술, 혹은 연구 같은 목적으로 서적이나 음반을 복제하거나 혹은 제106조에 정해진 다른 수단에 의하여 이용하는 것을 포함하여 저작물의 공정이용(fair use)은 저작권의 침해행위가 아니다. 특정한 사안에서 저작물을 포함한 이용행위가 공정이용인지 여부는 아래 사항을 고려하여야 한다. ① 당해 이용이 영리적 성격의 이용(use of a commercial nature)인지 아니면 비영리적 교육 목적 인지를 포함하여, 저작물 이용의 목적 및 성

15) 미국에서 음반을 개인이 가정에서 복제하는 행위가 Fair Use인지 아닌지가 처음 다투어진 사건은 후술하는 Cahn v. Sony Corp. No 90 Civ. 4537 (S.D.N.Y. filed July 9, 1990) 사건이었지만, 그 사건에서 문제된 복제는 디지털 음악파일이 아니라 전통적인 아날로그 음반의 복제행위였을 뿐만 아니라 당사자 간 합의로 법원의 종국재판 없이 종결되었다.

16) Napster, 114 F.Supp. 2d at 912.

격, ② 저작물의 성격, ③ 이용된 부분이 특정한 저작물 전체에서 차지하는 양과 질, ④ 이러한 이용이 저작물의 잠재적 시장 또는 가치에 대하여 미치는 영향"이라고 규정하고 있다.[17]

Napster 이용자들의 행위가 공정이용이라는 피고의 항변에 대하여 연방지방법원은, 공정이용에 해당하는지 여부를 법률이 정한 네 가지 요소를 기준으로 분석하였다. 그 결과 (i) Napster 이용자들이 불특정 다수인을 상대로 파일을 배포하고 있고 통상 구입하여야 할 음악저작물을 무료로 취득하는 점[18] 등을 볼 때 영리적 이용(commercial use)이고, (ii) 문제되는 저작물의 성격이 창작성이 있는 것일수록 더 보호받기 용이한 것인데, 이 사건 원고들의 음악편집물은 창작적이어서 공정이용이 성립하기 어렵고, (iii) 음악저작물의 대부분이 복제되고 있는데다가, (iv) 이러한 행태가 원고들에게 시장에서의 손실을 가져온다는[19] 이유를 들어 피고의 위와 같은 주장을 배척하였다.[20]

3) 비침해적 용도가 상당부분이라는 항변 등과 법원의 배척

앞서 공정이용의 항변과 관련하여 피고 측은, 이용자들의 행위가 상품을 선

---

17) 17 U.S.C. §107. 특히 이들 요소 중 (1)의 요소를 고려할 때는 아울러서 그 이용이 원 저작물을 반복하고 있을 따름인지, 아니면 새로운 의미나 이해 방식을 삽입하여 변형시켰는지(transform) 고려하여야함이 원칙이다. 즉 저작물의 이용결과 그 결과물이 원 저작물을 '변형한(transformative)' 것이라면, 비록 영리적 성격의 이용이라도 Fair Use에 해당한다는 연방대법원의 Campbell v. Acuff-Rose Music, Inc. 판결[510 U.S. 569 (1994)]이 있다. Campbell 사건은 미국에서 공정이용과 관련한 가장 중요한 선례로 꼽힌다. 이 사건에서 피고 측은 원고 측이 작곡한 'Oh, Pretty Woman' 이라는 곡을 패러디(parody)하였는데, 피고가 이를 영리적인 목적으로 한 점이 공정이용의 판단에 어떠한 영향을 미치는지가 문제되었다.

18) 여기서 법원(Napster, 114 F.Supp. 2d at 912-913)은 이 책의 앞에 등장했던 Maphia 판결을 원용하며 그 판결에서 이용자에게 적법 저작물의 구입비용을 절감시키기 위한 복제는 영리적 이용이고 공정이용이 아니라고 판단한 것처럼 적고 있다 하지만, 이는 다분히 오해를 불러일으키는 잘못된 인용이다. 왜냐하면 Maphia 판결(Maphia, 857 F.Supp. at 687)은 "복제가 원본의 대량 복제본을 만들 목적을 가졌고 그로써 이용자에게 추가적인 적법 저작물의 구입비용을 절감시키려는 목적인 경우"에 공정이용으로 볼 수 없다고 판시하고 있을 뿐이기 때문이다. 즉 Maphia 판결이 공정이용이 아니라고 본 근거에는 대량복제본을 만들 목적이 상당히 중요하다. 그런데 그 설시한 내용 중 앞부분은 버린 채 뒷부분만 인용한 Napster 1심 판결을 신뢰하게 되면 마치 유료인 적법저작물을 구입하지 않고 복제로 비용을 절감한 경우는 언제나 공정이용이 아닌 것으로 보고 있다는 잘못된 이해가 나올 수 있다. 실제로 한국 소리바다1 가처분이의 1심 판결이 이러한 오해를 하고 있는 것으로 보인다. 이에 관하여 자세히는 제5장 제3절 Ⅱ. 1. (3) 2) 부분 참조.

19) 원고들은 이 부분 주장을 뒷받침하기 위하여 법원에 제출한 'Fine Report,' 'Teece Report' 등의 각 조사보고서를 통하여, MP3 파일의 온라인상 교환행위가 대학시장에서 앨범 판매의 손실 등을 가져왔음을 밝혔다.

20) Napster, 114 F.Supp. 2d at 912-13.

별하여 구매하기 전의 감상행위로서 샘플링(sampling)행위이므로 공정이용이라거나,[21] 이용자들의 행위는 이미 적법하게 구입한 음악 CD에 담긴 곡을 공간에 구애받지 않은 채 이용하려고 MP3 파일 형태로 전환하는 이른바 '공간이동(space-shifting)'[22]이므로 공정이용이라거나, 신진 예술가들의 작품을 그들의 허락 하에 유포하는 것이어서 공정이용이라는 주장을 하였다.[23]

먼저, 샘플링(sampling)이므로 공징이용이라는 항변에 대하여 법원은 Napster 이용자들은 샘플링의 경우와는 달리 영구적인 파일을 획득하는데, 이것은 원래 구매했어야 할 대상이고, Napster를 통한 샘플링으로 원고들 음반의 판매가 오히려 상승한다는 요지로 피고가 제출한 조사보고서(Fader Report)는 신뢰할 수 없다고 보았다. 아울러 법원은 Sony 판결[24]을 원용하여, 설령 Napster를 통한 샘플링이 영리적 이용이 아니더라도 원고들의 장래 온라인 음악에 관한 시장에 부정적 영향을 끼칠 개연성이 있는 이상 공정이용의 요건을 구비하였다고 보기 어렵다고 하여 항변을 배척하였다.[25]

다음, 공간이동(space-shifting)의 항변에 대하여 법원은 공정이용으로서의 공간이동이 성립하려면 다음의 가정이 성립하여야 한다고 보았다. 이용자 A가 직장에서 듣길 원하는 특정 CD의 곡을 이미 압축[26]한 MP3 파일이 현재 '집 컴퓨터'에 저장되어 있다고 할 때, 집 컴퓨터로부터 '직장 컴퓨터'로 이를 공간이동시키기 위하여 일단 집 컴퓨터를 Napster 네트워크에 로그온시켜 둔 상태에서 다시 직장컴퓨터로 Napster 네트워크에 로그온하여 전송받는 형태를 취하여야 한다. 그러나 이러한 가정적 상황은 상식적으로 극히 불편하다. 따라서 법원은 이러한 상황을 위하여 Napster 이용자들이 접속한다고 보기는 어렵다고 하였다.[27]

또한, 피고는 Recording Indus. Ass'n of Am. v. Diamond Multimedia Sys.,

21) 이 부분 피고의 주장과 법원의 배척은 각 내용 그대로 한국의 소리바다 사건에서 반복된다.
22) 이러한 항변에 관하여 자세히는 제7장 제2절 Ⅴ. 2. (1) 5) '공간이동을 인정한 RIAA v. Diamond Multimedia Systems 사건' 부분 참조.
23) Napster, 114 F.Supp. 2d at 913.
24) Sony, 464 U.S. at 451.
25) Napster, 114 F.Supp. 2d at 913-15.
26) 일반 이용자들이 MP3 파일을 얻는 경로는 이미 제작되어 Napster와 같은 네트워크에 유포된 MP3 파일을 다운로드받는 방법과 직접 특정 소프트웨어를 사용하여 음악 CD에 수록된 곡을 MP3 포맷으로 압축하는 방법[이를 이른바 리핑(ripping)이라고 한다]이 있다.
27) Napster, 114 F.Supp. 2d at 904.

Inc. 사건[28]에서 이미 이용자의 개인컴퓨터에 저장된 MP3 파일을 피고가 생산한 휴대용 MP3 플레이어인 'Rio'에 옮기는 이용자들의 행위는, 이용자들이 어디서나 편리하게 MP3 파일을 이용하기 위한 공간이동으로서 공정이용에 해당한다고 보았음을 근거로, Napster 이용자들의 행위 역시 이와 마찬가지의 공간이동을 위한 공정한 이용행위라고 다투었다. 하지만, 법원은 RIAA v. Diamond Multimedia 판결의 취지는 이용자들이 MP3 파일을 'Rio'에 옮기는 행위가 이른바 공간이동으로서 공정이용에 해당하여 오디오 가정녹음 법률(Audio Home Recording Act, AHRA)[29]의 법 취지에 반하는 행위가 아니라고 판단하였을 뿐, 더 나아가 Napster 사안에서처럼 MP3 파일을 다운로드받는 행위까지 공간이동으로서 공정이용이라고 판시한 것은 아님을 지적하였다. 법원은 피고의 위 주장은 이 점을 혼동하고 있다고 비판하였다.[30]

아울러 피고가 제출한 위 조사보고서의 내용과 달리 더 신뢰할 만한 것으로 원고가 제출한 조사보고서('Jay Report')에 의하면 조사응답자 중 약 49%는 그들이 Napster에서 전송받은 곡을 적법하게 이미 보유하고 있었던 비율이 10퍼센트 미만이었고, 약 69% 이하는 그 비율이 25% 미만이었음을 지적하였다. 따라서 Sony 판결에서 연방대법원이 비디오테이프 레코더의 종된 용도가 아닌 주된 용도가 '시간이동(time-shifting)'이므로 시간이동이라는 비침해적 용도가 상당부분인 경우라 하여 공급자의 책임을 부정하였던 사안과 Napster 사건의 사안은 분명히 다르다고 배척하였다.[31]

다음으로, 공간이동이 공정이용에 속하는 이상 Sony 판결이 인정한 '상업상

28) 180 F.3d 1072, 1079 (9th Cir. 1999). 이 사건에 관해 자세히는 제7장 제2절 Ⅴ. 2. (1) 5) 부분 참조.

29) AHRA에 대하여 자세히는 제7장 제2절 Ⅴ. 2. (1) 4) 부분 참조.

30) Napster, 114 F.Supp. 2d at 916.

31) Id. at. 916. 주의할 것은 법원이 앞부분 판시에서는 피고의 항변 중 공정이용의 항변과 비침해적 용도가 상당부분(substantial non-infringing use)이라는 항변을 분명히 구별하고 있다가 이 부분 판시에서는 이들의 구분을 모호하게 하고 있다는 점이다. 그러나 공정이용의 항변이 Napster 이용자들의 이용행위 전체가 공간이동으로 공정이용에 해당하여 직접침해가 성립되지 아니하므로 피고 Napster의 2차적인 침해책임은 더 나아가 살펴볼 필요가 없다는 취지의 주장이라고 한다면, 비침해적 용도가 상당부분이라는 항변은 Napster 이용자들의 이용행위가 모두 공간이동으로 공정이용은 아닐지라도 Napster 용도의 상당부분이 공간이동이라는 비침해적 용도이어서 설령 나머지 일부분이 침해적 용도이더라도 Sony 판결의 입장에 따라 피고 Napster의 2차적인 침해책임을 추궁할 수는 없다는 주장이어서 서로 구별하여야 할 항변이다. 결국 법원의 판시 중 이 문장 부분은 공정이용의 항변을 배척한 이유 부분이라기보다는 바로 아래 문장과 마찬가지로 비침해적 용도가 상당부분이라는 항변을 배척한 이유 부분으로 보아야 한다.

주요한 상품의 원칙(staple article of commerce doctrine)' 에 따라 피고 Napster는 기여책임이나 대위책임이 없다는 피고 측 주장에 대하여 연방지방법원은 다음 두 가지 이유 때문에 피고 Napster에게 Sony 원칙이 적용될 수 없다고 보았다.

첫째, 공간이동이 Napster 서비스의 상업적으로 중요한 용도(commercially significant use)[32]를 이루고 있다는 증거가 부족하다. 그리고 실제로 Napster 서비스가 부담하는 네트워크 트래픽의 대부분은 이미 적법하게 MP3 파일을 보유한 자의 공간이동 때문이 아니라 불법적인 MP3 파일의 획득을 위한 교환행위 때문이다.

둘째, Sony 원칙은 Napster와 같이 서비스를 통하여 계속적인 통제를 행사하고 있는 사안에는 적용될 수 없다. 즉 Sony 사건에서는 피고의 참여가 단지 비디오테이프 레코더를 제조하고 판매하는 시점까지이므로 Sony사와 비디오테이프 레코더 이용자들 사이의 유일한 접촉은 판매의 순간에만 일어나게 된다.[33]

이와 대조적으로 Napster 사건에서 피고 Napster는 이용자들이 파일을 업로드, 다운로드하려면 반드시 접속해야 하는 통합시스템을 계속적으로 유지, 감독하고 있다. 이 점에서 법원은 도구(device)의 제조 · 공급자에게 Sony 판결이 부여한 보호는 만일 그 제조 · 공급자가 그 도구의 이용행위에 대하여 계속 통제(control)를 할 경우에는 적용되지 않는다고 보았다. 즉 상품의 공급에 그치지 않고 이용자들에게 서비스가 계속되는 경우, 즉 통제가 있는 경우는 Sony 원칙이 적용되지 않는다고 보았다.[34]

끝으로, 법원은 이른바 '신진 예술가 프로그램(New Artist Program)' 을 통하여 피고 Napster가 독립예술가들을 공식 후원하는데, 이들 중 98%가 음반회사들을 통해 음반을 내지 못하는 자들로 Napster가 장차 이들을 위한 비침해적 용도에 이용될 것이라는 주장도 배척하였다.

법원은 증거를 볼 때 Napster는 무수한 무명예술가들이 아니라 메이저 가수들의 노래를 이용하라고 주로 광고하고 있으므로 위 프로그램은 Napster의 비침

32) 'commercially significant noninfringing uses' 는 'substantial noninfringing use' 와 동의어로 쓰인다(아래 Sony 판결에 대한 설명 부분 참조).

33) Sony, 464 U.S. at 438, 104 S.Ct. 774.

34) 이러한 유형으로 Napster, 114 F.Supp.2d at 917에서 원용하고 있는 선례는 다음과 같다. General Audio Video, 948 F.Supp. at 1456-57, RCA Records v. All-Fast Sys., Inc., 594 F.Supp. 335, 339 (S.D.N.Y.1984), Columbia Pictures Indus., Inc. v. Aveco, Inc., 800 F.2d 59, 62 & n. 3 (3d Cir.1986).

해적 용도를 나타낸다고 볼 수 없다고 하였다.[35)]

요컨대, Napster의 모든 비침해적 용도가 사소하거나 침해적 용도와 관련이 있는 것일 뿐, 오히려 Napster에 있어 상당하거나 상업상 주요한 용도는 과거부터 저작권자의 허락 없이 인기음악파일을 올리고 다운로드받는 것이라는 사실을 들어 비침해적 용도가 상당부분이라는 항변을 배척하였다.

(3) Napster의 책임

1심은 이용자들의 직접침해책임이 성립된 이상, Napster가 판례상 기여침해와 대위침해의 법리에 따라 2차적 · 부수적 책임을 부담할지 여부를 이제 논의할 수 있다고 보았다.[36)] 법원은 피고의 행위를 대위책임과 기여책임의 각각의 요건, 즉 기여책임에서의 인식(knowledge), 실질적 기여(material contribution), 대위책임에서의 경제적 이익(financial benefit), 감독(supervision) 요건을 구비하였는지 차례대로 분석한 다음 두 가지 책임을 모두 긍정하였다.[37)]

1) 기여책임 부분

첫 번째 요건인 인식에 관하여, 연방지방법원은 종래 전통적인 판례의 입장

---

35) 이 부분 판시의 취지가, 서비스가 계속되는 경우 Sony 판결의 적용 자체를 부정한 직전 설시내용에 비추어, 가사 Sony 원칙이 서비스의 경우에까지 적용되더라도 피고의 비침해적 용도가 상당부분이 아니고 상업적으로 중요하지 않아 어느 모로 보나 면책되지 않는다는 취지라는 해석으로는 Stacey L. Dogan, "Is Napster a VCR? The Implications of Sony for Napster and Other Internet Technologies," 52 Hastings Law Journal 939, April 2001, at 947-48 등.

36) Sony 원칙을 취급한 Napster 1심의 판결구조는 근본적으로 의문이 있다. 1심 법원은 앞서 보았듯이 제일 먼저 이용자들의 직접침해에 관한 증거를 다루고(Napster, 114 F.Supp.2d at 911) 공정이용항변과 Sony 항변을 '함께 묶어' 배척한 다음(Napster, 114 F.Supp.2d at 912-917), 그 뒤에야 기여 · 대위책임의 유무를 위와 같이 판단(Napster, 114 F.Supp.2d at 918-922)하고 있다. 이러한 구조에서 1심 법원은 Sony 항변을 이용자들의 직접침해의 성립 자체를 다투는 공정이용의 항변과 같이 취급하여 "OO한 이용 사례를 (공정이용 혹은) 비침해에 해당한다고 피고가 주장하나 XXX인 이상 침해이므로 (공정이용도 아니고) 비침해적 용도도 아니므로 그 존재를 전제로 한 Sony 항변은 결국 이유 없다"는 논리로 풀어가고 있는 듯하다. 그러나 Aimster 판결들이나 Sony 판결 자체의 입장을 비교하여 보면 알 수 있듯이, Sony 항변은 기여책임의 성립단계에서 이를 다투는 항변이다. 즉 Sony 항변을 제출하는 자는 이미 일정부분 이용자의 직접침해가 존재함을 전제하고 있는 것이다. 분명히 이용자의 직접침해가 성립함에도 공급자는 일견 자신에게도 성립하는 것 같은 기여책임 등을 면책받을 수 있다는데 Sony 항변의 강력함이 있는 것이다. Naster 1심 법원의 취지가 Sony 항변의 근거인 '비침해적 용도'가 피고 주장과 달리 상당부분은 고사하고 거의 존재하지 않는다는 점을, 이용자들의 거의 모든 행위에 대하여 직접침해를 긍정하고 공정이용 항변을 배척함과 동시에 미리 나타내고자 한 것이었더라도 판결문의 체제상 기여책임을 논하기 이전에 이미 Sony 항변을 판단해 버린 것은 적절한 판단순서가 아니라고 생각된다.

37) 실제로는 원고 측 소인에는 캘리포니아 민법 제980조 (a) (2) 위반, 부정경쟁행위 주장도 포함되어 있으나, 이 부분은 생략한다.

과 마찬가지로 Napster가 침해행위의 존재를 실제 인식(actual knowledge)하였음은 요건이 아니라고 하여 추정적 인식만으로 충분하다고 보았다.[38]

원고가 제출한 증거들[39]에 의하면 Napster의 임원들이 불법적 MP3 파일의 거래를 실제 인식하였고 그런 행태의 이용을 보호하고자 하였음을 알 수 있다고 하면서 적어도 추정적 인식은 분명히 인정된다고 하였다.[40]

법원은 위와 같이 Napster에게 적어도 추정적 인식이 존재하는 이상, DMCA의 면책조항, 구체적으로 17 U.S.C. § 512(d)에서 정한 검색엔진사업자로서 면책을 부여받을 수 있다는 피고 주장은 당연히 이유 없다고 하였다. 즉 판례법상 기여책임을 면하기 위한 요건과 위 면책조항[41]의 요건이 모두 동일하게 '침해에 대한 실제 인식 혹은 추정적 인식이 없거나, 그것이 있는 때 신속하게 그 정보에 대한 접근을 차단하거나 그 자료를 제거할 것'을 요구하고 있으므로 서로 같은 내용이어서 추정적 인식이 존재하는 기여침해자는 자동적으로 면책조항의 면책을 부여받을 여지가 없다는 것이다.[42]

한편 DMCA의 면책조항 중 § 512(a)에 대하여는 피고가 이 조항에 따라 면책받을 수 있다고 주장하면서 일부 약식결정(summary adjudication)[43]을 청구한 적이 있었다. 하지만 이런 청구에 대해 법원은 § 512(a)의 일시적인 디지털 네트워크 통신(Transitory Digital Network Communications)을 제공하는 서비스제공자로서 면책되려면 위 § 512(a)의 규정에 따라 정보의 전송, 라우팅, 접속제공이 그 서비스제공자의 시스템이나 네트워크를 '통하여(through)'[44] 일어나는 서비스제공자라야 한다고 보았다. 그런데 Napster 서비스의 경우는 음악파일을 찾는 이용자와 그 파일을 이미 보유한 다른 이용자의 위치정보, 이미 보유한 파일의 정보 등을 알려 줄 뿐, 이용자들 간의 파일교환을 위한 연결 그 자체는 Napster

38) 즉, 1심은 Sony 판결을 해석함에 있어 실제 인식(actual knowledge)이 있어야 피고에게 기여책임이 긍정된다는 논리를 세운 나중의 항소심과 입장이 달랐다.

39) 공동창업자인 씬 파커가 서명한 이들 문건은, 이용자들이 불법파일교환행위를 하기 때문에 회사는 그들의 실명과 IP 주소에 대해 모르고 있을 필요가 있다고 말하고 있다.

40) Napster, 114 F.Supp.2d at 916, 917-18.

41) 17 U.S.C. § 512(d)(1)(A), (B).

42) 114 F.Supp. 2d at 919. 이러한 문제점에 대하여는 제3장 제2절 Ⅶ. 2. (1) '전통적인 기여·대위책임론과 § 512 (c)와 (d) 면책조항의 관계' 부분 참조.

43) partial summary judgment를 말한다.

44) 17 U.S.C. § 512(a) 중 명문이다. 'A service provider shall not be liable.... for infringement of copyright by reason of the provider's transmitting, routing, or providing connections for, material through a system or network controlled or operated by or for the service provider.....'

의 시스템을 거치지 않고, 파일을 찾는 이용자와 파일보유 이용자 사이의 직접적인 인터넷망으로 이루어지므로 Napster의 시스템이나 네트워크를 통하여 일어나는 경우가 아니어서 위 면책조항이 정한 서비스제공자가 아니므로 면책받을 수 없다고 판단하였다. 결국 법원은 2000. 5. 12.자 별도의 결정[45] 으로 이를 배척하였었다.

두 번째 요건인 타인의 침해행위에 실질적으로 기여하였는지에 관하여, 법원은 Napster가 Fonovisa 사건의 항소심 사안에서와 달리 침해물인 음악을 무료로 제공하였지만 소프트웨어, 검색엔진, 서버, 이용자들 간 접속수단을 공급하였고, Napster 이용자들은 Napster의 서비스 없이 음악파일을 찾거나 다운로드할 수 없었던 사실관계는 마치 Fonovisa 사건에서 물물교환시장의 주인이 주차, 상점공간, 광고 및 고객서비스를 제공한 것과 유사하다고 하여 Fonovisa 사건의 항소심이 제시한 기준에 따라 '실질적 기여' 에 해당한다고 보았다.[46]

2) 대위책임 부분

대위책임의 요건인 감독, 즉 통제할 권한과 능력에 관하여 피고 Napster는, 합법적 이용과 불법적 이용 간의 구별은 기술적으로 극히 곤란하고 아마 불가능할 것이라고 주장하였다.

그러나 1심은, 증거[47]로 볼 때 저작권자들이 비난하고 있는 이용자들을 차단하기 위한, 향상된 수단들을 법원에 설명하는 데 피고 측이 상당한 노력을 한 적이 있는데, 이것은 피고 측이 자신의 서비스를 감찰할 수 있고 때때로 감찰하였다는 것에 다름 아니라고 보았다. 나아가, 피고 측이 행할 수 있는 감독권한을 실제로 행사하였을 필요는 없는 이상 결국 피고 측에게 감독할 권한과 능력을 인정할 수 있다고 판시하였다.[48]

경제적 이익에 관하여 1심은, Napster가 이용자들로부터 가입요금 등 일체의 수입을 올린 적이 없었다는 사실은 인정하였다. 하지만 Napster의 내부문건을 볼 때 불법파일을 제공하는 방법으로 장차 이용자의 수를 더 확충하는 데서 직접 장래의 수입을 창출하고자 한 사실이 인정되고 이러한 사실구조는 불법음

45) Opinion on Section 512(a), A&M Records, Inc. v. Napster, Inc., No. Civ. 99-05183, 2000 WL 573136 (N.D. Cal. May 12, 2000), 편의에 따라 17 U.S.C. § 512(a)에 대한 별도 결정[Opinion on Section 512(a)]이라고만 한다.

46) Id. at 919-20.

47) Edward Kessler의 법정진술 23-24을 원용하고 있다.

48) Id. at 920–21.

반을 싸게 제공하는 데 끌려 증가하게 된 내방객들로부터 직접 수입을 올렸던 Fonovisa 사건과 유사하다고 보았다. 그러므로 Fonovisa 사건 항소심 판결의 입장과 마찬가지로 대위책임의 요건 중 하나인 '침해행위로부터 직접적인 경제적 이익' 요건은 충족된다고 보아, Fonovisa 사건의 항소심이 이미 느슨하게 인정하였던 위 요건을 더욱 느슨하게 보았다.[49]

3. 항소심의 판단[50]

연방 제9항소법원[51]이 이를 담당하였다.

(1) 이용자들의 직접책임 성립

항소심도 원심과 마찬가지로, 증거를 통하여 이용자들의 저작권 직접침해가 넉넉히 추인되는 사안임을 원고들이 입증하였다고 보았다. 항소심은 Napster 이용자들 중 MP3 파일을 업로드한 자들은 원고 음반회사들의 복제권을,[52] 이용자들 중 위 파일을 다운로드한 자들은 원고들의 배포권을[53] 각각 침해한 것이라고 판시하였다.

(2) 공정이용 항변과 공간이동 항변[54]

공정이용 항변을 판단함에 있어서 항소심도 미국 저작권법 제107조에 명문으로 규정된 4가지 판단요소를 순차로 검토하는 방식을 취하였다. 구체적인 검토 내용은 그게 다른 것이 없지만, 항소심은 첫 번째 요소에 있어 통상은 구입하여야 할 것을 무료로 얻는 것뿐만 아니라, 나아가 판매 목적으로 제공하려고 복제하는 것이 굳이 아니라도 반복적이고 착취적인(exploitative) 복제행위는 영

49) Id. at 921-22.

50) A&M Records, Inc. v. Napster, Inc., 239 F.3d 1004 (9th Cir. 2001).

51) 미국 11개 연방항소법원의 각 관할과 그에 딸린 연방지방법원의 관할도는 〈www.uscourts.gov/images/CircuitMap.pdf〉[2006. 2. 23.]에서 찾을 수 있다. 나중에 연방 제9항소법원은 캘리포니아 중앙지방법원에서 1심을 담당한 Grokster 사건의 2심도 담당하게 된다. Napster 사건과 Grokster 사건을 통하여 연방 제9항소법원은 선례인 Sony 판결을 해석함에 있어 Aimster 사건의 항소심인 연방 제7 항소법원과 상당히 대조적인 입장을 취하게 된다.

52) Napster 사건에서 다루어지지는 않았지만, 원음을 MP3 형태의 기계음 내지 모방음으로 변환하는 경우 원음과 전혀 다른 형태여서, MP3 포맷으로 모방된 음향은 원음의 복제가 아니라는 식의 주장이 있을 수 있고, 실제로 나중의 MP3.com 사건에서는 이러한 주장이 개진되었었다. MP3.com 사건에 관하여는 아래 (2) '공정이용 항변과 공간이동 항변' 부분 각주 참조.

53) 미국 저작권법은 한국 저작권법과는 다르게, 배포권으로부터 독립된 전송권을 규정하고 있지 않다.

54) 원심과 달리 공정이용과 관련된 그 외의 주장, 가령 신진 예술가들의 작품을 그들의 허락 하에 유포하는 것이어서 공정이용이라는 주장 등은 항소심에서 피고가 거론하지 않았다.

리적 성격의 이용이 될 수 있다고 밝히며, 그 예로 비슷한 취지의 선례[55]를 원용하였다.[56] 나아가, 복제저작물을 제공하고 그 대가로 그와 다른 종류의 복제저작물을 획득하는 거래는 저작권을 침해할 목적을 가진 이윤 목적의 거래행위라고 보았다.[57]

피고 Napster는 샘플링(sampling)이나 공간이동(space-shiting)을 1심이 공정이용의 범주에서 제외한 것은 부당하다고 다투었다. 먼저 샘플링 관련 주장에 대하여, 항소심은 샘플링 자체는 영리 목적을 가진 이용행위임이 분명하다고 단정하였다. 관련 업계의 현실은 판촉용 샘플다운로드조차 원고들이 엄격하게 규제하면서 인터넷 소매 사이트로부터 이용료를 징수하고 있는 사정, 원고들이 제공하는 무료다운로드 음악파일은 구매자들의 컴퓨터에서 짧은 시간만 존속하다가 자동으로 '타임아웃' 되도록 설계된 것임에 반하여 이 사건 이용자들의 경우는 완벽한 음악파일을 무료로 항구적인 형태로 다운로드받는 사정에 비추어, Napster 이용자들의 행위는 원심과 마찬가지로 샘플링에 해당하지 않는다고 보았다.[58]

다음으로 공간이동의 항변에 대하여, 항소심은 공간이동의 경우는 공간이동된 복제물이 오로지 정당한 권리를 가진 원래 이용자에게만 노출됨에 반하여 Napster의 경우는 수백만의 타인에게 그 복제물이 노출되어 접근될 수 있음을 이유로 UMG Recordings, Inc. v. MP3.com, Inc. 판결[59]과 같이 공간이동 항변을

55) Worldwide Church of God v. Philadelphia Church of God, 227 F.3d 1110, 1118 (9th Cir. 2000).

56) Napster, 239 F.3d at 1015. 한국의 소리바다 민사 1심판결들은 이러한 입장을 충실히 따르고 있다. 이러한 입장에 대한 필자의 비판은 소리바다 가처분이의 1심 판결 평석부분에서 상세히 언급한다.

57) Id. at 1015.

58) Id. at 1018-19.

59) 92 F.Supp.2d 349, 351 (S.D.N.Y. 2000). 이 사건 피고는 2000년 'My.MP3.com' 서비스를 시작하였는데 회원들에게 어디에서든 인터넷에 접속하여 그들이 이미 적법하게 취득한 CD에 들어 있는 음악곡을 들을 수 있게 하는 것이었다. 회원들은 먼저 피고의 사이트에 접속한 다음 개인 PC의 CD롬에 이미 구매한 CD를 몇 초간 넣어 확인시키거나('eam-it Service'), 피고가 제휴한 온라인음악 판매상에서 해당 CD를 구매하는 방법으로('nstant Listening Service') 원하는 음악 곡을 보유하고 있음을 증명하는 절차를 거쳐야 했다. 피고는 먼저, CD의 원음을 MP3 형태의 기계음·모방음으로 변환하는 것은 원음과 전혀 다른 형태여서 원음의 복제행위가 아니라는 주장을 하였지만, 법원은 인간의 귀는 원음과 MP3의 모방음을 구별할 수 없고 피고의 변환 목적이 원음과 음향적으로 동일한 음악파일을 만드는 것임을 자인하고 있는 점을 고려하면 모방음이 원음과 전혀 별개의 것이라는 주장은 받아들일 수 없다고 배척하였다. 다시 피고는 가사 복제에 해당하더라도 피고의 복제행위가 'space-shifting'을 위한 것이므로 저작권법 제107조의 공정이용에 해당한다고 항변하였지만 법원은 공정이용이려면 연방대법원의 Campbell v. Acuff-Rose Music 판결의 기준에 따라 새로운 의미를 삽입한 변

배척하였다.[60]

(3) Napster의 책임

1) 기여책임 부분

기여책임의 요건 중 인식(knowledge)에 관하여 항소심은 1심과 큰 견해 차이를 보였다. 원래 피고 Napster는, 1984년 Sony 판결에서 연방대법원이 미국 특허법상의 이른바 '상업상 주요한 상품(staple article of commerce)'의 원칙을 저작권법 영역에도 차용하여 Sony가 생산하는 비디오테이프 레코더의 용도의 상당부분이 비침해적이므로, 비디오테이프 레코더 구입자들이 위 비디오테이프 레코더를 사용하여 침해행위를 할 수도 있다는 추정적 인식을 Sony가 가진 것만으로는 비디오테이프 레코더를 공급한 피고에게 기여책임을 부담시킬 수 없다고 판시한 것을 선례로 원용하면서, (i) Napster 서비스 역시 용도의 상당부분이 비침해적인 경우이므로, (ii) 그 서비스를 이용하여 이용자들이 저작권침해행위를 할지도 모른다는 추정적 인식을 피고가 가진 것만으로는 Sony 원칙에 따라 피고 Napster가 책임을 추궁당할 근거가 될 수 없다고 다투었다.

먼저 (ii)의 부분과 관련하여 1심 법원은 침해행위를 할 수도 있다는 추정적 인식만으로도 피고 Napster가 기여책임을 면할 수 없다는 입장을 취하였었다. 그에 비하여, 항소심은 선례 중 Netcom 판결에서 Netcom에게 기여책임을 지우려면 Netcom의 실제 인식을 요건으로 한다고 판시한 것이라고 Netcom 판결의 취지를 먼저 풀이하였다.[61] 아울러 Sony 판결의 취지 역시 피고 상품의 용도 중 상당부분이 비침해적인 경우, 상품을 공급한 피고에게 상품이용자들이 상품을 수단으로 범한 저작권침해에 대한 2차적 책임을 추궁하려면, 피고가 상품공급

화(transform)된 것이어야 하는데 피고의 행위방식은 혁신적(innovative)일 수는 있어도 변화를 가한 것이 아니라고 보아 공정이용의 항변도 배척하였다. 이상과 같은 MP3.com 사건은 Napster 사건과 논리의 차이가 있는 점(즉 Napster는 이용자들의 행위가 공정이용이라고 다투었지만, MP3.com은 마치 한국의 벅스뮤직과 마찬가지로 인터넷서비스제공자 스스로 침해 관련 행위를 하였기 때문에 자신의 행위 자체가 공정이용이라고 다투었음), Rio 사건과 달리 'space-shifting' 항변이 배척된 점 등의 특색으로 미국에서는 인터넷서비스제공자의 책임과 관련한 중요 선례로 다루어지고 있다. 다만 MP3.com이 제공한 서비스 방식이 무엇인지 판결문에서조차 명확하지 않으나 Jessica Litman "Sharing and Stealing," op. cit., p. 16 및 Fisher 교수의 하버드대 사이버강의 자료〈cyber.law.harvard.edu/property00/MP3/main.html〉[2006. 2. 21.]에 의하면 스트리밍 방식으로 보인다.

60) Napster, 239 F.3d at 1019.

61) "....이러한 분석은 온라인환경 하에서 특정한 침해행위에 대한 실제 인식의 증거가 컴퓨터 시스템 운영자에게 기여책임을 추궁하는 데 요구된다고 한 Netcom 사건에서의 분석과 유사하다"(Id. at 1021).

시점에 장차 이용자들의 침해행위가 있으리라는 추정적 인식(constructive knowledge)을 가진 것으로는 부족하고 더 나아가 구체적인 침해에 대한 실제 인식(actual knowledge)을 가지고 있을 것을 요구한 것이라고 해석하였다.[62]

그 다음 (i)부분과 관련하여 원심은 Napster가 내세우는 용도들만으로는 그 용도의 상당부분이 비침해적인 경우에 해당하지 않는다고 단정하였었다. 하지만 항소심은 Napster의 용도가 침해적인지, 아니면 용도의 상당부분이 비침해적인지 판단함에 있어 1심이 지나치게 Napster 서비스의 현재 용도만 중시하고 잠재적 용도를 간과하였다고 비판하였다.[63]

이상과 같이 항소심은 (i), (ii) 부분을 각각 원심과 전혀 다르게 판단하면서도 피고가 작성하였던 문건으로 보아 피고에게 침해에 대한 실제 인식이 존재하는 사실을 인정할 수 있다고 판단하였다. 그렇다면 피고 Napster는 선례 Netcom 사건에서의 경우와 마찬가지로 침해가 존재한다는 인식을 가졌음에도 계속 서비스를 제공한 것이어서 기여책임의 요건을 충족한다고 보아 결국 결론에서는 1심과 동일하게 피고의 책임을 긍정하였다.[64]

아울러, 기여책임의 요건 중 2번째 요건인 침해행위에 대한 실질적 기여 요건에 관하여는 이용자들이 피고 Napster의 서비스 없이 음악파일을 찾거나 다운로드할 수 없었다는 사실은 Fonovisa 사건의 항소심이 제시한 기준에 따라 '실질적 기여'에 해당한다고 본 1심의 판단이 타당하다고 하였다.[65]

2) 대위책임 부분

1심과 마찬가지로 항소심도 대위책임의 요건인 감독, 즉 통제할 권한과 능력이 있을 것이라는 요건과 침해행위로부터의 직접적 이익을 얻었을 것이라는 요건을 Napster가 모두 충족하여 대위책임을 부담한다고 판시하였다. 특히 항소심은 Sony 원칙에 따라 대위책임도 없다는 피고의 주장을 배척하면서, 대위책임의 영역에는 Sony 원칙이 적용될 수 없다고 명시적으로 설시하였다.[66]

62) "반대로, 침해행위를 판별할 수 있는 특정한 정보가 결여된 경우 컴퓨터 시스템 운영자는 단지 그 시스템의 구조가 저작물의 교환을 가능하게 하였다는 이유만으로 기여책임을 추궁당해서는 안 된다" (Id. at 1021). 이렇게 기여책임에서의 인식 요건에 관하여 Sony 판결이 소위 고양된 인식 수준(heightened knowledge standard)을 요구하고 있다는 Napster 항소심의 해석을, Grokster 사건의 1심과 항소심에서도 그대로 따르고 있다. 반대로 Aimster 항소심(334 F.3d at 649)에서는 이러한 해석에 반대하였다.

63) Napster, 239 F.3d at 1021.

64) Id.

65) Id. at 1022.

대위책임의 요건 중 하나인 감독할 권한과 능력(**right and ability to supervise**, 즉 통제할 권한과 능력)이라는 감독(**supervision**)의 문제에 관하여 항소심은, "어떤 이유이든지 침해자의 특정 환경에 대한 접근을 차단할 수 있는 능력은 감독할 수 있는 권리와 능력이 있다는 증거가 되며, 원고는 이것에 터잡아 **Napster**가 그 시스템으로의 접속을 통제할 수 있는 권리를 가지고 있다고 일관되게 주장해 온 것이다. **Napster**는 서비스를 거부하고 계정을 말소할 권리를 유보하고 있음을 웹사이트에 명백히 밝히는 한편 확실한 권리보호 정책을 가지고 있었다. ....이렇게 **Napster**에게 유보된 감찰(**police**)의 권한은 최대한까지 실행되어야 대위책임을 면할 수 있다. 단지 이윤을 위하여 침해행위를 알 수 있음에도 눈감는 행동은 책임부담을 불러올 뿐이다"라고 하면서[67] "피고와 그 운영자는 가입자들이 물물교환장터에서 복제음반을 판매하는 것을 알고 있었다는 점에는 의문의 여지가 없다"고 판시한 **Fonovisa, Inc. v. Cherry Auction, Inc.** 사건의 항소심 판결[68]을 원용하였다.

다만 항소심은, **Napster**가 그 시스템을 감찰할 권한과 능력을 가지고 있었지만 파일교환을 막기 위하여 그러한 권한을 행사하지 않았다고 지적한 원심의 판단에는 동조하면서도, **Napster**가 통제(**control**)하고 순찰(**patrol**)하였다는 전제가 인정되는 범위를 원심이 잘못 인정하였다고 보았다. 즉 **Napster**는 색인화된 파일이, 적합한 **MP3** 파일 포맷인지를 점검할 수 있을 뿐 파일의 내용까지는 읽을 수 없었으므로, **Napster**가 감찰할 수 있는 권리와 능력은 그 시스템의 현행 구조(**current architecture**)에 의하여 제약받고 있다고 항소심은 인정하였다. 그러나 항소심은 **Napster**가 그 검색색인 상에 목록화된 침해물을 찾을 수 있는 능력을 가지고 있었고, 이용자의 그 시스템으로의 접속을 차단할 권리는 가지고 있었으므로, 이러한 '파일명 색인'은 **Napster**가 감찰할 권한을 가졌다는 증거가 된다고 하였다. 항소심은 통상 파일명의 작명은 이용자가 하는데, 예술가 성명이나 노래명에서 오타가 날 수도 있어 정확히 저작물 명칭과 일치하지 않을 수는 있겠지만 **Napster**가 효과적으로 서비스를 하기 위해서라도 파일명은 반드시 합리적인 범위 내에서 혹은 대강이라도 파일이 담고 있는 저작물 내용과 일치할 수밖에 없는 이치라고 보았다. 그렇지 않으면 어떤 이용자도 원하는 음악파일을

66) Id. at 1022–23.
67) Id. at 1023.
68) 76 F.3d 259, 264 (9th Cir. 1996).

찾을 수 없을 것이기 때문이다. 실제로도 Napster, 그 이용자들, 그리고 음반회사인 원고들은 모두 동일하게 Napster의 검색 기능을 사용하여 침해물에 접속하고 있었음을 항소심은 지적하였다.[69]

한편, 침해행위로부터의 직접적 이익을 얻었을 것이라는 요건에 있어서는 1심 법원은 Fonovisa 사건의 항소심이 이미 느슨하게 인정하였던 위 요건을 더욱 느슨하게 하였었는데, 이 점에서는 항소심도 동일하였다.[70]

3) 특별법에 의한 Napster의 면책 주장

피고는, Napster 이용자들이 접속 때 사용하는 컴퓨터가 오디오 가정녹음 법률(Audio Home Recording Act, AHRA)[71]에서 일정한 저작권침해소송으로부터 면책을 부여받은 '디지털 오디오 녹음 장치(Digaital Audio Recording Device)' 에 해당하므로 이 사건 저작권침해소송에서도 면책된다는 주장을 전개하였다. 그러나 항소심은 RIAA v. Diamond Multimedia 법원에서 이미 해석한대로 위 법률에서 규정한 (i) '디지털오디오 녹음 장치' 와는 다르게 컴퓨터는 '디지털 오디오식 복제녹음(digital audio copied recording)' 을 만드는 것을 주된 목적으로 한 장치가 아니고, (ii) '디지털 오디오 녹음 장치' 와는 달리 '디지털 음악 녹음(digital musical recording)' 을 만들지 못한다는 이유[72]를 들어, 컴퓨터가 위 법률에서 정한 '디지털오디오 녹음 장치' 가 아니어서 결국 Napster 서비스의 경우 AHRA가 적용되는 대상이 아니라고 판단하였다.[73]

피고가 그 다음으로 DMCA의 면책조항에 따른 면책을 주장한 것에 대하여, 1심은 기여책임이나 대위책임이 성립되면 그러한 2차적 책임의 성립이 곧바로 DMCA의 면책항변을 불가능하게 한다는 입장이었었다. 그러나 항소심은 이러한 입장에는 동의하지 않음을 분명히 하면서도 이 문제는 장래의 정식재판(trial)에서 더 충분히 심리되어야 할 사실의 쟁점이 있다며 유보적인 입장을 취하였다.[74]

---

69) Napster, 239 F.3d at 1023-24.

70) Id. at 1023.

71) AHRA는 '디지털오디오 녹음 장치' 의 제조자 등에게 저작권자 측에 대한 보상금 지급과 연속복제 제어시스템 장착을 의무화하는 대신, 위 장치의 제조 · 판매행위 등을 원인으로 한 저작권침해소송으로부터 면책을 부여하고 있다. AHRA에 대하여 자세히는 제7장 제2절 Ⅴ. 2. (1) 4) '절충적 입법인 오디오 가정녹음 법률의 성립' 부분 참조.

72) 자세히는 제7장 제2절 Ⅴ. 2. (1) 5) '공간이동을 인정한 RIAA v. Diamond Multimedia Systems 사건' 부분 참조.

73) Napster, 239 F.3d at 1024-25.

다만, 항소심은 현재까지의 상황으로 볼 때, 피고 Napster가 면책조항(safe harbor)의 적용을 받을 수 있느냐에 관하여 Napster는 이른바 침해제거정책의 채택과 적용 등을 태만히 하여 17 U.S.C. § 512(i)에서 요구하는 일반적 면책의 적격요건(Conditions for Eligibility)을 갖추지 못하고 있다고 원고가 주장하고 있는 등 원고 측이 수긍할만한 의문을 제기하고 있고, 아울러 양쪽 당사자의 손실비교(balance of hardship)에서 원고 측이 우위에 있다고 하여 결국 연방지방법원과 마찬가지로 유지명령(injuntion)을 내리는 것이 타당하다고 결론을 지었다.

4. 1심과 항소심이 내린 명령의 내용과 이후의 소송경과[75)]

(1) 연방지방법원의 17 U.S.C. § 512(a)에 대한 별도 결정 및 최초의 예비적 유지명령

연방지방법원은 2000. 5. 12.자로, 17 U.S.C. § 512(a)에 대한 별도 결정[76)]으로 DMCA § 512(a)의 면책을 받을 수 있다는 Napster의 주장을 우선 배척하였다.

나아가, 1심은 전반적인 쟁점을 모두 다룬 2000. 8. 10.자 예비적 유지명령[77)]을 통하여 피고 Napster에게, 원고 측의 명백한 허락이 없는 한, 연방법 혹은 州法 상으로 원고가 저작권을 가진 음악편집물 및 음반을 복제 · 다운로드 · 업로드 · 전송, 혹은 배포하는 것을 일률적으로 금지하였다. 이러한 금지는 원고가 그 소장에서 Napster 서비스에서 불법 이용되는 원고의 저작물이라고 기재한 것에 국한하지 않고, 원고가 권리를 가진 모든 저작물에 적용되는 것이었다. 원고는, Napster에서 이용되는 음악의 70% 이상이 원고가 권리를 가진 것들임을 이미 입증하였고, 피고는 전례가 없는 대량의 불법이용에 기여한 자이므로 위 금지명령과 같이 일체의 불법이용을 금할 수 있는 수단을 개발할 의무를 부담하는 것은 정당하다고 판시되었다. 다만, 1심은 원고에게, 그가 권리를 가진 저작물을 피고가 식별하는 데 협조할 의무를 부과하면서 일정기간 안에 그 저작물들을

74) Id. at 1025.

75) 이하에서는 다소 지리할 정도로 Napster에 대한 예비적 유지명령 이후 Napster가 소멸할 때까지 수차례에 걸쳐 있었던 법원의 판단들을 언급하려 한다. 이를 면밀히 살피면 단순히 2차적 책임이 있다고 법원이 2회에 걸쳐 선언(1심과 2심의 각 판단)하여 Napster가 소멸한 것이 아니라, 그 과정에서 특히 기술적 측면(통제 가능성)에 관하여 법원이 상당히 중요하게 심리하고 면밀히 다루고 있음을 알 수 있다. 다른 사건과 달리 인터넷서비스제공자의 책임에 대한 분쟁에서 기술적 측면의 분석과 판단이 얼마나 중요한지 보여주는 좋은 예라 보이며, 한국 법원의 판단에도 참고가 될 것으로 보인다.

76) Opinion on Section 512(a).

77) A&M Records, Inc. v. Napster, Inc., 114 F.Supp. 2d 896 (N.D. Cal. 2000).

확인시킬 수 있는 서면계획을 제출할 것을 명하였다.

(2) 연방항소법원의 일부 파기환송 결정

연방항소법원[78]은 2001. 2. 12. 이러한 1심의 판단 중 대부분을 수용하였다. 그러나 다만 선례로 Netcom 판결[79]을 원용하면서 (i) Napster가 원고들로부터 권리 있는 음악저작물과 관련된 파일의 목록을 통지받았고, (ii) Napster가 그러한 파일들이 자신의 시스템에서 이용될 수 있음을 알았거나 알 수 있었으며, (iii) 그런 저작물의 배포를 방지할 조치를 취하지 아니한 경우에 한하여 Napster에게 기여책임을 인정하는 것이 타당함에도, 원고들이 이러한 통지를 이행하지 않았음에도 발령된 연방지방법원의 예비적 유지명령은 지나치게 넓다고 보았다. 이에 따라 1심 법원의 결정 일부를 파기환송하여 원심으로 하여금 예비적 유지명령의 범위를 조정하도록 명하였다. 아울러, 단지 Napster 시스템의 존재사실, 실제 통지의 부존재, 그리고 Napster가 침해물을 제거하지 않았음과 같은 사실들만으로는 기여책임을 부과하기 곤란하다면서 Sony 판결[80]을 선례로 원용하였다.

(3) 연방지방법원의 수정된 예비적 유지명령

일부 파기환송을 받은 연방지방법원[81]은 Napster 서버의 중단을 명한 종전의 예비적 유지명령을 수정하여 2001. 3. 5. 원고 음반회사들에게는 개개 침해파일명을 Napster가 식별할 수 있도록 Napster에게 반드시 통지하도록 명령함과 피고 Napster에게는 아울러 이렇게 통지받은 파일명에 대하여 정해진 기간 안에 그 시스템에서 적극적으로 검색하여 차단할 것을 각각 명령(이를 편의상 2001. 3. 5.자 수정된 예비적 유지명령이라 한다)하였다. 그리고 명령내용을 당사자들이 이행함에 있어 Napster의 능력에 다툼이 있을 때에는 연방지방법원에서의 청문(hearing)으로 해결하고 아울러 Napster의 능력을 평가할 독립된 기술전문가를 임명할 수 있다고 정하였다. 그런데 위 명령에 따른 의무의 존부를 다투며 원고와 피고 모두가 항소하였다.

---

78) A&M Records, Inc. v. Napster, Inc., 239 F.3d 1004 (9th Cir. 2001).

79) Netcom, 907 F.Supp. at 1374-75.

80) Sony, 464 U.S. at 442- 43, 104 S.Ct. 774.

81) A&M Records, Inc. v. Napster, Inc., 2001 WL 227083, 2001 Copr.L.Dec. P 28,213 (N.D.Cal. Mar 05, 2001).

(4) 연방지방법원에서의 청문과 양해각서의 작성

이 무렵 Napster는 저작권 있는 객체를 식별하기 위한 필터링 시스템을 채용하여 불법파일교환을 중단시키는 데 자발적으로 동의하였고 이러한 필터링 시스템에서 파일교환총량은 수주 안에 종전 대비 36% 수준으로 격감하여 2001년 4월초 Napster는 311,000개의 곡을 차단하고 142,000개의 다양한 곡명이나 작곡가명의 변형이나 오타의 경우도 아울러 차단하였다.

그럼에도 정작 2001. 4. 10.에 있었던 연방지방법원의 청문에서 연방지방법원은 Napster의 필터링 시스템에 의한 위와 같은 수준의 노력만으로는 책임을 모면하기 부족하다면서 모든 저작권침해를 차단하지 못하는 이상 서버 자체를 중단시킬 수 있다고 판단하였다. 하지만, 실제 서버 전체의 중단을 명령하는 것과 같은 결정적 판단은 아직 유보하였다.

연방지방법원에 의하여 작성된 2001. 4. 26.자 양해각서(memorandum)[82]는 2001. 3. 5.자 수정된 예비적 유지명령을 보다 구체화하였는데, 그 내용은 첫째 수정된 예비적 유지명령에서 원고에게 통지를 요구한 것은 오로지 원고 측이 기여책임을 추궁하고자 하는 경우에 국한되지 대위책임을 추궁하는 때는 위 통지가 요구되지 않는다는 원고의 일방적인 해석을 배척하였고, 둘째 침해파일을 스크린할 수 있는 Napster의 현재 및 장래에서의 능력을 판단할 기술전문가를 임명하여 법원에 보고서를 작성하도록 한 것 등이었다.

(5) 2001. 3. 5.자 수정된 예비적 유지명령에 대한 연방지방법원의 구두수정

양해각서가 작성된 이후 몇 달 지나지 않아 Napster는 파일명 검색과 같은 Text 기반의 필터링 시스템 대신 'fileID' 라는 새로운 필터링기술을 채용하였는데, 이는 파일 안에 포함된 음악요소를 분석하는 신기술로서 음향파동을 인식하여 지문(fingerprint)까지 부여하는 것이었다. 그럼에도 이러한 fileID의 지문 방식에 결함이 발견되자 2001. 7. 1. Napster는 자발적으로 파일교환을 일단 중지한 다음 위 기술의 점검에 돌입하였다.

2001. 7. 11. 연방지방법원에서 있었던 청문에서 다툼의 핵심은 위와 같은 fileID의 지문 방식이 과연 2001. 3. 5.자 수정된 예비적 유지명령에서 정한 피고 Napster의 의무를 제대로 이행하는 것인가 여부였다. 청문에서 Napster 측은 위

82) Memorandum, In re Napster, Inc. Copyright Litigation, MDL No. C 00-1369 MHP (N.D. Cal. Apr. 26, 2001).

기술로 침해물의 전송을 99.4%까지 식별하여 막을 수 있다고 주장하며, 이미 중단된 파일교환을 재개하는 것을 허용해 줄 것을 요청하였다. 하지만, 연방지방법원의 대답은 99.4%로는 여전히 충분하지 않으므로 Napster는 침해저작물을 완벽하게 차단하여 0%의 오차(zero tolerance)에 도달할 때까지 파일교환을 중단한 채로 남아 있는 것이 타당하다고 구두로 명령하였다.[83)]

연방지방법원이 2001. 3. 5.자 수정된 예비적 유지명령의 내용을 위와 같이 파일교환 자체를 금지하는 방향으로 2001. 7. 11.에 구두수정(oral modification)하자, Napster는 연방항소법원은 그 구두명령의 효력정지를 신청하여 2001. 7. 18. 그 인용결정을 받아내었다.

(6) 병합된 항소건에 대한 연방항소법원의 최종적인 판단

2002. 3. 25. 연방항소법원은 2001. 7. 11.자 구두수정에 대한 당사자들의 항소와 앞서 2001. 3. 5.자 수정된 예비적 유지명령에 대한 항소를 병합하여 판단한 결정[84)]을 내렸다. 여기서 내용의 핵심은 수정된 예비적 유지명령에서 원·피고에게 각각 부과한 의무의 정당성을 긍정함과 아울러 나중의 구두수정에서 Napster에게 침해물을 0%의 오차(zero tolerance)까지 식별할 것을 요구한 조치의 타당성을 인정한 것이었다. 결국 예비적 유지명령을 법원이 판단하는 단계에서 위와 같이 파일교환서비스가 중단됨으로써 사업상 어려움이 가중된 Napster는 2002. 8. 9.에 이르러 파산신청을 하게 되었다. 이것을 끝으로 한때 온 세상을 떠들썩하게 했던 Napster의 서비스는 원·피고 간의 분쟁이 본안(Trial)에 이르기도 전에 완전히 소멸[85)]하게 되었다.

5. 판례분석

(1) Sony 판결에서 기여책임의 요건으로 과연 실제 인식을 요구하였는지 여부

기여책임에 관하여 Napster 항소심은 Sony 판결을 해석함에 있어 당해 상품의 용도 상당부분이 비침해적인 경우 그 상품공급자에게 기여책임을 인정하기

---

83) "Napster Asks 9th Circuit to Modify 1 Order, Vacate Another," Mealey's Cyber Tech & E-Commerce Litigation Reporter (Aug. 2001) 4-5 [David L. Hayes, "Copyright Liability of Online Service Providers: Part I," p. 18 FN 151에서 재인용].

84) A&M Records, Inc. v. Napster, Inc., 284 F.3d 1091, (9th Cir.(Cal.) Mar 25, 2002).

85) 다만 록시오라는 소프트웨어업체가 Napster를 인수하여, 2003. 10. 29. Napster라는 동일한 명칭으로 다시 서비스를 개시하였지만 이는 P2P 파일공유가 아닌 유료 회원제 다운로드 시스템이다.

위해서는 상품공급자가 침해행위에 대한 추정적 인식을 가진 것으로는 부족하고 더 나아가, 침해행위에 대한 실제 인식을 가지고 있어야 한다고 해석하였다. 그러나 Sony 사건에서 연방대법원이 침해적 용도뿐만 아니라 합법적 용도를 아울러 가진 비디오테이프 레코더를 피고가 판매한 경우 "…. 2차적 책임을 피고에게 부과하려면, 그 논리는 소비자들이 비디오테이프 레코더를 이용하여 저작물을 불법복제하기 위하여 당해 장비를 사용할 수도 있다는 추정적 인식을 가진 채 비디오테이프 레코더를 판매하였다는 사실에 의존한 것이다. 그러나 그러한 논리에 의거하여 2차적 책임(vicarious liability)을 인정한 선례는 찾아볼 수 없다"[86]고 판시한 것만으로 곧바로 실제 인식이 있으면 기여책임을 부과할 수 있다고 해석하는 것은 부당하다.

Napster 항소심이 선례인 Sony 사건에서의 연방대법원의 진의를 제대로 이해하고 해석하였는지에 대하여 미국에서도 비판적인 의견[87]이 지배적 입장이다. Napster 항소심의 입장에 충실할 경우, 심지어 Sony 사건에서 연방대법원조차 비디오테이프 레코더가 시간이동 아닌 불법복제, 즉 개인선집용 TV프로그램 수집행위에 이용되었음을 인정하였으므로 이때 원고 측이 Sony사에게 쉽게 할 수 있었던 '침해의 통지'를 만약 실제로 하였었더라면 결국 Sony는 구체적인 침해를 실제 인식하였다고 볼 수밖에 없어 Sony에게도 기여책임이 인정될 수밖에 없게 된다. 반대 입장은 이러한 결과를 가져오는 Napster 항소심의 기준은 Sony 판결이 이룩한 업적을 아무런 의미 없는 것으로 크게 후퇴시킨 것이 된다고 한다.[88] 뿐만 아니라, Sony 판결이 수립한 원칙을 단지 기여책임에서의 인식 요건 중 하나로 격하시켜 억지로 융합시킨 것은 Sony 판결의 목적을 훼손하는 것이며 Sony 판결이 세운 원칙은 기여책임에서의 인식 요건으로부터 완전히 별개의 것이라는 학설[89]이 유력하다.

살피건대, 첫째 실제 Sony 사건에 대한 연방대법원의 판시에서 '실제 인식(actual knowledge)' 이란 문구는 판례 전문에서 3곳에 등장할 뿐, 실제 인식이 있으면 비디오테이프 레코더 공급자인 피고에게 기여책임을 추궁할 수 있다고

86) Sony, 104 S.Ct. at 787.

87) Paul Goldstein의 아래 견해 외에도 Mark A. Lemley & R. Anthony Reese, op. cit., pp. 1357-58, Peter Katz, op. cit., p. 4 등.

88) Mark A. Lemley & R. Anthony Reese, op. cit., pp. 1357-58.

89) Paul Goldstein, 『Copyright』 §6.1.2-1 (2nd ed.), New York, 2004 (Elizabeth Miles, op. cit., p. 28 FN 38에서 재인용).

명백히 판시한 부분이 없는 점, 둘째 Sony 판결의 근본적인 취지는 복제기기 제조자가 가진 인식의 수준이 추정적 인식인지, 실제 인식인지와는 무관하게 그 복제기술이 가져오는 사회적 이익이 손실보다 더 크다면 복제기술을 용인한다는 것인 이상 설령 피고에게 실제 인식이 있더라도 복제기기가 가져오는 사회적 손실보다 이익이 더 크다면 피고에게 기여책임을 묻기는 곤란한 점에 비추어 앞서의 비판적 학설이 타당하다고 본다.[90]

(2) 통제할 권한과 능력의 인정문제

Napster와 같은 P2P 서비스에서는 기술적 통제 가능성을 인정하기 곤란한 면이 없지 않으므로 종래 BBS시절의 인터넷서비스제공자에 비하여 대위책임의 인정은 조금 더 어려워진 면이 없지 않다. 그런데 Napster 원심은 물론, 항소심도 Napster가 이용자들이 교환하는 파일의 내용까지는 읽을 수 없었더라도 적어도 검색색인 상에 목록화된 침해물은 찾을 수 있고, 그것으로의 접속을 차단할 권리는 가지고 있었다고 하여 대위책임의 통제할 권한과 능력이 인정된다고 하였다.

특히 항소심에서는 "Napster는 서비스를 거부하고 계정을 말소할 권리를 유보하고 있음을 웹사이트에 명백히 밝히는 한편 확실한 권리보호 정책을 가지고 있었다..... 이렇게 Napster에게 유보된 감찰(police)의 권한은 최대한까지 실행되어야 대위책임을 면할 수 있다. 단지 이윤을 위하여 침해행위를 알 수 있음에도 눈감는 행동은 책임부담을 불러 올 뿐이다"라고 판시하여[91] 대위책임의 부과를 합리화하였는데, 위 부분은 상당한 논란을 불러 일으켰다. 왜냐하면 다음과 같은 이유 때문이다. 첫째, 이미 시행중이던 DMCA § 512(i)(1)(A)는 앞서 보았듯이 서비스제공자가 면책을 부여받기 위한 일반적 면책요건의 하나로 침해제거정책(Termination Policy)을 채택하고 적용할 것을 요구하고 있는데 이러한 정책을 일견 채택하였다는 사실이 Napster에게는 도리어 대위책임을 충족시키는 요건으로 불리하게 판단되는 모순이 생겼다. 둘째 DMCA § 512(m)에 따라 서비스제공자에게는 자신이 제공하는 서비스 상에서 침해행위를 적극적으로 모니터링할 의무는 없음이 분명한데 Napster 항소심은 이와 반대로 Napster에게 적극적으로 감찰권한을 행사하여 침해행위를 발견할 것을 요구하는 취지였

90) 이와 관련하여서는 제7장 제2절 Ⅴ. 'Sony 원칙의 올바른 적용' 1. (1) 3) 부분 참조.

91) Napster, 239 F.3d at 1023.

기 때문이다.[92)]

(3) 면책조항 § 512(a)의 적용범위에 대한 원심의 잘못된 해석

17 U.S.C. § 512(a)에 따라 면책되어야 한다는 Napster의 주장을 배척하면서 1심 법원이 들고 있는 논리는 부당한 것이다. 법원은 § 512(a) 면책주장을 배척하면서 Napster의 서버를 통해서(through) 정보가 전달되어야 위 조항에 접속서비스제공자에 해당하는데, Napster의 경우 정보가 이용자들의 컴퓨터 사이에서 직접 전송되는 것이지 Napster의 서버를 통해서 전송되는 것이 아님을 근거로 들었다. 그러나 이러한 논리대로이면 Napster가 MP3 파일의 파일정보만을 제공하는 서비스에 일부러 더하여 MP3 파일 자체를 잠시라도 Napster 자신의 서버에 저장하는 경우에는 오히려 § 512(a)에 따라 면책된다는 어처구니 없는 결과가 나오게 된다. 서비스가 서버를 통하여 불법 저작물 자체를 전송하는 형태여야 면책을 받을 수 있고, Napster와 같이 단지 매개만 하여 불법저작물의 전송에 더 경미한 수준의 관여를 한 서비스제공자가 면책되지 않는다는 것은 공평의 원칙에 반함이 명백하다.

설령, 1심 법원이 Napster의 경우를 설령 § 512(a)에 정한 인터넷서비스제공자의 개념 안에 속하는 것으로 인정하였더라도, 법원이 우려하였을 바와 같이 DMCA의 면책조항에 따라 Napster에게 곧바로 면책이 부여되지는 않는다. 즉, 위 판결에서는 언급하지 않았지만 인터넷서비스제공자가 위 면책조항에 따라 면책 받으려면 일반적 면책요건으로서, 이용자들 중 반복적인 침해자들은 적절한 조건하에서 제거해 나가는 정책('Termination Policy')을 채택하고 이를 시행해 나가야 하는데[93)] Napster는 이러한 정책을 제대로 시행하지 않았으므로 어차피 면책을 받을 수 없었을 것이다. 결국, 연방지방법원의 판단은 Napster에게 § 512(a)에 의한 면책을 부여하지 않은 결론에서는 타당하더라도 그 논리를 잘못 구성한 것이다.

(4) AHRA와 유사한 입법을 통한 타협의 여지

피고 Napster 측은 예비적 유지명령 이후 여러 차례 법원에서 다투는 과정에서 식별된 침해물의 전송을 99.4%까지 막을 수 있는 기술을 개발하였으므로

92) Napster항소심의 판단과 DMCA 조항사이의 이러한 충돌을 지적한 글로는 David L. Hayes, "Copyright Liability of Online Service Providers: Part I," pp. 12-13.

93) 17 U.S.C. § 512(i)(1)(A).

이를 적용하겠다고 하였다. 하지만, 그에 대한 연방지방법원의 대답은 앞서 보았듯이 99.4%로는 충분하지 않다는 것이었다. 그러나 99.4%가 충분하지 않다면, 이것은 파일교환기술을 말살하려는 것일 뿐 순수하게 저작권침해를 없애려는 수준이라고는 보기 어렵다. 침해행위가 0%인 경우만이 인정될 수 있다는 것은 결국 현실의 기술수준에서는 P2P 네트워크 자체가 0% 존재할 수 있다는 말일 뿐이다. 연방지방법원의 논리에 따르자면 단지 P2P에 의한 저작권침해를 0%까지 없애기 위하여 P2P가 사회 전체에 가져다 주는 법적 · 경제적 유용성에 불과하고 그 이점까지 모두 포기해야 한다는 말에 다름 아닌 것이다. 이처럼 P2P 파일교환에 대하여 '도적질'이라고 하여 그 존재를 부인하기 전에 P2P 파일교환은 '컨텐츠를 배포하는 새로운 방법'일 뿐이고, 또 '산업에 대한 기존의 통제력을 거부'하는 것으로 기왕의 '도적질'과는 차이가 있음을 인정하고 이러한 파일교환기술을 수용하면서도 아울러 저작자들도 보호할 수 있는 방법을 찾자는 유력한 반박이 있다.[94]

이러한 측면에서 볼 때, 피고 Napster가 오디오 가정녹음 법률(AHRA)을 적용해 줄 것을 전제로 면책 주장을 하였다는 사실은 시사하는 바가 크다. 오디오 가정녹음 법률의 면책규정 적용을 주장한 Napster의 항변이 법률에 정한 요건에 해당하는지는 논외로 하고, Napster 서비스도 위 법에 따라 저작권자로부터의 소송제기로부터 면제되는 대신 반대로 저작권자에게 위 법에 정해진 대로 일정한 보상금을 지급하는 방향으로 절충하겠다는 취지의 주장이었다고 좋게 해석해 볼 때는 충분히 음미할 여지는 있는 것이었다. 즉 오디오 가정녹음 법률은 나중에 설명하듯이 미국의 기술공급자와 저작권 사이의 모범적인 타협결과라고 칭송되는 법률이므로 법원의 판단대로 법에 정한 디지털오디오 장비나 매체가 아니었다 하더라도 이후 P2P 서비스와 관련한 추가입법을 통하여서라도 P2P 서비스를 허용하는 대신에 저작권자들에게 보상금을 지급하는 방안도 입법론적으로는 거론될 수 있는 것이었다. 하지만 어쨌든 Napster 법원은 일단 오디오

94) 이 부분은 Lawrence Lessig, 『Free Culture』, Penguin Press, 2004, p. 66, 67, 73-74 참조(www.free-culture.cc/freeculture.pdf, 2005. 4. 29.에서 책 전체를 다운로드받을 수 있음). 바꾸어 말하면, 오로지 침해적 용도부분에만 주목하여 저작권침해책임을 추궁해버리면 전체 서비스가 종료되어 나머지 비침해적 용도는 당연히 사장되는 결과를 가져오므로 그러한 책임의 긍정 이전에 침해적 용도(위 본문에서의 '저작권침해')와 비침해적 용도(위 본문에서의 '법적 · 경제적 유용성')를 상호 비교형량하는 절차를 거칠 필요가 있다. 이 점은 나중에 Sony 사건에서의 연방대법원의 입장을 설명하는 부분에서 더 상세히 언급하기로 한다.

가정녹음 법률의 법규해석에 따라 간단히 배척하고 말았다.

(5) P2P 네트워크의 파일교환행위가 공정이용 판단에서 영리적 이용인지 여부

Napster 판결에서 1심과 항소심 모두 이용자들의 행위가 공정이용행위에 해당되지 않는다면서, 파일을 서로 교환한 행위도 영리적 이용(commercial use)이라고 판단하고 있다. 아래에 설명하는 것처럼 한국의 소리바다 민사사건의 1심 판결들도 이를 그대로 따랐다. 그러나 미국에서 이러한 해석이 나온 것은 다음과 같은 특수한 사정이 있는 것임을 주의해야 한다. 즉 Napster 판결에서 위와 같은 해석이 나오게 된 데는 1997년 입법된 '전자절도금지법(No Electronic Theft Act)'[95]의 영향도 있다. 같은 법률은 미국 저작권법(U.S.C. TITLE 17)에 속한 처벌규정 중 고의적 저작권침해에 대한 처벌요건으로 정해진 '경제적 이익(financial gain)'의 정의를 종래의 '이득할 목적(for profit)'에서 명시적으로 '다른 저작물의 수수를 포함하여 가치 있는 일체의 것을 수수하거나 수수할 목적'[96]으로 변경하여, 금전적인 이득의 의도가 없이 대량으로 파일을 서로 교환하는 행위도 저작권침해죄로 처벌할 수 있게 하였다.[97]

이는 종전까지 미국에서도 파일만을 서로 교환행위에 대하여는 마땅한 처벌규정이 없었던 것을 미국 음반산업협회 등 저작권업계가 법적 공백에 불과하다며 위 특별법의 입법을 강력히 추진하여 성공한 것이다.[98]

따라서 Napster 법원이 공정이용의 요소와 관련하여 '영리 목적'을 해석함에 있어 다른 미국의 선례들을 원용하고 있더라도 실제로는 한편으로 이러한 저작권법의 수정과정에 강한 영향을 받은 것이라 할 수 있다. 특히 Napster 항소심[99]은 앞서와 같이 '영리 목적'으로 해석하는 근거의 하나로 위와 같은 전자절도금지법을 나열하고 있다.[100] 따라서 공정이용에 관한 종전의 해석에 영향을

95) 법전문은 〈www.gseis.ucla.edu/iclp/hr2265.html〉[2004. 10. 1.].

96) "The term 'financial gain' includes receipt, or expectation of receipt, of anything of value, including the receipt of other copyrighted works."

97) 즉, 위 법 제2조 (a)에서는 저작권법 상 각종 용어를 정의한 규정인 17 U.S.C. 101 규정 중에 '경제적 이익'의 정의를 삽입함과 아울러, 저작권법상 처벌규정인 17 U.S.C. 506도 일부 수정하고 있다.

98) 이상은 Neil Weinstock Netanel, "Impose a Noncommercial Use Levy To Allow Free P2P File Sharing," Harvard Journal of Law & Technology, December 2003, p. 17, 43 FN 146. <jolt.law.harvard.edu/articles/pdf/v17/17HarvJLTech001.pdf> (2005. 4. 4.).

99) Napster, 239 F.3d at 1015.

100) Napster 항소심이 보강논거로 인용한 전자절도금지법(No Electronic Theft Act)의 '경제적 이익(financial gain)' 개념과, Napster 사건에서 이용자들의 행위가 공정이용인지 여부와 관련하여 적용된

미칠 목적으로 입법된 특별입법이 없었던 한국에서 미국의 해석을 그대로 따를 필요는 없다.

Ⅱ. Aimster 사건

1. 사실관계

에임스터(Aimster)란 이름 중 'AIM'은 'AOL Instant Message'[101]를 의미한다.[102] 피고가 배포하는 소프트웨어인 'Aimster'는 Napster의 파일공유기능과 AOL의 인스턴트 메시징 기능을 하나로 묶은 소프트웨어라고 할 수 있다. 접속한 이용자 간의 채팅이 가능하고, 자신의 대화방을 만들 수도 있으며, 다른 이용자를 'buddy' 리스트에 등록하면 언제든지 메시지를 주고받을 수 있다. 피고는 가입자들을 상대로 인터넷 웹사이트에서 이러한 소프트웨어를 배포하였는데, 이는 무료로 다운로드받을 수 있었고 익명가입이 허용되었다.

아울러 위 웹사이트에서는 어떻게 파일을 교환하는지를 안내해 주었다. Aimster를 통하여 파일을 전송하는 방법은 크게 '파일전송(file transfer)' 기능을 이용하는 방법, '파일얻기(get file)' 기능을 이용하는 방법으로 나뉜다. 전자는 전송자가 수신자와 전송파일을 특정하여 전달하는 평범한 방법이다. 후자는 전송자

'영리적 성격의 이용(use of a commercial nature)' 내지 영리적 이용(commercial use)이란 개념은 미국의 저작권법에서 엄밀히는 서로 동일한 개념이나 용어는 아니다. 즉, '경제적 이익(financial gain)'이란 용어는 미국저작권법 중 정의규정인 17 U.S.C. §101, 특정한 공연이나 전시에 저작권을 제한하는 규정인 §110(4), 저작권침해행위에 대한 처벌규정인 §506, 기술적 조치 우회금지에 있어 경제적 이익(financial gain)을 목적으로 하지 않는 비영리도서관 등의 예외를 인정하는 §1201 및 그 위반 처벌규정인 §1204에서 등장하고 있다. 반대로 '영리적 성격의 이용(use of a commercial nature)'은 17 U.S.C. §107 공정이용에서 등장하며, 이를 판례에서 줄여서 영리적 이용(commercial use)이라고 칭하고 있다. 그렇지만, 두 용어는 실질적으로 실무에서 크게 구별되지 않고 사용되는 것이라고 할 수 있다. 이런 맥락에서 Napster 항소심이 공정이용의 요건 중 영리적 이용(commercial use) 여부를 해석하며 저작권법상 '경제적 이익(financial gain)' 개념이 전자절도금지법에 의하여 파일교환 같은 경우까지 포함하는 것으로 변화한 사실을 논거로 원용한 것이다.

101) Instant Message(IM)이란 당해 프로그램을 개인컴퓨터에 설치한 후 연결된 네트워크에서 동일한 프로그램을 설치한 다른 이용자를 특정한 다음, 이후부터 특정된 이용자(buddies)가 메세지를 자신에게 발송하면 실시간으로 자신의 컴퓨터상 팝업 형태로 그 메시지 도착사실이 알려지고 이에 응하여 자신과 최초 메시지발송자 사이에 메세지 형태로 채팅을 해나가는 방식이다. E-mail과 마찬가지로 문서를 통한 의사연락수단이라는 공통점을 가지지만 E-mail보다 빠르다는 장점이 있다[이상은 In re Aimster Copyright Litigation, 252 F.Supp. 2d 634, 640 (N.D. Ill. 2002)].

102) Aimster는 나중에 AOL과의 분쟁으로 이름을 'Madster' (www.madster.com, 2006. 2. 23. 방문)로 변경한 후 현재까지 성업 중이다(Robyn Axberg, op. cit., p. 416. FN 212).

가 미리 다른 이용자들이 자유롭게 전송받을 수 있는 파일을 지정하고 아울러 그렇게 전송받을 수 있는 이용자까지 특정해 놓으면, 그 시점 이후부터 특정된 이용자가 해당 파일을 자유롭게 수신할 수 있는 기능이다. 하지만, 앞서 Napster의 경우와는 달리 (i) 파일수신자는 이미 자신이 정체(아이디)를 알고 있는 상대로부터만 파일을 수신할 수 있고, (ii) 파일을 자유롭게 검색하여 수신하는 것이 아니라 특정파일명을 알고 있어야 수신이 가능하다는 명백한 한계가 존재한다.

가입자들의 검색명령은 피고의 중앙서버(central server)[103] 를 통하여 전달되었지만, 중앙서버는 그러한 정보를 저장하지는 않았다. Aimster의 소유자(John Deep)는 나중에 Aimster 서비스를 업그레이드하여 '클럽 에임스터(Club Aimster)' 를 운영하였다. 여기에서는 Aimster 소프트웨어의 이용자들이 월 정기 유료회원으로 가입하면 'Top 40 인기음악파일' 기능을 통하여 굳이 검색하지 않고도 인기음악파일의 순위와 평석까지 쉽게 보고 다운로드받을 수 있게 해 주었다.

종전의 Napster와는 다르게, Aimster에서의 파일전송 때 발신형태는 프라이버시 보호의 명분으로 암호화되도록 설계되었고 이러한 암호화과정은 피고의 웹사이트에서 무료로 다운받는 소프트웨어로 수행되는 것이었다. 이렇게 암호화과정을 거치는 결과 피고로서도 그 중앙서버 상의 정보를 검사하더라도 침해가 있는지를 전혀 알 수 없게 되었다.

원고인 BMG Music 등 음반회사, 작곡가, 음악출판사들은 피고 Aimster 사와 그 운영자인 개인(John Deep)이 원고의 저작권 있는 대중음악의 디지털 복제파일의 교환을 가능하게 하였다는 이유로 이들을 공동피고[104]로 기여책임과 대위책임을 추궁하였다.

2. 1심의 판단[105]

2002. 9. 4. 연방 제7항소법원의 관할 하에 있는 일로노이 북부지방법원이 선고하였다.

---

103) 항소심 판결에서는 여기서의 '서버' 란 Aimster 운영자들의 개인 컴퓨터로 네트워크를 통하여 접속한 이용자들에게 서비스를 제공하는 컴퓨터를 말한다고 확인차 설명하고 있다. 즉, 종래 클라이언트-서버 모델과 같이 이용자들에게 전송되는 정보까지 저장되는 장소가 아니라 단순하게 Aimster의 다운로드 등 서비스만을 제공하는 웹사이트이다.

104) 이하에서는 피고 Aimster를 중심으로 설명한다.

105) In re Aimster Copyright Litigation, 252 F. Supp. 2d 634 (N.D. Ill. 2002).

(1) 이용자들에 의한 직접책임의 긍정

원고 측이 피고의 책임을 추궁하기 위한 전제로 Aimster 이용자들의 행위가 원고 저작권에 대한 직접침해행위라고 주장함에 대하여, 피고들은 이를 직접 반박하는 대신 오디오 가정녹음 법률[106]에 의하여 이용자들의 사적 이용행위는 저작권자의 제소로부터 보호된다는 항변을 제출하면서, 오디오 가정녹음 법률은 디지털이나 아날로그 음악녹음을 녹음하는 기기의 비상업적 이용에 대하여는 제소를 금지하고 있는 법률이라고 해석한 Recording Indus. Ass'n of Am. v. Diamond Multimedia Sys., Inc. 사건[107]을 피고는 원용하였다.

그러나 Aimster 1심 법원은 'Rio'의 경우 컴퓨터로부터 휴대를 위한 공간이동(space-shifting) 목적으로 다른 기구에 음악파일을 복제하는 것이지만 Aimster의 경우 컴퓨터로부터 다른 컴퓨터로 무한하게 복제하는 것이라고 하였다. 이는 마치 전자가 CD의 음악을 휴대를 위해 테이프에 옮기는 것임에 반하여 후자는 CD를 수천 장 복제하는 행위와 마찬가지여서 'Rio'와 'Aimster'는 완전히 상이하다고 보아 Diamond Multimedia 사건의 사안과 Aimster 사건의 사안은 완전히 다르다고 하였다.[108] 결국 Diamond Multimedia 사건을 원용한 피고의 주장은 잘못된 원용이라고 배척하였다.[109]

(2) Aimster의 간접책임 여부

1) 기여책임의 긍정

원고가 위와 같은 이용자들의 직접책임이 인정되었음을 전제로 피고 Aimster에게 기여책임을 추궁한 데 대하여, 1심은 원고가 피고에게 보낸 서신,

106) 제7장 제2절의 Ⅴ. 2. (1) 4) 부분 참조.

107) 180 F.3d 1072, 1079 (9th Cir. 1999). 자세히는 제7장 제2절 Ⅴ. 2. (1) 5) '공간이동을 인정한 RIAA v. Diamond Multimedia Systems 사건' 부분 참조.

108) 그러나 이 부분 판결의 논리에 의문이 크다. Diamond Multimedia 사건은 문제되었던 'Rio'가 연속복제 제어시스템의 장착을 강제한 오디오 가정녹음 법률의 적용대상에 속하지 않는다고 하여 원고의 오디오 가정녹음 법률에 의거한 주장을 배척하고 있는 사안이다. 반대로 Aimster 사건은 피고 쪽에서 먼저 Aimster가 오디오 가정녹음 법률의 적용대상임을 전제로 오디오 가정녹음 법률이 혜택으로 부여한 '제소로부터의 면책'을 주장하고 있는 사안이다. 따라서 판결의 논리처럼 'Rio'와 'Aimster'가 전혀 상이하다는 점을 부각시키는 것은 적어도 오디오 가정녹음 법률의 적용 여부에 관하여는 Diamond Multimedia 선례와 반대 결론을 구하고 있는 피고의 주장을 오히려 뒷받침하는 것이어서 오류로 보인다. 아울러 피고 측이 Diamond Multimedia 사건을 원용한 것도 그 사안과 유사하므로 동일한 결론을 구한다는 취지라기보다, 위 선례가 오디오 가정녹음 법률의 취지를 해석한 대로 피고 Aimster 이용자들의 행위가 사적·비영리적 이용, 복제행위라면 저작권자로부터의 제소로부터 보호되어야 한다는 점일 뿐이다.

109) Aimster, 252 F.Supp. 2d at 649.

완벽가이드, Aimster의 채팅룸과 게시판에서의 행위, 클럽 에임스터의 운영 등이 모두 피고가 이용자들의 침해행위를 실제 인식하고 있다는 증거라고 판단하였다. 아울러 실질적 기여행위가 있었는지에 관하여는, Fonovisa 사건을 선례로 원용하면서 이를 긍정하였다.

피고 측은 기여책임의 요건을 직접 다투기보다는 Sony 판결을 원용하여, Aimster 서비스에 상당부분 비침해적 용도가 존재하므로 일부 이용자들이 이를 침해적 용도로 악용하더라도 피고에게 그 침해에 대한 부수적인 책임을 추궁해서는 안 된다는 요지의 주장을 제출하였다. 이에 대하여 법원은 다음과 같은 이유들을 들어 Sony 원칙이 Aimster 사건에는 적용될 수 없다고 판시하였다.[110]

첫째, Sony 사건의 비디오테이프 레코더에는 시간이동(time-shifting)과 같은 상당부분 비침해적 용도가 입증되었지만, 이 사건 피고들은 Aimster가 실제로(actually) 비침해적 용도에 사용되었다는 점에 대하여 일체의 증거를 제출한 적이 없다고 하였다. 즉 현실에서 Aimster의 주된 용도가 다른 이용자들에게 비침해적인 파일을 전송하거나 유사한 취미를 가진 이용자들을 찾아 정보를 교환하는 것임을 인정할 아무런 자료가 없다고 보았다.

둘째, Sony 원칙은 복제기기의 판매행위와 같이 상업상 주요한 상품(staple article of commerce)의 공급에만 적용될 뿐이며 반대로 Sony 판결에서도 드러났듯이 직접침해자와 기여침해자 사이에 직접침해가 발생할 때까지 계속적인 연락이 있는 경우에는 기여책임이 부여될 수 있는 것이라고 하였다. Aimster는 독립된 상품으로 판매된 이후부터 이용자들이 그들 나름대로 사용하는 상품이 아니어서 Sony 판결에서 지칭한 상업적으로 중요한 상품이라기보다 Fonovisa 사건의 물물교환시장에 유사한 '서비스'이고, Fonovisa 사건에서처럼 피고는 이용자들에게 계속적인 연락을 가지며 서비스를 제공하면서 '클럽 에임스터'에서 보듯이 지속적인 통제를 행사하였다고 보아 결국 직접침해자와 기여침해자 사이에 직접침해가 발생할 때까지 계속적인 연락이 있는 경우로 판단하였다.

셋째, 당해 상품이 침해행위의 목적으로 제작된 것이라면 설령 그 상품이 상당부분 비침해적 용도를 가지고 있더라도 Sony 원칙을 적용할 근거는 없다고 하였다.[111]

---

110) Id. at 653-654.

111) 이와 관련하여 자세히는 제7장 제2절 Ⅴ. 'Sony 원칙의 올바른 적용' 2. (3) 1) (마) 부분 참조.

2) 대위책임의 긍정

원고의 대위책임 추궁에 대하여도 연방지방법원은 이를 긍정하였다.

먼저 감독할 권한과 능력(right and ability to supervise)에 관하여, 피고는 암호화 과정을 거쳐 피고로서는 서비스 전체를 폐쇄하기 전에는 이러한 권한과 능력이 없었다고 주장하였다. 하지만 법원은 그러한 주장을 믿지 아니하며 가사 사실이더라도 적어도 이용자가 로그인과정은 거치므로 피고로서는 이들 이용자가 누구인지 알 수 있었던 이상 위와 같은 권한과 능력이 없다고 할 수 없다고 간단히 배척하였다. 피고는 이에 대하여 정확하게 이용자의 IP 주소 등을 추적할 구조가 결여되어 있다고 반박하였지만, 법원은 위의 권한과 능력은 그렇게까지 정확한 IP 주소를 식별할 능력을 지칭하는 것은 아니라고 재반박하였다.

다음으로 직접적인 경제적 이익을 얻었을 것이라는 요건에 관하여, 비록 Aimster가 무료이더라도 Napster 판결에서 선례인 Fonovisa 판결을 원용하며 설시하였듯이 침해행위가 유인(draw)이 되어 이익을 취하게 되는 때에는 위 요건이 긍정된다고 판시하였다.[112]

3) DMCA에 따른 면책항변 배척

이 사건 피고 역시 DMCA의 면책조항에 따라 면책된다는 항변을 내었다. 하지만 법원은 일단 DMCA에 따른 인터넷서비스제공자의 정의는 넓게 해석된다고 전제하면서도, 위 면책의 혜택을 받기 위한 일반적 면책요건으로서 요구되는 침해제거정책[113]의 채택 및 적용에 있어서 피고 Aimster가 이를 채택하기는 하였지만 합리적으로 적용하지는 않았다고 보았다.

Aimster가 17 U.S.C. § 512 (a)의 일시적인 디지털-네트워크 통신에 관한 면책조항에 해당하는지에 관하여는, Napster 1심의 입장과 마찬가지로 위 조항의 면책은 정보가 인터넷서비스제공자의 시스템을 통하여(through) 교환될 때 적용될 수 있을 뿐이라는 입장을 취하였다. 덧붙여 위 조항의 인터넷서비스제공자 개념을 넓게 해석하는 것은 입법의 연혁에 비추어도 맞지 않는다고 하였다.

다음으로 17 U.S.C. § 512 (b)의 시스템 캐싱 면책조항에 해당할 수 있는지에 관하여, 피고 측은 위 조항의 뜻이 서비스제공자가 문제되는 정보를 '시스템 내에 캐싱하는 범주를 넘어서지 않는 한' 서비스제공자에게 면책을 부여하여야 한

112) Aimster, 252 F.Supp. 2d at 654-655.

113) 17 U.S.C. § 512(i)(1)(A).

다는 취지라고 다투었다. 하지만, 법원은 위 조항은 시스템 내의 캐싱 자체로 인한 책임에 관한 것이어서 캐싱이 이루어지지 않는 Aimster의 경우에 적용이 없다고 하였다.

끝으로 17 U.S.C. § 512 (d)의 검색엔진 면책조항에 해당하는지에 관하여 이러한 면책을 부여받기 위해서 위 조항에서 아울러 정한 '침해행위의 존재 및 성립 여부에 대하여 실제 인식하지 못하였을 것,' '자료를 통제할 권리 및 능력이 있는 때는 침해행위로 인하여 직접적으로 재정적 이익을 얻지 않았을 것' 등의 요건을 구비하여야 하는데, 이러한 요건들을 피고가 구비하지 못하였다고 하여 법원은 이 부분 면책주장도 배척하였다.[114)]

결국 1심 판결은 피고의 DMCA의 면책조항(safe harbor) 항변을 순차로 배척하고 원고를 위하여 예비적 유지명령을 발하였다.[115)]

3. 항소심[116)]의 판단

연방 제7항소법원(재판장 Posner 판사[117)])이 그 당부를 가리게 되었는데 결론적으로 원심과 결론을 같이하고 예비적 유지명령을 유지하였다.

(1) 피고의 직접책임 여부

항소심은, 마치 증권거래소가 증권매도인과 매수인을 중개하는 것처럼 피고가 파일교환을 중개하지만, 증권거래소와는 다르게 피고의 서버를 거쳐 파일교환이 이루어지고 저장되는 것이 아니므로 이러한 파일교환에 대하여 피고는 직접침해 책임은 없다고 보았다.

---

114) 특히, 17 U.S.C. § 512 (d)의 Information Location Tools Safe Harbor에 해당하는지에 관하여 Aimster 1심이 위 조항이 정한 요건들을 종래 기여책임이나 대위책임 같은 2차적 책임의 성립요건과 동일한 것으로 보아 피고에게 2차적 책임이 긍정되는 이상 자동적으로 DMCA의 위 조항에 따른 면책은 주장할 수 없다고 본 것이라는 일부 학자(Mark A. Lemley & R. Anthony Reese, op. cit., p. 1372.)의 풀이도 있으나, 실제 판시문에는 그러한 취지가 명백히 드러나 있지 않다.

115) 이상은 Aimster, 252 F.Supp. 2d at 656-661.

116) In re Aimster Copyright Litigation, 334 F.3d 643 (June 30, 2003).

117) Sony 판결에 관한 제각각의 해석 중 Aimster 항소심판결에서 드러난 포스너(Posner) 판사의 해석은 비용-이익 분석에 가장 충실한 입장으로 이 책도 이 점에 동조하고 있다. 포스너 판사가 원래 시카고 대에서 강의하였던 법경제학의 대가라는 사실(www.law.uchicago.edu/faculty/posner-r, 2005. 6. 10. 방문)을 염두에 두면, 법률문구의 해석이 아니라 사회적 손익을 비교하는 방법으로 문제를 해결한 Sony 판결의 의미를 그가 가장 잘 분석할 수 있으리라는 기대는 결코 무리가 아니다.

(2) 기여책임과 관련한 Sony 판결의 의미에 대한 새로운 해석

1) Sony 원칙은 상품이 아닌 서비스에까지 미치는지 여부

항소심은, 선례인 Sony 사건에서 비디오테이프 레코더는 침해적 이용과 비침해적 이용으로 모두 이용되었고, Sony가 비디오테이프 레코더를 일단 판매하면 비디오테이프 레코더의 이용에 대한 일체의 통제를 할 수 없었으므로 위와 같은 두 가지 이용을 분리할 수 없었다[118]고 하였다. 즉 Sony 사건에서 당해 상품이 널리 합법적이고, 불가결한 목적에 이용된다면 복제기기라는 상품의 판매는 다른 상업상 물품의 판매와 마찬가지로 기여침해를 구성하지 않는다고 Sony 법원이 보았다는 것이다.[119]

여기서 Aimster 사건의 원고는, Sony 사건의 선례에서와 달리 피고 Aimster의 서비스에서는 피고가 소비자들과 계속적으로 관계를 유지하고 그에 따라 소비자들의 침해행위를 방지하거나 적어도 제한할 수 있는 이상 Sony 판결이 수립한 위와 같은 원칙, 즉 '상당부분 비침해적 용도'라는 기준은 서비스 영역에는 적용되지 않으며,[120] 대신에 피고가 자신이 제공하는 서비스를 이용한 이용자들의 침해행위를 인식하였느냐 여부만이 기여침해의 유일한 기준이라고 다투었다.

이러한 원고 측 주장에 대하여 Aimster 항소심은, Sony 사건에서 연방대법원의 소수의견이 지적하였듯이 비디오테이프 레코더 공급자인 Sony 스스로 비디오테이프 레코더가 방송프로그램을 녹화할 수 없도록 방송신호를 암호화할 수 있도록 하거나, 비디오테이프 레코더의 고속전진 기능을 삭제한 제품설계를 하는 등의 조치로 소비자들의 침해행위를 제한할 수 있었을 것임에도 다수의견은 이러한 조치의 가능성을 전혀 논의하지 않았다고 지적하였다. 아울러 서비스 이

118) '....Sony could not demix them....' 이 부분 판시는 이른바 구별가능성을 언급한 것이 아닌가 한다. 구별가능성에 관하여는 제7장 제2절 Ⅴ. 'Sony 원칙의 올바른 적용' 2. (3) 4) '손실을 초래할 부분만을 차단할 구별조치는 사실상 요구된다는 원칙' 부분 참조.

119) Id. at 648.

120) 원고는 Sony 판결이 제시한 기준이 기여책임의 적용을 상당히 까다롭게 한 것이어서 Sony의 확장에 가급적 반대하고 있다. 국내에서도 이와 같은 입장을 취하는 경우가 있는 듯하다(김동진, 앞의 논문, 각주 78에서 소개하고 있음). 이 책은 이런 입장에는 반대한다. 그 외 다른 논자(김동진, 앞의 논문) 역시 반대하는 입장을 취하면서 그 논거로, Sony 판결은 새로운 과학기술이 등장하여 저작권 침해의 양상을 보이고 있을 때 그 기술을 법적으로 어떻게 평가할 것인가라는 굵직한 의문에 대한 답을 한 것이므로 새로운 과학기술의 구체적인 내용이 장비 내지 하드웨어가 아니라, 설비 내지 편의라고 하여 Sony 케이스의 적용 가능성이 배제되는 것은 아니라고 설명한다.

용자들의 침해행위를 방지할 수 있는 서비스제공자의 능력은 기여책임을 결정하는 데 한 요소라는 점에서는 원고의 위 주장이 타당하다고 하였다. 그러나 항소심은, 원고의 주장과는 달리 서비스제공자의 그러한 능력이 반드시 결정적인 요소는 아니라면서, 만일 서비스가 침해적 이용과 비침해적 이용으로 모두 이용되고 침해적 이용만을 탐지하여 막는 것이 상당히 곤란한 경우 원고 주장에 그대로 따르자면, 그 서비스제공자로서는 저작권자에 대한 잠재적 침해책임을 예측할 수 없고 언제라도 이용자들과 함께 책임을 추궁당할 수 있으므로 그 서비스는 폐지되거나 저작권자들의 손에 떨어질 수밖에 없는데, 이러한 결론은 Sony 판결의 취지에 분명히 모순된다고 지적하였다. 결국 비디오테이프 레코더 같은 상품공급 뿐만 아니라 Aimster 서비스와 같이 서비스를 공급하는 경우까지 Sony 원칙이 적용된다는 입장을 취하였다.[121)]

2) Sony 판결에서 기여책임 요건으로 실제 인식을 요구하는지 여부

원고는, 피고가 제공하는 서비스에 의하여 이용자들이 침해행위를 할 수 있다는 사실 이상을 원고가 입증한 경우[122)] Sony 판결에 따르더라도 피고로서는 기여책임을 부담할 수밖에 없다고 주장하였다. 하지만 항소심 법원은 Sony 사건에서 연방대법원의 다수의견 역시 Sony 비디오테이프 레코더의 이용자 25%가 광고를 건너뛰기 위하여 비디오테이프 레코더의 고속전진기능을 이용하는 등 침해행위에 이용하고 있다는 사실을 명백히 인정하고서도 여전히 피고 Sony에게 기여책임을 지우지 않았음에 주목하였다. 다수의견의 의도는 기술에 의하여 저작권에 대한 침해가 발생하는 것을 방지하려다가 비침해적 용도로 사용하는 소비자들이 그 기술로부터 받는 이익을 희생하는 것을 막기 위한 취지였을 뿐이라고 하였다. 따라서 Sony 판결의 취지에 관하여 '문제되는 상품 등의 용도가 상당부분 비침해적인 경우에는 기여책임의 요건 중 인식 요건에 있어 예외적으로 추정적 인식이 아니라 고양된 인식의 수준(heightened knowledge standard), 즉 실제 인식을 요구한다는 취지'라고 풀이한 Napster 항소심의 해석을, 학자 Goldstein의 유력한 견해를 원용하며[123)] 명백히 반대하였다.[124)]

---

121) In re Aimster Copyright Litigation, 334 F.3d 643 at 648-49.

122) 원문은 '....there is anything more than a mere showing that a product may be used for infringing purposes.' (문맥상 피고의 actual knowledge를 원고가 입증하는 것을 지칭함; 필자 주).

123) Paul Goldstein, Copyright §6.1.2, P 6:12-1 (2d ed. 2003).

124) Aimster, 334 F.3d at 649.

나아가, 법원은 Sony 판결의 진정한 의미에 관하여, 공급자가 침해적 용도뿐만 아니라 비침해적 용도를 아울러 가진 상품을 공급할 경우 공급자의 기여책임 여부를 결정하기 위해서는 이러한 두 가지 용도 간의 상대적 비율을 대략 측정하는 것(some estimate of the respective magnitudes of these uses)이 필수적이라고 보았다. Sony 판결은 비용-이익(cost-benefit) 조율에서 피고 Sony에게 유리한 판단을 하였는데, 이러한 판단은 결국 나중에 비디오테이프 레코더의 주된 용도가 이용자들로 하여금 텔레비전 프로그램을 녹화하여 시간이동할 수 있게 하는 것이 아니라 그들이 구입하거나 빌린 가정용 영화를 보게 해 주는 것임이 밝혀졌을 때, 선견지명의 판단으로 남을 수 있었다는 것이다. 당시 원고들에게 광대한 새 시장이 열렸고, 이 결과는 Sony 판결에서 이미 현실의 비침해적 용도뿐만 아니라 잠재적인 비침해적 용도까지 강조하였던 것에 힘을 실어 주었다고 보았다. 그렇지만 이러한 비용과 이익의 비교는 현실(present) 혹은 잠재적(prospective)인, 상당부분 비침해적 용도가 입증된 경우에만 필요하다고 선을 그었다.

아울러 피고는 이용자들의 파일전송시 Aimster 소프트웨어의 암호화과정을 거쳐 피고로서는 그 파일내용을 전혀 알 수 없어 책임이 없다는 취지의 주장을 하였다. 하지만, 법원은 그렇더라도 앞서와 같이 피고가 위와 같이 암호화과정을 일부러 거치게 하여 스스로 교환되는 파일정보를 알 수 없게 한 것은 이른바 '고의적인 외면(willful blindness)' 이어서 여러 선례들[125]이 택한 입장에 따라 기여책임자의 주관적 요건에 관하여 침해에 대한 추정적 인식이라는 요건을 오히려 충족하는 행동이라고 보았다.[126]

3) 현실에서는 오로지 침해적 용도로만 쓰이는 상품이나 서비스와 Sony 원칙

피고는 Sony 판결에서 실제의 비침해적 용도와 잠재적인 비침해적 용도를 명확히 구분하는 입장을 취하고 있기 때문에 피고 Aimster로서는 그 입장에 따라 자신의 파일교환서비스가 비침해적으로 장차 이용될 수 있다는 점만 입증하면 기여책임을 면할 수 있다고 주장하였다. 그러나 법원은 만약 그러한 주장에 따르자면 비록 비침해적 용도에 해당되기는 하지만 '오로지 침해를 조장하는 데 이용되고 있는' 상품이나 서비스의 공급자가 기여책임을 부담하지 않는다는 극

125) 여기서 항소심은 Goldstein 교수의 의견과 더불어 선례로 Casella v. Morris, 820 F.2d 362, 365 (11th Cir.1987), Louis Vuitton S.A. v. Lee, 875 F.2d 584, 590 (7th Cir.1989) 사건을 제시하고 있다.

126) Id. at 650.

단적인 결론에 이르게 되며, 이는 Sony 판결의 다수의견이 예상하고 있는 바가 아니라고 보았다.[127] 즉 Sony 판결의 다수의견이 피고 Sony가 실제로 광고에서 이용자들로 하여금 베타맥스비디오테이프 레코더를 저작권침해의 용도로 이용하도록 권한 적이 없다는 점, 위 비디오테이프 레코더가 주로 시간이동에 사용된다는 점을 굳이 판결문에서 적시한 취지상 그러하다는 것이다.[128]

여기서, 법원은 선례인 Sony 사건의 사안이 Aimster 사건의 그것과 왜 다른지 형사법적 사례에 쉽게 비유하였다.[129] 먼저 법원은 기여책임에 대응하는 형사법의 이론으로 방조(aiding)와 교사(abetting)가 있다고 보았다.

야한 옷을 파는 소매업자의 경우 비록 그가 고객 중 일부가 매춘을 한다는 사정을 알더라도, 심지어 고객 중 누가 매춘을 하는지 알더라도 방조 및 교사로 처벌되지 않는다.[130] 이러한 야한 옷을 파는 소매업자는 Sony 사건에서의 피고 Sony에 비유될 수 있다고 법원은 보았다. 반대로 Aimster 사건의 피고 Aimster는 비록 자신의 피용자가 적법한 안마를 시술할 수도 있지만 실제로는 오직 매춘만 일삼는다는 사정을 아는 안마시술소 경영자에 비유되었다.[131] 야한 옷을 파는 소매업자의 경우 그가 매춘을 돕는 해악의 정도가 그에게 형사소추의 위험을 부과할 때 발생하는 사회적 손실(social cost)보다 작다고 볼 수 있지만, 안마시술소 경영자는 '안마'라는 적법한 영업을 할 수도 있었지만 실제로는 오로지 불법의 매춘 영업을 하는 것이어서 용인될 수 없다고 하였다.

4) Sony 판결의 적용과정에서 필요한 원 · 피고의 입증범위와 구체적 입증대상

원고 측의 주장은 Aimster가 자신이 제공하는 서비스의 실제 침해적 용도를 하나라도 인식하고 있으면 Sony 판결에 대한 Napster 항소심의 선례적인 해석에 따라 침해행위에 대한 실제 인식이 있는 것이므로 기여책임이 있는 것이라는

127) "Were that the law, the seller of a product or service used solely to facilitate copyright infringement, though it was capable in principle of noninfringing uses, would be immune from liability for contributory infringement. That would be an extreme result, and one not envisaged by the Sony majority."(Id. at 651). 이러한 항소심 법원의 입장은 마치 나중에 연방대법원의 Grokster 판결에서 그것이 비록 상당부분 비침해적 용도를 가졌을 지라도, 공급자가 침해를 유발할 불법목적으로 공급한 경우에는 기여책임을 부담한다는 입장을 취한 것과 상당히 유사하다고도 볼 수 있다.

128) Id.

129) Id. at 651.

130) 법원은 United States v. Giovannetti, 919 F.2d 1223, 1227 (7th Cir.1990), People v. Lauria, 251 Cal.App.2d 471, 59 Cal.Rptr. 628 (1967) 등 이러한 유형의 실제 형사사례를 예시하고 있다.

131) 마찬가지로 이러한 유형으로는 United States v. Sigalow, 812 F.2d 783, 784, 785 (2d Cir.1987); State v. Carpenter, 122 Ohio App.3d 16, 701 N.E.2d 10, 13, 18-19 (1997)이 제시되고 있다.

취지였고, 이와 정반대로 피고 측의 주장은 피고 서비스의 (잠재적인) 비침해적 용도를 피고가 단 하나라도 입증하면 곧바로 책임이 없다는 것이라는 주장이었다. 하지만 항소심의 포스너 판사는 이러한 양극단의 주장을 모두 배척하였다. 법원은 당해 상품이나 서비스의 침해적 용도와 비침해적 용도 전반을 발견하고 그 비중을 비교할 것을 요구하고 그에 따라 일정부분 당사자의 입증부담을 나누고 전환하여 균형 있는 접근방법을 취하였다.

그 결과 최초의 입증부담은 원고가 부담하여, Aimster의 가이드가 오로지 음반업체가 저작권침해사실을 통지한 음반을 비롯한 저작물파일을 교환하는 실례를 설명하고 있는 점,[132] Aimster의 유일한 수입원인 '클럽 에임스터'의 경우 일정한 비용을 대가로 원고들의 저작물을 비롯한 거의 모든 음악파일을 클릭 한번으로 교환할 수 있게 해 준 점 등 당해 서비스의 용도가 침해적이라는 점을 밝혀야 한다. 일단 그렇게 되면, 예비적 유지명령을 구하기 위한 원고의 입증 수준은 끝나고 입증책임은 피고에게로 전환되는데,[133] 포스너 판사는 더 나아가 피고가 위와 같은 입증책임에 따라 밝혀야 할 것들의 종류까지 제시하여 주었다.[134]

이러한 유형의 피고의 입증은 물리적으로 비침해적일 수 있다는 것만으로는 부족한데, Aimster는 자신의 서비스가 비침해적으로 한번이라도 이용된 사실이 있다는 어떠한 증거도 제출하지 못하였다고 하면서 "이 사건 피고들은 Aimster가 실제로(actually) 비침해적 용도에 사용되었다는 점에 대한 일체의 증거를 제출한 적이 없다"는 1심의 설시를 지지하였다.[135]

피고 서비스제공자는 그러한 입증을 통하여서만, 혹은 침해적 용도가 상당부분인 경우에는 네트워크로부터 그러한 침해적 용도의 이용을 없게 하거나 실질적으로 줄이는 것이, 현저히 균형을 잃을 정도로 비용이 소요된다는 점의 입증을 통하여서만 각각 책임을 면할 수 있게 된다고 하였다. 그러나 포스너 판사

132) 포스너 판사는 이 가이드(tutorial)가 Sony 사건에서는 없었던 침해로의 초대(invitation)라고 보았다.

133) 'burden-shifting in preliminary-injunction proceedings'

134) 가령 (i) 모든 대중음악이 저작권 있는 저작물은 아니다, (ii) 단지 한번 다운로드받고는 정작 구입하지는 않는 자들은 그렇게 많지 않은 까닭에, 음악파일교환 서비스는 음반을 음악파일교환 동호회에서 유행되게 함으로써 오히려 그 음반의 가치를 높인다, (iii) 대중음악에 대하여 저작권 없는 정보를 교환하기 위하여 피고 소프트웨어의 이용자들은, 누구나 가입할 수 있는 것이 아닌 선택된 소프트웨어 상의 잠정적인 인적 그룹인 Buddy를 형성하는 것이다 등등의 입증이 그것들이다.

135) 요컨대, 단순히 가능하다거나 이론상 수준에 그치지 않는, 실제 용도를 통하여 입증할 것을 요구하는 것이어서 이 점과 관련하여서는 다른 논점에서와 달리 Sony 판결이 제시한 원칙을 상당히 엄격하게 해석하는 입장이다.

는 Aimster의 경우 오로지 Sony 사건의 혜택만을 볼 의도로 '고의적인 외면'에만 노력한 결과 소송에서 충분한 입증을 수행하지 않았고 결과적으로 피고의 입증실패로 기여책임이 인정된다고 하였다.[136)]

(3) 대위책임 관련부분

연방항소법원은 대위책임에 관하여는 이를 다루지 않고서도 기여책임이 이미 인정된 이상 결론을 내릴 수 있으며 아울러 대위책임이 피고에게 존재하는지도 1심 법원과 달리 확신할 수 없다는 취지로 명확한 결론을 내리지는 않았다.

다만 연방항소법원은 대위책임의 전형적인 사례인 '댄스홀 사건들(dance hall cases)'[137)]을 언급하면서 이러한 대위책임이 그러한 전형을 넘어서 어느 범위까지 적용되는지는 명확하지 않으며, Sony 사건에서 원고 저작권자들이 개별 이용자들을 상대로 Sony의 비디오테이프 레코더의 고속전진버튼(fast-forward button)을 사용하여 광고를 삭제함으로써 저작권자의 수입을 감소시킨 행위에 대하여 일일이 제소하기는 불가능하겠지만 스스로 그러한 침해가능성을 비디오테이프 레코더의 디자인 변경(design change)으로 쉽게 감소시킬 수 있을 것이라고 본다면, 앞서 대위책임이 Sony 사건에도 적용될 수 있었을 것이라고 보았다. 그러나 실제 Sony 법원은 대위책임과 기여책임은 서로 혼용할 수 있는 것이라고 보았고 (기여)책임이 인정되지 않은 결론에 미루어 볼 때 대위책임도 인정되지 않은 것이라고 해석하였다.

Aimster 사건에 있어서도 피고가 Sony의 위 경우와 마찬가지로 정보전송시 거치는 암호화 기능을 없애고 침해에 대한 모니터링 기능을 도입하여 침해가능성을 줄일 수 있을 것이라고 하였다. 그러면서도, 그러한 행위를 하지 않은 것이 Sony 판결의 결론과는 관계없이 피고에게 대위책임을 부과할 수 있는 근거가 될지는 흥미로운 과제라고 보았다. 그렇지만 앞서 언급하였듯이 자신의 시스템이 침해적 용도로 이용되는 범위에 대하여 막무가내로 부정하려는 행위는 Aimster가 기여침해자라는 또 다른 증거라고 첨언하였다.[138)]

(4) DMCA 면책조항에 따른 항변에 대한 판단

항소심은 피고가 제기한 DMCA의 면책항변에 대하여 Napster 사건의 1심

136) Aimster, 334 F.3d at 651-653.

137) Dreamland Ball Room v. Shapiro, Bernstein & Co. 사건[36 F.2d 354, 355 (7th Cir.1929)]을 예로 들고 있다.

138) Aimster, 334 F.3d at 654-655.

이 이러한 유형의 서비스는 그 정보교환이 실제 피고의 서비스를 통하여 (through) 일어나는 것이 아니어서 DMCA가 정한 면책조항[139]이 적용되지 않는다는 입장을 취한 것에 대하여 다음과 같이 우회적으로 반대하였다. 즉 "법률이 Napster와 같은 유형의 서비스까지 염두에 두고 통과된 것은 아니라도 1심 법원이 설시한 대로 인터넷서비스제공자의 정의는 넓게 해석되며, Aimster는 이에 해당된다"고 판시하여[140] 일단 적용가능성은 긍정하였다.

그렇지만, 다만 이러한 면책은 인터넷서비스제공자가 위 법규에 따른 일반적인 면책요건, 특히 침해제거정책에 따라 반복침해를 배제하기 위하여 인터넷서비스제공자가 노력할 때라야 인정되는 것인데, 피고가 앞서와 같이 웹사이트상 이용자들에게 파일교환방법을 상세히 지도하였다는 등의 사정을 들어 면책을 인정할 수 없다고 하여 1심 법원이 17 U.S.C. § 512 (a)부터 (d)까지 각각의 해당 여부를 검토한 것과 달리 일률적으로 간단히 배척하였다.[141]

4. 판례분석

(1) Aimster 항소심의 합리적인 측면

1심 판결은 상품 아닌 서비스제공자에게는 Sony 판결이 적용되지 않는다고 보았고, 이는 Napster 1심 판결과 동일한 해석이었다. 하지만, 항소심의 포스너 판사는 Sony 판결의 진의가 서비스제공자에게도 Sony 원칙을 적용하는 것이라고 풀이하고 있다.

나아가, Napster 항소심과는 달리, 기여책임의 부과기준에 관하여 Sony 판결의 다수의견이 제시한 원칙을 풀이함에 있어 기술공급자가 이용자들의 침해행위에 대한 추정적 인식을 가졌느냐, 아니면 실제 인식을 가졌느냐에 관계없이, 당해 기술을 이용한 침해로 발생하는 손해와 당해 기술로 인한 이익을 비교형량하는 것이 핵심임을 간파하고 있는데, 지극히 탁월한 지적이라고 할 수 있다.

아울러 자신이 제공하는 서비스에서 발생하는 침해행위를 식별하고 정지시키는 것이 그 침해행위로 인한 손해에 비하여 과대하게 서비스제공자에게 부담이 될 때는 그러한 침해행위에 따른 책임을 추궁할 수 없다고 판단한 것은, 사

139) 17 U.S.C. § 512(a).

140) Aimster, 334 F.3d at 655.

141) Id.

회적 이익과 손실을 형량한 결과 사회적 이익이 더 큰 경우 공급자에게 책임을 묻지 않는다는 Sony 원칙을 다른 표현으로 적절하게 옮긴 것이다.[142)]

항소심은 인터넷서비스제공자가 고의로 자신의 서비스가 이용되는 불법 목적을 숨기기나 외면하기 위하여 그 서비스 내용에 대한 암호화 방법을 사용하는 것은 '고의적인 외면(willful blindness)'에 불과하여 면책이 되지 않는다고 판시하고 있는데, 물론 기여책임의 인식과 관련하여 이런 입장이 처음은 아니다.[143)] 그러나 Sony 사건에서 피고가 생산하는 상품이 상당부분 비침해적 용도를 가진 경우에는 피고에게 기여책임을 추궁하려면 단순히 추정적 인식만으로는 부족하다는 해석을 빌미로, 실제 인식을 가지는 것을 일부러 회피하기 위한 피고 인터넷서비스제공자의 노력은 오히려 기여책임의 인식 요건을 충족함을 분명히 한 것은 의의가 크다.

(2) Aimster 항소심의 위험성

피고 Aimster가 Sony 원칙에 터잡은 면책을 받으려면 그 상품이 상당부분 비침해적일 수 있다는 것만으로는 부족하고, 자신의 서비스가 비침해적으로 이용된 사실이 있다는 현실적인 입증을 할 것을 요구한 것은 異論의 여지가 있다. 이러한 해석에 따르면 아직 신생의 기술공급자로서는 더 부담스러운 입증책임을 지게 되고 비침해적 용도 중 잠재적 용도가 쉽게 배제되어 버리는 등, 실제로는 Sony 판결의 혜택이 미치는 범위를 엄격히 제한하게 된다.

뿐만 아니라, 법원이 Sony 선례를 거론하며 Sony 스스로 비디오테이프 레코더의 디자인 변경으로 침해를 쉽게 감소시킬 수 있었음이 인정된다면 경우에

142) Aimster 항소심의 위 판단이 최소비용으로 손해를 막을 수 있는 당사자에게 손해회피의무를 부담시킨다는 불법행위 법리와 유사하다는 평가로는 Lewis R. Clayton, "The Aimster Decision," National Law Journal Vol. 25, Num. 49, 2003. 8. 4..

143) P2P 서비스제공자를 다룬 위 판결 이전에도 종전 BBS 서비스제공자의 책임과 관련하여 비슷한 취지로 주장한 글들이 여럿 있었다. 즉, "시숍은 알았거나 알 수 있었던 복제침해물을 제거하여야 책임을 추궁당하지 아니하는 것으로, 그 책임을 피하려고 현실을 도피하는 것은 허용되지 않는다" (....SYSOP could not hide his or her head in the sand to avoid liability....)는 취지인 David J. Loundy, "E-Law: Legal Issues Affecting Computer Information Systems and Systems Operator Liability," Albany Law Journal of Science and Technology, 1993, p. 137 및 "만일 BBS운영자가 일부러 눈감는다면(blind eye) 이것이 바로 운영자가 사실 불법행위를 알 수 있었다는 증거가 되어야 한다"는 Scott K. Pomeroy, "Promoting The Progress of Science and The Useful Arts in The Digital Domain: Copyright, Computer Bulletin Boards, and Liability for Infringement by Others," The Randolph W. Thrower Symposium 「Legal Issues in Cyberspace: Hazards on the Information Superhighway」, Emory Law Journal, Summer 1996, p. 1069-71 및 FN 208 각 참조.

따라 대위책임이 Sony에게도 적용될 수 있었을 것이라고 본 것은 비록 법원이 그러한 판시 다음에 유보적인 입장을 취하기는 하였지만 여전히 해석에 따라서는 큰 문제를 부를 수 있다. 즉 이것이 법원으로 하여금 피고 기술공급자의 상품 디자인이 기술적으로 적절한지 아닌지를 판단할 수 있는 권한까지 부여한다는 입장이라면, 오히려 법관의 능력을 벗어나는 막중한 책임이 될 수 있는 동시에[144] 새로 등장한 기술이 저작권을 침해하는 것인지 판단하는 문제에 있어 법원은 가급적 의회가 판단하도록 유보한다는 Sony 판결에서의 연방대법원의 입장[145]과도 모순되기 때문이다.

그렇지만, Aimster 항소심판결은 위와 같은 일부 문제점에 불구하고, Napster 판결이나 이를 추종한 Grokster 판결과 달리, Sony 원칙의 적용범위나 기여책임과의 관계에 관하여 타당한 결론을 내린 점은 높이 평가할 만한 것으로 적어도 이 점에서는 이 책도 그 입장을 따르고 있다.

제 2 절 일본의 파일로그 사건

Ⅰ. 소송진행의 시간적 개요

일본에서 P2P 서비스제공자의 저작권침해책임이 문제되어 제소된 거의 유일한 사례로 보이는 파일로그(ファイルローグ, File Rogue) 관련 분쟁이 법정에서 처음 판단을 받은 것은 일본 콜롬비아 주식회사 등 음반회사 19개사가 피고회사를 상대로 저작인접권 침해금지청구 가처분명령을 신청[146]하여 2002. 4. 9. 동경지방재판소가 이를 인용[147]하면서부터이다. 그 며칠 뒤인 2002. 4. 11.에는 위 음반회

144) 기술전문가가 아닌 법관으로 하여금 상품의 디자인 구상단계까지 거슬러 올라가 그 디자인의 (저작권침해 관련) 적합성을 판단하라는 것은 무리한 요구 아니면, 법관의 능력을 지나치게 과신하는 것이다. 이에 관하여 자세히는 제7장 제2절 Ⅴ. 2. (3) 4) (가) 부분 참조.

145) "(이익형량을 할 수 있는 능력과 헌법상 권한을 가진) 연방의회가 명확하게 법원이 다루고자 하는 상황을 언급하지 않고 있다면 법원으로서는, 그러한 이익형량을 전혀 예견하지 않은 (법원의 저작권침해 관련 판단이라는) 입법작용에 의해 창설되는 권리의 범위를 추단함에 있어 신중하여야만 한다." (Sony, 464 U.S. at 431, 104 S.Ct. at 783, 위 각 괄호 안은 필자 주).

146) 신청서전문은 〈www.law.co.jp/cases/filerogue1.htm>[2004. 5. 4.].

147) 동경지방재판소 平成 14(ヨ)22011号 平成14. 4. 9. 결정. 참고로 平成 元年(1년)은 1989년이다.

사들보다 앞서 사단법인 일본음악저작권협회가 피고회사[148] 및 그 이사인 피고 O를 상대로 신청한 저작권침해금지청구 가처분명령 신청이 인용[149]되었다.

그 뒤 사단법인 일본음악저작권협회가 먼저 위 가처분의 본안으로, 침해금지에 더하여 손해배상까지 구하는 本案訴訟을 제기하였고, 이어 음반회사 19개사 역시 유사한 내용의 본안소송을 제기하였다. 이들 소송을 담당한 동경지방재판소는 원고 일본음악저작권협회인 사건[150]과 원고 음반회사 19개사인 사건[151]에 대하여 2003. 1. 29. 동시에 中間判決[152]을 선고하였다. 그 내용은 각 원고들의 주장과 같이, 원고들이 저작권 혹은 저작인접권을 침해당한 행위에 있어 피고회사가 그 침해행위의 주체라고 선언함(각 중간판결 주문의 1항)과 동시에 피고회사 및 피고 O에게 그 손해배상책임이 있음(각 중간판결 주문의 2항)을 확인하는 것이었다.

그 뒤, 위 본안소송들은 함께 진행되다가 2003. 10. 15. 변론종결 후 1심 판결은 2003. 12. 17.에 동시에 내려졌고,[153] 피고 회사 등이 2003. 12. 26. 항소하였으나 1심을 지지하는 항소심 판결[154]이 2005. 3. 31. 내려져 확정되었다.

Ⅱ. 사실관계

원고 사단법인 일본음악저작권협회는 저작권등관리사업법(2000년 제정)에 의하여 저작권을 관리위탁 혹은 신탁받아 관리하는 사업자이고, 또 다른 원고 일본 콜롬비아 주식회사 등은 음반에 대한 저작인접권을 가진 자들이다. 한편 피고 유한회사 MMO는 소프트웨어 개발회사로 캐나다에 피고회사의 중앙서버

148) 일본의 법제도에서도 우리와 마찬가지로 가처분사건에서의 당사자 호칭은 '채권자,' '채무자'로, 본안소송에서는 '원고', '피고'로 호칭하나 편의상 원, 피고로 통일하여 칭한다.

149) 동경지방재판소 平成 14(ヨ) 22010号 平成 14. 4. 11. 결정.

150) 동경지방재판소 平成 14(ワ) 4237号 平成 15. 1. 29.(중간판결).

151) 동경지방재판소 平成 14(ワ) 4249号 平成 15. 1. 29.(중간판결).

152) 중간판결에 대한 규정인 일본의 1996년 개정 民事訴訟法 제245조와 2005년 개정된 우리 민사소송법 제201조에서는 그 내용이 거의 동일하다. 가령 독립된 공격 또는 방어방법 등에 대하여 재판을 하기에 성숙하였거나 청구의 원인과 액수에 대하여 모두 다툼이 있는 경우 법원이 일단 청구원인에 대하여만 중간판결의 형태로 먼저 판단할 수 있도록 정하고 있다.

153) 동경지방재판소 平成 14(ワ) 4237号 平成 15. 12. 17.과 동경지방재판소 平成 号14(ワ) 4249号 平成 15. 12. 17.로 사건번호는 위 각 중간판결과 동일하다.

154) 동경고등재판소 平成 16(ネ)405号 平成 17. 3. 31. 판결 및 平成 16(ネ) 466号 平成 17. 3. 31. 판결(각 확정).

를 설치한 다음 2001. 11. 1.부터 파일로그(ファイルローグ, File Rogue)란 명칭으로 P2P 기술을 이용하여 파일교환서비스를 제공하는 회사이고, 또 다른 피고 O는 피고 MMO의 이사다.

피고회사가 피고회사의 홈페이지[155]를 통하여 소프트웨어를 배포하고 이를 다운받은 개인 이용자들이 소프트웨어를 구동하여 파일교환을 하는 일련의 구조는 앞서 Napster 등 다른 P2P에서와 다르지 않다. 즉, 소프트웨어를 다운받은 뒤 인스톨하고, 이용자등록을 하여야 하나 이때 호적상 성명, 주민등록증상 주소 등 본인실명확인을 위한 정보입력은 요하지 않는다. 이용자는 다른 이용자에게 공유를 허락할 파일을 위치시킬 폴더를 지정하여야 하고('공유폴더'), 소프트웨어를 구동하여 접속함에 있어 피고의 서버에 접속하게 되는 순간 소프트웨어는 접속한 이용자 A의 공유폴더명, 공유폴더에 존재하는 파일명, 파일크기, 이용자 ID, 이용자의 IP Adress, 인터넷접속제공자가 할당한 port 번호 등 정보를 피고의 중앙서버에 송신한다. 피고서버는 이러한 정보를 기초로 하여 다운로드 가능한 파일의 정보를 실시간으로 작성하였다가, 다른 이용자들의 검색요구가 있으면 그러한 파일의 정보를 이용하여 검색처리를 하고, 피고서버에 접속하고 있는 이용자들의 공유폴더 안에서 위 검색요구에 일치한 파일명을 검출하여 검색요구자에게 전송한다.[156]

한편, 피고 MMO는 다른 P2P와 마찬가지로 개별적으로 다운로드하여 재생하여 보지 않는 한 전송되는 파일의 내용을 알 수 없다. 피고는 권리침해 주장자를 위하여 침해주장의 통지 및 제거(ノーティス・アンド・テイクダウン, Notice and Take down)절차를 마련하여 두고 있었다. 하지만, 송신가능한 상태[157]에 놓여진 MP3 파일 중에서 저작권, 저작인접권 침해에 해당하는 것을 선별하거나 그 파일의 송신을 차단하는 기술은 가지고 있지 못하였다.

피고회사 서비스의 현황에 관하여, 일본 음반협회가 2001. 11. 1.부터 2002. 1. 23.까지 매일 일정한 시각에 조사한 바에 의하면, 각 조사시점에서 공유폴더에 장치되어 있는 파일의 수는 약 54만개이고 그 중 MP3 파일은 약 8만개인데 이는 공개중인 파일의 수이지 실제로 교환된 전자파일의 수는 아니다. 피고의

155) 홈페이지는 〈www.filerogue.net〉[2006. 3. 17.]. 다만 영업을 중지한 채 별다른 게시문 변동이 없다.
156) 이에 비추어, 파일로그의 서비스 방식은 중앙서버가 이용자의 접속정보 뿐만 아니라 파일정보까지 보관하였다가 검색요구시 전달하는 Napster 방식을 따른 것으로 소리바다1과는 다소 차이가 있다.
157) 일본 저작권법 96조의2 '송신가능화권'을 염두에 둔 표현이다.

서버에 등록된 사람은 42000여 인이지만, 위 조사시점에서 실제 접속하고 있는 이용자 수는 약 340인이었다.[158] 이러한 일련의 조사에서 샘플링 방식을 취하여 파일의 저작권침해 여부를 조사한 결과 그 중 96.7%가 시판되는 음반을 복제한 것으로 판단되었다. 한편 피고 MMO는 위 소프트웨어와 서비스를 무료로 하고 있지만, 피고 사이트의 화면상 광고로 약간의 수입을 얻고 있는 상황이다.

Ⅲ. 법원의 판단

1. 1심 판결[159]

(1) 법원의 판단

1) 파일로그 이용자들의 침해책임

파일로그의 이용자들이 음반의 음악을 MP3 파일로 변환하는 행위(수신자가 공유폴더에 저장하는 행위)는 양자 사이에 실질적인 동일성이 인정되므로 일본 저작권법상 복제행위에 해당한다.

이에 대하여, 피고는 위 이용자들의 행위가 일본 저작권법상 제30조 1항의 私的 使用에 해당한다고 항변하였다. 하지만, 법원은 일본 저작권법 제102조 1항[160]이 준용하는 위 제30조 1항은 개인적으로 또는 가정 안에서, 그 밖에 이에 준한 한정된 범위 내에서 사용하는 것을 목적으로 한 때 사용자가 복제할 수 있다는 취지를 정하고 있는데, (i) 처음부터 공중에 송신할 목적으로 음반의 음악을 MP3 파일로 변환하는 행위는 위 제102조 1항이 준용하는 사적 사용에 당연히 해당할 수 없고, (ii) 그와 달리 처음에는 사적 사용의 목적으로 복제하였다

158) P2P 서비스이용자의 수(파일로그의 가입자 수가 수 만명에 불과하였던 것과 달리 전성기 소리바다 1의 가입자는 1000만 명 내외, 벅스뮤직은 1400만 명 내외였음), 그에 따른 관련쟁송의 발생과 법원 판단의 전반적인 진행상태, 나아가 법적 판단의 논리에 있어 다른 제외국의 판단경향과 일정부분 보조를 맞추고 있는지 여부를 종합하여 보면, 일본의 그것들은 한국보다 오히려 뒤쳐져 있음을 알 수 있다.

159) 앞서 언급한 2건의 가처분인용결정, 2건의 중간판결, 그리고 2건의 종국판결이 모두 동경지방재판소의 동일한 재판부에 의하여 이루어졌다는 점은 마치 우리의 소리바다 사건의 사정과 동일하므로 무척 흥미롭다. 동일한 법관에 의한 판단이어서 판시내용도 대부분 그대로 중복되므로, 이하에서는 편의상 가장 처음 내려진 동경지방재판소 平成14(ヨ)22011号, 平成14. 4. 9. 가처분 결정에 나타난 법원의 판단을 중심으로 하되, 나머지 결정, 판결에서 추가된 부분을 따로 명기하는 방식으로 설명한다.

160) "제30조 1항 … 의 규정은 저작인접권의 목적으로 되고 있는 … 음반 … 의 이용에 관하여 준용한다."

가 나중에 공중이 당해 MP3 파일을 수신하여 음을 재생할 수 있게 하는 행위는 당해 음반에 관계된 음을 공중에 제시한 것으로서 일본 저작권법 제102조 4항 1호[161]에 의하여 복제권의 침해가 된다고 판시하였다.

2) 파일로그의 책임

이용자가 파일을 공유폴더에 위치시킨 채 피고회사의 서버에 접속하여 자동적으로 동시에 접속한 다른 이용자들에게 파일을 송신하는 상태에 이른 이용자의 개인컴퓨터는, 피고회사의 서버와 일체가 되어 정보가 기록된 자동공중송신장치에 해당된다고 할 수 있고, 그 접속한 시점에서 공중용으로 제공되고 있는 전기통신회선에의 접속이 되어, 해당 파일의 송신가능화[162]가 이루어지므로 결국 송신가능화권[163]의 침해에 해당한다고 보았다.

따라서 이용자들의 행위는 원고 저작인접권자들의 복제권 · 송신가능화권의 침해를 구성하며, 나아가 피고 스스로는 개인컴퓨터에 저장된 MP3 파일을 피고회사의 서버에 위와 같이 접속시키는 물리적인 행위를 하고 있는 것이 아님에도 다음과 같은 여러 면을 종합하여 볼 때 피고회사의 행위가 직접 음반의 송신가능화를 행하고 있는 것으로 평가할 수 있고, 결국 원고 저작인접권자들의 송신가능화권을 '직접' 침해하고 있다고 보았다.

---

161) "4항 : 다음에 언급한 자는…제96조(음반제작자의 복제권 ; 필자 주)…의… 복제를 행한 것으로 간주한다. 1호 : 위 제1항에 있어 준용한 제30조 제1항…에 정한 목적 이외의 목적을 위해, 이러한 규정의 적용을 받고 작성된 실연 등의 복제물을 배포하거나, 해당 복제물에 의하여 해당…음반에 관계된 음…을 공중에 제시한 자."

162) 일본 저작권법 제2조 9의5호는 '송신가능화'를 정의함에 있어, '다음 어느 경우에 정한 행위에 의하여 자동공중송신이 이루어지도록 하는 것'을 말한다고 하면서, 그 중 イ목에서 '공중용으로 제공되고 있는 전기통신 회선에 접속하고 있는 자동공중송신장치[공중용으로 제공한 전기통신 회선에 접속한 것에 의하여, 그 기록 매체 중 자동 공중송신용으로 제공한 부분(공중송신용 기록매체)에 기록되고, 또는 해당 장치에 입력된 정보를 자동 공중송신하는 기능을 갖는 장치를 말한다]의 공중송신용 기록매체에 정보를 기록하고, 정보가 기록된 기록 매체를 해당 자동 공중송신 장치의 공중송신용 기록매체로서 덧붙이고, 또는 정보가 기록된 기록 매체를 해당 자동 공중송신 장치의 공중송신용 기록매체에서 변환하고, 또는 해당 자동 공중송신 장치에 정보를 입력하는 것'이라고 정하고 있다.

163) 일본 저작권법상 음반제작자(일본 저작권법 제96조의2)를 비롯한 저작인접권자에게 부여되는 송신가능화권은 저작권자(같은 법 제23조)에게 부여되는 공중송신권과 구별되며, 이는 마치 세계지적재산권기구 저작권 조약에서 저작권자에게 부여되는 공중전달권과 저작인접권자에게 부여되는 이용제공권과의 관계와 유사하다. 일본 저작권법상 송신가능화권이 자동공중송신장치를 이용하여 타인에게 송신이 가능하게 한 상태를 규율하는 것이라면(쉬운 예로, P2P 네트워크에 업로드 하는 행위 자체는 실제 전달이 이루어졌는가는 관계없이 이를 충족한다), 공중송신권은 '공중에 의하여 직접 수신되는 것을 목적으로'(일본 저작권법 제2조 7의2호) 무선통신 또는 유선전기통신을 통하여 송신을 행하는 것을 규율하는 것이다. 저작권자에게 부여되는 공중송신권에는 앞서 송신가능화권도 포함된다.

먼저 피고회사 서비스의 내용과 성질 측면을 볼 때, 소수의 이용자가 피고회사의 서비스를 통하여 무료로 파일을 제공하고 아울러 그러한 적법한 파일을 얻고자 하는 다른 이용자가 있더라도 위 소프트웨어의 검색기능의 부족으로 그러한 파일이 제대로 획득될 수 없는 반면, 유명한 시판 음반은 무료로 용이하게 획득할 수 있는 특성이 있고 실제로 앞서 원고 측 표본조사에 의하여도 그런 특성이 드러났는데, 이러한 실제현황을 피고회사는 서비스 개시 이후 충분히 예상하고 있었으리라는 점을 지적하였다.

다음으로 송신가능화 상태에 대한 피고회사의 관리 · 지배의 정도 측면을 볼 때 이용자는 피고회사의 소프트웨어를 반드시 설치한 다음 반드시 피고회사의 서버에 접속하여야 하며, 상대이용자의 소재 및 파일내용도 피고회사의 서버가 일체 제공하고 있고, 피고회사는 이러한 이용방법을 웹사이트에서 상세히 설명하고 있어 결국 이용자가 파일을 송신가능화상태에 두는 행위는 피고 회사의 관리 아래 이루어진다는 점을 지적하였다.

끝으로 서비스에 의해 피고회사에게 생기는 이익의 측면은 피고 웹사이트의 게재광고의 가치는 이용자의 접속이 많을수록 높아지는 관계에 있고, 장차 이용자의 증가가 예상되고 있으며, 피고 회사는 조만간 광고수입을 확대하고 유료화의 예정을 하고 있었던 점 등을 볼 때 이용자에게 파일을 송신가능화하도록 하는 것은 피고회사의 영업상 이익을 증대시킨다는 점을 지적하였다.

3) 판결에서 명령한 내용

법원은 결론으로서 P2P 서비스의 특성상 어떤 파일이 이용자 간에 송수신되는지 피고회사로서는 판별할 수 없어 MP3 파일 자체의 송신 또는 수신의 금지를 명하는 것으로는 가처분신청의 목적을 달성할 수 없게 되므로, 서비스에서 파일정보를 이용자에게 송신하는 행위의 금지를 명하는 것이 상당하다고 하면서, 파일정보 중 파일명, 폴더명의 어느 한 쪽에 원고들이 권리를 가진 음반의 타이틀명과 가수명을 표시한 일체의 문자(한자 · 일어 히라가나 · 일어 카타카나 · 영문 대소문자를 묻지 않는다)가 표시된 파일정보에 속하는 경우 그 수신자로의 송신을 금지하였다.

특히, 나중의 손해배상청구의 본안소송에서 법원은 일본 민법 709조에 따라 서비스제공자인 피고는 공동불법행위자인 이용자들과 함께 원고에게 손해배상을 할 不眞正連帶債務가 있다고 인정하였다.

4) 책임제한의 특별법에 기하여 추가로 제출된 항변에 관한 판단

가처분결정이 인용된 후 본안소송이 제기되어 심리도중 중간판결이 내려질 무렵,[164] 피고는 '특정전기통신역무제공자의 손해배상책임의 제한 및 발신자정보의 개시에 관한 법률,'[165] 일명 서비스제공자책임제한법에 기한 새로운 항변을 제출하였다. 앞서 본대로 위 특별법에 의하여 당해 특정전기통신역무제공자가 당해 권리를 침해한 발신자[166]인 경우 외에는 특정전기통신역무제공자는 권리를 침해한 정보의 불특정의 자에 대한 송신을 방지하는 조치를 강구하는 것이 기술적으로 가능한 경우이고, (i) 당해 특정전기통신역무제공자가 당해 특정전기통신에 의한 정보의 유통에 의하여 타인의 권리가 침해받고 있는 것을 알고 있는 때, 혹은 (ii) 당해 특정전기통신에 의한 정보의 유통에 의하여 타인의 권리가 침해받고 있는 것을 알 수 있었다고 인정하기에 충분한, 상당한 이유가 있는 때가 아니라면 배상책임을 부담하지 않게 되었다. 그런데 이 사건 피고는 송신을 방지하는 조치를 강구하는 것이 불가능하였을 뿐만 아니라, 권리가 침해받고 있음을 알지 못하였거나 알 수 있다고 인정하기에 충분한, 상당한 이유가 없다는 것이었다. 그렇지만, 법원은 발신자를 정의한 법 제2조 4호의 문구 중 '기록매체'에 해당하는 것은 파일을 공유폴더에 장치한 상태인 송신자의 개인컴퓨터와 일체가 된 피고의 서버라고 해석해야 하며 '기록매체'에 파일을 장치한 주체에 해당하는 자는 피고회사라고 해야 하므로 피고 회사가 책임제한의 예외인 발신자에 해당한다는 이유로 위 특별법의 책임제한규정은 적용되지 않는다고 간단히 배척하였다.

(2) 판례분석

1) P2P를 통한 파일교환이 사적 복제라고 할 수 없는 근거를 잘못 제시함

P2P 네트워크서비스인 파일로그 이용자들이 서로 파일을 교환하는 행위가 일본 저작권법상 사적 사용에 해당하지 않는 근거에 관한 법원의 앞서 설명 중 (ii) 부분은 논리적인 허점이 있다. 일본 판례의 논리대로라면, P2P 네트워크인 파일로그 서비스에 의하여 이용자 A가 파일을 다운로드 받더라도 더 이상 다른 이용자에게 재복제를 허용치 않고 A만 사용할 목적으로 다운로드받는 경

164) 피고의 이 부분 항변이 뒤늦게 추가된 이유는, 앞서 가처분결정이 각 2002. 4. 9.과 같은 달 10.에 내려진 이후인 2002. 5. 27.에야 위 특별법이 시행되었기 때문으로 보인다.

165) 特定電氣通信役務提供者の損害賠償責任の制限及發信者情報の開示に關する法律.

166) 발신자의 개념에 관해서는 제3장 제3절 Ⅲ. 1. 부분 참조.

우라면 일단 사적 사용에 해당될 수 있다는 결론에 이르게 될 것이다. 하지만 이는 불특정다수 사이에서 서로 파일을 교환하는 것을 전제로 한 P2P 서비스의 속성을 제대로 이해하지 못한 것이다. 이용자 A가 특정음악파일을 다운받아 혼자 음악파일을 재생함에 그치는 상황은 일견 사적 사용에 해당하는 것처럼 보일수 있지만 실제로는 P2P 서비스의 특성상 그 음악파일이 '공유폴더'에 있는 한 A의 의사에 기하지 않고도 불특정다수의 다른 P2P 이용자들에게 자동적으로 전송되어 재복제되는 것이 보통이다.[167] 따라서 파일로그 서비스를 통한 파일교환이 사적 복제라고 할 수 없는 근거는 일본 법원이 내세운 위와 같은 설명이 아니라, 전송받은 음악파일을 공유폴더에 위치시켜 파일로그 네트워크에 접속하고 있는 이상 파일로그 이용자들의 내심의 의사에 관계없이 불특정다수의 다른 이용자들에게 송신가능한 상태에 있게 되므로 그 성질상 사적 사용이라고 할 수 없다는 식의 설명이 되어야 옳다.[168]

2) 피고 파일로그의 교사 · 방조책임 유무에 대한 판단 누락

이어서 일본의 법원은 피고 파일로그의 책임 부분으로 넘어가서, 파일로그에게 일본 저작권법 상 송신가능화권의 침해만 긍정하고 있다. 하지만 여기서 또 다시 논리전개의 허점이 드러난다. 즉 위 판결은 파일로그 이용자들의 복제권 · 송신가능화권 침해를 모두 인정하였으면서도, 정작 문제되는 부분 중 피고회사의 복제권에 대한 침해 여부는 언급하지 아니한 채 송신가능화권의 침해만을 긍정하고 곧바로 금지명령을 내리고 있다. 왜 복제권 침해 여부를 판단하지 않았는지 분명한 언급은 없다. 그러나 가처분을 인용하며 가처분에서 명하는 부작위의 범위에 대한 판시[169] 중에 "보존장소로 설정한 수신자의 개인컴퓨터

167) 특히 앞서 설명한 대로, 파일 전체의 전송이 완성되기 이전이라도 이미 전송받은 파일 일부분이 제3자에게 재전송될 수 있는 이-동키(eDonkey)와 같은 소프트웨어에서는, 설령 이용자가 혼자만 사용할 생각으로 전송을 받고 있더라도 수신 개시순간부터 이미 불특정다수인에게 재전송될 여지가 있는 이상 사적 복제라고 보기는 더욱 어렵다[자세히는 아래 제3절 Ⅱ.1. '소리바다 가처분이의 사건' (2) 2) (나) 부분 각주 참조].

168) 아울러, 앞서 보았듯이 일본 저작권법 제102조 4항 1호의 규정에 따라 사적 사용으로 복제하였던 것을 나중에 공중에 제시한 행위가 복제권 침해에 해당하려면, '해당 복제물에 의하여' 해당 음반에 관계된 음을 공중에 제시한 자이어야 한다. 즉 일본에서의 학설을 확인할 필요는 있겠으나 일단 명문상의 의미에 충실하자면 파일전송자 A가 전송하려는 당해 음악파일에 의하여 음을 바로 제시하여야 한다. 그러나 파일전송자 A의 행위는 음악파일에 의하여 음을 '공중에 제시'하는 것이 아니라 다른 B, C에게 음악파일을 '전송(송신가능화)'하는 행위에 불과하고, B, C가 나중에 음악파일을 재생하는 행위는 A가 아닌 B, C에 의한 이용일 뿐이라고 보인다. 따라서 이 부분을 거론한 앞서 일본 법원의 논리도 의문이다.

169) '3. 仮處分において命ずる不作爲の範囲について' 부분.

의 폴더 안에 복제하는 물리적 행위는 오로지 수신자가 행하고 있다"[170]는 문구에 비추어 보면 복제행위는 수신자가 행하지, 피고 회사는 복제행위와 직접 관련이 없다는 취지인 듯하다.

그러나 판결문 스스로 당사자의 주장을 열거하는 부분에서 설시하였듯이 원고는 그 주장 내용 중에 일본 저작권법 제112조 1항(금지청구권)에서 정한 '저작인접권을 침해한 자 또는 침해할 우려가 있는 자'에는, 저작인접권 침해의 교사자 및 방조자도 포함된다는 주장까지 분명히 하고 있다. 이에 대하여 피고도 위 금지청구권은 상대방의 고의, 과실을 묻지 않는 강력한 권리인데, 원고의 주장과 같이 해석하여 교사·방조까지 전부 금지청구의 대상으로 하면 과도한 금지가 될 우려가 있고, 일본 저작권법상으로는 일본 특허법과 달리 간접침해의 규정도 마련되어 있지 아니하고 미국 판례법 상 기여침해와 같은 법리도 마련되어 있지 않은 것 등에서 볼 때[171] 교사·방조의 경우는 위 금지청구권의 규정이 적용되지 않는다는 반박을 상세히 개진하고 있다. 따라서 만약 피고 파일로그에 의한 복제권의 직접 침해가 긍정되지 않을 경우 마땅히 교사·방조에 의한 복제권의 침해 여부를 검토하였어야 옳을 것이다.

이에 반하여 송신가능화권의 침해가 긍정되었으므로 가처분신청인용이라는 결론에서는 어차피 동일하지 않겠느냐는 반론도 있을 수 있겠으나, 판결 내용에서 드러나듯이 위 판결이 가처분에서 설정한 부작위의 범위는 어디까지나 이론상 송신가능화권 침해만을 염두에 두고 설정한 것에 불과하므로 위와 같은 반론은 타당할 수 없다.

3) 인터넷서비스제공자에 대한 직접책임 부과의 부당성

일본 법원의 입장에서 가장 문제로 삼을 수 있는 것은 위 판결이 종국에 인터넷서비스제공자의 직접적인 권리침해를 인정한 결론부분, 나아가 피고 회사를 앞서 특별법상의 발신자에 해당한다고 판단한 부분이라고 할 수 있다. 위 판결이 피고 인터넷서비스제공자에게 직접적인 권리 침해를 인정한 이유들 중

170) "…保存先として設定した受信者のパソコンのフォルダ内に複製する物理的行爲は, 專ら受信者が行っている"

171) 그러나 판결원문은 '미국 저작권법 상의 기여침해와 같은 규정도 정해져 있지 않은 것 등에서 볼 때 (米國著作權法上の寄与侵害のような規定も設けられていないこと等からすれば)' 이라고 하여 마치 미국 저작권법 상 명문으로 기여침해의 규정이 있는 것처럼 피고의 주장을 그대로 옮기고 있는데, 위 판결의 충실도에 더욱 의심을 가지게 하는 단서가 아닐 수 없다.

가장 중점을 두고 있는 논거는, 송신가능화의 상태에 대한 피고회사의 관리·지배의 정도 측면에서 피고회사의 서버 없이는 이용자들이 파일을 송신가능한 상태에 두는 것이 불가능하다는 점이다.

그러나 이러한 입장은 송신가능화라는 침해의 결과와 피고회사의 행위 사이에 상당인과관계가 아닌 조건적인 인과관계를 적용한 것이어서 부당하다.[172] 상당인과관계의 입장에서 살필 때는 직접 저작권이나 저작인접권을 침해한 자는 어디까지나 P2P 서비스를 이용하는 이용자들로서 그들이 파일을 스스로 선택하고 송신가능한 상태로 공유폴더에 그냥 둘지 여부까지 결정하는 것이다. 따라서 P2P 서비스제공자를 형사상 공동정범이라고 인정하기 어려움은 물론이고[173] 민사상으로도 협의의 공동불법행위를 인정하기 위한 요건인 객관적 공동관계가 존재한다고 보기는 어렵다.[174]

파일로그 판결의 내용 중 피고의 주장부분에서 드러나듯이 직접침해를 긍정하는 이러한 입장은 1988년 '가라오케' 저작권소송사건[175]에서 가라오케 반주에 의하여 손님이 저작권 침해의 불법가창을 한 행위에 대하여 가라오케장치를 설치한 업소의 경영주가 자신의 영리를 위하여 종업원들을 통하여 가라오케 기계를 관리하였다[176]는 등의 이유로 저작권자의 연주권을 직접 침해하였다고 보아 저작권침해의 불법행위책임을 인정한 최고재판소 판례를 기준으로 삼고

172) 조건설과 상당인과관계설에 대한 논의는 제3장 제4절 Ⅲ. 4. (2) 부분 각주 참조.

173) 공동정범이 성립하기 위한 주관적 요건으로서의 공동가공의 의사는 타인의 범행을 인식하면서도 이를 제지하지 아니하고 용인하는 것만으로는 부족하고, 공동의 의사로 특정한 범죄행위를 하기 위하여 일체가 되어 서로 다른 사람의 행위를 이용하여 자기의 의사를 실행에 옮기는 것을 내용으로 하는 것이어야 하는 것이다(대법원 2000. 4. 7. 선고 2000도 576 판결 등). 따라서 P2P 방식 제공자를 저작권법 위반죄의 공동정범으로 처벌하기 위해서는 그들이 이용자들의 저작권침해를 미리 알고 이를 용인하였다는 것만으로는 부족하다. 적어도 P2P 방식 제공자가 이용자들과 특정한 범죄행위를 하기 위한 공동의 의사로 일체가 되어야 하는 것인데 P2P 방식 제공자의 공유프로그램 제공 및 웹사이트 운영행위를 그 정도로까지 평가할 수 있을지는 의문으로, 특별한 경우 외에는 P2P 방식 제공자를 공동정범으로 처벌하는 것은 곤란하다는 해석이 있고(이규홍, "P2P 방식에서의 디지털 저작물 보호 등 저작권법상의 몇몇 문제점에 대하여," 220면. 등), 이러한 다수설적 입장에 필자도 공감한다.

174) 한국 소리바다1 가처분이의 항소심 판결에서는 개별이용자들이 불법 MP3 파일을 공유하려면 비록 소리바다 서버에의 접속이 필수적이라는 사실을 인정하면서도 그것만으로 협의의 공동불법행위 책임을 긍정할 수는 없다는 입장을 취하였다.

175) 최고재판소 昭59(オ)1204号 昭和 63. 3. 15. 判決.

176) 관리성을 인정한 근거에 관하여, 위 최고재판소 판결은 가라오케업소 경영주의 종업원에 의하여 손님들에게 가창을 권유하였고, 경영주가 구비하여 두었던 가라오케 테이프의 범위 내에서 선곡이 이루어졌고, 경영주가 설치한 가라오케 장치를 종업원이 조작하는 점 등을 들었다.

있는 것이다. 하지만, 이는 피고의 주장처럼 당시 가라오케의 급증이라는 시대 상황에 대처하기 위하여 다소 무리하게 법리를 확장한 사례에 불과하다고 보아야 할 것이고, 이런 논리를 함부로 확장해서는 안 될 것이다. P2P 서비스를 제공하는 자를 이처럼 저작권침해의 직접당사자로 해석하는 것은 미국,[177] 한국을 비롯한 다른 어떤 나라들에서도 전혀 유래를 찾기 어려우며, 지나친 의제에 불과하다고 사료된다. 뿐만 아니라, 아래에서 보듯이 파일로그 항소심은 여전히 직접책임을 인정하면서도 그 논리상으로는 간접책임이론을 모방하고 있어 더욱 문제이다.

2. 항소심 판결[178]

(1) 법원의 판단

항소심인 동경고등재판소 역시 피고 회사를 송신가능화권 등의 침해주체로 인정한 것은 잘못이라는 피고의 주장을 배척하면서 다음과 같이 세 가지 요지로 판시하였다.

우선, 정보교환서비스를 제공한 업체가 침해주체가 될 수 있는지의 문제에 관하여, 인터넷을 통한 정보의 유통은 사회적으로 필수불가결한 것으로 그 정보 일부가 위법한 것이 있어도 이를 일일이 상세히 포착하는 것은 반드시 기술적으로 용이하지 않은 점 등에 비추어 볼 때, 단지 일반적으로 위법한 이용이 될 우려가 있는 점만으로는 그 정보통신서비스를 제공하는 자를 위법정보로 인한 침해주체로 보는 것은 적절치 않음은 인정하였다. 그러나 여기서 더 나아가 서비스가 그 성질상 구체적이고 현실적인 개연성을 가지고 특정유형의 위법한 저작권침해 행위를 야기하는 것이고 피고 회사가 그것을 예상하면서 이 사건 서비스를 제공하여 그러한 침해 행위를 유발하고,[179] 뿐만 아니라 그에 따른 피고회사의 '관리'가 있고, 피고회사가 이것에 의해 어떠한 '경제적 이익'을

---

177) 앞서 보았듯이 미국의 Frena 사건에서 직접책임을 인정한 것은, 이른바 '허락권'을 따로 인정하고 있는 듯한 미국 저작권법 제106조의 일부 문구('to authorize')에 대한 해석의 결과였지만, 그럼에도 미국에서 Frena 사건의 입장은 잘못된 것으로 비판받고 있다. 일본 민법에는 그러한 규정조차 없는 것이다.

178) 동경고등재판소 平成 16(ネ)405号 平成 17. 3. 31. 판결 및 平成 16(ネ) 466号 平成 17. 3. 31. 판결(각 확정). 그 중 동경지방재판소 平成 14(ワ) 4237号 사건의 항소심판결인 平成 16(ネ) 405号 사건을 위주로 1심과 중복되지 않는 범위 내에서 설명한다.

179) 피고 회사가 이러한 요건을 충족하는 근거로 법원은 피고 회사 관계자의 인터뷰내용 등에서 드러난

얻는 여지가 있다고 보이는 경우라면, 피고회사는 확실히 스스로 '컨트롤(コントロール)' 가능한 행위에 의하여 침해의 결과를 초래하는 자로서 그 책임을 부담하는 것이 타당하므로 침해주체로 인정할 수 있다고 판시하였다.

다음으로 정보교환서비스를 제공한 피고가 송신가능화권을 침해하는 교환정보를 '관리'하였다고 볼 수 있는지에 관하여, 피고는 송신가능화 파일의 최대수를 '컨트롤(コントロール)'하거나 파일명 및 폴더명을 기초로 위법한 MP3 파일을 제외할 수 있는 능력이 있는 점,[180] 비록 송수신 파일의 범위를 구체적으로 결정할 수 있는 의미의 관리는 아니라고 해도 일정한 경제적 이익을 좇아 그러한 시스템을 채용하여 제공하고 있는 것은 피고 회사 자신인 점,[181] 피고의 반박[182]과 달리 저작권법의 해석상 저작권침해 주체가 반드시 현실에서 저작물을 이용하는 물리적 행위 자체를 하고 있는 자에 한정되어야 할 필요는 없는 점 등에 비추어 피고의 '관리성'을 부정할 수 없다고 하였다. 덧붙여 법원은 "침해의 결과 발생을 100퍼센트는 방지할 수 없다고 해도, 부분적이라도 저작권을 침해하는 MP3 파일의 교환을 저지할 수 있다면, 그러한 조치를 강구해야 할 것은 당연하다"고 판시하여 피고의 이러한 조치 의무가 법적 의무임을

서비스개시 전후 상황에서 피고 회사는 이미 이용자 다수가 피고의 서비스를 시판된 CD 등의 불법복제 파일 교환에 이용할 것임을 인식하고도 서비스제공에 나아간 점을 법원은 들었다. 아울러 피고는 권리침해 주장자를 위하여 침해주장의 통지 및 제거(ノーティス・アンド・テイクダウン, Notice and Take down) 절차를 마련하고 있음과 이용규약을 체결할 때 송신가능화권을 침해하지 않을 것을 요구하고 있음을 반박사정으로 들고 있지만, 침해주장의 통지 및 제거절차는 침해발생을 방지할 수 있는 수단이 아니라 사후구제절차에 불과하고 이용규약 중 위 약관내용만으로는 피고가 침해를 예상하였음을 부정할 수 없다고 판시하였다.

180) 확장자(extension)와 단일 키워드로 AND 검색을 하는 기능이 있다고 인정되는 이상, 유명한 원제목명 및 아티스트 명을 파일명 내지 폴더 명에 가진 불법 MP3 파일의 탐색에는 충분하다고 보았다.

181) 이 부분 표현은, 이익을 좇아 서비스를 제공하기로 한 것은 피고 자신이니 (문제가 된다면 피고 스스로 다시 서비스 전체를 중단할 수 있는 이상), 송수신 파일의 범위를 구체적으로 결정할 수 없을지라도 그 송수신되는 파일로 인한 일체의 침해에 책임이 있다는 취지로 이해될 수도 있다. 만약 그러하다면 이는 흔히 논의되는 책임요건 중 '통제 가능성'의 해석에서 보다 느슨한 입장, 바꾸어 말하면 침해결과와 서비스제공 사이에 상당인과관계가 아닌 조건설과 같은 입장을 취한 것이다. 조건설과 상당인과관계설에 대한 논의는 제3장 제4절 Ⅲ. 4. (2) 부분 각주 참조.

182) 파일로그 1심에서와 마찬가지로 항소심에서도 피고는 최고재판소 昭59(オ)1204号 昭和 63. 3. 15. 判決(피고는 일명 '클럽 캐츠아이 사건'이라 지칭)의 판단에 사실상 터잡은 파일로그 법원의 판단은 부당하다고 다투었다. 그 요지는 스스로 저작물의 이용 행위를 하고 있지 않는 자를 저작권법상 규율의 관점에서 이용 주체라고 간주한 최고재판소의 판단(이용 주체 확장의 법리)은, 명시적인 표현은 없지만 "경영자의 경제적 이익에 음악의 이용이 직접적으로 기여하고 있는 것을 부정할 수 없는 경우에는 해당 이익의 일정 부분은 음악의 저작물의 창작자에게 환원해야 한다"라고 하는 규칙에 근거하고 있는 것이지만, 일본 저작권법은 그러한 법리를 일반적인 원칙으로서 채용하지 않다는 점이었다.

암시하였다.[183)]

끝으로 피고 회사가 피고가 제공하는 서비스로 '경제적 이익'을 얻고 있는지에 관하여서 법원은, 피고 서비스에서 제공되는 불법 MP3 파일의 수나 종류가 증가하면 그 매력으로 이용자가 증가하고 그에 따라 직접적인 이익으로 광고료 수입이 증대하며 나아가 장래에는 서비스를 피고의 계획에 따라 유료화할 수 있는 이상 위 요건은 충족된다고 보았다.

한편 항소심에서도 피고는 서비스제공자책임제한법에 기한 항변을 여전히 유지하였다. 그런데 피고는 위 특별법의 다소 모호한 구조에 터잡은 재미 있는 주장을 하였지만,[184)] 법원은 이를 배척하면서[185)] 1심과 동일하게 피고가 위 특별법상 발신자에 해당하여 책임을 진다고 보았다.

결론적으로 항소심은 1심과 마찬가지로 피고의 책임을 긍정하여 1심 법원의 가처분결정은 타당하다고 보았다. 다만 가처분 주문의 범위가 지나치게 광범위하다는 피고의 주장만은 이용하여 주문 일부는 정정하였다.[186)]

---

183) 일본 역시 아직 인터넷서비스제공자의 침해구별조치를 법규정에서 요구하고 있지는 않다. 그럼에도 항소심 법원이 은연중에 그러한 조치를 혹시 법적 의무로까지 본 것은 부당하다고 본다. 이에 관하여 자세히는 제7장 제2절 Ⅴ. 2. (3) 4) '손실을 초래할 부분만을 차단할 구별조치는 사실상 요구된다는 원칙' 부분 참조.

184) 앞서 보았듯이 서비스제공자책임제한법은 특정전기통신역무제공자에게 일정한 요건 하에 그 이용자인 '발신자'의 행위에 부수한 책임을 면책시켜 주고 있다. 그런데 1심은 피고 회사를 발신자에 해당한다고 하여 책임을 추궁한 것이다. 항소심에서 피고는, 특정전기통신역무제공자는 법 3조 1항에 의한 면책의 대상이 됨과 동시에, 동법 4조에서 정한 발신자 정보개시청구의 상대방이 되는 자인데 여기서 정보개시청구자가 개시를 요구하는 정보는 그 성질상 당연히 특정전기통신역무제공자의 이름 및 주소가 아니고, 특정전기통신역무를 이용해 침해정보를 송신한 이용자의 이름 및 주소인 것은 분명하므로 특정전기통신역무제공자는 발신자(송신한 이용자)와는 분명히 개념상 구별되고 이에 해당하지 않는다는 주장을 펼쳤다.

185) 법원이 들고 있는 근거는 다음과 같다; 정의규정에서 특정 전기통신역무제공자란 특정 전기통신 설비를 제공하는 자(법 제2조 2호, 3호 참조)이고, 발신자란 특정 전기통신 설비의 기록매체에 정보를 기록한 자이므로, 특정 전기통신 설비와 기록 매체는 다른 것임이 분명하지만, 동시에 기록매체가 특정 전기통신 설비의 일부일 수 있다.

186) 이미 보았듯이 1심에서는 별지 악곡리스트와 관련하여 파일정보 중 파일명, 폴더명의 어느 한쪽에 원고들이 권리를 가진 음반의 타이틀 명과 가수 명을 표시한 일체의 문자(한자 · 일어 히라가나 · 일어 카타카나 · 영문 대소문자를 묻지 않는다)가 표시된 파일정보에 속하는 경우 그 수신자로의 송신을 금지하였었다. 그러나 항소심은 이러한 주문의 표현에 "별지 악곡리스트 기재의 음악 저작물의 복제와 관련되는 것 이외의 것을 제외한다"는 다소 형식적인 표현을 삽입하도록 고쳤다. 이렇게 함으로써, 항소심 법원은 1심 주문이 원고들의 음반과 관련 없이 우연하게 같은 명칭을 붙이게 된 적법한 파일교환조차 금지하게 되어 지나치게 광범위하다는 피고의 주장을 간단히 비켜나갔다.

(2) 판례분석

세부적인 문제점은 판결 내용을 설명하며 각주를 통하여 설명하였으므로, 여기서는 1심 판결과 구별되는 항소심 판결의 가장 큰 특징만 언급한다. 그것은 다름 아니라 파일로그 항소심 법원은 미국에서의 인터넷서비스제공자 책임론에 상당한 영향을 받고 있는 것으로 보인다는 점이다.

앞서 보았듯이 일본 법원은 우리 민법의 조문과 대동소이한 일본 민법에 따른 협의의 공동불법행위로 피고의 책임을 인정하고 있고, 이 점은 1심과 항소심 모두 마찬가지이다. 그럼에도 항소심은 위 조문을 해석함에 있어서는 많은 부분 미국에서의 기여·대위책임의 논의내용과 맥락을 같이함을 알 수 있다. 이 점은 보다 순수하게 일본 법규의 해석에만 집중하는 듯하였던 1심 판결과 비교하여 보면 더 쉽게 발견할 수 있다. 대위책임론에서 쓰이는 개념인 '컨트롤(コントロール)'이라는 표현과 '경제적 이익'이란 표현이 등장하고 있는 점, 피고 회사의 행위가 고의에 의한 것인지, 과실에 의한 것인지 명확히 하지 않은 채 뭉뚱그려 '… 침해행위를 … 예상하면서 … 서비스를 제공하여 … 침해행위를 유발하고'라고 표현하여 기여책임론의 논의와 유사한 포괄적 기준을 설정하고 있는 점이 그것이다.

뿐만 아니라 우리 민법과 대동소이한 일본 민법의 구조상 공동불법행위 책임의 요건으로, 침해로 인한 손해발생은 모르겠으나, 가해자의 경제적 이익이 요구되지 않음에도 일본 법원은 다른 불법요소와 동일하게 언급하고 있다.[187]

일본 민법의 구조에 맞추어보면 더구나 그것이 '직접적 이익'인지, 간접적 이익인 것까지 논하는 것은 갑작스럽고 생소한 표현이라고 밖에 볼 수 없다. 이러한 부분 역시 항소심 법원이 1심과 달리 미국법 상 대위책임론을 염두에 두고 있음을 알 수 있는 부분이다.

파일로그 항소심이 이미 세계적으로 강한 영향을 미치고 있는 미국 저작권법에서의 관련 논의를 참작하는 것 자체에는 별다른 문제가 있다고 할 수 없다. 그렇지만 앞서 파일로그 1심 판결을 평석하며 비판하였듯이 인터넷서비스제공자에 대하여 이용자와 동일하게 직접책임(정확히는 협의의 공동불법행위 책임)을 부과한다는 이례적인 입장을 여전히 취하면서도 실제 책임기준으로는 미국의 기여책임이나 대위책임의 내용을 은연중에 차용하려 한 것은 큰 문제이다.

187) 이러한 태도의 문제점에 대한 비판으로는 아래 제3절 Ⅱ.2.(3) 2) 부분 참조.

법원이 모르는 사이 이런 이중적 태도가 판결문의 논리구조에 심각한 모순을 초래하였다. 즉 앞서 미국의 기여 및 대위책임을 설명할 때 보았듯이 이들 책임론은 이미 직접침해자가 있음을 전제한 간접책임론이자, 먼저 1차적 책임자가 존재한 다음 이에 부수적으로 따르는 2차적 책임론에 불과하다.[188] 그렇기 때문에 책임의 요건으로 언급되는 기준들이 피해자인 저작권자나 침해의 결과를 직접 언급하며 그런 징표와 연결되었다기보다는 오히려 그것들과는 다소 동떨어진 듯한 모습을 보이게 된다. 바꾸어 말하면 기여책임의 요건으로서 '침해행위에 대한 인식' 요건이나[189] '침해행위의 유발, 야기 내지 실질적인 관여' 요건,[190] 대위책임의 요건으로 '침해행위를 통제할 권리와 능력' 요건, '침해행위로부터 직접적으로 경제적 이익' 요건은 모두 그 세부적인 내용에서 피해자나 피해결과와의 관계를 포섭하고 있는 것이 아니라 거기에서는 한발 물러나, 직접가해자나 그 자의 가해행위와의 일정한 관계를 포섭하고 있을 뿐인 것이다.

반면 우리 민법과 거의 동일한 규정을 담은 일본 민법에서는, 협의의 공동불법행위 요건에서 가령 본인의 행위 자체가 저작권을 침해한다는 고의 내지 과실의 존재, 본인의 행위 자체로 인하여 침해결과가 발생하였을 것, 그 침해결과로서 손해의 발생 등과 같이 피해자(저작권자)나 피해의 결과가 문제될 수 있을 뿐이지, 다른 가해자나 그 자의 가해행위와의 관계는 논리상 주된 고려의 대상이 될 수 없다.

이상과 같은 근본적인 차이점을 간과하고, 파일로그 항소심 법원은 앞서 보았듯이 피고 회사가 (이용자들의) 위법한 저작권침해 행위를 예상하면서 이 사건 서비스를 제공하여 침해 행위를 유발하고, 피고회사의 관리가 있고 피고회사가 이것에 의해 광고료 수입과 같은 경제적 이익을 얻는 경우라면 컨트롤 가능한 행위에 의하여 침해의 결과를 초래하는 자로서 침해주체로 인정할 수 있다고 하면서 덧붙여 광고료 수입은 직접적 이익이라고까지 친절하게 설명하면서도 정작 먼저 분명히 논의되어야 할 협의의 공동불법행위 기본요건들의 규명에 관하여는 별다른 노력을 기울이지 않고 있다. 이 점이 파일로그 항소심의

188) 제2장 제2절 '미국의 판례' Ⅰ. '판례상 기여책임, 대위책임의 법리' 부분 참조.

189) 혼동하지 말아야 할 점은 여기서 인식이란 자신의 행위가 침해가 된다는 사실을 말하는 것이 아니라, 타인(직접침해자)의 침해행위에 대한 인식을 말한다는 점이다.

190) 마찬가지로 자신의 행위로 침해의 결과를 유발하였다는 의미가 아니라 타인의 침해행위를 유발하였다는 의미임을 주의해야 한다.

근본적인 결함 중 첫 번째이다.[191]

파일로그 항소심 판결의 두 번째 결함으로 볼 수 있는 것은 역시 1심과 마찬가지로 인터넷서비스제공자의 책임을 여전히 직접적인 가해자로 파악하고 있는 태도이다. 이 점은 1심 판결을 비판하며 충분히 설명하였다. 그런데, 항소심은 1심과 달리 제시하고 있는 책임의 기준은 바로 위에서 본 대로 사실상 간접적 · 2차적인 가해자에 관한 것이면서도 이런 입장을 취하고 있어 더욱 문제이다. 인터넷서비스제공자는 복제기술 이용자와 달리 단순히 복제기술공급자에 해당하며, 이용자들에 의한 침해의 현장으로부터 한발 물러나 있는데, 이런 차이점에 대한 진지한 이해나 고민이 있었는가, 혹은 판결문의 분량으로는 장황하지만 실제는 '파일로그가 없었으면 침해가 아예 없었을 터인데 파일로그가 굳이 서비스를 개시하였으므로 침해가 발생하였고, 결국 파일로그는 책임이 있는 것이다' 라는 식의 단순논리에 줄곧 의지한 것은 아닌가 하는 의문을 지울 수 없다.[192] 인터넷과 관련해서는 오히려 한국보다 많은 부분 뒤떨어져 있는 일본의 현실을 감안하더라도 인터넷서비스제공자의 책임을 다룬 첫 사건에서 보다 세심하고 신중하였어야 할 것이다.

191) 이 점은 앞서 설명한 우리의 칵테일 98 판결이나 인터넷제국 판결 등도 함께 가지고 있는 문제점이다. 이러한 문제점을 피하기 위하여서라도 미국의 기여 · 대위책임론의 합리적인 기준을 한국에 도입하는 데는 직접적 · 1차적 가해자와 관련된 협의의 공동불법행위 규정이 아니라 부수적 · 2차적 가해자와 관련된 '방조에 의한 공동불법행위' 규정을 기초로 하는 것이 타당하다고 보는 것이다.

192) 인터넷서비스제공자의 책임에 관하여 세계에서 가장 활발한 논의가 이루어지고 있는 나라는 물론 미국이다. 만일 인터넷서비스제공자에게 파일로그 법원의 입장과 같이 직접침해 책임을 미국 저작권법상 물을 수 있다면 이는 고의, 과실을 요구하지 않은 엄격책임(제2장 제2절 Ⅰ. 1. 부분 참조)이므로 저작권자의 보호, 저작권업의 발전을 위해서는 크게 유리할 것이다. 더구나 미국에서 저작권산업은 2002년 기준으로 순수분야만으로 GDP의 6%, 관련 산업까지 포함할 경우 GDP의 12%에 이를 정도로 미국의 경제에 필수불가결한 요소이다(이 통계 부분은 World Copyright Law Report 2004. 12. 2. 참조). 그렇지만 이렇게 특수한 입장에 있는 미국에서조차 인터넷서비스제공자에게 직접침해자로서의 책임을 추궁하려는 입장은 저작권자 측의 일방적 주장으로 때때로 시도되었을 뿐 법원으로부터는 거의 공감을 얻고 있지 못하다. 이러한 맥락에서 볼 때 사정이 전혀 다른 일본에서 인터넷서비스제공자에게 직접책임 부과 운운하는 것이 얼마나 현실적이고 설득력이 있는지는 지극히 의문이라 하겠다.

제 3 절 한국의 소리바다 사건 등

Ⅰ. 소송진행의 시간적 개요

2000. 5.경 등장한 한국의 '소리바다'(혹은 소리바다1)[193]는 마치 한국판 Napster라고 할 정도로 그 대중적 인기도에서 유사하고, 이용방법 역시 Napster 등 다른 P2P 소프트웨어의 경우와 거의 동일하다.[194] 그렇지만, 미국의 Napster 서비스에서는 회사의 중앙서버에 이용자들 보유의 음악파일에 대한

193) 정확한 명칭은 '소리바다'이지만, 최초 가처분결정이 집행된 2002. 7. 30. 직후 종전 소리바다의 운영주체가 새롭게 등장시켜 영업을 지속한 '소리바다2'와 구별하기 위하여 편의상 최초로 등장한 형태의 소리바다를 상호 구별이 필요한 경우 '소리바다1'이라 칭한다.

194) 이 부분은 수원지방법원 성남지원 2003. 2. 14. 선고 2002카합284 판결(가처분이의)이 상세히 설명하고 있고, 별다른 오류가 없으므로 중요부분을 옮긴다.

(1) 이용자는 먼저 소리바다의 웹사이트인 www.soribada.com이나 기타 쉐어웨어 및 프리웨어의 다운로드 서비스를 제공하는 웹사이트에 접속하여 소리바다 프로그램을 다운받아 자신의 컴퓨터에 이를 설치한다. 위 소리바다 프로그램은 피고들에 의하여 무료로 배포되고 있다.

(2) 소리바다 프로그램 설치를 위해서는 등록절차 및 공유폴더의 지정절차가 필수적이다. 즉 ID와 패스워드를 입력하여 소리바다의 회원으로 등록한 후, 다른 소리바다 이용자들이 자신의 컴퓨터에 접근하여 MP3 파일을 다운로드 받아갈 수 있는 '공유폴더'(라이브러리 폴더로 지칭되고 있다)를 지정하여야 한다. 이때 자신의 컴퓨터 하드디스크에 다른 이용자로부터 다운로드 받은 MP3 파일을 저장할 '다운로드폴더'도 함께 지정하게 되는데, 소리바다 프로그램의 설치상 기본설정값으로 위 공유폴더와 다운로드폴더는 서로 일치하도록 되어 있다.

(3) 공유폴더를 지정하면 그 지정된 폴더 안의 파일들은 물론 그 서브폴더 안에 있는 파일들도 모두 다른 소리바다 프로그램 이용자들이 다운로드 받을 수 있는 상태에 놓이게 된다. 그런데 위와 같이 프로그램 기본설정값 상 공유폴더와 다운로드폴더가 서로 동일하므로, 이를 따로 설정창에서 바꾸어주지 않는 이상, 다운로드폴더로 다운로드된 MP3 파일은 동시에 공유폴더에도 저장된 셈이 되어 그 즉시 다른 소리바다 이용자들이 다운로드 받을 수 있는 상태에 놓이게 된다.

(4) 이용자가 소리바다 프로그램을 실행하면 자동적으로 소리바다 서버에 접속되고, 이때 이용자 컴퓨터의 소리바다 프로그램은 컴퓨터의 IP 주소 등의 정보를 자동적으로 소리바다 서버로 송신한다.

(5) 소리바다 서버는 이와 같이 접속한 이용자의 ID 및 패스워드를 확인한 후 그 이용자에게 중앙서버에 보관하고 있던 다른 이용자들의 연결정보를 자동적으로 송신하여 준다. 즉, 이용자의 접속 직전에 접속하였던 다른 이용자들 5,000명의 컴퓨터 IP 주소를 그 이용자에게 제공하여 준다.

(6) 이와 같이 소리바다 서버는 이용자들로부터 송신받은 IP 주소를 이용자들이 등록 당시에 입력한 ID 및 패스워드 등과 함께 데이터베이스에 저장하여 이용자목록으로 관리하고 있다. 이용자들이 등록 당시의 컴퓨터가 아닌 다른 컴퓨터로 소리바다에 접속하여 소리바다 서비스를 이용하여 IP 주소가 바뀌는 경우 소리바다 서버는 이용자의 가장 최근에 업데이트된 IP 주소를 보관하게 된다.

(7) 이용자가 소리바다 프로그램의 검색 메뉴를 열고 검색창에 자신이 원하는 노래의 제목 또는 가수 등의 임의어를 입력하고 검색을 요청하면, 소리바다 프로그램은 위와 같이 서버로부터 제공받은 IP 주소를 통해 다른 소리바다 이용자들에게 개별적으로 해당 검색어를 송신한다.

각종 정보, 가령 파일명, 파일크기 등을 리스트로 저장하고 있다가 이용자의 검색요구가 있을 때 중앙서버가 검색을 수행하여 그 결과를 검색요구자에게 전송하는 방식을 취하였음에 반하여 소리바다1의 방식은 중앙서버가 존재하는 하이브리드 P2P의 일종이기는 하였지만 중앙서버에 이용자들의 IP 주소와 같이 연결에 필요한 정보만 보관하다가 다른 이용자들의 로그인 상태를 알려 줄 뿐이었다. 즉 Napster와 마찬가지로 파일교환의 대상이 되는 MP3 파일 자체가 보관되지 않음은 물론 Napster와 달리 그 파일들의 목록 등 정보는 보관되지 않는다. 따라서 검색을 원하는 이용자의 명령이 중앙서버를 통하기는 하지만 서버가 이를 수행하는 것이 아니라 서버를 통하여 검색요청을 전달받은 다른 이용자의 컴퓨터에 설치된 소리바다1 소프트웨어가 검색기능을 수행하여 다시 중앙서버를 통하여 전달하는 방법으로 검색을 수행한다는 차이[195]가 존재한다.

미국의 경우와 달리 한국에서의 분쟁은 저작권자 측[196]인 한국음반산업협

---

(8) 위 검색어를 송신받은 다른 이용자들의 소리바다 프로그램은 자신의 공유폴더를 검색하여 위와 같이 요청받은 검색어와 일치하는 파일을 발견하면 해당 파일정보를 요청자의 컴퓨터로 송신하게 된다.

(9) 요청자의 소리바다 프로그램은 이와 같은 응답받은 파일정보를 재구성하여 검색결과 리스트를 보여주는데, 노래제목, 가수명, 파일이름, 사용자 ID, 음질, Ping Time(응답소요시간) 등이 표시된다.

(10) 이용자는 '자동정렬' 기능을 사용하여 속도, 크기, 음질 등 이용자가 원하는 방식으로 검색결과 리스트를 순서대로 정렬하여 볼 수 있다.

(11) 요청자가 위 검색결과 리스트 중에서 원하는 파일을 선택하여(이용자들은 보통 위 자동정렬 기능을 사용하여 그 중 가장 다운로드 속도가 빠르면서도 음질이 양호한 MP3 파일을 선택한다) 이를 더블클릭하거나 '내려받기' 버튼을 누르면 요청자의 컴퓨터는 당해 파일이 보관되어 있는 제공자의 컴퓨터와 1:1로 연결되고(앞에서 본 바와 같이 이는 소리바다 서버가 제공자 컴퓨터의 IP 주소를 주었기 때문이다), 해당파일의 복제물이 제공자 컴퓨터의 공유폴더로부터 요청자 컴퓨터의 다운로드 폴더로 다운로드되어 저장된다. 요청자는 여러 개의 파일을 선택하여 동시에 다운로드 받을 수도 있고, 다운로드 중에 실시간으로 해당 파일을 실행하여 미리 들어 볼 수도 있다.

(12) 이용자는 다운로드 받은 MP3 파일을 소리바다 프로그램에 내장된 음악재생프로그램인 '파도' 프로그램을 통해 재생하여 들을 수 있다. 또한 이용자들은 다운로드 받은 MP3 파일을 휴대용 MP3 Player 칩에 저장하여 이동중에 들을 수도 있다.

(13) 위에서 본 바와 같이 소리바다 서비스에 있어서 MP3 파일의 업로드에는 이용자들의 별도의 송신행위가 필요하지 않다. 즉, 공유폴더에 MP3 파일을 저장하고 소리바다 프로그램을 이용하여 소리바다 서버에 접속하기만 하면, 결국 다른 모든 소리바다 이용자들이 위 MP3 파일을 다운로드 받아갈 수 있는 상태에 놓이게 된다. (이하 생략).

195) 이러한 소리바다1의 시스템은 중앙서버가 존재하기는 하되 IP 주소와 같이 이용자들 간 접속에 필수적인 정보만 관리함으로써, Napster 방식에서 검색대상인 방대한 파일들의 리스트 정보까지 중앙서버에 저장함으로써 늘어나게 되는 서버 운영비를 크게 줄이면서도 그누텔라 방식에서 문제되던 기술적인 병목현상도 동시에 해결한 진일보된 절충형이라고도 할 수 있다.

196) 제5장의 서두에서 설명한대로 '저작인접권자' 대신 '저작권자'의 표현을 사용한다.

회[197]에서 위 사이트의 공동운영자 2인을 2001. 1. 18. 형사고소함으로써 시작되었다. 그러나 실제로 법원의 최초 판단이 내려진 것은 한국음반산업협회 산하의 음반제작자 16명이 위 소리바다 운영자들인 양OO, 양△△을 상대로 제출한 가처분 신청사건[198]에 대하여 2002. 7. 9. 수원지방법원 성남지원에서 신청인들이 음반제작자로 되어 있는 노래에 관한 MP3 파일의 업로드 또는 다운로드를 금지하는 가처분인용결정을 내린 것이었다.[199] 하지만, 위 가처분인용결정은 주문 이외는 별다른 이유의 설시가 없어[200] 큰 의미가 있다고 할 수 없었다.

그러던 중 위 결정의 당부를 다투며 피고들이 2002. 7. 19. 이의를 신청한 가처분이의 사건에 대하여, 2003. 2. 14. 가처분결정을 하였던 곳과 같은 법원이 한국 법원으로는 최초로 P2P 서비스제공자의 책임문제를 심도 있게 거론하면서 소리바다운영자인 피고 양OO, 양△△ 형제가 제기한 가처분이의신청을 기각하는 판결[201]을 내렸다. 이후에도, 민사사건의 범주에서는 소리바다에 의한 저작권침해책임을 긍정하는 입장이 지속되어 위 가처분이의에 대한 서울고등법원의 항소심 판결,[202] 한국음악저작권협회가 위 운영자들을 상대로 음반복제권 등의 침해로 인한 손해배상을 구하는 것을 인용한 수원지방법원 성남지원의 1심 판결[203] 및 서울고등법원에 의한 항소심 판결[204]들에 의해 소리바다의 책임을 긍정하는 입장이 계속 유지되어 오고 있다. 다만, 형사사건에서는 공소기각판결에 그친 1심[205]과 달리 항소심[206]에서는 무죄의 판단이 내려진 바 있다.

한편, 이와 별개의 흐름으로 '소리바다1'이 아닌 이후 영업을 개시한 '소리바다2'나 '소리바다3'에 대하여도 저작권자 측이 민사쟁송을 제기하여 법원

197) 대외적으로는 한국음악산업협회(구 한국음반협회)가 더 알려져 있으나, 한국음악저작권협회나 한국예술실연자단체연합회처럼 집중관리단체의 기능을 수행하는 것은 한국음반협회가 아니라 한국음원제작자협회이다.

198) 수원지방법원 성남지원 2002. 7. 9.자 2002카합77 결정(음반복제등금지가처분).

199) 원래 원고들이 2002. 2. 8. 서울지방법원 2002카합395호로 가처분신청서를 제출하였으나 피고들의 주거지관할인 수원지방법원 성남지원에 2002카합77호로 가처분신청사건이 이송된 일시는 2002. 3. 11.이었고, 위 성남지원에서 2002. 7. 9. 위 신청을 인용한다는 지극히 짤막한 가처분결정을 내린 것이다.

200) 결정이유에서는 '이 사건 신청은 인정범위 내에서 이유 있다'고만 간단히 기재(통상의 가압류 · 가처분 인용시 법원이 채택하고 있는 가장 정형적인 문구임)하여 가처분신청을 인용하였다.

201) 수원지방법원 성남지원 2003. 2. 14. 선고 2002카합284 판결(가처분이의).

202) 판결 서울고등법원 2005. 1. 12. 선고 2003나21140 판결.

203) 수원지방법원 성남지원 2003. 10. 24. 선고 2003가합857 판결.

204) 서울고등법원 2005. 1. 25. 선고 2003나80798 판결.

205) 서울지방법원 2003. 5. 15. 선고 2001고단8336 판결(저작권법위반방조).

206) 서울중앙지방법원 2005. 1. 12. 선고 2003노4296 판결.

의 판단이 내려졌다. 적어도 중앙서버를 제거하여 소리바다1과는 '외형상' 기술적 형태가 구별되므로 이에 관하여는 따로[207] 설명한다.

어쨌든 가처분이의 사건의 항소심에 대하여는 피고 측의 상고로 그 최종심이,[208] 마찬가지로 손해배상 사건의 항소심에 대하여도 피고 측이 상고하여 그 최종심이,[209] 형사사건의 항소심에 대하여는 검사가 상고하여 그 최종심이[210] 대법원에 각각 계류중이다. 소리바다운영자의 책임 유무에 관하여 엇갈리는 결론을 내린 항소심들의 각 판단에 대하여 우리 대법원이 어떻게 입장정리를 할지는 극히 주목되는 일이겠다. 우리 대법원이 슬기로운 판단을 내리는 경우 이 책의 주제인 인터넷서비스제공자 책임론은 그 논란의 상당부분이 최고법원의 판단형식을 빌려 해소될 수도 있을 것이다. 다만 반드시 낙관할 수 있는 처지는 아니다. 왜냐하면 우리보다 앞서 상황이 진행된 미국을 보면 2005. 6.경 Grokster 사건에 대하여 연방대법원의 판결까지 내려진 상황임에도 종전까지 중요한 선례로 작용하던 Sony 원칙의 해석에 대한 의견이 아직 분분하다. 그에 따라 당초 예상과 달리 인터넷서비스제공자의 책임론은 아직 진행형일 뿐 여전히 완결단계에 이르고 있지 못하다.

Ⅱ. 소리바다 가처분이의 사건

1. 1심 판결[211]

(1) 사실관계

원고[212] 측은 모두 음반회사들로 직접 음반을 제작 또는 판매하였거나, 외

207) 아래 Ⅶ. 소리바다의 업그레이드 버전을 둘러싼 분쟁들 부분.

208) 대법원 2005다11626호 사건.

209) 대법원 2005다13899호 사건.

210) 대법원 2005도872호 사건.

211) 수원지방법원 성남지원 2003. 2. 14. 선고 2002카합284 판결(가처분이의).

212) 실무상 가압류 · 가처분 신청사건에서 적극적 당사자의 호칭은 '채권자,' 소극적 당사자의 호칭을 '채무자'로 하고, 가처분 신청사건 중 임시의 지위를 정하기 위한 가처분에서는 '신청인,' '피신청인'으로 호칭하기도 한다. 나아가 일단 인용된 가압류나 가처분에 대한 이의신청사건에서도 이의신청인, 이의피신청인이라고 하지 않고 위와 같이 '채권자,' '채무자'로 표시한다. 그러나 가압류나 가처분에 대한 취소신청사건에서는 취소를 신청한 당사자(위의 채무자)를 '신청인,' 그 상대방을 '피신청인'이라고 반드시 표시한다. 다만 이 글에서는 이러한 생소함과 복잡함이 독자들에게 줄 혼동을 피하기 위하여 법률용어로는 적절치 못하나 통념적으로 쉽게 쓰이는 '원고,' '피고'라는 용어를 주로 사용하니 양해바란다.

국의 음반회사로부터 음반에 관한 허락을 받은 독점적 권리자[213]이다. 피고 양OO, 양△△ 형제[214]는 당시 Napster가 선풍적인 인기를 끌고 있는 것에 착안하여, 2000. 5. 18.부터 '소리바다'의 명칭으로 피고들의 웹사이트(www.soribada.com)에서 P2P 방식의 MP3 음악파일 공유서비스를 제공하였다. 소리바다 서비스의 P2P로서의 특성 때문에 소리바다 서버에 접속해 있는 이용자의 수가 많으면 많을수록 검색할 수 있는 MP3 파일의 종류와 수도 증가하게 된다. 소리바다 서비스에 등록한 회원 수는 약 450만 명 이상이고, 하루 평균 소리바다 서비스를 이용하는 접속자의 수는 약 30만 명 이상이며, 동시에 접속하고 있는 이용자의 수도 5,000명 이상이었다. 소리바다에서 공유되는 파일은 MP3 형식의 오디오 파일인데, 그 대부분은 시중에서 판매되는 음반을 복제한 것이고, 신청인들에게 저작인접권 또는 독점적 이용허락권이 있는 각 곡들도 거의 소리바다를 통하여 업로드[215] 또는 다운로드되고 있었다.

피고들은 소리바다 소프트웨어의 설치 화면에 '소리바다는 특정 MP3 파일의 합법 여부에 대해 알 수 없고, 불법 MP3 파일을 복제 또는 배포하여 저작권법에 위배되지 않도록 법을 준수하는 것은 사용자의 몫'이라는 취지의 경고문은 고지하고 있었다. 그러나 원고들이 2001. 1.경 피고들을 저작권법 위반으로 고소하면서, 특정 곡들이 특정 ID를 가진 소리바다 이용자들에 의하여 공유되고 있다는 점을 서면으로 적시한 바 있으나, 피고들은 해당 ID를 가진 소리바다 이용자들에 대하여 서버에의 접속을 차단시키는 등의 제재조치를 취한 적은 없다.

---

213) 이 부분과 관련하여 1심 판결에서는 '대한민국 내에서 독점적 또는 비독점적 음반제조권과 독점적 음반 판매 및 배포권을 허여받은 독점적 실시권자'라고 표현하고 항소심 판결에서도 '독점적 실시권자'라고 표기하고 있으나, 이는 모두 잘못된 것으로 '허여(허여)' 및 '실시(실시)'와 같은 용어는 우리 특허법에서 쓰이는 용어일 뿐 저작권법상으로는 '허락(허락)' 및 '이용(이용)'으로 각 표현하여야 타당함은 두말할 나위가 없다.

214) 가처분이의 사건, 손해배상 사건, 그리고 형사 사건들의 피고인은 '소리바다' 자체가 아니라 정확히 소리바다의 운영자 양OO, 양△△ 형제들이다. 소리바다가 법인으로 전환한 것은 2003. 11. 5.에 이르러서이다(www.soribada.com/info/info_intro.html, 2005. 2. 28. 방문). 실제로 아래의 소리바다3 가처분결정이나 그 이의결정에서는 '주식회사 소리바다'가 상대방으로 등장한다. 역시 독자들의 혼동을 피하여 편의상 소리바다로 모두 지칭한다.

215) 여기서의 'upload'는 항소심 판결도 지적하는 바와 같이, P2P 네트워크에서 이용자 자신의 컴퓨터에 전송할 파일을 저장해 두는 행위를 지칭한다. 파일을 개인컴퓨터로부터 인터넷서비스제공자의 특정 서버에 송신하여 서버 상에 저장시킬 필요가 없다는 점에서 종전의 BBS 네트워크에서의 업로드와 큰 차이가 있다.

피고들은 매일 한두 번 정도 다른 일반 사용자와 마찬가지의 방법으로 소리바다에 접속하여 서비스 운영상태를 점검하였다. 처음과 달리 이용자들이 동영상 등 다른 형식의 파일을 공유하기 위하여 그 파일의 확장자를 '.mp3'로 바꾸어 주고받는 편법을 동원하자 피고들은 파일확장자 뿐만 아니라 파일헤드(파일 내에 파일에 관한 정보를 담고 있는 부분)까지 검색하여 MP3 파일 등 음악파일 외에 다른 파일은 공유되지 못하도록 하는 조치를 취한 바 있다. 아울러 2001. 11. 26.에는 소리바다 서비스를 통해 음란물이 유통되는 것을 차단하는 기능을 부가시켰다. 피고들은 소리바다 서비스 개시 당시 소리바다 서비스의 향후 수익성을 높이 평가한 성명불상의 투자자로부터 서비스 운영에 필요한 서버를 무료로 제공받은 바 있다. 한편, 소리바다 소프트웨어 배포와 소리바다 서비스 이용을 모두 무료로 제공하고 있었으나, 2001년 초부터는 배너광고 등으로 인한 사이트 운영수입을 얻고 있고 나아가 향후 소리바다 서비스를 유료화하여 수익을 얻는 방식도 고려하고 있었다.

(2) 법원의 판단

1) 피고들의 저작인접권 직접침해 여부

원고들은, 소리바다 소프트웨어 자체가 광고료 등 영리를 목적으로 음반을 무단으로 복제·배포하는 것을 목적으로 개발된 것이고 소리바다 서비스도 그와 같은 목적으로 운영되고 있으므로 피고들은 이용자들과 공동으로 원고들의 음반 복제권·배포권을 직접적으로 침해하였다고 주장하였다.[216] 그러나 법원은 피고들이 시판되는 음반의 무단 복제·배포를 목적으로 소리바다 소프트웨어를 개발하여 운영하고 있음을 인정할 증거가 없다고 하여 피고가 직접 저작인접권을 침해하고 있다는 원고 측 주장을 배척하였다.

2) 소리바다 이용자들의 저작인접권 침해 여부

(가) 이용자들의 복제권·배포권 침해 인정

원고들은 "피고가 소리바다 서비스를 제공하여 이용자들의 위와 같은 침해

216) 공동불법행위에 의한 침해도 개념상 '직접침해'라 할 수 있으므로 위 판결 중 '채권자들의 음반 복제권·배포권을 직접 침해하였다고 할 수 없다'는 취지의 부분은 적절한 표현이라고 할 수 없고 '직접' 대신 '단독으로'라고 표현하는 것이 바람직하였다는 견해(오병철, 앞의 논문, 11면)가 있다. '직접'이라는 표현이 우리 법문에는 맞지 않는다는 지적은 일면 타당한 지적이라고 생각되지만, 미국의 Napster 판결 등과 한국의 소리바다 판결을 비교하는 과정 등에서 이해의 편의를 위하여 '직접침해'라는 표현을 굳이 피하지 않았음을 밝혀둔다.

행위를 가능하게 하거나 용이하게 함으로써 원고들의 권리를 침해하였다"는 요지의 주장도 하였다.

이에 관하여 1심은 먼저 이용자들의 복제권 침해부분에 관하여 보았다. 원고 측인 음반제작자가 가지는 음반에 대한 복제권이란 원반 및 그 복제물을 유형물에 고정하거나 유형물로 다시 제작하는 것에 대한 배타적인 권리를 말하는 것이인데 여기서 유형물에 고정한다 함은 MP3 파일을 컴퓨터 하드디스크와 같은 전자적 기록매체에 저장하는 것을 포함하는 것이라고 전제하였다. 법원은 그러므로 소리바다에 접속하고 있는 다른 이용자 컴퓨터의 공유폴더를 검색하여 원하는 MP3 파일을 다운로드 받아 자신의 컴퓨터 하드디스크에 저장하는 행위는 복제권을 침해하는 행위라고 판시하였다.[217] 뿐만 아니라 1심은 부분적으로 다소의 변경이 가해졌다고 하더라도 사회 관념적으로 보아 실질적인 동일성이 인정되는 경우에는 복제이므로 소리바다 이용자들이 음반제작자의 동의 없이 음반 CD에 고정된 음원으로부터 일반인의 청취에서 그 음질에 거의 차이가 없는 MP3 파일을 추출하여 자신의 컴퓨터의 하드디스크에 저장하는 행위[218]는 복제권의 침해가 된다고 판단하였다.

다음으로 법원은 이용자들의 배포권 침해부분에 관하여 살폈다. 여기서 피고들은 인터넷을 통한 전송은 저작물의 점유이전을 수반하지 않아 양도나 대여에 해당하지 아니하여 저작권법상 '배포'에 포함되지 아니하므로 배포권 침해가 성립하지 아니한다고 주장하였다. 그러나 법원은, '이용자들이 공유폴더에 그 MP3 파일을 저장한 채 소리바다 서버에 접속하여 자동적으로 다른 이용자들이 다운로드 받을 수 있는 상태에 놓이게 하는 행위는,… 다른 이용자들이 … MP3 파일에 대한 다운로드를 요청하고, 위 요청에 따라 컴퓨터가 … MP3 파일에 대하여 새로이 재복제물을 생성하고 이를 자동적으로 요청자에게 송신하는 전기적 신호과정을 통해 요청자가 MP3 파일을 다운로드 받게 되고,… 다운로드폴더에 자동적으로 저장됨으로써 재복제물이 생성되는 일련의 행위 과

217) 여기서, MP3 파일을 수신하여 직접 자신의 컴퓨터에 저장한 자뿐만 아니라, 이를 송신한 자 역시 복제를 간접적으로 야기한 자로서 수신자의 컴퓨터에 복제가 이루어지도록 한 점에 대하여 그 책임을 인정할 수 있다고 하여 결국 수신자만 복제행위를 하는 것이 아니라, 제공자도 소위 '격지복제'를 하고 있는 것이라고 해석하는 이가 있다(안효질, "P2P환경 하에서의 저작권침해책임," 22면). 위 논자의 취지는 수신자와 송신자가 공동불법행위의 책임이 있다는 것으로 보는 듯하지만, 의문이다.

218) 앞서 MP3 파일을 다운로드받아 자신의 컴퓨터 하드디스크에 저장하는 행위와 달리 위 행위에 대해 1심과 달리 항소심 판결에서는 복제권의 침해로 단정하지 않게 된다.

정과 결합됨으로써, 결과적으로 음을 유형물(음이 고정되기 전의 유형물은 요청자가 이미 가지고 있는 하드디스크이므로 요청자가 스스로 제공하는 것이 된다)에 고정하여 양도하는 결과가 되어 음반제작자의 배포권을 침해하는 것' 이라고 하여 배포권 침해를 긍정하였다.

여기서 피고들은, MP3 파일을 공유폴더에 두어 다른 이용자로 하여금 다운로드 받을 수 있게 하거나 또는 다른 이용자의 공유폴더에 있는 MP3 파일을 다운로드 받는 행위는 모두 저작권법상 '전송' 에 해당하고, 한편 인터넷을 통한 복제는 전송에 수반되는 행위일 뿐이므로 전송권의 문제로 보아야 한다고 전제하였다. 그런데 이 사건 원고는 저작권자가 아닌 저작인접권자에 불과하여 구 저작권법[219]에서는 전송권이 부여되지 아니하여 결국 원고로서는 자신의 권리침해를 주장할 수 없다는 취지로 다투었다. 그러나 법원은, 저작인접권자에게 전송권이 부여되지 않고 있었다 하더라도 저작인접권자의 복제권 · 배포권이 전송의 방법에 의하여 침해될 수 있었다는 것까지 부정되는 것은 아니어서 침해행위가 전송의 범주에 속하였다 하더라도 이를 복제행위 등으로 볼 수 있는 한 저작인접권자의 복제권 · 배포권이 침해된 것이라고 판단하여 위 주장을 배척하였다.

(나) 저작권법 제27조의 사적 복제의 항변 배척

다시 피고는 소리바다 이용자들의 파일공유행위가 저작권법상 복제 · 배포에 해당하더라도 이용자들은 대부분 개인적인 감상을 목적으로 MP3 파일을 다운로드 받고, MP3 파일에 대한 복제는 1회적으로 이루어질 뿐이며, 저장된 MP3 파일은 단지 개인용 컴퓨터에서 재생을 위하여 사용될 뿐이므로, 이는 저작권법 제27조 본문[220]의 사적 복제에 해당하여 허용된다고 주장하였다.

이에 대하여 법원은, 사적 복제에 해당하여 복제가 허용되기 위해서는, (i) 영리의 목적이 없어야 하고, (ii) 이용범위가 개인적 이용이나 가정 및 이에 준하는 한정된 범위로 국한되어야 할 것이라고 전제하였다. 그 중 먼저 (i) 요건에 관하여 소극적으로 저작물의 구입비용을 절감하는 정도만으로는 영리의 목

219) 소리바다1 사건에 적용된 2003. 5. 27. 개정 저작권법은 구 저작권법이라 칭한다. 2004. 10. 16. 개정되어 2005. 1. 16. 시행된 현행 저작권법은 저작인접권자 중 실연자(제64의2), 음반제작자(제67조의3)에게도 저작권자와 마찬가지로 전송권을 부여하고 있다.

220) 제27조 (사적이용을 위한 복제) "공표된 저작물을 영리를 목적으로 하지 아니하고 개인적으로 이용하거나 가정 및 이에 준하는 한정된 범위 안에서 이용하는 경우에는 그 이용자는 이를 복제할 수 있다.(단서 생략)"

적을 인정하기에 부족하고 시판되는 게임프로그램 등을 다른 사람이 구입한 게임CD로부터 복제하는 경우와 마찬가지로 통상 대가를 지급하고 구입해야 하는 것을 무상으로 얻는 행위에는 영리의 목적이 인정된다고 하였다. 그러면서 피고들이 소리바다 서비스를 시작한 후에도 음반제작자 등은 곡당 900원에 인터넷을 통하여 MP3 파일을 판매하여 왔으므로 음반제작자 등으로부터 이용자들이 MP3 파일을 구입하는 대신 무상으로 다운로드 받는 행위에는 영리의 목적이 인정되고, 이용자들이 상호간에 원하는 MP3 파일을 무료로 다운로드 받기 위하여 자신의 MP3 파일도 무상으로 제공하는 것으로서 일종의 물물교환의 형태를 띠고 있어 다른 MP3 파일을 계속 다운로드 받는 경제적 이익을 취득하는 것이라고 보았다.

다음으로 (ii) 요건에 대하여도 법원은 '한정된 범위에서의 이용'이려면 이용인원이 소수이고, 이용인원들 사이에 강한 인적 결합이 존재할 것이 요구된다고 전제하였다. 그런데 소리바다 서비스는 ID, 패스워드를 등록하면 누구라도 이용할 수 있는 점, 소리바다 서비스에 등록한 회원 수는 약 450만 명 이상이고, 하루 평균 소리바다 서비스를 이용하는 접속자의 수는 약 30만 명 이상이며, 동시에 접속하고 있는 이용자의 수도 5,000명 이상인 점, 이용자가 MP3 파일을 공유폴더에 저장하고 소리바다 서버에 접속하기만 하면 다른 모든 이용자가 해당 파일에 접근하여 다운로드 가능한 상태에 놓이는 점,[221] 이와 같이 파일 교환자 상호간에는 MP3 파일을 공유하였다는 공통의 목적 외에 익명의 ID만을 확인할 수 있을 뿐 아무런 개인적인 정보도 공유되고 있지 않고 별다른 유대관계도 없는 점, 다운로드 받은 MP3 파일이 기본설정값으로 공유폴더에 저장됨으로 인하여 다시 수백만 명의 다른 이용자가 다운로드 받을 수 있는 상태에 놓이게 됨으로써 결국 불특정다수의 소리바다 이용자들 사이에 MP3 파일의 교환행위가 연쇄적이고 동시다발적으로 이루어지는 점 등에 비추

221) 그런데 소리바다의 이용자 A가 처음부터 타인에게 재차 전송할 의도 없이 P2P 접속으로 파일을 전송받은 후 원칙적으로 설정된 '공유폴더'에 저장된 그 파일을 곧바로 다른 폴더로 옮기게 되면 P2P가 동작하고 있더라도 다른 이용자들은 위 파일을 전송받을 수 없게 되므로, 이러한 경우는 이론상 위 판례의 입장에 의하더라도 사적 복제에 해당한다고 볼 여지가 있게 된다. 다만, 변종 P2P 소프트웨어인 이-동키와 같은 경우는 특정파일의 전송이 완성되어야 그것을 다른 이용자들에게 재차 전송할 수 있는 구조가 아니라, 전송중인 파일이라도 이미 수신이 끝난 파일 일부분은 재차 다른 이용자들에게 동시에 전송되는 구조이다. 이러한 구조의 이-동키에 접속한 이용자 B에게는 소리바다의 이용자와는 달리 설령 전송이 완성되기 이전일지라도 다른 이용자에게 재차 전송될 수 있다는 미필적인 의사가 있다고 할 것이다.

어 보면, 이를 두고 저작권법 제27조의 사적 복제에 해당하는 개인, 가정 또는 이에 준하는 한정된 범위에서의 이용이라고는 볼 수 없다고 보았다.

아울러 피고들은, 이용자들이 MP3 파일을 다운로드 받는 것은 종래 라디오, TV 등을 통해 또는 판매점에 비치된 샘플 CD를 통해 구매하고자 하는 음반을 미리 들어보는 정도에 불과하므로, 사적 복제에 해당한다는 요지로 주장하였다.[222)]

이러한 샘플링의 항변에 대하여 법원은, 이용자들이 설령 구매하고자 하는 음반을 미리 들어 볼 목적으로 MP3 파일을 다운로드 받았다 하더라도, 소리바다 이용자들의 파일 공유행위는 CD의 영구적인 대체물로서의 영구적인 복제물에 해당하는 MP3 파일을 서로 교환하는 행위라 할 것임을 지적하였다. 이것은 라디오나 TV 등을 통해 또는 판매점에 비치된 샘플 CD를 통해 구매하고자 하는 음반을 미리 들어보는 것이 1회적 · 임시적인 것에 그치는 것과는 동일하다고 할 수 없다 할 것이므로, 사적 복제에 해당한다고 볼 수 없다고 하였다.

3) 피고들이 이용자들의 저작인접권 침해행위에 대하여 책임 있는지 여부

법원은 소리바다 이용자들의 위와 같은 복제권 · 배포권 침해행위에 대하여 소리바다 서비스 제공자인 피고들의 책임을 인정하기 위해서는, (i) 피고들이 소리바다 서비스를 제공하게 된 경위 및 상황,[223)] (ii) 소리바다 서버의 구조 및 소리바다 소프트웨어가 제공하는 서비스 중 이용자들의 위 행위와 관련되는 서비스의 내용, 태양 및 그 성질,[224)] (iii) 서비스 제공 이후의 소리바다의 운영 상

---

222) 비단 이 부분뿐만 아니라 소리바다 사건의 당사자 주장과 법원 판단 중 상당부분이 미국 Napster 사건의 쟁송과정을 그대로 반복하고 있음을 알 수 있다.

223) 소리바다 소프트웨어가 개발될 당시 이미 미국에서 Napster의 저작권침해에 관하여 소송이 계속되고 있었고 피고들도 이를 알고 있었던 사정 등이 거론되었다.

224) 소리바다 서버는 공유되는 MP3 파일 자체나 파일목록, 파일정보는 보관하고 있지 않으나, 이는 중앙서버에 의존하는 미국의 Napster에 비하여 적은 설치비용으로 동일한 효과를 창출하고자 하는 재정적 필요에 기인한 것일 뿐이라는 점, 그러나 소리바다 서버는 이용자들의 파일공유를 위하여 가장 필수적인 이용자들의 IP 주소를 관리하고 있는 사실, 소리바다 서비스를 이용하기 위해서는 소리바다 소프트웨어를 다운로드 받아 자신의 컴퓨터에 설치하는 것이 필수적이고, 소리바다 서비스를 이용하여 파일을 공유하기 위해서는 소리바다 소프트웨어를 실행하여 접속하는 것이 불가결하다는 점, 이른바 인디앨범 등 자기가 만든 합법적 음악을 MP3 파일을 통해 불특정다수에게 무상으로 제공하려고 하는 음악가나 그와 같은 MP3 파일을 취득하려고 하는 사람들에게 있어서, 소리바다 서비스에 있어서의 검색기능은 해당 작품에 대한 정보를 충분히 제공하기에 미흡하고 결국 실제로 소리바다 서비스를 이용하여 공유되고 있는 MP3 파일의 대다수는 시중에서 판매되는 대중가요나 팝송 등 인기 있는 음반들을 복제한 파일이라는 점 등이 열거되었다.

황[225] 등을 전체적 · 종합적으로 참작하여 피고들이 이용자의 침해행위를 적극적으로 야기하였거나, 침해행위를 인식하고도 이를 방치하면서 실질적으로 침해행위에 기여하였는지, 피고들이 침해행위를 관리 · 지배하고 그 침해행위로부터 직접적인 재산상의 이익을 얻었는지 등을 따져 이용자의 직접적인 침해행위와 동일하게 평가할 수 있을 만한 사정이 있는 경우에는 그 책임을 인정하여야 할 것이라고 하였다. 그러면서 법원은 피고들이 이용자들의 침해행위를 알면서, 소프트웨어 공급과 서버 운영을 통하여 그와 같은 침해행위가 가능하도록 계속적으로 관여하였고, 피고들의 관리 하에서 그와 같은 침해행위가 행하여지고 있으며, 또한 그와 같은 침해행위를 이용하여 이익을 얻고 있었다 할 것이고, 나아가 그 규모와 기간에 비추어 이용자들의 침해행위는 피고들에 의하여 야기되고 유인되었다 할 것이라고 보았다. 그러므로 피고들은 소리바다 이용자들과 일체가 되어 원고들의 복제권 · 배포권의 침해행위를 하고 있는 것으로 평가할 수 있다고 판시하였다.

나아가 법원은 가사 이용자들의 파일공유행위에 대한 책임이 있었다고 하더라도 이는 교사 · 방조 책임에 불과하여, 저작권법 제91조의 침해정지청구권은 저작권 등의 직접침해자에게만 행사할 수 있을 뿐 교사 · 방조자 등 공동불법행위자에게는 행사할 수 없는 것이라는 피고의 주장에 대하여는, 저작법상의 침해정지청구권은 저작권 등을 침해하는 자에 대하여 그 침해의 태양을 묻지 않고 침해의 정지를 청구할 수 있는 배타적 권리라 할 것이므로, 피고들의 서비스 제공을 이용자들의 직접적 침해행위와 동일하게 평가할 수 있는 이상 원고들은 피고들에 대하여 저작권법 제91조 제1항 전단의 침해정지청구권을 행사할 수 있다고 보았다.

4) 책임요건으로 기술적 통제 가능성이 필요한지 여부

끝으로 피고들은, 소리바다 서버는 이용자들의 검색이나 다운로드에 개입

225) 원고들은 피고들을 고소하면서 이용자들의 저작인접권 침해에 관하여 이용자 ID, 해당곡명 등을 구체적으로 제시하여 고지한 바 있었고, 피고들도 정기적으로 소리바다에 접속하여 점검하면서 소리바다 이용자들에 의하여 저작권 등 침해행위가 일어나고 있음을 충분히 인식하고 있었음에도 소리바다 소프트웨어의 설치 화면에 경고문을 고지하는 외에는 원고들로부터 통지받은 소리바다 이용자들에 대하여 서버에의 접속을 차단시키는 등 이에 대응하는 조치를 취한 바 없는 점, 그런데 피고들은 동영상 파일 등 일정한 경우에는 이용자들의 파일 공유를 제한하는 조치를 취한 바 있었던 점, 2001. 초부터 배너광고 등으로 인한 사이트 운영수입을 얻고 있고 나아가 향후 소리바다 서비스를 유료화하여 수익을 얻는 방식도 고려하고 있었던 점 등을 언급하였다.

하지 않고 있고, 신호가 소리바다 서버를 통해 전달되는 것도 아니어서 피고들로서는 이용자들의 검색이나 다운로드의 내용을 확인할 수 없으며, 그에 대한 기술적 통제 가능성 또한 갖고 있지 않은데, Napster, Kazaa, 파일 로그 등의 외국 판결들이 모두 통제 가능성을 전제로 침해를 인정하고 있음에 비추어 피고들의 저작인접권 침해는 인정될 수 없다고 주장하였다.

그러나 법원은 위 주장에 대하여도 피고들이 저작권침해가 문제되는 MP3 파일들을 가려내어 다운로드를 막는 것이 기술적으로 불가능하다 하더라도 위에서 인정한 여러 사정들만으로도 피고들이 저작인접권을 침해하고 있었다고 보아야 할 것이므로, 피고들의 위 주장은 기술적 통제 가능성 여부에 나아가 판단할 필요 없이 이유 없다고 하였다. 그러면서도, 미국의 Napster 사건에서 미국 법원은 Napster가 그 검색목록에서 침해내용을 찾아 낼 수 있는 능력과 이용자의 시스템 접근을 종료시킬 권리를 가지고 있음을 근거로 대위책임을 인정하였으나 Napster가 구체적으로 통지받은 파일목록에 의한 저작물에 대하여 실제로 접속을 완전히 배제하지 못하자 결국 사이트 폐쇄를 명하였고, 네덜란드의 Kazaa 사건에서 네덜란드 법원은 이용자들의 파일교환에 있어 Kazaa 서버에의 접속이 필수적이 아니고, Kazaa 서비스가 중단된다고 하여 저작물의 불법적인 교환을 막을 수 없다는 점 등을 고려하였으며, 일본의 파일로그 사건에서도 일본 법원은 파일로그가 저작권침해에 해당하는 MP3 파일을 선별하거나 그 파일정보를 차단하는 등의 기술은 보유하고 있지 않음을 인정하고서도, 이용자들의 침해행위가 파일로그의 관리 하에 행해지고 있는가 하는 점을 중시하여 파일로그의 책임을 인정하였을 뿐이라고 판시하였다.

5) 판결에서 명령한 내용

피고들은 소리바다 소프트웨어의 이용자들이 위 소프트웨어를 이용하여 원고들이 저작인접권자 또는 독점적 판매·배포권자인 각 노래가 들어 있는 MP3 파일을 업로드 또는 다운로드 받도록 해서는 아니 된다고 하였다. 그리고 피고들은 스스로 특정한 MP3 파일을 가려내어 업로드 또는 다운로드를 통제하는 것은 기술적으로 불가능하다고 진술하고 있음을 들어, 침해의 정지를 위해서는 피고들이 소리바다 서비스를 운영하기 위하여 사용 중인 서버 3대를 소리바다 서비스 또는 같은 방식의 서비스를 위하여 사용하는 것을 중지하여야

할 것이라고 하였다.[226)]

(3) 판례분석

그보다 앞서 내려진 가처분결정이 보전처분결정의 속성상 극히 간단히 설시에 그쳤음에 반하여, 가처분이의에 대한 이 판결은 외국판례까지 인용한 38페이지나 되는 장문의 판시를 통해 인터넷서비스제공자의 침해책임을 긍정한 사례이다. 특히 P2P 서비스를 제공하는 인터넷서비스제공자의 침해책임에 관하여는 한국 최초의 판결이다. 주의할 것은 소리바다에 대한 가처분결정과 위 판결, 그리고 아래의 손해배상판결, 더 나아가 벅스뮤직 가처분Ⅰ 사건이 모두 같은 법원일 뿐 아니라 동일한 재판부에서 이루어졌다는 사실이다. 이러한 사실 때문에 각 판단의 세세한 부분까지 완전히 동일하다는 것을 이들 판례의 해석상 유의하여야 한다.

1) 배포권의 침해를 긍정한 것은 부당

위 판결은 소리바다 이용자들이 행위가 배포권을 침해한다고 보면서, (i) MP3 복제파일을 이미 가지고 있는 이용자들이 소리바다 서버에 접속하여 다른 이용자들이 위 파일을 다운로드받을 수 있게 두는 행위, (ii) 그리고 접속한 다른 이용자들의 요청에 의한 자동적인 송신의 전기적 신호과정, 그리고 (iii) 다른 이용자들의 컴퓨터에 위 MP3의 재복제파일이 자동적으로 생성되는 과정, 이렇게 3개의 과정이 서로 결합되어, 결과적으로 다른 이용자로 하여금 복제대상인 음을 고정할 유형물을 스스로 제공하는 방법으로 최초 이용자가 음을 유형물에 고정하여 양도하는 것이어서 배포에 해당한다고 보고 있으나, 이는 잘못된 이해이다.[227)]

위에서 (i) 부분의 행위는 굳이 포섭하자면 '일반 공중이 개별적으로 선택한 시간과 장소에서 수신하거나 이용할 수 있도록 저작물을 무선 또는 유선통신의 방법에 의하여 송신하거나 이용에 제공하는 것'[228)]이므로 바로 '전송'에 해당할 수 있는 것이지 배포의 개념과는 아무런 관계가 없다. (ii)에서 송신의

226) 미국의 예비적 유지명령과 달리 한국의 이러한 가처분결정이 미치는 효력은 손쉽게 우회할 수 있다는 비판적 견해로는 설민수, 앞의 논문, 106면.

227) 최성준, "온라인음악서비스에 대한 법적 검토," 한국지적재산권학회 국제학술세미나 「디지털 콘텐츠와 저작권」중 「온라인 음악서비스에 대한 법적 검토 및 토론」 토론문, 2003. 11. 14, 6-7면에서도 '타인이 그 파일을 전송받아 갈 수 있는 상태에 두는 것' 만으로 과연 배포에 해당한다고 할 수 있을지는 의문이라고 한다.

228) 배포와 구별되게 전송의 개념을 정하고 있는 저작권법 제9조 9의2호의 표현 그대로이다.

전기적 신호과정은 다름 아닌 '저작물을 …유선통신의 방법에 의하여 송신' 하는 것으로 명백한 '전송' 행위에 해당하는 단계이며, (iii)은 최초 MP3 파일 소지자의 배포행위의 일부에 속하는 것이 아니라 다른 이용자들 각각의 복제행위에 불과하다. 우리 저작권법 상 배포란 '저작물의 원작품 또는 그 복제물을 일반 공중에게 대가를 받거나 받지 아니하고 양도 또는 대여하는 것' (저작권법 제2소 15호)을 말한다. 그런데, 이 사건과 같이 MP3 복제파일을 기진 이용자가 원본파일은 자신의 컴퓨터에 여전히 보관한 상태로 파일을 전송하여 다른 이용자들의 컴퓨터에 각각 복제되게 송신하는 행위에서는 양도 또는 대여에서와 달리 점유의 이전이 없기 때문에 배포라고 보기 어렵다.[229]

물론 2000. 1. 12. 저작권법 개정 전에는 전송이 과연 배포에 속하는지, 방송에 속하는지 논란이 분분하여 불분명한 형편이었고 대법원의 입장 중에는 방송으로 보는 사례[230]가 존재하였기는 하였다. 그렇지만, 분명한 것은 2000. 1. 12. 저작권법 개정으로 일단 저작권자에게는 전송의 개념이 독립되고 전송권이 신설된 이상 이미 그것만으로 (이후 2000년 저작권법에서는 저작권자에게만 전송권이 부여되었고 2004년 개정 저작권법에서야 비로소 음반제작자에게 전송권이 부여된 사실을 고려할 필요 없이) 전송권의 독자적인 영역[231]이 존재하게 되었다는 것이다. 위 판례는 이렇게 전송권이 새로 신설되었음을 간과하고 그 이전의 해석태도에 따라 배포권의 개념을 지나치게 확장하고 있는 것이라고 보인다. 미국에서는 전송권을 따로 규정하지 않고 배포권(right to distribute)의 범위를 확장하여 이를 포섭하고 있는데,[232] 미국 Napster 사건에서의 논의를 참고하는 과정에서

229) 정상조, 앞의 책, 2004, 327면 이하 참조. 같은 입장으로는 박익환, "인터넷상 방송 및 전송을 통하여 본 저작권문제," 디지털재산법연구 제1권 제2호, 한국디지털재산법학회 편, 세창출판사, 2002, 135면 ; 김현철, "음악파일의 공유는 사적이용을 위한 복제 아니다," 저작권문화 102호, 저작권심의조정위원회, 2003. 4. 〈www.copyright.or.kr/copy/index.asp〉[2003. 6. 1.]; 이규홍, "P2P 방식에서의 디지털 저작물 보호 등 저작권법상의 몇몇 문제점에 대하여," 205면 등.

230) 아래 벅스뮤직 가처분Ⅱ 사건의 각주에서 설명하는 대법원 2003. 3. 25. 선고 2002다66946 판결. 같은 입장을 취한 것으로는 서울지방법원 2003. 7. 7. 선고 2002노11814 판결(2000년 법개정 이전 스트리밍 방식으로 뮤지컬을 관람하게 한 행위를 방송으로 보고 있음).

231) 당시 신설된 전송권의 범위가 디지털방송 등 새로운 형태의 서비스를 포섭할 수 있을지에 관하여는 다소 불분명하였다는 점에 관하여는 정상조, "개정 저작권법의 내용과 쟁점," 인터넷과 법률, 현암사, 2000, 111면.

232) 즉 'distribution by transmission' 으로 이해되고 있다. 이런 입장과 반대로 1995년 클린턴 행정부 정보인프라 실무단(IITF, Information Infrastructure Task Force)은 최종보고서인 백서(White Paper)에서 저작물이 전송에 의하여 일반 공중에 배포될 수 있으며, 미국 저작권법상 저작권자의 배포권 안에 이미 그러한 전송행위가 포함되어 있음을 분명히 하면서 다만 이를 명확히 입법할 것을 권고한 바

우리 법제와의 차이를 혼동하였다고도 추측해 볼 수 있다.[233]

위 판례의 입장에 충실하자면, A가 P2P처럼 가상공간이 아닌 현실공간에서 저작권자의 허락 없이 다른 사람들인 B, C로 하여금 그들 소유의 오디오 플레이어와 테이프를 이용하여 A 자신의 오디오 플레이어를 이용한 음악저작물의 재생을 녹음케 하는 방법을 취하여도 A의 배포가 될 수 있다는 결과가 된다. 이렇게 되면 A의 배포행위에 B, C가 저작권침해의 공동불법행위자가 되는 것인지, 아니면 '테이프'라는 수단을 제공하여 A의 배포행위를 가능하게 한 방조에 의한 불법행위책임을 부담하는 것인지 모호해지고, 만일 후자라고 한다면 배포에 가장 결정적인 행위, 즉 테이프에의 녹음을 직접 한 것은 B, C인데 왜 A가 배포의 주범이 되는 가의 복잡한 법리문제가 발생한다. 이로써 복제 · 전송 · 배포 등의 개념들에게 일정 영역을 할당하여 비교적 명확히 구분하고자 한 저작권법 체계가 뿌리 채 뒤흔들리는 상황이 된다. 위와 같은 현실의 사례는 A의 공연행위와 B, C의 각 복제행위로 보는 것이 가장 간명한 방법인 것이다.

설령 그렇지 않고 양보하여 위 판례의 내심의 취지가 2000. 1. 12. 저작권법 개정에서도 여전히 전송권이 인정되지 아니하였던 저작인접권자의 보호를 위하여 배포권을 부득이 확장하고자 한 선의의 시도라고 하더라도 이는 법 해석의 한계를 넘어 입법의 영역을 침범한 것에 불과하다. 뿐만 아니라 언듯 보아서는 법원의 이러한 태도가 당장은 저작권자 측에 이득이 될 것 같지만 궁극적으로는 더 큰 위협을 불러올 수 있다. 즉 P2P 공간에서의 위와 같은 행위까지 전송이 아니라 배포라고 볼 경우 최초판매이론(first sale doctrine)[234]의 적용문제

있다. 하지만 받아들여지지는 않았다(위 보고서 p. 213 'Recommendations 1. a. The Distribution Right' 부분, 보고서 전문은 미국 특허청 홈페이지에서 다운로드가능〈www.uspto.gov/web/offices/com/doc/ipnii〉[2004. 9. 14.].

233) 전송행위가 당연히 배포권의 범주에 속하는 것으로 보는 미국법제에서 논의된 Napster와 달리 저작인접권자에게 전송권이 없는 한국에서의 소리바다는 근본적으로 달리 이해하여야 한다는 취지로는 정상조, "소리바다는 저작권을 침해했을까?," 인터넷 KAIST TIMES 232호 학술면 참조. 이는 P2P에서는 복제권이 아닌 전송권이 쟁점의 본질이라는 면을 적절히 환기시키고 있다.

234) 종래 배포권은 有形의 저작물을 전제로 한 권리개념이다. 이를 전제로 저작권자의 권리(배포권)도 저작물이용자의 큰 편의를 위하여 일정부분 양보(최초판매의 원칙)하였을 뿐이다. 그렇기 때문에 디지털형태를 가진 무형저작물의 등장에 따라 새로 도입된 전송권에서는 최초판매의 원칙이 인정되지 아니한다고 해석함이 대개의 입장이다. 전송권의 변형이라고 여겨지는 세계지적재산권기구 저작권 조약 제8조의 공중전달권(Right of Communication to the public)은 같은 조약 제6조의 배포권(Right of Distribution)과 달리 아무런 제한을 받지 않는다는 점이 그 근거로 거론된다. 즉, 제6조 제2항에서만 "이 조약의 어떠한 규정도 체약 당사자가 저작물의 원본이나 복제물이 저작자의 허락 하에 최초

때문에 음악파일을 전송하는 행위의 위법성을 저작권자가 따지는 데 엄청난 어려움이 생길 수 있다.[235]

2) 사적 복제에 있어 영리 목적은 좁게 해석해야 함

위 판결은 소리바다 이용자들의 행위가 사적복제에 해당한다는 피고 주장을 배척하면서 사적 복제에 관하여 저작권법 제27조에서 정한 요건 중 '영리를 목적으로 하지 아니하고'를 잘못 해석하고 있다. 앞서 본 대로 법원은 "소극적으로 저작물의 구입비용을 절감하는 정도만으로는 영리의 목적을 인정하기에 부족하고 시판되는 게임프로그램 등을 다른 사람이 구입한 게임CD로부터 복제하는 경우와 마찬가지로 통상 대가를 지급하고 구입해야 하는 것을 무상으로 얻는 행위에는 영리의 목적이 인정된다"고 판시하고 있다. 그러나 '시판되는 게임프로그램 등을 다른 사람이 구입한 게임CD로부터 복제하는 경우'란 바꾸어 표현하자면 '구입 대신 복제로 구입비용을 소극적으로 절감하는 경우'에 다름 아니므로 위 판시는 사실 동어반복에 불과한 두 가지 표현을 마치 서로 상이한 표현인 것처럼 대비시키는 잘못을 범하고 있다.

이에 관한 유력한 반대 입장[236]에 따르면 사적 복제를 성립할 수 없게 하는 '영리의 목적'이란 '소극적으로 저작물의 구입비용을 절감한다는 의미가 아니라, 복제물을 타인에게 판매하거나 타인으로부터 복제의 의뢰를 받아 유상으로 복제를 대행하는 등 복제행위를 통하여 직접 이득을 취할 목적'을 가리킬 뿐이다. 따라서 소리바다의 이용자들이 MP3 파일을 구입하는 대신 소리바다 서비스 상에서 파일교환의 방법으로 획득하는 행위는 도덕적 비난대상이 될지

판매되거나, 또는 기타 소유권이 이전된 후에 제1항 상의 권리의 소진이 적용될 조건을 결정할 자유에 영향을 미치지 아니한다"고 하여 체약당사국에게 배포권에 관하여는 권리소진, 즉 최초판매의 원칙을 인정할 수 있는 재량을 부여하고 있다.

235) 가령 이미 저작권자 甲이 적법하게 허락한 음악파일을 보유하고 있는 이용자 乙이 P2P 공유폴더에 그 음악파일을 위치해 놓았는데 현실적으로는 丙만이 이를 수신하였고(비인기곡이라면 충분히 가능한 상황임), 그와 거의 동시에 이미 음악파일에 싫증을 느끼던 甲은 본인의 파일을 삭제한 경우가 존재할 수 있다. 이때 乙, 丙이 최초판매이론을 운운하며 저작권자 甲의 권리침해 주장에 반박할 때는 마땅히 이를 배척하기 곤란하게 될 것이다. 특히 乙, 丙의 행위를 배포로 분류해 버리면 이미 확실하게 긍정될 것 같았던 丙의 복제권 침해부분도 최초판매이론에 따른 적법한 배포를 위한 부수적 행위일 뿐이라는 주장까지 등장하게 되고, 乙, 丙 간의 행위가 배포권 침해에 불과하지 최초판매이론의 영역은 아님을 입증하기 위하여 저작권자 甲으로서는 乙의 공유폴더로부터 丙뿐만 아니라 다른 수많은 불특정다수인이 아울러 음악파일을 수신하였다는 점까지 증거를 제시하여야 한다는 논리도 제시될 수 있는 것이다.

236) 오승종 · 이해완, 앞의 책이 이러한 입장이다.

는 몰라도 적어도 저작권법 상 사적 복제에 해당하는지를 검토함에 있어서는 그와 같은 측면만 들어 이용자들에게 영리의 목적을 쉽게 인정하여서는 안 된다.

그렇지 않고 판례의 입장대로 "통상 대가를 지급하고 구입해야 하는 것을 무상으로 얻는 행위는 영리의 목적이 있는 것이다"라고 해석해 버리면, 이는 결국 저작재산권 제한의 한 형태로서 사적 복제라는 제도의 존재 자체를 부정하는 것이 된다.[237] 우선 "저작권법에 의하여 저작권자의 저작권이 보호된다"고 우리가 논할 때 자본주의 사회에서의 의미는 "당해 저작물 이용이 유료이다"라는 뜻에 다름 아니다.[238] 이렇게 저작재산권이 보호된 결과 사실상 언제나 유료인[239] 저작물에 대하여 경위야 어찌되었든 위 판례의 표현 그대로 '통상 대가를 지급하고 구입해야 하는 것을 무상으로 얻는" 경우 사적 복제가 아니라고 한다면 실제로 사적 복제가 인정될 상황은 어느 경우도 없게 된다.

영리 목적에 대한 위 판결의 느슨한 해석은 판결 스스로는 밝히고 있지 아니하지만, 위 판결이 크게 의지하여 경우에 따라서는 그대로 채용하다시피 한 미국 Napster 법원의 입장을 추종한 것이라고도 짐작된다. 그러나 Napster 법원이 소리바다 이용자들의 행위와 거의 동일한 Napster 이용자들의 행위에 대하여 '영리 목적'이 있다고 판단한 것을 영리 목적(commercial use)이라는 문구해석에만 완전히 의거한 결과로 보아서는 곤란하다. Napster 법원은 '영리 목적'을 해석함에 있어 그보다 앞선 다른 판결례들도 선례로 원용하고 있지만 1997년 전자절도금지법(No Electronic Theft Act)을 통하여 기존 저작권법상 '경제적 이익(financial gain)'의 개념이 확장된 것에 실제로는 강한 영향을 받았다. Napster 항소심이 영리 목적의 해석의 근거 중 하나로 이러한 전자절도금지법을 나열하고 있음은 이미 Napster 판결을 설명한 부분에서 상술하였다. 따라서 전자절도금지법과 같은 특별법을 통하여 관련 용어의 정의가 확대되는 등 입법

237) 비슷한 취지로 김현철, 앞의 논문, 6면에서도 대부분의 사적 이용을 위한 복제는 무료로 제공되는 저작물의 복제물을 이용하는 것이 아니라 유료로 제공되는 저작물의 복제물을 구입하는 대신 복제하는 것이므로 법원의 논리에 의하면 사적 복제가 성립될 여지가 없어지게 된다는 입장이다.

238) 즉, 사적 복제라는 예외는 복제권의 제한, 즉 저작재산권에 대한 제한이지 재산 혹은 금전과 관계없는 저작인격권 영역의 문제가 아닌 것이다. 바꾸어 말하자면 사적 복제의 예외를 자본주의 사회에서 긍정하는 출발 자체가 저작재산권 이용은 유료라는 원칙에 일정한 예외(특수한 상황에서의 무료이용)를 인정하겠다는 것이다.

239) 저작권자가 스스로 유료이기를 포기하고 무료로 제공한 저작물이라면 아예 저작권자가 복제권의 침해를 운운하여 애당초 쟁송을 제기할 일도 없을 것이어서 이용자가 사적 복제의 항변을 제출할 필요조차 없을 것이다.

적 사정이 달랐던 미국의 해석에 한국의 그것을 꼭 맞출 이유는 없는 것이다.[240] 아울러 Napster 1심 판결문에서는 '이용자에게 적법 저작물의 구입비용을 절감시키기 위한 복제'는 영리적 이용이고 공정이용이 아니라는 취지로 선례를 원용한 설시부분이 등장하고 소리바다1 법원도 이를 참고하였을 듯하지만, 이러한 Napster 1심 판결문이 상당히 오해를 불러일으킬 수 있는 잘못된 인용이라는 것도 이미 설명하였다.[241]

그렇지만 판례가 설시한 바와 같이 소리바다 이용자들의 행태는 MP3 복제파일을 자신의 컴퓨터에 저장하는 데 그치지 않고 특별한 사정이 없는 한 바로 전혀 친분관계가 없는 불특정 다수의 다른 이용자에게 재전송하는 것을, 이용자 상호간에 서로 양해하고 있는 관계이므로 이들 사이의 관계는 사적 복제의 두 가지 요건 중 앞서 '(ii) 이용범위가 개인적 이용이나 가정 및 이에 준하는 한정된 범위'에 해당하지 않는다고 보인다.[242] 그 결과 결국에는 사적 복제에 해당한다고 할 수 없다고 판단한 판결의 결론에는 공감하지만, 그 결론에 이르기 위한 다른 요건(영리 목적이 아닐 것)은 좀 더 신중히 검토하였어야 할 것이다.

3) 사적 복제와 관련한 그 밖의 쟁점 검토

제3자가 소유한 저작물을 이용하여 복제하는 경우에 사적복제가 되기 위해서는 그 제3자가 저작물을 이용할 권리를 저작권자로부터 적법하게 허락받았어야 함을 전제하는 견해가 있다. 이에 따르면 소리바다에서 MP3 파일을 전송하는 이용자들이 이러한 허락을 받지 않은 점만으로도 소리바다에서의 MP3 파일교환행위가 사적 복제에 해당하기는 어렵다는 것이다.[243] 그러나 이런 풀이는 의문이다. 이 견해는 저작권법 입법 당시 디지털복제를 예상하기 어려웠고 특히 우리 법은 복제보상금제도도 갖추고 있지 않으므로 위와 같이 해석하지 아니하면 다량의 디지털복제가 합법적으로 이루어져 저작권자의 이익을 심대하게 침해하는 것을 막을 수 없음을 근거로 한다. 사실 저작권법에서 종래부터 사적 복제가 허용된 가장 큰 이유는, 아날로그 시대의 저작물은 이를 개인이 복제하는 것을 허용하더라도 복제행위에 상당한 시간과 노력이 수반될 뿐만

240) 심지어 미국에서조차 위와 같이 전자절도금지법의 등장에 불구하고 여전히 P2P 파일교환은 '영리적(commercial)' 이용은 아니라는 견해(Neil Weinstock Netanel, op. cit., p. 32)도 존재한다.

241) 자세히는 제5장 제1절 Ⅰ. 2. (2) 2) 부분 각주 참조.

242) 같은 취지로는 김문환, "MP3과 저작권법상의 문제점," 인터넷과 법률, 법문사, 2002, 365면

243) 안효질, "P2P환경 하에서의 저작권침해책임," 22-23면.

아니라 그 복제물의 품질이 통상 원본보다 조악하여 실제로 저작권자에게 미치는 저작물 시장에서의 손실이 크지 않다는 전제 때문이었다. 그런데 디지털시대에서는 사적 복제를 허용한 위와 같은 기본 전제가 파괴되었으므로 디지털시대에서도 아날로그시대와 마찬가지로 사적 복제라는 예외를 허용할지에 관하여 이미 한국뿐 아니라 전 세계적으로 활발한 논의가 있고,[244] 특히 몇몇 외국 국가들의 예[245]에서는 이미 공정이용의 성립을 위해서는 원본의 소지자가 적법한 소지중일 것을 요구하고 있다. 앞서 논자의 견해는 이러한 문제점과 그에 대한 대응방법을 지적하는 점에서는 의미가 있다.

그러나 우선, 디지털저작물은 아날로그 저작물과 달리 원본인지, 복사본인지 판별이 용이하지 않다. 따라서 인터넷 상으로 저작물을 전송받는 수신자에게 상대방 전송자가 적법한 권리자인지 확인할 것을 요구하는 것은 사실상 인터넷에서는 사적 복제를 허용하지 않겠다는 말과 다름 없다. 이것은 사적 복제와 관련하여 사실 일종의 입법적 결단을 요구하는 중대한 변경이다. 그런데 우리의 현행 저작권법은 아날로그 시대에 제정된 뒤 그대로 고쳐지지 않고 시행되고 있는 구식의 법률(바꾸어 말하면 시대변화에 따른 학설적 해석의 보완이 꼭 필요한 법률)이 아니라 디지털 시대에 맞추어 이미 수차례 개정된 결과물이다. 그럼에도 아직 우리 저작권법은 종전부터 존속되어 온 사적 복제 규정을 외국의 예처럼 손질[246]하거나 복제부과금 제도 등 보완적 제도를 아직 도입하지 아니한 것은 이 역시 입법자의 결단이라고 볼 수 있다. 그렇다면 아날로그 시절의 사적 복제의 요건을 논의함에 있어서는 거의 요건으로 거론된 적이 없던 '사적 복제의 목적물에 관하여 원점유자가 저작권자로부터 이용허락을 받았을 것'이라는 사실상 새로운 요건을 추가하는 것은 학설로서 가능한 법해석의 범위를 넘어선 것이다. 그러한 방향의 규율은 디지털 전송형태의 복제에서는 사적 복

244) 가령 국내에서의 논의로는 민은주, 앞의 논문, 38면 등.

245) 가령, 독일의 저작권법 제53조는 사적 복제를 위해 사용된 복제원본이 불법적으로 생성된 것이 아님이 명백한 경우에 한하여 사적 복제의 성립을 인정하는 엄격한 입장이라고 한다[국회 문화관광위원회, "저작권법 중 개정법률안 검토보고," 2005. 2, 8면]. 뿐만 아니라 미국의 Sega Enterprises v. Maphia 판결(857 F.Supp. at 687)은 Atari Games Corp. v. Nintendo of America, Inc. 사건(975 F.2d 832, 843)을 원용하면서 공정이용이라는 예외를 주장하려면 반드시 저작물의 정당한 사본을 보유하고 있어야 한다고 판시하고 있다. 그러나 우리법상 사적 복제의 요건을 정한 성문규정이 다르다고 볼 때 우리의 해석을 이들 국가들의 그것과 반드시 일치시켜야 할 필요는 없다.

246) 2000. 1. 12. 개정시 단서 조항으로 '일반 공중의 사용에 제공하기 위하여 설치된 복사기기에 의한 복제'를 사적 복제에서 제외하고 있을 뿐이다.

제를 대폭 제한하거나, 복제부과금을 도입하는 방향과 같은 입법자의 새로운 결단을 요구하는 영역[247]이라고 보는 것이 현재까지는 더 타당할 것이다. 다만 이 책도 그러한 방향으로의 근본적 수정에 대한 검토가 한국에서 필요하다는 것 자체를 부정하는 것은 아니다.

아울러, 저작권법이 전송권을 저작재산권의 일종으로 규정한 이상 사적복제의 규정은 적용될 여지가 없어, 저작권자의 동의 없는 저작물의 전송은 항상 저작권침해를 구성한다는 설명[248]도 있으나, 역시 의문이다. 수신자의 복제행위가 공정이용(사적 복제)을 구성한다면 전송자의 전송행위는 그것이 일견 저작권자의 전송권을 침해하는 외양을 가졌더라도 위와 같은 공정이용을 위하여 불가피하게 수반되는 행위라고 반박할 여지가 없지 않다. 위 설명처럼 손쉽게 단정할 수는 없는 것이다.[249]

4) 저작권법 상으로도 방조의 경우까지 침해정지책임을 부담시키는 해석이 가능함

소리바다 가처분이의 1심 판례는 그보다 앞서 인터넷서비스제공자의 저작권침해 관련 책임을 논한 칵테일 98 사건이나 인터넷제국 사건과 마찬가지로 판시 내용에서 미국에서의 기여책임[250]이나 대위책임[251]에 관한 설명을 상당부분 차용하고 있음을 알 수 있다. 그렇지만 위 판례는 미국에서의 그런 논의들이 우리 성문법 중 어느 조문과 관계있느냐의 문제, 즉 소리바다가 민법 제760조 1항의 공동불법행위의 책임을 지는가, 아니면 제760조 3항의 교사·방조에 의한 불법행위책임을 부담하는지에 관하여 명시적으로 언급하고 있지 않다.[252]

---

247) 그런데, 2004년 말 다시 발의된 저작권법 전면개정안에서는 사적복제를 정한 저작권법 제27조 중 종전 단서(공중용 복사기기에 의한 복제)에 더하여, 새로운 단서로 '저작권을 침해하여 만들어진 복제물 또는 정당한 권리 없이 배포, 방송, 전송된 복제물을 그 사실을 알면서 복제하는 경우'를 정하고 있었고, 만약 이러한 원안대로 입법되었다면 당연히 향후에는 인터넷상의 복제가 많은 경우 사적복제에 해당하기 곤란하였을 것이다. 그렇지만, 2005. 3. 8. 공청회에 제출된 개정안에서는 위와 같은 새로운 단서가 삭제되어 있다.

248) 안효질, "P2P환경 하에서의 저작권침해책임," 28면.

249) 이와 일부 관련된 논의는 제5장 제3절 VI. 3. (2) '파일을 수신하는 이용자의 책임' 부분 참조.

250) 위 판례 중 '피고들이 이용자의 침해행위를 적극적으로 야기하였거나, 침해행위를 인식하고도 이를 방치하면서 실질적으로 침해행위에 기여하였는지…' 설시 등.

251) 위 판례 중 '피고들이 침해행위를 관리·지배하고 그 침해행위로부터 직접적인 재산상의 이익을 얻었는지…' 설시 등.

252) 판결의 설시 중 '4. 나. 채무자들의 저작인접권 직접침해 여부'에서 '이용자들과 공동으로 채권자들의 음반 복제권·배포권을 직접적으로 침해'하였다는 원고의 주장을 법원이 배척한 것이 다름 아니라 협의의 공동불법행위를 부정한 것이고, 반대로 '4. 다. 소리바다 이용자들의 저작인접권 침해에 따른 채무자들의 책임 여부'에서 '이용자들의 침해행위를 가능하게 하거나 용이하게 함으로써 채권

판례가 전자에 의한 책임을 지운 것으로 보는 해석도 있는데,[253] 어쨌든 학설의 다수[254]는 후자에 의한 책임을 묻는 태도가 타당하다는 입장으로 보인다.

비록 교사·방조에 의한 불법행위도 제760조 3항의 규정이 제760조 1항을 준용하므로 민법 영역에서는 제760조 1항에 따른 공동불법행위와 법률효과에서 차이가 없다. 하지만 저작권법의 영역으로 넘어오면 공동침해자의 경우와 달리 교사·방조에 의한 침해자는 저작권법 제91조에 침해정지청구권의 상대방이 되지 않는다는 상당히 유력한 해석론[255]이 있다. 이에 따른다면 협의의 공동불법행위인지, 교사·방조에 의한 불법행위인지에 따라 피고에게 미치는 법률효과의 차이가 크게 된다. 이러한 해석론은 저작권법 제91조[256] 중 '그 권리를 침해하는 자'란 원칙적으로 자신이 직접 권리를 침해하는 자에 국한되며, 예외적으로 특허법 제127조, 실용신안법 제43조, 의장법 제63조, 상표법 제66조 등에서와 같이 지적재산권 침해의 방조와 관련된 행위까지 당해 권리의 침해행위로 간주하는 규정, 즉 간접침해 규정을 두고 있을 때만 침해행위의 방조자까지 '그 권리를 침해하는 자'에 포함될 수 있을 뿐임을 전제하고 있다. 그런데 저작권법은 이런 간접침해 규정을 두고 있지 아니하므로 결국

자들의 위 권리를 침해하였다'는 원고 주장을 인정한 것은 교사·방조에 의한 공동불법행위를 인정한 것이라고 선해할 수도 있다. 하지만 법원은 모호한 표현을 사용하였다. 앞선 주장을 배척한 것은 협의의 공동불법행위 전반이 아니라 단지 침해의 목적으로 소리바다 프로그램 개발 및 소리바다서비스가 유지된다는 주장부분만을 배척한 것이라고도 볼 수 있고, 원고의 나중의 주장을 인용한 것은 과연 교사·방조 책임으로 인정한 것인지, 그 중 교사인지 방조인지 명기하지 않았던 것이다. 다만, 같은 사건의 항소심에 이르러 전자의 주장은 협의의 공동불법행위의 책임 주장으로, 나중의 주장은 분명히 방조에 의한 책임 주장으로 정리된 듯하고 항소심 역시 그러한 각 주장으로 당부를 판단하고 있다.

253) 최성준, "정보의 보호를 둘러싼 분쟁과 재판실무," 4-5면, 및 같은 저자의 "온라인음악서비스에 대한 법적 검토," 한국지적재산권학회 국제학술세미나『디지털 콘텐츠와 저작권』중『온라인 음악서비스에 대한 법적 검토 및 토론』토론문, 2003. 11. 14., 2면.

254) 최성준, "온라인음악서비스에 대한 법적 검토" 및 "정보의 보호를 둘러싼 분쟁과 재판실무," 및 이규홍, "P2P 방식에서의 디지털 저작물 보호 등 저작권법상의 몇몇 문제점에 대하여," 210-11면 등.

255) 최성준, "정보의 보호를 둘러싼 분쟁과 재판실무," 6면, 그 외에 박성호, "소리바다를 둘러싼 저작권 쟁점," 경찰청 사이버수사대 법률칼럼 〈www.cybercrime.go.kr/column/columnt_02_2.htm?id=11&cpage=1〉 [2006. 3. 18.] 및 "온라인서비스제공자의 불법행위책임," 계간 저작권 2001년 겨울호, 44면도 '저작권법상의 저작권침해는 인정되기 어렵다 하더라도 저작권침해를 방조한 경우에 해당하여 공동불법행위책임이 성립한다는 것을 인정하고, 인격권 침해나 환경권 침해에 준하여 일정한 요건 아래에서 제한적으로 금지청구권이 인정된다고 판단한 것'이라고 하여 앞선 논자의 해석과 같은 듯하다.

256) "저작권 그 밖의 이 법에 의하여 보호되는 권리 …를 가진 자는 그 권리를 침해하는 자에 대하여 침해의 정지를 청구할 수 있으며, 그 권리를 침해할 우려가 있는 자에 대하여 침해의 예방 또는 손해배상의 담보를 청구할 수 있다."

저작권침해의 방조행위는 저작권법상 권리를 침해하는 행위라고 볼 수 없음을 근거로 내세운다.[257]

반면 판례는 "저작권 등을 침해하는 자에 대하여 그 침해의 태양을 묻지 않고 침해의 정지를 청구할 수 있는 배타적 권리라 할 것이므로, 피고들의 서비스 제공을 이용자들의 직접적 침해행위와 동일하게 평가할 수 있는 이상 원고들은 피고들에 대하여 저작권법 제91조 제1항 전단의 침해정지청구권을 행사할 수 있다"고 하였으므로 그 논리가 무엇인지는 명확치 아니하지만 결론은 분명히 위 해석론과 정면으로 대립된다.

살피건대 저작권법이 특허법 등 다른 법들과 달리 간접침해의 규정을 두고 있지 않고 있더라도 이 점에 터잡아 곧바로 방조에 의한 저작권침해자가 저작권법상 침해금지청구의 상대방이 아니라고 단정하는 것은 다음과 같은 이유들 때문에 부당하다.

첫째, 우리 특허법 등에서 정한 간접침해는 미국 특허법상 '기여침해(Contributory Infringement)'[258]를 도입한 것이다. 그 어휘가 인터넷서비스제공자의 책임을 논함에 있어 거론되는 기여책임(Contributory Liability)과 유사할 뿐만 아니라, 실제로도 미국 판례법 상 기여책임이 미국의 특허법 규정에서 출발하였다고 보는 것이 대체적인 해석이다. 그리고 우리 특허법 등이 간접침해로 실제 규제하고 있는 태양도 가령 '특허가 방법의 발명인 경우에는 그 방법의 실시에만 사용하는 물건을 생산·양도·대여 또는 수입하거나 그 물건의 양도 또는 대여의 청약을 하는 행위(특허법 제127조 제2호)'와 같이 위 인터넷서비스제공자의 기여책임이 거론될만한 태양(가령 오로지 저작권침해를 목적으로 한 인터넷서비스제공자의 서비스나 그 시설의 생산 및 이용자에 대한 대여 등 일련의 준비행위)과 일견 유사하다. 그러므로 우리 저작권법이 특허법 등과 달리 이러한 간접침해행위를 규율하는 간접침해 규정을 두지 아니한 결과 그와 일견 동일한 인터넷서비스제공자의 방조행위에 대하여 침해금지청구를 구하기 곤란한 것으로 보일 수도 있겠다. 그러나 미국법의 해석이 아닌 우리 특허법 등에 국한[259]

257) 앞서 일본의 파일로그 사건을 설명하며 보았듯이, 한국의 이러한 다수설적 해석론은 피고 파일로그가 내세웠던 주장과 그대로 일치한다. 피고 파일로그는 그 외에도 저작권법상의 금지청구권은 상대방의 고의·과실을 묻지 않는 강력한 권리인데, 교사·방조까지 전부 금지청구의 대상으로 하면 과도한 금지가 될 우려가 있다는 주장도 덧붙인 바 있다.

258) 35 U.S.C. 271 (Infringement of patent).

한다면 위 특허법 제127조 1호는 침해를 준비하는 단계의 행위를 미리 준비단계에서 차단하여 침해를 막고자 하는 취지로 보인다. 이러한 행위는 방조행위의 일부에 속한다고 할 수는 있을지 몰라도 逆으로 인터넷서비스제공자의 책임론에서 문제되는 인터넷서비스제공자의 방조행위 등이 언제나 위 간접침해에 해당한다고 볼 필요는 없을 것이다. 사전 준비단계가 본질이라 할 위 간접침해 행위에서처럼 '저작권침해를 목적으로 한 인터넷서비스제공자의 서비스나 그 시설의 준비행위'가 아니라, 위 시설을 가동하여 서비스를 함으로써 침해를 현재 돕고 있는 행위를 제지하는 것이 인터넷서비스제공자의 방조행위 중에는 더 문제된다.

결국 특허법 등이 정한 간접침해행위와 저작권법에서 거론되는 방조행위는 비록 공통적인 요소가 있을지라도 범위가 반드시 일치하는 것은 아니다. 따라서 특허법 등과 달리 간접침해행위를 규제하는 규정이 없다고 하여 저작권법에서 방조행위를 어느 경우나 규제할 수 없는 것은 아닌 것이다. 오히려 다음과 같은 정책적 고려를 할 때 저작권법 제91조의 해석으로도 방조행위에 대하여 충분히 침해금지를 구할 수 있다고 보아야 타당할 것이다.

둘째, 앞서 다수설적 해석론에 따른다면 방조책임을 부담하는 인터넷서비스제공자에게 침해금지가 아닌 손해배상을 청구하는 경우에도 저작권법상로는 손해배상을 구할 수 없고 민법의 불법행위 규정에 의하여야 한다는 입장으로 귀결된다.[260] (방조에 의한) 저작권법 관련 책임을 거론하면서 정작 근거규정은 저작권법에 의하지 못하고 굳이 민법규정에 의지하여 책임을 지우는 해석은 구조적으로나 논리적으로 어색하고 문제가 있다. 뿐만 아니라 이러한 인터넷서비스제공자나 그 대표자들에게 형사책임을 추궁한 실무 사례[261]와 비교할 때 형

259) 미국 특허법상 간접침해가 당해 물품이 주로 특허권침해에 쓰일 것을 요구하는 것과 달리 우리 특허법은 가령 제127조 제1호 중 '그 물건의 생산에만 사용하는 물건을 생산'하는 행위처럼 오로지 특허권침해에 쓰일 것을 요건으로 하는 점에 차이가 있다.

260) 손해배상에 관한 저작권법 제93조는 '권리를 침해하는 자'만이 손해배상의무가 있다고 규정하고 있는데, 이는 저작권법 제91조에서 침해정지청구의 상대방을 '권리를 침해하는 자'로 규정하고 있는 것과 문구가 완전히 동일하므로, 후자의 규정에 의하여 상대방이 되지 않는 이상 전자의 경우만 상대방이 된다고 보기 곤란하기 때문이다.

261) 이 책에 등장한 인터넷서비스제공자 관련 민사사건들과 동일한 사안에 대한 형사 처리의 결과를 보면 가령, 아래에서 설명하듯이 소리바다 대표자들에 대한 형사 기소에 의거한 법리가 '방조에 의한 저작권법위반'일 뿐 아니라, 앞서 본 인터넷제국 사건에서 주식회사 인터넷제국 및 그 대표자인 최O에 대하여 이미 서울지방법원 2000고약58241호 약식사건으로 2002. 2. 15. '방조에 의한 저작권법위

사로는 저작권법에 따라 의율하면서도 민사로는 민법에 의하여야 한다는 결론도 비록 형사와 민사의 차이를 감안하더라도 상당히 어색하다.

이상과 같은 이 책의 분석이나 그 반대인 위 해석론의 입장과는 다소 출발점을 달리하여, 민법상 소유권에 의한 방해배제청구권에 기하여 침해상태를 직접 야기하지 않았더라도 그 권리 침해상황을 지배하는 지위에 있다고 인정되면 그 상대방이 될 수 있는 것과 마찬가지로[262] 인터넷서비스제공자가 그 침해상태를 야기하지 않았다고 하더라도 그 권리방해상황을 지배하는 지위에 있다고 인정된다면 저작권법 제91조 소정의 침해배제책임을 부담시키는 데에는 이론적으로 별 무리가 없다고 하여[263] 결국 침해정지청구권의 근거를 이 책과 마찬가지로 저작권법에서 찾는 견해[264]도 있다.

반' 의 죄가 확정된 바 있다.

262) 이 견해의 근거는, 침해배제청구권에 관한 민법 제214조의 해석상 소유권방해배제청구권의 상대방은 그 방해하는 사정을 지배하는 지위에 있는 자로 그 상대방이 될지의 인정 여부는 그 방해를 발생시켰다는 사실과는 무관한 것이고, 그 논리가 준물권적 성격을 갖는 저작권에도 적용된다고 보면 권리침해상황을 지배하는 지위에 있는가 여부의 문제로 귀결되며 이는 사안별로 판단되어야 하여야 할 것이라는 입장이다.

263) 민법과 관련짓는 경우 사실 상당히 어려운 논점이 존재한다. 즉, 저작권법은 물론이고 민법 제214조의 소유권방해배제청구권을 인정하는 데 고의 · 과실 같이 통상적인 귀책사유가 필요하지 않음은 논란의 여지가 없지만, 그러한 점만으로 곧바로 가령 타인이 아닌 자연력으로 작출된 방해상황에 대하여도 특정인에게 방해배제의무를 부여하려면, 적어도 그에게 귀책(Zurechnung)시킬 수 있는 근거가 존재하여야 함이 독일에서의 해석이다. 이때의 귀책이란 고의 · 과실과는 별개의 범주로서 크게 첫째, 특정인이 그 의식적 행위에 의하여 그러한 방해를 야기하였을 경우(행위책임), 둘째 방해상태가 직 · 간접으로 그의 의사에 환원될 수 있는 경우(상태책임)로 설명되며, 두 번째 경우는 다시 벽이 풍화로 타인의 토지쪽으로 허물어진 때처럼 방해상태가 물건 자체에 내재하는 자연적 위험성의 표출에 기한 경우와 이미 방해책임이 긍정되던 피승계인으로부터 방해물을 양수한 때로 나뉜다고 한다. 이상의 경우에 속하지 않는 상황, 즉 방해상태가 완전히 독립한 외력으로 작용하는 자연력에 기하거나 전쟁이나 앞서 특정인이 아닌 제3자의 행위만으로 이유로 하는 때는 방해배제청구권이 인정되지 않는다고 한다(이 부분은 곽윤직 편저, 『민법주해』 V (물권2), 박영사, 2001. 중 민법 제214조에 관한 양창수 집필부분 250-252면 참조). 이러한 민법에서의 논의에 비추어 보면, 인터넷서비스제공자가 적어도 권리방해상황을 지배하는 지위에 있다고 하려면 저작권이 방해받는 상황이 인터넷서비스제공자가 아닌 완전히 독립한 외력이나 제3자, 즉 완전히 독립적인 서비스이용자들의 행위에 기인해서는 안 된다는 것이다. 과연 이용자들의 행위가 인터넷서비스제공자의 관련 행위나 의사와 완전히 독립하였다고 볼 여지가 있을지에 관하여는 통상 부정함이 타당하겠으나 여전히 고찰할 여지가 존재한다고 하겠다. 다만, 이 방향의 추가논의는 이 책의 핵심을 벗어나므로 상술하지는 않는다. 다만 민법과 관련지을 때 주의할 것은 민법의 논의를 참작만 할 수 있을 뿐이지 곧바로 저작권법상의 특정 입장을 위한 직접적 논거로 원용하는 데는 신중하여야 한다는 사실이다. 이 점에 관련된 소리바다3 가처분결정의 문제점에 관하여는 아래 Ⅶ. 2. (2) 2) 부분 참조.

264) 권영준, "인터넷 상에서 행해진 제3자의 불법행위에 대한 온라인서비스제공자의 책임," 인터넷과 법률, 법문사, 2002, 572면 이하 및 같은 학위논문, 81면 이하 각 참조. 다만 위 논자는 침해제거책임에 관하여는 저작권법에 의한 책임을 긍정하면서, 손해배상책임에 관하여는 저작권법에 의할 수

어쨌든 2003년 개정된 저작권법 제77조의2 제1항에 따라 저작권자 등은 온라인서비스제공자에 대한 침해주장의 통지 절차를 통하여 당해 저작물의 복제 · 전송을 중지할 것을 요구할 수 있게 되었다. 이러한 중지청구권의 도입으로 종전 침해정지청구권의 근거와 관련한 논란의 상당부분을 불식할 수 있게 되었지만 여전히 일정부분[265]에서는 위와 같은 논쟁이 유효하다. 아울러 인터넷서비스제공자가 방조행위에 근거하여 저작권법에 의하여 침해정지책임을 추궁당할 수 있다는 이 책의 입장(혹은 저작권법 제93조에 따라 손해배상청구를 당할 수 있다는 입장)은 앞서 인터넷서비스제공자의 주의의무에 대한 근거가 민법 제760조 제3항이 원칙이라는 입장과[266] 모순되는 것은 아니다.[267]

5) 기술적 통제 가능성 부분은 보다 신중히 판단해야 함

위 판례는 기술적 통제 가능성을 인터넷서비스제공자의 책임요건으로 삼지 않는다는 입장이고, 이것은 물론 소리바다1이 앞서 본대로 Napster보다 중앙서버의 역할이 더욱 제한적이라는 특성 등을 고려한 결과이기도 하다. 이러한 판례의 입장에 비교적 손쉽게 찬동하는 입장[268]도 있다.

그러나 이른바 기술적 통제 가능성은 다른 외국의 판결례[269]에서 보듯이 하이브리드 방식의 P2P에서든 Pure 방식의 P2P에서든 인터넷서비스제공자에

없고 민법 제760조 공동불법행위의 요건에 의할 수밖에 없다는 입장을 취하고 있는 것으로 짐작되나 앞서 보았듯이 저작권법 상 침해제거책임과 불법행위책임에 관한 명문이 완전히 동일함에 비추어 볼 때 이 부분은 타당하지 않다고 여겨진다.

265) 논자(이규홍, "P2P 방식에서의 디지털 저작물 보호 등 저작권법 상의 몇몇 문제점에 대하여," 213면)에 따라서는 입법적으로 문제가 해결되었다는 설명도 있다. 그러나 새로운 제77조의2에 의하면 복제 · 전송의 중단을 요구할 수 있을 뿐임에 반하여, 방조에 의한 저작권침해자는 만일 저작권법 상 침해정지청구권이 인정된다면 저작권법 제91조에 정한 권리(침해의 예방 또는 손해배상의 담보를 청구 등)를 더 향유할 수 있다는 차이가 여전히 존재한다.

266) 제2장 제3절 Ⅰ. 1. '인터넷서비스제공자의 주의의무 부담의 근거에 관한 논의' 참조.

267) 저작권법상 책임규정은 민법상 책임규정의 특칙으로서의 지위가 있다. 그러므로 저작권자로서는 민법상 교사 · 방조에 의한 불법행위 책임을 구하거나, 저작권법상 손해배상 책임을 선택적으로 추궁할 수 있다. 침해정지청구권에 관하여는 민법규정이 적용될 여지가 거의 없고 저작권법의 규정에 의하게 될 것이다.

268) 오병철, 앞의 논문, 15면 및 최성준, "정보의 보호를 둘러싼 분쟁과 재판실무," 6면. 가령 오병철, 앞의 논문에서는 이용자의 저작권침해에 기여하는 정도가 상이하므로 통제 가능성 등 일반적인 인터넷서비스제공자 책임에서 논하여지는 이론을 P2P 방식 제공자에게 그대로 적용하는 것은 구체적 타당성을 무시한 것이라고 주장하고, 그런 한도에서 구체적 통제 가능성을 요건으로 삼지 않은 소리바다 판결은 타당하다고 한다.

269) 가령 앞서 본 Napster 사건(제5장 제1절 Ⅰ. 4. 부분 참조)이나 네델란드 · 호주의 각 Kazaa 판결 등.

게 책임을 지우기 위한 중요한 기준으로서 의미가 있다. 그러한 기준을 위 판결에서 왜 채용하지 않았는지에 대하여 보다 치밀한 설명이 필요하였다고 할 것이다. 뿐만 아니라 한국 법원은 향후의 분쟁에서는 통제 가능성의 유무 판단이라는 어려운 난제를 위 판례처럼 손쉽게 벗어날 수 없을 것으로 보인다. 그 이유는 2003년 개정 저작권법 제77조 제2항[270]에서 통제 가능성 없음을 면책요건으로 명문화하였기 때문이다. 다만 이런 규정에 불구하고 가령 소리바다3 가처분 결정과 같은 이후 판결에서는 기술적 통제 가능성의 유무를 극히 간단히 심리하는 데 그치고 있다.

통제 가능성을 인정함에 가장 느슨한 기준은 소리바다1이 필터링 조치를 통하거나 아니면[271] 적어도 침해를 막기 위하여 스스로 'P2P 방식 자체의 방지나 중단'은 할 수 있으니 통제 가능성이 긍정된다는 해석, 혹은 소리바다1의 중앙서버가 없다면 이용자들의 파일교환이 불가능한 이상 곧바로 통제 가능성을 긍정할 수 있다는 해석으로 요컨대 침해행위를 제지할 수 있는 제지 가능성으로 보는 입장[272]일 것이다. 반대로 엄격한 기준은 특정 파일교환이 침해행위임을 알고 이를 구별하여 제지할 수 있었을 때만이 통제 가능성이 있다고 보는 입장이 된다. 모두 완전한 논리는 아니지만 굳이 선택하라면 침해부분만의 구별 가능성으로 해석하는 후자에 좀 더 찬동하지만, 이 책에서 더 강조하고 싶은 것은 이른바 통제 가능성에 관한 이들 두 가지 해석 중 정답은 없다는 사실이다.

결론적으로, 통제 가능성이 인터넷서비스제공자 책임의 기준으로서 중요하

---

270) "… 당해 복제 · 전송을 방지하거나 중단시키고자 하였으나 기술적으로 불가능한 경우에는 … 온라인서비스제공자의 책임은 면제된다."

271) 소리바다1의 서버가 Napster의 그것보다 더 제한적인 역할의 서버라고 하여도 이른바 키워드 필터링 방법인 '검색 금칙어'를 설정할 경우 앞서 Napster 사건에서와 마찬가지로 일정 범위의 침해파일만을 구별하여 검색불가능하게 하는 능력은 가지고 있다. 논자에 따라서는 이것만으로도 충분한 통제 가능성이라고 주장하는 이도 있을 수 있다. 실제로 2005년 상반기 현재 한국에서 영업중인 P2P 서비스제공자(가령, '온파일', '팡파일' 등)나 인터넷 스토리지 서비스제공자들(가령, '네오폴더', '폴더플러스' 등)은 저작권자 측으로부터 침해주장의 통지가 있는 경우 신속하게 서비스에서 침해결과물을 삭제하고 해당 침해주장의 통지를 게시한 다음 당해 저작물의 명칭 등을 소위 '검색 금칙어'로 설정하는 등의 조치를 하여 이용자들이 더 이상 파일을 교환하지 못하도록 어느 정도는 막고 있다. 다만 문제는 이러한 금칙어도 우회가 가능하여 금칙어 설정이 바로 완전한 통제 가능성을 의미하는 것은 아니라는 점이다.

272) 가령 Napster나 소리바다가 서비스를 중단하는 것이 기술적으로 불가능하다고 볼 수 없고, Napster나 소리바다는 교환되는 음악파일의 대부분이 저작권을 침해한다는 사실을 알고 있다고 보아야 하고, 개정법에 따르더라도 소리바다는 저작권침해의 책임을 면할 수 없다는 설명으로는 안효질, "P2P환경 하에서의 저작권침해책임," 92면 등.

다 하더라도 전적으로 이에 의지하는 태도는 바람직할 수 없다. 이와 관련하여 비록 통제 가능성의 판단 차원에서는 피고가 통제 가능하므로 책임이 있다고 볼 여지가 있더라도 피고의 서비스로 인한 사회적 이익이 손실보다 큰 경우라면 그 서비스가 정지되어서는 안 되고, 반대로 피고가 통제할 수 없더라도 피고가 제공하는 서비스로 인한 사회적 손실이 이익을 상회할 때에는 피고에게 책임을 추궁하여 그 서비스 공급을 정지시킬 수 있다고 판단함이 타당할 것인데, 이것은 다름 아닌 Sony 원칙의 일부이므로 후술하기로 한다.

6) 미국 Napster 판결에 대한 잘못된 이해에서 출발

소리바다 가처분이의 1심 판결은 명시적으로 판결문 말미에 참고한 외국사례들 중 Napster 사건을 소개한 요약문을 첨부하고 있다. 그렇지 않았더라도 위 판결이 Napster 법원의 판단으로부터 지대한 영향을 받고 있음은 다음 여러 가지 점으로 알 수 있다. ① Napster에 대한 책임추궁은 이용자들의 직접침해(direct infringement)에 대한 2차적 책임 내지 간접침해 책임을 묻는 것이었으므로 Napster의 책임 유무를 가리기 위해서는 먼저 이용자들의 직접침해가 성립하는지를 검토하는 것이 당연할 것이지만, 한국의 성문법상으로는 방조의 책임을 묻는 경우가 아닌 한 이용자들의 책임을 먼저 검토할 필요는 없음에도 소리바다 법원은 굳이 Napster 판결의 설시순서와 같이 판시하고 있고, 아울러 우리의 법제와는 어울리지 않는 '직접침해'라는 표현도 사용하고 있는 점, ② 미국 저작권법상으로는 전송을 배포권(distribution right)의 범주에 속한다고 해석하므로 Napster 법원은 당연히 이용자들에 의한 전송행위가 배포권을 침해한 것이라고 판단한 것이지만, 당시 한국 저작권법은 이미 전송을 배포의 개념으로부터 분리하여 전송권을 따로 신설하고 있었음에도 이용자들의 전송을 전송권의 문제가 아닌 배포권의 침해로 무리하게 판단하고 있는 점, ③ Napster 법원이 미국의 공정이용에 관한 규정 중 '영리적 이용(commercial use)'의 의미를 해석하며 Napster 이용자들이 금전적 이득의 목적 없이 파일을 서로 교환한 행위도 영리적 이용에 해당한다고 엄격하게 해석한 것은 1997년 입법된 전자절도금지법 등의 영향이 있었던 것이었음에도, 이러한 특별한 사정이 없었던 한국의 소리바다 법원에서 사적 복제의 요건과 관련한 '영리 목적'의 의미를 Napster 법원과 동일하게 해석하고 있는 점, ④ 한국 성문법은 전혀 다른 규정임에도 소리바다 법원이 책임의 요건을 설시하면서 '이용자의 침해행위를 적극적으로 야기하였

거나, 침해행위를 인식하고도 이를 방치하면서 실질적으로 침해행위에 기여하였는지' 등을 따져야 한다고 하여 실제로는 Napster 법원이 검토하였던 미국 판례법상 기여책임과 대위책임의 법리를 그대로 우리 법의 해석으로 옮기고 있는 점 등이 그러하다. 요컨대, 소리바다 가처분이의 판결의 논리는 Napster 판결의 논리를 대부분 원용한 것이므로 Napster 판결의 취지에 대한 올바른 이해는 기본적인 전제라 할 수 있다.

그러나 소리바다 가처분이의 1심 판결 말미에 첨부된 Napster 판결의 요약문을 살피면 소리바다 법원이 Napster 판결이 설시한 내용을 오해하고 있음을 알 수 있다. 즉, 위 요약문은 원고가 Napster에게 이용자들의 침해행위에 대한 '불법도구'의 제공자로서의 기여책임 및 대위책임을 추궁하였고 이에 반하여 Napster 측은 자신들의 서비스가 '불법도구'가 아니므로 기여책임 및 대위책임을 지지 않는다고 다투었다고 하고 있다. 아울러 Napster 1심은 Napster가 제공하는 P2P 서비스는 불법도구에 해당한다고 하여 예비적 유지명령을 내렸지만, 항소심은 기여책임 부분에서 Napster가 불법도구에 해당한다고 보기 어렵다고 보아 이 부분을 파기하였다는 요지를 적고 있어, 마치 이것만 보아서는 Napster 사건에서 당사자들의 주장 및 법원 판단의 핵심이 Napster가 '불법도구'이냐 아니냐에 관하여 이루어진 것처럼 설명하고 있다.

우선 소리바다 가처분이의 판결에 첨부된 요약문에서 지칭하는 '불법도구'라는 표현이 과연 무엇을 지칭하는 것인지는 명백한 설명이 없어 다소의 모호함은 있다. 따라서 그 표현의 출처를 정확히 찾기는 어려우나 우리 법원 내부의 논의에서는 가장 먼저 등장한 것으로 보이는 문헌[273]의 설명과 표현이[274] 법원에서 나온 이후 문헌들에서도 계속 동일한 표현으로 등장하는 것으로 보아,[275] 소리바다 가처분이의 판결도 앞서의 문헌을 참작하지 않았을까 짐작해 볼 수 있을 뿐이다.

---

273) 김동진, "온라인서비스 제공자의 책임," 2002년 전문분야법관세미나(Ⅱ) 발표문(미공간)이 그것으로 보인다(이는 나중에 김동진, "온라인서비스 제공자의 책임," 재판자료 99집, 법원도서관, 2003. 7.로 공간됨).

274) 김동진, 전게공간논문, 39-40면 및 각주 77번 등.

275) 가령 강성훈, "P2P 시스템과 저작인접권'(미공간), 12-13면 혹은 배형원, "기술의 발전에 대한 저작권법의 대응 – 미국의 판례를 중심으로 –," 사법부 내부통신망(CourtNet) 게시논문(미공간), 2005. 6. 24, 16면 등에서 'staple article of commerce' 이론을 '도구이론'이라고 번역하면서 35 U.S.C. §271 (c) 규정의 구조를 소위 도구이론의 본문과 단서로 나눈 설명을 그대로 따르고 있다.

그런데 가장 앞서의 논자의 설명에 따르면 다음과 같다. 즉 '도구이론'은 1984년 연방대법원의 Sony 판결에서 채택한 것인데 미국 특허법 규정의 유추적용에서 유래한 것으로 침해의 도구를 제공한 자는 직접침해행위의 존재에 대하여 개연성 정도만 인식하면 역시 직접 침해자와 마찬가지로 책임을 부담함이 원칙이다(위 논자는 이를 도구이론의 본문이라고 지칭함). 하지만 그 도구가 실질적으로[276] 비침해적 용도로 사용되는 경우에는 도구제공자의 직접침해행위의 존재에 대하여 고도의 인식을 요한다(위 논자는 도구이론의 단서라고 지칭함).[277] 그러나 Sony 판결이 특허법규정에서 도입한 것은 위 논자가 도구이론의 본문이라고 지칭하는 부분이 아니라, 오로지 위 논자가 도구이론의 단서라고 지칭하는 부분이다. 즉 문제되는 상품의 용도 상당부분이 비침해적인 경우에 해당할 때 특허법에서 '상업상 주요한 상품의 원칙(staple article of commerce doctrine)'을 통하여 침해책임을 부정하고 있는 것과 마찬가지로, 당장 Sony의 사안과 관련된 저작권법에서는 비록 명문규정이 없으나 상품공급자의 저작권 침해책임은 부정하는 것이 타당하다는 논리 부분인 것이다.[278]

논자의 이해와 달리, 원래 '도구이론'이라는 표현에 가장 어울리는 영미에서의 법리를 찾자면, "타인의 침해행위의 도구를 제공한 자는 그 침해행위에 대한 책임이 있다"는 이른바 'supplying means theory'라고 할 수 있다. Sony 판결에서도 이러한 'supplying means theory'가 다루어진 적은 있다. 하지만, 이는 논자의 설명과는 달리 특허법과 관련하여 '상업상 주요한 상품의 원칙

276) substantial noninfringing use라는 기준 중 'substantial'을 '실질적'이라고 번역한 것이 완전히 틀렸다고는 할 수 없다. 하지만 위 기준의 의미는 특정 상품이 형식적으로 침해적 용도로 이용되더라도 실질적으로는 비침해적 용도로 이용되는 경우(즉, 외견은 침해적인데, 실제 내용은 비침해적 용도로 이용되는 경우)를 가리키는 것이 아니라 침해적 용도로 이용되는 부분이 있더라도 그와 '비교'하여 더 많은 부분이 비침해적 용도로 이용될 수 있는 상품의 공급을 법원은 허용하겠다는 기준이다. '실질적'이라는 표현은 이러한 기준에 대한 오해를 부르기 쉽다.

277) 아울러, 논자는 미국 특허법 규정인 35 U.S.C. §271 (c)가 마치 "누구든지 특허등록된 기계, 생산방법, 부품의 구성 부분, 또는 특허등록된 방법의 실현에 이용되는 물건 내지 장비 등을 판매하였고, 그러한 물건 내지 장비 등이 특허권 침해행위에 사용되리라는 점을 잘 알면서 그와 같은 제조·판매를 한 경우에는 기여침해자로서의 책임을 진다. 다만, 그러한 물건 내지 장비 등이 실질적으로 비침해적 용도로 사용되는 경우에는 책임을 지지 아니한다"라고 하여 위와 같은 '본문'과 '단서'라는 구분에 부합하게 규정되어 있는 것처럼 설명하고 있으나, 이는 오해이다. 위 특허법 규정의 정확한 내용은 제7장 제2절 '연방대법원의 Sony 판결이 놓았던 1984년의 시금석으로 되돌아가며' Ⅳ. 1. 부분 각주 참조.

278) 아울러, 위 논자의 설명 중 "실질적으로 비침해적 용도로 사용되는 경우에는 도구제공자의 직접침해 행위의 존재에 대하여 고도의 인식을 요한다"는 부분도 Napster 항소심이 선례인 Sony 판결의 취

(staple article of commerce)' 원칙을 설시한 부분[279)]에서가 아니라, Sony 사건의 원고인 저작권자 측이 저작권 관련 선례를 원용하며 주장한 법리에 불과함을 유의하여야 한다. 즉, Sony 사건에서 원고인 저작권자는 Kalem Co. v. Harper Bros. 사건을 원용하면서 이른바 'supplying means theory'를 내세워 피고 Sony가 침해의 도구를 제공한 이상 책임이 있다고 다투었다. 하지만 법원은 위 Kalem 사건에서는 도구(means)가 아닌, 도구를 이용한 침해결과물 자체(the work itself)를 공급한 것이어서 Sony 사안에 원용할 수 없으므로, 위 Kalem 사건은 "침해행위를 수행하기 위한 도구(means)를 제공하고 그런 침해행위를 광고로서 조장한 행동만으로도 저작권침해에 대한 책임을 지울 수 있다"는 원고의 전혀 새로운 이론에 근거가 될 수 없다며 원고의 주장을 바로 배척하였다.[280)]

결국, '불법도구'라는 표현에서 곧바로 연상되는 영미에서의 도구이론(위의 'supplying means theory')은 Napster 사건이나 Sony 사건의 쟁점이었다기보다는 법원이 배척한 원고 측의 다른 주장에 그쳤다.[281)] '불법도구'라는 표현과 관련된 오해는 우리 법원 내에서 계속되고 있는 것으로 보이는데, 가령 소리바다 형사항소심도 '불법도구'라는 표현을 그대로 차용하여 중요한 항목으로 판단하고 있어 문제이다.[282)]

2. 항소심 판결[283)]

(1) 당사자의 주장

원고는, 피고의 소리바다 프로그램이 음반을 무단으로 복제·배포하는 것

지를 임의로 해석한 것에 불과하고 미국 내에서 강한 비판을 받고 있음은 이미 여러 번 언급하였다.

279) Sony, 104 S.Ct. at 787, 464 U.S. at 440.

280) Sony, 104 S.Ct. 786, 464 U.S. at 436. 그런데, 이렇게 간단히 배척되고만 Kalem 판결은 2005년 연방대법원의 Grokster 판결에서 유발이론의 연원과 관련된 선례 중 하나로 지적되고 있다. 아울러 Grokster 사건에서 연방대법원은 '도구'와 관련된 이론을 설명하고 이에 의지하고 있다. 그렇다면, 경위야 어찌되었든 현재로서는 미국의 논의가 위 논자와 같은 설명 쪽으로 결국 귀결되지 않았느냐 오해가 있을 수 있으나 Grokster 사건의 연방대법원이 말하는 '도구'는 35 U.S.C. §271 (b)와 관련하여 등장하고 있는 것으로, 소리바다 가처분이의판결이 35 U.S.C. §271 (c)와 관련되어 잘못 지칭하는 '불법도구'와 다른 것이다.

281) 진정한 쟁점이었던 'substantial non-infringing use' 여부나 특허법에 근거한 'staple article of commerce doctrine'에의 해당 여부는 결코 '도구이론'이라고 번역하기 곤란하다. 아직 국내에서는 정확한 번역이 없으나 '상당부분의 비침해적 용도(substantial non-infringing use)' 및 '상업상 주요한 상품의 원칙(staple article of commerce doctrine)'으로 표현하면 무난한 것이다.

282) 판결문에서 'Ⅵ. 1. 소리바다 시스템이 이른바 불법도구인지 여부' 항목.

283) 서울고등법원 2005. 1. 12. 선고 2003나21140 판결.

을 목적으로 개발된 것이고 소리바다 서비스도 그와 같은 목적으로 운영되고 있는데, 이러한 소리바다 프로그램을 개발하고 소리바다 서비스를 제공한 피고들은 이용자들과 공동하여 이 사건 음반제작자들의 저작인접권을 직접적으로 침해하고 있거나,[284] 이용자들의 저작인접권 침해를 방조한 책임이 있다고 주장하였다.

(2) 법원의 판단

1) 소리바다 이용자들의 저작인접권 침해 여부

(가) 이용자들의 배포권 침해를 부정

항소심은, 저작권법 제2조 제15호에 정한 대로 '배포'란 저작물의 원작품 또는 그 복제물을 일반 공중에게 대가를 받거나 받지 않고 양도 또는 대여하는 것으로 '전송'의 개념에 대비되어, 유체물의 형태로서 저작물이나 복제물이 이동하는 것을 의미하는 것이라고 보았다. 그런데 이용자가 특정 MP3 파일을 공유폴더에 저장한 채로 소리바다 서버에 접속함으로써 다른 이용자가 이를 다운로드받을 수 있도록 한 행위는, '전송'에 해당함은 논외로 하고, 그 자체만으로 그 MP3 파일의 양도나 대여가 있었다고 볼 수는 없어 '배포'에 해당한다고 볼 수 없다고 판단하였다. 결론적으로 1심 법원이 이용자들의 배포권 침해를 긍정한 것에 반대하였다.

(나) 이용자들의 복제권 침해를 일부만 긍정

나아가 항소심은, 소리바다 서비스의 이용자들이 다른 이용자의 컴퓨터에 접속하여 이 사건 노래의 복제물(MP3 파일)을 자신의 컴퓨터에 다운로드받아 하드디스크 등에 저장하는 행위는 음을 유형물에 고정하는 것으로서, 당해 음반제작자의 복제권을 침해하는 행위가 된다고 판단하였다. 그러면서도, 나아가 이용자가 CD에 고정된 노래의 음원을 변형하는 방식으로 MP3 파일을 생성하여 자신의 컴퓨터의 하드디스크 등에 저장하는 행위도 복제권을 침해하는 것이라는 원고 측 주장에 대하여는 그와 같이 개인적 목적으로 MP3 파일을 생성, 저장하는 행위도 CD에 고정된 음원 사이에 실질적인 동일성이 인정되는 이상 복제행위에 해당할 수 있으나 이러한 MP3 파일 생성 및 저장은 사적이용을 위한 복제에 해당할 여지가 있음을 내세워 이 부분은 복제권의 침해로 보기 어렵다고 하였다.[285]

284) 항소심 법원은 이 부분 주장을 협의의 공동불법행위로 보고 있다.

(다) 사적 복제의 항변 등의 배척

이에 대하여 피고는 그 이용자들의 행위가 저작권법 제27조에서 규정하는 사적 이용을 위한 복제에 해당하므로 적법하다고 항변하였다. 이 항변을 판단하며 항소심이 일단 저작권법 제27조의 규정을 주관적 요건('영리를 목적으로 하지 아니하고')과 객관적 요건('개인적으로 이용하거나 가정 및 이에 준하는 한정된 범위 안에서 이용')으로 구분한 것은 원심과 마찬가지였다.

그러나 1심이 이러한 주관적 요건과 객관적 요건을 모두 검토하여 소리바다 이용자들의 행태가 이러한 두 가지 요건 모두를 구비하지 못하였다고 단정한 것과 대조적으로 항소심은 먼저 객관적 요건에 대한 검토를 시행하여 그 요건이 구비되지 아니한 이상 주관적 요건에 대하여는 더 살펴볼 필요 없이[286] 이유 없다고 판시하였다. 즉, 객관적 요건에 있어 '개인, 가정 또는 이에 준하는 한정된 범위 안에서의 이용'이려면, 복제를 하는 이용자들이 다수집단이 아니어야 하고, 그 이용자들 서로 간에 어느 정도의 긴밀한 인적 결합이 존재할 것이 요구됨에도, 이 사건의 제반사정에 비추어 보면, 소리바다 이용자들의 MP3 파일 복제행위는 이에 해당하지 아니한다고 판시하였다.

2) 피고가 이용자들의 저작인접권 침해행위에 대하여 부담하는 책임의 근거

이상과 같은 이용자들의 복제권 침해에 따라 그 서비스를 제공한 피고가 부담할 책임이 구체적으로 어느 법조문에 의한 것인지에 관하여 1심 법원은 앞서 보았듯이 명기하지 못하고 있었다.[287] 그러나 항소심은 민법 제760조 제3항

285) 그 외에도 피고는 원심에서의 주장처럼, 이용자들이 MP3 파일을 다운받는 행위는 전송에 필연적으로 수반되는 복제행위로서 복제권이 아니라 전송권으로 보호받아야 하는데, 저작인접권자에 불과한 원고들에게는 전송권이 없어 결국 금지청구권이 없다고 다투었지만, 항소심은 원심 법원과 동일한 입장을 취하면서 배척하였다.

286) 한국법원의 이런 판결문 방식은 특정한 법률효과를 주장하기 위하여 원고 측이 복수의 요건을 입증할 필요가 있을 경우 원고 측의 입증노력에 불구하고 법원이 요건들 중 분명히 인정되지 않는 요건을 먼저 지적하고 나머지 요건들에 관하여는 명확한 언급 없이 원고 측의 주장 전체를 배척하는 방식이다(이러한 판결문 작성 방식에 관해 자세히는 사법연수원, 민사재판실무, 1999, 200면 등 참조).

따라서 이러한 방식에서 명확히 언급되지 않은 나머지 요건들에 관하여 만약 법원에서 판단하였을 경우 마찬가지로 인정하지 않았을 것이라고는 단정할 수는 없다. 그러나 앞서 사적 복제의 요건을 나열할 때는 주관적 요건을 먼저 적시하였으면서도 정작 검토하면서는 객관적 요건부터 그 해당성을 검토하고 있는 것으로 미루어 원심 법원과 달리 항소심은 주관적 요건, 즉 영리 목적의 유무에 대하여 의문을 가지고 있었음은 분명하다.

287) 1심의 판시 중 '당사자의 주장' 부분을 보면 원고 스스로도 복제·배포권침해에 기한 침해정지청구권을 주장하고 있을 뿐 그 침해에 따른 피고의 책임이 저작권법 혹은 민법 상의 책임상 어느 규정에 의한 책임인지는 특정하지 않고 있는 듯하다. 반대로 항소심에서는 분명히 민법상 공동불법행위책임으로 특정하고 있다.

에 방조책임임을 분명히 명시하고 있다.

(가) 협의의 공동불법행위 성립은 부정

항소심 법원은 먼저 피고 측이 원고들의 저작인접권을 직접적으로 침해하고 있다는 원고주장에 대하여는, 민법 제760조 제1항의 공동불법행위가 성립하려면 행위자 사이에 의사의 공통이나 행위공동의 인식까지 필요한 것은 아니지만 객관적으로 보아 피해자에 대한 권리침해가 공동으로 행하여지고 그 행위가 손해발생에 대하여 공통의 원인이 되었다고 인정되는 경우라야 할 것이고, 또한 그 각 행위는 독립적으로 불법행위에 해당하여야 할 것이라고 전제하였다. 그런데 채무자들이 소리바다 서버를 운영하면서 아이디 등 접속에 관한 정보만을 관리하고 있기 때문에 개별이용자들의 구체적인 불법 MP3 파일 공유 및 다운로드 행위를 확정적으로 인식하기는 어려웠던 점, 노래 검색 및 검색결과의 전송 그리고 다운로드 과정에는 소리바다 서버가 전혀 관여하지 않고 있는 점 등 채무자들이 서버를 운영하면서 이용자들에 의한 복제권 침해행위에 관여한 정도에 비추어 볼 때, 비록 소리바다 서버에의 접속이 필수적이기는 하나, 이것만으로 채무자들이 독립적으로 이 사건 음반제작자들의 복제권을 침해하였다거나 협의의 공동불법행위가 성립할 정도로 직접적이고 밀접하게 그 침해행위에 관여하였다고 평가하기는 어려워 채무자들이 소리바다 프로그램을 제작하거나 배포하여 제3자들로 하여금 이용하도록 한 행위 자체를 가지고 바로 저작인접권 침해 책임을 지우기는 어렵다고 판단하였다.

(나) 방조에 의한 공동불법행위의 성립은 긍정

한편 민법 제760조 제3항의 방조에 의한 공동불법행위는 성립한다는 원고주장에 대하여 항소심은, 먼저 형법과 달리 손해의 전보를 목적으로 하여 과실을 원칙적으로 고의와 동일시하는 민법의 해석으로서는 과실에 의한 방조도 가능하다면서 이때 과실의 내용은 불법행위에 도움을 주지 않아야 할 주의의무가 있음을 전제로 하여 이 의무에 위반하는 것이라고 보았다. 따라서 일반적으로 P2P 방식에 의한 파일공유 시스템에서는 이용자들에 의한 디지털 형태의 저작복제물 무단 유통이 발생할 개연성이 있다고 할 것이나, 그렇다 하더라도 모든 형태의 P2P 시스템 운영자들이 획일적으로 이용자들의 저작인접권 등 침해행위에 대하여 방조책임을 부담한다고 단정할 수는 없고, 운영자가 서버를 운영하면서 그 서버를 통하여 이용자들의 파일공유 및 교환 행위에 관여하고 있는 정도, 운영자의 개입이 없이도 이용자들이 자체적으로 파일공유 등 행위를 할 수 있는지 여부, 저작인접권 등 침해행위를 하는 이용자가 있는 경우 운영자가 이를 발견하고 그에 대하여 서비스 이용을 제한할 수 있는지 여부, P2P 시스템이 파일공유 기능 자체 외에 이용자들의 저작인접권 등 침해행위를 용이하게 할 수 있는 다른 기능을 제공하고 있는지 여부, 운영자가 이용자들의 저작인접권 침해행위로부터 이익을 얻을 목적이 있거나 향후 이익을 얻을 가능성의 정도 등 구체적 사정을 살펴보아, 운영자가 이용자들의 파일공유 등으로 인한 저작인접권 등 침해행위를 미필적이로나마 인식하고서도 이를 용이하게 할 수 있도록 도와주거나, 이러한 침해행위에 도움을 주지 않아야 할 주의의무가 있음에도 이를 위반하는 경우라고 평가되는 경우에만 방조책임을 인정하여야 할 것이라고 먼저 판시하였다.

법원은 이상과 같은 기준에 비추어 인정된 여러 사실[288]을 종합하여 보면, P2P 방식에 의한 MP3 파일 공유 및 교환 기능을 수행하는 소리바다 프로그램을 개발하고 이를 이용한 소리바다 서비스를 운영하는 피고들로서는, 소리바다 서비스를 통하여 이용자들에 의한 이 사건 음반제작자들을 포함한 다수의 음반제작자들의 저작인접권 침해행위가 발생하리라는 사정을 미필적으로 인식하였거나 충분히 예견할 수 있었다고 볼 것임에도, 피고들은 소리바다 프로그램 설치 화면에 경고문을 고지하는 이외에는 이용자들의 저작인접권 침해행위를 방지할 만한 아무런 조치를 취하지 아니한 채 소리바다 프로그램을 개발하고 MP3 파일 공유 및 교환을 하는 데 필수적인 서버를 운영하여 MP3 파일 공유 서비스

288) 법원이 여기서 인정한 사실은, 피고들은 처음부터 프로그램 및 서비스 이름을 '소리바다'라고 명명하고 MP3 파일만 공유되도록 설계하여 개발한 점, 피고들이 소리바다 프로그램을 개발할 당시에는 외국에서 이미 냅스터(Napser) 등 다른 P2P 방식 서비스를 통한 저작인접권 등 침해가 문제되어 법적 분쟁으로까지 비화되고 있었던 점, 피고들은 아이디, 비밀번호, IP 주소 등이 담긴 이용자 목록을 작성, 관리하고 있었고 매일 1, 2회 가량 다른 일반 사용자와 같은 방법으로 접속하여 서비스 운영상태를 점검하였으므로 이용자들의 저작인접권 침해를 미필적으로나마 알았거나 알 수 있었던 점, 이용자들은 소리바다 서버에 접속하여야만 파일공유를 할 수 있으므로 아이디를 판별하여 접속을 거부함으로써 침해행위를 하는 이용자들의 파일공유를 제한할 수도 있었던 것으로 보이는 점, 소리바다 서비스에는 이용자가 검색된 MP3 파일 중 가장 다운로드 속도가 빠르면서도 음질이 양호한 것을 선택하여 다운로드받을 수 있도록 지원하는 정렬 기능과 다운로드 중에 실시간으로 해당 파일을 들어 볼 수 있는 기능 및 이용자들 상호간 MP3 파일을 공유할 수 있는 채팅 기능 등 이용자들의 MP3 파일 다운로드를 촉진시키는 다양한 기능이 있는 점, 피고들은 소리바다 서비스 개시 당시 향후 수익성을 높이 평가받아 서버를 무료로 제공받기도 하고 소리바다 서비스 운영을 통하여 얻은 인지도를 이용하여 수익을 얻을 계획이었던 점, MP3 파일 공유 서비스를 통하여 공유되는 파일은 대부분 저작인접권 침해가 문제되는 것임을 경험칙상 충분히 예상할 수 있었던 점 등이었다.

를 제공함으로써 이용자들의 저작인접권 침해행위를 용이하게 하였으므로, 이용자들의 저작인접권 침해행위에 대한 방조책임을 부담한다고 판단하였다.[289]

또한 피고들은 온라인서비스제공자인 피고들이 소리바다 서비스 이용자들의 침해행위를 방지하고 중단시킬 수 있는 기술적 수단이 없으므로 저작권법상 온라인서비스제공자의 책임제한 규정에 의하여 책임이 면제된다는 취지로 주장하였다. 그러나 항소심은 피고들이 소리바다 서비스를 통하여 동영상 등 MP3 파일이 아닌 파일들이 공유되자 파일 중 파일정보를 담고 있는 부분(파일헤드)까지 조사하여 MP3 파일이 아닌 다른 형식의 파일은 공유되지 못하도록 한 사실, 2001. 11.경에는 소리바다 서비스를 통해 음란물이 유통되는 것을 차단하는 기능을 부가한 사실을 지적하였다. 이러한 사실들에 비추어 보면, 저작인접권 침해가 문제되는 MP3 파일의 소리바다 서비스를 통한 복제를 일부라도 방지할 기술적 수단마저 피고에게 전혀 없는지는 의문이라면서, 피고들이 이와 같이 소리바다 서비스의 기능 향상을 위한 조치는 적극적으로 취하면서도 저작인접권 침해에 관하여는 경고문을 게시하는 이외에는 아무런 방지 노력을 하지 아니한 이상 자신들의 방조 행위에 대한 면책을 주장할 수는 없다고 보았다.

3) 방조의 경우에도 저작권법 상 침해정지청구의 상대방이 된다고 인정

피고들은 설령 자신들에게 방조책임이 인정된다고 하더라도, 침해정지청구권에 관한 저작권법 제91조 제1항은 정지 등 청구의 상대방을 '그 권리를 침해하는 자' 라고만 규정하고 있고 저작권법 제92조에서는 일정한 행위유형만을 권리의 침해로 본다고 정하고 있으므로 결국 위 침해정지청구는 권리를 직접 침해하거나 위 제92조에 의하여 침해로 간주되는 자에 의하여만 가능하고 일반의 방조자에 대하여는 침해정지청구를 할 수 없다고 다투었다.[290]

289) 이에 대하여 피고들은, 소리바다 서비스의 경우 이용자들의 검색, 다운로드 행위 등은 소리바다 서버를 경유하지 않고 개별적으로 이루어지는 것이어서 피고들은 이용자들의 파일공유행위에 실제로 관여한 바가 없고, 또한 피고들은 소리바다 이용자들에게 저작권 등 침해에 대한 경고를 하였을 뿐 아니라, 소리바다 서비스를 이용하여 적법한 파일들도 많이 공유되고 있다는 사정을 들어 이용자들의 위법한 파일 공유 및 교환 행위에 대하여 방조 책임을 부담하지 아니한다고 다투었다. 그러나 항소심 법원은 피고들이 내세운 사정은 그대로 인정되지만 그럼에도 불구하고 피고들이 소리바다 서비스를 통한 저작인접권 침해행위를 충분히 예견하거나 예견할 수 있었음에도 소리바다 프로그램 및 서버를 이용한 MP3 파일 공유 서비스를 제공한 이상 이용자들의 저작인접권 침해행위에 대한 방조책임을 벗어날 수 없다고 단정하였다.

290) 이러한 주장은 법조문이 유사한 일본에서 파일로그 사건의 피고가 주장한 바 있음은 이미 설명하였다. 국내에서 단순한 방조자에게도 저작권법 제91조 제1항에 의거하여 침해정지청구가 가능하다는 입장을 취한 글로는 졸저인 "저작권침해시 Internet Service provider의 책임," 33면 참조. 아울러 제5

그러나 법원은 정지 등 청구의 상대방이 저작인접권을 직접 침해하고 있는 소리바다 이용자들에 국한되지 않고 이러한 침해행위를 방조하고 있는 피고들도 상대방이 될 수 있다고 판단하면서 아래의 근거를 들었다. 즉, 저작권법 제92조 등에서 일정한 행위를 침해로 본다는 규정을 두고 있다 하더라도 이것만으로 이에 해당하지 아니한 방조행위를 한 자를 정지 등 청구의 대상에서 제외한 것이라고 단정할 수는 없는 점, 개별이용자들의 저작인접권 침해행위를 정지시키는 것보다 소리바다 서버의 운용에 의한 방조행위를 정지시킴으로써 보다 실효적으로 정지효과를 달성할 수 있다고 인정되는 점, 저작권법 제92조 등에서 일정한 행위를 침해로 본다는 규정을 두고 있다 하더라도 여기서 규정하고 있는 행위 유형들이 저작권 등 침해의 방조행위를 제한적으로 열거하고 있는 것으로 보기 어려운 점 등이다.[291]

4) 판결에서 명령한 내용

항소심은 1심에서와 달리 업로드 행위, 즉 전송행위[292]를 전송권이 아니라 배포권의 침해로 보는 것은 부당하다는 입장을 취하였던 결과 그러한 전송행위는 저작인접권자인 원고들에게 아직 전송권이 부여되지 않았던 구 저작권법 하(2004. 10. 16. 개정 전의 것)에서는 이를 금지하는 것이 불가능하였다. 따라서 항소심 판결에서는 이용자들의 다운로드행위 부분만을 복제권 침해행위로 금지하였는데, 이는 지극히 타당하다.

나아가 항소심은 소리바다 서비스로 인하여 이용자들의 침해행위가 야기된 측면 등이 있는 이상 침해행위를 선별하여 서비스 제공을 중지하여야 하는 것은 피고들의 책임영역에 속한다고 하였다. 그런데 피고들 스스로도 저작인접권을 침해한다고 주장되는 노래의 MP3 파일을 다운로드받는 것을 선별하여 정지시킬 수 없다고 자인하고 있음을 볼 때 소리바다 서비스에 제공되는 서버의 사용정지를 통하여만 침해행위 정지의 결과를 효과적으로 달성할 수 있다고 보았다. 결국 항소심은 1심과 마찬가지로 서버 3대 자체의 사용을 금지하는 것은

장 제3절 Ⅱ. 1. (3) 4) '저작권법상으로도 방조의 경우까지 침해정지책임을 부담시키는 해석이 가능함' 부분 참조.

291) 그 외의 근거로 민법 제760조 제3항에는 방조자도 공동불법행위자로 보고 책임을 지우고 있는 점을 들고 있다. 위 본문의 근거들과 달리 이 근거를 원용한 것은 다소 문제가 있다[자세히는 아래 Ⅶ. 2. 소리바다3 가처분 사건 (2) 2) 참조].

292) 혼동하지 말아야 할 것은 여기서 전송행위란 저작권법 제2조 9의2에서 정의된 대로 송신자의 업로드행위를 가리킬 뿐, 전송받는 행위는 포함되지 않는다는 점이다.

타당하다고 보았다.

(3) 판례분석

1) 항소심 판결의 긍정적 의의

P2P 서비스제공자뿐만 아니라 널리 인터넷서비스제공자에 관한 사례를 통틀어 보아도[293] 한국의 판례들은 그 동안 서비스제공자에게 책임을 부과할지 문제에 관하여 직접 적용되는 근거규정에 관하여 명시적인 언급을 하지 못하고 있었다. 그런데, 위 항소심 판결에 이르러 민법 제760조 제3항의 방조에 의한 공동불법행위 책임을 그 근거로 분명히 언급하고 있으며, 이 점이 위 항소심 판결이 가진 가장 큰 의의일 것이다. 방조에 의한 공동불법행위 책임이 인터넷서비스제공자 책임의 주된 근거가 된다는 주장은 항소심 판결 이전에도 학설상으로는 존재하였고[294] 필자 역시 이러한 입장이었다.[295] 그러나 아직 시작단계인 이 분야를 다룬 연구자들의 수가 적은데다 그나마 논란이 분분하여 어느 것이 유력설이라고 칭할 수 있는 것은 아니었다. 그렇지만 향후에는 위 항소심 판결의 가담과 더불어 한국에서의 논의는 방조에 의한 공동불법행위 책임론이 분명히 주류를 이룰 것으로 보인다.[296]

뿐만 아니라, 앞서 원심 판결을 분석하며 필자가 비판하였던 부분을[297] 항소심 판결은 대부분 수정하여 진일보된 자세를 취하고 있다. 즉, 위 항소심 판결은 ① 이용자들에 의한 배포권의 침해를 인정하지 아니하였고, ② 이용자들의 행위가 사적 복제가 될 수 없는 이유를 주관적 요건(비영리 목적) 때문이 아

293) 앞서 보았던 칵테일 사건, 인터넷제국 사건, 소리바다 가처분이의 1심 및 손해배상 1심 등이다.

294) 안효질, "P2P환경 하에서의 저작권침해책임," 91면; 최성준, "정보의 보호를 둘러싼 분쟁과 재판실무," 12면 등 다수의 글들이 있다.

295) 졸저인 "저작권침해시 Internet Service provider의 책임," 2004. 5., 8-9면 및 역시 같은 "Intellectual property relating to on-line marketplace 토론문," 서울대학교 기술과법 센터 2004년 국제세미나(「On-line Marketplace의 법적 문제점」), 2004. 11. 2. 참조.

296) 이 책 제3장 제4절 Ⅲ 9. 2)에서 사실 미국의 DMCA를 모델로 한 한국 저작권법상 온라인서비스제공자의 책임제한규정을 독일에서의 논의에 따라 해석하는 데 한계가 있음을 지적한 바이다. 그런데 위 민법상 규정의 해석에 있어서는 그와 반대로 미국의 기여책임 등 간접책임 논의에만 전부 맞추어서는 곤란하다. 왜냐하면 위 민법상 규정은 독일 민법 제830조 제2항, 일본 민법 제719조 제2항을 그대로 따른 것이기 때문이다(민법규정의 연혁은 박성호, "방조에 의한 공동불법행위," 107-8면 참조). 다만 제2장 제2절 Ⅰ. 2. (4)에서 설명하였듯이 기여책임론 등을 원용할 수 있는 여지는 많다.

297) 이 책의 출발은 2004. 5. 22.경 졸저인 "저작권침해시 Internet Service provider의 책임," 서울대학교 기술과법 센터 2004-제4회 워크샵(「Internet Service Provider의 책임」) 발표문이다. 소리바다 가처분이의 사건의 항소심 판결은 위와 같은 ①, ②, ③의 쟁점들에서 위 졸저가 제시하였던 입장과 일치하고 있다.

니라 객관적 요건(개인, 가정 또는 이에 준하는 한정된 범위 안에서의 이용)을 갖추지 못하였기 때문이라고 보았으며, ③ 저작권법에 기한 침해정지청구권은 교사· 방조에 의한 침해자에 대하여도 인정된다고 명시하고 있다.

아래에서 설명할 소리바다 손해배상 사건의 항소심 판결도 민법 제760조 제3항의 방조에 의한 공동불법행위 책임을 피고책임추궁의 근거로 삼았다는 점, 이용자들의 행위가 사적 복제가 될 수 없는 이유를 객관적 요건의 불비에서 찾았다는 점에서 가처분이의 사건의 항소심 판결과 공통되지만 시기적으로 나중에 이루어진 판결인 이상, 가처분이의 사건의 항소심 판결이 한국에서의 향후 인터넷서비스제공자 책임론에서도 당분간 중요한 위치를 점할 것으로 예견된다.

가령 이후 등장한 소리바다3 가처분결정도 원고에게 전송권이 새로 부여되어 배포권 침해 여부가 문제될 여지가 없었던 점만 제외하고는 위 항소심이 취한 입장을 대부분 그대로 따르고 있다.

2) 항소심 판결의 일부 문제점

항소심 판결이 방조에 의한 불법행위 규정을 피고의 책임 근거라고 명확하게 지적한 것까지는 좋았다. 그러나 그 다음 그 근거규정에 부합하는 피고의 책임 있는 행위들을 구체적으로 나열함에 있어서는 엄밀히 일부 문제가 있다.

항소심은 앞서 보았듯이 운영자가 그 서버를 통하여 파일교환 행위에 관여하고 있는 정도, 운영자 없이 이용자들이 자체적으로 파일공유 등 행위를 할 수 있는지 여부 등 몇 가지 기준을 제시하고 그와 관련된 피고의 각 행위들을 각각 나열하는 과정에 '운영자가 이용자들의 저작인접권 침해행위로부터 이익을 얻을 목적이 있거나 향후 이익을 얻을 가능성의 정도'라는 기준과 피고의 그에 관련된 행위들도 제시하고 있다. 그러나 한국의 법제에서는 불법행위의 요건으로 불법행위 그 자체가 중요하지 불법행위자의 이익이 반드시 요구되는 것은 아니다. 이미 자세히 설명한대로 미국에서 인터넷서비스제공자의 책임을 추궁하는 데 주로 동원된 두 가지 책임이론(기여 · 대위) 중 하나인 대위책임론에서는 그 요건으로 '직접적인 경제적 이익'을 분명히 요구한다. 그렇지만 한국에서는 위 항소심 법원이 터잡고 있는 방조로 인한 불법행위 이론에서는 물론, 대위책임론과 가장 유사한 사용자책임 이론에서조차 불법행위자의 이익이란 당초 사용자책임을 입법하게 된 정책적 근거의 하나일 뿐 적어도 책임의 요건은 아니다. 이렇게 다른 한국의 법제에서는 불법행위자가 취득한 이익이 그 취득원인인 불법행위가 이미 존재함을 전제로 가령 손해배상금액의 평가 등에서 법원이 참작할 수 있는 요소에 불과하다고도 하겠다. 본질적으로 불법행위의 존부를 판단하는 데 중요하게 혹은 다른 요건과 대등하게 고려할 수 있는 요소는 아닌 것이다.[298] 그럼에도 그 동안 한국의 법원들은 너무 쉽게[299] 판결의 설시과정에서 피고 사업자의 이익취득과 관련된 기준 내지 그에 딸린 구체적 사실들을 불법행위 자체와 관련된 사실들과 대등하게 나열하고 있다. 이러한 현상은 BBS 기술공급자의 책임을 다루었던 칵테일 98 판결과 인터넷제국 판결부터 출발하여 P2P 기술공급자에 관한 소리바다1 관련 민사사건들을 거쳐 최근 내려진 소리바다3 가처분 결정 및 가처분이의 결정[300]에 이르기까지 공통된다.

이렇게 반복적인 오류가 있는 이유는 거듭 말하거니와 미국의 법리와 한국법의 그것이 다르다는 점을 간과하고 일견 미국에서 문제된 사건의 사안과 한국의 그것이 유사하다고 하여 그 논리구조와 결론을 비판 없이 묵시적으로 원용하였기 때문일 것이다.[301] 앞서 설명하였듯이[302] 일본의 파일로그 항소심 법원은 결론에서는 독특한 자국의 입장을 고집하면서도 논리구조에서는 무의식적으로 미국의 2차적 책임론을 모방함으로써 그야말로 어설픈 판결이 되어버렸다는 것이 이 책의 입장이었다. 반면 한국의 법원이 그 동안 이 분야에서 쌓아 온 토대는 비교적 튼튼한 것일 수도 있겠지만, 향후에는 세밀한 부분까지 보다 더 한국의 법제에 맞는 논리구성을 기대해 본다.

298) 오히려 고려될 요건은 이익이 아니라 이익을 취득할 수 있게 만든 불법행위자의 지위 혹은 불법행위자의 통제 가능성의 면이라 할 것인데, 이러한 측면은 항소심 판결이 이익과 관련된 부분을 제외한 나머지 고려 사실들을 통하여 나름대로 평가하고 있고, 또한 그것으로 족한 것으로 보인다.

299) 후술하듯이 미국 연방대법원의 Grokster 판결에서는 유발이론을 근거로 하므로 종전의 대위책임론과는 무관한 듯 보임에도 유발행위를 인정하는 근거 3가지 중 하나로 피고의 광고수익 면을 적시하고 있다. 아직 뚜렷한 연구가 이루어진 것은 아니지만, 짐작하건대 이것은 종래부터 있어 온 대위책임론의 영향 내지 잔영이라고도 해석해 볼 수 있겠다. 그러나 한국 법원의 경우 가령 부당이득 사건(당연히, 이득자의 이득취득이 요건), 손해배상 사건(가해자의 이득취득이 손해금액을 정함에 있어 '참작' 할 요건일 수 있음)과 같은 유형이 아닌 침해금지가처분 사건에서 '상인이 이득을 취하는 것이 당연하지, 왜 문제가 되는가? 문제가 된다면 그것은 이득 자체가 문제인가? 아니면 그 이득의 원인이 된 어떤 행위가 비난할 만하기 때문인가?' 에 대한 충분한 검토가 있었어야 옳을 것이다.

300) 소리바다3 관련 결정들은 이하에서 설명하는 대로 방조 책임의 기준으로 '소리바다 서비스의 내용 및 성질, 소리바다 서비스에 대한 피신청인의 관리 · 지배의 정도' 와 더불어 '소리바다 서비스를 통한 피신청인의 이익 규모' 를 제시하고 있다.

301) 현재 가장 논란이 되고 있는 소리바다 관련 대법원 판결에서도 미국 연방대법원의 Grokster 판결을 비판적으로 수용하여야 한다는 이 책의 주장에 관하여는 제6장 제3절 Ⅰ. 2. (3) 3) 참조.

302) 제5장 제2절 Ⅲ. 2. (2) 부분 참조.

3) 항소심 판결이 미처 대답하지 않은 의문들

위 항소심 판결의 설시내용은 대부분 큰 손색이 없으나 다만, 만약 피고들이 이용자들의 복제 등 행위를 방지할 기술적 수단을 최대로 동원하였더라도 여전히 침해행위가 이루어졌다고 할 경우에 피고들에게 방조책임을 부과할지 여부에 관하여는 의문을 남기고 있다. 항소심은 "소리바다 서비스를 통한 복제를 일부라도 방지할 기술적 수단마저 전혀 없는지는 의문이고, 채무자들이 … 소리바다 서비스의 기능 향상을 위한 조치는 적극적으로 취하면서도 저작인접권 침해에 관하여는 경고문을 게시하는 이외에는 아무런 방지 노력을 하지 아니한 이상 자신들의 방조 행위에 대한 면책을 주장할 수는 없다"고 하고 있는데 여기서 복제를 방지할 수 있는 기술적 수단을 피고가 적극적으로 동원할 필요가 있음을 지적한 것은 일면 타당하다. 하지만 만약 피고들이 복제를 '일부라도' 방지할 기술적 수단을 가진 상태에서 적어도 그 수단에 의한 방지노력을 모두 한 경우 위 법원의 입장에 의하면, 그러한 노력으로 일부의 복제는 방지되는 한편 나머지 일부의 복제는 여전히 이루어졌다고 하더라도 후자의 침해적 복제에 대하여 피고들에게 방조책임을 묻기는 어렵다고 볼 수 있다.[303] 이는 서비스제공자가 가진 기술적 수단을 모두 하였더라도 침해적 복제가 방지되지 못한 경우, 바꾸어 말하면 기술적 통제 가능성이 없는 경우는 책임을 필요적으로 면제하도록 정한 2003년 개정 저작권법 제77조 제2항의 입장과 같다. 일견 타당한 입장이라는 옹호도 충분히 있을 수 있겠다.

하지만, 반대 입장에서 생각하면 여러 가지 의문이 존재할 수 있다. 첫째 기술적 수단을 모두 동원하였더라도 방지되지 못한 침해에 대하여는 면책을 시키는 것이 개정법의 입장임은 분명하지만 반대로 특정한 기술적 수단(가령, 필터링)을 동원할 수 있음에도 피고가 동원하지 아니할 경우 그 사실만으로도 피고 책임의 근거가 될 수 있는가? 이에 관하여는 나중에 설명한다.[304]

둘째, 만일 복제방지수단의 채용 이후에도 여전히[305] 이루어지는 침해적

303) 이러한 항소심의 판시로 볼 때, 적어도 소리바다 네트워크 전체를 폐쇄하면 더 이상의 침해행위를 방지할 수 있다는 점만으로 기술적 통제 가능성을 긍정하는 입장을 따르지는 않았다고 보인다.

304) 미국 연방대법원의 Grokster 판결은 이 점을 언급하고 있다. 아울러 제7장 제2절 Ⅴ. 2. (3) 4) (가) 부분 참조.

305) P2P 파일교환의 특징이나, 현재의 필터링 기술에 비추어 100% 불법파일과 합법파일을 선별하는 것은 불가능하다.

복제로 인한 사회적 손실이 소리바다 서비스가 주는 사회적 이익보다 명백히 클 경우까지도 법원은 이를 폐쇄하지 못하고 계속 그 존재를 긍정하여야 할 것인가? 바꾸어 말하자면 기술적 수단에 의한 방지가능성이 책임의 절대적 기준인가? 반대로 피고가 설령 복제를 방지할 기술적 수단을 가졌더라도 그 기술이 불완전하여 이를 채택하면 불법파일교환은 막을 수 있을지 몰라도 기술의 불완전으로 합법적 부분까지 무차별적으로 차단하여 사회적 손실이 이익보다 더 크게 발생함에도 여전히 복제방지수단의 채용을 P2P 서비스업체에 강요하여야 할 것인가? 이러한 근본적인 문제에 대한 해답이 위 항소심에서도 제시되지 못하였다.[306] 이 문제가 이 책의 뒷부분에서 미국 연방대법원의 Sony 판결이 제시한 원칙의 진의를 해석하면서 찾고자 하는 해답이다.

Ⅲ. 소리바다 손해배상 사건

1. 1심 판결[307]

(1) 사실관계

이 사건은 당사자 중 원고만 저작인접권자(음반제작자)에서 저작권자(사단법인 한국음악저작권협회[308])로 바뀌었을 뿐, 앞서 가처분이의 사건과 대부분 동일한 주장[309]과 판단이 반복되었다. 소제기 전 원고는 자신이 관리하는 국내곡

306) 이러한 해답을 제시하기 위해서는, 위 항소심이 그러하였듯이 단지 부수적인 문제로 '복제를 일부라도 방지할 기술적 수단'을 언급하는 것으로는 부족하고, 오히려 기준시점 당시 개발된 필터링 기술들의 목록, 각 필터링 기술들이 가진 불법·적법행위의 선별능력, 필터링 기술의 채택비용과 피고 서비스와의 부합 여부 등을 고려하여 실제 피고 업체가 채택하는 것이 용이한지 여부 등이 인터넷서비스제공자의 책임을 지우는 데 상당히 중요한 쟁점이 되어야 한다. 이러한 쟁점과 관련해서도 위 같은 부분 참조.

307) 수원지방법원 성남지원 2003. 10. 24. 선고 2003가합857 판결. 위 판결이 선고된 시점에서 피고 측은 이미 소리바다1 대신 소리바다2의 영업을 하고 있는 상황이었으므로, 위 손해배상판결이 소리바다2에 대한 것이라고 오해할 수도 있다. 그러나 위 판결이나 항소심판결이 최초 가처분결정으로 중단된 소리바다1만을 대상으로 하였음은 인정사실 부분을 보건대 분명하다.

308) 문화관광부로부터 저작권법 제78조 제1항의 저작권 신탁관리업 허가를 얻어 음악저작권자들(작사, 작곡, 편곡자 등)과 저작권 신탁관리계약을 체결하여 국내곡 총 106,618건의 음악저작물을 신탁관리하고 있는 단체라고 판결은 설명하고 있다.

309) 가처분이의 사건의 1심 법원이 정리한 당사자의 주장이 과연 실정 법규상 어느 조문에 구체적으로 근거하는지 불명확하였던 것처럼, 동일한 재판부에 의한 손해배상 사건 1심에서의 당사자의 주장 역시, '유인·교사·방조'이라는 표현 혹은 '유인·교사·방조함으로써....공동으로 침해하였다'라는 표현으로 모호하게 처리되고 있다. 교사·방조만이라면 민법 제760조 제3항에 의한 표현이지만 '유인'을 덧붙여 법적 근거가 도리어 애매하게 되었던 것이다. 항소심에 이르러 이 역시 직접침해의 주

106,618곡 중 7,106곡을 선정한 후 이에 대하여 2002. 6. 28.부터 2002. 7. 7.까지 피고들의 소리바다 서비스를 통하여 MP3 파일 복제 · 전송이 이루어지는지 확인하였다. 그 결과 원고가 선정한 7,106곡의 70%인 5,002곡에 대하여 소리바다 서비스를 통하여 MP3 파일의 복제 · 전송이 있음을 확인하였다.

(2) 법원의 판단

1) 이용자들의 저작권침해 책임의 성립

피고는 손해배상 사건에서의 독특한 주장으로, 소리바다가 저작권침해를 목적으로 만들어졌다거나 저작권침해를 위해서만 사용될 수 있는 소프트웨어가 아니며 가치중립적인 도구에 불과하다고 주장하였다. 하지만, 법원은 피고들이 소리바다 서비스를 통하여 현실적으로 대부분 불법적인 MP3 파일 교환이 있었음을 알고 있었음에도 경고문을 고지하는 이외에는 불법적인 MP3 파일 교환을 막기 위하여 별다른 합리적인 조치가 없었고, 소리바다 서비스는 중앙서버의 존재가 필수적인 사실 등에 비추어 가치중립적인 P2P 소프트웨어라고 보기에는 부족하다고 위 항변을 배척하였다.

2) 소리바다 운영자인 피고들의 손해배상 책임 여부

여기에 이르러 법원은 '불법행위책임에 있어서 그 책임은 당해 침해행위의 직접적인 귀속자가 부담하는 것일 뿐이므로 이로 인한 책임을 제3자에게 물을 수 없음이 원칙이라 할 것이고, 다만 교사 · 방조에 의한 공동불법행위책임(민법 제760조 제3항)이나 사용자책임(민법 제756조)의 법리에서와 같이 침해행위를 직접적으로 행하지 아니한 제3자라 하더라도 침해행위 또는 침해행위자와의 관련성이 있는 것으로 평가되는 경우에 한하여 예외적으로 그 제3자를 상대로 하여 그 책임을 물을 수 있다고 할 것'이라고 먼저 설시하였다. 그 다음 "컴퓨터를 사용한 PC 통신이나 인터넷 등 온라인을 통하여 다수의 이용자로 하여금 자료의 전송 등을 수행할 수 있도록 이용자의 행위를 매개하여 주는 과정에서 타인의 저작권 기타 권리를 침해하는 자료의 전송 등이 이루어진 경우에 있어서도 그와 같은 자료의 전송 등을 통한 타인의 권리 침해에 관한 1차적인 책임은 여전히 이를 직접적으로 수행한 이용자에게 있다 할 것이나, 인터넷 등 온라인의 속성상 컴퓨터 사용의 보편화로 불특정 다수의 이용자들에 의한 침해행위가 비

장 및 '이용자들의 저작권침해행위를 교사 · 방조함으로써 원고들의 권리를 침해하였다'는 주장으로 정리되었다.

교적 간단한 조작으로 용이하게 수행될 수 있는 반면 그 침해행위로 인한 파급효과는 순식간에 걸쳐 광범위하게 확대될 수 있다는 점을 감안할 때 이용자의 침해행위를 적극적으로 야기하였다거나 우연한 기회에 권리자로부터의 고지를 통하여 이용자의 침해물 또는 침해행위의 존재를 인식하고도 이를 방치한 경우 또는 침해행위를 통제할 권리와 능력이 있고 그 침해행위로부터 직접적인 재산상 이익을 얻는 경우 등과 같이 이용자의 직접적인 침해행위와 동일하게 평가할 수 있을 만한 특별한 사정이 있는 경우에는 그 책임을 인정하여야 한다"[310] 라고 판단하였다. 이어서, (i) 피고들이 소리바다 서비스를 제공하게 된 경위 및 상황, (ii) 소리바다 서버의 구조 및 소리바다 프로그램이 제공하는 서비스 중 이용자들의 위 행위와 관련되는 서비스의 내용, 태양 및 그 성질, (iii) 서비스 제공 이후의 소리바다의 운영 상황 등을 소리바다 가처분이의 판결에서와 마찬가지로 상세히 설명한 다음 법원은 "피고들은 이용자들의 침해행위를 알면서, 프로그램 공급과 서버 운영을 통하여 그와 같은 침해행위가 가능하도록 계속적으로 관여하였고, 피고들의 관리 하에서 그와 같은 침해행위가 행하여지고 있으며, 또한 그와 같은 침해행위를 이용하여 이익을 얻고 있다 할 것이고, 나아가 그 규모와 기간에 비추어 이용자들의 침해행위는 피고들에 의하여 야기되고 유인되었다 할 것이므로, 피고들은 소리바다 이용자들과 일체가 되어 원고가 신탁관리하는 음악저작권자 들의 복제권 · 전송권의 침해행위를 하고 있는 것으로 평가할 수 있다"라고 결론을 내렸다.

2. 항소심 판결[311]

(1) 법원의 판단

1) 소리바다 이용자들의 저작권침해 여부

(가) 이용자들의 복제권 · 전송권 침해

법원은, 먼저 2000. 1. 12. 개정 저작권법에서 디지털복제의 개념과 전송권을 도입한 입법배경을 설명하였다.[312] 그 다음, 소리바다 서비스의 개별 사용

310) 이 부분은 앞서 칵테일98 사건의 설시내용을 대부분 차용한 것이다. 따라서 칵테일98 사건을 비판할 때와 같은 문제점이 위 손해배상사건 원심 판결에도 그대로 존재한다.

311) 서울고등법원 2005. 1. 25. 선고 2003나80798 판결.

312) 이에 따르면, 개정 저작권법 제2조 제14호는 '복제'를 "인쇄 · 사진 · 복사 · 녹음 · 녹화 그 밖의 방법에 의하여 유형물에 고정하거나 유형물로 다시 제작하는 것을 말한다"고 정의하여 복제의 개념에

자들이 소리바다 프로그램을 이용하여 소리바다 서버에 접속한 후 다른 이용자들의 공유폴더에서 원고가 신탁관리하고 있는 음악저작물을 비롯한 가요 음반이나 CD를 기초로 만들어진 MP3 파일을 검색한 후 이를 다운로드 받아 자신들의 각 컴퓨터 내 하드디스크, MP3 플레이어 칩, CD 등에 저장함으로써 유형물에 음원을 고정하는 것은 복제행위로 복제권 침해행위라고 보았다. 아울러 MP3 파일을 자신의 컴퓨터 내 공유폴더에 저장한 채로 소리바다 서버에 접속하여 자신의 IP 주소 등 사용자들 컴퓨터의 연결에 필요한 정보를 제공해 주는 소리바다 서버와 일체를 이루어 디지털 형태의 저작물을 컴퓨터 통신을 통해서 서로 주고받거나 그 이용에 제공하는 것은 전송행위로 전송권 침해로 판단하였다. 다만 원고는 2000. 6. 1.부터 2002. 7. 30.까지 사이에 이루어진 이용자들의 복제권 및 전송권 침해행위에 따른 손해배상을 구하였지만, 법원은 위와 같은 내용의 2000. 7. 1. 개정 저작권법이 시행되기 전까지는 이용자들이 소리바다 프로그램을 이용해서 MP3 파일을 다운로드 및 업로드 하거나 MP3 파일을 주고받았다 하여도, 이를 가리켜 구 저작권법 상의 저작권침해행위인 복제[313] 및 배포행위[314]에 해당한다고 할 수 없다고 보아 이 부분 원고 청구는 배척하였다.

(나) 사적 복제의 항변 등의 배척

피고들이 이 사건에서도 사적 복제의 항변을 하였지만, 법원은 앞서 가처분이의 사건의 항소심과 마찬가지의 입장을 취하였다. 즉 이용자들의 복제행위가 인적 결합 관계가 없는 불특정 다수인 사이에서 연쇄적이고 동시 다발적으로 광범위하게 이루어지는 이상 '개인적으로 이용하거나 가정 및 이에 준하는 한정된 범위 안에서 이용' 하기 위한 복제행위라 할 수 없으므로 그 복제행위가 영리를 목적으로 하는지에 관하여는 더 나아가 따져볼 필요 없이 피고들의 위 항변은 받아들일 수 없다고 하였다.

2) 피고가 이용자들의 저작인접권 침해행위에 대하여 부담하는 책임의 근거

(가) 협의의 공동불법행위 성립은 부정

여기서 법원은 앞서 가처분이의 사건의 항소심이 취한 입장을 그대로 따랐

'유형물에 고정하는 것' 을 추가로 규정함으로써, 정보통신망을 통하여 송신되거나 검색된 디지털저작물 등 정보를 디지털 형태로 다시 전자적 기록매체(플로피디스크, 컴퓨터의 하드디스크 등)에 저장하는 행위 또한 비로소 복제의 개념에 포함시킬 수 있게 되었다고 설명하고 있다.

313) 앞서 디지털복제의 개념을 도입한 입법배경에 대한 법원의 판시 참조.

314) 이러한 판결문의 표현은 다소 부적절하다. 원고가 배포권의 침해를 주장하고 있는 것도 아니고 전송권의 침해를 주장하고 있을 뿐이므로 전송권의 침해를 주장하는 시점이 아직 저작권자에게 전송권

다. 이용자들의 파일교환행위를 위하여 소리바다 서버에의 접속이 필수적이라는 사정만으로는 피고들이 독립적으로 원고의 복제권 및 전송권을 침해하였다거나 협의의 공동불법행위가 성립할 정도로 직접적이고 밀접하게 그 침해행위에 관여하였다고 평가하기는 어렵다고 판단한 것이다.

(나) 방조에 의한 공동불법행위의 성립은 긍정

이 부분 역시 법원은 앞서 가처분이의 사건의 항소심이 취한 입장을 그대로 따랐다. 즉, 요컨대 민법상으로는 과실에 의한 방조도 가능하지만 P2P 시스템운영자들에게 일률적으로 방조책임이 있다고 할 수 없고 파일교환행위에 대한 운영자의 관여 정도, 침해행위에 대하여 운영자가 즉각 조치를 취할 수 있는지 여부 등 구체적 사정들을 살필 때 침해행위를 직접 확인하거나 적어도 미필적으로 이를 인식하였음에도 불구하고, 이를 용이하게 할 수 있도록 도와주거나, 이러한 침해행위에 도움을 주지 않아야 할 주의의무가 있음에도 이를 위반하는 경우라고 평가되는 경우에만 방조책임을 인정하여야 할 것이라고 하였다. 그런데 소리바다 운영자인 피고들의 경우 소리바다 프로그램 설치화면에다가 형식적인 경고문을 게재하는 외에는 별달리 침해행위를 방지할 만한 아무런 합리적인 조치를 취하지 아니한 채, 소리바다 프로그램의 무상 공급과 MP3 파일 공유 및 교환에 필수적인 소리바다 서버를 운영한 이상 원고들의 복제권 · 전송권에 대한 이용자들의 침해행위에 대하여 방조책임을 부담한다는 것이다.

그런데, 여기에서 손해배상 사건의 항소심은 소리바다 운영자에게 방조가 아닌 '교사에 의한 공동불법행위책임'을 추궁하기 어려운 근거에 대하여 한국 판례로서는 최초로 설명하고 있다. 소리바다 서비스의 사용방법과 그 특징 및 이용현황, MP3 파일의 공유 · 교환행위에 대한 피고들의 관여정도 등에 비추어 볼 때, 개별 사용자들은 기본적으로 소리바다 서비스의 회원 등록과 구체적인 다운로드 및 업로드 행위를 결정함에 있어 자신들의 자발적인 선택과 의사에 따랐다고 봄이 상당하고, 따라서 피고들이 소리바다 서비스를 이용한 원고의 복제권 및 전송권 침해의 의사가 없는 개별 사용자들로 하여금 그것을 결의하게 하였다고 볼 수 없다는 것이었다.

피고들은 '침해행위를 방지하고 중단시킬 수 있는 기술적 수단이 피고들에

이 부여되기 전이었다는 사실을 지적하는 것으로 족할 것이다.

게 없으므로 책임이 없다'는 주장을 다시 반복하면서, 앞서 가처분이의 항소심에서와 같이 2003년 저작권법 제77조 제2항을 그 근거로 내세웠다. 그러나 법원은 앞서 주장에 대하여는 가처분이의 사건의 항소심과 마찬가지의 이유를 들어 배척하였고 아울러 위 책임면제 규정을 근거로 내세운 것에 대하여는 이는 피고들의 소리바다 서비스로 인한 저작권침해행위가 있은 후에 비로소 신설된 것으로서, 이 사건에 직접 적용되는 것이 아니라고 판시하였다.

3. 손해배상사건들 판례분석

항소심은 물론 손해배상 1심 판결이 선고될 무렵조차 이미 2003년 개정 저작권법이 시행된 이후였으므로 1심 판결선고 무렵이라도 원고 측이 그 법률 시행 이후 시점의 피해까지 손해배상을 청구하였다면 저작권법에 새로 정해진 온라인서비스제공자의 책임제한 규정에 따라 일견 온라인서비스제공자에 해당하는 피고의 책임도 제한될 수 있는지 충분히 문제될 수 있었을 것이다.[315] 이 무렵의 국내논의로 논자[316]에 따라서는 미국 Napster 판결[317]에서도 DMCA의 책임제한규정을 원용한 Napster의 주장이 배척되었음을 들어 우리의 2003년 개정 저작권법 규정에 의하더라도 '소리바다'는 온라인서비스제공자에 해당한다고 볼 수 없지 않느냐는 의문이 있었다.[318] 그러나 이용자들이 비록 소리바다의 정보통신망을 통하는 것은 아닐지라도 그 서비스를 이용하여야 원하는 저작물 등을 정보통신망인 P2P 네트워크를 통하여 복제할 수 있는 이상 소리바다는 저작권법 제2조 제22호에서 정한 온라인서비스제공자에 속한다고 볼 것이다. 소리바다1 항소심들도 제77조 제2항에 터잡은 소리바다의 면책 주장을 가볍게 배척하기는 하였지만 그 취지상 소리바다1도 일단 면책조항이 정한 온라인서비스제공자의 범위에는 해당되는 것으로 파악한 듯 보인다.

315) 박성수, "P2P 기술과 디지털 저작권 –Napster 및 소리바다 사건을 중심으로–," 서울대학교 지적재산권법교실 2003년 2학기 강좌발표문, 12면. 이는 '서울대학교 지적재산권법 교실' <jus.snu.ac.kr/~sjjong>[2005. 4. 29.]

316) 위와 같음.

317) 위 논자의 명시적인 언급은 없으나 1심인 연방지방법원의 판결을 가리키는 듯이다.

318) 위 논자는 2003년 개정 저작권법 제2조 제22호 "온라인서비스제공자'의 정의에 관하여 '다른 사람들이 저작물이나 실연·음반·방송 또는 데이터베이스를 정보통신망(정보통신망이용촉진및정보보호등에관한법률 제2조 제1항 제1호의 정보통신망을 말한다)을 통하여 복제 또는 전송할 수 있도록 하는 서비스를 제공하는 자를 말한다"라는 문구를 '저작물 등을 (자신의) 정보통신망을 통하여 복제 등을 할 수 있도록 서비스를 제공하는 자'라고 해석하는 듯한데, 역시 Napster 1심의 판단태도와 같다.

한편 소리바다 손해배상 사건의 항소심 판결은 전반적인 논리의 흐름은 물론이고 자세히 살펴보면 앞서 소리바다 가처분이의 사건의 항소심 판결과 상당부분에서 세부적인 표현과 문구까지 일치하고 있음을 알 수 있다.[319] 각 원심 판결인 가처분이의 1심 판결과 손해배상 1심 판결이 동일한 재판부에 의하여 선고되어 심지어 판결문 중 오류부분까지 공통될 수밖에 없었던 것과 달리, 각 항소심을 담당한 재판부는 서로 달랐으므로 나름대로 독창적인 검토와 논리전개를 비교해 보고자 기대하였던 연구자의 입장에서는 다소 실망스러울 수도 있겠으나, 손해배상 사건의 항소심이 그대로 추종한 가처분이의 사건의 항소심 판결의 논리가 상당히 수긍할만한 것임을 반증해 준다고도 할 수 있다. 아울러 가처분이의 항소심과 달리 왜 교사에 의한 책임이 아니라 방조에 의한 책임인지를 확정적으로 설명하였다는 점에 손해배상 사건의 항소심 나름의 의미가 있다.

Ⅳ. 소리바다에 대한 형사재판

1. 개 요

검사는 소리바다1의 공동운영자들이 소리바다 이용자들에게 위와 같은 P2P 서비스를 제공함으로써 저작인접권자인 음반제작자의 음반에 대한 복제·배포권을 이용자들이 침해하는 데 방조행위를 하였다는 취지로 2001. 8. 11. 공소를 제기하였다. 그러나 2003. 5. 15.에 이르러서야 1심은 위 공소사실의 기재가 정범인 이용자들이 누구인지, 그들이 언제, 누구에게, 어떻게 음반의 복제·배포권을 침해하였는지에 관하여 특정할 수 있을 정도로 구체적인 사실의 기재가 없다는 이유로 공소기각결정(형사소송법 제327조 2항)을 내림으로써 위 분쟁에 관한 실체적인 판단은 유보되었다. 이에 검사가 항소하여 항소심에서는 급히 소리바다의 회원 4~5명을 정범으로 특정한 공소장변경신청서를 제출하였고, 항소심 판결에서는 정범들의 행위가 구체적으로 특정되어 있다고 인정한 다음 더 나아가 피고인들에게 무죄를 선고하였다.

---

319) 이 점으로부터 손해배상 사건의 항소심을 담당한 재판부는 가처분이의 사건의 항소심을 담당한 재판부와 물론 서로 달랐지만, 바로 며칠 사이에 잇따라 같은 서울고등법원의 재판부들에 의하여 선고되는 과정에서 담당재판부들 사이에 긴밀한 의견교환이 있었음을 짐작해 볼 수 있겠다.

2. 1심의 공소기각 판결

(1) 법원의 판단[320)]

검찰은 2001. 8. 11. 소리바다1의 공동운영자인 양 OO, 양 △△ 형제에 대하여, 소리바다1 프로그램 및 인터넷 서비스 제공자로서 공소외 성명불상자(ID bagazi 19)가 위 프로그램을 내려받아 컴퓨터에 설치한 다음 공유 디렉터리에 저작인접권자인 피해자 측에서 제작한 가수 클론의 '초련' 등 곡들의 음악파일을 저장하고 소리바다 서버에 접속하자, 위 서버에 접속한 다수의 회원들이 위 음악파일을 전송받아 이용할 수 있도록 소위 P2P 방식으로 상호 연결하여 줌으로써 피해자의 권리침해를 도와주어 이를 방조한 것을 비롯하여 아이디(ID)가 bagazi 19, shparkkhu, tenae, tkfkd 15, comelf, daphne 90인 이용자들이 위와 같은 방법으로 저작인접권자인 피해자들의 음반에 대한 복제 · 배포권을 침해하도록 도와주어 이를 방조하였다는 취지로 공소를 제기하였다.

그러나 1심 법원은 성명불상인 정범인 공소외인들이 언제, 누구에게, 어떻게 고소인들이 제작한 음반을 복제 · 배포하는 등의 방법으로 고소인들의 저작인접권을 침해하였는지에 관하여 아무런 기재도 없이 막연히 공소외인들이 고소인들의 음반에 대한 복제 · 배포권을 침해하도록 도와주어 이를 방조하였다고만 공소사실을 기재한 것으로는 부족하고 무릇 방조범의 공소사실을 기재함에 있어서는 그 전제요건이 되는 정범의 범죄구성요건을 충족하는 구체적 사실을 기재하지 아니한 이상 "공소사실의 기재는 범죄의 시일, 장소와 방법을 명시하여 사실을 특정할 수 있도록 하여야 한다"고 정한 형사소송법 제254조의 요건을 충족시키지 못하였다고 하여 형사소송법 제327조 제2호에 의하여 위 공소를 기각하였다.

(2) 판례분석

소리바다 분쟁의 결말에 달려 있던 지대한 이해관계, 즉 직접적으로 피고인인 인터넷서비스제공자나 고소인인 저작권 업계의 그것은 물론이고, 당시 회원이던 수백만 가입자들의 그것들, 나아가 세계적으로도 유례 없는 P2P 소프트웨어의 급속한 침투에 따라 한국에서 위 분쟁이 차지하는 사회적 파장 등을 감안하였다면, 공판기일을 진행하는 동안 공소사실의 불특정에 관하여는 별다

320) 서울지방법원 2003. 5. 15. 선고 2001고단8336 판결(저작권법위반방조).

른 거론이 없다가[321] 곧바로 공소기각의 형식재판에 그친 것에는 아쉬움이 크다.[322] 특히나, 앞서 언급하였듯이 방조에 의한 불법행위(형사적으로는 '방조범')의 법리가 한국에서 소리바다와 같은 유형의 인터넷서비스제공자에 대한 책임추궁의 근거로 가장 유력하다고 보이는데,[323] 위 형사판결 이전까지의 여타 관련 민사재판들에서는 과연 우리 법의 어느 법조문에 의하여 인터넷서비스제공자의 책임이 판단되어야 하는지 모호한 상황이었으므로 위 형사재판에서 이러한 법적 근거의 검토가 먼저 이루어졌다면 더없이 좋았을 것이다.

3. 항소심 판결[324]

(1) 법원의 판단

1) 공소사실의 특정 여부

검사는 항소심에 이르러 정범들 5명의 성명, 각 소리바다 프로그램의 설치

321) 이에 대한 검찰 시각의 비판으로는 정진섭, "소리바다 사건 공소기각 판결에 대한 평석," 서울대학교 기술과법 센터 2003-제4회 워크샵(「디지털 유통기술의 발전과 법적 대응」) 발표문, 2003. 5. 24. 참조. 물론 검찰의 주장에 불과할 수도 있겠으나, 이에 따르면 공소사실의 특정, 불특정에 관한 거론은 만 2년에 가까운 시간동안(총 22회 공판기일) 한 차례도 없었다고 한다.

322) 앞서 글 외에 비판적 시각의 글로는 권영준, "P2P 방식에 대한 저작권법적 고찰," 서울대학교 기술과법 센터 2003-제4회 워크샵(「디지털 유통기술의 발전과 법적 대응」) 발표문, 2003. 5. 24, 34면; 최순용, "소리바다 공소기각 판결, 침해책임 없다는 뜻 아니다," 저작권문화 107호, 저작권심의조정위원회, 2003. 7. 등이 모두 같은 취지로 비판하고 있다. 특히 전자는 '이 사건은 현실적으로 정범들이 수백만 명에 이르고 있는데다가 다른 방조사건과는 달리 오히려 정범보다 방조범의 행위가 사건의 핵심을 이루고 있고, 실제 심리과정에서도 정범의 행위 자체에 관하여는 거의 다툼이 없고 주로 방조책임 여부에 관한 법리적인 논쟁이 이루어져 왔다는 점에 비추어 보면, 일반적인 사건과 같은 정도의 공소사실 특정을 요구할 수는 없다고 할 것이다'고 평하고 있는데, 전적으로 이러한 지적이 타당하다고 본다. 실제로 검찰은 1심 판결에 항소하면서 불과 정범 몇 명의 행위를 급히 일시, 장소를 중심으로 특정하는 공소장변경을 하였다. 이렇게 하여 결국 항소심에서 위와 같이 특정된 극히 일부의 정범의 행위에 따른, 역시 전체 중 극히 일부에 불과한 방조의 책임이 논하여질 수 있음은 논외로 하고 만일 1심의 논리에 충실하려면, 소리바다의 형사책임의 전반을 제대로 다루기 위해서는 잠재적 정범 약 1천만명(후술하는 바대로, 전성기 소리바다1의 실제 회원 수이다)을 어느 정도까지는 특정하여야 한다는 부당한 결과가 된다.

323) 이규홍, "P2P 방식에서의 디지털 저작물 보호 등 저작권법상의 몇몇 문제점에 대하여," 220-21면; 구태언, "P2P서비스의 현황과 형사책임," 정보법학회 제4회 사례연구회 발표문, 2003. 2. 11. 혹은 "P2P 서비스의 현황과 형사책임," 정보법학, 한국정보법학회, 2003. 등(다만 이들 학설들은 부작위에 의한 방조범으로 '당연히' 파악하고 있으나, 당연히 부작위라고는 할 수 없으며, 이 점은 항소심 판결을 평하며 다시 논하기로 한다). 반대로 이러한 방조범의 법리구성에 대한 전제가 잘못되었다며, 그 이유로 정범이 확정되지도 않았고 정범의 고의 인정 여부가 불분명한 상태에서 방조범을 곧바로 인정할 수 있는지에 대하여 의문을 표시하는 견해[조훈, "인터넷상 파일공유와 형법상 Regressvervot," 디지털재산법연구 1권 1호, 2001. 11, 181면]도 있다.

324) 서울중앙지방법원 2005. 1. 12. 선고 2003노4296 사건.

및 MP3 파일을 다운로드 받은 시기와 장소, 구체적인 행위태양, 공유폴더에 위와 같이 다운로드 받은 MP3 파일을 저장한 채 다시 소리바다 서버에 접속함으로써 다수의 회원들이 위 파일을 다운로드 받아갈 수 있도록 제공한 시기 등을 구체적으로 특정하여[325] 공소장을 변경하였다. 이에 항소심 법원은 이로써 공소사실이 구체적으로 특정되었다고 인정하였다.

2) 정범들이 피해자 측의 복제권을 침해하였는지 여부

(가) MP3 파일을 다운로드받는 행위가 복제인지 여부

법원은 소리바다의 이용자들이 소리바다 네트워크에 접속한 다른 이용자들의 개인컴퓨터 공유폴더에 저장되어 있는 MP3 파일을 다운로드받아 자신의 컴퓨터에 저장하는 행위가 복제행위에 해당한다고 판단하였다. 여기에서 법원은 이 행위는 단지 전송에 수반되는 행위일 뿐이므로, 이는 아직 저작인접권자인 피해자들에게 인정되지 아니한 전송권의 영역일 뿐, 복제권이 침해될 여지가 없다는 피고인들 주장을 배척하는 과정에서, 디지털복제의 개념과 전송권을 도입한 2000. 1. 12. 개정 저작권법의 입법배경을 앞서 손해배상 2심판결과 마찬가지로 설명하였다.

(나) MP3 파일의 복제행위가 사적 복제인지 여부

더 나아가 위와 같이 복제에 해당한다고 하더라도 이용자들의 복제행위가 사적 복제에 해당하여 허용된다고 피고인들은 다투었다. 법원은 앞서 가처분이의 사건이나 손해배상 사건의 각 항소심과 마찬가지로 불특정 다수인들, 특히 동시접속자 5,000명 사이에서 광범위하게 이루어지는 파일공유행위가 저작권법 제27조에서 복제권의 제한사유로 정한 '개인적으로 이용하거나 가정 및 이에 준하는 한정된 범위 안에서 이용하는 경우'라고는 볼 수 없으므로 더 나아가 영리 목적의 유무에 관하여 판단할 것 없이 정범들의 행위는 사적 복제에 해당하지는 않는다고 보았다.

3) 정범들이 피해자 측의 배포권을 침해하였는지 여부

정범들이 피해자들의 배포권을 침해하였다는 요지의 공소를 뒷받침하기 위

325) 가령 '조OO은 2000. 7.경 인터넷 상에서 소리바다 프로그램을 다운로드받아 자신의 컴퓨터에 이를 설치하고 'bagazi19'라는 ID로 회원가입을 한 다음, 그 무렵부터 2001. 8. 4.경까지 사이에 위 프로그램을 실행하여 소리바다 서버에 접속한 상태에서 앞서 본 바와 같은 이용방법에 따라 위 서버에 접속하고 있던 성명불상자들의 공유폴더에 저장되어 있던 가수 '클론'의 위 4집 음반에 수록된 곡들과 같은 곡명의 MP3 파일을 다운로드받아 자신의 컴퓨터 내 공유폴더에 이를 저장'하였다는 사실을 법원이 인정하였다.

하여 본 항소심에서 검사가 내세운 논리[326]는 무척 눈길을 끈다. 그 이유는 다름 아니라 앞서 가처분이의 사건의 1심이 소리바다 이용자들에 의한 배포권 침해를 긍정하며 내세운 논리를 그대로 차용하였기 때문이다.

그러나 법원은 이러한 주장을 역시 배척하였다. 저작권법 제2조 제15호에 정의된 '배포'는 점유이전을 수반하는 개념으로서, 통신망을 통하여 무형적으로 디지털저작물을 제공하는 행위를 포섭하기는 어려운 점, 2000. 1. 12. 개정 저작권법에서 이미 배포권 등과 구별되는 '전송권'이라는 개념을 새로이 도입하고 있는 점 등을 들어, 소리바다 이용자들이 파일을 받아갈 수 있는 상태에 두는 행위는 배포가 아니라 전송에 해당한다고 하여 이 부분 원고 주장을 배척하였다.

4) 정범들의 복제권 침해행위를 피고인들이 방조하였는지 여부

여기서 검사는 피고인들이 정범들의 복제권 침해행위에 대하여 방조의 책임이 있다는 근거로 두 가지 주장을 하였다.

첫째, 피고인들이 '처음부터' 복제권 침해행위에 제공하기 위하여 소리바다 시스템을 개발·배포하였으며, 즉 소리바다 시스템이 '불법도구'이므로 피고인들에게 방조책임이 있다.

둘째, 그렇지 않더라도 소리바다 시스템을 통하여 저작권침해행위가 이루어진다는 점을 인식하고서도 경고문 고지 외에는 별다른 조치 없이 소리바다 서비스를 제공한 것은 정범의 고의와 방조의 고의를 모두 갖춘 부작위에 의한 방조에 해당한다.

(가) 소리바다가 이른바 불법도구인지 여부[327]

검사의 첫 번째 주장을 상술하자면, 다음과 같다. 소리바다의 P2P 서비스는 공유폴더 설정, 음악파일 찾기(검색) 및 내려받기, 파일전달의 각 기능을 보

---

326) "소리바다 사용자들이 공유폴더에 MP3 파일을 저장한 채 소리바다 서버에 접속하여 자동적으로 다른 사용자들이 다운로드받을 수 있는 상태에 놓이게 하는 행위는, 그 사용자의 컴퓨터 내 공유폴더를 다른 사용자들이 검색하여 원하는 MP3 파일에 대한 다운로드를 요청하고, 위 요청에 따라 컴퓨터가 음원에 대한 복제물인 당해 MP3 파일에 대하여 새로이 재복제물을 생성하고 이를 자동적으로 요청자에게 송신하는 전기적 신호과정을 통하여 MP3 파일을 다운로드 받게 되고, 그 MP3 파일이 컴퓨터 내 하드디스크의 다운로드폴더에 자동적으로 저장됨으로써 재복제물이 생성되는 일련의 행위과정과 결합됨으로써, 결과적으로 음을 유형물(음이 고정되기 전의 유형물은 요청자가 이미 가지고 있는 하드디스크이므로 요청자가 스스로 제공하는 것이 된다)에 고정하여 양도하는 결과가 되어 음반제작자의 배포권을 침해하는 것....."

327) 아래 (나)의 부작위에 의한 방조범 주장과 대비하여 볼 때, 이 부분 당사자 주장을 소리바다 형사항

유하고 있으므로, 처음부터 음악파일의 무단 복제·배포를 목적으로 개발된 불법적인 기술이다. 그리고 인터넷 음악의 편리한 공유라는 미명 하에 사용자들 스스로 그들 전체로 구성되는 저작권법 위반 공동체를 구성한 후 불법적인 음악파일의 공급자로서 역할을 분담하도록 프로그램화되어 있고 음악파일의 복제·배포가 소리바다 프로그램에 의하여 이루어지고 있다. 그렇다면 피고인들은 처음부터 불법적인 의도를 갖고 사업을 영위하기 위하여 인터넷 사용자 간 음악파일의 불법복제 및 배포를 목적으로 프로그램을 개발하여 이를 인터넷서비스로서 제공하였다 할 것이므로, 사용자들의 MP3 파일 복제행위에 대하여 방조범으로서 형사책임이 있다는 것이었다.

이에 대하여 피고인들은 미국에서의 Napster가 제소당한 사례를 알고 피고인들의 被訴 가능성도 다소 예상했으나 당시로서는 Napster가 불법이라고 판정되기 이전이었고 Napster보다 진일보한 방식을 취한 소리바다를 통하여 단기적으로는 음반판매량이 감소하더라도 장기적으로는 홍보효과로 음반판매량이 늘어날 수 있으리라 생각하였다고 주장하였다.

뿐만 아니라 소리바다의 운영 방식인 P2P 서비스에 의한 파일공유 방식은 고속 인터넷망의 보편화 등에 따라 필연적으로 등장한 새로운 기술의 진보인 만큼, 이를 불법도구로 보아 전면적으로 부정하는 것은 기술발전을 결정적으로 가로막고 퇴보시키는 것으로 저작권법의 기본 이념에도 부합하지 않는다고 반박하였다.[328]

이러한 엇갈리는 당사자들의 다툼에 대하여 법원은 먼저, '어떤 사람이 일반인들에게 물건 또는 장비를 제조·판매하였는데, 그 물건 등의 핵심적인 용도가 타인의 저작권을 침해하는 것에 맞추어져 있거나 또는 그 물건 등의 유일한 용도가 위와 같은 목적 하에 제조된 경우에는, 그와 같은 물건 또는 장비가 타인에 의한 1차적 침해행위의 중요한 도구 또는 유일한 도구로 사용될 수 있다는 상당한 개연성이 있는 한, 제조자의 저작권침해행위에 대한 인식 여부와

소심은 작위에 의한 방조범 주장으로 이해하고 있다고 볼 수 있다. 이러한 사실은 MP3 파일의 교환 등 불법적인 유통이 일상적으로 이루어질 수 있는 자동화된 시스템의 제공행위 자체에 형사상 방조책임의 본질이 있다고 하여, 시스템 제공행위 자체가 방조범의 작위에 해당한다는 취지의 주장을 (가) 부분에서 아울러 배척하고 있다는 점에서 확인할 수 있다.

328) P2P가 필연적으로 등장한 새로운 기술 운운의 주장은 일견 설득력이 없다고 할 수 없으나, 엄밀히 검토하면 무리한 논리비약이 있다. 즉 이 사건 법원의 판단은 P2P 서비스 중 (가령 불법파일교환을 우회적으로 조장한 혐의를 받은) 특정한 영업행태를 보이는 소리바다만을 존속시킬지, 중단시킬지

는 상관없이 위와 같은 도구의 판매행위 자체로서 다른 사람의 저작권침해행위를 도와준 것이 되어 방조범으로서 형사책임을 부담한다 할 것' 이라고 하면서 특허법 관련 규정[329)]을 자세히 적시하였다.[330)] 그렇지만 '물건 또는 장비가 실질적으로 비침해적 · 합법적 용도로 사용되고 있거나,[331)] 장차 그와 같이 사용될 개연성이 높은 경우에는 그 물건 등의 일부 용도가 현재 침해적으로 사용되고 있다는 사정만으로 곧바로 그것을 가리켜 1차적 침해행위를 위한 불법도구[332)]라고 단정지을 수는 없다 할 것' 이라고 하였다.

나아가 법원은 위와 같은 기준으로 소리바다를 판단하건대, 소리바다 시스템을 통하여 유통되는 MP3 파일의 30%는 합법적 파일인 점, 인터넷 상에서 P2P 방식에 따른 서비스가 MSN 메신저의 예에서 알 수 있듯이 현재 및 장래

여부에 관한 것이지 P2P 기술 전체를 한국 사회에서 수용할지, 없앨지에 관한 것은 아니다. P2P 서비스라 하여도 수많은 변종이 있으므로 개개 업체의 서비스행태에 따라 사회로부터 배척당하거나 받아들여지는 법적 판단이 달라질 수 있다고 본다(이에 관하여 상세히는 제7장 제2절 Ⅴ. 'Sony 원칙의 올바른 적용' 2. (3) 3) '손익판단의 대상은 특정 상품이나 서비스에 국한된다는 원칙' 을 참조).

329) 여기서 항소심은 「다음 각호의 1에 해당하는 행위를 업으로 하는 경우에는 특허권 또는 전용실시권을 침해한 것으로 본다. 1. 특허가 물건의 발명인 경우에는 '그 물건의 생산에만 사용하는' 물건을 생산, 양도, 대여 또는 수입하거나 그 물건의 양도 또는 대여의 청약을 하는 행위, 2. 특허가 방법의 발명인 경우에는 '그 방법의 실시에만 사용하는' 물건을 생산, 양도, 대여 또는 수입하거나 그 물건의 양도 또는 대여의 청약을 하는 행위」라고 규정한 특허법 제127조를 그대로 적시하며 특허법 상으로는 물건 또는 장비의 '유일한 용도' 가 침해적인 경우에 한해 간접침해를 인정하고 있다고 덧붙였다.

330) 판결문 상의 표현을 떠나서도 이렇게 저작권침해의 사례를 해결하는 데 합리적인 기준을 찾는 과정에서 우리 특허법의 조문까지 참고하려 애쓰고 있는 것은 다름 아니라 미국 연방대법원이 1984년 Sony 판결을 내리면서 채택한 방법과 상당히 유사하다.

331) 이 부분은 분명히 Sony 판결에서 제시한 'substantial noninfringing use' 를 원용하고 있는 것이다(소리바다 형사항소심은 특히 '핵심적인,' '중요한,' '실질적으로' 등으로 그때그때 다른 용어를 사용하고 있으나, 공통적으로 앞서 'substantial' 과 관련된 원용으로 보인다). 왜냐하면 소리바다 형사항소심이 논거로 인용하고 있는 한국의 특허법 제127조는 '유일한 용도' 를 요구할 뿐이므로, 그 조문의 해석만으로는 도저히 '물건 또는 장비를 제조 · 판매하였는데, 그 물건 등의 '핵심적인 용도' 가 타인의 저작권을 침해' 하는 경우까지 침해책임을 물을 수 있다는 형사항소심의 결론을 도출할 수 없기 때문이다. 한국의 특허법과는 달리 미국의 특허법은 '특허받은 기계, 기구, 조합 혹은 결합품의 부품, 혹은 특허받은 과정을 실시하는 데 사용되는 물질 혹은 도구를 판매하는 자로서, 그러한 것들이 당해 특허의 침해가 되는 용도(use)를 위하여 특별히 제작되었거나 특별히 개량되었음을 알고 있고, 아울러 그러한 것들이 상당부분 비침해적 용도에 적합한 상업상 주요한 상품이나 물품(a staple article or commodity of commerce suitable for substantial noninfringing use)이 아닌 경우는 기여침해자로서 책임을 진다' [35 U.S.C. §271 (c)]라고 규정함으로써 해석상 침해적 용도가 유일한 용도인 때뿐만 아니라 침해적 용도가 오히려 핵심적인 용도이거나 더 중요하거나 혹은 실질적인 부분인 경우에도 공급자에게 기여책임을 지우고 있다(이와 관련하여 자세히는 제7장 제2절 '연방대법원의 Sony 판결이 놓았던 1984년의 시금석으로 되돌아가며' 중 Ⅳ. 1. 부분 각주 참조).

332) 불법도구라는 표현이 한국 판례가 처음 등장한 것은 소리바다 가처분이의 판결의 말미에 첨부된 외

에 비침해적 용도로 사용될 개연성이 상당히 높다는 점,[333] 피고인들의 소리바다 프로그램 개발경위, 위에서 본 경고문구가 설치된 위치와 그 내용 등 제반 사정을 종합해 볼 때, 피고인들이 처음부터 복제권 침해행위를 방조할 목적으로 소리바다 프로그램을 개발하였다거나, 또는 P2P 방식의 소리바다 서비스 자체를 저작권침해의 용도로만 사용될 목적으로 제작된 불법도구라고 단정지을 수는 없고, 나아가, 현재 소리바다 서비스의 이용실태만을 근거로[334] 불법 MP3 파일의 유통이 소리바다 서비스의 핵심적인 용도 또는 유일한 용도라고 보기도 어렵다고 판시하였다.

(나) 부작위에 의한 방조범의 성립 여부

여기서 검사는, 피고인들이 미국의 냅스터 소송사례 때문에 이미 소리바다로 인한 저작권침해행위가 빈번하리라는 사정을 인식하였고, 소리바다 운영중에도 회원자격으로 접속하여 이용자들의 침해행위를 실제 인식한 바 있으며, 피해자들로부터 저작권침해행위를 이유로 서비스의 중단 내지는 그 개선을 수차례 요청받았음에도 불구하고, 프로그램의 설치시 불법 MP3 파일의 저작권법 위배 가능성에 대한 경고문을 고지하는 것 외에는 달리 저작권침해행위를 방지하기 위한 적절한 조치를 취하지 아니한 채 계속해서 서비스를 제공해 왔으므로, 부작위에 의한 방조범이 성립하며, 정범의 고의와 방조의 고의 또한

국판례해설부분으로 그 해설에서는 마치 Napster 사건에서 불법도구 여부가 쟁점이었던 것처럼 논하고 있으나 이는 오해이며, 그 해설의 취지를 설령 좋게 풀이하여 상품이나 서비스의 용도 상당부분이 비침해적이지 못한 경우, 즉 상당부분이 침해적인 경우를 지칭하고자 한 표현으로 보아주더라도 이 역시 'substantial (non)infringing use'의 뜻을 제대로 살리지 못한 오역임은 이미 서술하였다.

333) 형사항소심은 이 점과 관련하여 소리바다 시스템이 채택한 P2P 운영 방식은 중앙서버의 개입 없이 인터넷 사용자들 사이에 자유롭게 정보교환 등이 이루어질 수 있다는 장점 때문에 차세대의 인터넷 이용 방식으로 각광을 받고 있으며, 현재에도 MSN 메신저 등 다양한 인터넷 통신 프로그램에서 합법적으로 이용되고 있는 사실을 들고 있다.

334) 현재 소리바다 서비스의 이용실태만을 근거로 해서는 안 되고 장래 '차세대의 인터넷 이용 방식'으로서의 이용가능성도 고려한다는 의미로 보인다. 특정 P2P 기술의 적법성을 판단하면서 법원이 당해 기술의 현재 용도에 국한하지 않고 장래 용도까지 살펴야한다고 한 취지는 지극히 타당하다. 이미 설명하였듯이 Napster 항소심도 이러한 점을 명시하고 있다. 나아가 후술하듯이 이러한 취지는 다름 아니라 연방대법원의 Sony 판결에서 제시하고 있는 원칙 중의 하나이다[제7장 제2절 Ⅴ.2. (3) (B) 부분 참조]. 그러나 소리바다 서비스의 현재 용도가 전체이용대비 70%나 불법적 파일교환에 이용되고 있음에도 위와 같은 장래 용도를 고려하여 소리바다 서비스의 적법성을 긍정하려면 위 형사항소심과 같이 지극히 간단히 고찰만으로는 부족할 것이다. 위 판결은 현재의 압도적인 침해적 용도에 불구하고 침해-비침해 용도의 상호 비율 비교에서 결론적으로 앞서 침해적 용도에 불구하고 소리바다 서비스의 존재를 적법하다고 긍정하게 만드는 장래의 잠재적 용도에 무엇이 있는지 구체적으로 제시하고 있지 못하다.

있다고[335] 주장하였다.

이에 대하여 법원은 먼저 대법원 판례[336]를 원용하면서 부작위범에게 요구되는 작위의무는 '법적인 의무'이어야 하므로 단순한 도덕 상 또는 종교 상의 의무는 포함되지 않으나 작위의무가 법적인 의무인 한 성문법이건 불문법이건 상관이 없고 또 공법이건 사법이건 불문하므로, 법령 · 법률행위 · 선행행위, 기타 신의성실의 원칙이나 사회상규 또는 조리 상 작위의무가 기대되는 경우라야 비로소 법적인 작위의무가 있다고 전제하였다.

먼저, 법령에 의한 작위의무의 발생 여부에 관하여, 정범들의 복제행위 당시의 저작권법 등 관련 법령을 살펴보더라도[337] 피고인들에게 그들이 개발한 소리바다 프로그램을 인터넷에서 무료로 불특정 다수인들에게 제공한 행위로 인하여 초래된 복제권 침해행위의 발생을 방지해야 할 법적인 의무를 부과하고 있는 근거를 찾을 수는 없다고 하였다.

다음, 법률행위에 의한 작위의무 역시 피고인들과 피해자들 사이에 어떠한 법률행위도 존재하지 아니하는 이상, 이로부터 법익침해의 결과발생을 방지할 작위의무를 도출할 수는 없다고 보았다.

아울러, 선행행위에 의한 작위의무 역시 피고인들이 개발한 소리바다 프로그램이 앞서 본 바와 같이 복제권 침해행위에 이용될 목적만으로 개발된 불법도구에 해당하지 않는 이상, 피고인들이 위 프로그램을 인터넷에서 불특정 다수인들에게 무료로 배포하였다는 이유만으로 피고인들에게 당연히 복제권 침해행위를 방지할 작위의무가 발생한다고도 할 수 없다고 판시하였다.

335) 형법학의 논의를 요약하면, 방조범과 같은 종범에게는 정범의 실행을 방조한다는 인식, 즉 방조행위에 대한 고의에 더하여 정범의 행위가 구성요건에 해당한다는 인식, 바꾸어 말하면 정범의 고의 역시 있어야 한다. 따라서 과실에 의한 방조는 형사상으로는 있을 수 없다(이재상, 형법총론, 박영사, 2003, 490면 및 박상기, 형법총론, 박영사, 2004, 464-65면).

336) 대법원 1996. 9. 6. 선고 95도2551 판결.

337) 여기에서 형사항소심은 2003. 5. 27. 개정 저작권법은 정범들의 복제행위 이후에 시행되는 점을 자세히 부언하고 있어, 마치 위 개정저작권법이 만약 정범들의 복제행위 당시 시행된 법이었더라면 이 부분 결론이 달라졌을 것 같은 여지를 두고 있다. 그러나 이는 오해이다. 왜냐하면, 위 개정 저작권법 제77조 이하의 규정은 온라인서비스제공자를 위한 면책요건을 규정한 것이지, 책임요건을 규정한 것이 아니다[이와 관련해서는 제3장 제4절 Ⅲ. 8. (3) 참조]. 따라서 이러한 개정법에서 정한 바를 이행하지 않은 경우 온라인서비스제공자가 개정법에 의거하여 책임감면을 주장하지 못할 뿐이지 그 불이행 사실만으로 거꾸로 곧바로 온라인서비스제공자 책임추궁의 근거가 되지는 않는다. 앞서 보았듯이 미국의 DMCA에서 정한 면책조항에서는 이러한 해석에 아무런 논란이 없다(제3장 제2절 '미국의 DMCA 중 OCILLA'의 Ⅰ. '성립경위' 부분 참조).

끝으로, 조리[338]등에 의한 작위의무 유무에 관하여 법원은, 통상 온라인서비스제공자로서는 저작권자 등으로부터 저작권을 침해하였다는 음악파일 등의 목록을 구체적으로 통지받기 전까지는 통신망에서 유통되는 음악파일 등이 실제로 타인의 저작권을 침해하였는지 여부를 알 수 없다는 점을 중시하였다. 이에 비추어 볼 때 원칙적으로 온라인서비스제공자는 자신이 운영하고 있는 시스템에서 벌어지고 있는 구체적인 저작권침해행위를 일일이 점검(search)해서 통제해야 할 작위의무까지 있는 것은 아니고, 적어도 저작권자로부터 침해행위의 내용이 특정된 구체적인 통지[339]를 받아 실제로 이를 알게 되었을 경우에만 비로소 저작권침해행위를 방지할 조리 상의 작위의무가 발생한다고 판단하였다.

덧붙여 법원은 P2P 방식에 의한 서비스의 등장으로 MP3 파일에 대한 저작권침해의 양상이 기존의 온라인서비스제공자의 경우보다 훨씬 더 가중되는 상황에 직면하게 된다 하더라도, 조리 상 작위의무의 발생 여부는 기존의 온라인서비스제공자의 경우와 동일함을 전제로, 기존의 온라인서비스제공자의 책임을 다룬 종전 대법원 판례들[340]이 '온라인서비스제공자 또는 전자게시판을 설치, 운영하는 전기통신사업자 등이 자신이 관리하는 전자게시판에 타인의 명예를 훼손하는 내용이 게재된 것을 방치하였을 때 명예훼손으로 인한 손해배상책임을 지게 하기 위해서는, 온라인서비스제공자 등이 명예훼손적인 글이 인터넷 게시판 등에 게재됨으로써 피해를 입었다고 주장하는 피해자로부터 위 글에 대한 삭제 또는 시정조치 요구를 받아 이를 삭제할 의무가 발생하였음에도 불구하고 장기간 이를 방치한 경우에 손해배상책임을 진다'는 취지여서 앞서와 같이 침해행위의 내용이 특정된 구체적인 통지를 요구하고 있다고 보았다.

따라서 소리바다의 사안에서도, 피해자들이 피고인들에게 소리바다 회원들의 저작권침해행위를 구체적으로 특정하여 통지하였음에도 불구하고, 피고인들

338) 조리에 의하여는 죄형법정주의와 관련하여 형법상 보증인지위는 인정되지 않는다고 입장(박상기, 앞의 책, 318면 등)과 반대로 긍정하는 입장(다만 이재상, 앞의 책, 127면은 제한적 긍정설이다)이 학설상 대립되어 있지만, 대법원의 판례는 소리바다 형사항소심이 원용하는 바와 같이 긍정설의 입장이다.

339) 구체적인 통지가 과연 무엇인지 그 의미에 관하여 형사항소심의 다른 부분에서 은연 중에 제시한 바에 따르면 '피고인들이 소리바다에서 교환되거나 다운로드 되는 MP3 파일 중 어떤 것이 피해자들이 제작한 음반 등을 기초로 만들어진 MP3 파일에 해당하는지 구체적으로 파악'할 수 있는 수준의 통지를 지칭하고 있다.

340) 청도군 홈페이지 사건인 대법원 2003. 6. 27. 선고 2002다72194 판결; 하이텔(Hitel) 사건인 대법원 2001. 9. 7. 선고 2001다36801 판결이다.

이 해당 회원들에 대하여 그 접근을 차단하거나, ID를 폐쇄하는 등 방지조치를 전혀 취하지 아니하는 경우에 저작권법 위반의 방조책임을 추궁할 수 있을 뿐이라고 하였다. 만약 피해자들이 저작권침해행위를 구체적으로 특정하지 않고, 단순히 소리바다 서비스를 통하여 저작권침해행위가 벌어지고 있으니 서비스를 중단하거나 폐쇄하라는 내용의 통지서만을 보냈다면, 이로써 당연히 피고인들에게 방조책임이 성립된다고는 할 수 없다고 법원은 보았다. 그런데, 소리바다를 운영하는 피고인들이 소리바다 시스템을 통하여 불법적인 파일공유가 이루어진다는 사실을 추상적으로나마 인식[341]하고 있었다는 점은 인정되지만,[342] 피해자들이 피고인들에게 이용자들의 침해행위를 구체적으로 통지하였다는 사실을 인정할 별다른 증거가 없는 이상[343] 결국 피고인들에게는 피해자들이 저작인접권을 갖고 있는 저작물에 대한 복제권 침해행위를 방지해야 할 법적인 작위의무가 발생하지 않아 피고인들이 정범의 복제행위를 부작위에 의하여 방조하였다고 할 수 없다고 결론지었다.

(2) 판례분석

1) 가처분이의 사건 등과 동일한 사실인정, 그러나 상반된 결론

앞서 소리바다 분쟁에 대한 민사항소심 판결들과 구별되는 특색은, 무엇보다 판결의 결론이다. 소리바다 운영자들의 책임을 긍정하였던 전자의 항소심들과 반대로 소리바다 형사항소심은 무죄로 소리바다 운영자들의 책임을 부정하

341) '추상적 … 인식' 이라는 표현이 미국 판례법상 기여책임의 요건으로서 인식에 관한 이른바 '추정적 인식(constructive knowledge)' 과 '실제 인식(actual knowledge)' 이라는 표현과 맥락을 같이함은 물론이다.

342) 법원은 그 근거로 소리바다 시스템을 통하여 공유되는 MP3 파일의 약 70%가 불법파일인 점 외에도 앞서 검사의 주장과 같이 미국의 냅스터 소송사례 때문에 이미 소리바다로 인한 저작권침해행위가 빈번하리라는 사정을 인식하였고, 소리바다 운영 중에도 회원자격으로 접속하여 이용자들의 침해행위를 점검하여 온 사정을 들었다.

343) 형사항소심은 ① 피해자들이 회원으로 가입된 한국음반산업협회의 법제이사가 2회에 걸쳐 피고인들을 만나 소리바다 서비스가 저작권법에 위반되는 것임을 경고하며 서비스 자체의 중단 등을 요청한 것만으로는 저작권침해행위를 구체적으로 통지한 것으로는 볼 수 없고, ② 피해자들이 이 사건 형사고소 및 이후 고소인 진술과 자료제출 등을 통하여, 소리바다 서비스를 통해 검색한 검색결과 화면자료와 침해당한 음반의 구체적인 명세서를 제출한 것은 어디까지나 수사기관에 제출한 것에 불과하지 피고인들에게 구체적인 통지를 할 것은 아니며, ③ 최고서는 피해자들이 회원으로 가입한 한국음반산업협회 명의로 발송된 것이 아니고, 내용상 구체적인 침해목록을 적시하지 않고 피고인들의 서비스를 즉각 중지할 것을 요청하는 것일 뿐이어서 결국 어느 것이나 구체적인 침해목록의 통지가 아니라고 하였다.

고 있다. 물론 동일한 분쟁에서 빚어진 민사와 형사 각 사건의 결론이 상이한 경우가 법원의 판결례에서 전혀 없다고는 할 수 없다.[344] 그렇게 상이한 경우는 특별한 사정으로 다른 법원의 인정사실과 다른 사실을 인정하는 때가 대부분이다.[345]

하지만 소리바다 사건에서는 민사와 형사 법원의 인정사실이 실질적으로 동일하다. 즉 소리바다 분쟁에서 최초의 판결이었던 소리바다 가처분이의 1심에서 비교적 상세하게 설시한 소리바다의 개발경위, 작동원리, 이용실태, 사업현황 등에 관한 민·형사 항소심 법원들의 사실인정은 비록 아주 세밀한 부분에서 표현의 차이나 판시내용의 자세한 수준에 차이가 있을 뿐[346] 실질적으로 동일한 사실을 인정하고 있다. 결국 소리바다 형사항소심의 결론이 소리바다 가처분이의 사건이나 손해배상 사건의 각 항소심들의 그것과 상이한 것은 "민사적으로는 사실인정이 되었더라도 증거법상 더 엄격한 형사상으로는 그러한 사실인정이 되지 않아 무죄가 되었다"는 식의 설명이 들어맞게 사실인정에서가 아니라, 그에 관한 법률의 해석이나 그 적용의 차이에 기인함을 알 수 있다.

그럼 구체적으로 어떤 부분의 법률판단에서 차이를 보이고 있는 것일까?

법논리 상으로 민사항소심들과 형사항소심의 결론이 다른 이유를 가장 간명하게 설명할 수 있는 방법은 다음과 같다. 즉 가처분이의나 손해배상 사건의 각 항소심이 소리바다 운영자들의 (민사)책임에 관하여 각각 고의에 의한 방조가 아닌 '과실에 의한 방조 책임'을 인정하고 있음에 그쳤고, 민사적으로는 과실에 의한 방조가 인정되지만[347] 형사적으로는 그렇지 않으므로 위와 같은 항소심들의 입장을 추종하더라도 당연히 형사 항소심에서는 무죄가 불가피하여

344) 가령, 교통사고로 인한 피해자의 사망결과에 대한 자동차운전자의 책임을 추궁하는 형사사건에 있어, 형사상 주의의무위반을 인정하기 어렵다고 하여 무죄판결이 내려지더라도 민사사건에서는 여러 가지 사정을 감안하여 피해자 유족의 손해배상청구를 일부라도 인용하는 사례들은, 비록 흔한 것은 아니지만 법원실무에서 왕왕 있다.

345) 대법원 2004. 4. 28. 선고 2004다4386 판결(관련 형사판결에서 인정된 사실은 달리 특별한 사정이 없는 한 민사재판에서도 유력한 증거자료가 되지만, 민사재판에 제출된 다른 증거 내용에 비추어 형사판결의 사실 판단을 그대로 채용하기 어렵다고 인정되는 경우에는 법원이 이를 배척할 수 있다) 등.

346) 예를 들어, 손해배상 사건의 1심과 2심에서는 원고들이 가처분이의 사건에서와 달리 사전에 조사한 결과 소리바다를 통한 파일교환의 약 70%가 불법이고, 나머지 30% 정도만이 적법하다는 사실이 추가로 인정되었고, 형사항소심에서는 여기에 덧붙여 위 30%의 실례로 대중가수 싸O가 스스로 자기의 곡들을 인터넷 상 무료다운로드에 제공한 사실 등을 인정하고 있는 정도에 불과하다.

347) 우리 법원은 대법원 1998. 12. 23. 선고 98다31264 판결을 비롯하여 대법원 2003. 1. 10. 선고 2002다

외형상 서로 다른 결론이 나온 것이라고 풀이해 보는 것이다. 이렇게 풀이함으로써 "판결들의 결론 상 차이에 불구하고 민·형사 항소심들은 실질적으로는 동일한 사실인정과 동일한 법적 견해를 가졌을 뿐 서로 모순되는 판단을 내린 것은 아니다"라고 옹호하려는 시도가 있을 수도 있겠지만, 위 판결들의 표현을 자세히 보면 위와 같은 풀이는 잘못된 것임을 금방 알 수 있다. 왜냐하면, 가처분이의 사건의 항소심은 소리바다 운영자가 고의 혹은 과실에 의한 방조 책임이 있다고 하여[348] 과연 그 방조행위가 고의에 의한 것인지, 과실에 의한 것인지는 특정하지 않고 있을 뿐만 아니라, 손해배상 사건의 항소심은 과실이 아니라 오히려 고의에 의한 방조책임을 피고들에게 인정하고 있다고 보이기 때문이다.[349]

따라서 형사항소심과 손해배상 사건 등 민사항소심은 사실인정이 서로 달라 결론이 달라졌거나, 민사와 형사의 법리가 달라 부득이 결론을 달리할 수밖에 없었던 것이 아니라 인정사실이 동일하고 나아가 적용되는 법리도 같으므로 원칙적으로는 민·형사사건을 막론하고 동일한 결론이 내려졌어야 할 쟁점에서 법원 간의 법적 견해차가 존재하여 서로 다른 결론에 이르렀다고 볼 수 있다.

항소심 법원이 법적 견해를 달리한 그 쟁점이 무엇인지는 바로 아래에서 설명한다.

35850 판결 등에서 명백히 이를 긍정하고 있다. 이러한 태도는 일본의 하급심판례도 같으나, 독일의 학설, 판례는 이를 부정하고 있다고 한다(이 부분은 박성호, "방조에 의한 공동불법행위," 113-4면 참조).

348) "… 구체적 사정을 살펴보아, 운영자가 이용자들의 파일공유 등으로 인한 저작인접권 등 침해행위를 미필적이로나마 인식하고서도 이를 용이하게 할 수 있도록 도와주거나(이 부분은 고의에 의한 방조와 관련됨; 필자 주, 이하 같음), 이러한 침해행위에 도움을 주지 않아야 할 주의의무가 있음에도 이를 위반하는 경우(과실에 의한 방조와 관련됨)라고 평가되는 경우에만 방조책임을 인정하여야 할 것이다 … ('그런데, 여러 인정사실들에 비추어 보건대,' 이는 원문을 압축하여 필자가 첨가) 소리바다 서비스를 통하여 이용자들에 의한 … 침해행위가 발생하리라는 사정을 미필적으로 인식하였거나(고의에 의한 방조와 관련됨) 충분히 예견할 수 있었다고 볼 것(과실에 의한 방조와 관련됨)임에도, 채무자들은 소리바다 프로그램 설치 화면 상에 경고문을 고지하는 이외에는 이용자들의 저작인접권 침해행위를 방지할 만한 아무런 조치를 취하지 아니한 채(분명하지 아니하나 과실에 의한 방조와 관련됨) 소리바다 프로그램을 개발하고 MP3 파일 공유 및 교환을 하는 데 필수적인 서버를 운영하여 MP3 파일 공유 서비스를 제공함으로써(분명하지 아니하나 고의에 의한 방조와 관련됨) 이용자들의 저작인접권 침해행위를 용이하게 하였으므로 … 방조책임을 부담한다."

349) 바로 위에서 설시한 가처분이의 항소심과 판시내용과 대부분 동일하지만, 다만 '… 침해행위가 발생하리라는 사정을 미필적으로 인식하였거나 충분히 예견할 수 있었다고 볼 것임에도' 라는 가처분이의에서의 판시부분을 '침해행위가 발생하리라는 사정을 미필적으로나마 인식하고 있었다고 봄이 상당하고, 이러한 사정하에서 …' 라는 표현으로 대치하고 있다.

어쨌든, 신문지상에 보도될 정도로 사회적인 주목을 끈 사건에서 이렇게 서로 상반된 결론이 내려짐으로써[350] 종국적으로 현재 대법원에 각 계류 중인 최종심 판결에서 이러한 하급법원들 사이의 법적 견해차를 분명히 극복하여야 할 필요가 생겼다.

2) 상이한 결론으로 이끈 쟁점에 대한 항소심들의 상반된 이해

형사항소심이 앞서 가처분이의나 손해배상의 민사항소심들과는 법적으로 다른 의견을 취하여 결국 상이한 결론에 이르도록 한 쟁점은 "장차 이용자들에 의한 저작권 등 침해행위가 발생하리라는 사정을 소리바다공급자들이 알았거나 알 수 있었음에도 소리바다를 공급한 경우 그 공급행위만으로 나중에 실제로 발생한 이용자들의 침해행위에 대하여 책임을 부담하게 되는가"의 문제이다. 이 문제에 관하여 이미 앞에서 본 바와 같이 가처분이의나 손해배상의 민사항소심에서는 저작권 등 침해행위가 발생하리라는 사정을 소리바다공급자들이 미필적으로 인식하였거나 충분히 예견할 수 있었음에도 소리바다 프로그램을 개발하고 서비스를 제공한 이상 소리바다운영자들에게 방조책임이 있다고 하여 피고들의 책임긍정이라는 결론에 이르렀다.

이에 반하여, 형사항소심은 '오늘날 온라인서비스는 물론 P2P 서비스라고 하는 새로운 과학기술이 등장하여 일반인으로 하여금 저작권침해의 양상을 더욱 가중시키는 상황에 직면하여, MP3 파일의 교환 등 불법적인 유통이 일상적으로 이루어질 수 있는 자동화된 시스템의 제공행위 자체에 형사상 방조책임의 본질이 있다는 주장이 제기되기도 하나, 인터넷에서 행해지는 저작권침해행위라 하여 이를 일반적인 경우와 달리 볼 것은 아니라 할 것'이라고 하여 위와 같이 소리바다 프로그램을 개발하고 서비스를 제공한 행위만으로는 곧바로 소리바다운영자들에게 방조책임을 인정할 수 없고 더 나아가 추가적인 요건[351]이 필요하다는 정반대의 입장을 취하고 있다.

그런데, 위와 같이 항소심들의 의견이 일치되지 아니한 위 쟁점은 다름 아

350) 공교롭게도 서울고등법원에 계류 중이던 가처분이의 사건의 항소심 판결과 서울중앙지법에 의한 위 소리바다 형사항소심의 선고일이 같았음에도 그 결론은 상이하여 신문과 TV 매체에서는 '소리바다 운영자, 형사에서는 무죄, 민사에서는 유죄' 식의 수많은 보도가 있었다(연합뉴스, 2005. 1. 12.자 "소리바다 운영자, 형사면책 · 민사유책," 조선일보, 2005. 1. 13자 종합 A2 면 "소리바다 서비스 무죄, 이용자 유죄, 법원 운영자 혐의 없지만 서버운영은 중단하라" 등).

351) 앞서 보았듯이, 침해행위의 내용이 특정된 구체적인 통지가 있었음에도 피고인들이 침해방지조치를 취하지 아니한 채 서비스를 계속 제공하였을 것을 더 요구하고 있다.

니라 미국 연방대법원이 내린 역사적인 판결인 Sony 판결[352]에서 연방대법관들조차 최후까지 다수의견과 소수의견이 뒤바뀌었을 정도로 치열하게 다투었던 난제, 바꾸어 말하면 "장차 비디오테이프 레코더 이용자들에 의한 원고 측 저작권 등 침해행위가 발생하리라는 사정을 비디오테이프 레코더 제조공급자인 피고 Sony가 알았거나 알 수 있었음에도 비디오테이프 레코더를 공급한 경우 그 공급행위만으로 나중에 실제로 발생한 이용자들의 침해행위에 대하여 책임을 부담하게 되는가"라는 난제와 실질적으로[353] 완전히 동일하다. 굳이 비유하자면, 형사항소심의 태도는 연방대법원의 다수의견과 유사하다고도 할 수 있겠다.[354]

Sony 판결에 대한 자세한 설명은 후술할 것이지만[355] 요컨대, 연방대법관들의 합의과정에서 원래 다수의견이었다가 최종적으로는 소수의견이 된 입장은 '비디오테이프 레코더 이용자들에 의하여 원고의 저작권에 대한 침해행위가 발생하리라는 사정을 비디오테이프 레코더 공급자인 피고 Sony가 충분히 알았거나 알 수 있었음에도 베타맥스라는 피고의 비디오테이프 레코더를 제조·공급한 이상 피고 Sony는 미국 판례법상 기여책임의 법리에 따라 책임이 있다'는 것이었다. 반면 다수의견은 미국 특허법상의 이른바 '상업상 주요한 상품(staple article of commerce)'의 원리를 차용하여, Sony가 생산하는 비디오테이프 레코더가 상당부분 비침해적인 용도(substantial noninfringing use)를 가진 경우라면 위 비디오테이프 레코더를 이용하여 비디오테이프 레코더 이용자들이 원고의 저작권을 침해하는 행위를 할 수도 있음을 알았거나 알 수 있었다는 사정, 바꾸어 말하면 침해행위에 대한 추정적 인식(constructive knowledge)을 피고 Sony가 가진 것만으로는 곧바로 비디오테이프 레코더 공급자인 Sony에게 기여책임을 지우는 것은 부당하다고 하여 Sony의 책임을 부인하였다. 이처럼

352) Sony Corp. of America v. Universal City Studios, Inc. 사건[104 S.Ct. 774, 464 U.S. 417 (1984)].

353) 소리바다 프로그램과 서비스가 베타맥스 비디오테이프 레코더라는 상품으로, 피고 측이 추궁당하는 책임이 한국성문법상 민·형사상 방조책임에서 미국 판례법 상 기여책임으로 치환되었을 뿐이다.

354) 여기서 독자들은 언듯 보아서는 어찌되었든 미국 연방대법원의 '다수' 의견인데 더 유력하지 않겠느냐는 반응이 나올 수도 있겠다. 그러나 이는 그렇게 간단한 문제가 아니다. Sony 판결에서 연방대법원의 다수의견(5인)은 근소한 차로, 그것도 줄곧 소수의견(4인)이었다가 막판에 다수의견의 지위를 차지하였을 따름이다. 뿐만 아니라 이때의 Sony 판결이 진정 의미하는 바가 무엇인지를 연방대법원이 다시 한번 판단한 것이 최근의 Grokster 판결이었는데, 여기서는 '전원일치로 침해를 인정하였다'는 외형과 달리 실상 Sony 판결의 해석에 관하여서는 3-3-3의 더 심각한 분열의 모습을 보여주고 있다.

355) 제7장 제2절 '연방대법원의 Sony 판결이 놓았던 1984년의 시금석으로 되돌아가며' 참조.

다수의견에서도 침해행위에 제공될 수도 있는 상품을 공급한 자의 책임이 항상 부정되는 것이 아니라 적어도[356] 문제되는 상품의 '용도 상당부분이 비침해적인 경우(substantial noninfringing use)' 일 것, 바꾸어 말하면 그 상품의 용도가 오로지 침해적이거나 핵심적인 용도가 침해적인 것은 아닐 것을 요구한다. 따라서 Sony 판결 이래 적어도 미국에서는, 이용자들에 의하여 저작권침해에 이용될 수도 있는 상품이나 서비스를 공급한 자가 이용자들의 실제 침해에 대하여 저작권자에게 부담하는 책임이 있는지 여부의 문제, 간단히 말하면 복제기술공급자가 저작권자에게 부담하는 2차적 책임 문제에 관하여는 '당해 상품이 상당부분 비침해적 용도를 가지고 있는지 여부' 가 핵심적인 기준으로 되어 있다. 결국 이러한 기준에 대한 모색은 미국의 Sony 사건에서와 실질적으로 동일한 문제의 올바른 답을 찾아야 할 한국의 소리바다 사건에서 우리 법원들이 충분히 참고할 만한 가치가 있음은 물론이다.

앞서 가처분이의나 손해배상의 민사항소심은 미국의 Sony 사건에서 위와 같이 제시된 해결기준에 관하여 명시적인 언급은 물론 묵시적인 원용조차 하지 않은 것으로 보이며 오로지 한국 성문법에 정해진 관련규정에 따라 방조책임의 해석에 집중하였다고 보인다. 앞서 이 책은 이러한 민사항소심들이 책임의 근거규정 제시, 사적 복제의 성립 여부 등 문제될만한 민사쟁점에서 비교적 모순없이 잘 정리된 입장을 취한 장점이 있는 반면, 과연 복제기술공급자의 저작권 관련 책임을 어떤 정책 하에서 어느 정도까지 인정할 것인지의 근본적인 문제에 대한 고민은 부족함을 지적하였었다.

반면 형사항소심은 (i) 물건이나 장비가 실질적으로 비침해적·합법적 용도로 사용되고 있거나 그럴 개연성이 높은 경우에는 그 물건 등의 일부 용도가 현재 침해적으로 사용되더라도 책임을 지우기 곤란하다고 하여 위 Sony 판결에서와 동일하게 물건이나 장비의 용도가 상당부분 비침해적이라면 책임이 없다는 입장을 취한 점, (ii) 특히 형사항소심이 원용하고 있는 우리 특허법 규정은 오로지 '유일한 용도' 에 관하여서일 뿐 '핵심적인 용도' 에 관하여는 규정하고 있지 아니함에도 위 법원이 그러한 해석을 내린 점, 아울러 저작권법 관련

356) 최근 연방대법원의 Grokster 판결 입장을 엄격히 풀이하자면, 이는 이른바 Sony 판결이 부여한 기술공급자의 면책을 받기 위한 최소요건이다. 따라서 이러한 요건을 갖춘다고 반드시 면책되는 것은 아니며, 이런 요건이 존재하여도 이른바 유발의 불법목적을 가진 때는 기술공급자의 2차적 책임이 긍정된다.

분쟁을 해결하기 위하여 인접한 특허법의 조문 취지까지 널리 원용하고 있는 점, (iii) 피고인들의 책임을 부정하는 근거 중의 하나로 P2P 방식에 따른 서비스가 현재 및 장래에 비침해적 용도로 사용될 개연성이 상당히 높다는 사정을 들어 현재뿐만 아니라 장래의 용도까지 포괄하여 비침해적 용도를 판단하고자 하여 Sony 판결에서와 같은 태도를 취하는 등, 비록 명시적인 언급은 없을지라도 실질적으로는 Sony 판결의 강한 영향 아래 문제해결에서 보다 거시적 시각을 도입하려고 시도하고 있다. 저작권과 복제기술의 충돌문제 해결에 있어서 시공을 초월하여 가장 보편적 논리를 갖추었다고 평가받아 온 Sony 판결의 기준을 일부 수용한 듯한 형사항소심의 태도는 일단 합리적인 시도로 평가받기에는 충분하다.

그러나 이러한 시도는 선구적인 것이므로 한국 성문법과의 보이지 않는 충돌을 피하기 위하여 보다 치밀한 근거제시가 있었어야 마땅할 것이다. 형사항소심은 앞서 보았듯이 관련 조문으로는 '유일한' 용도가 침해적인 물건이나 장비의 경우에 한하여 간접침해를 인정한 우리 특허법 규정을 들면서도 그 해석은 '유일한' 용도뿐만 아니라 '핵심적인' 용도가 침해적인 물건이나 장비의 경우까지 형사상 침해를 인정한 부분,[357] 마찬가지로 위와 같이 침해행위의 유일한 도구이거나 중요한 도구이기만 하면 저작권침해행위에 대한 인식 여부와는 상관없이 도구의 판매행위 자체로 방조범의 형사책임을 부담한다고 하여 해석하기에 따라서는 방조범 역시 가져야 할 정범의 고의 여부와 상관없이 책임을 부담할 수도 있다는 오해를 부른 부분[358]등 Sony 기준을 처음 도입하는 과정에서 충분히 비판적 검토를 하지 못함으로써 우리 성문법상 근거와 다소 멀어진

357) 유추해석의 금지와 관련하여, 소리바다 형사항소심은 판시내용으로 볼 때 물건이나 장비의 '유일한 용도'가 침해적인 경우에 책임을 긍정한 우리 특허법 제127조를 근거로 '핵심적인 용도'에까지 이를 유추하고 있는 듯 보인다. 형법 제32조에 정한 '방조'라는 문구의 독자적인 해석에 기해서가 아니라 앞서와 같이 특허법 제127조 등을 근거로 해석한다는 취지라면 위 법원의 해석은 방조범의 성립범위를 '핵심적인 용도'에까지 확장하는 것으로 결과적으로 피고인에게 불리한 일종의 유추해석에 해당될 수도 있다. 후술하듯이 이 책도 미국의 Sony 판결이 제시하고 있는 원칙을 가급적 우리 성문법의 해석으로 수용하고자 하는 입장으로, 물건이나 장비의 유일한 용도뿐만 아니라 핵심적인 용도가 침해적인 경우까지도 모두 Sony 기준의 응용으로 공급을 허용해서는 안 된다는 입장이다. 그러나 이러한 해석은 어디까지나 위 특허법 규정만으로는 부족하고 그 외 저작권법 제92조 등을 망라한 해석이고 민사법 영역에서 그러하다는 것이다.

358) 형사항소심의 취지가 침해행위의 유일한 도구이거나 중요한 도구를 판매하는 것만으로도 곧바로 방조범에게 정범의 고의가 없다고는 볼 수 없다는 취지라고 선해할 수 있겠지만, 판시문은 오히려 반대의 해석에 어울리는 표현이다.

측면이 있다.[359)]

요컨대 소리바다1 분쟁이 민 · 형사 항소심에 이르는 동안 법적 논의의 틀이 일정한 수준에 이른 것은 사실이지만 아직 모두 미흡하다. 향후에 가장 현실적이며 용이한 방법으로는,[360)] 소리바다 사건에 Sony 기준을 선구적으로 도입하여 문제해결의 차원을 격상하고자 한 형사항소심의 자세와 그 반대로 한국법의 방조 규정 해석에 더 집중한 결과 여러 민사적 쟁점에서 비교적 모순이 없었던 민사항소심들의 자세를 적절하게 결합하는 것이다.

이렇게 하는 것만으로도 한국의 인터넷서비스제공자 책임론은 한 차원 격상된 수준 높은 논의이면서도 세밀한 쟁점에서는 모순 없는 법리가 될 수 있을 것으로 기대된다.

어쨌든, 가처분이의나 손해배상의 민사항소심의 결론과 형사항소심의 결론이 서로 상반된 것처럼, '침해행위가 발생하리라는 사정을 인식하였거나 예견할 수 있었음에도, 장비 내지 서비스를 제공함으로써 이용자들의 침해행위를 용이하게 하였으므로 책임이 있다'(민사항소심의 입장)는 답과 '장비 내지 서비스가 실질적으로 비침해적 · 합법적 용도로 사용되고 있거나, 장차 그러할 개연성이 있는 이상 그 일부 용도가 현재 침해행위에 이용된다는 사정만으로 이용자들의 침해행위를 용이하게 하였다고 보기 어려워 책임이 없다'(형사항소심의 입장)는 답을 순수한 법 논리 차원에서만 비교하여 우열을 매기는 것은 지극히 곤란할 뿐만 아니라 아울러 무의미하다고 하겠다.[361)] 따라서 민사항소심들과

---

359) 그러한 예는 앞서 '2) 부작위에 의한 방조범의 성립 여부'에서 형사항소심이 우리 대법원의 청도군 홈페이지 사건 등을 선례로 원용하면서[이것이 잘못된 원용임은 아래 4) 부분에서 설명하겠다] 침해행위의 내용이 특정된 구체적인 통지가 있어야 소리바다 운영자는 침해행위를 실제 알 수 있고, 이렇게 실제 알았을 경우에 한하여 (부작위에 의한 방조범에 있어 조리상 작위의무가 긍정되어) 책임이 있다고 판단한 것에서도 찾을 수 있다. 사실 이러한 해석은 미국 Napster 항소심이 Sony 판결을 선례로서 해석하는 과정에서 (공급자가 판매하는 상품 용도 상당부분이 비침해적인 경우에는 공급자의 추정적 인식만으로는 기여책임을 지우기에 부족하고 더 나아가) 공급자는 이용자에 의한 구체적인 침해를 실제 인식하였어야 그러한 침해에 대한 2차적인 책임을 부담하는 법리라고 Sony 판결의 취지를 새롭게 해석하면서 원고로 하여금 공급자인 피고에게 침해파일의 목록을 구체적으로 통지할 것을 요구한 것과 동일한 입장임을 알 수 있다. 그렇지만, Sony 판결을 위와 같이 해석한 Napster 항소심의 입장이 가진 문제점에 대하여는 해당 부분에서 이미 서술하였다.

360) 다만, 이것은 현실성과 우리 실무로의 적용용이성을 고려한 당장의 불가피한 판단일 뿐 이 책이 궁극적으로 지향하는 바는, 나중에 설명하는 바와 같이, 상이하다는 점을 밝힌다.

361) 이러한 우열 다툼은 마치 소리바다 서비스나 Napster 서비스의 책임을 가리며 이용자들 간에 교환되는 파일의 내용을 서비스제공자가 알거나 차단하는 것이 불가능하므로 통제 가능성이 없다는 주장과 적어도 당해 서비스 전체를 폐지하면 불법파일교환이 이루어질 수 없는 이상 통제 가능성이 있다

형사항소심사이의 모순을 정리해야 할 대법원의 최종판단에서는 법리상의 정교한 설명이 아니라 보다 거시적이고 정책적인 근거[362]를 가미하여 소리바다의 허용 여부를 판단하는 것도 좋을 방법일 것이다.

특히 우리 대법원의 판결 역시 뒤에 설명하는 미국 연방대법원의 Grokster 판결이 지금 듣고 있는 비판과 마찬가지로, 특정 P2P 업체가 야기한 1건의 분쟁은 일시 해결할 수 있을지언정 향후 계속 발생할 수밖에 없는 저작권 대 디지털 복제기술의 충돌해결에 관한 豫告的인 가이드라인은 제시하지 못하였다는 비판을 듣지 않도록 주의할 필요가 있다.

2005. 6. 27. 미국 연방대법원은 Grokster 사건에 관하여 이른바 유발이론이라는 다소 기발한 법리를 동원하여 피고 인터넷서비스제공자의 책임을 긍정하였었다. 그 논리에 따르면 여전히 Sony 판결의 의의를 긍정하면서도 피고가 침해를 유발한 때에는 Sony 원칙의 검토에 들어갈 필요 없이 곧바로 책임을 긍정할 수 있다는 것이다.

이러한 논리도 우리 대법원이 참작할 수 있을 것이지만, 주의할 점은 (i) 위 논리는 미국 특허법상 규정을 저작권분쟁에 응용한 것이므로, 특허법 규정이 상이한 한국법제에 바로 도입하기 곤란하고, (ii) 그렇지 않더라도 다분히 Grokster 분쟁의 구체적 사실분석에 의지한 것이므로[363] 우리 대법원도 소리바다1 분쟁의 구체적 사실이 위 논리기준이 제시한 유발에 해당하는지를 충분히 검토할 필요가 있다는 것이다.

3) 방조가 부작위에 의한 것이라고 볼 수 있는지 여부

소리바다1 민사항소심들이 소리바다 운영자들이 범한 방조행위의 실질이 피고들의 작위에 의한 것인지, 부작위에 의한 것인지 특정하지 않았음에 비하여, 형사항소심은 앞서 작위에 의한 방조책임과[364] 부작위에 의한 방조책임[365]

는 주장 사이에 법 논리 차원의 우열을 판단하기 곤란한 것과 마찬가지이다. 이와 관련해서는 제7장 제2절 Ⅴ. 'Sony 원칙의 올바른 적용' 2. (2) 3) (마) 'Grokster 법원의 논리에 대한 비판' 부분 및 제6장 제3절 Ⅰ. 2. (2) 3) (마) '여전히 모호한 통제 가능성의 기준' 부분을 각 참고할 것.

362) 이것은 결국 불가피하게 일정 수준의 법경제학적 근거를 담을 수밖에 없는 데, 이 점은 제7장 제2절 Ⅴ. 2. '필자의 해석' (3) 1) 부분에서 자세히 다룬다.

363) 유발이론의 함정은 후술하듯이, 무엇이 유발인지 그 이전의 어떤 기준보다 한층 모호하다는 점이다.

364) 판결문 중 '(A) 소리바다가 이른바 불법도구인지 여부'가 그러한 책임을 검토한 것임은 해당 부분의 각주에서 이미 서술하였음.

365) 부작위범에 관하여 형사항소심이 원용한 위 대법원 판례들의 판시를 빌려 설명하자면 아래와 같다.

으로 나누어 침해행위방지를 위한 조치 없이 서비스만 계속 제공한 상황에서는 오로지 부작위에 의한 방조책임이 문제될 뿐이라고 보고 있다.[366] 나아가 형사항소심이 비록 그 판시부분[367]에서 더 자세히 설명하지는 않았으나, 법원은 소리바다의 소치가 일단 부작위범의 부작위에는 해당된다는 전제 하에서, 강학상의 眞正不作爲犯이 아닌 不眞正不作爲犯에서 거론되는 보증인 지위와 관련된 '작위의무'의 발생근거들을 나열하고 있는 것이다.

우리 학설 중에서도 소리바다의 방조책임을 당연히 부작위에 의한 것으로 파악한 입장이 다수설인데,[368] 이것은 주로 인터넷서비스제공자의 책임에 관한 독일 학설의 영향을 받은 것으로 보인다. 가령 P2P 방식 제공자의 책임은 서비스를 개시한 이후 이용자들의 침해행위가 발생하는 상황을 용인하는 것이므로 그 책임은 부작위에 의한 방조에 의한 것이라는 입장[369] 혹은 일반적으로 인터넷서비스제공자가 정보의 이동을 충분히 감시하지 않았고, 불법통신의 저지 가능성을 충분히 기대할 수 있음에도 이를 저지하지 아니한 경우라야 하는데, 첫째 법적으로 구성요건적 결과가 발생하지 않도록 보증할 수 있어야 하고(보증인적 지위), 둘째로, 구성요건적 결과가 행위자에게 가능하고 기대될 수 있는 행위를 통하여 저지될 수 있어야 하며(저지 가능성) 셋째로, 주관적 요건으로 고의성을 갖추어야 한다고(고의성) 분석하는 입장,[370] 그 외에도 많은 설명들이 그러한 것들이다.

그러나 위와 같은 형사항소심의 태도나 이와 같은 다수설들과 달리 소리바다 운영자의 책임은 작위에 의한 방조로 파악하는 것이 타당하다고 본다. 형법

부작위범은 형법 제18조가 "위험의 발생을 방지할 의무가 있거나 자기의 행위로 인하여 위험발생의 원인을 야기한 자가 그 위험발생을 방지하지 아니한 때에는 그 발생된 결과에 의하여 처벌한다"고 규정한 데 근거한 것이다. 형법이 금지하고 있는 법익침해의 결과발생을 방지할 법적인 작위의무를 지고 있는 자가 그 의무를 이행함으로써 결과발생을 쉽게 방지할 수 있었음에도 불구하고, 그 결과의 발생을 용인하고 이를 방관한 채 그 의무를 이행하지 아니한 경우에, 그 부작위가 작위에 의한 법익침해와 동등한 형법적 가치가 있는 것이어서 그 범죄의 실행행위로 평가될 만한 것이라면, 작위에 의한 실행행위와 동일하게 부작위범으로 처벌할 수 있다는 논리이다.

366) 반대로 소리바다 형사사건의 1심 판결문에 드러난 검찰의 공소사실은 적극적 행동(작위)으로 소리바다의 행위를 파악하고 있다.

367) 위 '2) 부작위에 의한 방조범의 성립 여부' 부분.

368) 아래에 언급하는 글들 이외에도 박희영, "사이버 음란물 유포행위와 형사책임," 162면 이하 및 김형준, "소리바다 형사항소심 판결에 대한 소고," 인터넷법률 제30호, 법무부, 2005. 7., p. 25 이하 등.

369) 이규홍, "P2P 방식에서의 디지털 저작물 보호 등 저작권법상의 몇몇 문제점에 대하여," 220-21면.

370) 구태언, 앞의 논문, 16면.

학에서 작위와 부작위의 구별은 부작위범과도 관련된 쉽지 않은 문제다. 하지만 부작위는 작위에 대해 보충관계에 있다고 보아 우선 고찰대상이 되는 작위가 구성요건에 해당하고 위법·유책한가를 검토하여 일단 그러한 요건을 충족하는 작위가 발견되는지를 살피거나[371] 혹은 구성요건 결과발생이 작위적인 방법으로 야기된 것인지를 살펴[372] 각각 그러한 작위만을 형법적 평가의 대상으로 하고 그렇지 않은 경우에 한하여 부작위가 문제된다는 것이 가장 유력한 해석이다.

그런데, 이런 해석에 따라 형사항소심이 부작위범의 부작위로 문제삼고 있는 '저작권침해행위를 방지하기 위한 적절한 조치를 취하지 아니한 채 계속해서 서비스를 제공'하는 행위를 살피건대, 소리바다 운영자가 침해행위방지를 위한 조치를 이행하지 않은 것은 부작위라고 할 수 있을지 몰라도 그와 동시에 소리바다 서비스를 계속 제공한 것은 작위임이 분명하다. 왜냐하면 소리바다운영자들은 이용자들에게 소리바다 프로그램을 처음 배포하고 난 이후 전혀 개입하지 않는 것이 아니라 소리바다네트워크의 파일공유에서 불가결한 소리바다 중앙서버를 지속적으로 운영하고 있고, 이러한 중앙서버의 도움을 통하여서만 소리바다 이용자들이 불법파일을 공유하는 것이 가능하므로 이러한 중앙서버의 지속적인 운영행위는 앞서 해석에서 말한 '구성요건에 해당하는 작위'라고 보아야 하기 때문이다.[373]

371) 이재상, 앞의 책, 118-119면.

372) 박상기, 앞의 책, 313-14면. 구성요건 결과발생이 작위적인 방법으로 야기된 경우에는 작위로, 그러한 인과관계가 결여되었을 경우에는 부작위로 본다는 입장이며, 만일 작위범과 부작위범의 성격을 모두 띤 행위에 대하여 작위 부분보다 부작위 부분을 우선하여 부작위범으로 잘못 본다면 (과실 있는 행위를 적극적으로 하였다는 면보다 그와 동시에 적절한 행위를 명하는 작위의무를 이행하지 않았다는 면만이 항상 부각되어; 필자 주) 과실의 작위범은 이론상 언제나 성립할 수 없는 모순에 이르게 된다고 한다.

373) 역시 독일학설을 따르는 일부 논자(이호중, "위험정보의 유통과 인터넷서비스제공자(ISP)에 대한 형법적 규제," 비교형사법연구 제5권 제2호, 215-18면)는 형법학에서 작위와 부작위의 구별에 관한 위와 같은 논의를 감안하더라도 여전히 소리바다와 같은 인터넷서비스제공자의 형사책임은 작위가 아닌 부작위에서 문제될 뿐이라는 입장을 취한다. 지버(Sieber) 등 독일학자들의 설명에 터잡은 위 논의를 요약하자면, ① 인터넷서비스제공자의 행위 중 '서비스제공'이라는 작위적 요소들은 대개 합법적 영역에 속하므로 '위험정보유통의 방치'라는 부작위와 달리 형법상 구성요건해당성이 결여되어 있고 ② 인터넷서비스제공자를 작위범으로 파악하는 경우 이용자들이 서비스를 남용할 것이라는 막연한 인식만으로 인터넷서비스제공자의 고의를 인정하는 데 어려움이 있으며, ③ 작위적 요소와 부작위적 요소의 성격을 모두 가진 인터넷서비스제공자의 행위에서 비난의 초점은 어디까지나 '서비스제공'이 아니라 '위험정보유통의 방치'에 있다는 것이다.

그러나 ① Napster나 소리바다 서비스의 압도적 부분(70% 이상)이 불법적 파일교환이었던 사실에서 하이브리드인 소리바다1의 형사책임 구조와는 반대로, 기술적 특징의 차이 때문에 부작위범이 문제될 수밖에 없는 경우가 있는데 그것은 다름 아닌 Pure P2P의 사례에서이다. 이때야말로 선행행위(Pure P2P 소프트웨어의 최초 제공행위)로 인한 보증인 지위(작위의무)가 인정되는 부작위범, 즉 부작위에 의한 방조책임이 논의될 수 있을 것이다.[374] 향후 만일 한국에서도 네델란드 · 호주 법원에서의 Kazaa 사건이나 미국 법원에서의 Grokster 사건에서와 같이 Pure P2P 소프트웨어(프로그램)의 형사적 책임이 문제된다면 그때는 종래 형법학에서 축적되어 온 부작위범의 법리를 참고할 수 있을 것이다.

4) 구체적인 침해행위에 관한 통지의 의미를 잘못 이해함

소리바다 형사항소심은, (i) 인터넷서비스제공자가 자신의 시스템에서 벌어지는 침해행위를 일일이 점검해서 저지할 의무까지 있는 것은 아니며, (ii) 저작권자로부터 구체적인 침해행위의 내용이 특정된 통지를 받아, (iii) 실제로 이를 알게 되었을 경우에만 비로소 저작권침해행위를 방지할 조리 상의 작위의무가 발생한다고 해석함이 타당하며, (iv) 이런 해석은 온라인서비스제공자의 책임을 다룬 종전 판례와도 부합한다는 입장을 취하고 있다. 아래에서는 세부 논점별로 그 타당성을 검토해 본다.

(i) 인터넷서비스제공자가 자신의 시스템에서 벌어지는 침해행위를 일일이 점검, 저지할 의무가 없다고 본 태도는, DMCA나 유럽연합의 지침에서도 명시적으로 입법화하고 있는 내용일 뿐만 아니라 전 세계적으로 이미 공감대가 형

알 수 있듯이 문제된 특정 인터넷서비스제공자의 행위 중 작위적 요소가 부작위적 요소보다 구성요건해당성이 결여된 합법적 영역에 속할 가능성이 크다는 것은 완전히 성급한 단정이고, 종전의 통념으로 합법적 영역에 속함이 일견 분명하였던 전신 · 전화공급자와 새로 등장한 인터넷서비스공급자의 상황을 혼동한 것에 불과하고 ② 인터넷서비스제공자를 부작위범으로 파악하는 경우라도 과실범이 아니라 여전히 고의범이므로, 보증인지위 내지 구성요건적 상황에 대한 인식의 정도가 앞서 작위범으로 파악하는 경우의 그것보다 낮아도 무방하다는 것은 설령 그러한 독일학설의 존부에 관계없이 통념상 선듯 수긍이 가지 아니하며, ③ 인터넷서비스제공자의 행위에서 비난의 초점이 '서비스제공'이 아니라 '위험정보유통의 방치'에 있다는 설명이 설령 독일학자들 사이에서는 다수일지 몰라도, 적어도 인터넷서비스제공자 책임에 관하여 판례, 관련입법 및 학설에서 가장 큰 영향력을 가진 미국에서의 대개의 논의방향은 기여 · 대위책임이라는 틀(이는 굳이 분류하자면 전자는 독일형법학상 작위범, 후자는 부작위범의 법리에 가까울 것이다)에 따라 작위, 부작위 그 어느 것에 치우친 논의라고는 도저히 보이지 아니함을 볼 때 비록 그 논리적 정교함이 돋보이는 독일 형법학에 터 잡았더라도 그 곳의 해석을 반드시 따를 필요는 없다고 본다.

374) 이러한 사례에서는 P2P제공자가 최초로 이용자들에게 소프트웨어를 제공하기만 할 뿐 중앙서버를 따로 운영하지 않더라도 이후의 불법파일 공유행위는 이용자들이 소프트웨어만을 이용하여 실행할 수 있기 때문이다.

성된 부분임을 고려할 때 지극히 타당한 입장이다.

(ii) 소리바다 형사항소심은 저작권자로부터 구체적인 침해행위의 내용이 특정된 통지, 바꾸어 말하면 침해주장의 통지를 받을 것을 요구한 것은 한국의 판례 중 최초라는 의의는 있다. 그런데, 주의할 점은 소리바다 형사항소심의 판결 당시인 2005. 1.경에는 이미 온라인서비스제공자의 책임제한을 정한 저작권법이 시행중이었지만 위 판결의 판단은 저작권법이 정한 침해주장의 통지 관련규정에 근거한 것이 아니라는 사실이다.[375] 결국 형사항소심은 저작권법이 아닌 다른 법규정들을 조합한 단순한 해석론만으로 위와 같은 침해주장의 통지가 필요하다는 결론을 내렸다고 볼 수 있다. 이러한 결론의 배경을 추론해 보자면, 미국 Napster 사건의 항소심에서 원고들이 침해파일에 대한 구체적인 통지를 Napster에게 먼저 할 것을 요구한 결론을 상당히 참고한 것이라 여겨진다.

그런데 Napster 항소심은 이러한 통지를 최초로 요구한 것이 아니었고 그보다 선례인 Netcom 판결의 입장을 따른 것이었는데 Netcom 법원은 기여책임에 관한 종래 판례법상 법리를 인터넷서비스제공자의 책임론으로 다듬는 과정에서 새롭게 판례법을 정립한 것이었다. 그러나 성문법 국가에 속하는 한국에서 저작권법의 침해주장의 통지 관련규정에 의거한 것도 아닌데 위와 같이 통지를 요구하는 것으로 지나치게 구체적으로 해석하는 데는 분명히 한계가 있을 것이다.[376]

375) 이미 설명하였듯이 2002. 7. 9.자 가처분결정의 집행으로 이미 소리바다1의 서버가 중단되었다. 그렇지만 이후에 이루어진 가처분이의나 손해배상 판결들, 형사판결들은 모두 이미 침해행위가 중단된 소리바다1 부분의 과거의 행위만 판단하였지, 판결 당시 존재하고 있던 소리바다2나 소리바다3를 판단대상으로 삼지는 않았다. 형사항소심도 변경된 공소사실에 따라 '2001. 7. 말경에서 2001. 8. 4.경까지'를 대상으로 하고 있을 뿐이어서, 원칙적으로 행위시법인 개정 전의 저작권법만이 관련될 것이다(다만, 저작권법이 새로 정한 침해주장의 통지 관련규정이 범죄의 성립요건에 대한 이른바 법적평가의 변화라고 보아 行爲時法 주의의 예외로서 裁判時法인 개정 저작권법을 적용한 것이라고 옹색한 해석을 내릴 여지도 있으나 형사항소심의 문구 어디에도 그러한 취지는 보이지 아니한다).

376) 이 책의 입장도 나중에 설명하듯이[제7장 제2절 V. 1. (1) 1) 부분 참조] 인터넷서비스제공자가 구체적인 침해행위의 내용이 특정된 통지를 받은 경우 결과적으로 책임을 부담하게되리라고 해석하는 것은 형사항소심의 해석과 같다. 그러나 이것은 제거조치를 할 수 있는 침해행위를 어떤 경위로든 인터넷서비스제공자가 실제 인식하게 된 경우라면 제거를 하도록 인터넷서비스제공자에게 요구하는 것이 타당하다는 보다 일반적인 판단에 터잡은 것이다. 구체적인 침해행위의 내용이 특정된 통지를 받는 것은 인터넷서비스제공자가 실제 인식을 가지게 되는 유형 중 가정할 수 있는 하나의 상황에 불과할 뿐이다. 저작권법에 도입된 온라인서비스제공자의 책임제한규정과 같은 입법자의 세밀한 판단 없이 법원이 지나치게 구체적인 기준을 세우는 데는 한계가 있을 것이다. 형사항소심이 설시한 표현

한편 형사항소심이 어쨌든 구체적인 침해행위의 내용이 특정된 통지를 앞서 본대로[377] 엄격하게 해석하여, 인터넷서비스제공자 입장에서 그것만으로는 구체적인 침해행위의 제거로 나아가기 곤란한 지극히 막연한 통지만으로 통지절차가 충족될 수 없음을 분명히 한 것은 옳다고 본다.

(iii) 서비스제공자가 침해행위를 '알 수 있었던 경우'는 제외하고 '실제로 이를 알게 되었을 경우'에만 조리에 의한 작위의무가 발생한다고 판단한 부분은, 형사에서는 과실에 의한 방조가 인정되지 아니함에 비추어 타당한 해석이다.

(iv) 형사항소심은 온라인서비스제공자의 책임을 다룬 종전 판례들(청도군 홈페이지 사건 및 하이텔 사건)을 해석해 보더라도, 침해주장의 통지를 받아 서비스제공자가 실제 알게 되었을 경우에만 삭제의무가 발생한다는 입장이라고 풀이하고 있다. 그러나 이러한 해석은 위 판례들의 본의와는 동떨어진 해석이다.

청도군 홈페이지 사건의 대법원판결은 게시판운영자가 특별한 사정이 없는 한 이용자들의 침해를 알았거나 알 수 있었다는 사정만으로는 게시판 운영자에게 삭제의무가 있다고 할 수 없다는 것이 핵심이지, 게시판 운영자가 침해를 알고 있었지만 원고의 침해물 삭제요구가 없었으므로 책임이 없다는 취지는 아니다. 오히려 위 대법원 판례는 '온라인서비스제공자가 침해를 실제로 알게 되었을 경우에만 작위의무가 있다'는 취지인 소리바다 형사항소심의 입장과는 달리 온라인서비스제공자가 침해를 실제 알지 못하고 단지 알 수 있었던 경우에 불과할지라도 '게시의 목적, 내용, 게시기간과 방법, 그로 인한 피해의 정도, 게시자와 피해자의 관계, 반론 또는 삭제 요구의 유무 등 게시에 관련한 쌍방의 대응태도, 당해 사이트의 성격 및 규모 · 영리 목적의 유무, 개방 정도, 운영자가 게시물의 내용을 알았거나 알 수 있었던 시점, 삭제의 기술적 · 경제적 난이도 등'을 종합하여 판단한 결과에 따라서는 게시판운영자의 책임, 즉 삭제의무가 긍정될 수도 있음을 명시하고 있다. 아울러 하이텔 사건의 위 대법원판례 역시 적어도 소리바다 형사항소심의 입장과 달리 '알았거나 알 수 있었던 경우' 모두 삭제의무를 부담할 수 있다는 취지임이 분명하다.

중 '실제로 이를 알게 되었을 경우' 안에는 구체적인 침해행위의 내용이 특정된 통지를 받은 때 외에도 인터넷서비스제공자 스스로 알게 된 때도 포함될 것인데, 굳이 후자를 제외하고 전자만 요건으로 해석한 것이 사실상 입법적 판단이라는 것이다.

377) 위 (1) 4) (나) 부분 말미의 각주 참조.

5) Napster 판결을 오해한 가처분이의 1심 판결의 실수를 따름

소리바다 형사항소심 역시 앞서 소리바다 가처분이의 1심과 마찬가지로, 실제로는 미국의 Napster 판결로부터 지대한 영향을 받아 그 법적 논리를 차용하고 있음에도 판시내용 중 '소리바다가 이른바 불법도구인지 여부'에 대한 검토 부분에서 보았듯이 Sony 판결이 제시한 'substantial noninfringing use'의 의미를 '불법도구'라는 전혀 다른 표현과 의미로 받아들인 것에 오류가 있음은 소리바다 가처분이의 1심 판결을 평석하면서[378] 논하였으므로 여기서는 줄인다.

6) 소리바다의 적법성 판단과 P2P 기술 일반의 적법성 판단을 혼동함

형사항소심은 MSN 메신저 등 다양한 인터넷 통신 프로그램에서 합법적으로 이용되고 있는 사례를 거론하며, 이를 인터넷에서 P2P 방식에 따른 서비스가 현재 및 장래에 비침해적 용도로 사용될 개연성이 상당히 높다는 반증으로서 결국 소리바다가 불법도구로 위법하다는 검사주장을 배척하는 근거 중 하나로 들고 있다. 그러나 이러한 설명은 다분히 오해의 소지가 있다. 이러한 설명 자체는 타당하지만 그것을 소리바다가 적법하다는 논거로까지 원용한 것은 논리비약일 수 있다. 그 이유는 다음과 같다.

왜냐하면 첫째, MSN 메신저의 기술적 특성에 대하여 속단하여서는 안 된다. MSN에서 채용하고 있는 P2P 기능에도 문자메시지의 직접 전송과 대화기능에 국한하지 않고 파일보내기 기능 등이 이미 첨가되어 있다.[379] 다만 이러한 파일공유기능은 소리바다와 같은 P2P와 달리 불특정 다수인 간에 이루어지는 것이 아니라 이용자가 미리 알고 그 이메일주소를 입력해 둔 '대화상대'끼리만 가능하다는 제약이 있어,[380] 아직 MSN 메신저의 파일공유기능을 이용한 저작권침해가 널리 이루어지지 않아 저작권자 측이 문제삼지 않고 있을 뿐이다. 현재 메신저를 수단으로 한 침해사례가 전체 저작권침해에서 차지하는 비율이 점차 증가하고 있는 추세이므로 MSN 메신저를 마치 전부 합법적인 P2P

---

378) 제3절 Ⅱ. '소리바다 가처분이의 사건' 1. (3) 6) '미국 Napster 판결에 대한 잘못된 이해에서 출발' 부분 참조.

379) 2005. 3. 현재 통용 중인 MSN Messenger 7.0 베타 버전을 기준으로 한다.

380) 그러나 이러한 제약이 있더라도 앞서 역시 인스턴트 메신저의 속성을 가졌던 Aimster의 사례에서 알 수 있듯이 사업자가 일정한 부가기능(가령, Aimster에서처럼 'Top 40 인기음악파일' 파트를 첨가하여 검색을 하지 않고도 파일교환이 가능하게 하는 기능)만 첨가하면 침해적 이용이 폭증할 것이고 그 결과 저작권자에 의하여 곧바로 피소되는 상황도 예상이 어렵지 않다.

의 사례로 단정하기는 아직 곤란하다.

둘째, 설령 MSN 메신저에서 구현된 P2P 기능이 법원의 판단으로 현재 적법하더라도, 그러한 사실이 곧바로 소리바다 네트워크와 같이 불특정다수인 사이의 파일교환을 가능하게 한 시스템의 적법성까지 지지하는 근거가 될 수는 없다. 앞서, "P2P가 필연적으로 등장한 새로운 기술이어서 이를 불법도구로 보아서는 안 된다"는 피고인의 주장을 비판한 것과 마찬가지로,[381] P2P 기술 자체가 사회적으로 수용되어야 할 불가피성이 있고 따라서 적법하다고 용인하는 것과 P2P 기술의 한 유형(중앙서버형 P2P 파일교환서비스)에 속한 특정 서비스에 불과한 소리바다가 적법한 것이냐는 분명히 구별되어야 한다.[382]

Ⅴ. 벅스뮤직 사건과의 비교

1. 벅스뮤직 사건의 사실관계[383]

벅스뮤직 사건에서 전송에 이용된 기술 방식은 소리바다에서의 P2P 방식이 아니라 스트리밍(streaming) 방식[384]이다. 따라서 스트리밍이라는 신기술을

381) 위 (1) 4) (가) '소리바다가 이른바 불법도구인지 여부' 부분 각주 참조.

382) 이에 관하여 상세히는 제7장 제2절 Ⅴ. 'Sony 원칙의 올바른 적용' 2. (3) 3) '손익판단의 대상은 특정 상품이나 서비스에 국한된다는 원칙'을 참조.

383) 여기서는 수원지방법원 성남지원 2003. 6. 25.자 2002카합280 가처분 결정과 서울지방법원 2003. 9. 30.자 2003카합2151 가처분결정에서 설시한 사실관계를 정리하였다. 모두 동일한 음반복제등금지가처분 사건이고 시기상으로도 유사하므로 편의상 일자순에 따라 전자를 벅스뮤직 가처분Ⅰ 사건, 후자를 벅스뮤직 가처분Ⅱ 사건으로 칭한다.

384) 인터넷에서 동영상이나 음악 등을 실시간 전송, 구현할 수 있게 하는 기술로, 동영상 파일 등은 용량이 크기 때문에 한꺼번에 파일 전체를 보내주기란 힘들어 이를 해결하기 위해서 조금씩 파일의 일부만(실제로 영상 등이 플레이되는 분량만큼만) 실시간으로 전송해 주는 것이 '스트리밍'이다. 이를 전송받은 컴퓨터에서는 이 조각파일들을 전송받음과 동시에 압축을 풀어 재생되도록 하는 전송 방식이며 다운로드(download)의 방식과 구별된다(이상은 위 결정들의 표현을 편집함).

더 설명하자면, 소리바다에서는 파일을 다운로드한 이용자의 하드디스크에 MP3 음악 파일이 남아있는 반면, 벅스뮤직이 서비스하는 스트리밍 방식의 경우는 이용자가 음악을 선택하여 일시적으로 감상할 수 있을 뿐 이용자의 하드디스크에 음악 파일이 남지 않는다고 할 수 있다. 소리바다1이 취한 다운로드 방식과 벅스뮤직이 취한 스트리밍 방식의 차이점을 더 비교하자면, (i) 해당파일의 내용을 보는 데 다운로드는 전부를 전송받아야 함에 반하여 스트리밍은 최초 버퍼링(Buffering)에 소요되는 몇 초면 충분하고, (ii) 다운로드는 파일 전부를 일단 저장한 이상 재생시 결함이 거의 없으나, 스트리밍은 실시간으로 변화하는 접속속도의 사정변화로 인하여 화질이 손실되는 경우가 많고, (iii) 특히 다운로드는 생방송이 불가능하지만, 스트리밍은 가능하여 인터넷방송에 적합하다는 차이점이 있다. MBC의 '옥탑방고양이,' '다모' 같은 드라마가 1회당 10만 건 이상의 게시물과 8만 이상의 VOD 이용 건수를 기록하는 현상에서 보듯이 스트리밍은 향후 인터넷방송 등을 위주로 더욱 성장할 가능

이용한다는 점을 제외하면 종래 BBS 기술에서처럼 서버 대 클라이언트(server to client) 모델을 유지하고 있다고 볼 수 있다. 서버를 유지하는 사업자가 서버에 저장된 압축파일(스트리밍 파일)을 접속 이용자들에게 조금씩 흘려보내는 방식으로 전송하므로 문제되는 저작권 침해행위(서버에의 압축파일 저장행위 및 파일 전송행위)를 범한 주체도 이용자가 아니라 인터넷서비스제공자 본인이라는 점도 특색이다.[385)]

이처럼 소리바다 사건과 서로 구별하며 논의해 볼 필요가 있을 뿐만 아니라, 이후 등장한 '아이멥스' 분쟁은 소리바다의 P2P 서비스 방식과 벅스뮤직의 스트리밍 서비스 방식을 혼합한 변종이므로 아이멥스 분쟁을 더 잘 이해하기 위해서도 벅스뮤직 사건의 개요를 이해할 필요가 있다.

원고들[386)] 중 벅스뮤직 가처분Ⅰ 사건의 신청인은 주식회사 월드뮤직엔터테인먼트 등 음반 및 영상물제작 판매를 목적으로 하는 5개의 음반회사이고, 벅스뮤직 가처분Ⅱ 사건의 원고는 사단법인 한국음원제작자협회[387)]이다. 앞서 소리바다 사건의 경우 법인이 아니었던 관계로 실제운영자들인 양 모 형제가 피고였음에 반하여 여기서는 벅스뮤직 주식회사가 피고가 되었다.

피고는 2000. 2. 17.부터 인터넷사이트(www.bugsmusic.co.kr, 나중에 www.bugs.co.kr으로 변경)를 운영하면서, 원고들이 저작인접권을 가지는 음반을 비롯한 약 150,000개의 음반을 ASF,[388)] OGG[389)] 등의 컴퓨터압축파일 형태

성이 크다[이상은 김재환, "인터넷 스트리밍의 기술적 개요와 전망," 저작권문화(저작권심의조정위원회 간행) 111호, 2003. 11. 참조].

385) 이러한 특색 때문에 소리바다 사건이 한국판 Napster 사건이라고 한다면, 벅스뮤직 사건은 한국판 MP3.com 사건이라고 지칭할 수 있다[MP3.com 사건의 사안은 제5장 제1절 Ⅰ. 3. (2) 부분 각주 참조].

386) 앞서 소리바다 가처분이의 사건에서 언급하였듯이, 가처분 신청사건에서의 정확한 당사자의 호칭은 채권자 · 채무자 혹은 신청인 · 피신청인이지만 다소 생소한 용어인데다가 벅스뮤직 가처분Ⅰ 사건에서는 채권자 · 채무자로, 벅스뮤직 가처분Ⅱ 사건에서는 신청인 · 피신청인으로 칭해지는 등 혼동우려가 있으므로 편의상 원고, 피고로 그때그때 바꾸어 부르니 독자들의 양해를 바란다.

387) 저작권법 제78조 제1항에 따라 2003. 3. 17. 문화관광부장관으로부터 음반제작자의 저작인접권에 대한 신탁관리업허가를 받은 저작권신탁관리업자인데, 앞서 벅스뮤직 가처분Ⅰ 사건의 신청인들은 여기에 가입하지 않은 음반회사들이었다. 음반제작자들 내부의 이해관계 다툼으로 메이저급 회사들이 가입하지 아니한 결과 사단법인 한국음원제작자협회의 위상은 실제로는 많이 제한되어 있다는 사실은 이혜진, "온라인 음악서비스의 저작권설정에 관한 정책사례 연구," 서울대학교 행정대학원 석사학위논문, 2003. 6.에 비교적 소상히 정리되어 있다.

388) Advanced Streaming Format의 약자로, 마이크로소프트사가 인터넷에서 스트리밍서비스를 하기 위해서 지원하고 있는 파일압축의 포맷이다.

389) 그 특징은 제4장 제1절 부분 각주 참조.

로 변환하여 위 사이트 서버의 보조기억장치에 저장하는 방법으로 고정시키는 행위를 하였다. 그 다음 사이트에 접속한 인터넷 이용자들에게 무료로 위와 같이 변환시킨 컴퓨터압축파일들 중 이용자들이 선택한 컴퓨터압축파일을 스트리밍 방식[390]에 의하여 전송함으로써 이용자들이 실시간으로 음악을 청취할 수 있도록 하는 무료서비스를 제공하였다. 이용자들은 피고의 사이트에 접속하여 회원으로 가입하거나 손님으로 입장한 후 자신이 원하는 곡을 검색하여 클릭하면 이를 청취할 수 있는데, 이때 실시간으로 음악을 들을 수는 있지만 이를 다운로드 받거나 복사할 수는 없게 되어 있다.

피고는 무료서비스를 제공하는 대신 선풍적인 인기를[391] 바탕으로 쇼핑몰 연계서비스나 광고수입, 혹은 벨소리 다운로드 등의 다양한 유료 콘텐츠를 통한 수익으로 사이트를 운영하고 있었다. 그러나 피고는 이러한 스트리밍서비스의 대상음원에 대하여 저작인접권자인 원고들로부터 어떠한 양해나 동의를 받은 바 없었다.[392]

2. 벅스뮤직에 대한 민 · 형사 쟁송의 개요

먼저 월드뮤직엔터테인먼트 등 음반업체 5개사가 저작인접권을 보유한 곡들에 대하여 벅스뮤직을 상대로 신청한 음반복제금지 가처분신청을 2003. 6.경 수원지방법원 성남지원에서 인용[393]한 바 있다. 이어서 2003. 9.경 사단법인 한

390) 다만, 2003. 5. 1. 이후에는 이용자의 접속증가에 따라 위 사이트의 인터넷 트래픽이 증가하여 감당할 수 없게 되자, 서비스 방식을 스트리밍 방식에서 다운로딩 서비스 방식(Downloading Service, HTTP 방식)으로 변경하였다고 한다. 주의할 것은 위 HTTP 방식의 다운로드는 소리바다에서처럼 고정된 파일로 남는 것이 아니라 RAM에 저장되었다가 사라진다는 차이가 있다. 이러한 차이를 들어 벅스뮤직 대표인 박OO에 대한 형사1심에서 피고인 측은 HTTP 방식에 의한 다운로드는 복제가 아니라고 다투었지만, RAM에의 일시적인 저장도 복제에 해당한다는 이유로 배척되었다.

391) 저작인접권자 측으로부터 민사소송이나 형사고소가 본격화되기 이전이라 할 2002년을 기준으로 회원 수 1400여만 명을 기록하여 한국국민 4명 중 1명은 벅스뮤직의 회원이었다. 아울러 벅스뮤직은 전성기에 하루 방문객 수가 400만 명에 이르고 동시접속자 수가 70만명을 넘을 정도로 인기를 모았다(오마이뉴스, 2003. 7. 8.자 등 각종 기사 참조).

392) 벅스뮤직 가처분Ⅰ 사건 당시 피고는 적어도 저작권자 및 실연자들과는 저작권법상의 저작권위탁관리업자인 사단법인 한국음악저작권협회 및 사단법인 한국예술실연자단체연합회와의 계약체결을 통하여 적법한 이용료를 지급하고 있었다. 그러나 음반제작자들인 원고 측과는 이용료 합의에 이르기 어려웠는데, 이용료산출에 관하여 원고는 2003. 3.경 문화관광부 발표의 '온라인상의 음악저작권 사용료 규정' 중 스트리밍서비스에 대한 규정에 따라 계산한 저작인접권료를 요구하였음에 반하여 피고는 유료회원이 아닌 무료회원의 경우(위 각주의 회원 수 참조)에까지 위 규정을 적용할 수 없다며 2003. 6. 12. 위 규정에 대한 행정심판까지 청구한 갈등 때문이었다(아이뉴스 24, 2003. 7. 10.자 기사).

393) 수원지방법원 성남지원 2003. 6. 25.자 2002카합280 결정(음반복제등금지가처분).

국음원제작자협회가 제출한 가처분신청을 인용한 서울지방법원의 결정[394]이 있었다. 가압류신청[395] 및 그 본안인 손해배상 청구소송 부분에서는 2003. 8. 4. 음반업체 등이[396] 벅스뮤직을 상대로 신청한 가압류신청 사건에 대해 법원이 이를 받아들여 가압류를 결정[397]하였다.

한편 형사책임 추궁에 관하여서 검찰은 벅스뮤직 대표자에 대하여 거듭 구속영장을 청구하였다가[398] 2003. 7. 18. 벅스뮤직 및 위 박OO이 음반(WAV파일로 된 것)을 ASF 파일로 복제하였다는 혐의에 터잡아 이들을 저작권법 위반죄로 기소하였고 이러한 일련의 사건들은 2005. 1. 27.에 이르러 모두 유죄로 단죄되었다.[399]

요컨대 스트리밍 서비스의 대표업체인 벅스뮤직에 대하여도 우리 하급심법원은 계속하여 저작인접권의 침해에 대한 민·형사책임을 긍정하고 있는 중이다.

이렇게 헤아릴 수 없을 정도로 수많은 쟁송 중에서[400] 소리바다의 경우와

---

394) 서울지방법원 2003. 9. 30.자 2003카합2151 결정(음반복제등금지가처분).

395) 앞서 가처분신청은 법원으로부터 인용되는 경우 그 가처분에서 정한 행위가 금지(가령, 인터넷서비스제공자의 서버사용금지, 특정 음악파일을 업로드, 다운로드할 수 있도록 하는 행위의 금지)되므로 직접적으로 인터넷서비스제공자의 영업에 영향을 미치게 되지만, 가압류는 인터넷서비스제공자의 영업 속행에는 직접적인 영향이 없이 단순히 장래의 손해배상청구권을 보전하는 효력만이 있을 뿐이다.

396) 에스엠, 예당 등 국내 음반업체 5개사와 JYP 엔터테인먼트 등 2개 기획사 및 EMI, BMG, 소니, 유니버설, 워너 등 5대 직배사 등 총 12개사이다.

397) 그 외 저작인접권자의 신청이 인용된 예로는 한국음원제작자협회가 벅스뮤직 및 그 대표 박OO를 상대로 2004카단1108호로 청구금액 3억원의 또 따른 가압류를 신청하여 2004. 3. 30. 법원이 인용한 사례가 있고, 그 외에도 2004. 4. 30. 현재 재판계류중인 손해배상청구소송들이 존재하는 등(서울중앙지방법원 2003가합68968호 및 서울중앙지방법원 2003가합60148호 사건 등) 비슷한 쟁송이 이 무렵 법원에 벅스뮤직을 상대로 한 제소가 잇따라 발생하였다.

398) 이에 대해 법원은 벅스뮤직 대표자에 대한 2003. 7. 8. 구속영장청구 및 7. 16. 구속영장재청구에 있어 저작인접권자에 대한 이용료지급의사를 밝히고 있다는 이유로 모두 기각한 바 있다.

399) 서울중앙지방법원 2005. 1. 27. 선고 2003고단6560, 7900(병합), 9864(병합), 9434(병합), 10274(병합), 2004고단1275(병합), 4133(병합), 5829(병합) 사건. 법원은 벅스뮤직 대표인 박OO에 대하여 실형선고를 하지 않고 집행유예로 선처한 양형이유를 밝히면서, 스트리밍 서비스는 P2P 방식의 소리바다 등과는 달리 파일을 다운로드하는 방식이 아니어서 저작권침해의 정도는 상대적으로 미약한 점, 벅스뮤직의 사업 초기에는 음반제작자들의 저작인접권에 대하여 한국음악저작권협회나 한국예술실연자단체연합 등과 같이 저작권을 통합하여 관리해 주는 단체(2003. 3. 17.에야 한국음원제작자협회가 문화관광부장관으로부터 집중관리단체로 인가를 받았음; 필자 주)가 없어 이용허락을 받으려고 개별 권리자에게 접근하기가 매우 어려웠던 점, 휴대폰 벨소리, 컬러링 등 다른 부가서비스로의 발전가능성은 무궁무진하고 전반적으로 디지털을 이용한 음악시장이 고전적인 음악시장의 규모를 뛰어넘어 음악시장 전반의 성장잠재력으로까지 부상하는 데 공헌한 점 등을 들었다.

400) 이렇게 수많은 민·형사 쟁송이 주로 2003년경 무렵 벅스뮤직에 집중된 것은 다음과 같은 이유 때

비교하기 위하여 가장 중요한 수원지방법원 성남지원 2003. 6. 25.자 2002카합280 가처분 결정과 서울지방법원 2003. 9. 30.자 2003카합2151 가처분결정의 내용을 살피고, 이를 간단히 평석한다.

3. 벅스뮤직 가처분 I 사건[401]

(1) 결정이유의 요지

법원은, 먼저 2000. 1. 12. 개정 저작권법에서는 '유형물에 고정' 하는 경우까지 복제의 범위를 확장하여 저작물의 디지털화, 즉 음을 컴퓨터 칩에 입력하는 등 디지털 복제도 저작권법상의 복제에 해당함이 명확하다고 판시하였다. 이어, 피고 벅스뮤직이 웹사이트의 컴퓨터 서버에 원고들의 음반에 수록된 가요를 컴퓨터 압축 파일 형태로 변환하여 저장한 행위는 음반제작자인 원고들의 저작인접권 중 복제권을 침해한 것이라고 하였다. 이에 반하여 피고(피신청인[402])는 다음과 같이 세 가지 주장을 하였지만 법원으로부터 모두 배척되었다.

첫째, 자신의 서비스는 인터넷 방송 서비스로 실제로 공중파 방송과 같아 음반제작자인 원고는 방송사업자인 피고에게 방송의 금지를 청구할 수는 없고 단지 보상청구권만 가지므로[403] 인터넷 방송 서비스를 중단시킬 수 없다는 주장이다. 이에 대하여 법원은, 2000. 1. 12. 개정 저작권법은 방송과 구별되는 전송의 개념을 새롭게 규정하면서 아울러 전송과 구별하기 위하여, 방송의 정의에 동시성의 요소를 새롭게 설정하였는데[404] 피고의 인터넷 서비스는 수신자가 선택한 시간과 장소에서 수신 또는 시청할 수 있도록 송신하는 것이어서 異時

문이다. 즉 2003. 7. 1. 스트리밍 방식으로 음악청취 서비스를 제공하는 업체들의 모임인 "인터넷음악서비스협의회"는 음반업계의 강한 요구와 압박에 따라 모두 유료로 전환할 것을 결의하였다. 그러나 그런 와중에도 최대 업체인 벅스뮤직은 무료를 고수하여 이후 점유율은 70% 이상으로 상승하였고 당연히 음반업계와의 갈등은 더욱 고조되었던 것이다(아이뉴스 24 2003. 7. 1.자 기사 등 참조). 하지만 이러한 법적 쟁송의 홍수 끝에 벅스뮤직은 결국 굴복하여 2005. 3. 6. 음반업계에 벅스뮤직의 과반수 지분을 넘겨 경영권을 이양하고 향후 유료서비스로 전환하기로 합의하게 된다(머니투데이 2005. 3. 6. 자 "벅스뮤직, 결국 음반업계 품으로" 기사 등 참조).

401) 수원지방법원 성남지원 2003. 6. 25.자 2002카합280 결정.

402) 앞서 소리바다 사건에서와 마찬가지로 편의상 원, 피고로 통칭한다.

403) 저작권법 제91조 제1항 및 제68조.

404) 즉 방송의 개념에 관하여 2000년 개정 전의 저작권법 제2조 8호는 "일반 공중으로 하여금 수신하게 할 목적으로 무선 또는 유선통신의 방법에 의하여 음성 · 음향 또는 영상 등을 송신하는 것(차단되지 아니한 동일구역 안에서 단순히 음을 증폭송신하는 것을 제외한다)을 말한다"라고 정하였던 것을, 2000년 개정 저작권법에 이르러 "일반 공중으로 하여금 동시에 수신하게 할 목적으로 무선 또는 유선통신의 방법에 의하여 음성 · 음향 또는 영상 등을 송신하는 것을 말한다"고 새로 정하고 있다.

性을 특징으로 하므로 저작권법상의 방송과 다르다고 보아 피고가 방송사업자임을 전제로 한 주장을 배척하였다.

둘째, 저작권법[405]은 저작인접권자에게 전송권을 부여하지 않고 있는데, 저작인접권자인 음반제작자가 복제권에 기하여 방송 또는 전송 목적으로 제작되는 음악파일의 제작을 금지할 수 있다고 한다면 이는 저작인접권자에게 방송권 또는 전송권을 부여하는 것과 같은 부당한 결과를 가져온다는 주장이다. 이에 대하여 법원은, 저작인접권자에게 방송권 또는 전송권이 없다 하더라도 원고는 복제권에 기하여 피고에게 복제권 침해의 정지 및 침해행위에 의하여 만들어진 물건의 폐기나 기타 필요한 조치를 청구할 수 있어 피고의 스트리밍 서비스의 금지를 구할 수 있고, 그 결과 원고에게 전송권을 부여한 것과 같은 결과가 된다고 하여도 저작권법에 어긋나는 것은 아니라고 보았다.

셋째, 저작권법 제62조는 "이 장 각 조의 규정(저작인접권에 관한 규정을 말한다 ; 필자 주)은 저작권에 영향을 미치는 것으로 해석되어서는 아니 된다"고 규정하고 있는데, 저작인접권자인 원고들의 신청이 인용되면, 저작권법 제62조의 정신을 침해하여 저작권자의 방송권 및 전송권을 침해하는 결과가 된다는 주장이다. 이에 대하여 법원은, 저작권법 제62조는 실연, 음반, 방송의 이용은 필연적으로 저작물의 이용을 수반하므로 이때 저작인접권자의 허락뿐만 아니라 저작권자의 허락도 필요하다는 것을 주의적으로 규정한 것으로 불과하며 원고의 신청이 인용되더라도 그로 인하여 저작권자의 방송권 및 전송권을 침해한다고는 볼 수 없다고 하였다.

(2) 결정의 주문의 내용

피고는 원고들의 음반에 수록된 각 곡[406]에 대한 음원을 컴퓨터압축파일의 형태로 복제·배포하여서는 아니 되고, 피고는 그 웹사이트(www.bugsmusic.co.kr)의 서버에서 위 각 곡에 대한 음원을 컴퓨터압축파일 형태로 복제한 것을 이용하여 서비스를 하여서는 아니 된다는 가처분명령을 발하였다.

(3) 평　석

이 사건과 아래 벅스뮤직 가처분Ⅱ 사건의 결정 내용을 서로 비교하여 보면, 이 사건은 복제권 침해뿐만 아니라 배포권의 침해까지 인정하고 있음을 알

405) 2004. 10. 16. 개정되기 이전의 저작권법.

406) 위 결정 말미에 신청인들의 음반 및 그에 실린 각 곡의 목록은 총 30p.에 달하고 있다.

수 있다.[407] 벅스뮤직의 사안이 앞서 소리바다1 사건과 다른 것은 벅스뮤직의 경우는 일견 방송행위에 더욱 유사하다는 점이다. 인터넷서비스제공자가 자신의 서버에 저장된 압축파일을 스트리밍 방식으로 계속 흘려 보내면서 서버에 접속하고 있는 수많은 이용자들에게 음악을 실시간으로 들려주는 행위는 성질상 방송과 상당히 유사하며 실제로 2000년 개정 저작권법에서 방송의 개념요소에 전송의 경우와 구별되세 새로 '동시성'을 추가하기 전까지는 방송의 개념안에 포섭될 수도 있는 행위였다.[408] 그러나 2000년 개정 저작권법으로 저작권자에게 전송권이 신설되어 이 판결 당시에는 이미 전송의 독립적인 개념이 인정되고 있었으므로 전송권의 영역에 해당할 뿐 방송은 물론 배포권의 문제가 아님은 앞서 소리바다1에서와 같다. 특히 소리바다1과는 달리 벅스뮤직의 경우는 인터넷서비스제공자가 원본은 서버에 여전히 보관하고 있는 상태에서 이용자들에게는 스트리밍 파일 조각을 전송할 뿐이어서 음악감상이 끝나고 난 이후 이용자들의 컴퓨터에는 복제본이 남지 않게 된다. 이러한 특징까지 고려한다면 더더욱 양도(혹은 대여)가 있었다고 보기 곤란하므로 배포권 침해를 인정하여서는 안 되었을 것이다.

4. 벅스뮤직 가처분Ⅱ 사건[409]

(1) 결정이유의 요지

1) 복제권 침해의 긍정

법원은 먼저, 음반을 컴퓨터압축파일로 변환하는 것은 변환 프로그램에 의하여 기계적으로 이루어지므로 창작성이 포함된다고 볼 여지가 없고, 변환된 컴퓨터 압축파일이 컴퓨터의 보조기억장치에 저장되면 인위적인 삭제 등 특별한 사정이 없는 한 유형물에 고정되었다고 볼만한 영속성을 지니게 되므로 피

407) 소리바다 가처분이의 및 손해배상 1심 판결 등을 내린 동일한 재판부에 의하여 벅스뮤직 가처분Ⅰ 사건의 결정이 있었으므로 배포권의 인정논리도 같다고 짐작해 볼 수 있다. 다만 벅스뮤직 가처분Ⅰ 결정에서는 법원이 주문에서 복제·배포권 침해를 아울러 인정하면서도 결정이유에서는 복제권침해 부분만을 언급하였을 뿐 배포권의 침해에 관하여는 서두에 신청인들(원고들)에게 배포권이 있다는 사실만을 한번 언급하는 데 그쳤다.

408) 이러한 입장을 취한 것으로 서울지방법원 2003. 7. 7. 선고 2002노11814 판결(2000년 법개정 이전 스트리밍 방식으로 뮤지컬을 관람하게 한 행위를 방송으로 보고 있음) 및 아래 벅스뮤직 가처분Ⅱ 사건의 각주에서 설명하는 대법원 2003. 3. 25. 선고 2002다66946 판결 참조.

409) 서울지방법원 2003. 9. 30.자 2003카합2151 결정.

고 벅스뮤직의 파일저장행위는 음반의 복제에 해당하므로 원고가 신탁관리하는 저작인접권인 복제권을 침해한 것이라고 판단하였다.

이 사건에서 피고는 다음 두 가지 주장을 하였지만 모두 배척되었다. 첫째, 벅스뮤직 가처분Ⅰ사건에서의 첫 번째 주장내용을 반복함과 아울러 피고가 서비스를 제공할 당시에는 저작권법에 전송권 규정이 없었고 당시 대법원 판례도 인터넷 방송을 저작권법상의 방송으로 판시[410)]하여 피고 자신이 저작권법상 방송사업자인 것으로 믿고 서비스를 제공한 것이어서 이러한 정당한 신뢰는 보호할 가치가 있다는 주장이었다. 그러나 법원은, 동시성에 관하여 앞서 벅스뮤직 가처분Ⅰ 사건의 판시와 같은 이유를 지적한 외에도 피고의 서비스는 개별적인 이용자들이 서로 다른 시간에 동일한 내용의 음악청취 서비스를 이용할 수 있음을 특징으로 하므로 설령 다수의 이용자가 같은 시간에 동일한 내용의 음악청취 서비스를 받을 가능성이 있다 하더라도 그 이유만으로 동시성의 요건을 충족하지는 못하여 여전히 방송에 해당하지 않으며, 아울러 피고는 애초부터 음반제작자들의 반대에 불구하고 서비스를 무료로 제공하여 온 점 등에 비추어 보면 피고가 방송사업자라고 믿은 신뢰에 정당한 이유가 있다고 볼 수 없다고 하였다.

둘째, 역시 벅스뮤직 가처분Ⅰ 사건에서의 주장내용 두 번째를 반복함과 아울러 피고의 파일저장행위는 스트리밍 방식으로 파일을 방송하거나 전송하는 서비스를 제공하기 위하여 필수적으로 수반되는 행위이므로 방송이나 전송에 해당할 뿐 복제에는 해당하지 않는다는 주장이었다. 그러나 법원은, 벅스뮤직 가처분Ⅰ 사건의 판시와 같은 이유 외에도 피고의 파일저장행위가 음악청취 서비스를 위한 필수적인 전제일 수는 있으나 방송이나 전송을 위하여 서버의 보

410) 본 판결문상 언급은 없으나, 대법원 2003. 3. 25. 선고 2002다66946 판결을 지칭하는 것으로 사료된다. 그 내용은, 구 저작권법(2000. 1. 12. 법률 제6134호로 개정되기 전의 것) 제2조 제8호는 방송이란 일반 공중으로 하여금 수신하게 할 목적으로 무선 또는 유선통신의 방법에 의하여 음성·음향 또는 영상 등을 송신하는 것(차단되지 아니한 동일구역 안에서 단순히 음을 증폭 송신하는 것을 제외한다)을 말한다고 규정하고 있는데, 여기서 말하는 방송에는 일반 공중으로 하여금 동시에 수신하게 할 목적으로 무선 또는 유선통신의 방법에 의하여 음성 등을 송신하는 것(개정 이후 같은 법 제2조 제8호 참조) 뿐만 아니라 그와 달리 방송이 서버까지만 송신이 되고 일반 공중이 개별적으로 선택한 시간과 장소에서 인터넷을 통하여 그에 접속하여 비로소 서버로부터 개인용 단말기까지 송신이 이루어지는 인터넷방송과 같은 전송(개정 이후 같은 법 제2조 제9호의2 참조)도 포함된다고 판시한 것이다. 2000년 개정 전 저작권법의 해석으로는 전송이 일견 방송의 영역에 포섭되고 있었으므로 이러한 해석은 당연한 것이었다.

조기억장치에 파일을 저장하는 행위가 반드시 수반되는 것은 아니므로 파일저장행위가 저작권법의 방송이나 전송에 흡수된다고 볼 수 없다고 배척하였다.[411]

2) 배포권 침해는 부정

다만 법원은 벅스뮤직 가처분Ⅰ 사건에서와 달리 배포권을 침해당하였다는 원고의 주장에 대하여, 이용자들이 선택한 곡에 해당하는 컴퓨터압축파일을 스트리밍 방식에 의하여 이용자의 컴퓨터에 전송하고 실시간으로 재생되도록 하는 것이 저작물의 원작품이나 그 복제물을 일반 공중에게 양도 또는 대여하는 것에 해당한다고 볼 수 없다며 위 주장을 배척하였다.

(2) 결정의 주문의 내용

피고는 원고의 각 곡의 음원을 컴퓨터 압축파일의 형태로 복제하여서는 안되고, 피고의 웹사이트 서버에서 위 각 곡의 음원을 컴퓨터 압축파일 형태로 복제한 것을 이용하여 서비스를 하여서는 아니 된다고 가처분명령을 발하였다.

(3) 평　석

당시까지 우리 저작권법은 이 사건 원고들인 음반제작자와 같은 저작인접권자에게는 전송권을 부여하지 아니하여 원고들은 벅스뮤직 가처분Ⅰ, Ⅱ 사건 모두에서 이를 주장할 수 없었다. 따라서 이러한 약점에 터잡아 피고 벅스뮤직은 자신들의 서비스행위가 '전송'의 범주에 속할 뿐이어서 복제행위가 아니라거나 가사 복제가 있더라도 이는 전송을 위해 불가피한 행위여서 결국 복제권 침해에 속하지 아니한다는, 혹은 방송이라는 식의 주장을 개진하였음을 알 수 있다. 뿐만 아니라 법원 역시 원고에게 전송권이 없음을 염두에 둔 듯 피고의 행위가 전송의 영역에 해당한다는 선언은 하지 않고 있다. 즉 벅스뮤직 가처분 Ⅱ 사건의 법원은 "이 사건 서비스가 전송으로 볼 여지가 없지 아니하다 해도, 서비스를 위하여 이 사건 파일저장행위와 같은 저작권법상 복제행위를 거치는 이상 …"이라고 하여 피고의 서비스행태가 전송권의 영역에 속하는지에 관하여 명백히 판단을 하지 아니하였다. 이러한 우회적인 주장과 법원의 다소 애매한 태도는 2004년 개정 저작권법으로 음반제작자들에게도 저작권자와 마찬가지로 전송권이 부여됨으로써 비로소 그치게 되었고, 가령 이후 분쟁인 소리바다3 가처분결정에서는 당사자의 주장과 법원의 판단이 전송권을 중심으로 보다 분명

411) 아울러, 이 사건에서도 마찬가지로 벅스뮤직 가처분Ⅰ 사건에서의 피고의 세 번째 주장과 같은 주장과, 권리남용의 주장이 각각 있었지만, 앞서 사건에서와 같은 이유로 배척되었다.

하게 이루어지고 있다. 어쨌든 벅스뮤직의 서비스내용은 전송으로 '볼 여지가 없지 아니한 것'이 아니라 인터넷 망을 이용한 전송임이 명백하므로,[412] 위 법원의 판시는 "저작인접권자의 권리가 인정되지 않는 전송에 해당한다고 하더라도 전송의 준비단계에서 빚어지는 복제행위까지 당연히 면책이 부여되는 것이 아니다"라고 분명히 하였으면 좋았을 것이다.

5. 소리바다 사건과 벅스뮤직 사건의 비교

(1) P2P 혹은 스트리밍 기술에서의 공정이용 성립 여부

소리바다1의 하이브리드 P2P와 달리 벅스뮤직은 스트리밍 기술을 채택하고 있다. 그런데 이러한 기술방식의 차이는 해당 서비스이용자들의 행위가 공정이용[413]에 해당될 수 있을지에 영향을 미친다. 먼저 소리바다1의 경우 이용자들이 타인 컴퓨터의 공유폴더로부터 음악파일을 자신의 컴퓨터로 수신하여 복제하는 행위는 사적 복제에 해당하지 않는다는 것이 판례와 학설이 대부분 취하는 입장이다. 이에 반하여, 벅스뮤직의 경우 논란의 여지가 있겠으나, 스트리밍 서비스를 청취하는 과정에서 이용자들의 컴퓨터에 가각 일시적으로 음악파일의 일부가 순차적으로 저장되는 것과 같은 '일시적 저장'이 복제에 해당하더라도 사적 복제에 해당한다고 볼 여지가 있다.[414] 왜냐하면 소리바다의 이용자들에게 사적 복제 규정이 적용될 수 없다고 보는 입장의 가장 주된 근거는 이용자들이 친분관계가 없는 다른 이용자로부터 음악파일을 다운받아 다시 이를 또 다른 불특정 이용자에게 재전송하므로 저작권법 제27조에 정한 '개인적인 이용' 내지 '가정 및 이에 준하는 한정된 범위 안에서 이용'에 해당할 수 없다는 점 때문인데, 벅스뮤직의 이용자들의 경우는 스트리밍 서비스의 특징상

412) 비슷한 시기에 내려진 일명 '불스원' 사건(서울지방법원 2003. 9. 19. 선고 2002가합62970 판결, 이후 서울고등법원 2003나69968호로 진행되다가 2004. 5. 2 강제조정으로 종결)에서는 법원이 스트리밍 서비스가 전송에 해당함을 명백히 긍정하고 있다. 이 사건의 사안은 피고가 무료 스트리밍서비스 사이트를 운영하면서 당시 인기가수 조O모의 미발표곡에 코러스를 붙인 음악파일을 이용자들에게 스트리밍 방식으로 청취하게 한 사건이었다.

413) 영미법 상 Fair Use에 대응하는 한국법률상의 규정들로는 사적 복제(저작권법 제27조), 시사보도를 위한 이용(제24조), 비평 등을 위한 인용(제25조) 등 여러 규정이 있는데, 이 책에서는 한국법과 관련하여서는 이러한 규정들을 포괄하는 개념으로 사용하고 있다. 이러한 입장으로는 정상조, 지적재산권법, 367면 참조.

414) 혼동하지 말아야 할 것은 사적복제에 해당할 수 있는 것은 파일을 수신하는 이용자의 행위에 국한되고, 파일을 전송하는 인터넷서비스제공자의 행위는 저작인접권자에게 전송권이 부여된 경우 그 권리를 침해하는 행위라는 점이다.

이용자들이 자신의 컴퓨터로 일단 전송된 스트리밍 파일을 다시 제3자에게 전송한다는 것은 원칙적으로 불가능[415]하기 때문이다.

이에 반하여 혹자는 앞서 본대로 하루 방문객 수 400만 명, 동시접속자 수 70만명인 벅스뮤직의 경우 소리바다1과 마찬가지로 사적 복제의 객관적 요건을 구비하지 못하였다고 쉽게 반박할 수 있겠다. 하지만 사적 복제의 요건으로 요구되는 것은 '가정 및 이에 준하는 한정된 범위' 안에서의 '복제'가 아니라 '이용'일 뿐이다.[416]

소리바다1 관련 판결들은 불특정 다수인으로부터의 복제물 획득의 면, 다시 불특정 다수인을 향한 복제물 재전달을 통한 이용의 면 등을 두루뭉술하게 서술하여 모두 이 부분에 대한 입장이 명백하지 않다. 하지만 소리바다 이용자들의 사적 복제가 부정된 가장 큰 이유는 복제원본을 불특정 다수인으로부터 얻었다는 획득의 측면이 아니라 '가정 및 이에 준하는 한정된 범위 안에서 이용'하는 데 그치지 않고 이를 다시 불특정 다수인에게 유출하였다는 재전달의 측면 때문이라고 보아야 한다.[417] 그렇더라도 이상과 같은 해석론은 현행 저작권법 제27조의 문구에는 일단 더 충실한 것일 수 있겠지만, 사적 복제의 또 다른 요건인 '영리 목적'에 대한 해석[418]과 결합하여서는 디지털 복제기술에 의

---

415) 다만, 주의할 점이 있다. 기술의 계속적인 발전으로 스트리밍 파일로 이루어진 동영상이나 음악도 간단한 조작으로 이용자가 영구적이고 안정적인 형태로 저장할 수 있는 프로그램이 속속 등장하고 있는데, 2005년 3월 현재 가장 흔하게 쓰이는 프로그램으로는 '하이넷 레코더(Hi-net Recorder),' '아드레날린(Adrenalin)' 등이 있다.

416) 이러한 사실은 가령 비록 수백만 명이 동시에 청취하고 있더라도 음악방송을 혼자만 들을 생각으로 녹음하는 행위는 사적 복제에 해당할 것이라는 데서 알 수 있다. 뿐만 아니라 2000년 저작권법 개정 이전에 우리 판례는 스트리밍 전송(벅스뮤직)을 방송의 일종으로 보았었다.

417) 우리 저작권법은 이 점에 관하여 "… 가정 및 이에 준하는 한정된 범위 안에서 이용하는 경우에는 그 이용자는 이를 복제할 수 있다"라고 하여 역시 합리적인 해석으로는, 복제 후 한정된 범위 안에서 이용할 '목적'을 사적 복제 성립의 판단기준으로 삼고 있다. 만약 복제당시의 목적이 아니라 이용이 종료된 '객관적 결과'를 기준으로 사적 복제의 성립 여부를 판단하려는 것이 법의 취지라고 해석해버리면 복제행위 당시 일단 성립하였던 사적 복제가 이용종료 후 소급적으로 부정되거나, 혹은 이용종료 때까지는 이미 완료된 복제행위가 사적 복제인지 아닌지 판단할 수 없다는 모순이 생기기 때문이다. 만약 객관적 결과를 기준으로 사적 복제의 성립을 판단하고자 하는 것이 입법자의 의도였다면 일본 저작권법 제102조 4항 1호[그 규정의 내용은 앞서 제2절 Ⅲ. 1. 1) 부분 각주 참조]와 같이 일단 사적 복제가 성립된 행위라도 가정 등 한정된 범위 밖에서 이용하는 결과가 발생한 경우에 사후에 사적 복제에 해당하지 않는 것으로 간주하는 규정을 두었을 것이다. 참고로 이 점과 관련하여 아래 아이멥스 가처분 결정에서는 당초에는 스스로 이용하려고 업로드해 둔 파일이 나중에는 다른 이용자들에게 전송되는 경우라도 '그것은 복제행위와는 별개의 행위에 기한 것'이므로 (사후에 사적 복제가 아닌 것으로 간주되는 것이 아니라) 일단 사적 이용은 성립한다는 입장을 취하고 있다.

418) '영리의 목적'이란 소극적으로 저작물의 구입비용을 절감한다는 의미가 아니라, 복제물을 타인에게

하여 저작권자의 본질적 이익을 해할 우려가 크다. 디지털 시대의 변화에 따라 종전 아날로그 시대의 저작권법 해석론을 그대로 고집할 수 없음은 여러 번 지적한 것이므로 이 책에서도 앞서 미리 전제하였듯이 벅스뮤직의 스트리밍 서비스로 파일을 수신하는 행위를 단정적으로 사적 복제에 해당한다고 말하지 않은 것이다. 이미 국내에서도 '디지털 시대의 공정이용'이라는 거대한 쟁점에 관하여 활발한 논의가 있으며, 이미 해석론으로 사적 복제의 범위를 디지털 복제기술과 관련하여서는 줄이고자 하는 노력이 있으나 궁극적으로는 향후 입법적 검토[419]의 여지가 있는 부분으로 본다.

(2) 침해의 주체가 개별이용자인지, 인터넷서비스제공자인지 여부

소리바다1 사건에서는 P2P 네트워크에서 공유폴더에 위치한 파일을 전송하고 수신하는 이용자들이 저작인접권자의 복제권(아울러 현행 저작권법에 의하면 전송권)을 침해하는 주체였지만, 벅스뮤직 사건에서는 중앙서버에 스트리밍을 위한 압축파일을 저장하고 스트리밍 방식으로 개별이용자들에게 전송하는 인터넷서비스제공자의 행위 자체가 침해행위로 처리되었다. 어느 경우나 인터넷서비스제공자가 피고로 된 소송을 진제로 할 때 침해행위 주체가 이용자이냐, 아니면 인터넷서비스제공자 본인이냐는 다음과 같은 법적 의미를 가질 수 있다. 첫째, 전자의 소송에서 피고는 1단계로 본인이 아닌 이용자들의 행위가 공정이용에 해당함을 일단 다투고 2단계로 그것이 공정이용이 아닌 침해행위라도 피고는 침해행위에 대한 방조행위를 하지 않았다는 항변을 제출할 수 있지만, 후자의 소송에서는 당연히 인터넷서비스제공자 본인의 행위가 공정이용에 해당함을 다툴 수 있을 뿐이다.[420] 둘째, 전자의 소송이 미국에서 벌어진 경우 피고는 이른바 Sony 항변을 주장할 수 있지만, 후자의 소송에서는 이러한 주장을

판매하거나 유상으로 복제를 대행하는 등 복제행위를 통하여 금전적 이득을 취할 목적에 국한한다는 해석을 말한다.

419) 사적 복제 규정을 삭제하고 영미법상 공정이용에 관한 일반조항을 두는 방안이나 저작권자의 실질적 이익보상책으로 복제장비 제조업자에게 부과금을 징수하는 방안이 논의되고 있다고 한다(정상조, 지적재산권법, 375면 참조).

420) 이러한 차이는 마치, 미국에서 직접침해와 간접침해(2차적 침해)의 관계를 설명할 때, 서비스제공자의 간접침해는 직접침해가 성립함을 전제로 하여서야 논의될 수 있는 것이지만, 반대로 서비스제공자가 직접 침해행위를 하였을 때는 서비스제공자 자신의 서비스제공행위가 공정이용에 해당하지 않는 한 책임을 면할 수 없다는 식의 논의(Bruce P. Keller & Jeffrey P. Cunard, op. cit., p. 336 참조)와 동일함을 알 수 있다.

내세우기 곤란하며,[421] 만일 한국에서라도 나중에 설명하듯이 방조의 규정을 해석하며 Sony 기준을 참작한다고 할 경우라면 동일한 해석이 가능하다.

(3) 소리바다 판결과 벅스뮤직 결정 사이의 법적 공백

2000. 1. 12. 저작권법 개정시 제2조 9의2에서 전송의 독자적인 개념영역을 종래의 배포나 방송 개념으로부터 분리하여 설정한 다음 일단 저작권자에게는 전송권을 인정하면서도 저작인접권자에게는 전송권을 부여하지 아니하였다. 그러나 이것은 일부 논자들의 주장과는 달리[422] 현실적으로는 2004년 개정으로 저작인접권자에게도 전송권이 부여될 때까지는 불완전한 개정이었다.[423]

우선, 저작인접권자들은 만일 위와 같은 개정이 없었다면 새롭게 등장한 '전송'의 영역을 어쩌면 종래의 '배포권' 개념의 확장해석으로 배포권의 영역으로 인정받았을 수도 있을 것인데, 이러한 주장 자체를 우회적으로 봉쇄당하였다고도 볼 수 있다.[424]

421) 미국의 사례로는 소리바다1 사건에는 Napster 사건이, 벅스뮤직 사건에는 MP3.com[그 자세한 사안은 제5장 제1절 Ⅰ. 3. (2)의 각주 부분 참조]이 각각 대응된다. 그런데 MP3.com 사건에서도 (스트리밍) 파일저장을 한 인터넷서비스제공자 본인의 침해행위가 문제되었으므로 피고가 공정이용 항변을 제출하고 있을 뿐 판결문 어디에도 Sony 항변을 언급하고 있지는 않다. 이것은 Sony 항변이 주로 원고의 기여책임에 대한 항변으로 제출되는 것이기 때문이다. 바꾸어 말하면 Sony 항변의 기준에서 서로 비교되는 비침해적 용도와 침해적 용도란 인터넷서비스제공자 본인이 직접 서비스(혹은 상품)를 사용할 때의 용도를 지칭하는 것이 아니라 이를 이용하는 제3자들이 사용하는 용도를 말한다.

422) 이규홍, "디지털음악저작물을 둘러싼 최근 분쟁에 관한 소고 -소리바다 사건, 벅스뮤직 사건 그리고 MP3폰 분쟁의 개요-," 사법부 내부통신망(CourtNet) 지적재산권연구회 게시문(미공간), 2004. 6. 29, 10면]. 아울러 금기훈, "음악컨텐츠제공업의 현황과 법적문제점," 서울대학교 기술과법 센터 2004-제4회 워크샵(「Internet Service Provider의 책임」) 발표문 10면에서는 디지털에서 복제를 수반하지 않는 전송은 의미 없으므로 전송권이 부여되더라도 실질적인 의미가 없다고 한다. 위 2인의 주장이 2004년 저작권법 개정 이전의 것이었다면, 개정 이후 저작인접권자에게 전송권을 부여한 것에 대한 강한 비판으로는 강석구, "인터넷상의 음악전송행위와 정당행위," 인터넷법률 제27호, 법무부, 2005. 1., 82-86면 등을 참조할 것. 이 논자의 주장요지는 저작인접권자의 권리보호는 세계지적재산권기구 저작권 조약에서 공중전달권 아닌 이용제공권만을, 일본에서는 공중송신권 아닌 송신가능화권만을 각 부여하여 저작권자의 보호보다 가볍게 하고 있는데, 유독 우리 저작권법이 송신권과 이용제공권을 개념상 아우른 듯한 전송권을 음반제작자 등에게 부여함은 과잉보호에 불과하다는 것이다.

423) 제3장 '인터넷서비스제공자의 책임을 제한한 새로운 입법들'의 서두에서 설명한대로, 세계지적재산권기구(WIPO)는 저작권조약(WIPO Copyright Treaty, WCT)을 통하여 저작권자에게 전송권과 유사한 공중전달권을 부여한 것과 마찬가지로, 실연자·음반제작자와 같은 저작인접권자에게는 이용제공권을 이미 인정하였다. 2000. 1. 12. 개정 저작권법은 이러한 균형을 갖추지 못한 것이었고, 특히 P2P 기술 등의 발달에 비추어 저작인접권자에게도 전송권을 보장할 필요가 점차 커졌다(뒷부분 주장은 임원선, "온라인음악서비스와 관련된 재문제 검토," 한국지적재산권학회 국제학술 세미나 『디지털 콘텐츠와 저작권』 발표문, 2003. 11. 14, 4면 등). 현행 저작권법이 늦게나마 실연자의 실연전송권(제64조 2항)과 음반제작자의 음반전송권(제64조 3항)을 부여한 것은 이런 점에서 타당하다.

424) 전송의 개념과 전송권이 명문으로 정하여지지 않는 한, 종래의 배포권이나 방송권의 개념의 신축적

뿐만 아니라, 저작인접권자가 전송권을 가지지 못함을 노려, 인터넷서비스제공자가 다음과 같이 변형된 형태의 영업을 하는 경우 저작인접권자를 보호할 수단이 없게 된다. 즉, 앞서 스트리밍 서비스 이용자들의 복제가 일단 사적 복제에 해당된다고 할 때, 인터넷서비스제공자가 직접 자신의 중앙서버에 음원파일을 일단 저장하는 방식 대신, (i) 중앙서버는 그대로 존치시키되, 그 서버를 통하여 '소리바다'의 방식과 같이 이용자 간의 접속서비스까지만 제공하고, (ii) 이용자 A가 이용자 B의 개별 컴퓨터에 저장된 음악파일을 전송받을 때 고정파일로 다운로드받는 것이 아니라 '스트리밍(streaming)' 형태로 감상할 수만 있도록 중간에서 매개하는 방식으로 영업하는 경우가 그것이다.[425] 이런 방식의 인터넷서비스제공자가 빚어내는 저작권 등 침해문제에 있어서는, 소리바다 판결과는 달리 이용자들에 의한 복제권 침해가 있다는 전제가 성립할 수 없고, 한편 벅스뮤직 결정에서와는 다르게 피고 인터넷서비스제공자 스스로 서버에의 저장행위를 통한 복제권 침해도 있지 아니하다. 그러므로 적어도 이런 영업방식의 경우에는 만일 저작인접권자에게 전송권을 부여하고 있지 아니한 구 저작권법 하에서라면 저작인접권자가 어떠한 방법으로도 보호받을 길이 없었다. 결국 소리바다1 판결들과 벅스뮤직 가처분결정 사이에는 당시의 저작인접권자들에게 법적 규제 영역의 공백이 존재하였었다. 그런데 2004. 5.경[426] 한국에서 새롭게 등장한 '아이맵스'는 바로 이와 유사한[427] 서비스방식을 택한 것이었다.

인 해석으로 이를 충분히 포섭할 여지가 있었으며, 실제로 앞서 보았듯이 2000년 전송권의 도입 이전까지는 대법원 2003. 3. 25. 선고 2002다66946 판결과 같은 사례에서 전송을 방송의 범주에 속하는 것으로 보고 있었다. 아울러 전송권을 따로 정하지 아니한 미국에서는 배포권의 확장으로 전송까지 포섭하고 있음은 이미 설명한 바와 같다. 그런데 2000. 1. 12. 개정법이 종래 배포권 등에서 분리하여 전송권이라는 개념을 설정하면서도 정작 저작권자에게만 전송권을 부여함으로써, 저작인접권자에게 부여된 배포권의 실질적인 범위는 오히려 해석상 축소된 느낌이 없지 아니하였다.

425) 동영상스트리밍서비스를 위한 한 국내 웹호스팅서비스제공회사의 홈페이지 설명에 의하면 개인도 몇 개의 장비만 구비하면 스트리밍서비스가 가능하다고 한다. 〈www.hostinghouse.co.kr/d_streamming.htm〉[2006. 3. 18.] 이때 전송되는 원본음악파일은 벅스뮤직의 사례와 달리 인터넷서비스제공자의 중앙서버가 아니라 이용자들 개개의 하드디스크에 저장된다.

426) 전자신문 2004. 6. 4.자 'P2P-e메일 접목 신개념 스트리밍 음악 서비스 등장' 기사 등 참조. 이는 소리바다 1심 판결들과 벅스뮤직 가처분결정들이 내려진 이후이자, 아직 2004. 10. 16. 저작권법 개정에 의하여 음반제작자와 같은 저작인접권자들에게 전송권이 부여되기 이전 시점에 해당한다.

427) 즉, 완전히 동일하지는 않다. 중앙서버가 이용자들에게 접속 및 파일위치정보만을 제공하는 데 그치지 않고 나아가 이용자들이 음악파일을 저장하는 공간의 역할까지 하고 있으므로, 위에서 나열한 (i), (ii) 중 (i) 부분은 일부만 수용한 것이다. 그렇지만 피고 회사는 서버공간을 임대하여 줄 뿐 이용

Ⅵ. 아이멥스 가처분 사건[428]

1. 아이멥스 사건의 사실관계

원고(신청인[429])는 한국음원제작자협회이고, 피고는 2004. 5.경부터 피고 운영의 사이트[430]를 통하여 P2P와 스트리밍 방식이 혼합된 음악청취서비스[431]를 제공하는 업체이다.

피고의 서비스 방식을 구체적으로 살피면, 먼저 이용자들은 피고의 위 사이트에서 'E-Mail Automation' 프로그램을 다운받아 이용자 개인의 컴퓨터에 설치한 다음 위 사이트의 회원에 가입하여야 한다. 그러면 피고 회사는 가입이용자에게 개인계정을 할당하고 이용자가 위 프로그램을 구동시킨 뒤 이 계정을 이용하여 로그인하면 이용자는 자신이 이미 소유한 MP3 파일 등을 피고의 서버에 업로드할 수 있다.

이용자는 이렇게 업로드시킨 음악파일을 나중에 인터넷 접속이 가능한 어느 곳에서든지 스트리밍 방식에 의하여 청취할 수 있다. 하지만 위 서비스는 다운로드 서비스는 제공하지 않는다.

나아가 위 소프트웨어는 노래 이름 또는 가수 이름을 직접 입력하여 검색할 수 있도록 조회, 검색 서비스를 제공하는데, 이를 사용하면 이용자는 다른 이용자들의 계정에 저장되어 있는 음악파일까지도 모두 같은 방식으로 청취할

자 개인이 저장공간에 음악파일을 복제하는 주체이므로 피고 회사는 벅스뮤직과는 달리 직접적인 복제권 침해의 논란에서는 벗어나 있게 된다. 나아가 소리바다1의 경우와 혼동하지 말아야 할 것은 아이멥스 서비스에서 중앙서버의 저장공간에 음악파일을 복제하는 주체는 수신자가 아니라 발신자이므로 아이멥스 판결에서 인정하였듯이 복제의 성질상 사적 복제로 인정될 수 있다는 것이다. 결국 (i) 부분도 충족한 경우와 법적 효과가 크게 다르지 않다.

428) 서울중앙지방법원 2005. 5. 30.자 2004카합3965 결정.

429) 앞서 소리바다 사건에서와 같이 편의상 원, 피고로 칭한다.

430) 〈www.imeps.co.kr〉[2006. 2. 1.]

431) 중앙서버에 음악파일을 저장하는 공간을 할당하여 여러 이용자들이 공유하게 한다는 측면에서는 협의의 P2P라기보다 아래 해당부분[제6장 제2절 Ⅱ. 3. 인터넷 스토리지 서비스의 활성화]에서 설명할 인터넷 스토리지 서비스의 변종에 가깝다. 하지만 이용자의 검색요구가 있는 경우 일단 P2P 방식으로 다른 이용자에게 검색요구가 전달된다는 측면에서 여전히 P2P의 특성을 보유하고 있다. 그 뒤 해당 파일을 보유한 다른 이용자 쪽에서 자동으로 파일이 저장된 회사의 중앙서버에 검색요청자의 컴퓨터를 향하여 음원파일의 경로정보 등을 발송하도록 하고 있다(아래 아이멥스 사이트 중 'I-Meps란?' 부분 참조).

수 있다.[432)]

2. 법원의 판단

(1) 원고 주장의 요지

원고는 위와 같은 이용자들의 행위는 원고의 저작인접권 중 복제권과 전송권을 침해하는 행위에 해당하고, 피고 회사는 위 프로그램을 개발, 배포하고 위 사이트를 운영함으로써 위 이용자들과 공동하여 이 사건 음반제작자들의 저작인접권을 직접적으로 침해하고 있거나, 적어도 이용자들의 저작인접권 침해행위를 방조하고 있는 것이라고 주장하였다.

(2) 이용자들의 저작인접권 침해 여부에 관한 판단

먼저 이용자들에 의한 복제권 침해주장에 대하여 법원은 우선 이용자 개인이 스스로 이용하기 위한 목적에서 음악파일을 피고 서버에 저장하는 행위는 영리의 목적이 없는 것으로 사적 이용을 위한 복제에 해당하므로 침해가 아니라고 보았다.[433)] 그렇지만 다른 이용자가 이용할 수 있도록 이용자가 자신의 계정에 음악파일을 저장하는 행위는 원고의 복제권을 침해한다고 판시하였다.

다음으로 이용자들에 의한 전송권 침해주장에 대하여는, 우선 이용자 개인이 자기 계정에 보관한 음악파일을 개인적으로 청취하는 행위는 저작권법상 전송의 개념[434)]에 포함되지 않는 적법한 행위라고 보았다.

하지만 다른 이용자들에게 스트리밍 방식으로 음악파일을 청취할 수 있도록 하는 행위는 저작권법 상 전송으로서 원고의 전송권을 침해하는 행위라고 보았다. 이 부분 전송권 침해에 관하여 피고 회사는 다른 이용자들에게 스트리

---

432) 뿐만 아니라, 검색창 아래의 창 왼쪽에 '내 앨범,' '음악친구,' '검색' 등 3개의 폴더가 있고 위 검색 폴더의 하부 폴더로는 가수별 폴더가 마련되어 있어 각 가수별 폴더를 클릭하게 되면 가수 이름을 직접 입력하지 않고도 원하는 가수의 곡을 검색할 수 있도록 되어 있다.

433) 여기에 덧붙여, 법원은 당초에는 스스로 이용하려고 업로드해 둔 파일이 나중에는 다른 이용자들에게 전송되는 경우를 염두에 두고 이런 경우라도 '그것은 복제행위와는 별개의 행위에 기한 것'이므로 일단 사적 이용은 성립한다는 판시를 하고 있다. 반대로 유사한 상황에서 일본 저작권법은 명문의 규정으로 아예 사적 복제의 범주에서 제외되는 복제권 침해행위로 看做하고 있다(제5장 제2절 Ⅲ. 1. 부분 참조). 사적이용은 일단 성립하는 것으로 하되 나중의 별개행위를 침해로 의율할지, 아니면 아예 당초부터 사적이용이 성립하지 않았던 것으로 의제할지는 논리적인 구성의 차이에 불과하므로 양자를 구별할 큰 실익은 없다.

434) '전송 : 일반 공중이 개별적으로 선택한 시간과 장소에서 수신하거나 이용할 수 있도록 저작물을 무선 또는 유선통신의 방법에 의하여 송신하거나 이용에 제공하는 것'(저작권법 제2조 9의2).

밍 방식으로 음악파일을 청취할 수 있도록 하는 행위는 저작권법 상 '공연'에 해당하므로, 같은 법 제26조 제2항[435]에 의하여 침해행위가 될 수 없다고 주장하였다.

이러한 피고 반박에 대해 법원은 기록상 제출된 자료만으로는 이 사건 검색청취 서비스를 통한 음악파일의 제공행위가 저작권법 소정의 공연에 해당한다고 볼 수 없다며 지극히 간단하게 배척하였다.

(3) 피고 회사의 저작인접권 침해 여부에 관한 판단

먼저 피고 회사가 민법 제760조 제1항의 협의의 공동불법행위책임이 있다는 원고 주장에 관하여 법원은, 피고가 프로그램을 제작·배포하여 이용자들로 하여금 이용하도록 한 행위만을 가지고 바로 저작인접권 침해 책임을 구성한다고 보기는 어렵다고 설시하면서 독립적으로 원고의 전송권을 침해하였다거나 협의의 공동불법행위가 성립할 정도로 직접적이고 밀접하게 이용자들의 침해행위에 관여하였다고 평가하기는 어렵다고 보았다.

그렇지만, 민법 제760조 제3항의 방조책임 추궁에 관하여는 다음과 같은 이유로 피고의 책임을 긍정하였다. 즉 운영자가 서버를 운영하면서 그 서버를 통하여 이용자들의 무단전송 행위에 관여하고 있는 정도, 운영자의 개입이 없이도 이용자들이 자체적으로 무단 전송 행위를 할 수 있는지 여부, 저작인접권 등 침해행위를 하는 이용자가 있는 경우 운영자가 이를 발견하고 그에 대하여 서비스 이용을 제한할 수 있는지 여부, 운용프로그램이 음악청취 이외에 이용자들의 저작인접권 등 침해행위를 용이하게 할 수 있는 다른 기능을 제공하고 있는지 여부, 운영자가 이용자들의 저작인접권 침해행위로부터 이익을 얻을 목적이 있거나 향후 이익을 얻을 가능성의 정도 등 구체적 사정을 살펴보아, 운영자가 이용자들의 무단 전송 등으로 인한 저작인접권 등 침해행위를 미필적으로나마 인식하고서도 이를 용이하게 할 수 있도록 도와주거나, 이러한 침해행위에 도움을 주지 않아야 할 주의의무가 있음에도 이를 위반하는 경우라면 피고의 방조책임을 인정할 수 있는데, 이 사건 피고 회사에 관한 구체적 사정들[436]이 이에 해당한다고 보았다.

435) "청중이나 관중으로부터 당해 공연에 대한 반대급부를 받지 아니하는 경우에는 판매용 음반 또는 판매용 영상저작물을 재생하여 일반 공중에게 공연할 수 있다."

436) '피신청인이 처음부터 이 사건 프로그램에 다른 이용자의 음악파일을 검색하여 스트리밍 방식으로 청취할 수 있는 이 사건 검색청취 서비스 기능을 마련한 점, 피신청인이 이 사건 프로그램을 개발할

3. 평 석

(1) 음반제작자가 전송권을 부여받은 효과를 보여준 첫 사례

앞서의 사건들, 특히 벅스뮤직 사건과 이 사건의 가장 큰 차이점은 모두 저작인접권자(음반제작자)였던 원고들이 전송권을 가졌느냐 여부이다. 즉, 이 사건 피고인 아이맵스의 영업개시 당시에는 원고에게 전송권이 존재하지 않았으나 이후 2004. 10. 16. 개정된 저작권법은 저작인접권자인 원고 음반제작자에게도 전송권을 부여하였다.[437] 이 사건은 그러한 개정규정이 적용된 첫 사례로서 두 가지 점에서 의미가 크다.

우선, 음반제작자들이 전송권을 주장할 수 없었던 종전까지의 분쟁에서는 원고인 음반제작자들과 피고 서비스공급업체 사이에 사실상 전송에 해당하는 행위를 놓고 복제권이나 배포권과 연결짓는 우회적인 주장들을 펼치고[438] 법원도 이에 따라 우회적인 판단을 할 수밖에 없었지만, 이제는 그러한 불편을 덜게 되었다.

다음으로, 앞서 소리바다 판결과 벅스뮤직 결정이 각각 침해로 보아 규제한 영역 사이에는 기술적인 측면에서 고찰할 때 규제의 공백이 존재하였었고,[439] 2004년 상반기 경부터 개시된 이 사건 서비스는 그러한 공백을 찾은 새로운 사업형태에 해당한다고 볼 수 있었는데, 2004. 10. 16. 저작권법 개정으로

당시, 국내외에서는 이미 냅스터(Napser), 소리바다 등 P2P 방식 서비스와 벅스 등 스트리밍 방식 서비스의 저작인접권 침해가 문제되어 법적 분쟁으로까지 비화되고 있었던 점, 이용자들은 이 사건 사이트 서버에 접속하여야만 음악청취를 할 수 있으므로 아이디를 판별하여 접속을 거부함으로써 침해행위를 하는 이용자들의 음악청취를 제한할 수도 있었던 것으로 보이는 점, 피신청인도 음악청취 서비스를 하는 소리바다, 벅스 등의 경우처럼 이 사건 사이트 운영을 통하여 얻은 인지도를 이용하여 향후 수익을 얻을 것으로 보이는 점, 이 사건 검색청취 서비스를 통하여 청취되는 음악파일의 원본파일 대부분이 저작인접권 침해가 문제되는 것임을 경험칙상 충분히 예상할 수 있었던 점' 등을 들었다.

437) 제64조의2(실연자의 전송권), 제67조의3(음반제작자의 전송권). 이렇게 전송권을 부여한 입법자의 의사는 인터넷 등을 활용한 이용행태를 저작인접권의 침해행위로 규제하고자 함을 분명히 하고 있다(국회 문화관광위원회, "저작권법 중 개정법률안 검토보고서," 2004. 9., 국회 홈페이지 중 '자료실' → '국회통과 새 법률' ,2005. 1. 24. 방문). 다만 방송사업자까지 우리법 상 전송권에 포함되는 송신가능화권을 부여한 일본(일본 저작권법 제99조의2)과 달리 우리 방송사업자에게는 아직 전송권이 인정되지 않는다.

438) 가령, 소리바다1 사건들이나 벅스뮤직 사건들에서 원고들이 이용자들의 전송행위가 배포권을 침해하는 것이라고 주장한 것이라든지, 벅스뮤직 사건에서 피고가 "자신의 서비스행위가 전송의 범주에 속할 뿐이어서 복제행위가 아니라거나 가사 복제가 있더라도 이는 위 전송을 위해 불가피한 행위여서 결국 복제권 침해에 속하지 아니 한다" 혹은 방송이라는 식의 주장을 개진하였음은 이미 보았다.

439) 위 Ⅴ. 5. (3) '소리바다 판결과 벅스뮤직 결정 사이의 법적 공백' 부분 참조.

뒤늦게나마 원고들에게 전송권이 부여됨으로써 위와 같은 공백마저 사라지게 되었다는 점이다. 만일 저작권 보호라는 측면을 무시하고 설명할 수 있다면, 위와 같은 규제의 공백을 포착하자마자 잇따라 한국의 기술공급자들이[440] 변화된 환경에 즉각 적응하여 세계 최초일 것으로 보이는 사업형태를 상용화하는 데까지 나아간 것은 IT 관련 한국기술의 능력수준을 가늠케 하는 대목으로 이 책의 논의방향에도 시사하는 바가 크다.

(2) 파일을 수신하는 이용자의 책임

파일을 수신하는 이용자가 복제권이나 전송권 침해의 책임을 부담하는 지는 파일교환서비스의 기술형태에 따라 나누어 설명해야 한다.

우선 파일교환서비스의 기술형태가 소리바다나 Napster와 같은 통상의 P2P 서비스라면 원본파일의 전부가 전송되어 파일수신자의 개인컴퓨터에 동일한 복제본을 형성하므로 파일수신자가 복제권 침해의 책임을 부담함은 앞서 보았다.[441] 그뿐 아니라 P2P 서비스의 통상적 구조는 이렇게 형성된 복제본이 불특정의 제3 이용자에게 재전송됨을 전제한 것이므로 사적 복제의 성립도 곤란하다.[442] 한편, 전송권 침해와 관련해서는 파일송신자가 전송권 침해책임을 부담할 것은 분명하지만[443] 파일수신자의 책임 여부는 아래 스트리밍 서비스의 파일수신자의 책임과 마찬가지로 다소 모호하다.

다음으로, 파일교환서비스의 기술형태가 벅스뮤직이나 아이멥스와 같은 스트리밍 서비스라면 파일수신자의 개인컴퓨터에 종국에는 복제본이 남지 않지만 스트리밍의 목적이 구현되는 동안 파일수신자의 개인 컴퓨터에는 파일조각들이 일시적이나마 순차로 저장되게 된다. 일시적 저장도 복제라고 파악한다면 복제권의 침해 여부가 논의될 수는 있겠지만[444] P2P에서와 달리 제3자에게 재전송

440) 2005년경 당초 이러한 새로운 서비스를 표방한 업체로는 아이멥스 이외에도 뮤직램프(www.musiclamp.co.kr)가 있었으나 후자의 경우는 2006. 2. 현재 서비스가 진행되고 있지 않다.

441) 즉, Napster 항소심 법원의 판시를 비롯하여 소리바다 가처분이의 사건의 1심, 항소심 법원이나 손해배상사건의 1심 판결이 이 점을 명시하고 있다.

442) 주의할 것은 미국, 한국의 이러한 입장과 달리, 국가에 따라서는 파일교환이용자 중 수신자의 파일수신은 사적 이용에 해당한다고 파악하는 예도 있다. 캐나다[제6장 제3절 Ⅱ. 3. '캐나다의 경우' 부분], 프랑스(Charlotte Waelde &Lilian Edwards, op. cit., pp. 48-49)가 그러하다.

443) Napster 항소심 법원은 이를 명시하고 있고, 소리바다 가처분이의 사건의 항소심도 그러한 취지이다.

444) 벅스뮤직 사건에서는 피고 회사가 중앙서버에 스트리밍을 위하여 음반의 압축파일을 저장한 행위가 이미 복제권침해로 인정되어 이용자(파일수신자)의 복제권침해는 문제가 될 필요가 없었다. 아이멥스 사건에서는 파일전송자가 자신이 할당받은 저장공간에 다른 이용자에게 전송할 목적으로 음악파일을

할 여지가 없는 이상 사적 복제로 인정될 여지가 크다.[445)]

한편, 전송권 침해와 관련해서는 스트리밍 파일을 전송하는 이용자의 행위가 전송권을 침해하는 것임은 일단 분명하다.[446)] 하지만, 스트리밍 파일을 전송받는 이용자의 행위가 전송권을 침해하는 행위인지에 관하여는 상당한 논란이 있을 수 있다. 일부 논의[447)]에 따르자면, 전송권은 입법의 연혁과 취지 상 공급 측면의 통제를 위한 권리이므로 스트리밍 파일을 재생하여 청취하는 수신자는 설령 전송을 개시하도록 촉발하였더라도 전송권 침해책임으로부터 자유롭다는 주장이 있다. 이러한 주장은 가급적 전송권의 보호범위를 줄이고 복제뿐 아니라 전송의 영역까지 망라한 사적 이용의 영역을 확보하려는 의도에 따른 것이다. 위 주장에 따르면 복제가 수요 측면 중심의 규율이어서 특별한 사정이 없는 한 복제원본의 공급 자체가 복제권의 침해행위가 되지 아니하는 것과는 마찬가지로, 공급 측면 중심의 규율인 전송에서는 파일을 전송받는 수요자의 행위는 전송권의 침해가 아니라고 설명한다.[448)] 그러나 복제권 침해가 문제되는 상황에서 복제원본을 공급한 자와 전송권 침해가 문제되는 상황에서 전송의 상대방(수요자)의 지위는 책임추궁의 가능성에서 구별된다고 할 수 있으므로,[449)] 이 부분 설명은 다소 오류가 있는 것이다. 어쨌거나 디지털복제시대에서 전송권 등의 등장으로 종래의 사적 이용(사적 복제)이 완전히 질식되지 않도

저장한 행위를 복제권침해로 인정하였을 뿐 파일수신자의 복제권침해 문제는 다루어지지 못했다.

445) 제5장 제3절 Ⅴ.5.(1) 부분 참조.

446) 아이멥스 사건의 결정은 이를 명시하고 있고, 벅스뮤직 가처분 Ⅱ 사건의 결정도 같은 취지를 암시하고 있다.

447) 오병철, "P2P 유사 스트리밍 서비스의 책임에 관한 비판적 검토," 인터넷법률 제31호, 법무부, 2005. 9., 89면.

448) 같은 논문, pp. 92-93 및 97.

449) 위 논자가 설명하듯이 우리 전송권의 개념 속에는 공중에의 송신권과 이용제공권이라는 두 가지 개념이 포함되어 있다고도 볼 수 있는데(저작권법 제2조 9의2 : '… 송신하거나 이용에 제공하는 것'), 이 중 이용제공의 경우는 파일전송자가 스트리밍 업체가 할당해 준 공간에 파일을 업로드 해 두는 혼자만의 행위로 충족되는 것이어서 이렇게 파일전송자 단독으로 전송권 침해를 완성한 시점 이후 이루어지는 파일수신자의 행위는 민사나 형사적인 법적 평가에서 큰 의미를 부여할 수 없다. 이 점은 복제원본제공자가 제공한 원본을 받아 복제자가 혼자서 복제를 결행하였을 때 복제원본제공자가 복제자와 공모하거나 이를 방조하는 관계에 있지 않는 한 복제원본제공자의 원본제공행위에 법적인 의미를 부여할 수 없는 것과 마찬가지이다. 하지만, 앞서 전송권의 개념 중 송신의 경우에는 단순히 불특정상대방에게 이용제공하는 것이 아니라 특정상대방에게 객체를 전달하여야 만족되는 이상 파일전송자 혼자만의 행위로 충족될 수 없다. 반드시 파일수신자가 이에 호응하는 행위를 할 것을 필요로 하므로 이러한 호응행위는 파일전송자의 전송권 침해에 공모하였다거나 방조하였다는 법적인 평가에서 '반드시' 자유로울 수는 없을 것이다.

록 가급적 그 영역을 지켜야 한다는 방향의 논의에는 찬동하는 바이므로[450] 이 부분 더 신중한 연구[451]가 있어야 할 것이다.

(3) 다른 이용자들에게 음악을 청취하게 하는 것이 공연인지 여부

논자에 따라서는 아이멥스 이용자가 자신이 저장한 음악파일을 스트리밍 방식으로 다른 이용자들에게 청취하게 하는 것이 저작권법상 공연에 해당한다는 전제에서, 법원이 기록상 세출된 자료만으로는 저작권법 소정의 공연에 해당한다고 볼 수 없다며 간단하게 배척한 것은 도저히 수긍하기 어려운 소극적인 법적용이자 회피라고 강하게 비판하는 경우가 있다.[452]

하지만 이러한 비판은 중요한 점을 간과하고 있다. 종래 1986. 12. 31. 전문 개정된 저작권법 이래 2000년에 들어설 무렵까지 우리 저작권법상 '공연'의 개념은 일정한 녹음물 또는 녹화물을 재생하여 일반 공중에게 공개하는 것을 포함하여 '저작물을 상연 · 연주 · 가창 · 연술 · 상영 그 밖의 방법으로 일반 공중에게 공개하는 것'에 국한되어 왔었다.[453] 그러나 2000. 1. 12.에 이르러 개정된 저작권법은 그 개정이유에서 명확히 밝히고 있는 바와 같이 '멀티미디어 디지털기술의 발달과 새로운 복사기기의 보급확대로 인하여 저작자의 권리침해가 날로 증가'하는 현상에 대응하기 위한 개정법률로서 '공연'의 개념에 관한 종전 규정을 다듬는 가운데 특별히 '동일인의 점유에 속하는 연결된 장소 안에서 이루어지는 송신'이 공연에 해당한다는 취지를 추가하였다.[454] 이는 그 반대해

450) 특히, 아이멥스 가처분 결정에서 전송권 침해가 문제되는 핵심은 파일전송자의 업로드 행위이므로 여기에 아이멥스가 어떠한 방조행위를 하였느냐를 밝혔어야 한다. 그럼에도 법원은 판시내용에 있어 가령 '이용자들은 이 사건 사이트 서버에 접속하여야만 음악청취를 할 수 있으므로 아이디를 판별하여 접속을 거부함으로써 침해행위를 하는 이용자들의 음악청취를 제한할 수도 있었던 것으로 보이는 점'이라고 판시하고 있다. 이는 파일수신자들의 청취행위에 아이멥스가 기여한 점에 집중한 것으로, 이용자들이 음반구매 대신 스트리밍 서비스를 통한 단순청취를 함으로써 음반판매가 저조하다는 원고들의 불만에 법원이 무의식적으로 동조하고 있는 것으로 잘못되었다는 위 논자의 지적은 공감할 만하다.

451) 우리 저작권법상 사적 이용(사적 복제)은 어디까지나 복제권의 제한일 뿐(저작권법 제27조), 전송권의 제한은 아니라는 한계가 우선 거론될 수 있다. 그렇지 않더라도 파일수신자의 파일수신행위가 그 것의 이용 목적에만 비추어서는 사적 복제일 수 있을지라도 앞서 각주에서 보았듯이 파일송신이라는 전송권 침해행위를 주도적으로 촉발하므로 전송권 침해행위에 대한 공동정범이나 방조범의 책임은 충분히 거론될 수 있음에도 법원의 해석이나 입법자의 결단으로 면책을 부여할 것인지 여부 등이다.

452) 오병철, "P2P 유사 스트리밍 서비스의 책임에 관한 비판적 검토," p. 90.

453) "공연 : 저작물을 상연 · 연주 · 가창 · 연술 · 상영 그 밖의 방법으로 일반 공중에게 공개하는 것을 말하며, 공연 · 방송 · 실연의 녹음물 또는 녹화물을 재생하여 일반 공중에게 공개하는 것을 포함한다"라는 규정이 1986년 전문개정 이래 1997. 12. 13. 개정 때까지 저작권법 제2조 제3호를 차지하고 있었다.

454) 공연 : 저작물을 상연 · 연주 · 가창 · 연술 · 상영 그 밖의 방법으로 일반 공중에게 공개하는 것과 이

석상 입법자가 디지털시대의 송신이 동일인의 점유에 속하지 아니하는 장소에서 이루어지는 경우, 즉 이 사건 아이멥스 개별이용자들이 다른 개별이용자들에게 송신하는 것과 같은 경우는 '공연'의 개념에 포함시키지 않음을 분명히 한 것이다.

뿐만 아니라, 위 논자의 비판은 아래와 같은 이유에서도 타당하지 못하다. 고전적인 배포권 개념을 전제할 때나 인정될 수 있었던 최초판매에 따른 권리소진이론이, 디지털시대에서는 전송권의 등장과 더불어 디지털전송의 영역에서 더 이상 인정되지 않게 된 실례에서 알 수 있듯이,[455] 디지털 시대에는 디지털 복제기술이라는 위협적 존재 때문에 기존의 저작권법 상 개념, 특히 저작권의 제한 관련 개념을 고집하기가 어려워졌다. 이 점은 가령 앞서 '배포'는 물론 '공연'과 같은 개념 등에서 특히 그러하다. 고전적인 공연의 개념은 원본저작물의 소지자가 주도적으로 정한 시간과 장소에서 사실상 일정한 회수제한 하에서[456] 공개되는 것을 전제한 것이다. 이러한 고전적인 공연은, 그로 인한 저작권자의 경제적 손실보다는 공연으로 전파되는 저작물정보로 얻어지는 공중의 이익이 훨씬 크다는 입법자의 판단에서, 저작권법 제26조 제2항에서와 같이 저작권침해책임으로부터 면책되는 데 이른 것이다. 그러나 디지털 복제기술에 이르러서는 이제 수신자가 원하는 시간에 수신자의 컴퓨터가 설치된 집안에서 회수의 제한 없이 무한하게 전송되는 음악파일을 청취할 수 있게 되었는데, 이러한 경우까지 면책을 고집하는 것을 인정함은 입법자의 의도가 아닐 것이다.

Ⅶ. 소리바다의 업그레이드 버전을 둘러싼 분쟁들

1. 업그레이드 버전의 등장과 법적 쟁송의 개요

소리바다1에 대하여 저작권자 측이 법적 쟁송을 제기하여 2002. 7. 9. 최초로 법원이 내린 가처분결정에 따라 중앙서버 작동중지에 관한 집행이 이루어짐으로써 소리바다1의 중앙서버 3대가 2002. 7. 30. 중단되었다. 그러나 그 직후인

의 복제물을 재생하여 일반 공중에게 공개하는 것을 말하며, 동일인의 점유에 속하는 연결된 장소 안에서 이루어지는 송신을 포함한다(2000년 개정저작권법 제2조 제3호).

455) 제5장 제3절 Ⅱ. 1. (3) 1) 부분 참조.

456) 가령, 노래를 가창하거나 음반테이프를 재생하는 경우 가창을 하는 사람의 피로감, 테이프레코더의 고장이나 음반테이프의 변질, 그 외 주위 물리적 환경의 변화(깊은 밤) 등으로 무한하게 재생하는 것은 사실상 곤란하다.

2002. 8.경 소리바다1의 운영자들은 소리바다1 관련 쟁송이 진행중임에도 새롭게 '소리바다2'를 선보이게 된다. 그런데 운영자들은 추가적인 법적 쟁송의 우려 때문인지 소리바다2에 관하여 중앙서버를 없애고 새로운 슈퍼피어(super peer) 방식을 도입하여 문제가 없다는 입장만을 피력하였을 뿐 소리바다2의 구체적인 작동구조나 원리에 대하여는 정확히 공개하지 않았다. 이에 따라 그누텔라와 같은 형태로 이제 더 이상 외부에서 서버를 폐쇄하는 것이 불가능할 것이라는 주장에서부터,[457] 중앙서버 대신 운영자와 관련된 서버들을 이용자의 슈퍼피어처럼 운영함으로써 단지 책임추궁을 피하기 위한 가장을 하고 있음에 불과할 것이라는 취지의 추측까지[458] 다양한 의견이 존재하였다.[459] 소리바다 측은 2004. 7.경에 이르러 다시 일부 유료서비스[460]를 채택한 형태의 '소리바다3'로 변모하였다.

2004. 11.경 소리바다3에 대하여도 저작권자 측은 가처분신청의 형태로 법적 쟁송을 제기하였고, 서울중앙지방법원은 2005. 8. 29. 가처분결정[461]을 내렸다. 이에 피고가 제기한 가처분이의신청에 대하여도 같은 재판부에서 2005. 10. 26. 결정의 형식[462]으로 기각하였다. 소리바다는 이에 불복한 상태이다.[463] 위 가처분결정에 불구하고 소리바다 측이 영업을 지속하자 법원은 다시 위 결정의 강제집행을 위해 별도로 2005. 10. 31. 간접강제[464]를 명령하였다.[465] 간접강제금을 감당하지 못한 소리바다3는 2005. 11. 7.에 이르러 P2P 파일교환 서비스

457) 전자신문 2002. 8. 26.자 "소리바다 서비스 재개" 기사 참조.

458) 일간스포츠 2003. 12. 18. "불법 온라인 음악과의 전쟁" 기사 참조.

459) 아래에서 언급하듯이 소리바다2나 3의 구동원리가 슈퍼피어 내지 슈퍼노드를 채택하였더라도, 그것만으로 곧바로 미국 Grokster의 사안과 동일하다고 판단하는 것은 금물이다. 과연 얼마나, 종전의 중앙서버 운영의 서비스로부터 진지하게 이탈하였느냐는 법적 논의의 방향을 가르는 중요한 기준이다.

460) 종래의 P2P를 통한 파일교환은 무료이지만, 새로이 웹하드 서비스(인터넷 스토리지 서비스)인 '파일바다'를 추가하여 앞서 P2P 파일교환으로 찾을 수 없는 최신 MP3 파일 등을 소리바다3의 웹하드 서비스로 다운받는 데 비용을 징수하는 방식이다.

461) 서울중앙지방법원 2005. 8. 29.자 2004카합3491 결정(음반복제금지가처분).

462) 서울중앙지방법원 2005. 10. 26.자 2005카합3179 가처분이의결정. 앞서 소리바다1과 달리 가처분이의 '판결'이 아닌 이유는 제2장 제2절 Ⅱ. 2. (2) 부분 각주 참조.

463) 아이뉴스24, 2006. 10. 27.자 "음제협, 소리바다의 가처분이의신청에 승소" 기사 참조.

464) 민사집행법 제261조에 따라 법원이 채권자의 신청에 따라 부과된다. 직접강제나 대체집행으로 실현이 곤란한 의무(가령, 대체성이 없는 작위의무)에 관하여 법원이 채무자의 불이행시 채권자에게 배상금지급 등을 명하는 방법 등으로 이루어진다.

465) 이에 따라 하루 1천만원의 간접강제금이 부과되었다.

부분을[466] 다시 중단하였다.[467] 한편, 2005. 11.경 소리바다 측은 완전히 소리바다의 서비스를 배제한 Pure P2P 프로그램인 새 버전을 개발, 배포하겠다고 밝혀 저작권자 측이 반발하기도 하였으나,[468] 결국은 2006. 2. 27. 앞서 벅스뮤직의 전례와 같이 저작권자와 포괄적인 타협을 한 뒤 유료화로 전환하고,[469] 2006. 3. 1. 다시 '소리바다 5'로 사업을 재개하였다.[470]

이상과 같은 소리바다 업그레이드 버전에 관한 법적 쟁송 중 가처분이의결정은 앞서 같은 재판부의 2005. 8. 29.자 가처분결정을 그대로 원용하고 있으므로 아래에서는 위 가처분결정 위주로 설명한다.

2. 소리바다 3 가처분사건

(1) 법원의 판단

1) 소리바다 3의 작동 방식 및 서비스 방식에 대한 설명

법원은 먼저 P2P 방식의 개요에 관하여 설명하였다. P2P 방식을 중앙서버가 개입하는지 여부에 따라 크게 이분한 다음, 중앙서버가 개입하지 않는 방식은 다시 슈퍼노드(Supernode)[471]가 없는 방식과 슈퍼노드가 존재하는 방식으로 나뉜다고 비교적 자세히 설명하였다. 아울러 이상의 3가지 방식에 대한 예로 Napster, 그누텔라, 패스트-트랙을 각각 제시하였다.

나아가 법원은 종전 '소리바다1'에 대한 다른 법원의 가처분 결정 이후 개발된 '소리바다2'는 중앙 서버가 개별이용자에게 다른 이용자들의 IP 주소 등을 직접 제공하지 않고, 소리바다 이용자 중에서 인터넷 접속 상황이 좋은 이용자의 컴퓨터로 하여금 소리바다 이용과정에서 수집된 다른 소리바다 이용자

466) 즉 앞서 설명한 '파일바다'의 작동원리는 P2P 방식이 아니라 웹하드 방식으로 계속 서비스되고 있다. 그러나 이 방식 역시 저작권침해의 우려로부터 자유롭지 못하다(이 점은 제6장 제2절 Ⅱ. 3. 참조). 실제로 2006. 1. 9. 음제협은 '파일바다'에 대하여도 새롭게 가처분신청을 제출한 바 있다[한국음원제작자협회 〈www.kapp.or.kr〉 2006. 1. 26.자 공지사항 참조].

467) 조선일보 2005. 11. 8.자 "소리바다 MP3 파일 서비스 중지" 기사 및 한국일보 2005. 11. 7.자 "소리바다 – 굿바이, P2P서비스" 기사 각 참조.

468) 연합뉴스 2005. 11. 12.자 "음제협, 이용자들의 위협을 유도하는 것" 기사 참조. 이러한 행동이 가지는 일련의 의미에 관하여는 제6장 제1절 부분 참조.

469) 이 즈음 '소리바다5'를 출시한 상태이지만, 이는 종전 버전의 검색기능 등 부차적인 사항이 바뀌었을 뿐 슈퍼피어와 관련한 구동원리가 바뀐 것은 아닌 것으로 보인다.

470) 아이뉴스 24, "소리바다, 3월 1일 소리바다5로 P2P서비스 재개" 기사 참조.

471) 법원은 네트워크에서 처리 속도 등의 기술적 측면에서 우월한 성능을 가져, 서버로 지정된 일부 사용자들의 컴퓨터라고 정의하고 있다.

들의 IP 주소를 보관하게 하고 파일검색을 시도하는 이용자들에게 IP 주소를 배포하는 역할을 담당하게 하는 방식이어서, 앞서 3가지 방식 중 슈퍼노드가 존재하는 방식과 유사한 것으로 판단된다고 보았다. 마찬가지로 이 사건 판단 대상인 '소리바다3'의 원리도 부수적인 개량만을 하였을 뿐 그와 동일하다고 하였다. 아울러 그 구체적인 작동원리에 관하여 설명하였다.[472]

그 다음으로 법원은 소리바다의 이용실태에 관하여 개괄적으로 설명하는 과정에서,[473] 특히 이른바 소리바다3이 채택하고 있는 '뮤직 포인트' 제도를 언급하였다. 이 제도는 종전 소리바다1과 달리 다운로드에 일정한 제한을 설정한 것이었다. 곡을 다운로드 받는데 이용자는 반드시 사전에 적립한 포인트를 사용하여야 하며[474] 포인트의 적립은 신규회원 가입이나 피고 사이트에 자주 접속할 경우, 혹은 다른 이용자가 자신이 업로드한 파일을 다운로드 받거나 피고 사이트에서 유료판매하는 MP3 파일을 구입한 경우에만 가능하도록 한 것이었다.[475]

2) 저작권법상으로도 방조의 경우까지 침해정지책임을 부담

원고는, 원고의 복제권 및 전송권 등을 침해하는 이용자들의 행위를 피고가 방조하고 있다고 주장하였다.[476] 이에 대하여 법원은 우선 저작권법 제91조

472) 앞서 소리바다1의 경우와는 슈퍼노드가 중앙서버의 역할을 대신 수행한다는 점에서 차이가 있으므로 이와 관련하여 법원판시를 요약하면 다음과 같다. 즉 이용자는 프로그램을 실행하여 먼저 자신의 ID와 비밀번호를 입력하여 로그인을 하여야 한다. 그러면 소리바다 접속기(철갑상어)가 작동되면서 가장 접근이 용이한, 슈퍼피어 역할을 하는 다른 이용자의 컴퓨터로부터 IP 주소 등 다른 접속 이용자들의 연결 정보를 송신받는다. 이후 이용자가 검색명령을 내리면 소리바다 프로그램은 앞서와 같이 제공받은 IP 주소를 통해 다른 소리바다 이용자들에게 직접 개별적으로 해당 검색어를 송신한다. 이 검색명령을 전달받은 다른 이용자들의 컴퓨터는 그들의 하드디스크 내의 공유폴더를 검색하여 검색어와 일치하는 파일의 정보를 검색명령을 내린 컴퓨터로 송신한다.

473) 법원의 판단 당시 1일 평균 접속자 수가 40만 명 이상이라는 사정, 홈페이지에서 배너광고를 판매하고 있다는 사정 등이었다.

474) 1 뮤직 포인트마다 1곡만을 무료로 다운로드받을 수 있었다.

475) 소리바다 측은 P2P 파일교환만 관여한 것이 아니라 홈페이지를 통한 고전적인 다운로딩 방식을 통하여 저작권자와 이미 적법하게 이용계약이 체결된 MP3 파일을 유료로 판매하고 있었다. 이렇게 제공하는 유료 MP3 파일을 이용자가 1곡당 500원씩에 구입할 경우, 해당 이용자는 1주일간 MP3 파일의 다운로드를 무제한으로 허용받았다. 앞서 다운로딩 방식으로 제공된 MP3 파일이 적법한 것과 달리, 이렇게 P2P 방식으로 교환된 파일은 원고가 주장하듯이 대부분 불법파일이었다. 그 외에도 사이트에 회원 가입 시 20 뮤직 포인트, 1일 1회 접속 시마다 2 내지 10 뮤직 포인트, 다른 이용자들이 자신의 공유 폴더에 저장된 음원 2곡을 다운로드할 때마다 1 뮤직 포인트씩을 각 부여하였다. 하지만 이러한 경우들은 MP3 파일구입의 경우와 달리 최대 보유 한도를 30 뮤직 포인트로 한정하였다.

476) 한국에서 방조에 의한 불법행위 규정을 인터넷서비스제공자의 책임부담의 근거로 선언한 최초의 판결은 앞서 보았듯이 소리바다1 가처분이의 사건의 항소심이었다. 이때 정작 원고의 주장은 피고가 '음반제작자들의 저작인접권을 직접적으로 침해하고 있거나, 이용자들의 저작인접권 침해를 방조'하

제1항에 기한 침해정지청구권이 직접침해자가 아닌 방조자에 대하여도 원용될 수 있는지에 관하여 상세히 검토하였다. 법원은 제반사정[477]을 고려할 때 방조자의 행위가 당해 저작권침해행위에 밀접한 관련을 가지고 있고, 방조자가 당해 저작권침해행위를 미필적으로나마 인식하면서도 이를 용이하게 하는 조치를 취하였거나 마땅히 취해야 할 금지조치를 취하지 아니하였으며, 또한 당해 방조행위를 중지시킴으로써 저작권침해의 상태를 제거할 수 있는 경우에는 당해 방조자는 침해주체에 준하는 것으로 평가될 수 있다고 보았다.

더 나아가 법원은 방조자에게 사후의 불법행위책임만을 인정한다면 저작권자등의 보호에 흠결을 초래할 뿐 아니라, 위 규정에 의한 정지청구권은 성질상 민법상 소유권이나 점유권에 기한 방해제거청구권과 본질적으로 유사한데 민법상의 이러한 청구권 행사에 있어서는 방해상태를 일으켜 놓고 있는 자 또는 방해하는 사정을 지배하는 지위에 있는 자를 상대방으로 하고 반드시 현실적으로 방해 행위를 한 자만이 그 상대방이 되는 것은 아니라고 해석하고 있는 점에 비추어 위와 같은 해석이 타당하다고 결론 내렸다.

3) 이용자의 침해책임 및 피고의 방조책임 성립

법원은 이용자들의 파일교환이 공정이용이라는 피고의 주장은 그보다 앞선 소리바다1의 항소심들과 마찬가지의 이유로 배척하였다. 아울러 원고인 저작인접권자가 새롭게 가지게 된 전송권에 대한 침해에 관하여도 이용자가 소리바다3의 공유폴더에 파일을 저장하는 즉시 다른 이용자들의 이용에 제공한 것이 되어 침해가 성립한다고 판시하였다. 나아가 법원은 소리바다 서비스의 내용, 성질,[478] 피고의 관리 · 지배의 정도,[479] 소리바다 서비스를 통한 피고의 이익

였다고 주장하여 다소 애매한 입장을 취하고 있었다. 그에 비하여 이 사건에서는 원고가 처음부터 분명히 방조에 의한 책임만을 주장하고 있음이 특색이다. 한국에서 인터넷서비스제공자의 책임을 둘러싼 잦은 법적 공방이나 활발한 논의에 따라 법원의 판단은 물론 당사자의 주장 역시 보다 다듬어지고 있다는 반증이라고 볼 수 있다.

477) 방조자에 의한 방조행위의 내용 및 성질, 현재 발생하고 있는 저작권침해행위에 대한 방조자의 관리 · 지배의 정도, 당해 저작권침해행위로 인해 방조자에게 발생하는 이익 상황을 들었다.

478) 검색의 어려움 때문에 합법파일의 교환은 현실성이 없으며, 앞서 소리바다1 사건(최소 70%)이나 미국 연방대법원의 Grokster 사건(최소 90%), 일본의 파일로그 1심 사건(최소 96.7%)에서 각각 나타난 불법파일교환의 비율이 압도적인 수치임을 볼 때 실제로는 무료로 음원을 얻는 이용에 주로 쓰이는 점을 들었다.

479) 여기서는 로그인의 필요, 뮤직 포인트 제도를 통하여 이용자들의 다운로드 기회를 통제하고 있는 점, 속도나 음질이 좋은 것을 선택할 수 있도록 한 정렬기능의 제공을 나열하였다.

상황[480] 등의 여러 가지 제반사정[481]을 종합하여 볼 때 소리바다3이 이용자들의 침해행위를 방조하고 있다고 판단하였다.

이에 반하여 피고는, 이용자들의 컴퓨터와 피고의 서버가 접속하지 않는 P2P 방식을 취하여 이용자들 사이의 파일교환 행위에 피고가 관여하고 있지는 않아 방조행위가 없다고 다투었다. 하지만 법원은 이용자들의 침해적 이용이 예견되는 상황에서 피고가 소리바다 프로그램의 배포 및 사이트의 운영을 통해 서비스를 제공한 점, 소리바다1 서버에서의 IP 주소제공기능은 파일교환의 루트제공에 불과하였으므로 이를 피고의 서버에서 직접 제공할 것인지 아니면 이용자들이 보유한 슈퍼피어 컴퓨터에서 제공할 것인지는 단순한 기술 방식의 차이에 불과한 점을 들어 피고의 주장을 배척하였다.

아울러 피고는 이용자들의 침해행위를 방지하고 중단시킬 수 있는 기술적 수단이 전무하여 온라인서비스제공자의 책임 제한 규정에 의해 책임이 면제된다고 다투었다. 그러나 법원은 피고가 침해의 방지 또는 중단을 위해 노력한 흔적이 없고 검색어 제한방법 외에도 DRM 기술[482]의 발달로 P2P 방식의 파일교환에 대하여 위 두 기술의 적용이 불가능하다고 단정할 수 없고, 아울러 피고가 스스로 원고에게 향후 일정한 기술방법[483]으로 파일공유를 억제하겠다는 제안을 한 사정을 들어 위 주장도 받아들이지 않았다.

4) 결정에서 명령한 내용

구체적으로 피고의 방조행위를 금지하기 위한 방책으로 법원은, 피고 스스로 현 단계에서 MP3 파일을 업로드 또는 다운로드 받는 것을 선별하여 즉시 정지시킬 수 없다고 자인하고 있음을 들어, 피고에게 소리바다3 프로그램[484]의

480) 사이트 상의 배너 광고 판매, 포털 사이트로 확장하면서 온라인 쇼핑몰, 영화 · 만화의 유료서비스, 벨소리 등 유료 모바일서비스 등의 서비스를 결합하여 수익구조를 강화한 점, 아울러 뮤직 포인트 제도로 파일교환과 유료 MP3 파일의 판매를 연동시킴으로써 월 평균 5억 원의 매출을 거두고 있는 점 등을 들었다.

481) 결국 여기서 들고 있는 사정은 대부분 앞서 소리바다1의 법원들이 들었던 사정들과 대동소이하다.

482) 이를 '디지털 콘텐츠의 무단 사용을 막아 저작권 관련 당사자들의 이익과 권리를 보호해 주는 기술과 서비스'라고 정의하고 있다.

483) 법원의 설명을 옮기면, 원본 CD에서 MP3 파일을 추출할 수 있는 기능이 담긴 프로그램을 이용자들에게 배포하고, 이 프로그램을 통해 원본 CD에서 추출된 MP3 파일에 대해서는 내부적 표시를 하여 소리바다 서비스에서의 공유를 억제하는 방식이었다.

484) 원고들은 당초, 소리바다3 외에도 '기타 그와 유사한 소리바다 프로그램'에 대하여도 침해금지를 구하였지만 법원은 지나치게 포괄적이고 모호하다고 보아 이 부분은 받아들이지 않았다.

이용자들이 그 프로그램을 이용하여 원고들 음원의 MP3 파일을 업로드 또는 다운로드 하도록 하지 말 것과 피고의 사이트를 통하여 위 프로그램을 배포하거나 위 프로그램의 실행을 통한 MP3 파일의 공유 서비스를 제공하지 말 것을 명령하였다.

(2) 판례분석

1) 소리바다3의 작동 방식 등에 대한 추가적 검토가 필요함

앞서 보았듯이 법원은 먼저 P2P 방식을 3가지로 구분한 다음 소리바다3이 슈퍼노드가 존재하는 방식과 유사하다고 보았다. P2P 방식을 구분하는 기준은 당초부터 인위적인 설정에 불과한 이상, 가령 법원이 이른바 슈퍼노드 방식을 단순히 '이용자들의 IP 주소를 보관하다가 검색명령이 있으면 이를 제공하는 컴퓨터가 회사의 중앙서버가 아닌 방식'이면 이에 해당한다고 파악한 것이라면 위 판시의 표현이 크게 틀렸다고 할 수는 없을 것이다. 그러나 만일 이렇게 법원이 이해하였으면, 이는 P2P 방식의 3가지 구분 방식이 법률분야에서 어떤 차원에서 의미가 있는지를 간과한 것이다. 중앙서버가 없는 P2P(슈퍼노드가 있고 없음을 가리지 않는다)와 중앙서버가 있는 P2P의 가장 큰 차이는 중앙서버에 의한 통제 가능성의 유무이다.

통제 가능성이란 기준으로 책임의 유무를 논하여 온 것이 옳든 틀리든간에, 그것이 대개의 법적인 논의였던 것이다. '통제 가능성'이란 법적 용어 대신에 쉬운 말로 바꾸어 말하면, 중앙서버를 관리하는 피고 회사가 만일 존재하지 않더라도 P2P 네트워크가 유지될 수 있느냐, 없느냐의 기준이라 하겠다. 즉, 넓은 의미의 Pure P2P, 즉 그누텔라 형[485]과 변종인 패스트-트랙 형[486]은 모두 그 소프트웨어를 공급하는 회사가 이후 존립하지 않아도 이미 배포된 소프트웨어가 구축해 온 네트워크는 계속 유지될 수 있는 반면 하이브리드 형의

485) 가령 앞서 P2P 기술의 분류를 설명하며 보았듯이, 그누텔라는 그 제작회사가 마음을 바꾸어 소프트웨어 배포를 하루 만에 중단하였음에도 이때 유포된 소프트웨어를 출발로 오늘날까지 계속 네트워크가 유지되어 오고 있다.

486) 이 부분은 아직 다소간의 논란이 있다. 그러나 미국에서 다루어진 아래의 Grokster 사건에서 1심과 2심 법원은 명시적으로 이러한 사실인정을 하였고, 연방대법원 역시 이를 전제하고 있다. 즉 연방대법원은 피고를 중앙서버에 의한 '서비스제공자'가 아닌 단순한 '소프트웨어 공급자'로만 파악하여 그렇게 지칭하고 있으며, 그럼에도 불구하고 피고가 침해를 유발할 의도로 소프트웨어를 공급하였다고 보아 책임을 지우고 있다. 뿐만 아니라 아래 등장할 호주의 Kazaa 판결에서도 위 연방대법원의 논리와 비슷한 논리를 취하고 있다.

가장 큰 특징은 앞서 Napster 사건에서 보았듯이 회사(중앙서버)가 무너지면 네트워크 역시 존속하지 못하게 된다.

그런데 이러한 기준을 가지고 소리바다3을 분류할 때 과연 이것이 패스트-트랙(FastTrack) 형에 진정으로 속한다고 볼 수 있을지는 아직 의문이다.

첫째, 소리바다3에 대한 법원의 가처분결정 및 간접강제를 받고 소리바다 측이 P2P 파일교환 서비스를 '중단'[487]한 사실, 둘째 법원도 설시하였듯이 소리바다3의 운영자는 이른바 '뮤직 포인트' 제도를 통하여 이용자들의 파일교환 자체를 강하게 통제하고 있었던 사실에 비추어 그러하다. 패스트-트랙 형의 실제 사업형태를 보면 간혹 사업자가 여전히 일정한 통제를 보유하고 있는 부분이 있으나 이는 광고의 수주[488]나 필터링 시스템의 채택[489] 등에 국한해서이지 파일교환 자체에 관한 것이 아니다.

요컨대, 진정하게 슈퍼노드를 채용한 방식은 하이브리드 방식의 P2P와는 기술적 구조가 다를 뿐 아니라 그에 따른 법적 평가도 크게 다르다. 그런데 지금까지 소리바다2 내지 3의 실제 구동 방식은 피고 측이 법적 공방을 우려하여서인지 외부에 제대로 공개되지 않았으므로,[490] 이를 처음 담당한 법원은 이

487) 피고 측은 홈페이지 상에 '소리바다3 서비스를 2005년 11월 7일자로 중단하게 되었다'는 공고와 동시에 서비스를 중단하여 실제로 파일교환이 불가능하게 되었다(피고 사이트의 공고문 및 아이뉴스 24, "소리바다, 3월 1일 소리바다5로 P2P서비스 재개' 기사 및 .네이버 지식iN 등의 게시문 참조).

488) 대표격인 Kazaa의 경우 소프트웨어는 무료로 공급하는 대신에 일명 애드웨어(Ad-ware)로 광고소프트웨어를 이용자가 반드시 함께 다운로드 하도록 하고 있다. 이 광고 소프트웨어는 제휴광고대행사에 의해 관리되어 이용자의 컴퓨터에 상주하며 이용자의 선호, 습관 등을 파악한 자료를 전송하고 다시 이를 기초로 실시간으로 회사의 중앙서버는 광고를 이용자의 컴퓨터에 전송한다.〈www.kazaa.com/kr/help/faq/howis_kazaa_free.htm〉[2006. 3. 6.] 회사가 선택한 광고가 중앙서버로부터 이용자의 컴퓨터로 전송된다는 면에서는 통제가 있다고 볼 수 있다(연방대법원의 Grokster 판결이나 호주의 Kazaa 판결에서는 이를 상세히 설명하지는 않았으나 어쨌든 광고공간을 판매한 수익을 피고 책임의 유력한 근거로 파악하고 있음은 후술한다). 그러나 이는 적어도 Kazaa의 파일교환 기능과는 전혀 무관하다. 아울러 Kazaa 소프트웨어에는 다른 패스트-트랙형 소프트웨어와 달리 '골드파일'이라는 중앙서버를 통한 파일교환이 존재하지만 이 역시 통상적인 블루파일 교환과는 구분된다('골드파일'에 관하여는 아래 호주의 Kazaa 판결 참조).

489) 필터링 조치도 채택되는 경우 파일교환을 통제하게 되는 기능이 있으나, 이러한 채택은 패스트-트랙 소프트웨어의 업그레이드를 통하여 신규이용자에게만 적용되는 것이다. 우회적으로 피고 사이트를 통한 업그레이드를 기존 이용자에게 압박할 여지는 있으나, 원칙적으로 기존 이용자에게 이를 강제할 방법은 없다.

490) 패스트-트랙형의 슈퍼노드는 이용자의 컴퓨터 중 성능에 따라 순수하게 선발되는 것이고 통상 매번 바뀔 수도 있는 것이다. 아울러 가까운 슈퍼노드와 연결되어 있지만 하나의 중앙서버와 달리 통일적이지 못하며 네트워크 상의 특정한 정보 파급에 시간이 걸린다. 그러나 가령 소리바다의 뮤직 포인트 기능은 포인트를 적립하는 방법 등에서 알 수 있듯이 마치 하나의 중앙서버(혹은 사업자가

를 기술적인 측면에서 정확히 파악하여 법적 평가에 반영할 필요와 기회가 있었을 것임에도 이러한 고찰이 부족하였다고 보인다.

소리바다3 법원이 소리바다3의 책임을 논하면서는, '그 경위야 어찌되었든 소리바다1과 마찬가지로 동일한 저작권침해의 결과가 피고 때문에 존재하지 않느냐'는 점에 집중하여 곧바로 침해책임긍정으로 나아가고 있다는 인상이다. 법원이 너무 쉽게 판결 서두에서 소리바다3이 패스트-트랙과 같은 방식이라고 선언함으로써 위 법원의 결정 이후, 마치 한국에서도 Grokster와 같은 패스트-트랙 방식의 P2P의 적법성에 대하여도 판단이 모두 이루어진 것과 같은 오해가 생겼다.[491]

후술하듯이 미국에서 패스트-트랙 방식에 관한 Grokster 사건을 두고 연방법원과 학계에서 치열한 논쟁이 전개된 것은 이것이 Napster와 달리 "회사가 존재하지 않아도 네트워크는 존재한다"[492] 혹은 "서비스를 제공하는 자는 없고 오로지 소프트웨어 판매자만 있다"는 근본적 차이에 기인한 고민이었다. 만일 소리바다3 법원이 전제한 것과 같이 패스트-트랙 방식이 이 사건 소리바다3과 같은 경우였다면, 그 고민은 훨씬 간단하였을 것이다. 현재 계류 중인 소리바다1이나 이 사건, 그리고 향후 계속 등장할 수밖에 없을 새로운 인터넷서비스 기술의 공급자에 대한 저작권 분쟁에서는 법원이 기술적 측면의 분석에 좀더 세심한 주의를 기울여야 할 것이다.

2) 방조자의 침해정지책임의 근거로 민법을 원용함은 부당

법원이 결론에 있어서 저작권법상으로 방조자의 경우도 침해정지책임을 부

선정, 통제하는 몇 개의 서버들)가 존재하여 획일적으로 관리하는 역할을 전제하고 있다고 의심을 사기에 충분하다. (혹시 소리바다1 판결이 비난한 점, 즉 중앙서버에 의한 IP 주소제공의 점만을 몇몇 컴퓨터에 분산시키는 방법을 취하여) 과연 앞서 저작권자 측의 주장대로 소리바다1이 외형상의 무늬만 Pure P2P로 바뀐 것인지, 아니었는지를 법원은 좀 더 기술적 측면에서 검토했어야 했을 것이다.

491) 가령 원고 측이던 한국음원제작자협회는 이를 '분산형 P2P와 중앙집중형 P2P에 대하여 모두 침해의 책임을 인정함'이라고 의미를 부여하고 있다 〈www.kapp.or.kr〉 2005. 9. 1.자 공지사항 참조.

492) 후술하듯이, 미국을 한동안 치열한 논쟁으로 몰아넣었던 Grokster 사건은 연방대법원의 판결 이후 파기환송심 도중에 피고가 원고들과 화해함으로써 종결되었고, 그 화해내용 중에는 소프트웨어의 배포를 중지한다는 약정 외에도 '피고가 자신의 시스템의 작동을 멈출 것'이라는 약속도 포함되어 있다[제6장 제3절 Ⅱ. (3) 서두 참조]. 그러나 이러한 약속은 실제 선언적 의미에 그칠 가능성이 큰 것으로서 Grokster 사이트에서 소프트웨어를 더 다운로드 받지 못한다는 것을 의미할 뿐 이미 소프트웨어를 사용한 기존의 이용자들의 네트워크에는 원칙적으로 아무런 영향이 없다. 〈www.metroland.net/back_issues/vol28_no46/rapp_this.html〉[2006. 3. 7.].

담한다는 판단을 한 것은 정당하다. 그러나 그러한 결론에 이르는 근거를 제시함에 있어 오해가 있다. 방조자를 상대로 하여서도 저작권법 제91조 제1항에 기한 침해정지권이 원용될 수 있다고 판단한 최초의 법원 판례는 소리바다1 가처분이의 항소심이었다. 항소심은 그 근거로 피고의 방조행위를 정지시킴으로써 보다 실효적으로 정지효과를 달성할 수 있다고 인정되는 점 등을 주된 이유로 들었었다. 그런데 소리바다3 법원은 여기에서 더 나아가 저작권법의 위 규정에 의한 침해정지청구권이 '민법상 소유권이나 점유권에 기한 방해제거청구권과 본질적으로 유사'한 것인데 민법상의 이러한 청구권 행사에 있어 '방해상태를 일으켜 놓고 있는 자 또는 방해하는 사정을 지배하는 지위에 있는 자,' 즉 방조자도 포함하는 입장임을[493] 상세히 설명한 다음 이를 주된 근거의 하나로 제시하고 있다.[494]

오랜 역사를 거치면서 치밀한 해석이 누적된 민법 상의 법리를 참작하려는 태도는 지적재산권의 영역에서도 여전히 긍정적인 자세이지만, 그것은 어디까지나 참작에 불과할 뿐 앞서와 같이 동일한 선상에서 곧바로 원용할 수 있다는 의미가 아니다. 더 구체적으로 설명하자면, 다음과 같다.

자연권 이론 등에 터잡아 절대적 권리의 성격을 띤 민법 상의 소유권과 달리, 지적재산권의 권리는 학문과 예술의 발전을 도모하기 위하여 부여된 권리라는 점에서 본질적으로 일정한 한계를 지닌다.[495] 우리 지적재산권법에 가장 큰 영향을 준 미국에서, 지적재산권을 창작이나 발명에 동기(incentive)를 부여하기 위한 수단에 불과한 것으로 파악하는 실용적 관점이 지배적인 사실[496]에서도 위와 같은 한계를 짐작할 수 있다. 즉, 미국헌법[497]이 일정조건 하에 부여한 입법권한에 따라 의회는 과학과 실용학문의 발달을 장려한다는 한계 내에서 구체적인 법률을 제정하게 된다. 마찬가지로 소유권이 이미 엄연히 존재하는 이상 구체적인 침해형태에 대하여는 일일이 추가규정이 없

493) 여기서 대법원 1966. 1. 31. 선고 65다218 판결을 원용하고 있다.

494) 소리바다 가처분이의 항소심판결도 '민법 제760조 제3항에는 방조자도 공동불법행위자로 보고 책임을 지우고 있는 점 … 등에 비추어'라고 설시하는 부분이 있었는데, 비교적 간단한 문구이기는 하나 그 해석에 따라 위 소리바다3 가처분결정과 동일한 문제가 있다.

495) 정상조, 지적재산권법, 홍문사, 2004, 35면 등 참조.

496) Robert P. Merges, Peter S. Menell & Mark A. Lemley, 『Intellectual Property in the New Technology Age』, pp. 10-19.

497) U.S. Const., art. Ⅰ, cl. 8. 한편, 한국헌법은 제22조 제2항 "저작자 · 발명가 · 과학기술자와 예술가의 권리는 법률로써 보호한다"라는 규정을 두고 있다.

더라도 소유자는 소유권의 정당한 실현을 방해하는 일체의 행위를 배제할 수 있음이 민법상 법리이겠지만, 지적재산권은 반드시 한국 헌법 제22조 제2항에 터잡아 저작권법 등 구체적 규정[498]에 의하여 그 범위가 설정되므로[499] 침해에 대한 방해배제에 있어서도 관련 근거규정의 명문에 얽매이는 정도가 민법의 경우보다 훨씬 심하다.

요컨대 민법에서와 달리 무엇이 권리인지, 무엇이 침해행위인지 원칙적으로는 지적재산권법 상 근거규정의 있고 없음에 더 심하게 좌우된다.

그런데 여기서 문제는, 특허법 등 지적재산권 영역의 다른 법률들은 모두 일견 방조행위와 유사한 행위들을 권리침해로 간주하는 규정(이른바 간접침해규정)을 두고 있음에도 저작권법은 유독 이에 상응하는 규정을 빼놓고 있고, 따라서 만일 이러한 침해간주규정이 없다는 점을 중시한다면 저작권 영역에서는 위와 같은 행위들은 침해가 아니며 따라서 침해배제청구의 대상이 아니라는 결론에 도달할 수도 있게 된다는 것이다.[500]

종전에 이 쟁점을 둘러싼 지적재산권 분야 연구자들의 다수설이 이러한 결론에 이른 것이었고, 비록 다수설이 언급하지는 않았더라도 그 배경은 저작권법과 민법과의 이런 차이점도 감안한 것이었으리라 본다. 그럼에도 소리바다3 법원은 이런 차이를 간과하고 앞서 소리바다 가처분이의 항소심의 논리를 더 강화하는 과정에서, 도리어 민법상 방해배제청구권에 관한 해석론을 거의 그대로 저작권법에서의 침해정지청구권의 해석으로 옮기는 실수를 하고 있다.[501]

---

498) 가령 저작권법 제3절에서는 저작자의 인격적 권리로 공표권(제11조), 성명표시권(제12조), 동일성유지권(제13조)을, 제5절에서는 저작자의 재산적 권리로 복제권(제16조), 공연권(제17조), 방송권(18조) 등을 열거하고 있으며, 이러한 권리의 구체적 범위는 저작권법 개정에 따라 꾸준히 확대되어 왔다.

499) 가령 이전에도 해석론으로 전송행위를 기왕에 존재하던 저작인접권자의 방송권이나 배포권의 범위에 포섭하려는 시도가 있었다. 그런데 이런 해석론의 의의를 극단적으로 강조하는 입장을 취하여 저작권법 상 저작권자에 해당하기만 하면 단지 해석론만으로도 (실제로는 이후 순차 저작권법 개정을 통하여 부여된) 전송권 등의 권리도 입법 없이 모두 포섭할 수 있다는 주장도 불가능한 것은 아니겠지만, 2004년 개정 저작권법 개정으로 저작인접권자에게 전송권이 새로 '부여' 되었다고 파악하는 것이 지적재산권 영역에서의 정상적인 이해방식인 것이다.

500) 보기에 따라서는 이러한 해석이 가장 법문에는 충실한 해석이라고 볼 수도 있는 것이다. 그 때문에 한국의 종전 다수설뿐만 아니라, 우리 법과 유사한 일본 저작권법의 해석을 둘러싸고도 파일로그 사건의 1심[제5장 제2절 Ⅲ. 1. (2) 2) 부분 참조]에서 피고가 이러한 주장을 개진했을 정도이다. 이 규정을 둘러싼 논쟁의 상세한 내용은 소리바다 가처분이의 사건 1심을 분석한 제5장 제3절 Ⅱ. 1. (3) 4) 및 2. (3) 각 참조.

501) 마찬가지로 앞서 소리바다 가처분이의 사건의 항소심도 여러 가지 근거를 나열하며, 민법 제760조 제3항에는 방조자도 공동불법행위자로 보고 책임을 지우고 있는 점 등도 간단히 설명하고 있는데,

이 책의 입장 역시[502] 결론적으로는 소리바다3 법원의 해석과 마찬가지로 저작권법 상으로 방조자의 경우도 침해정지책임을 부담한다는 것이지만, 그 근거로 제시하는 것은 다른 지적재산권 법률들에서 침해로 정한 행위들이 엄밀히 살피면 방조행위의 범위와 정확히 일치하지는 않으므로 다소간의 해석의 여지가 있다는 점과 그 해석에서 보다 정책적인 고려를 하여야 한다는 점을 들고 있을 뿐이나.[503]

3) 가처분 주문의 타당성 여부

위 가처분 결정은 피고에게 이용자들이 피고의 소프트웨어로 불법파일 업로드 및 다운로드를 하지 말도록 할 것, 소프트웨어의 배포를 말 것, 소프트웨어 실행을 통한 파일교환서비스를 제공하지 말 것을 각 명령하고 있다. 앞서 하이브리드 P2P였던 소리바다1 사건에서는 담당법원이 중앙서버의 작동 중지를 명하였던 것과 달리, 일견 소리바다3이 다른 방식임을 인정한 때문에서였을 것이다.[504]

소프트웨어의 배포를 말 것을 명하는 부분이 정당함은 물론이다. 그러나 슈퍼노드 방식의 P2P에서는 그 성질상 이미 배포된 소프트웨어를 사용하고 있는 기존 이용자들의 계속적인 파일교환을 막기는 이론상 불가능하다. 그럼에도 소리바다3 법원은 이러한 이용자들까지 포함하여 불법파일교환을 하지 말도록 조치를 강구할 것을 피고에게 명하고 있다고 볼 수 있다. 이러한 논리적 모순을 들어 비판하는 입장도 등장할 수 있을 것이다. 그러나 아직은 하이브리드 방식이 아닌 P2P 소프트웨어의 침해를 배제하기 위해 법원이 명해야 할 주문의 내용에 대해 제대로 된 선례가 외국에서조차 거의 없고, 미국의 Grokster 분쟁[505]나 호주의 Kazaa 판결[506]과 같이 진정한 슈퍼노드 방식의 P2P가 관련

이 역시 그 표현의 해석 여하에 따라서는 오해의 소지가 충분하다.

502) 소리바다 가처분이의 사건 1심을 분석한 제5장 제3절 Ⅱ. 1. (3) 4) 및 2. (3) 각 참조.

503) 혼동하지 말아야 할 것으로 미국의 경우가 있다. 미국에서도 한국에서와 마찬가지로 특허법, 상표법과는 달리 유독 저작권법에만 간접침해 규정이 빠져 있다. 그럼에도 불구하고 앞서 보았듯이 미국에서는 저작권 영역에서도 2차적 책임을 추궁할 수 있다는 데 異論이 없다. 그 이유는 간접침해규정은 없지만 직접침해에 관한 저작권법 제106조에서 타인의 침해행위를 허락하는 경우도 침해로 규정하고 있기 때문이다(자세히는 제2장 제2절 Ⅱ. 1. 및 Ⅳ. 참조).

504) 소리바다3가 과연 이런 변경된 주문에 적합한 슈퍼노드 방식인가는 이하에서는 논외로 한다.

505) 원, 피고가 합의한 화해내용은 소프트웨어 배포 중지 외에도, 피고가 영구적으로 원고의 저작물에 대하여 직·간접의 침해행위를 하지 않을 것, 피고 시스템과 소프트웨어의 작동을 멈출 것을 담고 있다[제6장 제3절 Ⅰ. 2. (3) 3) 부분].

506) 호주의 연방1심 법원은 피고에게 장래에 원고의 저작권을 침해하는 일체 행위의 금지를 명하면서도

된 외국의 분쟁해결 사례들을 참고해 보면, 소리바다3 가처분결정의 주문이 크게 틀렸다고는 보이지 않는다. 그 주문은 취지상 피고에게 기존 이용자들의 침해를 막기 위하여 (다른 별다른 대안이 없는 이상 그 실효적인 효과는 불문으로 하고) 최선의 조치를[507] 선의로 취할 것을 명하는 것으로 좋게 풀이할 수 있을 것이다.

한편, 소리바다3 가처분 결정은 불법파일 교환 부분만을 선별하여 정지할지에 관하여는 피고가 선별능력이 없다고 자인한다고 보아 곧바로 시스템 전부의 정지를 명하고 있다. 그러나 피고가 과연 그 취지상 자인한 것인지도 의문이려니와[508] 기술적 측면을 더 자세히 분석하였다면 그 분석결과에 따라서는 가령 "(필터링 장치 OO 등을 장치하여) 침해방지조치를 이행하지 아니하고서는 피고는 서비스를 하여서는 아니된다"와 같은 새로운 주문도 검토해 볼 수 있었을 것이다.[509]

4) 소리바다3 가처분 결정의 의의

위에서 본 문제점에도 불구하고, 소리바다3 가처분 결정은 일정한 의미가 있다. 2003년 소리바다1 가처분이의 판결을 시작으로 불과 2-3년 사이에 미국을 제외한 다른 외국에서는 유례를 찾기 힘들 정도로 P2P 인터넷서비스제공자의 책임에 관한 많은 분쟁과 이에 따른 법원의 판결들이 있었던 것은 무엇보다도 이 분야 한국 산업의 놀라운 발전상에 기인한 것이었다. 이러한 현실에서 우리 법원의 논리는 여러 번의 판결이 누적되는 과정에서 처음 가졌던 부족함은 메워지고 점차 정리된 논리로 나아가고 양상을 보이고 있다.[510] 이러한 과정에서 법원은 때로는 입법의 부족을 해석론으로 메우고자 적극적으로 노력하

일정한 기한까지 2가지 필터링 시스템을 택일하여 채택하는 경우 침해로 보지 않는다는 여지를 부여하고 있다[제6장 제3절 Ⅰ. 2. (3) 3) (라) 부분].

507) Kazaa 소프트웨어에서 보듯이 슈퍼노드 P2P의 기존 이용자라 하여도 일정한 경우에는 피고 회사의 홈페이지에서 보수·유지 서비스가 필요하다. 업그레이드 서비스가 대표적이다. 호주 Kazaa 사건의 심리에서는 재판부가 기술전문가의 증언을 통하여, '홈페이지를 방문한 기존 이용자에게 쉴 새 없이 팝업창을 띄워 견딜 수 없게 하는 방법'으로 반강제적인 필터링의 채택이 가능한지 진지하게 조사하고 있다.

508) 피고 진술의 진정한 취지는 불리한 자인이 아니라 기술적 통제 가능성, 나아가 책임 없다고 오히려 다투는 것으로 볼 것임은 후술하는 바와 같다.

509) 자세히는 제7장 제2절 Ⅴ. 2. 3. (4) (라) '필터링의 장착 등 구별조치가 용이하게 가능함이 명백한 예외적 경우의 판단' 참조.

510) 가령, 인터넷서비스제공자의 책임이 어떤 법조문을 근거로 추궁되는 것인지, P2P 이용자들의 행위가 왜 공정이용이 될 수 없는지 등에 관한 쟁점이 점차로 잘 정리되고 있다.

기도 하였다.[511] 소리바다3 가처분 결정은 이러한 토대 위에서, 일정 부분 한 발 더 나서려 노력하고 있다.[512]

그러나 다시 처음의 비판으로 굳이 돌아가자면, 소리바다3 가처분 결정을 비롯하여 우리 법원의 판단들은 技術的 측면에 대한 분석이 상당히 부족하다. 물론 법관이 이런 기술적 분석을 직접 행하는 것은 불가능하므로 관련 기술전문가의 도움을 받는 것은 필요하겠다. 하지만, 다른 유형의 사건과 달리 P2P 분쟁에서는 미국, 한국 등 국가를 막론하고 피고들이 책임을 다투는 근거로 가장 유력하게 제출하는 주장이 '이용자들의 침해행위를 피고로서는 제어 내지 통제할 수 없다'는 것이어서,[513] 위와 같은 분석이 필수적이다. 그럼에도 그 분석을 제대로 하지 않은 결과 우리 법원은 정작 중요한 부분을 모호하게 넘어가고 있다.[514]

다른 외국의 판결들[515]을 볼 것 같으면 P2P 관련 재판의 상당부분이 관련 기술전문가의 증언 청취 등을 통해 대상 P2P 네트워크의 작동구조, 나아가 피고 운영자가 채택할 수 있는 침해방지나 억제조치의 가능성(가령, 필터링 조치의 효과 등) 분석에 할애되고 있다. 그러한 분석의 결과, 피고가 합리적인 노력을 기울일 경우 기술적 통제가 가능하다는 사실이 밝혀지면, 그 법적 근거 혹은 법률적 표현은 국가나 시대에 따라 여러 가지로 표현될지라도, 거의 대부분 피

511) 그 해석의 타당성을 논외로 한다면, 가령 소리바다 가처분이의 사건의 1심이 전송권이 인정되지 않던 시절에 배포권의 개념을 확장하여 이를 포섭하고자 했던 시도, 소리바다3 법원이 민법상 방해배제청구권의 해석론을 가지고 저작권법 조문의 문제점에 불구하고 방조자에게도 침해정지를 인정하는 근거로 삼고자 한 시도 등이 그것이다.

512) 가령 Pure P2P까지 포섭하여 P2P 전체에 대한 개념정의를 최초로 내리고, 그 판결시점에서 불과 2달 전에 있었던 미국 연방대법원의 Grokster 판결도 일부나마 참고하려 애쓰고 있고, 나아가 기술적 통제 가능성과 관련해서는 고전적인 키워드 필터링 조치 이외에 'DRM(Digital Rights Management)'까지 고려할 필터링 조치로 명시적으로 언급하고 있다.

513) 오히려 우리 법원은 앞서 소리바다 가처분이의 1심이나 이 사건 소리바다3 가처분 결정에서처럼, 이러한 피고의 주장을, '불법파일을 선별하여 정지시킬 수 없다'는 自認(민사소송에서 본인에게 불리한 사실을 스스로 인정하고 다투지 않는 것)으로 보아 피고 서비스 전체의 중지를 명하는 근거로 활용함으로써 피고의 기대와는 전혀 다르게 원용하고 있는 듯하다.

514) 아예 피고의 책임 성립을 긍정하는 부분에서는 거의 언급하지 않다가, 저작권법 상 온라인서비스제공자의 책임제한 규정에 따른 피고의 항변을 배척하면서 피고에게 기술적 통제 가능성이 '없다고는 할 수 없다'고 간단히 설시하여 배척하는 수준이다. 비록 미국의 대위책임의 요건과 달리 한국의 방조행위 성립요건으로 반드시 통제 가능성이 요구된다고 볼 수 없고 후술하듯이 이 책도 Sony 기준을 중시하여 같은 입장을 취하고 있다. 하지만, 통제 가능성 유무의 검토 자체를 제대로 하지 않는 것은 의문이다.

515) 미국의 Grokster 판결이나, 호주의 Kazaa 판결 등.

고에게 책임을 지우게 된다.

가령 미국의 고전적인 판례법 상 표현으로는 이것이 대위책임에서의 통제 가능성이 있는 것으로, 최근 연방대법원의 Grokster 판결의 논리인 誘發理論에서는 (필터링을 통한 기술적 통제 가능성 있음에도 채택하지 않은 것이) 誘發의 불법 목적이 있다는 3가지 징표의 하나로, 한국이라면 (역시 기술적 통제 가능성 있음에도 채택하지 않은 것이) 방조행위 성립의 중요한 요소로 인정되는 것이다.

제 6 장

Pure P2P 기술로 우회한 P2P 기술의 새로운 도전

제 1 절 Pure P2P 기술의 등장배경

제 2 절 Pure P2P 등 이른바 Post P2P 기술의 현황

제 3 절 Pure P2P 기술에 관련된 인터넷 서비스제공자에 대한 책임부과의 곤란성

제 1 절 Pure P2P 기술의 등장배경

앞서 살핀 대로, Napster나 소리바다와 같은 하이브리드 P2P 서비스 형태를 취한 인터넷서비스제공자는 법원의 금지처분에 의하여 서비스가 사실상 폐지되는 타격을 입었다. 한국의 경우 소리바다1 등이 법적 쟁송 끝에 침몰하자 적어도 인터넷서비스제공자의 공개적이고 합법적인 인터넷상 음악서비스는 일시적으로나마 많이 위축된 상황이 오게 되었다. 이는 바꾸어 말하자면, 기술의 진보로 온라인 음악시장이라는 새로운 기회가 주어졌는데, 저작권자의 권리가 적절한 수준에서 보호되지 못한 부작용으로 인터넷서비스제공자는 사업폐지의 타격을, 저작권자는 잠재가능성이 컸던 시장의 상실을, 일반이용자들에게는 새 기술이 가져다준 편리함을 상실하는 불이익이 초래된 상황이라고 할 수 있다.[1]

어쨌든, Napster의 침몰을 목도한 P2P 개발자들은 이후에는 법원의 규제로부터 더 자유로울 수 있는 네트워크 구조를 의도적으로 모색하게 되었다.[2] 미국의 Napster 판결에서는 법원이 인터넷서비스제공자에게까지 책임을 추궁하는 주된 근거가 지속적으로 이용자들에게 서비스를 제공하는, 인터넷서비스제공자 운영의 중앙서버(central server)의 존재였다. 그러므로 이후 P2P 네트워크는 의도적으로 중앙서버의 역할을 완전히 없애거나 대폭 축소한 P2P 소프트웨어로 변화를 모색하였다.[3]

---

1) 따라서 향후 등장하는 디지털 복제기술과 저작권의 충돌에 있어서는 저작권자 · 기술공급자 · 소비자 등 3자가 보다 개방적인 자세에서 합리적인 타협점을 찾아야 할 것임은 물론이다.

2) 후반기 Napster의 개발자였던 Gene Kan의 말을 빌리자면 다음과 같다. "음반업계....는 소프트웨어 개발자 및 기술자들에게 자신들의 발명의 법적 영향까지도 민감하게 생각하게 만들었다. Napster는 1년 전에는 참신한 아이디어였을지 몰라도, 지금은 그누텔라와 프리넷(freenet)이 더 좋은 아이디어가 되었다" Gene Kan, "Gnutella, in Peer-to-Peer," 『Harnessing the Benefits of a Disruptive Technology』, Andy Oram edition, 2001, p. 94, 117(Tim Wu, op. cit., p. 730에서 재인용). 뿐만 아니라, EFF 고문변호사인 Fred von Lohmann이 쓴 "What Peer-to-Peer Developers Need to Know about Copyright Law," December 2003. 〈www.eff.org/IP/P2P/p2p_copyright_wp.php〉 [2004. 4. 26.]에서는 첫째, 완벽히 통제하던지 아니면 완전히 방임할 것, 둘째 지속적 서비스를 결합시키기보다 소프트웨어공급만 할 것, 셋째 여러 가지 기능을 복합적으로 제공하기보다 가급적 적법한 기능만을 분리할 것, 넷째 자동적으로 업데이트시키거나 소비자서비스를 제공하지 말 것 등을 아예 P2P개발자들에 대한 법률지침으로 제시하고 있는 형편이다.

3) 이러한 지적으로는 Ronald S. Katz, Robert D. Becker, Steven M. Hayes, & Shawn G. Hansen, "A NEW STRATEGY TO DEAL WITH GROKSTER," Andrews Intellectual Property Litigation Reporter, March 15, 2005. 및 Ian C. Ballon & Robert R. Begland, "Ninth Circuit Grokster Case Challenges The

당초 Pure P2P 소프트웨어의 대명사격인 그누텔라가 개발된 것은 하이브리드 P2P의 대명사가 된 Napster와 같은 해인 1999년으로서, 기술의 등장순서만을 기준으로 따져볼 때는 결코 늦은 것이 아니었다. 그럼에도 사업자들이 하이브리드 P2P 서비스를 고집하다가 저작권자의 공격을 받게 되고서야 뒤늦게 Pure P2P 혹은 그 방식을 일부 접목한 슈퍼노드 방식으로 부득이 전환하게 된 것은 중요한 이유가 있다. 그것은 다름 아니라 중앙서버를 통한 서비스 방식이 사업자로 하여금 이용자들을 보다 용이하게 관리할 수 있게 해 주어 수익창출 모델에 더 근접하기 때문이다.[4]

가령 한국의 소리바다 분쟁의 전개양상이 좋은 예이다. 당초 하이브리드 형태를 취한 소리바다1이 저작권자와의 법적 분쟁에서 지게 되자 부득이 운영자 측은 슈퍼노드 방식을 일부 접목한 듯한 소리바다3 서비스를 새로 제공하였다. 그러다가 소리바다 3 서비스마저 저작권자의 공격에서 자유롭지 못하자 이에 운영자 측은 최후의 방법으로 서비스를 완전히 배제한 Pure P2P 소프트웨어를 개발, 배포하겠다고 일시적으로나마 밝혀 저작권자들이 크게 반발한 적이 있었던 것이다.

Napster나 소리바다1의 경우는 운영자가 P2P 소프트웨어 공급에 그치지 않고 이후 중앙서버를 통하여 이용자들의 로그인 정보나 파일에 관한 정보를 지속적으로 제공하는 서비스를 하므로 'P2P 서비스제공자' 라고 말할 수 있었다. 하지만, 새롭게 등장한 Kazaa, Grokster, 모피어스나 한국에서 특히 인기를 끌고 있는 오버넷(Overnet)[5] 같은 경우는 중앙서버에 의한 지속적인 서비스가 존재하지 않고 이용자들은 단순히 해당사업자의 홈페이지에서 P2P 소프트웨어를 다운로드받을 뿐이므로 언듯 'P2P 소프트웨어제공자' 에 불과할 뿐이고 나아가 'P2P 서비스제공자' 라고 쉽게 말하기는 곤란하다.[6]

Applicability of Traditional Copyright Principles To Digital Media and The Internet," 780 PLI/Pat 87, March 2004, p. 93 각 참조.

4) 가령 일본 파일로그 사건의 피고 운영자는 '일본 경제 비지니스' (日經ビジネス, 2002. 1. 21.)와의 인터뷰에서 "일본에 서비스를 도입할 때, 그누텔라형이 아니라 Napster형의 서비스를 선택했던 것도, 중앙 서버가 있어 고객을 관리할 수 있기 때문이다"라고 밝히고 있다(파일로그 판결에서 재인용).

5) 이는 중앙서버가 있는 이-동키를 Pure P2P로 업그레이한 것이며, 현재 이-동키와 하나로 결합된 형태로 제공되고 있다. 이-동키의 경우 역시 비록 형식상 중앙서버가 있더라도 소프트웨어를 공급한 영업자가 서버를 유지하는 것이 아니라 심지어 개인 컴퓨터도 원하면 중앙서버의 역할을 할 수 있다는 점에서 새로운 변종이다.

6) Grokster 1심과 항소심 모두 'Online Service Provider' 는 물론 'Internet Service Provider' , 심지어

제 2 절 Pure P2P 등 이른바 Post P2P 기술의 현황

I. 미국 등 외국의 개황

2004년 상반기까지 미국 등 해외에서 파일공유 소프트웨어의 대명사라면 카자(Kazaa)[7]를 들 수 있었다. 이는 패스트-트랙(FastTrack) 플랫포옴의 P2P 소프트웨어로 Napster가 저작권자와의 소송에서 패하여 물러난 후 그 뒤를 잇는 대표적인 공유 소프트웨어였다. 그 특징은 중앙서버를 없앤 대신 이용자들의 컴퓨터 중 대역폭이 큰, 슈퍼피어(super-peer) 내지 슈퍼노드(super-node) 컴퓨터가 일반이용자들의 접속과 정보검색을 돕는 형태임은 앞서 P2P 기술의 특징을 설명하는 부분에서 이미 보았다. Napster를 하이브리드 P2P형, 그누텔라를 Pure P2P형이라고 양분할 때, Kazaa의 경우는 그 어느 쪽에도 완전히 속하지 아니하는 변종이지만 널리 Pure P2P형이라고 할 수 있다.

그렇지만 가장 큰 P2P 네트워크를 형성한 덕택에 저작권자의 집중적인 공격을 받게 되었고, 그 여파인지 2004년 하반기에 들어서부터 비트 토런트(BitTorrent)나 이-동키 등 다른 P2P 업체에 1위 자리를 내어주고 있는 양상을 보이고 있다.[8] 그러자 이번에는, 저작권자의 공격이 다시 비트 토런트나 이-동키를 향하고 있는 형국이다.[9] 그 이외에도 미국에서 인기 있는 P2P 소프트

'Service Provider' 란 용어도 사용하고 있지 않은데, 이는 법원이 피고 Grokster나 모피어스를 종전 피고들인 Napster나 Aimster와 같은 인터넷서비스제공자로 파악하지 않고 단순히 소프트웨어 공급자로 판단하고 있음이 묵시적으로 반영된 결과로 짐작된다.

7) 〈www.kazaa.com〉[2006. 3. 1.] 2004년 상반기경 Kazaa의 발표에 따르면 전 세계에서 약 3억명 이상이 Kazaa 소프트웨어를 다운로드받았다고 하고, 전 세계 P2P 네트워크의 79%를 점유하였다고 한다(이 부분은 아래 호주의 Kazaa 판결문 참조).

8) 영국에서의 분석에 따르면 비트 토런트를 이용한 파일교환이 인터넷망 대역폭(bandwidth)의 무려 35%를 소비하여 다른 P2P 소프트웨어를 모두 합친 것보다 많았다고 한다(Reuters, "File-Sharing Thrives Under Radar," Wired News, 2004. 11. 6. 〈www.wired.com/news/digiwood/0,1412,65625,00.html〉 [2005. 4. 4.].
비트 토런트 회사의 주장이기는 하나, 자사의 파일교환서비스가 인터넷 트래픽의 53%를 소비하였다는 2004. 7.의 발표가 있기도 하였고, 이-동키는 법적 분쟁의 늪에 빠진 Kazaa를 제치고 2004. 10.경 파일교환 1위에 등극하였다는 보고도 있다. 이상은 CNet News, 2004. 7. 13.자 〈news.com.com/Survey+Movie-swapping+up+Kazaa+down/2100-1025_3-5267992.html?tag=nl〉 및 2004. 10. 11.자 〈news.com.com/Kazaa+loses+P2P+crown/2100-1038_3-5406278.html?tag=nl〉 각 참조.

9) CNete News, 'MPAA targets core BitTorrent, eDonkey users', 2004. 12. 14.자 참조.

웨어로는 Grokster, 그누텔라, 라임와이어(LimeWire), 아이메시(iMesh) 등을 꼽을 수 있다.

결국 최초로 등장한 Napster가 선풍적 인기를 누리다가 법원의 가처분으로 침몰하였고, 그 뒤를 이은 Kazaa도 잠시 인기를 얻는 듯하다가 역시 저작권자 측의 법적 공격으로 주춤하자 비트토런트(BitTorrent)[10]나 이-동키(eDonkey)가 세력을 다투고 있는 것이다. 시간이 갈수록 점점 더 분산화된 P2P 네트워크 쪽으로 기술이 이동하고 있다고 요약할 수 있다.

이렇듯 가장 선호되는 P2P 네트워크의 변경주기가 1~2년 남짓에 불과하므로 앞으로 몇 년이 지나면 다시 새로운 P2P 네트워크가 등장하여 인기를 끌 것임은 충분히 예상할 수 있다.

Ⅱ. 한국의 특수한 상황

한국의 이 부분 기술이나 분쟁은 미국을 따라가는 측면도 전혀 없지는 아니하나, 많은 부분 그 진행양상이 독특할 뿐 아니라 기술의 수준뿐 이니라 이용의 면에서도 미국에 버금가는 중요한 위치를 점하고 있다.

1. eDonkey의 특별한 인기

P2P로 가장 먼저 사회적인 주목을 받았던 '소리바다'가 법원의 금지처분에 의하여 폐쇄된 이후 인터넷이용자들은 즉시 이를 대체할 소프트웨어를 찾아 나서게 된다. 국내의 방대한 인터넷이용자들의 수는 바꾸어 말하면 방대한 市場에 다름 아니었으므로, '구루구루'[11] 등 각종 P2P 프로그램이 잠깐 동안 각축하였다. 그러다가 2003년을 전후하여 이-동키(eDonkey),[12] 일명 '당나

10) ⟨bitconjurer.org/BitTorrent⟩[2004. 10. 8.].

11) ⟨www.guruguru.co.kr⟩[2004. 5. 5.], 이는 국내업체 그래텍이 개발해 2001. 10.부터 제공한 유료서비스였는데, 2002. 2.경 음란물 및 불법복제물 유통이 문제되어 검색기능을 삭제하게 됨으로써 회원 수가 크게 줄었다. 그 외 2001년경 인터넷상의 모든 그림과 사진을 슬라이드로 볼 수 있는 하이슬라이드용 urh 파일을 공유지원받을 수 있는 장점을 가진 훈넷(www.hoonnet.co.kr)의 애니쉐어(AniShare) P2P 서비스 프로그램이 잠시 주목을 받았던 적도 있었다. 그러나 위와 같은 특징 때문에 음란물유통을 조장한다는 이유로 정보통신윤리위원회가 강력한 행정제재를 가하고, 위 훈넷의 대표가 특정이용자가 위 프로그램을 이용하여 음란물을 전시, 배포하는 데 방조하였다는 이유로 정보통신망이용촉진및정보보호등에관한법률위반(음란물유포 등) 방조죄로 2004. 1. 15. 형사처벌(서울지방법원 2004. 1. 15. 선고 2003고단9596)까지 된 결과 널리 퍼지지는 못하였다.

귀'[13]가 폭발적인 인기를 얻게 되었다.[14] 현재는 외국에서도 다소 늦게 이-동키가 P2P 네트워크의 주력으로 떠오르고 있지만 당시에는 유독 한국에서 주목을 받았던 것으로 가령 2004. 1.경을 기준으로 전 세계 약 400여만 명의 이용자들 중 무려 150여만 명이 한국의 이용자들일 정도였다.[15] 이에 따라 이-동키와 같은 특정 P2P 트래픽이 한국 인터넷 해외망 연결 회선 송출 대역폭(Outbound bandwidth)의 40% 이상을 차지하는 기현상마저 발생하였다.[16] 아울러 전반적으로 빠르게 확산된 초고속 인터넷망 덕택에 이-동키 네트워크에서 한국의 Peer(개별이용자)들이 외국 이용자들을 위한 정보 제공자로서의 역할을 수행하는 수준에 이르렀었다.

이처럼 당나귀가 인기를 끌게 된 이유, 바꾸어 말하면 기존의 다른 P2P 소프트웨어에 비하여 가지는 장점을 요약하면 아래와 같다.

첫째, 이-동키는 중앙서버가 존재하나 개인의 컴퓨터일지라도 일정한 서버용 소프트웨어만 따로 다운받아 설치하면 위와 같이 서버로 기능할 수 있었다. 그 때문에 실제로는 저작권자가 각 개인서버의 실체를 일일이 추적하기가 불가능하다.[17]

---

12) 이는 2000년 미국 뉴욕에 있는 Metamachine이라는 영세업체가 개발한 P2P 소프트웨어(www.eDonkey2000.com)로, 유료구입도 가능하지만 소프트웨어 실행시 화면상당의 광고를 보는 조건으로 무료로 제공된다.

13) '당나귀'라는 단어는 검색 포털 엠파스(www.empas.com)에서 '로또'에 이어 2003년 상반기 네티즌들이 가장 많이 이용한 인기 검색어 2위를 차지했으며 다음(www.daum.net) 등 인터넷 카페에는 당나귀 프로그램을 내려받아 사용할 수 있는 방법이 매우 상세히 설명돼 있는 게시판이 수백~수천 개에 이를 정도로 인기를 끌었다. 그러나 이러한 당나귀의 등장에 대한 수사기관의 대응 방식(음란물 단속)은 인터넷 카페의 자료실과 게시판이나 월드와이드웹(www) 기반의 와레즈 사이트 등을 뒤지는 데 그쳐 PC 통신 시대 수준을 벗어나지 못하고 있었다. 경찰이나 검찰은 주로 음란물이 담긴 CD를 복제해 택배 등으로 배달하는 통신판매나, 불법 콘텐츠를 올려 놓는 와레즈 사이트 등을 대상으로 한 구식 수법 위주로 적발건수를 올리는 데 급급해 개인과 개인 사이의 파일공유를 통한 음란물 확산과 이로 인한 사회문제에는 거의 손을 쓰지 못하였다(이상은 연합뉴스 2003. 8. 1.자).

14) 이 무렵에 한국의 법원이 이-동키 관련 형사사건을 다룬 희귀한 사례는 제3장 제4절 Ⅲ. 9. (1) 1) 부분 각주 참조.

15) 주간동아 2004. 1. 13.자 '무적의 당나귀, 모르면 간첩' 기사 〈www.donga.com/docs/magazine/viewer. php?mgz_part=weekly&n=200401080500011〉[2005. 3. 30.].

16) 위 〈www.aratech.co.kr/products/pptm_01.html〉[2004. 5. 3.]에서 인용.

17) 따라서 저작권자가 취할 수 있는 조치는 고작 이들 수많은 서버 중 이용자들이 집중된 유력한 특정 서버의 위치를 파악하여 그 서버만이라도 정지시키는 것이다. 이러한 것조차 용이하지 않음은 물론이려니와 가령 2006. 2.경 스위스 및 벨기에 영화산업협회가 세계적으로 이용자가 가장 많았던 'Razorback' 서버를 경찰과 함께 급습한 사건이 이러한 예이다. 이 서버의 주인은 스위스, 서버의 소재는 벨기에에 있었다. 자세한 사실은 〈http://www.p2pcore.com/stories/321.php〉[2006. 3. 18.].

둘째, 전송받고자 하는 특정파일 전체를 각 부분으로 나누어 병행적으로[18] 그 파일의 완전체를 가진 다른 이용자뿐만 아니라 그 파일의 불완전한 일부만 가지고 있는 이용자들로부터도 동시에 함께 다운로드 받을 수 있다. 이-동키에서는 MP3 파일뿐 아니라 영상물 · 소프트웨어까지 공유가능한데, 위와 같은 특징 때문에 동영상파일 등 대용량파일의 전송에 유리하다.

셋째, 다른 P2P 서비스에서는 타인으로부터 유용한 파일만을 전부 전송받는 즉시 P2P 네트워크 접속을 종료해버려 자신의 파일은 타인에게 공유시키지 않는 이기적 행위[19]가 만연하지만, 이-동키 네트워크에서는 특정파일을 전송받는 이용자 A가 다운로드 받는 도중임에도 그 이용자가 이미 전송받은 파일의 일부 조각들을 같은 파일을 원하는 다른 이용자 B, C에게 동시에 전송시키도록 강제[20]하고 있다. 결과적으로 이-동키에서 실시간으로 구할 수 있는 파일들의 질과 양을 크게 증가시켰다.

더 나아가 2002년경 오버넷(Overnet)은 이-동키의 업그레이드버전이라 할 소프트웨어로 이-동키와 달리 서버가 필요 없는 Pure P2P 이며,[21] 직후 오버

18) 이러한 방식을 MFTP, 즉 Multisource File Transmission Protocol이라고 한다[자세한 내용은 eDonkey 홈페이지 중 해당부분(www.edonkey2000.com/documentation/mftp.html) 참조할 것].

19) 이런 행위를 소위 리칭(leeching)이라고 한다〈www.wordiq.com/definition/Leeching〉[2004. 10. 8.]. P2P 파일교환 네트워크에서의 파일교환은 그 위법성을 논외로 하자면 대부분 반대급부 없이 정보공유에 대한 이용자들의 자발적인 참여 내지 이타적인 파일기부로 이루어지고 있다. 가령 한 조사에 의하면 그누텔라 이용자의 70% 이상이 단지 파일을 전송받을 뿐 결코 제공한 적이 없으며, 상위 1%의 이용자들이 검색결과된 파일의 50% 이상을 제공하고 있다고 한다[Eytan Adar & Bernardo A. Huberman, "Free Riding on Gnutella," 5 First Monday 10 (Oct. 2000), 이는 Tim Wu, op. cit., p. 733에서 재인용]. 그런데 이런 상황 하에서 리칭 행위는 결국에는 P2P 파일교환의 전제 자체를 파괴하는 것이어서, 인터넷서비스제공자들로서는 이를 규제할 필요가 있게 된다. 실제로 P2P 소프트웨어 중 비트 토런트와 같은 것은 이용자가 파일을 제공할 경우 특정 추적자를 부여하여 그러한 추적자가 나중에 그 이용자가 다른 파일을 다운로드받고자 할 때 다운로드를 허용받을 수 있다는 인식표로 작용하는 시스템을 구축하고 있다〈userpages.umbc.edu/~hamilton/btclientconfig.html〉[2004. 8. 13.]. 이와 유사하게, 라임와이어(Limewire) 등은 그누텔라 계열에 속하면서도 네트워크에 파일을 전혀 제공하지 않는 이용자는 파일요구를 하지 못하도록 차단할 수 있다고 한다(Tim Wu, op. cit., pp. 736-37). 이와 관련된 자세한 한국의 상황은 아래 2. '파일공유의 동기를 강하게 부여하는 변종 P2P 네트워크의 활성화' 부분 참조.

20) 아울러 트래픽을 줄이기 위하여 자신이 전송하는 업로드 속도를 일부러 낮추는 이기적 행위를 하는 경우 그에 따라 타인으로부터 수신받는 다운로드 속도도 함께 낮추어지도록 설계되어 있다.

21) 오버넷은 그누텔라와 마찬가지로 분산형 네트워크라는 점에서는 동일하지만 오버넷은 찾는 데이터를 조합하기 위해 분산 해싱 기술을 사용하여 각 노드(nod, 혹은 peer)들이 다른 노드가 어떤 것을 찾고 있는가를 서로 알고 있으므로, 검색과 공유 과정이 오버넷에 비해 훨씬 더 무작위로 이루어지기 때문에 네트워크 효율이 떨어지는 그누텔라보다 우월하다.

넷은 종전의 이-동키와 통합된 버전으로 이용되고 있다.[22] 이러한 이-동키나 그 업그레이드 버전인 오버넷은 비슷한 파일을 원하는 접속자가 많을수록 이론상 속도가 오히려 빨라진다는 특징으로 수백 MB에 달하는 대용량파일의 전송에 유리하다는 특징을 가지기 때문에, 한국에서는 소리바다나 벅스뮤직이 왕성한 활동을 할 때조차도 음반업계가 아닌 영화업계에 대하여 상당한 위협을 주고 있었다. 다만, 이-동키 등이 한국에서 끌고 있는 인기에 비하여 앞서 본 특징 때문에 저작권자의 제소가 쉽지 않아 법원에서 실제 다룬 사례는 극히 희소한 편이다.[23] 이-동키 소프트웨어를 개발, 제공한 자는 외국인이므로 논외로 하더라도, 접속서비스를 제공하는 인터넷서비스제공자가 만약 이용자들이 그 서비스를 이용하여 이-동키의 특정 서버에 접속하는 것을 막지 않은 책임을 부담하여야 할지, 특히 침해의 통지를 받고도 아무런 조치를 취하지 않은 경우는 책임을 부담하여야 하는 것인지 등은 향후 문제가 될 만한 사안인데, 이러한 검토는 미리 해 볼 필요가 있을 것이다.[24]

22) 2004. 8. 현재 eDonkey2000과 통합되어 새로운 버전(eDonkey 1.0)으로 등장하였다.

23) P2P를 이용한 명예훼손행위와 관련하여 앞서 각주에서 다룬 서울지방법원 2003. 7. 2. 선고 2003노1598 사건(확정) 및 그 원심인 서울지방법원 2003. 1. 29. 선고 2002고단8756 사건 이외에는 피고인이 이-동키를 이용하여 게임물을 복제한 CD를 판매한 행위를 음반 · 비디오물및게임물에관한법률위반으로 처벌한 사례가 있는 정도이다.

24) 가령, 2004년까지 한국의 이용자가 가장 자주 찾았던 서버로 'Korea Only(IP 주소 211.233.41.235)'가 있었다(다만, 2005. 3. 현재 접속불능). 기업 내의 네트워크인 경우 직원들이 위 프로그램으로 파일을 전송할 경우 발생하는 네트워크 상의 트래픽을 줄이기 위하여 위와 같은 몇몇 유명한 이-동키 서버로의 접속을 아예 차단하고 있지만(다만 외국서버 등 서버가 다양하므로 모든 서버의 차단은 당연히 불가능하다), 가령 하나로 통신이나 서울의 지역케이블방송이 자신들의 케이블방송과 함께 제공하는 인터넷접속서비스의 경우는 위 서버로의 접속이 현재 자유로운 상태이다. 여기서 문제는 같은 파일을 찾는 이용자들이 많이 만날수록 다운로드 속도가 오히려 증가하는 이-동키 프로그램의 특성상 한국인들이 자주 찾아 많이 모이는 몇몇 중요한 서버의 IP 주소로의 접근을 차단하는 인터넷서비스제공자의 쉬운 노력으로도, 실제로는 이용자들에게 다른 서버에서의 저속 다운로드를 우회적으로 강요함으로써 궁극적으로 아예 저작권침해행위를 포기하도록 유도할 수 있어 결국 상당수의 저작권침해를 줄일 수 있을 것이라는 점이다. 단순히 접속만을 제공하는 인터넷서비스제공자에 대한 면책을 정하고 있는 미국 DMCA(즉, Verizon 사건의 항소심 입장에 따르면 미국 DMCA 상으로는 이런 유형의 인터넷서비스제공자는 정보제출명령과 같은 최소한의 협력의무로부터도 면제된다)와 달리 우리의 2003년 개정 저작권법 상 인터넷서비스제공자의 면책요건은 아직 해석의 여지가 분분하다. 만일 저작권신탁관리업체들인 한국영상협회나 한국음원제작자협회가 이-동키 서버 중 침해가 가장 활발히 일어나는 구체적인 IP 주소(물론 합법적 파일교환이 상당비율 이루어지는 서버주소까지 일부 침해가 있음을 이유로 포함시킨 방대한 리스트라면 인터넷서비스제공자 등에게 지나친 제약이 될 것이다)를 몇 개만 특정하여 인터넷접속서비스업체에게 조치를 요구하였음에도 인터넷서비스제공자가 앞서 본 바와 같은 비교적 수월한 노력조차 기울이지 않았을 경우 책임을 감경, 면제받는다고는 반드시 단정할 수 없을 것으로 보인다.

2. 파일공유의 동기를 강하게 부여하는 변종 P2P 네트워크의 활성화

일반적으로는, P2P망에서 교환되는 파일의 원본을 최초로 제공하는 자는 자신의 원본파일제공이라는 희생에 대하여 특별한 대가를 얻을 수 없다.[25] 가상공간인 이-동키를 통하여 이러한 파일을 처음 유포하는 자들은 대개 저작권법 같은 현실공간에서의 규칙에는 무관심한 어린 청소년들로서, 단지 '정보공유'라는 가상공간에서의 그들 나름대로의 규칙에 자발적으로 순응하는 것일 뿐이다.[26] P2P 네트워크에서 교환되는 파일들의 풍족한 정도는 전적으로 이들의 비영리적 · 자발적 노력의 정도에 의지하게 되는 한계가 있다.[27]

그런데, 최근 한국에서 등장한 P2P 공유 프로그램들은[28] 이용자들이 자신들의 P2P 네트워크에 접속하려면 앞서 이-동키 등에서와 달리 반드시 실명의 '로그인(log-in)' 방식을 취하도록 하여 파일을 제공하는 자와 파일을 다운로드받는 자의 인적 사항을 인터넷서비스제공자가 장악할 수 있도록 하는 한편, 파일을 다운로드받는 자로부터 개개파일의 다운로드마다 일정한 금전을 징수하여 그 징수금액 중 일정액은 해당 파일을 제공한 자에게 인센티브로 제공하는 방식을 취하고 있다. 이러한 방식은 물론 P2P 네트워크에 최초로 파일을 제공하는 자들에게 일정한 경제적 동기부여를 할 경우 파일제공을 크게 촉진할 수 있다는 것에 착안한 것이다. 한국에서는 이러한 형태의 영업형태가 인터넷 스토리지 서비스업체들은 물론 P2P 서비스업체에까지 경쟁적으로 퍼져나가 크게 활성화되어 있다.[29]

---

25) 가령 '한글2004.iso' 같은 파일이 유포되려면 반드시 최초에 한글2004 정품CD를 구입하거나 적어도 정품CD로부터 CD 이미지파일을 구워내는(cd-burning) 시간과 노력을 투입한 자가 존재하여야 하는데, 이런 시간과 노력에 대한 직접적인 대가를 이-동키와 같은 일반적인 P2P망에서 얻을 길은 없는 것이다.

26) 가령 이런 단면에 관한 기사로 한겨레21 제582호 "그 자막은 누가 만들었을까?," 2005. 10. 26.자 기사 참조. 〈www.hani.co.kr/section-021014000/2005/10/021014000200510260582073.html〉[2005. 11. 2.]

27) 앞서 이-동키의 장점 세 번째 내용 중 각주의 'leeching' 부분 참조.

28) 가령 엔유(www.enyou.com), 온파일(www.onfile.co.kr), 팡파일(www.panfile.com) 등.

29) 소리바다3의 경우 이용자들이 타인으로부터 파일공유를 통하여 특정음악파일 1개를 전송받으려면 먼저 자신이 타인의 공유를 위하여 파일 2개를 제공하여야 그로부터 누적된 이른바 '뮤직 포인트'로 원하는 파일을 전송받을 수 있도록 동기부여를 하였었다.

3. 인터넷 스토리지 서비스의 활성화

한국에서는 P2P 네트워크를 통하여서뿐만 아니라 비교적 활성화된 인터넷 스토리지 서비스(Internet Storage Service)[30]를 통하여도 다량의 저작권침해가 이루어지고 있다.

인터넷 스토리지 서비스란 대개 일정한 이용료를 가입자에게서 징수하고 인터넷 가상공간에 서비스제공자가 확보한 저장공간을 임대하여 주는 서비스를 가리킨다. 이러한 서비스를 통하여 이용자는 개인 컴퓨터의 하드드라이브를 소지하고 다닐 필요 없이 인터넷접속이 가능한 어디에서나 위 하드드라이브의 내용을 백업해 놓은 사업자의 저장공간을 편리하게 이용할 수 있다는 장점이 있다.

인터넷 스토리지 서비스를 이용하는 침해는, 일단 불법복제물은 자신이 임차한 인터넷상 가상공간에 저장하여 두고, 그에 접근할 수 있는 자신의 암호를 BBS에 다른 이용자들이 볼 수 있게 게시하는 방법으로 행하여지고 있다. 여기에 그치지 않고 이러한 인터넷 스토리지 서비스에 가입한 이용자들 간에 내부의 커뮤니티를 결성하여 위 저장공간 중 일정부분을 서로 공유하는 방법으로 행하여지기도 한다. 이는 점차 저작권자에게 P2P 소프트웨어의 해악에 맞먹는[31] 위협이 되고 있다.

따라서 이러한 유형의 서비스제공자의 책임 문제에 대하여도 한국에서는 법적 규율을 고민하여야 한다. 아직 우리 판례상으로는 이러한 유형의 서비스 이용자들의 직접적 침해책임을 민사적으로 추궁한 판례는 존재하지 않고 다만

30) 웹 스토리지 서비스(Web Storage Service) 혹은 웹하드(Web Hard), 웹디스크서비스(Web-Disk Service)라고도 불린다. 현재 팝폴더(www.popdesk.co.kr), 피디박스(www.pdbox.co.kr), 폴더플러스(www.folderplus.com), 네오폴더(www.filehunt.com), 구루구루, 하드모아, 엔티카, 아이디스크, 웹클럽, 파일구리 등이 존재한다. 아울러 인터넷서비스를 이용하는 자들 사이를 중개해 주는 형태의 업체까지도 짱공유(jjang0u.com)와 같이 존재한다. 한편 포털사이트 역시 가령 한국통신이 운영하는 포털사이트 '파란'의 '아이디스크' 서비스(idisk.paran.com, 2004. 8. 11. 방문)에서 보듯이 사업영역의 확장과정에서 이러한 인터넷 스토리지서비스를 포털서비스의 한 부분으로 제공하는 경우가 많다. 구체적인 가상공간 임대의 실례로 피디박스는 2004. 5. 2. 현재 개인별로 10GB의 비교적 방대한 저장공간을 임대하고 있다.

31) 가령, 2003년 한국 영상저작물 시장을 기준으로 한국영상협회가 조사한 바에 의하면, P2P에 의한 침해는 총 예상 다운로드 수 3,976,100건에 총 손해액 168억원이었고, 인터넷 스토리지에 의한 침해는 총 예상 다운로드 수 2,724,600건에 총 손해액 115억원이었다. 이는 국회 문화관광위원회, "저작권법 중 개정법률안 검토보고," 2005. 2, p. 6 참조.

형사적으로 저작권침해와 관련 없는 사례[32]가 존재하는 수준에 불과하다. 따라서 더 나아가 인터넷서비스제공자의 책임까지 다룬 사례는 아직 없는 것으로 보인다. 일단 이러한 인터넷 스토리지 서비스는 종전의 BBS와 달리 외부에 공표되는 내용이 아니고 개인의 금고와 같이 프라이버시 보호가 중요한 공간이므로 그 규제는 더욱 신중하여야 할 것이다. 하지만, P2P 서비스제공자나 P2P 소프트웨어제공자와 달리 인터넷 스토리지 서비스의 경우 인터넷서비스제공자가 관리 가능한 서버에 각 개인이 임차한 저장공간이 존재하는 것이다. 그러므로 기술의 유형별로 비교적 세세한 규정을 두고 있는 미국 DMCA를 참조해 보자면 §512(c)에서 정한 '이용자의 지시로 인터넷서비스제공자의 시스템 혹은 네트워크 상에 저장된 정보'에 해당될 것이다. 따라서 우선은 DMCA의 해당조항을 풀이한 설명을 응용해 보는 방법도 있을 수 있다.

제 3 절 Pure P2P 기술에 관련된 인터넷서비스제공자에 대한 책임부과의 곤란성

I. Pure P2P 소프트웨어를 공급한 인터넷서비스제공자의 경우

1. 네델란드의 Kazaa 사건 등

미국, 독일, 일본 등 주요국가가 아닌 네델란드의 쟁송이 여기서 느닷없이 등장하는 이유는 2001년 당시 세계에서 가장 인기를 끌고 있었던 P2P 소프트웨어 카자(Kazaa)를 배포하는 사업자이던 Kazaa BV社가 다름 아닌 네델란드 업체였기 때문이다.[33] 그 사업자의 본국을 찾아 저작권자가 법적 공격을 취한

32) 대구지방법원 2003. 10. 6. 선고 2003고단5770 판결의 사안은 피고인이 인터넷 검색엔진을 통해 제3자가 운영하는 여행사 사이트에 수록된 약 4,800명의 회원정보 상의 아이디(ID)와 비밀번호를 알아낸 다음, 이들이 일반적으로 같은 아이디와 비밀번호로 여러 사이트에 가입하고 있는 점에 착안하여 피해자가 가입한 '팝폴더' 서비스에 접속하여 그 곳에 수록되어 있던 피해자의 데이터를 삭제한 행위를 정보통신망이용촉진및정보보호등에관한법률로 처벌한 사건이었다.

33) 2000년 말 네델란드 프로그래머인 Niklas Zennstrom와 Janus Friis가 그 프로토콜을 고안하였으며 이에 접속하기 위한 장치인 Kazaa 소프트웨어를 제작하였다(Tim Wu, op. cit., p. 734). Kazaa의 기술은 이후 여러 업체에 라이센스 되었는데, 패스트-트랙 기술을 사용한 P2P 소프트웨어로는 Kazaa, Grokster, iMesh 등이 있다. 네트워크 관리업체 샌드바인(www.sandvine.com)이 2003. 10. 14. 발표한 P2P 사용 실태 조사 결과에 따르면, 유럽에선 이미 이-동키가 빠르게 떠오르고 있었지만 이때까지

쟁송이 네델란드의 Kazaa 사건이다. 나중에 Kazaa 소프트웨어 사업부분을 Kazaa BV에게서 인수한 셔먼 네트웍스(Sherman Networks)社의 본국은 호주였는데, 호주에서 다시 저작권자가 쟁송한 호주의 Kazaa 판결과 그 경과를 비교해 보면 좋을 것이다.

(1) 네델란드 소송의 경과

이 사건 원고 Buma/Sterma는 네델란드에서 음악저작물의 복제권을 가진 단체이고, 피고 Kazaa BV는 음악파일 및 다른 파일의 P2P 파일교환을 가능하게 하는 소프트웨어('Kazaa')를 그 웹사이트를 통하여 배포하는 사업자이다. 원고는, 피고 Kazaa가 P2P 이용자들로 하여금 원고의 음악파일을 위 소프트웨어를 이용하여 교환하게 있음을 이유로 복제권 침해를 주장하며 소를 제기하였다.

1심인 암스테르담 지방법원은 2001. 11. 29. 원고의 청구를 인용하여 Kazaa에게 위와 같은 Kazaa 소프트웨어의 이용자들로 하여금 원고가 복제권을 가지는 파일교환을 하지 못하도록 금지조치를 취할 것을 명함과 동시에 이를 이행하지 않을 경우 최고 200만 길더의 한도에서 1일 10만 길더의 벌금을 피고에게 부과한다고 명하였다.

별다른 수단이 없었던 Kazaa는 벌금을 피하기 위하여 서비스의 자진중단을 선언하였으나, 이미 배포된 Kazaa 소프트웨어의 이용은 피고의 서비스중단과는 관계없이 계속되었다.[34]

이후 피고는 서비스를 일단 속개하였고, 그 무렵 Kazaa는 그 사업 일체를 호주에 주소를 둔 Sharman Net- work에 매각하였다.

그런데, 이후 항소심[35]은 원심의 결정을 파기하고 피고의 책임을 부정하였다. 뒤이어, 2003. 12. 19. 최종심인 네덜란드 대법원(Dutch Supreme Court)[36]은 위 항소심의 판단을 지지하였다.

(2) 네델란드 법원의 판단

Kazaa의 주장은 일단 피고가 제공하는 클라이언트 소프트웨어(client software)가 이용자의 개인컴퓨터에 인스톨되면, 이용자들이 모든 행동을 결정

도 미국에선 여전히 카자 · 그록스터 등 패스트트랙 방식의 P2P가 대세였다고 한다(전자신문 2003. 10. 16.자 기사 참조).

34) 이러한 양상은 아래에서 보듯이 호주의 Kazaa 판결 이후에도 반복된다.

35) Buma & Stemra v. Kazaa (Amsterdam Court of Appeal, Mar. 28, 2002).

36) Nr. AN 7253 Case No.: CO2/186HR, 이는 Charlotte Waelde &Lilian Edwards, op. cit.에서 재인용함.

하며, 피고로서는 이를 막을 방법이 없다는 요지였다. 항소심 도중에 피고 Kazaa는 E. Huzier 박사라는 전문가의 의견을 통하여 P2P 시스템을 중앙서버가 필요한 형태와 완전히 P2P 소프트웨어에만 의존하는 형태로 나누고, 피고의 소프트웨어는 후자의 것이라고 하였다. 이때 이용자들의 파일 교환은 슈퍼노드(super node)로의 접속에 의한 것이지 Kazaa의 중앙서버에의 접속이 필요하지 않다는 점, 피고로서는 현재 저작물의 불법교환을 막을 수 있는 기술적인 수단은 가지고 있지 못하다는 점, 설사 그러한 기술이 존재하더라도 이용자들이 파일명을 변경하는 등의 간단한 방법으로 이를 회피할 수 있다는 점 등의 의견을 개진하였다.

항소심은 이를 수용하였다. 항소심 법원은 판결문[37]에서 Kazaa의 소프트웨어를 복사기 등에 비유하고[38] 그 소프트웨어에 Kazaa가 간섭하는 바가 없고, Kazaa의 서비스가 파일의 위치를 찾고 교환하는 데 필수적이지 않다는 점을 지적하였다. 아울러 Kazaa 소프트웨어는 음악파일 외에도 다른 파일의 교환에도 사용될 수 있고, 아울러 현재의 기술로는 어떤 파일이 저작권 있는 것인지 판명하는 것은 불가능하다고 하여 결국 1심의 금지명령은 부당하다고 결론지었다.

나아가 네덜란드의 대법원은 항소심의 입장을 유지하면서, 그 근거로 다음을 들었다.[39] 첫째, 저작권침해행위는 피고가 아닌 이용자들이 범한 것인 점, 둘째 보호저작물의 공표(publication)나 복제를 위한 시설을 제공하는 것 자체는 네델란드 법에서의 (최초의) 공표나 복제 행위에 해당하지 않는다는 점, Kazaa 소프트웨어가 비침해적 용도를 가졌으므로[40] 그러한 소프트웨어의 공급행위가 불법이라고 평가되어서는 안 된다는 점, 넷째 피고는 이용자들의 공표

37) 〈www.eff.org/IP/P2P/BUMA_v_Kazaa/20020328_kazaa_appeal_judgment.html〉[2004. 4. 20.]에서 2심판결원문 및 비공식 영문번역문을 볼 수 있다.

38) 네델란드 법원의 Kazaa 판결문만 아니라 미국의 Sony 사건이나 Grokster 사건에서 공통적으로 피고 공급자의 책임을 부인하는 판결들에는 당해 사건의 상품(혹은 소프트웨어)을 복사기에 비유하는 판시가 반복하여 등장하고 있다. 이것은 복사기야말로 침해와 비침해의 양면적 용도를 가진 상품으로 비침해적 용도가 주는 이익이 더 크기에 공급을 허용할 수밖에 없는 전형적인 상품이기 때문일 것이다. 이와 관련해서는 제6장 제3절 Ⅰ. 2. (3) 3) (바) 참조.

39) 대법원 판결의 영문 번역본은 〈www.muddlawoffices.com/RIAA/cases/Netherlands.pdf〉[2006. 3. 18.].

40) 아울러 판시에서 네델란드 대법원은 미국 Sony 사건에서 미국 연방대법원이 Sony가 생산하는 비디오테이프 레코더의 용도 상당부분이 비침해적인 경우(substantial noninfringing use)에 해당하므로 비디오테이프 레코더 기기 자체가 위법한 물건은 아니라고 한 판결을 언급하였고, 일정한 P2P상의 파일교환시 이용자의 행위에 대하여 인터넷서비스제공자의 책임을 부정한 Grokster 하급심 판결도 원용하였지만, 개인이용자의 행위가 저작권법을 침해하는지에 대하여는 언급하지 않았다. 이는

를 함께 결행한 것으로 책임지울 수 없다는 점, 다섯째 피고 스스로 저작권을 침해하였는지에 있어 소프트웨어 공급자가 분산화 파일교환 네트워크에서 스스로 공표를 한 것이 아닌 경우에 책임을 지울 수 없다는 점, 즉 피고가 슈퍼노드 시스템을 이용하여 음악을 전하는 보조 소프트웨어를 공급하였을지라도 소프트웨어를 이용하여 상호 음악을 전한 주체는 이용자들이라는 점 등을 열거하였다.

결론적으로 P2P 소프트웨어의 공급자는 어떤 저작물도 스스로 공표하거나 공급하지 않은 이상 책임을 부담하지 않는다고 판단하였다. 저작권침해에 대한 간접침해에 관하여, (아울러 1957년 Buma/De Vries 판결[41]과의 관계에 대하여) 대법원은 장소를 소유하고 있다는 사실 혹은 시설을 공급하였다는 사실에만 터잡아 책임을 부담할 수는 없다고 보았다.[42]

대법원은 서비스제공자가 책임을 부담할 수 있는 상황을 제시함에 있어 Scientology v. XS4ALL 사건[43]을 언급하였다. 그 사건에서는 서비스제공자가 스스로 공표행위를 하지 않았지만, 담당법원은 서비스제공자가 스스로 공표나 복제행위를 하지 않았더라도 만일 그 이용자 중 일부가 저작권침해행위를 벌이거나 서비스제공자의 홈페이지를 통하여 불법행위를 벌인다는 사실을 통지받은 때는 사회 · 경제적 생활에서 요구되는 적절한 주의의무에 따라 타당한 조치에 협력하고 이를 취할 의무가 있다고 선언한 것이었다.

대법원은 P2P 파일교환 소프트웨어 제공자는 그 자체로 저작권침해에 책임을 부담하지는 않지만 일정한 조건 하에서는 불법행위에 대한 책임을 질 수 있다고 판시하는 것으로 판결을 끝내었다.[44]

2. 미국의 Grokster 사건

앞서 Napster 사건과 마찬가지로 연방 제9항소법원의 관내에서 쟁송이 진행되었다. 1심은 2003. 4. 25. 캘리포니아 중앙지방법원이, 항소심은 2004. 8. 19. 연방 제9항소법원이 판단하였고, 2005. 6. 27. 연방대법원에서 최종적인 판단이

⟨www.theregister.co.uk/2003/12/19/dutch_supreme_court_rules_kazaa⟩[2004. 5. 7.].

41) Supreme Court, March 8,1957, NJ 1957, 271 (Buma/De Vries).

42) 이상은 Charlotte Waelde &Lilian Edwards, op. cit. 참조.

43) Scientology v XS4ALL Court of The Hague, June 9, 1999, NJ Kort 1999, Information Law/AMI 1999, at 110.

44) 이상은 Charlotte Waelde &Lilian Edwards, op. cit.

내려졌다.

(1) 사실관계

1) 당 사 자

원고들은 영화제작자 · 음반업자[45] 등이고, 피고 그록스터(Grokster)와 스트림캐스트(StreamCast), Kazaa BV[46]는 P2P 소프트웨어를 배포하는 제공자들이다. 원고가 소를 제기한 이후 피고들 중 Kazaa BV는 그 사업을 셔먼 네트웍스(Sherman Networks)에게 양도한 후 소송에서 방어를 포기하여 피고 Kazaa BV에 대하여는 궐석상태의 패소결정(default judgment)이 내려졌다. 다만 셔먼 네트웍스 역시 이 사건의 피고는 아니었다. 따라서 법원이 실제 판단한 피고는 Grokster와 스트림캐스트 뿐이었다. 문제되었던 P2P 소프트웨어는 그록스터 사가 공급하는 'Grokster,' 그리고 스트림캐스트사의 '모피어스(Morpheus)' 였다.

2) Napster와의 차이점

당초 이들은 각 사이트[47]에서 독자적으로 무료 P2P 소프트웨어를 배포한다. 하지만 피고들 3자 모두 공동피고였던 네델란드인들[48]에 의하여 개발된 패스트-트랙(FastTrack)이라는 기술을 사용하여 동일한 기술을 채용한 결과 위 3자의 P2P 소프트웨어 간에 이용자들이 서로 네트워킹을 할 수 있었다. 그런데 나중에 스트림캐스트사는 Kazaa 측과 패스트-트랙 기술을 둘러싼 라이센스 분쟁 때문에, 패스트-트랙 기술 대신 공개기술인 그누텔라 기술을 채용한 방식의 모피어스 소프트웨어로 전환하였다. 반면에, Grokster는 여전히 동일한 패스트-트랙 기술을 사용하였다.

작동원리를 보면 그록스터 사의 패스트-트랙 방식 소프트웨어인 'Grokster'[49] 나 스트림캐스트사의 소프트웨어 'Morpheus' 모두 이용자가 버튼을 누르면 자동적으로 P2P 네트워크에 접속되는 방식이다. 검색어를 입력하면 실시간으로 검색대상파일을 교환하는 다른 자들의 파일교환상황이 나타나는 등 대부분의

45) 3년전 Napster 1심에서는 원고가 음반업자, 음악저작권자였지만 Grokster 1심에서는 이제 드디어 미국의 영화제작자도 원고로 등장하고 있다. 이것은 인터넷 전송속도의 향상에 따라 저작권 침해대상물이 확대됨에 따라 이미 예상된 일이었다. 이와 관련하여서는 제4장 제3절 Ⅰ. 부분 참조.

46) Consumer Empowerment BV라는 공식명칭 대신 사용한다.

47) 각각 www.grokster.com, www.kazaa.com, www.morpheus.com (kazaa, morpheus는 2006. 3. 17. 현재 영업 중이지만 grokster는 아래에 설명하듯이 저작권자와 타협하고 사업을 중단한 상태임)이다.

48) Niklas Zennstrom와 Janus Friis(Kazaa BV의 설립자).

49) Sherman의 Kazaa와 동일한 기술을 사용한다.

작동원리는 앞서 존재하였던 Napster 등 다른 P2P 네트워크와 대동소이한 듯 보였다. 그렇지만 인터넷서비스제공자의 중앙서버가 존재하지 않고 그 대신 이용자들의 컴퓨터 중 대역폭 등이 우수한 컴퓨터가 슈퍼노드(super node)[50] 가 되어 중앙서버와 같은 역할을 일정부분 나누어서 대신한다는 점에서 Napster와 결정적으로 달랐다.

3) 당사자의 주장의 요지

앞서와 마찬가지로 이 사건에서도 원고들은 소프트웨어 이용자들의 저작권 침해에 대하여 피고들이 기여책임과 대위책임을 져야 한다고 주장하였다. 반대로 피고들은 단지 사용자들에게 소프트웨어를 제공하였을 뿐이고, 그 이용자들을 피고들이 통제할 방법이 없으므로 책임이 없다고 주장하였다.

양쪽 모두 법원에 자신들을 지지하는 약식결정(Summary judgment)[51]을 구하였다.

(2) 하급심 법원의 판단

1) 1심의 판단[52]

(가) 이용자들의 직접침해책임

법원은 먼저, 피고 인터넷서비스제공자들의 간접책임 추궁의 전제로, 이용자들의 직접침해가 성립함에는 의문이 없다고 보았다.

(나) 피고들의 기여책임 성립 여부

1심 법원은 Napster 항소심이 Sony 사건[53]을 해석함에 있어 당해 상품의 용도 상당부분이 비침해적인 경우(substantial noninfringing use)에는 이용자들이 그 상품을 이용하여 침해행위를 할 수도 있다는 추정적 인식(constructive knowledge)을 상품공급자가 가진 것만으로는 책임을 지우기에 부족하고 더 나아가 상품공급자가 구체적인 침해를 실제 인식(actual knowledge)하였어야 책임

50) Grokster 1심 판결 중 슈퍼노드에 대한 설명을 빌리자면 "....패스트-트랙 기반 소프트웨어가 다른 P2P 기술과 구별되는 중요한 특징은 '슈퍼노드'의 적극적이고 다양한 용도이다. '노드(node)'란 인터넷의 종점, 즉 통상 개별이용자의 컴퓨터를 가리킨다. 다른 수많은 노드들로부터 정보를 집적하는데 이용되는 개별 노드, 즉 슈퍼노드는 더 우월한 능력을 가진 노드로 패스트-트랙 기반 소프트웨어가 자동적으로 슈퍼노드를 선별한다. 따라서 이용자의 노드는 오늘은 슈퍼노드였다가 내일은 그렇지 않을 수 있는데, 이는 네트워크의 자원수요와 가용성에 따라 정해진다"(Grokster, 259 F.Supp.2d at 1040).

51) 자세히는 제2장 제2절 Ⅱ. 3. (2) 2) 부분 각주 참조.

52) Metro-Goldwyn-Mayer Studios, Inc. v. Grokster, Ltd, 259 F.Supp. 2d 1029 (April 25, 2003).

53) 104 S.Ct. 774, 464 U.S. 417 (1984).

을 부담할 수 있다고 판단한 입장을 그대로 따랐다.[54] 즉 Sony 판결에 대한 Napster 항소심의 해석을 Grokster 법원은 비판 없이 수용함으로써, 앞서 Aimster 항소심의 해석과는 대조를 이루었다.[55] 법원은 이러한 Napster 항소심의 해석기준을 전제로 기여책임의 인식 요건에 관하여, 이 사건 P2P 소프트웨어가 예를 들자면 영화선전 편이나 무료곡 또는 기타 저작권 없는 객체의 배포나 세익스피어 작품의 공유와 같은 용도가 있어, Sony 사건에서처럼 용도의 상당부분이 비침해적인 경우에 해당함에는 다툼이 없다고 보아,[56] 피고를 Sony와 같은 비디오테이프 레코더 공급자나 Xerox와 같은 복사기 공급자에 비유하였다. 따라서 자신들의 P2P 소프트웨어가 이용자들에 의한 저작권침해파일교환에 이용될 수 있다는 막연한 사정을 피고들이 인식한 것만으로는 곧바로 책임을 지울 수 없다고 판시하였다.

그런데, 더 나아가 피고에게 위와 같은 추정적 인식을 넘어 실제 인식까지 있었는지에 관하여는 "피고 스스로 피고 측 이용자들의 다수가 피고 소프트웨어를 저작권침해에 사용하는 사실을 대부분 알고 있었다"고 보아 실제 인식의 존재는 긍정하는 듯하였다. 하지만 이렇게 피고들이 실제 인식한다는 요건은 피고가 자신이 기여하고 있는 침해행위를 중지시키기 위하여 행동할 수 있었을 시간에 갖추었어야 인식요건이 충족되는 것이라고 전제하였다.[57] 그런데 이 사건에서는 원고의 침해주장통지에 따라 피고들이 설령 구체적인 침해행위를 실제 인식하였더라도 (이미 피고 측이 상품을 공급하고 난 뒤라) 이를 막기 위하여 피고들이 달리 조치를 취할 방법이 없었으므로 결국 위와 같은 실제 인식이 있음에도 불구하고 기여책임의 첫 번째 요건인 인식은 성립되지 않는다고 판시하였다.[58]

다음으로, 기여책임의 두 번째 요건인 실질적 기여행위에 있어서 법원은,

54) Grokster, 259 F.Supp. 2d at 1036.

55) 그 배경 중 하나는 Grokster 사건을 담당한 1심이 Aimster 사건의 법원과 달리 Napster 사건의 1심과 동일한 항소심(연방제9항소법원)의 관할에 속하고 있기 때문이기도 하다. 이에 관하여는 제6장 제3절 Ⅰ. 2. (3) 3) (사) 부분 각주 참조.

56) 'Plaintiffs do not dispute that Defendants' software is being used, and could be used, for substantial noninfringing purposes.' Grokster, 259 F.Supp. 2d at 1035.

57) 이른바 기여책임에서의 인식 요건의 'timing' 문제로서, 명확하지는 않으나 이미 Sony 판결에서도 이용자들의 불법복제행위 때 공급자가 그러한 침해행위가 있었다는 것을 인식하기 어렵다는 사정을 언급한 부분은 있다.

58) Grokster, 259 F.Supp. 2d at 1038.

Napster의 경우는 P2P 소프트웨어를 배포한 것 이외에도 그 중앙서버에 파일리스트를 보유하면서 이를 이용자에게 제공하였고 중앙서버가 없는 경우 이용자들은 파일교환이 불가능해짐에 반하여, 이 사건 소프트웨어의 경우 피고들이 자신들의 서버를 중단하여도 여전히 이용자들은 파일교환이 가능하다고 보았다.[59] 실제로 Grokster의 이용자가 다운로드 파일이 바이러스에 감염되었다고 보낸 이메일에 피고가 답하면서 그록스터는 교환되는 파일에 대하여 일체의 통제를 할 수 없다고 한 사실이 있으며, 피고 스트림캐스트의 소프트웨어(모피어스)는 그누텔라 방식임에 비추어 피고들은 마치 홈 비디오 녹화기 혹은 복사기를 판매하는 자와 같이 각자의 P2P 소프트웨어를 배포한 자에 그친다고 하였다.[60] 따라서 피고가 Sony나 Xerox 업자와 마찬가지로 자신의 기기가 이용자들에 의하여 저작권침해행위에 사용될 수 있음을 알았다 하더라도 단지 그러한 사실만으로 곧바로 기여행위를 하였다고는 볼 수 없어 결국 이 점에서 피고들의 기여책임을 인정할 수 없다고 판단하였다.[61]

(다) 피고들의 대위책임 성립 여부

대위책임에 있어 법원은 피고들이 광고 등으로 수입을 얻은 것은 인정하였다. 하지만 앞서 본 바와 같은 이유로 피고들이 이용자들의 직접침해행위에 대

59) Id. at 1041. 항소심도 그대로 이를 지지하고 있다(Grokster, 380 F.3d at 1163). 그러나 이 부분 사실은 법원이 인정한 '사실'과 실제의 사실과는 다소 다를 수 있음을 밝힌다. 가령 2002. 2.경 Screamcast가 운영하는 P2P 네트워크가 다운되어 버린 적이 있었고, 다름 아니라 짐작된 원인은 당시 Screamcast가 패스트-트랙 시스템을 이용허락받아 사용하고 있었는데, 이용허락자 측이 이용료지급이 지체되었다며 Screamcast 측 서비스에 대하여 말하자면 전기플러그를 뽑아 버렸던 행위(pull the plug) 때문이었다. Screamcast 측은 이에 신속하게 그누텔라 네트워크기반의 모피어스로 사업형태를 변경하였다. Roger Parloff, "The Real War over Piracy," Fortune, Oct. 27, 2003, p. 148(Jesse M. Feder, op. cit., p. 884. FN 125에서 재인용). 다만, 이러한 사건이 Screamcast가 존재하지 않을 경우 패스트-트랙 네트워크가 존속할 수 없음을 의미하는지는 확실하지 않다.

60) Grokster 사건의 하급심에서 연방지방법원과 항소심 법원은 모두 '온라인서비스제공자(Online Service Provider)'나 '인터넷서비스제공자(Internet Service Provider)'라는 표현은 물론 심지어 '서비스제공자(Service Provider)'란 용어조차 일절 사용하고 있지 않은데, 이는 피고 Grokster나 모피어스를 다른 사건의 피고였던 Napster나 Aimster와 같은 인터넷서비스제공자로 파악하지 않고 단순히 소프트웨어 공급자로 판단하고 있음을 드러내는 것이다.

61) Id. at 1043. "피고들은 소프트웨어를 배포하고 지원하였는데, 그 소프트웨어의 이용자들은 그것으로 합법적 및 불법적 결과를 모두 가져올 수 있다. 그록스터와 스트림캐스트는, 저작권침해에 이용될 수 있고 흔히 그렇게 이용되는 비디오레코더 혹은 복사기를 가정에 판매하는 회사와 크게 다르지 않다. Sony나 Xerox처럼 피고들도 그들의 상품이 일부 (심지어 다수의) 이용자들에 의하여 불법적으로 이용될 것임을 인식하였고 그러한 이용을 간접적으로 지원하는 역할을 하는 서비스나 정비를 제공하였을지는 몰라도, 기여침해의 책임은 단지 P2P 파일교환기술이 원고의 저작권을 침해하는 데 이용되곤 한다는 이유만으로 추궁되지는 않는 것이다."

한 통제할 권리나 능력[62]을 갖고 있었다고 볼 수 없다며 피고들의 대위책임도 모두 부정하였다. 덧붙여 Grokster 소프트웨어의 경우 패스트-트랙 플랫포옴을 사용하는데, 패스트-트랙은 앞서 이 사건의 사실관계에서 보았듯이 그록스터 사가 아닌 제3자가 제어하는 기술로서 Grokster 사가 임의로 개변할 수 없다는 점에서도 통제할 능력이 없다고 보았다.[63]

원고들은 통제할 권리나 능력에 관하여, 피고들의 소프트웨어가 이미 포르노, 외설 파일명에 대한 선택적인 스크린 기능을 포함하고 있고 따라서 피고들이 쉽게 저작물인 곡명도 스크린할 수 있다고 주장하였다. 그 소프트웨어는 파일명을 넘어서 작곡자, 곡명, 앨범 기타 등등과 같이 파일 그 자체에 담겨진 정보인 메타데이타(meta data)를 스크린하고 있고, 효과적인 메타데이타 스크린은 피고들이 쉽게 채택할 수 있으며, 디지털 지문(digital fingerprinting)과 같은 최신기술을 용이하게 도입할 수도 있다는 것이었다. 하지만, 법원은 이용자들의 직접침해행위를 통제할 권리나 능력이 있는 경우에 한하여 피고에게 그러한 조치들을 수용할 의무가 생길 뿐이므로 결국 그러한 조치들이 실제 가능한가를 따지기도 전에 원고들의 주장은 받아들일 수 없다고 배척하였다.[64]

결국 이 사건에서는 피고가 DMCA 면책조항의 요건을 구비하였는지 판단에 나아갈 필요 없이,[65] 피고의 기여책임 혹은 대위책임 단계에서 원고의 청구가 인정되지 아니하였다. 법원은 원·피고 쌍방의 신청 중 원고들의 약식결정 신청을 기각하고 피고들의 약식결정 신청은 인용하였다. 법원은 이와 같이 피고의 손을 들어 주면서도, 판결문 말미에 다음과 같이 덧붙여 언급하였다 ; 피

62) 판결에서는 'Right and Ability to Supervise' 이라고 표현하고 있다.

63) Grokster, 259 F.Supp. 2d at 1040. 살피건대, 이런 판단은 향후 사건에서 피고가 책임추궁을 회피할 의도로 제3자와의 조작된 계약 등을 근거로 통제할 능력이 없다는 주장을 내세울 수도 있는 여지를 허용한 것이라고 생각된다. 제3자와의 계약을 준수할 의무와 저작권을 침해해서는 안 될 의무는 별개의 것에 불과하므로, 위와 같은 논리에 지나치게 치중해서는 곤란할 것이다.

64) Id. at 1045.

65) 위 판결이 나아가 DMCA의 면책조항을 언급하지 않고 있는 이유에 관하여, DMCA 상 인터넷서비스제공자의 개념이 네트워크에 대한 통제(control)를 가진 인터넷서비스제공자를 규정하고 있음을 전제로, Grokster와 같은 경우는 인터넷서비스제공자가 아닌 단순한 소프트웨어 공급자(software provider)에 불과하기 때문일 수 있다는 설명(윤웅기, "소리바다가 온라인 서비스 제공자인가?' 및 최성준, "온라인음악서비스에 대한 법적 검토," 5면)이 있으나, 이는 오해이다. 기여책임 내지 대위책임과 DMCA 면책조항의 관계에 대하여 아직 통일된 해석은 존재하지 아니하지만, 미국에서도 이론의 여지가 없는 점은 기여책임 내지 대위책임이 인정되지 아니할 때는 더 나아가 DMCA 면책조항의 면책을 원용할 필요도 없이 인터넷서비스제공자의 책임은 부인된다는 점이다. 따라서 이 판결은

고들이 자신들의 소프트웨어의 불법적인 유혹으로부터 나온 이익을 향유하면서도 고의적으로 저작권침해에 대한 2차적 책임을 회피하기 위하여 자신의 사업구조를 정하였을 가능성이 있음을 법원도 알고 있다. 이러한 소프트웨어들이 불법적 이용에 취약한 면을 줄이기 위하여 어떤 조치가 가능한지에 관하여 굳이 법원이 결정할 필요는 없지만, 이러한 조치가 가능하다고 한다면 이는 향후 입법의 지침으로서 작용될 수 있을 것이다. 결국, 법원은 법원보다 입법부의 개입에 의하여 이 사건과 같은 고의적인 회피를 억제할 수 있다고 보았다.

2) 항소심의 판단[66]

(가) 1심 판결 이후 학계의 동향

앞서와 같이 연방지방법원의 판결이 피고 승소로 끝나자, 원고가 항소하였고 항소심 계류 중 연방항소법원에는 원 · 피고 쌍방을 위하여 법률검토의견서(Brief Amici Curiae)[67]가 여럿 제출되었다. 그 중 원고를 위한 법률검토의견서가 일부 실무가와 소수의 학자들이 참여한 문건이었음에 반하여, 2003. 9. 26.자 피고를 위한 법률검토의견서[68]는 미국 내 지적재산권 및 기술법 분야 전공교수들 중 유력한 40인[69]이 대거 동참한 문건으로 대조적이었다. 적어도 학계에서는 1심을 파기하자는 입장보다는[70] Grokster 사건의 피고들에게 기여책임 등을 추궁하는 것은 부당하다는 입장이 당시까지 주류를 이루고 있었다.

한편 이러한 학계의 주류적 입장은 저작권업계는 물론 저작권옹호의 입장에 선 입법부 의원들이나 행정부 관리들의 입장과는 대조적인 것이었다.[71] 이후 2004. 8. 19. 내려진 연방항소법원의 항소심 판결은 어쨌든 1심의 판단내용을

기여 · 대위책임을 부인하였으므로 굳이 DMCA의 규정을 살필 필요가 없었을 뿐이다.

66) Metro-Goldwyn-Mayer Studios, Inc. v. Grokster Ltd., 380 F.3d 1154 (9th Cir.(Cal.), Aug. 19, 2004).

67) 소송당사자가 아닌 자가 당해 소송물에 중요한 이해를 가진 경우 스스로 혹은 법원의 요구에 따라 제출하는 의견서이다(Black's Law Dictionary 2th pocket ed. 2004).

68) 〈www.eff.org/Legal/Cases/MGM_v_Grokster〉[2004. 5. 21.].

69) Yale대의 Yochai Benkler, Georgetown대의 Julie E. Cohen, Harvard대의 William W. Fisher III, University of California, Davis의 Leslie A. Kurtz, Cornell대의 Peter W. Martin, Stanford대의 Margaret Jane Radin, Boston대의 Alfred C. Yen 등(위 문서에 나열된 거명된 순서에 따름).

70) 이 당시, 항소심에서 Grokster 1심 판결이 번복되리라고 진단한 드문 사례로는 Tim Wu, op. cit., p. 739가 있다. 그 논리는 (i) Sony 사건에서는 비디오테이프 레코더에 대한 저작권자의 통제를 인정하면 저작권자와 무관한 시장에서 시장의 실패가 나타났을 사안이었지만, Grokster 네트워크를 통한 MP3 파일의 유통은 기존시장을 대체해버리는 효과가 있어 서로 상이하고, (ii) Sony 원칙이 적용됨에 있어서는 침해적 용도와 비침해적 용도의 비율이 결정적인데, Grokster 사안에서는 비침해적 용도가 극히 제한적임을 내세우고 있었다.

71) 이와 관련해서는 제7장 제1절 Ⅱ. 'P2P 기술의 수용을 거부하는 극단적인 입장의 강화' 부분 참조.

대부분 그대로 지지하면서, 일단 피고의 손을 들어주고 있다.

(나) 피고들의 기여책임 성립 여부

먼저 기여책임의 인식 요건에 있어, 연방항소법원도 Sony 판결이 채택한 '상업상 주요한 상품'의 원칙에 따라 기여책임의 추궁을 배척하는 데는 피고가 자신의 상품이 상당부분 혹은 상업적으로 중요[72]한 비침해적 용도(capable of substantial or commercially significant noninfringing uses)를 가지고 있으면 족하다고 하였다. 이렇게 비침해적 용도가 인정되는 경우 상품공급자에게 장차 상품의 이용자가 상품을 사용하여 침해행위를 할 수 있다는 추정적 인식이 존재하는 것만으로는 책임을 지우기에 부족하므로 저작권자로서는 이러한 경우 상품공급자 측의 '실제 인식'을 입증하여야 한다고 보았다. 항소심도 기여책임의 요건 중 인식 요건에 있어 이렇게 예외적으로 고양된 수준을 요구하는 근거로 Napster 항소심 판결[73]을 선례로 원용하였다.

그런데 법원은 우선 피고들의 소프트웨어가 상당부분 비침해적 용도를 가졌다는 사실은 당사자 사이에 다툼이 없다고 보았다.[74] 그 결과 피고들의 기여책임이 인정되려면 피고들이 침해행위에 대하여 실제 인식을 가졌음을 입증할 필요가 있게 되었다고 판단하였다. 나아가 이러한 실제 인식은 원고들의 해석과 달리 침해행위가 이루어질 때 존재하여야 하는데, 원고들이 침해사실을 통지하였을 때는 비록 피고들이 실제 인식을 가지게 되었다 하더라도 이미 그때 피고들로서는 특정 저작물의 침해행위에 대하여 어떠한 조장행위도 하거나 침해행위를 저지할 수도 없는 시점이므로 결국 피고들의 실제 인식 요건이 충족되지 못하였다고 보았다. 이렇게 피고들이 침해행위를 저지할 수 없었다는 사실인정을 함에 있어 연방항소법원은 피고들 소프트웨어의 디자인이 중대한 의미를 가진다고 보았다. 법원은 Napster의 경우와 달리 피고들의 소프트웨어는 설사 그 소프트웨어 공급자가 공급을 중단하고 수중의 모든 컴퓨터를 정지시킨다 하여도 이용자들은 여전히 파일교환행위를 계속할 수 있다는 사실을 지적하

72) '상업적으로 중요'하다는 것은 상품의 비침해적 부분만으로 독자적으로 시장에서 판매, 공급될 수 있는지 여부를 말한다. 이는 아래 Sony 사건의 연방대법원의 판시 부분에서 언급한다.

73) Napster, 239 F.3d at 1027.

74) 여기서 항소심은, 1심이 인정한 대로 가령 수천의 음악그룹이 자신들의 음악을 인터넷을 통하여 유포하는 것을 허락하고 있는 점, 'Gutenberg Project'를 통하여 피고 소프트웨어가 공유자산인 어문 저작물을 공유하는 데 이용되고 있다는 점 등을 열거하고 있다.

였다.[75]

다음으로 기여책임의 실질적 기여(material contribution requirement) 요건에 관하여, 먼저 법원은 접속제공자(access provider)가 저작권자로부터 침해주장의 통지를 받아 구체적인 인식을 하고도 그러한 접속을 계속 제공하는 행위는 실질적 기여행위에 해당한다는 Netcom 판결[76]및 파일을 저장하거나 파일교환을 조장하였는데 침해적 파일이나 침해적 파일색인리스트를 삭제하지 아니하면 실질적 기여행위에 해당한다는 Napster 항소심 판결[77]을 원용하였다.

이러한 선례들과 달리 이 사건 소프트웨어 공급자들은 접속제공자이거나 파일저장 혹은 파일교환의 색인 보관자에 해당하지 않는다고 하였다. 아울러 이 사건 피고의 행위와 같이 이미 타인의 컴퓨터에 저장된 소프트웨어를 제거하지 못한 행위는, 본인의 컴퓨터 상 파일명 색인을 제거하지 않은 행위나 등록 이용자명과 비밀번호를 제거하지 않거나 자신의 컴퓨터에 위치한 소프트웨어가 침해를 행하지 않도록 수정하지 아니한 행위와 전혀 다르다고 보았다.[78]

(다) 피고들의 대위책임 성립 여부

대위책임에 관하여는 감독할 권리와 능력 요건만을 검토하였다. 모피어스가 그 소프트웨어를 다운로드한 이용자들과의 사이에 이용허락계약을 가지지 못한 것과 달리 Grokster는 명목상으로는 접속을 차단할 권리를 보유하고 있음은 인정하였다. 하지만 등록 및 로그인 절차[79]의 부존재로 인하여[80] Grokster조차 실제로는 파일교환기능으로의 접속을 차단할 능력을 가지고 있지 않고,

75) 이상은 Grokster, 380 F.3d at 1160~63.

76) Netcom, 907 F.Supp. at 1375.

77) Napster, 239 F.3d at 1022.

78) Grokster, 380 F.3d at 1163~64.

79) 모든 패스트-트랙 플랫포옴의 소프트웨어가 로그인 절차가 결여된 것은 아니며, 오히려 패스트-트랙 특징 중의 하나가 업체의 중앙서버가 이용자의 가입 · 등록과 로그인을 관장하며, 나아가 최초로 접속할 다른 이용자를 찾는 데 돕는 방식이라는 설명도 있다(Tim Wu, op. cit,, p. 735). 특히, Grokster의 경우도 당초에는 성명과 패스워드를 등록할 것을 요구하였는데, 나중에 이를 요구하지 않는 것으로 바꾸었다(Shaney Crawford, "SUMMARY OF MGM STUDIOS V. GROKSTER," www.shaneycrawford.com/writing/p2p.pdf, 2005. 4. 4.). 이런 경우라면 Grokster의 책임이 없다는 법원의 결론에 대한 반론이 거셀 수밖에 없다.

80) Aimster 항소심 판결에서 피고 Aimster가 이용자들의 파일교환전송 때 파일의 암호화과정을 거치게 함으로써 그 파일의 내용이 침해파일인지를 피고가 알 수 없게 스스로 자초한 행위에 대하여 '고의적인 외면(willfully blindness)' 이라고 하여 이러한 외면 자체가 기여책임에서의 인식 요건을 충족한다고 판시한 것(Aimster, 334 F.3d at 650)과 마찬가지로, Grokster가 일부러 등록 및 로그인 절차를 구비하지 아니한 행위도 Aimster 항소심 판결의 입장에서는 고의적인 외면이라고 볼 여지가 다분하

모든 이용자들에 대한 강제적 소프트웨어 업그레이드나[81] IP 주소 차단과 같은 수단이 결여되어 있다고 보았다.

아울러 침해파일이나 색인정보가 피고들의 컴퓨터를 통과하는 것이 아니므로 피고와 이용자들 사이의 연결수단 어느 것도 침해파일을 필터링하거나 검색할 접점이 될 수 없다고 보았다. 또한 1심이 인정했듯이, 모피어스의 경우 스스로 폐쇄하더라도 이용자들의 파일교환행위를 막을 수 없고, Grokster의 경우 Kazaa/Sherman 사로부터 기본 노드를 폐쇄하는 것과 같이 그 소프트웨어를 변경할 수 있는 권한을 계약상 얻지 못하고 있으며, 이렇게 운영을 폐쇄하는 것은 개인을 축출하거나 로그인 시점에서 특정 개인을 차단하거나 자신의 컴퓨터에서 개인들의 파일명을 삭제하는 것이라기보다는 차라리 전체 물물교환시장을 폐쇄하거나 소프트웨어의 공급을 중단하라는 것과 더 유사하다고 보았다.

여기서 연방항소법원도 소프트웨어 자체를 침해적 파일교환을 방지하기 위하여 변경할 수 있었다는 원고의 주장에 대해, 1심 법원의 입장과 같이, 이런 주장은 감독할 권한과 능력을 이미 대위책임이 긍정된 업체가 부담하는 강력한 의무와 혼동한 것이라고 보았다. 이러한 업체는 자신의 감독권을 최대한 행사할 의무를 부담하는데, 여기에는 Napster 사건에서처럼 필터링 매카니즘의 채용도 포함된다고 하였다. 그렇지만, 자신의 컴퓨터 상의 소프트웨어와 파일을 변경할 의무는 타인의 컴퓨터에 위치한 소프트웨어를 변경할 의무와는 전혀 다른 것이어서 이렇게 타인의 컴퓨터에 위치한 소프트웨어를 업그레이드할 수 있는지의 가능성 문제는 대위책임의 유무를 정함에 있어서는 관련 없는 문제라고 보았다.[82]

다. Grokster 원심 판결(259 F.Supp. 2d at 1045)에서는 파일내용의 스크린 기술이나 디지털지문 기술과 같은 침해방지조치를 피고가 쉽게 채택할 수 있다는 원고들의 주장과 달리 법원은 이러한 조치의 채택은 피고가 직접침해행위를 통제할 권리나 능력이 있는 경우에만 수용할 의무가 생길 뿐이거나 입법적 개입이 있어야 가능한 의무라고 보았었다. 일면 수긍할 만한 논리이다. 하지만 스크린 기술 등의 채택은 DRM에 속하는 기술을 수용하는 것이어서 피고에게 상당히 부담이 크다고 할 수 있지만, 간단히 수용할 수 있는 등록 및 로그인 절차조차 채택하지 않은 것은 기여책임을 논하는 데 피고에게 불리하게 작용할 수 있는 것이다.

81) 이와 반대로 Kazaa가 패스트-트랙 시스템의 모든 이용자들에게 자동적으로 적용되는 업데이트를 실시한 적이 있음을 들어 Kazaa에게 통제 가능성이 있다는 취지의 주장으로는 Robert A. Gilmore, op. cit., p. 110 참조.

82) 이상은 Grokster, 380 F.3d at 1164~66.

(라) Pure P2P의 침해문제를 해결할 궁극적인 주체는 입법부임

법원은 원고들의 주장에 대하여 자신들이 적절한 정책이라고 믿는 견지에서 법을 재해석하여 기여책임 및 대위책임 원칙의 외연을 확장하고자 하는 요구라고 보았다. 그렇지만, 이러한 요구는 선례에 반할 뿐만 아니라, 이러한 요구에 응하는 것이 일시적으로 저작권자의 경제적 목표를 만족시킬 수는 있어도 현재로서는 알 길이 없는 미지의 최종 결과와 관련하여 저작권법 일반을 엄청나게 변경하는 것이므로 현명한 요구가 아니라고 보았다. 나아가 작금의 인터넷 혁명의 흐름을 적절히 교정하는 데 법원은 부적절한 기관이라면서, 새로운 기술의 등장은 항상 과거의 시장, 특히 이미 잘 정비된 배포망을 통하여 저작물을 판매하여 온 저작권자들에게는 해악이었지만 역사에서 시간과 '시장의 힘'은 그 새로운 기술이 자동 피아노(Player Piano)이든지 복사기 · 테이프 레코더 · 비디오 레코더 · 개인 컴퓨터 · 카라오케 기계 혹은 MP3 Player이든지간에 충돌하는 이익의 균형을 곧잘 맞추어 왔으며, 따라서 법원으로서는 특정한 시장에서의 남용이 비록 분명히 막대하게 현존하더라도, 이를 조절하기 위해 책임이론을 재구성하려는 태도는 극히 조심하여야 한다고 하면서 끝으로 Sony 사건의 판시를[83] 그대로 인용하였다.

3) 하급심 판례분석

(가) 2차적 책임론이 Pure P2P에게 가지는 한계를 분명히 제시함

네델란드에서 3심까지 끝난 위 Kazaa 판결과, 미국 하급심 법원에서의 Grokster 판결은 Napster와 같은 하이브리드 방식이 아니라 새롭게 주목받은 Pure P2P 소프트웨어에 관한 것이다. 이들 소프트웨어들은 다분히 저작권자로부터의 법적 쟁송에 따른 책임을 피하기 위하여 중앙서버를 없앤 것이다. 이러한 Pure P2P에 이르러서는 기여책임 및 대위책임의 법리는 일대 위기를 맞게 되었다. 즉 이들 법리는 종래 고전적인 아날로그시대의 판례에서 출발하여 BBS 기술시절까지는 인터넷서비스제공자의 책임을 추궁하는 법리로 아무런 손색이 없었다. 하지만 초기 P2P인 하이브리드 방식의 Napster에 이르러 그 법리 그대로의 적용 가능성이 이미 의문시되다가 결국 Pure P2P 단계에 이르러서는 일정한 한계를 드러내고 말았다고 할 수 있다.[84] 따라서 좀 더 새로운 기

83) 연방의회가 과학과 유용한 예술의 발전을 장려할 권한을 가지고 있으며, 연방헌법이 수권한 범위내에서 오로지 연방의회만이 어느 정도까지 이를 행할지 정할 수 있다는 부분이다.

84) Michael Albert, "From Sony To Napster–and Back?," Boston Bar Journal. January/February, 2004, p.

준이 모색될 필요가 있다 하겠다.

(나) Sony 판결의 의미를 Napster 항소심의 해석과 같이 축소하여 이해함

Grokster 하급심 판결들은 명시적인 판시로 보아서는 Sony 원칙에 크게 의존함이 없이 저작권법 종래의 기여책임과 대위책임의 법리 차원에서 법적 책임을 판단하고 있는 듯하지만, 판시내용 중 피고를 홈 비디오 녹화기 판매업자(Sony)에 비유하여 결론적으로 책임을 부정하는 논리를 전개한 사실에서도 알 수 있듯이 Grokster 하급심의 논리에서 Sony 판결에 대한 의존도는 그야말로 결정적이다. 그런데, Grokster 판결은 Sony 판결이 기여책임의 요건과 관련하여 비침해적 용도를 가진 상품의 공급자에게는 고양된 수준의 인식 요건, 즉 추정적 인식이 아니라 실제 인식을 요구한다고 해석하여 Aimster 항소심 등의 입장과는 대조적인 풀이를 하고 있다. 이러한 태도는 앞서 Napster 항소심 판결의 오류를 그대로 반복한 것으로서, 동일한 비판[85]을 받아야 마땅하다. 아래 연방대법원의 Grokster 사건에서의 입장도 '이런 해석은 개괄적 고의에 터잡은 책임에 관한 사안을 또 다른 이론에 터잡은 사안으로 변질시키는 것이어서 잘못된 해석'이라고 하여 하급심에 대하여 같은 비판을 하고 있다.

(다) Sony 판결을 적용함에 있어 상당부분 비침해적 용도가 있는지 제대로 규명하지 아니함

Sony 판결이 세운 가장 큰 업적은 불법복제와 같은 침해적 용도뿐만 아니라 많은 비침해적 용도를 추가로 더 가지고 있는 특정 복제기술의 발전과 배포를 막는 데 저작권이 부당하게 남용되어서는 안 된다는 점이다. 그런데 Grokster 판결에서 법원은 Grokster가 비침해적 용도를 많이 가지고 있다는 소결론에 이르는 과정에 있어서 Sony 법원이 취한 비교적 치밀한 자세와는 대조적으로 그 소결론을 지지할 구체적 근거를 거의 제시하지 않은 채 성급하게 단정하고 있다. 즉 Grokster 1심[86]은 원고 측이 피고의 소프트웨어가 상당부분 비침해적 목적으로 이용되고 있고 또한 그렇게 이용될 수 있다는 사실을 다투

12. 다만, 연방대법원의 Grokster 판결이 궁극적으로 기여책임과 같은 맥락에서 유발이론을 도입하여 책임을 추궁하고 있는 이상 기여책임이 일정범위에서는 여전히 생명력을 가진다. 한편 인터넷상 침해에 대한 대위책임에는 종래의 통제 가능성과 직접적 이익이라는 요건을 굳이 엄격하게 요구할 필요가 없음을 전제로 여전히 대위책임의 효용을 긍정하는 다소 이색적인 주장(Jeffrey L. Dodes, op. cit., p. 310~11)도 있다.

85) 제5장 제1절 Ⅰ. 'Napster 사건' 5. (1) 'Sony 판결에서 기여책임의 요건으로 과연 실제 인식을 요구하였는지 여부' 부분 참조.

86) Grokster, 259 F.Supp. 2d at 1035. 덧붙여, 비침해적 용도의 사례로 영화선전 편이나 무료곡 혹은 다른 저작권 없는 대상의 배포나 세익스피어 작품의 공유와 같은 용도 등을 적시하고 있을 뿐이다.

지 아니하였다고 간단히 판단하고 있다. 항소심 역시 Grokster 소프트웨어의 용도 상당부분이 비침해적인 경우에 해당하는 데 다툼이 없다는 원심의 위와 같은 인정을 그대로 원용하면서[87] 단지 파일교환을 허락한 저작권자들이나 공유자산을 교환하는 데 피고 소프트웨어를 사용한 이용자들의 진술 등을 추가로 보강하고 있을 뿐이다.[88] 따라서 이러한 Grokster 판결문만 읽어서는, 마치 원고들이 위와 같이 Grokster 소프트웨이가 그 용도 상당부분이 비침헤적인 경우에 해당한다는 사실은 다투지 않았고, 그 때문에 법원이 마치 우리 민사소송법상의 자백사실과 같이 처리한 것으로[89] 오해할 수 있겠다.

그러나 Grokster 판결문을 벗어나 원고 측이 제출한 서류 등[90]을 살펴보면, 항소를 하면서 원고 측은 자신들이 1심에서 위와 같이 자백한 적이 없고 오히려 수차례 서면을 통하여 이를 다투었음에도 1심 법원이 마치 다툼이 없는 양 판결문 상 사실인정을 한 것에 대하여 강한 불만을 토로하고 있다.[91] 마찬가지로 상고허가신청에서도 원고 측은 단지 "Grokster의 실제이용 90%가 침해적 용도임이 분명하다"고 주장하였을 뿐 나머지 10%는 침해적인지 비침해적인지 확실히 분류할 수 없어 제외하였을 뿐인데도 항소심 법원이 마치 원고가 그 나머지 10%는 비침해적이라고 주장하였고[92] 그로써 거꾸로 비침해적 용도의 존

87) Grokster, 380 F.3d at 1161.

88) 이러한 사실인정만으로는 비침해적 용도가 존재한다는 점은 인정될 수 있을지 몰라도 곧바로 상당한(substantial) 부분에 이른다고 단정하기에 부족하다고 여겨진다(같은 입장으로는 Jesse M. Feder, op. cit., p. 901). 이것은 Grokster 법원이 Sony 기준을 기여책임에서의 인식 요건에 종속하는 요소로 격하하여 잘못이해한 결과 Sony 판결을 원용함에 있어 이 부분에 충분한 고려를 하지 못한 것으로 짐작된다. 이에 반하여, Sony 판결에서는 당사자들이 시행한 조사자료 등을 상세히 원용한 다음에야 이용자들의 사용행위는 시간이동을 위한 비침해적 용도의 사용이 대부분이라는 사실을 확정하였고 이러한 사실확정을 토대로 비디오테이프 레코더 복제기술은 사회 전체적으로 이익이 더 큰 기술이라는 대전제를 성립시켰다.

89) 미국에서도 당사자간 중요한 사실관계에 대하여 다툼이 없는 경우 정식재판(Trial) 없이 곧바로 약식결정(summary judgment)을 내릴 수 있는 등 당사자의 자백 여부(다툼 여부)가 중요함은 이미 설명하였다. 이에 관해 자세히는 제2장 제2절 Ⅱ. 3. (2) 2) (가) 부분 각주 참조.

90) Grokster 사건에서 당사자나 이를 지지하는 제3자가 항소와 관련하여 제출한 각종 신청서(Appellate Petition)나 법률의견서는 무려 70종이나 된다. 그 중 위 본문에 해당하는 서류는 가령 Appellate Brief, Mgm Plaintiffs-Appellants' Opening Brief, 2003 WL 22794496 (C.A.9, Aug. 18, 2003). 아울러 상고허가신청에 있어서는 Metro-Goldwyn-Mayer Studios Inc. v. Grokster, Ltd., 2004 WL 2289200 (Appellate Petition, Motion and Filing) (U.S. Oct. 08, 2004) Petition for a Writ of Certiorari (NO. 04-480).

91) Appellate Brief, Mgm Plaintiffs-Appellants' Opening Brief, 2003 WL 22794496, at 23.

92) 상고허가신청에서 지목하고 있지는 않으나, 이는 항소심판결 중 "실제 저작권자가 주장한 바와 같은 불과 10% 수준의 비침해적 용도에서 그 용도의 양은 수십만의 비침해적 파일교환을 나타낸다

재를 자백한 것처럼 정리한 것은 오류라고 지적하고 있다.

결국 원심과 항소심 판결 모두 Sony 판결이 제시한 원칙을 Grokster의 사안에 적용하려면 먼저 Sony 사안에서와 같이 문제되는 Grokster 소프트웨어가 비침해적 용도를 가졌는지, 그 용도부분이 상당(substantial)한지에 대한 자세한 규명을 선행하였어야 할 것인데, 원고가 이 점을 자백한다고 잘못 보아 간단히 결론에 이르고 만 것에 오류가 있다고[93] 하지 않을 수 없겠다.[94]

(라) Grokster가 단순히 소프트웨어공급자에 불과한지 제대로 살피지 아니함

항소심판결은 Grokster가 단순히 소프트웨어공급자에 해당하는지, 그에 따라 'Grokster 소프트웨어' 라는 상품공급자로서 Sony 원칙을 적용받을 수 있는지 여부에 관하여도 엄밀한 사실 검토를 하지 않았다. 즉, 피고 측이 서버를 중단하여도 여전히 이용자들은 파일교환이 가능한지 여부,[95] 피고 측이 등록 및 로그인 절차를 통하여 접속을 차단할 여지가 있었는지 여부, 혹은 이용자들에게 업그레이드를 강요하는 것과 같이 강제수단이 있었는지 여부[96]에 관하여, 꼼꼼히 심리하였어야 함에도 그러하지 못함으로써 법원이 인정한 사실이 진짜 현실에 부합하는 것인지 의문을 자초하였다. 이 점에 대한 비판은 편의상 앞서 해당 각주 부분에서 이미 하였다.

(Indeed, even at a 10% level of legitimate use, as contended by the copyright owners, the volume of use would indicate a minimum of hundreds of thousands of legitimate file exchanges)" 부분(Grokster, 380 F.3d at 1162 FN 10)을 가리키는 듯하다.

93) 위와 같은 피고의 자백 문제는 언급하지 않았지만, 비슷한 방향의 비판을 하는 글로는 Jesse M. Feder, op. cit., p. 882; Bruce P. Keller & Jeffrey P. Cunard, 『Practising Law Institute Copyright Law』 s 14:4.2, Practising Law Institute, November 2003, p. 14(-51).

94) 아래 연방대법원의 Grokster 판결 중 Ginsburg 대법관 등 3인의 별개의견에서는 이와 유사한 입장에서 "이 사건은 Sony 사건의 사안과는 크게 다르다. 여기서는 어떠한 공정이용도 존재하지 않고 용도 상당부분이 비침해적이라는 점에 대하여는 신뢰하기 힘든 주관적 증거(anecdotal evidence) 이외에는 별다른 증거가 없다"라고 하여 하급심의 성급한 단정을 비판하고 있다.

95) 이 점에 관하여는 아쉽게도 완벽한 의견의 일치가 이루어진 것은 아닌 듯하다. 물론 슈퍼노드 형 P2P는 개념상 피고의 서비스가 없더라도 계속 존속하는 것을 전제한다. 하지만, Grokster나 Kazaa와 같은 소프트웨어를 공급하는 피고의 구체적인 소프트웨어 기술설계에 따라 피고의 서비스에 종속될 수 있는 여지도 있다. 이 점에 관하여 비단 Grokster 사건뿐만 아니라 아래 호주에서 발생한 Kazaa 사건에서도 피고 및 피고를 위한 기술전문가들은 당연히 피고 서비스가 없더라도 이미 배포된 소프트웨어로 인한 네트워크는 기술적으로 존속할 수 있다고 일관되게 주장하고 있다. Grokster 하급심 법원도 이러한 주장을 채택하였을 뿐만 아니라 연방대법원조차 이러한 주장이 일단 사실임을 전제로 판단하고 있는 듯하다. 따라서 지금까지의 사정으로는 이러한 피고 주장이 타당한 것으로 사료된다.

96) 이러한 부분에 대한 비판은 제6장 제3절 Ⅰ. 2. (2) 2) (나) 및 (다) 부분 각 각주 참조.

(마) 여전히 모호한 통제 가능성의 기준

Grokster 항소심 판결에서 보듯이 법원은 '자신의 컴퓨터 상의 소프트웨어와 파일을 변경할 의무는 타인의 컴퓨터에 위치한 소프트웨어를 변경할 의무와는 전혀 다른 것이어서 대위책임의 유무를 정함에 있어서는 이렇게 타인의 컴퓨터에 위치한 소프트웨어를 업그레이드할 가능성 문제는 관련 없는 문제'라고 판시하고 있다. 일단 미국의 논자들도 통제 가능성의 기준에서 Grokster 항소심의 입장과 Aimster 항소심의 입장이 서로 일치하지 않음은 인정하고 있다.[97)]

Aimster 항소심 판결에서 포스너 판사가 인정한 '고의적인 외면(willful blindness)' 이론을 Grokster 사건에 응용해 본다면, '비록 타인의 컴퓨터에 위치한 소프트웨어를 변경할 의무까지는 없다 하더라도 이렇게 위치하기 되기까지 최초에는 피고가 그 홈페이지를 통하여 이용자들에게 다운로드하게 한 것으로서, 피고가 지금이라도 필터링 매카니즘의 채용 등 가능한 감독권을 행사하여 소프트웨어를 업그레이드시킨다면 적어도 이후 다운로드부터는 침해가 이루어질 수 없으므로 이러한 범위 내에서는 Aimster 판결이 제시한 고의적인 외면 이론에 따라 오히려 통제 가능성이 긍정된다고 보아야 한다'는 요지로 주장 못할 바도 아닐 것이다. 이런 주장을 Grokster 사건을 취급한 연방 제9항소법원이 아니라 Aimster 사건을 다루었던 연방 제7항소법원이 처리하였다면 Grokster 사안에 대하여 상이한 결론이 나왔을 수도 있는 것이다.

이렇게 통제 가능성의 유무 문제에 관하여 Grokster 법원과 Aimster 법원의 기준이 미묘하게 다른 사실에서도 알 수 있듯이, '공급, 판매되어 공급자의 수중을 떠나 이용자의 수중으로 이동한 상품'에 대하여 "이미 공급자의 손을 떠났으므로 공급자로서는 통제 가능성이 있을 수 없다"[98)]고 할지, "지금은 공급자의 수중을 떠났더라도 공급자가 당초 공급하지 않을 수 있었거나, 적어도 침해적 용도부분은 변경한 다음 공급할 수 있었으므로[99)] 이 점에서 통제할 수 있

97) Robyn Axberg, op. cit., p. 435.

98) Grokster 하급심 법원들의 입장이다.

99) Aimster 항소심은 Sony 원칙이 대위책임에는 적용되지 않는다는 입장을 비판하면서, 'Sony 사건에서 원고 저작권자들이 개별이용자들을 상대로 Sony의 비디오테이프 레코더의 고속전진버튼(fast-forward button)을 사용하여 광고를 삭제함으로써 저작권자의 수입을 감소시킨 행위에 대하여 일일이 제소하기는 불가능하겠지만 Sony 스스로 그러한 침해가능성을 비디오테이프 레코더의 디자인 변경으로 쉽게 감소시킬 수 있을 것이라고 본다면 앞서 대위책임이 Sony 사건에도 적용될 수 있었을 것'이라고 하고 있다(Aimster, 334 F.3d at 654). 이는 결국 Sony가 상품판매자이기 때문에 상품판매 이후의 침해행위에 대하여는 항상 대위책임에서의 통제 가능성을 가질 수 없는 것이 아니라 '디자인 변경'이라는

었다"고 할지, 마찬가지로 기여책임에서의 기여행위에 있어서도 "이용자의 침해행위 때는 상품판매자의 손을 떠난 후라 기여행위 자체를 할 수 없다"라고 처리할지,[100] 아니면 "상품판매자가 침해수단인 상품을 공급한 행위 자체가 기여행위다"[101]라고 할지는, 그야말로 어느 일방도 상대방의 논리를 결정적으로 반박하기 어려운, 정답 없는 문제라고 하겠다. 결국 이렇게 미묘한, 공급자의 책임문제를 적절히 해결하기 위해서는 Sony 판결의 다수의견이 채용하고 있는 논리, 즉 기여책임이나 대위책임의 형식적 요건해당성에 구애받지 않고 거시적인 시각에서 사회 전체에 당해 상품이나 서비스가 가져다 주는 이익과 불이익을 비교형량하여 공급의 허용 여부를 결정하는 방식을 취할 필요가 있게 된다.

실제로 아래 등장할 Sony 판결의 다수의견에서는 원고가 기여책임의 법 논리를 근거로 피고 책임을 추궁한 주장을 판단하면서도, Frena 판결, Netcom 판결, Napster 판결, Aimster 판결, Grokster 판결 등이 모두 거의 기계적으로 '①. 이용자들의 직접침해책임의 성부 ②. 공급자의 기여책임의 성부' 식의 판시를 하는 것과 대조적으로[102] 저작권법은 물론 일견 관련 없어 보이는 특허법의 법문까지 자유롭게 원용참고하며, 아울러 과거의 비슷한 관련 분쟁들에 대한 넓은 시각의 고찰을 터잡고, 당해 사건의 사실관계에 대한 하급심에서 이미 발견한 통계적 · 계량적 자료 등을 풍부하게 검토하여 결론에 이르고 있을 뿐이다.

(3) 연방대법원의 판단

1) 항소심 판결 이후의 경과

Grokster 항소심에서도 패배한 원고 측은 다시 연방대법원에 상고허가신청(이송명령신청, Petition for Writ of Certiorari)[103]을 제출하였다.[104] 그런데 2004.

수단으로 통제 가능성을 가지고 있었다고 주장할 여지가 있음을 전제로 한 논리인 것이다.

100) Grokster 하급심 법원들의 입장이다.

101) 후술하는 Sony 사건의 연방항소법원의 입장이 이에 해당한다(Sony, 659 F.2d at 976).

102) 물론 이러한 하급심판결들이 Sony 판결과 달리 인터넷 등장 이후 인터넷서비스제공자에 대한 쟁송에 관한 것이기는 하나, 그것이 원고의 기여책임 주장을 판단하는 방식에 결정적인 차이를 가져다 준 원인이라고는 할 수 없다. Sony 법원에서, 기여책임인지 대위책임인지에 관계없이 2차적 책임을 포괄하여 넓은 시각에서 판단하고자한 점이 차이가 생긴 원인이다. 이에 관하여는 나중에 설명한다.

103) 미국 사법체계에서 연방대법원은 사건에 관하여 필요적으로 심리하여야 하는 경우와 재량에 의하여 심리할지 결정할 수 있는 경우가 있다. 전자의 경우는 유지명령 신청을 인용 · 기각한 연방지방법원 3인 재판부의 결정에 대한 불복에 국한되며, 그 나머지 경우는 모두 후자의 경우로 이때 연방대법원은 이송명령(Certiorari, 상급법원이 심리를 위해 하급법원에 기록을 이송하도록 지시하는 재량적 명

12. 10. 연방대법원은 이러한 신청을 인용하여 Grokster 사건을 심리하기로 결정하고,[105] 2005. 3. 29. 첫 심리를 개시하였다. 복제기술과 저작권의 충돌이라는 근본적 문제에 관하여 과거 20여 년간 가장 중요한 역할을 하여 왔던 선례가 Sony 판결이었다면, Grokster 사건에 대한 연방대법원의 판결은 이른바 'P2P 이용자들에 의한 저작권침해에 따른 인터넷서비스제공자의 책임' 문제를 직접 다룬 연방대법원의 최초 사례라고 할 수 있다.[106] 따라서 당초에는 학계로부터, 그 판단의 방향이 직접적으로는 P2P 네트워크사업자의 향후 사업에 막대한 영향을 끼칠 것임은 물론, 더 나아가 Sony 판결에서 이미 제시된 일련의 원칙들이 디지털시대의 저작권침해에 대해서는 어느 범위까지 여전히 효력을 가지게 되는지도 분명히 판가름지어질 것이라고 예상되었다.

그런데, 연방대법원은 과거 Sony 사건을 무려 약 3년 동안 심리하였었던 것과 달리 이번의 Grokster 사건은 상고를 허가한 뒤 불과 수개월만인 2005. 6. 27. 연방지방법원과 연방 제9항소법원의 판단을 뒤집고 Grokster에게 기여책임을 인정하는 취지의 판단을 내렸다.[107] 그런데 학계의 일반적인 기대와 달리 Sony 선례의 해석에 관해서는 치열한 논쟁을 반영하듯이,[108] 전원일치에 해당하는 의견 중 3인과 나머지 2개의 별개의견(각 3인)으로 분열되었다.

령)에 의하여 사건을 심리하게 된다. 이 때 상고허가신청에는 패소당사자가 연방대법원에 대하여 하급법원의 결정을 재심사해 줄 것을 신청하며 당사자명, 사실관계, 재심사할 법적 쟁점 및 법원이 왜 재심사를 허가해야 하는지에 대한 논거를 담아야 한다. 이상은 Black' s Law Dictionary 2th pocket ed. 2004 및 Bar/Bri, 『Multistate』, Thomson, 2004. p. 2 및 〈www.techlawjournal.com/glossary/legal/certiorari.htm〉[2004. 10. 17.] 등을 정리함.

104) 이 사건 상고허가신청서는 Metro-Goldwyn-Mayer Studios Inc. v. Grokster, Ltd., 2004 WL 2289200 (Appellate Petition, Motion and Filing) (U.S. Oct. 08, 2004) Petition for a Writ of Certiorari (NO. 04~480). 다만 그 전문을 〈www.goldsteinhowe.com/blog/files/GroksterPetition.pdf〉[2005. 1. 12.]에서도 찾을 수 있다.

105) Metro-Goldwyn-Mayer Studios Inc. v. Grokster, Ltd., 125 S.Ct. 686, cert. granted, Dec 10, 2004.

106) Sony 사건 이후 연방대법원 앞에 놓인 가장 중요한 저작권사건이라는 것이 미국 논자들 다수의 입장이었다. 가령 피고 Grokster를 변호하고 있는 EFF 소속변호사인 Cindy Cohn의 말을 빌리면 'Grokster사건은 저작권자와 기술혁신자 사이의 이해다툼의 경계를 수십 년 동안 확정짓게 될 것' 이 분명하다. 이는 David G. Savage, "The Net Effect -High Court Enters the Digital Age with Cases on File-Sharing, Cable Competition," ABA Journal, March 2005, p. 18.

107) Metro-Goldwyn-Mayer Studios Inc. v. Grokster, Ltd., 125 S.Ct. 2764 (U.S. Jun 27, 2005).

108) 연방대법원에 제출된 저작권자 측, 기술공급자 측, 학계 등의 법률검토의견서(Brief Amici Curiae)는 그 개수가 무려 상고허가결정 이전까지 15개, 그 이후 최종판결 이전까지 추가로 59개에 이르렀다. 그런데 이들 의견서들이 치열하게 대립한 쟁점이 다름 아닌 Sony 판결의 해석에 관한 것이었다(이 점은 연방대법원 판결에 대한 Westlaw 검색결과 참조).

2) 연방대법원의 판결내용

(가) Scouter 대법관이 작성한 전원일치 의견

『명백한 증거들에 의하면, 피고들은 소프트웨어를 처음 공급하였을 때 자신들의 그것을 Napster의 대체물로 광고하면서, 이용자들로 하여금 저작물을 다운받는 데 소프트웨어를 활용하게 함이 목적임을 분명히 하였던 사실, 피고들의 소프트웨어는 성질상으로는 어떤 형태의 파일도 교환할 수 있지만, 대부분 저작물인 음악파일, 영상파일을 무단공유하는 데 이용되어 온 사실, 피고들은 비록 분산화된 소프트웨어의 특징 때문에 교환되는 파일의 내용이나 교환시점을 알 수는 없었지만, 이용자들이 주로 저작권 있는 파일들을 다운받는 데 소프트웨어가 활용됨을 알고 있었던 사실, 피고들은 소프트웨어를 무료로 배포하는 대신 소프트웨어가 이용될 때 구동되는 광고공간을 판매하는 방법으로 이윤을 올려 온 사실, 피고들이 저작권 있는 파일을 필터링하기 위한 노력이나 여타 저작권 있는 파일 교환을 막기 위한 노력을 하였다고는 보이지 않는 사실이 인정된다.[109]

저작권 보호를 통한 창작의 장려와 침해책임 제한에 의한 기술발전의 촉진이라는 대립되는 이해 사이의 긴장이 이 사건의 주제이다. 다만 피고들의 소프트웨어를 이용하여 매일 이루어지는 침해적 다운로드의 숫자를 볼 때는, 반대로 고려할 측면들에 불구하고 간접책임을 부과하자는 주장이 이 사건에서는 설득력이 있다. 널리 공급된 상품이 침해행위에 이용될 때 모든 개별 침해자에 대하여 저작권을 강제하는 것은 불가능하므로 부득이 기여책임이나 대위책임과 같은 간접책임을 그 상품공급자에게 부과하는 것이 현실적인 대안일 수밖에 없다. 특정인이 다른 이의 침해에 대하여 책임을 부담하는 근거가 저작권법에는 명시적으로 정해져 있지 않지만 이러한 간접책임의 법리는 보통법상의 원칙에서 출발하여 이미 확고한 법이 되었음은 Sony 선례에서 판시한 대로이다.[110]

그런데, Sony 사건에서는 문제된 상품인 비디오카세트 레코더(VCR, Video Cassette Recorder)의 주된 용도가 시간이동이었다는 점, 피고 Sony는 저작권을 침해하는 데 자신의 비디오카세트 레코더를 이용하도록 만들거나, 불법복제

109) Grokster, 2005 WL 1499402 (U.S.) at 4~7.

110) 이상은, Id. at 9. 여기서 연방대법원은 Sony 사건에서와 연방대법원의 자세와 달리 기여책임과 대위책임을 명확히 구별한 다음, 이 사건은 후술할 유발이론에 근거하여 판결하기 때문에, 대위책임 부분은 굳이 판단하지 않는다고 판시하고 있다.

의 결과로 피고의 이득을 증가시키기 위한 적극적 조치를 취한 적이 없다는 점 때문에 결국 피고에게 기여책임을 추궁할 근거는 오로지 상품을 공급한 행위 자체에 국한되었다. 이러한 Sony 사건에서 연방대법원은 특허법 규정인 35 U.S.C. § 271(c)의 '상업상 주요한 상품(staple-article doctrine)'의 원리를 차용하여, Sony가 생산하는 비디오카세트 레코더의 용도 상당부분이 비침해적인 경우(substantial noninfringing use)에 해당하므로 그러한 상품을 공급하였다는 것만으로는 책임을 지울 수 없다고 판단한 바 있다.[111)]

Sony 판결은 단지 상당부분 적법한 용도를 가진 상품(실제로는 침해를 위해 이용된다는 사정을 배포자가 아는 상품)을 고안하거나 배포하는 행위에서, 침해를 야기하려는 추론적 혹은 개괄적 고의(imputing intent)에 터잡은 2차적 책임을 추궁함을 금지한 것이었다. 그런데 이 사건 Grokster 항소심은 상품의 용도 상당부분이 비침해적인 경우라면 그 상품공급자가 침해에 기여하는 시점에서 침해에 대한 구체적 인식(specific knowledge)을 가졌고 아울러 그러한 인식에 따라 행동할 수 없었던 한은, 설령 그 상품공급자에게 침해적 이용을 유도하려는 현실적인 의도(actual purpose)가 존재하였더라도 상품이용자의 침해에 대하여 기여책임을 부담할 수 없다는 뜻으로 Sony 판결을 해석하고 있다. 하지만 이런 해석은 개괄적 고의에 터잡은 책임에 관한 사안을 또 다른 이론에 터잡은 사안으로 변질시키는 것이어서 잘못된 해석이다.[112)] 왜냐하면, Sony 판결은 다른 간접책임이론을 대체하는 것이 아니기 때문이다. 즉 상품이 침해에 이용될 수도 있다는 특정상품의 성질이나 그에 대한 인식을 넘어, 침해를 조장하기 위한 언급이나 행동이 입증되었을 경우, Sony 판결에서의 '상업상 주요한 상품'의 원리만으로는 책임을 배제하지 못한다.

보통법에서 저작권이나 특허권에 대한 침해적 이용을 예측하였을 뿐만 아니라 나아가 광고로 유발한 자는 침해에 대한 책임이 있다는 것은 법의 모든 분야에서 인정된 원칙이고,[113)] 이는 Kalem Co. v. Harper Bros. 사건[114)] 등과 같

111) Id. at 10. 이러한 Sony 판결의 자세한 내용은 '제7장 제2절 Ⅳ. 연방대법원의 판단 1. 다수의견' 부분.
112) Id. at 11.
113) "....at common law a copyright or patent defendant who not only expected but invoked infringing use by advertisement was liable for infringement on principles recognized in every part of the law." 이러한 설시를 통하여 연방대법원은 이어지는 판결 부분에서 또 한번 다른 법 분야, 즉 특허법 분야의 원칙을 차용할 준비를 하고 있는 듯하다. 특히 위 표현 중 많은 부분을 kalen 판결에서 따 오고 있다.
114) 사안의 내용에 관하여는 제7장 제2절 Ⅳ. 1. 부분 각주 참조. 1984년 Sony 사건에서의 연방대법원은

은 선례에서 인정되어 왔으며, 이러한 침해유발(inducement of infringement)의 법리는 오늘날에도 여전히 같다.

특허법에서도 '상업상 주요한 상품'을 공급한 자에 대한 35 U.S.C. §271(c)의 면책과 달리, 35 U.S.C. §271(b)에서 특허침해를 유발한 자에게는 책임을 지우고 있는 것이다.[115] 침해적 이용을 광고하는 행위나 어떻게 침해적 이용을 하는지를 지도하는 행위와 같이, 직접침해를 야기하기 위해 취해진 적극적 조치들(active steps)이 존재하는 때라면 당해 상품의 침해적 이용을 용인하는 의사(affirmative intent)가 입증된 것이고, 이러한 경우라면 피고가 단지 일부 합법적 이용에 적합한 상품을 공급한 사안에는 함부로 책임을 긍정하지 않는다는 법원칙이 적용되지 않는다.[116]

종전 연방대법원의 Sony 판결이 특허법 상의 '상업 상 주요한 상품' 원칙을 저작권법 상의 면책법리로 차용하였듯이, 지금의 연방대법원은 '유발 원칙(inducement rule)'[117] 역시 저작권법에 응용될 수 있다고 본다. 요컨대 저작권을 침해하는 데 자신의 도구(device)[118]를 이용함을 권장할 의도가 있었음이, 명백한 언동이나 여타 침해를 조장하기 위해 취해진 적극적인 조치를 통하여 입증된 경우 그 도구를 공급한 자는, 단지 제3자의 행위를 인식하고 도구를 공급한 자라고만 볼 수 없고, 제3자가 그 도구를 이용하여 범한 침해의 결과에 책임이 있다.[119]

원고가 주로 Kalem 판결에 터잡아 이른바 '도구이론'을 주장한 것에 대하여 Kalem 사건에서는 도구를 판매한 것이 아니라 침해결과물 자체를 판매한 것이어서 원고 주장에 부합하는 선례가 아니라는 이유로 비교적 간단히 배척하였다. 그렇게 배척된 Kalem 사건이 2005년 Grokster 사건을 다루는 연방대법원에게는 오히려 유발이론에 관한 중요한 선례로 원용되고 있음은 주의를 요한다. 이런 차이를 보더라도 반대해석상 Sony 사건의 연방대법원은 상품의 침해적 · 비침해적 용도의 비교분석에 중점을 두었지 상품공급자의 침해 목적이나 침해의 고의는 별다르게 고려하지 않았음을 짐작할 수 있다(이와 관련해서는 제7장 제2절 Ⅴ. 'Sony 원칙의 올바른 적용' 2. (3) 1) (마) '공급자가 가진 불법의 주된 목적이 법원의 판단에 영향을 미치는지 여부' 부분 참조).

115) 35 U.S.C. §271 (b)와 (c)의 내용 및 원문은 제7장 제2절 '연방대법원의 Sony 판결이 놓았던 1984년의 시금석으로 되돌아가며' Ⅳ. (1) 부분 각주 참조.

116) Id. at 12-13.

117) 판시 다른 부분에서는 유발 이론(inducement theory)라고도 칭하고 있다.

118) 소리바다 가처분이의판결의 '불법도구'나 국내의 논자들의 '도구이론' 운운은 앞서 설명한 대로, 미국 특허법 상 기여침해 규정인 35 U.S.C. §271 (c)와 관련된 오해이다. 하지만 연방대법원이 여기서 사용하는 '도구'라는 언급은 35 U.S.C. §271 (c)와 관련하여서가 아니라 유발에 관한 35 U.S.C. §271 (b)를 풀이하며 등장하고 있다.

119) Id. at 13.

기록상 증거들에 의하면 세 가지 점에서, 피고들의 불법 목적(unlawful objective)이 분명히 인정된다. 첫째 피고들은 스스로 종전 Napster 이용자들로 이루어진 시장의 저작권침해수요를 충족시키는 것이 목적임을 분명히 한 바 있고,[120] 둘째 피고회사들 모두 자신들의 소프트웨어를 이용한 침해행위를 감소시키기 위한 필터링 수단이나 여타 메카니즘을 개발하고자 시도한 적이 없으며,[121] 셋째 피고회사들은 피고들의 소프트웨어를 이용하는 개별컴퓨터 화면에 띄워지는 광고공간을 팔아 수입을 얻었는 데 더 많은 수입을 얻기 위하여 더 많은 자신들의 소프트웨어가 침해적으로 이용되도록 자극한 점이 그것들이다.[122]

따라서 항소심판결을 파기하고 연방대법원의 위 의견에 따라 추가심리하기 위하여 환송하기로 한다』.

(나) Ginsburg 대법관 등 3인의 별개 의견

『유발 이론에 따라 책임이 긍정된다는 전원일치의견에 동의하지만, 그 이론과 아울러, 혹은 그 이론이 아니라도 피고들의 소프트웨어 배포에만 근거해서도 기여책임을 인정할 수 있다는 중요한 사실관계에 관한 다툼(genuine issue of material fact)[123]이 존재한다.[124]

120) Id. at 15. 구체적으로, 먼저 모피어스(Morpheus)를 공급한 스트림캐스트사의 경우 그 회사내부문서가 줄곧 Napster를 언급하였고, 모피어스 소프트웨어의 최초 배포 루트가 Napster와 호환되는 오픈넵(OpenNap이란 Napster의 네트워크기술을 바탕으로 Napster 소멸 직후 등장한 여러 가지 아류의 P2P 네트워크를 가리킴; 필자 주)을 통하여 이루어졌으며, 모피어스가 저작물인 영상파일이나 소프트웨어를 포함하여 더 많은 종류의 파일을 교환할 수 있다는 점을 제외하고 Napster와 동일한 기능을 가졌음을 광고하였음을 지적하였다. 다음으로 'Grokster'를 공급한 그록스터 사의 경우 'Grokster'의 이름이 Napster에서 파생된 것이고, 그록스터 사 역시 처음에는 Napster와 호환되는 오픈넵을 운영하였고, Napster를 찾는 검색요구를 자신의 웹사이트로 전환하고자 노력한 사실을 지적하였다. 불법복제행위가 대부분이었던 종전의 Napster 이용자들에게 피고 회사들이 서비스를 제공하려한 사실은, 유일한 목적은 아닐지라도 주된 목적(principal intent)이 침해를 야기하는 것임을 나타낸다고 연방대법원은 보았다.

121) Id. 다만 주의할 점은 연방대법원이 여기서, 만일 당해 상품이 상당부분 비침해적인 용도를 가진 경우 불법 목적을 드러내는 다른 증거사실들이 없는 때라면 단지 이러한 조치를 적극적으로 수용하지 않았다는 점만으로는 기여책임을 부과할 수는 없다는 입장을 취하고 있다는 점이다. 그러한 경우까지 책임을 부과하는 것은 Sony 원칙을 너무 가까이서 훼손한다고 연방대법원은 보았다(Id. FN 12).

122) Id. 여기서 연방대법원은 특히, 하급심에서 피고들의 책임은 침해를 야기하였다는 '행위들'이 아니라 '소프트웨어'와 관련되어서만 논의되었으므로 피고들의 행위에 터잡은 책임주장은 부당하다는 피고 측 반박에 대하여, 유발 책임(Inducement Liability)하에서는 그 상품이 침해적으로 이용될 것을 공급자가 의도하고 야기하였다는 입증이 있는 경우 상품의 공급 자체만으로도 책임이 부과될 수 있다고 판시하면서 그 선례로 Kalem 사건을 다시 원용하였다.

123) 제2장 제2절 Ⅱ. 3. (2) 2) (가) 부분 각주 참조.

우선, 미국법 상 책임은 특정한 행위를 통하여 침해를 적극적으로 야기(encouraging) 혹은 유발(inducing)하는 상황이나, 용도의 상당부분 혹은 상업적으로 중요한 부분이 비침해적이라고 볼 수 없는 상품인 경우 이용자가 저작권침해에 이용할 상품을 공급하는 상황에서 인정된다. 이러한 두 가지 상황은 오늘날 특허법에 35 U.S.C. § 271(b)와 35 U.S.C. § 271(c)로 각각 수용되어 있다.[125)]

Sony 선례에서는 연방대법원이 정식재판을 통한 증거들을 샅샅이 살펴 다음처럼 피고의 책임을 판단하였다. 연방대법원은 특허법상의 '상업상 주요한 상품' 원칙을 문제된 저작권법 관련 사건에도 도입한 다음, 이용자들이 대부분 시간이동(time-shifting)이라는 용도로 비디오카세트 레코더를 이용하는 데 있어 비록 저작권자로부터 허락을 받지 않은 경우라도 분석결과 공정이용에 해당하므로 결국 피고가 공급한 비디오카세트 레코더의 용도 상당부분이 비침해적인 경우에 해당하여 '상업상 주요한 상품' 원칙에 따라 책임이 없다고 판시한 바 있다. 아래 Breyer 대법관 등의 다른 별개의견은 이러한 Sony 선례가 당해 상품이 '거의 전적으로(almost exclusively)' 저작권침해에 이용될 경우에만 그러한 상품의 공급에 기여책임이 부과됨을 명확히 하였다고 해석하고 있지만, 이는 부당하다.[126)]

그런데 이 사건은 Sony 사건의 사안과는 크게 다르다. 여기서는 어떠한 공정이용도 존재하지 않고 용도 상당부분이 비침해적이라는 점에 대하여는 신뢰하기 힘든 주관적 증거(anecdotal evidence) 이외에는 별다른 증거가 없다. 1심과 항소심은 '피고들의 소프트웨어가 상당부분 비침해적 용도를 가졌다는 사실은 당사자 사이에 다툼이 없다'고 하여 더 이상의 심리를 생략하였지만 이는 피고들이 제출한 진술서들[127)]에만 크게 의지하고 있을 뿐이다. 이러한 진술서들만으로는 피고들 소프트웨어가 압도적 수치로 침해적으로 이용되고 있다는

124) Id. at 16.

125) Id. at 17.

126) Id. 여기서 위 별개의견은 반박의 근거로, Napster 항소심(실제 인식이 있으면 비침해적 용도를 가진 경우도 책임을 인정)과 Aimster 항소심(비침해적 용도를 가진 경우라도, 비침해와 침해 용도 간의 상대적 비율을 대략 측정하는 것을 요구함) 등의 태도를 열거한 이외에도, Breyer 대법관 등의 위 해석이, 종전 기여책임과 같은 2차적 책임론이 적용되어야 할 상황에서 Sony 원칙 때문에 적용이 제한되는 것은 아니라고 해석한, Grokster 사건에서의 연방대법관 전원의 태도와 모순된다고 주장하였다.

127) 이 부분에서 위 별개의견은 피고에게 유리한 내용인 8인의 진술서와 1인의 소정외증언(Deposition)을 열거하면서도 진술서 중 2인의 것은 동일인들의 소정외증언과 모순되는 점도 아울러 지적하고 있다.

점에 관한 원고들 제출의 증거들에 비추어[128] 원심과 같이 피고를 위한 약식결정에 이르기 어렵다. 비록 피고들 소프트웨어를 이용하여 복제되는 비침해적 파일의 절대수치는 크다고 하더라도, 전체 파일교환의 방대한 수치에 비한다면 상당부분이 비침해적이라고 할 수 없을 것이다.[129]

아울러 1심과 항소심은 이 사건의 쟁점인 피고들 소프트웨어의 용도와 이 사건 쟁점이 아닌 P2P 기술 일반의 용도를 명확히 구별하지 않았다.[130]

요컨대, 이 사건의 증거들을 엄밀히 살핀다면 피고들 소프트웨어는 압도적으로 침해적 용도로 이용되었다는 증거가 있는 이상 피고들 소프트웨어 용도의 상당부분이 비침해적이라는 점에는 중요한 사실관계에 관한 다툼이 있을 뿐이며, 적어도 원고들이 줄곧 다투어 왔음에도 용도의 상당부분이 비침해적인 경우에 해당함에는 다툼이 없다고 판단해버린 1심과 이를 승인한 항소심의 판단에는 의문이 있는 것이다. 만일 환송된 항소심에서 피고들이 적극적으로 침해를 유발하였다고 하여 원고 승소의 약식결정이 내려지지 않는 경우라면, 환송된 항소심은 Sony 원칙을 해석함에 있어서 반드시 정식재판을 통한 증거들을 엄밀히 고려하여 판단하여야 할 것이다』.[131]

(다) Breyer 대법관[132] 등 3인의 별개의견

『침해, 비침해 용도를 모두 가진, 기술 공급자라도 만일 그가 적극적으로 침해를 발생시키려고 노력하였을 때는 제3자의 침해행위에 대한 책임이 있다는 위 전원일치의견에 동의한다. 나아가 이러한 입장에서 볼 때 이 사건에서는 Sony 판결에 따라 해결할 필요가 없다는 데도 동의한다. 그러나 일부 연방대법

128) 여기서, 위 별개의견은 단지 피고들 소프트웨어를 통해 교환된 파일의 75%가 원고들의 저작물이고 15%는 (타인들의) 저작물일 것으로 보인다는 원고 측의 통계조사결과를 기초로 Breyer 대법관 등의 별개의견이 그 나머지 10%는 비침해적 이용이고 이 정도만으로도 용도 상당부분이 비침해적인 경우에 해당한다고 해석한 것에 반대하였다. 반대의 논거로 Sony 선례에서는 원고들의 저작물 비율이 불과 10% 이하였음에 비하여 이 사건 원고들이 보유한 저작물 비율은 무려 약 75%에 달하고 있음을 들었다.

129) Id. at 18.

130) Id. 이 쟁점에 관하여는, 제5장 제3절 Ⅳ. 3. (1) 4) (가) '소리바다가 이른바 불법도구인지 여부' 부분 각주 및 제7장 제2절 Ⅴ. 2. (3) 3) '손익판단의 대상은 특정 상품이나 서비스에 국한된다는 원칙' 부분 각 참조.

131) Id. at 19.

132) Breyer 대법관 등 3인은 Ginsburg 대법관의 견해와 달리 Sony 원칙을 엄격히 해석함으로써 사실상 그 적용범위를 축소하는 데 반대하고 있다. 이 견해에 가담한 Stevens 대법관, O' conner 대법관은 다름 아니라 20여년 전 Sony 판결의 다수의견에 가담한 대법관들이었다(제7장 제2절 Ⅳ. 1. 부분 각주 참조).

관들은 Grokster 소프트웨어 용도의 상당부분 혹은 상업적으로 중요한 부분이 비침해적인지에 관하여 의문을 제기하고 있지만, 이러한 의문에는 반대한다.[133)]

Sony 사건에서 피고는 많은 이용자들이 무단복제 등에 비디오카세트 레코더를 이용하리라는 사정을 인식한 상태임에도 비디오카세트 레코더를 공급하였는데, 이러한 사안에서 피고를 면책시키기 위하여 연방대법원은 종래 2차적 책임론을 정비할 필요가 있었다. 연방대법원은 특허법 상 '상업상 주요한 상품' 원칙에 주목하여 이를 차용하여 Sony 사건에서도 단지 비디오카세트 레코더가 단지 상당부분의 비침해적 용도를 가질 수 있다는 기준에 합당하면[134)] 책임을 부과할 수 없어 결국 사건의 핵심은 비디오카세트 레코더의 용도에서 상업적으로 중요한 부분이 비침해적일 수 있는지 여부라고 판시하였었다.[135)]

이러한 기준을 실제 적용함에 있어, 연방대법원은 단지 비디오카세트 레코더 이용 중 9%만이 저작권자로부터 적법한 허락을 얻은 것이었음에도 이러한 수치가 '중요' 하며, 장래의 적법한 이용에 대한 중요한 토대가 된다고 하였다.[136)]

그런데, 이 사건 Grokster의 사안에서도 원고 측 통계조사에 의하면 피고들 소프트웨어 이용 중 10%가 비침해적 이용이라는 결과여서 그 수치가 앞서 Sony 사안에서의 수치와 유사한 점을 보더라도 이 사건 Grokster 역시 위 Sony 기준은 일단 통과하였다고 보아야 한다. Sony 판결에서도 '...수 있다(capable)' 이라는 용어를 사용하였던 것처럼, 만일 비침해적 이용이 줄곧 10%에 고정되어 있다면 결코 위 기준을 충족할 수 없을 것이지만 장래 시간이 갈수록 적법한 이용이 증가하리라고 합리적으로 예상할 수 있는 경우는 그 수치만으로도 근거가 될 수 있는 것이다.[137)]

결국 이 사건의 진정한 쟁점은 원고들이 요구한 대로 Sony 원칙을 연방대법원이 수정할 것인지 여부, 그렇지 않더라도 Sony 판결을 좀더 엄격하게 해석할지 여부라 할 것인데 앞서 Ginsburg 대법관의 의견은 실제로 위와 같이 해석하는 것으로 여겨진다.

---

133) Id. at 19.

134) Sony, 104 S.Ct. at 789. "Indeed, it need merely be capable of substantial noninfringing uses." 이 문구의 의미에 대해 자세히는 아래 Sony 판결 다수의견의 해당부분 각주 참조.

135) Id. at 20.

136) Sony, 464 U.S. at 444.

137) Id. at 21~22.

Sony 선례는 효과적인 법정 독점권의 보호에 대한 저작권자의 합법적 요구와 저작권과 실질적으로 관련 없는 상업에 자유로이 종사할 다른 자들의 권리의 균형을 맞추려고 노력한 결과이므로, Sony 원칙을 만일 연방대법원이 수정할 것인지 여부를 결정하려면 우선 Sony 선례가 그러한 균형을 제대로 맞추지 못하였음을 원고 측이 입증할 필요가 있다. 구체적으로 ① 본 별개의견의 해석에 따른 Sony 원칙이 새로운 기술을 보호하느냐? ② 그렇다면, 수정이나 엄격한 해석이 그런 보호를 심각하게 약화시키느냐? ③ 그렇다면, 새로운 혹은 필수적인 저작권자 측 이익이 그러한 약화보다 더 가치 있느냐를 차례로 살펴야 한다.[138)]

각각을 살피건대, ① Sony 판결에서는 새로운 상품이 단지 상당부분의 비침해적 용도를 가질 수 있기만 하면 책임을 면하게 함으로써 당해 상품이 '거의 전적으로(almost exclusively)' 저작권침해에 이용된 경우(혹은 이 법원이 설명하고 있듯이 상품공급자가 적극적으로 침해를 유발한 경우)가 아닌 한 양면적 용도를 가진 상품의 공급 자체에 침해책임을 부과하지 못하도록 막아 강력하게 기술공급자를 보호하고 있고,[139)] ② 앞서 Ginsburg 대법관 등의 의견은 Sony 원칙의 혜택을 받으려면 이 사건에서 상당히 더 신뢰할만한 증거를 피고가 제시할 것을 요구하고 있으나, 그 요구에 따르게 되면 피고에게 입증책임이 가중됨은 물론 도대체 법원이 어떻게 당해 상품의 침해적 용도와 비침해적 용도의 상대적 가치를 형량할지 예측하기 곤란하여 피고에게 현저한 법적 불안정을 초래하여 부당하며, ③ 더 까다로운 Sony 기준이 저작권자에게 더 많은 소득을 보장할 것은 분명하지만 그러한 소득증가가 기술 쪽에 발생할 손실 이상이라고 단정하기 곤란하며, 오히려 법은 두 가지 상이한 소득(gain)과 손실(loss)을 균등하게 보지 않고 다소 기술보호에 치우친 태도를 취하고 있다고 볼 수 있다.[140)]

---

138) Id. at 23~24.

139) Id. at 24. 아울러 이 부분에서 위 별개의견은 Sony 판결에서 '...수 있다(capable)'이라는 용어를 사용함으로써 당해 상품의 현재 용도라는 고정된 상황에 국한하지 않고 널리 시간에 따라 극적으로 발전할 수 있는 장래의 용도까지 포섭하고 있다는 점과, 이 사건 Grokster 소프트웨어에 관하여도 침해적 파일교환을 필터링하는 것이 손쉽게 가능하다는 원고 측 주장과 필터링은 결코 쉽지 않으며 효율적인 해결책일 수 없다는 피고 측 주장(아울러, 이 주장을 객관적 입장의 몇몇 컴퓨터학 교수가 지지함을 적시함으로써 사실상 피고 측 주장에 더 힘을 실어주고 있음; 필자 주)을 법원이 판단하기 곤란한 예에서 알 수 있듯이 Sony 법원도 이미 技術이 관련된 사건을 판단하는 법관 앞에 놓인 한계를 염두에 두고 있었다는 점을 적시하고 있다.

140) 그 근거로 "(이익형량을 할 수 있는 능력과 헌법상 권한을 가진) 연방의회가 명확하게 법원이 다루

요컨대, Sony 판결로 이루어진 법을 수정하려면 원고 측이 그 수정의 필요성에 대한 충분한 증거를 제출하여야 하는데, 이 사건에서는 다음의 여러 사실을 감안해 본다면 그렇게 하지 못했다.[141]

Sony 원칙을 수정하지 않더라도, 우선 저작권자의 소득감소가 상당한 수준에 이르리라고는 보이지 않으며, 적어도 저작권자는 이 법원이 설명한대로 침해에 대한 구체적 고의를 입증하기만 하면 기술공급자에게 유발이론에 터잡아 책임을 추궁할 수 있는 길이 열려있고,[142] 저작권자들은 디지털 워터마킹(digital watermarking)이나 디지털 지문(digital fingerprint)을 개발하여 침해를 방지할 수단으로 채택할 수 있으며,[143] 끝으로 새로운 기술 때문에 불가피하게 대립되는 이해관계를 조정하는 데 법원보다 연방의회가 적합하다고 Sony 판결이 인정하였듯이[144] 입법적 조치를 취할 수도 있는 것이다』.

3) 연방대법원 판결에 대한 분석

연방대법원의 파기환송에 따라 이를 환송받은[145] 연방 제9 항소법원[146]은 이 사건을 2005. 8. 15. 다시 1심이었던 캘리포니아 중앙지방법원으로 환송하였다.[147] 그런데, 이후 2005. 11. 7. 이 사건 원고와 피고는 전격적으로 재판싱 화해(consent judgment)[148]에 이르렀다.[149] 그 내용은 피고가 영구적으로 원고의 저작물에 대하여 직 · 간접의 침해행위를 하지 않을 것, 피고 소프트웨어의 배

고자 하는 상황을 언급하지 않고 있다면 법원으로서는, 그러한 이익형량을 전혀 예견하지 않은 (법원의 저작권침해 관련 판단이라는) 입법작용에 의해 창설되는 권리의 범위를 추단함에 있어 신중하여야만 한다."는 Sony 판결의 판시를 들고 있다(Sony, 464 U.S. at 431, 104 S.Ct. at 783, 위 각 괄호 안은 필자 주).

141) Id. at 24~26.

142) 아울러, 미국 음반산업협회가 실제로 그러하듯이, 개별 침해자들을 상대로 침해소송을 제기할 권한을 가지고 있음도 지적하고 있다.

143) 아울러, 합법적 P2P를 개발함으로써 편의성과 가격경쟁력으로 불법파일교환이 점차 축소되었음을 지적하고 있다.

144) Sony, 464 U.S. at 431.

145) 연방대법원이 파기환송할 경우 연방대법원은 그 선택에 따라 항소심이나 1심으로 사건을 돌려보내게 된다. 〈www.catea.org/grade/legal/structure.html〉[2006. 3. 6.].

146) Metro-Goldwyn-Mayer Studios, Inc. v. Grokster Ltd., 419 F.3d 1005 (9th Cir. Aug 15, 2005).

147) 별다른 이유의 설시 없이 연방대법원의 판시에 맞추어 심리하도록 1심에 환송한다고만 적고 있다.

148) agreed judgment라고도 하며, 분쟁의 당사자가 합의한 내용을 판사가 인가하면 판결과 같은 효력을 갖게 된다. Black's Law Dictionary (8th ed. 2004).

149) 〈www.riaa.com/news/newsletter/110705_2.asp〉[2006. 3. 6.] 미국 음반산업협회의 발표문 중에는 이러한 화해의 구체적 내용과 함께 Grokster 판결의 결론과 유사한 방향으로 내려진 한국, 호주, 그리고 대만 법원의 판결들을 아울러 자축하고 있다.

포를 즉각 중지할 것, 피고 시스템과 소프트웨어의 작동을 멈출 것을 포함하고 있었다.

(가) 여전히 이 분야 문제해결의 핵심은 Sony 판결임

Grokster 사건의 연방대법원 판결에서 전원일치의견은 일단 Sony 판결의 존재를 언급하면서도, 실제 사건의 해결에서는 전통적인 기여책임의 법리와 유사한 이른바 '유발이론'의 개념을 도입하여 책임을 인정하고 있어 일견, Sony 판결의 의의를 인정하지 아니하였거나 적어도 인터넷서비스제공자의 책임문제에 관하여는 Sony 원칙을 대폭 제한한 것이 아닌지[150] 의문이 제기될 수 있다. 그러나 이는 오해이다.

미국 연방대법원은 Grokster 사건에서 마치 '판도라의 상자'와 같은 '디지털시대에 있어 종전 Sony 원칙의 수정문제'를 당장 논하는 험난한 길을 택하는 대신, 비교적 논란의 여지가 없는 안전한 길을 택하였다.[151] 즉, 마치 20여년 전 연방대법원이 Sony 사건에서 저작권법 분쟁을 해결하기 위하여 특허법 규정인 35 U.S.C. §271(c)에서 정한 '상업 상 주요한 상품' 원칙을 저작권법 상의 면책법리로 차용하였듯이,[152] 이번에도 연방대법원은 다시 한번 특허법 규정인 35 U.S.C. §271(b)의 이른바 '유발 이론(inducement theory)'의 법리를 도

150) 물론 별개의견 중 Ginsburg 대법관 등의 견해는 Sony 원칙의 혜택을 보기 위하여 피고가 상당히 고도의 입증을 할 것을 요구함으로써, Breyer 대법관 등의 별개의견이 지적하는 바와 같이 Sony 판결을 (새롭게) 엄격히 적용한 것이라고 해석할 수도 있다. 하지만, 이는 어디까지나 Breyer 대법관 등의 별개의견으로부터의 반박일 뿐이다. 즉, Sony 판결의 의미에 관하여는 오늘날까지도 통일적인 해석이 존재하지 않음은 이 책의 아래에서도 누누이 지적하는 바이다. Sony 판결의 원래 진의가 Ginsburg 대법관 등의 엄격한 해석과 같다고 보아온 사례도 Aimster 사건의 1심과 항소심의 예처럼 이미 존재한다. 요컨대 Ginsburg 대법관의 이러한 엄격한 해석조차도 결코 연방대법원의 Grokster 판결에서 비로소 처음 등장하였거나, 이런 해석이 새로운 것이어서 기존의 Sony 원칙이 수정된다고 단정할 수도 없는 것이다.

151) 판결 직후 당장의 반응을 찾자면, "연방대법원이 Sony 판결의 해석에 대한 광범위한 언급을 슬쩍 피한 것이 인상적이다. 연방 제9항소법원의 판단을 파기하여야 함에는 전원일치로 의견이 모아졌지만, Sony 원칙의 의미와 적용에 관하여는 심각하게 분열된 모습을 보였다"는 Eric Goldmann 교수의 지적이나, Sony 원칙의 수정 대신 고의 기준('intent standard')을 내세웠다는 취지의 Lessig 교수의 지적 등이 있다. 전자의 지적은 〈blog.ericgoldman.org〉[2005. 6. 30.], 후자의 지적은 〈www.businessweek.com/technology/content/ jun2005/tc20050629_2928_tc057.htm〉[2005. 6. 30.].

152) 가령 저작권분쟁을 해결하는 것에 이렇게 특허법상 원칙을 원용한 Sony 판결의 태도를 강하게 비판한 입장으로는 Grokster 2심판결 후 제출된 Peter S. Menell, "Brief Amicus Curiae of Metro-Goldwyn-Mayer Studios Inc., et al., v. Grokster, Ltd., et al.", 2005. 1. 24., pp. 9-19. 〈www.law.berkeley.edu/institutes/bclt/pubs/menell/mgm_vs_grokster.pdf〉[2006. 2. 27.]가 있다. 하지만 Grokster 연방대법원은 오히려 다시 한번 특허법상 또 다른 원칙을 차용하여 사건을 해결하게 된다.

입하여 다소 기발하게[153] 문제를 해결하고 있다. 이렇게 한 뒤 Sony 판결의 재구성은 피하는 대신 Grokster 사안의 특수상황에서 책임을 물을 수 있는 단서, 즉 유발에 해당하는 피고의 불법적 요소들을 찾는 데 힘을 집중하고 있다.

이는 바꾸어 말하면, 연방대법원의 위 판결을 그대로 따르더라도 위와 같은 특수상황을 벗어난 보다 일반적인 상황, 즉 Pure P2P(정확히는, 슈퍼노드를 채용한 변종 P2P) 기술 자체의 적법성, 혹은 침해를 적극적으로 의도하고 유발하지 않은 사업의 책임 여부는 여전히 판단되지 않은 것이다.[154] 이 점이 연방대법원의 Grokster 판결이 가진 가장 큰 한계라고 할 수 있다.[155] 이러한 한계를 벗어난 분쟁의 해결에 관하여는, Grokster 판결 중 연방대법관들의 전원일치 의견 역시 Sony 판결에 의하여야 할 것임을 그 반대해석상 인정하고 있으므로, Sony 판결이 차지하는 중요성은 사실 크게 달라지지 않았다고 하겠다. 다소 논란의 여지는 여전히 있으나, 이러한 해석이 학계[156]나 관련 업계[157]의

153) 연방대법원의 Grokster 판결문에서도 "이 사건의 당사자와 (법률검토의견서를 제출한) 참가인 다수가 문제해결의 핵심은 Sony 원칙, 특히 당해 상품이 상업적으로 중요한 용도를 가질 수 있느냐의 의미라고 생각한다"(Grokster, 2005 WL 1499402 (U.S.) at 11)고 인정할 정도로, 미국 학계나 관련 실무계가 Sony 판결의 해석에 초점을 두었음은 물론 심지어 원고조차 연방대법원에 의한 Sony 원칙의 수정에 주된 관심을 두었었다(이 부분은 Id. at 23 및 Lessig의 위 대담내용 각 참조). 연방대법원이 Grokster 분쟁을 해결하는 틀로 특허법상의 유발 이론의 법리에 의지할 것이라고 정확히 예상한 논자는 거의 존재하지 않았다. 다만 Eric Goldmann 교수 등 극소수만이 "연방대법원은 Sony 판결을 기여책임과 관련하여 폭넓게 수정하는 대신 Grokster 사건의 특수사실 자체에 국한된 좁은 해결책을 제시할 것이다" 수준의 예상을 판결 직전에 한 적이 있을 뿐이다(위 blog 참조).

154) John M. Moye, "How Sony survived: Peer-to-Peer Software, Grokster, and Contributory Copyright Liability in The Twenty-First Century" North Carolina Law Review January, 2006, p. 649 등 참조. 아울러 이후 내려진 다른 하급심 판결들(아래의 Perfect 10 v. Google 사건 등)의 태도도 침해유발을 하지 않는 한 여전히 Sony 기준이 적용될 수 있다는 입장을 취하고 있다.

155) 연방대법원의 종전 Sony 판결은 이 책에서 누누이 설명하는 대로, 넓은 시각에서 문제를 해결하고 있는 까닭에 수십 년이나 지난 지금까지 미국은 물론 한국의 유사한 분쟁해결에도 응용할 여지가 넓음에 반하여, Grokster 판결은 위와 같은 특징이 있음을 차후 소리바다 사건이나 유사한 분쟁을 심리하는 한국의 법원은 유의하여야 한다.

156) 가령, Peter S. Menell & David Nimmer, "Direct Analysis of Indirect Copyright Liability," 서울대 기술과법 센터 및 Berkeley Center for Law & Technology 제3회 하와이 공동컨퍼런스 발표문, 2006. 2. 11. 특히 버클리대 Peter S. Menell 교수의 경우 미국 내에서 디지털시대에 있어 Sony 원칙의 연장이나 확장에 가장 강하게 비판하는 논자임에도 "연방대법원은 디지털시대 이전에 이루어진 Sony 판결을 디지털 시대에서도 간접책임을 해석하는 데 기초를 형성할 무조건적인 면책조항과 같은 것으로 승격시켰다"고 일단 인정하고 있는 형편이다(위 발표문 p. 2.).

157) 가령, 이미 Grokster 판결이 내려지기 전 피고 Grokster를 지지하는 법률검토의견서를 제출한 바 있는 미국 도서관 저작권 협회(Library Copyright Alliance, LCA)도 연방대법원의 Grokster 판결을 환영하면서, 법원이 단지 상당부분의 비침해적 용도를 가진 기술 자체는 불법이 아니라고 선언한 Sony 판결을 다시 확인한 것에 긍정적 의미를 부여하였다.

일반적인 인식이다. 그러나 Sony 판결의 구체적인 의미에 관하여는 연방대법관들의 의견이 팽팽히 맞서고 있다. Grokster 사건에서 연방대법관은 이 점에 관하여 심각하게 분열된 모습을 보이고 있으므로[158] Sony 판결의 해석에 관하여 뚜렷한 지침을 새로 내리고 있다고는 보기 어렵다. 앞서 '별개의견'이라는 칭호가 한국적 통념에서 주는 왜소한 느낌과 달리 실제 의견대립을 살펴보면 Sony 판결의 헤석에 관하어 3-3-3으로 연방대법관들의 입장이 대등하게 엇갈리고 있음을 알 수 있다.

따라서 한국의 법원은 향후 연방대법원의 Grokster 판결을 참작함에 있어, Grokster 판결이 채택한 '유발이론'의 근거규정인 미국특허법 규정인 35 U.S.C. §271(b)에 상응하는 한국 특허법 규정이 존재하지 않아 서로 법체계가 상이하다는 점, 그렇지 않더라도 연방대법원은 Grokster 분쟁을 해결함에 있어 유발의 의도라는 주관적 요소를 포착하고자 극히 특수하고 구체적인 사실분석에 의지하였으므로 사안이 전혀 다른 분쟁에 피상적으로 결론만 원용해서는 안 된다는 점,[159] 일부 논란에도 불구하고 Sony 기준이 여전히 더 많은 부분에서 유지되고 있다는 점 등을 유의해야 한다. 뿐만 아니라 부득이 유발이론의 여러 요소를 응용하는 경우에도 일부 한국의 방조 법리와 부합하는지를 주의해야 할 것이다.[160]

Grokster 판결이 줄 수 있는 또 하나의 오해는 침해를 유발하는 불법 목적을 강조함으로써, 마치 종전 Napster 법원이나 Grokster 하급심 법원들과 마찬가지로 Sony 원칙을 기여책임에 종속된 요소, 즉 침해에 대한 실제 인식이 있

158) 결국 Breyer 대법관 등의 별개의견은 요컨대 기술이 가질 장래의 용도 등을 보다 긍정적으로 감안하여 당장의 현실적 용도 중 비침해적 용도가 10%에 불과하더라도 그것만으로 상당부분에 이른다고 보아 일단 기술의 공급을 허용하자는 적극적인 입장임에 비하여, Ginsburg 대법관 등의 별개의견은 마치 Aimster 법원의 입장과 마찬가지로 현실의 용도를 보다 중시하여 그 75%가 분명히 침해적 용도인 이상 이러한 기술은 법원이 허용할 수 없다는 다소 소극적인 입장이라고 할 수 있다. 이에 관하여 통일된 해석이 존재하지 않으며 이 책의 입장 역시 위 두 가지 입장 모두와 다소 상이하다.

159) 연방대법원의 Grokster 판결에 즈음한 한국 법원의 바람직한 이해방향에 관하여는 졸저, "인터넷서비스제공자의 책임에 관한 국내 판례의 동향 -소리바다 항소심판결들을 중심으로," 서울대학교 기술과법 센터 2005-제7회 워크샵(「Grokster 판결의 의미와 컨텐츠 산업의 미래」), 2005. 7. 25. 참조.

160) Grokster 판결에서 경제적 이익(광고수익)을 3가지 중 하나의 요소로 제시한 것은 보기에 따라서는 미국의 대위책임론의 영향이라고도 볼 수 있다. 그러나 한국의 법제에서는 불법행위의 요건으로는 불법행위 그 자체가 중요하지 행위자의 이익이 '반드시' 요구되는 것은 아니다. 이와 관련하여 한국의 법원이 주의할 점에 관하여는 제5장 제3절 Ⅱ. '소리바다 가처분이의 사건' 2. (3) '판례분석' 부분 참조.

다면 책임을 추궁할 수 있다는 입장을 취한 것이 아닌가 하는 것이다. 그러나 이 역시 혼동하지 말아야 한다. Napster 법원이 말하는 '실제 인식(actual knowledge)'은 辭典的 의미[161] 그대로 이용자들의 침해행위의 존재를 실제로 인식하는 상태를 의미한다. 그런데 이러한 수준의 실제 인식은 막연하게 이용자들이 침해행위를 할 것이라는 인식과는 분명히 구별되는 것으로 특히 Grokster 하급심 법원에 따르면 인터넷서비스제공자가 기여행위를 한 때 존재하여야 한다. 중앙서버를 운영하는 Napster 같은 P2P라면 몰라도 Grokster와 같이 중앙서버 없이 분산화된 P2P에서는 도저히 이러한 차원의 실제 인식을 긍정하기 어려웠고, 그 결과 Grokster 하급심 법원은 부득이 운영자의 기여책임을 부정할 수밖에 없었다.

반대로 연방대법원이 Grokster 판결에서 제시한 유발의 불법 목적은 이른바 '개괄적 고의(imputing intent)'를 말한다.[162] 아울러 유발의 불법 목적은 연방대법원이 3가지로 나누어 설시한 바와 같이 여러 가지 객관적 행동으로 징표될 수 있다.[163] 그 근거야 어찌되었든 결론에 있어서만큼은 앞서 Napster 법원이나 Grokster 연방대법원이나 모두 복제기술공급자에게 상당히 관대한 Sony 기준의 적용을 어떻게든 피하려 하였다는 점에서는 공통된다고도 볼 수 있다. 연방대법원도 극심한 저작권침해를 시정하기 위한 정책적 고려가 있음을 판결서두에서 스스로 명기하고 있다.[164]

(나) 연방대법원의 Grokster 판결의 긍정적 의의

위와 같은 한계에 불구하고, 연방대법원의 Grokster 판결은 그 나름의 의미가 있음은 물론이다. 우선은 현실적인 측면에서, 연방대법원이 그 판시에서 드러냈듯이 Grokster 등으로 인한 폐해가 극도로 심각함을 외면하지 않고 그 나름의 해결책을 제시하였다는 점을 들 수도 있다. P2P 파일교환의 범람으로

---

161) 이에 관하여는 제2장 제2절 Ⅰ. 2. (2) 부분 각주 참조.

162) Id. at 11. 연방대법원은 이런 전제에서, Sony 판결을 위와 같이 실제 인식과 관련지은 하급심을 비판하고 있다.

163) 결국 연방대법원이 설시하지는 않았지만, 종래 기여책임의 주관적 요건인 추정적 인식에 더하여 침해유발이라고 볼 수 있는 몇 가지 객관적 징표가 요구된다고 할 수 있겠다. 따라서 이러한 여러 가지 객관적 징표까지 고려해야 하는 결과로 인터넷서비스제공자의 책임 기준으로서는 불확실성이 증대된 것이다.

164) 이상은, Id. at 9. 덧붙여, 법원은 후술할 유발이론에 근거하여 판결하기 때문에, 대위책임 부분은 굳이 판단하지 않는다고 판시하고 있다.

인해 저작권업계가 집중적으로 받고 있는 현실적 어려움을 외면하지 않았다는 것이다.[165]

그러나 그것보다도 법률적 측면에서는, 종전 Sony 판결이 특허법에서 '상업상 주요한 상품' 원칙을 도입하여 위 원칙이 지난 수십 년간 저작권 관련 분쟁해결의 중요한 틀로 풍미하였듯이 향후에는 그것과 더불어 Grokster 판결이 추가로 도입한, 특허법에서 출발한 '유발 이론(inducement theory)' 의 법리가 P2P 관련 저작권분쟁, 그 중에서도 사업자가 고의적으로 침해를 유발한다고 의심되는 사안에 관한 책임추궁의 틀로 분명히 자리잡게 되었다는 점을 들어야 할 것이다.

종래 인터넷서비스제공자의 책임을 거론함에 있어 과거 BBS 서비스제공자의 경우와는 달리 P2P 서비스제공자, 그 중에서도 Gorkster와 같은 P2P 소프트웨어공급자의 책임에 관하여는 기여책임과 같은 2차적 책임이론에 터잡은 침해책임추궁은 상당히 곤란해졌다는 해석이 지배적이었다. 그러한 해석을 반영한 것이 다름 아니라 Grokster 사건에 대한 하급심 판결들이었다. 하지만, 연방대법원이 특허법상 법리를 저작권법으로 다시 차용하는 과정에서 그 내용상 종전 판례법상의 기여책임의 논리 중 일부가 새롭게 '유발 이론' 으로 부활함으로써,[166] 기여책임은 일정부분 다시 강한 생명력을 얻었다고 할 수 있다.

아울러, Grokster 판결은 필터링 등 침해를 줄이기 위한 기술적 조치의 수

165) 미국의 저작권업계의 강력한 로비에 따라, 잇따라 P2P 기술에 대해 강경한 입법이 등장하고 있고 특히 Grokster의 책임을 부정한 하급심 법원의 판결에 대응하여 아예 입법으로 그 판결결과를 뒤집으려는 시도가 등장하고 있었던 상황임은 제7장 제1절 Ⅱ. 'P2P 기술의 수용을 거부하는 극단적인 입장의 강화' 부분 참조. 아울러, 미국 저작권업계가 저작인접권의 국제적 보호를 주도하고 있다는 사정[제3장 제3절 Ⅳ. 3. 각주 부분], 미국 저작권법에서는 저작인접권이 아닌 저작권자로 대등하게 보호되고 있는 사정(제5장 서두의 각주 부분), 저작권 관련 업계의 비중이 미국 GDP의 12%에 이를 정도라는 사정[제5장 제2절 Ⅲ. 2. 2)] 등 미국 저작권업계의 전반적 지위 등에 관한 설명들 각 참조.

166) 연방대법원은 Grokster 판결에서 정작 유발이론이 기여책임과 어떤 관계인지 명확히 설시하지 않았다. 그 취지상 넓게 기여책임의 일환으로 유발이론을 추궁하는 것으로 보이기도 한다. 연방대법원이 책임의 근거로 지적한, 침해를 유발하는 것(induce)은 다름 아니라 기여책임 이론의 전형적 선례로 다룬 Gershwin Publishing Corp 판결의 "one who, with knowledge of the infringing activity, induces, causes, or materially contributes to the infringing conduct of another, may be held liable as a contributory infringer."에서 문구 일부만 따온 것으로 볼 수도 있기 때문이다. 하지만, 해석에 따라서는 종전 판례법상의 기여책임 · 대위책임과는 구별되는 제3의 간접책임이론을 창조하였다고도 볼 수 있다. 이와 관련하여 향후 미국의 법원들은 피고가 침해를 유발하였는지 여부라는 '새로운' 요소를 추가로 고려해야만 한다는 분석(John M. Moye, "How Sony survived: Peer-to-Peer Software, Grokster, and Contributory Copyright Liability in The Twenty-First Century" p. 693 등)도 유력하다.

용이 법적 의무인지 여부에 관하여도 언급하고 있다. 연방대법원은 앞서 본대로 필터링 등의 조치를 수용하기 위하여 노력하지 아니한 점을 피고들의 불법목적을 인정하기 위한 증거사실의 하나로 나열하면서도, 만일 당해 상품이 상당부분 비침해적인 용도를 가진 경우 불법 목적을 드러내는 다른 증거사실들이 없는 때라면 단지 이러한 조치를 적극적으로 수용하지 않았다는 점만으로는 기여책임을 부과할 수는 없다고 하고 있다.[167] 이런 연방대법원의 입장은 Grokster가 필터링을 포함한 기술적 디자인을 잘못 선택한 것만으로도 책임을 피할 수 없다는 원고 측의 주장만큼은 적어도 배척한 것이다.[168] 이처럼 연방대법원의 Grokster 판결은 실질적인 내용을 볼 때는 100% 원고의 손을 들어준 것이 아닌 것이다.[169]

한국에서도 필터링 등 기술적 조치의 수용을 명시적으로 요구하는 법률[170]이 존재하지 아니한 이상 단지 민법상 방조에 의한 불법행위책임규정과 같은 일반규정의 해석만으로 특정한 기술적 조치를 수용하지 않았다는 사실만을 들어 책임을 추궁하는 것은 역시 무리일 것이다. 결국 이런 기술적 조치의 수용은 기술공급자에게 독립된 법적 의무가 아니라 사실상 요구된다는 해석을 내리는 것이 타당하다고 본다.

---

167) Grokster, 2005 WL 1499402 (U.S.) at 15.

168) 연방대법원에 원고를 위해 제출된 의견의 논리 중에는 기술공급자인 Grokster가 침해를 방지할 수 있도록 기술적 디자인을 설계해야 한다는 주장, 인터넷서비스제공자에게 이런 의무를 부담시키는 것이 그 결과 방지될 수 있는 침해방지의 효과를 고려할 때 비용-수익 분석에 부합한다는 주장들이 있었다. 연방대법원은 이러한 주장을 배척한 것이다. Pamela Samuelson, "Legally Speaking: Did MGM Really Win the Grokster Case?" 〈www.sims.berkeley.edu:8000/academics/ courses/is296a-2/s05/ppt/mgm_v_grok.ppt〉[2006. 3. 10.] 이러한 원고 측 주장들과 정반대로 Sony 기준의 유지를 최대한 옹호하는 입장에서는, Sony 판결의 취지는 이미 여러 가지 가능한 디자인 중 최종 결정되어 공급된 디자인 상태의 기술상품 그 자체만을 판단하는 것이지, 디자인 선택의 순간으로 거슬러 올라가 기술공급자의 선택을 비난할 의도는 없다고 주장하였다. 이런 입장으로는 디지털 미디어 협회(Digital Media Association), 미국 정보기술협회(Information Technology Association of America) 등이 2005. 1. 24. 연방대법원에 제출한 법률검토의견서의 의견(동 의견서 pp. 23-25) 등을 참조할 것. 결론적으로 이 쟁점에서 연방대법원은 이들 누구의 입장도 따르지 않고 절충적 입장을 취하였다고 볼 수 있다.

169) 가령 원고 측을 지지한 입장(가령 Peter S. Menell & David Nimmer, "Direct Analysis of Indirect Copyright Liability' 발표문 참조)으로부터, Grokster 판결은 디자이너가 침해를 유발할 의도가 없는 한 소프트웨어의 디자인 선택에는 책임이 없다고 시사함으로써 Sony 기준의 적용범위를 상당히 확장시켰다는 비판을 오히려 받기도 하는 것이다.

170) 입법적인 의무 부과의 사례로 가령, 미국에서는 2003. 11. 4. 연방통상위원회가 디지털 방송과 관련하여 TV와 PC 제조업체들에게 'Broadcast Flag' 이라는 표준장치를 반드시 장착하도록 규정하였다.

(다) 연방대법원의 Grokster에 대한 우려[171)]

이상과 같이 설명한 Grokster 판결의 긍정적 의의에 불구하고, 이 판결이 내려진 직후 주로 복제기술공급자[172)]나, 이를 옹호하는 측[173)]으로부터는 그 부정적 영향에 대하여 심각한 우려가 있는 것이 사실이다. 이제 저작권자 측으로서는 당해 복제기술이 상당부분 비침해적인 용도를 가진 경우일지라도 그 복제기술공급자의 사업행태에 주목하였다가 침해를 유발한다는 단서를 잡아 제소할 수 있게 되었다.

그리고 이러한 소송에서 기술공급자로서는 법원이 여러 가지 제반사정(Grokster 판결에서 암시되었듯이 사실상 특별한 정형이 없음)을 참작하여 내리는 '침해유발' 여부에 따라 책임을 추궁당할 수 있게 된다.

그 결과 책임 유무에 관하여 종전보다 더 예측이 곤란한 법적 불안정에 빠지게 되었고, 그에 따라 미국의 디지털 복제기술 공급자에게는 큰 장애물이 생겼다고 볼 수도 있다.

(라) 호주의 Kazaa 판결 등 미국 밖에 끼친 영향

미국 연방대법원의 Grokster 판결 이후 다른 국가들에서 이루어진 P2P 네트워크 관련 판결들로는 호주와 대만 법원의 판결을 꼽을 수 있다. 그들 국가 중 우선 호주의 경우는 다음과 같다. 2001년경 중단된 Napster 서비스 이후 한동안 세계에서 가장 인기를 끈 P2P 네트워크가 바로 카자(Kazaa)였음은 이미 설명하였다. 이를 공급하던 사업자가 네델란드에 소재한 회사인 Kazaa BV였던 까닭에 저작권자들이 그 모국 네델란드에서 법적 쟁송을 제기하였다가 실패하고만 사건이 앞서 본 '네델란드의 Kazaa 사건'이었다.[174)] 그 쟁송에서 비록 승리하기는 하였지만 그 와중에 Kazaa BV사는 2002년 호주의 셔먼 네트웍스(Sherman Networks)社[175)]에 사업을 양도하게 된다. 그러자 이번에는 저작권자 측이 호주 법원에서 저작권침해주장 등을 위주로 한 쟁송을 제기하였고 그것이

171) 자세히는 제7장 제2절 Ⅴ. 2. (3) 4) (가) '필터링의 장착 등 구별조치가 법적 의무가 아니라 사실상으로만 요구된다고 보는 근거' 부분 참조.

172) CNet News, "File-swap fallout" (special coverage), 2005. 6. 27.의 기사들 참조.

173) "Copyrights: Grokster Aftermath, Google Book Search Set Stage for 2006" Bna' s Patent, Trademark & Copyright Journal Special Report, January 20, 2006 및 Lessig 교수의 위 대담에서의 지적을 각 참조할 것.

174) 제6장 제3절 Ⅰ. 1. '네델란드의 Kazaa 사건 등' 참조.

175) 〈en.wikipedia.org/wiki/Sharman_Networks〉[2006. 3. 2.]. 다만 호주에 본사가 있는 것과 달리 법적 주소지는 小國 바누아투(Vanuatu)에 두고 있다.

이하에서 설명할 또 다른 Kazaa 사건, 즉 호주의 Kazaa 판결[176]이다.

결론적으로 2005. 9. 5. 내려진 호주연방법원의 1심판단은 앞서 네델란드의 그것과는 정반대로 침해책임을 긍정하고 있다. 이 사건의 원고는 Universal, EMI, Sony, Warner 등 음반사[177]이고, 피고는 셔먼 네트웍스社와 그와 관련된 Altnet[178] 같은 회사들이다.

우선 법원은 피고가 직접 원고들의 저작물을 전달하여 저작권침해행위를 범한 것이라는 원고들의 주장을 배척하고, 피고는 이용자들로 하여금 저작권을 침해하도록 허락하는 방법으로 침해행위를 하였을 뿐이라고 판시하였다. 즉, 호주 저작권법 제101조[179]에 따라 피고의 행위는 저작권자가 아닌 자가 저작권자의 허락 없이 다른 자로 하여금 침해행위를[180] 하도록 허락한 경우(이른바 'Authorization')에 해당한다는 것이다.

그 허락을 인정한 근거로 법원은 피고의 침해행위에 대한 인식(knowledge) 및 고의(intention),[181] 그리고 기술적 통제 가능성을 들었다. 우선 법원은, 이용자들이 실제로는 대부분 불법파일교환에 Kazaa 소프트웨어를 사용하는 사정을

176) Universal Music Australia Pty Ltd v. Sharman License Holdings Ltd [2005] FCA 1242. 〈www.austlii.edu.au/au/cases/cth/federal_ct/2005/1242.html〉[2006. 3. 2.] 미국, 한국을 비롯하여 각국의 P2P 관련 판결들이 흔히 그러하듯이 이 판결 역시 A4 기준 100여장에 이르는 장문의 판결이며, 호주연방법원 Wilcox 판사가 담당하였다. 그러나 위 판결문은 그 내용 중 많은 부분이 쟁점에 대한 법원의 치밀한 판단을 저술하기보다 당사자와 증인의 진술을 그대로 인용하는 것에 주로 할애되고 있어, 아쉬움이 있다.

177) 이들은 호주 현지의 자회사들로 사실상 미국의 본사들을 대신하여 쟁송에 나선 것이라 할 수 있다.

178) Kazaa의 경우 검색결과에는 다른 이용자들이 개인컴퓨터에 보유한 파일(검색결과상 청색 아이콘으로 표시되는 '블루 파일') 이외에도 저작권자로부터 라이센스를 얻고 DRM이 부착된 후 구매를 전제로 제한적 조건 하에서 제공되는 파일(검색결과상 금색 아이콘으로 표시되는 '골드 파일')이 존재한다. 후자의 경우는 교환되는 정보가 개인컴퓨터로부터 전송되지 않고 전문적인 콘텐츠 제공업체의 서버에서 보다 안정적으로 전송되게 된다. Altnet의 소프트웨어는 Kazaa 소프트웨어에 번들 소프트웨어로 제공되어 바로 이러한 골드 파일 검색서비스('TopSearch')를 제공하였다. 저작권자로부터 라이센스를 얻은 파일을 제공하는 이상 그것만으로 저작권침해책임은 문제될 수 없었다. 하지만 Kazaa 재판에서 원고들은 Altnet사가 셔먼 네트웍스 사와 위와 같은 형태로 동업(joint enterprise)을 구성해 준 이상 셔먼 네트웍스의 블루 파일 서비스를 통한 저작권침해행위에 함께 책임이 있다고 주장하였고 그 주장은 인용되었다. 이처럼 다른 피고들은 피고 셔먼 네트웍스의 불법에 함께 참여('entering into a common design')하였다는 이유로 책임이 긍정되었으므로 이 책에서는 피고 셔먼 네트웍스를 중심으로 살핀다.

179) 상세한 내용은 제3장 제3절 Ⅳ. 2. '호주의 입법' 부분 참조.

180) 이와 관련하여 법원은, 파일을 이용 가능하게 한 이용자나 다운로드한 이용자 모두 원고들의 저작권을 침해한 것이라고 전제하였다.

181) 위 판결문 중 paragraph 136-194.

피고들이 잘 알고 있었음을 인정하였다. 다음으로 법원은 '키워드 필터링'[182] 이나 '골드 파일 쇄도 필터링(Gold File flood filtering)'[183]을 통한 기술적 통제(technological control)가 가능한지 분석하는 것에 판결의 대부분을 할애하였다.[184]

법원은 먼저 피고회사가 중앙서버를 통하여 직접적 통제(direct control)가 가능하다고는 보지 않았다.[185] 그러나 피고에게는 필터링을 통한 간접적 통제(direct control) 능력이 있다고 보았다. 즉 법원은 이러한 필터링 시스템이 비록 침해를 전부 방지할 수는 없을지라도 적어도 상당히 차단할 수 있는 사실을 인정한 다음, 그럼에도 피고가 이러한 필터링을 채택하지 않는 것은 이용자들로부터 얻는 광고수익이라는 경제적 이익(financial interest)을 극대화할 필요가 있기 때문이라고 판단하였다. 피고는 오히려 위와 같은 필요 때문에 웹사이트 등을 통하여 'Kazaa 기술혁명'이라는 캠페인을 벌이면서 파일교환에 반대하는 원고들 음반회사로 하여금 기술혁명에 동참할 것을 요구하여 우회적으로 공격하고, 이용자들에게는 원고들의 저작권을 경시하게 만들고 파일교환을 증가시킬 것을 권유하였음을 지적하였다. 이러한 제반사정에 비추어 법원은, 피고가 이용자들이 불법 파일교환을 할지 말지를 통제할 수 없을지는 몰라도, 키워드 필터링이나 골드 파일 쇄도 필터링 방법을 채택함으로써 불법 파일로의 접속을 막거나 억제할 수 있다는 의미에서는 이용자들의 침해행위를 통제할 수 있다고

182) 위 판결문 중 paragraph 254~294.

183) 위 판결문 중 paragraph 310−330. 골드 파일 쇄도 필터링이란 이용자가 다른 이용자들의 개인컴퓨터에 존재하는 원고들 음반의 파일(대개는 블루 파일)을 검색하는 명령을 내린 경우 미리 관련된 리스트를 보유하고 있던 골드파일 서버가 먼저 골드파일 200개를 이용자의 검색창에 전송해버리는 방법이다. 이것은 Kazaa 검색결과 최대수용치가 200개라는 점을 이용한 것이다. 합법적 저작물 검색결과뿐 아니라, 불법파일을 구하는 이용자의 컴퓨터 상 검색결과의 한계가 다 채워질 때까지 저작권침해경고 메세지를 담은 공허한 파일을 전송하는 것이다. 키워드 필터링은 그 효과를 발휘하기 위해서 이미 Kazaa 소프트웨어를 다운로드받은 기존 이용자들에 대하여는 그 소프트웨어를 업그레이드시켜야 한다는 단점이 있음에 비하여, 골드 파일 쇄도 필터링은 이러한 단점이 없음이 특징이었다.

184) 판결전문은 모두 526개의 paragraph로 나뉘는데, 기술적 통제 가능성에 대하여 paragraph 195~330 부분을 할애하고 있다. 아울러 Kazaa의 시스템에 관하여 설명한 paragraph 58~135까지는 기술적 통제 가능성을 설명하기 위한 전제로 보이고, 허락('Authorization') 여부에 대하여 할애된 paragraph 352~490 부분에서도 앞서 살핀 기술적 통제 가능성이 허락의 존재를 긍정하는 주된 판단기준이 되고 있다.

185) 위 판결문 중 paragraph 195~235. 물론 골드 파일 검색에서는 콘텐츠 제공업체의 서버가 정보를 전송하므로 중앙서버로 기능하는 점, 적어도 피고 웹사이트를 통하여 고객서비스가 이루어지는 점 등은 인정되지만 심지어 전문가들의 의견조차 원·피고 측이 달라 결론을 내리지 못하였다.

인정하였다.[186] 이 부분에서 피고는 자신의 웹사이트에서 Kazaa 소프트웨어를 다운로드 받으려는 이용자들에게 저작권을 침해하지 말 것을 약관으로 요구하고 있는 점을 들었지만, 법원은 그러한 요구가 별로 실효적이지 않은 이상 피고의 통제 가능성을 부정할 사유가 아니라고 하였다.

나아가 구제수단으로, 법원은 먼저 피고가[187] 원고들의 저작권을 침해하였음은 선언하였다.[188] 그러나 법원은 피고가 최대한 노력한다고 할지라도 모든 침해행위를 방지할 수 없게 될 가능성이 존재함은 인정하였다. 아울러 피고가, 적법한 파일의 교환까지 막게 되는, 감당하기 힘든 비용을 치러야만 이행할 수 있는 구제수단을 명하는 것도 피해야 한다고 보았다. 따라서 법원은 피고로 하여금 필터링 시스템을 채용하는 등 Kazaa 시스템을 일정한 기간 내에 수정할 수 있는 기회를 부여하는 것이 바람직하다고 결론지었다. 이렇게 피고의 소프트웨어를 수정함으로써 비록 침해행위 전부는 아닐지라도 많은 부분을 방지할 수 있다는 것이다.

구체적으로 법원은 이에 따라 판결문의 주문 제4항에서 피고에게 장래에 원고들의 저작권을 침해하는 일체 행위의 금지를 명하면서도, 제5항에서 법원의 승인이나 당사자 합의에 부합하도록 피고가 다음 두 가지 중 하나를 이행하는 경우는 제4항의 위반을 면할 수 있다고 정하였다. 첫 번째 경우로 Kazaa의 새 이용자들에게는 강제적 키워드 필터링 기술(제목, 작곡가 혹은 실연자의 이름 등으로 식별된 작품 일체를 블루 파일 검색결과에서 제외할 것)이 부착된 소프트웨어를 배포하고, 장래의 Kazaa 버전 일체에 동일한 기술을 부착하며, 기존의 이용자들에게는 피고 웹사이트의 대화창을 이용하여[189] 기존 배포된 소프트웨어에 대하여 동일한 기술이 부착된 새 버전으로 업그레이드하도록 최대한의 압박을 가하는 경우이다. 두 번째 경우로 골드 파일 검색(TopSearch) 기능이 그 리스

186) 위 판결문 중 paragraph 414.

187) 당초 피고는 관련 회사 및 그 대표까지 포함하여 10인이었으나, 그 중 4인에 관하여는 그 지위로 볼 때 '허락'의 존재가 인정되지 않아 6인에 대하여만 책임이 인정되었다.

188) 원고들이 아울러 청구한 금전배상에 관하여는 추후 신청에 따라 열리게 될 청문에서 정하기로 유보하였다.

189) 위 판결문 중 paragraph 307~309. 쉴 새 없이 팝업창을 띄우거나 다른 기능을 모두 가려버려 선택의 여지가 없게 만드는 팝업을 염두에 두고 있다. 이에 대하여 피고 측은 대화창(팝업창)을 띄우는 능력은 기존 이용자들이 웹페이지에 접속할 경우에 한정될 뿐 아니라 Internet Explorer가 팝업을 저지하기 때문에 실효성이 없다고 다투었으나 법원은 그 주장을 받아들이지 않았다.

트에 수록된 저작물에 대한 검색요구에 대하여는 오로지 합법적인 저작물과 저작권침해경고만을 그 검색결과로 제공하고 검색결과 중 불법 저작물은 배제시키는 경우이다.[190)]

한편, 피고는 호주 저작권법상 서비스제공자에 대한 면책조항이라 할 수 있는 제112E조[191)]을 들어 면책을 주장하였다. 하지만, 법원은 피고가 같은 조문에 정의된 '배달인(carrier)'이나 '배달시비스제공자'의 개념 안에 일단 해당된다고 긍정하면서도, 그렇더라도 여전히 다른 조문 상의 근거에 의하여 침해를 허락한 것으로 판단될 수 있다고 보았다.[192)] 따라서 피고는 단지 나중에 침해행위를 범한 이용자들에게 당초 시설을 제공하였다는 이유만으로는 침해를 허락한 것으로 판단될 수 없고, 어떤 '추가적 요소'가 있어야 한다고 보았다. 법원은 추가적 요소의 유무를 판단함에 있어 제101조 (1A)항에 나열된 요소[193)]를 고려해야 하는데 이들 요소는 이미 존재하던 호주 Moorhouse 법원[194)]이 취한 법리를 구체화한 것이라면서, 제반사정을 감안해 보면[195)] 피고는 이에 해당한다고 보았다.

한편, 대만에서는 2004년 저작권법 개정이 이루어졌지만 이때 인터넷서비스제공자 책임에 관한 특별규정은 포함되지 않았다. 대만정부는 현재 '디지털 콘텐츠 산업 발전법'을 입법추진 중이지만, 그 내용 중에는 인터넷서비스제공자의 책임제한에 관한 아주 일반적인 원칙규정만 있을 뿐, 구체적인 책임범위

190) 아울러 제6항에서는 제5항의 이행을 위한 유예기간으로 2달을 부여하였다. 이후 Wilcox 판사는 원고들이 정한 가수명과 곡명을 포함한 3000단어를 포함한 필터링 시스템을 2005. 12. 5.까지 부착하도록 명하고 이행하지 않을 경우 Kazaa 시스템 전체를 중단(Shut Down)하도록 정하였다. 그런데 피고는 일단 호주의 어드래스를 가진 새 이용자들이 자사 웹페이지에 접속하는 것을 금지하기는 하였으나, 필터링 시스템을 갖춘 '카자 미디어 데스크탑'을 개발하다가 중단한 상태로 필터링을 부착하도록 명한 법원의 명령에는 2005. 12. 현재 자의든, 타의든간에 불응하고 있는 상태이다. 이상은 〈www.ifpi.org/site-content/press/20051124.html〉, 〈www.ifpi.org/site-content/press/20051205.html〉 [각 2006. 3. 2.] 및 ZDNet Australia 2005. 12. 15.자 기사 및 CNet News 2005. 12. 5.자 기사, 전자신문 2005. 11. 30.자 기사를 종합함.

191) 상세한 내용은 제3장 제3절 Ⅳ. 2. '호주의 입법' 부분 참조.

192) 위 판결문 중 paragraph 399~401.

193) 제3장 제3절 Ⅳ. 2. '호주의 입법' 부분 각주 참조.

194) 위 판결문 중 paragraph 402. Moorhouse 사건에 대하여는 제3장 제3절 Ⅳ. 2. '호주의 입법' 부분 각주 참조.

195) 위 판결문 중 paragraph 403~420. Kazaa 소프트웨어가 없었다면 파일교환이 전혀 이루어질 수 없었던 점, 불법 파일교환의 사정을 알면서도 경제적 이익을 취하려 여러 가지 방법으로 이용자들에게 불법파일 교환을 권유한 점, 적어도 필터링 시스템을 통하여 침해행위 중 적어도 많은 부분을 방지할 수 있었음에도 이를 이행하지 아니한 점 등을 들고 있다.

를 설정한 특별규정이 존재하지 않는다.[196]

결국 현재 대만의 법률에는 인터넷서비스제공자의 2차적 책임을 명확히 설정한 규정이나 침해주장의 통지 및 제거 절차에 관한 규정이 존재하지 않는다.

한편 대만에서도 저작권업계와 인터넷서비스제공자 산업계 간의 갈등이 계속 있었고, 이를 풀기 위한 교섭과정에서 양자는 적어도 저작권자로부터 침해주장의 통지가 있는 경우 인터넷서비스제공자는 이를 이용자에게 전달하는 것에는 합의한 바 있다.[197]

이런 상황에 있는 대만에서 2005년 들어 P2P 네트워크의 적법성과 관련하여 서로 엇갈리는 입장을 취한 2개의 형사판결이 이루어졌다. 먼저 2005. 6. 30. 대만 지방법원[198]은 P2P 파일교환 네트워크인 'ezpeer'[199]에 대하여 피고 회사 및 운영자의 저작권침해책임을 부정하였다. 여기서 법원은 대만에는 파일교환 기능을 제공하는 것을 금지하는 법률이 없고 ezpeer와 같은 P2P 파일교환 제공자에게 적법파일만 교환될 수 있도록 필터링이나 모니터링을 요구하는 법률이 없음을 이유로 들었다. 아울러 법원은 ezpeer가 직접 침해행위를 하지 않았을 뿐만 아니라, (민사사건에서 책임이 인정될 수 있음은 논외로 하더라도) 네트워크 이용자들의 불법행위에 공범으로서 형사책임을 부담할 수도 없다고 보았다. 법원은 파일교환서비스의 적법성에 관한 불명확함을 시정하기 위하여 입법조치가 필요하다고 보았다.[200]

한편, 2005. 9. 9. 내려진 일명 'Kuro' 사건[201]에서는 P2P 네트워크 Kuro의 이용자와 더불어 운영자들에게도 유죄판결[202]이 내려졌다. 특이한 것은 대만에서 이루어진 이들 두 형사사건의 고소인이 모두 국제 음반산업 연맹(International Federation of the Phonographic Industry, IFPI)의 대만지부로

196) 당초 제안된 안에는 DMCA 및 유럽연합 지침의 영향을 강하게 받은 규정이 존재하였었다고 한다.

197) 이상은 International Intellectual Property Alliance, "2006 Special 301 Report - Taiwan" <www.iipa.com/rbc/2006/2006SPEC301TAIWAN.pdf>[2006. 3. 4.] pp. 406~407.

198) In re Chuan Cho Shu Ma ('Global Digital') Technology Co., Ltd., 2002 Zhen Zi No. 10786 and No. 4559 (Taiwan Shilin District Court, June 30, 2005). 이는 International Intellectual Property Alliance, "2006 Special 301 Report - Taiwan," p. 400~401에서 재인용함.

199) 〈ezpeer.com〉[2006. 3. 4.]

200) 이상은 Id. p. 406.

201) In re S.T. Chen, K.H. Chen. K.X. Chen, Case No. 2003 Su-Tzu No. 2146 (Taipei District Court, September 9, 2005). 역시 International Intellectual Property Alliance, "2006 Special 301 Report - Taiwan"에서 재인용.

202) 운영자들에게는 2년 내지 3년의 징역형이 선고되었다.

2003. 11.경 함께 고소되었다는 점이다. 피고인 측이었던 Kuro는 대만 최대의 P2P 네트워크 업체인데,[203] 이 사건은 대만 최초로 P2P 네트워크에 유죄를 긍정한 것이다. 여기서 법원은 운영자들이 불법 파일교환을 알고 있었고 10만 곡의 노래를 광고하여 가입비를 징수하였으며 침해행위를 예견할 수 있었음을 들어 이용자들과 공범(joint infringers)으로 처단하였다.

아울러 법원은 운영자들이 보다 신속하게 자신들의 해적파일 목록을 전파하려고 제3자를 고용하였음을 들어 운영자들을 營業犯으로 보았다. 피고 측은 '저작권자와 협력하려고 노력해 보았지만, 그들은 협력을 거부했다'[204]고 불평하며, 즉시 항소할 계획이라고 한다.

이상과 같은 'Kuro' 사건의 입장은 종전 공범 책임에 관한 선례들과 더불어, 대만에서 서비스를 통하여 일어나는 침해행위에 대한 인지(awareness)와 예견가능성이 있는 경우 서비스제공자를 저작권침해책임에 복종하게 만들었다는 분석이 있다.[205]

(마) 이후 미국법원의 해석들

연방대법원의 Grokster 판결은 그 논리야 어찌되었든 결론적으로 P2P 복제기술공급자의 책임을 긍정함으로써 저작권자의 손을 들어준 것이었다. 그 이후 저작권자들은 다른 분야의 복제기술공급자에 대한 법적 쟁송에서도 이러한 Grokster 판결을 원고에 유리한 선례로 꼭 등장시키게 된다. 이러한 현상은 이미 복제기술공급자들이 Sony 판결을 지속적으로 피고의 입장을 지지하는 항변으로 원용해 온 현상에 비추어 보면 당연한 것이었다.

연방대법원의 판결 이후 2006년 상반기까지, 저작권자들이 이렇게 Grokster의 기준을 원용한 대표적 사례로는 Monotype Imaging, Inc. v. Bitstream, Inc. 사건[206]과 Perfect 10 v. Google 사건[207]이 있다. 그런데 두 사건 모두에서

203) 〈www.kuro.com.tw/m7.2_music/m7_music_index/index_new.asp〉[2006. 3. 5.] 대만 최대이기는 하나, 하루 히트(hit) 수가 4만여 회에 불과하여 아직 한국(소리바다의 경우 한 때 히트수가 아닌 이용자 수가 50만명을 넘었다)과 차이가 많다.

204) 미국, 한국 등에서도 P2P 운영자 입장에서 이와 유사한 주장이 항상 개진된다.

205) 이상은 International Intellectual Property Alliance, "2006 Special 301 Report - Taiwan," p. 401 및 "2005 Special 301 Report - Taiwan," p. 457 <www.iipa.com/rbc/2005/2005SPEC301TAIWAN.pdf>[2006. 3. 5.], Rita Fang, "District court delivers guilty verdict in peer-to-peer file-swapping case' 기사, Taiwan Journal, 2005. 9. 27. 〈www.gio.gov.tw/taiwan-website/4-oa/20050927/2005092701.html〉[2006. 3. 5.]를 각 정리함.

206) 376 F.Supp.2d 877 (N.D.Ill. Jul 12, 2005). 원 · 피고는 모두 폰트 소프트웨어 개발, 배포자로 경쟁관계

하급심 법원들은 피고들의 행위가 **Grokster** 판결이 제시한 유발행위에는 미치지 못한다고 분명히 선을 긋고 원고의 주장을 배척함으로써, 다소 막연한 '유발'의 개념에 근거하여 복제기술공급자의 책임이 무한하게 확장되는 결과를 피하고 있다.

그 중 전자의 사건은 실제로는 저작권자라기보다 경쟁관계에 있는 동일한 기술공급자가 원고가 된 분쟁이었지만, 후자의 사건은 순수하게 저작권자 대 복제기술공급자(검색엔진공급자)의 전형적인 대결이었다. 이에 관한 법원의 판단 이전부터 미국에서는 과연 연방대법원이 새롭게 도입한 유발이론의 엄격한 기준을 구글(**Google**)이 견디어 낼 수 있느냐가 초미의 관심이었다. 왜냐하면 구글 역시 **Grokster**와 마찬가지로 적법, 불법을 가리지 않고 이용자의 정보검색에 부응하는 기본적 역할을 하는데, 사업기반을 광고수입에 의지하며 그 수입액은 이용자들이 많이 이용할수록 증가하는 것이고, 그 검색결과 중 일부를 선별하기 위한 별다른 필터링 시스템은 채택하고 있지 않아 일견 연방대법원이 **Grokster**의 유발행위를 인정한 **3**가지 기준에서 볼 때 별로 다를 것이 없다고 볼 수 있었기 때문이다.

Perfect 10 v. Google 사건에서 원고는 성인용 이미지를 인터넷 상으로(**www.perfect10.com**) 유료공급하는 업체이다.[208] 이 사건에서 검색엔진 구글의

에 있다. 피고가 배포하는 'TrueDoc' 이라는 폰트 소프트웨어는 문서파일을 주고받음에 있어 비록 수신자의 컴퓨터에 발신자가 문서를 작성하는 데 기초한 폰트가 따로 설치되어 있지 않더라도 그 폰트의 모양대로 문서를 재생가능하게 하는 것을 목적으로 하였다. 이것은 발신자가 기초한 폰트의 모양을 위 소프트웨어가 따로 파일로 기록하여 전송하면 수신자의 컴퓨터가 이 파일을 이용하여 폰트의 모양을 구현하는 방법으로 이루어진다. 그런데 원고는 피고와 달리 구매자가 추가로 라이센스를 얻지 않는 한, 다른 컴퓨터로 원고의 폰트를 전송하는 것을 금지하고 있었는데, 피고 소프트웨어의 구매자가 그 소프트웨어를 활용하여 원고의 폰트까지 타인에게 전송하는 데 이용하자 피고에게 침해책임을 추궁하였다(Id, at 882~883). 그 근거 중에는 Grokster 판결에 입각하여, 피고가 피고의 구매자들의 침해행위를 유발하였으므로 저작권 간접침해의 책임이 있다는 주장도 포함되어 있었다. 그러나 법원은 유발이론의 세 가지 기준을 검토해 나가며 이 사건에서 피고의 행동은 그에 해당하지 않는다고 결론 내렸다(Id, at 888~889). 첫째, 피고가 광고에서 원고의 폰트까지 전송이 가능함을 표시한 것은 사실이지만 이것은 원고뿐 아니라 이미 그런 전송을 허락한 다른 사업자들의 그것 등 일체의 폰트 전송이 가능하다는 취지를 표시하는 과정에서 이루어졌으므로, Grokster 사건의 피고가 저작물의 침해적 교환을 특별히 대상으로 삼은 것과 구별된다. 둘째, Grokster 사건의 피고와 달리 이 사건 피고는 보호되는 폰트에 피고 소프트웨어가 이용되지 않도록 일정한 조치를 취하였다. 셋째, 피고의 사업수익이 피고 소프트웨어가 침해적 용도에 많이 이용될수록 증가한다고 볼 수 없고 오히려 피고 소프트웨어의 역할 덕택에 원고의 폰트 판매량이 증가할 수 있다.

207) 2006 WL 454354 (C.D.Cal. Feb 17, 2006).

208) Perfect 10은 이 책에서도 이미 제3장 제2절 Ⅱ. 'Service Provider의 개념' 부분 각주에서 설명한

행위 중 문제된 것은, 원고가 권리를 가진 각종 사진들을 찾아볼 수 있는 '이미지 검색' 기능이었다. 이용자가 내린 이미지 검색명령에 따라 구글 검색엔진은 구글 서버에 이미 저장된 섬네일 이미지를 먼저 제시하고, 이용자가 그 화면에서 한번 더 클릭하면 제3자의 웹사이트에 저장된 이미지를 인라인 링킹(in-line linking)[209] 기법으로 동일하게 제시하였다. 원고는 구글의 섬네일 이미지 제시행위와 전체 크기의 이미지를 인라인 링킹으로 볼 수 있도록 한 행위가 원고의 저작권을 직접 침해하는 것이라고 주장하였다. 우선 법원은 섬네일 부분에 대하여는 직접침해책임을 긍정하고,[210] 반대로 인라인 링킹 부분에 대하여는 침해를 부정하였다.[211]

특히 이 사건이 이 책에서 주목을 끄는 부분은 원고가 나아가 전체 크기 이미지를 불법저장하고 있는 웹사이트를 운영하는 제3자나 검색엔진 이용자의 직접침해행위에 피고가 Grokster 판결의 유발 기준에 따라 2차적인 책임을 부담한다고 주장한 부분이다. 이 주장에 대하여 피고 구글은 Sony 선례를 원용하며 다투었다.[212] 그러나 법원은 Sony 기준에 따라 상당부분 비침해적 용도를 가진 경우라도, 더 나아가 이용자의 침해를 유발한 경우에는 Grokster 판결의 기준에 따라 2차적 책임을 부담할 수 있다고 판시한 다음 우선 피고가 침해를 유발하였는지를 검토하였다. 법원은 이른바 유발이론의 3가지 기준에 따라 차례로 피고의 행위를 검토하였다.

먼저 법원은 대부분의 이용자들이 침해행위를 범하였던 Grokster의 경우와

Perfect 10, Inc. v. Cybernet Ventures, Inc. 사건에서도 등장한 바 있다.

209) 주로 타인의 웹사이트에 저장되어 있는 이미지를 링크자가 지정한 다른 사이트로 옮기는 링크 기법이다. 이것은 보통의 링크가 타인의 웹사이트 자체로 인도하는 역할을 하는 것과 달리, 웹사이트 관리자의 기대에 반하여 사이트의 내용 중 이미지만을 추출하여 보이게 한다. 뿐만 아니라, 대상이 되는 웹사이트의 밴드위치(bandwidth), 즉 대역폭에 부담을 주는 기생적인 형태이다〈en.wikipedia.org/wiki/Inline_linking〉[2006. 3. 7.]

210) 직접침해 주장 중 우선 섬네일 이미지를 제시한 행위는 피고 구글이 캐시 기능으로 스스로 저장한 것을 제공한 것임을 들어 피고의 공정이용 주장을 배척하고 전시권(public display right)을 침해하였다고 인정함으로써 종전 Kelly v. Arriba Soft Ⅰ, Ⅱ 판결과 반대 입장을 취하였다.

211) 법원은 인라인 링킹 행위자가 인라인을 위한 일련의 지시문을 포함시켜 자신의 웹페이지와 목적물을 결합시키는 이상 '전시'에 해당한다는 입장(결합설, incorporation test)이 아니라, 인라인 링킹의 경우 실제로는 링킹 행위자의 웹페이지를 거치지 않고 목적물이 저장된 원래의 웹페이지로부터 직접 이용자의 컴퓨터로 목적물이 제공되므로 링킹자의 웹페이지가 이를 전시한다고 보기 어렵다는 입장(제공설, server test)을 취하였다. 그 결과 구글의 인라인 링킹 행위는 직접 저작물을 전시하는 행위가 아니라고 보았다. 전시권 침해 주장과 유사하게 배포권 침해주장도 배척되었다.

212) Perfect 10 v. Google, 2006 WL 454354 at 21.

달리 구글 이용자들은 이미지를 다운로드할 때만 침해를 범할 제한적 가능성이 있는 것이고, Grokster 이용자들이 반드시 음악파일을 다운로드해야 했음에 비하여 구글 이용자들은 그 대신 이미지를 저장한 제3자의 웹사이트를 방문하여도 된다는 차이가 있다고 보았다.[213)]

아울러 Grokster의 경우는 광고를 통하여 침해를 부추겼지만 구글의 경우는 불법이미지를 저장한 사이트를 방문할 것을 부추긴 적이 없고, 단지 침해의 수단을 제공한 것에 터잡아서, 더 나아가 심지어 광고를 통하여 그런 침해를 야기하였더라도 그것에 터잡아서 저작권침해에 책임이 있다는 주장은 지나친 일반화라고 보았다.[214)] 원고는 Grokster와 마찬가지로 피고 구글이 원고의 권리를 침해한 불법 이미지 검색결과 옆에 스폰서 광고를 유치하여 수입을 삼고 수입증대를 위해 더 많은 이용자들을 유치하기 위하여 노력한 사정을 주장하였다.[215)] 하지만 법원은 이것이 구글의 사업에서 극히 미미한 부분이라고 보았다.[216)]

끝으로 법원은 필터링 시스템을 피고 구글에게 채택할 것을 강제하면 그 결과 소수의 불법 웹페이지를 차단하기 위하여 더 많은 적법한 웹페이지를 함께 막게 되며, 이것은 표현의 자유를 억눌러 공중의 이익에 반하는 것이라고 판시하였다.[217)] 결론적으로 이용자나 제3자의 웹사이트가 범한 직접침해행위에 검색엔진인 구글은 2차적 책임을 부담하지 않는다고 결론 내렸다.

(바) 미국의 동향정리 등

이상까지 숨 가쁘게 전개되어 온 미국의 이론과 판례를, 주로 법률 초심자들을 위하여 한번 정리해 보고자 한다. 미국에서 이용자의 침해행위에 따라 거론될 수 있는 복제기술공급자(가령 인터넷서비스 제공자)의 부수적인 책임을 추궁할 때, 그 출발점은 여전히 판례법 상의 기여책임 이론(이용자의 침해행위를 알았거나 알 것으로 보임에도 그 행위를 유발하거나 실질적으로 기여한 때 책임을 긍정)과 대위책임 이론(침해행위를 통제할 권리와 능력이 있었고 침해행위로부터 직접 경제적 이익을 얻었을 때 책임을 긍정)이다. 그런데 이러한 판례법 상의 책임이론들이 존

213) Perfect 10 v. Google, 2006 WL 454354 at 20.

214) Id. at 23~24.

215) 원고는 이러한 사정이 기여책임의 요건인 '실질적 기여'에 해당한다고 주장하였지만, 법원은 이러한 주장은 유발이론의 요건에 해당한다고 정정하였다.

216) Id. at 24.

217) Id. FN 25.

재하였음에도 초기 복사기 공급업자와 같은 경우는 복제기술공급자로서의 책임이 별로 거론되지 않았다. 그 이유는, 이용자들이 복사기를 사용하여 도서를 그대로 복사하는 데는 상당한 시간과 노력이 필요한 데다가 그 복제본의 품질이 원본도서보다 조잡하다는 보이지 않는 '장벽'이 있었기 때문이다. 그래서 이러한 복사를 일부 허용한다고 하더라도 저작권자들에게 본질적인 손해를 끼칠 염려는 적고, 오히려 꼭 필요한 복사는 행하여짐으로써 얻어지는 정보 확산의 사회적 이익이 더 크다는 전제가 작동하였다.[218)]

그런데, 복제기술공급자의 상품들은 점점 그 성능이 세련되어졌고 마침내 1970년대 미국에서 출시된 Sony사의 비디오테이프 레코더는 비록 여전히 아날로그 방식이기는 하였지만 이용자들의 간단한 버튼 조작만으로 원본 프로그램과 거의 동일한 복제본을 생산해 주었다. 종전의 상황과 달리 본질적인 손해를 입을 수 있게 된 미국의 저작권자들은 Sony사를 상대로 '이용자들이 불법복제를 할 것임을 미리 짐작하고도 Sony사가 비디오테이프 레코더를 판매하여 이를 도왔다'는 취지로 기여책임을 추궁하는 소송을 제기하게 된다. 수년 간의 치열한 다툼 끝에 1984년 연방대법원이 내린 판결이 바로 유명한 Sony 판결이다. 복제기술이 발전함에 따라서 앞서 초기 복사기의 경우와는 달리, 이용자들의 임의복제를 허용함(그렇게 되면 이용자들의 행위는 불법복제가 아니게 되므로 당연히 Sony사도 계속 비디오테이프 레코더를 공급할 수 있게 됨)으로써 얻어지는 사회적 이익보다 저작권자들이 받는 손실이 급속하게 증가하였고 오히려 사회적 이익을 초과할지도 모를 상황이었기 때문에 연방대법원으로서는 그 한계선상에서 양쪽의 이해관계를 잘 조정할 필요가 있었다.

그런 조정의 결과로 제시된 기준이 이른바 'Sony 원칙'이다. 이것은 재판에서 문제되는 복제 기술 상품에서 사회 전체가 얻을 수 있는 이익(복제기술이 안정적으로 발전할 수 있고, 이용자들이 얻는 편리함으로 인한 이익)이 손실(주로 저작권자가 부담하게 될 손실)보다 크다고 보이는 경우라면,[219)] 복제기술공급자는 설

218) 점차 복사기의 성능이 개량되어 복사에 들어가는 시간과 노력은 줄어드는 대신에 복제본의 품질은 원본 도서와 거의 동일하게 됨에 따라, 이용자들은 종전과 달리 사소한 경우까지도 빈번하게 복사에 의지하게 되었고 저작권자의 손실이 급격히 늘어나게 되었다. 이렇게 저작권법의 전제가 되는 주변 환경이 바뀌자 저작권법을 수정하여 저작권자의 손실을 줄여줄 필요가 생겼다. 우리 저작권법이 일반 공중이 사용하도록 제공된 복사기(가령, 대학가의 복사집)에서 이루어지는 복사에 대하여는 저작권침해의 책임을 비로소 추궁하게 된 것도 그러한 이유 때문이다.

219) 이를 미국에서는 상당부분 비침해적 용도(substantial noninfringing use)가 있는 경우라고 한다.

령 자신이 공급한 복제기술상품을 이용자들이 장차 사용하여 불법복제행위를 할 것을 대강 짐작하고 있더라도 저작권자로부터 기여책임을 추궁당하지 않는다는 새로운 원칙이었다. 그 내용 자체는 너무나 당연한 공자님 말씀이지만, Sony 원칙은 바로 그같이 누구도 그 자체를 반박하기 어려운 보편타당성 때문에 오늘날까지도 재판에 피고로 세워진 미국의 복제기술공급자가 거의 예외 없이 제출하는 강력한 주장이 되었다.[220)]

그러나 다시 시간이 더 흘러 복제기술에도 드디어 디지털 시대가 오게 되자, P2P 네트워크를 통한 MP3 파일의 복제와 같은 혁신적인 복제기술이 등장하였다. 이제는 더 이상 아날로그 시대처럼 이용자가 복제에 시간과 노력을 전혀 들일 필요가 없고 복제물은 원본과 완전히 동일하게 되었다. 그 때문에, 만일 Sony 원칙에서와 같이 우호적으로 복제기술공급자의 상품공급을 일단 허용하게 되면 저작권자들은 약간의 손실이 아니라 그 존립 자체를 보장받기 어려워졌다. 그에 따라 디지털 복제시대에서도 Sony 원칙을 법원이 여전히 유지하는 것은 극히 부당하다는 목소리가 저작권자들을 중심으로 점차 나오게 된다.

이러한 시점에 미국에서 일어난 분쟁이 바로 Napster 사건과 Grokster 사건이다. 이들 사건에서는 모두 결과적으로는 원고인 저작권자들이 승리하였고 피고인 복제기술공급자들은 이용자들의 불법파일교환을 도왔다는 (기여)책임을 지게 되었다. 특히 2005년 있었던 Grokster 사건의 최종판결은 연방대법원이 디지털 시대를 맞아 저작권자와 복제기술공급자의 이해관계를 재조정해야만 했던 판결이자, 아날로그 시절에 내려진 Sony 판결의 기준이 여전히 타당한지를 근본적으로 재검토해야만 했던 판결이었다. 그런데 여기에서 연방대법원은 Sony 원칙을 재검토하여 부정하거나 전부 수정하는 방법을 택하지 않고, 앞서 Sony 원칙을 고안하였듯이 또 한번 새로운 이론을 고안하였다. 비록 피고의 복제기술상품이 앞서 Sony 원칙에 들어맞게 사회적 이익을 더 가져다 줄 수 있는 것일지라도, 정작 그 상품을 공급하는 피고의 목적이 사실은 이용자들로 하여금 불법복제에 상품을 사용하게 하여 불법복제를 유발할 의도였다면, 피고는

220) 법원의 판단결과 소니의 비디오테이프 레코더가 계속 공급될 수 있게 됨으로써, 저작권자들은 당시에는 생각하지도 못하던 큰 이익(비디오 대여 시장의 출현 및 활성화)을 뜻밖에 얻게 되었다. 이러한 실제 경험 때문에 미국에서는 그동안 Sony 원칙을 해석함에 있어 기술의 진보로 인한 장래의 잠재적인 사회적 이익에 더 큰 비중을 두고 당장의 현실에서는 사회적 이익이 보잘 것 없더라도 일단 복제기술공급을 우호적으로 허용하자는 의견이 존재하였다.

Sony 원칙에 따라 면책되는 것이 아니라 (기여)책임을 지게 된다는 이론이었다.[221)]

이 때 피고에게 불법복제를 유발할 목적이 있는지는 피고가 필터링 시스템을 제대로 하였는지, 혹시 광고수입을 더 얻으려고 불법복제를 장려하지는 않았는지 하는 객관적인 행동으로부터 판단된다.

한편 한국의 법원이 그동안 다루어 온 복제기술공급자에 관한 판결의 경향을 살펴보면, 대체로 미국의 법제나 처한 현실이 한국의 그것과 다르다는 점을 간과하고 미국 판결의 태도를 그대로 옮기는 경우가 많았다. 하지만 연방대법원의 Grokster 판결이 제시하고 있는 기준은 피고에게 과연 불순한 목적이 있는지 개개 사건마다 따져볼 것을 요구하기 때문에 구체적 상황이 다른 한국의 사건에 응용하는 데 상당한 주의를 요구한다. 우리 대법원이 향후 내리게 될 판결(가령, 소리바다1 사건들에 관한 판결)에 있어서는 우리가 가진 '다른 법률'과 '다른 현실'을 고려하되, 앞서 미국의 Sony 판결과 같이 적어도 수십 년간 저작권자와 복제기술공급자에게 예고적인 가이드 역할을 할 수 있는 탁월한 판결이 나오기를 기대한다.

(사) 세계 각국의 동향정리와 평가

지금까지 우리는 미국, 한국의 입법, 판례를 위시하여 독일, 영국, 네델란드를 포함한 유럽연합과 일본의 그것들, 나아가 호주, 캐나다,[222)] 대만 등의 관련 동향까지 두루 살펴보았다.

그 중 바로 위에 등장한『호주』법원의 입장은 그 내용 상 미국 연방대법원의 Grokster 판결의 영향을 강하게 받고 있음을 쉽게 알 수 있다. 미국의 Grokster 판결에서 피고가 침해를 유발하려는 불법 목적을 가졌다고 인정한 3가지 근거, 즉 저작권침해의 수요를 충족시키려는 목적, 필터링 수단의 회피, 광고수입을 더 얻기 위한 침해의 권유가 거의 동일한 표현으로 호주의 Kazaa 판결에도 등장하고 있다.[223)] 따라서 호주 법원의 논리는 일면 Grokster 기준의

221) 이것을 미국에서는 유발이론(inducement theory)라고 한다.

222) 다만, 캐나다에서 전송권이 아직 도입되지 않았음을 주된 근거로 P2P 파일교환 이용자의 행위를 적법하다고 본 판례는 아래의 Ⅱ. 3. 부분에서 설명된다.

223) 앞서 본대로 호주의 Kazaa 판결은 외형상 가장 큰 쟁점을 기술적 통제 가능성에 할애하고 있다. 하지만 피고책임의 기준인 '허락'의 유무를 판단하는 요소로 위와 같은 기술적 통제 가능성과 더불어 피고의 인식·고의를 꼽고 있고, 기술적 통제 가능성을 풀이하는 과정에서 광고수입증대를 위한 침해의 권유가 언급되고 있어 Grokster 판결의 기준을 약간 다른 위치에서 다소 다르게 차용하고 있을

아류라고도 볼 수 있으므로[224] 한국에서는 그 '본류' 인 미국의 논리를 위주로 한국에서의 인터넷서비스제공자 책임론을 정립해 나가면 족할 것으로 사료된다.

뿐만 아니라 호주 법원의 위와 같은 판단은 아직 연방 1심의 판단에 불과한 점, 호주 법원의 판단대상은 앞서 네델란드에서는 대법원이 최종적으로 적법하다고 인정한 대상(Kazaa 소프트웨어 공급행위)과 완전히 동일함에도 서로 정반대의 결론이 내려진 이상 제3자인 한국에서는 신중하게 취사선택할 필요가 있는 점(동일한 이유로 '네델란드' 대법원의 판단을 채용하는 것도 신중해야 할 것이다), 특히 호주의 저작권법 제101조 (1A)(c)항은 인터넷서비스제공자의 책임기준으로 관련 분야의 산업규칙 일체를 준수하는 것을 포함하여 침해를 방지하거나 회피하기 위한 합리적 조치의 유무를 강조하고 있어 다른 국가의 입법과는 상이한 점에 비추어서도 그러하다.

다음으로 '캐나다' 의 경우는 아래에서 설명하듯이[225] 아예 P2P 이용자의 파일교환행위 자체가 위법하지 않은 사적 이용이라고 보아, 결론적으로는 P2P 사업자에게 세계적으로 가장 유리한 입장을 취하고 있다. 그러나 이러한 이례적인 태도는 캐나다의 입법에 세계지적재산권기구 실연음반 조약에 따른 이용제공권조차 도입되지 않았다는 특수한 상황에 기인한 것이다. 이는 인터넷서비스제공자의 책임을 강화하는 방향으로 입법이 앞서나간 호주의 그것과는 정반대의 상황이다. 따라서 캐나다 법원의 논리 역시 한국에 직접적으로 참고가 되기는 어렵다.

'대만' 의 경우는 그 입법의 자세한 내용은 알 수 없지만 2005년 최초로 내려진 두 개의 하급심 형사판결의 결론이 서로 엇갈리고 있는 이상 아직 대만의 관련 입법 및 판례의 논리를 진지하게 연구하는 것이 한국의 문제해결에 도움이 되기는 일견 힘들 것으로 짐작된다.

결국 한국의 법원이 현실적으로 참고할 만한 다른 국가의 논리로는 원점으로 되돌아와 미국이나 독일, 영국이나 유럽연합, 일본의 그것들이 유력할 수밖에 없다. 그런데 이들 국가 중 '일본' 법원이 취하고 있는 논리, 즉 인터넷서비

뿐이다. 이 점은 호주에서 이루어진 종래 '허락' 에 관한 논의가 Kazaa 판결의 입장과 달리 위 세 가지 기준과 차이가 있었다는 사실에서도 알 수 있다.

224) 차이가 있다면 Grokster 법원은 자신들의 중요한 선례인 Sony 기준과의 관계를 고민하지 않을 수 없었지만, 호주 법원은 단지 '허락' 의 문구 해석에 집중하고 있는 듯한 태도를 취하고 있다는 점이다.

225) 제6장 제3절 Ⅱ.3. '캐나다의 경우' 부분 참조.

스제공자가 이용자와 대등한 차원에서 공동불법행위자가 될 수 있다는 이론은 다른 국가들에서는 찾기 힘든 희귀한 태도로 쉽게 수긍하기가 어렵다.[226)]

'독일'의 경우 다른 법 분야에서는 한국에서의 법해석에 강한 영향을 미치고 있으나 이 분야에서는 유럽연합의 회원국으로서 유럽연합이 이미 정한 전자상거래 지침에 따를 수밖에 없다는 너무나 분명한 한계와 아울러 그 출발부터 지나치게 추상적인 책임제한입법 방식을 취하였다는 단점이 존재한다.[227)] 유럽연합의 회원국으로 지침에 따라야 한다는 한계는 '영국'도 마찬가지이다.[228)]

한편 '유럽연합'의 전자상거래 지침의 경우라면 한국의 법원이 이를 참고함이 좋겠으나, 이것이 실상 미국의 입법을 상당히 따른 것이라는 점은[229)] 차지하고라도 유럽연합이 2000년의 전자상거래 지침 채택 이후 주목할 만한 행보를 보이지 않았다는 부족함이 있다.[230)] 즉 위 지침이나 이를 수용한 회원 각국의 책임제한 법률과 관련된 분쟁 사례가 극소수여서 유럽연합에서의 논의가 한국 법원에 실제로 제시할 수 있는 구체적인 기준이 아직은 아주 적다는 현실적인 어려움이 존재한다.

최종적으로, 한국 법원이 현실적으로 참고할 수 있고 아울러 (유럽연합을 제외한) 다른 국가들의 그것들과 달리 오히려 꼭[231)] 참고하는 것이 바람직한 기준은 '미국'에서의 논의라는 지극히 평범한, 그리고 지적재산권 분야에서의 미국의 주도적인 위상으로 인해 다소 부득이한, 결론에 이르게 된다. 그런데 여기서 미국의 많은 논자들도 인정하듯이 중요한 문제점이 있다. 한국 법원이 미국에서의 입법이나 관련 판례를 참고하려 해도, 정작 미국의 그것들이 인터넷서비스제공자 책임기준으로 어떤 입장을 취하고 있는지 현재로서는 분명하지가 않다는 것이다. 연방대법원이 Grokster 판결에서 그 해석을 두고 2~3개의 의견으로 갈라졌듯이 특히 미국에서 현재까지 가장 중요한 Sony 기준의 해석을 둘러싸고 그러하다. 이 책에서도 아래에서[232)] Sony 기준을 상세히 분석하며 그

---

226) 제2절 '일본의 파일로그 사건' 중 Ⅲ. 1. (2) 3) 및 2. (2) 각 참조.

227) 제3장 제3절 Ⅱ. '독일의 입법' 2. 부분 참조.

228) 제3장 제3절 Ⅳ. 1. '영국의 입법' 부분 참조.

229) 제3장 제3절 Ⅰ. '유럽연합의 입법' 3. 및 4. 부분 각 참조.

230) 제3장 제3절 Ⅰ. 3. (3) '지침과 관련된 이후의 진척상황' 및 4. '전자상거래 지침 이후의 행보' 각 참조.

231) 제3장 제4절 '한국의 2003년 개정 저작권법' Ⅰ. '성립경위'에서 보듯이 한국의 법이 미국의 법을 수용한 것이기 때문이다.

232) 제7장 제2절 '연방대법원의 Sony 판결이 놓았던 1984년의 시금석으로 되돌아가며' 부분 참조.

진의를 고찰해 보려 한다.

어쨌든 만약 한국법원이 슬기롭게 미국의 기준이 무엇인지 파악하는 데 이르렀다고 가정하더라도, 다시 한국의 사건에 대한 결론을 내리기까지 두 가지 점을 유념해야 할 것이다. 이미 이 책에서 여러 번 언급한 것으로, 첫 번째는 한국의 성문법은 미국의 판례법이나 DMCA와 다르므로 한국의 관련 성문법이 무엇인지 먼저 포착하고,[233] 그 다음에 그 성문규정과 저촉되지 않는 해석론으로서만 미국의 기준들을 도입할 수 있다는 점이다. 두 번째는, 법원이 한국사회에 파급하는 손익까지 감안하는 정책적인 고려를 한다고 할 때 미국의 저작권업계와 IT업계 사이의 상황[234]과 한국의 그것들이 꼭 일치하지는 않는다는 점이다.

---

233) 제2장 제3절 '한국의 성문법과 판례' 중 Ⅰ. 1. '인터넷서비스제공자의 주의의무 부담의 근거에 관한 논의' 및 Ⅱ. 2. (3)과 3. (3) 부분, 그리고 제5장 제3절 Ⅱ. 1. (3) 6) 및 2. (3) 2) 부분 등 다수 각 참조.

234) "내가 사는 캘리포니아에 內戰이 벌어지고 있다. 그것은 IT 기술을 토대로 북부에 위치한 실리콘 밸리와 남부의 헐리우드 콘텐츠 · 연예 제작자 사이에서이다. 실리콘 밸리는 허리우드가 밀고 있는 연방의회의 제재적 입법의 목표가 되고 있다"는 로렌스 레식 스텐포드대 교수의 표현이 있다(Lawrence Lessig, Hollywood v. Silicon Valley: Make New Code, Not War, CIO INSIGHT, June 17, 2002. 〈www.cioinsight.com/article2/0,1540,1930014,00.asp〉[2006. 3. 15.]. 물론 레식 교수는 creativecommons.org 운동에서와 같이 인터넷 상 저작권의 가치에 대하여는 한쪽으로 치우친 입장을 가지고 있는 학자이며, 이 책은 그 현실성이나 추구하는 바에 반대한다. 하지만 그의 위 지적만큼은 간명하면서도 정확한 것이다. 즉, 미국 저작권업계의 기존 위상과 디지털 복제기술로 맞고 있는 저작권업계가 위기에 대하여는 바로 앞서 '(나) Grokster 판결의 긍정적 의의'의 본문과 각주에서 이미 상세히 설명하였다. 뿐만 아니라 이 책에서 다루고 있는 인터넷서비스제공자 관련 판례들을 유심히 관찰하면 흥미로운 사실을 발견할 수 있다. 그것은 지금까지 등장한 미국의 중요 판례 대부분이 허리우드와 실리콘 밸리가 위치한 캘리포니아에서 발생한 분쟁이라는 사실이다. 즉 BBS 기술단계에서의 Maphia 사건, Netcom 사건, P2P 기술 단계에서의 Napster 사건, Grokster 사건, 그리고 이 책에서 가장 중요하게 언급할 Sony 사건 및 그 등장 전후의 역사적 고찰에서 중요하게 취급할 사건들(RIAA v. Diamond Multimedia Systems 사건 및 Paramount Pictures Corp. v. ReplayTV 분쟁)은 물론 책 서두의 기여 · 대위책임론에서 중요시하였던 Fonovisa 사건, 심지어 최근 미국에서 Grokster 판결 이후 가장 큰 분쟁으로 떠올랐던 Perfect 10 v. Google 사건 기타 등등이 그것들이다. 이처럼 일일이 열거하기 힘들 정도로 거의 대부분의 분쟁이 캘리포니아에서 발생하여 관할 연방지방법원(주로 캘리포니아 북부지방법원)과 연방 제9항소법원에서 판단되었다. 특히 연방 제9항소법원은 Grokster 사건에서 Sony 판결의 진의를 해석하며, Aimster 사건의 연방 제7항소법원과는 대조적인 입장을 취한 바 있다(바꾸어 말하면 우리의 입장에서는 비록 그 판결들의 결론은 상반되었지만 왜 Grokster 항소심판결의 논리가 Aimster 판결과는 다르게 Napster 항소심의 그것과 상당히 유사한지 따져봄에 있어, 이처럼 판단한 법원이 같다는 배경도 고려하여야 한다. 이것은 마치 한국에서 소리바다1 관련 민사 분쟁을 판단한 1심은 그 재판부가 같았다거나 2심은 소속법원이 같았다는 점도 고려하여야 하는 것과 같다). 연방 제9항소법원 등이 관내에서 발생한 이러한 일련의 분쟁들을 해결함에 있어서는 분명히 허리우드와 실리콘 밸리의 각 상황을 정책적으로 고려한 부분도 없지 않았을 것이다. 비록 연방 제9항소법원이나 하급심 법원의 판결문 자체에는 이러한 점에 관하여 일언반구가 없더라도, 법원이 결론에 이르게

Ⅱ. Pure P2P 개별이용자들에게 인터넷 접속만을 제공한 인터넷서비스제공자의 경우

1. 저작권자가 개별이용자들의 책임까지 추궁하게 된 배경

이 책의 앞부분에서는 저작권자 입장에서 개별 침해자들을 일일이 상대로 법적 수단을 강구하는 것이 지극히 곤란하므로 그 결과 인터넷서비스제공자에게 책임 추궁이 집중되게 되었다는 설명을 하였었다. 그렇더라도 상황에 따라서는 저작권자가 개별 침해자들을 상대로 번거롭게 책임을 추궁하는 것이 부득이한 때가 있는데 다음과 같은 경우에서이다.

첫 번째 경우는, 앞서 설명이 성립되지 않는 경우, 즉 대안의 책임추궁 상대방인 인터넷서비스제공자에 대한 법적 조치가 아예 곤란한 경우라면 어찌할 도리 없이 더 번거롭더라도 당초의 책임추궁 상대방인 개별이용자에게 제소를 하여야 한다. 가령 미국에서는 2003. 4. 25. 연방지방법원이 Grokster 사건에서 P2P 소프트웨어제공자의 책임을 부정한 이래 2004. 8. 19. 연방 제 9 항소법원이 다시 동일한 입장을 취함으로써 (2005. 6. 27. 연방대법원의 판결 이전까지) 상당한 기간동안 저작권자가 P2P 소프트웨어제공자에게 기여 · 대위의 법적 책임을 추궁할 길이 현실에서는 막혀 있었다. 그 때문에 이 시기에 미국 저작권 업계는 개별이용자들을 상대로 일일이 제소하는 상당히 힘든 과정을 거쳐야 하게 되었다.[235]

두 번째 경우는, 모든 침해자들을 상대로 책임을 물을 수는 없겠지만 그 중 일부의 자들만을 상대로 일단 민 · 형사 조치를 강구하게 되면 사회 전체적으로는 잠재적 침해자들에게 침해행위를 자제하게 만드는 큰 위압적 효과가 있으므로 저작권자 입장에서는 정책적으로라도 꾸준히 개별 침해자들이 처벌받고 있음을 보여 주어야 하는 경우이다. 가령 미국 음반산업협회가 지속적으로 개별 침해자들을 상대로 소송을 제기한 여파로 2003. 6.경 700만에 달하던 Kazaa의 이용자가 같은 해 11월경에는 320만 명으로 줄어들었다는 통계도 있다.[236]

세 번째 경우는, P2P 네트워크의 특성상 대다수 이용자는 오로지 정보를

되기까지 고려한 여러 가지 요소들 중 특히 이렇게 판결문상의 법리로 표현되지 아니한 부분도 마땅히 한번쯤은 한국의 입장에서는 검토되어야 할 것이다.

235) 이러한 지적으로는 Mark A. Lemley & R. Anthony Reese, op. cit., p. 1366. 등 다수.

236) Cnet.news 〈news.com.com/2100-1027-5113188.html〉[2004. 5. 1.].

수신하는 수동적 지위에 있을 뿐이고 능동적으로 정보를 전송하는 이용자는 실제 극소수에 불과하므로 저작권자가 만약 그 극소수자들을 포착하여 저지할 수 있다면 개별이용자들을 상대로 한 소송도 나름대로 효과적인 방법일 수 있는 경우이다.[237] 가령 한 조사에 의하면 그누텔라 이용자의 70% 이상이 단지 파일을 전송받을 뿐 결코 제공한 적이 없으며, 상위 1%의 이용자들이 검색결과된 파일의 50% 이상을 제공하고 있었다.[238]

이상에서 본 세 가지 경우의 상황이 복합적으로 작용하여, 미국에서는 주로 2003년경부터 저작권자가 P2P 네트워크에서 침해행위를 한 개별이용자들을 직접 상대방으로 삼아 제기한 소송이 빗발치기 시작하였다.[239] 이 소송들은 거의 모두 저작권자 개인이 아니라 그 단체인 미국 음반산업협회(Recording Industry Association of America, RIAA)가 주도하였다.

미국 음반산업협회는 우선 2003. 4. 3. 학내전산망으로 교내 P2P를 운영한 대학생 4명을 상대로 소송을 제기하였다가, 금전을 지급받고 화해한 바 있다.[240]

이어 2003. 6월경 저작권의 직접침해자인 개별이용자들을 상대로 소송을 제기할 것이라고 공개적으로 선언하였다. 그리고 2003. 9월부터 2003. 12월까지 모두 3회에 걸쳐 총 382건의 소를 제기하여 그 중 220건에 대하여는 평균 3000불의 피해배상금에 합의하였다. 이후 2004. 12.무렵까지 미국 음반산업협회가 개별이용자들을 상대로 제기한 소송은 무려 7000여건에 이르렀다.[241] 이러한 소송의 홍수로 연방대법원의 Grokster 판결이 내려지기 전인 2005. 5.경 이미 미국 음반산업협회에 의하여 제소당한 이용자들의 수가 1만 명을 돌파하게 되었다.[242] 연방대법원의 판결 이후에도 미국 음반산업협회는 개별 침해자들에

237) 미국 음반산업협회 회장 Cary H. Sherman이 미 상원의원 Coleman의 질의에 답한 회신문에서는 미국 음반산업협회의 제소목적은 불법이 미미한 이용자들을 상대방으로 하지 않고 오로지 수천 개의 불법 침해물을 보유한 이용자들을 대상으로 할 뿐이라고 주장하고 있다(Cary H. Sherman, op. cit.).

238) Eytan Adar & Bernardo A. Huberman, "Free Riding on Gnutella," 5 First Monday 10 (Oct. 2000), 이는 Tim Wu, op. cit., p. 733에서 재인용. 다른 연구소가 그누텔라 이용자들을 분석한 연구결과 교환되는 정보의 90%가 상위 10% 이용자들에게서 나온 것이었다고 한다(John Borland, "Record Labels Mull Suits against File-Traders," CNET News, 2002. 7. 3.자, 이는 Stacey L. Dogan, "Code Versus The Common Law," P. 103에서 재인용).

239) 〈www.pcworld.com/news/article/0,aid,118028,00.asp〉[2006. 3. 18.].

240) Wired News 2003. 5. 6.자 〈www.wired.com/news/digiwood/0,1412,58734,00.html〉[2004. 4. 20.].

241) 〈www.pcworld.com/news/article/0,aid,118909,00.asp〉[2006. 3. 18.].

242) 〈sharenomore.blogspot.com〉[2006. 3. 18.].

대한 제소를 계속하고 있다.[243]

미국에서의 이러한 전후사정은 한국에서도 대동소이하다. 2003. 5.경 소리바다운영자에 대한 1심 형사재판에서 기대와 달리 공소기각판결이 내려지자 한국음반협회[244]는 이후 소리바다 개별이용자를 직접 상대로 소송을 제기할 것을 최초로 검토하게 되었다. 이후 실제로 2003. 12. 10. 소리바다이용자 50명을 특정하여 서울지방검찰청에 고소를 접수하였다. 나아가 2004. 6.경에는 소리바다 이후 새로 등장한 변형된 형태의 P2P 서비스제공자인 온파일(www.onfile.co.kr) 등 다수업체[245]의 이용자들에 대하여 직접 경찰이 전국적인 수사를 통하여 저작권침해 단속에 나서기도 하였다. 2006년에도 개별이용자들에 대한 이러한 직접적인 제소는 P2P 뿐만 아니라 인터넷 전 영역에 걸쳐 지속되고 있다.[246]

2. Verizon 사건

(1) 의 의

앞서 본 바와 같이 저작권자들이 개별 침해자를 상대로 직접 법적 수단을 하는 과정에서 새로운 형태의 인터넷서비스제공자 책임이 문제되게 되었다. 그것은 저작권자들이 일단 개별 침해자의 IP 주소를 용역업체를 동원하여 어렵게 탐지해낸다고 하더라도[247] 그것만 가지고서는 해당 IP 주소를 사용하는 이용자의 구체적인 인적 사항을 파악하지 못하는 한 아무런 소용이 없다. 그런데 이러한 인적 사항은 P2P 네트워크 제공자 등이 보유하고 있는 경우도 있지만,[248] 많

243) 2006. 2. 28. 다시 750명의 개인을 상대로 제소하였다는 발표는 〈www.riaa.com/news/newsletter/022806_2.asp〉[2006. 3. 18.].

244) 이후 2004. 5. 28. 한국음악산업협회로 명칭을 변경하였는데, 이 책에서는 혼동이 없는 한 두 가지 명칭을 병용한다.

245) 폴더플러스, 하드모아, 웹하드, 하드모아, 토토디스크, 피디박스 같은 일명 인터넷 스토리지형 서비스제공자들도 단속되었다.

246) 가령 문화관광부는 저작권심의조정위원회 산하에 저작권침해행위에 대한 상시적인 통합단속지원시스템으로서 '저작권보호센터' (www.cleancopyright.or.kr, 2006. 2. 25.)를 신설하여 형사고소를 비롯한 각종 제재를 주도하고 있다. 가령 위 센터는 P2P, 포털, 웹하드 분야에서 형사고소를 2005. 6.경 248건, 7.경 17건, 8.경 615건, 9.경 238건, 10.경 440건, 11.경 266건, 12.경 197건 각 제기하고 있다. 아울러 가령 노프리(www.nofree.co.kr, 2006. 3. 1. 방문) 같은 업체는 저작권자들을 위하여 P2P 네트워크에서 불법파일을 배포하는 이용자의 신원을 탐지해 주는 서비스를 제공하는 곳인데, 저작권자들을 대신하여 2005년 하반기경 인터넷 블로그나 미니홈피에 음악을 무단 게재한 네티즌 수천 명을 고소하기도 하였다(머니투데이 2005. 8. 16.자 '블로그 음원 전쟁, 갈수록 뜨거워져' 기사 및 전자신문, 2006. 1. 17자 '음악 온라인 무단 게재 네티즌 1만 3000명 기소유예' 기사 참조).

247) 제4장 제4절 Ⅰ. '기술적인 곤란성' 부분 참조.

은 경우 이용자에게 인터넷 접속 자체를 제공한 인터넷서비스제공자, 즉 접속 서비스제공자(access provider)[249]가 보유하고 있다. 이러한 접속 서비스제공자에게 저작권자 등이 침해행위를 한 개별이용자의 인적 사항 등 정보를 요구하였음에도 접속 서비스제공자가 일정한 이유[250]를 들어 거절한 경우 이것이 정당한 사유 있는 거절인지, 아니면 정보를 제공할 책임을 부담하는지 여부가 문제된다고 할 수 있다.

이러한 새로운 차원의 책임은 바꾸어 말하면, 저작권자의 침해정지청구권에 직접 복종하는 종래의 의무와 같지는 않다. 하지만 인터넷서비스제공자가 저작권자에 대한 저작권침해를 방지·제거하기 위하여 일정한도 내에서 협력할 의무라는 점에서 '새로운 형태의 부차적인 의무'라고도 할 수 있다.

특히, 미국에서는 DMCA[251]에서 명문으로 저작권자가 법원에 인터넷서비스제공자를 상대로 침해자의 정보를 제출할 것을 명하는 명령을 구할 수 있도록 정하고 있다(일본도 이러한 입법을 따르고 있다). 그 관련 조문의 해석을 둘러싸고 미국 음반산업협회가 미국 굴지의 접속 서비스제공자인 버라이즌(Verizon)과 벌였던 법정 분쟁이 Verizon 사건이다.

(2) 1심의 판단[252]

1) 사실관계

피고는 인터넷 접속서비스업체인데, 원고인 미국 음반산업협회는 DMCA에 따라 발부받은 법원의 정보제출명령(subpoena[253])을 2002. 7. 24. 피고에게 제출

---

248) P2P 네트워크 제공자나 아래의 접속 서비스제공자 외에도 호스팅 서비스제공자 등이 보유할 수 있다.

249) P2P 소프트웨어를 공급하는 데 그치는 Pure P2P의 경우는 물론이고, 중앙서버가 존재하는 하이브리드 P2P의 경우라도 Napster의 실례에서 보듯이 비록 서비스이용을 위한 로그인을 사업자가 요구하더라도 대개 이용자에게 익명을 보장하기 때문에 구체적인 인적사항을 하이브리드 P2P 서비스제공자가 알 수는 없다.

250) 이용자의 사생활보호 등도 이유가 되겠으나, 보다 현실적으로는 저작권자의 쟁송에 자신의 고객을 가급적 노출시키기 꺼리는 영업상의 판단도 작용한다.

251) 17 U.S.C. § 512(h).

252) Recording Industry Association of America, Inc. v. Verizon Internet Services, Inc., 240 F.Supp. 2d 24 (DDC 2003). 이를 아래 항소심판결에서는 Verizon Ⅰ사건이라 칭하고 있다. 이와 동일한 당사자 사이의 In re Verizon Internet Servs., Inc., 257 F.Supp.2d 244, 247, 275 (D.D.C.2003) 사건(일명 Verizon Ⅱ 사건)에서는 당사자의 주장 및 법원의 판단이 정보제출명령 제도가 과연 연방헌법에 합치하느냐를 다루었을 뿐이므로 언급을 생략한다.

253) '영장' 혹은 '소환장'이라고도 번역하는 논자가 있다(가령 이규호, "이용자의 신상정보 개시의무를 부담하는 OSP의 범위," 법학연구, 연세대학교 법학연구소, 2003, 132면 등). 그러나 영장이라는 말은 형사절차에서 압수수색영장을 연상하게 되어 적절치 못하고, 소환장이라는 용어도 미국 연방민사소송

하였다. 그 명령은 피고의 인터넷접속서비스로 인터넷에 접속한 다음 P2P 소프트웨어인 카자(Kazaa)를 이용해 단 하루에 600개나 되는 대량의 음악파일을 교환한 특정 이용자의 상세한 인적 사항의 제출을 요구하는 취지였다. 위 정보제출명령에는 피고가 침해가 벌어진 이용자의 컴퓨터가 위치한 곳을 찾을 수 있도록 위 이용자의 IP 주소를 담고 있었고 아울러 위와 같이 대량의 음악파일이 공유에 제공되어 다운로드된 일자와 시각을 특정하고 있었다.

그러나 이러한 정보제출명령을 전달받은 피고 버라이즌은, "§512(h)에 따른 정보제출명령은 §512(c)(3)(A)에서 정한 침해주장의 통지가 있을 것을 필수적인 조건으로 한다. 따라서 §512(h)의 정보제출명령은 위와 같은 침해주장의 통지를 받는 상대방인 §512(c)의 서비스제공자에게만 적용된다. 그러므로 접속서비스제공자인 버라이즌의 경우는 이에 해당하지 않는다"는 이유로 원고의 요구를 거절하였다.

피고가 거절한 논리는 다음과 같다. 정보제출명령에 관한 §512(h)는, 그 중 §512(h)(2)(A)에서 정보제출명령을 신청할 때 저작권자로 하여금 반드시 §512(c)(3)(A)에서 정한 침해주장의 통지서 사본을 첨부할 것을 요구하고 있다. 아울러 §512(c)(3)(A)에서 정한 침해주장은 다름 아니라 '시스템이나 네트워크 상에 이용자의 명령으로 저장된 정보'를 관리하는 서비스제공자, 즉 호스팅 서비스제공자에 대한 침해주장을 말한다. 따라서 호스팅 서비스제공자가 아닌 한 위와 같은 침해주장의 통지를 유효하게 할 수 없고 그 결과 정보제출명령의 상대방도 되지 아니한다는 것이다.[254]

규칙 45. (b)(1)에서 정한 subpoena 제도가 증인 등의 소환명령까지 포함함에 반하여 저작권법에 별도로 규정된 subpoena는 (h)(6)에 정한 바에 따라 위 민사소송규칙상 subpoena의 준용을 받기는 하나 '(증인)소환' 등의 의미가 아니라 법원이 저작권법의 특별규정에 의하여 저작권자 등의 신청에 따라 인터넷서비스제공자들에게 침해자 식별을 위한 정보를 제공할 것을 명하는 문서라고 볼 때, 우리법상 가장 유사한 제도로는 민사소송법 제344조 제1항 제3호(신청자가 문서를 가지고 있는 사람에게 그것을 넘겨 달라고 하거나 보겠다고 요구할 수 있는 사법 상의 권리를 가지고 있는 때에는 문서를 가지고 있는 사람은 그 제출을 거부하지 못한다)의 '문서제출명령'이라고 보이고, 다만 '문서제출명령'의 용어를 그대로 쓰기에는 양 제도가 동일하지 않고 제출대상이 우리법과 같이 증거물 자체가 되는 '문서'라기보다는 추후 저작권자의 소송을 위한 '정보'라고 함이 타당하고, 아울러 위 제도를 모방한 일본의 서비스제공자책임제한법에서도 '발신자정보의 개시청구'라고 표현하고 있음까지 참작할 때 '정보제출명령'이라고 표현함이 가장 타당하다. 우리 법상 문서제출명령은 이미 민사소송이 제기된 이후에 신청할 수 있는 것이고, 문서를 가지고 있는 사람이 제출하지 아니하는 경우에도 이를 또다른 소송으로 강제할 방법은 없고 단지 위 민사소송에서 위 문서의 기재내용에 대한 신청인의 주장을 진실한 것으로 인정할 수 있을 뿐이라는 점에서 미국 저작권 법상 subpoena와 차이가 있다.

254) 1심 판결은 그 분량에 비하여, 다소 산만하고 주장과 쟁점이 잘 정리되어 있지 못하다. 이 거절논

이에 원고는 법원에 정보제출명령의 강제집행을 구하였다. 원고는 DMCA가 §512(h)에서 정한 정보제출명령은, 인터넷서비스제공자의 면책요건을 규정한 §512(a)에서 §512(d)의 적용을 받는 네 가지 유형의 모든 인터넷서비스제공자를 상대방으로 삼을 수 있음을 전제하였다. 그러므로 §512(a)의 접속 서비스제공자인 피고도 이에 해당한다는 요지의 주장을 개진하였다.

2) 법원의 판단

법원은 피고 버라이즌의 주장을 배척하고, 단순히 인터넷접속서비스만을 제공하여 DMCA §512(a)의 인터넷서비스제공자에 해당하기 때문에 면책을 부여받는 서비스제공자라 하여도 여전히 §512(h)에 근거한 정보제출명령의 피신청인은 될 수 있다고 판시하였다. 그 근거로 법원은 §512(h)에 근거한 정보제출명령에 관한 법문은 '서비스제공자(service provider)'를 피신청인으로 하여 발령될 수 있다고만 정하여 실제 서비스제공자의 유형에 따른 차별은 두고 있지 아니하므로 정보제출명령의 피신청인이 될 수 있는 서비스제공자의 범위를 피고의 주장과 같이 제한할 수 없음을 들었다.[255]

피고 버라이즌은 §512(h)가 §512(c)(3)(A)에서 정한 침해주장의 통지를 필수적인 조건으로 하므로 결국 §512(h)가 §512(c)의 서비스제공자에게만 적용된다고 주장하지만, 실제 DMCA는 위 §512(c)(3)(A)뿐만 아니라 캐싱 서비스제공자에 관한 §512(b)(2)(E)와 검색엔진 서비스제공자에 관한 §512(d)(3)에서도 침해주장의 통지 절차를 규정하고 있으므로 피고의 주장은 모순이라고 법원은 판시하였다. 또한 정보제출명령은 침해자를 특정하기 위해 마련된 제도일 뿐, 피고의 주장처럼 서비스제공자의 네트워크 상에 침해결과물을 저장한 침해자를 특정하기 위한 목적, 즉 §512(c)의 서비스제공자와 관련한 침해자를 특정하기 위한 목적을 가진 제도가 아니라고 하면서, 만약 그러하였다면 연방의회가 §512(h)에서 명문으로 그 적용의 제한을 정하였을 것이라고 보았다.[256]

아울러 법원은, 원고가 DMCA §512(h)에 따른 정보제출명령을 이용할 수 없더라도 일단 연방법원에 '존 도(John Doe) 소송'[257]을 제기한 다음 연방민사

리에 대한 설명은 항소심의 내용을 빌린 것이다.

255) Verizon Ⅰ, 240 F.Supp. 2d at 30~31.

256) Verizon Ⅰ, 240 F.Supp. 2d at 31~33.

257) John Doe란 한국에서 막연하게 지칭하는 '홍길동'과 같이, '보통사람'을 가리킨다. 결국 존-도 소송은 아직 구체적인 이름이 특정되지 않은 불특정 상대방을 피고로 삼아 제기한 소송을 가리킨다.

소송규칙 제45조에 근거한 명령(subpoena)[258]을 받아 인터넷서비스제공자에게 제출하는 방법을 활용할 수 있다는 피고의 주장을 배척하였다. 그 근거는 DCMA에 의한 정보제출명령절차가 연방민사소송규칙 제45조에 근거한 명령(subpoena)보다 인터넷서비스제공자인 피고에게 부담을 더 주는 절차라고는 볼 수 없다고 하였다. 오히려 원고로 하여금 상대방 서비스제공자가 저작권법 § 512(a)의 적용을 받아 연방민사소송규칙에 따른 명령을 받아야 하는지, 아니면 § 512(c)의 적용을 받아 같은 § 512(h)에 따른 정보제출명령을 받아야 하는지 여부를 미리 판단하도록 강요함은 부당하다고 하였다.

법원은 결론적으로, DMCA의 문구 및 구조 해석과 당해 법률의 목적 및 연혁에 비추어 § 512(h)에 근거한 정보제출명령은 버라이즌과 같이 § 512(a)에 해당하는 서비스제공자를 포함하여 모든 서비스제공자에게 적용된다고 보았다. 법원은 정보제출명령을 집행하려는 원고의 신청을 인용하였고 버라이즌에게 정보제출명령에 응할 것을 별도의 명령으로 명하였다.

(3) 항소심의 판단[259]

버라이즌은 위와 같은 원심의 판단에 불복하면서 항소를 제기하고 항소심의 판단이 내려질 때까지 원심 법원의 판결집행을 정지해달라는 신청도 제기하였다. 이에 대응하여 원고는 원심의 태도와 같이 § 512(h)는 서비스제공자가 이용자간 직접 접속을 위한 '단순한 도관(mere conduit)' 역할을 하였는지를 불문하고 '서비스제공자'를 상대로 정보제출명령을 발령할 수 있도록 정하고 있다는 주장을 하였다.

2003. 12. 19. 항소심은 먼저 정보제출명령에 관한 § 512(h)는 그 § 512(h)(2)(A)에서 § 512(c)(3)(A)에서 정한 침해주장의 통지서 사본을 첨부할 것을 요구하고 있는 등 § 512(h)의 법문 중 세 곳[260]에서 거듭 § 512(c)(3)(A)에

---

258) Federal Rules of Civil Procedure for the United States District Courts 45. (b)(1)에 따르면, 위 규칙에 의한 제출명령은 당사자가 아닌 어느 누구라도 피신청인으로 삼을 수 있다.

259) Recording Industry Association of America, Inc., Appellee, v. Verizon Internet Services, Inc., Appellant. 351 F.3d 1229. (Decided Dec. 19, 2003).

260) 첫째는 § 512(h)(2)(A)에서 저작권자가 정보제출명령을 신청할 때 § 512(c)(3)(A)에서 정한 통지를 첨부할 것을 요구하고 있고, 둘째는 § 512(h)(4)에서 법원의 Clerk이 정보제출명령을 발할 때 위 통지가 § 512(c)(3)(A)의 요건을 구비하였는지 심사하도록 정하였고, 셋째는 § 512(h)(5)에서 § 512(c)(3)(A)에 정한 통지의 수령을 전제로 정보제출명령을 송달받은 인터넷서비스제공자가 침해자를 식별할 의무를 규정하고 있다.

서 정한 통지를 요건으로 하고 있음에 주목하였다. 그런데 §512(c)(3)(A)에서 정한 통지는 §512(b), 혹은 §512(c), §512(d)의 각 적용을 받는 서비스제공자를 상대로 각 명문의 규정에 따라 이루어질 수 있을 뿐 §512(a)의 적용의 받는 서비스제공자에게는 이를 허용하는 규정이 없음을 지적하였다. 그 이유에 관하여 법원은 가령 P2P 파일교환을 통하여 획득되거나 배포된 침해결과물은 개인 이용자의 컴퓨터에 저장되어 있는 것이고, 저작권자가 서비스제공자에게 통지를 통하여 어떤 정보를 제공하던간에 P2P에서의 인터넷서비스제공자는 침해결과물이 자신의 서버에 저장되어 있지 않은 까닭에 이를 제거하거나 그것으로의 접속을 차단할 수 없기 때문이라고 하였다.

결국 §512(a)의 규정에 §512(b) 내지 §512(d)와 달리 저작권자의 침해주장의 통지와 이에 대응한 서비스제공자의 침해결과물 제거절차에 관한 규정부분이 없는 이상, §512(a)의 적용을 받는 피고는 정보제출명령에 관한 §512(h)의 적용으로부터도 해방된다고 법원은 결론지었다.

그렇지만 법원은 피고 버라이즌의 주장이 §512(h)에서 등장하는 §512(c)(3)(A)에만 집중함으로써 오로지 §512(c)(3)의 인터넷서비스제공자만 §512(h)의 적용을 받는다는 해석으로 나아간 것은 잘못되었다고 보았다. 이 부분은 오히려 상대방인 원고의 입장을 지지하여, 인터넷서비스제공자의 유형이 §512(a)의 적용을 받는 인터넷서비스제공자처럼 단순한 도관 역할을 하는 것이 아닌 한, §512(b)에서와 같이 일시적인 웹페이지의 캐싱이든지, §512(c)에서와 같이 인터넷서비스제공자의 서버에 웹사이트를 저장하는 것이든지, 아니면 §512(d)에서와 같이 인터넷서비스제공자가 검색엔진으로 활동하던지간에 침해결과물을 어떤 방법으로라도 자신의 서버에 저장하는 일체의 인터넷서비스제공자들에게 위 §512(h)가 적용된다고 해석하였다.

법원은 더 나아가 입법연혁에 관하여도 살피면서, §512(h)를 포함하여 §512를 입법할 당시 P2P 소프트웨어가 어느 누구의 눈에도 제대로 들어오지 않았던 시절이었던 이상 §512(h)가 P2P 소프트웨어에도 적용될 의도를 가졌다는 원고의 주장은 잘못되었다고 보았다.

끝으로, 법원은 만일 피고 버라이즌의 입장과 같이 법을 해석한다면 P2P 영역에서 수많은 침해행위가 빚어지고 있는 현실에서 '법의 정수'가 말살될 것이라는 원고인 음반산업협회의 사법정책적 호소에 대한 답변을 다음처럼 하였다.

먼저 이러한 궁박한 저작권자의 처지를 법원은 동정하며 저작권자를 보호하기 위한 법적 수단이 마련되어야 한다는 점에는 동의하지만, 새롭고 예상하기 힘든 인터넷 세상에 부응할 수 있도록 DMCA를 다시 작성하는 것은 설령 그 때까지는 그 진보가 음악산업에 막대한 손해를 끼치고 영화나 소프트웨어 산업을 위협하더라도 사법부의 임무는 아니라고 하였다. 법원은 여기서 그 유명한 선례인 Sony 사건[261]의 판시를 인용하여 "연방의회가 새로운 기술 때문에 불가피하게 서로 엉키게 되어 대립되는 이해관계의 다양한 변화를 충분히 수용할 수 있는 헌법상의 권한 및 기관으로서의 능력을 가지고 있다"고 설시하였다.[262]

요컨대 항소심은, 위 § 512(h)에 근거한 정보제출명령은 침해결과물이라고 주장되는 대상을 자신의 서버에 저장하고 있는 인터넷서비스제공자, 즉 캐싱 · 호스팅 · 검색엔진 서비스제공자들에 한하여 발령될 수 있을 뿐, 이 사건 피고인 버라이즌과 같이 단순히 이용자간 파일전송을 위한 단순히 도관 역할을 하여 자신의 서버 상에 침해결과물을 저장하고 있지 아니한 인터넷서비스제공자, 즉 접속 서비스제공자에게는 적용되지 않는다고 보았다. 그리하여 원심판결을 파기하고 피고 버라이즌의 손을 들어 주면서, 정보제출명령을 강제집행하기 위한 1심 법원의 명령을 파기하였다.

이후 항소심의 판단에 불복한 원고 측은 연방대법원에 상고허가신청(Petition for Writ of Certiorari)[263]을 제출하였지만, 2004. 10. 12. 위 신청이 기각됨으로써 항소심의 판단이 그대로 확정되었다.

(4) 판례분석

원심과 반대 입장을 취한 항소심의 판단은 § 512(a)와 같이 단순히 정보전달에 있어 도관의 역할을 함에 그치는 인터넷서비스제공자들은 적어도 DMCA 규정에 따른 정보제출명령에 의한 협력의무로부터도 완전히 면책시키려는 것이다(다만 이것과 달리 연방민사소송규칙 제45조에 근거한 제출명령에 의한 의무는 여전히 존재한다). 일단 DMCA 규정의 문리해석에는 원심보다 더 충실하다고 볼 수 있다. 뿐만 아니라 현실에서 미국 음반산업협회가 정보제출명령 신청제도를 남발하거나[264] 혹은 남용하여[265] 온 경향이 있었음을 고려한 것이라고도 할 수 있다.

261) Sony Corp. v. Universal City Studios, Inc., 464 U.S. 417, 431, 104 S.Ct. 774, 783, 78 L.Ed.2d 574 (1984).

262) Verizon, 351 F.3d at 1238.

263) 전문은 ⟨www.eff.org/legal/cases/RIAA_v_Verizon⟩[2004. 10. 17.].

264) 가령, 미국 음반산업협회는 인터넷서비스업체인 Pacific Bell을 상대로 한 정보제출명령을 1년 동안

하지만 항소심의 결론은 두 가지 면에서 다소 문제가 있었다.

첫째, DMCA의 문리해석을 떠나 정책적인 시각에서 볼 때 § 512(a)에 속한 인터넷서비스제공자에게 정보제출의무까지 면제하는 것이 과연 합리적이냐 하는 점이다. § 512 중 (b), (c), (d)와 같은 인터넷서비스제공자에게는 굳이 협력의무를 부담시키지 않아도 저작권자가 크게 아쉬울 구석이 없다.[266] 반면 § 512(a)에 속한 인터넷서비스제공자의 접속서비스를 통하여 침해가 발생한 경우 저작권자로서는 접속 서비스의 속성상 당연히 인터넷서비스제공자에게 침해물의 제거를 구할 수는 없다. 그런데 이런 상황에서 Verizon 항소심 법원의 입장에 따라, 보다 간편한 절차인[267] DMCA의 정보제출명령을 통하여 개별 침해자의 인적 정보를 얻는 것까지 차단당하면 저작권자에게는 다소 가혹[268] 한 면이 없지 않을 것이다.

둘째, Verizon 항소심 법원의 입장은 일단 저작권자 측이 개별 침해자들의 인적 사항을 획득하는 절차를 한층 어렵게 만든 결과 이용자들을 더 두텁게 보호하는 듯하지만[269] 오히려 개별이용자들이 법정에 피고로 세워지는 경우가 증

무려 16,700개나 받았다고 한다[Pacific Bell Internet Servs. v. RIAA (No. C 03 3560 JL) 사건의 Complaint for Declaratory Relief P. 46]. 아울러 소년 · 소녀 · 부녀자 · 고령자 등과 같이 범죄와는 실제 연관이 없을 것 같은 이용자라도 가리지 않고 정보제출명령이 발급되어 사생활침해가 문제되었다. 이는 Alice Kao, "RIAA V. Verizon : Applying The Subpoena Provision of The Dmca," 19 Berkeley Technology Law Journal 405, 2004, p. 419 FN 105에서 재인용.

265) 대표적인 사례는 Wal-Mart가, 인터넷 비교쇼핑 사이트를 통하여 자사의 할인행사계획을 공표해버린 특정이용자의 신원을 파악하기 위하여 (저작권법 위반행위와는 상관 없음에도) 위 사이트운영자에 대한 정보제출명령을 신청, 발급받은 사건이었다. 이에 대하여는 Megan E. Gray, "FatWallet Challenges Abusive DMCA Claims and Protects Users' Privacy Rights," FatWallet.com (Dec. 2, 2002), Declan McCullagh, "Wal-Mart Backs Away from DMCA Claim," CNET News.com, 2002. 12. 5.자. 이상은 Alice Kao, op. cit., pp. 422-23에서 재인용.

266) 왜냐하면 § 512(c)(3)에 정한 '침해주장의 통지'를 하면 이들 인터넷서비스제공자는 그 침해주장의 대상인 저장물이나 침해행위의 대상을 신속하게 제거하거나 접속을 차단하는 대응을 할 의무가 발생하므로 정보제출명령과 같은 수단이 없더라도 큰 문제가 없기 때문이다.

267) Verizon 1심 법원이 인정한 대로, 연방민사소송규칙 제45조에 근거한 제출명령은 DMCA의 정보제출명령보다 저작권자에게 훨씬 번거롭다. 무엇보다 전자는 저작권자가 일단 소송을 제기한 상태일 것을 요구하기 때문이다.

268) 미국 음반산업협회 회장 Cary H. Sherman이 미 상원의원 Coleman의 질의에 답한 회신문에서도 "DMCA의 관련규정의 목적 중 하나는 저작권자 측으로 하여금 인터넷서비스제공자 대신 개별이용자들을 상대로 저작권을 강제하도록 하는 것에 있으며, DMCA가 버라이즌을 포함한 인터넷서비스제공자에게 면책을 부여한 것은 무조건이 아니라 저작권자가 침해이용자들의 인적 사항 등 정보를 획득하는 데 신속하게 도와줄 것을 조건으로 면책을 부여한 것이다"라고 주장하고 있다(Cary H. Sherman, op. cit.).

269) 즉 침해행위를 한 이용자가 전혀 모르는 사이 저작권자가 DMCA의 정보제출명령을 통하여 손쉽게

가하게 만들었다. 왜냐하면 DMCA의 정보제출명령을 이용할 수 없게 된 미국 음반산업협회는 이용자의 정보를 획득하기 위하여 마지막으로 남은 절차, 즉 연방민사소송규칙 제45조에 근거한 보다 일반적인 제출명령에 의존하게 되었는데 이것은 일단 저작권자가 원고가 되어 소송(1심에서 언급한 이른바 존-도 소송)을 제기할 것을 요구하기 때문이다.[270]

실제로 2003. 12. 19. 항소심 판결 때까지 미국 음반산업협회가 개별이용자들을 상대로 합의금 징수 등의 방법 대신 소송까지 제기한 건수는 382건에 불과하였다. 하지만 항소심 판결 이후부터 급증하기 시작하여 2004년 6월경까지 누적 3160건, 12월경까지 누적 7437건에 이르렀고 2005년 4월경에는 1만 건을 돌파하는 등 소송의 홍수를 이루게 되었다.[271]

한편, 한국의 저작권법에서는 DMCA에서와 달리 저작권자가[272] 개별 침해자의 인적 사항을 획득하는 절차에 관하여 규정하고 있지 않다. 저작권자는 미국에서와 달리 접속 서비스제공자는 물론 캐싱 · 호스팅 · 검색엔진 서비스제공자를 상대로 하여서도 이용자 인적 사항의 정보를 요구할 수 없다. 대개는 형사 고소를 한 뒤 수사기관으로 하여금 침해자의 인적 사항을 찾게 하는 수밖에 없다.[273]

일본의 서비스제공자책임제한법에서는 미국의 DMCA 규정 중 정보제출명령을 모방한 '발신자정보 명시청구'라는 제도를 두고 있는데, 한국에서도 향후

인터넷서비스제공자로부터 이용자의 인적 사항을 획득한 다음, 느닷없이 이용자에게 연락을 취하여 합의금을 요구하는 상황은 피할 수 있다.

270) 이 무렵 미국 음반산업협회는 협회 홈페이지(www.riaa.com/news)에서 "과거에는 소송제기 이전에 소송 대상자들과 미리 접촉하여, 더 낮은 금액에 합의할 수 있었지만 이제 소송이 의무화되면서 이런 방법이 불가능해졌고, P2P 이용자들은 이러한 재판 과정에서 더 큰 피해를 감수하게 됐다"는 입장을 표명하고 있다.

271) 〈sharenomore.blogspot.com〉[2006. 3. 18.]. 통계적 수치 이외 존-도 소송의 개황에 대하여는 〈eff.org/IP/P2P/riaa-v-thepeople.php〉 및 〈www.muddlawoffices.com/laws/RIAA/RIAA.htm〉[2006. 3. 18.] 각 참조.

272) 앞서 보았던 전기통신사업법 제54조 제3항이나 통신비밀보호법 제13조에 의한 정보제공은 수사기관 등이 이용할 수 있을 뿐 저작권자가 이용할 수 있는 절차가 아니다. 이에 관하여 자세히는 제4장 제4절 Ⅱ. '법적인 곤란성' 부분 각주 참조.

273) 가령 한국 음반산업협회는 2003. 12. 23. 현재 P2P 서비스 소리바다 이용자 50명에 대한 고소장을 접수하며 일단 이들의 ID를 제출하면서 "한국에선 음반협회에 P2P 사용자의 인적 사항 공개를 강제하는 특혜를 주지 않았으므로 인적 사항 확인을 위해 처음부터 법원 허가가 필요했다"고 밝히고 있다(전자신문 2003. 12. 23.자 "미 법원, 음반협회 영장 없이 P2P 사용자 신원 알 수 없다 판결 파장" 기사 참조).

에는 그런 입법적 수용도 검토해 볼만하다.

3. 캐나다의 경우

한편, 캐나다에서도 캐나다 음반산업협회(CRIA)가 2003년 11월 및 12월동안 Kazaa와 아이메시(iMesh)[274] 네트워크를 이용하여 대용량의 음악파일을 교환하였다고 의심되는 29명의 개별이용자들의 성명과 주소를 캐나다 소재 5개 인터넷서비스제공자들로부터 넘겨받기 위한 절차를 연방법원에 신청한 사례가 있다. 그러나 앞서 미국의 Verizon 판결과는 다른 논리로 오타와 연방1심 법원[275]은 2004. 3. 31. 이를 기각하였다. 즉 미국 법원의 경우 원고가 요구하는 정보대상인 이용자들의 행위가 미국 저작권법을 침해하는 위법행위라는 점에는 이론이 없었다.

그러나 캐나다 법원은 이용자들이 P2P 네트워크 상에서 파일을 교환하는 행위가 적법한 행위에 불과하므로 원고에게 그러한 청구권이 없다는 논리에 입각하고 있다.

구체적으로 법원은, 캐나다법 상으로는 Kazaa와 같은 P2P 네트워크에서 음악파일을 공유폴더에 업로드하는 행위나 이를 다운로드하는 행위가 모두 사적 이용일 뿐이어서 저작권위반을 구성하지 않는 점을 들었다.

법원은 도서관에서 책과 더불어 이를 복사할 수 있도록 복사기를 제공한 행위가 '허락(authorization)'[276]이 될 수 없다고 판시한 캐나다 연방대법원의 선례[277]를 원용하며 마찬가지로, P2P 네트워크에서 이용자가 파일을 공유폴더에 두는 행위도 그와 아무런 차이가 없으므로 허락행위가 될 수 없다고 파악하였다.[278]

아울러 캐나다 저작권법상 배포권의 침해가 되려면 단지 P2P 네트워크 상

---

274) Kazaa와 마찬가지로 패스트-트랙 플렛포옴 기술을 사용한 P2P 소프트웨어이다.

275) BMG Canada Inc. v. John Doe (2004 FC 488). Konrad von Finckenstein 연방판사가 담당하였다.

276) 허락의 개념에 관하여 자세히는 제3장 제3절 Ⅳ. 3. 부분 참조.

277) CCH Canada Ltd v. Law Society of Canada, 2004 SCC 13.

278) 이 부분은 아날로그 시대(도서관)와 디지털 시대(P2P)의 근본적 차이를 간과한 지나친 논리비약이다. 도서관에서는 정보를 원하는 자가 직접 방문하여 복사를 하여야 하는 수고로움으로 인한 사실상의 제약이 존재한다. 그 제약 때문에 복제본의 임의제작으로 인한 저작권자의 손실보다 도서관을 통한 정보의 확산이라는 긍정적 이익이 더 크다는 판단에서 이러한 경우를 침해행위로 보지 않게 된 것일 것이다. 하지만 P2P에서의 복제는 그러한 제약이 존재하지 않아 저작권자의 본질적 이익을 해하게 된다.

에서 타인이 접근가능하도록 파일을 공유폴더에 올리는 것만으로는 부족하다고 보았다.[279] 원고 측은 이에 2004. 4. 13. 항소한 상태이다.[280]

이러한 판결의 결론을 이해할 때 주의할 점은 앞서 캐나다의 저작권법을 설명할 때 보았듯이 캐나다에서는 아직 이례적으로 세계지적재산권기구 실연, 음반조약에 따른 이용제공권의 개념이 도입되지 않았다는 점이다. 이러한 이유로 캐나다 저작권위원회도 P2P 네트워크 상에서 파일을 업로드하는 것은 반드시 그렇다고 할 수 없을지라도 다운로드하는 것은 사적 이용에 불과하다는 입장을 밝힌 바 있다.[281]

위 사건에서 원고인 음반제작자가 이용제공권(한국법상 전송권)을 가졌더라면 권리침해가 되었겠지만 아직 캐나다에서 이용제공권이 도입되지 않아 이를 인정하지 않는 것임을 법원도 분명히 판시하고 있다.

나아가 위 판결은 설시하고 있지 않으나, 캐나다에서는 공 CD나 MP3 플레이어를 포함하여 비교적 광범위한 대상에 대하여 부과되는 복제부과금 제도가 존재하므로 이를 응용한다면 P2P 이용자들의 행위를 규제하지 않더라도 달리 저작권자를 보호할 수 있는 방편이 될 수 있는 점[282] 역시 이용자의 파일교환행위를 적법한 행위로 파악하여도 큰 무리가 없는 근거가 될 수 있다. 따라서 위 판결과 같은 입장을 한국의 사례에서 원용하기는 어려울 것이다.

다만 위 캐나다 판례의 나름대로의 의미를 찾자면, 위 판결에서는 앞서 미국의 Verizon 판결에서와 달리 인터넷서비스제공자가 정보제출명령에 응하기 위하여 감당하여야 할 부담이 상당하다는 사실을 인식하고 있다는 점이다. 즉 이용자의 입장에서 프라이버시권이 침해된다는 측면은 논외로 하더라도, 인터넷서비스제공자가 정보제출명령을 이행하는 과정에서 현실적으로는 비용이 발생하게 되는데[283] 사실 이것을 누가 부담할 것인가가 문제될 수 있다.[284]

279) 배포권 침해가 되려면, 복제본을 발송하거나 광고하는 것과 같은 적극적 행위가 필요하다고 보았다.

280) 1심에 대한 Billboard 60, Saturday, 2004 WL 64811006 (April 10, 2004) 및 항소에 이르는 과정을 다룬 The Canadian Press, Tuesday, 2004 WL 75646813 (April 13, 2004) 참조.

281) Copyright Board of Canada, Private Copying 2003-2004 decision, 12 December 2003, p. 20. (위 판결문에서 재인용)

282) 복제부과금 부과의 각국현황을 설명한 아래 제7장 제3절 Ⅱ. 2. (1) 및 (2) 부분 각 참조.

283) 위 판결문 paragraph 35.

284) 가령 미국 음반산업협회는 인터넷서비스업체인 Pacific Bell을 상대로 한 정보제출명령을 1년 동안 무려 16,700개나 받은 적이 있다. 지금까지는 명령신청인인 미국 음반산업협회에게 정보를 전달할 때까지 발생하는 비용을 인터넷서비스제공자 스스로 부담하여 왔지만, 향후 미국의 인터넷서비스제

앞서 보았듯이 캐나다가 현재 추진 중인 개정 저작권법에서는 비용을 저작권자로부터 징수하도록 규정하려 하고 있다.

공자들은 미국 음반산업협회의 정보제출명령 남발신청에 대항하여 인터넷서비스제공자가 연방민사소송법 45조(Fed. R. Civ. P. 45)에 의거하여 명령신청인에게 비용을 청구하는 형식의 분쟁도 예견되고 있다고 한다(Dineen Pashoukos Wasylik, op. cit., p. 698).

제 7 장

혁신적 기술의 수용과 저작권자 보호를 위한 보완책 제시

제 1 절 Verizon 판결의 여파
제 2 절 연방대법원의 Sony판결이 놓았던 1984년의 시금석으로 되돌아가며
제 3 절 저작권자 보호를 위한 보완책 검토

제 1 절 Verizon 판결의 여파

Ⅰ. 저작권침해의 책임을 추궁받을 상대방이 사실상 축소

Verizon 항소심의 판결의 입장에 따라, 이후 미국의 저작권자가 P2P 이용자들을 상대로 법적 조치를 강구하려면 일단 존-도(John Doe) 소송을 제기한 다음에라야 개별 침해자의 구체적인 인적 사항을 확인할 수 있게 되었다. 이는 저작권자가 침해책임을 추궁할 수 있는 상대방의 범위가 사실상 축소되는 결과를 가져왔다. 왜냐하면 미국 음반산업협회 등 저작권자들로서는 개별 침해자들의 인적 사항을 파악하는 데 종전과 같이 DMCA가 특별히 정한 정보제출명령(subpoena)의 절차를 거치는 경우보다 훨씬 많은 시간과 자금을 투자하게 되었기 때문이다.

Ⅱ. P2P 기술의 수용을 거부하는 극단적인 입장의 강화

Grokster 사건에 대하여 책임을 부정한 2003년경의 1심 및 2004년경의 2심 판결에 따르자면, 적어도 2005년경 연방대법원의 판결이 내려지기 이전까지는 저작권자가 당시 가장 인기를 끄는 유형의 P2P 네트워크제공자에게 책임을 추궁하는 것이 일견 불가능해 보였다.

한편 저작권자가 개별 침해자를 상대로 직접 소송하는 보다 험난한 길을 부득이 택하려 하여도 Verizon 항소심 판결에 따라 인터넷서비스제공자로부터 침해자의 인적 사항을 제공받기도 곤란해졌다.

이렇게 미국에서 저작권자의 입장이 사면초가에 빠지게 된 2003년에서 2004년경까지의 무렵, 저작권자 측에서는 이제 저작권자의 생존을 위협하는 P2P 기술공급자에 대한 부정적 태도가 확산된 것은 물론, 아예 P2P 기술 전체의 존재를 거부하려는 극단적 태도가 강화되게 된다.

1. P2P를 이용한 범죄에 대한 특별취급

우선 P2P 관련 불법복제행위에 대하여는 특별입법을 통하여, 저작권법 상 종전에 정해진 범죄의 구성요건[1]을 보다 완화하는 한편 형사법 상 처벌의 기준은 반대로 높이는 방향으로 법이 바뀌었다.[2]

먼저 2003. 7. 17. 미 하원에 제출된 '2003년 저작자 · 소비자 및 컴퓨터 소유자 보호 및 보안법(Author, Consumer, and Computer Owner Protection and Security Act of 2003, ACCOPS)'[3]은 인터넷 상에 저작권자의 허락 없이 복제저작물을 접속할 수 있도록 놓은 행위에 관하여 종래 미국 저작권법이 불법배포물의 수량, 가액에 따라 형량을 달리 규정한 것[4] 과 달리, 그 수량, 가액 등을 실제로 입증하지 않더라도 위와 같은 행위의 존재만으로 가장 무거운 유형의 배포행위로 간주한다는 규정을 두고 있다.[5]

---

1) 미국 저작권법상 침해행위 처벌규정인 17 U.S.C. §506 (a)에서는 다음과 같이 처벌규정을 두고 있다. "고의적으로 ① 상업적 이득 혹은 개인의 경제적 이익을 위하여서나, ② 전자적 도구에 의한 경우를 포함하여 특정한 180일 동안, 1개 이상의 저작물에 대하여 총 1000불이상의 가액으로 1개 이상의 복제서적(copies)이나 음반을 복제하거나 배포하는 방법으로, 저작권을 침해한 자는 18 U.S.C. §2319에 정해진 바에 따라 처벌된다. ②항의 경우 저작물의 복제 혹은 배포에 관한 증거 자체만으로는 고의적 침해를 인정하여서는 안 된다." 그런데, 위 U.S.C.의 TITLE 18은 다름 아닌 형사법(형법 및 형사소송법)편이므로 결국 미국 저작권법은 우리 저작권법이 완전히 자족적인 처벌규정을 가지고 있는 것과는 차이가 있다. 나아가 18 U.S.C. §2319의 규정을 살피면, 아래와 같다. "(a) 형사범죄에 대한 506조 (a)를 위반한 자는 아래 (b)와 (c)에 규정한 대로 처벌하고 각 벌칙은 U.S.C. TITLE 17 저작권법 편 또는 다른 법률에 부가되어야 한다.

(b) 506조(a)①을 위반한 자는 ① 만약 전자적 도구에 의한 경우를 포함하여 특정한 180일 동안, 1개 이상의 저작물에 대하여 총 2500불 이상의 가액으로 10개 이상의 복제서적(copies)이나 음반을 복제하거나 배포한 행위라면 5년 이하의 징역 또는 이 편에 정해진 한도 이하의 벌금 또는 양자를 병과한다. ② 만약 위 ①항에 따른 재범(second or subsequent offense)일 때는 10년 이하의 징역 또는 이 편에 정해진 한도 이하의 벌금 또는 양자를 병과한다. ③ 기타의 경우에는 1년 이하의 징역 또는 이 편에 정해진 한도 이하의 벌금 또는 양자를 병과한다.

(c) 506조(a) ②를 위반한 자는 ① 만약 범죄가 1개 이상의 저작물에 대하여 총 2500불 이상의 가액으로 10개 이상의 복제서적(copies)이나 음반을 복제하거나 배포한 행위라면 3년 이하의 징역 또는 이 편에 정해진 한도 이하의 벌금 또는 양자를 병과한다. ② 만약 위 ①항에 따른 재범일 때는 6년 이하의 징역 또는 이 편에 정해진 한도이하의 벌금 또는 양자를 병과한다. ③ 만약 범죄가 1개 이상의 저작물에 대하여 총 1000불 이상의 가액으로 1개 이상의 복제서적(copies)이나 음반을 복제하거나 배포한 행위라면 1년 이하의 징역 또는 이 편에 정해진 한도 이하의 벌금 또는 양자를 병과한다."

2) 이와 관련하여 경제학적 관점에서, 이용자들이 침해행위를 하더라도 적발되지 않는다는 인식을 버리도록 형사적으로 검거 및 처벌의 수위를 효과적으로 증가시키는 방법을 제시하는 견해(Mark A. Lemley & R. Anthony Reese, op. cit., p. 1351 참조)도 당연히 존재한다.

3) 법의 전문〈www.eff.org/IP/P2P/CONYER_069.PDF〉[2004. 5. 11.].

4) 앞서 각주의 17 U,S,C, §506(a) 및 18 U.S.C. §2319 규정 내용 참조.

5) 즉, 위 법 제301조는 기존의 17 U,S,C, §506(a) 말미에 "18 U.S.C.§2319(b)의 차원에서, 저작물을 저작권자의 허락 없이 공중이 접속할 수 있는 컴퓨터네트워크 상에 위치시켜, 그 접속을 통하여 공중으로 하여금 복제할 수 있도록 하는 행위는 특정한 180일 동안, 총 2500불 이상의 가액으로 10개 이상의 복제서적(copies)이나 음반을 배포한 행위로 간주한다"는 규정을 추가하도록 정하고 있다.

다음으로, 영화를 개인이 임의로 촬영하여 P2P 네트워크에 공개하는 행위를 원천봉쇄할 목적으로 캘리포니아[6]에서는 2003. 12. 현재 극장 안에서 캠코더를 사용하는 행위를 금지하는 법률을 성립시켰다.[7]

이러한 경향은 미국의 특정지역에 국한된 것이 아니어서 얼마 안 있어 2004. 4. 29. 미 상원 법사위원회는 만장일치로 '예술가 권리 및 절도 방지 법률(Artist Rights and Theft Prevention Act, ART)' 법안을 통과시켰는데, 이 법안은 캠코더를 소지한 채로 영화관 안에서 체포되었을 때는 저작권침해범의 고의가 있는 것으로 추정한다는 연방법규를 신설하고 있었다. 아울러 이 법률은 인터넷 규정들을 강화하고 P2P 네트워크가 범람하고 있다는 관점에서 사전배포(prerelease) 해적행위에 대항한 규정을 보강하고 있다.[8] 뿐만 아니라 이 법률은 기존의 다른 법률에서와 달리 파일이 실제로 반복적으로 다운로드되었다는 사실을 수사당국이 증명할 필요 없이 단지 불특정 다수가 당해 파일에 접근할 수 있었다는 점만 입증하면 족하도록 정하였다.

2. P2P 기술의 존재 자체에 대한 법적 공격

P2P 기술이 초래한 상황을 타개하기 위한 저작권자의 대처 중 강경함으로 넘어 다소 극단적인 대처는 아마 P2P 기술의 존재 자체를 거부하는 태도일 것이다. 그런데 실제로 미국에서는 곤궁에 빠진 저작권자 입장으로부터, 비록 제한된 범위이지만 이런 기류가 나타나게 되었다.

일찍이 2002. 7. 25.경 미국 의회에서는 상원의원 베르만(Howard Berman)에 의하여 'P2P 해적행위 방지법(Peer-to-Peer Piracy Prevention Act, 일명 Berman Bill)'이 발의되어 심리된 적이 있었다. 이 법안은 해적행위에 대항하기 위하여 서비스 거부 공격, 도메인네임 해킹, 혹은 컴퓨터 바이러스의 살포와 같은 불법적인 수단까지 사용할 권리를 저작권자에게 부여한 법안이었다. 나아가 법안은 연방 법무부장관이 허가하고 250달러를 초과하는 경우가 아닌 한 그러한 수단의 사용결과에 대한 배상책임으로부터도 면책한다는 다소 극단적인 내용을 담고 있었다. 이 때문에 미국 연방해킹방지법과의 충돌 문제, 영장이나 재판

6) 허리우드가 위치한 캘리포니아가 이러한 입법의 선두에 나선 것은 우연이 아니다.

7) Newyork Times 2003. 12. 25.자 Business/Financial Desk란.

8) Warren' s Consumer Electronics Daily, Friday, 2004 WL 64363616 (April 30, 2004).

없는 물리적 위해라는 문제 등 심각한 비판[9]을 불러왔다. 결국 일부 수정을 거치기도 하였으나 2003. 2.경 Berman 의원 스스로 입법추진을 포기[10]하게 된다.

그런데 이러한 강경한 입법 시도는 이때의 일회적인 해프닝으로 끝난 것이 아니었다. 2003. 6. 17.에 이르러 미 상원 법사위원장인 오린 해치(Orrin G. Hatch)는 저작권 관련 쟁점에 관한 상원청문회에서, 불법적으로 인터넷에서 음악을 다운받는 자들의 컴퓨터를 파괴할 수 있는 기술을 향후 입법적인 면책을 전제로 개발할 것을 관련 IT기술관계자들에게 요구하였다. 그러면서 오린 해치는 "그들에게 저작권을 가르쳐 줄 수 있는 유일한 방법은 그들 자신의 컴퓨터를 통하여서 뿐일 것이다. 개발된 기술로 두 번 정도 컴퓨터이용자에게 불법적인 온라인상 행위에 대하여 경고를 한 다음, 세 번째는 그들의 컴퓨터를 파괴하자"라는 취지의 극한 발언을 하여 큰 반발을 불러일으켰다.[11]

이어서 두 하원의원(Pitts와 John 의원)이 2003. 7. 24. 발의한 'P2P 포르노로부터의 아동보호법(Protecting Children from Peer to Peer Pornography)' 법안[12]은 부모의 동의를 얻고 나서야 연소자들에게 P2P 소프트웨어를 배포할 것, 부모가 설치를 원하지 않는 표지(이른바 'do not install' beacon)[13] 을 사용한 컴퓨터에는 P2P 소프트웨어를 배포하지 말 것, P2P 소프트웨어가 쉽게 제거될 수 있도록 보장할 것, 동의 없이 개인의 컴퓨터를 슈퍼노드 혹은 분배 허브(distribution hub)로 이용하지 말 것과 같은 내용을 연방통상위원회가 P2P 운영자에 대한 규정으로 정할 것을 명령하는 법안이었다. 이 법안은 결국 법률로 성립되지는 못하였다.

9) 법안내용 및 관련 논쟁에 대한 자세한 내용은, James S. Humphrey, "Recent Development: Debating The Proposed Peer-To-Peer Piracy Prevention Act: Should Copyright Owners Be Permitted To Disrupt Illegal File Trading Over Peer-To-Peer Networks?," North Carolina Journal of Law & Technology, Volume 4, Issue 2, Spring 2003 〈www.jolt.unc.edu/Vol4I2/PDF/V4I2-Humphrey.pdf〉[2004. 9. 4.].

10) 이 부분은 Neil Weinstock Netanel, op. cit., 14.

11) 그 발언내용과 이에 대한 비평은 〈www.wired.com/news/politics/0,1283,59305,00.html〉[2004. 4. 30.] 등을 참조할 것.

12) 법안에 관해 자세히는 〈www.govtrack.us/congress/bill.xpd?bill=h108-2885〉[2006. 3. 19.]. 그 외에 이에 관한 기사로는 Warren' s Washington Internet Daily, Wednesday, 2003 WL 16118123 (September 3, 2003).

13) 전자신문, 2003. 7. 28.자 기사에 의하면 이는 부모들이 PC에 P2P 소프트웨어의 설치를 거부하는 프로그램을 가리키는 듯하다.

3. P2P 기술의 존재 자체에 대한 기술적 공격

입법적 수단이 아닌 기술적 수단으로 저작권자가 P2P 기술을 공격하는 예로는, 이른바 스푸핑(spoofing) 기술과 차단(interdiction) 기술을 들 수 있다. 먼저 스푸핑 기술이란 저작권자가 P2P 네트워크에 적극적으로 대량의 가짜 파일을 퍼트려 그 가짜 파일의 분량이 원래의 불법복제파일을 압도하게 함으로써 P2P 네트워크에서 불법복제파일을 찾는 이용자의 노력을 무위로 만드는 기법[14] 이고, 차단 기술이란 불법복제를 제공하는 장소에 다른 이용자들이 접근하지 못하도록 저작권자 측이 스스로 인터넷 트래픽 잼(traffic jam)을 유발하여 네트워킹을 방해함으로써 다운로드를 막는 기법[15] 이다. 특히 스푸핑은 저작권자 측이 직접 나서는 대신 저작권자 측으로부터 의뢰를 받아 이러한 가짜 파일을 P2P 네트워크에 유포하는 일을 도맡아 하는 전문용역업체[16]까지 미국에서 등장하였다.

한국의 상황도 미국의 경우와 유사하다. 저작권자들이 설립한 기관인 일명 디지털저작권보호연구소(DCP LAB)[17]에서는 소리바다2 네트워크에 가짜 파일

14) 예를 들자면 다음과 같다. 흥행에 성공한 '실미도'나 '태극기 휘날리며'라는 영화 역시 이를 복제한 복제파일(mpeg파일)이 이-동키 네트워크에서 영화상영과 거의 동시에 유포되었다. 이 때 영화제작자 측은 위 파일의 추가적인 불법유포를 막기 위하여, 이미 불법유포된 AVI파일과 외형상 파일명, 파일크기가 동일하거나 유사한 AVI 파일(실제로는 다른 이용자가 다운로드받아 실행할 때 오류가 나는 파일이거나 엉뚱한 영화를 담고 있는 파일)을 적극적으로 P2P 네트워크에 퍼트린다. 이렇게 되면 나중에 이-동키에 접속한 이용자들이 위 영화파일을 획득할 목적으로 가령 '태극기'와 같은 검색어로 검색을 하는 경우 그 검색결과에는 검색어에 부합하기만 하면 앞서 저작권자가 퍼뜨린 파일들까지 포함한 검색결과가 나타나게 된다. 파일의 가짜 여부를 다운로드를 완성하기 전에 이용자가 확인할 방법은 없으므로(이-동키에 나중에 추가된 'Fake-file' 식별기능은 일정한 한계가 있음) 이용자는 일단 이런 AVI파일들이 다른 이용자가 배포하는 불법복제파일이라고 믿고 다운받는다. 이러한 경우 초고속인터넷망이 보급된 2004년경의 접속속도로도 트래픽 등의 문제로 약 700MB 내외인 영화파일 하나를 다운받는 데 실제로는 약 수십 분은 소요된다. 이용자는 거듭되는 이와 같은 '유사파일의 홍수' 속에 당초 자신이 원하였던 복제파일은 찾을 수 없게 된다. 이에 지친 이용자들은 지레 저작권을 침해하는 행동을 포기하게 된다. 이상과 같은 사례는 이-동키 네트워크에서 저작권자 등이 자구적 수단으로 자주 구사하는 것으로 믿어지는 수단이다.

15) 이는 Lawrence Iser & James Toma, "Battling Digital Piracy," Nat'l L.J., Jan. 20, 2003. 〈www.ggfirm.com/articles/pdf/005-02-03-0008_Greenberg_pdf_1.PDF〉[2005. 4. 4.] 및 Jeffrey L. Dodes, op. cit., p. 314 각 참조.

16) 이러한 회사인 Overpeer는 미국 내에서 가장 이용자가 많았던 Kazaa를 주 대상으로 하여 매달 250억 개의 가짜 파일을 유포시키고 있었다. CNET News 2004. 6. 30.자〈news.com.com/2100-1027-5253431.html〉[2004. 7. 13.].

17) 소리바다를 위시한 P2P 프로그램을 통한 파일유포에 대응하기 위하여 2003. 11.경 SM엔터테인먼트와 소니뮤직코리아 등 32개 음반사와 기획사가 모여 만든 기관이다.

수십만 개를 마치 인기 음악파일인 것처럼 전파한 사례가 있다.[18] 이러한 스푸핑에 대하여 P2P 운영자나 이용자들 측에서도 대응책을 모색하고 있다.[19]

4. Grokster 하급심이 취한 입장에 대한 입법적 번복시도 등

앞서 등장하였던 오린 해치 위원장은 2004. 6. 22. 이른바 '저작권침해 유인법(IICA: Inducing Infringement of Copyright Act of 2004)'[20]을 발의하였는데, 그 표면상의 입법취지는 '고의적으로 저작권법 위반을 유발한 자'[21]에 대하여 그 위반행위에 대한 책임을 묻겠다는 것이었다. 하지만 그 실질적인 목적은 Grokster 등의 책임을 부정한 Grokster 하급심 법원(법안 제안 당시는 1심 법원)의 입장을 입법적으로 번복하고자 하는 것이었다.[22] 위 법안은 저작권법 중 저작권침해책임을 규정한 제501조[23] 말미에 다음과 같이 (g)항을 신설하도록 정

18) 쟁점토론 "정당한 권리행사인가, 개인의 기본권 제한인가?," 저작권문화(저작권심의조정위원회 간행) 111호, 2003. 11. 글 중 최병범(DCP Lab 대표)의 진술 부분 참조. 더 구체적인 예로 설명하자면, 음반유통사인 예당엔터테인먼트는 2004. 1.경 '서태지 7집'을 발매하면서 이용자들이 소리바다 네트워크 등에서 해당 파일을 검색했을 때 우선적으로 접근하는 슈퍼 피어에 가짜 파일을 대량 살포하여 큰 효과를 봤다. 서태지의 팬들도 가짜파일 유포에 동참한 바 있다. 이러한 가짜파일은 다운로드 뒤 실행하면 오류가 생기거나 일시 음원을 재생하던 중 돌연 불법복제근절의 계도를 하거나 심지어 귀신소리까지 위압적으로 삽입된 경우가 있다고 한다. 이 부분은 전자신문 2004. 12. 9.자 "페이크 파일을 아시나요" 기사 및 중앙일보 인터넷신문 2005. 2. 1.자 "억! 소리바다에 웬 귀신소리?" 기사 각 참조〈www.ejungang.com/BBS/view.php?id=board22&no=951〉[2005. 2. 1.].

19) Kazaa 같은 경우 이용자들의 특정파일 평가란을 통하여 스푸핑 여부를 알 수 있게 하고 있고(Matthew C. Mousley, "PEER-TO-PEER COMBAT: THE ENTERTAINMENT INDUSTRY's ARSENAL IN ITS WAR ON DIGITAL PIRACY," 48 Villanova Law Review 667, 2003, p. 69), 이-동키에서도 가짜파일(Fake file)이라고 의심되는 대상을 일정한 한도 내에서 식별하는 기능을 부착하였다. 현실적으로도 불법파일을 교환하는 이용자들이 이에 대응하여 '태극기 휘날리며 가짜 파일 구별법.TXT'와 같은 정보를 서로 활발히 교환하자 저작권자의 노력이 더 이상 효과를 보지 못하게 되었다. 특히 종국적으로 인터넷 전송속도가 더욱 향상되어 지금 MP3 곡 1개를 받는 데 소요되는 몇 초의 시간 안에 장차 영화파일 하나가 전송되는 시대가 오는 경우 저작권자의 스푸핑 행위는 의미 없는 노력이 될 가능성이 크다.

20) S. 2560. 그 법안의 전문은 〈www.govtrack.us/congress/bill.xpd?bill=s108-2560〉[2006. 2. 28.].

21) 아래와 같이 법안의 표현이나 내용이 2005. 6. 27. 연방대법원이 Grokster 사건을 판단하며 도입한 유발이론과 유사함을 알 수 있다.

22) Hatch 스스로 "신중하게 작성되고 초당적인 이 법이 현행법 하에서 저작자들이 타인의 저작권을 침해하도록 유인하는 당사자들에 대하여 민사소송을 제기할 수 있음을 확인함으로써 잘못된 Grokster 판결을 수정할 것이다"라고 공언하고 있었다. CNET News 2004. 6. 23.자〈news.com.com/Senate+bill+bans+P2P+networks/2100-1027_3-5244796.html〉[2004. 7. 13.] 및 2004. 7. 22.자〈news.com.com/Senator+wants+to+ban+P2P+networks/2100-1027_3-5280384.html〉[2004. 8. 10.].

23) 501조(Infringement of copyright)는 미국 저작권법(TITLE 17) 중 「저작권침해 및 구제」를 다룬 제5장(Chapter5)의 첫 조문으로 (a)부터 (f)항으로 이루어져 있다.

하고 있었다. 우선 (g)(1)에서는 "아래 세부 항에서, '고의로 유발(intentionally induces)' 이라 함은 고의로 방조 · 교사 · 유발 · 초래하는 것을 의미하며, 고의는 행위자에게 당시 합리적으로 가능하였던 행위들에 관한 일체의 관련 정보에 입각하여, 합리적인 평균인이 침해를 유발할 고의를 발견할 수 있는 행위들에 의하여 입증될 수 있는데, 관련 정보는 그 행위들이 상업적인 생존을 위해 침해에 의존하였는지 여부를 포함한다"고 정하였고 (g)(2)에서는 "위 (a)항[24]에 정해진 일체의 침해를 고의로 유발한 누구든지 침해자로 책임을 진다"고 정하였다.[25] 이러한 내용을 가진 저작권침해 유인법은 기술업계와 소비자단체의 강력한 반발 때문에 지지부진한 논쟁 끝에 결국 법률로는 성립되지 못하였다.

이상에서 본 대로, 앞서 P2P 해적행위 방지 법률안에서부터 2004년의 저작권침해 유인 법률안에 이르기까지 이 시기 연방의회에는 P2P를 규제하려는 많은 법률이 제안되어 논의되었다.[26] 다만 그 이후부터 현재까지는 연방대법원의 Grokster 판결의 영향 때문인지 다소간의 소강상태를 보이고 있다. 한편 한국에서도 저작권침해 유인 법률안과 취지가 유사한 개정안이 2005년말에 등장하였다.[27] 그러나 한국의 법안은 저작권침해 유인 법률안과는 달리 그 논리적

24) 제510조 (a)항은 제106조부터 제122조에 정해진 저작권자의 독점권을 침해하거나 제602조를 위반하여 미국 내로 복제본이나 음반을 수입하는 자 등을 저작권 침해자로 본다고 규정하고 있다.

25) 그 외에 "(3) 이 세부항의 어느 것도 저작권에 대한 대위책임과 기여책임을 확장하거나 축소시키거나 혹은 모든 법원으로 하여금 부당하게 저작권에 대한 2차적 책임을 부정하거나 긍정하게 할 수 없다"는 규정도 두고 있다.

26) 그 외에도 2003. 6. 19. 제안된 '2003년 저작권침해방지 및 교육에 관한 법(Piracy Deterrence and Education Act of 2003)' 법안(전문은 www.govtrack.us/congress/bill.xpd?bill=h108-2517, 2006. 3. 19. 방문)은 저작권침해방지에 가장 열렬한 Lama S. Smith 소위원회 의장에 의해 제출된 것이다. 이 법안은 Berman의 법안 등에서 일부 조항을 차용하고 있다. 아울러 법무부와 FBI가 P2P에서 대규모로 저작권을 침해하는 자를 추적하는 데 필요한 권한과 자금을 늘리고 FBI로 하여금 침해행위자로 의심되는 자에게 경고할 수 있는 권한을 부여하며, 컴퓨터해킹과 지적재산권범죄 등의 수사책임이 있는 일체의 법무부 부서들이 적어도 지적재산권의 도둑질과 관련된 범죄를 수사할 요원을 한명 이상 배치하도록 하였다. 그 외에도 P2P 회사들에게 그들 P2P프로그램을 다운로드받도록 하기 전에 고객들에게 프라이버시와 보안상 위험을 알리고 동의를 얻도록 하고 있다[이상은 Billboard, 2003 WL 66038839 (Saturday, November 1, 2003) 참조]. 이러한 법원은 나중에 새로운 버전(H.R. 4077, Piracy Deterrence and Education Act of 2004)으로 바뀌어 제출되어 하원을 통과하였지만 결국 상원 심리결과 법률로 성립되지는 못하였다(www.govtrack.us/congress/bill.xpd?bill=h108-4077, 2006. 3. 19. 방문).

27) 2005. 10. 31. 우상호 의원 등 10인의 저작권법 개정안 발의안. 여기서는 제77조의3(특수한 유형의 온라인 서비스제공자의 의무 등)을 신설하면서 ①항에서 기술적 보호조치의 채택을 의무화함과 아울러 "② 다른 사람들 상호간에 컴퓨터 등을 이용하여 저작물등을 복제 · 전송하는 것을 목적으로 하는 온라인 서비스에 대하여 해당 서비스가 불법이라는 사실을 알고서 이에 접근하도록 설비, 장치 또는 서비스를 제공하는 온라인서비스제공자는 저작권, 그 밖에 이 법에 따라 보호되는 권리를 침해한 것

타당성부터 다소 의문스러운 것이었다.[28]

5. 미국 의회의 P2P 관련 입법들의 배경에 대한 해석들

이상과 같은 동향들을 기준으로 복제기술공급자를 옹호하는 입장에서는 다음과 같은 해석[29] 이 있다. 그것은 현실에서 저작권자란 다름 아니라 메이저 음반회사처럼 거대 미디어사업체이거나 미국 음반산업협회와 같이 그 사업체들의 연합체 형태를 띠므로, 이들은 자신들의 저작권을 보호하기 위하여 활발하게 의회에 입법청원을 펼치고 있음에 비하여, P2P 공급자나 개별이용자들은 이러한 로비에 무관심하거나 그렇지 않더라도 로비를 위한 자금력에서 상대가 되지 않는다는 것이다. 그 결과, 적어도 미국에서는 P2P 기술의 존재까지 부정하려는 등 극히 강경한 압박이 주로 연방의회에서 의원들에 의하여 발의되는 법안의 형태로 나타나고 있다는 것이다.

반대로 저작권자를 옹호하는 입장에서는, 사실 위와 같은 분석과는 전혀 다르게 미국 연방의회의 일련의 입법들이 가진 의미를 해석해 볼 수도 있을 것이다.[30]

하지만 어떤 시각을 가지고 보든, 연방의회가 이미 내려진 하급심 법원의 특정판결(Grokster 판결)을 겨냥해 이미 그 판결의 선언을 사실상 무효화하려는 입법을 (연방대법원의 당해 사건에 대한 판결이 내려지기도 전에) 시도하고 있었다는 사실 자체가 연방대법원이 Grokster 사건의 결론을 내림에 있어 큰 압박이 되었으리라는 점은 분명해 보인다.

으로 본다"는 규정을 두고 있다.

28) '해당 서비스가 불법이라는 사실'을 안다는 것의 의미가 모호하고 지나치게 광범위하여 사실상 해석에 따라서는 인터넷서비스제공자에게 극도의 법적 불안을 주는 자의적인 기준이 될 수 있다. 미국의 저작권침해유인법조차도 기술공급자에게 지나친 위험을 준다는 측면 때문에 좌초된 마당에, 한국에서 먼저 이런 강경한 입법을 시도할 필요가 있는지 의문이다. 굳이 위 개정안의 의미를 찾자면 종전까지 책임제한 요건만 가지고 있던 저작권법에 이제 적극적인 책임요건이 등장할 수도 있다는 점일 것이다.

29) 이를 지적한 글로는 Tim Wu, op. cit., p. 747 이하 참조.

30) 그러한 해석에 관해서는 제4장 제1절 부분 각주 참조.

Ⅲ. 전체 P2P 기술의 존재는 인정하여야 하는 이유

저작권자들 중 P2P에 대하여 극단적인 입장을 취하는 일부에게는 P2P 기술이 아예 사라졌으면 하는 침해수단에 불과할 수도 있다. 하지만 다른 측면에서 현재 P2P 기술은 불법파일 교환기능을 넘어 이미 다양한 분야에서 적법한 용도에 응용되고 있으며, 그 발전 여하에 따라서는 더 무한한 가능성을 사회에 줄 수 있다. 저작권자의 입장을 반영한 앞서 의회의 입법들이 주로 미국에서 이루어진 사례들이었다면, 이제 설명하는 P2P 기술의 적법한 활용 예들은 그 중 적지 않은 부분이 한국에서 최초로, 그렇지 않더라도 외국에 비추어 상당히 빠른 시점에 구현되고 있는 사례들이다.

첫째, P2P가 가진 엄청난 잠재력을 보여주는 단적인 사례는 미국의 SETI 프로젝트[31)]와 이를 본 딴 한국 과학기술정보연구원(KISTI)의 Korea@home 프로젝트[32)]이다. 이것들은 모두 P2P의 분산프로세싱 능력에 주목하여 현재 기술수준으로는 도저히 불가능한 엄청난 연산회수를 요하는 계산에 있어 종래의 슈퍼컴퓨터를 대신하고자 하는 것이다. 기본구상은 P2P 네트워크를 통하여 각 가정의 개인 컴퓨터의 유휴 프로세싱 자원을 활용하여 일단 분산하여 계산의 프로세싱을 행하고 그 다음 이를 네트워크로 통하여 취합하는 방식을 취하는 구조로 되어 있다.

---

31) SETI(Search for Extraterrestrial Intelligence)란 외계생명체의 탐사 Project로, 그 주된 방법은 전파망원경을 이용하여 지구로 흘러들어온 신호를 분석하는 것이다. 지구로 흘러드는 신호는 1일 약 35기가바이트로 방대하므로 이를 분석하는 데 슈퍼컴퓨터를 동원한다 하더라도 막대한 시일이 걸린다. 그 대신에 병렬컴퓨팅과 네트워크를 이용한 분산처리기술을 이용하여 전 세계에서 자발적인 참여의사를 밝힌 네티즌들의 컴퓨터에 소량의 데이터를 나누어 보내 준 다음 각 컴퓨터는 유휴자원을 이용하여 이를 계산하고 그 결과는 다시 취합하는 방식의 프로젝트가 바로 SETI 프로젝트다. 버클리 대학이 주된 연구를 수행하고 있다. 그 홈페이지는 〈setiathome.ssl.berkeley.edu〉[2004. 7. 3.].

32) 국내 첫 대규모 인터넷 기반 분산 컴퓨팅사업인 코리아@홈 프로젝트는 2003년 말 정식으로 플랫폼 가동에 들어갔다. 2004. 1. 4. KIST 초고속연구망 사업실이 밝힌 바에 따르면, 초고속 대용량 계산에 필요한 에이전트 PC 1300대(회원 600명)를 일단 확보하고 테라(1테라=1조)급 성능을 가진 하이브리드 P2P형 플랫포옴을 개발, 위와 같이 가동에 들어갔다고 한다. 윈도우 기반으로 설계된 이 플랫폼은 일반인의 유휴 PC자원을 이용, IT · BT와 증권 · 금융 등의 응용분야 기술 개발에 활용되며 최대 2 테라플롭스(Teraflops, 1024 기가바이트를 가리키며, 초당 2조회 연산가능능력임), 평균 1.2 테라플롭스의 성능을 갖추었다고 한다. KISTI는 앞으로 회원을 10만 명까지 늘릴 계획이며 회원모집이 순조롭게 진행될 경우, 최대 9.95 테라플롭스 급의 세계 4위 슈퍼컴 구현이 가능할 것으로 내다보고 있다(이상은 전자신문 2004. 1. 5.자 기사 참조).

둘째, P2P 기술은 전자상거래 부문에서 사업자의 쇼핑몰을 거치지 않고 특정 상품에 대해 개인끼리 물건을 사고파는 방식에 활용된다. P2P 프로그램을 이용한 전자상거래는 별도의 가입절차 없이 자유롭게 상거래가 가능하다는 장점으로[33] 온라인 거래의 한 축으로 자리잡을 것으로 전망된다. 한국에서는 이렇게 P2P를 이용한 실시간 전자상거래가 아직 정착된 것은 아니지만 일부나마 구현되고 있어[34] 이 분야에서 최초의 선례가 되고 있다.[35] 뿐만 아니라 2005. 3. 8.부터는 검색포탈인 네이버(naver)가 P2P 기술을 응용하여 부동산 직거래 서비스를 시작하여, 집을 사려는 사람과 팔려는 사람이 인터넷에서 직접 만나게 하여 줌으로써 중계수수료를 내지 않고도 매매가 성사되도록 하고 있다.[36] 아울러 앞서와 달리 상거래 방식 자체는 P2P 방식이 아니지만, 기존의 파일교환 서비스에 부가한 서비스 형태로도 적법한 상거래가 개발될 수 있다.[37]

셋째, P2P 네트워크는 정치적 자유의 실질적 보장도구로 기능할 수 있다. 프리넷과 같은 특수한 P2P 소프트웨어는 앞서 설명한대로[38] 이용자의 익명성을 고도로 보장한다는 속성을 이용하여 심지어 전제적인 사회주의국가에서도 표현의 자유를 보장하는 수단이 될 수 있다.[39]

33) 이상은 전자신문 2003. 10. 1.자 기사 참조.

34) 이러한 시스템에서 구매자는 위 회사의 P2P 소프트웨어(Opener)를 설치한 다음, 구매하고자 하는 물품의 업종을 선택하고 견적서에 물품의 사양을 적어서 버튼을 누르면 그 내용이 위 회사의 서버로 전달된다. 위 회사의 서버는 위 물품을 제공할 수 있는 판매자의 현재 IP Address를 다시 구매자의 P2P 소프트웨어에 전달한다. 이 정보를 가지고 Opener는 P2P 방식으로 판매자의 견적요구서를 보내고, 이때 판매자 측 프로그램에 알람이 울리면서 구매 희망자로부터의 견적요구서를 보게 된다. 판매자는 견적서를 보내게 되는데, 이때의 견적서는 구매자에게 실시간으로 전송되고, 회사의 서버는 거치지 않는다(위 회사의 사업영역 설명 중 'P2P' 부분 참조). 종래 'Client-server 모델하의 전자상거래'에서는 인터넷 몰을 운용하는 사업자가 별도로 개별물품마다 공급업자와 공급계약을 체결한 다음 자신의 홈페이지 상에 스스로 판매자가 되어 모든 물품을 포괄한 카탈로그를 게재한다. 이후 수요자가 사업자에게 주문하면 다시 사업자는 해당물품 공급업자에게 주문사항을 전달하여 수요자에게 배송하는 방식이다. 이에 반하여, 새로운 시스템은 수요자가 개별물품의 공급자에게 직접 신속하게 연결된다는 장점이 있다.

35) OPEN4U사가 이에 해당한다. 이는 〈osweb1.open4u.co.kr〉[2005. 4. 30.]. 그보다 앞선 2003. 5. 19.에는 에어아이 사(www.airi.co.kr.)가 P2P 서비스를 구매자와 판매자를 직접 연결하는 형태의 상거래에 응용한 쇼핑바다(www.shoppingbada.com, 다만 2005. 3. 30. 현재 사이트 폐쇄상태)를 선보인 적이 있었다.

36) 〈hald.naver.com/directdeal〉. 관련 기사는 주간조선 2005. 3. 28.자 1847호 "P2P 약인가, 독인가" 기사 〈weekly.chosun.com/wdata/html/news/200503/20050323000035.html〉[2005. 3. 29. 각 방문].

37) Kazaa는 2003. 11.경부터 자신들의 P2P 소프트웨어를 통하여 영화를 판매하기 시작하였는데 이는 P2P 네트워크에서 합법적 콘텐츠거래를 목표로 한 것이라고 한다(전자신문 2003. 11. 14.자 기사 참조).

38) 제4장 제2절 Ⅲ. '그 외의 분류 및 변종 P2P' 부분 참조.

39) 심지어, P2P가 가진 비침해적 용도 중 이 기능을 극히 중시하여, 미국 헌법이 보장하는 표현의 자

넷째, 불법파일교환 뿐 아니라 건전한 파일공유기능의 개발도 상정할 수 있다. 저작권자들이 오히려 적극적으로 P2P 네트워크를 이용하여 합법적인 사업을 모색하는 사례들은 더 이상 이색적인 일이 아니다.[40] 아직 극히 일부의 흐름에 불과하지만 발상의 전환으로 P2P 네트워크로 인한 파일교환 자체를 완전히 양성화하자는 주장들도[41]있다. 그 외에도 P2P 네트워크의 검색엔진을 이용하는 소비자들의 정보를 구축하여 인터넷에 올라와 있는 않은 정보까지 검색함으로써 기존의 검색엔진으로는 검색이 어려운 정보를 실시간으로 검색 가능하게 해 주는 것도 가능할 것이다.

다섯째, 그 외의 예를 들자면 가령 전화사업에서도 P2P 방식을 채용함으로써 전화회사의 중앙 서버를 경유하지 않고 개인끼리 이뤄지는 인터넷 전화사업(VoIP)이 한국에서도 2005. 1.경부터 검색포탈 다음(Daum)에 의하여 실시되고 있는데, 이러한 방식은 종전 유무선의 통신서비스가 전기통신사업법 상의 기간통신사업자가 막대한 돈을 투자해 이뤄지고 있는 것과 달리, 인터넷과 컴퓨터, 그리고 인터넷전화 소프트웨어만 있으면 된다는 장점이 있다.[42] 덧붙여 P2P통신을 응급 상황 제어 네트워크에 적용하는 연구는 한국의 한 대학에서 진행 중이라 한다.[43]

유가 저작권자의 경제적 이익보다 상위의 것임을 감안할 때 극히 중요한 기능이므로 P2P의 침해적 용도와 비침해적 용도의 비율을 판단할 때 그 세세한 비율을 따지지 않더라도 당연히 비침해적 용도가 더 중요하다고 파악하는 설명으로는 Harvard Law Review Association, "Recent Cases: Copyright Law – Ninth Circuit Holds That Computer File-Sharing Software Vendors are not liable for Users' Copyright Infringement," Harvard Law Review, March 2005 참조.

40) BBC 뉴스 인터넷판 2006. 1. 31.자 "Warner Bros to sell movies on net" 기사〈news.bbc.co.uk/1/hi/entertainment/4665438.stm〉[2006. 3. 1.]에 따르면, 워너 브러더스 영화사는 독일 등지에서 P2P 네트워크 상의 'In2Movies' 라는 서비스를 통하여 '베트멘 비긴스' 와 같은 영화를 유료로 배포할 예정이라 하고 BBC 역시 시청자들이 공중파방송을 P2P망을 통하여 나중에 시청할 수 있도록 'iMP' 라는 서비스를 시험중이라고 한다.

41) 프랑스에서는 2005. 12.경 포괄적 이용허락(blanket license)을 부여하여 P2P 파일교환을 완전히 적법화하는 대신 P2P 사업자에게 부과금을 과하는 요지의 입법이 통과된 적이 있다(Red Herring, 'France Tots with legal P2P' , 2005. 12. 22.자 기사 참조). 한편 미국의 유력한 시민단체 EFF는 이른바 'Voluntary Collective Licensing of Music File Sharing' 을 제안하고 있다. 이는 이용자들이 일정금액(가령 1달에 5불)을 지불하면 어떤 저작권자로부터 제소당할 두려움 없이 일체의 P2P 네트워크에서 음악파일을 교환할 수 있도록 보장하자는 제안이며 다소 급진적 주장이라 하겠다. 이러한 제안은 Electronic Frontier Foundation, "A Better Way Forward: Voluntary Collective Licensing of Music File Sharing," 'Let the Music Play' White Paper, February 2004. 〈www.eff.org / share / collective – lic–wp.pdf〉[2005. 4. 29] 참조.

42) 주간조선 위 "P2P 약인가, 독인가" 기사 참조.

43) 이 부분은 전자신문, 2004. 6. 10.자 "P2P가 생활을 바꾼다." 기사.

제 2 절 연방대법원의 Sony 판결이 놓았던 1984년의 시금석으로 되돌아가며

Ⅰ. Sony 판결의 의의

파일교환 기능에 국한하여 설명할 때 P2P 기술은 인터넷에서 디지털콘텐츠를 향유하는 개별이용자들이나 이들로부터 이익을 징수하는 P2P 서비스제공자 내지 P2P 소프트웨어 공급자에게는 축복일지 몰라도, 저작권자에게는 자신의 저작권을 유명무실하게 만드는 거대한 위협이라고 할 수 있다. 저작권자는 이러한 위협에 맞서 P2P 기술의 수용 자체를 거부하는 태도까지 보이고 있는 상황이다. 하지만, 또 다른 측면에서 P2P 기술은 무한한 가능성을 가진 혁신적인 기술로서 이미 다양한 분야에서 합법적인 용도로 응용되고 있다.

이렇게 양면성을 가진 P2P 기술(정확히는 문제가 된 특정한 사업자의 P2P 네트워크)을 우리 사회는 거부할 것인가 혹은 수용할 것인가에 대하여 가장 생각하기 쉬우면서도 타당한 정답은 바로 P2P 기술이 가져다 주는 이익은 제대로 향유하면서도 여전히 저작권은 적절히 보호되도록 하자는 것일 것이다. 하지만, 그 기준은 무엇인가? 이러한 질문들과 그에 대답들이 아래에서 미국 연방대법원이 내렸던 Sony 판결을 분석하며 이 책에서 찾고자 하는 것이다.

1970년대말 비디오테이프 레코더(VTR)라는 새로운 복제기술이 Sony사에 의하여 시장에 등장하였을 때 Sony의 이용자들이 그 복제기술을 이용하여 행하는 저작권침해행위에 대하여, 그러한 복제기술을 공급한 Sony가 책임을 부담하여야 한다는 주장이 저작권자 측으로부터 무척 거세었다. 그러한 저작권자들 중 TV방송물의 저작권자가 비디오테이프 레코더 제조 · 공급자인 Sony를 상대로 기여책임을 추궁하며 연방지방법원에 제소하였는데, 이것이 바로 유명한 Sony 사건이다. 1979년 연방지방법원은 원고패소판결을 내렸지만 원고가 항소한 결과 1981년 연방항소법원은 Sony 책임을 긍정하는 판결을 내림으로써 1심은 번복되었고, 이에 다시 피고가 상고하여 1984년에야 내려진 연방대법원의 최종 판단은 재차 원고의 패소를 선언하였다.

Sony 판결, 정확히는 Sony 사건에 대한 1984년 연방대법원의 판결은 '복제기술공급자'와 '저작권자'의 충돌이라는 난제, 구체적으로는 '새롭게 공급된 복제기술 상품을 이용하여 이용자들이 저작권침해행위를 한 때 과연 그 상품을 공급하여 이용자들의 침해를 가능하게 만든 공급자는 그러한 침해의 결과에 어떤 책임을 지는가?'라는 문제를 푸는 데 오늘날까지도 미국에서 가장 중요한 선례로 기억된다. 이용자들의 저작권침해에 따른 인터넷서비스공급자의 부수적 책임 역시 문제의 구체적 변형에 불과하다.

따라서 Sony 판결은 이 책에서도 아래와 같이 커다란 의의를 가진다.

첫째, 일반인에게 가장 유명하였던 Napster 판결 역시 나름대로 역사적 의미를 가진 선례이지만, 이들은 연방지방법원과 연방항소법원과 같은 하급심에 의한 판결이라는 한계가 있고, 이러한 한계는 앞에서 다루었던 Frena 판결, Maphia 판결, Netcom 판결, Aimster 판결, Verizon 판결[44] 혹은 Fonovisa 판결 등에 공통되는 것임에 반하여, Sony 판결은 연방대법원에 의하여 최종적인 판단이 이루어졌다.[45]

둘째, 앞서의 다른 하급심 선례들 대부분은 미국 민사소송절차에서 엄격한 정식절차(trial)를 거친 뒤의 판단(한국법상의 가장 상응하는 개념으로는 '판결')이 아니라 정식절차에 이르기 전에 당사자의 신청이나 직권으로 내려진 약식결정(summary judgment)이거나 예비적 유지명령(preliminary injunction)일 뿐이다. 비록 실질적으로 당해 분쟁이 대부분 그 결정이나 명령의 여파로 종료되었을지라도 형식상으로는 여전히 정식절차를 거친 종국 판단의 여지가 남아 있다. 그에 따라 이들 결정은 중간적·잠정적 판단이라는 한계를 가짐에 반하여, Sony 판결은 제소 이후 무려 수년간의 시간을 거치는 동안 정식절차를 거친 종국판결이라는 의의가 있다.[46]

셋째, 비록 비디오테이프 레코더, 그 중에서도 베타맥스 방식의 Sony 비디오테이프 레코더라는 특정상품을 대상으로 한 것이지만, 그 판결이 채택하고

44) Verizon 사건에서 앞서 보았듯이 연방대법원이 상고허가신청을 기각하는 수준의 간단한 판단을 한 것은 아무런 법리설시나 입장표명이 없는 것이므로 논외로 한다.

45) Grokster 판결 역시 연방대법원의 판단으로 동일한 의의가 있다. 하지만 구체적인 상황에 집중한 문제해결방법 때문에, 앞서 보았듯이 한국의 상황에 일반적으로 응용하는 데는 한계가 있다.

46) 1981. 10. 19. Sony 사건의 항소심에서 1심 판결이 파기되면서 피고 패소판결이 내려지자, 피고 측이 연방대법원에 상고허가신청을 하였고 연방대법원은 1982년 상고인용결정[Sony Corporation of America v. Universal City Studios, Inc., 457 U.S. 1116, 102 S.Ct. 2926 (U.S.Cal. Jun 14, 1982)]으로 이를 수용하였다. 나아가 재변론(Rehearing) 신청에 대한 인용결정[Sony Corporation of America v. Universal City Studios, Inc., 457 U.S. 1116, 102 S.Ct. 2926 (U.S.Cal. Jun 14, 1982)]도 내려 심리하였다.

있는 문제해결 방식은 널리, 역사에서 차례로 등장하였던 혁신적 복제기기들, 가령 복사기·디지털 오디오 녹음기 등의 공급자와 기존 저작권자 사이의 이해대립을 어떻게 해결할 것인가라는 거시적이면서도 보편적인 방식을 취하고 있다. 그러므로 현재 시점의 혁신적 복제기기인 P2P 네트워킹을 둘러싼 문제를 한국에서 해결하는 데도 여전히 유용하다.

Ⅱ. Sony 사건의 사실관계

Universal City Studio 사 등[47]은 텔레비전에서 방영되는 프로그램의 저작권을 가진 자이고, Sony사는 베타맥스(Betamax) 방식[48]의 가정용 비디오테이프 레코더를 제조·판매하는 자이다. 이 비디오테이프 레코더의 기능 중 두드러진 것은 비디오테이프 레코더 안에 'TV Tuner'를 내장하여 이용자들이 생방송을 시청하면서도 다른 방송을 나중에 볼 수 있도록 동시녹화할 수 있다는 점, 타이머 기능을 이용해 소비자들이 미리 작동시간을 설정해 두면 이용자 자신이 집에 없더라도 원하는 프로그램을 녹화할 수 있다는 점, 비디오테이프 레코더 테이프는 일단 녹화하였다가 다른 것을 녹화하는 데 다시 사용할 수 있었다는 점 등이었다. 아울러, 'Pause' 버튼을 통하여 녹화를 원하지 않는 광고를 건너뛸 수 있었고, 'Fast-forward' 버튼으로 통하여 녹화물 중 시청을 원하지

47) 원래 Sony 사건의 소송은 Universal과 Walt Disney 사가 Sony 등을 상대로 유지명령과 손해배상을 구하며 제소함으로써 시작되었다. 하지만 연방대법원의 결정에서는 Sony가 2심에 불복하여 상고허가신청을 하였으므로 오히려 적극적 당사자인 신청인(petitioner)이 되었고 반대로 Universal 등은 피신청인(respondent)이 되었다. 이 책에서는 심급을 거치며 적극적 당사자와 소극적 당사자가 바뀐 Sony 사건의 특성에서 오는 명칭상의 혼동을 방지하기 위하여 심급에 관계없이 Universal 등을 원고, Sony를 피고로 칭한다.

48) 비디오테이프 레코더가 채용한 녹화방식에는 크게 이 사건 Sony가 독자적으로 채용한 베타 방식(Betamax)과 마쓰시타, JVC 등 여러 회사가 채용한 VHS(Video Home System) 방식이 존재하였다. 그런데 서로 호환성이 없어서 하나의 시스템에서 녹화된 카세트는 다른 시스템에서 재생할 수 없었다. 베타 방식은 VHS 방식보다 화질이 우수하고 카세트의 크기가 적어 기술적 측면에서는 한수 위라고 평가받았다. 하지만, 시장에서는 VHS 제조사들이 가장 유력한 기업들과의 제휴를 통해 어마어마한 배급망을 형성함으로써 Sony의 베타 방식 비디오테이프 레코더를 압도하였고 결국 최근 Sony가 베타 방식의 포기를 선언하기에 이르렀다. 다만, 이렇게 가정용 비디오테이프 레코더 시장에서 사라진 베타 방식이지만 앞서 말한 대로 화질이 선명하고 다른 방식에 비해 복사를 해도 좀처럼 화질이 떨어지지 않으며, 나아가 오디오도 2개의 채널로 나누어 기록할 수 있다는 장점 때문에 '방송용 테이프'에서는 오히려 아직 선호되고 있다. 이상은 동아 현대시사용어사전 〈www.donga.com/fbin/dict?n=sisa&a=v&l=1466-13k〉[2006. 3. 20.] 외 인터넷 브리태니카 백과사전, 한국TV카메라기자협회 기사 등을 정리함.

않는 부분도 건너뛸 수 있었다

원고들은 비디오테이프 레코더를 구매한 소비자들이 유료방송에 방영된 원고저작물의 일부를 복제하고 있으며 이는 복제권 침해행위라고 주장하면서 나아가 피고 측은 그러한 침해행위에 대하여 기여책임이 있다고 주장하였다. 그 근거로는 피고가 비디오테이프 레코더 제조 · 판매자라는 점을 들었다. 이 사건 소송에서 Sony 외에도 비디오테이프 레코더를 판매하는 소매상들도 Sony와 함께 피고로서 당사자가 되었지만, 비디오테이프 레코더를 가정에서 이용한 소비자들은 피고가 되지 않았다.

1978년 조사대상 시점에서 수백만 소비자들이 베타맥스 비디오테이프 레코더를 어떤 방법으로 사용하는지에 관하여, 원고들과 피고 Sony 양자가 수행한 일련의 조사들에 따르면 다소간의 차이가 있었다. 하지만 양자의 조사에서 모두, 그 보유자들에게 기기의 주된 목적은 시간이동(Time-shifting)임이 드러났다. 이것은 프로그램을 나중에 보기 위하여 녹화하고 본 뒤에는 삭제하는 관행을 말한다. 그러나 양자의 조사에서 아울러 조사대상자 중 상당수가 녹화테이프를 집적한 개인선집(library)을 보유하고 있었다.

반면, Sony 측의 조사에서는 조사대상자의 80% 이상이 적어도 베타맥스(Betamax)를 소유하기 이전에 비해 동일시간 이상을 TV 시청에 사용하고 있음을 나타내고 있었고, 원고들도 베타맥스 소유자들에 의한 TV 시청이 감소하였다는 증거는 제출하지 못하였다.

아울러 연방지방법원이 더 인정한 사실관계에 따르면, 원고의 조사에 의하면 75.4%의 비디오테이프 레코더 소유자가 이들 기기를 절반이나 대다수의 비중으로 시간이동을 위한 녹화에 사용하고, 피고의 조사에서는 96%의 소유자가 기기를 녹화하지 않으면 달리 놓치게 될 프로그램을 녹화하는 데 사용하여 왔음을 드러내고 있었다. 원고들이 조사대상자들에게 얼마나 많은 녹화테이프를 개인선집으로 가지고 있느냐 질문하였을 때 55.8%가 10개 이하라고 답하였다. 피고의 조사에서는 지난달에 조사대상자가 시청한 전체 프로그램 중 70.4%는 단지 한번 보는 데 그쳤고, 57.9%에 대하여는 더 이상 시청할 계획이 없다고 하였다.

Ⅲ. 하급심 법원의 판단

1. 1심 법원의 판단[49)]

연방지방법원은 소비자들이 가정에서 비영리적으로 방송물을 녹화하는 행위는 저작물의 공정이용에 해당할 뿐 저작권침해에 해당하지 않으며, 나아가 피고 측은 그러한 가정에서의 비디오테이프 레코더 이용행위가 침해행위를 구성하는 경우에 있어서도 기여침해자로서 볼 수 없다고 판시하면서, 원고의 손해배상 및 금지청구를 모두 기각하였다. 즉, 연방지방법원은 먼저, 일반 공중은 대체로 비디오테이프 레코더를 주로 그들이 볼 수 없는 시간에 방영되는 프로그램을 녹화하여 나중에 보기 위하여 사용하는데, 시간이동(time-shifting)이라고 알려진 이러한 관행은 오히려 TV를 보는 시청자의 수를 증가시킨다고 보았다. 나아가 이런 이유로 TV 프로그램의 대부분이 그 프로그램 저작권자로부터의 반대 없이 위의 방식대로 사용될 수 있고, 역시 동일한 이유 때문에 이 사건 원고들처럼 시간이동에 반대하는 프로그램저작권자일지라도 이런 관행으로 그들 저작권의 가치를 손상당하였다거나 장래의 손해가능성이 야기되었다는 것을 증명하였다고 보기는 곤란하다고 하였다. 따라서 이러한 사실을 전제로 하면, 원고들은 피고에게 일반 공중에게 비디오테이프 레코더를 배포하는 행위에 대한 책임을 묻고 있으나 이는 저작권법상 근거가 없는 행위라고 판단하였다.

아울러, 기여책임에서의 인식 요건을 검토함에 있어 법원은 Sony의 근로자가 침해행위에 직접 관여하거나 소비자들과 직접 접촉한 적이 없는 이상 침해행위에 대한 실제 인식(actual knowledge)을 가지고 있지 않다고 판시하였다. 또한 법원은 소비자들이 비디오테이프 레코더를 저작권침해에 사용할 수 있다는 것을 Sony가 인식하였다 하더라도 이는 기여책임에서의 추정적 인식(constructive knowledge)으로 보기에 불충분하다고 보았다. 왜냐하면 자신이 고용한 연예인이 저작권침해행위를 한다는 기획자의 경우와 달리, 이 사건의 경우 저작권침해가 되는지, 아닌지의 문제를 법원이 판단하기 전에 Sony로서는 알 수 없었기 때문이라고 하였다.[50)]

49) Universal City Studios, Inc. v. Sony Corp. of America, 480 F.Supp. 429 (C.D.Cal. Oct 02, 1979).

50) Sony, 480 F.Supp. at 460. 이 부분은 그 뒤 크게 고찰되지 않았기 때문에 알 수 없지만, Sony의 인식

나아가 연방지방법원은 Sony 사건에서 단지 소매점에서 소비자들이 구입할 때 Sony의 기여행위는 끝나며 피고는 여기서 침해행위의 계획을 구상하고 지시하지는 않는다고 하였다. 타이프라이터, 녹음기, 카메라, 복사기와 같은 '상업상 주요한 상품(staple article of commerce)'을 판매하는 행위는 기술적으로는 그에 잇따른 침해적 용도에 기여하고 있지만, 이러한 기여를 책임의 근거로 삼기에 충분한 기여행위로 간주하는 것은 선례에 반한 이론이고 법원의 역할을 초월하는 것이라고 판시하였다.[51] 특허법규정[52]에서 보듯이 용도 상당부분이 비침해적(substantial noninfringing use)인 경우에 해당하는 주요한 상품의 제조 · 배포 · 소매 · 판촉행위를 한 자들이 기여침해자로 책임을 부담한다면, 상업은 크게 위협받게 될 것이다[53]라는 것이었다.

2. 항소법원의 판단[54]

위와 같은 연방지방법원의 입장과 달리 연방항소법원은, 기여책임의 요건에 해당되는지 여부를 검토함에 있어 정반대의 결론에 도달하였다.

우선 연방항소법원은 가정용 비디오녹화가 과연 공정이용(fair use)[55]이라고 볼 수 있는지를 공정이용의 네 가지 요소별로 상세하게 분석하였다.[56] 분석

이 왜 기여책임의 요건인 추정적 인식에 해당되지 않는다는 것인지 그 논리전개에 다소 의문이 있다. "그러나 원고들은 이용자들이 베타맥스를 저작물 녹화에 이용할 것임을 피고들이 알았고 이것은 추정적 인식에 해당한다고 다툰다. 설령 그렇게 알았을 가능성이 정확하며 아울러 저작물의 녹화에 대한 추정적 인식을 가지게 한다고 가정해 보더라도, 피고들은 이런 녹화가 침해행위인지를 알 수 없었던 것이다. 출연자들이 저작권이용허락을 얻지 않았음을 알고 있는 행사기획자 혹은 음반이 법정허락 보상금을 지급하지 않은 채 연주됨을 알고 있는 광고기획자와 달리, 피고들은 저작권법이 무엇을 요구하는지를 알 수 없었다. 이 소송 이전에 이 문제는 판단된 적이 없었던 것이다. 위에서 본 대로, 이 법원은 가정용 녹화가 침해가 아니라고 판단하고 있다. 심지어 이 판단이 옳지 않다고 할지라도 피고들은 달리 가질 수 있었던 인식에 대하여 책임을 부담하지 않는다."

51) Sony, 480 F.Supp. at 461.

52) 여기서 법원은 해당 35 U.S.C. §271(c) 규정과 그 규정에 관한 여러 선례를 제시하였다.

53) Id

54) Universal City Studios, Inc. v. Sony Corp. of America, 659 F.2d 963 (9th Cir.(Cal.) Oct 19, 1981).

55) 공정이용의 법리에 관하여 자세히는 제5장 제1절 Ⅰ. 'Napster 사건' 중 2. (2) 2) '공정이용 항변과 법원의 배척' 부분 참조.

56) 즉, 공정이용의 첫째요소인 '이용의 목적과 성격'을 볼 때 위와 같은 녹화는 비영리 교육 목적이 아니고, 둘째 요소인 '저작물의 성격'을 볼 때 1심은 녹화된 방송물이 원고들에 의하여 자발적으로 공중에 전파된 사실을 중시하였지만 항소심은 그렇더라도 전파된 방송물이 보상에 대한 저작권자의 합리적인 기대에 반하여 거듭 복제되는 이상 피고에게 불리한 요소로 고려되며, 셋째 요소인 '이용된 부분이 특정한 저작물 전체에서 차지하는 양과 질'을 보더라도 1심은 저작물 전체가 복제되고 있더라도 그것으로 인하여 원고들의 방송물 시장의 위축을 가져오지 않는 이상 공정이용이라고 하였지

결과 연방항소법원은 포괄적인 가정용 비디오녹화의 예외를 법이 허용하고 있는 것이 아니며 가정용 비디오녹화는 공정이용이 아니라고 결론지었다.[57)]

나아가, 피고 Sony는 분명히 자신들의 비디오테이프 레코더가 저작물을 복제하는 데 이용되고 있다는 사실을 분명히 알았는데, 이러한 용도가 그 비디오테이프 레코더의 가장 주요한 용도이므로 인식 요건은 '확실히 충족'된다고 보았다.[58)]

1심 법원은, 소비자들이 비디오테이프 레코더를 저작물녹화에 사용하더라도 법원이 판단하기 전에는 그런 녹화가 저작권법 위반인지를 알 수 없었다고 보았음에 반하여, 연방항소법원에서는 저작권침해책임을 추궁함에 있어 자신이 가능하게 하는 침해행위가 저작권침해행위라는 실제 인식을 가지고 있을 필요는 없으므로 연방지방법원이 들고 있는 사정은 손해배상의 범위를 결정할 때 참작할 사정이 될 뿐,[59)] 책임 유무를 결정함에 있어서는 관련이 없는 것이라고 판시하였다.[60)]

기여책임의 나머지 요건(실질적 기여 요건)을 충족하는지에 관하여도 Sony가 책임 있는 기업활동에 폭넓게 종사한 이상, 침해행위에의 상당한 참여를 한 것임에 의문의 여지가 없다고 간단히 판단하였다.[61)]

특히 연방항소법원은 비디오테이프 레코더에 '상업상 주요한 상품'의 원리를 적용한 연방지방법원의 판단을 부정하면서, 비디오테이프 레코더를 상업상 주요한 상품인 카메라나 복사기기에 비유하는 것은 설득력이 없다고 보았다. 그 이유에 관하여 법원은 Nimmer 교수의 의견[62)]을 원용하면서, 비디오테이프

만 항소심은 저작권자의 허락 없이 저작물을 이용하는 것은 대부분의 선례들에서 용납되지 않는다는 점을 들어 위 요소 역시 피고에게 불리하다고 보았고, 넷째 요소인 '이용이 저작물의 잠재적 시장 또는 가치에 대하여 미치는 영향'에서도 항소심은 1심이 이와 관련하여 원고가 시장에서의 손해를 입증함에 있어 지나치게 엄격한 기준을 요구하였고 아울러 이 사건에서 원고가 피고의 구체적 행위로 인한 손해를 입증하는 것이 곤란하다는 사실을 간과하였다고 비판하면서 가정용 비디오녹화가 원고의 저작물과 동일한 목적을 가지고 있는 이상 공정이용은 성립할 수 없다고 판시하였다.

57) Sony, 659 F.2d at 969–74. 흥미롭게도 항소심은 이러한 공정이용 분석과정에서 1심은 물론 나중에 대법원의 판결문에서 중요하게 다루었진 '시간이동(time-shifting)'에 관하여는 전혀 언급하지 않고 있다.

58) Id. at 975.

59) 미국 저작권법 §504(c)(2)는 저작권침해행위자가 그의 행위가 침해행위라는 사실을 알지 못하였고, 알만한 이유가 없었을 때는 법정손해배상의 범위를 감면할 수 있다고 정하고 있다.

60) Sony 659 F. 2d at 975.

61) Sony, 659 F.2d at 976. 다만, Sony와 같이 단순히 상품을 공급하는 데 그친 경우 기여책임에 있어 기여행위라고 볼 수 있는지는 간단한 문제가 아님에도 연방항소법원은 이처럼 간단히 언급하고 관련 문헌 몇 개를 인용하는 데 그치고 있다.

레코더는 TV프로그램의 복제를 '주된 목적(primary purpose)'[63]으로 제조되고 광고되며 판매되는데, 사실상 모든 TV프로그램은 저작물이기 때문에, 비디오테이프 레코더는 용도 상당부분이 비침해적(substantial noninfringing use)인 경우에 해당하지 않는다고 판시하였다.

다만 연방항소법원은 저작권자는 침해책임이 있는 자에게 영구적인 유지명령(permanent injury)을 구할 수 있음이 원칙이지만, 예외적으로 그러한 유지명령이 피고뿐 아니라 일반 공중의 이익에도 상당한 손해를 초래할 때에는 유지명령 대신 장래의 이용에 대한 이용료 징수를 구제수단으로 부여할 수 있다는 Nimmer의 견해를 원용하면서[64] 이 사건에서도 비디오테이프 레코더의 판매와 시간이동 행위를 계속 허용하기 위하여, 원고에게 금지처분 대신 이용료(royalty) 지급을 구제수단으로 부여할 수 있을 것이라고 언급하였다.[65]

Ⅳ. 연방대법원의 판단[66]

1. 다수의견

Sony 사건은 그 중요성이나 나중에 미칠 영향만큼이나 연방대법원에서 최종판단이 내려질 때까지의 우여곡절[67]이 많았다. 이러한 역사적 과정은, 복제

62) Nimmer, 『Nimmer on Copyright』 s 12.04(A) at 12-39, 12-40 (Sony, 659 F.2d at 975에서 재인용).

63) Sony, 659 F.2d at 975. 이 부분 판시를 근거로 연방항소법원이 연방대법원의 'substantial noninfringing uses' 기준과 구별되는, 이른바 'primary purpose' 기준을 제시하였다는 해석은 Ariel B. Taitz, "Removing Road Blocks along The Information Superhighway: Facilitating The Dissemination of New Technology by Changing The Law of Contributory Copyright Infringement," George Washington Law Review, November, 1995, pp. 166–67 참조. 아직 조명되지 않았으나, 이런 항소심의 기준은 나중 연방대법원의 Grokster 판결이 피고가 가진 유발의 불법목적을 중시하는 것과 유사한 면이 있는 듯하다.

64) Nimmer, "Nimmer on Copyright," s 13.05(E)(4)(e) at 13–91 (Sony 항소심 판결에서 재인용)

65) Sony, 659 F.2d at 976.

66) Sony Corp. of America v. Universal City Studios, Inc., 464 U.S. 417, 104 S.Ct. 774 (U.S.Cal. Jan 17, 1984).

67) 처음에는 5명의 대법관이 연방항소법원의 입장을 그대로 따르자는 다수설의 입장이었다. 그런데 그러한 입장을 옮긴 Blackmun 대법관의 판결초안(draft opinion)은 세 번이나 거듭 다수의 승인을 받지 못하여 판결은 1982년 10월 회기까지 이루어지지 못했다. 그 대신에 1983년 10월 회기에는 재논의가 이루어졌고 그 무렵 Stevens 대법관이 대법원장 Warren Burger 및 대법관 Brennan, White, Powell, O' Conner가 공감하는 입장의 논리를 반영한 양해각서안(draft memorandum)를 회람시켰다. 이후 위 회기에서 또 한번의 투표가 있었을 때 Stevens 대법관의 위와 같은 입장이 연방항소법원의 입장을 파기하자는 새로운 다수설로서 등장하였고, 이들은 Stevens 대법관에게 판결을 작성하는 임무를 맡겼다. Blackmun 대법관의 입장은 결국 반대의견(dissent)으로 남게 되었다. 그럼에도 Blackmun 대

기술과 저작권의 대립을 법적으로 해결함에 있어 특히 '침해적 용도와 비침해적 용도를 모두 가진 상품을 공급만 하는 경우,' 그 공급자에게 기여책임에서의 기여행위가 있다고 볼 수 있을지에 관하여는 시공을 초월하는 명확한 기준이나 해결의 왕도가 없음을 은연중에 암시하고 있는 것이다. Sony 판결의 판시요지는 다음과 같다.

『"연방의회가 ....제한된 기간동안 저작자와 발명가에게 각자의 작품과 발명에 대한 독점권을 보장함으로써 과학과 유용한 예술의 발전을 장려할 권한을 가지고 있다"는 미국 연방헌법 제1조 제8항의 규정에서 출발하여, 저작권에 주어지는 보호는 전적으로 법규에 의존하는 것이다. 만약 이렇게 명확한 입법적 제시가 없는 경우 저작권이 부여한 보호를 확장하는 것에 법원이 인색한 것은 반복되는 테마로서, 주요한 기술적 혁신이 저작물 시장을 일변시켰을 때 역사적으로 뿐만 아니라 적절한 정책에 관하여 법원으로서는 연방의회에 의지할 수밖에 없으며,[68] 연방의회가 그러한 신기술에 의하여 불가피하게 영향받고 대립되는 이해관계의 다양한 배열을 완벽하게 수용할 헌법상 수권과 기관의 능력을 가지고 있다.[69]

다만, 이 사건에서와 같이 연방의회가 명확하게 법원이 다루고자 하는 상

법관은 Brennan 대법관을 연방항소법원의 판결을 지지하는 입장으로 선회시킬 수 있다고 믿었지만 최종적으로는 그 설득에 실패하였다. 결국 Marshall, Rehnquist 대법관과 앞서 Powell 대법관까지 모두 4명이 반대의견을 취하였다. 이상은 Jesse M. Feder, op. cit., pp. 874~76. 이상의 우여곡절을 법원 내부 각서안과 비공간 초안 등을 원용하며 가장 상세하게 다루고 있는 글로는 Jessica Litman, "The Sony Paradox," The Law, Technology, and the Arts Symposium「Copyright and Personal Copying: Sony v. Universal City Studios Twenty-One Years Later」, Case Western Reserve University School of Law, February 25, 2005. <www.law.wayne.edu/litman>[2005. 4. 3.], p. 11~25를 꼽을 수 있다. 이에 따르면, 이러한 대법관들 사이의 복잡한 시각차를 절충한 결과물인 다수의견이 결코 하나의 명확한 논리에 입각하지 않고 있는 것이 오히려 당연하다는 것이다(Id. at 27).

68) Sony 판결의 다수의견이 이렇게 연방의회에 이 문제를 미루어 온 법원의 선례들로 원용하고 있는 것으로는 Teleprompter Corp. v. CBS, 415 U.S. 394, 94 S.Ct. 1129, 39 L.Ed.2d 415 (1974); Fortnightly Corp. v. United Artists, 392 U.S. 390, 88 S.Ct. 2084, 20 L.Ed.2d 1176 (1968); White-Smith Music Publishing Co. v. Apollo Co., 209 U.S. 1, 28 S.Ct. 319, 52 L.Ed. 655 (1908); Williams and Wilkins v. United States, 487 F.2d 1345, 203 Ct.Cl. 74 (1973), affirmed by an equally divided court, 420 U.S. 376, 95 S.Ct. 1344, 43 L.Ed.2d 264 (1975)등의 사건들이다. 그 외에 Sony 판결이 내려진 이후 최근의 사례를 들자면, 저작권법 상 기존의 50년 보호기간을 70년으로 연장한 특별입법의 정당성이 다투어진 Eldred v. Ashcroft 사건[537 U.S. 186, 188, 222 (2003)]에서 '연방의회가 전형적으로 결정하는 판단을 반영'하였을 뿐이라고 하여 특별입법의 정당성을 긍정한 사례가 있다.

69) 이 부분 판시는 가령 Grokster 사건의 항소심 같이 새로운 복제기술과 저작권의 충돌을 직접 다룬 사건들뿐만 아니라 Verizon 사건의 원심과 항소심 판결에서도 거듭 인용되고 있다.

황을 언급하지 않고 있다면 법원으로서는, 그러한 이익형량을 전혀 예견하지 않은 (법원의) 입법작용에 의해 창설되는 권리의 범위를 추단함에 있어 신중하여야만 한다.[70]

피고 Sony에게 문제삼을 수 있는 책임이 무엇인지에 있어 저작권법은 타인이 범한 침해행위에 책임 있는 자를 명확히 규정하지 않았다. 반대로 특허법은 '특허의 침해를 유발한' 자를 35 U.S.C. § 271(b)에서 명확하게 포섭하고 있고 나아가 §271(c)에서 '기여(contributory)' 행위자라는 분류된 특정인에게 책임을 부과하고 있다. 그런 명시적 문구가 저작권법에 없다 하여서 침해행위를 스스로 범하지 않은 특정한 당사자에 저작권침해책임을 부과할 수 없는 것은 아니다.[71]

그러나 직접침해, 기여침해, 그리고 대위침해 사이에 명확한 구별을 할 수 있는 것이 아님은 연방지방법원이 정확하게 고찰한 바와 같다. 당사자들의 서면진술을 볼 때 피고의 직접침해와 대위책임은 명시적으로는 법원에 제기된 적이 없다. 그러나 예전에는 유래 없는 원고의 기여침해에 관한 주장을 합리적으로 분석하는 데는 반드시, 마찬가지로 다른 명칭으로 포장되어 있는 학설과 판례를 살펴야 하며, 당사자들이 실제 기여책임의 쟁점에 있어 당사자 각자의 입장을 옹호하는 데 다른 책임들의 학설과 논거까지 원용하고 있음을, 법원은 주지하고 있다.[72] 결국 원고가 피고에게 묻는 책임은 명목상으로는 기여책임이지만, 기여책임과 대위책임 등을 명확히 구별할 수 없는 데다가 명목상 대위책임 등 다른 법리의 논의처럼 보인다 하더라도 그 논의 속에서 예전에는 유래 없는 형태의 이 사건 기여침해 주장을 제대로 분석할 수 있다.

원고들은 연방대법원에 의한 1911년 Kalem Co. v. Harper Brothers 판결[73]에 주로 의지하여, 이용자들의 직접침해행위에 대한 피고의 간접적인 책임을 추궁하고 있다. Kalem 사건에서 연방대법원은, 저작권 있는 책 '벤허'의 내용을 허락 없이 필름으로 만든 제작자는, 그 필름을 번갈아 유료상영한 중간상인들에게 그 활동사진(motion picture)을 판매하였기 때문에[74] 책임을 부담한다고

---

70) 이상은 Sony, 104 S.Ct. at 782-85.

71) Id. at 785.

72) Id. at 785, FN 17.

73) 222 U.S. 55, 32 S.Ct. 20, 56 L.Ed. 92.

74) 활동사진을 상영하지는 않았을지라도 필름을 제공하여 상영을 가능하게 하였다는 이유로 상영으로 인한 저작권침해에 대한 책임을 긍정한다는 취지이다.

하였다. 위 사건을 담당한 Holmes 판사는 "피고는 그 소설을 극(劇)으로 복제하는 것을 단지 예상한 데 그치지 않고 광고를 통하여 그것을 야기하였다. 극으로의 복제는 그 필름들이 이용될 수 있는 가장 현저한 목적이었고, 그 필름들이 특별히 제작된 목적이었다"라고 판시하였다.[75]

하지만 위 사건은, 침해행위를 수행하기 위한 '도구(means)'를 제공하고 그런 침해행위를 광고로 유발한 행동만으로도 저작권침해에 대한 책임을 지울 수 있다는 원고의 전혀 새로운 이론에 근거가 될 수 없다. 원고들은 소위 '도구이론(supplying means theory)'을 내세워 Sony가 침해의 도구를 제공한 이상 책임이 있다고 다투었지만, 위 Kalem 사건에서는 도구(means)가 아닌, 도구를 이용한 침해결과물(the work itself) 자체를 공급한 것이어서 Sony 사안에 선례로서 원용할 수 없다.

이 사건 베타맥스 비디오테이프 레코더(VTR, Video Tape Recorder)는 저작물의 합법적 뿐만 아니라 불법적 복제에도 사용될 수 있기는 하지만, 베타맥스 비디오테이프 레코더의 잠재적 용도(potential use)는 Kalem 사건에 등장한 '벤허' 필름과 같이 특정한 침해적 용도에 국한되지 않고 훨씬 더 넓은 폭을 가지고 있는 것이다.[76]

앞서 사건에서 Holmes 판사가 저작권침해에 필름제작자가 '기여'하였다고 언급한 이래 '기여침해'는 하급심 법원의 저작권 관련 사건들 중 직접침해자와 기여침해자 사이에 직접침해행위가 발생할 당시에 계속적인 관계(ongoing relationship)가 있는 사례들에 대하여 적용되어 왔다. 이러한 사례들에서는, 대위책임을 부과하는 것이 명백하게 타당한 다른 사례들에서처럼, 기여침해자가 타인들의 저작물이용을 통제할 수 있는 지위에 있었고 저작권자의 허락 없는 이용행위를 허용한 사례들이었다.[77]

그러나 Sony 사건은, 이러한 범주에 속하지 않는다.[78] 왜냐하면, 1심 법원

75) 이 부분은 이렇게 Sony 판결에서는 주목되지 않았지만, 나중의 Grokster 사건에 대한 연방대법원의 판결에서는 책임의 근거에 관한 선례로 원용하며 주목하고 있다. Kalem 판결에서 유명한 Holmes 판사가 판시한 위와 같은 기준이 Grokster 판결이 제시한 유발이론과 상당히 비슷한 모습임을 알 수 있다.

76) Sony, 104 S.Ct. at 786.

77) Id. 이 부분을 보아도 연방대법원은 Sony 판결에서 법리상 기여책임과 대위책임을 엄밀히 구별하지 않았음을 분명히 알 수 있다.

78) Sony, 104 S.Ct. at 776~777.

이 인정한 사실에 따르면 Sony 측의 어떤 피용자도 침해행위라고 주장되는 행위들과 직접 관련을 가지거나, 저작물을 녹화한 비디오테이프 레코더 구입자들과 직접 접촉을 한 바 없기 때문이다. 피고 Sony와 비디오테이프 레코더 이용자 간의 유일한 접촉은 비디오테이프 레코더를 판매하는 시점에만 발생한다. 이러한 경우에 2차적 책임(vicarious liability)[79] 을 피고에게 부과하려면, 그 논리는 소비자들이 비디오테이프 레코더를 이용하여 저작물을 불법복제하기 위하여 당해 장비를 사용할 수도 있다는 추정적 인식(constructive knowledge)을 가진 채 비디오테이프 레코더를 판매하였다는 사실에만 의존하게 된다.

그러나 그러한 논리에 의거하여 2차적 책임(vicarious liability)을 인정한 선례는 찾아볼 수 없다. 이러한 선례와 관련하여 가장 유사한 경우로는 저작권법과 역사적으로 밀접한 관계에 있어 여기서 언급하기에 적당한 특허법상 선례들에서 찾을 수 있겠다.[80]

미국 특허법은 저작권법과 달리 침해의 개념뿐만 아니라 기여침해(contributory infringement)의 개념까지 명확히 정의하고 있고 이때 기여침해는 특정한 특허와 관련하여 사용하기 위해 만들어진 부품을 알면서 판매하는 행위에 국한하여 적용된다. 게다가 특허법은 '상당부분 비침해적 용도에 적합한, 상업상 주요한 상품이나 물품(a staple article or commodity of commerce suitable for substantial noninfringing use)'의 판매는 기여침해가 아니라고 규정하고 있다.[81] 이런 까닭에 우리 연방대법원은 특허권에 대한 기여침해의 사건

79) 이 부분 판시에서 연방대법원은 정확히는 'contributory liability' 라는 용어를 사용하여야 할 위치에 연거푸 'vicarious liability' 의 용어를 사용하고 있다. 따라서 문맥상, 여기서의 vicarious liability는 흔히 지칭하는 대위책임만을 의미하는 것이 아니라, 널리 직접침해책임에 대한 그 도구공급자의 2차적 책임(secondary liability) 내지 부차적 책임(derivative liability)을 의미한다(비슷한 취지의 해석으로는 Napster, 239 F.3d at 1022~23 참조).

80) Sony, 104 S.Ct. at 787.

81) 35 U.S.C. §271 "(a) 이 절에 달리 규정된 경우를 제외하고는 특허의 존속기간동안 허락 없이 특허발명을 미국 내에서 제조 · 사용 또는 판매하는 자는 특허권을 침해하는 것이다. (b) 특허의 침해를 적극적으로 유발한 자는 침해자로서 책임을 진다. (c) 특허받은 기계 · 기구 · 조합 혹은 결합품의 부품, 혹은 특허받은 과정을 실시하는 데 사용되는 물질 혹은 도구를 판매하는 자로서, 그러한 것들이 당해 특허의 침해가 되는 용도(use)를 위하여 특별히 제작되었거나 특별히 개량되었음을 알고 있고, 아울러 그러한 것들이 상당부분 비침해적 용도에 적합한, 상업상 주요한 상품이나 물품(a staple article or commodity of commerce suitable for substantial noninfringing use)이 아닌 경우는 기여침해자로서 책임을 진다." 나중에 연방대법원의 Grokster 판결에서도 역시 가장 중요한 부분이므로 원문을 그대로 옮긴다. ".... (b) Whoever actively induces infringement of a patent shall be liable as an infringer. (c) Whoever offers to sell or sells within the United States or imports into the United States a

들에서 특허권자가 법률상 인정범위를 넘어 그의 독점권을 부당하게 확장하지 못하도록 하는 측면의 중요성을 항상 인정해 왔고, 이러한 사건들[82]에서 그 상품이 상업적으로 비침해적 용도에 적합하지 않는 경우가 아니라면 특허권자의 허락 없는 상품의 배포일지라도 이를 통제할 수 있는 권한은 특허권자에게 없다고 부정해 왔던 것이다.

당해 물품이 특허된 방법의 실시를 통한 용도를 제외하고는 다른 용도를 가지고 있지 않는 경우가 아니라면, 특허권자는 그 물품의 배포가 기여침해에 해당한다고 주장할 권리는 없고, '기여침해의 근거가 되려면 그 아이템이 거의 전적으로 오로지 특허발명의 부품으로서만 적합하여야'[83] 한다. 따라서 비록 침해적 용도에 적합할 뿐만 아니라 아울러 다른 용도로서 합법적 용도를 가진 상품의 판매행위만으로는 그 상품판매자를 기여침해자로 볼 수 없다. 그러한 규제는 상업의 원활한 유통(wheels of commerce)을 막을 것이고, 다른 합리적 근거에도 반하는 것이다.[84]

연방대법원은 특허법과 저작권법이 상당부분 차이가 있음을 고려하고 있다. 하지만 양쪽 분야 모두에서 기여침해의 원칙이란 독점권에 대한 적절한 보호를 위하여 법원은 당해 도구나 서적의 실제 모방행위를 넘어 그러한 모방을 가능하게 한 상품이나 행위에 주목하여야 한다는 이해에 바탕을 둔 것이다.

그리고 상업상 주요한 상품이라는 원칙은 단지 상징적이 아닌 효과적인 법정 독점권의 보호에 대한 저작권자의 합법적 요구와 실질적으로 그와는 관련 없는 상업분야(in substantially unrelated areas)에 자유로이 종사할 다른 자들의 권리 사이의 균형을 맞추어야만 한다. 따라서 당해 상품이 널리 합법적이고 용인될 수 있는 용도에 사용되는 때라면, 복제기기의 공급은 다른 상업상 상품의 공급과 마찬가지로 기여침해에 해당하지 않는다. 그 상품은 단지 상당부분의

---

component of a patented machine, manufacture, combination or composition, or a material or apparatus for use in practicing a patented process, constituting a material part of the invention, knowing the same to be especially made or especially adapted for use in an infringement of such patent, and not a staple article or commodity of commerce suitable for substantial noninfringing use, shall be liable as a contributory infringer."

82) Sony 판결문에서는 여기서 Dawson Chemical Co. v. Rohm & Hass Co. 사건[448 U.S. 176, 198, 100 S.Ct. 2601, 2614, 65 L.Ed.2d 696 (1980)]을 예로 들고 있다.

83) P. Rosenberg, "Patent Law Fundamentals," 17.02[2] (1982). (Sony, 104 S.Ct. at 788에서 재인용).

84) Sony, 104 S.Ct. at 788.

비침해적 용도(substantial noninfringing uses)를 가질 수 있으면 되는 것이다.[85)]

따라서 Sony가 상업적으로 중요한 비침해적 용도(commercially significant noninfringing uses)[86)] 를 갖추었는지를 살펴야 한다. 다만, 당해 기구의 '일체의'[87)] 다양한 잠재적 용도(potential use)를 탐색하고 그러한 용도들이 침해에 해당하는지 아닌지를 법원이 결정할 필요는 없고, 연방대법원으로서는 단지 1심 법원이 발견한 사실에 따라 그러한 용도들의 상당수가 비침해적인지를 고려하면 족하다. 게다가, 이 사건을 해결하기 위하여 얼마나 많은 용도라야 상업

85) Id. at 788-789. 'the sale of copying equipment, like the sale of other articles of commerce, does not constitute contributory infringement if the product is widely used for legitimate, unobjectionable purposes. Indeed, it need merely be capable of substantial noninfringing uses.' 이 부분 앞 문장은 '널리 합법적이고 용인될 수 있는 용도에 사용' 될 것까지 요구함에 반하여, 뒷문장은 '단지 상당부분의 비침해적 용도(substantial noninfringing uses)를 가질 수 있으면 되는 것' 이라고 완화된 요구를 하고 있어 그 해석을 둘러싸고 아직 다툼이 있다(Elizabeth Miles, op. cit., p. 24 FN 18). 앞 문장에 치중한 해석을 하면, 당해 상품은 합법적 용도에 있어, 현실에서 널리 합법적 용도에 사용되어야 한다(Aimster 법원의 입장과 유사하다). 반대로 뒤의 문장에 중심을 두고 해석하면, 단지 잠재적으로 합법적 용도에 상당부분만 사용될 수 있으면 족하다는 입장이 된다. 미국에서도 이 충돌에 대하여 명확한 교통정리는 이루어져 있지 않고 이를 해석하는 법원이나 논자의 입장에 따라 어느 한쪽을 취하여 설명하고 있을 뿐이다. Sony 판결이 지향하는 궁극적으로 지향하는 목적은 당해 상품이 가져오는 사회적 이익이 침해적 용도로 인한 사회적 손실보다 더 크다면 그러한 상품의 공급을 침해적 용도 때문에 막지 않겠다는 것이다. 즉 위 판시문 중 앞문장과 같이 '현실에서 널리, 즉 과반수 이상의 합법적 용도로 사용' 되는 상품을 그것이 수반한 일부 침해적 용도에 불구하고 용인하고자 하는 것이다. 그러나 이 책 아래 제7장 제2절 Ⅴ.2. (3) 5)에서 설명하듯이, 법원이 사회적 이익과 사회적 손실을 정확히 계량하여 판단하는 것은 곤란하다. 그 때문에 법원으로서는 현실적으로 위 판시문 중 뒷문장과 같이 '잠재적으로 합법적 용도에 상당부분만이라도 사용' 될 여지가 있다고 판단되면 일단 그 상품의 공급을 허용하는 것이 유용한 판단의 틀이 될 수 있다. 여기에 기존 저작권과 충돌하는 진보된 기술이 가져올 종국적인 이익의 총량이 손해의 양보다 클지, 작을지 불명확하더라도 상당한 이익의 존재만 인정되면 진보된 기술의 등장을 일단은 막지 않는다는 연방대법원의 역사적 고찰이 반영되어 있다고 본다. 결론적으로 위 판시문 중 앞 문장은 Sony 판결이 궁극적으로 지향하는 내용을, 뒷문장은 Sony 판결이 향후 하급법원 등에게 현실적인 판단기준으로 제시하는 내용이라고 나누어 이해하는 것이 타당할 것이다.

86) 비침해적 부분만으로 독자적으로 시장에서 판매, 공급될 수 있는지 여부를 말한다[Jesse M. Feder, op. cit., p. 914.는 '상품의 개발과 배포를 지탱할 만한 사업 모델을, 뒷받침할하기에 충분한 용도(commercially significant noninfringing uses are uses that are sufficient to sustain the business model that supports the development and distribution of a product)' 라고 정의하고 있다]. Sony가 창출한 '상업적인 중요성' 기준은 기술 그 자체에 초점을 맞추는 대신 당해 상품이 제조·판매·소비되는 사업 과정 속에서 기술을 파악할 것을 요구하고 있다고 하겠다(Jesse M. Feder, op. cit., p. 914). 그렇지만, 이것은 연방대법원의 판시에서도 알 수 있듯이 '상당부분이 비침해적 용도' 라는 표현과 실질적으로 같은 의미라고 하겠다(반대취지로는 Mark A. Lemley & R. Anthony Reese, op. cit., p. 1355. FN 38). 참고로, Grokster 항소심 판결에서는 'commercial viability' 라는 표현을 사용하고 있다.

87) Sony 판결문에서 'all' 을 실제로 강조하고 있다. '....we need not explore **all** the different potential uses of the machine and determine whether or not they would constitute infringement.'

적으로 중요하다고 할 수 있을지 정확한 내용을 정할 필요도 없는데, 가정에서의 사적 · 비영리적 시간이동이라는 베타맥스 비디오테이프 레코더의 잠재적 용도가 분명하게 위의 용도에 관한 기준을 충족하고 있기 때문이다.

이하에서는 비침해적 용도를 자세히 살핌에 있어, 크게 저작권자의 허락이 있는 시간이동(Time-shifting)의 경우와 허락이 없는 시간이동의 두 가지로 나누어 그 해당 여부를 살핀다.[88]

먼저, 저작권자의 허락이 있는 시간이동의 경우를 보면 원고 Universal 등은 비록 이러한 허락을 한 바 없지만, 다른 저작권자들이 자신들의 프로그램에 대하여 그러한 시간이동을 허락하는 것을 막을 권리가 없다고 할 수 있다. 이렇게 방영을 허락한 저작권자들의 시청자들을 확충해 주는 기기라 할 비디오테이프 레코더 공급자인 피고의 2차적 책임은 아예 문제되지 않는다.[89] 프로그램의 저작권자들이 이용자들의 가정용 비디오녹화를 허락하는 한, 단지 그 기기가 일부 이용자들에 의하여 허락받지 않은 저작물 복제에 이용된다는 이유만으로 억제되어서는 안 된다.

다음으로, 허락 없는 시간이동의 경우를 보건대, 허락 없는 저작물의 이용이 반드시 침해행위가 되는 것은 아니고 공정이용(fair use)에 해당되어 허용될 수 있고 공정이용을 판단하는 네 가지 요소들 중 첫 번째 판단요소인 '저작물 이용의 목적 및 성격'이 가장 중요한데, 이 사건의 경우 가정에서의 사적 이용을 위한 시간이동은 비상업적 · 비영리적 목적의 이용임이 분명하다. 무료방송에서의 방영을 허락한 저작권들 중 상당수가 그러한 방영이 사적시청자에 의해(가령 비디오테이프 레코더 소유자들이 시청할 수 없는 시각에 방송을 녹화하여 나중에 볼 수 있도록 하는 것과 같이) 시간이동되는 것에 반대하지 않을 개연성이 있다.

시간이동이 원래 무료로 시청하기로 되어 있었던 TV 저작물을 나중에 볼 수 있게 해 준다는 점을 볼 때 공정이용의 판단요소 중 '이용된 부분이 저작물 전체에서 차지하는 양과 질'에 관련하여 전체 저작물이 복제된다는 사실은 공정이용의 인정에 방해가 되지 않는다. 공정이용의 판단요소 중 '이용자의 이용이 저작물의 잠재적 시장 또는 가치에 대하여 미치는 영향'에 있어서는 1심 법원이 증거에 따라 상세히 분석한 바에 따르면, 시간이동이 원고 저작물의 장래

88) Sony, 104 S.Ct. at 788~789.

89) Id. at 789~791.

시장이나 가치에 적지 않은 손해를 유발할 가능성은 없다.

결국 이러한 공정이용 요소를 종합하건대, 1심 법원의 입장대로 이러한 경우의 시간이동은 공정이용에 해당한다』.[90]

이상과 같은 연방대법원의 다수의견의 판지를 다시 압축해 보자면 다음과 같다.

『Sony 사건에서 원고는, 피고에 대하여 피고의 상품공급행위에 대하여 기여책임을 주장하였다. 그런데, Sony 법원의 다수의견이 보기에, 저작권과 관련된 법원의 선례들에서 기여책임은 공급자와 이용자의 계속적인 관계(ongoing relationship)가 존재할 때만 인정되는 책임이다. 그러나 Sony의 비디오테이프 레코더의 경우는 오로지 비디오테이프 레코더 판매시점만 공급자와 이용자가 일시 접촉할 뿐이어서, 이러한 계속적인 관계는 존재하지 않는다. 이러한 경우에도 기여책임을 그대로 확장적용할 수 있을까?

위에서 살핀 저작권 관련 법원선례에서는 이러한 확장적용을 인정한 사례는 없고, 역사적으로 저작권법과 인접하여 이 사건에 응용할 수 있는 특허법 관련 법규를 참고하자면 상품판매의 경우 그 상품의 용도 상당부분이 비침해적인 때는 상품판매만 한 행위에 대하여는 오히려 기여책임을 부정하고 있다. 따라서 피고의 비디오테이프 레코더 판매행위에 대하여 기여책임을 인정할 수 있을지 여부는 당해 비디오테이프 레코더 용도 상당부분이 비침해적인지 여부에 따라 정해져야 옳다.

구체적으로 먼저, 비디오테이프 레코더의 녹화가 일부 저작권자 측의 허락을 받은 경우는 당연히 비침해적 용도의 이용에 해당하고, 다음으로 원고와 같이 허락하지 않은 저작권자의 저작물을 비디오테이프 레코더로 녹화한 경우라도 각종 통계조사 등 증거에 비추어 드러나는 사실은, 나중의 시청을 위하여 미리 녹화해 두는 이른바 시간이동은 심지어 원고 같은 저작권자에게도 해가 되지 않는 공정이용에 해당되어 역시 비침해적 용도의 이용에 해당된다.

결론적으로 어느 모로 보나 이용자들의 비디오테이프 레코더의 이용은 비침해적 용도에 해당하며 비록 일부 침해적 용도가 존재함이 인정되지만 비침해적 용도가 이렇게 상당부분인 이상 피고는 기여책임이 없다』.

연방대법원은 연방지방법원과 마찬가지로 미국 특허법상의 이른바 '상업상

90) Sony, 104 S.Ct. at 796.

주요한 상품(staple article of commerce)' 의 원칙을 차용하고 있다. 즉 이러한 법리에 따르면 복제상품의 공급자는, 그 상품의 용도가 '상당부분 비침해적 용도(substantial noninfringing use)' 를 가지고 있거나, '상업적으로 중요한 비침해적 용도(commercially significant noninfringing use)' 를 가지고 있음을 증명하면 기여책임의 주장을 물리칠 수 있다. 법원이 이렇게 특허법의 법리를 저작권법에 차용한 것은 이것이 처음이 아니며, 저작권침해에 대한 2차적 책임 중 하나인 기여책임(Contributory Liability)의 원칙이 역시 미국 특허법상 'Contributory Infringement'[91] 에서 출발하였다고 보는 것이 대개의 해석이다. 이렇게 차용된 저작권법 상의 '상업 상 주요한 상품의 원칙(staple article of commerce doctrine)' 은, 기여책임에 대한 항변 중 가장 강력한 항변이라 할 수 있다.[92] 특허법에서 유래한 기여책임 추궁에 역시 특허법에 터잡은 상법상 주요한 상품의 원칙을 항변으로 인정함은 상당히 흥미롭기도 하다.

2. 소수의견[93]

연방대법관 4인이 취한 소수의견은 가정에서 행해지는 시간이동은 공정이용에 해당되지 않기 때문에 기여책임에 관한 나머지 요건을 좀더 살펴보아야 한다는 입장을 밝혔다. 소수의견은 공정이용의 판단기준에 관한 네 가지 요소, 즉 (i) 당해 이용이 영리적 성격인지 아니면 비영리적 교육 목적인지를 포함하여, 저작물 이용의 목적 및 성격, (ii) 저작물의 성격, (iii) 이용된 부분이 저작물 전체에서 차지하는 양과 질, (iv) 이러한 이용이 저작물의 잠재적 시장 또는 가치에 대하여 미치는 영향을 순차로 검토하면서, 시간이동(Time-shifting) 행위는 비판, 비평 등의 새로운 문화창달의 목적을 갖고 있는 것이 아니라 단순히 이용자의 욕구를 만족시키는 것에 불과하여 법이 정한 창작적인 활동을 목적으로 해야 한다는 요건[94] 을 결여하고 있으므로, 시간이동 행위는 공정이용의 영역에 포함될 여지가 없다고 하였다.

특히 소수의견은 '상업 상 주요한 상품(staple article of commerce)' 원칙을

91) 35 U.S.C. 271 (Infringement of patent).

92) 그런 까닭에 앞서 Napster 사건을 비롯한 거의 모든 유사 사건들에서 피고가 된 기술공급자 내지는 서비스공급자들은 원고 측의 기여책임 추궁에 맞서, 예외 없이 Sony 원칙을 방어수단으로 원용하였다.

93) Sony, 104 S.Ct. at 796~818 (Blackmun, J., dissenting).

94) 이를 'productive theory' 라고도 한다.

직접 도입한 다수의견의 입장을 완전히 반박하지는 않고, 상업상 주요한 상품원칙의 논리 상당부분은 저작권법 안에도 이미 존재하며 1심 법원이 판시한대로 만약 기여책임이 타이프라이터, 카메라, 복사기 같이 침해에도 사용되는 상품의 제조자나 판매자에게 부과된다면 상업의 원활한 유통을 막을 것이라고 인정하였다. 아울러 당해 상품의 중요한(significant) 부분이 비침해적일 때는 그러한 제조자나 판매자에게 그 상품의 침해적 용도에 대한 기여책임을 추궁할 수는 없음은 인정하였다. 그러나 만약 실제로 상품의 모든 용도가 침해를 위한 것이라면 기여책임이 부과되어야 하는 것이며, 아울러 만약 아무도 그 상품을 비침해적 용도만으로는 구입하려 하지 않는다면 제조자가 상품의 침해부분으로부터 이익을 얻고 있음이 추정되고 책임이 부과되는 것이 정당해지는 것이라고 보았다.

나아가 이 사건에서 항소심 법원은 '당해 비디오테이프 레코더가 주로 TV 프로그램을 복제할 목적으로 제조 · 광고 · 판매되었다는 사실,' '모든 TV프로그램은 실제로 저작물이라는 사실'을 인정하였는데, 소수의견으로서는 전자의 사실 인정은 타당하지만 후자의 사실 인정은 옳지 않다고 하면서, 쟁점은 'TV 프로그램 중 얼마나 저작물이냐'가 아니라 비디오테이프 레코더의 침해적 용도가 차지하는 양이라고 판단하였다.

연방지방법원은 '비침해 대 침해적인 가정용 녹화의 비율(percentage of legal versus illegal home-use recording)'을 발견하는 것을 굳이 거부하였지만 소수의견의 입장으로는 이러한 비율의 발견이 필수적이어서 이러한 점에서 1심 법원에서 이 점을 더 심리하도록 파기하여야 한다는 입장을 나타내었다.[95]

소수의견은 다수의견을 비판하면서, 다수의견이 기여책임의 요건을 극히 좁게 해석하는 것은 다수의견이 책임의 유무 문제와 구제책의 유무 문제를 혼동하고 있음을 반영하는 것이라고 보았다. 다수의견은 기여책임을 좁게 해석하는 것이 '실질적으로 관련 없는 상업에 자유로이 종사할 다른 자들의 권리'를 보호하기 위하여 불가피하다는 논리이지만, 기여침해를 긍정하는 것이 위와 같이 다른 자들의 권리에 방해가 되는 경우는 기여책임에 따른 구제수단으로 공급자에 대한 유지명령(injuntion)이 내려질 때에 한정된다고 보았다. 유지처분 대신 이용료(royalty) 지급제도를 도입하는 것과 같이 다른 구제수단을 저작권

95) Sony, 104 S.Ct. at 814~816.

자에게 부여하는 대안으로 Sony와 같은 상품공급자의 보호는 충분하다는 것이다.[96] 적절한 구제수단이 무엇인지의 문제는 법원이 지금 다루고 있지 않지만[97] 일견 광범위한 유지처분은 여기서 법원이 명할 구제수단은 되지 않는다고 보았다. 그러함에도 이처럼 다수의견이 구제수단의 문제까지 미리 근심하여 침해책임의 존재 자체를 부인한 것은 부당하다는 것이다. 나아가 설령 구제수단을 마련하는 것이 곤란하더라도 이런 점이 법규의 해석에 따른 책임 자체를 부인해서는 안 된다고 마무리하였다.[98]

Ⅴ. Sony 원칙의 올바른 적용

1. Sony 원칙에 대한 상이한 해석들

(1) Napster, Aimster, Grokster 판결들의 상이한 해석

1) 상품공급자 아닌 서비스제공자에 Sony 원칙이 적용되는지 여부

Sony 사건에서는 상품(비디오테이프 레코더)만이 문제되었지만 나아가 인터넷서비스제공자와 같은 서비스제공자의 경우 그 서비스에 있어서도 Sony 사건에서 연방대법원이 제시한 원칙, 줄여서 Sony 원칙을 원용할 수 있을지 논란이 있다. 이와 관련하여 Sony 판결의 다수의견은 "....기여침해는 하급심 법원들의 저작권 관련 사건들 중 직접침해자와 기여침해자 사이에 직접침해행위가 발생할 당시에 계속적인 관계(ongoing relationship)가 있는 사례들에 대하여 적용되어 왔는데 이러한 사례들에서는, 대위책임을 부과하는 것이 명백하게 타당한 다른 사례들에서처럼, 기여침해자가 타인들의 저작물이용을 통제할 수 있는 지위에 있었고 저작권자의 허락 없는 이용행위를 허용한 사례들이었다"라고 판

96) 여기서, 소수의견은 1984년 당시 이용료(royalty) 제도를 다루고 있던 독일, 오스트리아의 법령과 EC위원회의 권고 등 다양한 참고사례를 원용하는 외에 미국에서도 그러한 로얄티지급은 친숙하다는 사례로 Broadcast Music, Inc. v. Columbia BroadcastingSystem, Inc. 사건[441 U.S. 1, 4-5, 99 S.Ct. 1551, 1554, 60 L.Ed.2d 1 (1979)]을 들었다. 다만 그러한 종류의 구제수단은 집단소송과 같은 수단을 통하여 다른 모든 저작권자들이 소송에 참가할 필요가 있음도 지적하였다.

97) 다수의견도 royalty와 같은 구제수단의 차원을 전혀 생각하지 않은 것은 아니었지만, 그러한 구제수단은 입법부의 소관일 뿐 법원이 그 보완을 하는 것은 허용되지 않는다고 보았다. 이에 관하여는 First Draft of Memorandum of Justice John Paul Stevens, at 20-22 (June 13, 1983) (On file at Box 336, Folder 2, Thurgood Marshall Papers, Manuscript Division, Library of Congress, Washington, D.C.) 참조(Jesse M. Feder, op. cit., p. 878. FN 88에서 재인용).

98) Sony, 104 S.Ct. at 818.

시[99] 하고 있다.

여기서 앞부분 문장에만 주목[100]한다면 상품의 단순판매에 그치지 않고 상품공급자의 서비스까지 이어진 경우에는 상품을 사용하는 이용자(직접침해자)와 서비스공급자(기여침해자) 사이에 계속적인 관계가 있는 사례에 해당함이 분명하므로, 인터넷서비스제공자와 같은 서비스제공자의 경우에는 Sony 원칙을 적용하지 않겠다는 것이라고 해석할 수도 있겠다. 학설 중에도 그런 취지로 해석하는 입장[101]이 있다.

판례를 보면 우선 Napster 1심[102]이, Sony 원칙에 따라 면책되어야 한다는 Napster의 주장을 배척하는 이유 중의 하나로 Sony 원칙은 Napster와 같이 서비스를 통하여 계속적인 통제를 행사하고 있는 사안에는 적용될 수 없음을 들었다. 즉 Sony 사건에서는 피고의 참여가 단지 비디오테이프 레코더를 제조하고 판매하는 시점까지이므로 Sony사와 비디오테이프 레코더 이용자들 사이의 유일한 접촉은 판매의 순간에만 일어나게 되지만,[103] 이와 대조적으로 Napster 사건에서 피고 Napster는 이용자들이 파일을 업로드, 다운로드하려면 반드시 접속해야 하는 통합시스템을 유지하고 감독하고 있음을 지적하였었다. 마찬가

99) Sony, 104 S.Ct. at 786. 해당 원문은 앞서 판결 설명 부분 참조.

100) Sony 판결의 다수의견은 바로 이어지는 뒷부분 판시에서도 피고는 비디오테이프 레코더 판매의 순간만 이용자와 접촉할 뿐이고, 이렇게 판매순간만 접촉하는 경우 기여책임에 어떻게 변형되어 적용되는지에 관하여 마침내는 역사적으로 저작권법과 인접한 특허법 중, 기여침해의 규정에서 '용도 상당부분이 비침해적' 상품의 공급행위는 기여침해가 아니라는 원칙을 수입하고 있다. 그러나 '계속적인 관계'의 유무보다 더 중요한 것은 위 판시의 나머지 부분, 즉 '기여침해자가 타인들의 저작물이용을 통제할 수 있는 지위에 있었고 저작권자의 허락 없는 이용행위를 허용한 사례'인지 여부라고 할 것이다. 왜냐하면 특허법상 기여침해의 예외규정의 취지도, '계속적인 관계'가 존재하지 아니하므로 당해 상품의 공급행위가 기여침해가 아니라는 형식적인 논리에서 비롯된 것이 아니라, 그러한 관계의 부재로 이용행위 중 일부의 침해를 공급자가 막을 수 없을지라도 그보다 더 큰 비침해적 부분 때문에 일단 책임을 추궁하지 않고 공급을 허용하겠다는 실질적인 논리에서 비롯한 것이라고 보아야 하기 때문이다. 요컨대 공급자가 이용자와 판매순간 이후 계속 접촉하더라도 이용자의 저작물이용을 통제할 수 없는 지위(가령 Grokster나 Kazaa 공급자는 소프트웨어 공급 이후도 계속 일정범위의 서비스는 제공하지만 이용자의 개별 침해행위를 통제할 수는 없음)에 있는 경우가 존재하며 이러한 때는 Sony 기준을 적용하는 것이 Sony 판결의 당초 취지라고 보인다. 더 나아가 이 책은 이러한 Sony 판결의 당초 취지를 '넘어서' Aimster 항소심과 마찬가지로 심지어 '기여침해자가 타인들의 저작물이용을 통제할 수 있는 지위'에 있는 경우에도 Sony 원칙이 적용될 수 있다고 보는 것이다.

101) Jeffrey G. Knowles, "Peer-To Peer File Sharing: The Sony Decision," 801 PLI/PAT 597, September 2004, p. 599, 602, 615.

102) Napster, 114 F.Supp.2d at 917.

103) Sony, 464 U.S. at 438, 104 S.Ct. 774.

지로 Aimster 1심 판결[104] 도 Sony 원칙이 Aimster 사건에는 적용될 수 없는 이유 중의 하나로 Aimster는 판매된 이후부터 이용자들이 그들 독자적으로 사용하는 상품이 아니고 Fonovisa 사건의 물물교환시장에 유사한 '서비스'로 피고가 이용자들에게 지속적인 통제를 행사였음을 들고 있다.

반대로, Napster 항소심[105]은 확실하지는 않았으나, 일단 Sony 원칙이 Napster와 같이 서비스가 계속되는 경우에도 적용된다는 입장을 취한 것으로 보인다.[106]나아가 Aimster 항소심[107] 에서는 서비스에도 Sony 원칙이 적용된다고 명백히 선언하였다. 즉, "서비스의 경우 상품공급과는 달리 서비스제공자가 지속적으로 이용자들과 연결이 되어 그들의 침해행위를 방지하거나 제한할 수 있으므로 Sony 원칙은, 기술의 공급자가 용도가 상당부분 비침해적인 기술상품을 단순히 공급만 한 경우에 국한하여 적용된다"는 요지의 원고주장을 배척하면서, 서비스제공자가 지속적으로 이용자들과 연결이 되어 그들의 침해행위를 방지하거나 제한할 여지가 있는 이상 이 점은 서비스제공자가 기여책임을 부담할지를 결정함에 있어 고려되어야 하는 것은 사실이더라도 나아가 서비스제공자에게 일률적으로 Sony 원칙이 적용되지 않는다고 보는 것은 부당하며 기술상품에 덧붙여 서비스적 요소를 공급하는 경우까지 Sony 원칙이 적용된다는 입장을 취하였다.

항소심 법원은 그 근거로 Aimster 서비스처럼 침해적 용도와 비침해적 용도를 아울러 갖춘 서비스에 대하여 원고 측의 주장처럼 Sony 원칙이 적용되지 않아 기여책임이 부과된다면 서비스제공자로서는 원고들과 같은 권리자들에게 잠재적으로 부담할 책임의 범위를 예측하기 곤란하여 그러한 책임의 위험을 회피하려 할 것이고, 그 결과 서비스 전체의 폐쇄 혹은 저작권자들과 관련 없는 분야까지 저작권자들이 지배하는 현상이 나타날 것이기 때문이라고 하였다.

Sony 판결에서 다룬 비디오테이프 레코더 상품과 마찬가지로 서비스 부분에서도 Napster나 소리바다와 같은 인터넷서비스제공자가 제공하는 서비스에 Sony 원칙의 적용을 부인할 이유는 없다고 본다. 이와 반대로, 앞서 Aimster

104) Aimster, 252 F.Supp. 2d at 653.

105) Napster, 239 F.3d at 1021.

106) 다만 이러한 입장이 명시적으로 판시하고 있지는 않으나, 서비스 부분을 기여침해로 볼 수 있는 이상 법원은 전반적으로는 Napster 소프트웨어의 공급자로서의 지위는 무시할 수 있다는 입장이라고 해석한 글로는 Jesse M. Feder, op. cit., p. 881.

107) Aimster, 334 F.3d at 648~649.

항소심이 서비스에 Sony 판결의 혜택이 미치지 않을 때 생길 부작용을 피하려고 모호한 Sony 원칙을 가지고 서비스를 보호하려고 노력하지 않아도, 이미 더 명확하고 구체적인 미국 DMCA의 면책조항이 있는 이상 굳이 서비스에 Sony 원칙을 적용할 필요가 없다는 반론[108]이 존재하기는 한다. 그러나 복제기술을 동반한 서비스의 제공주체가 인터넷서비스제공자가 아니어서 DMCA가 적용되지 않는 경우도 충분히 상정해 볼 수 있는 것이고, 이 때도 사회적 이익이 손실보다 더 큰 서비스라고 판단될 경우 그 서비스의 공급 때문에 부수적으로 저작권침해현상이 따르더라도 위 서비스의 공급은 저작권침해를 이유로 부정되어서는 안 된다는 점을 고려한다면 위 반론은 타당하다고 할 수 없다. 뿐만 아니라 최근 미국의 하급심 판례 중[109]에는 검색엔진 서비스인 구글에도 Sony 항변의 적용을 암묵적으로 전제한 것이 있다. 특히 한국에 발달한 인터넷서비스의 경우에는 실제 사업형태가 위 검색엔진의 경우처럼 상품과 서비스가 혼합되어 분리하기가 곤란한 경우가 많다고 보이므로 서비스를 Sony 원칙의 적용영역에서 제외할 것은 아니다.

다만, 서비스에도 Sony 원칙을 적용한다고 할 때 서비스공급자의 경우는 단순히 상품을 판매하는 데 그친 순수한 상품공급자의 경우와 구별하여 취급할 부분이 있다. 상품을 판매하고 더 이상 이용자와 접촉이 없을 때는 이미 누누이 말한 대로 기여책임의 유무를 판단함에 있어 상품공급자가 침해행위에 대한 추정적 인식을 가졌든 설령 실제 인식을 가졌든 그러한 인식의 차이가 책임에 관한 법적 효과에 별다른 차이를 주지 않는다.[110] 그러나 서비스공급자의 경우에는 추정적 인식만을 가졌을 때와 실제 인식을 가졌을 때 일정한 범위 내에서 법적 효과가 달라질 수 있다. 그 이유는 서비스공급자가 구체적인 침해주장의

108) Jesse M. Feder, op. cit., pp. 890~91.

109) 앞서의 Perfect 10 v. Google, 2006 WL 454354 (C.D.Cal. Feb 17, 2006).

110) 아래 3) '기여책임에서의 인식 요건에서 실제 인식이 필요한지 여부' 부분에서 설명하듯이 상품공급자를 다룬 Sony 사건에서 다수의견은 피고 Sony가 사실상 침해행위를 실제 인식하고 있다는 사실을 인정하고서도 기여책임을 지우지 않았다. 아울러 설령 실제 인식이 존재하면 기여책임을 지울 수 있다는 잘못된 입장(즉, Napster 항소심이나 Grokster 1 · 2심의 입장)을 취하더라도 문제되는 사안이 상품공급자(즉 Grokster와 같은 소프트웨어 공급자)라면 상품이 이미 공급자의 수중을 떠난 이상 실제 인식이 별다른 법적 의미를 가질 수 없어 피고의 책임을 부정하게 되므로, 이때도 역시 추정적 인식이냐 실제인식이냐는 사실이 별다른 차이를 주지 않는다. 물론 상품공급자가 이른바 유발행위를 하여 별도의 책임요건을 충족할 수 있는 것은 별개 문제이다.

통지를 받는 등의 방법으로 침해행위에 대한 실제 인식을 가지게 된 때는[111](상품판매 후 더 이상 아무런 제지수단이 없는 상품공급자와는 달리) 그것을 제거하여 장래의 침해를 막을 수 있는 이상 이를 이행하지 않으면 원칙적으로 책임을 면하기는 어렵다고 보아야 사리에 맞기 때문이다.[112] 따라서 서비스공급자에게 Sony 원칙에 따라 침해적-비침해적 용도의 비교판단이 이루어지는 것은 그 이외의 경우, 즉 서비스공급자에게 인식에 따른 제거가 가능한[113]침해행위에 대하여 실제 인식이 없는 경우이다.[114]

2) 비침해적 용도에 잠재적 용도가 포함되는지 여부

Napster 1심은 Sony 판결에 따라 면책된다고 주장한 피고 측 항변을 배척하는 이유 중 하나로 (i) 피고 Napster는 상업적으로 중요한 비침해적 용도의 실례를 법원에 제시하지 못하였고, (ii) Napster의 주된 용도는 저작권침해를 조장하는 것이어서 어느 모로 보나 Sony 원칙이 적용되지 아니한다고 보아 결

111) 가령 호스팅 서비스제공자가 저작권자로부터 특정 침해결과물에 대한 침해주장의 통지 및 제거요구를 받은 경우이다.

112) Netcom 판결에서 서비스제공자가 침해행위를 (구체적으로) 인식하고서도 계속 서비스를 제공하여 이를 도운 경우라면 기여책임이 있다는 입장을 분명히 한 것이나, 이러한 입장을 추종하여 DMCA에게 접속 서비스제공자를 제외한 인터넷서비스제공자들이 면책 받으려면 침해주장의 통지를 받았을 때, 즉 침해행위를 구체적으로 인식하였을 때는 침해물을 제거할 것을 요구하고 있는 것이 모두 이와 같은 맥락이다.

113) 즉 단순한 인터넷 접속 서비스공급자와 같이 구체적인 침해주장의 통지를 받더라도 그에 따라 침해물을 제거할 수 있는 여지가 없는 서비스는 앞서 상품공급자와 동일하게 취급된다. 아울러 이 책에서 지칭하는 '실제 인식'이란 미국법 상의 사전적 의미에 충실하게 '추정적 인식과 구별되는 직접적이고 명확한 인식으로, 가령 고용자가 사고를 목격함으로써 피용자의 상해에 대하여 가지게 되는 인식 등' (Black' s Law Dictionary 2th pocket ed. 2004 참조)과 같은 수준을 말하는 것이다. 이와 반대로 Napster 법원들은, 이용자들이 불법파일교환행위를 하기 때문에 회사는 그들의 실명과 IP 주소에 대해 모르고 있을 필요가 있다고 말한 Napster의 내부문건 등에 터잡아, 쉽게 '실제 인식'을 긍정하고 있다. 하지만 위 내부문건 등의 단서만으로는 앞서와 같이 특정 침해물의 제거로 나아가기가 어렵다면 이것은 아직 추정적 인식에 불과하고 엄밀히 실제 인식에 해당한다고 보기 어렵다.

114) 여기서 혼동하지 말아야 할 것은 아래에서 보듯이, Napster 항소심이 Sony 원칙을 기여책임에서의 인식 요건의 종속요소로 융합시킴은 Sony 원칙의 목적을 훼손하는 것이라고 한 비판에 이 책이 찬동하는 부분이다. 적어도 일정한 경우에는 이 책의 입장도 Napster 항소심의 입장과 마찬가지의 외형적 결과가 된다. 즉 쉽게 비유하자면 원고가 (피고의 추정적 인식에 터 잡아) 기여책임을 주장하였는데, 피고가 Sony 원칙에 기한 항변을 제출하였다면, 원고가 다시 피고에게 실제 인식이 있었음을 주장하여야 한다. 그러나 이 책은 서비스공급자의 경우에 한하여, 그것도 실제 인식에 따라 침해제거로 나아갈 수 있었던 경우에 국한하여 책임추궁으로 나아간다는 해석이지만, Napster 항소심은 더 나아가 Sony 원칙이 적용되는 모든 경우에(즉, '서비스공급자'는 물론 '상품공급자'의 경우까지) 공급자에게 실제 인식이 있으면 책임추궁으로 나아갈 수 있다는 잘못된 해석을 하고 있으므로 부당하다고 비판한 것이다.

국 그 취지상 Napster 서비스가 쓰이는 현실의 용도에 국한하여 비침해적 용도가 존재하는지 살폈다. 이와 유사하게, Aimster 1심[115]도 이 문제와 관련하여 '피고들은 Aimster가 실제로(actually) 비침해적 용도에 사용되었다는 점에 대한 일체의 증거를 제출한 적이 없다. Aimster의 현실에서의(from real-life) 주된 용도가 다른 이용자들에게 비침해적인 파일을 전송하거나 유사한 취미를 가진 이용자들을 찾아 정보를 교환하는 점이라는 사실을 인정할 아무런 자료가 없다'고 판시하여 암시적으로 잠재적 용도가 아닌 현실의 용도를 기준으로 비침해적 용도를 판단하여야 함을 드러내고 있다.

반대로 Napster 항소심은 Napster의 용도가 침해적인지, 아니면 용도의 상당부분이 비침해적인지 판단함에 있어 1심이 지나치게 Napster 서비스의 현재 용도만 중시하고 잠재적 용도를 간과하였다고 비판함으로써 결국 잠재적 용도까지 포괄하여 살펴야 한다는 입장을 취하였다.

이러한 하급심 법원의 논란에도 불구하고 Sony 판결에서는 명백하게 비침해적 용도에 잠재적 용도를 반드시 포함시켜서 판단하도록 요구하고 있다. 즉, "이 사건 베타맥스 비디오테이프 레코더는 저작물의 합법적 복제뿐만 아니라 불법적 복제에도 사용될 수 있기는 하지만 비디오테이프 레코더의 잠재적 용도(potential use)는 Kalem 사건에 등장한 '벤허' 필름과 같이 특정한 침해적 용도에 국한되지 않고 훨씬 더 넓은 폭을 가지고 있는 것이다"는 판시부분, "Sony가 상업적으로 중요한 비침해적 용도를 갖추었는지를 살펴야 한다. 다만, 당해 기구의 일체의 다양한 잠재적 용도(potential use)를 탐색하고 그러한 용도들이 침해에 해당하는지 아닌지를 법원이 결정할 필요는 없고, 대법원으로서는 단지 연방지방법원이 발견한 사실에 따라 그러한 용도들의 상당수가 비침해적인지를 고려하면 족하다"고 설시한 부분은 모두 이러한 입장을 드러내고 있다.

특히 후자의 판시부분은 오해의 소지가 있을 수 있으나 잠재적 용도를 탐색할 필요가 없다는 설시가 아니다. 이는 법원이 '일체의' 용도를 남김 없이 비교하기는 곤란하며 그럴 필요도 없음을 설명하고 있을 뿐이다. 잠재적 용도를 고려하기 전에 이 사건과 같이 하급심 법원의 발견사실(시간이동이라는 현실의 비침해적 용도가 용도의 대부분을 차지)로 이미 비침해적 용도가 상당부분임을 인정할 수 있는 경우라면 잠재적 용도에 대한 고찰까지 나아갈 필요 없다는 취

115) Aimster, 252 F.Supp. 2d at 653.

지인 것이다.

3) 기여책임에서의 인식 요건에서 실제 인식이 필요한지 여부

Napster 사건의 1심과 달리 그 항소심에서는 Sony 판결을 해석하며, 상품이나 서비스공급자가 판매하는 상품 등의 용도 상당부분이 비침해적인 경우, 공급자에게 기여책임을 지우려면 공급자의 추정적 인식만으로는 부족하고 더 나아가 구체적인 침해를 실제 인식(actual knowledge)하였어야 한다는 새로운 해석을 하였다.[116] 항소심은 그렇더라도 Napster 사안에서는 피고가 이용자들의 침해행위를 실제 인식하였음을 인정할 수 있다고 보아 책임을 긍정하였다.

한편 Grokster 사건의 1심과 항소심 판결 역시 위 Napster 항소심의 해석을 그대로 따르고 있다. 이러한 전제 위에서 Grokster 사안을 분석하면, 비록 피고가 침해행위에 대한 실제 인식을 가지게 되었더라도 이러한 실제 인식을 갖게 된 시기가 이미 피고 측이 소프트웨어를 공급하고 난 뒤라 더 이상 어떠한 조치도 할 수 없는 시점(이른바 'timing'의 문제)이었음이 분명하므로 Grokster 하급심 법원들은 Napster 법원과 결론에서 정반대에 도달하였다.

그러나 앞서의 판결들과 달리 Aimster 항소심 판결[117]에서 포스너 판사는, Sony 사건에서 다수의견 역시 Sony가 제조·판매한 베타맥스 비디오테이프 레코더의 이용자 25%가 광고를 건너뛰기 위하여 비디오테이프 레코더의 고속전진기능을 이용하는 등 침해행위에 이용하고 있다는 사실을 명백히 인정하고서도 여전히 Sony에게 기여책임을 지우지 않았음을 중시하였다. 다수의견의 취지는 기술에 의하여 저작권에 대한 침해가 발생하는 것을 방지하려다가 오히려 비침해적 용도로 비디오테이프 레코더를 이용하는 소비자들이 기술로부터 받는 이익까지 희생시키는 부당한 결과를 막기 위한 것이었다고 하였다. 따라서 기여책임 여부를 판단함에 있어 기술공급자가 추정적 인식 혹은 실제 인식을 가졌는지는 중요하지 않다고 보아 "Sony 판결의 취지는 기여책임의 요건 중 인식 요건에 관하여 추정적 인식보다 더 고양된 인식 수준, 즉 실제 인식을 요구한다는 취지이다"는 원고의 주장을 배척하였다.

학설로는 Aimster 항소심과 마찬가지로 Napster나 Grokster 법원의 판시에 반대하는 입장이 유력하다. 즉 Sony 판결의 취지상 이미 연방대법원이 침해가

116) Napster, 239 F.3d 1004.
117) Aimster, 334 F.3d at 649.

존재한다는 구체적인 사실에 대한 실제 인식이 피고에게 존재함을 인정하고서도 피고를 면책한 결론에 이르렀다는 해석,[118] '상당부분 비침해적 용도(substantial noninfringing use) 원칙'을 Napster 항소심이 단지 기여책임에서의 인식 요건의 종속요소로 융합시키는 것은 Sony 원칙의 목적을 훼손하는 것이라고 반박하면서, 상당부분 비침해적 용도의 기준은 기여책임에서의 인식으로부터는 전적으로 분리된 목적이며, 이는 소비자들이 특허능력 없는 혹은 여타 방법으로도 보호될 수 없는 상품이나 기구에 대하여 독점권 이용료를 지급하지 않도록 하기 위한 것이라는 해석[119] 이 그런 입장이다. Sony 원칙을 일반적으로 기여책임에서의 인식 요건의 종속요소로 융합시킴은 Sony 판결의 가치에 대한 폄하라고 본다.

논자에 따라서는, 기여책임에서의 인식 요건에서 실제 인식이 필요한지 여부에 관한 이러한 미국 법원의 해석이 미국에서의 논란에 그칠 뿐 한국에서의 문제해결에는 별다른 의미를 가지지 못한다고 생각할 수도 있겠다. 그렇지만, 미국에서의 논의가 한국에까지 대부분 그대로 수입되는 지적재산권분야의 특성을 굳이 거론하지 않더라도 이 책에서 이미 설명한 칵테일 98 판결 이래 지금까지의 한국의 판례들이 미국의 기여책임 등의 법리에 크게 영향받고 있어 기여책임의 인식요건에 관한 논의도 간접적으로 영향이 있음을 간과하지 말아야 한다.[120]

(2) Sony 원칙의 근본취지

이상과 같이 Napster, Aimster, Grokster 사건의 1심과 항소심들이 구체적인 쟁점에서는 Sony 판결의 취지를 제각각으로 해석하고 있는 것이 현실이다. 이런 현실은 2005. 6. 27. 연방대법원이 Grokster 사건에 대한 판결을 내리면서 일부라도 수습되기는커녕 3-3-3으로 완전히 팽팽하게 나뉘어 Sony 판결의 원래 취지에 관한 해석을 서로 달리하고 있는 형국이다.

이것은 사실 Sony 판결의 내용 자체가 세세한 표현에 있어 종전의 법리와 일치하지 않거나 심지어 Sony 판결문 자체에서 다소 모순이 있는 듯한 부분도

118) Robyn Axberg, op. cit., p. 444.

119) Paul Goldstein, 『Copyright』§6.1.2-1 (2nd ed.), New York, 2004 (Elizabeth Miles, op. cit., p. 28 FN 38에서 재인용).

120) 제5장 제3절 Ⅱ. 1. (3) 6) '미국 Napster 판결에 대한 잘못된 이해에서 출발' 및 Ⅳ. 3. (2) 5) 'Napster 판결을 오해한 가처분이의 1심 판결의 실수를 따름'을 각 참조할 것.

있기 때문이다.[121)]

우선, Sony 사건에서 연방대법원의 다수의견은 비디오테이프 레코더의 이용행태에 관하여 설령 이용자들이 저작물을 임의로 복제하는 경우까지도 (공정이용에 해당되어 결과적으로) 합법적 시간이동일 뿐이라고 단언하였지만, 공정이용의 네 요소를 살피건대 '해당 저작물의 성격'이 유료 방송프로그램으로 영리적이고, '저작물이용의 목적' 역시 판결에서도 일부 언급하였듯이 영화라이브러리를 개인이 구축하는 경우 등 오히려 시간이동 이외의 침해적 용도에 동원되는 경우도 많다는 반박이 가능하고, '인용된 저작물의 양과 질'은 프로그램 전부를 복제하였으므로 피고에게 불리하며, '장래의 시장에의 영향' 역시 연방대법원은 합리적인 근거를 제시하지 아니한 채, 시장에의 영향이 없다고 판단하고 말았을 뿐이라고 볼 수도 있다. 논자의 입장에 따라서는 Sony 판결이 피고에게 면책을 주기 위하여 실제와는 유리된 무리한 사실확정(가령 '통계조사상으로도 시간이동이 주된 목적이다'는 식의 사실확정)과 법리구성으로 공정이용의 성립을 긍정하였다는 비판을 가해 볼 수도 있다.

또한 공정이용에 해당하는지를 검토함에 있어 베타맥스 비디오테이프 레코더의 구동원리였던 아날로그 환경 하에서는 시간이동을 공정이용이라고 할 수 있었으나, 만약 오늘날 디지털 환경 하에서 유사한 사안이 문제되었다면 미국 연방대법원의 입장이 달라질 수 있을 것이다.[122)] 왜냐하면, 아날로그 환경 하에서는 이를 공정이용이라고 허용하더라도 복제에 소요되는 일정한 노력과 시간이 만만치 않고 아울러 원본과 달리 복제본은 그 재복제의 회수를 더할수록 품질이 저하되는 등 저작권자의 본질적인 이익을 보호해 주는 '보이지 않는 장벽'이 존재하였음에 반하여, 디지털환경 하에서의 복제는 단순한 클릭만으로 원본과 동일한 품질의 복제본을 무한하게 창출할 수 있다는 기술적인 차이가 있기 때문이다. 이는 베타맥스 비디오테이프 레코더가 구현하는 기술(방송의 녹화)을 격상한 PVR 기술을 놓고 벌어진 Paramount Pictures Corp. v. ReplayTV

121) 그 이유는 위 Ⅳ. 1. 각주 부분에서 설명하였듯이, Sony 판결의 다수의견이 처음부터 다수의 지지를 얻을 만큼 자명한 결론이 아니라 판결의 결론이, 항소심, 연방대법원에서 계속 바뀌었고 연방대법원 내에서조차 다수와 소수의 입장이 간발의 차이로 뒤바뀌는 치열한 논란 끝에, 연방대법관들 사이의 복잡한 시각차를 절충한 결과물이었다는 연혁과 무관하지 않다.

122) 2005년 연방대법원이 Grokster 판결에서 다소 기발하게 유발이론을 도입하여 침해를 긍정한 것은 이런 어려움을 피하기 위한 것으로 볼 수도 있다.

사건[123]의 내용을 보면 더 자세히 이해할 수 있다. ReplayTV 사건에 대하여 만약 형식 판결이 아닌 실체적인 판결까지 내려졌더라면 적어도 Sony 판결보다 쉽게는, 공정이용을 긍정할 수는 없었을 것임은 명백하다.

요컨대, 비관적으로 보자면 (i) 위와 같이, 다른 사건들에서 Sony 판결을 해석하고 있는 법원들의 입장이 제각각이고, (ii) 심지어 Sony 판결 자체의 논리도 오늘날에는 일견 낮지 않는 듯 보이고, (iii) Sony 판결이 세시하고 있는 해답이 단순히 Sony 사의 베타맥스 비디오테이프 레코더의 이용을 시간이동으로 보아 허용한다는 식으로 당해 사건의 특수한 사안에만 국한된 해답이었다면, Sony 판결을 오늘 이 시점에 다시 상세히 고찰할 필요는 없을 것이다. 즉, 오늘날 우리가 해결하고자 하는 것은 저작권자와 디지털 복제기술공급자의 충돌이라는 거시적인 문제인데, 특히 디지털시대에서는 저작권의 문제에 관한 논의가 사실 불과 수년만 지나도 쓸모 없는 낡은 논의가 되곤 하는 마당에 이미 20여년이나 지난 아날로그 시대의 한 판결에 주목할 이유는 없다고도 볼 수 있는 것이다.

그러나 Sony 판결이 담고 있는 답은 보다 더 근본적인 질문에 관한 것으로, 단도직입적으로 말하자면 시대와 공간을 넘는 古典의 名言과 같은 진리를 담고 있다고 할 수 있다. 미국에서의 작금의 논의 역시 Sony 판결의 역사적 의의에 관하여 "저작권법은 불법복제뿐만 아니라 더 많은 추가적 용도를 가지고 있는 기술의 발전과 배포를 막는 데 이용되어서는 안 됨을 분명히 했다,"[124] 혹은 "새로운 기술에 대한 법원의 규제에 대한 일종의 장벽으로서의 기준을 제시하였다,"[125] "침해적 · 비침해적인 양면적 용도(dual-use)를 가진 저작물이용 관련 혁신기술을 위한 중요한 보호의 틀을 제공하였다,"[126] "새롭고, 아직 발전의 여지가 큰 기술에 대하여 저작권자가 저작권법상 간접책임의 명분으로 통제하는 것을 경계하였다"[127]라는 사실을 지적하고 있다.

일단 Sony 판결의 역사적인 의미는 혁신적 복제기술과 저작권의 충돌이라

123) 298 F.Supp.2d 921, 69 U.S.P.Q.2d 1657 (C.D.Cal. Jan 09, 2004). 자세히는 제7장 제2절 Ⅴ. 2. (1) 6) '합의로 종결되어 아쉬움을 남긴 Paramount Pictures Corp. v. ReplayTV 사건' 부분 참조.

124) 가령 Peter Katz, op. cit., p. 4.

125) Jesse M. Feder, op. cit., p. 913 참조.

126) Mark A. Lemley & R. Anthony Reese, op. cit., p. 1356 참조.

127) Douglas Lichtman & William Landes, op. cit., p. 401.

는 당대의 과제를 저작권법 상의 좁은 법리 안에서 미시적으로 해결하기보다, 사회 전체의 이익과 손실이라는 큰 틀에서 거시적으로 해결하는 방식을 취하여, 말하자면 문제해결의 차원을 격상하였다는 것에 있다. 이러한 의미가 있기 때문에 수십 년이 지난 오늘날까지도 비슷한 과제를 해결하고자 하는 미국의 논자들, 즉 실무가와 학자를 막론하고 대부분의 이들이 Sony 원칙을 거듭 음미하고 있는 것이다. 다만, 미국에서의 이러한 논의들도 부분적으로 Sony 판결이 가지는 거시적 의미를 거론할 뿐, 아직 구체적으로 적용하는 데 유용한 소원칙을 포괄적으로 제시하는 수준에까지 이르지 못하고 있다고 보인다.[128] 따라서 이 책에서는 그 진의가 무엇인지 최대한 자세히 찾는 데 노력하려 한다.

(3) Sony 원칙과 2차적 책임의 법리와의 관계

Sony 원칙과 2차적 책임(secondary liability), 즉 기여 · 대위책임의 관계에서는 크게 두 가지가 문제된다. 첫째, Sony 원칙이 기여책임과 관련된 상황에 적용됨은 자명하지만, 나아가 대위책임과 관련된 상황에도 면책항변으로 주장될 수 있는 것인지의 문제, 둘째, Sony 원칙은 2차적 책임의 법리에 부수하는 종속개념인가 하는 문제가 그것이다.

첫째 문제에 관하여 Sony 원칙은 기여책임과 관련하여서만 문제되고 대위책임과는 관련 없다는 입장[129]이 국내외에 존재한다. 특히 Napster 항소심은 명시적으로 대위책임에는 Sony 원칙이 적용될 수 없다고 배척한 다음, Sony 판결이 가지는 의미를 단지 기여책임에 있어 인식 요건에만 관련지어 '추정적 인식'이 아닌 '실제 인식'을 요구하는 것이라고 해석하였다. 마찬가지로 Grokster 사건의 1심과 항소심도 이러한 Napster 항소심의 해석을 그대로 추종하고 있다.

반대로 Aimster 항소심은 Sony 원칙이 대위책임에는 적용되지 않는다는 입장을 비판하면서, Sony 사건에서 원고 저작권자들이 개별이용자들을 상대로

---

128) 일찍이 BBS 서비스제공자의 책임이 문제되었을 무렵 Sony 판결이 도입한 특허법 상의 기준을 위 책임문제를 해결하는 기준으로 고려하자는 간략한 주장(Scott K. Pomeroy, op. cit., p. 1061, 66 및 유사한 취지로 M. David Dobbins, op. cit., p. 233~35 등) 등은 있다.

129) 미국의 이러한 논자로는 Mark A. Lemley & R. Anthony Reese, op. cit., p. 1359. 국내에서는 김동진, 앞의 논문, pp. 56–57에서 인터넷서비스제공자와 그 이용자 사이의 관계가 종래 대위책임이 인정되던 유형과 상이하다는 점을 들어 적용에 난색을 표하는 입장이다.

Sony의 비디오테이프 레코더의 고속전진버튼(fast-forward button)을 사용하여 광고를 삭제함으로써 저작권자의 수입을 감소시킨 행위에 대하여 일일이 제소하기는 불가능하겠지만 Sony 스스로 그러한 침해가능성을 비디오테이프 레코더의 디자인 변경으로 쉽게 감소시킬 수 있을 것이라고 본다면 Sony 사건에도 대위책임이 적용될 수 있었을 것이라고 하였다.[130]

미국의 학계에서도 이 문제는 아직 확실히 정리되어 있지 않지만,[131] 대위책임으로의 적용을 긍정하는 견해가 다수설로 보인다.

생각건대, (i) Sony 사건에서 다수의견에서 기여책임(contributory liability)과 대위책임(vicarious liabilty)의 용어를 구별하지 않고 혼용하고 있는 점, (ii) Aimster 항소심의 지적처럼 상품공급자의 대위책임이 문제되는 상황에서도 여전히 '용도 상당부분이 비침해적'이라면 그 상품의 공급은 대위책임의 추궁으로 금지되는 것이 아니라 Sony 원칙에 따라 허용되는 것이 지극히 타당하다는 점에서, Sony 원칙은 기여책임뿐만 아니라 대위책임의 추궁이 문제되는 상황에서도 피고의 항변으로 기능할 수 있다고 본다.[132]

둘째 문제에 관하여, '용도 상당부분이 비침해적인 경우'의 원칙이 기능하는 것은 단지 기여책임의 법리를 보충하는 의미 안에서 뿐이라고 하여 결국 Sony 원칙이 기여책임보다 하위의 보충적 해석원칙에 불과하다고 보는 견해[133]가 있다. 이러한 견해가 아주 상세히 자신의 논리를 설명하고 있는 것은 아니지만, 요컨대, Sony 판결은 "저작권법상 기여책임은 상품공급자에게도 추궁될 수 있지만, 예외적으로 그 상품의 용도 상당부분이 비침해적일 때는 그 적용이 제한된다"는 식으로 완전히 기여책임의 성부에만 관련지어 Sony 판결을 이해하는 시각으로 보인다.

그러나 Sony 원칙을 기여책임이나 대위책임 같은 2차적 책임론에 종속한

130) Aimster, 334 F.3d at 654.

131) 가령, Elizabeth Miles, op. cit., p. 24 FN 21은 유보적인 입장이지만, Robyn Axberg, op. cit., p. 441은 기여책임에 국한시키는 것은 설득력이 떨어진다는 입장이다.

132) 이 책의 다른 부분에서 Sony 원칙을 기여책임과 관련지어 주로 언급한 것은 그것이 기여책임에서만 문제되기 때문이 아니라 대위책임과 관련지어진 실제 사례가 드물었기 때문이다.

133) Jeffrey G. Knowles, op. cit., p. 604. 이 뿐만 아니라 Sony 판결을 기여책임의 요건 중 인식 요건에 관련지어서만, 그 인식의 수준이 추정적 인식이 아니라 실제 인식일 것을 요구하는 취지라고 해석하고 있는 Napster 항소심의 입장도 마찬가지로 Sony 원칙을 기여책임 법리의 하위에 위치시킨다는 점에서 위 견해와 공통된다.

다고 보는 것은 부당하다. 즉, Sony 판결에서 제시한 이른바 Sony 원칙이 외형상·명목상으로는 2차적 책임의 법리에 의탁하여 판시되었으므로 앞서와 같은 시각으로 오해할 여지가 있다. 하지만, 이는 Sony 원칙이 2차적 책임론의 假面을 차용하여 설명된 것에 불과하다.[134] 앞서 Sony 판결에 이르기까지 연방대법원의 다수의견과 소수의견의 지위가 서로 뒤바뀐 우여곡절에서도 알 수 있듯이 기여책임 내지 대위책임을 부과할 것인지, 말 것인지의 종국적인 결과는 2차적 책임론의 형식논리에 따른 것이 아니라 거의 전적으로 상품의 용도 상당부분이 비침해적인지 여부에 따라 결정되었다. 즉, 어떤 책임이든 제조업자에게 부담시켜 비디오테이프 레코더 공급을 금지하느냐 비디오테이프 레코더 공급을 허용하느냐의 결론이 실질적으로 중요하였지, 대위책임이냐 기여책임이냐의 법리구성은 그다지 중요하였다고 볼 수 없다.[135] 요컨대, Sony 원칙은 기여책임이나 대위책임 같은 2차적 책임론과 대등하거나 경우에 따라서는 '기존의 저작권 대 새로운 복제기술의 조화'라는 주제에 있어서는 오히려 상위개념이라고 할 수 있는 것이지, 적어도 2차적 책임론에 종속하는 개념은 아닌 것이다.

거듭 말하기니와 대위책임의 요건인 통제 가능성, 기여책임의 요건인 실질적 기여행위의 차원에서만 Sony 사건을 분석하고자 할 때는 우선 대위책임의 통제 가능성의 유무 문제에 관하여 '공급, 판매되어 공급자의 손을 떠나 이용자의 손으로 이동한 상품'에 대하여 "이미 공급자의 손을 떠났으므로 공급자로서는 통제 가능성이 있을 수 없다"고 할지, 아니면 반대로 "지금은 공급자의 손을 떠났더라도 공급자가 당초 공급 자체를 하지 않을 수 있었거나, 적어도

134) 설명하는 대상이나 각도는 다소 상이하지만, 미국 일부 문헌에서도 종래부터 현재까지 인터넷서비스제공자의 책임을 논의함에 있어, 기여책임에서의 인식과 실질적 기여, 대위책임에서의 통제 가능성과 직접적 이익이라는 4가지 요소가 왜 계속 중심이어야 하는지에 관하여 분명한 정리가 없음을 비판하는 글은 보인다(**Douglas Lichtman & William Landes, op. cit., p. 405**). 이 글에 따르면 가령 가장 원칙적 이론인 과실책임 원칙으로 돌아가 Sony 판결의 사안을 판단한다면, Sony가 합법적 용도뿐 아니라 침해적 용도까지 염두에 두고 그로 인한 손해발생을 막기 위하여 충분히 취할 수 있었던 조치를 취하였는지의 관점에서 판단하게 될 것이라는 해설이다. 바꾸어 말하면, 인터넷서비스제공자 책임론의 궁극적인 핵심은 저작권자에게 보상을 부여하는 모든 시스템의 종류마다 존재하는 비효율을 시정하고 각 시스템의 비용과 이익을 비교하여 가장 적절한 2차적 책임의 범위를 결정하는 것이라는 주장이다(**Id. at 410**). 이러한 입장은 최종적인 기준은 비용 대비 이익의 극대화에 두면서, 구체적인 시스템의 선택에 있어서는 그 시스템의 형식은 크게 문제 삼지 않겠다는 자세라는 점에서 이 책의 입장과 기본적 맥락은 함께 한다고도 볼 수 있다.

135) 이 점은 위와 같이 연방대법원이 대위책임과 기여책임을 용어상 구별조차 않고 혼용하고 있는 데서도 암시된다.

침해부분은 변경한 다음 공급할 수 있었으므로 이 점에서 통제 가능성이 있다" 고 할지, 마찬가지로 기여책임의 실질적 기여행위에 있어서 "이용자의 침해행위 때는 상품판매자의 손을 떠난 후라 기여행위 자체를 할 수 없다"라고 할지, 아니면 반대로 "상품판매자가 침해수단인 상품을 공급한 행위 자체가 기여행위다"라고 할지는, 그야말로 어느 쪽도 상대의 논리를 결정적으로 반박하기 어려운 정답 없는 다툼에 빠질 수밖에 없다.[136] 이러한 다툼을 피하고 종국적으로 누구나 수긍할 수 있는 결과를 가져올 수 있는 보편적인 원칙은 바로 Sony 원칙에서 찾아야 할 것이다.

다만, Sony 원칙의 지위에 관련하여 주의할 점이 있다. 그것은 연방대법원이 최근에 내린 Grokster 판결에서 이용자에 의한 침해를 유발한 자는 기여책임을 부담한다고 선언하고 있으므로, 그 상품의 용도 상당부분이 비침해적일지라도 일단 그 상품공급자에 의한 유발행위가 존재함이 입증된 경우에는 향후 미국에서는 Sony 원칙의 적용검토에 들어가기 전에 곧바로 기여책임이 인정될 것이라는 사실이다. Grokster 판결 이후의 미국의 하급심 사례[137]는 이 점을 분명히 하고 있다. 이 부분을 한국에서의 논의에 응용하여 예상하자면 다음과 같을 것이다. 미국에서의 기여책임에 대응하여 한국에서는 민법상 방조에 의한 공동불법행위 책임을 지우는 것이 타당하다는 입장이 소리바다 가처분이의 사건의 항소심판결 등을 통하여 더 힘을 얻었다. 그러므로 일단 이용자들에 의한 침해를 적극적으로 조장할 고의를 가지고 유발하였음이 제반사실로 입증된 경우에는 당연히 '방조'로 판단하여야 한다는 주장이 등장할 수 있다. 그러나 이러한 주장에 따르더라도 Grokster의 기준은 한국에 적용하는 데 여러 가지 함정[138]을 가지고 있음은 이미 다른 부분에서 설명한 것과 같다. 어쨌든 위 주장에 따르면, 그런 입증이 없어 단순히 침해적 · 비침해적 용도를 모두 가진 상품 · 서비스를 공급한 자로서의 책임이 문제되는 때라야, 일반론으로 돌아가 과연 그러한 공급 행위가 초래하는 사회적 이익과 손실을 비교하는 Sony 원칙의

136) 이와 관련해서는 제6장 제3절 Ⅰ. 2. (2) 3) (마) '여전히 모호한 통제 가능성의 기준' 참조.

137) Perfect 10 v. Google, 2006 WL 454354 (C.D.Cal. Feb 17, 2006).

138) 첫째, Grokster에서의 유발이론 논리가 미국특허법 규정인 35 U.S.C. § 271(b)를 저작권분쟁에 응용한 것이지만, 이에 상응하는 특허법규정이 없는 한국법제에 바로 도입하기 곤란하다. 둘째, 그렇지 않더라도 다분히 Grokster 분쟁의 지극히 구체적 사실분석에 의지한 것이므로 사안이 상이한 소리바다1 분쟁에서 선듯 동일한 결론을 내려서는 안 된다.

(한국에서의) 응용단계로 넘어가게 될 것이다.

2. 저자의 해석

(1) 폭넓은 시각을 위한 역사적 고찰

1) Sony 판결에서 도출할 수 있는 대원칙

Sony 판결이 작금의 우리에게 제시하고 있는 여러 가지 가르침 중 가장 주된 가르침이자 출발점이 되는 원칙은, Sony 판결 스스로가 판결의 서두에 밝히고 있다. 다름 아니라 역사의 흐름에 따라 등장하는 새로운 복제기술은 기존의 시장에 익숙하여 있던 저작권자의 보호와는 충돌하게 되고 이러한 충돌을 법원은 합리적으로 해결하여야 하는데, 특정 상품이나 서비스, 특히 새로운 복제기술의 저작권침해 측면이 문제되더라도 저작권법의 형식적 해석으로 곧바로 결론을 내려서는 안 되고 저작권법을 떠난 큰 틀, 즉 당해 신기술을 사회가 수용하는 것이 타당한지, 그러하지 않은지를 기준으로 역사적 고찰까지 포함한 넓은 시각에서 판단할 필요가 있다는 것일 것이다.[139] 이것은 Sony 원칙의 상세한 내용, 즉 Sony 소원칙들을 더 분석도출하는 데 기본방향을 제시하고 있다는 점에서 이 책에서는 이를 이른바 Sony 판결에서 도출할 수 있는 '대원칙'이라고 명명하고자 한다. 이러한 대원칙에 따라 Sony 전반을 제대로 이해하고 설명하기 위해서는 물론 Sony 판결에서 판시된 내용을 중심으로 하되, 그 문구상의 형식논리에 집착하기보다는 넓게 역사적으로 새로운 복제기술이 등장함에 따라 기존 저작권의 보호와 충돌한 선례들에는 어떤 것들이 있으며, 그러한 선례들이 찾아 온 해결책들이 무엇인지를 아울러 살펴볼 필요가 있다. 따라서 이러한 역사적 고찰을 먼저 선행하면 아래와 같다.

무릇 새로운 기술, 특히 복제와 관련한 기술의 진보가 이루어질 때마다 그 복제기술로 인하여 이용자들의 편익은 크게 증진되었고, 폭발적인 반응에 힘입어 기술공급자들의 사업 역시 대체로 높은 이윤을 구가할 수 있었다. 하지만 그 반대에는 기왕에 정당하게 보장되던 복제권의 보호가 근본적으로 흔들리던 저작권자들의 고충이 함께 존재하여 왔으리라는 점은 충분히 짐작이 가는 일이다. 이에 저작권자들은 새로운 복제기술이 등장할 때마다 때로는, 권리에 무관

139) 관련 부분은 Sony, 104 S.Ct. at 782~85.

심한 일반 대중과 기술공급자의 암묵적인 야합을 깨고 자신들의 정당한 법적 권리를 되찾기 위하여, 때로는, 그 한도를 넘어서 궁극적으로는 사회에 이익을 더 가져다 줄 복제기술의 등장 자체를 어떻게든 봉쇄하기 위하여 연달아 기술공급자들을 상대로 법적 투쟁에 나서게 되었다.

이처럼 저작권자들이 연달아 제기한 쟁송들 중 미국의 가장 고전적인 예로는 미국에 국한하여 고찰할 때, 특정악보를 기계적인 음각으로 기록한 악보가 장착된 자동피아노연주기가 과연 저작권자의 권리를 침해하는 것이 진지하게 검토되었던 1908년 'Player Piano'[140]의 사례[141]가 될 것이다. 하지만 각종 혁신적인 복제기술이 잇따라 등장하고 이에 대응한 저작권자의 법정투쟁도 한층 격렬해 지게 된 것은, (i) 1970년대 초반경 비디오테이프 레코더 복제기술이 등장하자 그 비디오테이프 레코더(구체적인 상품으로는 Betamax VTR)의 공급자인 Sony를 상대로 제소한 Sony 사건을 시작으로, (ii) 1990년경 디지털오디오 녹음기술이 등장하자 역시 공급자 Sony(구체적인 상품명으로는 'DAT')를 상대로 제소한 Cahn v. Sony Corp. 사건,[142] (iii) 1990년대 후반경 MP3 압축 및 휴대형 재생기술이라는 또 하나의 혁신기술이 등장하자 그 Player의 공급자인 Diamond사(구체적인 상품명으로는 'Rio')를 상대로 제소한 RIAA v. Diamond Multimedia Systems, Inc. 사건[143] 등에서였다고 말할 수 있다.

2) 시초가 된 Sony 사건

1980년 전후 등장한 피고 Sony의 베타맥스 비디오테이프 레코더는 구매자들로 하여금 각 가정에서 원고인 Universal Studios가 저작권을 가진 유선방송 내용을 포함한 방송 일체를 언제든지 복제할 수 있게 해 준 혁신기술이었다. 원고가 이러한 복제행위에 대하여 피고에게 기여책임을 추궁하였지만, 연방대법원은 가정의 이용자가 '시간이동'을 위하여 유선방송을 녹화하는 행위는 공

140) 혹은 Piano-roll. 그 외형 및 그 작동원리에 관하여는 〈www.pianola.demon.co.uk/ppworks.htm〉 [2004. 8. 10.].

141) Grokster 항소심 판결문에서도 "Player Piano의 등장 이래로 모든 새로운 음성재생수단은 음악저작권자와의 불협화음을 불러일으켰고, 이는 종종 연방소송으로까지 비화되었다"라고 간단히 언급(380 F.3d at 1158)하고 있는데, 이는 1908년 2월 24일 연방대법원이 내렸던 White-Smith Music Publishing Co. v. Apollo Co. 판결[209 U.S. 1, 28 S.Ct. 319 (1908)]에서 Player Piano(구체적인 상품명은 'Apollo')를 제작하는 행위가 저작권침해가 아니라고 판단하였음을 지칭하는 것으로 보인다.

142) Gary S. Lutzker, "Dat's All Folks: Cahn v. Sony and the Audio Home Recording Act of 1991-Merrie Melodies or Looney Tunes?," 11 Cardozo Arts & Ent.L.J. 145, 164-74 (1992), p. 164 참조.

143) 180 F.3d 1072 (9th Cir. 1999).

정이용에 해당한다고 하여 피고의 편을 들어 주었다.

3) 소송 도중 화해로 종결돼버린 Cahn v. Sony Corp. 사건[144)]

그런데, 얼마 지나지 않아 Sony사는 이번에는 디지털 오디오복제기술을 출현시켰다. 이 복제기술을 이용한 디지털오디오테이프 녹음기기(구체적인 상품명 'DAT')는 이용자들로 하여금 원래 음반에 담긴 음악을 디지털 기술을 통하여 동일한 품질로 복제할 수 있도록 해 주었다.[145)]

이러한 혁신기술에 위협을 느낀 작곡가들과 음악출판인들이 이번에도 Sony를 상대로 기여책임을 추궁하며 집단으로 소송을 제기하였는데 이것이 바로 Cahn v. Sony Corp. 사건이다.[146)]

원고 Cahn은 작사가로 피고 Sony가 시판하는 디지털오디오테이프 녹음기기(상품명 'DAT')에 대하여 이용자들이 위 기기로 음악편집물을 녹음하는 것은 저작권 침해행위이고 따라서 피고 역시 DAT를 통하여 이러한 침해행위를 조장한 이상 기여책임 혹은 대위책임을 부담한다는 주장을 하였다. 원고는 종래 가정에서 개인이 아날로그테이프를 이용하여 행하는 음반의 복제행위가 실제로는 시판되는 음반의 구입을 대체하는 완벽한 음반 전집의 구축을 목적으로 하는 경우가 많으므로 복제권 침해에 해당된다고 주장하였다. 나아가 DAT는 디지털 복제로 이러한 행위를 더욱 쉽게 가능하게 함에도 피고들은 이러한 사정을 알면서도 DAT를 공급하여 침해행위를 조장하는 이상 이용자들의 저작권침해행위에 대한 기여책임이 있다는 주장이었다.[147)]

앞서 Sony 판결이 가정에서의 아날로그 복제의 사안이었음에 비하여 이 사건으로 가정에서의 디지털 복제가 과연 위법한 행위인지, 아니면 공정이용에 속하는 적법한 행위인지에 관한 첫 판례가 이루어질 뻔 하였지만, 1992년 오디오 가정녹음 법률(AHRA, Audio Home Recording Act)이라는 타협적인 법률이 성립

144) No 90 Civ. 4537 (S.D.N.Y. filed July 9, 1990).

145) 이러한 디지털 기술은 종전 아날로그 복제가 가졌던 불완전함을 없앤 것이었고 이 덕분에 이용자들은 주위의 친구들, 이웃들, 동호회를 통한 교환을 통하여 거의 모든 음반의 디지털카피를 두루 갖추게 되는 결과가 초래되었다.

146) 이상은 Peter K. Yu, op. cit., p. 377.

147) 이러한 제소 당시 피고 Sony는 아래에서 등장하는 오디오 가정녹음 법률이 입법되기 이전이었음에도 이미 연속복제 제어시스템(Serial Copy Management System, SCMS)을 장착한 DAT를 판매하고 있었다. 그런데 원고 측은 이러한 연속복제 제어시스템이 장치되었더라도 그 제어시스템 기술은 복제물로부터의 재복제를 허용하지 않을 뿐 원본으로부터 복제는 회수제한 없이 무제한 허용하고 있는 이상 피고는 책임을 면할 수 없다고 주장하였다.

될 때쯤 위 사건은 당사자 간의 화해로 종료되어 버렸다.[148] 다만, 이러한 화해에 불구하고 이후 DAT는 당시 병행적으로 사용되던 CD보다 다소 불편하였을 뿐만 아니라, 저작물을 유통하는 저작권자 측, 즉 레코딩 회사들이 불법복제의 위험이 농후하다는 이유로 음원을 제공하지 않았기 때문에 시장에서 성공을 거두지 못하였다.[149] 이와 같이 저작권자 측이 자신들의 저작권에 가해질 위험을 우려하여 아예 새로운 복제기술공급자에게 일체 협력(음원공급)을 거부한 사례로는 1992년경 벤처기업인 New Leaf 사가 시도했던, 즉석구이식 CD판매사업[150]의 실패에서도 찾을 수 있다.

4) 절충적 입법인 오디오 가정녹음 법률의 성립

앞서 Cahn v. Sony Corp. 사건의 분쟁이 진행될 무렵 원고를 포함한 전체 저작권자들은 내심 지난번 Sony 사건 때의 전례가 반복되어 패소할 것을 두려워하였고, 반대로 피고나 다른 가전회사들은 향후 저작권자로부터의 또 다른 예비적 유지명령(가처분)이나 잠재적인 법적 책임으로부터 자유롭게 시장계획을 세웠으면 하는 희망을 가지게 되었다. 이렇게 대립하던 양쪽의 이해관계가 타협을 이룬 결실이 1992년 성립된 오디오 가정녹음 법률(Audio Home Recording Act, AHRA)이었다.

이 법률에서는 우선 비영리, 사적 녹음을 위한 디지털오디오 장비나 매체(media)의 제조 · 수입 · 판매행위에 대한 저작권침해소송을 금지하였고,[151] 이러한 금지는 가전회사들을 고비용의 저작권침해소송으로부터 보호하였을 뿐만 아니라 이용자들에게는 종래 아날로그 방식 대신 디지털 오디오 녹음 장비를 사용할 권리를 부여하여 주었다. 한편 음반업체에 대한 보상으로서 오디오 가정

148) 이상은 Gary S. Lutzker, op. cit., p. 164.

149) 물론 CD의 음원도 나중에는 DAT에서와 마찬가지로 복제할 수 있게 되었지만 이는 1997년에 이르러 CD-RW이 유통되면서부터였다(김기인, "디지털 하이테크의 현주소," 『스테레오 음악』 제30호, 1995, p. 201〈myhome.naver.com/ryan50/media_md.html〉, [2005. 4. 30.] 및 〈www.weiv.co.kr/view_detail.asp?code=guide&num=192〉[2004. 9. 1.] 등 웹자료를 정리).

150) New Leaf사는 블록버스터사와 IBM사의 합작기업으로, 그 사업은 소매점에 설치된 자판식 기계에 전시된 여러 곡에서 개개 소비자들이 자신의 취향에 따라 원하는 곡만을 선별하면 기계가 6분 안에 즉석으로 음악 CD를 굽고, 덧붙여 칼라레이저 프린터가 음악 CD의 겉장까지 인쇄해 주는 방식이었다. 이는 사실 그 기발함으로 시장잠재력이 크다고 평가된 사업이었다. 그럼에도 정작 음반회사들이 New Leaf사에 대한 음원공급을 거부함으로써 1995년에 이르러 New Leaf사는 해체되어 버린다. 이상은 Ariel B. Taitz, op. cit., pp. 149-50 참조.

151) 17 U.S.C. § 1008 (2000).

녹음 법률은 디지털하드웨어와 공 디지털 매체의 제조자와 수입자에게 이러한 새로운 디지털 오디오 음반기술로 타격을 입게 될 음악생산자와 저작권자들에게 보상금을 지급할 것을 요구하였고, 아울러 디지털오디오녹음 기기(digital audio recording device)에 저작권 정보 및 생성 현황(generation status) 정보를 갖추고, 음반장비가 연속 복제를 통하여 완벽한 디지털복제를 연달아 산출하는 것을 방지하는 연속복제 제어시스템(Serial Copy Management System, SCMS)[152]을 장치하도록 의무화했다. 그럼에도 불구하고 연속복제 제어시스템은 가정에서의 오디오 테이프녹음에서 이용되는 최초의 생성(first generation)은 무제한 허용함으로써 가정에서 사적·비영리적 테이프녹음을 하고자 하는 이용자들의 이익도 여전히 충족시켰다.

요컨대, 오디오 가정녹음 법률은 연속 복제를 방지하고 저작권자에게는 덜 위협적인 복제행위에 대한 보상금을 부여하는 한편, 가전회사들, 수입사들, 판매사들에게는 소비자의 요구에 부응하는 상품을 파는 데 집중할 수 있도록 해 주어 저작권자와 가전회사들 양자를 모두 보호하고 있다.[153] 아래 Rio와 관련된 사건에서 보듯이, 적용대상에서 PC가 제외되었다는 한계 때문에 실제로 오디오 가정녹음 법률이 계속 의미 있게 기능한 것은 아니었지만 지금까지 이 오디오 가정녹음 법률이야말로 저작권자와 복제기술 공급자 사이의 타협에 관한 훌륭한 모델이라고 찬사하는 입장[154]이 많다.

5) 공간이동을 인정한 RIAA v. Diamond Multimedia Systems 사건[155]

이후 기술은 더 진보하여 1998년경 최초로 'Rio' 라는 MP3 player가 등장하였다.[156] Rio의 등장 이전에 MP3 이용자들은 단지 컴퓨터의 하드드라이브에

152) 연속복제 제어시스템 기술은 원본으로부터 복제, 즉 최초의 생성(first generation)은 무제한 허용하지만 그 복제물로부터의 재복제는 허용하지 않는 기술 방식을 말한다.

153) 이 부분은 Peter K. Yu, op. cit., p. 377. 위 글은 새로운 기술의 필요와 기존의 저작권자의 이익을 어떻게 절충할지에 관한 비교적 좋은 시각을 제공하고 있다.

154) 가령 이런 예찬을 하는 입장으로는 Marshall Leaffer, "Understanding Copyright Law (3d ed. 1999)" 등이 있다고 한다. 아울러 Nimmer 교수 역시 그의 저서(Melville B. Nimmer & David Nimmer, Nimmer on Copyright, 1998, 8B.01[D][3])에서 "법정허락(compulsory license)을 규정하는 입법이 가장 타당한 해결책이 될 것으로 보인다. AHRA....는 기술적 진보가 더 나아갈 수 있게 허용하고 가정의 이용자들이 그런 디지털기술의 혜택을 누릴 수 있게 하면서도, 동시에 자신들의 저작물이 영향을 받는 저작권자들을 위한 로얄티 지급조건을 의무화함으로써 저작권자들의 이익을 방어하고 있다"는 호평을 내리고 있다(Nimmer 교수 관련 부분은 Peter K. Yu, op. cit., p. 379에서 재인용).

155) 180 F.3d 1072 (9th Cir. 1999).

156) 물론 피고 Diamond Multimedia Systems가 공급하였지만, 국내문헌(김문환, 앞의 논문, 352면)에

저장된 MP3 파일을 헤드폰이나 스피커를 통해 감상하는 방법 이외에는 MP3 파일을 활용할 기회가 적었으며, 따라서 MP3의 활용도도 많이 제한되어 있었다. 그런데 Rio는 이용자로 하여금 일단 인터넷이나 CD와 같은 다른 소스로부터 컴퓨터 하드드라이브 상으로 다운로드 받아 둔 오디오파일을, 함께 제공되는 소프트웨어인 'Rio Manager'의 구동과 함께, 컴퓨터에 연결된 병렬포트케이블을 통하여 Rio안으로 다시 다운로드받을 수 있게 해 주었다. 다만, Rio 기기 자체는 그러한 전송을 수행하거나,[157] Rio Manager가 장착된 컴퓨터가 아닌 다른 것으로부터 오디오 파일을 전송받을 수 없었다.[158]

이 사건 원고인 미국 음반산업협회는 당시 이미 입법되어 시행중이던 오디오 가정녹음 법률에서, 연속복제 제어시스템을 장착하지 아니한 디지털오디오 녹음기기는 수입·제조·배포하지 못하도록 금지하고 있음에도,[159] 위 디지털오디오 녹음기기에 해당하는 것으로 보이는 Rio를 피고가 위 제어시스템의 장착 없이 시판하는 것은 오디오 가정녹음 법률 위반행위라고 주장하며 예비적 유지명령을 신청하였다. 이 사건은 Rio가 오디오 가정녹음 법률에서 정한 디지털오디오 녹음기기(digital audio recording device)에 해당하는지가 쟁점이었고, 연방지방법원[160]은 결국 원고의 신청을 기각하였다.

이에 원고가 항소하였는데 연방 제9항소법원은 위 사건에서 다루어진 Rio라는 새 기기는 불법이용이 아닌 '공간이동(space-shifting)'[161]이라는 공정이용의 이용형태에 통원되는 기기이므로 허용한다고 결론 내렸다. 그런 과정에서 오디

의하면 실제 Rio를 제작한 것은 다름 아닌 한국의 벤처기업인 디지털캐스트라고 한다.

157) 실제로 저작권침해의 소지가 다분한 부분은 'Rio Manager'(위 판결에서는 이렇게 적고 있으나, 정확한 명칭은 'RioPort Audio Manager'임)란 소프트웨어의 여러 기능 중 CD파일을 MP3 파일로 변환하는 인코딩 기능이며, 이러한 기능의 잠재적 위험 때문에 미국 음반산업협회가 Rio의 실제 시판 이전임에도 위와 같이 쟁송을 제기하였다. 나아가 Rio 기기가 아닌 함께 제공되어 컴퓨터에 로딩되는 소프트웨어인 RioPort Audio Manager가 다름 아닌 MP3 파일로의 변환 및 전송을 수행하는 주체라고 판단함이 위 연방항소법원의 입장으로 보이지만, 실제 판결문에서 이러한 점이 명확히 드러나 있지는 않다.

158) 이상은 모두 RIAA v. Diamond Multimedia Systems, Inc. 사건의 2심판결 설시내용을 기준한 것이다 [180 F.3d 1072, 1074~5(9th Cir. 1999)].

159) 17 U.S.C. § 1002(a)(1), (2).

160) Recording Indus. Ass'n of America, Inc. v. Diamond Multimedia Sys., Inc., 29 F.Supp.2d 624 (C.D.Cal.1998).

161) 이 판결을 통하여 인정된 공간이동(Space-shifting)은 앞서 연방대법원이 Sony 판결에서 인정한 이른바 시간이동(Time-shifting)과 더불어 디지털 복제행위가 공정이용에 해당함을 다투는 논거로 이후 사례들에서도 피고 측에 의하여 여러 번 원용된다.

오 가정녹음 법률의 조문에 대한 세밀한 분석과정을 거치고 있으므로, 제법 난해한 위 판결의 설시를 이해하기 위해서는 먼저 위 법의 해당 조문을 알고 있어야 한다.

오디오 가정녹음 법률에서 정한 '디지털오디오 녹음기기(digital audio recording device)'란 '다른 기기나 도구와 결합되거나 그 일부인지에 관계없이, 사적 용도를 위한 디지털오디오식 복제녹음(digital audio copied recording)의 제조를 주된 목적으로 고안되거나 시판되었고, 이러한 제조를 할 수 있는 디지털오디오 기능을 가진 것으로, 통상 개인의 사용을 위해 개인에게 배포된 형태의 기구나 도구'[162]를 말한다.

여기서 '디지털오디오식 복제녹음'이란, 그 복제가 직접적으로(directly) 다른 디지털음악녹음에서 유래되었거나 간접적으로 전송(transmission)에 의한 것인지는 불문하고, 디지털녹음 방식으로 한 디지털음악녹음의 재생산을 말한다.[163]

다시, 디지털음악녹음(digital musical recording)이란 (i) 오직[164] 음향과 그 음향에 수반하는 소재, 진술 혹은 지시만이 디지털녹음 방식으로 고정되어 있고, (ii) 음향과 소재가 직접 혹은 기기나 도구의 도움 하에 인식되고 재생산되거나 기타 이해될 수 있는 유형물(material object)을 가리킨다.[165] 아울러 오디오 가정녹음 법률은 (i) 고정된 녹음이 전부 연설로 구성되어 있거나 (ii) 하나 또는 그 이상의 컴퓨터 프로그램이 고정되어 있는 유형물은 '디지털음악녹음'의 개념에서 의도적으로 제외하고 있다.[166]

법원은 요컨대 위 법률상 Rio가 디지털오디오 녹음기기에 해당하려면 디지털음악녹음을 '직접' 또는 '전송으로부터' 재생산하였어야 한다고 보고, 먼저 Rio가 '직접' 디지털음악녹음을 재생산하여야 하는 경우에 해당하는지 검토하였다.[167]

Rio가 직접적으로 녹음할 수 있도록 소스를 공급하는 컴퓨터 하드드라이브는 유형물(material object)이기는 하지만, 하드드라이브에는 보통 '오직 음향과

162) Id. 1001(3).

163) Id. § 1001(1).

164) 따라서 비록 배경음악이 담겼더라도 그 음악이 주가 아닌 게임물, 영상물 등은 제외될 것이다.

165) Id. § 1001(5)(A).

166) Id. §1001(5)(B).

167) 180 F.3d at 1076.

그 음향에 수반하는 소재, 진술 혹은 지시' 이외의 것들[168]도 담겨져 있으므로 컴퓨터 하드드라이브는 위 법률에서 말하는 디지털음악녹음(digital musical recording)이라고 할 수 없다.[169] 그 결과 Rio의 재생산이 직접적으로(directly) 컴퓨터 하드드라이브에서 유래되었더라도 이런 점으로는 Rio를 디지털오디오 녹음기기에 해당한다고 볼 수 없고,[170] 그렇지 않더라도 법률이 하나 또는 그 이상의 컴퓨터 프로그램이 고정되어 있는 유형물을 디지털음악녹음에서 제외하고 있는 이상[171] 컴퓨터 하드드라이브는 디지털음악녹음의 정의에 해당하지 않는다.[172] 결국 Rio는 디지털음악녹음으로부터 파일을 재생산하는 것이 아니어서 디지털오디오 녹음기기에 해당할 수 없다고 보았다. 아울러 항소심은, 컴퓨터 하드드라이브는 '디지털오디오식 복제녹음'의 제조를 주된 목적으로 하지 않으므로, 컴퓨터 하드드라이브는 '디지털오디오 녹음기기'에도 해당될 수 없다고 하였다. 특히, 여기서 연방항소법원은 Rio는 단지 이미 이용자의 하드드라이브에 존재한 파일들을 휴대가능하게 할 뿐이라는 점, 또는 비디오테이프 레코더를 이용한 텔레비전쇼 저작물의 '시간이동'(time-shifting)이 침해가 아니라 저작권법상 공정이용(fair use)에 해당한다는 Sony 판결을 원용하면서 Rio는 '공간이동(space-shifting)'을 위해 복제를 하고 있을 뿐이라는 점을 들어, Rio의 작동은 전적으로 오디오 가정녹음 법률의 주된 목적, 즉 사적이용의 촉진에 부합한다고 보았다.[173]

168) 워드프로세스 프로그램, 스케줄 프로그램과 같은 수리적 프로그램 등이 그 예이다(Id.).

169) 이 점에 관하여 연방지방법원은 오디오 가정녹음 법률의 입법과정과 입법자의 의도에 비추어 컴퓨터 하드드라이브를 '디지털음악녹음'에서 제외하는 것은 부당하다고 하여 의견을 달리하였었다. 하지만 연방항소법원은 입법과정 등을 볼 것 없이 법문에 비추어 컴퓨터 하드드라이브가 '디지털음악녹음'에 포함되지 않음은 명백하다고 판시하였다. 다만 1심 법원과 당사자들이 이러한 입법과정 등을 상세히 논박하였음을 의식한 듯 마찬가지로 입법과정까지 살핀 다음에야 위와 같은 반대 결론에 이르렀다.

170) Id. § 1001(1), (3) 참조.

171) Id. §1001(5)(B) 참조.

172) 연방지방법원은 이와 같이 해석하여 컴퓨터 하드드라이브를 디지털음악녹음의 개념에서 제외하고 컴퓨터를 오디오 가정녹음 법률의 대상에서 제외하는 것은, 어떤 녹음기기라도 단순히 당해 음악을 컴퓨터에 통과시키고 MP3 파일을 하드드라이브에 잠시 저장하는 행위로 규제를 피할 수 있게 되므로 오디오 가정녹음 법률의 실효성을 손상시키는 결과가 된다는 입장이었다. 하지만 연방항소법원은 이러한 결과를 피할 수 없는 결함이 있더라도 오디오 가정녹음 법률은 분명히 이러한 결함을 포함하도록 입법되었다고 판단하였다.

173) 180 F.3d at 1079. 다만, Sony 사건에서 비디오테이프 레코더를 통한 시간이동이 인정된 것처럼 Rio로의 복제가 공간이동(space-shifting)이라고 하였을 뿐이다. 비판하자면 그것이 어떤 근거에서 공정이용인지에 관하여는 더 상세히 언급하였어야 할 것이다.

다음, Rio가 '전송으로부터' 디지털음악녹음을 재생산하여야 하는 경우에 해당하는지 검토함에 있어서 연방항소법원은, '전송'은 오디오 가정녹음 법률에 정의되어 있지 않지만 동법에서 '전송' 개념이 쓰인 취지상 '공중에의 전달'[174]을 의미한다고 하였다. 이 부분에서 당사자들이 다툰 것은 '전송' 개념이 아니라 디지털음악녹음의 전송이라 할 수 있는 방송을 '간접적으로' 재생산하는 경우도 오디오 가정녹음 법률에 해당되는지 여부였다.[175] 법원은 이러한 다툼에 대하여 입법과정을 다시 고찰한 다음 그것이 시사하는 바를 볼 때, 디지털음악녹음의 전송(방송)으로부터 복제본을 만든 때 디지털음악녹음을 '간접적으로' 복제한 것이 되어 오디오 가정녹음 법률이 적용되는 반면, Rio는 전송(방송)으로부터 복제본을 만들 수 없고 대신 단지 컴퓨터 하드드라이브로부터 복제본을 만들 수 있을 뿐이므로 디지털오디오 녹음기기에 해당하지 않는다고 보았다.[176]

결론적으로 이상에서 본 두 가지 측면에서 결국 Rio는 어느 면으로 보나

174) 180 F.3d at 1079에서 연방항소법원은 방송을 그 예로 들고 있으므로, 이하에서는 이해하기 쉽게 방송이라고 병기한다. 다만, 연방항소법원의 해석을 보면, 명백한 설시는 없으나 Rio에 병렬포트케이블이 연결되어 컴퓨터 하드드라이브로부터 파일이 이전되는 형태는 '공중에의 전달'에 해당하지 않는다고 전제하고 있으므로 주의할 필요가 있다.

175) Id. § 1001(1) 참조. 원고인 미국 음반산업협회는 'a reproduction in a digital recording format of a digital musical recording, whether that reproduction is made directly from another digital musical recording or indirectly from a transmission' 중 'indirectly from a transmission' 부분을 '전송으로부터 간접적으로'이라는 뜻이라고 하여 '간접적으로'를 '전송'과 호응시켜 해석하였다. 반대로, 피고와 법원은 앞서 법규의 내용을 나열한 때 설명한 대로 위 문장 전체를 '그 재생산이 직접적으로 다른 디지털음악녹음에서 유래되었거나 간접적으로 전송(transmission)에 의한 것인지는 불문하고, 디지털녹음 방식으로 한 디지털음악녹음의 재생산'이라는 뜻이라고 하여 결국 '직접적으로'와 '간접적으로'가 모두 '그 재생산'과 호응할 뿐이라고 해석하였다(180 F.3d at 1080). 앞서 '전송'을 공중에의 전달, 즉 방송으로 보는 이상, 'indirectly from a transmission'을 피고와 법원의 위의 해석과 같이 풀이해서는 결국 Rio가 오디오 가정녹음 법률의 적용대상에 해당될 수 없기 때문에 미국 음반산업협회의 위 해석은 이를 피하기 위한 부득이한 해석이었다. 그러나 이런 해석은 연방항소법원이 지적한 바와 같이 중대한 결함이 있다. 그것은 미국 음반산업협회의 해석대로라면, 가령 디지털오디오녹음을 라디오 방송한 것을 CD레코더 등에 의해 일단 녹음하였다가 컴퓨터 하드드라이브에 저장하면 Rio가 하드드라이브로부터 복제본을 다운로드 받는 행위는 '전송으로부터 간접적으로' 디지털음악녹음을 재생산하는 경우에 해당한다고 할 수 있지만, 가령 라디오로부터 직접 카세트를 이용하여 녹음하는 행위는 위의 경우에 해당되지 않아 결과적으로 Rio를 오디오 가정녹음 법률의 규제대상이 삼을 수 있는 대신 카세트 등 명백히 오디오 가정녹음 법률이 규제하고자 한 대상이 누락되게 된다. 결국 미국 음반산업협회의 해석은 '전송으로부터 간접적으로' 재생산하는 행위를 법의 규제대상에 포함시킴에 반하여 오히려 전송으로부터 직접적으로 재생산하는 행위는 포함하지 않는 결론이어서 부당하였다.

176) 180 F.3d at 1081.

디지털오디오 녹음기기에 해당하지 않는다고 맺었다. 연방항소법원은 이러한 까닭에 원심과 달리 원·피고의 손해의 비교나 회복할 수 없는 손해의 존재가능성까지 나아가 판단하지 않고도 원고의 예비적 유지명령 신청을 기각할 수 있다고 하여 결국 원고의 예비적 유지명령을 기각한 원심의 결론은 유지하였다.

연방항소법원의 위 결론은 오디오 가정녹음 법률의 법문 자체의 해석으로는 타당할지 모른다. 하지만 위 법률이 가졌던 근본적인 결함, 즉 1992년 그 입법당시로서는 조만간 컴퓨터 하드드라이브를 수단으로 MP3 압축파일의 형태를 이용한 불법복제가 주류가 될 것임을 예측하기 어려웠다는 한계를 벗어날 수 없다. 즉, 법문의 해석상 부득이하였을지라도 컴퓨터 하드드라이브가 위 법에서 말하는 디지털음악녹음(digital musical recording)에 해당하지 않는다는 입장은 결과적으로 오디오 가정녹음 법률의 포섭범위와 존재의의를 위축시켰다. 그러나 경위야 어쨌든 법원의 판단에 따라 'Rio' 라는 상품에 담긴 휴대용 MP3 Player 관련 기술은 시장에 계속 공급될 수 있었다.

6) 합의로 종결되어 아쉬움을 남긴 Paramount Pictures Corp. v. ReplayTV 사건[177)]

2004년에 있었던 이 사건에 등장하는 원고 저작권자들은 Paramount 영화사 등 TV 및 영화회사들이고, 피고였던 기술공급자들은 PVR 기기[178)]인 'ReplayTV' 를 제조공급하는 SONICblue사 및 그 자회사 등이었다. PVR인 'RealTV' 는 비디오테이프 레코더와 마찬가지로 방송의 녹화에 이용된다. 하지만 TV신호를 셋탑박스에 장착된 하드드라이브에 '디지털형태' 로 저장시키고 재생하므로 종래 아날로그 방식인 비디오테이프 레코더와 달리, 재복제를 거듭

177) 298 F.Supp.2d 921, 69 U.S.P.Q.2d 1657 (C.D.Cal. Jan 09, 2004).

178) Persnal Video Recorder(일명 Digital Video Recorder); 미국의 Tivo나 ReplayTV로부터 시작되었으며, 마그네틱 테이프에 영상신호를 저장하는 비디오테이프 레코더와는 달리 셋톱박스나 TV에 내장된 하드디스크에 정보를 기록해 재생하는 신 개념의 디지털 녹화기이다. 모뎀은 전화선에 연결되어 인터넷과 접속되고 여기서 각종 서비스를 제공받는다. 예를 들어 Tivo나 ReplayTV사는 웹사이트에 다음 일주일 동안 각종 채널의 프로그램을 제공하고 이용자가 여기에서 자신이 원하는 프로그램을 리모콘으로 선택하면 그 프로그램이 자동으로 녹화된다. 이상은 Angel James, "Advertisers Have You in Their Sights," 2004 UCLA J.L. & Tech. Notes 5 〈www.lawtechjournal.com/notes/2004/05_040809_james.php〉[2004. 10. 14.] 및 ReplayTV 상품비교설명란 〈www.digitalnetworksna.com/dvr/Comparison.asp〉[2004. 8. 11.] 외에 기타 웹자료를 참조함. 덧붙이자면 이 책에 등장하는 다른 기술과 마찬가지로 PVR 부분에서도 한국의 기술수준이 세계적인듯 보인다. LG가 PVR 기능이 내장된 40인치 TV의 세계 최초 출시 회사 자리를 놓고 다투고 있다는 최근 기사는 아이뉴스24, "타임머신 TV 원조논쟁, LG전자 ↔ 휴맥스," 2005. 12. 13. 기사 참조.

하여도 화질저하가 없다. 뿐만 아니라 RealTV 공급자가 인터넷으로 따로 배포하는 방송일정표에 따라 이용자의 간단한 버튼조작만으로 번호만 입력하면 상업광고부분의 녹화 없이 오로지 프로그램부분만 녹화할 수 있게 해 준다. 아울러 그 녹화물을 인터넷회선을 통하여 타인의 RealTV에 자유롭게 재전송할 수 있다.[179)]

이에 원고들은 피고 ReplayTV 측을 상대로, DVR(Digital Video Recorder)인 RePlayTV를 개발하고 판매하여 소비자들이 원고들의 저작물인 TV 프로그램의 디지털복제를 가능하게 하였다는 근거로 기여책임 및 대위책임을 포함한 저작권침해책임을 구하여 제소하였다. 특히, 원고들은 피고 ReplayTV의 셋탑박스가 상업광고를 임의로 건너 뛸 수 있게 하는데, 이 기능은 소비자들이 즉시제공(on-demand) 방식으로 원하는 프로그램만 시청하고 상업광고는 건너 뛰게 하여 줌으로써 상업광고주가 지불하는 광고료수입에 의존하는 프로그램 방송의 사이클 자체를 파괴하는 행위여서 시간이동이라는 공정이용에 해당하지 않는다고 주장하였다.[180)]

이와 같은 사실관계에서도 알 수 있듯이 문제된 복제기기가 아날로그기술 녹화기인 '비디오테이프 레코더'에서 디지털기술 녹화기인 'PVR'로 바뀌었을 뿐, ReplayTV 사건에서 당사자들의 지위 및 주장은 Sony 사건의 그것과 대동소이하였다.

1984년 Sony 판결 이후 정확히 20년이 지난 시점에서 해당 기술분야의 발전, 즉 아날로그 복제 방식에서 디지털복제 방식으로의 복제기술발전에 따른 사정변경을 반영하여 Sony 판결의 타당성까지 재점검해 볼 수 있는 중요한 의미를 가진 사건이었다.

그런데, 위 소송은 하나의 사건이 아니라 관련 소송 5건이 함께 병합된 소송이었다. 피고 ReplayTV 측은 원고들의 요구에 따라 저작권침해 우려와 관련되어 가장 문제시되던 두 가지 기능, 즉 상업광고 부분을 건너뛰고 프로그램 부분만 녹화할 수 있게 해 주는 기능과 RealTV 녹화물을 인터넷회선을 통하여 다른 RealTV에 전송할 수 있는 기능을 삭제함으로써 위 소송 중 원고들과 피

179) 298 F.Supp.2d at 923.

180) 원고 측 소장 및 이 부분 주장은 EFF의 홈페이지 〈www.eff.org/IP/Video/Paramount_v_ReplayTV〉 [2004. 9. 23.].

고 ReplayTV 측의 분쟁부분(이른바 'ReplayTV action')은 당사자들의 합의로 소가 취하되었다. 그 나머지 부분 즉, RealTV의 보유자 5명이 EFF(Electronic Frontier Foundation)[181]의 지원을 받아 원고 저작권자들을 피고로 삼아 이용자들의 이용이 적법하다는 확인을 구하는 확인의 소(declaratory judgment)[182] 부분(이른바 'Newmark action')만 남아서 법원의 판단을 받게 되었다. 원래 이 부분 소송이 별도로 제기되어 앞서 진행 중이던 피고 ReplayTV 측의 쟁송에 병합해 줄 것을 이용자들이 신청하였을 때 법원은 저작권자들이 ReplayTV에게 기여책임이나 대위책임을 묻고 있는 이상 결국 이용자들의 직접책임을 판단할 필요가 있음을 들어 소를 제기한 5명의 이용자들에게 '합리적인 불안(reasonable apprehension)'[183]이 존재한다고 보아서 이를 허락하였었다.[184] 그렇지만, 이후 소송진행과정에서 앞서 저작권자들이 RealTV 측을 상대로 한 소를 취하하면서 아울러 위 이용자들에 대하여도 소를 제기하지 않기로 합의하였던 사실을 들어, 실제의 사건이나 분쟁(actual case or controversy)이 존재하지 않으므로 이 부분 소송은 가상적인 다툼(moot)이어서 법원은 이러한 이용자들의 확인청구에는 연방헌법에 따라 판단할 권한이 없다고 결론을 내리면서, 법원은 이 부분 소송

181) Electronic Frontier Foundation(EFF, www.eff.org)는 샌프란시스코에 소재한 비영리 단체로 인터넷을 비롯한 디지털 분야에서 마치 American Civil Liberty Union과 같은 역할을 하는 막강한 시민단체라고 할 수 있다. 앞서 Verizon 사건의 여파로 미국 음반산업협회가 개별이용자들을 상대로 존도(John Doe) 소송을 대량으로 제기하자, 개별이용자들을 대변하여 개개 쟁송을 후원하는 역할도 수행하고 있다〈eff.org/IP/P2P/riaa-v-thepeople.php〉 [2004. 7. 15.]. 주로 미국 음반 · 영상산업협회와 대립하여 소비자(이용자) 이익을 옹호하는 입장이므로 반사적으로 기술공급자의 입장을 대변하고 있다고도 하겠다.

182) 한국 민사소송의 법리상, 확인의 소는 현재의 권리 또는 법률관계에 대하여 '즉시 확정의 법률상 이익'이 있을 것을 소송요건으로 한다. 이때 이익이란 당사자가 법원의 판결로 확인을 구하는 것이, 원고의 법적 지위가 불안, 위험할 때 그 법률상의 불안 · 위험을 제거하기 위한 가장 유효 · 적절한 수단일 것을 요구한다[강현중, 민사소송법(제5판), 박영사, 2002. 8, 317-19면]. 이와 마찬가지로 declaratory judgment란 가령 계약을 체결한 당사자가 자신들의 권리를 정하기 위하여 계약의 해석을 구하거나 회사가 세금을 납입하기 전에 새로운 세법이 자신들의 사업에 실제로 적용되는지 판단을 구하는 경우와 같이, 법원이 당사자들에게 특정행위나 손해배상을 명령함이 없이 당사자의 권리를 판단하는 법원의 결정을 말한다. 이는 특정 계약에 대한 소송에서 자주 요구되며, 분쟁을 근본적으로 해결할 수 있다면 법적 권리의 조기결정도 필요하다는 점을 근거로 하고 있다(dictionary.law.com에서 'declaratory judgment' 내지 'declaratory relief' 검색, 2004. 9. 9.). 아울러, 연방법원은 'Declaratory judgment Act' (28 U.S.C. §2201)에 따라 '실제의 사건이나 분쟁(actual case or controversy)'에 대하여 당사자들의 권리나 다른 법적 관계를 확인할 수 있을 따름이다(이 부분은 298 F.Supp.2d at 924).

183) 위 각주의 '법률상의 불안, 위험'에 상응한다.

184) Cnet News 2002. 8. 16.자 'Judge hits rewind ReplayTV case' 기사 참조.

은 각하하였다.[185]

이처럼, 실체판단 없이 소송이 종료됨으로써 앞서와 같이 Sony 판결에서 다룬 사안과 유사한 사안에 대하여 법원이 그동안의 기술발전에 따른 사정변경을 어떻게 고려할지는 나중으로 미루어졌다. 하지만, ReplayTV를 둘러싼 PVR 기기공급자와 저작권자의 다툼에서 PVR 기기공급자가 PVR의 여러 기능 중 저작권을 직접적으로 침해하는 용도부분, 즉 광고를 건너 뛰게 해 주는 기능 등만을 자진하여 삭제함으로써 나머지 비침해적 용도가 대부분인 PVR 기기의 공급 자체가 중단되지 않고 일단은 지속될 수 있었다는 경험은 우리에게 암시하는 바가 있다. 그것은 다름 아니라 복제기술공급자와 저작권자의 이해대립은 서로의 일정부분 양보로서 충분히 절충될 수 있는 것이지, Napster 사건에서 그러하였듯이 어느 한쪽의 전부 승리냐 패배냐를 끝까지 가려야 하는 관계는 아니라는 점이다.

7) 역사적 고찰에서 찾을 수 있는 시사점

Napster 판결이나 Grokster 판결, 나아가 Verizon 판결은 이미 다른 부분에서 상세히 언급한 바 있다. 1984년 Sony 판결이 내려진 이후 2000년경 Napster 판결 직전에 이르기까지의 주된 사건이라 할 Cahn v. Sony Corp. 사건, 오디오 가정녹음 법률의 성립경위, Rio 사건, ReplayTV 사건들을 위에서 요약해 보았다. 살피건대, Sony 판결 이후 1999년 Rio사건에 이르기까지 저작권자 대 복제기술공급자의 이해가 대립하는 유형의 사건들에서 저작권자들의 입장은 적극적으로 기술을 수용하기보다는 복제기술이 저작권을 침해하는 데 대응할 제어수단이 마땅치 않다는 현실적 이유 등으로 기술의 진보에 대체로 소극적인 입장을 지켜왔음을 알 수 있다.[186] 반면, 이에 대한 미국 법원들의 판결은 그 논리전개야 어찌되었던간에 결과적으로는 대개는 기술을 금지하는 대신 그 존재를 긍정하였고, 그 결과 발생할 저작권자의 피해는 의회가 나서서 해결하는 것이 타당하다는 입장[187]이었음을 알 수 있다.

시간이 더 흘러, 저작권자들은 2000년에 즈음하여 등장한 Peer-to-Peer 기술이라는 또 하나의 새로운 기술진보에 대하여도 그 공급자인 Napster사를

185) 298 F.Supp.2d at 923-924.

186) 비슷한 지적으로는 Jeremy Paul Sirota, "Analog To Digital: Harnessing Peer Computing," Hastings Law Journal, February 2004, p. 763.

187) Sony 판결은 물론, Grokster 사건과 Verizon 사건의 각 항소심판결 말미 등 참조.

상대로 일단 법적인 제동을 걸었다. 종전의 베타맥스 비디오테이프 레코더(Sony 사건)나 Rio(Diamond Multimedia 사건) 상품은 일단 기술공급자의 수중에서 떠나면 외관상 더 이상 기술공급자의 곁에 존재하는 것이 아니었다. 반면에 Napster 소프트웨어의 경우 소프트웨어뿐만 아니라 관련 서비스가 계속 제공되는 외관을 갖춤으로써 기술공급자는 이용자들이 범하는 침해행위에 보다 한 걸음 더 가까이 위치하게 되었다.[188] 바로 이 점이 Napster의 신기술이 법원에서 다른 기술의 경우와 달리 '침해자'로 버림받은 근본적인 이유가 아닐까 한다.

Napster 사건의 교훈으로 기술공급의 주체들, 즉 인터넷서비스제공자들은 저작권자들로부터의 법적 쟁송을 모면할 목적으로 하이브리드 방식을 버리고 Pure 방식의 P2P로 우회하는 방법을 택하게 되었다. 이에 따라 적어도 기술의 직선적인 진보라는 차원에서는 불필요한 굴곡이 생겼다.[189] 이후 Grokster 사건에서 하급심 법원들이 P2P 기술공급자의 책임을 부정한 데는, 일견 피고가 이용자에 대한 서비스 부분을 버리고 Pure P2P 소프트웨어만을 공급하는 예전의 '상품공급자'로 되돌아갔다는 판단에 크게 기인하였다. 그러나 이렇게 상품공급자로 일견 돌아갔더라도 이용자들의 현실적 이용이 압도적으로 저작권침해의 양상으로 나타나고 있는데 상품공급자가 거기에 보태어 의심을 살만한 행동을 했을 때에는 진정한 상품공급자로 보기는 어렵다는 것이 Grokster 사건에서 드러난 연방대법원의 입장일 것이다.

요컨대, 시간이 흐름에 따라 필연적으로 등장하는 각각의 진보된 복제기술에 관하여 저작권자는 때로는 필요 이상의 소극적인 자세를 견지했지만,[190] 법원들의 태도는 결론적으로는 기술을 수용하고자 하였고, 저작권침해의 폐해가 더 큰 예외적인 경우에만 당해 기술의 공급을 금하였다고 볼 수 있다. 아울러 앞서 몇 가지 경우에서처럼[191] 저작권과 복제기술의 대립은 때로는 서로 원만

---

188) 단순한 상품공급자가 아닌 서비스공급의 경우에도 Sony 원칙은 적용되지만 그 적용의 범위는 다소 제한된다는 이 책의 설명은 앞서 제7장 제2절 Ⅴ. 1. (1) 1) 말미 부분 참조.

189) 비슷한 취지로는 Mark A. Lemley & R. Anthony Reese, op. cit., p. 1383. 그 취지 중에는 Pure P2P가 중앙서버에 의한 검색정보제공을 받았던 종전 하이브리드 P2P보다 효율면에서 떨어진다는 점을 지적하고 있다.

190) 가령, 작금에 Napster, Aimster, Grokster로 이어지는 P2P 기술에 의한 잇따른 저작권침해로 저작권자로서는 P2P 자체에 적대감을 보이고 있지만, 이런 다툼에서 저작권자편이라고만 여겨지던 Microsoft조차 'farsite'라는 프로젝트명 아래 버클리 대학과 공동으로 초대형 P2P 프로젝트를 진행중인 것이다⟨research.microsoft.com/sn/Farsite⟩[2004. 8. 30.].

191) 오디오 가정녹음 법률의 성립, 합의로 끝난 Cahn v. Sony Corp. 사건 및 ReplayTV 사건 등.

한 절충점을 찾기도 하였다. 이러한 기본적인 흐름이 진보된 기술과 기존 저작권의 충돌이라는 문제를 해결하는 과정에서 등장한 여러 미국의 선례들에 나타난 흐름, 바꾸어 말하면 역사적 교훈이 아닌가 한다.

8) 새로운 디지털 복제기술의 끊임없는 등장

한편 저작권자가 복제기술 자체와 극단적으로 대립할 것이 아니라 일정한 한도에서는 원만하게 타협할 필요가 있다는 근거는 디지털 시대를 맞아 새로운 복제기술들이 끊임없이 등장하고 있다는 사실에서도 찾을 수 있다. 이러한 시대 상황에서는 저작권자가 특정 복제기술 1-2개에 대하여는 법적 쟁송을 통하여 확산을 저지하거나 지연시킬 수 있을지 몰라도, 여전히 위협적인 다른 디지털 복제기술의 등장까지 모두 막기는 곤란한 것이다.

최근 저작권자의 가장 큰 관심은 디지털 복제기술 중 P2P 네트워크에 쏠려 있다고 할 수 있다 하지만 그 사이에도 저작권자에게 크게 위협적인 디지털 복제기술들은 계속 나타나고 있다. 가령 검색엔진 Google이 추진하는 이른바 '인쇄 도서관 프로젝트(Print Library Project)' 는 뉴욕 공립 도서관, 옥스포드, 하바드, 스텐포드 대학의 도시관 등의 장서를 아예 모두 디지털 형태로 복제하여 이용자들에게 제공하겠다는 것이다. 이것은 사실 어문저작권자의 입장에서는 오프라인 출판시장 자체의 존재를 부인하는 것일 뿐만 아니라 기존에 형성된 온라인 출판시장도 붕괴시킬 수도 있는 위협이 아닐 수 없다.[192] 아울러 한국에서 2005년경부터 등장한 이른바 '소프트웨어 스트리밍'[193] 역시 소프트웨어 저작권자에게는 큰 위협으로 느껴질 수 있다. 이렇게 앞으로도 끊임없이 등장할 디지털 복제기술공급자와 기존의 저작권자의 올바른 공존 및 제3자인 이용

192) CNet News 2005. 9. 21.자 "Authors Guild sues Google over library project" 기사 참조.

193) 소프트웨어 스트리밍이란 쉽게 소프트웨어 원본은 중앙서버에 저장하여 놓고 이용자 각자가 개인컴퓨터를 이용하여 네트워크 상으로 중앙서버에 접속한 상태에서 해당 소프트웨어 중 그때그때 필요한 부분만을 선별하여 자신의 개인컴퓨터에 전송받는 방법을 말한다. 이로써 사실상 개인컴퓨터마다 소프트웨어가 설치되어 있는 것과 같은 효과를 구현해 주는 스트리밍의 새로운 형식이라고 할 수 있다. 이 기술을 사용하면 이용자 입장에서는 소프트웨어의 중앙 관리로 인한 효율적인 자산 관리가 가능한 반면, 저작권자의 입장에서는 기존 소프트웨어 구입량의 현저한 감소를 경험하게 된다. 한국에서는 세계적으로도 빠른 시점인 2005년 상반기 현재 소프트온넷(SOFTonNET)에 의하여 'Z! Stream' 이 공급되고 있다. 이상은 진웅, "소프트웨어 스트리밍에 의한 저작권침해가능성," 서울대학교 기술과법센터 2004-제7회 워크샵(「SW Streaming의 법적 문제점」) 발표문, 2004. 9. 18. 및 전자신문, 2004. 6. 15.자 "Z스트림 저작권침해로 보기 어렵다" 기사 및 2004. 8. 5.자 "SW스트리밍기술 유권해석 뭘 남겼나" 기사 각 참조.

자 권익의 적절한 보장을 유도하기 위해서는 보편타당한 타협의 규칙이 제시될 필요가 있음은 물론이다.

(2) Sony 판결에서 도출할 수 있는 소원칙들과 한국법에서의 의미

이상에서 이른바 Sony 판결에서 도출할 수 있는 대원칙에 따라, 복제기술과 저작권의 충돌과 그 해결의 사례에 관한 역사적 고찰을 하여 그 방향을 살펴보았다. 그런데 연방대법원은 대원칙에서 한발 더 나아가 Sony 판결의 판시에서 여러 가지 세부 원칙들까지 제시하고 있다. 이 책은 이러한 세부원칙들을 이른바 Sony 판결에서 도출할 수 있는 '소원칙'이라고 명명하고자 한다. 주의할 것은, 이 책에서 도출할 소원칙들 중에는 Sony 판결이 직접 제시한 것과 적어도 암묵적으로 전제하였던 것을 포함하고 있음은 물론, Sony 판결 이후 다른 법원들이 선례로서 Sony 판결을 해석하며 실질적으로는 새롭게 정립한 기준도 포함되어 있고, 더 나아가 그러한 기준들을 이 책이 분석, 변형하여 처음 제시하고자 하는 패러다임(paradigm)도 일부 포함되어 있다는 것이다.

첫째, 대원칙과 밀접하게 관련되는 소원칙으로, 이는 혁신적 기술의 저작권침해가 문제될 때 판단주체인 법원으로서는 당장 눈앞에 놓인 저작권법뿐만 아니라 아울러 기술을 규율하고 있는 특허법까지 참작할 수 있다.[194] 이는 Sony 판결에서 분쟁을 해결함에 있어 연방대법원이 미국 특허법 중 간접침해 규정의 반대해석에 의하여 문제되는 상품의 용도 상당부분이 비침해적인 경우(substantial noninfringing use)는 그 상품이 일부 저작권침해를 빚는다 하여도 여전히 공급을 허용하여야 한다는 원리를 도출한 점에서 알 수 있다.

둘째, 문제되는 상품이나 서비스에 침해적 용도(infringing use)가 일부 있더

194) 일부 논자(Peter S. Menell, 'Brief Amicus Curiae of Metro-Goldwyn-Mayer Studios Inc., et al., v. Grokster, Ltd., et al.', pp. 11–12, 15–16)는 첫째, 특허법에서 혁신기술은 법의 목적이지만 저작권법에서 기술은 단지 창작 장려라는 목적을 위한 수단에 불과한 점, 둘째, 상당부분 비침해적 용도를 가진 기술이 허용된 때 특허법 영역에서는 당해 기술 자체 혹은 많아야 극소수 특허군에 미칠 뿐이지만 저작권법 영역에서는 저작권산업 전반을 위협하게 되는 점, 셋째, 미국에서 2차례 저작권법 개정을 통하여 각각 음반과 소프트웨어에 대한 대여권을 신설한 것은 종전의 대여가 비침해적이었음에도 저작권자를 보호하겠다는 입법자의 결단(즉, 상당부분 비침해적이라고 책임이 없다는 특허법의 원칙은 저작권법에서 통용될 수 없다는 의미)으로서 이처럼 연방의회는 저작권과 특허법을 유사한 법역으로 보지 않고 있다는 점 등을 근거로 저작권법상의 간접책임 이론은 특허법상의 그것과 달라야 한다고 반박하고 있다. 하지만 어찌되었든 연방대법원은 Grokster 판결에서 다시 한번 Sony 판결에서와 마찬가지로, 또 다른 특허법 법리인 유발이론에 근거하여 피고의 저작권법침해책임을 인정하고 있다.

라도 상품이나 서비스가 가지는 전체 용도를 기준으로, 사회 전체적으로 사회적 손실(social cost)[195]을 넘은 사회적 이익(social benefit)을 가져오는 신기술은 법원이[196] 허용하여야 한다.[197] 이는 소원칙들 중에서도 가장 핵심적인 원칙이라 할 수 있다.

셋째, 그러한 전체 용도의 사회적 이익(비침해적 용도), 사회적 손실(침해적 용도)을 판단할 때에는 잠재적 용도(potential use)까지 포함하여 고려해야 한다.[198]

195) Jesse M. Feder, op. cit., p. 911에서도 간략히 이러한 관점을 언급하면서, 특별한 반증이 없는 한 '침해적 용도'의 가치가 그 침해가 초래한 '사회적 손실'과 같고, '비침해적 용도'의 가치가 침해가 가져온 '사회적 이익'과 같다고 부연하고 있다. 지극히 간명하면서도 타당한 언급이다.

196) 이에 따라 인터넷서비스제공자의 책임 유무를 올바르게 판단하기 위해서는 결국 문제되는 특정 기술의 효용과 비용을 정확히 판단하여야 하므로 추상적인 법규정이나 법 논리의 숙지보다 구체적인 기술의 특성 내지 속성을 (기술전문가의 조력을 통하여서) 법관이 제대로 이해하고 있어야 할 필요가 있게 된다. 空論적인 법적 논의만으로는 가령 그누텔라 방식의 P2P 서비스가 어떤 사회적 이익을 가져오는지, 반대로 어떤 손실을 끼치는지, 나아가 프로그램제공자가 침해행위를 막기 위해 사전에 어떤 구별조치가 가능한지 제대로 판단할 수 없는 것이다.

197) 관련 부분은 Sony, 104 S.Ct. at 788. 앞서 연방대법원의 판결 설시 중 '비록 침해적 용도에 적합할 뿐만 아니라 아울러 다른 용도로서 합법적 용도를 가진 상품의 판매행위만으로는 그 상품판매자를 기여침해자로 볼 수 없다. 그러한 규제는 상업의 원활한 유통(wheels of commerce)을 막을 것....' 부분이 있다. 그러나 이러한 소원칙을 더 명확하게 드러낸 사건은 Sony 판결을 재해석한 포스너 판사의 Aimster 항소심 판결이었다. 먼저 "공급자가 비침해적 용도뿐만 아니라 침해적 용도를 아울러 가진 상품이나 서비스를 공급할 때에 이들 용도의 각각의 총량을 대략 가늠하는 것이 기여침해를 인정함에 있어 필수적이다(What is true is that when a supplier is offering a product or service that has noninfringing as well as infringing uses, some estimate of the respective magnitudes of these uses is necessary for a finding of contributory infringement)"라고 판시한 것을 비롯하여(334 F.3d at 651), Sony 판결의 사안을 고객 중 일부는 그 옷을 입고 매춘을 할 수 있음을 인식하고도 야한 옷을 파는 소매업자(retailer of slinky dress)에, Aimster 사건을 비록 자신의 피용자가 안마를 시술할 수도 있지만 실제로는 오직 매춘만 일삼는다는 사정을 아는 안마시술소(massage parlor)의 경영자에 비유하면서 전자의 경우 소매업자의 행위가 허용됨으로써 매춘이 용이해지는 정도가 그에게 형사소추의 위험을 부과하여 옷 판매를 금지함으로서 생기는 '사회적 손실(social cost)'보다 작다고 볼 수 있다고 설시하고 있다(334 F.3d at 651). 이로써 Sony 판결의 토대가 사회 전체적 이익과 손해의 비교에 기초하고 있음을 간접적으로 암시하고 있다.

198) Sony, 104 S.Ct. at 788–789. 여기서 1심이 발견한 사실에 따르면, Sony 판결에서는 시간이동이라는 '잠재적 용도'가 이미 명확하게 요구를 충족하므로 당해 기구의 일체의 다양한 '잠재적 용도'를 탐색할 필요가 없다고 판시하였다. 이는 바꾸어 말하면 다른 사안에서는 당해 기구의 다양한 '잠재적 용도'를 탐색할 필요가 있음을 드러낸 것이다. 아울러 Sony 판결을 재해석함에 있어, Napster 사건 항소심 판결은 1심이 Sony 원칙을 적용하면서 당해 서비스가 침해적인지, 상당부분이 비침해적인지 판단함에 있어 지나치게 현재의 용도만 중시하고 장래의 용도(future noninfringing use, 즉 잠재적 용도)를 간과하였다고 비판하고 있다(Napster, 239 F.3d at 1021). 뿐만 아니라 Aimster 항소심 사건에서 원고 측은 피고 Aimster가 실제 침해적 용도를 하나라도 인식하고 있으면 Sony 판결에 대한 Napster 법원의 해석에 따라 침해행위에 대한 실제 인식이 있는 것이므로 기여책임이 있다고 주장하였고, 이와 정반대로 피고측은 단지 비침해적 용도를 피고가 하나라도 입증하면 곧바로 책임이 없는

넷째, 판단의 대상이 되는 상품이나 서비스는 피고로 제소된 특정 상품이나 서비스(가령 Sony 사건에서 문제된 베타 방식의 비디오테이프 레코더 상품)를 기준으로 삼아야 한다. 따라서 당해 기술이 응용되는 모든 파생분야까지 통틀어 그 전체 상품이나 서비스까지[199] 막연하게 대상으로 삼아서는 안 된다. 이와 마찬가지로, 상품이나 서비스가 외관상으로는 하나의 상품이나 서비스일지라도 기술의 기능의 동일성을 기준으로 해서는 2개 이상의 상품이나 서비스가 결합되어 있을 수 있으므로 이때는 침해가 문제되는 상품이나 서비스 부분만을 대상으로 삼는다.

다섯째, 네 번째 기준에서와 반대로 신기술 상품이나 서비스 공급자가 자신의 상품이나 서비스로 인하여 발생하는 침해적 용도 부분을 용이하게[200] 비침해적 용도부분으로부터 구별해 낼 수 있다면(distinguishable), 바꾸어 말하면 침해적 용도 부분만을 차단하고 비침해적 용도 부분만을 공급할 수 있다면, 그러한 '구별을 위한 조치'[201]를 이행할 필요가 있다. 그러나 이러한 조치를 이행하는 것은 공급자 스스로 자신의 상품이 침해적 용도로 이용되는 경우를 감소시킴으로써 나중에 법원이 당해 상품이 가진 침해적 용도(사회적 손실)와 비침해적 용도(사회적 이익)의 개괄적인 양을 비교할 때 유리한 판단을 받기 위해서 요구될 뿐이다. 즉 사실상 필요하고 요구될 뿐 별도의 특별입법이 없는 한 이것만 가지고 법적 의무라고는 할 수 없다.

이러한 조치가 가능하기는 하지만 지극히 곤란하여 공급자가 부득이 이행

것이라는 주장을 하였었다. 하지만 항소심의 포스너 판사가 이러한 양극단의 주장을 모두 배척한 것은, 결국 당해 상품이나 서비스의 침해적 용도와 비침해적 용도를 전반적으로 비교할 것을 요구하고 있는 것이다(Aimster, 334 F.3d at 651).

199) 만약 P2P 기술이 문제되는 때는 P2P 기술이 응용된 파일교환서비스뿐만 아니라 전자상거래서비스 등 일체의 P2P 관련 서비스나 상품을 잘못된 판단대상으로 삼는 경우가 이에 해당할 것이다.

200) Aimster 항소심 포스너 판사의 표현을 차용하면 "침해적 용도가 상당부분(substantial)인 경우에는 네트워크로부터 그러한 침해적 용도의 이용을 없게 하거나 실질적으로 줄이는 것이, '현저히 균형을 잃을 정도로 서비스제공자에게 비용이 소요된다'는 점의 입증을 통하여서만 책임을 면할 수 있게 된다"고 판시한 부분(Aimster, 334 F.3d at 653.)은 침해적 용도를 줄이기 위한 조치가 존재하는 경우 서비스제공자에게 그러한 조치를 요구하는 것이 타당하다는 점에서는 공감한다.

201) 대표적인 것은 Sony 사건에서 Sony의 비디오테이프 레코더의 고속전진버튼(fast-forward button)을 리모델링으로 삭제하여 광고를 건너뛰지 못하게 하는 조치(다음 각주의 Aimster 판결에서 포스너 판사의 의견 참조), 앞서 Replay 사건에서 PVR의 기능 중 광고를 건너뛰게 해 주는 기능과 복제물을 타인에게 재전송하게 해 주는 기능의 삭제 조치(Replay 사건에서 보듯이 공급자 측이 이러한 조치를 자발적으로 취한 결과 당해 분쟁이 합의로 종료되었다), 나아가 일반적으로 가장 흔한 조치로 상정할 수 있는 것이 침해부분을 걸러 낼 수 있는 필터링 기술의 수용 조치 등일 것이다.

하지 못한 경우는 물론, 그 조치가 용이하게 가능함에도 공급자가 이행하지 않은 경우라도 법적 의무의 불이행은 아니므로 그 조치의 불이행으로부터 바로 공급자의 책임이 긍정되는 것은 아니다.

만일 이렇게 조치가 이행되지 않은 경우라면, 그에 따라 침해적 용도와 비침해적 용도가 구별되지 못하고 혼재된 상태, 바꾸어 말하면 상품이 비침해적 용도뿐만 아니라 침해적 용도까지 아울러 가진 상태로 공급되고 있을 것인데, 법원은 그렇게 혼재된 상태 그대로 당해 상품의 용도 전부를 앞서 소원칙 두 번째, 세 번째에 따라 판단하면 족하다.[202)]

다만, 이러한 판단 과정에서 법원이 판단하기에, 비록 자진하여 이행되기 이전이지만 침해부분만을 용이하게 구분할 수 있는 조치가 존재함이 명백하다면 즉, (i) 구별을 위한 조치가 용이하고, (ii) 그러한 사실이 명백하다는 두 가지 요건이 충족될 때는 법원 스스로 판단결과에 이를 반영하여 침해적 용도 부분만을 금지시킴이 타당하다.

여섯째, 사회 전체적 시각에서 비침해적 용도와 침해적 용도를 비교하는 판단이 법관에게 항상 가능한 것은 아니므로[203)] 침해와 비침해 각 부분의 정확한 교량이 어렵더라도 일견 사회적 이익(비침해적 용도)이 상당부분(substantial)이라고 예견될 때에는 법원으로서는 당해 기술의 공급을 일단 허용하는 것이 바람직하다.[204)]

즉, 극단적으로는 법원이 비침해적 용도가 적어도 상당부분에 이른다고 하

---

202) 이와 달리, 구별을 위한 조치를 대위책임의 통제 가능성과 관련지어 해석하는 것이 다른 논자들 대부분의 입장이다. 대표적으로 Aimster 항소심에서, Sony 사건의 원고가 개별이용자들을 상대로 Sony 비디오테이프 레코더의 고속전진버튼(fast-forward button)을 사용하여 광고를 삭제함으로써 저작권자의 수입을 감소시킨 행위에 대하여 일일이 제소하기는 불가능하겠지만 Sony 스스로 그러한 침해가능성을 비디오테이프 레코더의 디자인 변경으로 쉽게 감소시킬 수 있을 것이라고 본다면 앞서 대위책임이 Sony 사건에도 적용될 수 있었을 것이라고 본 해석이 그 예이다.

203) 법관이 정확하게 사회적 이익과 사회적 손실을 가늠하는 것은 비록 불가능하지는 않더라도 상당히 어려운 작업이다(Jesse M. Feder, op. cit., p. 911).

204) Sony 판결에서 다수의견의 판시 중 "....Sony가 상업적으로 중요한 비침해적 용도(commercially significant noninfringing uses)를 갖추었는지를 살펴야 한다. 다만, 당해 기구의 일체의(all) 다양한 잠재적 용도를 탐색하고 그러한 용도들이 침해에 해당하는지 아닌지를 법원이 결정할 필요는 없고, 대법원으로서는 단지 연방지방법원이 발견한 사실에 따라 그러한 용도들의 상당수가 비침해적인지를 고려하면 족하다"고 판시한 부분이 직접적인 언급부분이고, 그 외에도 'substantial noninfringing use' 혹은 'commercially significant noninfringing uses' 중 'substantial' 이나 'commercially significant' 의 사전적 의미로 볼 때 사회적 이익과 손실의 비교는 일응의 개략적 판단에 불과하지, 완전히 수리계량적인 판단은 아님을 쉽게 짐작할 수 있다.

여 유통을 용인하였는데 나중에 시간이 흐름에 따라 당해 기술은 사회 전체적으로 손실이 더 크다고 밝혀질 수도 있다.[205]

저작권자에게는 다소 위험스러운 이러한 입장을 Sony 판결이 취한 이유가 판결문 자체에서 직접 언급된 바 없다. 하지만, 앞서 Sony 판결의 대원칙에 따른 역사적 고찰을 마무리하며 적었듯이, 미국 법원은 기술의 진보와 저작권의 충돌이라는 문제를 해결하면서 결론적으로는 진부된 기술의 등장을 일단 수용한다는 호의적 자세를 취하는 데서 이유를 찾을 수 있겠다. 다만 최근 미국에서는 저작권업계의 특수한 지위와 절박한 위기를 반영한 듯 연방대법원의 Grokster 판결을 통하여 법원이 이런 호의적 자세에서 한발 물러나고 있는 듯하며 향후 더 태도변화를 지켜볼 필요가 있다.

일곱째, 이렇게 신기술이 사회에서 용인된 결과 그 총량으로는 사회가 받는 이익에 미치지는 못할지라도 저작권자 측이 거의 혼자 집중적으로 받게 될 큰 손실을 보전해 주는 것은 법원의 몫이 아니라, 궁극적으로 입법부가 적극적으로 나서서 해결해야 할 문제이다.[206]

요컨대, Sony 판결에서 도출할 수 있는 이른바 'Sony 소원칙'을 나열하면,

첫째, 복제기술과 저작권의 충돌을 특허법 응용으로도 풀 수 있다는 원칙,

둘째, 사회적 손실 이상의 이익을 가진 신기술은 허용한다는 원칙,

셋째, 기술의 잠재적 용도까지 포함하여 손실과 이익을 판단한다는 원칙,

넷째, 손익판단의 대상은 특정 상품이나 서비스에 국한된다는 원칙,

다섯째, 손실을 초래할 부분만을 차단할 구별조치는 사실상 요구된다는 원칙,

여섯째, 손실과 이익의 비교는 개략적 판단으로 족하다는 원칙,

일곱째, 기술로 인한 저작권자의 손실은 입법으로 보전해 준다는 원칙으로, 정리된다고 할 수 있다.

Sony 원칙은 위와 같이 거시적·역사적인 시각의 문제해결을 하였다는 특징 내지 장점 때문에 구체적인 사안에서는 상이할 수밖에 없는 한국의 향후 사례를 해결하는 데도 중요한 틀이 될 수 있다. Sony 판결의 문제해결 방법이 미

---

205) 가령 현실의 용도만으로는 비침해적 부분보다 침해적 부분이 더 크더라도 다소 모호한 잠재적 용도까지 포함할 때는 일견 비침해적 부분의 총량이 침해적 부분의 총량보다 클 것이라고 판단하여 법원이 일단 공급을 허용하였는데, 시간이 흐름에 따라 밝혀진 실제 (잠재적) 용도에서 비침해적 부분의 비중이 작다고 판명된 경우이다.

206) Sony, 104 S.Ct. at 782-85.

국의 기여책임이나 대위책임의 형식에 얽매이지 않았던 것과 마찬가지로,[207)]한국의 상이한 성문법, 가령 민법상 교사, 방조에 의한 공동불법행위 규정 하에서도 그런 규정의 상이함에 크게 얽매이지 않고 한국에서의 문제해결 틀을 제공해 줄 수 있다는 것이다.

특히 Sony 원칙이 도출되는 데는 미국 특허법 중 §271(c) 규정[208)]이 근거가 되어 주었듯이, 한국 특허법에도 비록 미국 특허법과 동일한 규정은 아닐지라도 제127조[209)]가 저작권법에도 응용될 수 있는 법리의 일정한 근거가 될 수 있다. 다만 미국 특허법에서는 그 상당부분이 비침해적 용도여야 기여책임을 면해 줌에 비하여 한국 특허법에서는 유일한 용도가[210)] 침해적일 때만 기여책임자로 보기 때문에 그 반대해석상 상당부분에 이르지 않는 극히 일부라도 비침해적 용도이면 기여책임을 면제해 주고 있어 차이가 있다. 따라서 한국 특허법의 위 규정만으로는 곧바로 미국의 Sony 원칙과 같이 용도의 '상당부분이 비침해적'이면 기여책임이 없다는 식의 기준을 도입할 수는 없다.[211)] 하지만, 한국의 관련 규정을 널리 살펴보면, 특허법이 아니라 다름 아닌 저작권법의 규정 중 '침해로 보는 행위'를 정한 제92조[212)]에서 DMCA 규정[213)]과 마찬가지로

207) 특히, 비디오테이프 레코더 등장시절에 내려진 Sony 판결은 비록 구체적인 판결의 표현에서는 당시 풍미하던 기여책임의 옷을 입고 있었을지라도, Sony 판결이 궁극적으로 제시하고자 했던 복제기술과 저작권 갈등의 해결방법이라는 큰 패러다임은, 기여책임이나 대위책임의 법리가 향후에는 더 이상 통하게 되지 않을 상황이나 그누텔라 류의 P2P 소프트웨어 제공자들에게도 여전히 변형되어 응용될 수 있을 것이다.

208) 그 규정의 내용은 제7장 제2절 Ⅳ. 1. 부분 각주 참조.

209) (침해로 보는 행위) 다음 각호의 1에 해당하는 행위를 업으로서 하는 경우에는 특허권 또는 전용실시권을 침해한 것으로 본다. ① 특허가 물건의 발명인 경우에는 그 물건의 생산에만 사용하는 물건을 생산·양도·대여 또는 수입하거나 그 물건의 양도 또는 대여의 청약을 하는 행위, ② 특허가 방법의 발명인 경우에는 그 방법의 실시에만 사용하는 물건을 생산·양도·대여 또는 수입하거나 그 물건의 양도 또는 대여의 청약을 하는 행위.

210) '물건의 생산에만 사용' 혹은 '방법의 실시에만 사용'함에 한정하는 취지의 규정 부분은 1973. 2. 8. 특허법 전문개정시 간접침해규정이 최초 도입된 이래 지금까지 줄곧 유지되고 있는데, 이는 1959. 4. 13.부터 시행된 일본 특허법 제101조 제1호 및 제2호에서 동일한 규정이 등장한 이래 줄곧 유지되어 온 데서 영향을 받은 것으로 짐작된다.

211) 이 점에서 앞서 소리바다 형사항소심이 오류를 범하고 있음은 지적하였다.

212) '정당한 권리 없이 저작권 그 밖에 이 법에 의하여 보호되는 권리의 기술적 보호조치를 제거·변경·우회하는 등 무력화하는 것을 주된 목적으로 하는 기술·서비스·제품·장치 또는 그 주요부품을 제공·제조·수입·양도·대여 또는 전송하는 행위는 저작권 그 밖에 이 법에 의하여 보호되는 권리의 침해로 본다.'

213) 17 U.S.C. §1201(a)(2).

기술적 보호조치를 제거 · 변경 · 우회하는 등 무력화하는 것을 '주된 목적'으로 하는 행위만을 금지함으로써 결과적으로 주된 목적이 (기술적 보호조치에 대하여) 비침해적 용도인 기술의 공급에는 책임을 지우지 않음을 알 수 있다.

이 규정은 비록 저작물에 대한 침해가 아니라 기술적 보호조치에 대한 침해를 다룬 것이기는 하지만 저작권법 안에 명시된 법리라는 점에서 의의가 크다. 왜냐하면 앞서 1984년 Sony 판결 당시 미국 연방대법원의 사정은 더욱 딱하여 당시로서는[214] 저작권법 안에서 관련 근거규정을 찾지 못하고 특허법의 관련 규정을 원용하여 도출한 것이 Sony 원칙이었기 때문이다. 결국, 이상의 조문들을 조화롭게 해석하자면, 특허법분야가 아닌 적어도 저작권법 분야에서는 비침해적 용도가 주된 목적인 경우, 바꾸어 말하면 비침해적 용도가 상당부분인 경우에는 당해 기술의 공급행위에 책임을 묻지 않는다는 법리를 수립하는 것도 가능하다 할 것이다.[215] 즉, Sony 원칙의 한국에의 응용이 가능하다는 것이다.

설령 그렇지 않다 하더라도, Sony 기준이 한국에서 전혀 의미를 찾을 수 없는 것이 아니다. 한국 법제에서 인터넷서비스제공자의 책임을 방조에 의한 불법행위규정으로 평가한다고 할 때 무엇이 방조인지, 아니면 적법한 행위인지 상세한 기준은 존재하지 않는다. 그동안 누적된 민법의 법리를 응용한다고 하여도 문제는 법관의 눈앞에 놓인 인터넷서비스제공자 등 복제기술공급자의 사안은 기술공급의 허용 여부를 판단함에 있어 통상적인 민사사건의 선례들이 제시한 입장에서 시사점을 찾기가 한층 어렵다. 이때 앞서 기준들을 상세하게 채워서 실질적인 내용으로 만들어 주는 간접적인 역할을 Sony 기준이 할 수 있다. 구체적으로 말하자면 한국에서 소리바다1의 책임을 판단한다고 할 때 일단 책임의 근거규정은 일견 민법상 방조에 의한 공동불법행위규정이 될 것이지만, 소리바다의 개개 행위나 사정이 종국적으로 방조행위를 구성하는지 판단의 세세한 틀을 채워 주는 것은 이 책에서 말한 Sony 기준의 오밀조밀한 내용들이

214) 당연히 1984년 Sony 판결 때에는 기술적 보호조치에 관한 DMCA 규정도 존재하지 아니하였다.

215) 마치 Sony 법원이 특허법규정까지 응용하였듯이, 제92조의 법리를 기술적 보호조치를 침해하는 기술 등의 공급에 국한하지 않고 널리 저작권 일반을 침해하는 기술 등의 공급에 관하여도 응용한다는 것, 아울러 위 규정의 '주된 목적'의 문구가 과반수를 의미한다는 점에서 Sony 원칙 중 '상당부분(substantial)'이 궁극적으로 지향하는 바와 공통된다는 것을 전제로 한다. 여기서 상당부분이 지향하는 바가 무엇인지에 관하여서는 앞서 Ⅳ. 1. 부분 각주 중 "is widely used" 및 "merely be capable of" 문구를 해석한 설명 참조.

될 수 있다는 것이다.[216)]

여기서 혹자는 방조 규정 자체만으로 충분하며 인터넷서비스제공자의 책임이 문제된 사안에서 무엇이 방조인지 구체적 유형만 몇 가지 설정해 두면 충분하지 않느냐는 반론을 할 수 있겠다. 하지만 아쉽게도 아직 한국의 경우 인터넷서비스제공자의 책임과 관련하여 무엇이 방조인지 좋은 선례가 드물 뿐만 아니라(기존의 관련 판례들이 미국의 관련 판결들을 묵시적으로 원용하면서 많은 실수를 범하였음은 이미 설명하였다), 인터넷서비스제공자의 책임을 인정하거나 면책을 인정하는 요건은 가급적 구체적이고 상세할수록 좋다고 할 것이므로[217)] 보다 깊이 따지고 들어가면 풍부한 논의가 있는 Sony 기준이 많은 도움을 줄 수 있을 것이다.

(3) 소원칙의 구체적 내용

앞서의 소원칙들 중 첫 번째는 이미 상세히 살핀 대원칙과 밀접하므로, 이하에서는 두 번째 소원칙부터 살핀다.

1) 사회적 손실 이상의 이익을 가진 신기술은 허용한다는 원칙

(가) 사회적 이익과 사회적 손실을 비교하는 판단의 곤란성 여부

문제되는 상품이나 서비스에 침해적 용도(infringing use)가 일부 있더라도 경우에 따라 더 큰 비침해적 용도(noninfringing use)를 취하기 위하여 침해적 용도를 사회가 용인하겠다는 것이 Sony 원칙이다. 즉, Sony는 개인선집이라는 저작권 침해적인 용도로 비디오테이프 레코더를 이용하는 실례가 상당수 있음을 인정하고도 피고의 책임을 묻지 않음으로써 결론적으로 이러한 침해적 용도의 사용까지도 계속 허용하였다. 특히, Sony 법원이 공급을 허용한 비디오테이프 레코더가 아날로그기술의 한계를 지닌 복제기술인 점에 주목하여 다음과 같은 지적을 하는 견해[218)]도 있다. 즉 만약 비침해적 용도의 허용을 위하여 그

---

216) 적극적으로 침해를 조장한 기술공급자라면, 마치 연방대법원의 Grokster 판결이 유발이론을 도입하여 책임을 긍정한 것처럼, 한국 법원도 보다 쉽게 방조에 해당한다고 판단할 수 있다는 주장이 한국에서도 Grokster 판결의 영향 때문에 향후 강화될 것으로 보인다. 하지만 적어도 위에서 언급하는 상황은 기술공급자에게 그러한 적극적 침해조장의 행동이 없었던 때이다. 단지 비침해적 용도의 기술 자체가 아울러 보유한 침해적 용도 때문에 이용자에 의한 침해가 발생하였을 때 과연 기술공급행위만으로 한국 민법상 방조로 볼 수 있는지 판단하여야할 때를 가리킨다.

217) 책임제한 입법은 가급적 구체적이어야 하는 근거로는 제 3 장 제 3 절 Ⅱ. 2. (2) 부분 참조.

218) 베타맥스 비디오테이프 레코더가 사용하는 아날로그 녹화테이프의 경우는 재복제를 거듭하는 경우의 화질저하가 두드러져 이러한 경우에 해당되었고, 그에 따라 장래 전파가능성도 한계가 있었다.

것에 수반하므로 부득이 허용되는 침해적 용도가 그 기술의 특징상 존속과 전파성에 제한이 있는 경우라면 Sony 원칙에 따라 판단하는 법원으로서는 더욱 용이하게 침해적 용도를 수용하게 될 것이라는 점이다. 단순히 용도의 가지 수가 많아야 과반(primary) 내지 상당부분(substantial)이라고 할 수 없고, 실제 용도가 차지하는 비중을 실질적으로 판단하자는 취지이므로 타당한 지적이라고 본다.

아울러 Sony 판결에서 제시한 기준에서의 '상당부분(substantial)' 의 의미가 '주된(primary)' 혹은 '지배적인(predominant)' 과 같은 과반수를 의미하는 것은 아니라고 해석하는 예가 있다.[219] 이해하기에 따라서는 이런 설명도 가능하다고도 보인다. 그러나 이러한 해석이 타당하려면, "손익의 비교가 개략적 판단에 그치는 한계를 고려할 때 현실의 용도에서는 과반수에 이르지 않는 수준이더라도 잠재적 용도까지 고려할 때는 일견 과반수에 이를 것이라고 보일 때는 책임을 지우지 않겠다"는 취지의 해석이어야 한다.[220] 만약 현실적 용도, 잠재적 용도 등 가능한 일체의 용도를 고려할 때도 비침해적 부분이 침해적 부분보다 작아 과반수에 못 미치는 때라면, 그와 같이 사회 전체적으로는 결국 순손해만 되는 기술을 허용할 이유가 없음은 누가 보더라도 자명하기 때문이다. 원래 Sony 판결의 다수의견의 취지는 궁극적 목적은 분명히 과반수를 넘는 이익을 지향하면서도 당장의 판단기준으로는 일견 이익이 상당한 비율에 이르면 충분한 것으로 판단하고 있어 보인다.[221]

두 번째 기준과 관련하여 사회적 이익과 사회적 손실을 평가하는 것이 쉽지 않음은 물론이다. 연방대법원이 Sony 사건을 풀어나감에 있어서는 비록 직접 조사한 것은 아니지만 당사자가 제출한 여러 번의 통계조사와 1심이 이미

Mark R. Johnson, Amateur Recording, Part 3. Endemic Noise (1997) (paper by master's degree candidate in Information Design and Technology at Georgia Institute of Technology). 이는 Emily E. Larocque, "No Free Music: Effect of A & M Records, Inc. V. Napster, Inc. on The Music Industry and Internet Copyright Law," University of Hawaii Law Review 767, Summer 2001, p. 790에서 재인용.

219) Jesse M. Feder, op. cit., p. 897 등.

220) 앞서 연방대법원의 Grokster 판결 중 Breyer 대법관 등의 별개의견에서 당해 기술이 당장의 현실적 용도에서는 비침해적 용도가 10%에 불과하다고 인정하였음에도 Sony 원칙의 혜택을 인정한 것과 같은 맥락이다. 이와 대조적으로 Sony 원칙을 엄격히 해석하는 입장, 가령 종전의 Aimster 법원이나 연방대법원의 Grokster 판결 중 Ginsburg 대법관 등의 의견은 당장의 현실적 용도를 더 중시하는 입장이라고 할 수 있다.

221) 이는 앞서 Ⅳ. 1. 부분 각주 중 "is widely used" 및 "merely be capable of" 문구를 해석한 설명 참조.

발견한 사실에 의탁하여 이러한 과정을 거쳤다. 혹자는 이러한 과정은 지극히 추상적일 수밖에 없어 실용적일 수 없다고 비판할지 모르겠다.[222] 그러나 이는 법원의 사법적 판단 자체가 추상적인 과정임을 간과한 것이다. 아울러 위와 같은 판단과정의 추상성은 그 정도에 있어서 기여책임에서의 '인식' 요건이나 '실질적 기여' 요건, 또는 대위책임에서의 '통제 가능성'이나 '직접적인 이익' 요건들을 판단하는 과정보다 더 곤란한 과정이라고 볼 수 없음을 유의하여야 한다.[223] 즉 시간과 노력이 더 소요될 뿐 판단이 가능한 논점(특정 기술이 가져다 주는 현실적 · 잠재적 이익과 손실)과 아무리 애써도 직관적 수준에서 더 나아가기 힘든 논점(대위책임의 요건인 통제 가능성 유무[224]나 기여책임의 실질적 기여행위 유무)은 구별되어야 한다.

실제로 저작권자 측은 소송에서 원고가 되어 당해 상품의 침해적 용도에 관한 증거를 제출할 것이고, 피고 상품공급자는 비침해적 용도의 예에 관하여 방대한 자료를 제출할 것이므로 한국의 법관도 원고와 피고에 의하여 이들 증거들을 통하여 당해 기술이 가진 사회 전체적 이익과 손실을 대략적[225]으로는

222) 가령, Michael J. McCambridge, "Contributory Infringement by Providing The Means: The Staple Article of Commerce Doctrine and An Alternative Analysis for Copyright Law," 18 J. Marshall L. Rev. 703, 730 (1985)에서는 Sony 원칙을 비판하면서 이를 대체할 기준으로 이른바 '4요소 형량 기준(four-part balancing test)'을 주장하고 있다. 이는 ① 문제되는 침해의 도구를 이용하는 일반 공중의 이익, ② 지속적 침해가 저작물에 접근할 일반 공중의 이익에 가할 잠재적 손해, ③ 창작적 노력에 대한 지속적인 보상에 관한 저작권자의 이익, ④ 침해도구를 합법적으로 이용하는 데 관한 도구제공자의 이익 등 4요소를 형량하여 "침해의 도구에 접근을 금지하는 것이 타당하다"고 법원이 판단한 경우에 도구제공자를 기여침해자로 처리하는 것이 바람직하다는 주장을 전개한다. 하지만, 이러한 논의대로 따르자면 오히려 Sony 기준이 제시한 사회적 이익과 사회적 손실 사이의 1 : 1 비교보다 더 추상적이어서 자의를 허용하게 될 것이다.

223) 사회적 이익과 손실을 비교형량하는 작업은 비록 어려운 작업이지만, 그 어려움이 가령 저작권 관련 사건에서 손해나 이익을 산정하는 어려움과 비교할 때 지나치게 어려운 수준이라고는 볼 수 없다. 이는 앞서의 비교형량에서 잠재적 용도까지 감안하여 작업하는 경우라 하여도 마찬가지이며, 법관은 그 앞에 놓여진 증거에 따라 가능성 혹은 예측가능성을 평가하면 된다(Jesse M. Feder, op. cit., p. 911). 설령 양보하여, 앞서의 작업이 결코 용이한 판단과정은 아니라 하여도, Sony 판결의 의의가 그러했듯이 혁신적 복제기술로 사회가 수용하느냐, 침해적 기술로 버릴 것이냐의 판단이 가져오는 큰 여파를 감안하면, 단순히 A와 B 특정 개인간의 권리관계에만 영향을 끼치는 데 그치는 여타 저작권분쟁에서와 달리, 이러한 어려움은 극복할 필요가 있다.

224) "이미 공급자의 손을 떠났으므로 공급자로서는 통제 가능성이 있을 수 없다"고 할지, 아니면 반대로 "지금은 공급자의 손을 떠났더라도 공급자가 당초 공급 자체를 하지 않을 수 있었거나, 적어도 침해부분은 변경한 다음 공급할 수 있었으므로 이 점에서 통제 가능성이 있다"라고 할지 판단하는 문제다.

225) 아울러 법관에 의한 평가의 결과가 개략적인 수준으로 족함은 아래 소원칙 여섯 번째에서 설명한다.

평가할 수 있을 것이다. Aimster 항소심의 포스너 판사도 당사자의 입증부담을 나누어 원고로 하여금 문제되는 상품의 용도가 상당부분 침해적이라는 점을 입증하도록 하고, 피고로 하여금 상품용도 상당부분이 비침해적이라는 것을 입증하도록 함이 타당하다는 취지로 판시하고 있다.[226]

(나) 보다 쉽게 판단할 수 있는 고객흡입력 기준설

사회적 이익과 손실을 보다 손쉽게 평가하는 일종의 도구개념으로 제안되는 것이 있다. 특정 상품이나 서비스의 제조·배포가 어떤 측면에서 고객흡입력을 갖추었는지 그 이유를 고찰하여, 만약 고객흡입력을 낳는 쪽이 주로 침해적 용도에서 유래한 것이라면 법원으로서는 보다 쉽게 위 상품 등의 공급자를 기여침해자로 처리할 수 있다는 견해[227]이다.

이러한 견해는 완전히 독창적인 것이라고는 할 수 없고, 이미 Sony 판결의 소수의견이 그 판시에서 '만약 아무도 그 상품을 비침해적 용도만으로는 구입하려 하지 않는다면 제조자가 상품의 침해부분으로부터 이익을 얻고 있음이 추정되고 책임이 부과되는 것이 정당'하다고 한 입장을 그대로 살린 것이다. 아울러 위 견해는 Sony 판결의 다수의견이 '용도 상당부분이 비침해적인 경우'를 '상업적으로 중요한 비침해적 용도(commercially significant noninfringing use)'와 동일하게 해석하여,[228] 기술 그 자체의 평가에 초점을 맞추는 대신 문제되는 상품이 제조·판매·소비되는 사업과정 속에서 기술을 파악하여 Sony 원칙을 적용하도록 요구한 것과 맥락을 같이 한다.

실제로 미국에서 이러한 기준에 따라 책임을 부정한 사례로는 가령 Vault Corp. v. Quaid Software, Ltd. 사건[229]이, 반대로 책임을 긍정한 사례로 볼 수

226) Aimster, 334 F.3d at 651–52. 앞서 Napster 항소심이 Sony 원칙을 단지 기여책임의 인식 수준에 국한시켜, Sony 판결의 의미를 축소시켜버린 것과 달리 포스너 판사는 적어도 원·피고에게 침해적 용도와 비침해적 용도를 각각 입증시키는 절차를 통하여 궁극적으로 양자의 크기를 비교형량하여 기술공급의 허용 여부를 정하려 한다는 점에서는 Sony 원칙에 한결 충실하다 하겠다.

227) Jesse M. Feder, op. cit., p. 911.

228) Sony, 104 S.Ct. at 789.

229) 847 F.2d 255 (5th Cir. 1988). 원고 소프트웨어의 백업카피 제작을 가능하게 해 주는 피고 제품의 침해책임 여부가 문제된 사안이었다. 연방항소법원은 이용자들은 원고 소프트웨어 구입에 쏟은 상당한 투자를 불시의 사고로부터 보호하기 위하여 백업카피를 만들 권리가 저작권법상 보장되고 따라서 피고 제품이 그러한 용도에 사용되는 한은 비침해적 용도에 사용되는 것이라고 하였다. 그런데, 이용자들의 상당수가 그러한 용도에 사용할 목적으로 피고제품을 구입하고 있는 사실이 인정되는 이상 피고제품의 경우 비침해적 용도만으로도 상업적으로 원활한 시장(viable commercial market for noninfringing use)이 존재하므로 Sony 원칙에 따라 피고에게 책임이 없다고 판단하였다.

있는 것은 Atari, Inc. v. JS & A Group, Inc. 사건[230]이 있다. 이처럼 고객흡입력을 기준으로 한 판단기준은, 기술을 직접 평가하는 데 어려움을 겪을 법관의 고충을 사업과정 혹은 市場의 상황이라는 보다 용이한 판단기준을 활용토록 함으로써 완화시켜 주는 유용한 도구개념으로 보인다.[231] 그러나 이 개념은 당해 상품이 시장에서 유료로 공급될 때 적용할 수 있는 것이지, Napster나 소리바다1과 같이 무료인 P2P 서비스의 경우에는 바로 적용하기 곤란하다는 한계가 있다.

(다) 경제학적 시각에서의 사회적 이익과 손실의 계량화

고객흡입력을 기준으로 하는 앞서의 견해 역시 다소 추상적 판단이 불가피한 것이 흠이다. 결국 Sony 판결의 진의를 정확히 분석하기 위해서는 법경제학적 분석이 불가피하다. 왜냐하면, 사회적 이익과 사회적 손실을 비교하여 손실 이상의 이익을 가진 신기술이라면 법원이 허용하겠다는 논리는 다름 아니라 경제학에서 일컫는 이른바 '칼도-힉스 효율(Kaldor-Hicks efficiency)'의 개념[232]을 달리 표현한 것이기 때문이다.

경제학 측면에 치중한 보다 정확하고 엄밀한 분석은 향후의 연구자에게 맡기고, 여기서는 일단 試論的 고찰만을 하기로 한다.

우선 사회적 이익은 당해 복제기술이 새롭게 창출한 이익을 뜻한다. '새롭게' 창출한 이익이므로 가령 복제기술 관련 상품이나 서비스공급자가 이용자들로부터 징수하는 금전적 수익은 사회 전체적인 시각에서는 단지 이용자들의 호

---

230) 597 F.Supp. 5, 8 (N.D. Ill. 1983). Sony 사건에 대한 연방대법원의 판단 이전의 사례이다. 하지만 "단지 피고의 기구와 아울러 제공된 9개 비디오게임만을 복제할 목적으로 그 기구에 거액을 지급하였다고 주장하는 것은 믿기 어렵다"고 피고에게 책임을 긍정하였다.

231) 이와 달리, 침해적 용도를 제외한 나머지 비침해적 용도만이 잔존한 당해 상품을 소비자들이 구입할지 여부를 판단하는 것은 지나치게 추상적이고 자의적인 판단이라는 비판(Ariel B. Taitz, op. cit., p. 168)이 있다. 그러나 위 Vault Corp. v. Quaid Software, Ltd. 사건에서 보듯이 구체적인 사례에서 위와 같은 판단은 오히려 비침해적 용도가 상당부분에 이르는 것인지의 판단보다 대개 용이하다고 할 것이다. 가령 통계조사와 같은 계량적 방법을 활용할 수 있는 여지도 더 크기 때문이다.

232) 사회 전체의 복지를 목표로 한 배분적 효율성에 관한 대표적 개념으로 우선 파레토 효율(Pareto-optimal) 개념이 있다. 이러한 효율은 자원배분을 변화시키되, 사회구성원 중 하나에게도 불이익을 주지 않고 다른 이들의 복지는 더 향상시키는 상황에 도달한 경우에 달성된다. 그러나 이러한 효율을 달성하는 자원배분의 변화는 현실에서 극히 예를 찾기 어렵다. 이에 비하여, 칼도-힉스 효율은 어떤 자원배분의 변화로 인한 일부 사회구성원들의 손해가 다른 구성원들의 이익보다 작은 상황에 도달하면 달성된다. 이 때, 더 큰 이익으로 손해를 보전해 줄 수 있다는 면에서 '잠재적 파레토 효율'이라고도 불린다. 이상은 박세일, 앞의 책, 589-590면 참조.

주머니로부터 공급자의 호주머니로 금전이 이전된 것에 불과하므로 위에서 말하는 이익이 될 수 없다. 여기서 말하는 이익에 해당하는 것은 당해 복제기술이 도입됨으로써 종전에 이용자들이 저작물을 복제하는 데 소요된 시간과 비용이 절감되었을 때 그 '절감된 만큼의 시간과 비용'[233]이라고 할 것이다.[234] 그런데 이러한 이익이 창출되었을 때 이를 최초로 수혜하는 주체는 개별이용자들이겠지만 이용자들은 복제기술공급자에게 그 대가로 그에 상응하는 만큼의 금전을 지급한다.[235] 결국 사회적 이익의 최종적인 수혜자는 복제기술공급자라

233) 새 복제기술이 없었던 경우의 시간과 비용보다 '절감'된 만큼만을 계량하여야 할 것이어서, 언듯 생각하면 '종전의 시간, 비용'에서 '새로운 시간, 비용'을 공제한 차감액을 구해야 하므로 복잡할 듯하다. 하지만 가령 P2P와 같은 디지털 복제기술의 경우 '새로운 시간, 비용'이 0에 가깝다고 볼 수 있으므로 결국에는 '절감'된 액수는 다름 아니라 '종전의 시간, 비용'과 거의 동일하게 된다. 다만, 이것은 가령 Napster나 소리바다 서비스의 사례에서는 저작권자가 종전에 시판한 CD에 수록된 A곡의 효용과 새 복제기술을 이용해 CD의 A곡을 MP3 형태로 만든 파일의 효용이 이용자에게 동일하다고 가정한 경우이다. 가령, 종전 형태인 CD의 곡과 달리 MP3 파일은 휴대성이 더 높다든지, 반면 통상의 청각으로는 식별할 수 없지만 압축과정에서 클래식과 같은 특수음은 원음의 변질이 불가피하다든가 하는 차이가 있을 수 있다. 이런 차이들을 독자적 변수로 고려할만한, 두드러진 효용의 증감이라고 본다면 사회적 이익은 위 본문에서 '절감된 만큼의 시간과 효용'에다 위와 같이 증감된 효용을 더하거나 뺀 수치가 될 것이다. 그렇지만 이러한 경우라도, 아래에서 보듯이 이용자들이 복제기술공급자에게 대가로 지급하는 만큼의 금전액수가 전체 사회적 이익임에는 변동이 없다. 그러므로 쉽게 생각하면 어쨌든 그 금전액수만 파악하면 족하다.

234) 국내외를 막론하고 P2P와 같은 복제기술의 사회적 이익, 손실을 본격적으로 규명한 연구는 아직 발견하기 어렵다. 다만, 김정호 · 이완재, "소리바다 사건에 대한 법경제학적 분석," 비교사법 제9권 제1호, 2002.4.(www.chunghokim.com/whkbd/main.php?DB=kch09&q=view&l=3&p=1&go=2, 2004. 12. 29. 방문, 비슷한 취지를 담은 동일저자들의 단행본으로는『사이버공간의 법경제학』, 법문사, 2004.를 참조)에서 이 부분을 다소 언급하면서 불법이용되는 복제기술이 가져오는 사회적 이익은 다름 아니라 일일이 저작권자의 허락을 얻지 않아도 되는 데서 오는 '거래비용의 절감'이라는 이익이라고 설명하고 있다. 나아가 위 글은 사회적 손실로는 잠재적 신곡생산의 기회가 축소됨으로 인한 소비자와 생산자 잉여의 감소분(이는 필자가 사회적 손실로 지적하는 것들 중, 증가된 저작권 집행비용은 빠진 것이다)을 들고 있다. 하지만, 결론적으로 이러한 '거래비용의 절감'이라는 이익과 '소비자와 생산자 잉여의 감소'라는 손실의 크기를 비교하는 판단은 불가능하다고 하고 있다. 그러나 이러한 결론에 이를 바에는 위와 같은 경제학적 분석의 틀이 법적 분석에 비하여 별다른 유용성을 가질 수 없을 것이다.

235) 설명의 편의를 위하여 개별이용자들의 잉여(margin), 즉 이용자들이 절감한 시간과 비용의 총가치가 공급자에게 지급하는 금전의 총가치를 초과하는 부분은 존재하지 않는다고 가정한다. 혹자에 따라서는 필자의 이러한 가정을 반박하면서, 개별이용자들의 잉여가 0이 아니라 기술공급자들의 잉여가 0이라고 가정해버리면 필자의 논리전개상 그 결과는 필자의 소견과 반대로 기술공급자가 아닌 개별이용자들이 사회적 이익의 최종적인 수혜자라는 결론이 나올 수 있다고 반박할 수도 있을 것이다. '소비자 잉여=0'인 상태에서 거래가 일어날 동기가 없으므로 필자의 위 가정이 다소 불완전한 것은 사실이지만 이하에서 설명하듯이 논의의 간결화를 위하여 부득이한 반면, 위 반박에 따른 반대의 가정은 올바르지 않다.

즉, 거래가 발생하려면, 당해 상품의 공급자와 수요자 모두가 거래를 통하여 최소한이라도 이익을

할 수 있다.[236]

반면, 사회적 손실을 살피면 이 역시 사회적 이익과 마찬가지로 당해 복제기술로 인하여 '새롭게' 생긴 손실이다. 그러므로 가령 복제기술을 이용하여 허락 없이 불법복제를 한 이용자들로부터 저작권자가 저작물이용료를 징수하지 못한 금전적 손실은 사회 전체적 시각에서는 저작권자의 호주머니 속으로 옮겨져야 할 것이 여전히 이용자들의 호주머니 속에 남겨져 있는 것에 불과하므로 위에서 말하는 손실이 될 수 없다. 마찬가지로 이용자들이 불법파일을 획득한 결과 저작권자가 판매하는 적법한 음반 판매가 감소한 금액도 손실이 아니다.

반면 여기서 지칭하는 손실에 해당될 수 있는 것으로, 저작권자의 창작의욕 상실로 감소된 저작물이 가졌을 가액[237]과 문제된 복제기술이 등장하지 않았으면 이용자들의 복제도 존재하지 않았고 그에 따라 저작권자가 이 부분 복

얻고 있는 상태, 즉 경제학적 표현으로는 생산자 잉여와 수요자 잉여가 모두 존재하는 상태가 되어야 한다. 가령 어떤 특정한 보통상품에서 수요자 잉여가 존재하지 않는 상황에서는 수요자들이 굳이 그 상품을 더 구입할 이유가 없고, 잉여가 존재하는 다른 가까운 대체재들을 구입하면 족한 것이다. 그런데 복제기술과 관련된 상품의 경우는 이전에 전혀 존재하지 않던 혁신적인 기술적 돌파의 결과이므로, 이론상의 대체재는 존재할지 몰라도 앞서의 보통상품과 달리 현실에서는 대체재가 거의 존재하지 않는 때가 대부분이다. 가령, 복사기의 이용료가 아무리 비싸더라도 대개의 소비자들은 이론상으로는 대체가능한 '펜을 구입해 직접 수기하는 방식'을 여간해서는 선택하지 않을 것이다. 이러한 상황을 표현하자면 '대체재가 존재하지 않는다'고 명명할 수도 있고, 아니면 더 정확하게 '대체재는 존재하지만 현실적인 대안은 못되는 결과 당해 시장에서 기술상품을 공급하는 생산자가 독점적 지위를 확보하게 되어, 생산자 잉여가 소비자 잉여를 잠식하여 극대화되는 상황'이라고 할 수 있다(경제학에서는 이를 '독점체제에서는 생산자 잉여는 증가할 수 있으나, 소비자 잉여의 양 혹은 소비자 잉여와 생산자 잉여의 총량은 감소한다'고 설명하는데, 그 외 경제학적 용어와 논리구성에 더 적합한 표현은 향후의 연구자들에게 맡긴다). 결국 이 글에서 다루는 특정한 혁신적 복제기술들, 즉 앞서의 복사기를 비롯하여 작금에 가장 문제되는 P2P 소프트웨어 같은 상품이나 서비스들이 유통되는 시장에서는 그 상품의 독점적 특성으로 인하여 생산자 잉여가 소비자 잉여보다 더 클 수밖에 없다. 그리고 그 독점적 지위가 강화될수록 소비자 잉여는 실제로 0에 근접하게 될 것이다. 그런 까닭에, 이 글에서는 이하 간명한 논의를 위하여 부득이 소비자 잉여를 0으로 가정하였음을 밝힌다.

여기서 다시 혹자는 반드시 인터넷서비스제공자가 독점적 지위에 있다고는 말할 수 없는 것이 아니냐는 반론을 제기할 수 있겠다. 그러나 Napster나 소리바다의 실례에서 알 수 있듯이 혁신적 복제기술을 처음 도입한 인터넷서비스제공자는 적어도 일정기간 독점적 지위를 실제 향유한다. Napster나 소리바다 모두 법적 쟁송으로 붕괴되었을 뿐 그때까지는 다른 경쟁자와의 이렇다 할 경쟁은 존재하지 않았다. 여기서 알 수 있는 또 하나의 사실은, 종국적으로는 다른 경쟁자가 출현하는 상황이 될 수 있겠지만, 법관이 법적 쟁송에서 해당 인터넷서비스제공자의 책임을 법경제학적 틀로 분석하게 되는 시점은 대체로 최초 기술도입자의 독점적 지위가 유지되는 상황일 때일 것이라는 점이다.

236) 복제기술공급자에게 공급되는 각종 원료, 부가서비스 내지 원천기술 등을 공급한 제3자가 취득한 잉여 역시 0이라고 가정한다.

237) 즉, 창작의욕 감소에 따른 저작물공급 감소로 인한 저작물 가격상승은 편의상 없다고 가정한다.

제를 막기 위하여 추가지출하지 않아도 되었을 저작권 집행비용[238] 혹은 자구적 보호비용[239]이 있겠다(이하 합하여, 저작권 집행비용 등이라고 한다).

그런데, 여기서 주의할 것은 앞서 사회적 이익이 최초 수혜자인 이용자들로부터 기술공급자에게 이전되는 현상과는 달리 사회적 비용은 대부분 이전되지 않고 여전히 저작권자가 계속 부담한다는 사실이다. 먼저 감소된 저작물 가액이라는 손실이 타인에게 이전될 여지가 없음은 분명하나.[240] 나음으로 저작권 집행비용 등의 경우, 혹자는 손해배상소송이라는 법적 구제를 통하여 이론상으로는 손해금액 내지 소송비용의 형태로 불법복제를 한 이용자들에게 종국적으로는 모두 전가된다고 생각할 수 있겠지만, 만일 위 이론대로 불법복제를 한 이용자들에게 손해배상소송을 통하여 저작권 집행비용 등이 모두 전가되려면 그와 동시에, 앞서와 같이 불법복제 이용자들이 지급하지 않았던 저작물이용료도 모두 지급받는 상황이 불가피하게 전제되어야 한다. 쉽게 말하여 불법복제 이용자가 총 10인이고 저작권자가 사전 홍보광고비 등 저작권 집행비용 등으로 1000을 지출하였다고 가정해 보자. 이 때 저작권자는 각 불법복제 이용자당 100의 비용을 이미 부담한 셈이므로, 단 1인의 불법복제이용자라도 손해배상소송에서 누락시키면 1000의 총비용을 온전히 회수할 수 없다.[241] 따라서 그들을 모두 손해배상소송의 피고로 삼아 1인당 각 100의 비용을 회수함과 동시에 앞서 각 저작권이용료도 손해로 지급받는 상황을 구현하여야 비로소 저작권 집행비용 등이 이용자들에게 모두 전가되는 상황이 된다. 그런데, 불법복제

238) 가령, 미국 음반산업협회가 격렬하게 벌이고 있는 불법복제금지 TV홍보광고비 등 사전 비용, 앞서 설명한 정보제출명령을 발급받아 개별이용자의 신원을 파악한 뒤 존-도 소송을 제기, 승소할 때까지의 사후 비용(Verizon 사건에서 설명하듯이, 정보제출명령 발급비용을 미국 음반산업협회가 부담하지 않고 인터넷서비스제공자에게 부당하게 전가하여 왔지만, 앞서 사회적 이익에서와 마찬가지로 이러한 전가는 무시하여 역시 제3자의 손실은 0으로 가정한다)으로 이루어진다.

239) 앞서 저작권 집행비용이 이용자들의 복제가 불법일 때 그에 대한 대처비용이라면, 자구적 보호비용은 이용자들의 복제가 적법할 때 기술적 보호조치 등으로 그러한 복제를 차단하는 데 소요된 비용이다.

240) 다만, 아래 설명하는 손해배상소송이 얼마나 실효적인지에 따라, 그것이 실효적이 될수록 비록 사전의 저작권이용료 형태가 아니라도 사후의 손해배상금 형태로 창작의 대가를 징수할 수 있고, 그 결과 저작권자의 창작의욕 상실의 여지가 줄어들어 위 본문의 '감소된 저작물 가액'의 당초 크기가 감소하는 방향으로 변동할 뿐, 여전히 위 가액의 손실이 저작권자 아닌 타인에게로 이전될 여지는 없다.

241) 미국의 징벌적 손해배상 등 예외적인 상황은 고려하지 않고, 오로지 실손해만을 입증하여 그 범위 내에서만 배상을 받는 통상적인 손해배상시스템을 전제한다. 아울러 형사처벌을 동원하여 이용자들로서는 더 큰 피해를 입게 할 수 있을지는 몰라도 형사절차에서는 민사와 달리 그러한 피해에 상응한 만큼의 수익이 저작권자에게 돌아가는 것도 아니므로 형사절차는 여기서 고려하지 않는다.

를 한 이용자 모두가 예외 없이 저작권자로부터 손해배상소송의 피고가 되어 저작권이용료 외에 100의 비용까지 지급하여야 한다면 결국 불법복제를 하지 않았을 경우보다 100의 비용만 추가 지출하는 것이어서 이용자들로서는 굳이 불법복제를 할 경제적 동기(incentive)가 없게 되는 셈이다. 따라서 위와 같은 상황은 실제 침해가 빈발하고 있는 현실에서는 존재하지 않는 허구적인 상황에 불과하다. 따라서 그 반대논리로, (경제학적으로 언제나 합리적인 선택을 하는 인간을 전제로 할 때) 이용자에 의한 침해가 계속 발생하고 있는 현실의 상황은 저작권자로부터 불법복제이용자에게 예외 없이 저작권 집행비용 등이 전가되는 상황은 아님을 알 수 있다.

결론적으로 '감소된 저작물 가액이라는 비용'과 '저작권 집행비용 등'이라는 전체 사회적 비용 중 '저작권 집행비용 등'의 일부만이 적발된 불법복제 이용자들에게 전가될 뿐 나머지 대부분은 저작권자 측이 그대로 부담하게 된다.

위와 같이 사회적 이익과 사회적 비용이 구체적으로 무엇인지 경제학적으로 살핀 것은, 법적이 아닌 경제학적 시각으로 바라볼 수 있다는 단순한 의미보다 이 글에서는 더 큰 활용가치가 있다. 다름 아니라 법관이 인디넷서비스제공자의 책임이 문제되는 특정 사건에서 Sony 원칙의 적용과 관련하여 '사회적 이익'이라는 다소 추상적인 요소를 판단하고자 할 때, 달리 마땅한 방법이 없을 때에는 "복제기술공급자가 이용자들로부터 지급받은 금전적 수익을 사회적 이익과 등가(等價)로 볼 수도 있다"는 일종의 공식을 활용할 수 있다는 사실이다.[242]

마찬가지로 법관이 인터넷서비스제공자의 책임과 관련한 특정 사건에서 Sony 원칙을 적용하면서 '사회적 비용'이라는 추상적인 요소를 판단함에 있

242) 다만, (i) 앞서 설명하며 가령 소비자 잉여를 0으로 가정하는 등 이론상 다소의 제약이 있다는 점, (ii) Napster나 소리바다1에서와 같이 공급자가 이용자들로부터 직접 지급하는 금전이 존재하지 않는 경우에는 바로 적용할 수 없다는 점은 유의해야 한다. 그렇더라도 (ii)의 한계에 대하여는 Napster나 소리바다가 이용자들에게 무료 정책을 취한 것은 이용자들을 더 유치하기 위한 잠정적인 정책에 불과하였으므로 종국적으로는 위의 공식이 적용될 수 있는 유료화 방식이 될 것이었고, 그렇지 않더라도 이용자들은 금전 지급 대신 공급자가 내건 광고를 본다는 일종의 출연(出捐) 행위를 하는 것이고 이것은 다시 광고주를 통하여 역시 광고비 지급 형식으로 공급자에게 최종적으로 이전된다고도 볼 수 있다. 예외적으로, 광고수주가 원활하지 못한 공급자 측의 사정이 있는 경우 소비자의 출연 수준은 소비자들이 당해 서비스로부터 획득하는 이득에 훨씬 미치지 못하는 상황이 되어 결국 각각 이용자의 잉여로 남고 앞서 설명과 달리 공급자에게 이전되지 않는데, 이러한 경우라면 사회적 이익을 평가하기는 한층 어려운 노력이 필요할 것이다.

어, "당해 복제기술의 침해대상[243]이 되는 저작물 시장의 규모 감소 금액[244]에 저작권 집행비용 등의 순증가액[245]의 합이 사회적 비용과 등가이다"라는 공식을, 더 간단히는 (저작권 집행비용 등의 순증가액은 저작물 시장의 규모 감소 금액에 비하여 경험상 상대적으로 적은 비율이므로 이를 과감하게 무시한다면) "복제기술의 침해대상이 되는 저작물 시장의 규모 감소 금액이 사회적 비용과 등가이다"라는 공식을 당장의 더 뚜렷한 기준이 없을 경우 보완적인 기준으로 삼을 수 있는 것이다.[246]

특히 이 책이 제시하는 이러한 공식들이 법원의 재판실무에서 가질 수 있

---

243) 가령 P2P 복제기술의 침해대상이 무엇인지에 관하여는 제4장 제3절 'P2P 기술에 의한 저작권침해의 대상물과 그 심각성' 참조.

244) 저작권자의 창작의욕에 따라 저술되는 저작물의 총 가치는 매년 변함없는 것으로 전제한다. 아울러 복제기술의 등장으로 인하여 직접적으로 저작권자가 새롭게 얻은 시장이 존재한다면 그 증가액은 제외할 것을 고려해 볼 수 있다.

245) 여기서는 복제기술의 등장으로 저작물 시장 자체가 이동한 경우(가령, 음악 CD 시장에서 온라인 음악시장으로 이동한 경우) 기존 저작물 시장의 축소로 이 부분 저작권 집행비용 역시 절감되었다면 그 절감액을 비용에서 공제하여야 한다.

246) 이 책과 관련하여 "그럼, 소리바다 운영자는 책임이 있다는 것인가 혹은 아니라는 것인가?"의 결론에 우선 관심이 있는 경우도 있을 것이다. 그러나 누차 언급한 바와 같이 인터넷서비스제공자의 책임 유무는 쉬운 생각과 달리 결코 간단한 법 논리의 우월비교만으로 결론내릴 수 없다. Sony 판결이 탁월하게 시사한 바와 같이 그 기술이 사회 전체에 가져다 주는 득과 실을 법원이 신중하게 따져야 하는 상당히 고된 작업을 먼저 필요로 한다. 비단 소리바다 사건뿐 아니라 앞으로도 반복될 그런 작업을 위한 범용의 틀을 제공하는 것에 이 책의 역할이 있을 뿐이다. 소리바다의 경우 가령 (Sony 1심 판결에서 등장한 것과 유사한) 소리바다 침해적 이용실태에 관한 여러 각도의 보고서, (Grokster 사건에서 원고가 간략히 제시한 것보다 상세한) 소리바다의 네트워크기술이 채용할 수 있는 침해구별조치의 가능성과 그 구체적 내용 및 효과, 아울러 소리바다와 공통적인 형태의 P2P 파일교환서비스가 가진 한국에서의 제반실태에서 유추되는 발전가능성 등을 미리 검토하지 않은 채 내리는 결론은 그야말로 작금에 흔하디흔한 문헌들과 마찬가지로 "침해적 이용행태가 압도적이며, 이를 막으려면 적어도 서버를 중지시키는 방법으로는 통제 가능성 있으므로 침해책임 있다" 혹은 "침해가 다수이더라도 운영자는 그 파일전송을 일일이 식별, 제지할 수 없음은 자명하므로 침해책임을 인정하기 곤란하다"는 식의, 아니면 "소리바다 서비스 자체가 침해를 조장한 기여행위이므로 책임 있다," 아니면 "소리바다 서비스제공만으로 침해에 대한 기여행위라고 할 수 없어 책임 없다"는 식의 평범하면서도 별다른 도움이 안 되는 결론일 수밖에 없다. 그러나 위 본문에서 제시한 법경제학적 분석틀을 소리바다 사안에 시험 삼아, 그간 판결들에서 드러난 사실만을 근거로 대강이나마 응용한다면, '소리바다가 이용자들(실제로는 광고유치 등 다른 주체)로부터 지급받았거나 지급받을 예정인 금전적 수익'이 '저작물 시장의 규모 감소 금액'보다는 현저하게 적다는 점이 일견 보인다고 볼 때는, 소리바다 운영자에게 침해책임이 있다는 주장이 힘을 얻을 수도 있을 것이다. 반면, 위 판결들에서 드러난 부족한 사실들만으로는 기본적으로 무료 서비스이고, 광고수주가 원활하지 못하다는 사정 때문에 소리바다 이용자의 운영자에 대한 출연(出捐) 수준이 소리바다 서비스로부터 실제 얻는 이득에 훨씬 미치지 못하는 상황으로 많은 부분이 이용자의 잉여로 남아 있다는 의문을 여전히 뿌리치기 어렵다.

는 장점 중 하나에 대하여는 아래[247]에서 더 설명한다.

(라) 시장의 관련성만을 기준으로 Sony 판결을 해석하는 입장의 부당성

이상과 같은 법경제적인 시각과 논리를 기초로 할 때, Sony 판결을 완전히 시장경제적 시각으로만 해석하는 입장은 부당한 점이 있다고 할 수 있다. 이러한 시장경제적 입장이란 Sony 판결의 일부 표현[248]을 근거로 일부 문헌[249]에서만 거론되는 것이어서 아직 미국에서도 전반적인 논리가 발전되어 있지 않아 완벽하게 설명하기에는 이르다. 하지만, 이를 요약해 보면, 『Sony 판결에서 연방대법원은 저작권자가 TV프로그램에 부여받은 독점권이 미치는 시장과 비디오테이프 레코더 이용자들이 시간이동을 통하여 TV프로그램을 복제하는 영역은 전혀 별개라고 보았다. 연방대법원이 시간이동이 공정이용에 해당한다는 점을 판단하면서 밝힌 바와 같이 시간이동은 저작권자 측 시장의 현재 또는 장래에 아무런 영향을 미치지 않는다. 이러한 영역의 행위까지 저작자의 독점권 침해라고 하여 저작권자로 하여금 통제할 수 있도록 하는 것은 저작권자에게 저작권과 전혀 관련 없는 시장(unrelated areas of commerce)에까지 독점권 확장을 인정하는 부당한 결과가 된다. 따라서 Sony 판결을 향후 적용함에 있어 기준은, 문제되는 당해 상품이 영향을 미치는 시장이 기존의 저작물 시장과 중복되

247) 아래 4) (나) 부분에서 보듯이 입증책임과 관련하여 당사들로부터 원활한 증거의 제공을 촉진할 수 있을 것이다.

248) Sony, 104 S.Ct. at 788-789. "상업상 주요한 상품의 원칙은 단지 상징적이 아닌 효과적인 법정 독점권의 보호에 대한 저작권자의 합법적 요구와 실질적으로 관련 없는 상업에 자유로이 종사할 다른 자들의 권리의 균형을 맞추어야만 한다(The staple article of commerce doctrine must strike a balance between a copyright holder's legitimate demand for effective-not merely symbolic-protection of the statutory monopoly, and the rights of others freely to engage in substantially unrelated areas of commerce)." 아울러, Aimster 항소심 판결에서도 앞서 보았듯이 'Aimster 서비스처럼 침해적 용도와 비침해적 용도를 아울러 갖춘 서비스에 대하여 원고 측의 주장처럼 Sony 원칙이 적용되지 않아 기여책임이 부과된다면 서비스제공자로서는 원고들과 같은 권리자들에게 잠재적으로 부담할 책임의 범위를 예측하기 곤란하여 그러한 책임의 위험을 회피하려 할 것이고 그 결과 서비스 전체의 폐쇄 혹은 저작권자들과 관련 없는 분야까지 저작권자들이 지배하는 현상이 나타날 것이기 때문'이라고 하여 맥락을 같이하고 있다.

249) 그 중 한 논자(Tim Wu, op. cit., p. 739.)는 우선 Sony 판결에서 시간이동은 저작물인 TV프로그램의 시청자 수요를 증가시켜서 오히려 저작권자의 기존시장에 긍정적 작용을 함에 반하여, Grokster 사건의 P2P 소프트웨어는 저작권자의 기존시장을 대체하는 것이어서 전혀 상반되므로 Grokster 1심의 결론은 잘못되었다는 입장을 취한다. 그 다음 신기술이 기존시장을 대체하는지, 아니면 전혀 상관없는 시장에 대한 것이어서 저작권자로 하여금 새로운 시장까지 독점권을 미치게 하는 것은 시장의 왜곡 내지 실패가 불가피한지를 판단하여 후자의 경우에만 새로운 기술의 공급을 불허하여야 한다고 설명한다.

는지, 관련이 되는지에 따라 결정되어야 한다』는 것이다. 결국 이러한 논리에 따르자면, 만약 당해 기술상품이 속하는 시장이 저작권자의 기존시장과 관련된 시장일 때는 당연히 저작권자의 독점권이 보장되어 당해 상품의 공급은 저작권 침해로 규제되어야 한다는 결론에 이르게 된다.

Sony 원칙을 위와 같이 설명하는 것은, Sony 사건을 결정함에 있어 연방대법원이 당해 비디오테이프 레코더를 통한 시간이동이 기존의 저직물 시장에 영향을 미치는지를 고려요소로 삼았다는 점과 기존 저작물 시장에 아무런 영향을 미치지 않는 영역으로까지 저작자의 독점권을 확장하여 통제할 수 있도록 해서는 안 된다는 사실을 고려하였다는 점을 각각 지적하는 한도에서는 일단 타당하다. 그러나 여기서 더 나아가 Sony 판결이 위 두 가지 점만을 전적인 기준으로 삼았다는 취지라면 잘못된 것이다.

Sony 판결이 제시하고 있는 원칙 중 "문제되는 상품이나 서비스에 침해적 용도가 일부 있더라도 상품이나 서비스가 가지는 전체 용도를 기준으로, 사회 전체적으로는 손실을 넘은 사회적 이익을 가져오는 신기술은 법원이 허용하여야 한다"는 논리는 미국에서도 실무와 학계에서 공통적으로 받아들여지는 Sony 판결의 여러 내용 중에서도 핵심이라고 할 수 있다. 여기서 사회 전체적으로 유발되는 손실은 자못 추상적인 것 같으나, 이 손실은 앞서 고안한 법경제적인 시각과 논리로 분석해 보자면, '당해 상품의 침해대상이 되는 저작물 시장의 규모 감소 금액과 저작권 집행비용 등의 순증가액의 합계액'인 것이다. 그런데 여기서 저작물 시장의 규모 감소 금액은 다름 아니라 "당해 상품의 공급이 결과적으로는 저작권자의 기존시장에 영향을 미쳐 관련이 있다"는 말에 다름 아닌 것이다. 결국 문제된 상품이 기존 저작물 시장에 일부 영향을 미치거나 심지어 기존 저작물 시장을 완전히 잠식하는 경우라도 사회적 이익(필자가 위에서 설명한 '공급자가 이용자들로부터 지급받은 금전적 수익')이 사회적 비용('저작물 시장의 규모 감소 금액' 등)을 초과하는 경우라면 당해 상품의 공급을 허용하는 것이 Sony 판결의 근본취지에 부합한 결과일 것이다.[250]

뿐만 아니라, Sony 판결 자체의 표현을 살펴도, 실제로 기존 저작물 시장

250) 이러한 결과 저작권자로서는 극단적으로는 자신의 시장을 모두 침탈당하는 부당한 결과를 어떻게 해결할 수 있을지에 관하여는 '기술로 인한 저작권자의 손실은 입법으로 보전해 준다는 원칙' 부분 참조.

과의 관련성을 'all or nothing'의 차원에서 해석한 것이 아니다. 즉 저작권과 '실질적으로 관련 없는 상업분야(substantially unrelated areas of commerce)'에 종사할 타인의 권리를 보장할 필요가 있다고 판시함과 아울러,[251] 공정이용 판단 부분에서 "시간이동이 원고 저작물의 장래 시장이나 가치에 적지 않은 손해를 유발할 가능성은 없다"[252]라고 판시하고 있다.

이렇듯 '실질적으로,' '적지 않은'과 같은 표현을 통하여, 기존 저작물 시장과 일부 관련이 있는 경우에도 Sony 원칙의 적용에 따라 상품공급이 허용될 수 있다는 태도를 취하고 있다.

(마) 공급자가 가진 불법의 주된 목적이 법원의 판단에 영향을 미치는지 여부

Sony 사건의 항소심은 피고가 TV프로그램의 복제를 주된 목적(primary purpose)으로 비디오테이프 레코더를 제조하고 광고·판매하는데 사실상 모든 TV프로그램이 저작물이기 때문에, 비디오테이프 레코더는 상당부분 비침해적 용도를 가진 경우에 해당하지 않는다고 판시하였다. 아울러 이른바 '주된 목적(primary purpose)'을 상당부분 비침해적 용도의 유무를 판단하는 중요한 요소로 보았음은 이미 보았다.[253] 아울러, Aimster 1심은 상품이 침해행위를 위하여 특별히 제작된 것이라면 설령 그 상품이 상당부분 비침해적 용도를 가지고 있더라도 Sony 원칙을 적용할 근거는 없다[254]고 판단하고 있다. 아울러, Aimster 1심은 그러한 선례로서 피고가 자신의 기구를 합법적·비침해적 용도가 아니라 주로 침해의 보조도구로 이용하고 광고하였을 때 다른 용도가 존재함에도 침해책임을 긍정한 선례[255]와 상품이 특별히 위조행위를 위하여 제작되었다면 그러한 상품에 상당부분 비침해적 용도가 존재한다고 하더라도 Sony 원칙은 적용되지 않는다는 선례[256]를 각각 원용하고 있다.

---

251) Sony, 104 S.Ct. at 788–789.

252) '....respondents failed to demonstrate that time-shifting would cause any likelihood of nonminimal harm to the potential market for, or the value of, their copyrighted recorded programs.' (Sony, 104 S.Ct. at 796).

253) Sony, 659 F.2d at 975.

254) Aimster, 252 F.Supp. 2d at 654.

255) 연방 제2항소법원의 Cable/Home Communication Corp. v. Network Productions, Inc. 사건(902 F.2d 829, 846.)을 원용하고 있다.

256) 캘리포니아 연방지방법원의 A & M Records, Inc. v. Abdallah 사건(948 F.Supp. 1449, 1456.)을 원용하였다.

위 법원들의 입장을 지지하는 견해[257]는 침해적 용도의 양은 이러한 공급자의 주된 의도(primary purpose)가 무엇인지를 판단함에 있어 고려할 요소에 불과하다고 보아, 침해적 용도와 비침해적 용도의 상대적 총량 비교가 Sony가 제시한 결정적 기준임을 부인하고 있다. 나아가 이 견해에서는 공급자의 주된 의도가 무엇인지를 판단함에 있어 그 외에 고려할 요소로 공급자의 내부메모, 침해적 용도를 위한 상품의 광고 및 선전 등의 존재 여부를 열거하고 있다.

반대로, 공급자가 가진 불법의 주된 목적은 법원의 판단에 영향을 미치지 않는다는 입장의 근거는 다음과 같을 수 있다.

첫째, Sony 원칙에 비추어 위 법원의 예들에서 각각 문제된 상품들이 피고의 의사로는 침해행위를 돕기 위하여 공급되고 있는 것일지라도 그러한 상품이 가진 사회 전체적 손실보다 이익이 크다면 굳이 이를 불허할 합리적인 이유가 없다.

둘째, 앞서의 입장은, Sony 판결이 미국 특허법을 유추적용한 방식대로 미국 특허법 규정에 비추어 보아도 부당하다. 즉, 미국 특허법 제271조[258]에 의하면 침해가 되는 용도를 위하여 특별히 제작·개량되었을지라도 상당부분 비침해적 용도에 적합한 상업상 주요 상품이나 물품인 경우에는 침해가 되지 않는다는 취지이다. 그런데 Sony 판결은 이러한 규정의 취지를 저작권법에 옮긴 사례이므로 결국 당해 상품이 침해행위를 위하여 제작된 것이라도 그 상품이 상당부분 비침해적 용도를 가지고 있다면 Sony 원칙에 따라 허용된다고 보는 것이 더 합리적이다.

셋째, 무엇보다 Sony 판결에서 이러한 상품공급자의 침해 목적이나 침해의 고의를 적어도 명시적으로는 고려하지 않았음을 앞서의 견해[259]조차 인정하고 있다.

넷째, 앞서 Aimster 1심의 입장을 지지하는 견해[260]는 DMCA § 1201(a)가 기술적 보호조치를 불법적으로 우회하는 것을 '주된 목적'으로 하는 기술을 금

257) Jesse M. Feder, op. cit., pp. 912~14. 같은 입장으로는 "Grokster Ruling Sparks Reaction; Riaa Vows to Appeal," 10 Andrews E-Business Law Bulletin 1, June 2003 기사에 소개되고 있는 "만일 주로 침해를 위해 쓰일 도구를 만들었다면, 사례마다 굳이 인식 여부를 따질 필요가 없다"는 입장도 이에 속한다.

258) 35 U.S.C. §271 (c)의 내용 및 원문은 제 7 장 제 2 절 '연방대법원의 Sony 판결이 놓았던 1984년의 시금석으로 되돌아가며' Ⅳ. (1) 부분 각주 참조.

259) Jesse M. Feder, op. cit., p. 906.

260) Id. at 909, 911~912.

지함을 들고 있으나, 기술적 보호조치의 우회를 금지한 DMCA §1201 전반이 공정이용에 관한 종전의 권리까지 심각하게 위축시킴으로써 미국 내에서도 현재 강한 비판[261]에 직면하고 있음을 감안한다면, 이를 Sony 판결의 해석과 연결하는 것은 곤란하다.

이상에서 비교해 본, 두 가지 입장 중 공급자가 가진 '불법의 주된 목적'은 법원의 판단과 관련 없다는 입장이 논리적으로는 더 설득력이 있는 듯 보인다. 하지만, 최근 미국 연방대법원이 전원일치로 피고 Grokster의 불법 목적(unlawful objective)을 책임 추궁의 근거로 지적함에 따라[262] 향후 현실에서 더 힘을 얻는 해석은 오히려 반대의 입장이 될 것으로 예견된다. 다만 연방대법원의 입장이 반대 입장과 유사하더라도 미묘한 차이가 있는 듯하다. 종전의 반대 입장은 공급자가 가진 불법의 주된 목적(불법의 의사) 자체를 중시하여 이를 곧바로 책임의 판단기준으로 삼고 있지만, 연방대법원이 불법목적을 책임의 근거로 지적한 것은 어디까지나 유발행위라는 객관적 행위에 대응하는 주관적 의사로서 의미를 가질 뿐, 불법목적이 있더라도 객관적 유발행위가 없는 한 단순히 상품공급이라는 중립적 행위만으로는 책임추궁이 여전히 곤란하다는 해석도 가능하기 때문이다. 이 부분 아직 명확한 사례가 없으므로 주목할 필요가 있다.

(바) 통제가능성의 유무에 집착하는 입장에 대한 비판

이상과 같은 두 번째 소원칙을 가지고 비판해 본다. 종래 많은 논자들의 입장은 P2P 기술과 관련한 인터넷서비스제공자의 책임문제를 논하면서 Grokster 하급심 판결들에서처럼 피고의 통제 가능성을 쟁점으로 삼고 있다. 즉, Grokster 하급심들과 같은 시각을 기준으로 할 때 Napster나 소리바다 서비스가 Grokster와 달리 2차적 책임을 부담하게 된 것은 소프트웨어 공급 이후에도 이용자들에 대한 지속적인 서비스를 하는 까닭에 통제 가능성이 있기 때문이라는 주장이다. 그러나 Sony의 책임 유무를 판단한 연방대법원조차 다수

261) Dineen Pashoukos Wasylik, op. cit., p. 719 등 다수. Universal City Studios, Inc. v. Reimerdes, 111 F.Supp.2d 294 (S.D.N.Y 2000) 사건에서는 위 조항을 해석하며 DMCA는 기존 저작권법과는 달리 명시적으로 Fair Use를 인정하고 있지 않으므로 위 조항 위반행위에 대하여는 Fair Use의 적용이 없고, 심지어 Sony 판결의 staple article of commerce 원칙도 비슷한 이유로 적용되지 않는다는 입장이다. Sony 판결의 적용 여부에 대한 거부입장은 RealNetworks, Inc. v. Streambox, Inc., No. C99-2070P, 2000 WL 127311 (W.D. Wash., Jan. 18, 2000) 사건에서도 마찬가지이다.

262) 연방대법원은 유발 이론에 의하여 책임을 지우면서 그러한 유발과 관련되어 세 가지 점에서 피고들의 불법 목적(unlawful objective)이 분명히 인정된다고 적시하고 있다. 아울러 이러한 세 가지 점은 모두 피고의 객관적인 행위들로서 결국 객관적 행위들로부터 내심의 불법목적을 추단하고 있다.

의견과 소수의견이 뒤바뀐 역사적 사실에서도 확인할 수 있듯이, 통제 가능성의 유무 판단은 그야말로 뚜렷한 기준이 없는 것이라 하겠다. 통제 가능성이 있으면 책임이 있고, 통제 가능성이 없으면 책임이 없다는 식의 접근방법은 통제가능성의 모태라 할, 종래 저작권법 상 기여책임이나 대위책임의 법리를 여전히 고수하면서도 P2P와 같은 새로운 복제기술공급자의 책임문제도 일단 쉽게 포섭할 수 있는 방법처럼 보일지 모른다. 하지만 통제 가능성의 유무 판단이 뚜렷한 기준 없이 곤란한 이상 근본적인 한계를 가진 접근방법이라고 할 수 있다. 이러한 결함을 피할 수 있는 접근방법이 다름 아니라 Sony 소원칙 두 번째를 핵심으로 복제기술공급자의 책임문제를 파악하는 것이다.

그럼에도, Grokster 사건의 1심과 2심은 저작권법 종래의 기여책임과 대위책임의 법리 차원에서 Grokster소프트웨어공급자의 법적 책임을 판단하였었다. 이러한 Grokster 법원의 논리가 가진 부당성을 보다 쉽게 설명하기 위하여 조금 극단적인 사례를 가정하여 본다. 어떤 상품이 사회 전체에 가져오는 총 이익이 40, 사회 전체에 끼치는 총 손실이 60임이 논란의 여지없이 자명한데, 그 상품공급자인 피고는 상품을 제조·공급할 뿐 상품판매 이후에는 그 구매이용자들과 아무런 접촉이 없다고 가정해 보자. 이러한 사례에서 통제 가능성만을 중시하고 있는 논리대로라면 위와 같은 상품공급자에게는 상품판매 후 이루어진 이용자들의 침해행위에 대하여 상품공급자에게 통제 가능성이 있다고 하기 어려우므로 2차적 책임을 추궁할 수 없다고 결론지을 수도 있을 것이다. 그러나 상품이 사회 전체에 가져오는 이익과 손실을 비교한 결과 이익보다 손실이 더 크다는 사실이 분명한 때 그러한 상품은 결코 사회에 공급될 필요가 없음은 상식상 자명하다. 즉 Grokster 판결은 그런 점을 분명히 하지 못했지만, 가령 Pure P2P 소프트웨어가 가져다 주는 사회적 해악이 이익보다 크다는 점이 명백하다면 그러한 기술공급은 어떤 명목으로든 차단되어야 하는 것이지, 통제 가능성이 없다고 하여 사회에 공급될 수 것은 아닌 것이다. 반대의 경우도 마찬가지이다.

이 책에서는 통제가능성이 피고의 책임 유무와 관련 여전히 일정한 범위 내에서 의미를 가지는 것은 인정하지만 이는 참작되는 하나의 요소에 그칠 뿐, 궁극적이고 가장 중요한 기준은 Sony 소원칙 두번째와 같은 것이 되어야 한다고 본다.

2) 기술의 잠재적 용도까지 포함하여 손실과 이익을 판단한다는 원칙

문제되는 상품이나 서비스의 침해적 · 비침해적 용도를 비교할 때는 현재의 용도에 국한하여 비교해서는 안 되고, 잠재적 용도(potential use)까지 포괄하여 고찰하여야 한다. 이 점은 Sony 판결[263]에서 이미 드러나 있었고, Napster 항소심 판결[264]에서도 이를 확인하고 있다.

극단적인 해석으로는 비침해적 용도가 실제로는 사용되지 않았더라도 명확히 존재하기만 하면[265] 현실의 침해적 용도를 극복하고 당해 상품의 공급이 허용되어야 한다는 논의도 있을 수 있다. 잠재적 용도라 할지라도 '상업적으로도 원활하게 사업으로 구현될 수 있는 용도'가[266] 고려되어야 할 것임은 물론이다. 아울러 잠재적 용도에 당시에는 사회적 여건 등으로 실제 구현되고 있지 않으나 이미 당해 기술이 물리적 · 공학적으로는 충분히 구현할 수 있는 용도가 포함됨은 대체로 논란이 없을 것이다.

하지만, 문제가 될 것으로는 (i) 이미 당해 기술이 물리적 · 공학적으로는 충분히 구현할 수 있지만 장래에 상업적으로 원활한 사업으로 구현될 수 없는 용도[267] (ii) 국가마다 이용실태가 다르므로 다른 외국에서의 용도도 고려할 것인지 여부이다. 우선 (i)의 경우는 이미 앞에서[268] 설명한 대로 Sony 판결의

263) Sony, 104 S.Ct. at 786, 789.

264) Napster, 239 F.3d at 1021.

265) 이 문구를 위와 같이 해석한 글로는 Jesse M. Feder, op. cit., p. 897. 다만, Aimster 법원의 해석이 현실의 용도를 중시한 결과 이와 반대임은 앞서 설명한 바와 같다. 이들 입장 중 어느 것이 타당한지에 관하여는 연방대법원의 Grokster 판결에서 전자를 지지하는 Breyer 대법관 등과 후자를 지지하는 Ginsburg 대법관 등의 각 별개의견이 대립될 정도로 격론 중이다. 이 책에서는 법원이 현실에서 사용할 판단기준으로는 전자의 입장이 더 타당하다고 본다(앞서 Ⅳ. 1. 부분 각주 중 "is widely used" 및 "merely be capable of" 문구를 해석한 설명 부분).

266) 가령 'P2P를 이용한 실시간 전자상거래'는, 종전과 달리 수요자가 개별물품의 공급자에게 직접 신속하게 연결된다는 장점이 있어 시장성을 가진 것으로 보인다. 이러한 경우는 당연히, 장래에 상업적으로 원활하게 사업으로 구현될 수 있는 용도(다만, 한국에서는 장래가 아니라 이미 P2P를 이용한 실시간 전자상거래를 이미 구현하고 있다)로 판단될 것이다.

267) 위 각주에서의 'P2P를 이용한 실시간 전자상거래'와는 반대로 가상적인 예를 들자면, 'P2P를 이용한 전자광고의 살포사업'을 상정해볼 수 있다. 이미 'E-mail을 통한 스팸 형식의 전자광고 살포'라는 적어도 사업자에게는 유용한 방식이 존재하고 있는 점, P2P 네트워크에 광고업자가 의뢰받은 광고를 파일형식으로 무수하게 공유시킬 수는 있겠지만, 이-메일의 경우와 달리 P2P 기술의 특성상 소비자들이 P2P 네트워크에서 해당 광고들을 일부러 검색하고 다운로드하지 않는 한 제대로 전달될 수가 없으므로 이러한 방식의 사업은 물리적 · 공학적으로는 충분히 구현할 수 있을지 몰라도 나아가 상업적으로 원활하게 사업으로 구현될 수 있는 용도에는 해당하지 않을 것이다.

268) 앞서 1) (나) 보다 쉽게 판단할 수 있는 고객흡입력 기준설 부분 참조.

취지에 비추어 잠재적 용도에 포함시키기 곤란하고, (ii) 국가마다 이용실태가 달라 아직 국내에서는 예상하기 곤란한 용도라 할지라도 널리 잠재적 용도 안에 제외국의 실제 용도는 포함된다고 봄이 합리적일 것이다.

3) 손익판단의 대상은 특정 상품이나 서비스에 국한된다는 원칙

P2P 기술은 불법이 문제된 '파일교환 네트워크'에 쓰이는 외에도 'P2P 방식 전자상거래'와 같은 예처럼 적법하고 중요한 용도에도 다수 활용될 수 있다.[269] 하지만 그러한 사실만으로 곧바로 가령 Napster의 운영자들이 자신들의 서비스까지 적법하다면서 Sony 원칙의 적용을 주장할 수는 없다. 저작권자 측이 P2P 기술과 관련된 모든 상품이나 서비스를 봉쇄하려고 시도하는 경우라면 Sony 원칙에 따라 추측컨대 법원은 십중팔구 그러한 시도를 배척하여야 할 것이다. 그러나 대개의 경우 법관이 다루고 있는 특정 사건에서 허용 여부가 다투어지고 있는 대상은 P2P 기술 전체가 아니라 그 기술이 동원된 특정한 상품이나 서비스에 불과하다.

P2P 기술은 이를 구현하는 구체적인 방법에 따라 파일교환 목적의 중앙서버형 P2P 서비스 형, 파일교환 목적이지만 그누텔라와 같이 완전분산형 소프트웨어, 중간의 슈퍼노드형, MSN 메신저와 같은 인스턴트 메신저 형, 더 넓게 실시간 전자상거래를 위한 P2P 서비스나 소프트웨어, 더 나아가 SETI프로젝트[270]와 같은 글로벌사업에 개인 컴퓨터의 유휴자원을 기부받기 위한 P2P 솔루션 등 여러 기술 유형으로 나뉜다. 나아가 각 유형에 속하는 특정한 소프트웨어나 서비스들은 본래 P2P 기술을 축으로 한다는 점에서는 공통되지만 이용자들에게 구현된 구체적인 형태에 따라 서로 식별되는 것이다. 따라서 Napster 사건에서와 같이 파일교환 목적의 중앙서버형 P2P 서비스가 문제된 사안에서라면 Sony 원칙을 적용함에 있어 Napster 서비스가 가진 침해적 용도와 비침해적 용도만을 판별하면 족하다. 가령 Napster 사건에서 실제로 개진된 주장과 같이 피고가 '신진 예술가 프로그램(New Artist Program)' 같은 예를 비침해적 용도로 내세우는 주장은 허용된다. 하지만 그것과 파일교환 목적의 중앙서버형 P2P 서비스와는 명백히 식별되는 다른 기술 유형, 가령 위 SETI 프로젝트의 중요성을 Napster 소송에서 운운하면서 이와 관련된 비침해적 용도까지

269) 제 7 장 제 1 절 Ⅲ. '전체 P2P 기술의 존재는 인정하여야 하는 이유' 부분 참조.

270) 제 7 장 제 1 절 Ⅲ. 참조.

고려하도록 주장하는 것은 허용될 수 없다.[271] 마찬가지로 소리바다1 형사항소심에서처럼, 중앙서버형 P2P 서비스의 허용 여부를 판단함에 있어 MSN 메신저의 비침해적 용도까지 열거하고 있는 것은 타당한 태도가 아니다.

다만, 특정한 상품이나 서비스가 가진 잠재적 용도를 판별하는 과정은 실제로 당해 상품이나 서비스가 가진 본질적인 기능과 실질적으로 동일한 유형[272]에 속하는 기술들의 침해적 용도와 비침해적 용도를 판별하는 것과는 상당히 밀접하다. 그러므로 만약 당해 상품이나 서비스가 속한 동일한 유형의 기술과 관련된 분쟁의 선례가 있었다면 이를 나중의 법원이 충분히 참조할 수 있다. 만일 그러한 선례와 법적 평가에서 차이를 가져올 요소가 있다면, 지금 문제되는 상품이나 서비스가 특수한 침해적 용도 혹은 비침해적 용도를 보강하거나 삭제하는 특징을 가진 경우[273]일 것이다.

마찬가지로, 외관상으로는 하나의 상품이나 서비스일지라도 기술 유형의 동일성을 기준으로 해서는 2개 이상의 상품이나 서비스가 결합되어 있을 수 있다.[274] 이 때는 법원이 분리하여 판단할 수 있는 한, 침해가 문제되는 상품이나 서비스 부분만을 대상으로 삼는다. 가령 Grokster 사건에서 다투어진 Kazaa

271) 가장 넓은 시각으로는 파일교환 목적의 중앙서버형 P2P 서비스가 시장에서 공급이 허용되어야 P2P 분야 투자 및 기술개발이 증진하고 그 결과 간접적으로 다른 P2P 유형의 기술(SETI 프로젝트도 이에 포함)도 활성화될 수 있으므로 무관할 수 없다는 주장이 있을 수 있다. 그러나 이렇게 경미한 관련밖에 없는 분야까지 소송에서 고려할 것을 요구하면 그러한 고려로부터 얻게 되는 이점보다 쟁점이 희석화될 위험이 더 크다는 점에서 결코 허용되어서는 안 된다.

272) 가령, Sony 사건과 같은 사안에서라면 등장하는 베타맥스 방식뿐만 아니라 VHS 방식까지 통틀어 시판되는 모든 가정용 녹화 비디오테이프 레코더가 이에 해당되고, 소리바다 사건에서라면 소리바다 1 뿐만 아니라 그와 동일한 태양에 속하는 '파일교환 목적의 중앙서버형에 속하는 P2P 서비스' 모두가 해당된다.

273) 가령, Sony 사건의 실제 사안과 달리 Sony가 자신의 베타맥스 비디오테이프 레코더에서 침해적 기능으로 문제된 고속전진버튼(fast-forward button)을 삭제한 새 상품을 공급하는 경우 등이다.

274) 현재의 가장 근접한 예로는 중앙서버형 P2P 서비스인 이-동키를 제공하던 공급주체가 이를 버전업하여 완전분산형 P2P 소프트웨어인 오버넷(Overnet)을 따로 출시하였는데, 2004년경 이렇게 서로 다른 P2P 기술 유형을 통합하여 '이-동키 1.0'(오버넷의 기능이 포함)을 공급하고 있는 경우이다. 나아가, BBS 게시판 서비스가 기술의 발전에 따라 오늘날 게시판, 이메일, 블러그나 홈페이지 제공, 영화 등 각종 컨텐츠 제공, 전자상거래, 인터넷 스토리지 서비스 등 일체를 포괄하는 포털사이트로 진일보하여 성업중이다. 이와 마찬가지로 P2P 소프트웨어 · 서비스 역시 장차 이용자들의 반응이 좋은 태양만을 통합한 서비스나 소프트웨어가 등장할 수 있을 것이다. 이러한 '포털 P2P 서비스'의 저작권위반이 문제될 때 침해가 문제되는 특정 P2P 기술 부분만을 용이하게 분리 내지 구별 가능하다면, 법원은 당해 특정 P2P 사업자의 전체서비스를 기준으로 판단해서는 안 된다. 해당 기술 부분(가령, 파일전송 기능부분)만을 대상으로 공급을 허용할지 여부를 고찰하고 그에 한정된 유지명령을 내여야 한다.

류의 소프트웨어의 경우 이론상으로는 중앙서버 없는 분산형 P2P 소프트웨어이다. 하지만 실제로는 소프트웨어 업그레이드 등을 통하여 피고의 서비스가 일정 부분 존재한다. 이 때 피고가 서비스를 추가하여 침해행위를 조장하였더라도 이러한 사안을 판단하는 법원은 다음과 같이 판단하면 충분하다. 즉 해당 서비스 부분, 가령 'Kazaa 기술혁명' 이라는 캠페인[275] 부분 등의 정지를 명하면 족하지 Kazaa 류 소프트웨어의 핵심기술 자체인 분산형 파일교환기능 부분의 공급까지 막아서는 과잉일 수 있게 된다.[276] 아울러 파일교환 기능 내에서도 침해적 불법파일 교환 부분만 분리할 수 있다면 그 부분만 공급을 허용하지 않게 된다.[277]

반대로 더 이상 분리할 수 없는 최소 구성단위에 이른 상품이나 서비스단계에서는 그 상품이나 서비스가 구현하고 있는 용도 전부를 기준으로 침해적 용도와 비침해적 용도를 비교하게 될 것이다. 가령, Napster의 중앙서버가 제공하는 파일목록제공 서비스가 없는 한 Napster 소프트웨어는 독자적으로 기능할 수 없다. 이 때는 상품(Napster 소프트웨어)과 서비스(중앙서버의 파일목록 제공)를 분리하여 판단하는 것이 불가능하다. 그 결과 하나로서 Sony 원칙을 적용하게 될 것이다.

4) 손실을 초래할 부분만을 차단할 구별조치는 사실상 요구된다는 원칙

(가) 필터링의 장착 등 구별조치가 법적 의무가 아니라 사실상으로만 요구된다고 보는 근거

아직 국내외를 막론하고 '필터링(filtering)'[278] 같이 상품·서비스 공급자가 자신의 상품·서비스에 추가로 장착할 경우 침해적 이용만을 구별하여 저지할 수 있는 일련의 조치(이하, 간단히 구별조치라고만 한다)가 인터넷서비스제공자의 책임에 미치는 법적 영향을 논하는 글이 극히 드물다. 일부 언급하고 있는 글

275) 실제 Kazaa의 사례에서 피고 회사는 홈페이지에서 저작권자에게 적대적으로 'Kazaa 기술혁명' 이라는 캠페인을 진행하였다. 혹은 불법음악파일의 교환을 조장하고 광고 등의 수입을 올릴 목적으로 홈페이지 서버에 접속한 기존 이용자들로 하여금 주기적으로 소프트웨어 업그레이드를 할 것을 사실상 강요하는 서비스 부분 등도 이에 해당할 것이다.

276) 앞서 Napster 사건에서는 항소심의 파기를 받은 원심이 종전의 무조건적인 유지명령을 수정하여 원고 측의 침해통지를 조건으로 한 유지명령을 내린 적이 있는데, Grokster의 사례도 이를테면 소프트웨어공급부분은 제외한 채 침해조장과 관련된 '서비스부분' 만 유지를 명할 수도 있을 것이다.

277) 이것은 호주의 Kazaa 판결의 입장도 유사하다고 볼 수 있다. 아래 4) (라) 부분에서 더 설명한다.

278) 혹은, 필터링 기술은 기술적 효과를 넘어 사회적으로 상징적·위하적인 효과를 기대할 수 있고, 가령 잠재적 침해자로 하여금 자신이 하려는 침해행위에 대해 다시 한 번 재고하게 만드는 효과 등이 있다는 취지의 언급으로는 이영록, 앞의 논문, 30면 등.

들조차 구별조치를 완전히 대위책임에서의 통제 가능성 요건에만 관련지어 해석하는 등에 그치고 있다.[279] 그러나 여기서 더 나아가 아래와 같은 각도에서 달리 고찰할 필요가 있다.

우선 當代의 기술 수준에 비추어 비교적 용이한 구별조치[280]가 존재하는 상황을 전제해 보자. 가령 침해파일만을 구별하여 차단할 고도의 가능성을 가진 필터링 프로그램의 장착이 기술적으로 쉽고 소요비용도 많지 않은 상황이 그것이다. 이 상황에서 인터넷서비스제공자가 일부러 필터링프로그램을 장착하지 아니하여 이러한 구별가능성을 회피할 때(이른바 고의적인 외면, willful blindness[281]의 경우) 이것 자체만으로 법적 의무위반으로 삼을 수 있을까? 인터넷서비스제공자에게 이러한 구별조치를 요구하는 명문의 규정이 없는 이상, 침해방지를 위하여 구별조치를 이행하지 않았다는 사실에만 터잡아 법적 의무위반으로 책임을 추궁하기 곤란하다고 본다. 그것은 다음과 같은 이유 때문이다.[282]

첫째, 만일 필터링 기술이 합법과 불법을 100% 정확하게 구별할 수 있고 그러한 기술의 채용이 용이함이 분명하다면, 이를 인터넷서비스제공자가 일부러 회피하여 발생한 불법의 결과에 대하여는 인터넷서비스제공자에게 책임을 추궁하는 것이 당연히 상식에 부합한다. 그러나 현실의 필터링 기술은 그러한 수준에 이르지 못하고 있다. 그렇게 때문에 인터넷서비스제공자로서는 구체적으로 어느 수준까지 필터링을 채용할지 상당히 막연한 상태에 놓여 있다.

가령 종래 가장 손쉬운 필터링 방법으로 이용된 키워드 필터링 시스템을

279) 즉, 대위책임에서의 통제 가능성 요건에만 관련짓는 방법으로는 공급자가 의도적으로 필터링 프로그램을 장착하지 않은 경우, 책임을 추궁하는 데 다른 법리를 동원할 수 있는 것은 논외로 하고, 적어도 대위책임에서의 통제 가능성은 인정하기 곤란하다고 볼 개연성이 크다. 아니면, 반대 논리로 피고에게 통제 가능성이 있는 경우, 즉 대위책임이 발생할 수 있는 경우에 한하여 책임을 피하려면 이러한 필터링 프로그램의 장착의무가 생긴다고 설명(Grokster 하급심 법원들의 입장)할 수밖에 없다.

280) 가령, Sony 사건에서 비디오테이프 레코더의 fast-forward button을 리모델링으로 삭제하여 광고를 건너뛰지 못하게 할 수 있었던 조치, Replay 사건에서 PVR의 기능 중 광고를 건너뛰게 해 주는 기능과 복제물을 타인에게 재전송하게 해 주는 기능을 실제로 삭제한 조치 등이 있다.

281) Aimster 사건의 피고가 취한 행동이다. Aimster 항소심 법원은 이러한 행동에 대하여 Sony 판결에서 제시한 기준인, 기여책임자의 주관적 요건인 침해에 대한 인식(knowledge) 요건을 오히려 충족시키는 행위라고 보았다(Aimster, 334 F.3d at 650).

282) 앞서 보았듯이 연방대법원의 Grokster 판결에서도 필터링 조치를 하지 않은 것만으로는 법적 의무의 위반이 아니라는 입장을 취하고 있다. 하지만 그 근거에 관하여는 이것을 법적 의무로 보면 Sony 원칙을 너무 가까이서 훼손하게 되기 때문이라고 짤막하게 언급하고 있을 뿐이다.

인터넷서비스제공자가 법적 의무로 반드시 채택하여야 한다고 해석하게 되면 다음과 같이 생각하지도 않은 문제가 발생할 수 있다. 즉 혹시 적법한 파일을 유포하고 싶은 일부 이용자라면 이제는 더 이상 자신의 파일명 안에 '연인,' '사랑,' '슬픔,' '우정,' '친구' 등과 같이 저작권 있는 대중가요의 제목과 일치할 개연성이 있는 단어는 포함하지 않도록 주의하여야 하는 것이다. 새로운 음향지문 방식의 필터링 조치가 있다고 하나 이 역시 아직 완전하지 않다.

둘째, 필터링과 같은 구별조치를 상품공급자가 선택하지 않았다는 사실에만 터잡아 법적 의무 위반으로 평가하려면 결국 기술전문가가 아닌 법관으로 하여금 상품의 디자인 구상단계까지 거슬러 올라가 그 디자인의 저작권침해 관련 적합성을 판단하라는 것이다. 그런데 이는 무리한 요구 아니면, 법관의 능력을 지나치게 과신하는 것이다.[283] 법률전문가에 불과한 법관은 단지 이미 구상과 설계가 끝난 특정 상품이 시장에 시판된 이후의 시점에서, 그 상품으로 인한 침해와 비침해 용도의 대략적인 비중을 서로 비교하여 가늠할 수 있을 뿐이다. 더 구체적으로 말하자면 다음과 같다.

한국에서 인터넷서비스제공자의 법적 책임은 이른바 민법상 방조 규정의 해석에 의할 것인데 그 해석의 구체적인 기준으로는 가령 條理를 비롯한 여러 가지[284]가 동원될 수 있을 것이다. 그런데 인터넷서비스제공자가 그 서비스 기술의 설계단계에서 가능한 2-3가지의 디자인 중에서 특정한 디자인을 선택한 행위를 법관이 포착하여 (가령 조리에 따른 적절한 디자인 선택 의무를 위반한) 방조행위라고 판단할 수 있을 것인가? 대개 법관의 능력을 현저히 넘어서는 기술적 판단을 요구하게 될 것이다. 기술적 판단과 관련하여 법관에게 기대할 수 있는 최고치란, 앞서 연방대법원의 Grokster 판결이 취한 입장과 마찬가지로 다른 여러 가지 판단요소와 혼합하여, 침해를 막기 위한 부수적인[285] 필터링

283) 물론 입법으로 이러한 법관의 부담을 경감하는 구체적인 필터링의 특정이 있는 경우는 논외이다.

284) 이 책이 중시하는 이른바 Sony 기준도 논의방향에 따라 그 중 하나가 될 수 있을 것이다.

285) 다만 상품이나 서비스의 특정 디자인을 여러 가지 가능성 중 최초로 선택하여 설계하는 행위, 즉 상품·서비스의 최초 디자인 및 설계 행위와 달리 필터링 시스템의 수용행위는 개념상으로 구별될 수도 있을 것으로 보인다. 전자와 달리, 후자는 현실에서 대개 상품이 공급된 이후에 문제될 가능성이 크다는 점, 후자를 채택하는 상황은 보다 제한적이고 분명한 상황이어서 법관의 판단이 보다 용이할 것으로 보인다는 점에서 구별될 수도 있을 것이다. 가령 미국의 MP3.com 사건[제5장 제1절 Ⅰ.2. (3) 2) 부분 각주 참조]에서 실제 문제되지는 않았지만, 피고 MP3.com이 이용자에게 요구하였던 CD 확인 방법과 같은 기술을 피고가 선택하여 서비스를 설계할 것인지, 선택하지 않고 서비스를 설계할 것인지를 판단하는 상황이 전자의 상황이라고 할 수 있다. 아울러 후자의 상황은 키워드

조치를 용이하게 채택할 수 있는 지에 대한 다소 막연한 판단을 내리는 수준까지일 것이다.

셋째, 구별조치(필터링)를 도입한 디자인을 기술공급자가 채택하지 않았다는 사실 자체를 법적 의무 위반으로 규제하지 않더라도 아래에서 설명하듯이 우회적으로 규제를 가할 수 있다.

물론 입법자가 특정한 필터링 조치의 채택을 지정하여 법률로서 정한다면 법적 의무가 될 것이지만, 입법이 이루어지는 경우에도 단지 막연하게 포괄적인 일반규정으로 필터링 조치와 같은 구별조치를 반드시 채택하도록 하는 것은 극히 신중할 필요가 있다.

(나) 필터링의 장착 등 구별조치를 이행하지 않은 경우에 대한 판단원칙

결국 필터링의 장착 등 구별조치는 의회가 나서 특정한 의무를 법으로 정하지 아니하는 이상 원칙적으로 그것을 장착하지 아니한 행위 자체에만 터잡아 법적 비난을 가하기 곤란하다. 그러나 이렇게 구별조치가 없는 경우 상품·서비스의 허용 여부를 판단하는 법원으로서도 그 용도 중 비침해부분만을 따로 판단대상으로 삼으려 해도 삼을 수 없게 되고 결국 침해부분까지 통틀어 상품 혹은 서비스 전체를 판단대상으로 삼게 된다. 그런데 이때 이용자들의 침해행위는 구별조치를 실행한 때보다 극심할 것[286]이다. 그에 따라 당해 상품이나 서비스 전체 중 침해적 부분이 차지하는 비중이 증가하게 된다. 결국 법원으로부터 당해 상품 혹은 서비스 중 침해적 부분이 비침해적 부분보다 더 크다고 판단될 가능성이 더 커지므로 상품이나 서비스 전체의 공급을 금지하는 결론을 받게 될 가능성 역시 증가한다.

결국 구별조치가 법적인 의무는 아님을 빙자하여 고의로 회피한 공급자는[287] 오히려 쟁송을 당하여 비침해적 용도 부분까지 법원의 명령으로 한꺼번

시스템, 음향지문 시스템의 수용 등과 같은 상황이 있다.

286) Napster나 소리바다의 경우를 보면 알 수 있다. 검색금칙어 설정을 포함한 넓은 의미의 필터링 기술의 수준은 당시 침해물을 100% 걸러 내는 것이 불가능하다는 것이었다. 하지만 불충분한 필터링기술이라 하더라도 이를 채택함으로써 얻어지는 위하적 효과마저 피고들은 지레 포기함으로써 실제 불법파일 교환의 폭증을 초래한 한 원인이 되었다고 할 수 있다.

287) 한편, 고의로 회피하는 데 그치지 않고, 아예 상품이나 서비스의 구조를 구별조치의 적용이 현저히 더 곤란한 다른 상품이나 서비스의 형태로 일부러 전환하는 경우[가령, 한국에서 가장 잘 쓰이는 이-동키(하이브리드 P2P 서비스)가 오버넷(Pure P2P 소프트웨어)으로 변화한 것과 같은 경우] 법원은 그것이 의도적이든, 부득이한 경우이든간에 공급자가 전환한 상품이나 서비스를 기준으로 사회 전체의 이익과 손실을 비교형량하면 족할 것이다. 결국 이 때도 위 본문의 상황과 같은 맥락에서 판

에 금지되는 불이익을 입을 수도 있다. 따라서 공급자 스스로 판단하여 적당한 선에서 구별조치를 고려하는 것이 경제적으로 합리적인 인간의 행동이 된다. 이렇게 되면 구별조치는 법적 의무가 아니어도 공급자에게 일정한 범위에서[288) 사실상 요구된다.

이상과 같은 설명만이 고의로 필터링 조치를 회피한 인터넷서비스제공자에게 책임을 추궁할 수 있는 보다 합리적인 근거를 제공할 수 있다고 본다.

공급자가 필터링의 장착 등 구별조치를 고의로 이행하지 않은 경우 Sony 원칙에 따라 구체적으로 어떻게 판단할지를 도식화하면 다음과 같다. 우선 특정소송에서 문제되는 복제기술 관련 상품을 X라 가정한다. 이 때 X는 비침해적 용도('X^{+}')와 침해적 용도('X^{-}')를 모두 가지고 있는 상품이다. 그런데, 침해적 용도가 더 큰 상품은 어느 경우나 허용될 수 없음이 자명하므로 논의의 편의상, 일단 비침해적 용도인 'X^{+}'의 긍정적 가치를 1, 침해적 용도인 'X^{-}'의 부정적 가치를 −0.5라고 전제한다.

한편, X의 공급자인 甲은 'y'라는 기술(필터링 기술 등이 대표적이며, 다만 편의상 침해물의 식별이 100% 정확하게 가능하다고 전제한다)을 통하여 구별조치를 할 수 있는 능력은 이미 가지고 있다.

그런데, 저작권자인 원고 丙은 이용자 乙 등이 X 상품을 이용하여 자신의 저작물을 불법복제하여 유포함으로써 丙 본인의 저작권이 침해되었다고 주장[289) 하면서 법원에 피고 甲을 상대로 X의 판매금지처분을 구하는 소송을 제기하였다. 이 때 법원의 판단방법을 다음에서 살펴본다(아래 * 등은 도표 안의 해당 * 표시부분에 관한 상세설명이다).

단하면 족하다.

288) 만약, 필터링 시스템이 존재하지만 그 채택에 과도한 노력이나 비용이 소요되어 불가능한 경우라도, 역시 마찬가지로 침해 부분뿐만 아니라 비침해 부분까지 모두 통틀어 당해 상품이나 서비스 전체를 기준으로 판단하게 될 것이다. 즉 법원은 과연 피고의 주장과 달리 원고의 주장처럼, "필터링 시스템의 채택에 과도한 노력이나 비용은 소요되지 않고 실제로는 용이하게 채택할 수 있는가?"라는 어려운 기술적 판단을 내린 다음 그 불채택 사실만으로 법적 의무위반을 추궁하려 할 필요가 없다.

289) 거듭 언급하자면, 그것이 미국에서라면 기여책임 내지 대위책임의 판례법상 법리의 가면을 쓰고, 한국에서라면 방조에 의한 불법행위에 관한 성문법에 의탁하여 제소될 것이지만 Sony 사건에 대한 연방대법관들의 다수의견과 소수의견의 형성과정에서 보듯이 이러한 법리나 규정의 해석결과는 정답이 있을 수 없는 논쟁이다. 아래에서 논하고자 하는 것은 법원의 판단결과가 X의 공급을 금지하는 것이든, 허용하는 것이든지간에 각각의 결과에 대한 정당성을 부여해 줄 수 있는 보편적인 법적 논리를 말하고자 한다.

<table>
<tr><th>X상품에 y 기술 적용 여부(구별 조치 여부)</th><th>법원이 판단할 대상</th><th>X의 용도</th><th>그로 인한 사회적 손실</th><th>그로 인한 사회적 이익</th><th>사회적 순이익(=사회적 손실+사회적 이익)</th><th>상품의 공급을 허용할지 여부</th><th>저작권자를 위한 보완책의 필요 여부</th></tr>
<tr><td rowspan="2">적 용</td><td>X^+만 가진 상품 X</td><td>X^+</td><td>0</td><td>1</td><td>1</td><td>O</td><td>X</td></tr>
<tr><td>X^-만 가진 상품 X*</td><td>X^-</td><td>−0.5</td><td>0</td><td>−0.5</td><td>X</td><td>X</td></tr>
<tr><td rowspan="2">비적용①</td><td rowspan="2">X^+,X^-을 포함한 X 전체</td><td>X^+</td><td></td><td>1</td><td rowspan="2">0.5</td><td rowspan="2">O</td><td rowspan="2">O **</td></tr>
<tr><td>X^-</td><td>−0.5</td><td></td></tr>
<tr><td rowspan="2">비적용② ***</td><td rowspan="2">X^+,X^-을 포함한 X 전체</td><td>X^+</td><td></td><td>1</td><td rowspan="2">0.1(=‘−0.9’ + ‘1’)</td><td rowspan="2">O</td><td rowspan="2">O ****</td></tr>
<tr><td>X^-</td><td>−0.9(=위 수치 ‘−0.5’ +추가 수치 ‘−0.4’)</td><td></td></tr>
<tr><td rowspan="2">비적용③</td><td rowspan="2">X^+,X^-을 포함한 X 전체</td><td>X^+</td><td></td><td>1</td><td rowspan="2">−0.1(=‘−1.1’ + ‘1’)</td><td rowspan="2">X</td><td rowspan="2">X</td></tr>
<tr><td>X^-</td><td>−1.1(=위 수치 ‘−0.5’ +추가 수치 ‘−0.6’)</td><td></td></tr>
</table>

* 침해적 용도만 가진 경우는 불법적 상품임이 자명한 경우이므로 공급 자체가 각종 公法으로 금지될 것이어서 정상적으로 공급될 가능성은 극히 적음.

** 비적용①은 바로 위 칸의 '적용'의 경우와 달리 공급자 甲이 y 기술의 채택을 고의로 회피하는 경우이다. '적용'의 경우에는 'X^+'와 'X^-'가 구별, 분리되어 별도의 상품으로 시장에 출시되지만 비적용①의 경우에는 이것들이 구별되지 않고 당연히 하나의 상품·서비스로 법원의 법적 평가를 받게 된다. 이런 경우 공급자는 위 하나의 상품·서비스로부터 생기는 사회적 손실을 차감한 사회적 이익의 초과분, 즉 사회적 순이익 0.5가 아니라 당초의 사회적 이익[290] 0.1을 모두 얻는다. 반면, 저작권자가 사회적 손실 −0.5의 대부분을 떠안게 된다[그 근거에 대한 설명은 이미 앞서 1) (다) '경제학적 시각에서의 사회적 이익과 손실의 계량화' 부분에서 상술하였음]. 따라서 잠재적 파레토 효율(위 같은 부분 각주 참조)의 개념과 관련하여 사회 전체로는, 공급자가 차지할 이익 중 일부를 저작권자의 손실만큼 저작권자에게 이전시킴으로서, 저작권의 부당한 손해를 전보(塡補)해 주기 위한 보완책으로 공급자에 대한 부과금제도 등이 반드시 필요하게 됨.

*** 비적용①과 같은 공급자의 고의적 회피 상황은 시간이 지남에 따라 변화하는 상황 순서에 따른 설명이 비적용②과 비적용③임. 복제기술 상품인 X의 침해적 용도(X^-)란 다름 아니라 통상 저작권자의 허락을 요하여 유료인 복제를 불법적으로 저렴하게 혹은 무료로 가능하게 하는 기능임. 가령 Napster나 소리바다의 사례에서 보듯이, 이러한 침해적 용도의 매력에 끌린 이용자들의 수는 X^-가 존재하는 한 일정수준까지 계속 증가하게 됨. 그에 따라 X^-에 따른 사회적 손실의 수치 역시 고정되지 않고 일정수치까지 계속 증가함.[291] 비적용②에서 '그로 인한 사회

290) 비침해적 용도의 가치는 사회적 이익과 동일하고 침해적 용도의 가치는 사회적 손실과 동일하다는 사실, 나아가 사회적 이익과 사회적 손실이 구체적으로는 무엇을 의미하는지는 앞서 해당 부분에서 이미 설명하였다.

291) 주의할 것은 논의의 간결화를 위하여 사회적 이익은 '1'로 고정시키고 있다는 점이다. 가령 침해적

적 손실' 란의 '−0.4' 는 그러한 증가치의 한 예시이다. 이러한 증가치가 앞서 '사회적 순이익' 인 '0.5' 를 초과하는 경우(가령 위 도표에서와 같이 추가수치가 '−0.6' 에 이르는 경우)가 바로 비적용③의 상황임. 법원이 '상품의 공급을 허용할지 여부' 를 판단함에 있어 상품공급을 금지하게 되므로 X 전체의 공급이 이루어질 수 없게 됨. 따라서 X의 공급 자체가 없으므로 '저작권자를 위한 보완책의 필요 여부' 에 있어서도 대안 역시 필요 없게 됨.

****바로 위의 비적용 ①에서의 '저작권자를 위한 보완책의 필요 여부' 와 판단결과는 대부분 동일하지만, 비적용 ②에서는 X^-에 따른 사회적 손실의 수치가 일정수치까지 계속 증가하는 것에 탄력적으로 맞추어 저작권자를 위한 대안을 더 강화(가령, 부과금의 인상)할 필요가 있음.

위와 같은 도면에 나타난 결과를 보면, 甲으로서는 y라는 기술(구별조치)을 상품 X에 적용하는 것이 특별한 법규정으로 요구받은 법적 의무는 아니므로 이를 비적용하는 것을 선택할 수도 있다. 그러한 경우라도 법원이 Sony 원칙에 따라 판단하는 한, 도면상 '비적용 ②' 의 상황과 같이 일정 시점까지는 저작권자가 제기한 X 상품에 대한 판매금지처분을 구하는 소송에서 패소할 걱정은 없다. 그러므로 비침해적 용도인 'X^+' 은 물론 침해적 용도 'X^-' 를 보유한 상품 X를 계속 공급할 수 있다. 그렇지만 이 때라도 복제부과금제도가 탄력적으로 운용되는 사회인 경우 침해적 용도 'X^-' 로 인한 사회적 손실이 증가함에 따라 복제부과금도 아울러 인상될 것이다.

결과적으로 甲은 자신의 이익에서 더 많은 부분이 빠져나가 저작권자 丙에게로 이전되는 것을 감수하여야 한다. 그런데 침해적 용도 'X^-' 에 끌린 이용자의 수가 여전히 계속 증가함에도 甲이 계속 태만하게 y기술의 적용을 선택하지 않는 경우, 일정시점을 지나 '비적용 ③' 의 상황에 이르게 될 수 있다. 그러면 법원은 침해적 용도 'X^-' 로 인한 사회적 손실이 'X^+' 로 인한 사회적 이익보다 더 크다고 하여 甲에게 X 상품의 판매금지를 명하게 될 것이다. 따라서 甲은 이를 미리 피하려면 침해적 용도가 증가하는 도중의 적당한 시점에 자발적으로 y 기술을 X 상품에 채택하지 않을 수 없다.

이상과 같은 도표를 활용한 분석의 결과는 다음과 같은 세 가지이다.

이용자들의 수가 폭증하여 상품 X를 침해적 용도 $x-$로 이용하는 경우가 늘어나면 당장 사회적 손실의 수치가 폭증할 것임은 자명하다. 그러나 이때 침해적 이용자들 역시 종전과 달리 복제에 소요된 시간과 비용이 절감되는 이익(사회적 이익)을 얻게 되므로, 침해적 이용을 통해서도 사회적 이익은 증가한다. 그렇지만, 아래 부분[이에 관하여 자세히는 아래 제3절 Ⅱ. 2. (1) 2) '경제학적 근거에 대한 試論' 부분]에서 설명하듯이 이용증가에 따라 사회적 이익에는 체감법칙이, 반대로 사회적 손실에는 체증법칙이 적용되므로 사회적 손실의 변화폭이 더 크다. 이에, 사회적 이익은 아예 고정된 것으로 처리하였다.

첫째, 만약 법원이 Sony 원칙을 적절하게 활용하여 침해책임의 추궁 여부를 적절하게 판단내리는 시스템을 구비한 경우라면, 굳이 甲 같은 공급자에게 y와 같은 구별조치의 채택을 법적 의무로 강요하지 않고도 일정 범위 안에서는 효율적으로 사실상 채택을 강제할 수 있게 된다는 점이다.

둘째, Sony 원칙을 적용함에 있어 그 적용이 원활하기 위해서는 반드시 상품·서비스공급자로부터 저작권자에게 소득 일부를 이전시켜 주는 복제부과금 제도, 그것도 법적 안정성을 크게 해치지 않는 한 가급적 탄력적인 복제부과금 제도의 도입이 필요하다는 점이다.[292]

셋째, X의 판매금지처분(침해금지가처분)을 구하는 소송을 담당한 법원은, 재판에서 더 뚜렷한 판단기준이 없는 경우 간단한 기준으로 앞서 언급한 관련 공식[293]을 적절히 활용하여, 甲이 이용자들로부터 직·간접으로 거둔 총 수익액(사회적 이익)과, X로 인한 저작물 시장의 규모 감소 금액(사회적 비용)을 직접 비교하는 방법을 취할 수 있다. 이 방법을 통하여 문제되는 사실관계가 '비적용 ②'에 해당하는지, 아니면 저작권침해가 더 심해진 '비적용 ③'인지를 대강이나마 판단할 수 있을 것이다. 특히 이러한 공식은 적어도 뚜렷한 강점 하나를 가진다. 그것은 공급자인 甲의 총 수익액이 다름 아니라 자신의 상품 X가 가져다 주는 사회적 이익과 동일하게 간주되므로 甲 스스로 이를 은폐하기는커녕 적극 입증할 동기부여를 할 수 있다는 점이다. 아울러 마치 Aimster 항소심에서 Sony 판결의 적절한 적용을 위하여 원·피고에게 입증책임을 나누었듯이[294] 법관은 원·피고 각자에게 비교적 용이한 입증의 기회를 부여하는 한편 법원 입장에서 풍부한 자료를 수집할 수 있는 기회도 얻을 수 있을 것이다.[295]

(다) 구별조치에 대한 저작권법 개정안들에 대한 검토

이러한 구별을 위한 인터넷서비스제공자의 노력은 과도한 비용이나 노력이 소요되지 않는 범위 내에서, 즉 합리적인 근거로서 기대될 때만 긍정되어야 한다는 지적이 있는바,[296] 이는 지극히 타당한 설명이다. 한국에서도 2003년 저

---

292) 이에 관하여 자세히는 아래 제3절 Ⅱ.2. (1) 2) '경제학적 근거에 대한 試論' 부분 참조.

293) 위 1) (다) '경제학적 시각에서의 사회적 이익과 손실의 계량화' 부분 참조.

294) 제5장 제1절 Ⅱ.3. (2) 4) 'Sony 판결의 적용과정에서 필요한 원·피고의 입증범위와 구체적인 입증대상' 참조.

295) 특히 통상의 저작권침해소송에서는 저작권자가 손해액 산정자료로 기술공급자의 이득을 입증하여야 하나, 그 입증이 극히 곤란하다.

296) 앞서 Aimster 항소심 판결의 지적이 같은 맥락이다.

작권법 개정시 당초의 개정안 제77조의2 제3호는 "다른 사람에 의한 저작물등의 복제 또는 전송을 방지하거나 중단시키는 것이 기술적으로 불가능하거나 현저한 시간적 또는 재정적 부담으로 사실상 기대할 수 없는 경우"라고 하여 기술적으로 불가능한 경우 외에도 저작물 등의 복제 또는 전송을 방지하거나 중단시키는 것이 현저한 시간적 또는 재정적 부담으로 사실상 기대할 수 없는 경우를 면책사유로 정하고 있었다. 그러나 입법과정에서 삭제된 바 있다.

위 규정의 반대해석 상, 현저한 시간적 또는 재정적 부담이 '없이' 복제·전송을 방지, 중단시킨다는 것은 만일 안정적이고 검증된 필터링 프로그램과 같이 저작권침해를 손쉽게 저지할 조치가 존재함에도 이를 채용하지 않는 경우라면 면책될 수 없다는 것을 입법으로 분명히 한 것이었다고 보인다.

한편, 구별조치를 이행할 것을 우리 저작권법상 명문으로 요구하려는 입법시도도 있다.[297] 그러한 이러한 입법은 극히 신중하여야 한다고 본다. 비록 그 입법취지가 우리 저작권업계의 극심한 곤경을 구제하고자 하는 선의에서 출발할 것일지라도, 현실성은 의문이다. 그 이유는 첫째 아직 미국 등 다른 나라에서 이루어지지 않은 전면적인 규제를 한국에서 먼저 기술공급자에게 가하는 데는 신중하여야 하기 때문이다. 둘째 입법자의 기대와는 달리 실제 검색어 차단 혹은 DRM과 같은 각종 구별조치의 범위나 효과가 아직 모호하다. 셋째 이러한 입법을 하지 않더라도 위에서 살핀 대로 법원의 침해판단에서 구별조치를 일부러 피한 기술공급자에게 불이익을 줄 수 있기 때문이다.

(라) 필터링의 장착 등 구별조치가 용이하게 가능함이 명백한 예외적 경우의 판단

예외적으로, 법원은 구별조치와 관련해 판단하는 과정에서 침해부분을 용이하게 구분할 수 있는 조치가 이미 존재하고 있음이 명백한 경우라면 즉, (i) 구별조치의 용이성, (ii) 그러한 조치가 용이하게 적용 가능하다는 사실의 명백성이 충족되는 예외적인 경우에는 법원 스스로 그 판결에서 이를 반영, 침해부분만을 구분하여 금지시킴이 타당하다고 본다.

침해적 용도와 비침해적 용도가 결합된 특정 서비스유형 안에서 비침해부

297) 2005. 10. 31. 우상호 의원 등 10인의 저작권법 개정안 발의안. 여기서는 제77조의3(특수한 유형의 온라인 서비스제공자의 의무 등)을 신설하여, "① 다른 사람들 상호간에 컴퓨터 등을 이용하여 저작물 등을 복제·전송하도록 하는 것을 주된 목적으로 하는 온라인서비스제공자는 다른 사람들 상호간에 저작물 등이 불법적으로 복제·전송되는 것을 방지하기 위하여 기술적 보호조치 등 대통령령이 정하는 필요한 조치를 취하여야 한다"고 정하고 있다.

분으로부터 침해부분만을 과도한 노력이나 비용 없이 구분해 낼 수 있고, 이러한 사정이 법원에게 명백하다면,[298] 이러한 침해적 용도부분만을 따로 떼어 저작권 위반이라고 금지하면 족하지 비침해 용도부분까지 금지하는 것은 우회적으로 Sony 원칙을 훼손하는 것이기 때문이다.

보다 구체적으로, 한국에서 이러한 쟁송이 침해금지가처분의 형태로 제소되었을 때 법원이 어떻게 명령할지를 설명하자면, 문제된 상품이나 서비스에서 침해부분과 비침해부분의 구별이 당시 기술의 수준으로 보아 불가능하였다면 피고의 서비스 전체의 정지를 명하는 결정이 내려져야 한다. 반대로 기술의 진보로 이러한 구별이 가능하게 되었다면 가령 "(필터링 장치 OO을 장치하여) 침해방지조치를 이행하지 아니하고서는 피고는 서비스를 하여서는 아니 된다"[299]는 명령이 내려져야 하는 것이다.[300] 이처럼, 구별조치가 가능한 이상 침해부분과 비침해부분은 Sony 원칙에 따라 판단할 때 전혀 별개이다. 그러므로 필터링 장치를 장착하지 아니한 상태에서 특정 P2P 서비스를 운영하였는데 실제로 99% 이상이 불법복제파일의 교환임이 실증적으로 확인되었더라도 당시 기술의 상태에 따른 필터링에 의한 구별가능성을 먼저 살피지 아니한 채[301] 곧바로 피고 서버의 전체 정지를 명하는 것은 투박한 논리에 불과하다.

이상의 소원칙과 관련한 논의를 다른 표현으로 요약하자면, 미국이나 한국에서 논의되는 넓은 의미[302]의 통제(control) 가능성은 단지 침해행위를 어떤 방법으로든 차단할 수 있다는 차원이 아니라, 침해행위부분만을 분리하여 구별하

298) 적용가능함이 명백하지 않거나, 만일 이러한 필터링 장치가 불법파일을 정확히 판별하는 비율이 현저히 미흡한 때라면 침해부분과 비침해부분이 그 범위 내에서는 혼재하여 존재하므로 서비스 전체를 하나로 판단하는 일반론으로 되돌아갈 것이다.

299) 실제로 원고의 무조건적인 신청을 그대로 인용하지 않고, 일정한 조건을 첨부하여 한정적으로 인용하는 금지처분 주문 예는 한국의 법원에도 다수 쓰이는 형식이다.

300) 이러한 주문형태는 졸저인 학위논문에서 가상했을 때는 그 현실의 예가 없었다. 하지만, 2005. 9. 5. 내려진 호주연방법원의 Kazaa 판결은 주문 제5항에서 이러한 방식을 취하고 있다. 이는 제6장 제3절 Ⅰ.2. (3) 3) (라) 부분 참조.

301) 소리바다 가처분이의 1심 판결에서 비록 말미에 "피고들이 저작권침해가 문제되는 MP3 파일들을 가려내어 다운로드를 막는 것이 기술적으로 불가능하다"라는 판단을 하고 있었더라도 이는 피고가 통제 가능성 없음에 착안하여 책임을 부정한 주장을 오히려 피고에게 불리한 방향으로 전용한 것에 불과하다고 보인다. 법원 스스로 과연 소리바다1 전체 서버의 폐쇄 없이 침해적 부분만을 가려 금지할 수 있는지 여부에 관하여 당사자의 주장을 넘어 추가적인 검토나 증거조사가 있었어야 할 것이다. 이 점은 소리바다3 가처분 결정에서도 마찬가지이다.

302) 대위책임의 요건 중 하나로서가 아니라, 기술공급자에게 그 이용자들의 저작권침해행위에 대하여 책임을 돌릴 수 있을지, 바꾸어 말하면 귀책사유 차원에서의 의미이다.

여 억제할 수 있느냐가 진정한 기준이 되어야 할 것이라는 점이다. 통제(control) 가능성의 진정한 의미는 단순한 차단가능성이 아니라 구별가능한지(distinguishable), 즉 침해와 비침해를 구별할 수 있는 가능성(ability to distinguish between infringing and non-infringing conduct)이 핵심이라는 입장이 타당하다하겠다.

5) 손실과 이익의 비교는 개략적 판단으로 족하다는 원칙

Sony 사건에서 연방대법원의 소수의견은, 항소 법원에서 "당해 비디오테이프 레코더가 주로 TV프로그램을 복제할 목적으로 제조·광고·판매되었다"는 사실, "모든 TV프로그램은 실제로 저작물이다"라는 사실을 각각 인정한 다음 침해를 긍정한 것에 대하여, 두 번째 사실인정은 의문이라고 보았다. "TV프로그램 중 얼마나 저작물이냐"가 아니라 비디오테이프 레코더의 침해적 용도가 차지하는 양이 중요하다고 비판하였다. 아울러 이 점에 대하여 1심 법원이 '비침해 대 침해적인 가정용 녹화의 비율(percentage of legal versus illegal home-use recording)'을 발견하는 것을 굳이 거부한 것은 부당하며, 위 비율의 발견이 필수적이라는 입장을 취하였다.[303]

그리고 이러한 취지에 공감하는 학설[304]도 있다. 종전의 '상당부분 비침해적 용도'라는 Sony 기준을 수정하자면서 새롭게 '상당부분 침해적 용도(substantial infringing uses)'라는 기준을 제시하는 골드스타인(Goldstein) 교수의 견해[305] 역시 넓게는 비율의 발견이 필수적이라는 입장이라고 보인다. 그러나 이 책의 입장은[306] 법관에게 문제된 상품의 비침해적 용도와 침해적 용도에 대한 대강의 발견 및 비교, 우열판단을 넘어 그 정확한 비율의 발견까지 요구하는 것은 무리이고,[307] 상품의 종류에 따라서는 비현실적일 수 있으므로 소수의

303) Sony, 104 S.Ct. at 814-15.

304) Douglas Lichtman & William Landes, op. cit., pp. 400~401 및 Jesse M. Feder, op. cit., pp. 910~11.

305) Paul Goldstein, Copyright Law and Practice 713(1989), at 716. (Ariel B. Taitz, op. cit., pp. 167~68에서 재인용). 마찬가지로 'substantial infringing uses'의 요건이 충족된 경우 인터넷서비스제공자에게 책임을 추궁하자는 입장으로는 Jeffrey L. Dodes, op. cit., p. 311이 있다.

306) Elizabeth Miles, op. cit., p. 24에서는 Sony 판결에서 "당해 기기의 침해적 용도....의 비율은 중요하지 않다"고 하였다고 간략히 언급하였지만, 이 책과 같은 입장으로 보인다.

307) 일부 문헌[Harvard Law Review Association, "Recent Cases: Copyright Law - Ninth Circuit Holds That Computer File-Sharing Software Vendors Are Not Liable for Users' Copyright Infringement," Harvard Law Review, March 2005]은 이러한 점에서는 공통되면서도, P2P가 가진 비침해적 용도 중 설령 독재체재이라도 자유로운 정치적 의사소통을 보장하는 용도는 미국헌법이 보장하는 표현의 자유가 저작권자의 경제적 이익보다 상위의 것임을 감안할 때 극히 중요한 것이어서 P2P의 침해적 용도와 비침해적 용도를 정확히 확정할 필요 없이 당연히 비침해적 용도가 더 중요하다고 파악하는 입장이다.

견은 부당하고 결국 연방대법원의 다수의견이 여전히 합리적이라고 본다.

다른 한편, 상품의 비침해적 용도와 침해적 용도에 대한 정확한 비율의 확정까지 요구하는 것은 무리라는 입장에는 공감하는 듯하면서도 Sony 판결이 제시한 '상당부분 비침해적 용도'라는 기준은 종래와 같이 비침해적 용도와 침해적 용도 사이의 교량으로 찾아지는 상대적인 기준이 아니라 절대적 기준으로 변화되어야 한다고 주장하는 견해도 있다.

이 견해는 위와 같이 상대적 기준에 머물러서는 그 기준의 적용에서 불명확함을 벗어날 수 없고 따라서 예측가능성을 보장할 수 없다고 비판하는 취지이다. 그러면서 이를 피하기 위하여 수립할 절대적 기준은 '사소하지 않은 침해적 용도(Non-Trivial Infringing Uses)'의 존재를 원고가 입증하면 다른 요소는 고려할 필요 없이 곧바로 침해책임이 긍정되어야 한다고 설명한다.[308] 그러나 '사소'한지 여부의 판단 역시 침해적 · 비침해적 용도의 비교에서와 마찬가지로 어느 정도의 불명확성을 피할 수 없는 기준이다. 뿐만 아니라 위 견해에 따르면 침해적 용도와 비침해적 용도가 모두 일견 상당부분에 이르는 복제기술의 경우 기술공급자가 항상 책임을 부담하여야 한다는 결론에 이르게 될 것이어서 부당하다.[309]

6) 기술로 인한 저작권자의 손실은 입법으로 보전해 준다는 원칙

침해적 용도와 비침해적 용도가 공존하는 새로운 복제기술이 반영된 상품이나 서비스가 법원에 의하여 공급이 허용되면 총량으로는 사회전체구성원이 받는 사회적 이익의 양에 미치지는 못할지라도 그 복제기술의 이용자들에 의한 침해적 이용으로 인한 사회적 손실이 발생한다. 그리고 그 손실은 저작권자들이 대부분 보게 된다.[310] "피고 Sony의 기여책임은 일단 긍정하되, 그 책임추궁의 방법은 공급금지가 아니라 로얄티 지급과 같은 대안을 찾을 수 있다"는

308) Ariel B. Taitz, op. cit., pp. 159–61.

309) 가령, 디지털 복제기술의 경우 이용자들의 이용행태 상으로 침해적 용도가 결코 사소하다고 보기 어려운 때가 대부분이다. 앞서 견해에서는 이러한 부당한 결론을 의식하여서인지 위와 같은 절대적 기준은 오로지 디지털 기술장치의 공급자에게만 적용될 뿐 아날로그 기술장치의 공급자는 제외된다고 설명한다(Ariel B. Taitz, op. cit., p. 160). 하지만 왜 그렇게 이원적인 분류가 필요한지에 관하여 명쾌한 설명을 하지 못하고 있다.

310) 저작권자들이 이러한 손실을 복제기술 공급자에게 전가할 마땅한 수단이 없어 최종적으로 그러한 손실의 대부분을 떠안게 된다는 사실은 앞서 1) (다) '경제학적 시각에서의 사회적 이익과 손실의 계량화' 부분 참조.

것으로 요약되는 Sony 판결의 소수의견을 지지하는 입장[311)]이 지적하는 바와 같이, 논리상의 수많은 우월함에도 불구하고 다수의견이 가진 큰 단점은 바로 복제기술의 부작용이라고도 할 수 있는, 침해적 이용으로 인한 손해를 왜 저작권자가 홀로 감수하여야 하는지, 아울러 그 손해를 전보(塡補)해 주는 것이 형평상 정당한 것이 아닌지 하는 의문을 완전히 불식시키기 어렵다는 점이다.

그러나 소수의견의 비판은 다수의견이 비침해적 용도와 침해적 용도의 양면을 모두 가진 복제기술의 공급을 허용한다는 대결론을 내리면서 (저작권자 보상을 위한) 입법의 미비로 저작권자에게 별다른 보상책을 부여하지 않았다는 불가피한 단점을 지적하였다는 범위 내에서만 의미가 있을 뿐이다. 그러나 만일 소수의견이나 그것과 상통하는 항소 법원의 판단에 따른다면 저작권자는 복제기술공급자에게 손쉽게 책임을 추궁할 수 있고 아울러 그 방법도 반드시 (위 소수의견의 권고안과 같이 로얄티에 그친다는 아무런 보장이 없이) 법관의 판단에 따라서는 예비적 유지명령 등이 발령되어 복제기술의 공급이 저지될 수 있다는 위험이 있게 됨을 유의하여야 한다.

따라서 일단은 Sony 판결의 다수의견을 취하되, 저작권자들이 합리적 근거 없이 집중적으로 받게 되는 손실에 관해서는 위 다수의견의 입장을 보완하기 위하여 의회가 입법적인 수단을 동원하여 적극적으로 개입하여야 한다는 입장이 타당할 것이다.[312)] 이 점과 관련하여, Sony 판결은 물론 Verizon 항소심판결[313)] 및 Grokster 항소심판결[314)] 등은 저작권자들은 저작권 보호의 정책차원에서 기여책임 및 대위책임 원칙의 외연(外延)을 확장하고자 하는 요구를 하지

---

311) 가령 Ariel B. Taitz, op. cit., p. 170에서는 Sony 사건에서 연방대법원의 소수의견과 상통하는 연방항소법원의 판단에 기본적으로 찬동하면서 다수의견의 단점을 위와 같은 취지로 비판하고 있다.

312) 이와는 다소 시각이 다르지만, Sony 사건에 관해 1심을 파기하여 침해책임을 긍정하면서도 침해중지 대신 손해배상이나 로얄티 지급을 제시한 항소심의 판단까지만 내려졌던 1982년, Nimmer 교수는 별도 입법 없이 미국 저작권법의 유추해석만으로 이미 법원이 강제적 이용허락을 명할 수 있는 권한을 가지고 있다는 해석을 내놓은 바 있다. 이 주장(Melville B. Nimmer, "Copyright Liability for Audio Home Recording: Dispelling The Betamax Myth," Virginia Law Review, November 1982, Pp. 1530–34)에 의하면, '저작권표시'가 누락된 저작물을 선의로 저작권 없다고 믿고 이용한 침해자에 대하여 법원으로 하여금 침해정지처분 대신 상당한 이용료지급 조건의 계속이용을 명할 수 있도록 정한 미국 저작권법 중 § 405(b)을, Sony 사건과 같은 사례에서도 이를 응용할 수 있다는 취지이다. 어쨌든 침해정지처분을 부정하였던 실질적 이유는 상이하지만 Nimmer 교수 역시 로얄티 제도를 통한 저작권자 보호를 꾀하여야 한다는 입장으로 정리할 수 있다.

313) Verizon, 351 F.3d at 1238.

314) Grokster, 380 F.3d at 1166–67.

만 이러한 요구에 응하는 것이 일시적으로 저작권자를 만족시킬 수는 있어도 이는 저작권법 일반을 엄청나게 변경하는 것이어서 결국 현재로서는 알 길이 없는 결과를 낳으므로 부당하다고 보았다. 아울러 그 때문에 결국 인터넷 혁명의 흐름을 적절히 교정하여 저작권자의 이익을 보호할 수 있는 기관은 법원이 아닌 의회라는 입장을 취하고 있다.

이런 차원에서 현실적으로 의회에서 거론할 수 있는 조치로는 (i) 인터넷서비스제공자의 상품이나 서비스, 나아가 컴퓨터에 대하여 복제부과금 제도를 도입하거나 (ii) 아예 저작권자의 손실을 막기 위하여 인터넷서비스제공자에게 필터링 소프트웨어기능 등 DRM 혹은 기술적 보호조치의 채택을 의무화하는 방안 등을 생각해 볼 수 있다. 그런데, 앞서 설명한 대로[315] 복제부과금의 도입은 입법부가 반드시 입법조치를 이행하여야 할 필요가 있는 사안임에 반하여, DRM의 채택의무화 법률 등은 그 목적상 앞서 설명한 구별조치와 유사하다고 볼 때, 구별조치에 대한 설명에서 보았듯이 반드시 입법부가 나서지 않아도 자연히 해결될 수 있는 사안이라는 차이가 있다.[316] 따라서 아래 해당부분[317]에서는 입법부의 개입이 반드시 필요한 전자를 중점적으로 논하고자 한다.

덧붙여, 이 부분 Sony 소원칙에서 유의해야 할 것은 Sony 기준에 따라 일단 인터넷서비스제공자의 책임이 없다고 보아 문제된 복제기술의 공급을 허용할 경우 복제기술공급자가 그 복제기술에 관하여 가진 기득권 때문에, 저작권자들은 자신들의 저작권과 관련 없는 부분의 시장은 물론 심지어 관련되었던 시장에서조차 저작권자로서의 정당한 지분조차 보장받지 못하고 오히려 시장으로부터 구축(驅逐)되는 결과가 빚어질 수도 있다는 사실이다.[318] 여기서, 인터넷서비스제공자들이 신기술에 관하여 가진 기득권이란, 문제된 복제기술 시장에서 이미 소비자에 대한 최종유통을 선점하고 있어 나중에 시장에 저작권자가 직접 유통업자로 진입하더라도 유ㆍ무형의 불리함이 있다는 사실상의 기득권도 있을 수 있겠으나 주된 것은 역시 신기술에 대한 특허권이다.

저작권의 경우는 기존의 저작물과 구체적인 표현만 다르면 역시 새로운 저작물로서 보호받을 수 있음에 반하여, 특허권의 경우는 기존의 특허권이 가진

315) 위 4) (나) 부분 및 제3절 Ⅱ.2. (1) 2) 부분 각 참조.

316) 위 4) 부분 참조.

317) 제7장 제3절 '저작권자 보호를 위한 보완책 검토' 중 Ⅱ.2. '복제부과금 부과매체의 확대' 부분.

318) 이 문제는 결코 가볍다고 볼 수 없는 쟁점임에도, 사실 국내외에서 언급하고 있는 글은 없는 듯하다.

기본적인 아이디어와 중복되지 않아야 하므로 보호기간 부분을 제외한 나머지 부분의 독점의 효력에서는 특허권이 더 강하다고 할 수 있다.

그런데 이미 인터넷서비스제공자가 해당 신기술에 대하여 이러한 특허권을 독점하고 있는 상태에서는, 저작권자들이 자신들의 저작물이 유통되는 관련시장에 직접 저작물을 유통하는 사업을 뒤늦게 구상하더라도 복제기술공급자의 특허권에 저촉되어 그 동의 없이는 사실상 위와 같은 시장에 신규로 진입하기가 불가능해진다.

구체적인 예로 설명하자면, 가령, Napster, 소리바다1을 통하지 않고 저작권자 스스로 자신들의 음악파일을 P2P에서 동일한 방식으로 유통시키며 요금을 과하는 사업, 혹은 한국 소프트온넷 회사의 소프트웨어 스트리밍(Software Streaming)과 동일한 방식을 이용하여 저작권자 자신이 스스로 소프트웨어를 스트리밍 방식으로 유료공급하는 사업을 구상하더라도 이미 해당 방식에 대한 특허권[319) 등을 가지고 있는 기술공급자의 사용허락을 받지 않는 한 이러한 기술을 사용할 수 없으므로 아예 시장에 진입할 수 없게 된다.

기술공급자의 공급행위가 저작권자의 권리와 충돌되는 것은 저작권자의 권리에 속한 이용을 하는 것이 주된 목적이 아니라 다른 합법적 목적도 존재하는 것이다. 그에 반하여, 저작권자의 복제기술 사용행위가 기술공급자의 특허권과 충돌하는 것은 오로지 당해 특허권의 실시를 주된 목적으로 한 것이라는 본질적인 차이가 있다. 그리고 특허법이 특허권을 저작권의 보호기간보다 짧게 보호하면서도 특허권이 예외적으로 제한되는 사유는 더 한정[320)하고 있는 취지는 비교적 짧은 보호기간 이후에는 당해 기술을 사회 전체에 귀속시키는 대신 보호기간 동안에는 더 강력하게 보호하겠다는 것이다. 이상과 같은 이유 때문에 새로운 복제기술(가령, MP3 압축파일의 인터넷 상 교환)이 등장하였음에도 여전히 고전적인 유통방법(가령, 레코드점포를 통한 음악 CD의 판매)으로 저작물을 유통하라고 하는 것은 현재의 추세로는 정당한 경쟁이 성립되지 않아 형평상 부당

319) 가령, 국내에서 스트리밍과 관련하여 출원된 특허는 이미 수천 건을 초과하고 있을 뿐 아니라, 소프트웨어 스트리밍과 관련하여서도 국내 유일의 소프트웨어 스트리밍 솔루션 공급업체인 소프트온넷사가 이미 보유하거나 출원중인 특허도 '분산컴퓨팅환경에서 임대소프트웨어 프로그램을 수행하기 위한 시스템 및 방법'에 관한 특허출원을 비롯하여 2004. 9.경 현재 모두 3건이라고 한다. 이상은 진웅, "소프트웨어 스트리밍에 의한 저작권침해가능성," 15-16면.

320) 저작권법 제 6 절(저작재산권의 제한)에서 정한 사유와 특허법 제96조를 비교하면 알 수 있다.

하다는 저작권자의 주장이 있더라도, 결국에는 위와 같은 저작권자의 딱한 상황만으로 위와 같이 극히 한정적으로 열거된 특허권 제한사유에 해당된다고 보기 어려울 것이다.

제 3 절 저작권자 보호를 위한 보완책 검토

Ⅰ. 보완책이 필요한 이유

각종 디지털 복제기술에 편승한 불법복제에 대처하여 저작권자들이 저작권을 보호하는 데 선택할 수 있는 수단으로는 다음 네 가지가 존재한다고 할 수 있다.

첫 번째는, 앞서 설명한대로[321] 디지털 불법복제의 경우 개별이용자들을 상대로 저작권을 강제하는 것은 사실상 곤란함을 인정하고 개별이용자들에게 복제수단을 공급하는 인터넷서비스제공자 혹은 널리 기술공급자를 상대로 법적 쟁송을 벌이는 방법이다.

그런데, 이러한 수단을 선택한 경우 Grokster와 같은 경우라면 경우에 따라 모르겠으나 침해를 조장한 사업부분은 배제된 채 Pure P2P 소프트웨어 자체만 공급할 경우라면 Sony 원칙을 적용할 경우[322]는 반드시 저작권자가 책임을 물을 수 있다고 장담하기 곤란하다.

두 번째는, 아예 사실상 곤란함을 극복하고 개별이용자들을 상대로 일일이 소송을 수행하는 방법이다.[323] 그러나 이런 선택은 일시적으로는 개별이용자들에게 위협적인 효과는 있어도 궁극적인 해결책이 되지 못함은 디지털 복제기술을 통한 복제의 용이성과 은밀성 때문에 자명하다. 실제로 미국 음반산업협회가 이런 수단을 선택하여 지속하고 있는 미국에서는 대상 이용자들의 거센 반발은 물론 때로는 법원도 적극적 협조는 거부[324]하고 있다고 할 수 있다. 결국 이런 선택은 현실의 벽에 부딪혀 좌절을 겪을 수밖에 없고 이러한 좌절은 극단

---

321) 제 2 장 제 1 절 '인터넷서비스제공자에게 책임을 부담시키는 이론상의 근거' 참조.

322) 제 7 장 제 2 절 '연방대법원의 Sony 판결이 놓았던 1984년의 시금석으로 되돌아가며' 참조.

323) 제 6 장 제 3 절 Ⅱ. 1. '저작권자가 개별이용자들의 책임까지 추궁하게 된 배경' 참조.

324) 제 6 장 제 3 절 Ⅱ. 2. 'Verizon 사건' (3) '항소심의 판단' 참조.

적인 반동[325]으로 왜곡되기 쉽다.

세 번째 및 네 번째 선택이 제대로 진행만 된다면, 보다 확실하게 저작권을 보호할 수 있는 주된 수단이라고도 할 수 있다. 그 선택들이란 다름 아니라 저작권자가 자신의 저작물에 디지털 보호장치를 첨가하여 디지털저작물의 유통과정에서 능동적으로 저작물의 이용을 제어하고자 하는 방법, 즉 DRM 혹은 기술적 보호조치를 강구하는 방법과, 디지털저직물의 복제행위가 존재함으로 간접적으로 이익을 얻는 CD제조 · 판매업자나 인터넷서비스제공자 등에 대하여 그들이 거둔 이익의 일부씩을 징수하여 이를 저작권자에게 골고루 배분하는 방법, 즉 복제부과금제도를 도입하는 방법이라고 할 것이다. 이러한 방법들이 가지는 의미를, 앞서 설명한 Sony 판결에서 도출한 소원칙들과 관련지어 보면 다음과 같다.

먼저 기술적 보호조치에 관하여는 소원칙 5번째의 설명에서 보았듯이[326] 반드시 공급자에게 의무라고는 할 수 없다. 그러나 공급자는 이를 자발적으로 채택함으로써 침해적 용도만을 비침해적 용도와 분리하여 구별해 낼 수 있고 이러한 상태에서 법원으로부터 Sony 원칙에 기한 판단을 받아야 자신에게 유리한 결과를 기대할 수 있었다.

다음으로, 복제부과금제도란 공급자가 침해적 용도를 분리, 구별하지 않는 동안은 공급자는 비침해적 용도뿐만 아니라 문제된 상품의 침해적 용도로부터 발생한 이익도 모두 향유함에 반하여, 저작권자는 부당하게 침해적 용도로 발생한 손실을 떠안게 되므로 공급자와 저작권자의 이러한 불균형을 시정하기 위한 적절한 조치이다.[327] 그런데 Sony 기준이 지향하는 바를 이루기 위해서는 복제부과금 제도의 도입이 반드시 필요한 사실도 앞서 보았다.

사회적 손실을 적절하게 반영한 복제부과금 제도가 Sony 기준을 잘 적용하고 있는 법원의 입장과 결합할 때 사회 전체적으로 효용 내지 가치를 극대화할 수 있음과 동시에 저작권자 · 복제기술공급자 · 이용자 모두가 정당하게 타협할 수 있는 토대가 마련될 수 있다.[328]

325) '제7장 제1절 Ⅱ. P2P 기술의 수용을 거부하는 극단적인 입장의 강화' 참조.

326) 관련한 분석은 소원칙 5번째의 설명 중 도표 참조. 다만 저작권자의 자구책으로서의 기술적 보호조치뿐 아니라 기술공급자의 이용자 침해행위에 대한 억제책으로서의 기술적 보호조치까지 널리 지칭한다.

327) 이에 관한 설명은 앞서 제2절 Ⅴ. 2. (3) 4) (나) 부분 참조.

328) 이에 관한 설명은 아래 제3절 Ⅱ. 2. (1) 2) 부분 참조.

Ⅱ. 보완책의 검토

1. 기술적 보호조치와 권리관리정보 등 DRM

주의할 것은, 기술적 보호조치와 권리관리정보의 이용이 실효적으로 활성화된다는 것은 이 책의 주제와 관련해서는 인터넷서비스제공자와 같은 복제기술공급자의 책임을 추궁하는 대신 그 대안으로 삼을 수 있다는 측면에서 문제되는 것에 불과하다는 점이다. 반면 이것은 디지털 시대의 저작권침해행위를 근절한다는 보다 일반적인 논점에 속하여 다른 문헌에서 활발하게 논의되어 온 것이다. 따라서 이 책에서는 상술하기보다는 필요한 핵심만 언급한다.

(1) DRM, 기술적 보호조치와 권리관리정보의 개념 구별

1) 기술적 보호조치에 관한 각국의 정의

기술적 보호조치[329]에 관하여 2003년 저작권법[330] 제2조 제20호는 "저작권 그 밖에 이 법에 의하여 보호되는 권리에 대한 침해 행위를 효과적으로 방지하기 위하여 그 권리자나 권리자의 동의를 얻은 자가 적용하는 기술적 조치"라고 정의하고 있다. 아울러 같은 법 제92조에서 이러한 기술적 보호조치를 제거·변경·우회하는 등 무력화하는 것을 주된 목적[331]으로 하는 기술·서비스 등을 제조·양도·전송 등을 하는 행위[332]를 권리침해로 간주하고 있다.

연혁적으로, 1996. 12. 20. 채택된 세계지적재산권기구의 세계지적재산권기구 저작권 조약 제11조(기술조치와 관련된 의무)는 "체약당사자는, 본 조약이나 베른협약에 따른 저작자의 권리행사와 관련하여 저작자에 의하여 이용되고, 법이 허용하거나 관련 저작자가 허락하지 아니한, 당해 저작물에 관계된 행위를

---

329) 일본에서는 '기술적보호수단'으로, 세계지적재산권기구 저작권 조약 제11조나 미국 DMCA에서는 '기술조치(Technological Measures)'라고만 칭하고 있다.

330) 우리 법상 기술적 보호조치에 관한 규정으로는 저작권법 외에도 온라인디지털콘텐츠산업발전법 제18조 제2항이 있다. 위 규정에서는 기술적 보호조치를 '온라인디지털콘텐츠제작자가 이 법에 의하여 보호되는 이익의 침해를 효과적으로 방지하기 위하여 적용하는 기술 또는 장치'라고 정의하고 있다.

331) '주된 목적' 부분은 후술하듯이 DMCA의 규정을 그대로 따른 것이다.

332) 미국 DMCA가 한국 저작권법 제92조에 상응하는 규정뿐만 아니라 §1201(a)(1)(A)를 두어 기술적 보호조치를 무력화하는 행위 자체를 원칙적으로 금지하면서 예외적인 경우에만 허용하고 있는 입법을 하고 있다. 이에 반하여, 한국 저작권법은 해석상 기술적 보호조치를 무력화하는 기술을 제조하는 행위가 아니라 직접 무력화하는 행위 자체는 권리침해행위로 규제하지 아니한 것은 이른바 리버스 엔지니어링을 포함하여 자유로운 연구를 보장하기 위한 것으로 보인다. 미국 DMCA의 위와 같은 포괄적인 금지가 미국 내에서 상당한 비판을 받고 있음을 고려하면 결과적으로 한국의 입법이 우리의 실정에 더 타당해 보인다.

제한하고자 하는 효과적인 기술조치(effective technological measures)를 우회하는 행위에 대항하여 적당한 법적 보호와 효과적인 법적 구제를 제공하여야 한다"라고 정하였다. 그리하여 기술적 보호조치를 '법이 허용하거나 관련 저작자가 허락하지 아니한, 당해 저작물에 관계된 행위를 제한하고자 하는 효율적인 기술조치'라고만 정의하고 있고, 이는 세계지적재산권기구 실연음반 조약 제18조도 마찬가지이다.

각국의 입법현황을 살피면, 1998년 입법된 미국의 DMCA에서는 앞서 세계지적재산권기구 조약을 국내법으로 수용하면서 먼저 §1201(a)(1)(A)에서 "누구도 이 장에 따라 보호되는, 저작물에 대한 접근을 효과적으로 통제하는 기술적 보호조치(a technological measure that effectively controls access to a work)를 우회할 수 없다"고 정한 다음, §1201(a)(2)에서 "누구도 다음과 같은 기술·상품·서비스·도구·부품이나 부분을 제조·수입·공중에의 제공, 공급 또는 여타 밀매할 수 없다. (A) 이 장에 따라 보호되는 저작물에 대한 접근을 효과적으로 통제하는 기술적 보호조치를 우회하려는 주된 목적으로 디자인되거나 생산된 것, (B) 이 장에 따라 보호되는 저작물에 대한 접근을 효과적으로 통제하는 기술적 보호조치를 우회하기 위함을 제외하면, 상업적으로 중요한 목적이나 용도가 제한되는 것, (C) 이 장에 따라 보호되는 저작물에 대한 접근을 효과적으로 통제하는 기술적 보호조치를 우회하는 데 사용됨을 아는 자 또는 그와 공모한 다른 자에 의하여 판매되는 것," 다시 §1201(b)(1)에서 "누구도 다음과 같은 기술·상품·서비스·도구·부품이나 부분을 제조·수입, 공중에의 제공·공급 또는 여타 밀매할 수 없다. (A) 저작물이나 그 구성부분에 대한, 이 장에 따른 저작권자의 권리를 효과적으로 보호하는 기술적 보호조치에 의해 구현된 보호를 우회할 주된 목적으로 디자인되거나 생산된 것, (B) 저작물이나 그 구성부분에 대한, 이 장에 따른 저작권자의 권리를 효과적으로 보호하는 기술적 보호조치에 의해 구현된 보호를 우회하기 위함을 제외하면, 상업적으로 중요한 목적이나 용도가 제한되는 것, (C) 저작물이나 그 구성부분에 대한, 이 장에 따른 저작권자의 권리를 효과적으로 보호하는 기술적 보호조치에 의해 구현된 보호를 우회하는 데 사용됨을 아는 자 또는 그와 공모한 다른 자에 의하여 판매되는 것"이라고 각 규정하여 일단 기술적 보호조치의 개념을 전제로 먼저 금지되는 행위를 상세히 정하고 있다. 이어서 기술적 보호조치 자체를 정의하는 대신 §1201(a)(3)(B)에서 '저작물에 대한 접근을 효과적으로 통제하는 기술적 보호조치'란 '당해 조치가, 통상적인 작동과정에서 저작물에 접근하는 데 저작권자의 허락과 관련된 정보, 또는 절차 또는 처리를 요구할 때'의 경우를 말한다고 정의하고, 아울러 §1201(b)(2)(B)에서 '이 장에 따른 저작권자의 권리를 효과적으로 보호하는 기술적 보호조치'란 '당해 조치가, 통상적인 작동과정에서 이 장에 따른 저작권자의 권리의 행사를 방지하고, 한정하거나 그 이외에 제한할 때'의 경우를 말한다고 정의하여 기술적 보호조치의 개념을 간접적·우회적으로 정의하는 방법을 취하고 있다.

일본의 저작권법 제2조 제20호에서는 "전자적 방법[333]에 의하여, 저작권 등[334]을 침해하는 행위의 방지 또는 억제[335]하는 수단(저작권 등을 보유한 자의 의사에 기하지 않고 사용되고 있는 것을 제외한다)으로, 저작물 등[336]의 이용(저작자 또는 실연가의 동의를 얻지 않고 행위했다고 하면 저작자인격권 또는 실연가인격권의 침해로 되는 것이 당연한 행위를 포함한다)때 이에 사용되는 기기가 특정한 반응을 하는 신호를 저작물 등에 관계된 음 또는 영상과 함께 기록매체에 기록하거나, 송신하는 방식에 의한 것을 말한다"고 정의하면서 한국법과 달리 기술적 보호조치를 간접적으로 침해하는 행위는 물론[337] 직접적으로 침해하는 행위[338]도 규제하고 있다.

2) 권리관리정보의 정의

위와 같은 기술적 보호조치의 개념과 달리, '권리관리정보'[339]란 저작물

333) 전자적 방법, 자기적 방법, 그 밖의 사람의 지각에 의하여 인식할 수 없는 방법이라고 정의하고 있다.

334) 일본 저작권법 제17조 제1항에 규정한 저작자인격권 또는 저작권 또는 제89조 제1항에 규정한 실연가의 인격권 또는 동조 제6항에 규정한 저작인접권이라고 정의하고 있다.

335) 저작권 등을 침해하는 행위의 결과에 현저한 장애를 발생시키는 것에 의한, 그 행위의 억제를 말한다.

336) 저작물, 실연, 레코드, 방송 또는 유선방송이라고 정의되어 있다.

337) 일본 저작권법 제120조의2 제1호는 한국 저작권법 제92조와 유사하다.

338) 제30조 제2호에서 "기술적 보호수단의 회피[기술적보호수단에 사용되고 있는 신호의 제거 또는 개변(기록 또는 송신의 방식의 변환에 수반한 기술적인 제약에 의한 제거 또는 개변을 제외한다)을 하는 것에 의하여, 당해 기술적보호수단에 의하여 방지된 행위를 가능하게 하고, 또는 당해 기술적 보호수단에 의하여 억제된 행위의 결과에 장애가 생기지 않도록 하는 것을 말한다....]에 의하여 가능하게 되거나, 그 결과에 장애가 생기지 않도록 한 복제를 그 사실을 알면서 행한 경우"는 '사적사용을 위한 복제'에서 제외하고 있다.

339) 저작권법 제2조 제21호 참조, 세계지적재산권기구 저작권 조약 제12조, 세계지적재산권기구 실연음반 조약 제19조에서도 'Rights Management Information'로, 미국 DMCA의 §1202에서는

등(즉, 저작물이나 실연 · 음반 · 방송 또는 데이터베이스)을 식별하거나, 저작자 · 저작재산권자 · 출판권자 · 저작인접권자 등을 식별하거나, 저작물 등의 이용방법 및 조건에 관한 정보나 그 정보를 나타내는 숫자 또는 부호로서 각 정보가 저작물 등의 원작품이나 그 복제물에 부착[340]되거나 그 공연 · 방송 또는 전송에 수반되는 것을 가리킨다.[341]

우리 저작권법은 기술적으로 불가피하거나 저작물이나 실연 · 음반 · 방송 또는 데이터베이스의 성질이나 그 이용의 목적 및 형태에 비추어 부득이하다고 인정되는 경우가 아닌 이상, 전자적 형태의 권리관리정보를 고의로 제거 또는 변경하는 행위 및 전자적 형태의 권리관리정보가 제거 또는 변경된 사실을 알고 당해 저작물이나 실연 · 음반 · 방송 또는 데이터베이스의 원작품이나 그 복제물을 배포 · 공연 · 방송 또는 전송하거나 배포의 목적으로 수입하는 행위를 저작권침해행위로 간주하고 있다.[342]

앞서 본 것처럼 기술적 보호조치의 개념에 관하여 가까운 일본의 경우 다른 입법보다 비교적 구체적인 정의규정을 두고 있기는 하나 역시 추상적인 규정에 불과하다. 결론적으로 기술적 보호조치의 보다 분명한 개념은 기술적 보호조치의 예라고 일컬어지는 각종 유형까지 보아야 할 것이다. 하지만 분명한 것은 세계지적재산권기구 저작권 조약은 물론 미국, 한국과 일본의 각 저작권법이 권리관리정보에 관하여는 기술적 보호조치와 별도의 정의를 내리고 규

'copyright management information' 으로, 일본에서는 '권리관리정보' 로 모두 비슷하게 칭한다.

340) 권리관리정보가 저작권자에 의하여 저작물에 부착되어야 하는가의 문제에 대하여 세계지적재산권기구 저작권 조약에서는 명시적인 규정이 없지만, 유통을 전제로 하는 이상 제3자가 부착한 경우도 보호대상이라고 하는 입장은 양영준, "저작권법상 권리관리정보 보호제도," 인터넷과 법률, 법문사, 2002, p. 330.

341) 세계지적재산권기구 저작권 조약 제12조 제2항과 세계지적재산권기구 실연음반 조약 제19조 제2항에서는 권리관리정보(RMI; Rights Management Information)를 저작물, 저작물의 저작자 및 저작물의 권리자를 식별하는 정보 또는 저작물의 이용조건에 관한 정보 및 그러한 정보를 나타내는 숫자나 부호로서, 이들 정보의 각 항목이 저작물의 복제물에 부착되거나 저작물의 공중에의 전달에 수반하여 표시되는 것이라고 정의하고 있다.

342) 저작권법 제92조 제3항. 연혁적으로 세계지적재산권기구 저작권 조약 제12조 제1항과 세계지적재산권기구 실연음반 조약 제19조 제1항에서는 "체약 당사자는 (i) 전자적인 권리관리 정보를 권한 없이 제거하거나 변경하는 것, (ii) 전자적인 권리관리정보가 권한 없이 제거되거나 변경된 것을 알면서 저작물의 복제물을 권한 없이 배포하거나 배포하기 위하여 수입하거나, 방송하거나, 또는 공중에 전달하는 것 등의 행위가 이 조약 또는 베른협약상의 권리의 침해를 유인, 방조, 조장 또는 은닉한다는 사실을 알거나, 또는 민사구제에 관하여는 이를 알 만한 상당한 이유가 있는 경우에 이를 고의로 행하는 자에 대항하여 적당하고 효과적인 법적 구제를 제공하여야 한다"고 각각 정하고 있다.

율[343]하고 있는 이상 기술적 보호조치와 권리관리정보는 서로 독립된 개념으로 파악된다는 사실이다.

3) DRM의 개념과 기술적 보호조치, 권리관리정보와의 관계

나아가 요즘 자주 논의되고 있는 DRM(Digital Right Management)[344]의 범위에 관하여도 의견이 아직 통일되어 있지 않다. 이를 협의로 파악하는 견해[345]도 있다. 하지만 다수는 이를 광의로 보는 입장[346]으로 저작권보호를 위하여 동원하는 디지털 관련 기술을 포괄하여 DRM으로 파악하여 개념상 적어도 기술적 보호조치와 대등하게 보는 듯하다.

최광의로는 파악하는 견해[347]에 따르면 널리 권리관리정보까지 모두 포함된다고 보는 듯한데, 이 때는 DRM이 최상위의 개념이 된다. 어쨌거나 기술적 보호조치와 권리관리정보의 구별문제와는 달리 DRM의 범위를 협의 또는 광의, 혹은 최광의로 파악하느냐에 따라 법적효과가 달라지는 것은 아니므로 이

343) 세계지적재산권기구 저작권 조약 제12조, DMCA §1202 및 한국 저작권법 제2조 제21호, 제92조 제3항 및 일본 저작권법 제2조 제21호, 제113조 제3호.

344) 기술적 보호조치, 널리 DRM에 관하여는 우선적으로 Berkeley Center for Law and Technology(BCLT), "the law & technology of DRM"(conference), 2003. 2. 27.~3. 1.의 자료 〈www.law.berkeley.edu/institutes/bclt/drm/resources.html〉[2004. 7. 25.]를 참조할 것. 다만 국내의 글로는 윤선희 등, 전게보고서 및 강봉호, "DRM을 이용한 저작권 보호," 한국데이타베이스진흥센터 주최 제6회 디지털도서관 컨퍼런스 및 전시회 발표문(www.dlc.or.kr/lastshow.php에서 발표문 모음집 다운로드가능, 2004. 10. 8. 방문), 문용호, "디지털 저작물과 기술적 보호조치," 정보법학회 제24회 정례세미나 발표문, 2002. 12. 〈www.kafil.or.kr〉[2004. 8. 23.] 등이 있음.

345) 이혜진, 앞의 논문, p. 35와 같이, '인터넷 컨텐츠를 소정의 액수를 지불하고 다운로드한 사용자에게만 실행되도록 하는 암호화 기술'로 해석하는 것은 가장 협의로 파악한 것으로 이는 DRM 등장초기의 형태에 관한 것이라 하겠다.

346) 분명하지는 않으나, 취지상 DRM을 권리관리정보와는 다소 상이한 개념으로 기술적 보호조치와 비슷한 개념으로 파악하는 입장을 취한 것으로는 정찬모 · 권병규 · 안준성 · 안재홍, "디지털음악저작물 유통 관련 쟁점 및 정책 대안-MP3폰을 중심으로-," KISDI(한국정보통신정책연구원) 정책리포트 04~17, 2004. 6. 21, p. 9 〈www.kisdi.re.kr/imagedata/pdf/56/5620041701.pdf〉[2004. 9. 23.]. 그 외 Austin Russ, "Digital Rights Management Overview," Security Essentials v1.2e, July 26, 2001, p. 1 (위 BCLT 자료에서 다운로드 가능)에서도 DRM을 '허락받은 수령인이 당해 콘텐츠에 관하여 취할 수 있는 행동을 제한하여 전자콘텐츠의 저작권을 보호하는 기술'이라고 정의하고 있고, Megan E. Gray & Will Thomas DeVries, "THE LEGAL FALLOUT FROM DIGITAL RIGHTS MANAGEMENT TECHNOLOGY," 20 Computer and Internet Lawyer 20, April 2003, p. 20에서는 '허락받지 않은 이용을 정지시키기 위한 장치'라고 정의하고 있다.

347) 윤선희 등, 전게 보고서의 입장은 명확한 것은 아니지만, "DRM은....광의로는 암호화, 워터마킹 등 불법복제 방지 및 이를 확인하는 기술, 디지털 콘텐츠의 유통과 이용에 관한 정보 · 과금 · 결제 · 보안 등을 포함하는 디지털 저작권 관리에 관한 포괄적인 기술 내지는 서비스라고 할 수 있다. 즉, 온오프라인에서 제작 · 유통 · 이용되는 디지털콘텐츠의 관리와 저작권 보호에 관한 기술이다"라는 취지상 이러한 입장으로 풀이된다(전게보고서, p. 74 참조).

러한 개념상의 논쟁은 현재로서는 강학상의 의미만 있다고 보인다.

(2) 기술적 보호조치의 개황

전 세계 기업들의 실제 기술적 보호조치의 사용비율은 현재의 2% 수준에서 2006년에는 20%에 이를 것으로 전망된다고 한다.[348] 이 분야에 있어 한국의 수준은 조만간 세계적 수준에 이를 것으로 전망된다.[349]

기술적 보호조치의 강학상 유형으로는 고전적인 형태로서는 시리얼넘버를 따로 붙여 해당 시리얼넘버를 입력하여야 프로그램이 구동되게 하는 방법, 쉐어웨어(shareware)에 일정시간이 지나면 사용이 불가능하도록 하는 시간제어 장치(Time Lock)를 심는 방법 등 여러 가지가 있다. 그러나 최근에는 디지털 워터마킹[350] 등이 많이 논의되고 활용단계에 이르고 있다. 디지털 워터마킹이란 음악 파일에 일종의 지문(Fingerprint)을 삽입, 가령 음악 파일이 다운로드될 때 자사의 데이터베이스와 이를 대조해 사용료를 내지 않으면 파일을 받을 수 없도록 하는 기술이 한 예이다. 이를 활용하면 저작권자들은 P2P 네트워크에서 교환되는 음악 파일을 개별 인식해 다운로드될 때마다 사용료를 물릴 수 있게 된다.[351]

미국에서는 음반산업협회를 중심으로 SDMI(Secure Digital Music Initiative)[352]라는 인터넷 음반업계 컨소시엄이 구성되어 디지털 음악파일 포맷개발을 추진

348) 정찬모, 권병규, 안준성, 안재홍, 전게보고서.

349) 이 책에서 논의되는 DRM은 저작권보호와 관련한 미디어 DRM 기술로 이 분야에서는 아직 한국기업의 기술이 한참 발전단계에 있다. 그러나 또 다른 DRM 분야인 엔터프라이즈 DRM(기업내부 정보누출을 막는 기술)의 경우 한국기업들이 전 세계를 이끌고 있다고 한다(이상은 전자신문 2005. 7. 29.자 기사 참조).

350) 전자적인 의미로의 워터마킹(watermarking)은 디지털 워터마킹이라고도 불리우며 일반적인 워터마킹(지폐의 예)과는 조금 다른 의미를 갖고 있다. 디지털 워터마킹은 일반적인 워터마킹과 달리 소유권을 표시하기 위한 기능이 주 목적이다. 예를 들어 자신의 소유임을 나타내기 위해 워터마킹을 삽입한 작품을 제작한 후 디지털 상에서 복제를 할 경우 일반적인 워터마킹과는 달리 워터마킹 자체까지도 복사가 되어 복제품이 자신의 작품이라는 것을 주장할 수 있게 된다. Robyn Axberg, op. cit., p. 455. FN 534에 따르면, 워터마킹의 의미 있는 장점 중의 하나가 해커가 복제방지기술에는 집중하여도 복제에 당장 장애가 되지 아니하는 워터마킹에는 눈길을 돌리지 아니하므로 나중의 민·형사소송에서 유용한 증거로 삼을 수 있다는 사실이라고 한다.

351) Cnet.news 2004. 1. 26.자 〈news.com.com/2100-1025-5147386.html〉[2004. 5. 2.]에 따르면, Napster를 개발하여 온라인 음악 시장에서 저작권자를 공포로 몰아넣었던 Shawn Fanning은 이번에는 Fingerprint 기술로 P2P 네트워크에서 교환되는 파일들을 식별한 다음 그것들에 각각 가격표를 붙여 사용료를 매길 수 있게 한다는 구상 하에 기술개발을 하고 있다고 한다.

352) 이에 관한 상세한 정보는 〈cyber.law.harvard.edu/property00/MP3/sdmi.html〉[2005. 4. 20.]을 참조할 것. 〈www.sdmi.org〉[2006. 2. 26.].

한 바 있고, 이 단체가 정한 규격을 SDMI라 부른다. 미국에서 기술적 보호조치가 적용된 대표적인 사례는 앞서 언급한 오디오 가정녹음 법률에 따른 연속복제 제어시스템(Serial Copy Management System, SCMS)일 것이다. 연속복제 제어시스템 기술은 원본으로부터 복제는 회수제한 없이 무제한 허용되지만 복제물로부터의 재복제는 허용하지 않는 방식이다.

이후 미국에서는 개인컴퓨터와 TV 세트 등을 포함한 개인 전자기기 등에 대하여 특별입법[353]을 통하여 표준 DRM의 장착을 의무화하고자 시도한 적이 있다. 2003년 11월 4일에는 연방통상위원회에서 디지털 방송과 관련하여 TV와 PC 제조업체들에게 방송 표지(Broadcast Flag)[354]라는 표준장치를 반드시 장착하도록 규정했다.[355]

미국에서는 현재 DMCA의 기술적 보호조치에 관한 규정, 즉 우회방지(Anti-circumvention) 조항[356]을 극도로 넓게 운영하고 있다. 그 결과 전반적으로 공정이용에 관한 이용자들의 권리보다 저작권자의 보호가 우선되고 있는 것으로 보인다.

가령 DeCSS[357]를 게시함으로써 기술적 보호조치를 우회했다 하여 문제된 Universal City Studios, Inc. v. Reimerdes 사건[358]에서는 위 조항을 해석하며 DMCA는 기존 저작권법과는 달리 명시적으로 공정이용을 인정하고 있지 않으므로 위 조항 위반행위에 대하여는 공정이용 조항의 적용이 없다고 보았고 나아가 심지어 Sony 판결의 '상업상 긴요한 상품(staple article of commerce)' 원칙도 비슷한 이유로 적용되지 않는다는 입장이다.

Sony 판결의 적용 여부에 대한 부정적 입장은 RealNetworks, Inc. v.

353) Consumer Broadband and Digital Television Protection Act, S. 2048, 107th Cong. (2d Sess. 2002). 상원의원 Fritz Hollings가 발의한 법안으로 직접 DRM 표준을 법이 정한 것이 아니라, 관련 행정당국의 주재 하에 이해당사자들의 협의를 거쳐 표준 DRM을 도출하는 과정을 예정하고 있었다. 하지만, 결국 이 법안은 통과되지 못했다(Robyn Axberg, op. cit., p. 455).

354) Broadcast flag은 디지털방송전파 속에 첨가되는 하나의 디지털코드로, 디지털 TV 프로그램의 저작권 정보를 표시, 불법복제를 방지하는 역할을 하는 장치이다.

355) 국내외 저작권소식, "미국 연방통신위원회 디지털방송용 저작권침해 방지장치 채택발표," 저작권문화(저작권심의조정위원회 간행) 112호, 2003. 12.

356) 17 U.S.C.§ 1201(a)(2).

357) DVD의 복제방지시스템(CSS)을 암호해체하는 알고리즘 내지 소프트웨어다.

358) 111 F.Supp.2d 294 (S.D.N.Y 2000). 이 사건의 원고인 거대영화사들은 2600.com이라는 인터넷출판사가 DeCSS를 임의로 게시하여 이를 다운받은 이용자가 DVD의 복제방지장치를 크랙(crack)할 수 있게 한 행위가 기술적 보호조치 우회방지조항에 위반한다고 제소한 사안이다.

Streambox, Inc.[359]에서도 마찬가지이다. 이렇게 엄격한, 우회방지 조항의 내용과 법원의 해석에 대하여 미국의 논자들 사이에서 비판적인 견해[360]가 유력하다.

한국에서 기술적 보호조치를 적용하는 것을 의무화할지가 논의된 사례를 꼽자면, MP3 Player 탑재 휴대폰의 경우를 들 수 있다.[361] 일명 MP3 폰은 한국에서 세계 최초로 출시되었다.[362] 이 때 DRM 기술은 휴대폰에서 인터넷접속으로 MP3 파일을 다운로드받아 플레이할 때 일정기간만 파일이용이 가능하고 그 기간이 지나면 파일이용을 불가능하도록 제어하는 기술로 이용된다.[363] 소리바다 등 인터넷음악공유 사이트로 인하여 고전을 면치 못하던 저작권자 입장에서 볼 때, 한국에서 세계 최초로 등장한 'MP3폰'이라는 새로운 시장은 기술의 발전에 따라 음악저작권자들에게 주어진 또 한번의 커다란 위기이자 기회일 것이다. 향후 이 분야도 시장의 진행상황에 따라 인터넷서비스제공자의 책임론이 응용될 여지가 충분히 있다고 보인다.[364] 즉, MP3폰은 컴퓨터와 달리 하드웨어는 물론 대개의 소프트웨어조차 제조자가 한번 획정하여 출시한 사양을 구매자가 임의로 변경하는 것이 곤란한 특성을 가지므로 저작권침해의 소지가 아직은 크지 않지만, 기술의 진보에 따라 휴대폰도 다른 휴대폰으로부터 영상정보까지 전송받을 수 있게 되는 등 사정이 급격히 바뀌고 있다. 가령 한국에서 2005년 이미 널리 상용화된 일부 MP3폰의 기종[365]은 DRM기술을 제

359) 사건 No. C99-2070P, 2000 WL 127311 (W.D. Wash., Jan. 18, 2000).

360) Andrew Sparkler, "Senators, Congressmen, Please Heed The Call: Ensuring The Advancement of Digital Technology Through The Twenty-First Century," Fordham Intellectual Property, Media and Entertainment Law Journal, Spring 2004, p. 1163-68 및 Matt Jackson, op. cit., pp. 413-14 등

361) 뿐만 아니라 한국은 2004년 현재 세계시장에서 판매되는 휴대폰 4대 중 1대를 생산하는 국가이다. 이는 〈www.zdnet.co.kr/news/network/0,39024416,10069785,00.htm〉[2005. 3. 31.].

362) 2005년 2월 기준 예상으로 2005년 말까지 1600여만 대가 팔릴 것으로 예상되었다 한다[디지털타임스(www.dt.co.kr) 2005. 2. 24.자 "MP3폰 판매 300만대 돌파" 기사 참조].

363) 가령, SK텔레콤이 2004. 11.부터 멜론(www.melon.com)이라는 유료사이트에서 월정액서비스 이용자들이 다운로드받은 음악파일에는 DRM을 적용하여 30일이 지나면 구동되지 않도록 하고 있다(동아닷컴 2005. 3. 24.자 "내 MP3로 어디서 음악 받을까" 기사 〈www.donga.com/view_t.news?f=k_s&n=200503240271〉[2005. 4. 1.].

364) 현재까지 이러한 방향의 국내의 시험적 논의로는 정찬모, 권병규, 안준성, 안재홍, 전게보고서 및 이규홍, "디지털음악저작물을 둘러싼 최근 분쟁에 관한 소고 -소리바다 사건, 벅스뮤직 사건 그리고 MP3폰 분쟁의 개요" 등이 있다.

365) 가령 2004. 3.경 이후 출시된 LG전자의 LG-LP3000과 같은 최신 기종은, 컴퓨터 하드드라이브에 이미 불법복제된 MP3 파일도 USB를 통하여 휴대폰에 옮길 수 있도록 설계되어 있었다(디지털타임스, 2004. 11. 24.자 "이번 주부터 MP3폰 무료다운로드" 기사 참조).

대로 채용하지 않는다면 오히려 불법복제 MP3 파일의 또 다른 유통망이 될 가능성이 있다.

이상과 같은 기술적 보호조치는 언젠가는 해킹될 가능성이 크다는 기술적 한계가 있기는 하지만,[366] 일정시간 동안 일정범위 안에서 저작권자의 권리보호에 유용한 수단임에는 틀림없다. 그런데, 기술적 보호조치를 맹신하여 이를 예외 없이 모든 디지털저작물에 과도하게 채용하면 이용자들이 전통적으로 보장받아 온 사적 복제 등 공정이용으로 허용된 행위가 불가능하게 되는 등 부작용도 존재함을 주의하여야 할 것이다.[367]

DRM이 부착된 저작물이 서로 상이한 형식의 DRM을 채용한 결과 a형식의 DRM을 채용한 A곡을 청취할 수 있는 플레이어가 b형식을 채용한 B곡은 플레이시킬 수 없는 경우와 같이, 저작물이용자의 이용이 현실적으로 제한될 위험이 있다. 이러한 위험은 저작물제공주체들이 표준적인 DRM을 채택하기 위한 노력[368]으로 극복하도록 노력해야 한다.

(3) 권리관리정보와 관련된 실례

앞서도 등장하였던 미국의 Kelly v. Arriba Soft Corp. I 사건[369]에서는 원고의 저작권 있는 사진들을 피고 검색엔진사업자가 섬네일(thumbnail) 이미지로 변화시키는 과정에서 이미 원고에 의하여 해당 사진들에 부착된 CMI(Copyright

366) 프린스턴대 교수이자 암호화 전문가인 Edward Felton의 말을 빌리면 "반복제기술 중 어느 것도 불법배포를 막을 수 없다. 단지 그것들은 기껏해야 불법배포를 더 힘들고 시간이 걸리게 할 수 있을 뿐이다. 복제를 막는 장벽을 쌓는 것이 아니라 단지 불법복제를 원하는 이들에게 경종을 울리는 과속방지턱을 만드는 데 불과한 것이다"라고 할 수 있다. 이는 Patricia O'Connell, "A 'Speed Bump' vs. Music Copying," JANUARY 9, 2002. 〈www.businessweek.com/bwdaily/dnflash/jan2002/nf2002019_7170.htm〉[2005. 4. 28.]에서 인용.

367) 가령, 앞서 MP3폰의 경우 DRM을 무분별하게 강화적용하여, 이동통신3사가 모든 무료 음악파일에 대한 사용시간 및 음질제한에 합의한다면 이용자 후생이 감소하고 MP3폰 거래분야에서 사업자의 자유로운 품질 및 거래조건 결정에 제한을 가함으로써 시장에서의 경쟁이 실질적으로 감소하는 결과가 예상된다고 한다(정찬모, 권병규, 안준성, 안재홍, 전게보고서, p. 16). 아울러 기기마다 서로 다른 표준의 DRM이 장착된 결과 호환이 이루어지지 않아 소비자들에게 생기는 문제를 'Tom, Dick and Harry problem' 이라고 칭한다(Dineen Pashoukos Wasylik, op. cit., pp. 719-20). 뿐만 아니라, 선의의 이용자가 공정이용의 일종인 패러디를 위하여 음악저작물을 이용하고자 할 때도 DRM으로 보호된 저작물을 이용하기가 곤란할 것이라는 점에서 일정한 대가가 따른다(Douglas Lichtman & William Landes, op. cit., p. 408).

368) 한국전자통신연구소(ETRI)가 정부 주도형 'MP3 DRM 상호연동기술(엑심..EXIM) 표준'을 개발하고 사용 확대를 장려중이다(전자신문 2005. 12. 22.자 기사).

369) 280 F.3d 934 (9th Cir. 2002).

Management Information), 즉 권리관리정보가 임의로 제거 또는 변경되었다고 원고가 주장하였다. 하지만, 법원은 실제 CMI가 제거된 것은 아니고, 이용자들은 피고의 섬네일 이미지의 출처를 링크로 충분히 알 수 있다는 점 등을 들어 배척하였다.

권리관리정보가 점차 등장하고 있는 한국에서는 한국음악산업협회[370]가 시장에서 유통되는 앨범과 수록곡에 각각의 표준코드(KMID)를 부여하여 표준화된 음악정보 데이터베이스를 구축한 다음, 이를 음악서비스 업체 및 음악권리자들의 시스템과 연동해 음악이 서비스되는 현황을 파악함으로써 거래인증과 정산기능을 제공하는 것을 목적으로 한국음악정보센터(Korea Music Information Center, KMIC)[371]를 설립하려고 하였다.[372] 이 때 부여되는 표준코드가 바로 권리관리정보에 속한다고 볼 수 있겠다.

2. 복제부과금 부과매체의 확대

(1) 복제부과금 제도의 개념과 경제학적 근거

1) 개　념

복제부과금제도라 할 때 대표적인 것은 한국에서는 수용되지 않았지만 복사기에 대하여 부과되는 부과금[373]이 대표적이겠다. 그러나 이 책에서 논하고자 하는 복제부과금은 복제·전송 혹은 배포 등 일체의 저작물의 이용을 저작권자의 허락 없이도 이용자들에게 용인하는 반대급부로, 저작권자에게 지급할 금전을 당해 복제도구의 제조자 내지 복제 서비스제공자로부터 징수하는 일체의 형태를 통틀어 지칭하고자 한다. 이러한 의미의 복제부과금은 저작권자의

370) 한국문화콘텐츠진흥원이 '한국음악콘텐츠표준메타데이터 구축사업(가칭)'을 벌인다고 밝혔다. 이것은 가요 30만곡에 '표준 식별 번호'를 붙여 정확하게 저작권 정보를 입력하거나 검색할 수 있도록 하겠다는 것인데, 특히 한국에서 세계 최초로 시도되는 것이어서 그 시도가 성공하면 국제음악콘텐츠표준화까지 한국이 선도할 여지가 있게 된다(중앙일보 2004. 10. 13.자 인터넷판 참조).

371) KMIC에 관한 상세한 정보는, '한국음악산업협회' 〈www.miak.or.kr〉[2004. 10. 7.] → '협회발표자료' → '한국음악정보센터(KMIC)의 역할과 기능" 게시문에 첨부된 문서 참조할 것.

372) 이러한 표준 플랫폼이 구축될 경우 금융결제원 시스템과 연동돼 음원이 서비스되는 즉시 실시간 정산을 할 수 있어, 디지털 유료음악시장 형성에 가장 큰 걸림돌이었던 저작권료 징수와 분배 문제가 상당히 해결될 수 있을 것이다(전자신문 2004. 6. 18.자 "디지털음악 콘텐츠 표준 플랫폼 개발" 기사 참조).

373) 복사기에 대한 부과금은 독일, 오스트리아, 노르웨이, 그리스 등이 도입하고 있으며, 이와 달리 미국과 일본은 민간자율에 맡기고 있다고 한다[국회 문화관광위원회, "저작권법 중 개정법률안 검토보고," 2005. 2., p. 11].

허락 없이 저작물이용을 허락하는 한편 반대급부를 저작권자에게 지급한다는 측면에서는 우리 저작권법상 법정허락(저작권법 제23조, 28조, 47조 등)과 유사하다. 저작물이용자가 아니라 복제도구의 제조자 내지 복제서비스제공자가 금전 지급의무를 부담한다는 점이 상이하다.[374)]

2) 경제학적 근거에 대한 試論

Sony 원칙, 구체적으로 Sony 판결에서 연방대법원의 다수의견이 취한 입장은 시공을 초월한 보편타당성이라는 큰 장점을 가졌지만, 치유할 단점이 있다. 법원이 문제된 상품(혹은 서비스)이 '상당부분 비침해적 용도'를 가졌다고 인정하여 공급자의 공급을 용인하는 경우 상품공급자는 사회적인 순이익뿐만 아니라 사회적 이익 전체를 부당하게 얻음에 반하여, 저작권자는 침해적 용도로부터 생긴 '사회적 손실'을 대부분 떠안게 되는데도 이에 대해서는 별다른 구제책이 마련되어 있지 않다는 점이다.[375)] 이러한 다수의견을 보완책 없이 그대로 추종하면 아래와 같은 문제가 생긴다.

우선 앞서 들었던 예[376)]와 동일하게 공급자 甲이 비침해적 용도('X+')와 침해적 용도('X−')를 모두 가지고 있는 상품 X를 '구별조치' 없이 공급하고 있고, 상품 X의 공급 허용 여부를 판단하는 법원은 Sony 원칙을 판단의 기준으로 삼고 있음을 전제한다.

법원이 Sony 원칙에 기하여 판단할 때, '甲이 이용자들로부터 직·간접으로 거둔 총 수익액'(이하 총 수익액이라고만 한다. 이는 사회적 이익과 같다)[377)]이 'X로 인한 저작물 시장의 규모 총 감소 금액'(이는 총 시장규모 감소 금액이라고만 한다, 사회적 비용과 같다)[378)]을 양적 비교에서 초과하기만 하면 甲의 책임은 부정되고 X 상품은 계속 공급될 수 있다. 이에 따른 공급자 甲의 가장 합리적인 선택은 다음의 행동이다. 즉 甲은 '총 시장규모 감소 금액'은 전혀 부담하지 않으므로 행동을 선택할 때 그 금액을 원칙적으로 고려할 필요가 없다.[379)] 따

374) 부과금제도와 달리, 법정허락 내지 강제허락 제도는 그 운용을 위한 행정비용과 규제적인 비효율이 존재한다는 비판으로는 Neil Weinstock Netanel, op. cit., p. 2 참조.

375) 그 근거는 위 1) (다) 부분 참조.

376) 앞의 제 2 절 Ⅴ. 2. (3) 4) (나) 도표 부분 참조.

377) "복제기술공급자가 이용자들로부터 지급받은 금전적 수익을 사회적 이익과 등가로 볼 수도 있다"는 이 책의 공식에 따른 것이다. 위 1) (다) 부분 참조.

378) 역시 "복제기술의 침해대상이 되는 저작물 시장의 규모 감소 금액이 사회적 비용과 등가이다"라는 공식에 따른 것이다. 위 같은 부분 참조.

379) 단지 '총 시장규모 감소 금액'이 '총 수익액'을 오히려 초과하는 경우가 되어 법원이 상품 X의 공

라서 비록 상품 X가 더욱 많이 공급되고 이용자 수가 증가함에 따라 발생하는, '총 수익액'의 추가 증가분(이하, '한계 수익 증가액'이라고만 한다)이 '총 시장규모 감소 금액'의 추가 감소분(이하 '한계 시장규모 감소 금액'이라고만 한다)보다 작다고 판단되는 경우라도, 여전히 이를 무시하고 총 수익액을 계속 증가시켜 나가게 된다.[380] 甲은 '한계 수익 증가액'을 더 얻을 뿐 '한계 시장규모 감소 금액' 역시 부담하지 않기 때문이다.[381]

이로써 사회 전체적인 기준으로는 이미 적정한 시점('한계 수익 증가액' = '한계 시장규모 감소 금액'인 시점)[382]에 더 이상 확대되지 말았어야 될 상품 X의 공급이 甲 개인의 부정한 이윤추구로 지나치게 확대되는 결과가 초래된다. 이러한 부당한 결과 초래된 것은 甲이 행동을 결정함에 있어 '총 시장규모 감소 금액'이나 '한계 시장규모 감소 금액'은 고려할 필요 없이 무시하였기 때문이므로, 향후 甲으로 하여금 이들 금액을 고려할 것을 강제하게 되면 당연히 이러한 결과를 고칠 수 있다.[383] 바꾸어 말하면 복제부과금과 같은 제도의 도입이 필요하다.[384]

이 때 복제부과금은 가급적 탄력적이어야 하며,[385] 그렇게 되면 상품 X의

급을 불허하게 되는 상황만 피할 수 있게 조심하면 된다.

380) 가령 Sony 원칙이 적용되고 있으며, 일반적인 복제부과금 제도가 없던 미국을 예로 들어본다. Napster와 같은 P2P 서비스가 폭발적으로 인기를 끌어 확산되었던 원인은 혁신적 복제기술이 준 편리함도 원인이었겠지만 위와 같은 P2P 서비스 제공자의 사업상 고려도 반영되었다고 해석해 볼 여지가 있다.

381) 조금 다른 표현이지만, 가령 Sony 판결의 단점에 대하여, 침해적 용도를 줄이거나 방지하여야 할 아무런 동기부여(incentive)가 존재하지 않게 된다고 한 비판으로는 Jesse M. Feder, op. cit., pp. 903-4, 906.

382) 아래에서 보듯이 '한계 수익 증가액'은 경제학 상 한계수익체감의 법칙이, '한계 시장규모 감소 금액'은 반대로 한계비용체증의 법칙이 적용된다고 볼 수 있다. 따라서 X의 공급이 점차 확대되는 경우, 우하향(右下向)인 한계수익곡선과 좌하향(左下向)인 한계비용곡선이 서로 꼭 만나는 것처럼, '한계 수익 증가액'과 '한계 시장규모 감소 금액'이 동일한 시점이 반드시 존재하게 된다.

383) 개인 사업자 甲이 자신의 '한계 수익 증가액'을 알기는 쉽다. 그러나 현실에서 각종 저작물시장 통계 등 공개자료를 참고할 수 있더라도 저작권자 측의 '한계 시장규모 감소 금액'까지 평가하기는 곤란할 것이다. 그렇지만 복제부과금이 도입된다면 아래와 같이 이 때는 甲에게 '한계 시장규모 감소 금액'과 같은 역할, 즉 과도한 행위를 규제하는 행동 판단의 지표(指標) 역할을 복제부과금이 대신하게 된다.

384) 사법(私法)적 범위 내에서 보완책을 논한다. 형사처벌이나 징벌적 조세 징수 등의 공법적 수단은 논외로 한다.

385) 아래에서 설명하듯이 복제부과금 징수총액은 가능한 최대한으로 사회적 손실의 총액에 근접하여야 하는데, 사회적 손실은 수시로 변화하기 때문이다. 매번 그에 맞추어 복제부과금을 수정하는 것은 불가능하더라도, 최소한 빈번한 변경을 전제로 운영되어야 한다.

공급 확대 및 이용자 수 증가 → 침해적 용도('X⁻')로의 이용이 증가 → 저작권자의 창작의욕 상실 → '총 시장규모 감소 금액(사회적 손실)'이 증가 → 그에 연동된 甲에 대한 복제부과금 총액도 증가함과 같은 일련의 순서를 거치게 된다. 이러한 경우 합리적인 甲이라면 이제는 더 이상, 증가하는 복제부과금을 무시한 채 상품 X의 공급만 무작정 확장하여 '총 수익액'의 극대화를 꾀하는 행동이 더 이상 자신의 수입을 늘리지 않음을 깨닫고 행동을 수정하게 된다.

요컨대 법적인 시각[386]이 아니라 Sony 기준과 관련된 경제학적 시각[387]을 가지고 볼 때, 복제부과금의 도입은 입법부가 재량이 아니라 반드시 적극적으로 보완 입법을 하여야 하는 대상에 속하게 된다.

나아가, 복제부과금을 부과하기로 국회가 결정하였을 때 구체적으로 얼마만큼의 복제부과금을 부과할 것인지에 관하여 논란이 있을 수 있다. 무엇보다 이러한 논란에서 궁극적인 목적이 되어야 할 것은 상품 X의 공급이 사회 전체적인 기준으로는 침해적 용도로 과도하게 공급되지도, 반대로 비침해적 용도에조차 과소하게 공급되지도 않은 적정한 시점(앞서 '한계 수익 증가액' = '한계 시장규모 감소 금액'인 시점)에 수렴될 수 있도록 조성하는 수단으로 복제부과금을 운용하여야 할 것이라는 점이다.

그런데 앞서 보았듯이 이런 적정한 시점에 X의 공급이 멈추게 하려면 甲이 행동을 결정함에 있어 '총 시장규모 감소 금액'이나 '한계 시장규모 감소 금액'을 무시하지 않고 반드시 고려하도록 강제하면 된다. 그 강제의 방법은 다름 아니라 甲에게 부과될 복제부과금을 정확하게 위 각 금액과 일치시키는 것이다. 즉 복제부과금 총액은 '총 시장규모 감소 금액'에, 개별 복제행위에 대한 '단위 복제부과금'은 '한계 시장규모 감소 금액'에 각각 일치시키는 것이 가장 바람직하다. 다만 '한계 시장규모 감소 금액'[388]은 그야말로 개개 불법복제행위마다 변동하는 것이므로 현실적인 이유로 단위 복제부과금은 부득이 변동 없는 일정수치를 가지게 될 가능성이 크다.

---

386) 가령 "불법복제로 피해를 입는 저작권자는 불법복제의 수단을 제공하고 이익을 얻는 복제기술공급자에게 특별법에 근거하여 징수한 부과금으로부터 (피해만큼) 보상받는 것이 정당하다"라는 추상적 명제로 표현될 것이다.

387) 복제부과금을 도입·유지하는 데도 분명 많은 비용이 들어가지만, 이 점을 일단 논외로 한다.

388) '한계 시장규모 감소 금액'은 다른 말로 불법복제물 1개가 추가로 초래하는 저작물 시장규모의 감소 금액으로 일종의 사회적 한계 비용이라고 할 수 있다.

아울러 간과하지 말아야 할 점이 있다. 위와 같이 '한계 수익 증가액'과 '한계 시장규모 감소 금액'이 적정한 시점에서 만나는 데 있어 '한계 수익 증가액'은 체감곡선의 형태를, 반대로 '한계 시장규모 감소 금액'은 체증곡선의 형태를 띠면서 각각 수치가 변화한다는 사실이다. 즉 '한계 수익 증가액'은 '총 수익액'의 증가분이고, 여기서 '수익액'은 그 원천이 복제기술 이용자들이 복제할 때 종전보다 '절감된 만큼의 시간과 비용'이 주는 효용의 가치가 변형된 것에 불과하다.[389]

그런데 경제학에서 인정된 수익체감의 법칙[390]을 따르면 이용자들의 위와 같은 효용은 한계적으로 체감할 수밖에 없다. 바꾸어 말하면 '한계 수익 증가액'은 상품 X의 공급과 이용자 수가 늘어남에 따라 항상 일정한 수치를 유지하는 것이 아니라 체감한다. 이와는 반대로 '한계 시장규모 감소 금액'은 반대의 방향으로 변동한다.

'한계 시장규모 감소 금액'은 '총 시장규모 감소 금액'의 추가감소분이고, 여기서 '감소 금액'은 '저작권자의 창작의욕 상실로 감소된 저작물이 가졌을 가액'이다. 그런데 앞서의 수익체감의 법칙이 逆으로 적용되기 때문에 추가로 감소되는 저작물의 가치에 따른 가액은 체증한다.[391]

이상과 같이, 한계적으로 체감하는 '한계 수익 증가액'과 한계적으로 체증하는 '한계 시장규모 감소 금액'의 관계 속에서, X의 추가공급으로 얻을 '한계 수익 증가액'에서, 정책결정자가 일부러 '한계 시장규모 감소 금액'과 동일하도록 조정한[392] '단위 복제부과금'을 제외한 잔여금액이 0원이 되는 시점까지

389) 이 점은 위 1) (다) 부분 참조.

390) 수확체감의 법칙 또는 한계생산성 체감의 법칙 등 정확한 표현과 검토는 향후 연구자들에게 맡긴다.

391) 쉬운 가정적인 예로 설명한다. 사회 전체에서 10번째로 등장하는 저작물 B는 그것이 가진 한계효용이, 앞서 수익체감의 법칙에 따라 그보다 먼저, 최초로 등장하여 희귀했던 1번째 저작물 A의 한계효용보다는 반드시 작고, 그보다 나중에 100번째 등장한 저작물 C가 주는 한계효용보다는 반드시 크다. 따라서 逆으로 창작의욕 상실로 저작물 수가 감소될 경우는 B가 사라질 때 받게 될 사회 전체의 효용상실분이 그보다 먼저 사라진 C(물론 A일수도 있음)가 초래한 효용상실분보다는 크지만, 사회 전체에서 최후의 저작물로 사라질 A가 초래할 효용상실분보다는 반드시 작다.

392) '한계 시장규모 감소 금액'은 체증한다고 보는 것이 분명 논리상 타당하다. 하지만 우선 이 책에서 앞서 '저작권자의 창작의욕 상실로 감소된 저작물이 가졌을 가액,' 즉 '사회적 손실'의 개념을 정의하는 과정에서 간결한 논의의 전제로 이미, "창작의욕 감소에 따른 저작물공급 감소로 인한 저작물 가격상승은 편의상 없다"고 가정하였었다. 그러므로 여기서도 바로 위 각주의 저작물 A, B, C의 사례에서 설명한 '한계 시장규모 감소 금액'의 체증은 없다고 가정하는 것이 앞뒤 일관된다. 뿐만 아니라 앞서 본대로 개개 불법복제행위마다 체증의 형태로 변동하는 '한계 시장규모 감소 금액'에 '단위 복제부과금'을 그때그때 체증하여 맞추는 것은 현실적으로 불가능하여 일정한 수치를 유지할 수

상품 X를 공급하는 것이 甲 본인에게 최대한의 수익을 보장하는 행동이다. 이것은 동시에 비침해적 용도와 침해적 용도를 모두 가진 X가 사회 전체에서 가장 적정하게 공급되는 시점이기도 하다. 요컨대, 경제학에서 흔히 논하는 대로, 한계수익 체감곡선과 한계비용 체증곡선이 교차하는 지점에서 최대의 효용이 달성된다는 원칙을 여기에도 응용할 수 있다.

이처럼 향후 복제부과금을 도입하더라도 국회는 복제부과금의 금액을 산정하는 문제의 중요성을 깨달아야 하며, 공급자의 이익 중 '막연하게' 일부를 떼어 저작권자에게 '법적인 위로금' 차원에서 넘기는 수준의 복제부과금 제도를 도입하여서는 경제학적 측면에서 오류, 즉 시장의 실패가 생기게 되어 복제부과금 도입의 취지를 살릴 수 없다. 가령 복제부과금의 산정에서 '사회적 손실' 혹은 '총 시장규모 감소 금액' 보다 많은 금액을 징수할 경우라면 상품 X가 앞서 가장 적정하게 공급되는 시점보다 이른 시점, 즉 공급이 부족하게 이루어지게 된다.[393]

한국의 경우 복제부과금의 도입이 꼭 필요하다고 말할 수는 없어도 적어도 이제 진지하게 도입 여부를 논의하고 검토할 단계는 되었다고 본다. 미국에는 오디오 가정녹음 법률(Audio Home Recording Act, AHRA)과 같은 예가 있으나 적어도 ISP에 대한 복제부과금 제도는 존재하지 않는다. 그 결과 Grokster 사건에 관한 판결들에서 보듯이 연방하급심이나 연방대법원은 '전부 아니면 無(All or Nothing)' 의 판단을 할 수밖에 없었다. 하지만 한국에서 이 분야 복제부과금이 향후 도입된다면 가령 쉬운 예로 침해가 40%, 비침해가 60%여서 (법제나 그 해석론의 다양한 입장을 감안할 때) 반드시 공급이 허용되리라고 장담하기 어려운 사례에서도 기술공급자는 일단 공급을 할 수 있고, 저작권자는 보상을 받을 수

밖에 없는 점에 비추어 보면 결국 '한계 시장규모 감소 금액' 은 일단 일정하다고 가정하여도, 적어도 복제부과금의 운용과 관련한 논의에서 큰 오류는 없으리라고 본다.

393) 반대로 '사회적 손실' 혹은 '총 시장규모 감소 금액' 보다 적은 금액을 징수할 경우는 상품 X가 가장 적정하게 공급되는 시점보다 과다하게 이루어지게 된다. '한계 수익 증가액' 을 나타내는 체감곡선과 '한계 시장규모 감소 금액(위에서 보았듯이 복제부과금제도가 도입된 경우 단위 복제부과금액)' 을 나타내는 수평곡선(논리상 체증곡선이 정확하나, 앞서의 두 가지 이유로 복제부과금에 있어서는 수평곡선으로 논의하는 것이 더 타당함)이 당초 서로 만나는 지점이 상품 X의 공급이 최적화된 지점이다. 당연히 이때 X축은 상품 X의 공급량, Y축은 수익 및 손실 금액을 나타낸다. 그런데 복제부과금에 관한 위 수평곡선이 복제부과금의 잘못된 설정에 따른 인위적 증감으로 상하 이동하게 되면 새롭게 위 체감곡선과 만나는 지점은 종전에 만났던 지점에 비하여 그 좌우에 위치하게 되는 것이다. 이를 바꾸어 말하면 상품 X가 가장 적정하게 공급되는 시점의 공급양보다 인위적으로 적거나 많아진다.

있으며, 이용자는 기술의 수익을 누릴 수 있는 타협이 될 수 있지 않나 연구해 볼 수 있겠다.[394)]

(2) 각국의 현황

미국에서는 오디오 가정녹음 법률(AHRA)을 통하여 디지털 오디오 녹음 장치 혹은 디지털 오디오 녹음 매체의 제조자와 수입자에게 이러한 새로운 디지털 오디오 음반기술로 타격을 입게 될 음악생산자와 저작권자들에게 보상금을 지급할 것을 요구하고 있다.[395)]

캐나다에서는 개별이용자들이 행하는 사적 복제행위 중에서 캐나다저작권위원회(Copyright Board of Canada)가 선별한 일정 유형에 대하여는 위 위원회에서 정한 기준에 따라 비영리, 비정부조직인 '캐나다 민간 복제 집합체(Canadian Private Copying Collective, CPCC)' 에서 해당 사적 복제행위의 도구 등을 제공한 업자에게 사적 복제부과금을 징수하여 이를 캐나다 민간 복제 집합체에서 저작권자에게 분배하는 방식을 수행하고 있다. 이러한 도구에는 오디오 카세트테이프,[396)] CD-R 및 CD-RW,[397)] CD-R Audio, CD-RW Audio 및 미니디스크[398)] (MD),[399)] 디지털오디오레코드에 비탈착식으로 고정된 메모리[400)] 등이 포함되어 있다.

나아가 캐나다에서는 작곡가, 작가 및 음악출판인협회(SOCAN, Society of Composers, Authors and Music Publishers of Canada)는 인터넷 네트워크를 통한 음반 복제로 인한 음악인들의 피해 보상을 위해 복제서비스를 제공하는 인터넷서비스제공자에게도 이러한 부과금을 부과해야 한다고 계속 주장하고 있다.[401)]

394) 이상의 논의는 종래 국내외의 문헌에서 잘 논의가 이루어지지 않은 부분이다. 경우에 따라 경제학적 분석에 부족함이 있거나 검증이 부족한 부분이 있을 수 있다. 다만 이러한 試論을 기반으로 국내에서 보다 활발한 논의가 있기를 기대해본다.

395) 17 U.S.C.A. § 1003 (Obligation to make royalty payments).

396) 2004. 10. 현재 40분 이상 분량인 때 한하여 29센트(캐나다화 기준, 이하 같음)를 부과한다.

397) 2004. 10. 현재 각 21센트를 부과한다.

398) 미니디스크(Minidisc, MD)는 1986년 소니사에서 개발, 1991년 발표, 1992년말에 판매된 오디오용 음악 저장 매체로 크기는 7cm(가로)×6.75cm(세로)×0.5cm(높이)다. DAT나 CD-R보다는 다소 음질이 떨어지지만, 거의 대등한 음질을 제공하는데다가 특히 100만 번까지도 녹음과 재녹음이 가능하고, 편집기능이 탁월할 뿐만 아니라 휴대성이 매우 우수하다는 장점이 있다〈www.pcbee.co.kr/channel/HW&SW/tech/200109/18609.asp〉[2004, 6. 19.].

399) 2004. 10. 현재 각 77센트를 부과한다.

400) 저장용량에 따라 부과금이 기준이 상이한데, 1GB 이하인 때 2불, 1GB 이상 10GB 이하인 때는 15불, 10GB 이상인 때는 25불을 각 과금한다.

401) CNET News 2003. 12. 4.자 〈news.com.com/2100-1027-5113638.html〉[2004. 5. 3.]. 앞서 본 바와 같이

즉, 위 SOCAN은 이미 오래전부터 캐나다 저작권위원회에 대하여, 인터넷서비스제공자를 새롭게 부과금대상으로 포함시키는 취지의 이른바 '부과금기준 22(Tariff 22)' 를 승인해 줄 것을 요청하였었다. 그러나 캐나다 저작권위원회가 이를 일부에 국한하여 승인하자 법원에 그 승인처분의 당부를 다투는 쟁송을 제기하였다. 그런데 SOCAN의 주장을 수용한 연방항소법원(FCA)의 판단과 달리 2004. 6. 30. 캐나다 연방대법원은 반대당사자인 인터넷서비스제공자의 주장대로, 단순히 기술적인 이유로 음악콘텐츠를 캐싱(Caching)하는 역할에 그치는 인터넷서비스제공자에 대해서는 부과금을 부과하는 것이 옳지 않다는 입장을 취하였다.[402]

독일의 경우에도 저작권 관련 단체들은 저작권법 개정을 통하여 종래부터 인정된 복제부과금제도의 부과대상을 확대하여 하드 디스크, 공CD, 프린터 등에 저작권료를 부과할 것을 요구하고 있다.

한편, 한국에서는 아직 복제부과금 제도가 복사기와 같은 경우에도 실현되지는 않고 있다.

복제부과금의 도입에 관하여는 비판적인 시각도 분명 존재하지만[403] 더 유용한 대안이 보이지 아니하는 이상, 종래의 발상을 전환하여 컴퓨터 하드드라이브도[404] 복제부과금 부과의 대상이 될지 고민해 볼 필요는 충분할 것이다.

캐나다 저작권위원회에게 부과금 부과대상을 선별할 권한이 부여되어 있으므로 캐나다 저작권위원회로 하여금 이를 추가하게 하자는 주장이다.

402) 이에 관하여는 앞서 Society of Composers, Authors & Music Publishers of Canada v Canadian Assn. of Internet Providers, 2004 SCC 45 (S.C.C., Jun 30, 2004) 판결에 대한 설명(제 3 장 제 1 절 '미국의 DMCA 중 OCILLA' Ⅳ. 2. '시스템 캐싱의 경우' 중 각주 부분)을 참조할 것.

403) Ariel B. Taitz, op. cit., pp. 165~66. 비판의 근거는 첫째, DAT 장치가 문제되자 이에 대응하여 오디오 가정녹음 법률이 성립되었던 때와 달리 현재는 경쟁적인 기술이 많이 존재하고 장차 어떤 장치가 전송수단으로 기능할지 분명하지 않아 뚜렷한 규율의 대상이 존재하지 않고, 둘째 오디오 가정녹음 법률을 입법하는 데 연방의회가 무려 3년을 소비하였던 사실에서 보듯이 기대와 달리 연방의회의 입법이 성립될 무렵에는 이미 그 법안은 낡고 부적당한 것이 될 개연성이 존재하며, 셋째 중앙정부기관이 부과금을 운영하는 과정에서 저작권자가 가져야 할 권한을 과도하게 빼앗을 염려가 존재함을 제시하고 있다.

404) Raymond Shih Ray Ku, "The Creative Destruction of Copyright: Napster and The New Economics of Digital Technology," University of Chicago Law Review, Winter 2002, p. 313에서도 인터넷서비스와 하드드라이브, 오디오, 그리고 비디오 장치에 법정부과금을 매겨 그 재원으로 디지털환경에서 저작권을 포기한 저작권자에게 보상할 것을 제안하고 있다.

(3) 복제부과금의 징수방법에 대한 이론상의 논의

1) Fisher 교수의 모델

아직 이론적 논의이지만, 복제부과금의 징수방법뿐만 아니라 전반적인 운영에 관하여 피셔(Fisher) 교수[405]는 독창적이면서도 구체적으로 설득력을 가진 방법을 제시하고 있다. 그 외로는 아래에서 보듯이 이른바 비영리적 이용 부과금(Noncommercial Use Levy, NUL) 모델이 미국에서 주목받는 듯하다.

그런데 이러한 모델들은 디지털시대를 맞아 P2P 네트워크 등을 통하여 이용되는 디지털저작물에 있어서도 종전의 고전적인 저작권을 그대로 연장할 것인지에 관한 논쟁[406]에서 도출된 것이다.

여기서 복제부과금의 도입을 주장하는 피셔 교수 등의 입장은 고전적인 저작권을 디지털저작물에까지 연장하여 저작권자로 하여금 이용자들의 디지털콘텐츠 이용을 통제할 수 있게 하는 것에 반대하는 입장이다. 그는 궁극적으로 아예 부과금 등의 보상시스템으로 고전적인 저작권을 대체하고자 하는 의도[407]가 담겨 있음은 극히 주의할 점이다.

이 책은 디지털시대를 맞아 인터넷을 주무대로 한 디지털저작물의 유통 전반에 걸쳐 고전적인 저작권의 부여와 강제를 포기하자는 취지의 위와 같은 주장[408]에는 공감하지는 않는다.

---

405) William W. Fisher III, 『Promises To Keep: Technology, Law, and The Future of Entertainment』, Stanford University Press, August 2004(총 352페이지의 단행본이나, 'Chapter 6: An Alternative Compensation System' 부분은 tfisher.org/PTK.htm에서 다운로드 가능하므로 p.는 이것만 기준으로 함, 2005. 4. 29. 방문).

406) 이 문제에 관한 해결방법으로 제시될 수 있는 4가지는 (i) P2P 이용자들이 저작물을 이용하는 데 대하여 저작권자들이 일체의 통제권한이나 보상을 받을 권리를 인정하지 않는 '디지털 방기(digital abandon),' (ii) 저작권자로 하여금 디지털암호기술을 통하여 이용자들의 저작물이용을 오프라인에서처럼 완벽하게 통제할 권한을 가지게 하자는 '디지털 봉쇄(digital lock-up),' (iii) 일반적인 세금인상으로 저작권자에게 정부가 보상하는 제도 (iv) NUL와 같이 P2P 관련 상품 · 서비스에만 부과금을 매겨 마련한 재원으로 저작권자에게 보상하는 제도 등이다(Neil Weinstock Netanel, op. cit., p. 4.).

407) 가령 Neil Weinstock Netanel은 "저작권업계가 아무리 휘황찬란한 수사어를 사용하더라도, 저작권은 본질적으로 재산은 아니다. 마찬가지로 허락받지 않고 창작적 표현을 이용하는 행위도 저작권자가 그러한 이용행위에 대하여 보상을 받는다면 절도는 아닌 것이다"라는 입장이다(Neil Weinstock Netanel, op. cit., p. 19).

408) 종래에는 저작권을 가진 자가 하드카피본의 배포를 위하여 상당한 투자를 한 주체였지만, P2P 네트워크상의 저작물유통에서는 저작권자의 그러한 투자는 존재하지 않고, P2P 네트워크에서 공공재의 성격을 지닌 창작물을 배포하는 주체는 이용자 · 네트워크시설 공급자 · 서비스 · 도구이지 저작권자는 아니라는 주장(Neil Weinstock Netanel, op. cit., pp. 21-22)도 P2P 네트워크에서 종래와 같은 저작권제도를 유지할 수 없다는 입장이라고 할 수 있다. 그러나 이러한 주장은 저작권이 보호하는 저

이 책은 앞서 이야기한 대로 Sony 원칙이 적용된 결과 생기는 문제점에 대한 보완책으로, 제한된 범위 내에서 상품·서비스 제공자의 이익을 저작권자에게 이전하기 위한 제도로 복제부과금을 검토하는 것이다. 그 중에서도 피셔 교수의 모델은 상당히 구체적이라 주목할 만하다. 피셔 교수는 P2P 시스템운영자가 효율적으로 그 이용자들로부터 이용대가를 징수할 수 있는 사업모델 구상에 대하여 다음과 같이 모델을 설명한다.

우선 『1단계』로, 음악 저작권자와 영화 저작권자들로 하여금 자신들의 저작물을 미국 저작권청(Copyright office)에 등록하도록 장려[409]한다. 저작권청은 이렇게 등록되는 저작물마다 고유등록번호[410]를 예를 들자면 '#4m8sp60wxi#' 식으로 부여한다.

등록시 저작권자들은 자신의 저작물이 음악인지, 영화인지 그 종류와, 아울러 그 저작물의 길이를 기재할 것을 요구받게 된다.[411] 등록과 관련하여 나중에 누가 등록저작물의 진정한 권리자인지 다툼이 있을 수 있으므로 이런 경우를 대비하여 저작권청은 특허상표청의 '이의절차'를 모방한 제도를 마련하여야 한다. 등록되는 저작물이 이미 타인의 저작물인 부분을 포함하고 있을 때는 어떻게 할 것인가의 문제에 대해서는, 나중에 부과금의 공정한 배분을 위하여 자신이 창작한 부분과 타인이 창작한 부분을 비율적으로 나누어 기재하여야 한다. 그러나 이 때 미리 저작권청이 마련한 서식상 '극히 일부(5% 미만),' '일부(5–50%),' '대부분(50–95%),' '거의 전부(95–100%)' 중 해당란에 표기하는 간단

작물이 지닌 가치의 본질은 '하드카피본을 제작하는 데 소요된 물질적·금전적 가액'이 아니라 '창작적 표현을 산출하는 데 투입된 정신적 노력'이라는 저작권법의 기본을 망각 내지 의도적으로 도외시한 주장에 불과하다고 본다. 위 주장뿐만 아니라, 저작권은 본래 콘텐츠 배포자를 보호하여 창작과 일반 공중의 접근을 모두 보호하려는 제도인데, 디지털 환경에서는 디지털기술을 활용하여 저작권이라는 통제 없이도 창작에 대한 보상을 구현할 수 있고, 콘텐츠의 배포가 이용자들 스스로에 의하여 이루어지므로 저작권자 없이도 접근에 문제 없으므로 어느모로 보나 저작권이 보호되지 않아도 좋다는 주장(Raymond Shih Ray Ku, op. cit.,)도 디지털컨텐츠는 독자적으로 창출된 경우보다 기존의 off-line 컨텐츠를 변형한 것에 불과한 것이 다수인데, 저작권 자체가 보호가 안 될 경우 off-line상 저작권도 따라서 붕괴되어 창작이 보호되지 않음을 충분히 감안하지 않았다고 비판할 수 있다.

409) 저작권자 중 자신의 저작물을 공유자산에 속하기를 원하는 경우가 있으므로, 등록은 자율에 맡긴다고 한다. William W. Fisher III, op. cit., p. 5.

410) 이 책의 위 '권리관리정보' 부분에서 설명한 대로, 가칭 한국음악정보센터(KMIC)가 음악저작물에 각각 표준코드(KMID)를 부여하여 표준화된 음악정보 데이터베이스를 구축하거나, 한국문화콘텐츠진흥원이 '한국 음악 콘텐트 표준 메타 데이터 구축사업(가칭)'을 통하여 가요 30만곡에 '표준식별 번호'를 붙이고자 하는 것과 같은 목적이라고 하겠다.

411) William W. Fisher III, op. cit., p. 5.

한 방법으로 처리한다.[412)]

만일 등록자가 자신의 지분을 과대하게, 인용저작물의 지분은 과소하게 기재하는 사태를 막기 위하여 이러한 경우가 적발되면 해당 등록저작물로 인한 모든 분배금은 인용저작물의 권리자에게 귀속시키는 불이익을 가한다고 한다.[413)]

그 다음 『1-2단계』로 저작권자는 저작물을 담은 디지털파일의 파일명에 앞서와 같이 부여받은 고유등록번호를 포함시킨다.

『2단계』로 저작권청은 디지털녹음장치, 디지털저장매체 및 인터넷접속서비스에 각각 부과금(tax)을 과하고 이를 징수하여 적립하는 역할도 수행한다. 이 단계에서 가장 중요한 쟁점은, 첫째 저작권청이 징수하는 부과금의 총액으로 얼마가 적당한지의 문제와 둘째 저작권청이 어떤 객체에 부과금을 매길 것인가 이다.

첫 번째 문제에 관하여 피셔는 상당히 경제학적인 측면의 논의과정[414)]을

412) 등록자가 정확한 비율을 산정하기 어렵다는 점과 이후의 업무편의를 고려한 것이다. 아울러 위와 같은 비율은 피셔의 설명에 따르면 오로지 양에 의하여 결정되지, 질은 무시한다고 한다.

413) William W. Fisher III, op. cit., pp. 6-7. 나아가 랩작곡자가 타인의 음반으로부터 5초간의 연주를 차용하여 자신의 저작물에 20번 반복연주의 방법으로 편입시켰다고 할 때 위 5초가 기준이 될지, 아니면 100초가 기준이 될지의 문제, 영화제작자가 타인의 영화를 일부 포함하는 영화를 제작하였지만 타인의 영화부분 중 영상만 일부 포함하였을 뿐 음악부분은 제외되었다면 타인의 영화부분이 차지하는 비율을 더 낮게 평가하여야 한지 등 구체적인 문제들에 대하여는 저작권청이 미리 규정을 작성하여야 한다고 한다(Id. at. 54).

414) 부과금의 총액으로 얼마가 적당한지에 관하여, 첫 번째 입장은 저작권자들의 창작이 기여한 '사회적 가치의 총체' 만큼 부과금을 징수하여 배분하자는 입장이다. 예술저작물과 같은 것의 사회적 가치의 총체에 관하여 경제학자들은 '소비자 잉여' 와 '생산자 잉여' 의 합계라고 말하고 있다. 이것은 바꾸어 말하면 '한계생산비용 = 한계수익' 인 시점까지 소비자들이 당해 예술저작물을 사용하는 대가로서 기꺼이 지불하고자 하는 금전의 총액에서, 그 시점까지 생산된 저작물의 총생산비용을 공제한 순액수를 의미한다. 쉽게 말해 총 이익은 사회구성원들이 그 저작물로부터 얻을 수 있는 이익이다.

Steven Shavell과 Tanguy van Ypersele은 이러한 기준을 가지고 지적재산권의 대안으로서의 '보상제도(reward system)' 분석의 틀로 사용하였다. 이들의 견해에서 최적의 보상은 예상수요곡선의 분포에서 얻어지는 예상잉여와 동일한 금액이다(the optimal reward equals the expected surplus over the distribution of possible demand curves). 이들은 만약 발명가에게 이 금액보다 보상액이 적게 주어지면 동기의 감소가 일어나고, 이 금액보다 과다하면 과도한 동기가 부여된다고 연구결과를 발표하였다. 그러나 피셔 교수는 이러한 지침을 따르지 말아야 할 두 가지 이유를 제시하였다. 첫째, 디지털저작물의 경우 생산비용은 극히 낮은데, 소비자들이 전체적으로 지급하고자 할 지출액은 막대하므로 이 때의 생산비용과 지출액의 차액은 지나치게 크다는 점, 둘째, Arnold Plant와 Glynn Lunney가 발견한 대로 지적산물의 창작자들에게 그들의 산물이 가지는 사회적 가치의 총체만큼 보상하는 것은 심각하게 사람들의 직업선택의 동기부여 시스템을 왜곡시킨다는 점이다. 둘째 이유에 대하여 부연하자면 가령, 시민운동가나 대학소재 연구원같이 그들이 산출한 사회적 가치의 총체에 훨씬 못 미치는

거친다. 그 후 결국 타당한 부과금총액은 저작권자들이 부과금제도의 도입 이전에 징수하고 있던 이용료수익에서, 부과금제도의 도입으로 이용자들이 일단 자유롭게 이용하게 됨으로써 저작권자들이 상실하였거나 가까운 미래에 상실할 것으로 보이는 감소분을 기준으로 징수총액을 결정하자고 주장하고 있다. 피셔의 계산방법에 따르면[415] 21억 7000만불을 징수하게 된다.[416]

두 번째 문제에 관하여, 위 금액을 징수할 대상으로는 먼저 일반국민으로부터 세금을 일률적으로 인상하는 방법을 고려할 수 있다. 이 방법은 (i) 새로운 기구가 필요 없어 효율적이고, (ii) 다른 방법에 비해 징수대상자의 저작물 이용 등 향후행동에 미치는 영향이 경미하다는 장점이 있는 반면, 저작물을 인터넷으로부터 향유할 의사나 능력이 없는 일반인으로부터 일률적으로 조세를 징수하는 것은 커다란 조세저항에 직면할 수 있다는 단점이 있다.[417]

두 번째 문제에 관한 또 다른 방법으로는 음악, 영화에 접근하는 데 이용되는 상품이나 서비스에 부과금을 매기는 방법을 상정할 수 있다.[418] 음악산업

급여를 받은 직종이 많은데 유독 예술저작물의 저작자만 두텁게 보상하면 사람들은 직업선택시 LA이나 뉴욕에 있는 테이블에서만 큰 기회를 잡기 위해 서성거릴 뿐, 누구도 시민운동가나 대학소재 연구원이 되고자 하지 않을 것이기 때문이다.

두 번째 입장은 적절한 동기를 부여한다는 목적은 과감히 포기하고 대신에 정부의 보상분배를 통하여 창작자들에게 그들에게 적당한 만큼만 지급하자(give creators what they deserve)는 입장이다. 그러나 이러한 입장에 대하여는 로크(Locke)나 노직(Nozick)이래 수많은 자연권 이론가가 인간의 노력과 그 인간이 받을 보상 사이의 정의로운 비율을 결정하기 위하여 수세기동안 노력했지만, 별다른 성과가 없었다는 비판을 내릴 수 있다. 세 번째 입장은 이론적으로는 투박하지만 보다 실용적인 논리로서 저작권자들에게 그들이 상실하였거나 가까운 미래에 상실할 것으로 보이는 손해에 대하여 보상하는 새로운 보상시스템을 운용하자는 입장이다. 만일 현재의 저작권제도를 정부운영의 보상시스템으로 대체하는 경우도 이러한 견지에서 부과금기준의 상승, 하향이 미치는 영향을 잘 파악하여 부과금총액을 적절히 맞추면 될 것이다(이상은 William W. Fisher III, op. cit., pp. 7-9을 정리함).

415) 피셔 교수는 바로 위 각주와 같은 논리에 잇따라, 음악산업의 실례를 제시한 다음 현재 미국음악업계의 수입창출과 분배구조를 도표를 통하여 분석하고, 위에서 채택한 세 번째 기준의 응용을 위하여 이미 드러난 음악산업계의 통계적 수치에 따라 계량적인 판단과정을 거친다. 그리고 마침내는 저작권자 측에 분배할 적정한 금액은 17억 3600만 불이고 약 20%의 행정비용소진분까지 합하여 21억 7000만 불을 이용자 등으로부터 징수하여야 하며, 2004년의 인플레이션을 감안하면 다음에는 23억 8900만 불이 예상 징수 총액이 된다고 (그 정확성은 향후 연구자들이 검토할 일이겠지만) 다소 놀라울 정도로 구체적인 수치를 제시하고 있다(William W. Fisher III, op. cit., pp. 9-16). 평하건대, 복제부과금 등과 관련한 법적인 논의라 하여도 지나치게 추상적이어서 결국에는 공론에 불과한 논의만 반복하는 경향을 지양하고 위와 같이 계량경제학적인 사고를 도입하는 자세는 충분히 본받을 만한 것이라고 본다. 위의 구체적인 도출과정까지 여기서 언급하는 것은 줄이기로 한다.

416) William W. Fisher III, op. cit., pp. 7-9.

417) Id. at. 16-17.

418) 이러한 방법을 집중적으로 고찰한 글로는 Neil Weinstock Netanel, op. cit.

에 있어 저작권 대체를 위한 보상제도를 고찰한 다른 논자[419]에 따르면 이러한 상품이나 서비스는 (i) 디지털녹음의 복제를 하는 데 이용되는 기기, (ii) 그런 복제물을 저장하기 위한 매체, (iii) 인터넷접속, 또는 파일다운로드 내지 음악 스트리밍에 이용되는 서비스, (iv) P2P 시스템 혹은 파일교환에 이용되는 서비스 등 4가지로 분류할 수 있다고 한다.

피셔에 따르면, 아래와 같이 설명한다.

(i)의 범주에 속하는 것들 중 가장 두드러진 복제기기는 독립제품이든, 개인 PC의 부품인 CD버너(CD burner)로서든 CD레코더라고 할 수 있고 아직 덜 보이지만 장차 CD레코더만큼 중요한 것은 Personal Video Recorders(PVRs)이다. 수신기 혹은 케이블 수신 장치를 수반한 장치뿐만 아니라 TiVo와 Replay처럼 독립제품도 포함된다.

(ii)의 범주에 속하는 것 중 가장 분명한 대상은 공CD라 하겠다. MP3 Player도 같은 범주에 속한다.

(iii)의 범주에 속하는 인터넷접속서비스[420]가 가장 중요한 부과금 대상이라 하겠다. 왜냐하면 인터넷이야말로 디지털저작물을 접하는 가장 효과적인 수단인데다가 (iv)의 범주에 속하는 P2P는 인터넷에서 완전히 독자적으로 활동하고 있기 때문이다.

아울러 이처럼 인터넷접속서비스에 부과금을 매기는 경우 미국에서 인터넷에 접속하는 개별이용자들이 부과금의 전가를 피하기 위하여 외국의 인터넷서비스제공자와 계약을 체결하고 그를 통하여 인터넷에 접속하기는 사실상 곤란하다는 점에서 용이하게 미국의 인터넷서비스제공자로 하여금 이용자들에게 이러한 부과금을 전가할 수 있게 해 준다.

끝으로 (iv)의 범주에 속하는 것 중 가장 중요한 것은 P2P 파일교환서비스일 것이다. 그러나 이러한 서비스에 부과금을 매기는 것은 이러한 서비스는 이용자들에게 무료인 대신 광고나 선전을 통하여 수익을 올리는데다, 이러한 수익 상당부분이 외국의 소비자들로부터 간접적으로 도출된 것이어서, 결국 광고 등이 아닌 이용자들의 이용으로 얻은 이익을 산정하거나 외국 아닌 국내 소비

419) Id.

420) 여기서 Internet access service란, Hosting service, Search emgine 등과 구별되는 의미의 순수한 접속서비스를 지칭하는 것은 아니다.

자들로부터 얻은 이익만을 산정하는 것이 중요하면서도 상당히 어렵다.

이상에서 살핀 것처럼 음악, 영화에 접근하는 데 이용되는 상품이나 서비스에 부과금을 매기는 방법은 앞서 일률적인 세금인상과는 반대로 개개인이 부담금을 매긴 상품이나 서비스를 구입할지를 결정할 수 있다는 점에서 징수에 대한 저항이 상대적으로 적을 것이라는 장점이 있다. 하지만, (i) 세금과 달리 새롭게 징수업무를 담당할 행정조직을 만들어야 하는 비효율성이 있고 (ii) 세금과 달리 부과금이 상품이나 서비스에 매겨져 이용자들에게 전가되므로 부과금징수의 원래 목적인 저작물을 이용하는 자가 아니라 다른 목적으로 상품이나 서비스를 이용하는 자들은 전가되는 부과금을 피하여 아예 상품이나 서비스에서 이탈하는 이른바 왜곡효과(distortionary effect)로 사회적인 손실이 발생한다는 단점이 있다. 이상과 같이 피셔 교수는 이 부분을 설명하고 있다.[421)]

마지막 『3단계』로 저작권청은 인터넷에서 이용자들로부터 다운로드되는 파일명에 포함된 위 고유등록번호를 추적하는 방법과 오프라인에서의 소비를 표본 측정하는 방법을 통하여 저작물마다의 사용빈도를 확인한 다음 그 수치에 따라 앞서와 같이 징수하여 적립한 기금을 개개저작권자에게 골고루 분배한다.

이러한 모델의 장점은 우선 다른 부과금제도의 일반적인 특징과 마찬가지로, 저작권자 입장에서는 별도의 저작권 집행비용을 들이지 않고도 용이하게 저작권이용료를 징수할 수 있고, 이용자 측 입장에서는 저작권자의 개별허락을 받지 않고도 자유롭게 저작물을 이용할 수 있고, 사회 전체적으로는 저작권침해쟁송으로 인한 낭비가 줄어든다는 점이 있다는 것이다. 그 외에도, 위 모델에만 특별히 (i) 고유등록번호를 파일명 안에 포함시키도록 하는 간단한 방법을 활용함으로써 통상적인 DRM 내지 권리관리정보에 의지하는 경우보다 쉽고 싸게 저작권의 유통을 파악할 수 있게 해 주고, (ii) 저작권청이라는 기존 행정조직의 확대로 운영이 가능하여 새로운 사조직을 구성하는 것보다 비용이나 그 신뢰도에서 우월할 것[422)]이라는 유리함이 있다고 한다.[423)]

2) Noncommercial Use Levy 모델

복제부과금의 징수방법 등에 대한 논의로는 앞서 피셔 교수의 모델 외에,

---

421) 이상은 William W. Fisher III, op. cit., pp. 17-22.
422) Id. at. 5.
423) Id. at. 21-22.

Netanel 교수가 제시하는 이른바 비영리적 이용 부과금(Noncommercial Use Levy, NUL) 모델이 또한 유력하다. NUL 모델은 저작권심의위원회(Copyright office Tribunal)가 판단하여 P2P 파일교환이 실질적으로 가치를 증가시킨 상품이나 서비스의 판매에 부과되는 부과금으로, 그 대신 P2P를 통한 파일교환은 일체 자유롭게 허용하자는 구상이다. NUL을 도입하여야 하는 근거에 대하여, Netanel 교수는 P2P환경 하에서는 저작자의 독점권이 기술 관련 시장의 신규진입을 차단할 뿐만 아니라 이용자들의 복지수준을 낮추고 이용자들이 만든 상향식 의사표현을 억제하는 등 저작권으로 인한 폐해가 다른 환경에서보다 더욱 부각된다는 점을 들고 있다.[424] 이러한 폐해를 피하기 위한 방안으로 우선 법정허락의 도입을 상정해 볼 수도 있겠지만 행정, 관리비용이 크므로 적절치 않다고 한다.

다만, NUL의 도입주장에 대하여는 이용자들에게 무리한 비용을 징수하지 않고서는 저작권자들에게 충분한 보상을 지급하기 곤란하다는 난점이 있다는 비판과, NUL는 디지털저작물을 별로 이용하지 않는 보통사람으로 하여금 저작권자와 디지털저작물 대량이용자를 자금보조하게 하는 불공정과 비효율을 피할 수 없다는 비판이 있을 수 있다.

NUL의 적용을 받는 상품이나 서비스에는 인터넷접속(internet access), P2P 소프트웨어와 서비스, 컴퓨터하드웨어, 복제 · 저장 · 전송 혹은 다운로드 파일의 재생에 사용되는 (CD 버너 · MP3 Player · 디지털비디오레코더 같은) 개인용전자기기들, 그리고 이들 기기와 더불어 사용되는 공 CD 같은 저장매체가 포함될 것이라고 한다. 이들 대상에 부과금이 매겨지는 대가로, NUL 시스템 하에서는 개인들은 저작권자가 이전에 공중에 유포한 콘텐츠이기만 하면 비영리적 복제와 배포행위를 하더라도 저작권침해책임으로부터 법적으로 완전히 면책된다.

NUL가 도입됨에 따라 저작권자가 실질적으로 잃게 되는 판매나 대여의 감소 부분에 대하여 저작권자로서는 부과금으로부터 전보받을 권리가 있는 것이다. 하지만 종래 하드카피본의 배포로부터 온라인 전송으로 저작물시장이 이동한 결과로 자연히 생긴 손해까지 전보받을 권리는 없다. 끝으로 이들에게 지급되는 보상금의 기준은 디지털 추적과 샘플조사 기술에 의하여 측정된다고 한다.[425]

424) Neil Weinstock Netanel, op. cit., p. 3.
425) Id.

Internet Service Provider의 責任

제 8 장

맺음말

제 1 절 요 약
제 2 절 마무리하며

제1절 요 약

먼저, 이 책을 읽는 독자들 중 법률초심자의 경우에는 보다 쉽게 정리된 부분('미국의 동향정리 등' 부분[1])을 우선 읽으시기 바란다. 반대로 그렇지 않고 다소간의 소양이 있는 독자라면 P2P와 관련한 여러 가지 논점에 관하여 이 책의 본문을 넘어서, 각주의 내용이나[2] 그것이 인용하고 있는 문헌들까지 살피면 더욱 좋을 것이다. 이 책이[3] 지금까지 살펴본 내용을 이해의 편의상 요약하면 다음과 같다.

우선 인터넷서비스제공자란, 이용자들에게 인터넷 접속 자체를 제공하거나, 게시판제공 혹은 호스팅이나 검색엔진과 같은 각종 서비스를 제공하는 자를 가리킨다. 이러한 인터넷서비스제공자가 공급한 서비스를 통하여 이용자들이 가령 MP3 파일의 교환행위와 같은 저작권침해행위를 범하였을 때 과연 인터넷서비스제공자는 어떤 책임을 부담할 것인가의 문제는 이미 미국의 Napster 사건이나 한국의 소리바다 사건 등을 통하여 치열한 사회적 이슈가 되어 왔다.

이 책의 제1장에서는 이러한 인터넷서비스제공자의 책임문제에 관한 올바른 판단을 위해서는, 기여책임과 대위책임이라는 미국 판례법상 법리의 검토에서 출발하여 미국 연방대법원의 Sony 판결이 제시한 Sony 원칙에까지 도달하는 통합적인 고찰이 필요하다는 점, 아울러 최근의 P2P 기술에 대한 기술적 이해가 법적 이해의 토대가 된다는 점을 지적하였다.

---

1) 제6장 제3절 Ⅰ. 말미 부분.

2) 필자가 취한 특정 입장을 강화하기 위하여 반대 입장들의 논거를 이 책의 각주 등에서 줄이거나 제외하는 실수를 가급적 피하고자 노력하였다. 많은 경우, 각주들의 내용을 일람, 비교해 보는 것만으로도 필자가 취한 입장과 반대되는 좋은 논거를 발견할 수 있으리라 믿는다.

3) 이 책의 기본은 2004. 5. 22.경 졸저인 "저작권침해시 Internet Service provider의 책임," 서울대학교 기술과법 센터 2004-제4회 워크샵(「Internet Service Provider의 책임」) 발표문에서 출발하였다. 아울러 이 책에서 인용하지 않았으나, 이 책은 졸저인 "이용자의 저작권침해에 따른 인터넷서비스제공자의 민사책임 - P2P 복제기술을 중심으로," 서울대학교 박사학위 논문, 2005. 8.의 내용은 대부분 그대로 수용하고 여기에 2006. 3. 현재까지의 변화를 반영하는 등 약 200페이지 조금 못되는 분량을 추가하는 방법으로 구성하였다. 그 외 관련 졸저로는 2005. 7. 25.경 발표한 "인터넷서비스제공자의 책임에 관한 국내 판례의 동향 -소리바다 항소심판결들을 중심으로," 서울대학교 기술과법 센터 2005-제7회 워크샵(「Grokster 판결의 의미와 컨텐츠 산업의 미래」) 발표문이 있다.

제2장에서는 우선 미국의 경우, 종전 BBS 서비스제공자의 책임이 문제되었던 Maphia 사건이나 Netcom 사건에서 저작권침해행위에 대한 인식을 가지고 그 행위를 유발, 야기하거나 그 행위에 실질적으로 관여한 때 인정되는 기여책임과, 저작권침해행위를 감독·통제할 권리와 능력이 있고, 그 행위로부터 경제적 이익을 받은 때 인정되는 대위책임이라는 미국 판례법의 전통적인 법리가 그대로 피고의 책임기준으로 응용되었음을 설명하였다.

한편 한국의 경우는 이러한 판례법 대신 어떤 성문법규가 인터넷서비스제공자의 책임기준이 될 것인지 찾아야 하는데, 그 탐색결과 교사·방조에 의한 공동불법행위 규정인 민법 제760조 제3항과 정보통신망이용촉진및정보보호등에관한법률 제44조가 그 법규들임을 밝혔다.

제3장에서는 인터넷서비스제공자의 책임을 제한하고자 새롭게 입법된 각국 법률들, 즉 미국의 디지털밀레니엄저작권법의 일부인 온라인저작권침해책임제한법, 유럽연합의 전자상거래 지침, 독일의 온라인서비스법, 일본의 '특정전기통신역무제공자의 손해배상책임의 제한 및 발신자정보의 개시에 관한 법률,' 한국의 2003년 개정 저작권법 관련 규정을 비교설명하였다.

그 다음, 우리 법의 해석론으로는 저작권법상 '온라인서비스제공자'의 범위를 지극히 넓게 해석하여야 한다는 점, 정보통신망이용촉진및정보보호등에관한법률과의 충돌을 조화롭게 해석할 필요가 있다는 점을, 입법론으로는 책임의 감면은 임의적이 아니라 필요적으로 감면하도록 개정하여야 한다는 점, 명예훼손행위 등 여타 영역에 대하여도 동일한 내용의 책임제한입법이 필요하다는 점을 각 개진하였다.

제4장에서는 최근 침해수단으로 가장 문제되는 P2P 복제기술의 개요를 설명한 다음, 이러한 P2P 복제의 경우 기술적·법적·사실적인 각 측면에서 왜 P2P 개별이용자에게 책임을 추궁하는 것이 어려운지 밝힘으로써, 인터넷서비스제공자에게 책임추궁이 집중될 수밖에 없는 현실을 우회적으로 드러내었다.

제5장에서는 P2P 기술 중 초기형태인 하이브리드 P2P 기술에 대한 저작권자의 법적 반격이 미국의 Napster 사건, Aimster 사건이나 한국의 소리바다 민사사건들에서 모두 성공하였음을 고찰하였다. 먼저 Napster 사건에서 법원은 앞서 기여책임과 대위책임을 피고에게 모두 인정하였다. 여기서 피고는 항변으로 Sony 원칙을 원용하였다. 그러나 항소심 법원은 종래 기여책임의 요건 중

'인식'은 추정적 인식으로 충분하지만, 피고 상품의 용도 상당부분이 비침해적 용도를 가진 경우를 다룬 Sony 판결의 입장에 설령 따르더라도, 피고 Napster에서와 같이 실제 인식이 존재하면 여전히 기여책임을 면할 수 없다면서 위 항변을 배척하였다.

다음 Aimster 사건에서 항소심 법원은 Sony 원칙에 따른 항변을 단순히 기여책임의 인식 요건에 국한된 종속적 요소로 격하시킨 Napster 항소심 법원의 위 입장에 반대하였다. 아울러 피고가 이용자들의 침해행위를 고의적으로 외면한 것 자체가 기여책임의 추정적 인식에 해당된다는 점, 현실에서는 오로지 침해적 용도로만 쓰이는 상품 등에는 Sony 원칙의 혜택이 적용되지 않는다는 점을 지적하였다. 여기서, 이 책은 Napster 항소심 법원에 의한 Sony 판결의 해석이 부당함을 비판한 다음, Aimster 항소심 법원의 일부 지적들에는 찬동하였다.

한편 소리바다 분쟁의 경우 민사사건의 1심이나 형사사건의 항소심은 법제도가 상이한 미국 Napster 판결을 지나치게 따랐거나 Sony 원칙을 제대로 이해하지 못한 결함이 있음을, 반대로 민사사건의 항소심은 보다 근본적인 관점에서의 검토가 미흡함을 비판하였다. 그리고 향후 법원들의 판단에서는 기본적으로 Sony 원칙을 응용할 것을 요구하면서도 미국의 그것과 구별되는 피고 특유의 사업형태에 주목할 것을 주문하였다.

제6장에서는 Pure P2P 기술의 등장배경이 위와 같은 저작권자의 법적 반격을 회피하기 위한 것이었음을 언급하였다. 그 다음, 네델란드에서의 Kazaa 판결이나 미국에서의 Grokster 하급심 판결들에서 알 수 있듯이 이용자들에 대한 지속적인 서비스를 제외하고 단순한 Pure P2P 소프트웨어제공자로서만 피고의 책임을 다룰 경우 종래의 기여책임과 대위책임 법리로 포섭하는 데 한계가 있을 수 있음을 고찰하였다. 다만, Grokster의 경우 그 사업의 실태까지 살펴볼 때는 Pure P2P의 원형인 그누텔라와 달리 단순한 소프트웨어제공자로 파악하기에 다소 의문의 여지도 있음을 지적하였다. 어쨌든 연방대법원의 Grokster 판결에 의하여 도입된 유발이론은 기존의 Sony 원칙을 폐지하거나 대폭 수정한 것이 아니라, 종전의 기여·대위책임론과 더불어 간접침해책임을 추궁할 근거를 새롭게 마련하고 있음을 설명하였다. 나아가 이러한 유발이론이 외국에도 점차 영향을 미치고 있음도 예시하였다. 아울러 미국에서의 동향과

제외국의 동향을 요약해 보았다.

제7장에서 이 책은 종래의 Sony 판결 자체뿐 아니라 이후 Aimster 법원의 풀이, 아울러 Napster나 Grokster 법원 등의 모순된 해석까지 통합하여 그 전체를 합리적으로 정리하고 일부는 세밀화하여 이른바 'Sony 판결에서 도출할 수 있는 대원칙과 소원칙'을 새롭게 도출하였다. 그 요지는, 당해 기술의 비침해적 용도부분, 즉 사회적 이익이 침해적 용도부분, 즉 사회적 손실보다 법관의 개략적 판단으로 일견 더 크거나 적어도 사회적 이익이 상당부분에 이를 때는 일단 복제기술의 유통을 허용한다는 것이다. 그리고 그로 인하여 저작권자들만이 홀로 떠안게 되는 사회적 손실에 대하여는 입법부가 적극적으로 부과금제도 도입 등 보완책을 고민하는 것이 바람직하다는 것이다. 이러한 Sony 원칙은 Grokster 사건의 연방대법원에 따르면 문제된 기술공급자가 불법의 주된 목적을 가지고 있는 경우에는 적용되지 않는다는 한계가 있다.

반면, Sony 판결은 특정 조문이나 법리에 국한되지 않는 거시적·역사적인 시각으로 '기존의 저작권자 보호' 대 '새로운 복제기술공급의 장려'라는 문제를 해결하고 있다는 장점이 있다. 그런 까닭에, 법제가 다소 상이한 한국에서도 P2P 복제기술 공급자뿐만 아니라 널리 디지털 복제기술공급자와 저작권자의 이해가 충돌하는 사건들에서 적극적으로 원용할 수 있고 그렇지 않더라도 방조에 의한 공동불법행위에 해당하는지 판단하여야 때, 어떤 경우를 방조라고 볼지 그 틀의 구체적인 내용을 채워주는 역할을 할 수 있을 것이다.

제2절 마무리하며

인터넷기술의 발전에 따라 인터넷서비스제공자의 사업형태도 조금씩 변화되어 왔고, 이에 따라 인터넷서비스제공자의 책임, 구체적으로는 이용자들에 의한 저작권침해행위와 관련된 인터넷서비스제공자의 책임에 대한 법적 규율도 시기적으로 변화하여 왔다.

소수의 이용자만을 대상으로 하였던 네트워크에 그쳤던 초기의 전자게시판(BBS)에서 인터넷이 등장함에 따라 이제 BBS에는 전 세계 누구나 언제라도 접속하여 업로드나 다운로드를 할 수 있게 되었다. 이러한 상황에서 인터넷서비스제공자에 의한 게시물의 완벽한 관리는 상당히 곤란하였다. 이러한 시절, 불법복제물을 게시한 자는 인터넷접속의 특성상 익명으로 보호되는 경우가 많았기 때문에 부득이 저작권자들은 마치 '저작권침해라는 사고현장 주변에서 의심스럽게 서성거리고 있어 일견 사고의 책임이 있을 것 같은 자'로 인터넷서비스제공자에게 시선을 집중하게 되었다.

시기적으로 1990년을 넘어 90년대 중반까시 미국에서 발생하였던 Frena 사건이나 Maphia 사건, Netcom 사건, 한국에서는 90년대 중후반부터 2000년경까지 발생한 칵테일98 사건이나 인터넷제국 사건 등이 인터넷상 BBS 구현이 최첨단 네트워크 기술이었던 시절에, 손해전보를 구하는 저작권자와 침해사고와의 관련성을 부인하는 인터넷서비스제공자와의 다툼이었다. 이때 인터넷서비스제공자의 책임에 관한 논의는 한국에서조차 사실상 성문법의 해석기준으로 삼을 정도로 설득력을 가졌던, 미국의 종래 기여책임이나 대위책임의 법리로 사실상 완벽하게 포섭할 수 있었다. 심지어는 Frena 사건에서처럼 그 법리조차 동원되지 않고 마치 아날로그 시절의 기준대로 직접침해자로 규율되기도 하였다.

이후 인터넷 네트워크기술의 수준이 더욱 발전한 2000년을 전후하여서부터는 P2P 기술에 의한 네트워크, 더 정확히는 중앙서버를 통한 인터넷서비스제공자의 서비스가 존재하는 하이브리드 P2P가 전 세계적으로 초미의 관심사가 되었다. 위 기술을 이용한 P2P 이용자들의 저작권침해는 가히 폭발적으로 증가하고 저작권자는 이제 생존 자체를 위협받게 되었다. 이에 따라 이에 대항한 저작권자 측의 투쟁도 거의 결사적이어서 미국의 Napster 사건이나 한국의 소리바다 사건으로 대표되는 일련의 치열한 법정쟁송이 수년간 사회적 이목을 끌게 되었다.

특히 종전의 BBS시절에 인터넷서비스제공자의 책임을 추궁하는 데 유용한 법 이론이던 기여책임이나 대위책임의 법리는 이때 일정부분 한계를 드러내게 되었다. 그 근본적인 이유는 P2P 서비스제공자는 이용자들의 파일교환을 제대로 통제할 수단이 없다는 기술적 특징 때문이었다. 종전의 BBS서비스제공자들보다 저작권침해라는 사고현장에서 한 걸음 더 멀리 떨어진 위치에 자리 잡은 P2P 서비스제공자에게 여전히 이들 법리에 기하여 책임을 추궁한 고된 과정은 어쨌든 일단은 미국과 한국 모두에서 저작권자의 승리로 끝났다.

그런데 초기에 성행하던 하이브리드 P2P 서비스 방식이 저작권자의 격렬한 법적 공격으로 폐쇄되자 이에 네트워크 기술은 의도적인 변형을 일으켜 Pure P2P 소프트웨어가 등장하였다. 여기서는 Pure P2P 소프트웨어를 공급한 주체만 존재할 뿐, 앞서 Napster나 소리바다의 사례에서처럼 중앙서버를 통해 서비스를 제공하는 주체는 존재하지 않았다. 그 때문에 종전과 같이 저작권침해의 사고현장 주변에서는 아예 저작권자가 손해전보의 쟁송을 일으킬 상대를 찾기가 아주 어렵게 되었다. 그리하여 이 단계 기술에 이르러서는 미국의 Grokster 하급심 판결들이나 네델란드의 Kazaa 판결에서의 보듯이, 종전의 기여책임이나 대위책임의 법리는 큰 벽에 부딪혀 많은 기능을 상실한 것으로까지 보였다. 그러나 얼마 되지 않아 연방대법원의 Grokster 판결은 이른바 유발이론이라는 독특한 이론을 통하여 만약 복제기술공급자가 이용자와 묵시적으로 담합하여 저작권자의 생존을 위협하는 경우라면 Pure P2P 소프트웨어가 관련된 사건에서조차 저작권자의 손을 들어 줄 수 있음을 분명히 하였다.

이러한 유발이론에 의지하여 종전의 기여책임의 법리가 일시 힘을 얻은 듯하다. 하지만, 이는 Grokster 등과 같은 특수한 사안에 국한된 것으로 보인다. 만일 그러한 유발을 하지 아니한 인터넷서비스제공자나 이후 계속 등장할 새로운 형태의 복제기술공급자들과의 대결에 있어서는, 저작권자로서는 한층 어렵고 절박한 싸움을 남겨 놓고 있다고도 할 수 있다. 개별 사례에서 해당 사업자의 구체적인 P2P 구현형태에 책임을 추궁할 수는 있겠지만 사실 P2P 전체 기술 자체는 네트워크 기술에 있어 중요한 진보로서 저작권자가 그 기술 전체를 거부할 수도 없고 사회로부터 포기될 수도 없는 기술인 듯 보인다. P2P 기술뿐만 아니라 미래에도 계속 등장할 혁신적인 복제기술로 빚어지게 될 저작권침해에 어떻게 대응할 것인가? 혹은 디지털 복제기술의 공급 장려와 기존 저작권자의 보호라는 대립되는 이해관계를 합리적으로 조정하려면 어떤 기준을 동원할 것인가?

이에 대하여는, 앞서 BBS 기술조차 등장하기 이전인 1980년대의 Sony 판결이 제시한 Sony 원칙이 아직도 의미를 가진다고 이 책은 보았다. 이러한 Sony 원칙은 요컨대, 복제기술과 저작권의 충돌시 그 기술의 공급을 허용할 것인지에 관하여, 저작권법이나 미국판례법 상 기여책임이나 대위책임의 형식적 법리에 국한하지 않고 보다 거시적 · 역사적인 시각에서 바라볼 것을 그 전제로 요구한다. 특정한 법조문이나 법리에 국한되지 않은 이러한 거시적·역사적인 시각 때문에 Sony 판결은 이후 구체적인 사안이나 적용법리가 상이하였음에도 20여 년간 Napster나 Grokster 등 중요한 관련 판례들에서 사실 빠짐없이 거론되어 왔다. 적용법리는 물론 구체적인 사안까지 상이할 수밖에 없는 한국의 향후 사례를 해결하는 데도 Sony 판결의 원칙은 위와 같은 특징 때문에 여전히 중요한 틀이 될 수 있다고 보인다.

가령 한국에서 소리바다의 책임을 규명하고자 할 때 일단 근거규정은 일견 민법상 방조에 의한 공동불법행위규정이 되겠지만, 소리바다의 행위가 방조에 해당하는지 판단의 배경이 되고 구체적인 틀을 채워 주는 것은 앞서 Sony 원칙의 구체적인 내용이 되는 것이 바람직하다.

이러한 취지로 이 책은 종래의 Sony 판결 자체뿐 아니라 이후 이를 제각각 달리 풀이한 Napster나 Grokster 법원 등의 모순된 해석까지 통합하여 전체를 나름의 기준으로 정리하고 일부는 세밀화하여, 이를 이른바 'Sony 판결에서 도출할 수 있는 대원칙과 소원칙' 이라는 형태로 도출하였다. 이와 반대로, 디지털 복제기술공급자의 저작권침해 책임론을 전개함에 있어 단순히 미국에서의 기여책임 내지 대위책임 법리를 그대로 옮겨오는 방식으로 이용자들의 저작권 침해행위에 대하여 인터넷서비스제공자가 '알았거나 알 수 있었음에도 기여를 하였다', 혹은 '이용자를 통제할 능력과 권리가 있었고 직접적으로 이득을 얻었다' 는 기준을 암묵적으로 한국법상의 문구해석이나 소리바다 사례 등에 짜맞추는 논의만 반복해서는 설득력 있게 유용한 기준을 찾기가 어려울 것이다.

저자약력

1994. 서울대 사법학과 졸
1997. 서울대 대학원 석사 졸(지적재산권법 전공)
2000. 서울대 대학원 박사과정 수료(지적재산권법 전공)
2005. 법학박사
2006. U.C. Berkeley LL.M.

1996. 사법연수원 제25기 수료
1996. 육군법무관
1999. 서울지법 의정부지원 판사
2001. 서울지법 판사
2003. 대구지법 판사
2006. 미국 뉴욕주 변호사시험 합격
2006. 대구지법 안동지원 판사
2007. 서울서부지법 판사
현재 : 서울대 법대 조교수

인터넷서비스제공자의 책임
—저작권자와 디지털 복제기술공급자의 충돌과 조화—

2006年 6月 15日 初版發行
2008年 10月 15日 重版發行

著 者 朴 俊 錫
發行人 安 鍾 萬
發行處 (株) 博 英 社
서울特別市 鍾路區 平洞 13-31番地
電話 (733)6771 FAX (736)4818
登錄 1959. 3. 11. 제300-1959-1호(倫)

www.pakyoungsa.co.kr e-mail: pys@pakyoungsa.co.kr

定 價 35,000원 ISBN 89-7189-671-X